Oscar Liebreich

Therapeutische Monatshefte

Oscar Liebreich

Therapeutische Monatshefte

ISBN/EAN: 9783741166938

Hergestellt in Europa, USA, Kanada, Australien, Japan

Cover: Foto ©Andreas Hilbeck / pixelio.de

Manufactured and distributed by brebook publishing software
(www.brebook.com)

Oscar Liebreich

Therapeutische Monatshefte

Therapeutische Monatshefte.

Herausgegeben

von

Dr. Oscar Liebreich

unter Redaction von

Dr. A. Langgaard und Dr. S. Rabow.

Zweiter Jahrgang.

1888.

Berlin.

Verlag von Julius Springer.

1888.

Inhalts-Verzeichniss.

Originalabhandlungen.

Neuere Arzneimittel.

Therapeutische Mittheilungen aus Vereinen.

Toxikologie.

(Die fettgedruckten Zahlen bezeichnen Original-Abhandlungen.)

Litteratur.

Therapeutische Monatshefte.

Januar 1890.

Originalabhandlungen.

Ueber den gegenwärtigen Stand der Aneurysmen-Behandlung.

Von

Dr. Scheele,

dirig. Arzt am Diakonissen-Krankenhause zu Danzig.

Der ehrenvollen Aufforderung, die von Seiten eines befreundeten Mitgliedes der Redaction dieses Blattes an mich erging, meine Erfahrungen über die Aneurysmen-Therapie in Gestalt einer kleinen Abhandlung hier niederzulegen, habe ich versucht, in Nachstehendem gerecht zu werden. In Folge meiner Mittheilung aus dem Jahre 1878 in der Berl. klin. Wochenschrift „Zur Casuistik und Symptomatologie der Aortenaneurysmen" hat sich mir durch die Liebenswürdigkeit hiesiger und auswärtiger Collegen sowohl in meiner privaten als auch in der Krankenhauspraxis vielfach Gelegenheit dargeboten, diese Krankheitsform — und von den Aorten-Aneurysmen kann ich als interner Arzt natürlich nur sprechen — in ihrem Verlauf und Ausgange zu beobachten. Ohne mich dem Vorwurfe der Unbescheidenheit auszusetzen, darf ich wohl behaupten, dass mir in Folge dessen ein gewisses Urtheil auch über die qu. Behandlungsmethoden und deren Resultate zur Seite steht, und so will ich denn diese meine schwachen Erfahrungen dem ärztlichen Publikum an dieser Stelle gerne unterbreiten, obgleich ich mir wohl bewusst bin, nicht wesentlich Neues beibringen, sondern nur mehr oder weniger Bekanntes kritisch beleuchten zu können.

Wenn irgendwo, so gilt bei der Aneurysmen-Behandlung der bekannte Satz: „qui bene diagnoscit bene curat", vorausgesetzt, dass man curare nicht mit „heilen", sondern mit „behüten" und „pflegen" übersetzt. Denn eine Heilung — das schicke ich gleich voraus — habe ich in keinem Falle gesehen. Wohl aber habe ich unter einem rationellen, jede Eventualität berücksichtigenden Regime zuweilen einen recht langen, viele Jahre hindurch bestehenden und zeitweise für den unglücklichen Patienten ziemlich erträglichen und relativ leistungsfähigen Verlauf constatiren können. Diesem curative Regime, dessen endgültiges Ziel stets war, ist und sein muss, die Beförderung organisationsfähiger Gerinnselbildung und dadurch die Verhinderung der stärkeren Expansion des aneurysmatischen Sackes, dieses Regime ist ein dreifaches:

1. ein diätetisches,
2. ein medicamentöses,
3. ein mechanisches, chirurgisches.

Die Indication für die Behandlung und ihr relativer Erfolg hängen im speciellen Falle stets ab von dem Zeitmoment, in dem die Erkrankung zur Kenntniss gelangt. Frühzeitig und richtig erkannt, wird es nicht selten möglich sein, dem Pat. durch die oben genannten Behandlungsmethoden einen nicht unwesentlichen Dienst zu leisten.

Zunächst die diätetische Seite der ärztlichen Verordnung anlangend, gilt hier, was in der Diätetik der Circulations-Krankheiten allgemein gilt. Nicht allein die Ernährungsfrage spielt hierbei eine Rolle, nicht allein darauf kommt es an, den Pat. vor Indigestionen, vor dem Genuss der Alcoholica und sonstiger Excitantien zu bewahren, sondern nicht minder wichtig ist die methodische Lagerung des Kranken, die sorgfältige Vertheilung von Ruhe und Bewegung, die Fernhaltung psychischer Erregung, mit einem Wort die Verhinderung alles dessen, was den Blutdruck erfahrungsgemäss steigert. In richtiger Würdigung dieser Verhältnisse hat man schon in frühester Zeit durch anhaltende Bettlage und durch die verschiedenartigsten Entziehungscuren die Verlangsamung der Blutwelle und damit die Förderung der Coagulation des Blutes an den rauhen und sinuösen Unebenheiten der Aneurysma-Wände zu erstreben versucht, und von Morgagni bis auf den heutigen Tag wurde dies Verfahren zielbewusst und mit stellenweise gerühmtem Erfolge geübt. Namentlich in England hat diese Behandlungsmethode noch heute warme Anhänger. Man kennt dort dieselbe unter dem Namen der Tuffnell'schen und sie besteht darin, den Pat. bei absolut ruhiger Lage auf ein minimales Maass der Ernährung (120 g Flüssigkeit, bestehend in Milch, Ei, Cacao und 150—180 g feste Nahrung) zu setzen. Allein hierdurch hat Tuffnell wiederholt die Pulsfrequenz von 104 auf 60 Schläge per

Minute, d. i. um ca. 50000 Schläge p. Tag, herabgedrückt. Bellingham, Tuffnell, Finlay u. A. wollen darunter Heilungen beobachtet haben. Auch Andrew rühmt dies Verfahren und Quincke citirt in seiner sorgfältigen Abhandlung über diesen Gegenstand in Ziemssen's Handbuch einen weiteren Fall von Heilung durch Vanzetti. Von Harris[1]) erschien im Jahre 1882 eine Zusammenstellung von 13 Fällen, die nach dieser Methode behandelt waren; davon sollen 0 gebessert, 8 angeblich genesen sein.

Ob es sich thatsächlich um vollständige Heilungen jener Fälle gehandelt hat, ist mir nicht ganz unzweifelhaft. Freilich existirt in der neueren Litteratur eine Mittheilung von Mac Kellar[2]), wonach derselbe vor der Glasgower patholog. Gesellschaft das Präparat eines völlig geheilten Aneurysma der Coeliaca von einem an Dysenterie verstorbenen Pat., bei dem während des Lebens die fragliche Geschwulst fälschlich für einen Netztumor angesehen worden war, als einen Beweis spontaner Heilung von sackförmigen Aneurysmen demonstrirt hat. Ebenso sind schon früher von Goodhart und Liveing ähnliche Consolidationen aneurysmatischer Säcke mitgetheilt worden, und es muss somit die Möglichkeit einer Heilung auf diesem Wege und bei dieser Tuffnell'schen Methode zugestanden werden. Jedenfalls verdient dieselbe hiernach eine grössere Beachtung als ihr bisher geschenkt worden ist. — In Deutschland hat man dies bisher wenig gethan, wenigstens habe ich nirgends in unserer Litteratur darüber etwas finden können, wie denn überhaupt bei uns in Deutschland die diätetischen Heilmethoden vom Auslande her importirt und erst neuerdings executirt sind. Ich erinnere nur an die Resultate von Banting, Dancel, Weir-Mitchell-Playfair etc.

Auch von Frankreich her ist, soweit ich die Litteratur der letzten Decennien durchgesehen habe, im Sinne Tuffnell's wenig behandelt resp. darüber nichts mitgetheilt worden.

Meine eigenen Erfahrungen darüber sind bis dato nur geringfügig. Es ist mir bisher nicht gelungen, einen derartigen Kranken mehr als einige Wochen fest im Bette zu halten, und ob das minimale Maass der Nahrungsmittel streng eingehalten wurde, kann ich nicht verbürgen. Das aber kann ich versichern, dass es auch mir gelungen ist, die Pulsfrequenz dadurch sehr herabzusetzen, und dass eine Milderung der subjectiven Beschwerden, eine vorübergehende Euphorie dadurch bewirkt wird. Gelegentlich habe ich auch, eingedenk der Erfolge der Trockenfütterungsmethoden, Wasser- und überhaupt Flüssigkeitsentziehung im Sinne Dancel's, Oertel's und Schroth's angerathen und durchzuführen versucht. Selbstredend wurde dabei für leichte Defäcation Sorge getragen. Eine Heilung ist mir bis dato nicht gelungen.

Bei Gelegenheit der dauernden Lagerung derartiger Kranken halte ich es für angemessen, noch einige Bemerkungen über gewisse Modificationen derselben anzuknüpfen. Nicht selten wird man hierzu durch den Sitz und die Druckerscheinungen einiger Aorten-Aneurysmen auf die Nachbarorgane genöthigt. Häufig nimmt der Pat. schon instinctiv ihm bequemere Stellungen ein, mitunter aber kann man ihm darin Anleitung und Hülfe geben. So kann man von einem Aneurysma des Arc. aortae nicht dauernde Rückenlage verlangen. Solche Kranken muss man seitlich lagern event. halbsitzende Stellung einnehmen lassen. Einem Pat., dessen Aneurysma der Aort. descend. in seinem oberen Theile sich gegen die Regio supraclavicularis sinistra hin vorwölbte und in Folge davon enorme, neuralgische Schmerzen im linken Plex. brachialis auslöste, konnte ich durch Lagerung des linken Armes über den Kopf grosse Erleichterung verschaffen und hatte die Freude, im Laufe einiger Wochen die Neuralgien ganz beseitigt zu sehen, ohne dass etwa, wie die vollständige Leitungsfähigkeit der Nerven bewies, eine Druckatrophie der betreffenden Nerven für den Nachlass der Neuralgie angesprochen werden durfte. Ich erwähne dies nur, um anzudeuten, wie eine gewisse Findigkeit bei dieser Krankenbehandlung hülfreich werden kann.

Selbst die Krankenuntersuchung muss in schonungsvollster Weise vorgenommen werden. Wie wichtig dies ist, möge folgendes Beispiel illustriren. Noch vor ca. 6 Wochen verlor ich auf meiner Abtheilung einen Pat. mit, wie die Section ergab, gänseeigrossem Aneurysma an der Uebergangsstelle des Arcus zur Aort. descend., bei dem ich den Fortschritt der einige Tage vorher constatirten, linksseitigen Recurrensparese controlliren wollte, bei dem Versuch ihn zu laryngoscopiren. Ganz plötzlich traten so heftige tracheostenotische Erscheinungen auf, dass nur die sofortige Tracheotomie Rettung versprach. Ehe sie beendet war, war Pat. todt. Es wäre besser gewesen, durch Ruhe die Consolidation des Aneurysma etwas abzuwarten.

---

[1]) Virchow-Hirsch. Jahresb. 1882. Bd. II. p. 185 u. 186.

[2]) Lancet 1882 August 19.

Auf der Uebergangsstufe zu den medicamentösen Curen der Aneurysmen steht gewissermassen die Anwendung der Kälte. Die Application des Eisbeutels aufs Herz setzt bekanntlich die Pulsfrequenz gleichfalls herab. Es ist dabei durchaus nicht nöthig, dass dieselbe permanent stattfindet. Ueber Tag z. B. angewandt ist dies ein geeignetes Verfahren, den Kranken zu einer bestimmten, ruhigen Lage zu vermögen. Auf die pulsirende Geschwulst selbst applicirt verbindet man damit den Vortheil der schmerzstillenden Wirkung des Eises, besonders in den Fällen, wo sternale, costale oder vertebrale Usuren vorliegen. Allerdings wird man dies besser unterlassen, wenn bläuliche Verfärbung der Hautdecken über den aneurysmat. Säcken eine mangelhafte Ernährung der Haut signalisirt. Für solche Fälle eignet sich die später zu beschreibende chirurgische Methode der Behandlung. Bevor ich hierauf indess näher eingehe, will ich zuvörderst die medicamentöse einer Besprechung unterziehen.

Die in früheren Zeiten gebrauchten sog. adstringirenden Remedien, der innere Gebrauch des Tannin, Alaun, des Liqu. ferri sesquichl., des Plumb. acet. haben heutzutage wohl nur historischen Werth auf diesem Gebiete der Therapie und werden vielleicht noch bei event. Complicationen, beim hämopt. Infarct, bei Darmstörungen, Nieren-Embolien etc. am Platze sein. Die von Filat angepriesene Wirkung des Bariumchlorid in $^1/_8$—$^1/_4$ Gran Dosen citire ich nur der Curiosität wegen. Ebenso kann ich wohl die Behandlung mit Acid. sulph. dil. und die Valsalva'sche Abführungscur als obsolet bezeichnen. Dagegen findet man heute noch häufig vor die Ordination der Digitalis. Einen wesentlichen Erfolg von diesem Arzneimittel kann man meines Erachtens nur erwarten, wenn gleichzeitig Compensationsstörungen von Seiten des Herzens bestehen, wenn also durch concomittirende oder consecutive Klappen-Erkrankungen, meistentheils Insufficienzen der Aorten-Klappen, Dyspnoë, Cyanose oder Oedeme nachweisbar sind, wenn sich Ernährungsstörungen in der Herzmusculatur durch abnorm hohe Pulsfrequenz, Galopprhythmus etc. zu erkennen geben. In diesen Fällen wird man zumeist auch mit Erfolg von der druckregulirenden Wirkung der Digitalis Gebrauch machen dürfen, aber auch nur in diesen. So habe ich z. B. in einem Falle von Aneurysma der Aort. ascend. minimaler Grösse, durch welches, wie die Autopsie lehrte, die Art. pulmonalis comprimirt und die Symptome einer Pulmonalstenose mit relativer Insuff. der mitralis und allgemeinem Hydrops gesetzt worden waren, mit längerem, günstigem Erfolge die Digitalis in Anwendung gezogen. Fehlen indess die Zeichen der Compensationsstörung des Herzens, so wird es gerathener sein, die Digitalistherapie bei Aneurysmen fortzulassen, immer im Hinblicke darauf, dass es nicht darauf ankommt, den Blutdruck zu steigern, sondern ihn möglichst herabzusetzen. Eine sorgfältige Controlle der Nierenthätigkeit, namentlich der Menge und des specifischen Gewichts des Harns wird uns darin am besten leiten.

Nächst der Digitalis hat man im Laufe der letzten Jahrzehnte bekanntlich noch vielfachen Gebrauch gemacht vom Secale cornut., besonders von seinem wirksamen Agens dem Ergotin. Seit v. Langenbeck's Publication aus dem Jahre 69 sind mehrfach günstige Resultate davon mitgetheilt worden. Dutoit, Catiano, Wolff u. A. wollen Heilungen damit erreicht haben. Seit dem Jahre 76 aber ist eigenthümlicher Weise kein weiterer Heilungserfolg in der Litteratur erschienen, trotzdem dass durch die verbesserten Darstellungsmethoden von Wernich, Bombelon u. A. die Anwendung der Ergotin-Einspritzungen so ungemein bequem gemacht und erleichtert ist. Auch ich habe das Medicament sowohl in der äusserst schmerzhaften, ursprünglichen Langenbeck'schen Form, sowie auch als Ergotin. dialysat. recht häufig gebraucht. Eine Heilung ist mir bisher nicht geglückt; eine Besserung habe ich nur beobachtet, wenn zugleich andere Methoden durchgeführt wurden. Immerhin mag für gewisse Formen von Aneurysmen, vorzugsweise für die mehr peripher gelegenen z. B. für die renalen, die der Coeliaca, Mesenterica etc. das Ergotin nicht irrationell sein, besonders wenn diese Aneurysmen sackförmig auf dem Arterienlumen aufsitzen, und mit dem letzteren durch eine kleine Communicationsöffnung in Verbindung stehen. Alsdann lässt sich eine Wirkung des Ergotin durch die tetanische Contraction der glatten Gefässmusculatur und den dadurch verringerten Blutzufluss wohl erklären. Wie aber das Medicament bei den Aorten-Aneurysmen, namentlich den in der Nähe des Herzens gelegenen wirken soll, ist schon darum schwer verständlich, weil diese Gefässabschnitte an Muskelfasern äusserst arm resp. davon ganz frei zu sein pflegen. Indessen wird die gewichtige Autorität eines Langenbeck diesem therapeutische Verfahren wohl noch lange auf dem Repertoire erhalten und werden sich die Grenzen seiner Indication im Laufe der Zeit schärfer bestimmen lassen.

Ein weiteres, wenn ich so sagen darf, mehr empirisches Medicament bei der Behandlung der Aneurysmen besitzen wir unzweifelhaft im Jodkalium. Von Bouilland zuerst in die qu. Therapie eingeführt, ist es von den verschiedensten Seiten, so namentlich von Balfour mit mehr oder weniger Wärme empfohlen. Die Art seiner Wirkungsweise ist bislang in ziemliches Dunkel gehüllt. Während in Deutschland die Lehrbücher der Materia medica dem Jodkalium jeden Einfluss auf die Circulations-Organe absprechen (s. Nothnagel und Rossbach, ferner Kobert in Dorpat[3]), sind neuerdings von Frankreich her Experimente in entgegengesetztem Sinne publicirt. Eloy hat vom Hospital Bichat aus eine experimentelle Arbeit über den Einfluss der Jodsalze auf die Blutbewegung bekannt gegeben, wonach — ich citire nach der Rivista clinica Jahrg. 1887 Heft 5 p. 200 — eine Verminderung des Blutdrucks in der Carotis von Kaninchen von 10—41 mm Quecksilber am Manometer nachweisbar war. Die Druckverminderung hielt nach Eloy bis 35 Minuten vor bei einer Anwendungsweise von 50 cg bis 1 g auf 1 Kilo Thiergewicht. Eine weitere Bestätigung dieser Beobachtungen muss noch abgewartet werden. Wie dem nun auch sei, jedenfalls hat eine relativ grosse Zahl von Klinikern und Aerzten in neuerer Zeit wiederholt den Gebrauch des Jodkalium bei der Behandlung der Aneurysmen lebhaft befürwortet: so u. A. Jaccoud, Balfour, Broadbent, Sturges, Duflay. Die Letztern wollen sogar Heilungen constatirt haben. Ich für mein armes Theil bin nun freilich so glücklich nicht gewesen, allein ich glaube mich nicht einer subjectiven Täuschung zeihen lassen zu dürfen, wenn ich mit voller Ueberzeugung ausspreche, dass in mehreren Fällen positiv ein längerer Stillstand bei dem Gebrauch des Jodkali an den von mir behandelten Aneurysmen bemerkbar war, und dass die Pat. sich wesentlich während des Gebrauchs erleichtert fühlten. In 2 jener Fälle handelte es sich allerdings um Aneurysmen des Truncus anonymus, die meiner Erfahrung nach überhaupt bei einigermassen günstigen Lebensbedingungen relativ langsam und gutartig verlaufen. Diese Fälle betrafen einen Speicherschliesser und einen Revierförster, Leute, deren Berufsart keine bedeutende Kraftleistung erforderte. Allein den ersten dieser Fälle habe ich ca. 8 Jahre hindurch verfolgt und war über die zeitweise Besserung des Zustandes so frappirt, dass ich in den ersten Jahren der Beobachtung mitunter an der Richtigkeit meiner Diagnose zweifelhaft wurde. — Ob bei den von mir beobachteten Personen luctische Noxen mitgespielt haben, konnte ich nicht ermitteln. Greifbare Symptome davon waren nicht vorhanden.

Bei der Verordnung des Jodkalium empfiehlt es sich nach meinen Erfahrungen, die ersten Flaschen bis zur Gewöhnung des Pat. an das Medicament mit Opiumzusatz zu verabreichen, um den bekannten, initialen Jodismus und seine störenden Schädlichkeiten möglichst zu paralysiren.

Und somit wären wir bei der Anwendung der Narcotica angelangt, diesem letzten und bei allen als unheilbar geltenden Krankheiten einzigen Palliativmittel. Bisweilen muss man dazu schon ziemlich frühzeitig seine Zuflucht nehmen, wenn sich z. B. die Heftigkeit der irradiirten Neuralgien auf keine andre Weise heben lässt. Wie immer beginnt man mit den schwächeren Mitteln resp. mit kleinen Dosen der wirksameren, und wird so in ziemlich regelmässigem Climax vom Bromkalium, Chloral zum Cocaïn und Morphium den langen, mühevollen Weg durch diese See von Plagen in berufstreuer Hingebung mit dem Kranken mitdurchkämpfen müssen. Gelangen dann im Laufe der Zeit die intrathoracischen, aneurysmatischen Tumoren mehr an die Oberfläche oder aber sitzen sie gleich im Beginn der Beobachtung an leicht zugänglichen Stellen des Körpers, so tritt der chirurgische Eingriff in seine Rechte.

Dazu kann man rechnen:

1) die Compression,
2) die Injection coagulationsfördernder Flüssigkeiten,
3) die Einführung fremder Körper und die Acupunctur,
4) die Galvanopunctur,
5) die Unterbindung nach Brasdor-Wardrop.

Die Compression, die als centrale oder indirecte in der Therapie peripherischer Schlagader-Tumoren sowohl in Gestalt digitaler Ausführung als auch in Form der Esmarch-Madelung'schen Stangen-Compression so überaus glänzende Resultate aufzuweisen hat, ist bei den inneren Aneurysmen allerdings, der Situation der anatomischen Verhältnisse gemäss, nur in directer oder gar in peripherischer Anwendungsweise ausführbar.

Nur bei den tiefer im Abdomen gelegenen Aorten-Aneurysmen behaupten Bryant und Bloxam von der indirecten Compressionsmethode günstigen Einfluss gesehen zu haben. Im verflossenen Jahre hat ferner Servier in No. 46 und 47 der Gaz. hbd. einen Aufsatz über diese Behandlungsart publicirt. In 5 Fällen will er mit dreimaligem glücklichen Erfolge davon Gebrauch gemacht haben.

[3]) Archiv f. exp. Path. u. Pharmacol. Bd. XXII.

Nothwendig dabei ist nach allen Autoren tiefe Chloroform-Narkose. In anderen Mittheilungen ist tödtliche Peritonitis dabei constatirt worden. — Unmöglich wird diese Methode selbstverständlich bei den intrathoracischen, resp. den dicht unterhalb des Diaphragma sitzenden Aneurysmen. Unter diesen Umständen könnte nur die directe oder die peripherisch vom Aneurysma ausgeübte Druckbehandlung in Frage kommen. Erstere ist natürlich nur bei sich vorwölbenden Geschwülsten heranzuziehen und schliesst meines Erachtens die Gefahr der Decubital-Gangrän der Bedeckungen in sich. Letztere, die peripherische, ist meines Wissens bisher noch in keinem Falle streng durchgeführt. In der Privatpraxis wird dies auch schwer möglich sein, weil es dort an geschultem Wartepersonal und an der nöthigen Zeit meistens fehlen wird. Im Hospital indess verdiente sie wohl erneuter, wiederholter Versuche. Annandale giebt an, bei Aneurysmen der Aorta ascend. und des Trunc. anonym. durch Digital-Compression einer Carotis und Subclavia eine Abnahme der pulsirenden Geschwulst beobachtet zu haben und hat dem entsprechend diese Gefässe nach Brasdor, allerdings nur mit kurz dauerndem Effect, unterbunden. Aehnliches fand auch Rosenstirn in San Francisco bei seinen Kranken (Arch. f. kl. Chir. Bd. 34 p. 7.). Dasselbe hat, einer brieflichen Mittheilung zufolge, Baum hier in Danzig gesehen und später in gleichem Sinne operirt. Meine eignen Beobachtungen zeigten mir, wenn überhaupt eine Veränderung so eher eine Volumzunahme der Aneurysmen bei diesen Versuchen. Besonders konnte ich dies bei einem Aneurysma der Bauchaorta mit Bestimmtheit constatiren, als ich die Crural-Arterien comprimirte. Saundby[4]) hat diese Beobachtung bestätigt, giebt aber, was auch mir damals als eine directe Folgeerscheinung imponirte, auch an, dass bald danach ein tödtlicher Ausgang durch Ruptur erfolgte. Weitere Erfahrungen und Mittheilungen darüber wären wohl wünschenswert.

Hinsichtlich der von Petrequin angepriesenen Injection gerinnungsfördernder Flüssigkeiten kann ich wohl mit Recht behaupten, dass die Acten darüber zu Ungunsten der Methode abgeschlossen sind. Der letzte Versuch der Art wurde im Jahre 1885 von Southam[5]) ausgeführt und zwar benutzte er das von Gamgee empfohlene Fibrin-Ferment, allein mit durchaus negativem Erfolge.

Anders lauten die Berichte über die Einführung fremder Körper. Pferdehaare, Schweinsborsten, Eisendraht (Moore), Uhrfedern (Baccelli), Catgut (v. d. Meulen) sind wiederholt in die aneurysmatischen Säcke eingebracht worden, um Thrombenbildung zu erzielen. Häufig lautet die Ueberschrift der Publicationen „mit Ausgang in Heilung". Sieht man genauer zu, so bestand dieselbe höchstens in vorübergehender, mehr oder weniger kurzer Besserung. Auch der im Jahre 1887 im deutsch. Arch. f. kl. Med. von Schrötter in Wien gelieferte Beitrag zur Therapie der Aorten-Aneurysmen ist hierher zu rechnen. Der Autor benutzte statt der Baccelli'schen Uhrfederspiralen, Fils de Florence. Es sind dies die von der Seidenraupe kurz vor ihrer Einpuppung entnommenen Coconfäden, die neben ihrer Neigung die spiralige Form beizubehalten noch den Vorzug der allmählichen Resorbirbarkeit wie Catgut besitzen. Die Operation, à deux temps ausgeführt, verlängerte das Dasein des Pat. nach dem zweiten Eingriff vom 9. bis 28. November. Auf Grund dieser Thatsachen möchte ich dieser Methode keinen wesentlichen Vorzug zuschreiben.

Noch günstiger klingen die Referate und Resultate der Acupunctur und Galvanopunctur. Mit Ersterer wollen in jüngster Zeit Monard-Martin und Constantin Paul[6]) wieder Heilungen erreicht haben. Ihre Arbeiten sind mir im Original nicht zugänglich gewesen und muss ich mich demnach einer Kritik derselben enthalten.

Die Galvanopunctur ihrerseits, ebenfalls ein Kind der letzten Decennien, hat wohl die meisten sogenannten Heilungen aufzuweisen. Meschede hat schon im Jahre 1858 in seiner Dissertation unter 16 Fällen 23 Heilerfolge gesammelt. Freilich handelte es sich nicht allein um Aorten-Aneurysmen. Für diese wurde sie von Ciniselli um die Mitte der 60er Jahre wieder und wieder auf das Wärmste empfohlen und ihre Applicationsweise schärfer präcisirt, namentlich die Anode als einzig zweckmässig zum Gebrauche gerühmt. Petit[7]) hat dann im Jahre 1880 schon 114 Fälle, die auf diese Weise behandelt wurden, zusammengestellt und in ihren Erfolgen statistisch auseinandergehalten. Danach waren zu constatiren: 60 Besserungen, 38 Misserfolge, 2 völlige Heilungen. Auch Dujardin-Beaumetz[8]) äussert sich in ähnlichem Sinne. „Besserung gehöre

[4]) Virchow-Hirsch, Jahresber. 1878, p. 187 u. Brit. med. Journ. Febr. 1879 p. 226.

[5]) Brit. med. Journ. 1883 August. 18 p. 321.

[6]) Virchow-Hirsch. Jahresb. 1879. Bd. II, p. 280.

[7]) Virchow-Hirsch. Jahresb. 1880. Bd. II, p. 158.

[8]) Ibid. p. 159.

zu den häufigen, Heilungen zu den ausnahmsweisen Resultaten".

Man macht die Galvanopunctur am zweckmässigsten so, dass man nach Verschiebung der Hautdecken durch einen feinen zugespitzten Troicart einen bis auf die Spitze isolirten Leitungsstab in das Aneurysma vorschiebt und nun am besten mit der positiven Electrode verbindet. Die Dauer der Sitzung soll nur 10 Minuten betragen; ihre Wiederholung kann alle 8—14 Tage vorgenommen werden. Barwell*) hat im vorigen Jahre diese Methode mit der Baccelli'schen Einführung eines Stahldrahtes, den er an die Anode anschloss, verbunden. Aber auch hier war der Ausgang ein baldigst ungünstiger. — Zu beachten ist, dass alle diese Methoden nur anwendbar sind bei leicht zugänglichen, also ziemlich oberflächlich liegenden Aneurysmen und dass, worauf auch Jaccoud im Januar dieses Jahres in der Semaine médicale aufmerksam macht, eine Contraindication gefunden werden muss in einer event. gleichzeitigen Insufficienz der Aortenklappen, weil hierbei in Folge der starken Druckschwankungen äusserst leicht Embolien bedingt werden können.

Zum Schluss noch einige Worte über die Ligatur nach Brasdor-Wardrop.

Der Wirkungskreis dieser Operation ist, wie leicht ersichtlich, beschränkt auf die Aneurysmen der Aort. adscend., des Truncus anonym. und des Arcus aortae. In früheren Zeiten bei uns in Deutschland fast ausser Cours gesetzt, hat sich ihr Credit seit dem Jahre 1879 auch bei uns wieder mehr gehoben. Es ist dies im Wesentlichen das Verdienst E. Küster's in Berlin. In No. 50 und 51 des genannten Jahrganges der Berl. klin. Wochenschrift hat derselbe in einer Abhandlung, gestützt auf seine Nachforschung in der Litteratur und auf das relativ günstige Resultat der Besserung in einem von seinen beiden operirten Fällen für die Brasdor'sche Operation lebhaft plaidirt. Unter 18 Fällen von Aneurysmen des Truncus anonymus hat Küster 5 Mal Heilung, 5 Mal Besserung, 9 Mal rasch folgenden Tod danach verzeichnet gefunden. Bei solchen der Aorta adscendens und des Arcus aortae ist unter 10 Fällen 1 Mal eine Besserung von 4jähriger Dauer, unter 9 weiteren derartigen Erkrankungen, die seit Einführung der Antisepsis operirt wurden, ist 2 Mal mehrmonatliche, 4 Mal Besserung bis zu 4½jähriger Beobachtung nachweisbar gewesen. Seit Küster's Publicationen habe ich noch 9 Fälle dieser Art auffinden können, darunter zeigte ein Fall von Stimson 3jährige Besserung, ein Fall von Bardeleben-Arimond ca. 1jährige, einer von Rosenstirn fast 2jährige Milderung der Erscheinungen. Diese drei Kranken litten gleichfalls an Aneurysma des Truncus anonymus. Alle übrigen starben kurz nach der Operation, so auch z. B. der von Busch in Bonn operirte Fall. Auch hier in Danzig ist nach Küster's Vorgang von Baum ein An. der Aorta ascend. und des Arcus zu Ende vorigen Jahres operirt worden. Nach der 1. Ligatur der Subclavic. sinistr., am 2. XII. 1886 vorgenommen, trat eine scheinbare Linderung der Beschwerden bis zum 22. XII. ein. Nach der sodann ausgeführten Ligatur der Carot. com. sin. lebte der Pat. ohne wesentliche Besserung noch bis zum 8. II. 1887.

Vergleicht man diese Erfolge mit denen der Galvanopunctur, wie Petit sie zusammengestellt hat, so verdient die Ligatur nach Brasdor für die Aneurysmen des Truncus anonymus wohl entschieden den Vorzug, für die der Aort. adsc. und des Arcus aber ist sie nicht mehr als allenfalls gleichwerthig.

Wenn trotzdem Küster sich folgendermassen ausspricht: „ich glaube, dass sie, (die Ligatur) der Galvanopunctur vorgezogen werden müsste, selbst wenn Letztere eher ein Mal eine definitive Heilung zu Stande brächte", so kennzeichnet dieser Ausspruch durchaus den messerfreudigen Operateur. Ohne dem eminenten Talente und der chirurgischen Auffassung Küster's zu nahe treten zu wollen, hoffe ich doch im Sinne der bei Weitem grösseren Mehrheit des ärztlichen Publikums mich auszudrücken, wenn ich die Brasdor'sche Operation gegenwärtig noch als das ultimum refugium unserer Therapie bezeichne.

Resümire ich nunmehr die Ergebnisse obiger Erwägungen, so komme ich zu folgendem Facit:

Die jeweilige Behandlung des Aorten-Aneurysma ist abhängig:

1. von dem Zeitpunkte seiner Feststellung,

2. von seinem Sitze,

3. von den complicatorischen und consecutiven Störungen seiner Nachbarorgane.

Bald nach der Entstehung erkannt, erfordert die Behandlung des Aneurysma bei tiefliegendem Sitze in erster Linie

a) anhaltende absolute Ruhe nebst zweckmässiger Lagerung,
b) Application des Eises,
c) Einschränkung der Diät im Sinne Tuffnell's, namentlich auch Einschränkung des Flüssigkeitsgenusses;

*) The Lancet. Juni 5, p. 1068.

in zweiter Reihe:

a) event. subcut. Ergotin-Injection,

b) den innerlichen Gebrauch der Jod-Salze, bis zur Gewöhnung daran mit Opiumzusätzen.

Nach längerem Bestehen der Erkrankung, für welches das Volumen der aneurysmatischen Geschwulst einen approximativen Anhalt geben dürfte, und bei oberflächlichem Sitze sind neben den oben genannten therapeutischen Maximen nicht nur erlaubt, sondern vielmehr geboten:

a) die Galvanopunctur,

b) die Ligatur nach Brasdor-Wardrop. Letztere namentlich für die Affectionen an der Art. anonyma.

Bei den Complicationen und Folgezuständen richtet sich die Therapie ja nach dem speciellen Fall. Für die qualvollen Neuralgien sind die Narcotica schliesslich nicht zu entbehren.

Danzig im September 1887.

Beiträge zur Chininvergiftung.

Von

Th. Husemann (Göttingen).

Vor zwei Jahren hatte sich in den Kreisen der deutschen Drogisten eine Strömung geltend gemacht, das gesetzlich zuständige Verkaufsgebiet um die Chinaalkaloide zu vermehren. Die Apotheker kamen ihrerseits zu dem Ergebnisse, dass diese Arzneiartikel so ausgedehnt verwendet und so viel verschrieben würden, dass eine Freigebung ihres Verkaufes geradezu den Ruin mancher Apotheker nach sich ziehen würde. Der Streit darüber wurde in der beiderseitigen Fachpresse in diesem Sinne mit grosser Verve geführt. Für die Beurtheilung der Frage vom Standpunkte des Gesetzgebers ist indess ein anderes Verhältniss von grösserer Wichtigkeit, nämlich die Giftigkeit des Chinins und seiner Nebenalkaloide. Auf diese mich beziehend, habe ich zu jener Zeit in der Pharmaceutischen Zeitung das Ansinnen der Drogisten als ein ungerechtfertigtes und Seitens der Staatsbehörden als vollkommen unerfüllbares bezeichnet.

Ich hielt die Sache damit erledigt, weil ich die Giftigkeit des Chinins als eine ausgemachte und Jedermann bekannte Thatsache betrachtete. Anderer Ansicht waren die Drogisten, die einige Monate später die Chininfrage aufs Neue aufnahmen und, sich stützend auf den eben erschienenen Binz'schen Artikel über Chinarinden in der 2. Aufl. der Eulenburg'schen Real-Encyclopädie der Medicin, durch welchen, wie sie in ihrer Fachpresse behaupteten, dargethan sei, dass das Chinin nicht zu den Giften gehöre und namentlich auch nicht Menschen zu tödten vermöge, meine „Ansicht" für „abgethan" erklärten.

In dem erwähnten Aufsatze von Binz steht das nun freilich nicht, was man dem Autor unterlegte. Es heisst in demselben (a. a. O. Bd. IV. pag. 168) wörtlich: „Ein Fall unmittelbarer tödtlicher Vergiftung ist mir nicht bekannt geworden, es sei denn, wo Aerzte bei schweren Fiebern mit grossem Verfall der Kräfte auf einmal mit zu grossen Gaben operirten". Binz citirt dann den Fall von Giacomini (1814), wo ein an Stuhlverstopfung leidender Mann von 45 Jahren aus Versehen 10,0 g Chininsulfat auf einmal nahm und danach schwer erkrankte, so dass er noch am 5. Tage das Bett nur eine halbe Stunde verlassen konnte. Dieser Fall beweist doch offenbar die Giftigkeit des Chinins für Gesunde, und wenn er auch allerdings gleichzeitig darthut, dass selbst eine colossale Dose (denn eine solche sind doch 10,0 g) mitunter nicht zum Tode führt.

Bis zum Jahre 1885, in welches die Binz'sche Veröffentlichung fällt, gab es allerdings keinen tödtlichen Fall von Chininvergiftung bei Gesunden. Die Lücke wird ausgefüllt durch eine von Baills aus einem französischen Militärlazareth berichtete, in der Union pharmaceutique reproducirte Intoxication. Ein Soldat erhielt aus Versehen statt Bittersalzlösung eine 5%ige Solution von Chininsulfat, 12,0 g des letzteren entsprechend, und als er sich über den unangenehmen Geschmack und über Ohrensausen beklagte, hielt es der Lazarethgehülfe für angemessen, dasselbe Quantum zu sich zu nehmen. Beide erkrankten sehr schwer nach Ablauf einer halben Stunde, bei beiden trat ein Zustand grosser Apathie und Herzschwäche ein; doch genas der Soldat, weil durch spontanes Erbrechen ein grosser Theil der Chininlösung entfernt wurde, während der Lazarethgehülfe vor Ablauf von 4 Stunden in einem Anfalle von Synkope zu Grunde ging. Hier ist somit das Factum einer tödtlichen Chininvergiftung bei einem vollständig gesunden Menschen dargethan und damit der Beweis geliefert, dass das Chinin eine gefährliche Substanz ist, die dem freien Verkehr zu überlassen die Rücksicht auf das Wohl des Publicums verbietet.

Dass der freie Verkehr grössere Gefahren für das kindliche Lebensalter darbietet, liegt klar zu Tage, da ja bei Kindern selbstverständlich viel kleinere Mengen den Tod bedingen können. Ich habe bereits in der

Pharmaceutischen Zeitung vom 16. December 1885 einen dies darthuenden Fall berührt, der noch dazu beweist, dass nicht das Chinin allein, sondern auch das amorphe Chinin oder Chinoidin ein tödtliches Gift ist und dass also auch dieses — wie überhaupt die Nebenalkaloide, die ja nach den bekannten experimentellen und klinischen Versuchen, welche ich in den „Pflanzenstoffen“ zusammengestellt habe, mindestens ebenso, theilweise aber auch stärker giftig als Chinin sind — dem freien Verkehr nicht überliefert werden darf. Der Fall, welcher mir von den Herren Apotheker O. Siemerling und Kreisphysikus Marcuse mitgetheilt wurde, betrifft ein 10jähriges Kind, welches eine nicht ganz genau bestimmte Dosis Chinoidin (5,0—10,0 g) nach dem Essen nahm und danach heftiges Erbrechen bekam und in einer halben Stunde starb. Die ausführliche Beschreibung des Falles wird hoffentlich später stattfinden. Das Kind hatte längere Zeit an Wechselfieber gelitten, doch ist nicht zu bezweifeln, dass auch ohne die durch das Intermittens etwa bedingte Schwäche der Tod hätte eintreten können.

Damit ist die medicinalpolizeiliche Seite der Frage meines Erachtens erledigt, nicht aber diejenige über die letale Dosis überhaupt. Dass dieselbe bei gewissen Kranken eine weit geringere sein kann, ist ein Factum, auf das auch Binz hindeutet, wenn er „das Operiren mit grossen Dosen bei schweren Fiebern mit grossem Verfall der Kräfte“ hervorhebt. In solchen Fällen räth Binz an, nur alle paar Stunden 0,5 g und zwischendurch feurigen Wein zu geben und warnt vor Dosen von 1,0—3,0, die man ohne das Stimulans verabreicht. Der vorsichtige Therapeut wird diese Regeln wohl beherzigen, und ich halte es geboten, dieselben hier warm zu empfehlen, da ich hier einen Fall niederzulegen habe, der zur höchsten Vorsicht auffordert.

Unter der zahlreichen Correspondenz, welche mir meine oben erwähnten Chininartikel in der Pharmaceutischen Zeitung aus ärztlichen und pharmaceutischen Kreisen eingetragen haben, befindet sich ein Brief eines deutschen Apothekenbesitzers, der im Anfange der 70er Jahre durch eine Chininvergiftungsaffaire schwer zu leiden hatte. In einer Krankenhausapotheke einer grösseren Stadt, in welcher derselbe zu jener Zeit arbeitete, wurden von ihm für zwei Typhus-Reconvalescenten zwei Chininsulfatverordnungen angefertigt, beide nach dem gleichlautenden Recepte: Chinin. sulfur. 2,0. D. tal. dos. No. 2. S. Nach Bericht. Mittags gegen 1 Uhr erhielten die Kranken eines dieser Pulver und eine halbe Stunde später waren beide todt. Dass hier eine Vergiftung vorliege, lag auf der Hand; das ärztliche Personal suchte dieselbe aber nicht im Chinin, sondern in einer bei der Anfertigung der Pulver in der Apotheke geschehenen Verwechselung mit Morphin. Da noch zwei Pulver übrig waren, wurden dieselben beschlagnahmt, ebenso beide Recepte, und man schritt zu einer chemischen Untersuchung, welche in vollgültiger Weise bewies, dass die Pulver reines Chininsulfat in der angegebenen Menge enthielten. Ueber den Ausfall des bei beiden Verstorbenen gemachten Sectionsbefundes konnte Genaueres nicht angegeben werden. Es liegt die Möglichkeit vor, dass ein Irrthum bei dem Verschreiben stattgefunden hatte, indem es heissen sollte: „divide in partes 2“; doch ist dies nicht sicher constatirt. Jedenfalls lehrt der Fall, für dessen Genauigkeit sich der Correspondent verbürgt, dass eine Dosis von 2,0 Chininsulfat im Stande ist, einen in der Reconvalescenz von Abdominaltyphus befindlichen Erwachsenen im Laufe einer halben Stunde zu tödten. Ein doppelter Todesfall durch dieselbe Dosis, das Chinin durch chemische Analyse als solches und die Abwesenheit eines anderen Giftes nachgewiesen, das Quantum durch zweifache Wägung ermittelt; mehr kann auch die strengste Kritik nicht verlangen.

Dass die ältere Litteratur der letalen Chininvergiftung mit kritischen Augen angesehen werden muss, um darüber zur Klarheit zu gelangen, ob es sich wirklich um letalen Cinchonismus handle, habe ich schon 1862 betont. Auch Binz (a. a. O.) ist dieser Ansicht und hat die wesentlichen Punkte, die dabei zu berücksichtigen sind, richtig hervorgehoben, indem er sagt: „Die Mehrzahl der Fälle ist nicht rein, theils wegen schwerer Complicationen in dem pathologischen Zustande selbst, theils wegen unzweckmässiger Präparate, z. B. Chininum hydrocyanicum, theils wegen Aufführung von Symptomen, die sicher keiner Chininvergiftung angehören können.“ Dass keiner der oben citirten neuesten Fälle in einer von diesen drei Richtungen Handhabe zur Kritik bietet, brauche ich nicht zu betonen. Aber ich glaube auch, dass, wenn auch manche ältere Fälle zweifelhaft sind, man doch zu weit geht, wenn man die Mehrzahl derselben nicht gelten lassen will. Manche von französischen Autoren als besonders beweistüchtig angesehene Fälle von tödtlichem Cinchonismus aus der Zeit, wo Briquet die Behandlung des Gelenkrheumatismus mit grossen Dosen

Chininsulfat einführte, sind allerdings ganz bestimmt keine Chininvergiftungen. So der fast durch alle Lehrbücher der Toxikologie gehetzte Fall aus dem Hôpital Cochin, wo ein an Gelenkrheumatismus leidender, 26-jähriger Mann zuerst 3,0 g Chininsulfat in 12stündlichen Einzeldosen, dann am folgenden Tage noch 3,5 g in derselben Weise erhielt und hierauf plötzlich in Delirium furibundum verfiel und in wenigen Stunden starb. Hier, wo die Section noch dazu Spuren von beginnender Meningitis und Encephalitis darbot, ist offenbar ein Fall von Rheumatismus acutus cerebralis, wie er bei jeder Behandlung vorkommen kann, als Folge der allerdings nicht unbeträchtlichen Chinindose angesehen. Solches „furibundes Delirium“ ist bestimmt kein charakteristisches oder constantes Symptom der Chininvergiftung, bei welcher Schwäche und Apathie mehr als Excitation hervortreten, wenn auch das Vorhandensein von Aufregung keineswegs dazu berechtigt, in einem concreten Falle zu behaupten, dass keine Chininvergiftung vorliege. Binz ist jedenfalls im Rechte, unter Berufung auf die Fälle von Betz, in denen bei Kindern jedesmal nach mässigen Dosen Chinin Tetanus auftrat, der später durch den Nachweis von Strychnin in den administrirten Pulvern seine Erklärung fand, die Möglichkeit zu urgiren, dass einzelne Fälle von sog. schwerer Chininvergiftung auf solche Versehen bei der Dispensation zurückgeführt werden müssen. Andererseits ist jedoch hervorzuheben, dass Krämpfe, sowohl terminale, als auch frühzeitigere, recht wohl bei einer reellen Chininvergiftung vorkommen können, einmal bei Kindern, wo auch andere hyposthenisirende Gifte, um die Nomenclatur Tardieu's zu gebrauchen, z. B. Phosphor, ein mitunter mit Krämpfen verlaufendes Intoxicationsbild liefern, andererseits bei hysterischen Frauenzimmern u. s. w. Es liegt durchaus nicht in meiner Absicht, hier die ganze ältere Litteratur des Cinchonismus kritisch durchzugehen, sondern nur einige für deren Kritik wichtige Gesichtspunkte hervorzuheben. In Bezug auf die älteren Fälle selbst verweise ich auf die schon vor zwanzig Jahren gemachte Zusammenstellung derselben von Dr. Rudolf Wenz in seiner sehr schätzenswerthen Dissertation: „Die therapeutische Anwendung der China und ihrer Alkaloide (Tübingen, 1867) und meine Mittheilungen in den „Pflanzenstoffen“.

Es ist merkwürdig, dass dieselbe Fülle von angeblichen tödtlichen Vergiftungen durch Chinin im Verlauf schwerer fieberhafter Erkrankungen, wie sie die Einführung der Chininbehandlung des Gelenkrheumatismus durch Briquet erzeugte, sich im Verlaufe der letzten Jahre in der Pariser Metropole wieder gefunden haben soll. Man hat dies bekanntlich in Zusammenhang gebracht mit der Verfälschung des Chininsulfats mit den Sulfaten des Cinchonidins und anderer Chinabasen. Meine Ansicht geht dahin, dass diese Beimengung die Toxicität weder erheblich erhöht noch herabsetzt. Es mag ja sein, dass Cinchonidin, wie früher Bernatzik constatirt hat, ein wenig giftiger, Cinchonin etwas weniger giftig ist, als Chinin; eine erheblich quantitative Differenz ist nicht vorhanden. Qualitativ hat ja Laborde Cinchonin und Cinchonidin als krampferregende Basen dem Chinin gegenübergestellt, das übrigens nach meinen Erfahrungen auch bei Kaninchen mitunter Krämpfe bewirkt. Es wäre danach denkbar, dass jene Alkaloidgemenge noch häufiger als das reine Sulfat Intoxicationsbilder mit Krampferscheinungen erzeugten.

Bei der Seltenheit der Chininvergiftungen in der deutschen medicinischen Litteratur halte ich es für angezeigt, noch einige bisher ungedruckte Fälle von Chininvergiftung aus St. Louis mitzutheilen, welche mir Herr Dr. H. Kinner gütigst zur Verfügung gestellt hat und von denen zwei tödtliche Fälle bei gesunden Kindern betreffen, während der dritte eine nicht tödtliche Intoxication eines Erwachsenen betrifft. Die Möglichkeit, dass etwa eine Verwechslung mit anderen giftigen Stoffen vorgelegen habe, die ja in Staaten mit nicht der Revision unterworfenen Apotheken sich leichter als bei uns ergiebt, wird durch äussere Umstände ausgeschlossen, obschon allerdings für das Freisein des Chinins von anderen Chinabasen in diesen Fällen keine Bürgschaft geleistet werden kann. Zu bedauern ist, dass die beiden ersten Fälle nicht seitens des Arztes beobachtet wurden, da derselbe erst nach dem Tode der Vergifteten eintraf.

1. Tod eines 3½jährigen Mädchen durch Chininpillen. — Die 3½jährige Tochter eines Attorney at law zu St. Louis, kerngesund und auch früher niemals krank, schüttete am 7. September 1876, als sie für sich allein mit einem Kinderkaffeeservice spielte, in ein in einem Nebenzimmer stehendes viereckiges Fläschchen, welches überzuckerte Chininpillen enthielt, von denen ihr an Wechselfieber leidender Bruder eine Anzahl mit zur Schule genommen hatte, Wasser und füllte einen Theil der dadurch entstehenden Flüssigkeit in ihr Täsシchen, woraus sie dann eine nicht völlig sicher zu stellende Quantität zu sich nahm. Nach

einiger Zeit kam sie unerwartet zu ihrer Mutter, klagte über Schmerzen im Magen und wurde sichtlich immer mehr unwohl. Sie liess den Kopf schwer herabhängen und bekam dann Krämpfe, die sich noch zwei Mal wiederholten. Das Kind sprach nicht mehr, antwortete auf keine Frage und starb 1—1½ Stunden nach dem Auftreten des ersten Unwohlseins. Der herbeigerufene Arzt kam erst nach dem Eintritt des Todes. Das viereckige Fläschchen trug die Etikette: „100 Pil. Quinine Sulph. 2 grains. Prepared by W. R. Warner & Co. Chemists. 1228 Market Street. Philadelphia. Sugar coated.“ Höchstens ein Viertel des Inhalts war herausgenommen und es schien, als ob beinahe der ganze Inhalt aufgelöst war, da wohl ein Bodensatz, aber keine intacte Pille mehr im Fläschchen sich befand. Würde man annehmen, dass die Pillen wirklich 2 Gran Chininsulfat enthielten und der vierte Theil, also 25, von dem Mädchen verschluckt war, so würde die Dosis, welche zum Tode führte, annähernd 3,0 g gewesen sein. Vermuthlich war es aber weniger, da ja auch der Bruder Pillen mitgenommen hatte.

2. Tod eines 2 jährigen Mädchen durch Chininpillen. — Ursula W., 2 Jahr 1 M. 10 T. alt, starb an Chininvergiftung, indem sie 8—10 zweigränige Warner's Chininpillen verschluckte, was somit einer Menge von 16—20 Gran (1,0—1,2 g) entsprach; einige Pillen wurden noch aus ihrem Munde genommen. Erst eine Stunde später erhielt sie ein Brechmittel (Senf in heissem Wasser), wonach auch Entleerung nach oben eintrat. Der Tod erfolgte in 2—2½ Stunden; kurz vor dem Tode trat Frösteln und bald hernach eine Convulsion auf. Magenschmerzen schienen nicht vorhanden gewesen zu sein, da das Kind noch nach Brod und Butter verlangte.

Eine Untersuchung der Pillen ist in keinem der beiden Fälle gemacht, doch kann nicht angenommen werden, dass es sich etwa um ein tetanisirendes Gift handelte, das dem Chinin beigemengt war; in dem letzteren Falle sind die Krämpfe sicher, in dem ersten doch höchst wahrscheinlich terminale. In dem zweiten Falle könnte die langsame Entwickelung der Vergiftung, die erst nach 1 Stunde ein Brechmittel nöthig machte, auffallen; doch erklärt sich dieselbe ganz einfach daraus, dass das Chinin in Pillenform genossen war.

Beide Fälle bilden übrigens einen Beleg zu der von mir schon vor 25 Jahren betonten Gefährlichkeit der Anwendung von Zuckerwerkformen für giftige Stoffe, insoweit dadurch Kinder zu Näschereien veranlasst werden, die möglicherweise den Tod nach sich ziehen. Die Litteratur hat eine nicht unbedeutende Casuistik von Opfern der sog. Pharmacopoea elegans. Dass die Verzuckerung die Warner'schen Chininsulfatpillen zu keiner „Delicatesse“ macht, muss freilich zugegeben werden. Aber der Geschmackssinn der Kinder ist in den ersten Lebensjahren wenig correct ausgebildet, und wenn eine übelschmeckende Substanz den Schein eines wohlbekannten Leckerbissens bietet, so consumiren dieselben alles Mögliche. 20 zweigränige Chininpillen, natürlich gekaut, sind gewiss eine tüchtige Leistung in dieser Beziehung; wenn aber diese, wie die vorstehenden Mittheilungen beweisen, und damit die grosse Chininmenge, welche zum letalen Ausgange erforderlich ist, von Kindern verschluckt wird, um wie viel leichter können die in Form von Granules oder Biscuits dargereichten ebenso giftigen Stoffe, wie Strychnin oder Aconitin oder selbst das für Kinder in den ersten Lebensjahren so gefährliche Morphin Unheil stiften!

3. Chininvergiftung bei einer Frau und Genesung. — Frau J., eine robuste, corpulente Frau von einigen 60 Jahren, hatte oft an Wechselfieber gelitten, das jedesmal durch eine Chininmixtur beseitigt wurde. Bei einer neuen Infection bat sie, die bittere Arznei nicht wieder nehmen zu dürfen, da sie einen unüberwindlichen Widerwillen dagegen habe und jedenfalls erbrechen werde. Sie erhielt daher 10 zweigränige überzuckerte Chininpillen von der Warner'schen Fabrik, wovon sie 3 stündlich 2 Pillen consumirte. Da der Anfall hiernach nicht ausblieb, wurden noch weitere 12 Pillen gegeben. Auch hiernach blieb der nächste Anfall nicht aus. Da die Kranke seit der Erkrankung an Stuhlverstopfung litt, wurden ihr jetzt 20 Gran (1,2) Chininsulfat mit 30 Gran (2,0) Pulv. Rhei verschrieben, dazu aber jedesmal noch 5 Tropfen Schwefelsäure in Zuckerwasser, ausserdem letzteres ad libitum pro potu gegeben. Schon nach der zweiten Gabe von 4 Gran traten so bedrohliche Erscheinungen ein, dass ärztliche Hilfe requirirt werden musste. Dr. Kinner fand die Kranke sehr schwach, die Haut kühl, mit etwas Schweiss bedeckt, die Athmung schwer, stöhnend; das Bewusstsein war geschwunden und es kostete Mühe, die Kranke zu wecken; der Puls war klein, fadenförmig, dabei bestand krampfhaftes Zittern. Die Verordnung bestand in schwarzem Kaffee und Whisky. Da bis dahin kein Stuhl dagewesen war, wurde ein Kaffeeklystier gegeben, worauf bald Entleerung erfolgte, in welcher man einige ungelöste Reste der Pillen erkennen konnte. Unter weiterer Darrei-

chung von Kaffee und Whisky erfolgte allmähliche Wiederherstellung. Am folgenden Tage klagte die Patientin nur über Schwäche und heftiges Ohrenklingen. Das Fieber kehrte nicht wieder.

Man wird diesen, in seinem Verhalten dem Chinincollaps ganz entsprechenden, noch dazu das charakteristische Ohrentönen darbietenden Intoxicationsfall wohl nicht auf die 0,5 g Chininsulfat beziehen müssen, welche die Patientin an dem Tage nahm, wo die Erkrankung stattfand. Allerdings würde man hinzunehmen müssen, dass das Chininsulfat durch das Nachtrinken der Schwefelsäure in das löslichere Chininbisulfat übergeführt und deshalb rascher in die Circulation aufgenommen wurde. Es deutet indess der Umstand, dass in Folge des Kaffeeklystiers noch Reste der vorher eingenommenen Chininpillen in den Fäces vorhanden waren, darauf hin, dass durch die Schwefelsäurelimonade und den reichlichen Zuckerwassergenuss auch eine Lösung im Darme noch vorhandenen Chinins von den ersten Medicationen her stattgefunden und so eine grössere Menge als 0,5 auf einmal zur Resorption gelangte. Für die Zweckmässigkeit der Chininpillen von Warner zur Beseitigung von Intermittens spricht dieser Fall gewiss nicht; andererseits aber bietet deren schlechtes Resultat in Bezug auf das Coupiren des Anfalls keinen Anhaltspunkt dafür, deren Zusammensetzung zu beanstanden, wozu wir ja leicht, da es sich um eine amerikanische Patentmedicin handelt, geneigt sein möchten. Aber ich habe vor Jahren in einer ausgedehnten Wechselfieberpraxis die Unzweckmässigkeit der von mir probeweise, besonders bei Kindern im Alter von 4—12 Jahren angewendeten Form der Pillen und Boli selbst genugsam erfahren, da die 3—6 Stunden vor dem Anfall in dieser Form gereichte Menge von Chininsulfat oder Chinintannat, welche in Pulverform jedesmal sicher den Anfall coupirte, nur ausnahmsweise den gewünschten Effect hatte. Möglicherweise würde das Nachtrinkenlassen von Säuren die Wirkung gesichert haben; ich habe das aber nicht versucht, und in meinem derzeitigen Wohnort giebt es keine Intermittens. Eine Vergiftung mit Chinin habe ich bei Kindern nie, sonst nur in einem einzigen Falle nach Chininsulfat bei einem ca. 40 jährigen Manne gesehen, den ich 0,8 vor dem Anfalle (Quartaner) auf einmal nehmen liess; hier kam es zu heftiger Uebelkeit und excessivem Speichelflusse, daneben zu Ohrensausen, welche Erscheinungen ohne weitere Medication in einigen Stunden verschwanden.

Zur Wirkung und Dosirung des Eisens.

Vortrag, gehalten in der Sitzung des Greifswalder Medicinischen Vereins.

Von

Prof. Dr. Hugo Schulz.

M. H., Schon in meiner während des verflossenen Semesters erschienenen Arbeit über Chininwirkung[1]) habe ich den Nachweis erbracht, dass man am gesunden Menschen unter bestimmten Bedingungen pharmakologische Studien anstellen kann, geeignet, für die Pharmakodynamik Resultate zu liefern, die wir vom Thierversuch in keiner Weise erwarten können. Es ist selbstverständlich, dass solche Versuche am gesunden Menschen nicht frei sind von allerlei Fehlerquellen, die vermieden werden müssen. Sie sind aber bekannt und lassen sich dadurch möglichst unschädlich machen, dass man eine grössere Anzahl von Personen, gleichen Geschlechts, annähernd gleichen Alters und von möglichst gleichen äussern Lebensverhältnissen die Versuche anstellen lässt. Sichtet man ferner die unter solchen Umständen erhaltenen Versuchsresultate sorgfältig, berücksichtigt zunächst nur die bei allen oder doch den meisten der Versuchsansteller beobachteten Symptome, stellt mehr vereinzelt aufgetretene Erscheinungen in's zweite Treffen und ganz isolirte Beobachtungen völlig in den Hintergrund, so müssen sich aus dem ganzen Versuch Schlüsse auf die Wirksamkeit eines Arzneimittels ziehen lassen, die für die Kenntniss seines Wirkens werthvoll sind und für seine practische Verwendung zu denken geben.

M. H. Ich möchte Ihnen heute Mittheilung machen von dem, was sich durch einige Zeit hindurch fortgesetzte Aufnahme kleiner Mengen von aufgelöstem Eisen am gesunden Menschen erzielen lässt. Herr Dr. La Roche hat mit drei Commilitonen in der genannten Richtung Selbstversuche vorgenommen und deren Ergebnisse in seiner Doctordissertation in ihren Einzelheiten mitgetheilt[2]). Ich beschränke mich hier darauf, Ihnen das Resumé daraus zu geben und will versuchen, den Nachweis zu liefern, dass diese Arzneiversuche am gesunden Menschen eine practische Bedeutung haben.

Die vier Herren waren alle gesund und kräftig, der Jüngste 21, der Aelteste 25 Jahre alt. Der Verabredung gemäss wurde

[1]) Virchow's Archiv. 1887. Bd. 109.

[2]) Wilhelm la Roche. Experimentelle Beiträge zur Eisenwirkung. In.-Diss. Greifswald 1887.

von Jedem 4 Tage vor der ersten Aufnahme von Eisen regelmässig Morgens und Abends um 8 Uhr die Pulsfrequenz bestimmt und notirt und dieses Verfahren während der ganzen Versuchsdauer sowie noch 14 Tage nach dem letzten Einnehmen von Eisen weiter beobachtet. Jeder sollte in seiner gewohnten Weise weiter leben, nur, aus naheliegenden Gründen, Excesse in Baccho vermeiden. Als Eisenpräparat diente eine ½procentige wässerige Lösung von Ferrum sesquichloratum. Davon wurden genommen: in der ersten Woche Morgens und Abends gegen 8 Uhr je 15 Tropfen mit etwas Wasser verdünnt, in der zweiten Woche Morgens und Mittags je 15, Abends 30 Tropfen, in der dritten und vierten Woche zu den drei Tageszeiten je 30, mithin im Ganzen täglich 90 Tropfen. Rechnen wir 20 Tropfen auf 1 g, so nahm Jeder in der ersten Woche im Ganzen 0,0525 g, in der zweiten Woche 0,1050 g, in der dritten und vierten Woche je 0,1575 g, mithin während der ganzen Versuchsdauer rund 0,473 g Ferrum sesquichloratum ein. Sie werden sehen, m. H., dass diese Dosis von etwa ½ g des Eisenpräparates, im Verlauf von 4 Wochen verbraucht, genügt hat, um 4 kräftige junge Leute gründlich aus ihrem physiologischen Gleichgewicht zu bringen.

Die Veränderungen, welche die 4 Herren, die ich der Einfachheit wegen mit A., B., C. und D. bezeichnen will, an sich erfuhren, gestalteten sich während der Versuchsdauer wie folgt:

Gegen Ende der ersten Versuchswoche empfand Herr A. bald nach dem Mittagessen ein leichtes, etwa eine Stunde andauerndes Gefühl von Druck im Magen, ohne dass eine äussere Veranlassung dafür ersichtlich gewesen wäre. Schon 2 Tage vorher hatte ziemlich starke Flatulenz bestanden, der bis dahin regelmässige Stuhlgang blieb aus. Er stellte sich zwar in den folgenden Tagen wieder ein, mit ihm aber auch das lästige Druckgefühl im Magen, das bis zum Abend anhielt. Allgemeinbefinden, Esslust und Schlaf blieben durchweg gut.

Zu Anfang der zweiten Woche wurde bereits äusserer Druck auf die Magengegend schmerzhaft empfunden. Ueber Nacht besserten sich die Magenschmerzen, um dafür aber am 3. Tage Morgens Uebelkeit und starke Brechneigung auftreten zu lassen, mit gleichzeitiger Appetitsstörung. Gegen 3 Uhr Nachmittags bemächtigte sich des Herrn A. ein Gefühl allgemeiner Unruhe, beengendes Gefühl in der Brust und Präcordialangst. Der Kopf war heiss und geröthet, die Carotiden klopften stark, der am Morgen 60 Schläge zeigende Puls stieg rasch auf 98. Nach einer Stunde war Alles wieder vorüber, die Pulsfrequenz betrug am Abend 74. Die beiden folgenden Tage waren leidlich, der Stuhlgang regelmässig, breiig, das Druckgefühl in der Magengegend noch vorhanden. Am letzten Tage der Woche wiederholte sich der eben geschilderte Anfall zur selben Zeit in noch deutlicherer Weise. Herr A. hatte ausgesprochene Athemnoth und war gezwungen tief zu inspiriren, um sein Athembedürfniss befriedigen zu können. Während der ganzen Woche hatte die Flatulenz angedauert, die Flatus rochen intensiv nach Schwefelwasserstoff. Schlaf und Appetit waren gut.

Die dritte Woche brachte insofern eine Veränderung, als die Magenbeschwerden und die Anfälle von Athemnoth nicht mehr zur Wahrnehmung gelangten. Dafür wurde der Schlaf unruhig, in der 2. Nacht stellte sich neben profuser Schweisssecretion und starkem allgemeinem Hitzegefühl ein lästiges Hautjucken ein. Beim Erwachen am folgenden Morgen constatirte Herr A., der früher nie an den Augen gelitten hatte, ein stechendes Gefühl in denselben mit auffallender Schwere der Augenlider. Nähere Inspection ergab starke Injection der Uebergangsfalte und des Tarsus, mit mässiger Secretion der Meibom'schen Drüsen. Im Laufe des Tages besserte sich die Augenaffection, um am folgenden Morgen in gleicher Intensität wieder aufzutreten. Sie steigerte sich in den folgenden Tagen andauernd. Morgens waren die Lider verklebt, reichliches Secret in den Augenwinkeln angehäuft. Die ganze Affection blasste erst einige Zeit nach der Beendigung der Eisenaufnahme allmählich ab. Zur selben Zeit, als die Conjunctivitis sich entwickelte, bemerkte Herr A. an sich ein deutlich gesteigertes Muskelgefühl, mit gleichzeitiger allgemeiner Aufregung, so dass das Schlafbedürfniss des Abends später sich einstellte wie vor dem Beginn des Versuches. Das Hitzegefühl in der Haut wurde dauernd auch bei Tage bemerkt. Am 4. Tage nach seinem ersten Auftreten entwickelte sich auf Hals und Brust ein ausgedehnter Acneausschlag. Die Flatulenz hielt noch an. Appetit und Stuhlgang waren dauernd in Ordnung, an einem Nachmittage noch wurde vorübergehend wieder das Congestionsgefühl in Brust und Kopf wahrgenommen.

Die vierte Woche charakterisirte sich zunächst dadurch, dass die eben schon erwähnte Conjunctivitis immer hochgradiger wurde. Das Hitzegefühl und Jucken auf dem ganzen Körper störte die Nachtruhe in lästiger Weise. Zu der Acne gesellten sich mehrfache kleinere Furunkel. Der Appetit war gegen früher deutlich vermehrt. Dabei fühlte sich Herr A. ausgesprochen kräftiger in den Muskeln, die Glieder schienen ihm eine grössere Elasticität zu besitzen. Die starke Gasentwicklung seitens des Darms hielt an, der Puls war während der ganzen Versuchsdauer zunehmend härter und voller geworden. Vom Ende dieser Woche ab wurde kein Eisen mehr genommen.

Die nun folgende, eisenfreie Woche war entschieden schlecht. Das Gefühl von Völle und Druck im Magen mit Schmerzhaftigkeit gegen äusseren Druck kehrte wieder. Der ganze Körper war müde und abgeschlagen. Der Puls, der, wie wir nachher noch sehen werden, dauernd gestiegen war bei gleichmässigem Rhythmus, sank in seiner Frequenz und wurde unregelmässig, sodass auf jeden 4. Schlag ein Doppelschlag folgte. Mit zunehmendem Schweregefühl in den Gliedern — als wenn Blei in ihnen wäre — trat grosse Schläfrigkeit ein mit Unlust zu jeder Arbeit. Einmal schlief Herr A. 14 Stunden ohne Unterbrechung durch. Während der Acneausschlag sich langsam zurückbildete, die Conjunctivitis dagegen bestehen blieb, sank der Appetit mehr und mehr. Die Schmerzhaftigkeit des Magens stieg, dazu gesellte sich nach dem Essen stark bitteres Aufstossen mehrere Tage hintereinander. Zuweilen trat Heisshunger auf, der aber beim Versuch zu essen sofort wieder schwand. Am Nachmittag des 5. Tages stellte sich wieder ein heftiger Anfall von Athemnoth ein, die Brust war wie zusammengeschnürt, starkes allgemeines Angstgefühl vorhanden. Von da ab besserten sich sämmtliche Erscheinungen zunehmend, um etwa 8 Tage nach dem eben geschilderten Anfall nochmals mit aller Heftigkeit wiederzukehren. Ohne jede äussere Veranlassung und bei ganz leidlichem Allgemeinbefinden entwickelte sich plötzlich an einem Nachmittage gegen 3 Uhr eine ganz stürmische Action des Herzens. Die Herzschläge waren unregelmässig, der Puls hart, von unregelmässigem Rhythmus, auf 105 vermehrt. Gleichzeitig bestand ausgesprochene Präcordialangst und Athemnoth.

Die ganze Erscheinung dauerte etwa eine Stunde, liess dann allmählich nach, kehrte aber zur selben Zeit an den 4 folgenden Tagen wieder. An demselben Tage exacerbirte auch die Conjunctivitis mit aller Stärke. Von da an blassten alle Erscheinungen aber rasch ab und nach Ablauf kurzer Zeit war das Befinden wieder völlig normal.

In Betreff der 3 anderen Herren kann ich Ihnen, um nicht gar zu ausführlich zu werden, eigentlich nur dasselbe berichten. Auch bei ihnen begann die Eisenwirkung sich zunächst in den Ihnen bereits bekannten Symptomen von Seiten des Magens zu äussern, dann entwickelten sich ziemlich gleichzeitig die Congestionserscheinungen mit stürmischer Herzaction und ausgesprochener Brustbeklemmung. Merkwürdiger Weise hob sich auch hier in allen Fällen das Allgemeinbefinden, obwohl im Verlauf der Versuchszeit Anfälle von heftiger Nausea sowie das Gefühl allgemeiner Hitze über den ganzen Körper hin nicht fehlten. Und ebenso wie bei A. trat bei den übrigen Herren nach dem Aussetzen des Eisens allgemeine Mattigkeit und Depression ein, lästige Völle und Druck im Magen, Aufstossen bitterer Massen nach dem Essen, Störung in der bis dahin regelmässigen Defäcation, Appetitabnahme und körperliches Schwächegefühl. Herr B. und Herr C. wurden von Schwindelanfällen Morgens nach dem Aufstehen heimgesucht, Herr D., der bisher an chronischer Obstipation gelitten hatte, erfreute sich von der ersten Woche der Eisenaufnahme ab einer leichten und regelmässigen Defäcation.

Eine besondere Beachtung verdient bei den geschilderten durch das Eisen hervorgerufenen Veränderungen das Verhalten des Herzens und des Pulses. Ich wollte Ihre Geduld nicht durch das Herzählen langer Zahlenreihen zur Ungebühr in Anspruch nehmen und lege Ihnen deshalb hier nur die Pulscurven¹) vor, die von jedem der Herren von den Morgen- und Abendpulsen aufgezeichnet wurden. Das was zunächst an ihnen ins Auge fällt ist der, in allen 4 Fällen fast gleichförmige Verlauf beider Curvenlinien.

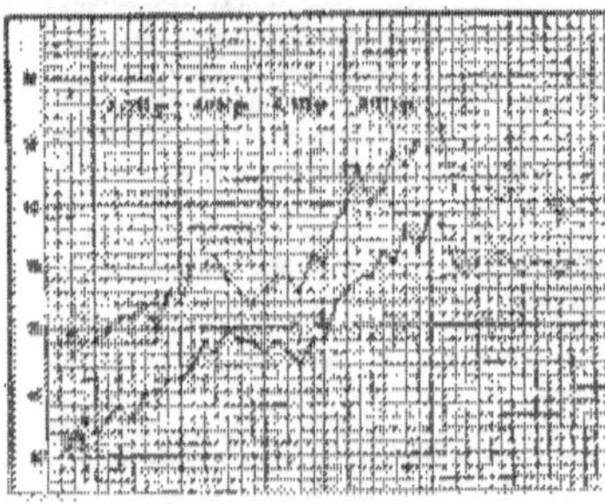

Fig. 1.

¹) Der Raumersparniss wegen ist hier nur eine Curventafel mitgetheilt, die anderen drei geben mit geringen Abweichungen ganz dasselbe Bild. Die punctirten Linien bezeichnen die Zeit vor und nach der Aufnahme von Eisen; die im Verlauf jeder Woche verwandte Quantität ist in den einzelnen grösseren Spatien eingetragen.

Auf den 4 Tafeln sehen Sie zunächst schon 2 Tage nach der ersten Aufnahme von Eisen die Pulsfrequenz sich heben, und einige vorübergehende Schwankungen abgerechnet bis zum Ende der Woche in langsam aufsteigender Linie verharren. Die zweite Woche ist dadurch charakterisirt, dass bei 2 Herren die Steigerung andauert, bei den beiden andern dagegen eine Remission eintritt. Aber sie ist nur vorübergehend, denn vom Ende der zweiten Woche ab hebt sich die Frequenz constant, um ihr Maximum am letzten Tage der Eisenaufnahme beziehentlich einen Tag später zu erreichen. Dann fällt die Curve durchgehends ab, ohne allerdings in der noch zur Beobachtung benutzten Zeit wieder völlig zur Norm zurückzukehren. Auffallend ist der fast parallele Verlauf, den die Morgen- und Abendpulse in ihrer Curvenlinie in allen Fällen zeigen. Zur weiteren Uebersicht lege ich Ihnen dann noch diese Tafel vor, auf der Sie die mittleren Pulszahlen für jede Woche berechnet finden, sie ergiebt im Wesentlichen dasselbe wie die Curven. Ich will dabei noch bemerken, dass die jähen Exacerbationen, die in den Nachmittagsstunden auftraten und den Puls bis über 100 hinaufschnellen liessen, in dieser Berechnung nicht berücksichtigt sind, es sind nur die Mittel aus den Morgen- und Abendpulsen bestimmt:

	A.		B.		C.		D.	
	M.	A.	M.	A.	M.	A.	M.	A.
Zeit vor der Eisenaufnahme	64	68	68	76	62	68	62	69
1. Woche der Eisenaufnahme	67	72	70	77	64	70	64	71
2.	70	73	71	78	66	71	68	71
3.	78	77	73	77	68	74	69	76
4.	77	80	80	86	70	76	70	83
1. Nachwoche	71	78	86	86	69	76	75	82
2.	74	79	84	87	68	76	74	79

Dass das Gefässsystem in seiner Gesammtheit ganz wesentlich unter dem Einfluss des Eisens steht, ist eine bekannte Thatsache. Pereira[4]) spricht ausdrücklich davon, dass längere Zeit fortgesetzter Eisengebrauch Congestivzustände mit starker Pulsation der Carotiden und Kopfschmerzen bedingen könne. Unsere Versuche haben das denn auch zur Genüge ergeben. Sie sahen, m. H., welch hohen Grad diese plötzlichen Erregungszustände des Gefässsystems zu erreichen im Stande waren. Ich kann die Anfälle von Erstickungsnoth mit dem Gefühl, als müsse unmittelbar ein Blutsturz erfolgen, aus eigener Erfahrung bestätigen, gestützt auf Versuche, die ich als junges Semester mit Eisen an mir in ähnlicher Weise angestellt habe. Es ist ein äusserst unerquicklicher Zustand! Auf diese groben Störungen im Verhalten der Circulationsorgane, auf die auch Schroff[5]) in seinem Lehrbuch der Pharmakologie aufmerksam macht, glaube ich auch die bei Herrn A. beobachtete Conjunctivitis zurückführen zu können. Ich konnte allerdings in der Litteratur nichts finden, das diese Annahme hätte stützen können, aber bei den Ihnen bekannten Versuchen mit Chinin beobachteten die Herren, welche sie anstellten, neben andern Congestionserscheinungen auch mehrfach das Auftreten von Conjunctivitiden ohne sonstigen äusseren Grund. Die Erscheinungen seitens des Verdauungstractus erklären sich leicht, wenn man eine specifische Beziehung zwischen Eisen und Drüsenparenchym annimmt, wobei allerdings die Circulationsveränderungen auch ihre Rolle mitspielen. Das andauernde Gefühl von Druck im Magen ist den Badeärzten, die Gelegenheit haben, für den Eisengebrauch nicht recht qualificirte Patienten zu beobachten, bekannt genug, ich selbst habe diese Symptome der Eisenwirkung damals auch kennen gelernt ebenso wie das Aufstossen stark bitterer Massen, etwa 1—2 Stunden nach jeder Mahlzeit. Die bei Herrn A. zum Ausbruch gelangte verbreitete Acne, ein Ausdruck der Reizung der Hautdrüsen, ist von Trousseau[6]) schon als typisch für chronische Eisenwirkung erkannt worden.

Fassen wir die sämmtlichen, bei den Ihnen mitgetheilten Versuchen zum Ausdruck gelangten Erscheinungen in ihrer Entwicklung und weiterem Verlaufe nochmals zusammen, so finden wir eine nicht wegzuleugnende Aehnlichkeit zwischen der Wirkung des Eisens mit der des Arsens. Abgesehen von dem pathologischen Verhalten des Magens, der Haut und der Conjunctiva präsentirt sich sich auch sehr deutlich in der allgemeinen Hebung des Muskelgefühls und dem raschen Abfall ins Gegentheil, sobald der bis dahin wirkende Stimulus wegfällt. Ich habe schon in einer früheren Arbeit[7]) auf diese Aehnlichkeit in der Wirkung zwischen Eisen und Arsen hingewiesen und ihren Grund dort ausführlich erklärt. —

Zum Schluss noch einige Worte über die in Anwendung gekommene Dosis des Eisens. Sie mag Ihnen, meine Herren, etwas sehr niedrig bemessen vorkommen: innerhalb 4 Wochen noch nicht ganz $^1/_2$ g Ferrum

[4]) Handb. d. Heilmittellehre, bearbeitet v. R. Buchheim. 1846, Bd. I. S. 769.

[5]) 4. Auflage. S. 162.

[6]) Gaz. méd. de Paris. 1843. No. 12.

[7]) Arch. f. exp. Pathol. u. Pharmakol. 1884. Bd. XVIII, S. 187 ff.

sesquichloratum! Abgesehen von den thatsächlichen Erfolgen, die wir bei gesunden Leuten damit erreicht haben und die mir ebenso wie die früheren Chininversuche sehr für die Wichtigkeit der in solcher Weise angestellten Arzneiprüfungen zu sprechen scheinen, möchte ich Ihre Aufmerksamkeit auf die Verhältnisse lenken, wie sie in den Eisenbrunnen vorliegen. Der Schwalbacher Stahlbrunnen z. B. enthält im Liter auch nur 0,08 g Eisenbicarbonat und die Franzensbader Stahlquelle noch etwas weniger[1]). Und doch leisten beide Quellen im gegebenen Falle Alles, was von ihnen verlangt werden kann. Ich kann mich der Ansicht nicht verschliessen, dass die Energie der Eisenwirkung durch die von mir gewählte Dosirung wesentlich leichter zum Ausdruck hat kommen können, als wenn wir mit grösseren Mengen gearbeitet hätten. Die Resorption wird jedenfalls durch die von uns eingeschlagene Methode wesentlich erleichtert. Wie das Calomel schon den alten Aerzten dafür bekannt war, in kleinen Mengen ziemlich rasch allgemeine Quecksilbervergiftung erzeugen zu können, wobingegen grössere Dosen lediglich laxative Wirkung zeigen und die allgemeine Quecksilberwirkung nicht auftreten lassen, so ist es auch beim Eisen: die kleinen Quantitäten werden vom Organismus voll und ganz ausgenutzt, die grossen belästigen den Magen direct, verlegen sich damit selbst den Weg in die Bahn der Gefässe, werden in dem Magma des Darminhaltes zurückgehalten und gehen so für die Therapie einfach verloren. Ich will Ihnen in dieser Hinsicht hier noch die meine Ansicht bestätigenden Worte Schroff's citiren. Er sagt[2]): „Wenn es sich um Verbesserung der Blutcrase und um Hebung der in Anaemie bedingten Krankheiten handelt, gebe man kleine Gaben. Aus den Versuchen an Thieren geht hervor, dass grosse Gaben nach Verschiedenheit des Präparates entweder als roher Ballast den Darmkanal beschweren oder gefährliche Anätzungen im Magen und Darmkanal bewirken und in beiden Fällen nur in sehr geringen Mengen übergehen in das Blut und den Harn, während kleine Mengen rasch und in grösserer Menge und anhaltender resorbirt werden".

[1]) Nach den Analysen in Valentiner, Handb. d. Balneotherapie 1876.

[2]) a. a. O. S. 165.

Ueber den inneren Gebrauch des Ichthyols.

Von

Geh. von Nussbaum in München.

Wenn ich einer freundlichen Aufforderung folge und kurz erzähle, welche Wirkungen ich vom inneren Gebrauche des Ichthyols gesehen habe, so kann ich unmöglich die Bemerkung unterdrücken, dass das Ichthyol zweifellos in kürzester Zeit einen hervorragenden Platz in unserem Arzneischatz einnehmen dürfte.

Bevor ich von meinen kleinen Erfahrungen über den inneren Gebrauch spreche, möchte ich noch 3 sehr schöne Wirkungen des äusseren Gebrauches, welche ich in letzter Zeit beobachtete, kurz mittheilen.

Ueber ausgezeichnete Erfolge bei Hautkrankheiten und bei gichtisch-rheumatischen Leiden existiren bereits zahlreiche Bestätigungen. Gewiss frappirend ist aber die Erfahrung, die ich nun wiederholt machte, dass die heftigsten gichtischen Schmerzen, welche bereits 3—4 Stunden ununterbrochen dauerten, oft schon während des Aufpinselns der Ichthyolsalbe ganz verschwanden und wochenlang nicht mehr kamen.

Eine 2. wenig bekannte Wirkung ist das rasche Heilen jedes sogenannten Verband-Ekzemes auf Ichthyol-Anwendung und die 3. ebenfalls überraschende Wirkung erlebte ich bei einem Tumor albus genu.

Ein 54jähriger pens. Offizier lag seit mehreren Monaten wegen eines recht schmerzhaften beginnenden Tumor albus genu im Bette. Die Parasynovitis hatte einen sehr hohen Grad erreicht. Das Leiden war auf tuberkuloeser Basis entstanden. In letzter Zeit waren die Nächte so schlecht, und bedurfte der gequälte Kranke so viel Pflege, dass man es in seinem Hause nicht mehr leisten zu können glaubte und ihn zu mir in die Klinik tragen liess. Alle erdenklichen äusserlichen und innerlichen schmerzstillenden Mittel waren fruchtlos abgebraucht worden, auch die Ruhigstellung des fluctuirenden Knies brachte keine Erleichterung. Das gesammte Allgemeinbefinden war sehr gestört, obwohl die Körpertemperatur nie sehr hoch stieg. Ich fand aber das Knie sehr heiss und hyperaemisch und ordinirte dickes Bestreichen mit Ichthyolsalbe und Ueberbinden einer 10%igen Salicylwatte. Am nächsten Morgen waren alle Zuschauer frappirt, dass sich meine Hoffnungen erfüllt hatten. Der Kranke war ganz schmerzfrei geworden und hatte ohne Narcoticum seit langer Zeit die erste Nacht geschlafen. Auch der locale Befund des Knies war ein besserer. Die Spannung hatte sich vermindert und von diesem Tage an ist das ganze Befinden ein besseres und kam der frühere Schmerz nie mehr. Erst später als Kehlkopf-Geschwüre auftraten, verschlimmerte sich der Zustand des Kranken aufs Neue.

Was nun den inneren Ichthyol-Gebrauch betrifft, so ist derselbe jetzt durch die Pillenfabrikation der Ichthyolgesellschaft von Cordes Hermanni & Co. in Hamburg sehr erleichtert, da diese schönen Pillen jeden hässlichen Geruch und Geschmack verdecken. Im Anfange klagen einige Kranken wohl ein Paar Stunden nach der Einnahme über Aufstossen des unangenehmen Ichthyol-Geruches, aber das kann leicht mit in den Kauf genommen werden und verliert sich bald. Nur ganz Wenige mit recht empfindlichem Magen bekommen ernstere Druckgefühle und können die innere Kur nicht gut fortsetzen.

Es ist eine grosse Reihe von Krankheiten, für welche der innere Gebrauch empfohlen wird.

Es sind nicht allein die rheumatisch, gichtischen Leiden, sondern namentlich ein Heer von Hautkrankheiten, wogegen das Ichthyol schon sehr schöne Erfolge gehabt haben soll.

Bei den verschiedenen Formen von Lupus und Lepra, von Ekzemen und Herpes wurde der innerliche und äusserliche Gebrauch schon als sehr erfolgreich beschrieben.

Alle Capillarerweiterungen, die rothen Nasen, wie der chronisch geröthete Rachen, die Hyperaemien im Larynx und Pharynx, sogar das mit Ekzemen einhergehende Asthma, Verdauungs-Störungen, Becken-Neuralgien und Ischias wurden schon mit bestem Erfolge damit behandelt.

Wenn diese Erfolge auch von Männern beschrieben und bestätigt sind, welche unbedingt Glauben verdienen, so steht es doch mir nicht zu, darauf hin das Urtheil über Ichthyol auszufertigen. Ich will strenge bei dem bleiben, was ich selbst erfahren habe.

Es ist für das junge Ichthyol wirklich ein Unglück, dass es bei gar so vielen Krankheiten empfohlen wird. Es sieht aus, als wollte man nach einem Universalmittel jagen und ich bin fest überzeugt, dass sich mancher Practiker desshalb nur mit Widerwillen zu Versuchen mit Ichthyol herbeilässt. Aber wenn man alle Thatsachen genau analysirt, so bekommt die Sache ein ganz anderes Aussehen.

Wir haben durchaus nicht nöthig, an ein Universalmittel zu denken.

Alle die Krankheiten und Leiden, bei welchen das Ichthyol sich nützlich zeigt, gehen mit einer Hyperaemie und einer Erweiterung der Capillaren einher und alle meine Erfahrungen gipfeln in der Beobachtung, dass sowohl local, an Ort und Stelle, wo das Ichthyol die erweiterten Capillaren berührt, dadurch eine Verringerung derselben erzeugt wird, als auch nur jene rheumatischen Uebel, nur jene Verdauungsstörung, nur jene Becken-Neuralgien und Ischias günstig davon beeinflusst werden, welche mehr oder weniger mit Circulationsanomalien, mit Gefässerweiterungen verbunden sind.

Dadurch erklären sich auch abweichende Erfahrungen, dass das Ichthyol da und dort bei ähnlichen Leiden fruchtlos angewandt wurde.

Eine Beckenneuralgie, eine Ischias, welche mit marantischen Vorgängen zusammenhängt, wird durch Ichthyol kaum gebessert werden.

Ich möchte noch einmal einen Blick zurückwerfen auf jene 3 schönen Local-Wirkungen, die ich heute erzählte. Die heftigen Gichtschmerzen, die Verbandekzeme und der Tumor albus waren alle heiss und mit erweiterten Gefäss-Netzen versehen.

Meine eigenen guten Erfahrungen treffen nun namentlich solche Neuralgien mit Schmerzen in Knochen, Gelenken und Muskeln, welche die Beweglichkeit sehr beeinträchtigten, monatelang mit den verschiedensten Mitteln fruchtlos behandelt worden waren, und durch den innerlichen Ichthyolgebrauch in ein Paar Wochen, ja sogar in einigen Tagen zum Staunen der Kranken beseitigt wurden.

Bei deutlich gichtischen Entzündungen, wo durch Ausschwitzungen die Beweglichkeit schon ausserordentlich vermindert war, jede Rührung des Gelenkes mit krachendem, hörbarem Geräusche einherging, schwanden gewöhnlich zuerst die Schmerzen, dann kehrte auch wieder eine erfreuliche Functionsfähigkeit zurück.

Den verdächtigenden Schein eines Universalmittels dürfte das Ichthyol nur desshalb haben, weil es eben recht viele Krankheitszustände gibt, wobei die Capillaren erweitert sind und ein Plus von Stoffen abgelagert ist. Gerade aber diesen Verhältnissen Widerstand zu leisten, resp. selbe auf das Normalmaass zurückzuführen, das scheint die wunderbare Wirkung zu sein. Daher kommen in das Heilungs-Register so sehr verschiedene Krankheitszustände zusammen.

Es sieht ja beinahe komisch aus, wenn man die Finnen, die rothen Nasen, den Tumor albus und die Ischias u. s. w. neben einander stehen sieht, und doch ist es Wahrheit, dass das Ichthyol dabei überall seine reducirende gefässverengende Wirkung beweist. Es wird dem hyperaemischen, heissen, gerötheten schwappenden Knie nützen, ob Tuberculose oder Arthritis zu Grunde liegt. Es wird eben wohlthuend auf die anomalen Gefässerweiterungen und exosmotischen Producte einwirken.

Für die praktische Anwendung des inneren Gebrauches muss ich noch bemerken, dass man meist rasch von 2 auf 5 Pillen täglich 2 Mal steigt. Da 1 Pille 0,1 enthält, nimmt der Kranke dann Morgens und Abends je 1/2 g Amonium sulfo-ichthyolicum. Liess die volle Wirkung länger auf sich warten, so gab ich auch ohne jeden Nachtheil nach und nach mehr Pillen, sogar Morgens und Abends je 12 Stück.

Sobald der gewünschte Erfolg erreicht ist, soll man damit aussetzen, um sich nicht daran zu gewöhnen. Kommt aber nach Monaten ein Recidiv z. B. vielleicht eine neue arthritische Entzündung, so soll man nicht wieder mit 2 Pillen, sondern gleich mit der Schlussdosis z. B. Morgens und Abends je 10 Pillen anfangen, weil die kleinen Dosen selten mehr viel helfen.

Eine schädliche Wirkung wird man auch von ganz grossen Dosen nie sehen, ausser bei den oben angedeuteten Ausnahmen, welche auch auf eine kleine Dosis schon Magendrücken bekamen.

Ich nahm selbst experimenti causa mehrmals *pro die* 50 Pillen i. e. 5 g Ichthyol und befand mich darauf ganz wohl.

Am Schlusse meiner kleinen Mittheilung muss ich noch bemerken, dass das Ichthyol für Hahnemann's Lehrsatz: „Similia similibus" ein herrliches Beispiel gewesen wäre, denn so wunderbar dasselbe oft auf Ekzeme heilend einwirkt, so giebt es Constitutionen, denen man mit Ichthyol ein Ekzem machen kann.

Die Behandlung der Milchzähne.

Von

Prof. Dr. Miller in Berlin.

Die Frage wie die Milchzähne gepflegt werden sollen, und ob, von Seiten eines Zahnarztes die Behandlung kranker Milchzähne nöthig oder erwünscht sei, ist eine, über welche, merkwürdigerweise, verschiedene Ansichten herrschen.

Diese Zähne sind dazu bestimmt, die für die Verdauung so wichtige Vorbereitung (Zerkleinerung der Speisen) in den Jahren auszuführen, wo die bleibenden Zähne noch nicht erschienen sind, also bis circa zum 11. Lebensjahre. Angesichts dieser wichtigen Function der Milchzähne ist es eine bemerkenswerthe Thatsache, dass so wenig Gewicht auf die Pflege derselben gelegt wird.

Da in den früheren Kinderjahren der Körper in viel höherem Grade als beim Erwachsenen auf äussere Reize reagirt und eine schlechte Hygiene sehr nachtheilige und anhaltende Functionsstörungen nach sich ziehen kann, dürfte es angezeigt erscheinen ganz besondere Aufmerksamkeit auf den Zustand der Masticationsorgane im Kindesalter zu lenken.

Ein Erwachsener, meine ich, wird besser verstehen sich mit einem mangelhaften Gebiss zu behelfen als ein Kind, auch wird sein Magen die schlecht oder fast garnicht gekauten Speisen leichter bewältigen können, als der eines Kindes.

Die Milchzähne sind in hohem Grade der Caries ausgesetzt, zum Theil weil sie eine weiche, wenig widerstandsfähige Struktur besitzen, zum Theil weil die Kinder leider sehr viel Süssigkeiten bekommen, ganz besonders aber weil die Reinigung der Zähne nicht ordentlich oder garnicht ausgeführt wird. Besonders werden die Backenzähne an den Approximalflächen frühzeitig befallen; durch die Zerstörung des Zahngewebes entsteht ein Zwischenraum zwischen den Zähnen, so dass bei jedem Versuche auf der entsprechenden Seite härtere Speisen zu kauen, dieselben zwischen die Zähne und auf das gereizte Zahnfleisch gekeilt werden, wodurch erhebliche Schmerzen verursacht werden.

Das Kind kaut nunmehr nur auf der anderen Seite, wenn nicht dieselbe gleichzeitig oder bald darauf befallen wird. In diesem, dem gewöhnlichen Falle, kann das Kind nur weiche Speisen kauen, selbst diese nicht ganz ohne Schmerzen, und wenn es härtere Speisen bekommt, schluckt es dieselben meistens ungekaut hinunter.

Hiermit ist aber der Verlauf keineswegs abgeschlossen. Die Zähne werden bald gegen Temperaturwechsel empfindlich, sodass selbst weiche Speisen und Getränke, welche nicht die Temperatur der Mundhöhle haben, Schmerzen verursachen und bald darauf, indem die Zerstörung sich der Pulpa nähert, treten Zahnschmerzen, durch Entzündung der Pulpa verursacht, auf. Nachdem das Kind Tage, Wochen, selbst Monate damit gequält worden ist, tritt das Schlussstadium auf: Entzündung der Zahnwurzelhaut und Zahngeschwür, bewirkt durch den Reiz einer gangränösen Zahnpulpa.

Bis dahin ist auch gewöhnlich ein grosser Theil der Zahnkrone zerstört, das Zahnfleisch durch die scharfen Zahnränder geröthet, entzündet, eiternd. Gewöhnlich werden mehrere, mitunter alle Backenzähne fast gleichzeitig befallen; je mehr kranke Zähne, je schlimmer natürlich der Zustand der Mundhöhle und desto nachtheiliger die Wirkung auf die Gesundheit des Kindes.

Der Zustand der vernachlässigten Milchzähne ist selbstredend nicht immer der oben geschilderte. Man sieht mitunter Kinder, bei welchen die Zähne schlecht gepflegt werden, die aber trotzdem völlig intacte Zähne besitzen; dies ist aber eher die Ausnahme als die Regel.

Die Behandlung der Milchzähne besteht in einer consequent durchgeführten, im dritten Jahre angefangenen Pflege der Zähne, seitens der Eltern oder der Kinder selbst, mit Unterstützung des Zahnarztes bei auftretender Caries. Die Zähne müssen zweimal täglich gebürstet werden, wozu man am Anfang eine kleine, recht weiche Bürste nimmt und kann man beim Putzen der Zähne die Bürste in eine schwache Lösung eines antiseptischen Mundwassers tauchen. Man achte darauf, dass die Zähne von allen Seiten gereinigt werden, sodass keine Speisereste in den Cariescentren sitzen bleiben. Ferner untersage man das Naschen von Süssigkeiten vollständig, da bekanntlich der Zucker in der Mundhöhle durch Gährung bald in Milchsäure übergeführt wird, durch welche eine Erweichung resp. Caries der Zähne mit der Zeit hervorgerufen wird. Ein Stück Rohrzucker kann dann und wann gestattet werden, es ist leicht löslich und wird bald durch den Speichel weggeschafft, noch schneller natürlich, wenn das Kind den Mund mit Wasser ausspült.

Viel verderblicher wirken klebrige Sachen wie Chokolade, Marzipan und dergleichen, welche stundenlang zwischen den Zähnen stecken bleiben können. Auch sind mehlhaltige Sachen nicht weniger verderblich als zuckerhaltige, da die Umwandlung der Stärke in Traubenzucker augenblicklich in der Mundhöhle anfängt.

Somit tritt die Frage auf: Soll man versuchen cariös gewordene Milchzähne überhaupt durch das Füllen zu conserviren? Angesichts der Wichtigkeit der Function der Milchzähne und der durch einen krankhaften Zustand derselben bedingten Störungen muss man diese Frage im positiven Sinne beantworten.

Die Behandlung (das Füllen) muss aber beim ersten Erscheinen der Caries angefangen werden, wenn man damit Erfolg haben will. Kinder im 3. Lebensjahre lassen sich, wenn man richtig zu Werke geht, meist sehr gern die Zähne behandeln. Ich habe sogar, ausnahmsweise, für Kinder, die noch nicht das zweite Jahr erreicht hatten, Zähne gefüllt. Immerhin ist die Behandlung der Zähne in diesem Alter mit den grössten Schwierigkeiten verbunden, so dass nicht selten die Geduld des Zahnarztes aufs Höchste gespannt wird. Man muss von vorn herein das Vertrauen der kleinen Patienten gewinnen, und darf beim ersten Besuch unter keinen Umständen weder ihnen Schmerzen verursachen noch sie ermüden. Die Zähne werden nur angesehen, mit einem Instrument an einigen gesunden Stellen berührt, nur damit das Kind den Eindruck bekommt: es ist etwas gemacht worden und es hat nicht wehe gethan.

Bei manchen nicht ängstlichen Kindern kann man schon beim ersten Besuch eine ganz leichte Operation vornehmen, wenn sie aber ängstlich und ungeduldig sind, so suche man nicht sie zu zwingen, man wird dabei nie sein Ziel erreichen.

Werden die Kinder in der oben beschriebenen Weise behandelt, so lernen sie bald auf kurze Zeit ganz ruhig zu sitzen, und, die etwas älteren Kinder, auch etwas Schmerz zu erdulden.

Verhältnissmässig leicht ist die Caries zu beseitigen, wenn sie auf der Kaufläche auftritt. Die Cavität wird von den Speiseresten befreit, ausgetrocknet und das cariöse Zahnbein, so weit dadurch keine Schmerzen verursacht werden, entfernt. Man sterilisirt die Höhle mit concentrirter Carbolsäure, wobei besondere Vorsicht natürlich nöthig ist, und füllt mit einer Combination von Zinn und Gold, mit Cement oder mit Amalgam. Die Gründlichkeit der Behandlung muss sich stets nach der Geduld der Patienten richten und die Operation muss mit grösster Schnelligkeit ausgeführt werden. Aus verschiedenen Gründen ist die Behandlung von Höhlen an den approximalen Flächen der Molaren bedeutend schwieriger. Erstens ist es schwerer, an die Cavität heranzukommen und sie trocken zu halten; die Ränder sind sehr weich und zerbrechlich und die Pulpa liegt häufig dicht an der Oberfläche, so dass es schwer gelingt, der Cavität eine solche Form zu geben, dass die Füllung sitzen bleibt, meistens ist auch das Zahnbein sehr empfindlich, auch das in die Höhle gewucherte Zahnfleisch. In der Mehrzahl der Fälle gelingt es aber auch hier, wenn man zur rechten Zeit anfängt, das Weiterschreiten der Zahncaries zu verhindern. Ist aber ein Milchzahn so lange vernachlässigt werden, bis die Caries an die Pulpa gedrungen und letztere in Entzündung gerathen ist, so ist die Aussicht auf eine erfolgreiche Behandlung desselben sehr gering. Wenn man den Kronentheil der Pulpa abätzt und herausschneidet und die Pulpahöhle antiseptisch ausfüllt, wird es mitunter gelingen, den Zahn auf einige Zeit in gutem Zustande zu erhalten: ziemlich häufig jedoch tritt nach solcher Behandlung Wurzelhautentzündung mit nachfolgendem Zahngeschwür auf. Der Ausgang ist ein noch ungünstigerer, wenn der Zahn sich selbst überlassen wird. Nachdem das Kind längere Zeit an Pulpitis gelitten, zerfällt die Pulpa gangränös: es folgt Zahngeschwür, während zu gleicher Zeit die Krone zum grössten Theil zerstört wird. Es ist daher eine Frage, welche nach dem einzelnen Falle beantwortet werden muss, ob es nicht besser ist, einen Milchzahn mit entzündeter Pulpa gleich zu entfernen.

Wo die Pulpa schon zerfallen und keine Entzündung der Umgebung vorhanden ist, kann ebenfalls eine Behandlung des Zahnes in vielen Fällen mit Erfolg vorgenommen werden, hat sich aber schon ein Geschwür gebildet mit fortwährender Eiterung, so wird sich dieser Zustand, meiner Meinung nach, nur durch Entfernung des Zahnes mit Sicherheit beseitigen lassen.

Nachdem bei einem Milchzahn die Caries so weit vorgeschritten ist, dass die Pulpa in Mitleidenschaft gezogen wird, ist die Behandlung in diesen und allen folgenden Stadien eine schwierige und der Erfolg unsicher. Man kann daher nicht zu viel Gewicht darauf legen, dass die Behandlung gleich beim ersten Beginn der Caries vorzunehmen ist.

Sehr häufig wird es übersehen, dass das Unbehagen des Kindes von kranken Zähnen herrührt. Dass die fortwährenden Zahnschmerzen, womit manche Kinder geplagt werden, die Entzündung des Zahnfleisches, die Eiterung an den Wurzeln und die Unmöglichkeit ihre Speisen zu kauen schliesslich auf die Gesundheit in hohem Grade schädlich wirken, haben wir schon oben betont.

Ein solcher Zustand des Milchgebisses hat auch einen entschieden schädlichen Einfluss auf die Entwicklung der permanenten Zähne. Dass eine Eiterung im Alveolarfortsatz eines Kindes nicht ohne Einfluss auf den Keim des darunterliegenden permanenten Zahnes bleiben mag, ist leicht einzusehen. Freilich können durch die Extraction des Zahnes resp. der Zähne die Schmerzen sowohl wie die Eiterung beseitigt werden, aber diese Operation hat ihre Schattenseiten, erstens haben die kleinen Patienten meistens die grösste Furcht vor dem Ausziehen eines Zahnes, zweitens wird beim Entfernen eines jeden Zahnes die Masticationsfläche entsprechend beengt, drittens führt die frühzeitige Extraction der Milchzähne zu Unregelmässigkeiten der bleibenden Zähne. Das Wachsthum des Kieferkörpers mag wohl von dem Vorhandensein der Milchzähne ganz unabhängig sein; dass aber in Folge der Extraction eines oder mehrerer Milchzähne, ganz besonders der Eckzähne eine Raumbeengung an der betreffenden Stelle stattfindet, so dass der bleibende Zahn seinen normalen Platz nicht einnehmen kann, ist durch zahlreiche Beobachtung bewiesen worden. Zum Schlusse heben wir die folgenden Punkte der obigen Mittheilung hervor:

1. Die Einflüsse des krankhaften Milchgebisses auf das allgemeine Wohlbefinden der Patienten sind mindestens so nachtheilig, wie die des permanenten und müsste man infolgedessen entsprechendes Gewicht auf das Gesundhalten des ersteren legen.

2. Die Pflege der Milchzähne muss frühzeitig anfangen, besteht in sorgfältiger Reinigung der Zähne, Fernhalten von schädlichen Einflüssen, und beim ersten Erscheinen cariöser Höhlen in Füllen derselben.

3. Die vom Zahnarzt vorgenommene Operation muss im Anfange der Geduld des Patienten angemessen sein und ohne Schmerzen ausgeführt werden. Caries der Kaufläche wird man fast immer mit Erfolg behandeln können, auch Caries der Approximalflächen, wenn sie nicht zu weit vorgeschritten ist.

4. Nachdem an einem Milchzahn Zahnschmerzen schon aufgetreten, wird die conservative Behandlung bedeutend schwieriger und der Erfolg entsprechend zweifelhaft.

5. Ein schadhafter Zustand des Milchgebisses bleibt nicht ohne Einfluss auf das permanente Gebiss. Milchzähne, welche mit Zahngeschwüren behaftet sind, sollen in der Regel entfernt werden.

6. Man muss mit der Extraction der Milchzähne, besonders der Canini, jedoch nicht zu schnell bei der Hand sein, da hierdurch eine Unregelmässigkeit in der Stellung der permanenten bedingt werden kann.

(Aus dem pharmakologischen Institute des Prof. R. Kobert zu Dorpat.)

Zur pharmakologisch-experimentellen Untersuchung des Naphtols und der β-Oxynaphtoësäure.

(Original-Bericht.)

Von

G. Willens*).

Das Naphtol wurde bekanntlich von Kaposi[1]) 1881 in die Therapie der Hautkrankheiten eingeführt und mit gutem Erfolg bei verschiedenen Hautaffectionen gebraucht.

Obgleich Kaposi keine unangenehmen allgemeinen oder örtlichen Erscheinungen nach Anwendung des Naphtols constatiren konnte, sind doch in der Litteratur von Lesser[2]), Neisser[3]) und Anderen mancherlei Beobachtungen über die toxische Wirkung des Naphtols publicirt worden. Shoemaker[4]) führt die toxische Wirkung auf unreine Präparate des Naphtols zurück, die Schwefel und schweflige Säure enthalten. Nach der Intoxication soll sich im Körper Schwefelwasserstoff, Thiophenol und Thionaphtol bilden. Das reine Präparat, wenigstens in mässigen Gaben, soll keine toxische Wirkung hervorrufen.

Aber bei einer kritischen Revision der Naphtollitteratur ersieht man bald, dass dieses Mittel auf seine toxische Eigenschaften, sowie überhaupt in pharmacologischer Beziehung ein noch wenig erforschter Körper ist. Dies hat mich veranlasst, eine Reihe von Versuchen an Thieren anzustellen, deren Zweck war festzustellen, wie schnell das Naphtol resorbirt resp. aus dem Körper ausgeschieden wird und welche Veränderungen es im Organismus in kleinen, sowie in grossen Dosen hervorruft.

Die Versuche wurden fast ausschliesslich an gesunden Thieren angestellt, namentlich an Fröschen, Meerschweinchen, Hunden, Katzen, Ratten und Pferden. Benutzt wurde dabei Naphtolum crudum (das von Kaposi unrichtig als β-Naphtol beschrieben worden ist) und β-Naphtol.

Das erste (unreine) Präparat ist scheinbar ein Gemisch von α- und β-Naphtol, das vielleicht durch Phenol, möglicherweise auch durch Schwefel und schwefelige Säure, wie Shoemaker angiebt, verunreinigt ist. Das von mir gebrauchte β-Naphtol wurde von Kahlbaum bezogen und scheint wie alle Präparate dieser Fabrik, ein ganz reines Präparat zu sein.

Vor allen Dingen schien es mir unbedingt nöthig, eine recht brauchbare, zu klinischen Zwecken dienliche Methode zum Nachweis des β-Naphtols zu finden.

Die von J. Mauthner[5]), J. Lustgarten[6]) und Nencki und Lésnik[7]) angegebenen sind sehr complicirt und eignen sich zu klinischen Zwecken wenig. Die ersten zwei sind auch nicht ganz sicher.

Die von Lustgarten zum Nachweis des Naphtols im Harne sowie in Organen angegebene Methode besteht darin, dass zu einer gewissen Quantität desselben, die in concentrirter Kali-Lauge gelöst ist, einige Tropfen Chloroform zugesetzt werden; es entsteht dabei nach einigen Minuten eine bläuliche bis dunkel-blaue Färbung. Diese Reaction habe ich etwas genauer studirt.

Beim Erwärmen geht dieselbe schneller vor sich. Statt Kali-Lauge kann man Natron-Lauge, sowie Baryt-Wasser gebrauchen; die flüchtigen Alkalien scheinen dazu gar nicht geeignet zu sein. Das Naphtolum crudum giebt dieselbe Reaction: die blaue Färbung ist aber etwas schmutzig, und das Chloroform bekommt eine orange Farbe. Bei Zusatz von Säure (sogar in ganz geringer Quantität) pflegt die Färbung sehr unbedeutend zu werden. Der Luft ausgesetzt oder noch besser bei wiederholtem Erwärmen geht gewöhnlich die blaue Färbung in's Grüne über. Mittelst dieser Reaction kann man reines β-Naphtol in einer Lösung (1:500) noch deutlich nachweisen, bei Concentration 1:1000 ist die Färbung nur noch sehr schwach ausgesprochen.

*) Nachstehendes ist ein Auszug aus einer grösseren Arbeit, welche im Archiv der Veterinärkunde in russischer Sprache erschienen ist und die Inaug. Dissert. des Verfassers bildet.

1) Kaposi. Ueber ein neues Hautmittel — Naphtol — gegen Hautkrankheiten. Wien. med. Wochenschrift 1881. No. 22, 23 u. 24.

2) Lesser. Ein Fall von acuter Nephritis nach äusserer Application von Naphtol. Vierteljahrsschr. f. Dermat. 1883, p. 87.

3) Neisser. Die Haemoglobinurie erzeugende Wirkung des Naphtols. Centrbl. f. die med. Wissenschaften 1881. No. 30, p. 545.

4) Shoemaker. Naphtol its medicinal uses and value. Bost. med. and surg. Journ. 1883. No. 6, p. 440 (cf. Jahrb. d. Fortschr. u. Leist. in der gesammten Med. von Virchow u. Hirsch 1884. Bd. I.).

5) J. Mauthner. Ueber das Verhalten des β-Naphtols nach Application auf die Haut. Wiener med. Jahrb. 1881. p. 201—205.

6) S. Lustgarten. Ueber den Nachweis von Jodoform, Naphtol und Chloroform in thierischen Flüssigkeiten und Organen. Wiener akad. Sitzgsber. LXXX. 2. p. 186 (cf. Centrbl. f. med. Wissenschaften 1883. No. 7, p. 104).

7) Nencki und Lésnik. Ueber das Verhalten des α- und β-Naphtols im Organismus. Bericht d. d. chem. Gesellschaft 1886. Bd. 19.

Wenig brauchbar und zum Nachweis des Naphtols ganz unsicher ist auch der Chlorkalk. Wenn man zu einer Naphtollösung einige Tropfen Chlorkalklösung zusetzt, entsteht eine gelbliche Färbung, die beim Erwärmen in dunkel-orange oder sogar dunkelbraun übergeht. Beim geringsten Ueberschuss des Chlorkalks entfärbt sich die Lösung ganz. Mittelst dieser Reaction kann man Naphtol höchstens noch bei einer Concentration von 1 : 3000 nachweisen.

Beim Zusatz einiger Tropfen concentrirter Salpetersäure zur wässerigen Lösung des β-Naphtols entsteht, wie ich fand, bei folgendem Erwärmen eine intensive rosa-rothe bis kirsch-rothe Färbung: dieselbe bekommt man auch mit alkoholischen Naphtol-Lösungen. Man bemerkt bald eine Trübung und die Färbung geht in's Schmutzig-grüne über. Bei der Filtration bekam ich ein schmutzig-gelbes Filtrat und einen schmutzig-grünen Rückstand auf dem Filter. Beim Zusatz von etwas Naphtol und dann von einigen Tropfen concentrirter Salpetersäure zum stark erwärmten Harn entsteht eine schmutzig-grüne Färbung, die bei reichlichem Zusatz der Salpetersäure in's Gelb-roth bis Braun-roth übergeht.

Wenn das einverleibte β-Naphtol wirklich hauptsächlich in Form von β-Naphtol-Glycuronsäure im Harne zum Vorschein kommt, so muss bei reichlichem Zusatz der Salpetersäure zum erwärmten Naphtol-Harn diese Verbindung in Naphtol und Glycuronsäure zerfallen und das erstere mit Salpetersäure eine gelb-rothe Färbung geben. Meine Versuche haben dies in der That bestätigt, und diese Methode zum Nachweis des Naphtols im Harn hat sich als brauchbar erwiesen.

Meine Reaction ist sehr empfindlich: man kann mittelst derselben das Naphtol in Concentration 1 : 10000 noch ziemlich deutlich nachweisen.

Das Naphtol. crudum giebt dieselbe Reaction, nur entsteht eine schmutzig dunkelrothe Färbung.

β-Naphtol löst sich in 20 % Kali-Lauge wie 1 : 4. Beim Zusatz von 0,75 %iger Kochsalz-Lösung zur Naphtol-Kali-Solution entsteht eine Fluorescenz, die bei reichlichem Zusatz der Kochsalzlösung bald verschwindet, das Naphtol aber bleibt gelöst. Bei längerem Stehen bekommt diese Naphtol-Kali-Solution eine gelb-grünliche oder sogar bräunliche Färbung.

Bei meinen Versuchen habe ich concentrirte ölige (in Ol. Amygdal. oder Ol. Sesami), auch alkoholisch-wässrige Naphtol-Lösungen benutzt. Um zu denselben möglichst weniger Alkohol zuzusetzen, musste ich zu folgender Methode greifen: eine gewisse Quantität des Naphtols (0,1—0,5) wird in 2—4 ccm Alkohol gelöst und zu wenigstens 50 ccm bis auf 80° C. erwärmter 0,75 %iger Kochsalz-Lösung zugesetzt, etwas geschüttelt und dann in einem geschlossenen Gefäss aufbewahrt. Nach dem Abkühlen fällt das Naphtol gewöhnlich nicht aus und man kann die Lösung nach Belieben verdünnen.

Aus meinen Versuchen, die an Fröschen angestellt wurden, kann ich schliessen, dass das β-Naphtol ein ziemlich starkes Muskel- und Nervengift ist: ein in Naphtol-Lösung (1 : 2000 physiologischer Kochsalz-Lösung) gelegter Muskel verliert nach ½ bis 1 Stunde das Vermögen sich sogar bei Reizung mit Inductions-Strömen von ziemlicher Stärke zu contrahiren. Die Wirkung auf den Froschnerv ist etwas schwächer: derselbe verliert nach 1 bis 1½ Stunden das Leitungsvermögen. Natürlich hängt die Schnelligkeit der Beeinträchtigung der Muskel- resp. Nerven-Function von der Concentration der gebrauchten Naphtol-Lösung ab.

Bei Versuchen am Frosch-Durchströmungs-Apparat benutzte ich die gewöhnliche von Thomson angegebene Methode. Das Naphtol wurde in den beschriebenen Lösungen in einer Concentration von 1 : 1200 bis 1 : 10000 gebraucht. Dabei trat nach kurz dauernder Verengerung der Gefässe (die zuweilen ganz ausbleibt) eine starke Erweiterung fast auf das Doppelte ein.

Bei Control-Versuchen mit Alkohol, der, wie gesagt, stets als Lösungsmittel gebraucht wurde, bekam ich negative Resultate, wie denn auch Kobert*) bereits dies angegeben hat.

An schwach curarisirten Fröschen, bei denen in der Brust ganz vorsichtig ein kleines Fensterchen gemacht wurde (um eine Blutung zu vermeiden), konnte ich die Wirkung des β-Naphtols auf den Rhythmus der Herzcontractionen, sowie die Alteration der Herzthätigkeit überhaupt studiren. Es hat sich erwiesen, dass die Herzthätigkeit verlangsamt wird, die Systolen ändern sich wenig; die Diastolen dagegen werden stark ausgesprochen und in die Länge gezogen. Das Verfahren bei diesen Versuchen war sehr einfach: nachdem bei einem schwach curarisirten Frosch die Zahlen der Herzcontractionen beobachtet und notirt wurden, wurde dem Thiere eine gewisse Quantität des Naphtols (in öliger Lösung) subcutan

*) Kobert. Ueber die Beeinflussung der peripheren Gefässe durch pharmakologische Agentien. Arch. f. exp. Pathol. u. Pharmakol. Bd. XXII, 1886, p. 99.

injicirt und nach einigen Minuten wieder die Zahl der Herzcontractionen notirt.

Um die Wirkung auf das Herz besser und unabhängiger von anderen Einflüssen zu beobachten, stellte ich eine Versuchsreihe am Williams'schen Apparat an.

Schwache Naphtol-Lösungen (von 1:5000 bis 1:3000) beeinträchtigen nach diesen Versuchen hauptsächlich die Herzarbeit, aber auch der Rhythmus der Herzcontractionen wird verlangsamt. Die gewöhnlich geschlossenen Spalträume des Froschherzens werden geöffnet und das Blut tritt, nachdem vorher nicht ein Tropfen ausgetreten war, nun fast in einem Strom durch den Herzmuskel durch, als ob das Herz zerrissen wäre. Wurden concentrirtere Lösungen (von 1:2500 bis 1:1000) zugesetzt, so kam das Herz nach einigen Minuten zum Stillstand. Durch Auswaschen mit frischem Blute, durch die Stoffe der Digitalingruppe, sowie durch Inductionsströme kann jedoch die Herzthätigkeit, sowie dessen Arbeit, wiederhergestellt werden. — Von einer mechanischen Verstopfung kann hier keine Rede sein, da die angewandten Naphtol-Lösungen sehr dauerhaft waren. Bei Control-Versuchen mit schwachen Alkohol-Lösungen bekam ich negative Resultate. Die Schnelligkeit, mit der das Herz bei concentrirten Lösungen zum Stillstand gebracht wird, giebt Veranlassung anzunehmen, dass zunächst die Herzganglien beeinträchtigt werden, wahrscheinlich übt aber das Naphtol eine Wirkung auch auf den Herzmuskel aus, wie schon die Analogie zu den Versuchen an Skelettmuskeln schliessen lässt.

Mit Naphtolum crudum habe ich keine derartigen Versuche angestellt: es schien mir unzweckmässig mit einem solchen Präparat genaue Untersuchungen vorzunehmen, das durch zufällige Beimischungen verunreinigt sein kann, ja zu sein pflegt. Da es jedoch bei verschiedenen Hautaffectionen gebraucht wird und der Billigkeit wegen eine grosse Verbreitung finden könnte, so habe ich es wenigstens auf seine toxische Wirkung untersucht und dieselbe mit der des β-Naphtols verglichen.

Aus meinen diesbezüglichen Versuchen geht klar hervor, dass 1. das Naphtolum crudum viel stärkere toxische Eigenschaften besitzt, als das reine Präparat.

2. Nach ganz kleinen subcutanen Dosen des Naphtolum crudum (von 0,002 bis 0,004) bei Fröschen bemerkte ich beschleunigte Athmung und Schwäche: auf den Rücken gelegt vermochten sich die Thiere nicht umzudrehen. Nach 2—3 Stunden bemerkte man fibrilläre Zuckungen, die bald in allgemeine Krämpfe übergingen. Nach 4—8 stündiger Dauer wurden die Krämpfe allmählich schwächer und die Thiere erholten sich bis zum anderen Tage völlig; ebensolche Dosen des β-Naphtols sind scheinbar unwirksam, oder wenigstens ist die Wirkung sehr undeutlich.

3. Ganz grosse subcutane Dosen der beiden Präparate (von 0,08 bis 0,10) rufen schon nach 5—10 Minuten einen lähmungsartigen Zustand bei Fröschen hervor; nach ½ bis 1 Stunde verenden die Frösche, während die Reflex-Erregbarkeit des Rückenmarks stark herabgesetzt ist. Weder durch starken mechanischen Reiz, noch durch Inductionsströme kann man dann die Muskeln zur Contraction bringen. Krämpfe kommen in diesem Zustande gar nicht zum Vorschein.

4. Besonders empfindlich gegen beide Präparate sind Katzen, etwas weniger Frösche, Pferde und Ratten; bei allen diesen Thieren kommt es zu lang dauernden Krämpfen.

5. Bei Hunden habe ich, selbst wenn tödtliche Dosen injicirt wurden, keine Krämpfe bemerkt.

6. Das Naphtol setzt die Temperatur bei subcutaner, sowie bei stomachaler Application in den meisten Fällen merklich herab.

7. Die temperaturherabsetzende Wirkung ist wahrscheinlich auf die gefässerweiternde zurückzuführen.

8. Das Naphtolum crudum resp. das β-Naphtol reizen stark alle Schleimhäute: man bemerkt gewöhnlich heftiges Niesen, Speicheln, Hüsteln, Würgen, Thränen, Erbrechen (auch bei subcutaner Application), Harndrang, Ausfluss aus der Nase, Durchfall, sogar die Geschlechts-Organe werden scheinbar angegriffen: ich bemerkte bei mehreren Versuchsthieren öftere Erectionen nach Application des Naphtols.

9. Auch die Lungen sowie das Herz werden durch Naphtol stark angegriffen: starke Dyspnoe und kleiner, zuweilen kaum fühlbarer Puls nach recht grossen Dosen sprechen jedenfalls dafür; man könnte diese Erscheinungen wohl als secundär erklären, da eine starke Haemoglobinurie resp. Albuminurie, wie dies bei den Katzen stets der Fall ist, auftritt. Bei Hunden aber kommt es sogar bei tödtlichen Dosen zur Haemoglobinurie nicht.

10. Schon verhältnissmässig geringe Quantitäten des Naphtols reichen aus, um bei Katzen eine tödtliche Nierenentzündung mit Albuminurie und Haemoglobinurie hervorzurufen. Der Tod erfolgt scheinbar durch

Asphyxie, jedenfalls nicht durch Herzlähmung: das Herz pflegt noch einige Minuten nach dem letzten Athemzug sich zu contrahiren. Noch lange vor dem Tode bemerkt man bei diesen Thieren, sowie bei Fröschen, Ratten und Pferden **anhaltende epileptiforme Zuckungen, die allmählich in allgemeine Krämpfe übergehen.** Die Thiere sind dabei wie betäubt, liegen in collapsähnlichem Zustande, schäumen und speicheln.

Die Reflex-Erregbarkeit des Rückenmarks ist zuerst stark erhöht und geht dann allmählich stark unter die Norm herab.

(Fortsetzung folgt.)

Zur Kenntniss der Cocaïn-Wirkungen.

Von

Dr. Düttmann in Dietzenbach.

Im Juli d. J. hatte ich Gelegenheit, die Wirkungen der subcutanen Cocaïn-Injectionen und der Applicirung des Mittels in offene Wunden an mir selbst zu prüfen. Es handelte sich um Excision bez. Auslöffelung eines über wallnussgrossen stark entzündeten Atheroms am Halse; dasselbe lag etwa in der Mitte des linken Sternocleidomastoideus. Vor der Incision wurden von der Lösung (Cocain mur. 0,5, Acid. carbol. 0,2, Aq. 10,0) an 2 Puncten der Peripherie je 4 Theilstriche subcutan injicirt. Die Injection war von einem dumpfen, brennenden Gefühl begleitet. Nach etwa 2—3 Minuten spürte ich in der Stirn einen leichten Schwindel und plötzlich brach über dem ganzen entblössten Oberkörper reichlicher kalter Schweiss aus: kurzum, es war ganz das Bild einer beginnenden Ohnmacht. Bei ruhiger Rückenlage verschwand alles in etwa 1 Minute und machte der College nunmehr eine ca. 4 cm lange Incision über die Geschwulst weg. Der Schnitt war schmerzlos, ebenso das Einlegen scharfer Wundhaken. Indess musste während des Herauspräparirens des Balges ab und zu von der Lösung in die offene Wunde getröpfelt werden, da die analgesirende Wirkung nur von kurzer Dauer war. Im Verlauf der Operation zeigte sich, dass der Schnitt noch um ca. 1 cm nach dem Kehlkopf zu verlängert werden musste; zu dem Zweck wurden an der entsprechenden Hautpartie noch 4 Theilstriche injicirt. Trotzdem spürte ich aber ziemlich heftigen Schmerz beim Durchtrennen. Da wegen entzündlicher Verwachsung des Balges die Herauspräparirung desselben nicht gelang, musste zum scharfen Löffel gegriffen werden. Hier liess das Eintröpfeln des Cocaïns, welches vorher ziemlich gut gewirkt hatte, völlig im Stich; die Schmerzen wurden derartig, dass schliesslich noch zum Chloroform gegriffen werden musste. Die Narkose war leicht und gut. Im Ganzen sind 5,0 obiger Lösung verbraucht worden.

Das beschriebene Ohnmachtsgefühl konnte nur von dem Cocaïn herrühren, nicht etwa von grosser Aufregung. Denn ich hatte die Zeit der Operation selbst bestimmt, selbst alle Vorbereitungen getroffen, die Instrumente etc. zurechtgelegt, mich bis zur Injection mit dem Collegen wissenschaftlich unterhalten, nicht die geringste Schwächeanwandlung gespürt. Ausserdem ist doch die Excision eines Atheroms grade keine Operation, welche einem Arzte grossen Schrecken einflössen dürfte, umsoweniger, als die feste Ueberzeugung herrscht, dass absolut kein Schmerz empfunden werden würde. Dann trat jenes Gefühl auch nicht mit der Injection, sondern erst einige Minuten nach derselben ein, zu einer Zeit, wo immerhin eine Resorption der Lösung wohl möglich war. Es liegt hier also die Annahme nahe, dass durch Resorption ausser der localen auch eine centrale Lähmung stattgefunden hat, die allerdings wegen der an sich geringfügigen Menge nicht völlig zum Ausbruch kam und rasch vorüber war. Fernerhin ist es nicht unmöglich, dass die spätere Narcose durch die Cocaïnisirung günstig beeinflusst wurde: da das Excitationsstadium sehr gering war und rasch die Anästhesie eintrat; das Erwachen aus derselben geschah plötzlich und vollkommen, ohne Schwerbesinnlichkeit. Nach der Narcose befand ich mich in jeder Beziehung wohl, habe nach 2 Stunden mit grossem Hunger ein ordentliches Beefsteak mit Kartoffeln verzehrt und dazu 2 Glas Weisswein getrunken (3 Uhr Nachmittags): Abends um 7 Uhr dasselbe Essen mit 1 Liter Bier und nachher 1 Cigarre. Dabei bin ich ab und zu im Haus und Garten spaziren gegangen. Wieviel Chloroform verbraucht worden ist, kann ich nicht genau angeben. — Weiterhin ist auffallend, dass das Eintröpfeln des Cocaïns wohl gegen das Messer, aber nicht gegen den scharfen Löffel schützte, obgleich sehr genau die Lösung applicirt und nicht **sofort** hinterher gekratzt wurde. Ob dies vielleicht seinen Grund darin hat, dass jene Partien stärker entzündet waren, als die oberflächlichen? Wenn weitere derartige Erfahrungen kund werden, so dürfte die Anwendung des Cocaïns sich auf ganz kleine und rasch zu vollendende chirurgische Eingriffe beschränken, wie Abscesseröffnung und ähnliche Operationen.

Immerhin dürfte es sich empfehlen bei der Anwendung des Cocaïns die zwei Fragen im Auge zu behalten:

1. Tritt eine rasche Resorption ein und ev. welche Folgen hat sie?

2. Sind wir im Stande die Chloroformnarkose durch Cocaïninjectionen zu beeinflussen und wie?

Neuere Arzneimittel.

Ueber Methylal.

Von

Dr. A. Langgaard.

Bereits im Jahre 1883 hatte v. Mering in einem auf der Eisenacher Naturforscherversammlung gehaltenen Vortrage auf die hypnotisirende und anaesthesirende Wirkung einer Reihe von Verbindungen hingewiesen, die von dem Chemiker unter der Bezeichnung „Acetale" zusammengefasst werden. Es sind dies flüchtige, aromatisch riechende Flüssigkeiten von grosser Beständigkeit, die selbst bei Siedhitze von wässrigen Alkalien nicht angegriffen werden und sich durch directe Vereinigung von 1 Mol. Aldehyd mit 2 Mol. Alkohol unter Wasseraustritt bilden. Die Darstellung der Acetale kann in der Weise geschehen, dass ein Gemenge von Aldehyd und Alkohol unter Zusatz eines wasserentziehenden Agens, wie geringe Mengen von Eisessig erhitzt wird. So erhält man z. B. nach dieser Methode aus Aldehyd und Methylalkohol (Holzgeist) die Verbindung $CH_3 . CH (OCH_3)_2$ nach der Gleichung:

$$\underset{\text{Aldehyd}}{CH_3 . CHO} + \underset{+\ 2\ \text{Methylalkohol}}{\begin{matrix} H . OCH_3 \\ H . OCH_3 \end{matrix}} =$$

$$\underset{\text{Dimethylacetal}}{CH_3 . CH < \begin{matrix} OCH_3 \\ OCH_3 \end{matrix}} + H_2O$$

Dieselben entstehen ferner, wenn Alkohole mit einem Oxydationsmittel, z. B. einer Mischung von Braunstein und Schwefelsäure behandelt werden. Hierbei wird ein Theil des Alkohols zu Aldehyd oxydirt und dieses verbindet sich im Momente seines Entstehens mit dem noch vorhandenen nicht veränderten Alkohol zu Acetal.

So erhält man bei der Oxydation des gewöhnlichen Aethylalkohols die Verbindung $CH_3 . CH . (OC_2H_5)_2$ nach folgender Gleichung:

$$1)\quad \underset{\text{Alkohol}}{CH_3 - CH_2(OH)} + O = \underset{\text{Aldehyd}}{CH_3 - CHO} + H_2O$$

$$2)\quad \underset{\text{Aldehyd}}{CH_3 - CHO} + \underset{2\ \text{Alkohol}}{\begin{matrix} H O . C_2H_5 \\ H O . C_2H_5 \end{matrix}} =$$

$$\underset{\text{Diaethylacetal}}{CH_3 - CH < \begin{matrix} OC_2H_5 \\ OC_2H_5 \end{matrix}} + H_2O$$

Beide als Beispiele aufgeführte Substanzen wurden durch v. Mering genauer untersucht und für die therapeutische Anwendung empfohlen, das Diaethylacetal oder Aethylidendiaethyläther, auch schlechtweg Acetal genannt, als innerlich zu verabreichendes Hypnoticum, das Dimethylacetal gemischt mit Chloroform (2 Vol. Dimethylacetal und 1 Vol. Chloroform) als Inhalationsanaestheticum zur Anaesthesirung behufs Vornahme chirurgischer Operationen.

Die mit dem Diaethylacetal bald nach seiner Empfehlung gemachten Erfahrungen waren derartige, dass sie zu keinen weiteren Versuchen aufforderten. Die Wirkung erwies sich als unsicher und blieb oft ganz aus; auch an unangenehmen Nebenwirkungen wie Kopfschmerz, Erbrechen, sehr aufgeregte Herzthätigkeit und selbst Irregularität des Pulses fehlte es nicht. Auch das Dimethylacetal-Chloroform hat allgemeine Anwendung nicht finden können.

Trotz dieses Misserfolges wurde nun im Jahre 1886 von Personali ein dritter Körper aus der Gruppe der Acetale, das Methylal, welches den oben genannten Verbindungen in seiner chemischen Zusammensetzung sehr nahe steht, als Hypnoticum empfohlen.

Das Methylal wurde rein zuerst von Malaguti im Jahre 1839 dargestellt. Wie aus dem Aethylalkohol das Diaethylacetal erhalten wird, so bildet sich bei der Oxydation des Methylalkohols mittelst Braunstein und Schwefelsäure das Methylal, indem der durch Oxydation entstandene Formaldehyd sich mit dem nicht veränderten Methylalkohol unter Wasseraustritt verbindet.

Der Verlauf der Reaction lässt sich durch folgende Gleichungen ausdrücken:

1) $$CH_3(OH) + O = CH_2O + H_2O$$

Methylalkohol Formaldehyd

2) $$CH_2O + \begin{matrix} H\,OCH_3 \\ H\,OCH_3 \end{matrix} = CH_2 < \begin{matrix} OCH_3 \\ OCH_3 \end{matrix} + H_2O$$

Formaldehyd Methylalkohol Methylal

Ein Vergleich der Formel des Methylals mit der des Dimethylacetals wird sofort die nahen Beziehungen beider Körper erkennen lassen. Das Dimethylacetal lässt sich danach auffassen als ein Methylal, in welchem ein Wasserstoff des Methylens CH_2 durch die Methylgruppe CH_3 ersetzt ist.

Das Methylal stellt eine farblose, leicht bewegliche, sehr flüchtige, bei 42° C. siedende Flüssigkeit von 0,855 spec. Gewicht dar. Es ist löslich in 3 Theilen Wassers, ferner in Alkohol, Aether, sowie in fetten und ätherischen Oelen. Der Geruch erinnert gleichzeitig an Chloroform und Essigäther; sein Geschmack ist brennend aromatisch. Der Dampf ist nicht entzündlich.

Nach Personali erzeugt Methylal nach kurz dauernder geringer Excitation tiefen, ruhigen Schlaf. Die Respiration wird etwas verlangsamt und tiefer, die Pulsfrequenz wird erhöht, der Blutdruck etwas erniedrigt, die Temperatur sinkt, die Reflexe sind abgeschwächt. Die Wirkung ist jedoch von relativ kurzer Dauer, da das Mittel schnell und zwar hauptsächlich durch die Lungen ausgeschieden wird. Die zur Erzielung eines tiefen Schlafes erforderliche Dosis variirt nach der Thierspecies und ist um so kleiner, je höher das Thier organisirt ist. Sie beträgt im Mittel 0,2—0,5 g pro kg Thier. Nach grösseren Dosen schwinden die Reflexe vollkommen. Auch beobachtete Personali, dass Strychninkrämpfe durch Methylal unterdrückt werden.

Die Wirkung tritt sowohl nach Inhalationen, als auch nach subcutaner Injection und bei interner Anwendung ein; sie erfolgt am schnellsten nach Einathmungen, am spätesten vom Magen aus, ist aber nach Mairet und Combemale, welche im Uebrigen zu ähnlichen Resultaten kamen wie Personali, bei letzterer Darreichung am nachhaltigsten. Inhalationen wirken nach diesen Forschern reizend auf Conjunctiva, Nasen- und Respirationsschleimhaut und erzeugen Thränen, Niesen und Husten.

B. W. Richardson gelang es nicht, Hunde sogar nach halbstündiger Einathmung so zu narkotisiren, dass Operationen hätten schmerzlos ausgeführt werden können und selbst die Injection von einer Unze des Mittels führte nur leichten Schlaf, aber keine vollkommene Anaesthesie herbei.

Am Menschen liegen nur wenige Beobachtungen vor.

Mairet und Combemale wandten Methylal bei einer Anzahl Geisteskranker an und fanden dasselbe beim alkoholischen Irresein und im Beginne der einfachen Psychosen mit nächtlichen Aufregungszuständen ohne hypnotische Wirkung, dagegen erwies es sich ihnen wirksam im weiteren Verlaufe der Krankheit, bei der mit Dementia verknüpften Insomnie und bei progressiver Paralyse.

Die Dosen, welche erforderlich waren um Schlaf zu erzeugen, schwankten zwischen 5 und 8 g. Sehr schnell, schon nach fünf bis sechs Tagen trat Gewöhnung an das Mittel ein, und selbst durch eine Steigerung der Gabe konnte dann nur ein kurzer Schlaf erzielt werden. Dagegen genügte es, das Mittel für zwei bis drei Tage auszusetzen, um dem Nervensystem wieder seine ursprüngliche Empfindlichkeit für die hypnotische Wirkung des Methylals zu verschaffen.

Da das Mittel keine unangenehmen Nebenwirkungen äusserte, die Verdauung nicht beeinträchtigte, so bezeichneten Mairet und Combemale dasselbe als ein brauchbares Hypnoticum.

Zu einem gerade entgegengesetzten Urtheil gelangte jedoch Lemoine, welcher an sich selbst und an vier Geisteskranken die Wirkung studirte und nach 8,0 g des Mittels weder Neigung zum Schlaf, noch Beruhigung, wohl aber beträchtliche Steigerung der Pulsfrequenz und eine solche Abnahme der arteriellen Spannung beobachtete, dass er vor einer Steigerung der Dosis zurückschreckte.

Hiernach scheint dem Methylal als Hypnoticum nur eine sehr untergeordnete Bedeutung zuzukommen, und es ist kaum zu erwarten, dass ihm ein besseres Schicksal beschieden sein wird als seinen beiden Vorgängern aus der Gruppe der Acetale. Jedenfalls sind weit grössere Dosen nothwendig als die ursprünglich empfohlenen von 1 g, ein Umstand, der bei dem hohen Preise des Mittels wohl auch Berücksichtigung verdient.

Richardson will das Methylal als Anodynum und Antispasmodicum angesehen wissen. Ob es als solches mehr oder auch nur dasselbe leistet wie andere ältere Mittel muss die Erfahrung lehren. Als Antidot bei Strychnin- oder Pikrotoxinvergiftung erscheint es ohne Werth. Wohl konnte Motrokhin in Uebereinstimmung mit Personali eine Abnahme der Krämpfe unter Methylalwirkung beobachten, allein dies beschränkte sich nur auf kleinere Dosen von Giften. Nach tödtlichen Gaben von Strychnin oder Pikrotoxin wurde der Eintritt des Todes durch Methylal sogar beschleunigt.

Die Dosis beträgt je nach beabsichtigter Wirkung 1,0—8,0 g; die mittlere hypnotische Dosis würde nach Mairet und Combemale 5,0 g sein. Am besten wird das Mittel in wässeriger Lösung mit einem Syrup oder in schleimigem Vehikel gegeben.

Subcutane Injectionen sind sehr schmerzhaft und daher nicht anwendbar.

Bei dem niedrigen Siedepunkte des Methylals liegt der Gedanke nahe, dasselbe als Inhalationsanaestheticum zu versuchen. Die Misserfolge jedoch, welche Richardson bei seinen Untersuchungen zu verzeichnen hatte, sowie die reizende Wirkung auf die Schleimhäute sind nicht ermuthigend, noch weitere Versuche nach dieser Richtung hin anzustellen.

Aeusserlich wurde das Mittel empfohlen in Form von Linimenten oder Salben sowie in Verbindung mit Tinctura Fol. Coca gegen Zahnschmerzen als local anaesthesirendes Mittel nach folgenden Formeln:

℞ Methylali 15,0
Ol. Amygdalar. dulc. 85,0.
M. f. linimentum.

℞ Methylali 10,0
Spiritus 110,0
Ol. Lavandulae 5,0.
M. f. liniment.

℞ Methylali 5,0
Adipis 30,0
Cerae 3,0.
M. f. unguentum.

℞ Tinct. Fol. Coca 8,0
Methylali 2,0.
M. D. S. Auf Watte in den hohlen Zahn zu bringen.

Litteratur. 1) Personali. Sulli azione fisiologica del methylal et del suo potere ipnotico. Giornali della real Accademia di Medicine d. Torino 1886 S. 295. — Journ. de Pharm. et de Chim. Jan. 1887.

2) Mairet et Combemale. Recherches sur l'action physiologique et thérapeutique du Méthylal. Extrait du Montpellier médical (2° série. Tom. VIII et IX. 1887).

3) G. Lemoine. Le Méthylal, ses propriétés physiologiques et thérapeutiques. — Gazette méd. de Paris, 30 avril 1887 No. 18.

4) Methylal. Thérap. Gazette 1887 No. 4 S. 269.

5) M. Motrokhin. The Lancet, 7. Mai 1887. S. 950.

6) B. Fischer. Neuere Arzneimittel. II. Aufl. S. 49.

Therapeutische Mittheilungen aus Vereinen.

Berliner medicinische Gesellschaft.

(Sitzung am 26. October und 2. November 1887.)

Herr Moll: Der Hypnotismus in der Therapie.

Nach einer historischen Uebersicht über die Entwickelung der therapeutischen Verwendung des Hypnotismus und nach besonderer Hervorhebung der zwischen der Pariser Schule (Charcot) und der Schule von Nancy (Bernheim) bestehenden differirenden Anschauungen, äussert M. sich über seine eigenen diesbezüglichen Erfahrungen. Nachdem zuvor alle bekannten Mittel erfolglos gewesen, hat er den Hypnotismus bei Neuralgien, Neurasthenie, Kopfschmerz und Schlaflosigkeit mit Erfolg angewandt. Diese Behandlungsmethode ist jedoch nicht in allen Fällen anwendbar, da manche Individuen gar nicht hypnotisch beeinflusst werden können. Während Bernheim in Nancy die Hypnose in der Mehrzahl der Fälle (92%) gelang, erreichte M. in dieser Richtung eine weniger hohe Ziffer. Mit der erforderlichen Vorsicht angewandt, kann der Hypnotismus nicht schaden. Nur bei öffentlichen Schaustellungen sei aus mancherlei Gründen eine psychische Schädigung möglich. Obgleich er bisher nur functionelle Krankheiten mit Hypnotismus behandelt habe, können doch auch organische Affectionen damit günstig beeinflusst werden. Eine wissenschaftliche Erklärung könne für die bisher beobachteten Thatsachen noch nicht gegeben werden. Die mit der Behandlung vermittelst des Hypnotismus gewonnenen günstigen Resultate fordern jedoch entschieden zu weiteren Beobachtungen und Untersuchungen auf.

Herr Ewald hebt in der Discussion hervor, dass er in dem seiner ärztlichen Leitung unterstehenden städtischen Siechenhause mehrere alte Frauen zu hypnotisiren versucht habe. Der Versuch misslang. Es interessirte ihn die Frage, ob alte Leute oder jüngere Individuen sich für diese Procedur besser eignen. Nur bei 2 jüngeren Personen von 19 und 21 Jahren gelang es ihm,

Schlaf hervorzurufen. Dabei machten sich unangenehme Sensationen bemerkbar. In der Salpetrière zu Paris gelingen derartige Experimente besser; dort können die Leute mit einem einzigen Blick in Schlaf versetzt werden. Zweifellos spiele hierbei das Temperament der dortigen Bevölkerung eine Rolle. — In der sogenannten Suggestion dürfe man nichts Aussergewöhnliches erblicken. Dieselbe sei nichts weiter als der Sieg, den ein stärkerer Wille über den schwächeren davontrage. Im gewöhnlichen Schlafe könne eine bestimmte Bewegung suggerirt werden. Flüstert man einem schlafenden Kinde ins Ohr: lege dich auf die andere Seite oder lege die Hände über dem Kopfe zusammen, so werde das sofort ausgeführt. Deshalb eignen sich auch Hysterische, die bekanntlich allen Anordnungen einen kräftigen Eigenwillen entgegensetzen, nicht besonders für die Suggestion. Letztere als eine ärztliche Behandlungsmethode zu bezeichnen, sei durchaus nicht statthaft; sie könne von jedem Schneidergesellen und Schäferknechte ausgeführt werden. Wenn wirklich einmal ein Erfolg zur Beobachtung komme, sei dies nur ein vorübergehender.

Herr Mendel macht zunächst darauf aufmerksam, dass in Paris das Hypnotisiren immer gelinge, weil die Patienten immer präparirt seien. Das erste Mal bekomme man nie gute Hypnose, die Leute müssen erst dafür erzogen werden. — Der Hypnotismus und die Suggestion dürfen nicht zur therapeutischen Verwendung empfohlen werden. Bei fortgesetzter Anwendung könnten gesunde Individuen dadurch nervös und nervöse noch nervöser werden. — Dass unter Umständen auch ein, zumal bei Hysterischen, -- vorübergehender — Erfolg erzielt worden, könne nicht in Abrede gestellt werden. —

Herr Moeli weist auf die Aehnlichkeit hin, die zwischen den Erscheinungen des Delirium tremens und der Suggestion bestehe, indem eine nicht vorhandene Sache leicht als vorhanden glaubhaft gemacht werden kann. Sagt man z. B. einem Deliranten, dass sich auf seiner Stirn ein Fleck befinde, so fängt er sogleich an, ihn fortzuwischen etc.

Auch M. hält die Anwendung des Hypnotismus für bedenklich und gefährlich. Von Hysterischen werde er häufig recht schlecht vertragen.

Herr Jensen zieht eine Parallele zwischen dem Hypnotismus und der den Irrenärzten schon lange bekannten Katatonie. *R.*

Verein für innere Medicin.

(Sitzung am 28. November 1887.)

(Originalbericht.)

Herr Leyden stellt 2 Kranke vor, welche an Strictur in Folge von Carcinom des Oesophagus leiden und nach einer neuen Methode, nämlich mit Dauerkanülen, behandelt worden sind. Eine Kanüle von der Dicke einer Gänsefeder wird in die Strictur eingeschoben und bleibt daselbst liegen. Bei der einen Patientin liegt sie seit 5 Monaten, bei dem andern Kranken, der gleichfalls 5 Monate in Behandlung ist, wurde sie einmal, als er in seine Heimath entlassen war, entfernt und ist eben wieder durch eine neue ersetzt worden. — An der Kanüle sind Seidenfäden befestigt, die durch den Mund um die Ohren geschlungen werden, um die Entfernung der Kanüle zu ermöglichen. Durch diese Kanüle ist die Durchgängigkeit des Oesophagus, allerdings nur für flüssige Speisen, unbehindert.

Das Resultat der Ernährung, deren Auswahl und Zusammensetzung nicht ohne Schwierigkeit ist, war ein ausserordentlich günstiges.

Die eine Patientin hat 8 kg, der zweite Patient sogar in 7 Wochen 12 kg, d. h. ca. ½ Pfund täglich zugenommen.

So günstige Resultate sind bisher noch durch keine Behandlungsmethode erzielt worden.

Aehnliche Versuche zur Behandlung der Oesophagusstricturen mit Dauersonden und Dauerkanülen sind bereits früher mehrfach von Andern (Krishaber, Mackenzie u. A.) gemacht worden. Die von Leyden befolgte Methode schliesst sich mit einigen Verbesserungen an die von Symonds mitgetheilten Beobachtungen an.

Herr Renvers berichtet im Anschluss ferner über die bei der Einführung resp. Erneuerung der Sonde zu beobachtenden Vorschriften und die Vorsichtsmaassregeln, welche dabei nicht aus den Augen gelassen werden dürfen.

(Näheren Bericht behalten wir uns nach der in Aussicht gestellten ausführlicheren Veröffentlichung vor. (Ref.)) *R.*

Gesellschaft der Aerzte in Wien.

(Sitzung vom 11. November 1887.)

Docent Dr. Grünfeld stellt einen Fall von Argyrie der Urethra bei einem Manne vor, der sich länger als ein Jahr wegen seines vermeintlichen Trippers eine schwache Lösung von Argentum nitricum (0,1 : 120,0) eingespritzt hatte. Die Schleimhaut der Urethra ist vom Bulbus angefangen bis zur Fossa navicularis, von hinten nach vorn an Intensität zunehmend, schwärzlich verfärbt. Einige längliche Narben treten als weisse Streifen aus dem dunklen Grunde hervor.

Prof. v. Reuss weist bei dieser Gelegenheit auf eine Form der Argyrie der Conjunctiva hin, die er 3 Mal beobachtet hat und welche die Caruncel und die halbmondförmige Falte betrifft. Die damit behafteten Individuen waren in allen Fällen Photographen.

Prof. Neumann macht hierzu einige Bemerkungen über das Entstehen dieser Affection bei innerlichem Gebrauch von Argentum nitricum. Die Verfärbung entsteht nach seinen Untersuchungen durch Ablagerung feinster Silberpartikelchen an der Wand der Haarbälge, Schweissdrüsen und Nervenscheiden. Dadurch erkläre es sich, dass in dem demonstrirten Falle (da die Argyrie ihren Sitz in den tieferen Schichten hat) oberflächliche Epithelauflagerungen weiss bleiben.

(Wien. med. Wochenschr. No. 47. 87.) *R.*

Académie des sciences (Paris).

(Sitzung vom 14. November 1887.)

Dupuy empfiehlt die Anwendung des Antipyrins gegen die Seekrankheit. Wahrscheinlich geht die Affection von der Medulla oblongata aus (Uebelkeit, Erbrechen, Schwindel, kalter Schweiss u. s. w.). Deshalb liess D. die betreffenden Personen 3,0 Antipyrin *pro die* zwei bis drei Tage vor der Einschiffung und während der ersten drei Tage der Seereise nehmen. Während diese Leute früher entsetzlich unter der Seekrankheit zu leiden hatten, konnten sie nun unter Gebrauch von Antipyrin bei bestem Wohlsein die Fahrt über den atlantischen Ocean machen.

(Le Progrès méd. No. 48. 87.)

Académie de médecine (Paris).

(Sitzung am 18. October 1887.)

Ball: Ueber Morphiomanie.

B. berichtet über eine hysterische Dame, die ins Krankenhaus gekommen war, um sich den Morphingenuss abzugewöhnen. Seit ihrem 12. Lebensjahre hatte sie täglich 0,08 Morphin genommen und es schliesslich bis auf 2,0 *pro die* gebracht. Im Krankenhause wurde nun der Versuch gemacht, der Pat. das Morphin sofort gänzlich zu entziehen. Aber schon am zweiten Tage traten bedenkliche Erscheinungen und Collaps ein, so dass wieder zu einer Einspritzung gegriffen und eine allmähliche Entziehungscur eingeleitet werden musste. Täglich wurde die Dosis um 0,01 vermindert. Gegen die Schlaflosigkeit und Erregung kamen Bromkalium und Chloral, gegen die Herzpalpitationen Sparteïnum sulf. in Anwendung. Diese Behandlung währte 42 Tage, und schien Pat. sich während derselben eines guten Befindens zu erfreuen. Da wird sie plötzlich von Schüttelfrost, Dyspnoe und Collaps befallen und geht, trotz schnell angewandter Morphiumeinspritzungen, zu Grunde. — Bei der Autopsie wird Fettablagerung am Herzen mit beginnender fettiger Degeneration der Muskelfibrillen gefunden; ebenso mässige Fettentartung der übrigen Organe. In den nervösen Centren, in der Milz, in den Nieren und der Leber konnte die Gegenwart von Morphin nachgewiesen werden, obgleich Pat. seit 13 Tagen kein Morphin mehr erhalten hatte. Dadurch lassen sich die späteren Zufälle erklären, die nach Unterdrückung des Morphiums beobachtet werden. Die allmähliche Unterdrückung des Mittels sei, weil weniger gefährlich, der plötzlichen vorzuziehen.

(Le Progrès méd. 48. 87.) *R.*

(Sitzung vom 22. November 1887.)

G. Berger macht eine Mittheilung über Autoplastik nach der modificirten italienischen Methode. Dieses Verfahren beruht darauf, dass auf ein Geschwür oder auf eine zuvor angefrischte schlechte Narbe ein Hautlappen transplantirt wird, der einer entfernten Körperregion entnommen ist und welcher mit derselben durch seinen Stiel in Verbindung bleibt, bis er vollständig der Oberfläche adhärirt, die er bedecken soll. An 6 Patienten hat B. diese Operation 9 Mal ausgeführt und hierbei 8 Erfolge zu verzeichnen gehabt.

Tillaux stellt einen 50 Jahre alten Patienten mit Tumor des Larynx vor. Die ungestielte Geschwulst befindet sich im Niveau des rechten unteren Stimmbandes und treibt die entsprechende Platte der Cartilago thyreoidea nach aussen. Am 29. Juni wurde die Tracheotomie gemacht. Allgemeinbefinden und locale Affection haben sich seitdem gebessert.

Verneuil betont, dass die Patienten nach der Tracheotomie in weit grösserer Anzahl am Leben erhalten bleiben, als nach der Exstirpation des Kehlkopfes.

Richet glaubt, im Einverständniss mit Verneuil, dass die Tracheotomie bei cancerösen Affectionen des Larynx dieselbe Bedeutung habe, wie der künstliche Anus in den Fällen von Krebs des Rectums.

Labbé bemerkt, dass die totale Kehlkopfexstirpation fast immer zu spät ausgeführt werde. Aus diesem Grunde habe die palliative Tracheotomie so gute Resultate ergeben. L. glaubt, dass man frühzeitig die totale Exstirpation des Larynx mit Aussicht auf Erfolg vornehmen könne, besonders wenn die Lymphdrüsen noch nicht ergriffen seien. Er habe 4 derartige Operationen gemacht und dabei 3 Heilungen erzielt, die längere oder kürzere Zeit andauerten.

Hérard berichtet über die Wirkung der **Fluorwasserstoffsäure** bei der Behandlung der Lungenschwindsucht. Er hält das eben angeführte Mittel für heilsam bei der Lungenphthise.

(*Le Progrès méd. No. 46. 87.*) *R.*

Société des sciences médicales de Lyon.

(*Sitzung vom 2. November 1887.*)

Dr. **Rafin** stellt einen jungen Mann mit **Lupus der Nase** vor, den er mittelst Application von **Acidum lacticum** geheilt hat. Das Uebel bestand bereits seit 8 Jahren. Als Pat. vor 5 Monaten in Behandlung genommen wurde, existirten schon recht erhebliche Läsionen. Der linke Nasenflügel war zur Hälfte angefressen, das Innere durch Krusten verstopft. Um letztere zu entfernen, wurden zunächst Kataplasmen aus Leinmehl angewandt, alsdann wurden die Oberflächen zu wiederholten Malen mit einer 80%igen Milchsäure-Lösung touchirt. Gegenwärtig ist die Nasenschleimhaut noch ein wenig alterirt, doch findet sich keine Ulceration mehr. — Auf der Abtheilung des Herrn **Tripier** sind bereits 4 Fälle von hartnäckigen Ulcerationen mit der Lösung von Acidum lacticum erfolgreich behandelt worden.

Poncet erbittet Auskunft über die Wirkungsweise der Milchsäure. Kauterisationen mit derselben seien gewöhnlich sehr schmerzhaft. Die vorgetragenen Thatsachen begründeten noch nicht eine Verwerfung der alten Behandlungsmethoden.

Rafin glaubt, dass die Wirkung der Milchsäure dadurch zu Stande komme, dass dieselbe die Fleischwucherungen loslöse. Eine Ausbreitung der Wirkung der Flüssigkeit auf die benachbarten Partien sei nicht zu befürchten.

(*Lyon médical No. 47. 87.*) *R.*

Medical Society of London.

(*Sitzung am 11. November 1887.*)

Andrew Clark: Ueber Ursache und Behandlung der Chlorose.

Bei Mädchen im Alter von 14 bis 24 Jahren sei in erster Linie anhaltende Stuhlverstopfung als Ursache der so häufig beobachteten Anaemie und Chlorose anzusehen. Die Anhäufung und Retention von Fäcalmassen im Darm rufe nicht nur Schmerzen hervor; sie habe auch eine Resorption der sich aus denselben bildenden toxischen Producte und somit eine Alteration des Blutes zur Folge. Auch bei scheinbar regelmässiger Stuhlentleerung könne Kothanhäufung vorhanden sein. In der veränderten Lebensweise um die Zeit der Pubertät (Mangel an Bewegung, Schnüren, Scheu vor dem Aufsuchen des Closets u. s. w.) liege wiederum der Grund für die Trägheit des Stuhles, welcher auch die Schuld für die so häufig vorkommenden Störungen der Menstruation beizumessen sei. Zu Gunsten der vorgetragenen Ansicht spreche auch der Umstand, dass der Urin Chlorotischer reicher an toxischen Substanzen sei als der normale Urin.

Die Behandlung der Chlorose müsse vor Allem mit Abführmitteln in Angriff genommen werden. Eisenpräparate kämen erst später in Betracht. Zudem müsse ein gewissenhaft zu befolgendes diätetisches Regime vorgeschrieben werden.

In der Discussion heben **J. Williams** und **Havilland Hall** hervor, dass Chlorose in vielen Fällen vorkomme, in denen der Intestinaltractus regelmässig functionire, und dass das häufige Vorhandensein der Chlorose bei dem genus femininum in Beziehung zu dem Geschlechtsapparat stehen müsse.

(Neuerdings sind auch andere Arbeiten erschienen, die die Verstopfung als Ursache der Chlorose verantwortlich machen. So Prof. **Duclos**: De l'origine intestinale de la chlorose. — Revue gén. de Clinique et de Thérap. No. 37. 87 und **Hüllmann**, Frauenarzt 7. 87. Ref.)

(*The Lancet. Novbr. 1887.*) *R.*

Referate.

Ueber Acetanilid als Nervenmittel. Von Prof. Dr. Adolf Ott.

Verf. hatte Gelegenheit, die günstige Wirkung des Acetanilids in Fällen von Hemicranie, nervösem Kopfschmerz, Trigeminusneuralgie, bei Occipitalneuralgie und auch in einem Falle von Dysmenorrhoe zu beobachten. Schon nach der ersten Dosis von 0,5 gewährten die Patienten eine sichtliche Erleichterung meist nach Verlauf einer halben Stunde. Gingen die Erscheinungen nicht wesentlich zurück, so wurde nach 1 bis 2 Stunden noch eine zweite Dosis gegeben. — Das Mittel wurde zu allen Tageszeiten, nüchtern oder nach der Mahlzeit, selbst während der Menses, genommen und stets gut vertragen. Es wurde in der Dosis von 0,5 zwei- bis höchstens dreimal des Tages und zwar in Pulverform, in Oblaten gewickelt, gegeben. Wegen der leichteren Löslichkeit in Alkohol ist es zweckmässig, etwas Wein oder Cognac nachtrinken zu lassen.

(*Prag. med. Wochenschr. 1887, No. 47.*) *B.*

Ueber die Wirkungen des Acetanilids bei den schweren Blatternformen der Variola confluens und haemorrhagica. Von Docent Dr. Hermann Haas (Prag).

Es wurden ausschliesslich Formen der Variola confluens und haemorrhagica mit Acetanilid systematisch behandelt, welche gleich bei der Aufnahme eine letale Prognose stellen liessen. H. hatte hier eine Febris continua zu behandeln, gegen welche Chinin und Antipyrin sich stets wirkungslos erwiesen hatten, bei welcher es daher um so interessanter war, ein neues Fiebermittel zu versuchen. Die ausführlich mitgetheilten 7 Beobachtungen zählen zu den schwersten Formen der Variola vera. In 3 Fällen erfolgte der letale Ausgang. Alle Patienten zeichneten sich durch Confluenz der Pocken und schweres secundäres Fieber aus. Drei Kranke waren nicht geimpft, von diesen starben zwei; 4 Patienten waren geimpft, von diesen ging einer zu Grunde. 2 Kranke verloren in Folge von Variola conjunctivae et scleroticae das Augenlicht. Ein Fall ist besonders interessant durch Combination von Scharlach mit nachfolgenden Pocken in der Zeit der Scharlachdesquamation. In diesen 7 Fällen kam das Acetanilid in Anwendung. Als höchste Dosis wurde 2,0 *pro die*, als kleinste 0,5 in gleicher Anordnung gereicht, so dass stündlich 1 Esslöffel der Schüttellösung genommen wurde.

Seine Erfahrungen fasst H. nun dahin zusammen, dass Acetanilid bei schweren Variolafiebern ein sehr brauchbares Mittel ist. Es erniedrigt in relativ kleinen Dosen die abendlichen Exacerbationen und bringt dadurch Erleichterung aller vom Fieber abhängigen Nervenerscheinungen. Ferner wirkt es als Remedium nervinotonicum et anaestheticum, indem alle Schmerzen in den Hintergrund treten, Schlaf folgt und der traurige Zustand unrettbar verlorner Kranken erträglich wird. Auch scheint das Mittel durch die constante Entfieberung die drohende Parenchymdegeneration hintanzuhalten und den Organismus widerstandsfähiger zu machen. Ferner wird der Digestionstractus durch Acetanilid nicht ungünstig beeinflusst.

(*Sep. Abdr. aus Wien. med. Presse 11. 87.*) *R.*

Beobachtungen über die Wirkungen des Acetanilins (Antifebrin) im Kindesalter. Von Prof. R. Demme (Bern).

D. hat das Antifebrin bei einer Reihe hochfebriler Erkrankungen des Kindesalters versucht. Unter den damit behandelten Patienten befanden sich 2 Fälle von Polyarthritis rheumatica acuta, 2 Fälle von Erysipelas faciei, 1 Fall von Bronchopneumonie und 2 Fälle von acuter Lungentuberkulose. Das Mittel erwies sich als zuverlässiges Antipyreticum, musste jedoch bei den beiden Erysipelpatienten wegen der sich bald nach seiner Anwendung einstellenden Verdauungsbeschwerden (profuse Diarrhoe, Brechneigung) weggelassen und durch das hier sehr gut vertragene Antipyrin ersetzt werden. Bei den mit Antifebrin behandelten Fällen von Lungenphthise wurde schon nach mässigen Dosen Cyanose beobachtet. — Bezüglich der Dauer des antipyretischen Effects schien Antipyrin dem Antifebrin den Vorrang streitig zu machen.

In den beiden Fällen von Polyarthritis rheumatica acuta übte Antifebrin auf den Krankheitsverlauf selbst eine deutliche und zwar günstige Einwirkung aus. Das stimmt mit den Erfahrungen derer überein, welche das Antifebrin jenen, den acut.-rheumatischen Krankheitsprocess specifisch beeinflussenden Arzneimitteln zuzählen.

Vorbehaltlich weiterer Erfahrungen würde D. bis jetzt dem Antipyrin wegen der günstigen Beeinflussung des Allgemeinbefindens, namentlich wegen des dabei auffallend günstigen Verhaltens der Verdauungsorgane, für die Kinderpraxis vor dem Antifebrin den Vorzug geben.

(24. med. Bericht über die Thätigkeit des Jenner'schen Kinderspitals in Bern.) R.

Ueber subcutane Antipyrininjection. Von Dr. R. Hirsch (Hannover).

Nach dem Vorgange von Germain Sée und S. Fränkel bediente Verf. sich in 12 Fällen an Stelle der Morphiuminjectionen der hypodermatischen Application des Antipyrins mit überraschend günstigem Erfolge. H. wandte in jedem Falle eine volle Pravaz'sche Spritze einer 50 procentigen Lösung (Antipyrin und Aqua destill. aa) an. Die Injection ist an der Stelle zu machen, die am meisten schmerzt. Nach der Injection ist die Spritze einige Male mit einer 5 procentigen Carbollösung anzufüllen und auszuspritzen, bis keine milchweisse Trübung mehr entsteht. Dadurch ist die Spritze gut desinficirt und die Canüle vor Niederschlägen und Verstopfungen durch Antipyrinkrystalle bewahrt.

(Sep.-Abdr. aus Berlin. klin. Wochenschr. No. 16. 1887.) R.

Unangenehme Erscheinungen nach einer subcutanen Antipyrin-Injection. Von Dr. Heys.

Einer seit 7 Tagen an Typhus leidenden Frau wurde eine subcutane Antipyrin-Injection in den linken Arm gemacht. Vor Application derselben betrug die Körpertemperatur 40°, dabei Delirium und Sehnenhüpfen. Diese Symptome liessen nach der Einspritzung schnell nach, aber es bildete sich an der Einstichsstelle eine gangränöse Partie von der Ausdehnung eines Markstückes, welche der Ausgangspunkt eines heftigen Schmerzes wurde. Die Pravaz'sche Spritze war sehr rein und durfte nicht für die unangenehme Erscheinung verantwortlich gemacht werden.

(Med. Record und Revue gén. de Clinique et de Thérap. 43. 87.) R.

Ueber die einfach beruhigende und die Schlaf erzeugende Wirkung des Urethans. Von Prof. R. Demme (Bern).

Als einfach beruhigendes Mittel kamen in dem vom Verf. geleiteten Spitale bei Kindern von 1—3 Jahren Gaben von 0,1 bis 0,3 und Tagesdosen von 0,5—1,0 Urethan in Anwendung. Behufs Erzielung einer hypnotischen Wirkung wurden Kindern von 12—18 Monaten keine geringere Einzeldosis als 0,25 und Kindern von 2—3 Jahren 0,5 gegeben. Für ältere Kinder betrug die Einzeldosis nie unter 1,0 und für 10—14 Jahre alte Patienten 1,5—2,0, selbst 2,5.

Das Mittel wurde meistens in 20,0—30,0 Wasser unter Zusatz von Zucker gereicht. Es wurde gut vertragen und erzielte fast immer die gewünschte Wirkung. In Uebereinstimmung mit den diesbezüglichen Erfahrungen von Huchard hält auch D. zur Erzielung eigentlichen erquickenden Schlafes verhältnissmässig grosse Gaben für nothwendig.

Bei der einfachen, sogen. idiopathischen oder essentiellen Eklampsie der Kinder leistet das Mittel gute Dienste. Gaben von 0,15—0,80 in einigen Esslöffeln Zuckerwasser gelöst, vermögen bei 3—10 Monate alten Kindern oft schon nach ½—1 Stunde die eklamptischen Zufälle hinauszuschieben und bei wiederholter Darreichung zu verhüten. Ebenso bewährte sich in derartigen Fällen ein mehrmals hinter einander verabreichtes Klysma von 0,1 Urethan auf 100,0 Wasser.

(24 med. Bericht über die Thätigkeit des Jenner'schen Kinderhospitals in Bern.) R.

Zur Guajacolbehandlung tuberculöser Processe. Von Prof. Max Schüller (Berlin).

In Folge der Arbeit von Sahli (s. diese Monatshefte Jahrg. I. Seite 452) macht Verf. darauf aufmerksam, dass er Guajacol und ein anderes Präparat des Lignum Guajaci schon seit Jahren zur Behandlung tuberculöser Processe anwendet. Er hat auch damit Versuche an tuberculös inficirten Thieren angestellt und hierüber im Jahre 1880 einige Mittheilungen gemacht. Beim Menschen hat er Guajacol in wässriger Lösung (25—50 Tropfen auf 1000,0 Wasser) wochenlang inhaliren lassen. Innerlich hat er ein nach einer einfachen Vorschrift frisch bereitetes Extractum ligni Guajaci in Pillen (aus 250 g Guajacholz-Extract 100 Pillen, 3 bis 4 mal täglich 1—3 St.) gebrauchen lassen. Beide Mittel wurden gut vertragen. Das Körpergewicht stieg; das Allgemeinbefinden besserte sich und tuberculöse Localaffectionen wurden anscheinend gut vertragen.

(Wien. med. Presse No. 30. 87.) R.

Casuistische Beiträge zur Localanästhesie mit Cocainum muriaticum. Von Dr. L. W. Orloff.

Unter den 20 Fällen, über die Verf. aus der Klinik des Prof. Monastyrsky berichtet, befanden sich 2 Probelaparotomien, 3 Gastrotomien, 1 Herniotomie, 2 Radicaloperationen von Hydrocele, 2 Fälle von Plastik im Gesicht, 1 Fall von Strictur der Urethra, 2 Colpoperineorrhaphien etc., also fast nur grössere Operationen. Bei allen trat völlige Anästhesie der Hautdecken ein, während Manipulationen in tiefern Schichten schmerzhaft blieben. Die Ausführbarkeit der Operation scheiterte nur in einem Falle von Laparotomie und machte nachfolgende Chloroformnarkose nothwendig.

Die Schlüsse, zu denen Verf. nach seinen Beobachtungen kommt, sind kurz folgende:

Schon geringe Mengen Cocaïn (0,03 bis 0,045, ein Mal 0,12) sind im Stande, eine mehr oder weniger vollständige Anästhesie recht grosser Hautpartien hervorzurufen. Die Wirkung des Cocaïns, die nach 10—15 Minuten auftrat, beinahe 1 Stunde währte und stets frei von ungünstigen Symptomen blieb, ist eine rein locale, hängt von der Durchtränkung der Gewebe mit der Lösung ab und lässt zweckmässig die Injection soviel als möglich in die ganze Länge des geplanten Schnittes und seiner Umgebung fallen und zwar für Hautschnitte nur in die Haut und das Unterhautzellgewebe, zur Anästhesirung tiefer liegender Theile aber tiefer. Schwache Lösungen (1 : 60) sind deshalb am vortheilhaftesten, weil sie das gleiche Quantum auf eine grössere Oberfläche zu vertheilen im Stande sind.

(Wiener medic. Wochenschrift 1881, No. 30.)

G. Peters (Berlin).

(Aus der medicinischen Klinik in Tübingen.)

Ueber die diätetische Behandlung des Diabetes mellitus. Von Dr. E. Cless.

Bei der überwiegenden Mehrzahl der Diabetiker konnte seit 1872 in der Tübinger medicinischen Klinik die diätetische Behandlung durchgeführt werden. Dieselbe ergab bei Weitem günstigere Resultate als jede andere Behandlungsmethode. In welcher Weise die diätetische Cur durchgeführt wird, ist bereits früher vom Gmelin dargelegt worden. Es wird nicht darauf ausgegangen, jede Spur von Kohlehydraten in der Nahrung zu vermeiden. Es würde dann überhaupt nichts Essbares übrigbleiben. Und auch weniger hält man darauf, etwa alle Nährstoffe zu vermeiden, welche im Organismus zur Glykogenbildung dienen können. Es genügt dafür zu sorgen, dass bei einer sonst reichlichen Nahrung die Gesammtsumme der in 24 Stunden zugeführten Kohlehydrate nicht über 10 oder höchstens 20 g hinausgehe. —

Demnach sind gestattet fast alle aus dem Thierreich stammenden Nahrungsmittel. Nur die Leber ist ausgeschlossen wegen ihres Gehaltes an Zucker resp. an Glykogen und ebenso die Milch, wegen des in ihr enthaltenen Milchzuckers. Von vegetabilischen Nahrungsmitteln sind alle verboten, welche viel Zucker oder Stärkemehl enthalten. Dagegen wird (was für die Abwechselung von Bedeutung ist) gestattet: grüner Salat (Lattich, Endivien, Feldsalat, Kresse), ferner Spargel, Spinat, grüne Bohnen, Gurken, sowohl frisch mit Essig und Oel, als eingemacht mit Essig, endlich alle Kohlarten und unter Anderem auch Sauerkraut, wenn bei der Zubereitung kein Mehl verwendet wird. Alle Arten von Brot sind verboten. Backwerke, wie sie von Bouchardat als Kleberbrot, von Prout aus Kleienmehl, von Palmer aus Kartoffeln und von Pavy aus Mandeln und Eiern als Ersatz für das Brot hergestellt wurden, werden in der Tübinger Klinik nicht gegeben, weil sie entweder nicht genügend frei von Kohlehydraten sind oder den Patienten weniger angenehm sind als die sonstigen erlaubten Speisen.

Mit den gestatteten Nahrungsmitteln kann z. B. folgender Speisezettel hergestellt werden:

Zum Frühstück erhält Pat. schwarzen Kaffee, 6 Eier und Butter; während des Vormittags Schinken, Ochsenmaulsalat und ¼ l Wein.

Zum Mittagessen Fleischbrühe mit Ei, Braten und Gemüse. Im Laufe des Nachmittags schwarzen Kaffee mit kaltem Braten. Am Abend Fleischbrühe, Braten und grüner Salat.

Von dem Jahre 1872 bis Anfang 1887 wurden 56 Fälle von Diabetes mellitus in die Klinik aufgenommen. Bei 7 Fällen konnte, theils wegen zu schlechten Allgemeinbefindens (4), theils wegen zu kurzen Aufenthalts in der Klinik (3) die strenge Diät nicht angefangen werden: 49 Patienten wurden diätetisch behandelt. —

Bei 20 der so Behandelten verschwand nach Entziehung der Kohlehydrate der Zucker aus dem Urin vollständig. Davon sind 2 Fälle als geheilt zu betrachten, indem sie sehr grosse Mengen von Kohlehydraten wieder verarbeiten konnten, und 5 Fälle als annähernd geheilt zu betrachten, da sie ziemlich reichliche Mengen von Kohlehydraten aufnahmen, ohne im Urin Zucker auszuscheiden; 13 Fälle haben wenigstens bei kohlehydratfreier Kost keinen Zucker im Urin. Bei den übrigen 29 Fällen ging der Zuckergehalt auf die diätetische Behandlung zurück und zwar bei den meisten in sehr bedeutendem Grade.

Die Behandlung hat demnach, wenn irgend möglich, vor Allem im Ausschluss der Kohlehydrate aus der Nahrung des Kranken zu bestehen.

(Deutsche med. Wochenschr. No. 44—47 87.) **R.**

Die cardiale Dyspnoë und das cardiale Asthma.
Von Prof. S. v. Basch.

Als 3. und 4. Heft der von Prof. Joh. Schnitzler herausgegebenen „Klinischen Zeit- und Streitfragen“ hat Prof. S. v. Basch eine ungemein lehrreiche und interessante Abhandlung über die cardiale Dyspnoë und das cardiale Asthma herausgegeben.

Da die theoretischen Deductionen des Verf. für die Therapie von ausserordentlicher Bedeutung sind, so ist es nöthig, dieselben näher zu betrachten.

Das Hauptmoment ist nach v. B. eine Steigerung des Blutdruckes in der Art. pulmonalis und den Lungencapillaren. Durch die stärkere Füllung dieser Capillaren wird eine stärkere Lungenschwellung und Lungenstarrheit und damit eine Erhöhung der Lungenelasticität bewirkt, sodass der Thätigkeit der Athmungsmusculatur ein grösserer Widerstand entgegengesetzt wird. So erklärt sich leicht die physiologische Dyspnoë bei körperlichen Anstrengungen z. B. beim Bergsteigen, da solche Anstrengungen den Druck im ganzen arteriellen System, also auch in der Art. pulmonalis steigern. Ganz ebenso erklärt sich die pathologische Dyspnoë, die schon durch geringfügige Ursachen hervorgerufen wird. In allen Fällen, wo wir eine solche Dyspnoë finden, mag es sich nun um primäre Herzschwäche oder um Fettherz, oder um Herzveränderungen bei chronischer Nephritis oder um Klappenfehler handeln, besteht auch in der Ruhe nach Basch ein übernormaler Druck in der Art. pulmonalis und den Lungencapillaren, sodass schon geringfügige Steigerungen dieses Druckes genügen, um Dyspnoë zu erzeugen, besonders da die Lungenstarrheit nicht in arithmetischem, sondern in geometrischem Verhältniss mit der Füllung der Lungencapillaren wächst.

Entsprechende Verhältnisse findet man beim Asthma cardiale, wo v. Basch ein paralytisches Asthma unterscheidet, dessen experimentelles Paradigma die Circulationsverhältnisse beim Erstickungstode bilden, und ein spasmodisches, dessen exquisitesten Typus Herz und Lungen bei der Muscarinintoxication darbieten. Spasmodisches Asthma kommt nach v. B. bei der Angina pectoris vor, ferner in Gestalt des Asthma dyspepticum und anderer auf reflectorischem Wege erzeugter Asthmaformen. Das gewöhnliche Asthma ist ein Asthma paralyticum. Plötzlich und scheinbar spontan entsteht bei dergleichen Patienten eine Dyspnoë und in Folge dessen eine Blutdrucksteigerung (Prodromalstadium), dann kommt es zu einer Störung im Gleichgewichtszustande des kranken und daher in einem labilen Gleichgewichtszustande befindlichen Herzens; der Blutdruck im grossen Kreislauf sinkt plötzlich ab, während der Druck im kleinen Kreislauf nur noch mehr ansteigt; damit ist dann das typische Bild des cardialen Asthmas fertig.

Bei der Behandlung kommen zunächst diejenigen Fälle in Betracht, wo die dyspnoïschen Beschwerden durch Fettleibigkeit erzeugt werden. v. B., der ein Gegner der hydrostatischen Theorien Oertel's ist, empfiehlt vermehrte körperliche Bewegung, die jedoch nicht nach der Entfernung dosirt, sondern deren Abmessung dem Pat. selbst überlassen wird, und ein Regime, welches dem Ebstein'schen sehr nahe steht. Ausserdem empfiehlt er den Gebrauch glaubersalz- und kochsalzhaltiger Wässer.

Bei den Fällen von Dyspnoë, bei denen weder nachweisbare Alterationen des Herzens, noch Fettleibigkeit bestehen, also bei jugendlichen anaemischen und chlorotischen Individuen und bei Neurasthenikern ist ebenfalls neben den andern üblichen Medicationen vermehrte körperliche Bewegung anzuempfehlen, die einmal im Sinne der Angewöhnung und dann als directe Uebung des Herzens wirkt.

Handelt es sich um Arteriosklerose oder Klappenfehler in Folge von Arteriosklerose, bei denen der Blutdruck erhöht ist, so muss man dem durch energisches Purgiren, am besten vermittelst der salinischen Abführmittel entgegenzuwirken suchen. Dabei ist eine Diät innezuhalten, welche die Ansammlung von Kothmassen verhindert; alkoholische Getränke sind möglichst zu meiden und körperliche Bewegung nur insoweit zu gestatten, als sie ohne Dyspnoë möglich ist. Daneben wendet v. B. Herzmittel an und zwar Atropin (0,003 : 150,0 3 stündlich einen Esslöffel) mit oder ohne Digitalis. Die Digitalis wendet v. B. auch bei gesteigertem Blutdruck an, und zwar dann, wenn gleichzeitig Zeichen von Steigerung des venösen Druckes, z. B. Schwellung und Pulsation der Halsvenen vorhanden sind. Zuweilen verwendet v. B. auch Lobelin mit Atropin und zwar 2—3 g der Tinct. Lobel. auf 150,0 Aq.

Entsteht endlich die Dyspnoë in Folge von Herzschwäche, d. h. tritt sie bei niederem Blutdruck auf, so ist neben der therapeutischen Verwendung von Atropin und Digitalis, neben roborirender Diät nur Sorge für regelmässige Stuhlentleerung, wobei jedoch forcirtes Purgiren ausgeschlossen ist, vermehrte körperliche Bewegung anzuempfehlen, die eine stärkere Füllung des arteriellen Systems und damit eine Entlastung der Lungen herbeizuführen vermag. Doch sind forcirte Bewegungen zu vermeiden, da sie eine Ueberfüllung des Herzens herbeiführen können.

Bei der Therapie des Asthmaanfalles hat man die Wahl zwischen Stimulantien und Narcoticis. Von letzteren, die bei der Krampfform des Asthmas namentlich anzuwenden wären, empfiehlt v. B. das Morphium, das nach ihm und Binz den Blutdruck sinken macht. Die Stimulantien finden ihren Wirkungskreis beim Asthma paralyticum. In der asthmafreien Zeit tritt natürlich die Therapie der cardialen Dyspnoë ein.

(Klinische Zeit- und Streitfragen. Hft. 3 u. 4. 1891.)
Schmey (Beuthen).

Ueber Behandlung des hectischen Fiebers. Von Prof. Alfred Pribram, Vorstand der 1. deutschen med. Klinik in Prag.

Obwohl Antipyrin, in den gewöhnlichen Dosen von 0,5—1,0, sicher den Kranken entfiebert, so haften dem Mittel doch verschiedene Uebelstände an, die seinen Werth nicht unwesentlich beeinträchtigen. Es sind diese einmal das zeitweise zu beobachtende wiederkehrende Erbrechen, das manchmal das Aufgeben des Mittels nothwendig machen kann, dann das nicht seltene Sinken der Temperatur auf das Subnormale mit dem ganzen bekannten subjectiven Unbehagen, das durch die die Entfieberung begleitenden starken Schweisse noch weiter gesteigert wird, ferner die Erfahrung, dass der fortgesetzte Gebrauch grösserer Antipyringaben zu Blutungen zu disponiren scheint und endlich der Umstand, dass je tiefer die erzielte Entfieberung ausfällt, desto höher beim Wiedereintritt des Fiebers die nachherige Steigerung zu sein pflegt, so dass anstatt des früheren, innerhalb geringerer Breiten schwankenden und nur mässige Abendexacerbation darbietenden Fiebers nun nach starken Morgenremissionen um so grössere Abendexacerbationen auftreten. Eine Erklärung für letztere Beobachtung glaubt Pribram darin zu finden, dass durch die Arzneigaben die thermoregulatorischen Mechanismen des Körpers zu übergrosser Thätigkeit gezwungen werden, auf welche eine Ermüdung folgen kann, die ihrerseits eine Verminderung der Widerstandskraft gegen das Heranstürmen der neuerdings sich entwickelnden, fiebererregenden Ursachen zur Folge hat.

Zur Vermeidung dieser geschilderten Uebelstände schlägt nun Pribram nach reichlichen Versuchen, bei denen wiederholt eins auffiel, nämlich, dass bei Phthisikern selbst viel kleinere Gaben als 0,5 unzweifelhaft im Stande waren, die febrile Temperatur um mehrere Zehntel Grade herabzusetzen, folgenden Weg für die antipyretische Behandlung des hectischen Fiebers vor.

Nachdem man sich einige Tage hindurch durch zweistündliche Messungen über den Fieberverlauf im gegebenen Falle orientirt hat, — wobei Complicationen mit septischer oder pyämischer Infection natürlich auszuschliessen sind —, giebt man am ersten Versuchstage ½ Stunde vor Beginn des Fiebers 2 Esslöffel einer 1% Antipyrinlösung und darauf folgend stündlich 1 Esslöffel, bis die Temperatur unter 38 sinkt. „In den meisten Fällen genügen zu diesem Zwecke schon anfangs 2 Gaben." Am zweiten Beobachtungstage wird man, nach den Erfahrungen des ersten, da wo die erwähnten Gaben genügten, bei derselben Dosis bleiben, wo sie nicht genügten dagegen eine 1½—2% Lösung anwenden und bei eintretendem Erfolg 5 bis 6 Tage in derselben Weise fortfahren. Nach dieser Zeit wird man die letzte angewendete Gabe versuchsweise fortlassen, nach einigen Tagen auch die nächste und so fort, aber selbst nach dem gänzlichen Ausbleiben von Temperaturen, welche 38 überschreiten, noch eine Präventivgabe ½ Stunde vor dem muthmasslichen Eintritt des Fiebers, durch mehrere Tage hindurch reichen, und wenn auch in diesem Falle kein Fieber mehr eintritt, das Antipyreticum ganz fortlassen, um es bei Eintritt neuer Fieberbewegungen sofort wieder anzuwenden, in welchem letzteren Falle dann meist einige wenige Tage zur Hebung desselben zu genügen pflegen.

In den Fällen, in denen eine Inversion des Fiebers stattfindet, so dass anstatt der Nachmittagsstunden die Nachtstunden oder die Vormittagsstunden die Exacerbation bringen, wird die Präventivgabe einfach wieder kurze Zeit vor dem nun erwarteten Fieber gereicht.

P. wendet ausnahmslos das Antipyrin an, da es die wenigsten unangenehmen Nebenwirkungen hat und die nachhaltigste Temperaturherabsetzung herbeiführt und braucht nur da, wo dieses auch in kleinen Gaben nicht vertragen wird oder Schweisse macht oder endlich, wo eine Neigung zu Blutungen besteht, das Acetanilid u. z. in der Dosirung von 0,1—0,2 genau in derselben Weise wie das Antipyrin.

(Prager medic. Wochenschrift 1891. No. 36.)
G. Peters (Berlin).

Prophylaxe der Malaria. Von Dr. Plehn.

Gelegentlich einer Reise in die berüchtigte Malaria-Gegend von Batavia gelang es dem Verf., den Ausbruch der sonst die Mannschaft unfehlbar ergreifenden Krankheit, trotz der ungünstigen Witterung, durch die prophylact. Darreichung von 1 g Chinin. sulf. beim Einlaufen in Tan Jan Priok und Wiederholung der Dosis nach 7 Tagen, hintanzuhalten. Von 73 Personen (40% alte Malarialeiden) bekam nur 1 einen rudimentären Anfall. Dagegen erkrankten von ca. 17 Personen (darunter 12 Malaica) 7 ca. 8—12 Tage nach dem Verlassen des Hafens.

(Berl. klin. Wochenschr. No. 39)

Franz Wolf (Berlin).

Ein Prophylacticum gegen Diphtherie. Von Dr. Johannsen, Oberarzt am Hospital zu Libau.

Die Kinder sollen Abends vor dem Schlafengehen Mund und Nasenhöhle mit einer desinficirenden Flüssigkeit reinigen. Sind am Tage die betreffenden Bacterien in die Mundhöhle gelangt, so haften sie noch nicht fest und werden leicht abgespült. Lässt man sie jedoch die Nacht hindurch sich ruhig „eingrasen", dann ist am Morgen die Krankheit da.

Während des Tages, wo fortwährend Schluckbewegungen gemacht werden, sind die Bedingungen für das Anwachsen der Parasiten überhaupt nicht günstige, viel günstiger während der Nacht, daher man auch viel häufiger am Morgen die Krankheit entwickelt vorfindet.

Als Spülwasser empfiehlt sich am besten eine hellrothe Lösung von Kali permanganicum.

(St. Petersburg. med. Wochenschr. No. 31. 1887.)

R.

Sauerstoff in der Chloroformnarkose. Von Dr. Kreutzmann, (San Francisco).

Nach dem Vorgange Neudörfer's in Wien hat Verf. bei seinen Narkosen das Gemisch von Chloroform und Sauerstoff mit gleich gutem Erfolg wie jener angewandt, nur wich er in der Art der Herstellung des Gemisches ab. Während N. in einer Gummiblase mit bekanntem Sauerstoffgehalte eine bestimmte Menge Chloroform zum Verdunsten brachte, verband Verf., da das Chloroform die Gummiblase bald unbrauchbar machte, die letztere, nachdem sie mit Sauerstoff gefüllt war, durch ein Doppelgebläse mit dem Junker'schen Chloroforminhalationsapparat, so dass also Sauerstoff an Stelle der atmosphärischen Luft durch das Chloroform gepumpt werden musste. Etwas Luft dringt dabei immerhin durch das Mundstück des Apparates ein.

Bei 25 solcher Narkosen überzeugte sich Verfasser, dass dieselben in der That äusserst rasch eintraten, ohne nennenswerthe Excitation, mehr unter dem Bilde eines ruhigen Schlafes, als eines tiefen Comas, und vor Allem ohne die üblichen unangenehmen Nebenwirkungen, also sehr ähnlich der Lachgas-Sauerstoff-Narkose. Wie weit Todesfälle durch die Chloroform-Sauerstoff-Anaesthesie sich sicher vermeiden lassen, müsse erst die Zukunft lehren.

(Centralbl. f. Chirurgie. No. 35, 1887.)

Freyer (Stettin).

Ueber ein neues Capitel der Larynxchirurgie. Von Dr. Jelenffy in Budapest.

Verf. bespricht die Therapie eines Krankheitszustandes, der bislang in der Litteratur noch wenig bekannt geworden, weil das Leiden ein sehr seltenes ist. Es handelt sich nämlich um den Vorfall der Schleimhaut des Morgagnischen Ventrikels. Ausnahmslos aus traumatischer Ursache, wenigstens in Folge heftiger Hustenstösse, trennt sich zuweilen die Schleimhaut an genannter Stelle von ihrer Unterlage los und bildet bei ausgedehnterer Lostrennung einen vollständigen Prolaps, der sogar kegelig aus der Mündung herausragen kann. Bei der Spiegeluntersuchung sieht man dann die das Stimmband nach innen überragende Geschwulst mit glatter Oberfläche aus dem Morgagnischen Ventrikel gewissermassen „herausfliessen", während die Bänder des falschen und wahren Stimmbandes sich durchaus deutlich markiren. Eine Folge der Geschwulst ist stets hochgradige Heiserkeit, zuweilen Athembeschwerde, zumal wenn ein beiderseitiger Prolaps besteht. — Mit den bisherigen Behandlungsmethoden, die in Einblasungen und Einpinselungen bestanden, hat man höchstens vorübergehende Besserung erzielt. Verf. ging daher davon aus, eine Rückbildung des Vorfalls zu erreichen, wozu ihm eine Unterbrechung der Ernährung der vorgefallenen Schleimhaut von dem Ventrikel her nothwendig erschien. Diese Unterbrechung bewirkte er durch kleine Schnitte, die er, am vordern Rande des Vorfalls beginnend, dem Stimmbandrande parallel führte. Es trat dann Schwund der incidirten Partien und in etwa 10 Tagen nach täglicher Wiederholung der Incisionen Schwund der ganzen Geschwulst ein bis auf einen kleinen polypenartigen Rest, den er mit einer scharfen Polypenzange abquetschte. In einigen Wochen wurde auch die Stimme rein und frei. Verf. empfiehlt diese Methode der Behandlung, wiewohl er sich erst auf zwei nach ihr behandelte Fälle zu stützen vermag.

(Wiener med. Wochenschr., No. 41, 1887.)

Freyer (Stettin).

Ueber Chirurgie der Gallenwege. Von Prof. Dr. Hofmokl in Wien. (Vortrag, gehalten am 22. April 1887 in der k. k. Gesellsch. d. Aerzte in Wien.)

Unter Vorstellung zweier bezüglicher Krankheitsfälle, bei denen es zur operativen Eröffnung der Gallenblase gekommen ist, bespricht Verfasser diejenigen Erkrankungen der Gallenwege, welche Veranlassung zu chirurgischen Eingriffen geben können. Hierbei hebt er besonders die Bildung von Gallensteinen mit ihren pathologischen Folgezuständen für die Gallenblase, speciell mit folgendem Hydrops oder Empyem der Gallenblase hervor und kennzeichnet die Symptome, an welchen letztgenannter Zustand zu erkennen ist.

Auf die Geschichte der Gallenblasenchirurgie übergehend, unterscheidet er zwei Epochen: Die aus dem vorigen Jahrhundert datirende Art der Eröffnung der Gallenblase erst nach vorheriger Anwachsung an die Bauchwand und die seit dem Jahre 1868 geübte Eröffnung ohne vorherige Anwachsung. In dieser neuen Epoche nähten die Einen die eröffnete Gallenblase in die Bauchwunde hinein, die Anderen suchten, nach der Methode von v. Volkmann bei Echinococcus verfahrend, erst die Verlöthung der Gallenblase mit der Bauchwand herbeizuführen. Die erstere Art des Operirens sei der zweiten vorzuziehen. Courvoisier hat in einem Falle 1884 die Gallenblase sofort nach Entfernung der Gallensteine wieder vernäht und in die Bauchhöhle versenkt. Dabei traten aber Unzuträglichkeiten ein. Langenbuch endlich hat bereits seit 1882 mehrfach die ganze Gallenblase exstirpirt (Cholecystectomie), eine Methode, die trotz ihrer bisherigen guten Erfolge doch noch nicht spruchreif sei. Eine weitere Veranlassung zum operativen Eingriff bietet die traumatische Verletzung der Gallenblase, wobei die Laparotomie mit der consecutiven Anlegung einer Gallenfistel oder Exstirpation der Gallenblase durchaus angezeigt sei. Campenon macht sogar den ganz rationellen Vorschlag, in solchen Fällen den Ductus cysticus zu unterbinden, um dadurch die Möglichkeit einer langwierigen Gallenfistelbildung zu vermeiden. Als letzter Anlass zur Operation an der Gallenblase werden die Neubildungen derselben und ihrer nächsten Umgebung erwähnt.

Zum Schluss hält es Verf. im Interesse der Statistik für wünschenswerth, wenn die pathologischen Anatomen bei den Sectionen darauf achten wollten, wie viele Fälle wohl vorkommen, in denen Erkrankungen der Gallenblase oder der Gallenwege die Todesursache bildeten, bei denen jedoch der Chirurg noch lebensrettend hätte einwirken können.

(Wiener med. Presse, No. 25, 1887.)

Freyer (Stettin).

Zur Casuistik und Therapie gangränöser Darmwandbrüche. Von Dr. Emil Burckhardt in Basel.

An der Hand einer einschlägigen Statistik zeigt Verf., wie trostlos mit Bezug auf die bisherige Art der Behandlung die gangränösen Darmwandbrüche verliefen. Trotz Anlegung eines Anus praeternaturalis gingen die meisten Patienten zu Grunde. Maas hatte schon 1885 für primäre Resection der gangränösen Theile und Anlegung der Darmnaht in solchen Fällen plaidirt, doch sprach man sich noch in neuester Zeit für Anlegung eines Anus praeternat. in jedem Falle aus. — Verf. kann nun über zwei Fälle berichten, in denen bei gangränösem Darmwandbruch nach Maas'schem Grundsatze verfahren wurde und der Erfolg ein günstiger war. Er glaubt deshalb, diesen Operationsmodus als den passenden und berechtigten empfehlen zu sollen.

(Corresp.-Bl. f. Schweizer Aerzte, No. 19, 1887.)

Freyer (Stettin).

Das Verhalten des Lanolins gegen Mikroorganismen. Autoreferat nach dem in No. 48 der Berl. klin. Wochenschr. enthaltenen Aufsatz. Von Dr. A. Gottstein in Berlin.

Das Lanolin, jener Repräsentant der Cholesterinfette, welcher nach den Untersuchungen von Liebreich in biologischem Zusammenhange zu den Hornhautgebilden steht und welcher nach der Darstellung im Grossen vermöge verschiedener Vorzüge in der Therapie der Hauterkrankungen eine hervorragende Stellung einnimmt, unterscheidet sich bekanntlich in einem Punkte ganz wesentlich von den Glycerinfetten: es ist dies seine schwerere Zerlegbarkeit. Macht sich diese Eigenschaft schon in Bezug auf chemische Agentien geltend, insofern als die Einwirkung von Wasser oder wässerigen Alkalien auf Lanolin nahezu ohne Einfluss ist und die vollständige Abspaltung der Säuren vom Cholesterin nur beim Behandeln mit alkoholischem Kali oder unter der Einwirkung von schmelzendem Kali eintritt, so tritt der genannte Unterschied noch mehr in Bezug auf die spontane Zersetzung hervor. Glycerinfett sich selbst überlassen, spaltet Fettsäuren ab, wird ranzig; Lanolin dagegen bleibt unverändert. Da nun die Forschungen der letzten vier Jahrzehnte speciell die der jüngsten Zeit erwiesen haben, dass die spontane Zersetzung der organischen Substanzen auf geformte Fermente, auf Mikroorganismen zurückzuführen ist, so wird diese Beobachtung darauf hindeuten, dass die Glycerinfette der zersetzenden Thätigkeit von Mikroorganismen unterworfen sind, das Lanolin dagegen einer solchen nicht zugänglich ist.

Freilich ist diese Annahme für die Glycerinfette bisher nur eine begründete Voraussetzung, für welche der abgeschlossene Beweis noch zu erbringen ist. Denn während die Frage nach der Rolle der Mikroorganismen für die spontane Zersetzung von Eiweiss und Kohlehydraten positiv beantwortet ist, ist diejenige nach ihrer Bedeutung für die Fettspaltung nur von verschiedenen Forschern gestreift, und zwar ohne dass sich einheitliche Resultate ergeben hätten. Die principielle Frage erscheint zwar durch die Untersuchung von W. Schulz (Pflüger's Arch. 15) gelöst, welcher nachwies, dass bei gewöhnlicher Temperatur der Sauerstoff der Luft allein die Oxydation eines Fettes ins Werk zu setzen sich unfähig erweist und dass es bei Abschluss von Mikroorganismen zu einer solchen überhaupt nicht kommt; es würde damit die Ansicht von Duclaux (Annal. de l'Inst. Pasteur I 6) fallen, welcher annimmt, dass das Triglycerid selbst für Mikroorganismen unangreifbar sei, dass vielmehr zunächst die Fette durch den Sauerstoff der Luft oxydirt würden und die dann entstandenen Producte, welche direct vergährungsfähig sind, durch die „laterale" Thätigkeit von Mikroorganismen weiter gespalten würden. Wie aber unter Voraussetzung der von Schulz beigebrachten Thatsachen die Zerlegung der Fette durch Bakterien chemisch zu denken sei, dafür fehlt nach den bisherigen Kenntnissen von den Lebenseigenschaften derselben der richtige Anhalt, denn es handelt sich ja um Körper, die, von Beimengungen abgesehen, weder freien Sauerstoff, noch Nährsalze, noch selbst Wasser enthalten, die ferner im Verlauf ihrer Zersetzung Säuren abspalten, welche an sich schon für viele Arten entwickelungshemmend sind. Man wird also schon für die Glycerinfette zu der Vermuthung geführt, dass nur gewisse Arten und nur unter besonderen Bedingungen geeignet sein können, das Fett zu zerlegen, ja überhaupt in ihm nur existiren zu können[1]). Aber selbst unter diesen Einschränkungen bleibt der Unterschied bestehen, dass das Glycerinfett spontan zerfällt, das Lanolin hingegen nicht.

Meine Versuche zeigten mir nun, in Uebereinstimmung mit den obigen Voraussetzungen, dass eine Reihe weit verbreiteter Mikroorganismen auf Glycerinfetten sowohl wie auf Lanolin übertragen daselbst nicht nur nicht weiterwuchsen, sondern zu Grunde gingen; die Zeit bis zum völligen Untergange, mikroskopisch wie bacteriologisch zu constatiren, war abhängig von der Menge des gleichzeitig mit übertragenen Nährmaterials und schwankte zwischen 5 Tagen und 4 Wochen. Auch die chemische Untersuchung ergab, dass die übertragenen Arten keinen Einfluss auf die Fette und das Lanolin gehabt hatten, dass es nicht zu einer in Betracht kommenden Säurebildung gekommen war.

Da hierdurch erwiesen war, dass eine Reihe von Arten in Fetten wie im Lanolin untergeben, und um nicht dem Zufall das Auffinden einer daselbst lebensfähigen Art anheimzugeben, überliess ich eine Menge Schmalz und Lanolin sich selbst, bis das Schmalz durch Farbe und Geruch die eingetretene Zersetzung anzeigte. Wurden nun Proben aus der Mitte des Schmalzes auf die Oberfläche eines Reagensgläschens mit Nährgelatine gebracht, so entwickelte sich auch jetzt meist nichts an der Oberfläche, das Gläschen blieb steril, das Schmalz enthielt also in seinem Innern keine exquisit aeroben Keime. Wohl aber kam es bei Vertheilung der Schmalzprobe in der verflüssigten Gelatine zum Auftreten von Colonien, die sich meist auf die Tiefe der Nährsubstanz beschränkten: das ranzig gewordene Fett enthielt also in seinem Innern Keime, die den mehr oder weniger strengen Anaerobien zuzurechnen waren. Aus den der Mitte des Lanolins entnommenen Proben aber konnten im Allgemeinen weder aerobe noch anaerobe Colonien auf Nährgelatine entwickelt werden, in Uebereinstimmung mit den Untersuchungen von C. Fraenkel (Ctrlbl. f. Bacteriol. I 5). Hier also ergab sich ein grundlegender Unterschied zwischen Glycerinfett und Lanolin: während dieses, ranzig geworden, lebensfähige Keime enthielt, die aus der Luft ins Innere vorgedrungen sein mussten, waren solche in das unter gleichen Bedingungen aufbewahrte Lanolin nicht eingedrungen; das Schmalz hatte sich demnach für die Aufnahme derselben geeignet erwiesen, das Lanolin als ungeeignet.

Durch eine andere Versuchsanordnung konnte dies verschiedene Verhalten nach

[1]) Unter anderm scheint es wichtig, dass auch gewisse pathogene aerobe Arten in Fett nicht gedeihen, resp. dasselbe nicht zerlegen, wie der Milzbrandbacillus (Manfredi) und der Staphylococcus aureus (Lübbert).

augenfälliger dargethan werden. Wenn auf die Oberfläche einer im Reagensglase befindlichen Nährgelatine eine Schicht sterilisirten Schmalzes oder Lanolin aufgegossen wurde, und darüber dann eine Substanz gebracht, von der es bekannt, dass sie alle Formen von Keimen, vor Allem auch Anaerobien, enthält, wie Gartenerde, so habe ich regelmässig beobachten können, dass nach einem Zeitraum von Tagen die Gelatine durch die Schmalzschicht hindurch inficirt wurde, die unter dem Lanolin befindliche nach Wochen noch klar geblieben war. Es waren also Mikroorganismen aus der Erde durch das Fett hindurch in die Gelatine eingedrungen, was nur möglich war, wenn sie in demselben die Bedingungen zur Weiterentwickelung fanden; in dem Lanolin hingegen gab es für sie keine Gelegenheit zur Weiterentwickelung, sie konnten demnach dasselbe nicht durchsetzen, die Lanolinschicht hatte somit sogar die von ihr bedeckte, inficirbare Substanz vor Zersetzung geschützt. Das Lanolin ist somit nach diesem Versuche nicht nur selbst nicht inficirbar, es vermag auch als Deckschicht gegen Infectionen zu dienen, beides im Gegensatz zum Glycerinfett.

Diese Eigenschaft des Lanolins hat eine biologische wie eine therapeutische Bedeutung. Was die therapeutische Seite der Frage betrifft, so ist es sicher wesentlich, im Lanolin eine Substanz zu besitzen, welche im Gegensatz zu den Glycerinfetten an sich aseptisch ist. Zwar ist vorauszusetzen, dass dem Paraffin und Vaselin in Bezug auf das Verhalten gegen Mikroorganismen ähnliche Eigenschaften zukommen, doch ist bekannt, dass diese Stoffe sich nicht in die Haut einreiben, kein Wasser aufnehmen und nicht selten Misstände durch Reibung zeigen, welche die Wahl eines thierischen Fettes vorziehen lassen; in der Zeit der Antisepsis kann dann wohl nur dasjenige in Frage kommen, welches deren Anforderungen entspricht. Und es steht fest, dass die bisher über das Lanolin bekannt gewordenen Erfahrungen durchaus im Einklang mit dieser experimentell gewonnenen Kenntniss von den Eigenschaften des Lanolins steht. Freilich muss zur Verhütung von Missverständnissen betont werden, dass unterhalb einer Lanolindecke jede Zersetzung durch Keime stattfinden kann, die sich schon vorher*) darunter befanden.

Was die biologische Seite betrifft, so soll hier nur darauf aufmerksam gemacht werden, dass die normale Oberhaut, diejenige Schutzdecke, welche die Zersetzungserreger von den inneren Organen abhält, von Cholesterinfett imprägnirt ist, also von einer Substanz, welche an sich unzersetzlich, auch zugleich undurchlässig für äussere Keime ist. Wenn man an das Beispiel des Typhus abdominalis denkt, bei dem es gerade dann zu Furunkulose und Gangrän, also zu Coccuninvasionen kommt, wenn die Hornhautgebilde, die Träger des Cholesterinfettes, wie Haare, Epidermis, Nägel in der Reconvalescenz erkranken, wird man auf einen derartigen ursächlichen Zusammenhang direct hingewiesen. Weitere Beispiele liegen nahe; doch da wie überall in der Pathologie für eine Erscheinung mehrere Ursachen zusammenwirken und die Betonung eines einzelnen Momentes zur Einseitigkeit führt, so mag es genügen, nochmals hervorzuheben, dass die normale Oberhaut mit einer Substanz, dem Lanolin, bedeckt und imprägnirt ist, welche sowohl selbst für Bakterien unzerlegbar ist, als auch von ihnen nicht durchsetzt wird, und dass zweitens, wenn wir die erkrankte Haut mit dieser Substanz bedecken, wir sie schon hierdurch gegen das Eindringen von Zersetzungserregern abschliessen.

*) In solchen Fällen empfiehlt es sich natürlich desinficirende Heilmittel den Lanolinsalben hinzu zu setzen.

Dreitausend Fälle von Hautkrankheiten. Klinische Analyse nebst therapeutischen Bemerkungen. Von Dr. Felix Block, Breslau (Buchdruckerei Lindner). Dissert. inaug. 1887. 8°. 69 S.

(Aus Professor Dr. H. Köbner's dermatologischer Poliklinik in Berlin.)

Der vorliegenden Broschüre, die nur als Dissertation und leider nicht extra im Buchhandel erschienen ist, liegt ein sehr grosses, unter der Leitung eines unserer bedeutendsten Fachgelehrten sorgfältig bearbeitetes Material zu Grunde. Dasselbe bezieht sich auf 3000 Fälle von Hautkrankheiten, die in der Poliklinik des Prof. Köbner in Berlin in der Zeit vom 1. Decbr. 1884 bis 1. Mai 1887 beobachtet und behandelt worden sind. — Es wäre in der That bedauernswerth, diese Arbeit, die sich durch Reichthum an stofflichem und kritischem Inhalt auszeichnet, dem bekannten Schicksale so vieler Dissertationen anheimfallen zu sehen. Deshalb sei uns gestattet, aus der Fülle des Gebotenen in möglichster Kürze das hervorzuheben, was von allgemeinerem practischen Interesse zu sein scheint. Hierbei verdient zunächst die daselbst beobachtete Häufigkeits-Scala der Hautkrankheiten, die aus nicht weniger als 63 Abstufungen besteht, angeführt zu werden.

Die erste Stelle nimmt, wie überall auch hier, das Ekzem mit insgesammt 1442 Fällen, d. h. 18% aller Hautkrankheiten (excl. Syphilis) ein. Eine besondere Beachtung gebührt dem interessanten Abschnitt über die Gewerbe-Ekzeme, die in erheblicher Anzahl (196) beobachtet wurden. — Unter den vielen Arzneien, Umschlägen, Einreibungen und andern therapeutischen Maassnahmen, die Ekzeme hervorrufen oder bereits vorhandene verschlimmern, wird in besonderer Weise auf die grüne Seife aufmerksam gemacht, welche hier zur Zeit das beliebteste Haus- und Volksmittel bei jeder Erkrankung der Haut ist. Dieselbe ist jedoch das sicherste Mittel, gesunde Haut in ekzematöse, oder Ekzema papulosum in Ekzema rubrum und pustulosum umzuwandeln. — Ist nun ein Ekzem durch „schwarze Seife“ genügend präparirt, dann wird von der arbeitenden Bevölkerung Berlins zunächst die Hülfe des Droguisten, Apothekers oder Medicinalpfuschers aufgesucht. In einem künstlich verschlimmerten Zustande geht die überwiegende Mehrzahl der Ekzemfälle erst später in die Behandlung der Poliklinik über.

Die Therapie des Ekzems weicht in der Poliklinik von der allgemein üblichen nicht wesentlich ab. Es wird grosser Werth darauf gelegt, die Behandlung zu individualisiren. Bei acutem Ekzem früher Stadien wird Waschen und Baden untersagt und für entsprechende Diätetik gesorgt. Obgleich aber im Allgemeinen das Wasser hier für schädlich gilt, eignen sich doch manche sehr acute, mit starker Schwellung und Röthung einhergehende, auch universelle Ekzeme zur Behandlung mit nassen Einwickelungen. Man muss dann aber rechtzeitig zu der normalen Puderbehandlung übergehen.

Sehr acute und nässende Ekzeme (besonders pustulöse) wurden erfolgreich mit Umschlägen von verdünntem Liq. Alumin. acetici 10,0—25,0 : 100,0 behandelt. Als neu wurde statt dessen eine ebenso wirksame, aber billigere Mischung von Aq. Plumb. mit 5% Borsäurelösung aa in dieser Anstalt eingeführt. Gegen das lästige Jucken der Ekzeme wurde Carbolspiritus 2—4%, bei spröder Haut Carbolvaselin (2—4%) als Einreibung gegeben, darüber stets Puder. Einfache Puderbehandlung eignet sich für Intertrigo und Gesichtsekzem, bei spröder Haut ausserdem Einfetten mit Olivenöl. Krusten werden vor jeder Behandlung durch Oelverbände oder energisches Abseifen beseitigt.

Zur Salbentherapie späterer Stadien des Ekzems ist zu bemerken, dass die Salben nach Köbner vor Allem den Zweck haben, das blossgelegte Corium zu schützen, also als Decksalben zu wirken. Deshalb bevorzugt er die indifferenten Salben. Am besten eignete sich eine aus Acid. boric. 10 und Vaselin 100 bestehende Salbe, ebenso die 10% Zinksalbe. Die viel zu oft und ohne Unterscheidung angewandte Hebra'sche Salbe schadet wegen ihres häufigen Ranzigwerdens oftmals, auch die haltbarere Bleivaselinsalbe wird nicht immer vertragen. Nützlich zeigten sich oft verschiedene Pasten, in denen jedoch die landläufig zugesetzte Salicylsäure nebensächlich, häufig sogar reizend wirkt. Die von Unna vorgeschlagenen Pflaster- und Salbenmittel zeigten im Allgemeinen keine Vortheile und ihre Anwendung bedarf genauer Ueberwachung. Man kennt ihr Alter nicht und ist an den von der Fabrik beliebten Procentsatz gebunden. Im dritten Stadium, dem des Abschuppens, werden die Theerpräparate gebraucht. Als milde Theersalbe wird folgende von K. empfohlen:

Olei Cadini	
Zinc. oxyd. aa	2,0
Ol. olivar.	5,0
Lanolin. ad	20,0

früh und Abends mittelst Borstenpinsel einzureiben, darüber Puder.

Was die Salbengrundlagen betrifft, so verdient das gelbe Vaselin, weil es das indifferenteste ist, vor der officinellen Paraffinsalbe (weisses Vaselin), welches die Haut häufig reizt, den Vorzug. Adeps ist frisch zu empfehlen, es ist schädlich, wenn es ranzig wird. Lanolin zeigt keine schädlichen Eigenschaften, es wird rascher als andere Fette von der Haut aufgenommen, verdient daher Anwendung für Salben, die für Einreibung bestimmt sind; für blosse Decksalben, bei welchen keine Resorption bezweckt wird, hat es vor dem billigeren Vaselin keinen Vorzug[1]). —

Die zweite Stelle in der Scala der Häufigkeit unter den Hautkrankheiten nimmt hier — im Gegensatz zu den anderweitig gemachten Erfahrungen — mit 306 Fällen (10%) die Mycosis tonsurans (incl. ihrer schwersten Form, der Sycosis parasitica), die durch das Trichophyton tonsurans hervorgerufene (auch minder gut als Herpes tonsurans bezeichnete) Pilzkrankheit ein. Der Grund hierfür ist die seit einigen Jahren herrschende epidemische Ausbreitung dieses Uebels in Berlin. Auf die barttragende Haut des Gesichtes und Halses allein entfielen 236, davon 68 Fälle von Sycosis parasitaria! —

[1]) Vergl. Gottstein S. 38 unten. Der Herausg.

Ausser den allgemein prophylactischen Maassregeln gegen die Verbreitung, welche Köbner vor einigen Jahren bekannt gemacht, und für welche er die Mitwirkung der Berliner Collegen durch einen Aufsatz seines Assistenten Saalfeld (Berl. klin. Woch. 1886, 39) wachgerufen hat, wurde hinsichtlich der individuellen Therapie den Patienten das Rasiren verboten, bei tiefer greifender Erkrankung der Barthaut aber, sobald Folliculitis vorhanden, die Epilation der erkrankten Haare ausgeführt. Medicamentös hat sich für die nicht infiltrirte Haut die 1% spirituöse Sublimatlösung, auch eine 10—15% Naphtholsalbe bewährt. Phlegmonöse Abscesse wurden gespalten. Die Hauptsache bei der Therapie der Mycosis tons. ist die durch Hautirritation erzeugte Abschuppung der Epidermis einschliesslich der in ihr schmarotzenden Trichophyten. Nächstdem kam die Scabies in 238 Fällen (also 8% aller Hautkrankheiten) in Behandlung. Therapeutisch wurde in milden Fällen häufig Perubalsam und Styrax gebraucht; bei schweren Affectionen kamen die zusammengesetzten Salben, das Ungt. Wilkinsonii oder das nur den Theer in denselben ersetzende Ungt. Naphtholi comp. (Kaposi) nach der Form:

Adipis	100,0
Sap. viridis	50,0
Naphtholi	15,0
Cret. alb. pulv.	10,0

in Anwendung. Es werden je 2 Einreibungen an 2 einander folgenden Tagen gemacht, dann Wechseln der Leib- und Bettwäsche mit Bad und gründlicher Abseifung.

Die Acne tritt mit 213 Fällen (also 7%) als nächsthäufige Hautkrankheit auf. Eröffnung der vorhandenen Pusteln, Ausquetschen der Comedonen und Entfettung der Haut mit Seifenspiritus oder Kaliseife bilden die Therapie der gemeinen Acne. Aus den weiteren therapeutischen Erörterungen ist zu ersehen, dass die von Lassar (Therap. Monatshefte 1887, Heft 1) empfohlene Naphtholschälpaste von Köbner (nur mit geringer Verschiedenheit der procentualen Zusammensetzung) schon früher angewendet worden ist, sich aber keineswegs, wie L. angab, als allein ausreichend gegen alle Acnearten bewährt hat, dass sie insbesondere weder Incisionen bei Acne indurata, noch bei Rosacea Scarificationen und in einzelnen Fällen selbst den scharfen Löffel, noch die den Einzelfällen entsprechende interne Behandlung überflüssig gemacht hat.

Es folgt die Psoriasis mit 194 Fällen (6%). In frischen Erkrankungen bei jugendlichen Individuen und Fehlen einer Contraindication wurde Arsen in Form von Solut. Fowleri gereicht. Dagegen fand in alten oder schwereren Fällen vorwiegend eine externe Behandlung statt. Dieselbe bestand in Entfernung der Schuppenmassen durch Abseifung mit Sapo viridis und folgender Bepinselung mit 10% Chrysarobin-Vaselin oder ebensolchem Traumaticin. Am Kopfe wurde mit Rücksicht auf die Haarverfärbung, im Gesicht der Augen wegen das Chrysarobin durch Pyrogallussäure oder Naphthol, Theer und dergleichen ersetzt. Nebenher häufige Bäder und Abseifungen.

Urticaria kam demnächst 76 Mal in Behandlung. Die Therapie beschränkte sich auf ein causales Vorgehen. Gegen das Jucken wurde symptomatisch Carbolspiritus, eventuell kalte Umschläge oder Eis verordnet.

Auf die weiter folgenden Gruppen (die Herpesarten, parasit. Insecten und Pilze, Pruritus, Pityr. simpl. capitis, Keratosen, Sycosis simplex, Ulc. chron. cruris, Erythem. exsudativ., Furunkel, Lupus, Prurigo, Alopecia areata, Lichen, Purpura, Carcinom, Angiome, Pityriasis rosea, Eczema unguinum und Onychatrophia u. A.) einzugehen, müssen wir uns trotz der überall beigegebenen Therapie leider versagen. Doch können wir nicht umhin, die höchst seltenen Affectionen, die unter 3000 Fällen nur je 1 Mal zur Beobachtung kommen, wenigstens noch anzuführen. Hierbei handelt es sich um je 1 Fall von: Atrophia cutis idiopathica, Cheiro-Pompholix, Keloides spontaneum, Pemphigus, Rhinoscleroma, Sarcomatosis, Vaccina generalisata, Xanthelasma tuberos. multiplex, Xeroderma pigmentosum. *R.*

Fall von Myoma uteri mit Hydrastis canadensis behandelt. Von Dr. Vinc. Schmidt in Prag.

40 jährige Patientin hat ein Mal vor 15 Jahren im 3. Monat abortirt und wurde danach längere Zeit ärztlich behandelt. Seit 2 Jahren hat sie bemerkt, dass der Unterleib spitziger, stärker und fester wurde. Seit einem Jahr sind die bei ihr bis dahin seit dem 14. Jahr in 4 wöchentlichen Intervallen regelmässig, schmerzlos und mässig auftretenden Menses von 3—4 tägiger Dauer unregelmässig geworden, treten häufiger und stärker auf, und sind mit in die Leistengegend ausstrahlenden Schmerzen im Unterleib und Kreuz verknüpft. Verschiedene Aerzte haben die Patientin mit verschiedenen innerlich und äusserlich angewandten Medicamenten ohne dauernden Erfolg behandelt, zum Theil sie dabei im Bett gehalten, zum Theil ihr das Aufstehen erlaubt. — Die früher kräftige Pat. ist unterdessen sehr anämisch geworden. — Verf. constatirt bei ihr Mitte

Aug. v. J. einen bis dicht unter den Nabel reichenden, median gelagerten, mannskopfgrossen Tumor von brettharter Consistenz, dem der vergrösserte Uterus rechts vorn aufsitzt. Das Becken ist durch den Tumor so verengt, dass sich 2 in die Vagina eingeführte Finger nur mit Mühe in ihm bewegen lassen. Die Portio vaginal. ist weich, darüber fühlt man den knorpelharten Tumor. Der äussere Muttermund ist für einen Finger durchgängig und klafft. Die von der Scheide aus dem Tumor mitgetheilte Bewegung fühlt die den Bauchdecken aufliegende Hand deutlich an beiden Tumoren. Die Sonde lässt sich 19 cm weit in den Uterus einführen. — Operation wird verweigert. — Mitte Sept. plötzlich heftige Blutung aus den Genitalien, Ohnmachten, frequenter, fadenförmiger Puls, Ohrensausen, Schwarzwerden vor den Augen. — Verf. wendet Excitantien an, spült die Vagina mit Zusatz von Liq. ferr. sesquichlorat. aus (!) und tamponirt die Scheide. Am 2. Tag verschreibt er Extract. Hydrast. canad. fluid. 4 × tgl. 25 Tropfen. — Pat. erholt sich hierauf hin langsam, die Blutung tritt nicht wieder ein, die eingelegten Tampons werden mässig durchtränkt, Pat. klagt über zeitweise ziehende Schmerzen im Unterleib. — Nach 14 Tagen fühlt sich die Portio länger und härter an, hat sich der Muttermund geschlossen und der grosse Tumor mehr ins grosse Becken zurückgezogen, und ist der Uterus bedeutend kleiner geworden. — Mitte October abermalige jedoch geringere Blutung. 1 Tampon tgl. und gegen die Schmerzen der sehr geängstigten Pat. einige Tropfen Aq. Lauro-Cerasi. — Die Reconvalescenz der Pat. schreitet fort. Mitte Nov. treten die Menses schon in normaler Weise ein, so dass Pat. ausser Bett bleiben kann. Die Hydrast. canad. wird nun nur noch 3 × tgl. gegeben und erst nach einem 3½ monatlichen Gebrauch ausgesetzt. — Der grosse Tumor hat nun bedeutend an Volumen abgenommen. — Pat. vertrug das Fluidextract der Hydrast. sehr gut. Weder der Appetit noch die Excretionen litten unter der Anwendung des Mittels. — Als Verf. August d. J. die Pat. wieder erblickte, sah dieselbe wieder blühend aus und erzählte, dass die Menses sich seitdem stets regelmässig eingestellt hätten und normal und schmerzlos verlaufen seien. — (Der nach dieser Beobachtung erzielte schnelle Erfolg der Hydrastis steht in directem Gegensatz zu den Beobachtungen der meisten Gynäkologen, nach welchen Hydrastis keine schnelle Wirkung zeigt und zur schleunigen Stillung bedenklicher Blutungen aus dem Uterus untauglich ist. Ref.)

(Prager Medicinische Wochenschrift No. 42.)

[illegible] *(Berlin)*.

Zur Enucleation der Uterusmyome. Von Prof. Ludwig Kleinwächter.

Im Anschluss an den Fall eines vom Verf. vor Kurzem von der Scheide aus mit Glück enucleirten submucösen Uterusmyoms von 704 g Gewicht, welchem Fall noch ein zweiter nach Fertigstellung der Arbeit dem Verf. vorgekommener Fall, wo es sich allerdings nur um ein kleines, im oberen Theile der Cervix sitzendes Fibromyom handelte, kurz beigefügt ist, beleuchtet Verf. die Frage von der Enucleation der Uterusmyome überhaupt. — Diese Frage sei jetzt in ein ganz anderes Stadium getreten als noch vor wenigen Jahren.

Die Entfernung der Myome durch Laparotomie absorbire jetzt eine so grosse Anzahl der Fälle, dass für die Enucleation der Myome von der Vagina aus relativ und absolut weniger Fälle übrig gelassen seien, als man noch vor Kurzem angenommen habe. — Die in Lomer's vorzüglicher Arbeit über die Enucleation der Myome von der Vagina aus gegebene Definition für die zu dieser Operation geeigneten Fälle: „Cervixmyome und schon theilweise in die Vagina geborene submucöse und interstitielle Myome jedoch bei bereits verstrichener Cervix und hinreichend erweitertem Muttermund" hält Verf. für nicht ganz präcis. Eine gewisse Kleinheit des Tumors sei unerlässlich; man dürfe heutzutage ein etwa mannskopfgrosses Myom nicht mehr anders als durch Laparotomie zu entfernen suchen, wenn auch alle von Lomer für die Enucleation per vaginam gestellten Bedingungen zuträfen.

Die Ergebnisse der Enucleation von der Vagina aus seien jetzt bei weitem günstiger als in früherer Zeit, und das sei darauf zurückzuführen, dass man früher auf 3 höchst wichtige Punkte nicht genügend geachtet habe: 1) auf die schon vom Verf. geforderte nicht zu bedeutende Grösse des Myoms; 2) auf den Sitz des Tumors — in erster Reihe kämen die submucösen Myome in Betracht, in zweiter die interstitiellen, sich stark in das Uteruscavum vorwölbenden Myome, deren innerer Muskelmantel dünner sei als der äussere; 3) auf den Zustand des unteren Gebärmutterabschnittes. — Die Pat. gerathe in die grösste Gefahr, wenn man bei geschlossener oder nur wenig geöffneter Cervix an die Operation herangehe und vor der Enucleation eine gewaltsame Eröffnung der Cervix vorangehen lasse. — Dass man sich dieser Gefahr jetzt bewusst geworden, sei einer der grössten Fortschritte in der Lehre von der Enucleation der Myome von der Vagina aus. Bei jeder forcirten Erweiterung der Cervix, wenn sie auch noch so schonend ausgeführt werde, würden Wunden im Cervicalcanal gesetzt, bei jeder Enucleation, und sei sie auch noch so gut bewerkstelligt, trete in der Folge die Ausstossung zersetzter, zurückgebliebener Reste der Neubildung ein, und diese könnten die gesetzten Wunden inficiren.

In Fällen, in welchen Uteruscontractionen anzeigten, dass die Natur die Neigung habe, sich des Tumors zu entledigen, könne man mit Vortheil mehrere Wochen hindurch grössere Ergotindosen geben und erziele hierdurch, dass die Cervix verschwinde, der Muttermund sich öffne und die Neubildung zugänglicher werde, ohne sich allerdings von ihrer Basis zu lockern. Erweichung und Zerfall der Myome habe Verf. bei dieser Medication nie beobachtet. — In dem in der vorliegenden Arbeit zur Besprechung gelangten Fall gab Verf. längere Zeit hindurch Ergotin und erzielte dadurch, dass die vorher völlig erhaltene Cervix verstrich und der Muttermund sich auf etwa 2 Thalergrösse erweiterte. — Die Enucleation der Myome von der Vagina aus in mehreren Sitzungen sei aus der Reihe der Operationen zu verbannen. Man fordere mit einem derartigen Vorgehen die Sepsis geradezu heraus und lasse besser in Fällen, in denen man sich über die Grösse des zu entfernenden Tumors getäuscht habe, sofort die Entfernung der zurückgebliebenen Theile durch Laparotomie folgen. Bis jetzt sei die Mortalität bei Enucleation von Uterusmyomen per vaginam nach der Lomer'schen Arbeit mit Zuzählung der später veröffentlichten Fälle = 11,96%. Die Statistik würde noch bessere Resultate ergeben, wenn man die Fälle ausscheide, wo gewaltsame Dilatation der Cervix der Operation vorhergegangen sei.

(Wiener Medic. Presse No. 42, 43.)

[illegible] (Berlin).

Toxikologie.

Bericht über die im letzten Jahre auf der ersten medicinischen Klinik zur Beobachtung gekommenen Intoxicationen. Von Dr. M. Mendelsohn, Assistenzarzt der I. med. Klinik (Berlin).

Die Darstellung der beobachteten Fälle geschieht nicht in chronologischer Reihenfolge. Eine solche hätte gezeigt, dass während ungefähr zweier Monate — soweit der Zugang von Kranken zur Klinik einen Rückschluss auf die Verhältnisse draussen zulässt — eine förmliche Selbstmordepidemie bestanden hat. M. hat es vielmehr vorgezogen, die Fälle nach der Natur des zur Verwendung gekommenen Giftes zusammenzufassen und zu gruppiren.

1. Schwefelsäure.

Obgleich in letzter Zeit die Schwefelsäure als Selbstmordmittel nicht mehr so beliebt ist wie früher, sind doch noch 8 Schwefelsäurevergiftungen beobachtet worden.

Die erste betrifft ein 23jähriges Dienstmädchen, das für 80 Pf. Schwefelsäure gekauft hatte und nach 2 kleinen Zügen aus der Flasche wegen heftiger Schmerzen im Halse und Munde nach Hülfe rief. Es traten sofort spontanes Erbrechen und die heftigsten, krampfartigen Schmerzen im Unterleibe ein. Eine Stunde nach dem Trinken der Säure erfolgte die Aufnahme der Pat. in hochgradig collabirtem Zustande in die Charité. Es wurde sofort die Magensonde eingeführt und der Magen so lange mit Aqua calcis ausgespült, bis der herauskommende Inhalt neutral reagirte. Darauf wurde noch ½ Esslöffel Magnesia usta gereicht, ausserdem Eisblase auf die Magengegend und 0,01 Morphium subcutan für die Nacht.

Der weitere Verlauf ist ausführlich geschildert. Die Beobachtung umfasst alle Stadien, die eine derartige Vergiftung zu durchlaufen pflegt und bot, abgesehen von der Typhuserkrankung, die sich bei der Pat. in der Klinik entwickelte und regulär verlief, ihr besonderes Interesse in der aussergewöhnlichen Strictur des Pylorus: vollständiger Verschluss bis auf einen feinen Kanal von kaum mehr als Haaresdicke. Nach dem Schwinden der ersten stürmischen Erscheinungen traten die Folgezustände einfacher Ulcera des Magens in den Vordergrund: Erbrechen und Abmagerung. In der 5. Woche besserte sich dieser Zustand. Das Erbrechen hatte nachgelassen, die Kräfte nahmen zu — da stellte sich in der 6. Woche das Erbrechen mit stärkerer Intensität aufs Neue ein und mit ihm die unzweifelhaften Belege dafür, dass sich bei der Verheilung der Geschwüre durch die sich bildenden Narbencontracturen eine vollständige Stenose des Pylorus entwickle, deren Resection die sehr heruntergekommene Patientin nicht mehr zu überstehen vermochte. —

Günstiger verlief der folgende Fall, der zur vollkommenen Heilung kam. Es handelte sich um ein 20 Jahre altes, kräftiges Dienstmädchen, das etwa $^1/_4$ Stunde vor seiner Aufnahme $^1/_2$ Esslöffel Oleum (die Berliner populäre Bezeichnung von Acid. sulphuricum) in selbstmörderischer Absicht genommen hatte. Bei der sofort vorgenommenen Magenausspülung wurden schwarze blutige Massen circa $^1/_2$ Liter zu Tage gefördert. Die Sonde liess sich beim Herausziehen nur mit ziemlicher Kraftanstrengung entfernen. Nach dem Ausspülen erhielt Pat. Milch und 1 Esslöffel Magnesia usta, später Kalkwasser. Wochen und Monate lang war bei ihr keine Spur von Salzsäureproduction im Magen nachweisbar, bis dieselbe sich allmählich immer mehr einstellte. Gleichzeitig mit dieser Regeneration des Magens in Bezug auf seine Verdauungsfähigkeit verschwand nach und nach die andere Gefahr, welche die Kranke bedrohte: die Strictur am Pylorus.

Der folgende Doppelfall bietet ein Beispiel der schnell tödtlichen Wirkung der Schwefelsäure.

Ein 20 jähriger Diener und ein 16 Jahre altes Kammermädchen hatten Mittags $^1/_2$ 2 Uhr gemeinsam draussen in der Haide eine grosse Quantität Schwefelsäure getrunken. Sie wurden, sich vor Schmerz im Sande umherwälzend, von Landleuten aufgefunden und nach der Charité gebracht. Trotz aller therapeutischen Maassnahmen starb der Mann noch an demselben Abende, das Mädchen am andern Morgen in der Frühe. Das Gift, welches mehrere Stunden lang ungehindert eingewirkt hatte, hatte, wie die Autopsie ergab, in beiden Fällen Magen- und Darmwandungen durchlöchert.

Ferner hatte, ebenfalls in selbstmörderischer Absicht, ein 20jähriger Hausdiener etwa 50,0 ziemlich verdünntes Vitriolöl geschluckt. Er war collabirt in die Klinik gebracht worden. Nach der Magenausspülung mit Magnesia usta hatte er Eis auf die Magengegend und Excitantien erhalten. Das Schlucken war jedoch äusserst schmerzhaft und wurde erst ermöglicht, nachdem vor jeder Nahrungsaufnahme Zunge und Rachen mit Cocaïn gepinselt war. Da sich bald guter Appetit einstellte, erholte Pat. sich in kurzer Frist. Es hatte sich jedoch allmählich eine Strictur des Oesophagus in der Höhe des Ringknorpels gebildet, und es bedurfte einer längeren methodischen Behandlung mit der Schlundsonde, um die Strictur nach und nach zu erweitern. 3 Monate nach dem Conamen suicidii konnte Pat. als geheilt entlassen werden.

Desgleichen hatte auch eine 29jährige Kellnerin, angeblich aus Versehen, einen halben Tassenkopf voll verdünnter Schwefelsäure getrunken. Sie wurde mit mässigen Anätzungen der Zunge und der Rachenschleimhaut, sowie mit Magenschmerzen und häufigem Erbrechen aufgenommen. Nach 14 Tagen konnte sie bereits als geheilt entlassen werden.

Auch die 37 Jahre alte Kaufmannswittwe L. hatte für 10 Pfennige Oleum, zur Hälfte mit Wasser verdünnt, getrunken, um sich zu vergiften. Sie brach jedoch den grössten Theil des Genossenen gleich wieder aus. 10 Tage nach ihrer Aufnahme konnte sie wieder entlassen werden. Es war aufgefallen, dass sie in den ersten 3 Tagen cyanotisch aussah. Eine ähnliche Wahrnehmung konnte auch in dem folgenden Falle gemacht werden.

Es hatte ein Dienstmädchen etwa einen Tassenkopf Oleum, die Hälfte einer Menge für 15 Pf., geschluckt. Gleich darauf reichliches Erbrechen und heftige brennende Schmerzen in der Magengegend und im Halse. Pat. lag in einem halb bewusstlosen Zustande 8 Stunden da, ohne jede Hülfe, bis sie in die Klinik eingeliefert wurde. Bei der Aufnahme war sie deutlich cyanotisch. Die Cyanose bestand mehrere Tage. 8 Tage nach der Aufnahme hatte das Erbrechen nachgelassen. Im Mageninhalt war keine Spur freier Salzsäure nachweisbar. Pat. befindet sich noch — in leidlichem Zustande — in Beobachtung.

2. Phosphor.

In 2 Fällen von Phosphorvergiftung gelang es das Gift wieder zu entfernen und die Patienten am Leben zu erhalten. In dem einen Falle hatte ein 32jähriger Arbeiter die Köpfe von 100 Phosphorstreichhölzchen in Wasser gelöst zu sich genommen. Darauf war er sofort bewusstlos umgefallen und in die Charité gebracht worden. Hier wurde sofort eine Magenausspülung vorgenommen. Die entleerte Flüssigkeit roch nach Phosphor. Nach wiederholter Ausspülung erhielt Pat. 1 Esslöffel Terpenthinöl und eine halbe Stunde darauf 2 Löffel Ricinusöl. Darauf reichliche Stuhlentleerungen. Schon am folgenden Tage Wohlbefinden, das andauerte. Nach 14 Tagen konnte Pat. als geheilt entlassen werden.

Der andere Fall betrifft ein 18jähriges Dienstmädchen, welches eine grössere Quantität Phosphor (erhalten durch Abschaben der

Köpfe von Streichhölzern) zu sich genommen hatte. Pat. wurde ebenfalls soporös aufgenommen und konnte, nachdem sie derselben Therapie wie der vorhererwähnte Fall unterworfen worden war, nach 14 Tagen geheilt nach Hause zurückkehren.

In 3 anderen Fällen von Phosphorvergiftung gelang die Rettung nicht mehr. Besonders intensiv war der Verlauf bei einem jungen Menschen von 18 Jahren, der sich das Gift allmählich in kleinen Portionen (Phosphorpillen) einverleibt hatte. Erst am 5. Tage nach dem Beginn der Vergiftung verrieth er seinen Selbstmordversuch. Alsdann wurde er in die Klinik gebracht. Er war völlig icterisch, citronenfarbig, das Sensorium dagegen ganz frei; Temperatur 38,4, Respiration normal, Puls 84, stark gespannt. Klage über Durst, Trockenheit im Munde, Mattigkeit, Kopf- und Leibschmerzen. Abdomen leicht aufgetrieben, Regio epigastrica bei der Palpation schmerzhaft, Leberdämpfung mässig vergrössert. Erbrechen wurde nur einmal beobachtet. Der Icterus nahm zu. Patient wurde unruhig, schliesslich soporös und ging nach 2 Tagen zu Grunde.

Ganz ähnlich war der Verlauf bei einer 23jährigen Arbeiterin, die sich für 10 Pf. Streichhölzer gekauft, die Köpfe abgeschnitten und in $\frac{1}{8}$ Liter Wasser gethan, und das Getränk Mittags in 2 Portionen zu sich genommen hatte. Nach der ersten Portion musste sie erbrechen, die zweite behielt sie bei sich. Nachmittags heftige Leibschmerzen. Gegen Abend konnte sie jedoch noch ausgehen und Weissbier trinken. Nachts sehr heftige Leibschmerzen und mässiges Erbrechen. Am nächsten Morgen grosse Mattigkeit, starke Uebelkeit und heftiger Leibschmerz. In diesem Zustande schleppte sie sich weiter, bis sie am 7. Tage die Hülfe der Klinik aufsuchte. Sie hatte seit ihrem Suicidalversuch keinen Stuhlgang gehabt. Auch diese Patientin war deutlich icterisch, fieberfrei; Sensorium etwas benommen. Sie ging am 2. Tage nach ihrer Aufnahme zu Grunde.

Von Interesse ist eine andere Beobachtung durch den Umstand, dass die Vergiftung verheimlicht worden und die Diagnose Schwierigkeiten hatte. Es handelte sich um eine 23jährige Kellnerin, die als moribunde Puerperalfieberkranke angesehen wurde. Es tauchte schon intra vitam der Verdacht auf, dass es sich um eine Phosphorvergiftung handle, doch wurde die Gewissheit erst durch die Autopsie und die spätere forensische Ermittelung erbracht.

3. Oxalsäure.

Es kamen 8 Fälle von Oxalsäurevergiftungen zur Behandlung, alle mit günstigem Ausgange. Als Gift war die käufliche „Zuckersäure“, welche in den Haushaltungen als Putzmittel dient, rein oder mit Wasser verdünnt, verwandt worden. Die Behandlung bestand vor Allem in Magenausspülungen. Nur in 2 Fällen, in denen die Pat. sich gegen die Einführung der Sonde energisch sträubten, wurden grosse Mengen Aqua calcis verabfolgt. Bei sämmtlichen Kranken war hartnäckige Stuhlverstopfung zu constatiren.

4. Morphium.

Von 3 vorgekommenen Morphiumvergiftungen verliefen 2 tödtlich. Eine unbekannte Frau hatte eine grosse Dosis Morphium genommen und war dann ins Wasser gesprungen. Bewusstlos, mit stecknadelkopfgrossen Pupillen, wurde sie auf die Station gebracht. Sie erhielt Aether; es wurde künstliche Respiration versucht, doch starb sie nach $\frac{1}{2}$ Stunde. In einem andern Falle handelte es sich um einen Studenten, der Abends in tiefem Coma auf die Abtheilung gebracht wurde. Das Gesicht war leichenblass, die Lippen cyanotisch, Respiration sehr verlangsamt, 6 in der Minute. Es wurde eine Magenausspülung gemacht und subcutane Aetherinjection versucht. Alsdann künstliche Respiration, wodurch es gelang, die Athmung bis auf 24 Respirationen in der Minute zu heben. Gegen Abend des andern Tages entwickelte sich plötzlich am Halse ein Emphysem, offenbar in Folge der lange fortgesetzten künstlichen Respirationsbewegungen und es trat alsbald Exitus letalis ein.

Der dritte Fall verlief günstig. Er betrifft eine junge Schauspielerin, die eine starke Portion Morphium genommen und sich ins Wasser gestürzt hatte. Herausgezogen und auf die Abtheilung gebracht, schlief sie hier 24 Stunden lang; beim Erwachen starke Exaltation, die sich jedoch im Verlaufe einiger Tage legte. Pat. ging alsbald geheilt davon.

5. Nitrobenzol.

Ein Mädchen, welches früher in einem Drogengeschäfte thätig gewesen war und die giftigen Eigenschaften des Nitrobenzols kannte, kaufte sich 50 g dieser Substanz. Alsdann bestieg es eine Droschke, um nach einem Krankenhause zu fahren. Unterwegs schluckte es etwa 15 g von der Flüssigkeit, wobei sich heftiges Brennen im Halse und Athemnoth einstellte. Pat. wurde ohnmächtig und von dem Kutscher sofort nach der in der Nähe befindlichen Charité gebracht. Hier konnte schon wenige Minuten nach Aufnahme des Giftes der Magen ausgespült und eine gelbliche, nach bitteren Mandeln riechende Flüssigkeit entleert werden. Dies wurde fortgesetzt, auch als die Ausspülungsflüssigkeit keinen Geruch mehr darbot. Auch wurde dem Spülwasser Chlorwasser zugesetzt. Die anfänglich collabirte Pat. erholte sich bald. Sie war noch kurze Zeit aufgeregt, klagte über Kopfweh, konnte jedoch als geheilt entlassen werden. Ihre Rettung verdankt sie augenscheinlich dem Umstande, dass das Gift so schnell nach der Aufnahme entfernt werden konnte.

6. Liquor Ammonii caustici.

Eine 53jährige Person trank aus Versehen eine Einreibung, bestehend aus Terpenthin und Salmiakgeist. Zunge und Mundschleimhaut zeigten Aetzungen. Die Stimme war heiser. Zeichen von Aetzungen des Magens bestanden nicht. Nach Anwendung von Eispillen, Eiskravatte, Milch, Morphium war Pat. bald wiederhergestellt.

7. Kalium chloricum.

Ein 38 Jahre alter Kaufmann hatte in selbstmörderischer Absicht eine grössere Menge (wieviel war nicht zu eruiren) Kalium chloricum verschluckt und war bewusstlos nach der Charité gebracht worden. Er lag regungslos da. Auffällig war die fahle Verfärbung des ganzen Gesichtes, während Nasenrücken, Lippen und Ohren blau waren. Puls kaum fühlbar. Kein Fieber. Harn durch Katheter entnommen, braunroth, klar, etwas Eiweiss. Mehrmals kurzdauernde Schüttelfröste. 14 Stunden nach der Aufnahme Exitus letalis. Keine Autopsie.

8. Aether.

Ein Barbier hatte ungefähr 30 g Aether getrunken, worauf er das Bewusstsein verlor. Auf dem Wege zur Charité erwachte er, zeigte sich sehr erregt, lärmte. Der Puls war kräftig, zeitweise aussetzend, 96 Schläge in der Minute. Nach mehrfachen Magenausspülungen trat Beruhigung ein. Pat. wurde deprimirt, klagte über Schmerzen im Halse und Rachen. Der Puls war noch 3 Tage lang deutlich aussetzend. Nach einer Woche Heilung.

9. Salzsäure.

Der Fall war ein leichter, da die Pat. sofort nach Verübung ihrer That in Behandlung kam. Sie erbrach Blut. Nach Magenausspülung und Eispillen kein erneutes Erbrechen. Entlassung nach 3 Tagen.

10. Insectenpulver.

Ein 26jähriger Musiklehrer wurde bewusstlos aufgefunden; er hatte 1 Schachtel Insectenpulver zu sich genommen. Die Bewusstlosigkeit hielt mehrere Stunden an. Magenausspülung und Antidotum arsenici.

Am 2. Tage Albuminurie. Pat. entzog sich der weiteren Beobachtung.

11. Kohlenoxyd.

Es handelt sich um 3 leichte Fälle, die bald ohne besondere Behandlung genasen.

(Sonder-Abdruck aus den Charité-Annalen XII. Jahrgang.)

E.

Litteratur.

Die Morphiumsucht und ihre Behandlung von Dr. A. Erlenmeyer. Dritte vermehrte und verbesserte Auflage. Heuser's Verlag 1887.

Während die erste 1883 erschienene Auflage dieses Buches 95 Seiten umfasste, tritt die neuerdings fertig gestellte dritte Ausgabe mit 29 Druckbogen in die Oeffentlichkeit. Aber mit dem quantitativen Zuwachs hat die Qualität des Werkes an Form und Inhalt gleichen Schritt gehalten. Die Zunahme der Seitenzahl resultirt aus der Beifügung von 50 Krankengeschichten, aus der Besprechung der Cocaïnsucht und der umfassenden Zusammenstellung der Litteratur des Morphinismus und der Morphiumsucht.

In den ersten Abschnitten bespricht Verf. in gedrängter aber erschöpfender Darstellung die Ursachen und Entwicklung, die pathologische Anatomie und die Symptome der Morphiumsucht. Letztere werden in Intoxications- und Abstinenzsymptome gegliedert und in somatischer wie psychischer Beziehung besprochen. Bezüglich der physiologischen Erklärung der Morphiumwirkung macht E. auf die Differenz zwischen Thierexperiment und der Erfahrung am Menschen aufmerksam; jenes lässt das Morphium als Herzgift, diese als Nervengift erscheinen. Die Marmé'sche Oxydimorphintheorie erklärt nicht die Abstinenzerscheinungen. In diagnostischer Hinsicht spielen abgesehen von den Stichnarben die schwierige und unsichere Untersuchung des Harns und der sphygmographische Nachweis eine gewisse Rolle. Letzterer basirt auf der durch Morphiumgebrauch hervorgerufenen Steigerung des intraarteriellen Druckes, in der Abstinenz weisen die Pulscurven das Vorhandensein einer Gefässlähmung nach. Bemerkenswerth ist die Burkart'sche Beobachtung, der durch subcutane Einspritzung des Rückstandes aus dem Harne von Morphinisten bei Kaninchen einen Intoxicationszustand erzeugte, der der acuten Morphiumvergiftung ähnlich ist.

Bezüglich der Behandlung unterscheidet Verf. 3 Methoden: 1. die allmähliche Abgewöhnung, 2. plötzliche Entziehung, 3. schnelle Entziehung. E., der letztere ausschliesslich anwendet, sieht die Vortheile derselben in der völligen Sicherheit des Gelingens bei absoluter Gefahrlosigkeit, in der sehr kurzen Dauer der Entziehungserscheinungen und der Verlängerung der Reconvalescenzzeit.

Er [entzieht] von vornherein etwa die Hälfte der Tagesdose und mehr, fährt alsdann so fort, dass in 6–12 Tagen die Entziehung vollendet ist. Der beste Curort für die Morphiumentwöhnung ist eine Specialanstalt für Morphiumsüchtige, wo für Ueberwachung des Kranken, für Beschränkung seiner Freiheit u. s. w. die nöthigen Einrichtungen getroffen werden können. Es folgt dann eine gehaltreiche Schilderung der symptomatischen Therapie der Abstinenzerscheinungen, der sich ein Capitel über Cocainmissbrauch, Cocainsucht anschliesst. Nach E. lässt Cocain, in Dosen bis 0,1 *pro die* injicirt, das cerebrospinale Nervensystem unbeeinflusst: weder die Centren der willkürlichen Bewegungen noch die der bewussten Empfindung zeigen die geringste Functionsstörung; in Dosen von 0,005 und darüber injicirt, wirkt C. lähmend auf die Centren des Gefässsystems. Diese Gefässlähmung macht sich bemerkbar durch Vermehrung der Pulsfrequenz, Erweiterung der Arterien, Abnahme der arteriellen Spannung, Schweissausbruch, Temperatursteigerung. Die gefässlähmende Wirkung ist stets äusserst flüchtig.

Was das antagonistische Verhalten des Cocain und Morphium betrifft, sagt E. folgendes: 1) Cocain ist im Stande, die sogenannten Abstinenzsymptome der Morphiumentziehung zu beseitigen. 2) Diese günstige Wirkung einer einzelnen Cocain-Injection hat nur eine sehr kurze Dauer. 3) Cocain ist, in der Abstinenzperiode der Morphiumentziehung angewendet, kein Gegengift, sondern ein minderwerthiges Substituens des Morphium und wirkt so deletär auf den Organismus ein, dass die Prognose der Cocainsucht resp. der Morphium-Cocainsucht bedeutend ungünstiger ist als die der uncomplicirten Morphiumsucht.

In den nächsten Abschnitten handelt Verf. von der Verhütung des Rückfalls, von der Prophylaxe und Prognose der Morphiumsucht, von der Zurechnungsfähigkeit, Freiheitsberaubung und Lebensversicherung der Morphinisten, von der Strafbarkeit der Apotheker und Droguisten. Letztes Capitel schliesst E. mit der betrübenden Thatsache, dass der ungesetzmässige Handel mit Morphium in Deutschland am weitesten verbreitet sei!

J. Ruhemann (Berlin).

Ueber Lues congenita tarda, von Dr. J. Rabl (Bad Hall). Leipzig und Wien. Töplitz und Deuticke 1887. 116 Seiten.

Die Untersuchungen des Verfassers basiren auf einer sehr sorgfältigen Beobachtung von 127 Fällen, die er während seiner Thätigkeit als Badearzt in Hall zu behandeln Gelegenheit hatte. Bekanntlich versteht man unter Lues congenita tarda alle diejenigen ererbten syphilitischen Affectionen, die zuerst nach vollendetem ersten Lebensjahre des Kindes auftreten, unter der Voraussetzung, dass während der ersten 12 Monate keine erkennbaren syphilitischen Symptome sich gezeigt haben. Wahrscheinlich handelt es sich in diesen Fällen um Uebertragung eines in nur minimalen Mengen vorhandenen, abgeschwächten Contagiums, welches eventuell so schwach sein kann, dass dasselbe in dem Kinde, auf welches es übergegangen ist, überhaupt niemals zur vollen Entwicklung gelangt, sondern nur eine allgemeine mehr oder minder hochgradige Kachexie oder die Disposition zu Scrophulose und Tuberculose erzeugt. — Unter den Symptomen der tardiven Formen der ererbten Lues dominiren die Knochenaffectionen, die meist in Verbindung mit Visceralllues oder specifischen Nasenrachenaffectionen in der Hälfte aller beobachteten Fälle zur Behandlung kamen. Meist handelt es sich um gummöse Anschwellungen der Diaphyse der Tibia, welche in 75 % der an Knochenleiden erkrankten Patienten betroffen war. — Unter den Gelenkaffectionen wurde nur Gonitis serosa und auch diese nur in vereinzelten Fällen beobachtet. — Augenaffectionen gelangten bei etwa 30 % zur Behandlung, fast sämmtliche parenchymatöse Keratitiden, nur in wenigen Fällen Iritis resp. Retinitis. — Unter den Nasenrachenerkrankungen waren es die verschiedenen Formen der syphilitischen Ozaena, die an Häufigkeit die andern in dieser Gegend sich abspielenden Affectionen bei Weitem übertrafen. Drüsenleiden wurden nur bei etwa 6 % aller Patienten, zumeist weiblichen Geschlechts beobachtet, und zwar bestand fast immer eine Intumescenz der Cervicaldrüsen in Verbindung mit specifischen Affectionen des Nasenrachenraumes. In 9 Fällen handelte es sich um Visceralllues, und zwar in 5 Fällen um Affectionen des Cerebrospinalsystems, während in je einem Falle Syphilis der Leber, der Nieren, des Herzens und der Milz zur Behandlung gelangte. Auch die essentielle

Kinderlähmung hält Verf. für ein Symptom ererbter Syphilis, obwohl es ihm bisher noch nicht gelungen ist, einen zwingenden Beweis dafür zu finden. Bezüglich der Zeit des Auftretens der ersten Sypmtome ist Verf. zu dem Ergebniss gelangt, dass nicht die Pubertätsperiode besonders das Zustandekommen der tardiven syphilitischen Affectionen begünstigt; vielmehr ist die ganze Zeit von der zweiten Dentition bis zum Schluss der Geschlechtsreifung der Entwicklung der Lues congenita tarda günstig, während in den ersten 7 Lebensjahren nur 17 %, vom 17. bis 28. Jahre kaum 13 % zur Behandlung kamen. — In 75 % aller beobachteten Fälle handelte es sich um Uebertragung der Syphilis von Seiten des Vaters, in 16 % war die Mutter, in 9 % Vater und Mutter syphilitisch. — Auf die Form der Lues congenita tarda hat die Ererbung von Vater oder Mutter keinen wesentlichen Einfluss.

Bezüglich der Prophylaxe der Krankheit schliesst sich Verf. durchaus dem von Fournier aufgestellten Postulat an, dass ein Mensch, der einmal Syphilis gehabt hat, sich niemals für vollkommen sicher vor Recidiven halten soll, mithin jedenfalls vor dem Eingehen der Ehe eine systematische antisyphilitische Cur durchmachen, ferner aber auch späterhin, und zwar solange er noch Kinder hofft, noch eine Dosis Jodkali oder Jodnatrium wenigstens 2 Mal jährlich gebrauchen solle. — In der Behandlung der an Lues congenita tarda leidenden Patienten ist vor Allem für eine möglichst kräftigende Allgemeinbehandlung zu sorgen. Ausserdem empfiehlt Verf. in leichten Fällen milde Jodcuren, wobei der Jodkali- resp. Jodnatriumlösung, um der unangenehmen Wirkung des Jods auf die Schleimhaut der Respirationswege vorzubeugen, eine kleine Dosis von Extract. Belladonn. hinzugesetzt wird. — In schweren Fällen leitet Verf. energische Schmiercuren ein, und zwar beträgt die täglich gebrauchte Dosis bei Kindern von 8—12 Jahren 1,50 g, bei Patienten von 12—17 Jahren 2,50 g, bei älteren Patienten 3,50—4,50 g. Hierbei ist es von Wichtigkeit, dass eine möglichst grosse Oberfläche jedesmal in Angriff genommen wird, so dass man also die Tagesgabe immer auf beide Unterschenkel, beide Oberschenkel, beide Arme, die ganze Vorderfläche und dann die ganze Hinterfläche des Stammes zu verreiben hat, daher jeder Turnus aus 5 Tagen besteht. — Von andern Medicamenten haben sich dem Verf. das Zittmann'sche Decoct allein oder in Verbindung mit der Jod- resp. Schmiercur bewährt, besonders bei Ozaena und schweren gummösen Formen. Von den Tonicis rühmt Verf. besonders die Arsenpräparate, welche nach Verf. wahrscheinlich einen directen Einfluss auf die nutritiven Nerven besitzen.

H. Lohnstein (Berlin).

Compendium der praktischen Toxikologie. Zum Gebrauche für praktische Aerzte und Studirende auf Grundlage des Lehrbuches der praktischen Toxikologie von A. Werber als zweite Auflage zeitgemäss umgearbeitet von Dr. Rudolf Kobert, ord. Professor der Pharmakologie zu Dorpat. Stuttgart, Ferdinand Enke. 1887. X u. 181 S.

Das vorliegende „Compendium der praktischen Toxikologie" erscheint als zweite Auflage des älteren „Lehrbuches der praktischen Toxikologie" von A. Werber. Die gewaltigen Fortschritte, welche in den zwei letzten Decennien auf dem Gebiete wissenschaftlicher Toxikologie zu verzeichnen sind, haben eine so durchgreifende Umarbeitung nöthig gemacht, dass ein ganz neues Werk entstanden ist.

„Die Aufgabe dieses Buches," heisst es in der Vorrede, „wird erfüllt sein, wenn es von solchen Aerzten und Studirenden, welche auf die Toxikologie weder viel Zeit noch viel Geld zu verwenden im Stande sind, mit Vortheil benutzt werden könnte."

In knapper Form und in der ihm eigenen klaren und präcisen Weise hat Verf. sich der übernommenen Aufgabe entledigt. Wie die meisten seiner wissenschaftlichen Arbeiten, so ist auch dieses Werk ein beredtes Zeugniss dafür, dass der Herr Verf. zu denjenigen Pharmakologen gehört, welche sich das Verständniss für die Bedürfnisse des praktischen Arztes bewahrt und die Fühlung mit der ausübenden Medicin nicht verloren haben.

Bei Eintheilung der Gifte fasst Verf. diejenigen, welche grobe anatomische Veränderungen hervorrufen, zusammen. Die zweite Gruppe umfasst solche, welche mit geringeren und eine dritte Gruppe diejenigen, welche ohne anatomische Alterationen tödten. In einem Anhange werden Thiergifte und Leichengifte abgehandelt. Ich kann nicht umhin zu erwähnen, dass ich das Kapitel über Ptomaine, oder wie Kobert schreibt Ptomatine, wegen der Klarheit und Uebersichtlichkeit mit ganz besonderer Freude gelesen habe. Wir haben keine ähnliche Darstellung, welche so geeignet wäre, in dieses den meisten Aerzten dunkle Gebiet einzuführen.

Das Werk sei den Aerzten, ganz besonders aber den Studirenden angelegentlichst empfohlen.

Langgaard.

Practische Notizen

und

empfehlenswerthe Arzneiformeln.

Vorschrift für Milchgelée.

Die Technik zur Herstellung kräftiger Nährmittel hat uns eine Reihe zum Theil ganz werthvoller Mittel geschaffen. Trotzdem wird man gewisse Kochvorschriften, die zu diätetischen Zwecken dienen, nicht entbehren können. Besonders ist man bei der Milchdiät häufig in Verlegenheit, dieses unentbehrliche Nahrungsmittel in geeignete Form überzuführen, um es dem Patienten annehmbar zu machen.

Ich gebe in Folgendem die Vorschrift einer Milchgelée, aus der Praxis des Geheimraths Sigmund (Berlin) stammend, die sich als sehr zweckmässig bewährt hat und wie sie etwa einer Köchin mitzutheilen ist, um eine Milchgelée zu erhalten.

Es wird 1 Liter Milch auf 1 Pfd. Zucker gut durchgekocht und circa 5—10 Minuten im Kochen erhalten. Man kühlt dann diese Lösung stark ab und fügt unter langsamem Umrühren eine Auflösung von 30 g Gelatine in einer Tasse Wasser gelöst hinzu; ferner den Saft von 4 Citronen und 3 Weinglas voll guten Weissweines. (Die Citronenschale kann auch mit Zucker abgerieben und letzterer dann hinzugegeben werden). Man füllt dann in Gläser, die kalt gehalten werden müssen. —

Die Hälfte der Vorschrift ist für 1 Mal genügend.

Ich bemerke ausdrücklich, dass das Recept in der Weise gegeben ist, wie es für die Küche brauchbar ist, denn der Saft von 4 Citronen wird sich auch durch 3 ersetzen lassen, wenn die Citronen gross sind. Ausserdem sieht man leicht ein, dass man statt des Weissweins auch Cognac oder andere Alkoholica benutzen kann.

Wesentlich für das Gelingen der Vorschrift ist, dass die Zuthaten zur Milch erst dann gemacht werden, wenn eine starke Abkühlung derselben stattgefunden hat, weil sonst unfehlbar Gerinnung eintritt.

d. Herausgeber.

Einspritzungen von Citronensaft gegen Epistaxis

empfiehlt Geneuil (Bull. gén. de Thérap. Novbr. 87) auf Grund vieljähriger practischer Erfahrungen als ein zuverlässiges Mittel. Dasselbe hat auch in den hartnäckigsten Fällen von Nasenblutungen, bei Herz- und Leberkrankheiten niemals versagt. G. bedient sich des folgenden einfachen Verfahrens. Nach vorhergegangener Reinigung des blutenden Nasenloches durch kaltes Wasser mittelst einer gläsernen Spritze wird sofort eine Spritze voll frisch ausgepressten Citronensaftes injicirt. Steht die Blutung nicht nach 1 oder 2 Minuten, was nur sehr selten vorkommt, so wird die Einspritzung wiederholt.

Die Application von Acidum citricum allein genügt nicht. Es muss durchaus frisch ausgepresster Citronensaft verwendet werden.

Behandlung der genuinen fibrinösen Lungenentzündung.

Seit einigen Jahren wendet Prof. Mosler (Dtsch. med. Wochenschr. No. 47/87) ein früher viel gerühmtes, in der Neuzeit ganz vergessenes Mittel, den Tartarus stibiatus, bei Pneumonie mit bestem Erfolge an. Er giebt in den ersten 3—4 Tagen der Krankheit:

Tartari stibiat. 0,1 — 0,3
Aq. destillat. 200,0
D. S. 1—2 stündl. 1 Esslöffel.

M. hält dieses Mittel keineswegs für ein Specificum, schreibt ihm aber (nach den an 10 Patienten gemachten Erfahrungen) die Fähigkeit zu, den Verlauf der Pneumonie günstig zu beeinflussen, wenn gleichzeitig der diätetischen und symptomatischen Behandlung Rechnung getragen wird.

Zur Verordnung von Lithium carbonicum.

Bei der Verordnung von Lithion wird gewöhnlich das Lithium carbonic. in Pulverform benutzt. Lithium carbonic. ist jedoch ein in Wasser unlösliches Salz. Um es in lösliche Form zu bringen, empfiehlt es sich das zu verordnende Pulver in ein Weinglas voll von kohlensäurehaltigem Selters- oder Sodawasser zu schütten; es löst sich dann das Lithion zum grössten Theil als Bicarbonat auf und lässt sich so gut verabreichen. Auf diese Weise können auch kohlensaure Lithionwässer in beliebiger Concentration durch den Patienten auf Verordnung des Arztes hergestellt werden. —

℞ Lithii carbonic. 2,5
Sacchari albi 50,0
M. f. pulv. D. in scatula
S. Eine Messerspitze voll (1—1½ g) in einem Weinglas voll künstl. Selterswasser aufzulösen.

Ausserdem empfiehlt sich auch das von E. Dietrich angegebene Präparat: Lithium carbonic. effervescens, welches messerspitzenweise (bis theelöffelweise!) in Wasser gelöst und während des Aufbrausens getrunken wird.

d. Herausgeber.

Therapeutische Monatshefte.

1888. Februar.

Originalabhandlungen.

Ein Ersatzmittel für Leberthran.

Von

Prof. Dr. J. v. Mering in Strassburg.

Der Leberthran wird aus der Leber verschiedener Stockfisch-(Gadus-)Arten in Norwegen und Neu-Fundland auf mehrfache Weise gewonnen. Man kann im Wesentlichen zwei Sorten unterscheiden:

1. den farblosen oder blass-gelben Thran, welcher aus frischen Lebern durch gelinde Erwärmung im Wasserbad dargestellt wird, neutrale oder ganz schwach saure Reaction und mässigen Fischgeruch zeigt. Dieser Thran wird vielfach auch Medicinaldampfthran genannt;

2. den hellbraunen oder braungelben Thran, welcher meistens aus nicht mehr ganz frischen, sondern theilweise gefaulten Lebern in der Art gewonnen wird, dass die ausgenommenen Lebern auf Tonnen gefüllt, diese verspundet und nach Schluss des Fischfanges, somit erst nach Wochen und Monaten mit nach Hause genommen werden. Der hierbei freiwillig ausfliessende Thran reagirt stark sauer, besitzt eine hellkastanienbraune oder Madeira-ähnliche Farbe und hat sehr deutlichen Fischgeruch.

Ausserdem giebt es noch einen braunen und braunschwarzen Thran, welcher aus dem Rückstand der Lebern, nach Gewinnung der vorhergehenden Sorten, durch Auskochen mit Wasser auf freiem Feuer erhalten wird; dieser ist aber zum innern Gebrauch untauglich, und findet nur Verwendung in der Industrie (Gerberei, Seifenfabrication etc.).

Der Leberthran gehört zu der grossen Zahl von Heilmitteln, welche im Laufe der letzten 50 Jahre in Anwendung gekommen sind, und zur geringen Zahl derer, welche sich in der Praxis wirklich im Gebrauch erhalten haben. Dieser Umstand spricht in hohem Grade dafür, dass wir in dem Leberthran ein für die Therapie werthvolles Mittel besitzen.

Der Leberthran, welcher unter den Fetten eine Sonderstellung einnimmt, hebt erfahrungsgemäss sehr oft den Zustand der Ernährung in vortrefflicher Weise und bessert allerlei chronische Störungen, wie Scrophulose, Rachitis, Diabetes, beginnende Tuberculose etc.

Vielfach hat man die Frage aufgeworfen, wodurch die günstigen Wirkungen des Leberthrans bei den verschiedenen Krankheitszuständen hervorgerufen werden. Anfangs legte man besonderes Gewicht auf das in ihm enthaltene Jod; die Quantität (0,01 %) ist aber zu unbedeutend, um bei der Heilwirkung in Betracht kommen zu können. Dann wollte man die Wirkung des Leberthrans aus seinem Gehalte an Gallenbestandtheilen erklären. Diese Hypothese wurde aber bald fallen gelassen, besonders seitdem Buchheim durch Versuche nachgewiesen, dass der Leberthran ausser Cholesterin, welches sich nach den Untersuchungen von Hoppe-Seyler auch im Olivenöl und Mandelöl findet, keine Gallenbestandtheile enthält. Es liess sich übrigens dies von vornherein annehmen, da die hier in Betracht kommenden Gallenbestandtheile, die Gallensäuren und Gallenfarbstoffe, in fetten Oelen, mithin auch im Leberthran, unlöslich sind. Einige Autoren haben auf das im Leberthran vorkommende Trimethylamin hingewiesen, doch ist die Menge desselben zu gering, um therapeutischen Einfluss ausüben zu können.

Dann stellte man die Behauptung auf, der Leberthran sei nichts als ein Fett, und man müsste mit anderen Fetten, wenn sie methodisch genommen würden, das Nämliche leisten. Diese Ansicht ist aber unrichtig, weil die anderen Fette in der Gabe des Leberthrans von dem Magen und Darm nicht ertragen werden. Versuche in dieser Richtung wurden im Jahre 1856 von Berthé angestellt. Dieser Autor gab einem gesunden Manne bei gleicher Ernährungsweise längere Zeit in Tagesgaben von 30—60 g verschiedene Fette: Butter, Mandelöl, Mohnöl, Olivenöl, weissen und braunen Leberthran, bestimmte, wieviel Fett täglich durch den Koth ausgeschieden wurde, und fand, dass Mandel-, Mohn- und Olivenöl schwer verdaulich, Butter und weisser Leberthran verdaulich, brauner Leberthran sehr leicht verdaulich ist. Auf Grund dieser Beobachtungen kam Berthé zu dem Schlusse, der Leberthran, besonders der braune, wirke zwar als Fett, sei aber weit leichter verdaulich als die gewöhnlichen vegetabilischen Oele.

Ein Decennium später veröffentlichte Naumann eine Abhandlung, in der er mittheilte, dass der Leberthran, besonders der braune, thierische Membranen mit viel grösserer Leichtigkeit als alle andren fetten Oele durchdringe und aus diesem Grunde viel leichter resorbirt werde als diese. Naumann glaubte irrthümlicher Weise, dass der Leberthran gallenhaltig sei, und bezog hierauf die grosse Durchgängigkeit desselben durch thierische Membranen. Ferner giebt er an, dass der von Gallenstoffen befreite Leberthran bedeutend schwerer diffundire als der gewöhnliche und sich in dieser Hinsicht nicht wesentlich anders als andere Oele verhalte. Um die vermeintlichen Gallenbestandtheile zu entfernen, mischte Naumann den Leberthran mit Bleiessig und prüfte das Filtrat des Bleiniederschlages auf seine Durchgängigkeit durch thierische Membranen. Der so erhaltene Niederschlag enthielt aber nicht die Bleiverbindungen von Gallenbestandtheilen, sondern, wie Buchheim richtig betont, die Bleiverbindung der fetten Säuren, welche das grosse Diffusionsvermögen des Leberthrans bedingen.

Buchheim hat das grosse Verdienst, im vorigen Jahrzehnt die Wirkung des Leberthrans in richtiger Weise erklärt zu haben. Dieser Autor hat zuerst darauf hingewiesen, dass der Leberthran sich vor den übrigen fetten Oelen durch seinen grossen Gehalt an freien Fettsäuren auszeichnet. Die Menge derselben beträgt bei dunkleren Sorten durchschnittlich etwa 5%, bei helleren weniger. Die freien Fettsäuren sind es, welche nach Ansicht der meisten Pharmakologen, wie Schmiedeberg, Binz, Harnack etc., die leichte Resorbirbarkeit und hierdurch den therapeutischen Werth des Leberthrans bedingen; die neben den Fetten und Fettsäuren im Leberthran in Spuren vorkommenden Stoffe spielen bei der Wirkung gar keine Rolle.

Der Leberthran besitzt im Wesentlichen die Wirkung der Fette, wird aber ungemein leicht in die Säftemasse aufgenommen. Gelangt derselbe in den Darm, so werden seine Fettsäuren sogleich ohne Mitwirkung des Pancreassaftes in Seifen übergeführt, letztere emulgiren das übrige Fett und begünstigen die Resorption desselben. Es wird daher beim Gebrauch des Leberthrans, vorausgesetzt dass derselbe vom Magen vertragen wird, unter sonst gleichen Bedingungen, weit mehr Fett resorbirt und für die Ernährung nutzbar gemacht als bei Anwendung der gewöhnlichen, nur aus Glyceriden bestehenden Fette. Der Leberthran ist daher ein geeignetes Mittel, um Kranken mit schwacher Verdauung in ausreichender Menge Fett zur Ernährung zuzuführen. Voraussichtlich wird sich, so schliesst Buchheim (Archiv für experiment. Pathologie u. Pharmakologie III. Bd.) seine interessante Mittheilung über die Wirkung des Leberthrans, derselbe durch reine Oelsäure oder durch eine künstlich hergestellte Mischung von Glyceriden mit geeigneten Mengen von freier reiner Oelsäure ersetzen lassen, und wird man hierdurch wahrscheinlich in den Stand gesetzt sein, mehr zu leisten, als wir bis jetzt durch den Leberthran zu erreichen vermögen.

Dass der Leberthran einen auffallend hohen Grad von Emulgirbarkeit besitzt, haben Fr. Hofmann und Gad nachgewiesen. Bringt man einen Tropfen dunkelgefärbten Leberthrans, welcher freie Fettsäuren in erheblicher Menge enthält, in ein Uhrschälchen, das mit verdünnter Sodalösung gefüllt ist, so entsteht sehr bald eine prachtvolle Emulsion. Giesst man dagegen einen Tropfen reinen und frischen Olivenöl in eine Sodalösung, so wird die Mischung nicht milchig; setzt man aber dem Olivenöl mehrere Procent freie Oelsäure zu, so bildet sich mit Sodalösung eine feine und haltbare Emulsion.

Brücke hat zuerst festgestellt, dass die Zerlegung der Fette in Fettsäuren im Darmcanal eine hohe Bedeutung für ihre Resorptionsfähigkeit besitzt, da die Bildung einer Emulsion für die Aufnahme der Fette von der grössten Wichtigkeit sei. Durch die von Brücke ausgeführten Versuche stand es jedoch nicht fest, ob zur Entstehung der feinen Vertheilung des Fettes mit kohlensaurem Natron ein grösserer oder kleinerer Bruchtheil von Fettsäuren zugegen sein muss. Zahlreiche Emulgirungsversuche, welche Fr. Hofmann anstellte, ergaben nun, dass Fett, welches einem Säuregrad von 0,140 g Schwefelsäure = 1 g Oelsäure entspricht, nach Zusatz einiger Tropfen kohlensauren Natrons keine Veränderung zeigt; dass Fette mit dem Säuregrade von 0,300 g Schwefelsäure = 2,130 g Oelsäure nur eine Vertheilung des Fettes in grössere Tropfen aufweisen, die bald in die Höhe steigen, dass aber Fette mit einem Säuregrad von 0,6 und mehr Schwefelsäure, entsprechend 1,3% Oelsäure die schönste Emulsion bilden. Ferner zeigte Fr. Hofmann, dass die Quantität kohlensauren Natrons, welche zur vollständigen Emulgirung abgewogenen Mengen Fett zugesetzt werden muss, die Fettsäuren nicht vollständig neutralisirt. Die Emulsion bildet sich, bevor alle vorhandenen Fettsäuren in Seifen umgewandelt sind und die vertheilten Fetttröpfchen noch saure Reaction besitzen.

Da der Leberthran häufig ungern genommen und schlecht vertragen wird, hat man versucht, Ersatzmittel für denselben zu finden. Der Versuch, ihn durch andere Fette, z. B. Mandelöl, Mohnöl, Olivenöl zu ersetzen, ist aufgegeben worden, weil die vegetabilischen Oele in den für Leberthran gegebenen Dosen Durchfall erregen. Das Mandelöl wird beispielsweise von manchen Aerzten zu 1—2 Theelöffel als mildes Laxans bei Kindern gegeben.

Um die Widerwärtigkeiten, welche mit dem Einnehmen des Leberthrans verbunden sind, zu vermeiden, sind eine Menge von Vorschlägen gemacht worden, die aber als wenig zweckmässig angesehen werden müssen. Man hat den farblosen Dampfthran erfunden; derselbe flösst aber manchen Personen wegen seines immerhin noch unangenehmen Geschmackes und Geruches unüberwindlichen Widerwillen ein und erweist sich unwirksamer als die dunkelgefärbten, ekelhaft schmeckenden Leberthransorten. Zur Verdeckung des höchst unangenehmen Geschmackes hat man vorgeschlagen, den Leberthran mit Pfefferminzöl, Anisöl, Aether oder Essigäther zu versetzen, was wenig vortheilhaft ist: man hat den Leberthran in Form einer Emulsion oder in Mixturen verordnet, das Ekelhafte des Schluckens wird aber auf diese Weise nur vervielfältigt. Man hat, da die Verordnung des Leberthrans häufig als ein Akt ärztlicher Grausamkeit betrachtet wird, Leberthranchokolade und Leberthransemmeln verfertigt; man hat durch Zusammenschmelzen mit Wallrat sogenannten solidificirten Leberthran dargestellt, aber alle diese Künsteleien vermögen nicht, dem Leberthran seinen unangenehmen Geruch und Geschmack zu nehmen. Manche Aerzte empfehlen deshalb, beim Einnehmen des Leberthrans die Nase zuzuhalten. Ferner hat man, um den Thran leicht nehmen zu lassen, denselben in elastische Kapseln gefüllt: diese sind aber, besonders für Kinder, schwierig zu schlucken und dabei sehr kostspielig. Endlich hat man versucht, den Leberthran per Klysma zu appliciren.

An Stelle des Leberthrans hat Senator Wallrat in Gaben von 10—30 g empfohlen und gefunden, dass solche Mengen gut verdaut werden, da in den Faeces weder Wallrat noch freie Fettsäuren sich nachweisen liessen. Bisher nahm man an, dass derselbe nicht resorbirt, sondern unverändert mit den Faeces ausgeschieden werde. Ferner hat Senator die Darreichung von Fettsäuren besonders der Seife in Pillenform bei Diabetes, Phthisis, chronischem Icterus angewandt und constatirt, dass dieselben gut vertragen werden und keine Diarrhöe verursachen.

Im Hinblick auf die Uebelstände, welche die Einnahme des Leberthrans mit sich bringt, und die jedem Praktiker sattsam bekannt sind, bin ich seit längerer Zeit bemüht gewesen, ein zweckmässiges Ersatzmittel für Leberthran zu schaffen. Vorher bestimmte ich die Menge der freien Fettsäuren in verschiedenen Leberthransorten und fand hierbei, dass die weissen oder ganz hellgefärbten Sorten (Dampfthran) nur Spuren von freien Fettsäuren enthalten, dass dagegen die geringen, dunkler gefärbten Sorten stark sauer reagiren.

So enthielt von farblosen Sorten:

Meyer's Dampfthran	0,18 %	Oelsäure
Möller's "	0,28 "	"
Baschin's "	0,71 "	"

Von madeirafarbigen Sorten:

Leberthran aus d. Engelapotheke	2,51 %	Oelsäure
" " " Rabenapotheke	3,28 "	"
" " " Spitalapotheke	3,46 "	"
" " " Bärenapotheke	4,51 "	"
" " " Storchenapotheke	5,07 "	"

Im Einklang mit diesen Versuchen stehen Aciditätsbestimmungen, welche Salkowski mit Leberthran angestellt und vor drei Monaten publicirt hat. Dieser Autor fand folgende Werthe:

Jensen (Originalflasche)	0,41 %	Oelsäure
Tempel (Originalflasche)	0,32 "	"
Baschin (Originalflasche)	0,69 "	"
Peter Möller (Originalfl.)	0,33 "	"
Lampe & Co. in Berlin	0,42 "	"
Gehe in Dresden	0,37 "	"
Merck in Darmstadt	0,25 "	"
Friedländer's Apotheke in Berlin	0,26 "	"
Simon's Apotheke, dunkelgelbgefärbter Thran	6,50 "	"

Mit diesem Ergebniss steht die Angabe von Hager, dass die gegenwärtig im Handel vorkommenden Sorten guten Dampfleberthrans vollkommen frei von Fettsäuren sind, oder höchstens Spuren enthalten, und dass nur geringe Sorten sauer reagiren, in guter Uebereinstimmung.

Wie kommt es nun, dass die hellen Leberthransorten frei von Fettsäuren sind, obgleich sie nach Angabe der Fabrikanten nicht durch Alkalien (Pottasche oder Kalkhydrat) gereinigt werden, und die dunkler gefärbten einen so grossen Gehalt an freien Fettsäuren aufweisen? Es ist anzunehmen, dass die freien Fettsäuren, in den aus nicht mehr frischen Lebern hergestellten dunkeln Thransorten durch Fäulniss entstehen, welche eine theilweise Spaltung der Fette bedingt. Der weisse oder Dampfthran sagt dem Geschmacke wohl im Allgemeinen besser zu als der dunkelgelbe und hellbraune Leberthran, welcher bedeutend widerwärtiger riecht und schmeckt; trotzdem räumt eine grosse Anzahl von Aerzten, und zwar mit vollem Recht, den dunkleren Sorten gegenüber den hellen den Vorzug ein, weil die hellen sogenannten guten Sorten einen geringeren therapeutischen Werth besitzen als die dunkler gefärbten, sogenannten geringen oder schlechten Sorten.

Diese Thatsache erklärt sich einfach daraus, dass der helle Leberthran, da er nur Spuren von Fettsäuren enthält, sich schwer emulgirt und in Folge dessen, besonders von einem kranken Darm aus, schwer resorbirt wird. Hierfür spricht auch folgender Versuch, welcher sich sehr leicht anstellen lässt: Bringt man einige Tropfen des farblosen Leberthrans (Dampfthrans) in ein Uhrschälchen mit Sodalösung, so bildet sich keine Emulsion; der hellbraune (saure) bewirkt dagegen sehr bald eine vollkommene Emulsion. Der dunkler gefärbte Thran erweist sich, wenn er vertragen wird, ungleich besser als der helle, was auf seinen grossen Gehalt an freien Fettsäuren (Oelsäure) zurückzuführen ist. Aber auch der dunkel gefärbte Leberthran bringt mannigfache Nachtheile mit sich; er wird wegen seines ekelhaften Geschmackes oft nicht genommen oder schlecht vertragen; er erzeugt häufig Uebelkeit, Aufstossen, selbst Erbrechen und Magenkatarrh.

Während die erste Auflage der Pharmakopoea Germanica verlangt, dass der Leberthran gelblich- oder röthlich-braun sei, fordert die zweite Auflage, dass er aus frischen Lebern bei gelindester Wärme im Dampfbad gewonnen sei und blassgelbe Färbung besitze. Die Beurtheilung dieser Verbesserung ergiebt sich leicht aus dem oben Gesagten.

Da der helle Medicinalthran nur wenig wirksam ist und der dunkle Leberthran sehr wechselnde Mengen von freien Fettsäuren enthält und in Folge seines widerwärtigen Geschmackes oft erbrochen wird, suchte ich, wie bereits erwähnt ein Ersatzmittel für Leberthran herzustellen, welches, abgesehen von seiner constanten Zusammensetzung, vor jenem bezüglich des Geschmackes und der Verdaulichkeit den Vorzug verdiene. Zu diesem Behufe mischte ich, da die Zufuhr von reiner Oelsäure allein sich als unzweckmässig herausstellte, feines Olivenöl mit reiner Ölsäure in verschiedenen Verhältnissen und prüfte, ob diese Mischung gerne genommen und leicht resorbirt werde. Nachdem einige Versuche ergeben hatten, dass Olivenöl, welches 5—6% Oelsäure enthält, nicht unangenehm schmeckt und vortrefflich verdaut wird, setzte ich mich mit der chemischen Fabrik von Kahlbaum in Berlin in Verbindung. Dieser Fabrik ist es auch Ueberwindung bedeutender technischer Schwierigkeiten gelungen, durch partielle Verseifung des Olivenöls ein Ersatzmittel für Leberthran herzustellen. Dasselbe besteht aus feinem Olivenöl, welches 6% Oelsäure enthält, einen angenehmen Geschmack besitzt, äusserst leicht emulgirt und resorbirt wird. Die Firma C. A. F. Kahlbaum (Berlin, Schlesische Strasse) bringt dieses Ersatzmittel für Leberthran unter dem Namen Lipanin (λιπαίνειν fettmachen, mästen) in den Handel.

Dass das Lipanin leicht emulgirt wird, lehren folgende Versuche: Bringt man einige Tropfen desselben in ein Reagensglas, welches eine verdünnte Lösung von kohlensaurem Natron enthält, wie sie der alkalischen Reaction des Dünndarms entspricht, und schüttelt dasselbe, nachdem man es mit dem Daumen verschlossen hat, einige Male, so wird der Inhalt des Reagensglases milchig; die gebildete Emulsion hält sich tagelang. Schüttelt man dagegen frisches Olivenöl mit verdünnter Sodalösung in einem Reagensglase, so wird die Mischung auch milchig, aber bereits nach einer Stunde schwimmt das Oel obenauf. Das neutrale Oel bildet beim Schütteln verhältnissmässig grosse Tropfen, die sich rasch wieder vereinigen; das Lipanin zerstäubt dagegen zu einer wirklichen Milch. Das gleiche Resultat erhält man auch, wenn man einige Tropfen Lipanin in ein Uhrschälchen, welches schwache Sodalösung enthält, ruhig einfallen lässt. Sehr bald bildet sich eine feine, gleichmässige und haltbare Emulsion.

Die freie Oelsäure im Lipanin bildet, sobald dasselbe den Magen passirt hat und in den Darm gelangt ist, mit dem Alkali der Galle und des Pancreassaftes Seife. Die Seife ist aber ein vorzügliches Emulgens, und auf die Bildung einer Emulsion kommt bei der Resorption der Fette alles an. Da das Lipanin einen besonders hohen Grad von Emulgirbarkeit besitzt und im Dünndarm die besten Bedingungen zu feinster Zerstäubung findet, wird es rascher als andere Fette in die Säftemasse übergeführt. Dies macht sich besonders geltend, wenn die Verdauung durch krankhafte Veränderungen beeinträchtigt ist, oder wenn man dem Darm sehr grosse Mengen von Fett zuführen will. Es wird bei Zufuhr von Lipanin dem Darmkanal ein Theil der zu leistenden Arbeit abgenommen und derselbe befähigt, eine grössere Menge Fett zu resorbiren. Durch das Lipanin gelingt es, Fett in grossen Gaben während eines längeren Zeitraumes in den Organismus gelangen zu lassen. Das Lipanin kann wochen- bis monatelang in grossen Gaben genommen werden, ohne dass Störungen der Verdauung eintreten, und ohne dass das Mittel mit dem Stuhlgang wieder abgeht.

Seit einem halben Jahr habe ich das Lipanin bei einer grösseren Anzahl von Patienten erprobt. Das bisherige Beobachtungsmaterial umfasst vierzig Fälle, wovon dreissig Kinder waren. Sämmtliche Kranke nahmen das Mittel, welches wie Olivenöl schmeckt, nicht ungern ein und tolerirten dasselbe vorzüglich. Unangenehme Nebenwirkungen, wie Uebelkeit, Erbrechen oder Durchfall, wie sie häufig bei Einnahme von Leberthran auftreten, wurden nicht beobachtet. Die Mehrzahl der Kinder litt an Scrophulose (erethische Form) und Rachitis. Fünf waren mit beginnender Lungentuberculose behaftet; zwei hatten kurz vorher Diphtherie durchgemacht. Die Kinder nahmen das Mittel je nach dem Alter in Gaben von 1—4 Theelöffeln 6—12 Wochen lang. Bei sämmtlichen Kindern wirkte das Mittel günstig auf die Ernährung. Das Körpergewicht nahm zu und es besserte sich das Allgemeinbefinden. Unter den Erwachsenen befanden sich vier im Anfangsstadium der Phthisis und sechs waren Diabetiker. Sie nahmen täglich 2 bis 6 Esslöffel mehrere Monate lang mit gutem Erfolg. Es liess sich eine Zunahme des Panniculus adiposus constatiren, das Körpergewicht stieg und der Kräftezustand besserte sich. Speciell sei hier noch bemerkt, dass die Zuckerausscheidung auch bei Diabetikern der schweren Form selbst bei wochenlangem Gebrauch von täglich 6 Esslöffeln nicht gesteigert wurde.

Die ersten therapeutischen Versuche stellte ich im verflossenen Juli an und konnte hierbei constatiren, dass das Mittel auch während der warmen Jahreszeit ertragen wird, welch letztere bekanntlich eine Contraindication für die Anwendung des Leberthrans bildet. Das Lipanin, welches ein sehr leicht verdauliches, saures, flüssiges Fett darstellt, kann mit Vortheil angewandt werden bei allen den Affectionen, bei welchen Leberthran von den Aerzten bisher verordnet wurde, mithin bei Rachitis, Scrophulose, chronischen Zehrkrankheiten, namentlich Diabetes und beginnender Lungenschwindsucht, bei Magerkeit, einzelnen Formen von Blutarmuth und in der Reconvalescenz. Ferner erscheint seine Anwendung zweckmässig in den Fällen, in welchen durch krankhafte Verhinderung von Galle- und Bauchspeichelzufluss die Resorption des Fettes erschwert oder unmöglich gemacht wird.

Zum Schluss gestatte ich mir noch zu bemerken, dass auf der pädiatrischen Klinik des Herrn Prof. Dr. Kohts zu Strassburg seit längerer Zeit das Lipanin bei einer grösseren Zahl von Kindern therapeutisch verwendet wird und sich vortrefflich bewährt. Herr Dr. Hauser, Assistent der Kinderklinik, wird in einer demnächst an anderer Stelle erscheinenden Mittheilung hierüber berichten, und namentlich durch Fettbestimmung der Faeces die vorzügliche Verdaulichkeit des Lipanins beweisen.

Einige Indicationen für die Anwendung von Chloralhydrat und Morphium nebst Bemerkungen zur Anwendungsweise.

Von

Dr. Aufrecht in Magdeburg.

Trotz mancher nützlicher Andeutungen in den Handbüchern der Arzneimittellehre dürfte die Frage, ob im einzelnen Falle Chloralhydrat oder Morphium das empfehlenswerthere Mittel ist, noch als wenig geklärt anzusehen sein. Dass aber jedes der beiden Mittel seinen besonderen Werth hat und, meiner Erfahrung nach, das eine durch das andere häufig nicht ersetzt werden kann, unterliegt keinem Zweifel. Wenn die in einem grösseren Handbuche der Arzneimittellehre ausgesprochene Ansicht, „dass man gegenwärtig beinahe zweifeln kann, ob es überhaupt zweckmässig ist, das Chloralhydrat als Heilmittel beizubehalten" zu einer allgemeinen würde, kämen wir sicherlich um ein werthvolles Hülfsmittel ärztlicher Heilkunst.

Im Laufe der letzten Jahre habe ich mehrere Pneumonien zu beobachten Gelegenheit gehabt, welche auf der Höhe der Krankheit durch hinzugetretene Hirnerscheinungen lebensgefährlich resp. tödtlich verliefen. Dieselben zeichneten sich durch anhaltende furibunde Delirien und hochgradige Unruhe aus, wobei die Kranken kaum im Bette zu halten waren, um sich schlugen oder ihren eigenen Körper maltraitirten. Einer dieser Kranken bearbeitete mit seinen Fäusten die eigene Brust auf die furchtbarste Weise. Bei den tödtlich verlaufenen Fällen ergab die Section als Ursache der Hirnerscheinungen nur eine hochgradige Hyperaemie der Hirnrinde, keine Meningitis.

Bei zweien hatte ich Morphium angewendet. Der eine erhielt es in einer Dosis von 15 Milligramm innerlich mehrere Tage Morgens und Abends, der andere in Form von subcutanen Injectionen, aber der tödtliche Ausgang trat ebenso ein wie ohne Anwendung dieses Mittels. In jüngster Zeit sind mir zwei gleiche Fälle vorgekommen, die ich für ebenso schwer halten musste wie die früher beobachteten. Ich verordnete nunmehr 3 resp. 2 Gramm Chloralhydrat. Der Ausgang war ein günstiger. Bemerken muss ich, dass in diesen Fällen keineswegs Abusus spirituosorum bestanden hatte.

Bei weitem grösser ist die Zahl von Beobachtungen, auf welche ich mich stützen kann, wenn ich Chloralhydrat gegen Delirium tremens ganz ausschliesslich empfehle. Ich habe wohl mehrere hundert Fälle damit behandelt. Verwunderlich erscheint es mir, dass auch jetzt noch Opium oder Morphium gegen dieses Leiden empfohlen wird. Ich habe mehr als 50 solcher Kranker in der Zeit, bevor Liebreich das Chloralhydrat empfohlen hatte, mit diesen Mitteln behandelt. Sie waren fast ganz wirkungslos und der Ausgang ein so ungünstiger, ja so häufig tödtlicher, dass mein damaliger Oberarzt, Herr Medicinal-Rath Schneider es vorzog, die Kranken rein expectativ zu behandeln; und darin konnte ich nur beipflichten. Erst seit der Einführung des Chloralhydrats lässt sich überhaupt von einer erfolgreichen Behandlung des Delirium tremens sprechen. Mit Hülfe dieses Mittels kann man jetzt an Delirium tremens Leidende sogar in ihrer Behausung behandeln, was früher ganz unmöglich war. Aber ich empfehle dieses Mittel nicht etwa in refracta dosi anzuwenden. Einzeldosen von 3 oder 4 Gramm in je 25 Gramm Wasser und Syr. cort. Aurant. mehrere Abende nach einander leisten die besten Dienste. Diese Dosis habe ich von Erwachsenen ausnahmslos gut vertragen gesehen und wende kleinere Gaben überhaupt nicht an, weil dann der Erfolg ausbleibt. Auf das Eindringlichste aber muss ich vor dem Zusatz von Morphium zum Chloralhydrat warnen; ich halte diese Combination für lebensgefährlich.

Mit sehr günstigem Erfolge habe ich ferner das Chloralhydrat bei der Eklampsie Schwangerer angewendet.

Auch bei maniakalischen Geisteskranken ziehe ich das Chloralhydrat dem Morphium vor; wenn es ihnen überhaupt beigebracht werden kann.

Einmal habe ich bei einem Singultus, welcher schon 12 Stunden lang bestanden hatte, mit Morphium, das ich intern verabfolgte, nichts erreicht. Nach 3 Gramm Chloralhydrat schlief die Patientin die ganze Nacht hindurch. Am nächsten Morgen kurz nach dem Aufwachen trat der Singultus von neuem auf. Sie erhielt wiederum 3 Gramm Chloralhydrat und war nach erneutem mehrstündigem Schlaf vollständig wiederhergestellt.

Nicht minder empfehlenswerth ist das Chloralhydrat bei Schlaflosigkeit älterer Leute, welche wahrscheinlich auf beginnender Atheromatose der Hirngefässe beruht. Doch muss ich darauf aufmerksam machen, dass es sehr gerathen ist, hier mit kleinen Dosen, etwa einem halben Gramm zu beginnen.

Weitaus grösser ist das Gebiet der Affectionen, bei denen Morphium von nutzbringender Wirkung ist. Um letztere sicher zu erreichen, ist freilich auch eine Berücksichtigung der Indicationen für die Anwendung per os und für die subcutane Application nöthig. Ich hatte vor längerer Zeit eine Patientin zu behandeln, bei welcher zu einem grossen Uterusfibroid eine acute Peritonitis mit hochgradigen Schmerzen hinzutrat. Ich war sehr bald nach dem Einsetzen der Krankheit resp. dem Auftreten der Schmerzen hinzugeholt worden und verordnete 6 Dosen Morphium zu je 15 Milligramm, stündlich bis zum Nachlass der Schmerzen einzunehmen. Dies war von 6 bis 12 Abends ausgeführt worden; die Patientin hatte jedoch nicht die geringste Linderung erfahren. Als ich kurz nach 12 Uhr hinzukam, lag sie mit schmerzverzerrtem Gesichte, kleinem Pulse, kühlen Extremitäten da. Ich machte ihr nun eine subcutane Injection von 15 Milligramm Morphium. Nach 5 Minuten hatten die Schmerzen aufgehört, nach 10 Minuten schlief die Patientin bis zum nächsten Morgen. Drei Tage lang wurden die Injectionen Morgens und Abends wiederholt. Es erfolgte Genesung.

Wie in diesem Falle, so empfehle ich im Allgemeinen bei Schmerzen, welche von der Reizung seröser Häute ausgehen, das Morphium nur subcutan anzuwenden, wenn man sichere Wirkung erzielen will. Dies gilt ebenso gut für das Peritoneum wie für die Pleura und die Pia mater.

In gleicher Weise ist die subcutane Injection der Application per os vorzuziehen, wenn es sich um krampfhafte und schmerzhafte Contractionen von Canälen oder Räumen handelt, deren Wände wesentlich aus glatten Muskelfasern bestehen, gleichviel ob dies der Uterus oder die Gallenblase oder der Darm ist. Insbesondere rathe ich bei heftigen Gallensteinkoliken die Qualen der Patienten nicht durch das vorgängige Eingeben von Morphium zu verlängern, sondern sofort zur subcutanen Anwendung zu schreiten.

Sodann ist diese Methode ausschliesslich zu empfehlen bei allen Neuralgien, gleichviel ob es sich um eine heftige Ischias oder um eine Trigeminus-Neuralgie oder um eine Tabes handelt.

Endlich habe ich beobachtet, dass das Morphium bei Melancholie, subcutan angewendet, Ruhe und Schlaf herbeiführt, während Chloralhydrat mir hier nicht empfehlenswerth scheint. Ich vertrete somit die Ansicht, dass diese beiden Mittel bei Psychosen nicht gleichmässig indicirt sind, dass Morphium bei melancholischen, Chloralhydrat bei maniakalischen in erster Reihe angewendet zu werden verdienen.

Bezüglich der Dosirung rathe ich vor allem bei Individuen, welche das jugendliche Alter überschritten haben, wenigstens 1 Centigramm eventuell sogar bei der ersten Injection schon 15 Milligramm Morphium anzuwenden. Ich habe bei heftigen Gallensteinkoliken, auch bei Melancholischen schon oft genug zur ersten Injection 2 Centigramm verwendet.

Manche Aerzte scheuen die subcutane Anwendung von Morphium aus Furcht vor der Morphiumsucht. Aber bei den hier aufgeführten Indicationen handelt es sich meist um acute, häufig rasch vorübergehende Zustände, und wenn man unter solchen Verhältnissen den Patienten die Morphiumspritze nur nicht in die Hand giebt, braucht man die Gewöhnung an das Mittel nicht zu fürchten. Wo aber das Morphium lange Zeit hindurch angewendet werden muss, wie bei den excentrischen Schmerzen Tabischer, da werden selbst die eifrigsten Gegner der subcutanen Injection dieses Mittel nicht entbehren können.

Ein nicht unbeträchtliches Gebiet bleibt der Anwendung des Morphium per os. Bei Schleimhaut-Erkrankungen ist diese Anwendungsweise zu empfehlen, gleichviel ob es sich um die Schleimhaut der Luftwege oder des Darmtractus handelt. Zur Linderung von Husten bei einfachen Bronchial-Katarrhen ebenso wie bei Leiden des Lungenparenchyms erweist es sich intern sehr nützlich. Ich wende es bei dem schlafraubenden Husten von Pneumonikern ebenso wie bei Phthisikern an. Und was den Darmtractus betrifft, so ist es in erster Reihe beim Ulcus ventriculi, falls dasselbe Schmerzen verursacht, unentbehrlich; bei Diarrhöen leistet es mindestens ebenso gute Dienste wie das Opium; bei der Dysenterie gebe ich es mit bestem Erfolge seit langer Zeit ohne vorherige Ricinus-Verabreichung so lange, bis der Tenesmus und die Zahl der Stuhlentleerungen genügend beschränkt werden. Hierzu reichen in den meisten Fällen 2 bis 3 mal täglich 15 Milligramm aus.

Es erübrigen nur noch einige Bemerkungen bezüglich der Anwendungsweise der subcutanen Morphium-Injectionen überhaupt und des Chloralhydrats in einzelnen Fällen.

Die Methode, sich eine Morphiumlösung bereiten zu lassen, um dieselbe jederzeit verwenden zu können, ist nicht zweckmässig. Die Lösung hält sich nicht. Ausserdem ist das Lumen der Pravaz'schen Spritze sehr wechselnd, so dass man der Dosis nicht sicher ist, wenn man den Inhalt der einzelnen Spritze nicht vorher genau gewogen hat. Ebenso wenig zweckmässig ist es, das in Tablettenform von den Apothekern gelieferte Morphium am Krankenbette zu verwerthen. Es vergeht etwas zu viel Zeit bis zur vollständigen Lösung. Ich lasse mir seit Jahren Morphiumpulver von je 2 Centigramm dispensiren. Am Krankenbette lasse ich mir Wasser reichen, welches eben gekocht hat oder koche es in einem Löffel über der Flamme auf, schütte auf einen zweiten Löffel das Morphiumpulver, fülle die Pravaz'sche Spritze mit dem gekochten Wasser und spritze nun den Inhalt derselben auf das Pulver. Wird die auf das Pulver gespritzte Flüssigkeit mehrere Male in die Spritze eingezogen und wieder ausgestossen, dann ist das Morphium rasch vollständig gelöst und die Spritze enthält nun eine Lösung von 2 Centigramm Morphium. Je nach Bedarf kann nun hiervon die Hälfte, also 1 Centigramm oder ¾, also 15 Milligramm oder der ganze Inhalt subcutan injicirt werden. Die ganze Procedur erfordert nicht mehr Zeit, wie diese Schilderung.

Bezüglich der Applicationsweise des Chloralhydrats empfehle ich, solchen Patienten, welche an Convulsionen leiden und bewusstlos sind, insbesondere bei Eklampsie in der Gravidität oder im Wochenbette, das Mittel, also etwa 3 Gramm Chloralhydrat in je 25 Wasser und Syrup gelöst vermittelst einer weichen biegsamen Schlundsonde, welche durch die Nase hindurch in den Magen eingeführt ist, beizubringen. Man erreicht viel sicherer seinen Zweck wie durch eine Injection in's Rectum, weil hier sehr leicht, auch sehr oft ein Theil der injicirten Flüssigkeit wieder herausgepresst wird.

Ueber subcutane Methylalinjectionen bei Delirium tremens.

Von

Prof. v. Krafft-Ebing in Graz.

Unter den zahlreichen Schlafmitteln, womit in den letzten Jahren die practische Heilkunde von physiologischen und pharmakologischen Laboratorien bedacht wurde, dürfte das Methylal ($C^3 H^8 O^2$) bis jetzt am wenigsten beachtet und in seinen therapeutischen

Leistungen studirt sein. Die ersten Mittheilungen über dieses Präparat finden sich in deutschen Blättern in der Pharmaceut. Post 1886, S. 780, in der Pharmac. Centralhalle No. 9 v. 27. 2. 87 und der Pharmac. Post vom gleichen Datum.

Das Methylal, von Malaguti 1839 dargestellt, wird von Nicot (Nouv. Reméd.) bei nervösen, stomachischen und enteralgischen Schmerzen empfohlen zu innerlichem Gebrauch, hypodermatisch als Hypnoticum und als bestes Antidot des Strychnin. Aus der Pharmac. Post v. 6. März 1887 No. 10 ist ersichtlich, dass Dr. Richardson schon seit 1868 das Mittel als Anaestheticum und Hypnoticum verwendete. R. stellt es pharmakodynamisch zwischen Alkohol und Aether, findet, dass es die Herzaction beschleunigt, den Blutdruck herabsetzt, eine vertiefte und verlangsamte Respiration und Verlangen nach Schlaf bewirkt. Dosis 1 Fluiddrachme (3,0). Nach der deutschen amerik. Apothekerzeitung (Jahrg. VII No. 21, S. 656) entsteht es neben Ameisensäure, wenn man nach Kane 2 Th. Braunstein, 2 Th. Methylalkohol, 3 Schwefelsäure und 3 Wasser aufeinander einwirken lässt. Das Destillat ist in geeigneter Weise zu reinigen und zu rectificiren.

Der die obigen Thatsachen erwähnende Vortrag des Dr. Richardson, gehalten 1868 vor der British Association for the Advancement of Science in Norwich, findet sich in dem Pharmaceutical Journal and transactions vom 19. Februar 1887 abgedruckt aus dem Asclepiad No. 13.

Neuere Untersuchungen über Methylal verdanken wir Personali (Giornale della Reale accadem. di Medicina di Torino 1886 Juni) bezüglich der anaesthesirenden und hypnogenen Wirkungen des Mittels an Thieren.

P. experimentirte subcutan, intern und mittelst Inhalation. Eine Reaction ergab sich im Allgemeinen bei 0,25—0,5 Methylal pro Kilo Körpergewicht.

Injection von 0,1—0,15 pro Kilo Gewicht verursachte bei Hunden sofort Anaesthesie, tiefen Schlaf, Aufhören der Reflexe; bei 0,25—0,5 Schlaf bis 6 Stunden; bei 0,5—1,20 überdies Erweiterung der Pupillen, leichte Herabsetzung der Temperatur; bei über 2,0 Lähmung und zuweilen Tod mit dem Befund der Hyperaemia cerebri, renum, capillaren Haemorrhagien in Lungen und Herz.

Inhalation und Eingeben wirkten ebenso, die erstere rascher, die letztere Methode viel langsamer als subcutan. Das Methylal scheint ausschliesslich und rapid durch die Lungen ausgeschieden zu werden.

Lemoine (Gaz. méd. de Paris v. 30. April 1887) fand an sich und Anderen, dass Dosen von 2,0 intern den Blutdruck herabsetzten und den Puls beschleunigten.

Mairet u. Combemale (Progrès méd. 2. Juli 87) fanden das Mittel wirkungslos bei alkohol. Geistesstörung, frischer Melancholie und Manie, wirksam auf deren Höhe, ferner bei seniler und paralytischer Dementia in der Dosis von 5,0—8,0 und zwar ohne schädliche Nebenwirkungen, selbst bei längerem Gebrauch.

Petrazzani (Rivista sperimentale XIII, fasc. 2 S. 206) findet ähnliche günstige Resultate bei psychisch Kranken der Irrenanstalt in Reggio. Er giebt Dosen bis zu 8,0 und erzielt nach 40—60 Minuten einen meist mehrstündigen guten Schlaf.

Das Methylal ist eine farblose Flüssigkeit, löslich in 3 Thl. Wasser, in Alkohol, fetten Oelen, Aether. Es erinnert in seinem Geruch an Aether und Chloroform. Sein spec. Gewicht ist 0,855 bei 18°, sein Siedepunkt bei 42° C.

Im März 1887 entschloss ich mich zu Versuchen auf meiner Klinik mit von Merck bezogenem Methylal. Bei dem hohen Preis desselben war es mir sehr erwünscht, dass Merck den Rath gab, dasselbe als Schlafmittel subcutan in der Dosis von 0,05 - 0,1 in Aq. destill. verdünnt zu versuchen. Auf diese Anwendungsweise beschränkten sich die Versuche. Methylal 1 wurde auf 9 Th. Aq. destill. verdünnt und davon *pro dosi* 1 Injectionsspritze voll (0,1 Methylal) verwendet. Ich beschränke mich darauf, vorläufig blos über die solchergestalt ausschliesslich behandelten Fälle von Delirium tremens, bekanntlich einer Krankheit, bei der immer Schlaflosigkeit von hartnäckigem Charakter besteht und Erzielung von Schlaf von nahezu kritischer Bedeutung ist, zu berichten.

I. Grün (Journalnummer 6906), 31 J., Taglöhner, Schnapspotator. Am 6. 12. heftige Diarrhöen. 8. 12. Delir. tremens, 1. Anfall, schlaflos seit 2 Tagen.

9. 12. 3 Spritzen Methylal tagüber. Abends 3 Stunden Schlaf.

10. 12. Wird freier, heute 6 Spritzen.

11. 12. Ganze Nacht geschlafen, lucid, heute 3 Spritzen.

12. 12. Ganze Nacht geschlafen. Genesen.

II. Kotuschek (J. 7282), 42 J., Bedienstete. Wein- und Bierpotator. Seit 16. 12. schlaflos. Seit 19. Delir. 1. Anfall. Aufgen.

20. 12. Abends fieberlos, schlaflos.

21. 12. 2 stündlich 1 Spritze Methylal (5 Injectionen).

22. 12. Schlaflos. P. 120. Heute 2 Injectionen. Um 12 Uhr Mittag Schlaf.

23. 12. Schlief mit kurzer Unterbrechung von gestern Mittag bis heute früh 6 Uhr, dann wach

und lucid bis 8 Uhr, dann wieder Schlaf mit kurzer Unterbrechung bis

21. 12. Heute lucid. Noch mässiger Tremor. Am 27. 12. genesen entl.

III. König (J. 7111), 39 J., Geschäftsreisender. Schnaps-, Wein-, Bierpotator. Seit 21. 12. schlaflos. 28. Delir. 1. Anfall.

29. Heute 6 Spritzen. P. 120.

30. Schlaflos, andauernd delirant. Heute 7 Spritzen.

31. Heute 7 Spritzen. Schlaflos bis 5 1/2 Abends, dann tiefer Schlaf bis 1. 1. 6 Uhr früh. Heute 2 Spritzen, da Pat. von Mittag bis 2. 1. früh schlief. Heute 1 Spritze, da Pat. von 2 Uhr Nm. bis 3. 1. schlief. Heute lucid, genesen. Entl. 12. 1.

IV. Knittel (J. 6580), 57 J., Taglöhner. Schnapspotator. Am 13. 11. verhaftet. In der Haft am 17. 11. Delir. trem. 1. Anfall. Aufn. 18. 11. delirios, schlaflos.

19. Methylalbehandlung 4 Spritzen.

20. Von Mitternacht ab gut geschlafen, heute lucid. Die folgenden Abende noch 2 Spritzen. Gute Nächte. Am 6. 12. genesen entlassen.

V. Frau St. (J. 6705), 58 J., Arbeitersfrau. Schnapspotatrix. Seit 20. 11. schlaflos. Seit 22. Delir. 1. Anfall. Fieberlos. Aufg. 24. 11.

24. 2 Spritzen; 25. 3 Spritzen; 26. 3 Spritzen. Abends Schlaf bis 27. früh; an diesem Tag viel Schlaf; 3 Spritzen.

28. Ganze Nacht geschlafen, absque delirio genesen entl. am 3. 12.

VI. Prennsein (J. 2651), 44 J., Förster. Schnapspotator. Aufg. 9. 5. 87. auf dermatol. Abtheilung. Seit einigen Tagen Delir. trem. ex abstinentia; schlaflos. Urethan 3,0 war erfolglos. 13. 5. eine Spritze Methylal, ausgiebiger Schlaf nach einigen Stunden. 14. noch delirant. Abends 1 Spritze. 15. ganze Nacht geschlafen, absque delirio. Genesen entl. 17. 5.

VII. Maier (J. 2808), 58 J., Hausmeister. Weinpotator. 11. 4. Pneumonia croup. dextr. Seither schlaflos. Nach einigen Tagen Delir. trem. Aufg. 8. 5., fieberlos, Pneumonie in Lösung, noch delirant, schlaflos. Debilitas cordis. 4. 5. Abends 1 Spritze Methylal. Nach 2 1/2 Stunden Schlaf die ganze Nacht hindurch. Die folgenden Nächte bei gleicher Dosis derselbe Effect. Vom 7. 5. an spontan Schlaf.

VIII. Schwarz (J. 3005), 28 J., Fleischer. Wein- und Bierpotator. Seit mehreren Tagen schlaflos, delirant. Aufg. 9. 5. 87.

10. Abends 2 Spritzen. 11. früh 7 bis 10 Uhr Schlaf, dann wieder delirant. Abends 2 Spritzen. 12. Nachts schlaflos, früh Schlaf bis Abends. 1 Spritze.

13. Ganze Nacht geschlafen, absque delirio. Bis zum 17. 5. treffliche Nächte bei 1 Spritze Abends. Genesen entl. 18. 5.

IX. Ludwig (J. 1593), 36 J., Kaufmann. Wiederholt Del. trem. Seit 5. 3. 87 nahezu schlaflos und Del. incip. Aufgen. 10. 3. in vollem Delir. 2 mal 0,03 Extr. opii subcutan. 11. schlaflos, delirant. Abends 2 Spritzen Methylal. 12. 3 Stunden geschlafen. Delir. lässt nach. Früh 1 Spritze. Darauf 2 Stunden Schlaf. Abends 1 Spritze, erst nach 7 Stunden Schlaf von 5 Stunden Dauer.

13. Abends 6 Uhr 1 Spritze. Schlaf von 12 bis 8 1/2 früh und lucid. Abends nihil. Schlaf von 1 1/2—4 1/2 früh.

15. Abends 1 Spritze. Schlaf 7 Stunden.

16. Abends nihil. Schlief erst um 3 Uhr früh ein.

17. Abends 1 Spritze. Von 9 Abends bis 6 Uhr früh geschlafen.

29. 3. Genesen entl.

X. Unterberger (J. 3658), 26 J., Eisengiesser. Seit 3 Tagen schlaflos und Delir. trem. Aufg. 9. 4. 87. Abends 7 Uhr 1 Spritze. Schlaf von 12 bis 3 1/2. Dann delirant.

10. Morgens 1 Spritze. Nun Schlaf bis 11. Morgens 3 Uhr, dann wieder mit kurzer Unterbrechung bis 12. früh. Lucid. Nun gute Nächte ohne Methylal. 16. 6. genesen entl.

XI. Trummer (J. 3590), 43 J., Hausknecht. Schnaps- und Bierpotator. Seit 4. 6. 87 schlaflos, Delir. trem. mit initial. epilept. Insult. Aufg. 6. 6. Abends 2 Spritzen.

7. Ganze Nacht geschlafen; noch delirant. Morgens 1 Spritze. 4 Stunden Schlaf. Abends 2 Spritzen.

8. Ganze Nacht geschlafen, lucid. Abends 2 Spritzen.

9. Ganze Nacht geschlafen. Abends 2 Spritzen.

10. Ganze Nacht geschlafen. Nun gute Nächte spontan. 13. 6 genesen entl.

XII. Wedenig (J. 3573), 40 J., Fleischer. Weinpotator. Seit einigen Tagen schlaflos, delirant (2. Anfall). Aufg. 5. 6. 87. Abends 2 Spritzen. Schlaf 7 Stunden.

6. Ruhiger, aber noch delirant. Abends 2 Spritzen.

7. Ganze Nacht geschlafen; noch verwirrt. Abends 1 Spritze.

8. Mit Unterbrechung 3 Stunden geschlafen, absque delirio. Abends 1 Spritze.

9. 5 Stunden geschlafen; episodisch hallucinirt. Abends 2 Spritzen.

10. Ganze Nacht geschlafen. Abends nihil.

11. Schlaflos. Abends nihil.

12. Schlaflos. Relaps des Delir. Abends 2 Spritzen.

13. Ganze Nacht und grossen Theil des Tages geschlafen. Von nun an unter 2 Spritzen Abends gute Nächte. Vom 17. an spontan. 23. 6. entl.

XIII. Multetz (J. 3110), 50 J., Invalide. Alkohol. chron., wiederholte Anfälle von Alkoholdelir. 13. 5. 87 setzt Delir. trem. ein. Aufg. 14. 5. schlaflos. 16. 5. Um 2 Uhr 1 Spritze, darauf 1 Stunde Schlaf. Abends 1 Spritze, 7 Stunden Schlaf.

17. 5. Ruhig, absque halluc. Abends 2 Spritzen. Nur 2 Stunden Schlaf.

18. 5. Abends 2 Spritzen. Pat. schläft die ganze Nacht „wie noch nie“. Nun noch einige gute Nächte auf 1 Spritze. Vom 26. ab Schlaf spontan, aber noch starker Tremor. Entl. 6. 6.

XIV. Straschek (J. 1819), Schlosser, 39 J. Wein- und Schnapspotator. Seit 6 Tagen Delir. tremens. Aufg. 11. 8. 87. Abends 2 Spritzen. Schlaf 5 Stunden.

12. 8. Morgens 1 Spritze; tagüber Schlaf. Abends 2 Spritzen.

13. Ganze Nacht geschlafen, absque hallucc. Noch einige gute Nächte bei 2 Spritzen Abends.

21. 8. entl.

XV. Goldstein (J. 4754), Taglöhner, 37 J. Schnapspotator. Seit mehreren Tagen fast schlaflos. Seit 6. 8. 87 Delir. trem. Aufgen. 6. 8.

7. 8. Abends 2 Spritzen.

8. 8. 1 Stunde geschlummert, sonst delirant. Heute 3 Spritzen tagüber.

9. Um $1\frac{1}{2}$ früh eingeschlafen. Schlaf bis $6\frac{1}{2}$ früh, dann von $7\frac{3}{4}$ bis Mittag $4\frac{1}{2}$. Nun absque delirio. Abends 1 Spritze.

10. Ganze Nacht geschlafen. Nun noch einige gute Nächte mit Abends 2 Spritzen. Am 23. 8. entl.

XVI. Sanw (J. 703), Potator strenuus, Bierführer, 47 J. Seit Jahren Alkoholismus und Alkoholepilepsie. Seit einigen Tagen Delir. trem. 2. Anfall. Aufg. 16. 6. 87. Abends 2 Spritzen.

17. 3 Stunden geschlafen, dann delirant. Morgens 1 Spritze (kein Schlaf). Abends 2 Spritzen.

18. Ganze Nacht geschlafen, absque delirio. Unter 2 Spritzen Abends die folgenden Nächte gut; ab und zu noch trunkfällige Sinnestäuschungen; entl. 30. 6.

(Schon am 31. 1. 87 war S. zum erstenmal wegen seit 1 Tag bestehendem Delir. trem. behandelt worden. Trotz 3 stündlicher Injection von 0,03 Extr. opii aquos., mit dem auf 0,04 gestiegen wurde, 2 mal täglicher Injection von 0,001 Strychnin, mehrmals Paraldehyd 4,0 gelang damals erst am 4. 1. nach Zuhülfenahme von 2,0 Chloral die Herbeiführung von Schlaf und erst am 8. die vollständige Beseitigung des Delir.

XVII. Starch (J. 3760), 28 J., Gärtner. Seit Jahren Potator, seit 13. 6. Delir. tremens. Aufg. 14. 6. 87. Abends 1 Spritze. 15. 6. 3 Stunden geschlafen, dann wieder delirirt. Abends 2 Spritzen.

16. Mit Unterbrechung $3\frac{1}{2}$ Stunde geschlafen; noch delirant. Abends 2 Spritzen.

17. Nur $2\frac{1}{2}$ Stunde geschlafen. Heute unter Tags 3 Stunden; wird ruhig.

18. Auf 2 Spritzen circa 5 Stunden geschlafen, dito die folgenden Nächte.

20. Lucid. Von nun an ausgiebiger Schlaf spontan. 27. 6. entlassen.

XVIII. Koldmaier (J. 3051), 31 J., Taglöhner. Seit 3 Tagen 1. Anfall von Delir. tremens; aufg. 11. 5. 87. Schläft in Nacht auf 12. 3 Stunden spontan, delirant, sehr verworren. Am 12. Abends 5 und 7 Uhr eine Spritze. Schlaf von $10\frac{1}{2}$ Abends bis 4 Uhr früh.

13. Morgens 1 Spritze. Mehrstündiger Schlaf. Abends 1 Spritze. Schläft die Nacht durch mit Unterbrechungen.

14. Lucid. Guter Schlaf in der Folge bei 1 Spritze Abends. Vom 17. an spontan. 18. 5 genesen entl.

2. Aufn. 18. 11. 87. Seit 13. schlaflos gewesen. Am 18. Delir. trem.

19. Heute 3 ständl. 1 Spritze. Nach 1. Injection (Morgens) 1 Stunde geschlafen.

20. Von gestern Abend an ganze Nacht durchgeschlafen. Heute lucid. In der Folge mit 2 Spritzen Abends gute Nächte. 5. 12. entlassen.

XIX. Formüller (J. 193), Kutscher. 37 J. 1. Anfall von Delir. trem. seit 4 Tagen. Aufgen. 9. 1. 83. Chloralbehandlung. 11. 1. lucid. 17. 1. genesen entl.

2. Anfall 23. 10. 85. Aufn. 24. 10. Opiumbehandlung. Am 26. Abends ausgiebiger Schlaf. Am 27. lucid. 4. 11. entl.

3. Anfall 13. 3. 87. Aufg. 15. 3. Abends 1 Spritze Methylal. Darauf 2 Stunden Schlaf, dann wieder delirant.

16. Morgens 1 Spritze ohne Erfolg. Um 5 Uhr Nachmittags 1 Spritze. Von 8 Uhr bis $5\frac{1}{2}$ früh guten Schlaf.

17. Lucid, absque delir. Bis zum 19. Abends 2 Spritzen; gute Nächte; dann spontan Schlaf. 28. 3. entlassen.

XX. Graf (J. 2479), Händler, 47 J., 12. 10. 84. 1. Anfall von Delir. trem. Morphiumbehandlung ausgesetzt. Wird erst am 20. 10. lucid. Am 31. entl.

2. Anfall um den 14. 4. 87. Aufg. 18. 4.

19. Morgens und Abends 1 Spritze Methylal. Schlaf Abends 3 Stunden. Dann früh noch 2 Stunden. Wird ruhig.

20. absque halluc. Abends 2 Spritzen.

21. Ganze Nacht geschlafen; lucid; nun spontan Schlaf. 26. 4. entlassen.

XXI. Sieber (J. 6617), 43 J., Gewerbtreibender. Potator strenuus. Schon vor Jahren Anfall von Delir. trem. Neuerliche Erkrankung um den 18. 11. 87. Aufg. 21. 11. auf der Höhe des Delirs. Nacht auf 22. schlaflos. Am 22. vier Mal 1 Spritze Methylal.

23. Schlaflose Nacht. Herzschwäche, P. 132 (Wein). Heute 4 Spritzen.

24. Schlaflose Nacht, enormer Tremor, Schweiss. Puls und Herztöne kräftiger. Pat. schläft heute nach 2. Einspritzung um Mittag ein.

25. Mit kurzer Unterbrechung bis heute früh 5 Uhr geschlafen, P. 84. Herztöne kräftig. Enormer Tremor. Beginnende Lucidität. Delir. schwindet.

Die folgenden Nächte bei Abends 2 Spritzen durchgeschlafen.

30. Auf 4,0 Amylen dito.

1. 12. Schläft spontan. 3. 12. entlassen.

Die vorstehenden Beobachtungen stellen den grössten Theil der 1887 auf meiner Klinik behandelten Fälle von Delir. tremens dar. Ausgeschieden wurden nur 3, in welchen — es war dies im Anfang unserer Versuchsreihe, wo wir von der Wirkung des Methylal bei consequenter Anwendung noch nicht überzeugt waren — schon am 2. Behandlungstage auf die Fortsetzung der Methylalbehandlung verzichteten und zu anderen Schlafmitteln unsere Zuflucht nahmen.

Unter den vorstehenden 21 Fällen können etwa $\frac{1}{3}$ als leichte, $\frac{1}{3}$ als mittelschwere und $\frac{1}{3}$ als schwere bezeichnet werden. An der günstigen Wirkung des Methylal auf den Krankheitsverlauf, speciell auf die Herbeiführung des kritischen Schlafs kann wohl nicht gezweifelt werden. Beachtenswerth in dieser Hinsicht sind Fall 16, in welchem ein früherer mit Opium energisch behandelter Anfall 8 Tage zur Lösung brauchte, während ein 2. bei Methylalbehandlung schon nach

2 Tagen in Genesung überging; ferner Fall 20, wo die Behandlung eines ersten Anfalls mit Morphiuminjectionen 6 Tage, die eines zweiten mit Methylal nur 2 Tage erforderte.

Auffällig ist die fast homoeopathische Kleinheit der Dosen in unserer Versuchsreihe gegenüber den intern erforderlichen Dosen von 4,0, ferner das tardive Eintreten des Schlafs post injectionem, der durchschnittlich erst nach 2 Stunden, zuweilen erst nach 4—6 sich einstellte. Vielleicht ist das Methylal gar kein directes Schlafmittel, sondern nur indirect, insofern es günstige Bedingungen für das Eintreten des Schlafes herbeiführt.

In 6 Fällen genügten eine Spritze zur Herbeiführung des Schlafs, in 10 2—4 Spritzen, in 3 5—8; in 2 waren 10—20 erforderlich.

Die Qualität des Schlafes war von der des physiologischen nicht zu unterscheiden.

Ueble Nebenwirkungen wurden nicht beobachtet.

Der Schlaf war ein tiefer, erquickender, zuweilen bis zu 20 Stunden protrahirter.

Methylal macht in einer Verdünnung von 1 : 9 an der Injectionsstelle brennenden, jedoch bald schwindenden Schmerz. Entzündliche Reactionserscheinungen kamen nicht vor.

Das Minimum der Injectionen *pro die* betrug 7.

Ich halte, soweit unsere bisherige Erfahrung reicht, Methylal für das beste Beruhigungs- und Schlafmittel bei Delirium tremens.

Am zweckmässigsten dürfte es sein, Methylal hier alle 2—3 Stunden zu 0,1 zu injiciren, bis ausgiebiger Schlaf eintritt und in der Reconvalescenz noch einige Abende lang durch 2 Einspritzungen sich gegen neuerliche Agrypnie und Relapse zu sichern.

Das M. ist möglicherweise überhaupt ein vorzügliches Beruhigungsmittel bei auf Grund von Inanition und Anaemie des Gehirns bestehenden Schlaflosigkeits- und Aufregungszuständen. Als solches habe ich es bei schweren Inanitionsdelirien, halluc. Wahnsinn u. s. w. wiederholt in Fällen schätzen gelernt, wo alle anderen Hypnotica im Stiche liessen.

Bei hyperaemischen Hirnzuständen leistet M. nichts. So sah ich nie Erfolg bei toxischen Alkoholdelirien und anderweitigen mit Fluxion einhergehenden Aufregungszuständen.

M. ist werthvoll, indem es in keiner Weise schwächend auf die Herzaction einwirkt. In Fall 7 und 21, wo bedeutende Herzschwäche bestand, wurde es gut ertragen und schien die Herzaction geradezu aufzubessern.

Ein Tonicum für das asthenische Hirn, wie es das Opium ist, dürfte das Methylal nicht sein. So erklärt sich vielleicht der oft noch weit in die Reconvalescenz hineinreichende Fortbestand des Tremor in unseren Fällen.

Die vorstehenden Erfahrungen dürften genügen, um zu weiteren Untersuchungen über die beruhigende und schlafbefördernde Wirkung des Methylal in subcutaner Anwendungsweise bei asthenischen Zuständen des Centralnervensystems anzuregen.

Augenheilkunde.

Von

Prof. J. Hirschberg in Berlin.

II.

Der Bläschen-Catarrh (Conjunctivitis phlyktaenoides) zeigt neben den (mehr oder minder ausgeprägten) Erscheinungen des Bindehautcatarrhs, — d. h. neben Röthung der Lidschleimhaut, Schwellung derselben, sowie besonders auch der Umschlagsfalten, und vermehrter Absonderung, — noch unter umschriebener Röthung im Weissen des Auges, welche ein Dreieck mit der Spitze nach dem Hornhautrand zu darstellt, oder unter allgemeiner Röthung rings um die Hornhaut und über den ganzen sichtbaren Theil der Augapfelschleimhaut eigenthümliche kleine Entzündungsherde, φλύκταιναι d. h. Bläschen genannt, in der Gegend des Bindehautsaumes, also an der Grenze zwischen Leder- und Hornhaut.

Drei Arten sogenannter Bläschen sind zu unterscheiden: 1) Die sandkornförmigen, welche immer sehr zahlreich auftreten. Oefters ist der halbe oder ganze Bindehautsaum in eine leicht erhabene, körnige Leiste umgewandelt und hierbei immer, im Region der Erkrankung, das Weisse des Auges in seiner ganzen Ausdehnung scharlachroth. 2) Die mittelgrosse (die typische Phlyktaene): ein an der Spitze der dreieckigen Röthung sitzender, etwa hanfkorngrosser, rundlicher, schwach hervorragender Herd, welcher zunächst eine glatte Epitheldecke und darunter eine Anhäufung von Rundzellen zeigt, dann durch Verlust der Deckzellen in eine kleine Abschilferung übergeht; schliesslich, während die Röthung des Augapfels vom Aequator nach dem Hornhautrande hin abblasst, mit einer neuen Zelldecke sich bekleidet und ausheilt. Diese Bläschenart kommt entweder einzeln vor, oder doch vereinzelt zu 2—4, wobei die dreieckigen Röthungen zusammenfliessen können. Bei dieser Form treten mitunter die Erscheinungen des Catarrhs mehr in den Hintergrund, so dass der Fall eher den Namen der Bindehautbläschen verdient, als den eines Bläschencatarrhs. Diese Unterscheidung ist wichtig für den Arzt, zur rascheren Heilung.

Die Bildung und Rückbildung des einzelnen Bläschens pflegt in etlichen Tagen bis zu zwei Wochen abzulaufen; aber der Verlauf der ganzen Erkrankung ist ein regelloser; ein Bläschen kann dem andern folgen, durch Wochen und selbst durch Monate, und nach einem oder mehreren Jahren ein Rückfall eintreten.

3) Seltener ist das breite Bläschen, welches durch Zusammenfliessen mehrerer mittelgrosser entsteht und in ein hervorragendes Geschwürchen von Linsen- bis Erbsengrösse übergeht, gelegentlich auch in einiger Entfernung von der Hornhautgrenze, zwischen dieser und dem Augapfelgleicher gefunden wird[1]). Die Ausheilung dieser Form kann 4—6 Wochen dauern.

Der Bläschencatarrh der Bindehaut ist sehr häufig. (Unter 23 500 Fällen von Augenerkrankungen fand ich 1003 d. i. 40,64 im Tausend.) Sehr gewöhnlich geht die Erkrankung auf die Hornhaut über. Die Natur beachtet nicht die Grenzpfähle unserer logischen Eintheilungen. Entwickelungsgeschichtlich sind ja auch vordere Hornhautschicht und Augapfelbindehaut als gleichwerthig zu betrachten.

Keratoconjunct. phlyktaen. ist dasjenige Gebiet, welches die Praxis mit dem Namen der scrofulösen Augenentzündung belegt. In der That ist es im wesentlichen eine Kinderkrankheit. Nur selten tritt bei Kindern der acute Bindehautcatarrh in reiner Form auf; meist ist er mit Bläschen (Phlyktänen, Follikeln) verbunden. Ferner ist beim Bläschencatarrh die Neigung zu Rückfällen, welche die scrofulösen Leiden auszeichnet, sehr ausgesprochen. Nicht wegen des ersten Bläschens werden uns für gewöhnlich die Kinder gebracht, sondern wegen der wiederholten Rückfälle. Trotzdem ist es übertrieben, einem körperlich gesunden Erwachsenen, der bläschenähnliche Gebilde auf der Augapfelbindehaut zeigt, gleich einer verborgenen Scrofulose anzuklagen. Weit practischer dürfte es sein, sofort das Oberlid umzustülpen; verhältnissmässig häufig wird man granulären Bildungen (Trachoma) entdecken!

Anders liegt die Sache bei Kindern. Unter den 15 000 poliklinischen Patienten meines Beobachtungsmaterials aus den Jahren 1879—1881 litten, im Alter von 1—15 Jahren, an phlykt. Bindehautentzündung 581, davon gleichzeitig an Scrofulose 308 = 52%; an phlykt. Keratoconj. 188, davon gleichzeitig an Scrofulose 65%. Da bei der ambulatorischen Behandlung die Kranken nicht lange genug beobachtet werden können, so geben die genannten Zahlen nur die unteren Grenzen der Häufigkeit der Scrofulose beim Bläschencatarrh.

Wenn man nun fragt, auf welche Weise die Scrofulose den Bläschencatarrh des Auges bedinge, so ist die Antwort: durch Ansteckung von der Nasenschleimhaut aus. Dies sieht jeder, welcher seine Aufmerksamkeit der Nase zuwendet; das folgt aus dem häufigen Zusammentreffen von Augen- und Nasenleiden auf derselben Körperseite: das lehrt die sichere Rückwirkung der Nasenbehandlung auf das Auge, vor Allem bezüglich der Rückfälle. Horner[2]) hat besonders auf das begleitende Ekzem Werth gelegt und den Namen Conj. ekzematosa eingeführt; mir scheint es, dass Ekzem und Augenbläschen derselben Quelle entstammen.

Und die Mikroorganismen? Sie sind fleissig gesucht und falls man den Autoren folgt, sogar gefunden worden[3]). Wenn aber angegeben wird, dass die Kinder die Bindehautkokken mit den Händen in die Haut einreiben und so das Ekzem bewirken, so scheint mir der umgekehrte Weg annehmbarer zu sein.

Die Behandlung der Bindehautbläschen zerfällt in eine örtliche und in eine allgemeine.

1) Im ersten Beginn und während der Bläschencatarrh ansteigt, ist mässiger Gebrauch kalter Umschläge förderlich. In der Regel lasse ich 1—2 Esslöffel voll Chlorwasser einem Liter kühlen (nöthigenfalls durch ein Stückchen reinen Eises gekühlten) Wassers hinzufügen und hiervon 3—5 Mal, je 1/4—1/2 Stunde lang, Umschläge auf das Auge machen.

℞ Chlori solut. 200,0
D. vitr. n.

Wer an die (für mich allerdings zweifellose) Wirkung des so verdünnten Chlorwassers nicht glauben sollte, möge wenigstens berücksichtigen, dass die Umschläge sorgsamer gemacht werden, wenn ein Arzneimittel dem Wasser beigemischt ist.

Eines darf man nicht vergessen, dass die

[1]) Bei Erwachsenen sah ich daselbst zerfallene Gummibildungen von sehr ähnlichem Aussehen.

[2]) Handb. d. Kinderkr. v. Gerhardt, V. 2, 1879.

[3]) Vgl. C.-Bl. f. A. 1886 p. 153 u. 1887 p. 60.

stärker zusammenziehenden Mittel (Einträufelungen von Zinksulfat, vollends Einpinselung von Höllenstein) im Beginn der phlyktaenulären Bindehautreizung nur schädlich wirken. Ist gleichzeitig Hornhautentzündung zugegen, oder bei allgemeiner Röthung des Weissen im Auge der Reizzustand (Lidkrampf, Thränen, Pupillenverengerung) stark ausgeprägt; so müssen nicht blos die Reizmittel vermieden, sondern sogar örtliche Mittel wider Schmerz und Reiz angewendet werden.

℞ Atrop. sulf. 0,05
Aq. dest. 10,0

D. mit Glasstab. S. 2—3 Mal tägl. einen Tropfen in den unteren Bindehautsack einzuträufeln. Oder

Cocaini hydrochlor. 0,1
Atrop. sulf. 0,05
Aq. dest. 5,0.

Sowie die Reizung nachlässt, und von vorn herein in denjenigen Fällen der einfachen Bindehautbläschen, wo überhaupt nur eine geringe, umschriebene Röthung auf der Augapfelschleimhaut vorhanden, passen zwei Mittel, unter deren Einwirkung die Bläschen, mitunter in fast zauberhafter Eile, verschwinden. Das mildere ist Calomelpulver, das kräftigere Praecipitatsalbe.

℞ Calomelanos subtiliss.[4])
(s. alcoholis) 3,0
D. ad vitr. — Mit Pinsel.

Hiervon wird täglich ein feines Wölkchen in's Auge gestäubt. Artige Kinder pflegen dabei nicht zu schreien, da es nicht schmerzhaft ist. Nach einiger Zeit (¼ Stunde) findet man das Pulver in Gestalt eines Schleimfädchens im unteren Bindehautsack. Um seine Entfernung braucht man sich nicht zu kümmern. Die Wirkung des Mittels ist eine chemische: das in Wasser ganz unlösliche Calomel geht bei Gegenwart der kochsalzhaltigen thierischen Säfte, unter Einwirkung der höheren Temperatur, theilweise (unter Abspaltung von Quecksilber) in lösliches Sublimat über[5]). Das Sublimat in statu nascendi wirkt günstig auf die Rückbildung der Bläschen und auf die Zusammenziehung der erweiterten Blutgefässe.

Calomel passt namentlich im Beginn, wenn es fraglich scheint, ob Reizmittel schon vertragen werden; in den meisten Fällen bewirkt es sichere Heilung; und ist ferner noch ganz besonders geeignet, den Nachschüben und Rückfällen vorzubeugen. Zu diesem Behufe müssen die Einstäubungen wochen- und selbst monatelang fortgesetzt werden. Dann bekommt die Augapfelbindehaut der Kinder (welche bisher, besonders des Morgens nach dem Erwachen, eine grosse Neigung zu Röthungen zeigte) ein ganz klares und weisses Aussehen; die kleinen Gefässe werden und bleiben enger.

Alle möglichen pflanzlichen und erdigen Pulver sind gegen die Bläschen versucht worden. Sogar gesiebter Chausseestaub, da man die mechanische Wirkung für das Wesentliche hielt! Aber kein anderes Pulver hat bisher das Calomel zu ersetzen oder gar zu verdrängen vermocht. Auch nicht das Jodoform, von dem einzelne Begeisterte sich goldene Berge versprachen.

℞ Jodoform. subtiliss. 5,0
Mit Pinsel. Oder
Jodoform. subtiliss. 1,0
Amyli 4,0.

Dass man Calomel nicht einpudern dürfe, wenn gleichzeitig Jodpräparate innerlich gegeben werden, da sonst ätzendes Jodquecksilber in der Bindehaut entsteht, halte ich für eine Fabel, da ich bei tausendfacher Anwendung (die Kinder erhalten bei mir sehr häufig Jodeisensyrup innerlich) derartiges nie gesehen. Wenn Calomeleinstäubung Aetzwirkung bedingt, so war wohl dem „milden" Quecksilberpräparate der „ätzende" Bruder beigemischt.

Das zweite und stärkere Mittel gegen die Bläschen besteht in dem Einstreichen der Praecipitatsalbe.

℞ Hydrargyri oxydati flavi
via humida parati 0,1
Lanolini purissimi s. Vaselini optimi Americani 5,0.
M. f. ung. D. ad. oll. bene clausam.
Mit Glasstab.

Hiervon wird ein linsengrosser Theil in den Bindehautsack gestrichen und nach etwa 10—15 Minuten mittelst eines reinen Leinwandläppchens wieder ausgewaschen[6]). Dies wird täglich oder jeden zweiten Tag gemacht, bis die Bläschen geschwunden sind. Die Heilung geschieht mitunter so schnell, dass ein typischer Fall nach einmaligem

[4]) Eine ungerechtfertigte Neuerung eines neueren Lehrbuches ist — subtilissimi!

[5]) Die Reaction gelingt auch in der Retorte. (Fleischer, Deutsch. med. W. 1885 No. 70.) — Bei Calomeleinstäubung in den Bindehautsack lässt sich Sublimat im Harn nachweisen, wenn man grössere (8tägige) Harnmengen mit feineren Methoden (z. B. mit Messingwolle) untersucht. Kämmerer, Virchow's Arch. 59, 459. Alsberg, Knapp's Arch. IX, 413.)

[6]) Dies ist weit besser als Ung. ophth. — Alte Salben und alte Pinsel dürfen nicht angewendet werden. Zweimal bekam ich bisher Bindehautdiphtherie in Behandlung, die man auf solche Weise der einfachen Bläschenkrankheit aufgepfropft hatte.

Einstreichen nicht mehr zur klinischen Vorstellung geeignet ist.

Auf die breiten Bläschen wirkt Chlorwasser sehr günstig ein, öfters sogar besser als die beiden vorher genannten Mittel.

℞ Chlori solut. 20,0
D. ad. vitr. nigr. Mit Tropfglas.
oder Chlori solut.
Aq. dest. āā 10,0

2—3 Mal täglich werden einige Tropfen aufgeträufelt.

Zögert die Heilung der erhabenen Geschwürchen der Augapfelbindehaut, so kann das Betupfen der Geschwürsfläche mit zugespitztem Höllensteinstift dienlich sein, obwohl ich selber davon keinen Gebrauch mache und vor der 5procentigen Lösung des Höllensteins, welche in einem der neuesten Lehrbücher empfohlen wird, direct warnen möchte.

℞ Lapidis mitigati
(1 p. Arg. nitr.
2 p. Kal. nitr.)
bacill. laevigat. ad capsul. vitr. Mit Pinsel. Zum ärztl. Gebrauch.

Die Aetzung muss genau localisirt und der Höllenstein sofort mit gesättigter Kochsalzlösung abgestumpft werden. Bei kleinen ungebärdigen Kindern muss man (nach Cocaineinträufelung) den Kopf sorgfältig fest halten lassen — oder besser die mildern Mittel anwenden.

Vollends scheint es unnöthig, die gewöhnlichen Bindehautbläschen mit Galvanocaustik[1]) zu behandeln, d. h. mit Kanonen nach Spatzen zu schiessen.

Tritt bei der Bläschenkrankheit der begleitende Bindehautcatarrh (Schleimabsonderung, Schwellung des Umschlagstheiles) in den Vordergrund, so ist die zusammenziehende Behandlung massgebend. Einpinselungen von

Plumbi acet. pf. neutr. 0,5
Aq. dest. 25,0
oder von
Argent. nitr. 0,2
Aq. dest. 25,0

sind täglich oder jeden zweiten Tag vorzunehmen.

Wenn dagegen stärkere Entzündung der Hornhaut während der Bläschenkrankheit eingetreten oder nach derselben zurückgeblieben ist, so muss man mit den Reizmitteln (Calomel, Praecipitatsalbe) vorsichtig sein und laue Chlorumschläge sowie Atropin-Cocain-Einträufelungen bevorzugen.

Zu der örtlichen Behandlung gehört auch die der Nase bei Bindehautbläschen.

℞ Jodoform. 0,5
Vaselini oder
Lanolini 10,0
Mit Pinsel. Jeden Abend einzustreichen.

Hierdurch wird das Augenleiden abgekürzt und die Rückfälle vermindert.

Nässendes Eksem der Lider weicht am besten dem Einstreichen des Theers auf die Hautfläche.

℞ Picis liquid. 10,0
Mit Pinsel.

Durch Vermeiden der Lidspalte und Abtupfen sorgt man dafür, dass nichts in den Bindehautsack gelangt. Die Anwendung wird jeden zweiten oder dritten Tag gemacht, bis eine neue Deckzellenschicht entstanden ist.

Gegen begleitende Liddrüsenentzündung hilft Praecipitatsalbe, jeden Abend in den Lidrand eingestrichen und Morgens, vor den Umschlägen, wieder ausgewaschen.

Dagegen sind die beliebten Ableitungen, wie Haarseilchen an der Schläfe, Blasenpflaster hinter den Ohren und Blutegel ganz nutzlos und eher schädlich.

Critchett d. V. sagte mir persönlich, dass an dem kleinen Fädchen, welches er den scrofulösen Kindern durch die Schläfe zog, sein Ruf hänge. Ich erlaube mir, dem zu widersprechen. Blasenpflaster machen bei diesen Kindern leicht Ekzeme und unangenehme Nachwirkungen. Blut möchte ich solchen Patienten eher zuführen als entziehen. Stirnsalben aus Quecksilber und Belladonna können als Recepte, aber nicht als Heilmittel betrachtet werden.

Im Ganzen sind die örtlichen Mittel bei der Bläschenkrankheit von vortrefflicher Wirkung. Es ist sehr zu beklagen, dass manche Aerzte, nach den Vorschriften älterer Schulen, sowohl griechischer[2]) wie deutscher, noch so misstrauisch dagegen sind und sich auf die unsicheren, langwierigen Kuren gegen die scrofulöse Allgemeinkrankheit beschränken.

Allerdings muss der Arzt, wenn die Kranken wirklich scrofulös sind, den Allgemeinzustand des Körpers berücksichtigen — aber vor allem doch die Augenentzündung zu bessern suchen! Das letztere ist schon in 8—14 Tagen zu erzielen. Grausam wäre es, die Kleinen mit ihren Augenbläschen ohne örtliche Mittel zu belassen und nur

[1]) Annales d'Oculistique 81, 181 u. C.-Bl. f. A. 1881, 881. — Etwas Anderes ist es, fortschreitende Eiterbläschen der Hornhaut (Pusteln) mit der Glühhitze zu hemmen. C.-Bl. f. A. 1887 p. 10 fgd.

[2]) Galen, Meth. Med. γ' (X, 171, Ed. Kühn) tadelt mit ähnlichen Worten, wie sie Jüngken u. A. zu gebrauchen pflegten, diejenigen Aerzte, welche bei heftigem Augenschmerz nichts anderes anzuwenden wüssten, als Opium, Mandragora, Hyoscyamus-Einträufelungen, wonach Schwachsichtigkeit, Erweiterung der Pupille u. s. w. zurückblieben.

die scrofulöse „Grundlage" anzugreifen, — vielleicht gar zu warten, bis der Sommer eine Soolbadekur gestattet. Ist doch die rasche Heilung der Augenentzündung ein wichtiges Mittel, um die Scrofulose rascher zu heilen (A. v. Graefe). Mit Beseitigung der Lichtscheu, wozu weder das Eintauchen des Gesichts in Wasser, noch die Anwendung der Lidsperrer nöthig ist, sondern nur kühle Umschläge, Atropin-Cocaïneinträufelung und sorgfältige Gewöhnung an das Licht, wird den Kindern die Bewegung im Freien und damit eine bessere Ernährung wiedergegeben.

Bei der Behandlung der Scrofulose ist frische Luft und gute (Fleisch-) Nahrung die Hauptsache. Leider stossen wir hier mit unseren Verordnungen bei der ärmeren Bevölkerung auf grosse, oft unübersteigliche Hindernisse. Es ist eine traurige Aufgabe, gute Kost anzurathen, wenn man nicht gleichzeitig die Mittel dazu gewähren kann.

Was wir gewöhnlich noch verschreiben, ist Leberthran in den kühleren Jahreszeiten und

Syr. ferr. jodati 4,0—10,0
Syr. simpl. 50,0.

(für ein 2 bis 5 jähriges, Kind 1—2 Mal ½—1 Theelöffel voll zu nehmen.) Von den Plummer'schen Pulvern bin ich zurückgekommen. Soolbäder (entweder an Ort und Stelle oder zu Hause künstlich hergestellt) können unbedenklich angerathen werden, so lange tiefere Hornhautzerstörungen fehlen; und sind sehr nützlich, um Rückfällen vorzubeugen.

Die Behandlung der scrofulösen Augenentzündung ist nicht so undankbar, wie manche Aerzte glauben. Obwohl gegen 6 % dadurch Erblindete in den (sächsischen) Blindenanstalten sich vorfinden; obwohl die Zahl derer, die ein Auge dadurch verloren haben, unter den poliklinischen Kranken sehr viel grösser ist: so vergehen doch Jahre, bei einem Krankenzuwachs von jährlich 8000, ehe uns ein einziges, rechtzeitig in Behandlung gebrachtes und regelmässig darin verbliebenes Auge trotz Anwendung der durch die Erfahrung bewährten Hilfsmittel zu Grunde geht.

Zur Kenntniss der Wirkung subcutaner Einspritzungen von Pilocarpin.

Von

Prof. Dr. H. Magnus in Breslau.

Es muss für den Arzt unter allen Umständen von Werth sein, möglichst genau über alle Zufälle unterrichtet zu sein, welche bei der Anwendung von Heilmitteln eintreten können. Der Zweck dieser kurzen Bemerkungen ist deshalb lediglich der, die Aufmerksamkeit auf eigenthümliche Erfahrungen zu lenken, welche ich bei der Benutzung von subcutanen Pilocarpin-Injectionen gemacht habe. Ich halte die subcutanen Pilocarpin-Injectionen bei der Behandlung verschiedener Erkrankungen des Augapfels für sehr wirkungsvoll, und da dies meist solche Erkrankungsformen sind, denen man mit der früheren Therapie so gut wie machtlos gegenüberstand, so wird das Pilocarpin von mir sehr häufig in Anwendung gezogen. Ich bin nun in der Lage über 2 Fälle zu berichten, in denen ein bis dahin völlig wirkungsvolles Pilocarpinpräparat plötzlich jede Wirkung versagte; da derartige Zufälle für den behandelnden Arzt recht peinlich sind, ihn dem Publicum gegenüber in ein ganz eigenthümliches Licht zu setzen vermögen, so sei es mir gestattet, meine beiden einschlägigen Beobachtungen mitzutheilen.

Fall 1. Ein mit Myopia magna und Retinitis circumscripta ad maculam duplex behafteter, in den vierziger Jahren stehender Herr trat Anfangs des Jahres 1887 in meine Behandlung. Patient hatte schon in anderer Behandlung gestanden, doch war dieselbe wirkungslos geblieben. Ich ordinirte subcutane Pilocarpin-Injectionen in der Stärke von 0,02 *pro dosi* und erzielte mit einer 3 wöchentlichen täglichen Anwendung der Injectionen ein sehr befriedigendes Resultat. Das Krumm- und Schiefsehen verlor sich auffallend schnell, die centrale Sehschärfe hob sich und ich konnte den Patienten als wesentlich gebessert aus der Behandlung entlassen. Etwa 5—6 Monate später erschien der Kranke wieder bei mir mit einem Recidiv der centralen Retinitis auf dem linken Auge; mein Vorschlag einer nochmaligen Pilocarpin-Behandlung wurde von dem Patienten willig aufgenommen und begann ich sofort wieder mit den Einspritzungen. Allein während Patient bei der früheren subcutanen Anwendungsweise des Pilocarpins in der promptesten Weise auf das Medicament reagirt hatte, versagte dasselbe jetzt vollständig. Ich machte 5 Tage lang hinter einander Einspritzungen genau in derselben Dosis wie früher, ohne auch nur die geringste Schweiss- oder Speichelsecretion zu erzielen. Diese Erscheinung war mir denn doch so auffallend, dass ich mich alsbald an den Apotheker wandte, welcher die von mir verschriebene Pilocarpin-Lösung angefertigt hatte; allein dieser versicherte bei der Herstellung der ordinirten Lösung mit der grössten Sorgfalt verfahren zu sein und erbot sich sofort zur nochmaligen Anfertigung der Lösung. Allein auch diese neugemachte Pilocarpin-Lösung erwies sich als völlig wirkungslos. Mein Patient, welcher die Pilocarpin-Wirkung von der früheren Behandlung her genau kannte, begann jetzt ängstlich und misstrauisch zu werden, doch gelang es mir, ihn zu einer nochmaligen Probe mit einer anderen Lösung zu bewegen. Der betreffende Apotheker, der mir versicherte, dass ein derartiges Versagen des Pilocarpins bei dem von ihm benutzten Präparat bisher noch nie beobachtet worden sei, dasselbe vielmehr sich bis dahin stets als durchaus wirksam bewiesen habe, besorgte sofort ein neues Präparat und diese von dem neuen Präparat hergestellte Lösung wirkte auf das Beste.

Fall 2. Einem mit Myopia magna und starken Glaskörperflocken behafteten 35 jährigen Herrn machte ich den Vorschlag einer Pilocarpin-Behandlung. Ich schilderte dem Patienten genau die Folgen, welche er nach einer subcutanen Pilocarpin-Einspritzung von 0,02 *pro dosi* haben würde und nahm ihn alsbald in Behandlung. Allein die ersten 4 Einspritzungen blieben absolut wirkungslos; trotzdem dass der Kranke im Bett lag dick mit Decken bepackt, trat auch nicht die geringste Pilocarpin-Wirkung ein. Meine Nachfragen bei dem Apotheker gaben keine Erklärung. Der mir befreundete Apotheker erklärte mir, dass das zur Lösung benutzte Pilocarpin-Präparat sich bis dahin stets als wirksam bewiesen habe; dass er für eine Reihe der von mir behandelten Kranken die Lösung von dem nämlichen Präparat gefertigt habe und dass ja von allen diesen die promptesste Reaction von mir beobachtet worden sei. Um allen Verdacht, dass bei der diesmaligen Anfertigung der Lösung vielleicht doch ein Irrthum untergelaufen sei, auszuschliessen, wurde sofort eine neue Lösung gemacht. Doch auch diese erwies sich als vollständig wirkungslos. Jetzt nun liess der Apotheker aus einer anderen Apotheke Breslau's Pilocarpin holen und die von diesem Präparat gefertigte Lösung erzeugte die prompteste und ausgiebigste Reaction.

Es geht aus den beiden mitgetheilten Fällen hervor, dass ein bis dahin durchaus verlässliches und wirksames Pilocarpin-Präparat plötzlich unwirksam zu werden vermag. Welcher Art die Vorgänge in dem Präparat sein mögen, welche es bewirken, dass die Wirksamkeit desselben vollkommen schwindet, vermag ich natürlich nicht zu übersehen. Dass die Aufbewahrungsweise des Pilocarpins nicht die Schuld trage, davon überzeugte mich in dem zweiten Fall der Apotheker. Er wies mir nach, dass er das Präparat in kleinen fest geschlossenen Kapseln bewahre, welche wiederum in einem grösseren Glasgehäuse sich befanden. Jedenfalls liegt aber in dieser Thatsache für den Apotheker die Warnung, keinen grösseren Vorrath des Präparates auf Lager zu halten.

Zur Kenntniss der pharmakologischen und therapeutischen Eigenschaften der Methyltrihydrooxychinolincarbonsäure.

Mittheilungen aus dem Institut für experimentelle Pharmakologie in Bern

von

Prof. R. Demme in Bern.

Die Orthooxychinolincarbonsäure wurde zuerst von Schmitt und Engelmann[1]) durch Erhitzen von Orthooxychinolinkalium mit flüssiger Kohlensäure dargestellt.

Lippmann und Fleissner[2]) erhielten eine mit dieser Säure isomere Verbindung durch Kochen einer alkoholischen Kalilösung mit Orthooxychinolin und Tetrachlorkohlenstoff.

Die Orthooxychinolincarbonsäure hat die Formel

$$C_{10}H_7NO_3 = C_9H_5N.(OH).(CO_2H).$$

Sie ist krystallinisch, in Wasser schwer löslich und giebt mit Mineralsäuren leicht lösliche krystallinische Salze. Sie passirt den Organismus unverändert und wurde von Nencki aus dem Menschen- und Hundeharn isolirt.

Durch nascirenden Wasserstoff in saurer Lösung geht diese Säure glatt in die Tetrahydrooxychinolincarbonsäure über, nach der Gleichung:

$$C_{10}H_7NO_3 + H_4 = C_{10}H_{11}NO_3.$$

Die Hydrosäure schmilzt unter Zersetzung bei 265° C. Sie ist in Wasser und Weingeist schwer, in Aether, Chloroform und Benzol gar nicht löslich. Die wässrige Lösung reagirt deutlich sauer. Die Hydrosäure giebt mit Mineralsäuren in Wasser lösliche Salze.

Durch Behandeln der Hydrosäure mit Jodmethyl wird das jodwasserstoffsaure Salz der Methyltrihydrooxychinolincarbonsäure dargestellt, nach der Formel:

$$C_{10}H_{11}NO_3 + JCH_3 = C_{10}H_{10}(CH_3)NO_3 + JH.$$

[1]) Schmitt und Engelmann, Berliner chem. Berichte Bd. 20, S. 1217.

[2]) ibidem Bd. 19, S. 2467, und Monatshefte für Chemie 1887, S. 311 (Juniheft).

Diese schön krystallisirende Säure verbindet sich ebenfalls mit Mineralsäuren zu leicht löslichen Salzen. In analoger Weise wird durch Behandeln der Hydrosäure mit Jodaethyl das Jodhydrat der Aethyltrihydrooxychinolincarbonsäure bereitet:

$$C_{10}H_{11}NO_3 + JC_2H_5 = C_{10}H_{10}(C_2H_5)NO_3 . JH.$$

Sowohl die Tetrahydrooxychinolincarbonsäure als die Methyltrihydrooxychinolincarbonsäure wurde mir von meinem verehrten Collegen Herrn Prof. v. Nencki zur pharmakologischen und therapeutischen Untersuchung und Prüfung übergeben. Nur die mit dem letztgenannten Präparate vorgenommenen Untersuchungen konnten bis jetzt so weit durchgeführt werden, dass eine vorläufige Mittheilung hierüber nicht unstatthaft erscheinen und vielleicht Veranlassung dazu werden dürfte, dass auch von anderer Seite die betreffenden Beobachtungen der Controle und Ergänzung unterzogen werden.

Die Betrachtung der Structurformeln des Thallin als Tetrahydrooxymethylchinolin und der Trihydrooxymethylchinolincarbonsäure ergiebt die nahen Beziehungen zwischen beiden Körpern: Thallin = Tetrahydrochinanisol oder Tetrahydrooxymethylchinolin = $C_9H_{10}(OCH_3)N$, aus Parachinanisol

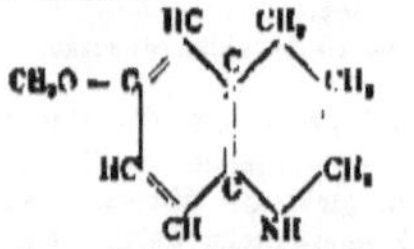

Trihydrooxymethylchinolincarbonsäure = $C_6H_2(OH) - (CH_2H) . (NCH_3)$

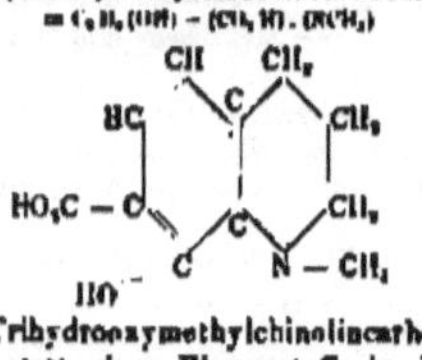

Die Trihydrooxymethylchinolincarbonsäure enthält statt eines Wasserstoffs im Benzolkern ein Carboxyl. Ausserdem ist in ihr das Methyl an Stickstoff gebunden, während es im Thallin den hydroxylischen Wasserstoff ersetzt.

Die Methyltrihydrooxychinolincarbonsäure lässt sich ihrer sehr geringen Löslichkeit in Wasser wegen, „als solche“ für die betreffenden Untersuchungen nicht anwenden. Es ist deshalb von uns ihre Ueberführung in das weit leichter lösliche Natronsalz gewählt worden, und beziehen sich somit unsere sämmtlichen hier in Frage kommenden Experimente und therapeutischen Beobachtungen auf diese Natronverbindung. Zur Verwandlung in das Natriumsalz bedürfen 3,06 g der Säure 1 g gebrannter Soda. Unter Erwärmung bis auf 20 bis 25° C. lassen sich von diesem Natronsalze bis 50 procentige wässrige Lösungen herstellen, welche sich bei langsamem Erkalten als haltbar erweisen. In wässriger Lösung nimmt das weisse, leicht glänzende, einen kaum merkbaren gelblichen Schimmer besitzende Salz sofort eine dunkelbraune Färbung an, welche der Wirksamkeit des Präparats keinen Eintrag thut.

Die pharmakologischen Experimente wurden an Fröschen und Kaninchen angestellt und berücksichtigten zunächst die Einwirkung des Präparats auf die Nervencentren und den Circulationsapparat. Gleichzeitig wurde dabei das Verhalten der Eigenwärme sowohl bei länger fortgesetzten kleineren als bei grösseren rasch toxisch wirkenden Gaben controlirt. Die Einverleibung der Substanz geschah sowohl durch subcutane Injectionen, als, bei Warmblütern, durch Einspritzung der Lösung in den Magen mit Hülfe der Schlundsonde. Es scheiden sich diese Versuche in solche rascher und langsamer Vergiftung. Ausserdem wurde noch eine Reihe kymographischer Aufnahmen an Kaninchen und Herz-Durchspülungsversuche[1]) an Fröschen mit dem Kronecker'schen Froschherzmanometer mit Perfusionscanüle vorgenommen.

Es ergiebt sich aus diesen experimentellen Untersuchungen, dass die uns beschäftigende, der Benzolgruppe zugehörende Substanz, den mit ihr verwandten Körpern dieser Gruppe entsprechend, ebenfalls die Wirkung der Protoplasmagifte entfaltet.

Es äussert sich dieselbe bei Kaltblütern zunächst durch sofortige Abnahme und baldiges vollständiges Schwinden der Erregbarkeit der Muskelsubstanz bei directer Einspritzung in dieselbe. Unmittelbar vorher erfolgen lebhafte fibrilläre Zuckungen in der injicirten Musculatur.

Bei subcutaner Injection einer 50procentigen Lösung in die Nähe der Lymphherzen stellt sich am aufgebundenen Frosch mit blossgelegtem Herzen, auf eine einmalige Einverleibung von 1.0 der Substanz, nach 5 Minuten eine deutliche Zunahme der Energie der Kammersystole ein. Die diastolische Phase erscheint dabei vollständiger ausgeprägt, an den Beginn der Digitaliswirkung erinnernd. Auf die anfangs etwas frequenteren

[1]) Dieselben wurden von Herrn Küpfer, pract. Arzt, im hiesigen pharmakologischen Institute ausgeführt und werden von ihm demnächst als Dissertation veröffentlicht werden.

Herzcontractionen folgt bald eine Verlangsamung derselben um 6 bis 8 Zusammenziehungen in der Minute. 10 bis 15 Minuten nach der Einspritzung stellen sich kurze tetanische Krämpfe in den Extremitätenmuskeln ein. Nach ferneren 5 Minuten beginnen die Erscheinungen von Herzlähmung, peristaltische Contractionen der Kammermusculatur, Unregelmässigkeit der Folge der Contractionen und rasche Abnahme der Frequenz derselben. 50 bis 60 Minuten nach der Einspritzung, ausnahmsweise später, erfolgt der Stillstand des Herzens in Diastole.

Einmalige Gaben von 0,1 bis 0,3 der Substanz bleiben ohne ausgesprochene Wirkung auf das Befinden der Frösche. Die letale Einzelgabe beginnt bei 0,5; bei 1,0 sind die einzelnen Phasen der letal toxischen Wirkung am deutlichsten ausgesprochen.

Bei langsamer Vergiftung, beispielsweise alle 5 bis 10 Minuten stattfindenden Einspritzungen von 0,1 der Substanz, stellt sich die der Herzlähmung angehörende Symptomenreihe erst nach der Einverleibung von 1,5 bis 2,0 des Präparates ein. Nach der Aufnahme von 0,8 bis 1,2 desselben werden mit den Erscheinungen der Blutdrucksteigerung tetanische, zeitweise ebenfalls klonische Muskelkrämpfe beobachtet.

Bei den Durchspülungsversuchen unter Anwendung des Kronecker'schen Froschherzmanometers lässt sich, entsprechend den obigen Angaben, als Anfangswirkung einer einprocentigen Beimischung der Substanz zu dem das Herz durchströmenden Blute eine wesentliche Erhöhung des Blutdrucks bei stärkerer Füllung des arteriellen Gefässsystems constatiren. Die nach einer 4 bis 6 Minuten dauernden Einwirkung des vergifteten Blutes auftretenden Erscheinungen von Lähmung des Herzmuskels gleichen sich auf das erstmalige auswaschende Nachströmen unvergifteten Blutes nach 40 bis 60 Secunden wieder vollständig aus. Nach einer Wiederholung der vergiftenden Perfusion erfolgt jedoch sehr rasch der nicht mehr aufzuhebende Stillstand des Herzens in Diastole.

Das bei allen diesen Versuchen beobachtete Steigen des Blutdrucks, sowie die, hauptsächlich tetanischen Krampferscheinungen werden wohl am richtigsten als eine der späteren Lähmung vorhergehende Reizung der vaso- und musculo-motorischen Centren gedeutet.

Bei Warmblütern, so bei Kaninchen, tritt auf die subcutane Einspritzung von 1,0 bis 1,5 der Substanz in Lösung, nach Verlauf von 8 bis 10 Minuten, ein Steigen des Blutdrucks um 25 bis 30 Mm. Hg. ein. Dabei wird der anfangs frequentere Puls allmählich um 10 bis 12 Schläge in der Minute verlangsamt. Die Athmung erleidet keine Störung. Werden mit Unterbrechung von 5 Minuten je 0,25 der Substanz nachgespritzt, so stellen sich auf eine Gesammtgabe von 2,5 bis 3,0 fibrilläre Muskelzuckungen in den Extremitäten und bald nachher allgemeine tetanische Paroxysmen ein. Auf eine weitere Einverleibung von 0,5 bis 1,0 des Präparates, somit auf eine Gesammtdosis von 3,5 bis 4,0 erfolgt ca. 30 bis 40 Minuten nach Beginn des Versuches, beziehungsweise der ersten Einspritzung, rasches Sinken des Blutdruckes, unregelmässige flatternde Herzthätigkeit, Dyspnoe, Cyanose und Stillstand des Herzens in Diastole. Dem diastolischen Herzstillstand geht meist eine, während einiger Secunden anhaltende, krampfhafte systolische Contraction der Ventrikelmusculatur voraus. Kurz vor dem Tod treten häufig noch allgemeine klonische und tetanische, hier wahrscheinlich durch die Kohlensäure-Intoxication bedingte Muskelkrämpfe ein. Während der nächsten dem Herzstillstande folgenden 5 bis 10 Minuten lassen sich in der gesammten Herzmusculatur noch flimmernde, fibrilläre Zuckungen constatiren.

Am curarisirten, künstlich athmenden Thiere erfolgen dieselben, das anfängliche Steigen des Blutdruckes betreffenden Wirkungen. Es muss somit als Ursache derselben, bei Ausschaltung des mechanischen Einflusses der Muskelcontractionen, die initiale Reizung der vasomotorischen Centren angeschuldigt werden.

In gleicher Weise sind die zur Zeit der Blutdrucksteigerung auftretenden tetanischen Muskelkrämpfe als initiale Reizung des centralen Nervensystemes, beziehungsweise der musculomotorischen Centren aufzufassen. Für die centrale Bedingung der genannten Reizerscheinungen spricht das Ausbleiben derselben nach Durchschneidung des Halsmarkes.

Bei intravenöser Injection macht sich dieselbe Reihe von Erscheinungen nur in gedrängterer Folge geltend. Bei einem 2 kg schweren Kaninchen, bei welchem je nach 5 Minuten 0,5 der Substanz in 20procentiger Lösung in die Jugularvene injicirt werden, hebt sich nach Einverleibung von 1,5 der Blutdruck um 30 bis 35 Mm. Hg. und treten die ersten tetanischen Muskelkrämpfe auf. Nach einer Gesammtgabe von 2,0 erfolgt rapides Sinken des Blutdrucks und ohne erneutes Auftreten von Muskelkrämpfen sofortiger Stillstand des Herzens in Diastole.

Werden einem 1,0 kg schweren Kaninchen 4,0 g der Substanz in 20procentiger

Lösung, als Einzelgabe in den Magen einverleibt, so stellt sich nach 3 bis 5 Minuten rasches und erhebliches Ansteigen des Blutdrucks, gleichzeitig oder kurz nachher der Ausbruch tetanischer Paroxysmen und 3 bis 5 Minuten später, somit etwa 10 Minuten nach der Aufnahme des Präparates Lähmung des Herzens ein. Bei innerlicher Einverleibung dürfen somit 4,0 g der Methyltrihydrooxychinolincarbonsäure für 1 kg Kaninchen als sehr rasch wirkende letale Gabe bezeichnet werden. Während die Qualität der Wirkung dieses Arzneikörpers auf Kalt- und Warmblüter als identisch bezeichnet werden muss, erfolgt dagegen die toxische Einwirkung desselben auf den Warmblüter schon bei einer verhältnissmässig sehr viel geringeren Gabe.

Bei allen unseren bei gesunden Warmblütern angestellten, hier in kurzem Referate mitgetheilten Versuchen liess sich, mit Ausnahme des raschen Sinkens der Körpertemperatur zur Zeit der dem Tode vorhergehenden Collapserscheinungen, keine Einwirkung auf das Verhalten der Eigenwärme constatiren.

Die antifermentative und antibacterielle Wirkung der uns beschäftigenden Substanz ist eine nur mässige. So vermag erst ein Zusatz von 3,0 zu 100 ccm Harn die alkalische Gährung für 6 bis 7 Tage hintanzuhalten. Die selbständige Bewegung der Spirillen und Bacillen eines Heuinfuses wird erst in einer 2procentigen Lösung unserer Substanz aufgehoben.

Die bei Besprechung der chemischen Zusammensetzung des uns beschäftigenden Körpers erwähnte nahe Verwandtschaft mit dem Tetrahydrooxymethylchinolin oder Thallin liess eine antipyretische Wirkung auch der Trihydrooxymethylchinolincarbonsäure vermuthen. Wir unterzogen deshalb, gestützt auf die eben dargelegten Resultate der pharmakologischen Untersuchung, die erwähnte Natronverbindung der Säure, soweit der uns zu Gebote stehende Krankenstand hierzu Veranlassung bot, rücksichtlich der möglichen antipyretischen Wirkung, einer therapeutischen Prüfung. Vor der klinischen Anwendung des Präparates controlirte ich an mir selbst seine Einwirkung auf den menschlichen gesunden Organismus, und zwar mit Bezug auf möglicher Weise seitens der Verdauungsorgane sich äussernde Erscheinungen, sowie allfällig auftretende Störungen in der Function der Nervencentren, der Circulationsorgane u. s. w.

Zwei innerhalb einer Stunde in einem halben Glase Wasser genommene Einzelgaben von 1,0 g blieben ohne Wirkung; ebenso verhielten sich zwei innerhalb desselben Zeitraums am folgenden Tage einverleibte Einzelgaben von je 2,0 g. Eine am dritten Tage genommene Einzelgabe von 3,0 rief etwas Uebelkeit, sowie wiederholtes Aufstossen des mit dem Präparate vermengten Mageninhaltes hervor. Diese Erscheinungen schwanden übrigens schon 2 bis 3 Stunden nach dem Einnehmen. Dagegen stellte sich nachmals eine auffallende Abgeschlagenheit und Müdigkeit ein; erst nach 3 bis 4 Stunden kehrte das frühere Wohlbefinden wieder. Halbstündlich vorgenommene Temperaturmessungen liessen keine irgendwie bemerkenswerthe Einwirkung auf den Stand der Eigenwärme erkennen.

(Schluss folgt.)

Aus dem pharmakologischen Institute des Prof. Kobert zu Dorpat.

Zur pharmakologisch-experimentellen Untersuchung des Naphtols und der β-Oxynaphtoësäure.

Original-Bericht von
G. Willenz.

(Fortsetzung von S. 21.)

11. Die Hunde vertragen recht grosse Dosen des reinen β-Naphtols sogar bei subcutaner Application; dabei habe ich weder Nephritis noch Haemoglobinurie oder Albuminurie auch nicht einmal bei ziemlich grossen (subcutanen) Dosen constatiren können. Die Thiere wurden benommen, ihre Temperatur ging nach einigen Tagen stark in die Höhe, aber später erholten sie sich völlig. Die Temperatursteigerung in diesen Fällen möchte ich hauptsächlich auf örtliche Affectionen zurückführen. Sie gehört also nicht zum eigentlichen Wirkungsbilde.

12. Nach subcutaner Application des Naphtolum crudum in recht grossen Dosen (bis 0,4 pro kg Körpergewicht) konnte ich bei Hunden Eiweis im Harne, so wie Symptome einer Nierenentzündung finden, aber auch hier meistentheils nur kurz vor dem Tode.

13. Bei stomachalen Gaben scheinen die Hunde weniger benommen zu werden und die Intoxicationserscheinungen treten nicht in so intensiver Weise auf, wie es bei denselben subcutan applicirten Gaben der Fall ist; dies lässt sich zum Theil durch die gesteigerte Peristaltik resp. Antiperistaltik (heftiger Durchfall und Erbrechen) erklären, dabei wird eine recht grosse Portion des noch nicht resorbirten Naphtols mit dem

Koth resp. dem Erbrochenen aus dem Thierkörper eliminirt.

14. Bei allen Thieren bemerkt man schon nach mässigen stomachalen Gaben heftigen Durchfall, dabei gehen gewöhnlich die todten oder wenigstens stark betäubten Band- resp. Spul-Würmer, zuweilen in gehöriger Quantität, ab; daher könnte man das Naphtol als Anthelminthicum versuchen.

15. Das Naphtol besitzt eine grosse antiseptische, resp. antiputride und desodorisirende Kraft.

16. Die von Kaposi schon längst hervorgehobenen antiscabiösen Eigenschaften des Naphtols konnte ich bei Versuchen an räudigen Hunden bestätigen. Es verdient das Naphtol bei Scabies eine grössere Verbreitung, da die toxischen Eigenschaften desselben übertrieben sind. Man kann das Mittel jedenfalls gut brauchen, wofern nur auf den Harn einige Aufmerksamkeit gerichtet wird.

17. Bei der epidermatischen Application ist Zusatz von Alkalien zu vermeiden, da die letzteren seine Wirkung scheinbar abschwächen.

Um ein recht genaues Bild der toxischen Wirkung des Naphtolum crudum, sowie des β-Naphtols zu bekommen, sei es mir gestattet, einige Versuchsprotocolle mit recht grossen Dosen in extenso anzuführen, da ich den Lesern das Nachschlagen im russischen Original nicht zumuthen möchte.

Einem ca. 2½ Monate alten, 70 kg schweren Füllen wurden um 4 U. 30 M. 35,00 Naphtoli crudi in concentrirter öliger Lösung subcutan injicirt. Vor der Injection die Temperatur 40,0° C. Nach 2 Stunden bemerkte ich heftiges Niesen und Anfälle eines starken Hustens. Um 6 U. 30 M. die Temperatur 39,6° C. Um 8 U. 30 M. 39,4° C. In der Nacht sind vielleicht noch andere Intoxications-Erscheinungen aufgetreten, die leider nicht beobachtet wurden. Um 8 Uhr am nächsten Morgen wurde das Thier todt gefunden. Die Todtenstarre stark ausgesprochen, obgleich die Leiche noch ganz warm war. Aus der Nase fliesst eine dunkel roth-braune, schaumige Flüssigkeit heraus. An den Injectionsstellen eine ziemliche Menge des noch nicht resorbirten Naphtols. Im Herzbeutel blutiges Transsudat. Das diastolisch erweiterte Herz mit flüssigem Blute und Blutgerinnsel prall gefüllt. In der Luftröhre, so wie in den Bronchien eine rothbraune schaumige Flüssigkeit. Die Lungen an mehreren Stellen luftleer von fester Consistenz (rothe Hepatisation[1]). Die Nieren von dunkel roth-brauner Farbe. Die Rindensubstanz geht ohne scharfe Grenzen in die Marksubstanz über. Die Kapsel lässt sich leicht abziehen. Die Nieren sind ganz mürbe, so dass das Gewebe leicht einreisst. Das Epithel der Harncanälchen getrübt, granulirt, theilweise abgehoben. Die Tubuli recti und contorti mit theils in Zerfall begriffenen rothen und weissen Blutkörperchen, auch mit Detritus infiltrirt. Die Harnblase mit Blutgerinnsel enthaltendem, roth-braunem Harne mässig gefüllt, in welchem Blasen- und Nierenbecken-Epithelien, rothe Blutkörperchen, auch Harncylinder in grösserer Menge zu finden sind. Bei Spectral-Analyse des stark verdünnten Harnes waren ganz deutlich zwei Absorptions-Streifen des Oxyhaemoglobins zu sehen. Der Harn war stark eiweisshaltig. Das Thier ging aber offenbar nicht an den Nierenveränderungen, sondern an Lungenoedem zu Grunde. Die Dosis betrug pro kg 0,5 Naphtol; die minimale tödtliche ist entschieden noch kleiner.

Einer mittel-grossen Katze wurden um 11 U. 15 M. 0,46 Naphtoli crudi subcutan injicirt. Die Temperatur vor der Injection 39,8° C. Nach 30 Minuten bemerkte ich Speichelfluss, etwas später ist noch heftiges Niesen und Hüsteln zugekommen. Nach einer Stunde beschleunigte oberflächliche Athmung, Schnarchen, Unruhe und Schwäche. Nach 2 Stunden ist die Katze nicht mehr im Stande sich auf den Beinen zu erhalten. Fibrilläre Zuckungen, die allmählich in allgemeine Krämpfe übergingen. Um 12 U. 30 M. Temperatur 38,3° C. Die Krämpfe dauerten bis zum Tode, der um 5 U. 15 M. bei starker Erweiterung der Pupillen erfolgte. Die Herzthätigkeit war schon 2½ Stunden vor dem Tode stark gesunken, der Puls drahtförmig, kaum fühlbar. Das Thier ging an Asphyxie zu Grunde, aber das Herz machte noch einige Minuten nach dem letzten Athemzug schwach pulsirende Bewegungen, sogar bei geöffnetem Thorax. Bei der Section waren die Haupt-Veränderungen in den Nieren zu finden: dieselben waren von dunkel rothbrauner Farbe, die Marksubstanz geht ohne scharfe Grenzen in die Rindensubstanz über. Die Nierenkapsel lässt sich leicht abheben. Das Epithel der Harncanälchen ist trübe, theilweise abgelöst. In der Harnblase rothbrauner Harn, der eine ziemliche Menge Eiweiss enthielt. Bei spectroskopischer Untersuchung waren die Oxyhaemoglobinstreifen deutlich zu sehen.

Einem 30 kg schweren Hunde wurden am 15. VI. um 11 U. 30 M. 8,50 Naphtoli crudi in concentrirter öliger Lösung subcutan injicirt. Vor der Injection war die Tempe-

[1]) Sie sind von roth-brauner Farbe, nur hier und da findet man kleine Inseln von normaler rosa-rother Farbe. Beim Einschnitt fliesst hier und da roth-braune, schaumige Flüssigkeit ab.

ratur 39,9° C. Nach einer bis 1½ Stunden traten die ersten Intoxications-Erscheinungen auf, namentlich Salivation, Niesen, Thränen, Schnarchen, Würgen und Erbrechen mit schaumigen Massen. Das Thier ist ganz schwach. Die Anfälle von Niesen waren so heftig, dass die ganze Nase blutig wurde. Die Pupillen stark erweitert. Durchfall. Um 3 U. 30 M. die Temperatur 39,6° C. Ziemlich guter und starker Durst. Um 10 Uhr die Temperatur 40,9° C.

16. VI. Um 10 Uhr war die Temperatur 40,1° C., um 6 Uhr 40,1° C. Die Anfälle von Niesen und Hüsteln wiederholten sich einigemal, aber in verhältnissmässig schwacher Form. Das Thier ist viel munterer, frisst gut.

17. VI. Um 5 Uhr die Temperatur 39,4° C. Es wurden wieder 9,00 Naphtoli crudi subcutan injicirt. In einer Stunde traten neue Intoxications-Erscheinungen auf, die sich durch Nichts von denen nach der ersten Injection unterschieden. Das Thier ist aber ganz schwach. Beschwerte, beschleunigte, schnarchende und oberflächliche Athmung. Durchfall. Um 7 Uhr war die Temperatur 38,6° C. Um 8 Uhr 38,3° C. Das Thier frisst so gut wie gar nicht; heftiger Durst. Um 10 Uhr die Temperatur 38,3° C. Die Intoxications-Erscheinungen wiederholen sich von Zeit zu Zeit.

18. VI. Um 10 Uhr die Temperatur 38,9° C. Durchfall. Im Kothe reichliche Proglottiden.

19. VI. Um 10 Uhr die Temperatur 39,8° C. Das Thier ist munterer. Um 6 Uhr die Temperatur 40,3° C.

20. VI. Um 10 Uhr die Temperatur 40,1° C. Um 6 Uhr 40,4° C.

21. VI. Um 11 Uhr wurden wieder 15,00 Naphtoli crudi subcutan injicirt. Vor der Injection war die Temperatur 39,5° C. Das Thier ist ganz munter, frisst gut, Kothentleerung normal. Der Harn ist aber von olivbrauner Farbe, sehr concentrirt, eiweisshaltig. Das Thier äussert aber keine Schmerzen. Von Haemoglobin war im Harne keine Spur zu finden. Nach einer Stunde traten wieder Intoxications-Erscheinungen ein, die aber nichts Neues boten. Um 12 U. 15 M. die Temperatur 38,9° C. Um 4 U. 38,7° C. Starker Durchfall. Im Kothe waren ganze Bandwürmer zu finden (bei subcutaner Anwendung des Mittels!). Heftiger Durst, aber keine Fresslust.

23. VI. Um 9 U. 30 M. die Temperatur 39,1° C. Die Athmung sehr beschwert, oberflächlich und beschleunigt. Die Nasenlöcher ganz verklebt. Immer Durchfall, kein Appetit zum Fressen. Um 1 U. 30 M. war die Temperatur 39,2° C. Appetitlosigkeit. Die Kothentleerungen sind noch immer dünnflüssig. Im oliv-farbigen trüben Harne, der eine ziemliche Quantität Eiweiss enthielt, konnte man das Naphtolum nachweisen (mittelst Salpetersäure). Um 4 U. 45 M. die Temperatur 39,1° C.; heftiger Durst. Beschwerte und schnarchende Athmung.

24. VI. Um 10 U. die Temperatur 39,3° C. Das Thier frisst sehr wenig, ist wählerisch. Um 6 U. die Temperatur 39,4° C.

25. VI. Um 9 U. war die Temperatur 39,6° C. Der Koth von normaler Consistenz. Guter Appetit. Der Harn von oliv-brauner Farbe mit einem specifischen Geruch, eiweissreich. Um 12 U. die Temperatur 39,6° C. Um 6 U. 39,5° C. Das Thier ist ganz munter. Der Harn ist fast klar, von gelber Farbe mit einem Stich ins Grüne. Um 12 U. die Temperatur 39° C. Es wurden 15,00 Naphtoli crudi subcutan injicirt. Um 2 U. 30 M. die Temperatur 38,2° C. Das Thier ist ganz schwach, stöhnt, schnarcht; von Zeit zu Zeit tritt das charakteristische Würgen und Niesen auf, die Athmung ist sehr beschwert. Um 3 U. liegt das Thier bewusstlos mit geschlossenen Augen. Es reagirt nicht auf Schläge, Stiche und andere kräftige Reizungen, bellt aber zuweilen, wahrscheinlich, wenn es zur Besinnung kommt. Um 3 U. 30 M. Temperatur 37,8° C. Um 4 U. 15 M. 37,6° C. Um 4 U. 15 M. 37,3° C. Um 5 U. 45 M. 36,9° C. Um 6 U. Harnentleerung. Derselbe ist von dunkel olivbrauner Farbe; ich konnte darin Naphtol nachweisen. Beim Zusatz einiger Tropfen concentrirter Salpetersäure trat eine schmutzig smaragd-grüne Färbung auf. Beim reichlicheren Zusatz der Salpetersäure und nachherigem Erwärmen färbte sich der Harn braunroth. Der Harn ist sehr eiweissreich, aber ich konnte keine Spur von Haemoglobin bei spectroskopischer Untersuchung darin nachweisen. Der Tod erfolgte um 8 Uhr. Besondere Erscheinungen vor dem Tode waren nicht vorhanden.

Bei der Section, die bald nach dem Tode vorgenommen war, fand ich in der linken Leistengegend, in der Nähe der ersten Injections-Stellen Eiter-Ansammlung. Die Eiterhöhle reicht in die linke Glutaeal-Gegend. Der Eiter hat keinen üblen Geruch. Die Abscess-Wandungen bestehen aus stark verdicktem Bindegewebe. Stellenweise findet man chocoladen-farbige blutige Suffusionen. An den letzten Injections-Stellen reichliche Menge des noch nicht resorbirten Naphtols. Die Lymphdrüsen sind stark geschwollen. Die Nieren von gelb-braunrother Farbe sind ganz mürbe. Die Capsel lässt sich leicht ablösen. Das Epithel der Harncanälchen ist getrübt, theilweise abgehoben, mit weissen und rothen Blutkörperchen in verschiedenen Stadien des Zerfalls infiltrirt. Das rechte Herz mit flüssigem Blute, sowie mit schwarz-rothen weichen Blutgerinnseln überfüllt. Die Valvula tricuspidalis verdickt, sulzig-fibrinös infiltrirt. Die Schleimhaut der Luftröhre und der Bronchien entzündet. Die Lungen hyperämisch. Die Schleimhaut des Magens von rothbrauner Farbe, stark verdickt, mit zähem Schleime bedeckt. Die Blase colossal erweitert. Im Harne konnte ich mittelst Salpetersäure das Naphtol nachweisen. Der Harn ist von dunkel-olivbrauner Farbe, eiweissreich, enthält aber weder Harncylinder, noch die geringsten Spuren von Haemoglobin. Ich versuchte auch nach der Methode von Nencki und Lésnik das Naphtol im Harne nachzuweisen, es gelang mir aber in diesem Falle nicht die farblosen Krystalle der Naphtol-Glykuronsäure zu bekommen; deshalb bekam ich auch bei Zusatz von concentrirter Schwefelsäure keine blau-grüne, sondern eine schmutzig braun-bläuliche Färbung. Das Thier ging scheinbar an Athemlähmung zu Grunde, jedenfalls nicht an Nierenaffection, da dieselbe sehr wenig ausgesprochen war. In Folge lang dauernder Resorption der öligen Naphtollösungen haben die angewandten Dosen nur eine relative Bedeutung.

(Schluss folgt.)

Ueber die Behandlung der Gonorrhoe mittelst der Thallin-Antrophore.

Von

Dr. Nachtigal in Stuttgart.

Schon seit einer längeren Reihe von Jahren behandle ich sämmtliche Harnröhrentripper grundsätzlich im Anfang stets mit löslichen Bougies und habe damit theils ganz gute, theils schlechte Erfahrungen gemacht. Die Bougies hatten je nach Art des Falles und je nach der herrschenden Modetheorie verschiedene Zusammensetzung: Tannin, Zink, Blei, Silbersalpeter, Carbol, Jodoform etc. und wurden entweder aus Cacaobutter oder Glycerin, Wachs, Pflanzenbalsam u. a. hergestellt. Die Theorie einen Tripper mit löslichen Bougies heilen zu können, ist ja gewiss nicht neu und wurde in letzter Zeit auch von Thompson, Dittel, Schuster, Fürbringer u. A. wiederholt wieder in Anregung gebracht. Dennoch war diese Behandlung nicht in allen Fällen zuverlässig, und ich habe bei einzelnen Kranken schliesslich nach vergeblicher Bougiebehandlung zu den üblichen Einspritzungen zurückgreifen müssen, in der Privatpraxis ein sehr unangenehmes Ding. Kreis' Untersuchungen über das Verhalten der Gonococcen zu Thallinsalzen, speciell dem Thallin. sulf. (Schw. Corr. Bl. No. 1. 87), legte mir den Gedanken nahe, mir nun Bougies mit diesem neuesten Specificum machen zu lassen und Goll's damit gemachte Erfahrungen nachzuprüfen. Ebenso habe ich die neuerdings von Apotheker Stephan in Treuen-Sachsen in den Handel gebrachten Antrophore mit Thallin sogleich in Gebrauch gezogen und einer Prüfung unterworfen. Der Antrophor ist ein Arzneimittelträger und besteht aus einer vernickelten, ausserordentlich fein gearbeiteten biegsamen Spirale, welche gleichsam als Seele das mit Gelatine und Glycerin zu einer Pasta geformte Arzneimittel trägt. Diese Masse ist bei gewöhnlicher Temperatur fest, wird aber in der Blutwärme flüssig. Auf der Thatsache, dass eine in die Harnröhre eingespritzte Flüssigkeit nur in selteneren Fällen die hinteren Parthien der Harnröhre erreicht und jedenfalls ziemlich schnell wieder abfliesst, beruht der Vorzug des Antrophors. Die Zeit der völligen Abschmelzung dauert doch immerhin 8—10 Minuten, während welcher ein reichlicher Theil des betr. Medicamentes resorbirt werden kann. Dadurch aber, dass die Seele des Instrumentes in gewissem Sinne fest ist und dasselbe gleich einer Sonde sich dirigiren und handhaben lässt, kann man das Medicament auch wirklich bis zu den für Injectionsflüssigkeiten sonst schwerer zu erreichenden Theilen der Harnröhre bringen. Zwar hat sich im Allgemeinen Kraus über den Werth des Antrophors schon ausgesprochen (Wiener Allg. Med. Ztg. No. 36. 87), doch dürfte grade eine vergleichende Gegenüberstellung der Behandlungsarten der Gonorrhoe mit den verschiedenen löslichen Bougies noch von Interesse für den Practiker sein und ihn vor unnöthigen, Zeit und Renommée kostenden Experimenten bewahren.

Ich stelle zu diesem Zweck nur 10 markante Fälle aus der Reihe meiner Tripperkranken einander gegenüber, welche mit Bougies behandelt wurden und bei denen sich folgendes Resultat ergab:

	Meine früheren Bougies	Thallin-Bougies	Thallin-Antrophore
Summe der Applicationen	50	40	20
Und zwar mässiglich per Tag	5	3	3
Dauer der Krankheit	4 Wochen	3–4 W.	2 W.
Misserfolg	1	—	—

Es spricht somit für die Behandlung mit dem Thallin-Antrophore: die geringe Anfangs- wie die Gesammtsumme der Applicationen, die kürzere Dauer der Krankheit und die Sicherheit der Methode. Dies günstige Resultat beruht einestheils auf der specifischen Wirkung des Thallinsulfats auf die Gonococcen, zum andern Theil auf der sichern Handhabung des Antrophors, der, weich und biegsam, sich gut und genügend weit einführen lässt, ohne jemals abzubrechen und dann einen gleichmässigen Druck (je nach dem Durchmesser desselben) auf die Wandung der Harnröhre ausübt. Dadurch wird bewirkt, dass sich die Falten der Schleimhaut vollkommen ebnen und glätten und das Medicament wirklich zu dem Brutherd der Coccen gelangen und einwirken kann. Ich bin überzeugt, dass ein rationelleres Verfahren durch keines der früheren löslichen Bougies erreicht wurde und glaube, dass weitere Versuche mit dem Antrophor meine Angaben bestätigen werden.

Die Anwendung des Antrophors bei Fistelgängen, sinuösen Kanälen in der Chirurgie, sowie für Applicationen im Cervicalkanal in der Gynäkologie dürfte analog dieselben günstigen Resultate ergeben und wird dem Instrumentchen wohl einen dauernden Platz in unserm therapeutischen Armamentarium sichern.

Neuere Arzneimittel.

Weiteres über Cornutin.

Von

Dr. A. Langgaard.

In einem Artikel betitelt „die neuesten Untersuchungen über Mutterkorn" habe ich am Ende des vorigen Jahres in diesen Heften die Versuche von Kobert besprochen. Es sei mir heute verstattet einige Arbeiten, welche dasselbe Thema berühren, hier soweit zu erwähnen als sie zu jener Arbeit Ergänzungen bieten.

Kobert hatte behauptet, das Ergotinin von Tanret, welches von Frankreich aus für den enormen Preis von 2 Francs pro Milligramm den Aerzten angepriesen wird, sei ein werthloses und wirkungsloses Alkaloid, in so schönen Krystallen es auch gewonnen wird. K. hat sowohl die Originalkrystalle von Tanret als damit identische, auf seine Veranlassung von Gehe dargestellte untersucht und beide gleich wirkungslos gefunden. Unabhängig von ihm wurde dasselbe Alkaloid von Kronecker und Max Marckwald untersucht und dabei das Resultat gewonnen, dass „das Ergotinin weder zur Erzielung von Gebärmuttercontractionen noch als blutstillendes Mittel in irgend einer Weise zu gebrauchen ist". Wie Tanret angesichts solcher Resultate behaupten kann, es sei gar nicht der Mühe werth vom Cornutin zu reden, denn es sei ja nur ein Zersetzungsproduct des Ergotinins, ist vom pharmakotherapeutischen Standpunkte aus nicht zu verstehen.

Eine zweite uns hier interessirende Arbeit wurde von Lewitzky kürzlich in Petersburg der Kaiserl. Milit. Med. Academie vorgelegt. Das Resultat der sehr zahlreichen und anscheinend recht gründlichen Versuche, welche an warm- und kaltblütigen Thieren sowie an Menschen angestellt worden sind, ist ein für Kobert durchaus günstiges. Alle Symptome, welche Kobert an Thieren wahrnahm und auf die hier einzeln einzugehen uns zu fern liegt, sah auch Lewitzky eintreten. Die Krämpfe beruhen nach K. und L. auf einer Reizung des im Gehirn resp. in der Med. obl. gelegenen Krampfcentrums, sind also nicht etwa mit denen beim Strychnin gleichartig, wohl aber denen bei Pikrotoxin und Cicutoxin. Diese Krämpfe sind es, welche den convulsivischen Ergotismus bedingen und der von allen Beobachtern als der Epilepsie äusserst ähnlich beschrieben ist. Unabhängig von diesen werden durch kleine Dosen die Reflexcentren des Rückenmarks gereizt, durch grosse aber gelähmt. Dies fand sowohl K. als L. Unabhängig von diesen nervösen Vorgängen besteht eine Muskelsteifigkeit, die schon Kobert als veratrinartig bezeichnet hat. In der That zeigte sich die Zuckungscurve eines einzelnen Muskels selbst nach der Anwendung von Curare wie beim Veratrin enorm verlängert. — Bei ganz kleinen Dosen treten auffallende Reizerscheinungen des Vagus wie Pulsverlangsamung etc. ein, die Kobert schon ganz richtig erkannt hat. Ja er hat sogar in einem von Scheffer

Kaninchen durch Lähmung des Athemcentrums ein.

Der Blutdruck wird nach K. und nach L. ganz enorm gesteigert. Diese Steigerung hat, wie schon K. fand, keine peripherischen Ursachen, sondern besteht nach K. und nach L. auf Reizung des vasomotorischen Centrums; Rückenmarksdurchschneidung bringt sie daher sofort in Wegfall.

Bei Versuchen an schwangeren Thieren ergab sich, dass subcutane Injectionen von Cornutin im Beginne der Schwangerschaft keine ekbolische Wirkung ausüben; in der Mitte der Schwangerschaft trat eine solche zwar hervor, aber nur bei sehr grossen Dosen; am Ende der normalen Tragzeit jedoch genügten sehr kleine Dosen (3—6 mg) um Austreibung der Foeten zu bewirken. Dabei traten weder an Hunden, noch an Kaninchen, noch an Meerschweinchen Störungen der Gesundheit und des Wohlbefindens ein (soll wohl heissen der Mutterthiere, denn die Foeten waren wenigstens bei Kobert manchmal todt. Ref.).

Die Wirkungen des Alkaloides auf die Uteruscontractionen, welche Kobert nach der Methode eines Russen, des Kiew'er Prof. Georg Rein, untersucht hatte, prüfte Lewitzky nach der im Kronecker'schen Institute von Frommel und Jacob ausgebildeten Methode. Die Versuche wurden an Kaninchen 3—4 Tage, nachdem sie geworfen hatten oder an solchen, die durch Cornutin zum Abortiren veranlasst worden waren, gemacht. Nachdem L. zuerst die Curven der gewöhnlichen rythmischen Uteruscontractionen aufgezeichnet hatte, wurde den Thieren Cornutinum hydrochloricum injicirt. Schon nach 0,0005 g pro kg Thier liess sich nach 5—6 Min. eine deutliche Verstärkung der rythmischen Uteruscontractionen wahrnehmen. Nach der doppelten Dose wurden die rythmischen Uterusbewegungen sowohl energischer als auch zahlreicher, bei 0,002 g pro kg wurden sie an Intensität und Extensität so gesteigert, dass die Wellenpausen minimal wurden. Tetanus uteri wurde jedoch selbst bei noch grösseren Dosen nie beobachtet. Bekanntlich hat schon Kobert sich dafür ausgesprochen, dass das Cornutin nicht die Ursache des manchmal beim wirkungen des Cornutins auf den Uterus nur bei intactem Centralnervensystem zu Stande kommen". Es handelt sich eben um eine Reizung des im Lendenmark gelegenen Uteruscentrums, während das in der Substanz des Organs am Collum gelegene Centrum von Cornutin gar nicht beeinflusst wird.

Lewitzky hat sich nun mit diesen Thierversuchen nicht begnügt, sondern auch Menschen in den Bereich der Beobachtung gezogen. Bei dieser Versuchsreihe kommt L. zu dem Resultate, dass Cornutin in minimalen Dosen per os eingeführt (0,005—0,010) eins der sichersten Mittel zur Erregung der Uteruscontractionen sowohl des schwangeren Uterus intra partum, als auch des nicht schwangeren, aber durch chron. Metritis oder nach Abort noch vergrösserten Uterus ist. Bei Blutungen nach Abort und bei Menorrhagien in Folge von Metritis chronica wirkte das Mittel geradezu specifisch. Weitere und detaillirte Mittheilungen in einem gynaek. Fachblatt stellt L. in Aussicht. Er schliesst mit den Worten: „ich hoffe auf das Bestimmteste, dass die Kobert'schen Präparate weiterhin noch gründlicher und vollkommener untersucht werden. Schon jetzt wage ich zu behaupten, dass man durch Cornutin im Stande ist, die gebräuchlichen pharmaceutischen Präparate des Mutterkorns, die so unsicher und so sehr ungleichmässig wirken, zu ersetzen".

Diese Ungleichmässigkeit der Wirkung der officinellen Mutterkornpräparate hat Kobert ganz besonders betont. Graefe hat ihm zwar darin widersprochen; aber wie man sieht, tritt Lewitzky auf die Seite von Kobert.

Dasselbe that noch ein anderer Autor, Joseph Lazarski, welcher kürzlich eine auf jahrelangem Studium beruhende Arbeit über Mutterkorn veröffentlicht hat. Er behauptet darin, dass die grosse Unzuverlässigkeit der käuflichen Mutterkornpräparate daher rührt, dass die stärkste Wirksamkeit des Mutterkorns in die Zeit 4—5 Wochen vor der Ernte fällt und von da ab schnell abnimmt. Diese schnelle Zersetzlichkeit theilen nach ihm auch alle Ergotine. Wie Zweifel und Kobert, so behauptet auch Lazarski, dass man durch Ergotininjection am Frosch keine wirkliche Verengerung der Schwimmhautgefässe erzielen kann, sondern nur eine scheinbare, durch den Schmerz verursachte.

Die Sclerotinsäure, welche noch immer von zahllosen Gynaekologen als das die Uteruscontractionen Bedingende hingestellt wird, fand Lazarski wie Kobert absolut ohne Einfluss auf die Bewegungen des Uterus; dagegen sah er wie Kobert danach Herabsetzung des Blutdrucks.

Litteratur.

1. Joseph Lazarski: Ueber die Wirkung des Ergotins auf die Blutcirculation und auf den Uterus. Przegl. lek. 1885, No. 44—45. Polnisch.
2. Leonidas Lewitsky: Beiträge zur Pharmakologie des Cornutins. Inaug.-Dissert. 1887, Petersburg. Russisch.
3. Max Marckwald: Ueber die Wirkungen von Ergotin, Ergotinin und Sclerotinsäure etc. Du Bois-Arch. 1884, pag. 434.
4. Scheffer: Observation d'un cas d'ergotisme aigu. Gaz. méd. de Strasbourg, 1884, No. 11 pag. 130. Vgl. die Bemerkungen dazu in Kobert's Jahresber. der Pharmakotherapie pag. 284.

Therapeutische Mittheilungen aus Vereinen.

Berliner medicinische Gesellschaft.

(Sitzung am 11. Januar 1888.)

Herr L. Lewin: Ueber ein neues locales Anaestheticum.

Im Anfange vorigen Jahres erhielt Vortr. von der Firma Thomas Christy in London unter der Bezeichnung „Haya-Gift" eine kleine Menge angeblich aus Afrika stammender schwarzbrauner, amorpher und geformter Stücke, welche rinnenförmige, scharfkantige Eindrücke zeigten und nach dem in diesen Rinnen gefundenen Eisenoxyd wahrscheinlich an Pfeilen gehaftet hatten. Wässerige Lösungen des Giftes opalescirten und zeigten Glykosid- und Alkaloidreaction; auch gelang es L. geringe Mengen einer energisch wirkenden, stickstoffhaltigen Substanz von Glykosidnatur zu isoliren, welche nach Befeuchten mit concentrirter Schwefelsäure und vorsichtigem Erwärmen bis fast zur Trockne eine schöne, hell rosarothe Farbe lieferte. Nachrichten in alten Schriften, nach welchen im Nordwesten Afrikas ein Gift vorhanden sei, welches die Menschen empfindungslos mache, sowie die Angaben Livingstone's über ein Gift Ost-Afrikas, welches die Zunge taub und starr mache, veranlassten L. daraufhin gerichtete Versuche anzustellen. Derselbe fand, dass wässerige Lösungen des Giftes, Thieren in das Auge eingeträufelt, Anaesthesie desselben erzeugte, welche zwar später auftrat als nach Cocaïneinträufelungen, dafür aber längere Zeit, 8—10 Stunden, anhielt. Bei Fröschen erzeugte subcutane Injection des Giftes bedeutende Abnahme der Herzthätigkeit und Lähmung der Extremitäten; bei Warmblütern machten sich neben der Störung der Herzthätigkeit Zeichen von Schwäche, Dyspnoe, Parese der Extremitäten und anfallsweise auftretende, eigenthümliche Krampfbewegungen geltend. Diese an die Wirkung der Erythrophlaeumrinde erinnernden Vergiftungserscheinungen, sowie das Auffinden von kleinen Rindenstückchen in dem Hayagifte, welche L. nach vergleichender Prüfung mit Rinden des botanischen Museums als herstammend von Erythrophlaeum erkannte, veranlassten L. das Alkaloid der Erythrophlaeumrinde, das Erythrophlaeïn, auf sein Verhalten zur Sensibilität zu prüfen.

Erythrophlaeum guineense Don. oder judiciale Procter, ein zu den Caesalpinieen gehörender, im Westen und Osten des äquatorialen Afrikas vorkommender Baum liefert die Sassy- oder N'cassa-Rinde, welche stark giftige Eigenschaften besitzt und von den Eingeborenen zu Gottesurtheilen benutzt wird. Das wirksame Princip, Erythrophlaeïn genannt, ist ein bernsteingelbes, nicht krystallisirendes Alkaloid, welches nicht krystallisirende Salze liefert, von denen das salzsaure in Pulverform erhalten wird und leicht löslich ist. Dasselbe giebt nach L. die oben angeführte für Hayagift charakteristische Schwefelsäurereaction. Die wässerigen Lösungen opalesciren und setzen beim Stehen in Folge von Zersetzung einen flockigen Niederschlag, wahrscheinlich Erythrophlaeïnsäure ab.

Aus früheren Untersuchungen ist bekannt, dass Erythrophlaeïn digitalisartige Wirkung auf das Herz besitzt und Krämpfe erzeugt. L. stellte seine Versuche mit einem von Merck bezogenen Erythrophlaeïnum hydrochloricum an und folgert aus denselben, dass es die gleichen anaesthesirenden Eigenschaften besitzt wie das Hayagift, dass es in dem Hayagifte enthalten ist und den wesentlichen Theil seiner Wirkung darstellt. Wenige Tropfen einer 0,05—0,2 procentigen wässerigen Lösung des salzsauren Erythrophlaein Thieren in das Auge geträufelt, sollen ohne wesentliche Reizung und ohne Pupillenveränderung nach etwa 15—20 Minuten Anaesthesie der Cornea und Conjunctiva erzeugen, die viele Stunden bis zu zwei Tagen in abnehmender Stärke anhält. Durch Injection dieser Lösung in die Augenlider sollen diese so unempfindlich werden, dass Berührung derselben keine Bewegung auslöst, während das Auge vollkommene Empfindlichkeit zeigt. Meerschweinchen sollen nach subcutanen Einspritzungen im Bereiche der Injectionsstelle so unempfindlich sein, dass man diese so empfindlichen Thiere bis auf die Muskulatur schneiden kann, ohne dass sie Zeichen von Schmerz von sich geben, und bei strychnisirten Fröschen soll nach Injection von Erythrophlaeinlösung in ein Bein von der Injectionsstelle aus kein Tetanus ausgelöst werden können.

Concentrirtere Lösungen z. B. 2procentige erzeugen gleichfalls Unempfindlichkeit des Auges, sie zeigen aber bedeutende Reizwirkung und führten bei Katzen sogar Hornhauttrübung herbei.

Hunde gehen nicht nach 0,01 g, wohl aber nach 0,02 g zu Grunde. 0,001 g pro Kilo Thier soll keine bemerkenswerthen Erscheinungen hervorrufen. *Hippel.*

Anmerkung. Von den drei für therapeutische Zwecke angestellten physiologischen Versuchen ist die erste Angabe, dass Frösche, welche mit Strychnin vergiftet sind, von der Injectionsstelle aus zu keinem Tetanus erregt werden können, dahin zu berichtigen, dass auch von anderer Stelle ein Krampf nicht ausgelöst werden kann. Eine Erklärung dafür findet sich in der lähmenden Wirkung, welche das Erythrophlaein nach der Resorption ausübt. Die zweite Angabe, dass an der Injectionsstelle bei Erythrophlaeineinspritzung beim Meerschweinchen eine locale Unempfindlichkeit eintritt, ist zwar richtig, lässt sich jedoch auch bei Injectionen von verdünnten Eisenchloridlösungen, Resorcin, Ferrum dialysatum etc. genau in derselben Weise beobachten, so dass man von diesem Versuch direct keine Schlüsse auf eine anaesthesirende Wirkung beim Menschen ziehen kann. Die dritte Beobachtung in Betreff der Anaesthesirung am Auge lässt sich in 2 Theile zerlegen.

Was die Unempfindlichkeit der Augenlider betrifft, so zeigt es sich, dass wenn man in das obere Auge Erythrophlaein injicirt, von diesem keine Reflex-Reaction auszulösen ist, oder nur von denjenigen Stellen, an welche die Flüssigkeit nicht hingekommen ist. Dagegen ist eine Reaction von der Cornea für das untere Augenlid zu erzielen. Injicirt man auch in das untere Augenlid, so kann von der Conjunctiva oder der Cornea keine Bewegung der Augenlider erzielt werden. Diese Erscheinungen, welche von Hrn. Dr. Lewin übersehen worden sind, lassen sich wohl nicht anders deuten, als dass hier eine Parese der Lidmuskulatur vorliegt. Ob zugleich bei diesem Versuche eine Anaesthesie der Lider vorhanden ist, ist natürlich durch Thierversuche nicht zu entscheiden. Dass die Anaesthesie der Cornea durch Einträufelung eintritt, unterliegt keinem Zweifel.

Nachdem ich diese Versuche richtig gestellt hatte, konnte ich erst mit gutem Gewissen an therapeutische Versuche herangehen. Ich habe bereits bis zu 7 mg subcutan eingespritzt und würde die Maximaldose, welche überhaupt anzuwenden erlaubt ist, auf höchstens 0,01—0,012 vorläufig ansehen, da dieses Gift oft erst nach einer Stunde die Vergiftungssymptome hervorruft. Es zeigte sich, dass bei 1 mg Dosen eine Anaesthesie von der Haut aus nicht zu bemerken war. Bei 2 mg, am Schienbein injicirt, war nach $^3/_4$ Stunden eine anaesthesirte Stelle zu bemerken, welche die Länge von ungefähr $^1/_2$ cm und eine Breite von $^1/_2$ cm hatte. Bei Injection von 7 mg bei einem Erwachsenen trat nach drei Stunden eine Fünfmarkstück grosse weniger empfindliche Stelle auf, bei welcher in der Mitte sich eine total anaesthesirte Stelle in der Grösse ungefähr eines silbernen Zwanzigpfennigstückes zeigte. — In allen diesen Fällen war eine Hautröthung und bis zu dem Eintritt der geringeren Empfindlichkeit Schmerzhaftigkeit zu beobachten. Am Auge tritt die Unempfindlichkeit, selbst bei Anwendung von 0,4 procentiger Lösung später als nach Cocain und unter Reizerscheinungen auf.

In den Fällen, die ich bis jetzt untersucht habe, trat die Cornealanaesthesie früher als die Conjunctivalanaesthesie auf, wobei ich bemerken will, dass ich mich nicht immer sicher von letzterer habe überzeugen können. Auch die lange Dauer derselben gegenüber der Cocainanaesthesie habe ich nicht constatiren können. Dagegen zeigt das Erythrophlaein ätzende Eigenschaften; bei Anwendung concentrirterer Lösungen als 0,4 Proc. kommt es leicht zu Vereiterung der thierischen Augen. Ich werde Gelegenheit nehmen, in dem nächsten Hefte über die Geschichte des Erythrophlaein's und über dessen therapeutische Verwendung Weiteres mitzutheilen.

(Die Gelegenheit zu den therapeutischen Beobachtungen verdanke ich Herrn James Israel, Herrn Prof. Ewald und Herrn Dr. Rosenstein, mit dem ich einen Theil der Beobachtungen gemeinsam gemacht habe.) *Liebreich.*

Verein für innere Medicin.

Sitzung vom 19. December 1887.

Herr Posner: „Ueber Litholyse".

P. hat in Gemeinschaft mit Dr. Goldenberg die Frage nach der harnsäurelösenden Eigenschaft der alkalischen Brunnen und Arzneimittel nach der von E. Pfeiffer angegebenen Methode in der Art bearbeitet, dass die Einwirkung des nach dem Gebrauch derselben abgesonderten Harnes auf chemisch reine Harnsäure, gepulverte harnsaure Concremente, Gries, Steinfragmente und ganze Steine geprüft wurde. Die Resultate der (binnen Kurzem in extenso erscheinenden) Arbeit waren, dass von den wichtigsten alkalischen Quellen diejenigen von Vals und Vichy die besten Resultate ergaben, dann folgten Passugg und Fachingen, endlich Salzbrunn (Kronenquelle) und Wildungen. Unter den geprüften Arzneimitteln lieferte Natron bicarbon. die höchsten Werthe; etwas geringere die Castani'schen Pulver (Natr. bicarb., Lith. carbon., Kali nitr.), die Magn. borocitrica, der Borax sowie das unter dem Namen „Litholydium" in den Handel gebrachte Geheimmittel. — Lithion in Substanz hatte einen nicht geringen, aber rasch schwindenden Effect, — ebenso der lithiumhaltige Bonifaciusbrunnen von Salzschlirf. Die harnsauren Steine verlieren bei dieser Behandlung zwar an Gewicht, erleiden jedoch eine eigentliche Lösung jedenfalls nur sehr selten und so lange sie noch sehr klein sind. — Bei den vorliegenden Versuchen wurde dergleichen einmal nach dem Gebrauch der Désiréequelle von Vals beobachtet. Redner empfiehlt nach seinen Untersuchungen für alle Fälle harnsaurer Diathese etc., bei denen ein rasches Eingreifen erforderlich ist, in erster Linie Vals und Vichy, in zweiter Fachingen oder grosse Dosen von Nat. bicarb. (in entsprechender Verdünnung), — für lang dauernde Curen dagegen die schwächeren Quellen (namentlich Salzbrunn) oder die Magnesia borocitrica.

(Sitzung am 9. u. 16. Januar 1888.)

Herr A. Fraenkel: Ueber Strophanthus-Wirkung.

Nach Darlegung der botanischen und chemischen Verhältnisse schildert Vortr. die physiologische Wirkung des Mittels, giebt darauf ein Résumé über die wichtigsten klinischen Arbeiten, hinsichtlich deren auf die Artikel und Referate in dem vorigen Jahrgange dieser Hefte verwiesen werden kann, und geht dann zu seinen eigenen Beobachtungen über. Dieselben umfassen 22 Fälle, welche auf der Leyden'schen Klinik zur Behandlung gelangten. Unter diesen befanden sich 17 Fälle von Herzklappenerkrankungen, meist Stenos. ostii venosi sinistri; bei drei derselben bestand gleichzeitig hochgradige Dilatation, andere Fälle waren mit chron. Nephritis, Pleuritis complicirt. — Von diesen 17 Fällen reagirten 8 auf Tinct. Strophanthi garnicht, in 5 Fällen war der Erfolg ein mässiger, in 4 ein eclatanter.

Fr. fing mit ganz kleinen Dosen an, wenige Tropfen mehrmals täglich, und ging später zu grösseren Dosen 3 mal täglich 5, 10 und 15 Tropfen über; grössere Gaben als 45—60 Tropfen *pro die* gelangten nicht zur Anwendung. — Bei jedem Kranken, bei welchem das Mittel einschlug, erfuhr die Diurese eine erhebliche Steigerung, der Puls wurde kräftiger, die Spannung nahm zu, die Dyspnoe milderte sich und die Oedeme schwanden ganz oder fast vollständig unter dem Einfluss der gesteigerten Diurese. Fr. machte aber die von früheren Autoren nicht erwähnte Beobachtung, dass die günstige Wirkung sich nicht unterhalten liess und nach einiger Zeit abklang. In 7 derjenigen Fälle, in denen Strophanthus gänzlich im Stich liess, zeigte sich Digitalis von vortrefflicher Wirkung; bei zwei Kranken schien sogar unter dem Gebrauch von Strophanthus eine Verschlimmerung des Zustandes einzutreten.

In Fällen mit Hypertrophie des linken Ventrikels, gesteigerter Arterienspannung und mehr oder weniger intensiven Anfällen von cardialem Asthma war Strophanthus durchaus wirkungslos. Diese Beobachtungen stimmen nicht überein mit denen früherer Autoren, ebensowenig mit der von Fraser supponirten physiologischen Wirkung.

Bei einer dritten Gruppe von Patienten handelte es sich um functionelle Herzaffectionen, theils in Folge von Alkoholmissbrauch, theils als Folge von Ueberanstrengung. Bei diesen wirkte Strophanthus sehr günstig. Ohne Wirkung war das Mittel dagegen bei Nephritis.

Endlich erzielte Fr., im Widerspruch mit früheren Beobachtern, bei einem Manne mit intensiver Hepatitis, starker Milzschwellung und hochgradigem Ascites, der bereits ausserhalb des Krankenhauses auf Rath seines Kassenarztes Strophanthus genommen hatte, sehr gute Wirkung. Der Ascites verschwand vollkommen. Vortr. kommt zu folgenden Schlussfolgerungen:

1. Tinct. Strophanthi übt entschieden eine Wirkung auf das Herz aus. Sie vermag in leichteren Fällen das Herz zu stimuliren und den Blutdruck zu steigern. Nichtsdestoweniger ist Strophanthus kein vollkommenes Ersatzmittel der Digitalis, noch kommt er der Digitalis in ihrer Wirkung gleich. Während in einer Reihe von Fällen Digitalis noch wirksam war, wo die Tinct. Strophanthi im Stich gelassen hatte, kam das Umgekehrte nie zur Beobachtung.

2. Nach längerem Gebrauch der Tinct. Strophanthi findet eine Abschwächung der Wirkung statt.

3. Bei Herzklappenfehlern ist die Wirkung eine mässige. Ebenso mässig oder negativ ist dieselbe bei Nierenkrankheiten oder bei reiner Arteriosklerose. Relativ günstig ist das Resultat in den Fällen von functionellen Störungen oder Schwäche des Herzens.

4. Diuretische Wirkung vermag Strophanthus auszuüben, auch in Fällen von Störungen des Pfortadersystems. Eine Ein-

wirkung auf dyspnoëtische Beschwerden ohne Einwirkung auf Herz und Diurese gelangte nicht zur Beobachtung.

5. Als Nebenwirkung wurden mässige dyspeptische Beschwerden gesehen.

An der Discussion betheiligten sich die Herren P. Guttmann, Langgaard und Fürbringer.

Herr Guttmann hat das Mittel im städtischen Krankenhaus Moabit bei im Ganzen 40 Fällen angewendet, von denen jedoch nur 30 zu verwerthen sind, da bei den übrigen 10 Fällen Strophanthus nur kurze Zeit gegeben wurde und die Kranken bald die Anstalt verliessen. Unter den 30 Fällen waren 13 Herzklappenfehler, 5 Fälle von chronischer Myocarditis, 2 Fälle von idiopathischer Herzhypertrophie, 1 Fall von Basedow, 2 Fälle von chronischer Nephritis, 2 von Lungenemphysem, 1 von pleuralem Exsudat, 2 Pleuritiden; die übrigen waren Phthisiker. Das Ergebniss weicht nicht weit von demjenigen Fraenkel's ab: Strophanthus ist ein brauchbares Mittel in einer Anzahl von Fällen, ist aber nicht im Stande die Digitalis zu ersetzen.

Am wenigsten ausgesprochen erschien die Wirkung gerade auf dasjenige Organ, bei dessen Erkrankungen es in erster Reihe empfohlen wurde, nämlich auf das Herz. Nur in einer kleinen Anzahl von Fällen trat eine Wirkung hervor, und nur in einem Falle von den 13 Klappenfehlern hat G. die Wirkung gesehen, welche man der Digitalis zuschreibt. Bei Myocarditis chronica, wo man wegen der meist vorhandenen Unregelmässigkeit der Herzschläge leicht erkennen kann, ob ein Mittel wirkt, hat G. nur ein einziges Mal ein Regelmässigwerden und starke Verlangsamung des Pulses erzielt. Recht günstige Wirkung dagegen hat G. bei einer nicht kleinen Zahl dieser 30 Fälle auf die Diurese gesehen. In einem Falle verringerte sich ein Oedem in 7 Tagen so stark, dass das Körpergewicht von 70 kg auf 45 kg sank und die Harnmenge, welche tagelang 300 bis 700 ccm betragen hatte, auf 7350 ccm stieg, am nächsten Tage fast ebenso viel betrug und auch an den folgenden Tagen noch hoch blieb. In einigen Fällen dauerte die vermehrte Diurese auch nach dem Aussetzen des Mittels fort, während in andern sofort wieder Hydrops entstand, der wieder verschwand, sobald Strophanthus von Neuem gegeben wurde.

Bei starken dyspnoëtischen Zuständen hat die Dyspnoe in 2 Fällen ganz unzweifelhaft nach Strophanthus abgenommen, ebenso bei Emphysem und in einem Fall von Phthise, bei welchem andere Mittel vergeblich angewendet waren. Bei dyspnoëtischen Zuständen wäre Strophanthus jedenfalls zu versuchen.

In 2 Fällen von Nephritis leistete das Mittel nichts. G. kommt zu folgenden Schlüssen: 1) Strophanthus ist ein gutes diuretisches Mittel. Wo es diese Wirkung äussert, ist dieselbe abhängig von einer Wirkung auf das Herz. Oft lässt das Mittel im Stich. 2) Strophanthus ist ein Mittel, welches zwar auf das Herz wirkt, aber die Wirkung ist unzuverlässig und nicht mit derjenigen der Digitalis zu vergleichen.

Herr Langgaard demonstrirt zunächst mehrere Sorten von Samen, welche von verschiedenen Strophanthusarten, deren es im Ganzen 18 giebt, abstammen und berichtet dann über die Ergebnisse der an Thieren gemachten Untersuchungen. Dieselben sind insofern von Interesse, als aus denselben hervorgeht, dass zwischen der Wirkung vom Strophanthus und Digitalis nicht unerhebliche Unterschiede bestehen.

1) Verhalten der Pulsfrequenz. Während Digitalis die Pulsfrequenz herabsetzt, ist diese Wirkung bei Strophanthus nur wenig ausgeprägt. Kleine Dosen führen gar keine oder nur um wenige Schläge verringerte Pulsverlangsamung herbei, bei grösseren Dosen sinkt die Pulsfrequenz etwas, aber nie so bedeutend wie bei Digitalis, und verhältnissmässig sehr früh stellt sich Unregelmässigkeit der Herzthätigkeit ein, während eine solche bei Digitalis viel später auftritt.

2) Verhalten des Blutdrucks. Die in grösserer Anzahl nach seiner ersten Mittheilung (s. d. Hefte 1887 S. 183) von L. ausgeführten Blutdruckbestimmungen ergaben die gleichen Resultate wie in früheren Versuchen. Kleine Dosen blieben wirkungslos auf den Blutdruck, grössere führten ein continuirliches Sinken des Druckes bis zum Tode herbei oder es kam zu einer schnell vorübergehenden mässigen Blutdrucksteigerung. Erhebliche Erhöhung des Blutdrucks gelangte nur nach einer Periode bedeutender Druckschwankungen und unregelmässiger Herzaction, kurz vor dem durch Herzlähmung erfolgenden Tode, zur Beobachtung.

3) Wirkung auf die Herzmuskulatur. Digitalis bewirkt eine Verstärkung der systolischen Contraction des Herzens. Fraser hat dasselbe von Strophanthus ausgesagt und daraufhin das Mittel empfohlen. Diese Behauptung ist nicht ohne Widerspruch geblieben. So leugnet Haas, welcher übrigens gute Resultate mit dem Mittel bei Herzkranken erzielte, eine solche Wirkung auf das Herz und führt die Erfolge auf eine

Lähmung des Gefässsystemes und Beseitigung der Widerstände zurück. **Fraser** stützte seine Empfehlungen durch Beobachtungen am Froschherzen. Für dieses kann L. die Angaben bestätigen. Nach kleinen Dosen wird die Systole kräftiger und vollständiger, bei etwas grösseren Dosen zeigt das Herz das Bestreben mehr und mehr in Contractionszustand überzugehen; es kommt zur Herzperistaltik und schliesslich zum Stillstand in Systole. Bei Warmblütern lässt sich diese Wirkung nicht so exact nachweisen. Aus dem Umstande, dass bei Warmblütern das Herz nicht in fest contrahirtem Zustande angetroffen wird, hat man folgern wollen, dass Strophanthus eine Wirkung auf den Herzmuskel nicht hat. Dieser Schluss ist nicht zulässig; auch nach Digitalis findet man das Herz nicht in Systole stille stehend. Eine Zunahme der einzelnen Pulshöhen hat L. fast nie beobachtet.

4) **Verhalten des Gefässsystems.** Als fundamentaler Unterschied wurde von **Fraser** hervorgehoben, dass Digitalis eine Verengerung der Gefässe herbeiführe, Strophanthus dagegen nicht. **Fraser** gründete diese Behauptung auf Versuche an Fröschen, deren Centralnervensystem zerstört war. L. beobachtete bei Fröschen das Gleiche, bezeichnet diese Thiere aber als ungeeignete Objecte für die Entscheidung dieser Frage. An der überlebenden, durchbluteten Hundeniere lässt sich eine Contraction der Blutgefässe nachweisen. Zu gleichen Resultaten gelangten **Thomson**, der unter **Kobert** arbeitete, und **Phillips**.

5) **Wirkung auf die Diurese.** Eine diuretische Wirkung des Mittels beim kranken Menschen ist nach allen Beobachtungen unzweifelhaft. Thiere uriniren nach Strophanthus zuweilen häufiger, oft ist jedoch kein Unterschied zu constatiren. Bei Thieren, denen Canülen in die Urethra eingebunden waren, konnte eine geringe, von Blutdrucksteigerung unabhängige Vermehrung der Harnausscheidung beobachtet werden. Hiernach nimmt L. eine gelind reizende Wirkung des Mittels auf die secretorischen Nierenelemente an.

6) Von **Fraser** wurde Strophanthus als Muskel- und Herzgift bezeichnet. **Mairet** und **Combemale** geben neuerdings an, dass der Tod durch Respirationslähmung erfolge. L. hat dagegen alle Thiere an Herzlähmung zu Grunde gehen sehen. Die Respiration überdauerte stets die Herzthätigkeit.

Die sich oft widersprechenden Resultate der verschiedenen Beobachter sind wohl hauptsächlich auf die Benutzung ungleichartiger Präparate zurückzuführen. L. hat eine grosse Anzahl von Tincturen, von denen er einige, die sich schon durch ihr Aussehen von einander unterscheiden, vorzeigt, auf ihre Wirkung geprüft und erhebliche Differenzen gefunden. Während von einigen Präparaten bereits 0,2—0,3 ccm pro Kilo Thier genügten, um den Tod herbeizuführen, waren von anderen Dosen von 1,5 ccm und noch mehr nothwendig. Aber nicht nur quantitativ, auch qualitativ wirkten die Tincturen verschieden, indem bald die Herzwirkung, bald die Wirkung auf das Nervensystem (s. d. Hefte S. 808) und Diurese überwog. Eine Tinctur, welche L. selbst aus Samen, die er als echte Strophanthussamen erhalten, dargestellt hatte, äusserte fast gar keine Wirkung auf das Herz, erzeugte dagegen aber tetanische Krämpfe, welchen das Thier nach fast 3 Mal 24 Stunden erlag.

Diese Unterschiede rühren zum Theil von einer verschiedenen Bereitungsweise der Tincturen her. Möglich ist es aber auch, dass Samen verschiedener Arten für die Darstellung zur Verwendung gelangen. In England angestellte Culturversuche haben ergeben, dass die als Kombésamen bezeichnete Handelssorte von mindestens 2 ganz verschiedenen Arten herstammt. Auch andere garnicht von Strophanthus, sondern von einer Kicksiaart herrührende, ähnlich aussehende Samen sind importirt worden. Das neueste Product ist der Import unreifer Samen. Wir haben daher die Aussicht, in nächster Zeit vielleicht billigere, aber noch schlechtere und unzuverlässigere Präparate zu erhalten.

Das Beste wäre, den wirksamen Bestandtheil statt der Tinctur anzuwenden. Vortr. ist aber der Ansicht, dass die im Handel als Strophanthin vorkommenden Präparate keine einheitlichen Körper sind und dass deren Anwendung daher bis jetzt auch keine Vortheile vor der Benutzung der Tinctur biete.

Herr **Fürbringer.** Zur Zeit verfügt F. über 120 Fälle (indem zu den 60 von Hochhaus veröffentlichten noch 60 hinzugekommen sind). Die späteren Erfahrungen waren wachsend ungünstige. Nur 30 Fälle sind übrig geblieben, in welchen das Mittel zufriedenstellende und nicht zu deutende Wirkungen geäussert hat; $^1/_3$ der Fälle haben versagt, trotzdem dass die Fälle ausgewählt waren (Dyspnoëtische Zustände, Myocarditis, Fettherz, Schrumpfniere bildeten die überwiegende Mehrzahl derselben).

1. Die bisherigen Indicationen gehen nach F. viel zu sehr ins Detail; allgemeine Schlüsse hält er für gewagt. Mehrmals glaubte er ganz bestimmte Gruppen der Indicationsstellung fixirt zu haben, dieselben

wurden aber über den Haufen geworfen durch neue Beobachtungen theils positiver, theils negativer Natur. Jedenfalls bekam man widersprechende Resultate, trotzdem dass anfangs scheinbar ganz gleiche Krankheitsformen vorlagen und die Präparate dieselben waren. Nur eine Indication habe er gefunden; diese betrifft das Alter der Erkrankung. Je recenter der Herzfehler, je frischer der Hydrops ist, desto wahrscheinlicher ist die Wiederherstellung der Compensationsstörung durch Strophanthus.

2. Fast ausnahmslos zeigte sich Besserung bei Dyspnoe, geringe bei Asthma (ohne wesentlich gesteigerte Diurese); eine scheinbare Ausnahme bildete Emphysem und nervöses Asthma. Doch sei Vorsicht geboten. Die verschiedenen Besserungen seien vielleicht Besserungen post hoc und nicht propter hoc. Gerade die Dyspnoe bei Lungenemphysem und verschiedenen Herzzuständen würde schon an sich durch die Ruhe im Krankenhause günstig beeinflusst.

3. Die Wirkung auf Dyspnoe bei reinem renalen Hydrops (Morbus Brightii) war fast Null im Gegensatz zu den Berichten von Pins. Selbst Dujardin-Beaumetz erklärte den Morbus Brightii gerade als Contraindication. Anders sei es bei der eigentlichen Schrumpfniere, wo man von einem rein renalen Hydrops nicht sprechen könne, sondern derselbe zum Theil cardialer Natur ist (besonders bei der Leyden'schen arteriosklerotischen Form).

4. Ueber die Art der Wirkung bestehen zwei Ansichten: die meisten Autoren halten Strophanthus für ein Herztonicum, während Haas hervorhebt, dass es nicht auf das Herz, sondern durch Entlastung des Herzens wirkt, indem die Muskeln der peripherischen Arterien beeinflusst und die Widerstände geringer werden resp. aufhören. F. hält Strophanthus für ein primäres Herztonicum; denn wenn bei reiner Aorteninsufficienz Compensationsstörungen eintreten, wirkt es ebensowenig wie Digitalis, während doch hier eine Wirkung eintreten müsste, wenn es auch die Arterien beeinflusste. Andrerseits hat es in einigen Fällen von Schrumpfniere mit Compensationsstörungen gewirkt, obgleich ein harter „Bleifederpuls" unter den Händen war.

5. F. hat die Wahrnehmung gemacht, dass von den 120 Fällen 3 plötzlich gestorben sind. Die Section ergab in keinem dieser Fälle eine Grundlage für den Tod. Der 1. Fall ist bereits durch Hochhaus veröffentlicht, welcher an Herzlähmung durch Strophanthus denkt, der 2. Todesfall erfolgte während der Veröffentlichung der Arbeit, der 3. vor 2 Tagen. Der plötzliche Tod gerade in diesen Fällen, wo Strophanthus ziemlich lange gegeben worden ist, sei jedenfalls auffällig. Langgaard erwähnt in der ersten Publication die Gefahr der Herzlähmung. Haas hat gefunden, dass bei Mitralstenose die Compensations-Störungen sich nicht ausgleichen, sondern schlimmer werden, ja gefährlichere Zustände eintreten können.

6. Endlich weist F. auf gewisse von den früheren Autoren nicht berührte Vortheile des Strophanthus hin, welche bereits in der Arbeit von Hochhaus angedeutet sind. Während die Autoren Strophanthus als Surrogat der Digitalis empfohlen haben, möchte es F. als Bundesgenossen der Digitalis empfehlen. In vielen Fällen, wo Strophanthus, Digitalis, Kali aceticum allein versagten, haben alle 3 combinirt eine mächtige Wirkung ausgeübt, welche auch eine ziemlich dauernde war, so dass Patienten, welche fast sterbend erschienen, nach einiger Zeit entlassen werden konnten. Einige sind dann wiedergekommen und wieder wirkten die Mittel gemeinsam. Wo auch diese Combination nicht mehr hilft, muss man den Fall als verloren aufgeben: das Herz ist abgearbeitet.

Rippel.

Aerztlicher Verein in Hamburg.

Sitzung vom 20. December 1887.

Herr Curschmann: Statistisches und Klinisches über Abdominal-Typhus.

Das vorliegende Material umfasst 1450 Fälle. Von diesen bekamen 207 (14%) Recidive. Die Prognose der Recidive war nicht schlecht, da nur 9 Patienten starben.

Die Mortalität betrug im Ganzen 11%. Als Todesursache wirkten:

1) Die Schwere d. Infection in 50% der Todten
2) Perforationsperitonitis - 16½% - -
3) Darmblutungen - 8% - -
4) Pneumonien - 14% - -

Die Behandlung soll im Wesentlichen exspectativ sein. Calomel oder andere Mittel vermögen nicht den Verlauf des Typhus abzukürzen. In 300 nur exspectativ behandelten Fällen dauerte das Fieber nicht länger als 12 Tage.

Auf die antipyretischen Methoden sei kein grosser Werth zu legen, da die durch die hohen Temperaturen bedingten Gefahren früher überschätzt worden seien. Salicylsäure und Kairin verdienten durchaus keine Anwendung, ebensowenig Thallin. Dagegen könne im Bedürfnissfalle Antipyrin empfohlen werden, weil dasselbe prompt wirke, selten schädliche Nebenwirkungen entfalte — und nicht nur die Körpertemperatur, sondern auch die Pulsfrequenz herabsetze. — Das kalte Wasser (in Form von Bädern, kalten Abwaschungen und Einpackungen) diene mehr zur Hebung der Euphorie des Kranken, denn als Antipyreticum. —

Bei Darmblutungen seien keine styptischen Mittel, sondern nur absolute Diät und Opium verordnet worden.

(Münchn. med. Wochenschr. No. 52. 87). R.

Verein deutscher Aerzte in Prag.

Sitzung vom 11. November 1887.

Herr Herrnheiser: Erfahrungen über das Cocaïn als Anaestheticum in der operativen Augenheilkunde.

Vortr. hebt hervor, dass nach subcutaner Injection einer 10% Cocaïnlösung mit der Operation bereits nach Ablauf einer Minute begonnen werden könne. Seit Ende Mai 1887 wurden auf der Sattler'schen Klinik 39 grössere Lidoperationen ausgeführt, bei denen sich das Cocaïn durchaus bewährt hat. Enucleationen in Cocaïnanaesthesie (das Cocaïn wurde unter die Conjunctiva in der Gegend des Opticuseintrittes injicirt) wurden bisher sieben vorgenommen. Auch bei excessiver Schmerzhaftigkeit des Bulbus erwies sich das Cocaïn als vollständig ausreichend. Bei Enucleation von Augen, die noch Lichtempfindung hatten, konnte constatirt werden, dass die specifische Energie des Opticus durch Cocaïn gelähmt wurde.

(Prager med. Wochenschr. No. 46. 87).

Société médico-chirurgicale zu Lüttich.

Sitzung vom 5. Januar 1888.

Herr Snyres: Ueber die mit Strophanthus bei Herzaffectionen in der Universitätsklinik gemachten Erfahrungen.

Strophanthus besitze einen directen Einfluss auf die Muskelfasern des Herzens, dessen Contractionsfähigkeit er steigert. Von grosser Bedeutung sei es, dass dies Mittel die Verdauungsorgane nicht belästige und keine cumulativen Eigenschaften besitze. In der Klinik seien mehr als 30 Kranke während der verschiedensten Perioden kürzere und längere Zeit (bis zu 2 Monaten) mit Strophanthus behandelt worden. Die Wirkung auf den Puls trete besonders bei den Klappenfehlern mit Compensationsstörungen hervor. Die Pulsfrequenz nehme ab, die Stärke des Pulses nehme zu; gleichzeitig wachse der Druck und der Rhythmus werde regelmässiger. Desgleichen werde die Diurese in günstiger Weise beeinflusst. Zuweilen nehme dieselbe in wenigen Tagen um 1600 cc zu. Nur ausnahmsweise habe Strophanthus im Stiche gelassen. Wurde in solchen Fällen Digitalis und Caffeïn verabfolgt, so wurde ebenfalls keine Wirkung erzielt. Es handelte sich alsdann um Degeneration des Herzmuskels. In Anwendung kam eine aus der Kade'schen Apotheke in Berlin bezogene Tinctur. In Einzel-Gaben von 10 Tropfen wurden täglich 20 bis 50 Tropfen verabreicht.

(Le Progrès méd. No. 2. 88). R.

Académie de Médecine (Paris).

Sitzung vom 27. December 1887.

Legroux hat Antipyrin gegen Chorea versucht und mit diesem Mittel überraschend günstige Erfolge erzielt. Ein Knabe von 3½ Jahren, der an unaufhörlichen Convulsionen litt, wurde in 9 Tagen geheilt, nachdem er täglich 3,0 Antipyrin erhalten. Ein 4½jähriges Mädchen genas in 18 Tagen nach Einnahme von 30,0. Ein anderes Mädchen wurde in 10 Tagen gesund. Ein 10jähriges Mädchen erhielt im Ganzen 55,0 und genas in 20 Tagen. Schliesslich wird noch über einen Knaben von 8 Jahren berichtet, der vollständig geheilt worden ist, nachdem er in 8 Tagen 27,0 Antipyrin genommen. — 1,0 Antipyrin wird in 20,0 Syrup. cort. Aurant. gelöst und mit oder ohne Zugabe von Wasser gereicht. Es müssen bis 3,0 täglich gegeben werden. L. hält das Antipyrin für das am schnellsten und sichersten wirkende Mittel in der Behandlung der Chorea. R.

Referate.

Ueber die diuretische Wirkung des Calomel. Von Dr. B. Stintzing (München).

(Aus der med. Klinik des Hrn. Geheimrath v. Ziemssen.)

Durch die ersten diesbezüglichen Publicationen von Jendrassik und Stiller angeregt, begann Verf. bereits November 1886 sich mit der Nachprüfung der von diesen Autoren gemachten Beobachtungen über die diuretische Wirkung des Calomel zu beschäftigen. Die Resultate seiner Untersuchungen fasst er in folgenden Sätzen zusammen:

Calomel ist ein energischer wirkendes Diureticum als alle sonst bekannten harntreibenden Mittel. Die diuretische Wirkung tritt in geringem Masse oft schon zu Tage am nichthydropischen (normalen) Menschen, in hohem Grade bei gewissen Formen der Wassersucht, wo sie sich mit einer antihydropischen Wirkung verbindet.

Die beste diuretische Wirkung zeigt Calomel bei cardialem Hydrops (gleichgültig ob von Klappenfehlern oder von primären Herzmuskelerkrankungen herrührend). Diese Wirkung bleibt aus oder ist ungenügend, wenn die Herzinsufficienz die höchsten Grade erreicht hat.

Hydrops aus andern Ursachen ist der Calomelbehandlung weniger zugänglich. Dies gilt besonders von den Stauungen des Pfortadersystems und von der chronischen parenchymatösen Nephritis.

Bei Combination einer Herzerkrankung mit chronischer Nephritis kommt Calomel noch zur Wirkung, wenn die Nephritis der Herzaffection gegenüber in den Hintergrund tritt.

Bei der Beseitigung des (cardialen) Hydrops durch Calomel spielt nicht nur die gesteigerte Diurese, sondern auch die Wasserabfuhr durch den Darm eine wesentliche Rolle. Ueberwiegt die extrarenale Ausscheidung die renale, so bleibt die günstige Allgemeinwirkung aus.

Wirkt Calomel als promptes Hydragogum, so hat es auch auf das Allgemeinbefinden einen günstigen Einfluss.

Bei exsudativen Processen (Pleuritis, Pericarditis) äussert es keine diuretische und daher keine curative Wirkung.

Die Nebenwirkungen des Mittels (Salivation, Stomatitis, Diarrhöe etc.) lassen sich durch Prophylaxe und Gegenmittel hinhalten in allen Fällen, in denen Polyurie erzielt wird. Bleibt dieser Effect aus, so treten die Erscheinungen des Mercurialismus auf und das Mittel schadet.

Bezüglich der Dosirung ist es zweckmässig, 3 mal täglich 0,2 mindestens 3 Tage hindurch zu verabreichen. In manchen Fällen kann das Mittel auch länger (bis zu 12 Tagen) mit Erfolg fortgegeben werden.

Prophylactisch soll von Anbeginn mit Kali chloricum gegurgelt und mit den Calomelpulvern Opium gegeben werden (auf 0,2 Calomel 0,01 Opii puri). Treten trotzdem starke Stomatitis oder schwer stillbare Diarrhöen auf, ist die Cur zu unterbrechen.

Der Beginn der Harnvermehrung fällt meistens auf den 2. bis 4. Tag, selten auf den 1. oder 5. Tag der Darreichung des Mittels.

Digitalis und andere Diuretica wirken weniger harntreibend als Calomel. Letzteres kann aber Digitalis nicht ersetzen, da es kein Cardiacum ist. Die Combination beider Mittel bei Herzwassersucht dürfte zu empfehlen sein.

Die Frage, wie die diuretische Wirkung zu Stande kommt, ist noch unentschieden. Verf. neigt (mit Fürbringer) zu der Annahme einer directen Einwirkung des Calomel auf das secernirende Epithel der Nieren.

(Münch. med. Wochenschr. No. 1, 88.) **R.**

Die Behandlung der Epilepsie mit Antifebrin. Von Prim. Dr. Béla Borosnyói in Hermannstadt.

Angeregt von ausländischen, das Antifebrin verherrlichenden Berichten versuchte Verf. Antifebrin gegen Epilepsie. Die im Hermannstädter Irrenhause gemachten Versuche ergaben, dass das Antifebrin einen Einfluss auf den epileptischen Anfall nicht besitze.

(Orvosi Hetilap 1887, No. 51.)

Dr. Schuschny (Budapest).

Zur Anwendung des Salols im Kindesalter. Von Prof. Demme (Bern).

Verf. wandte das Salol in 4 Fällen von acutem Gelenkrheumatismus, ferner in 2 Fällen von acuter Endo- und Pericarditis mit geringer rheumatischer Gelenkaffection, endlich in 2 Fällen von Blasenkatarrh und äusserlich als Verbandmittel in 2 Fällen von Verbrennungen an.

Zwei an acuter rheumatischer Polyarthritis leidende Knaben (8 und 13 Jahre alt) erhielten, so lange Fieber, Schwellung und Schmerz anhielt, täglich 3,0—4,0 Salol und zwar in 2—3stündlichen Einzeldosen von 1,0. In dem einen Falle wurde das Mittel in dieser Weise 5 Tage, in dem andern 7 Tage fortgereicht. Mit Nachlass der Symptome wurde die Dosis auf 2,0 täglich und während der Convalescenz noch mehrere Tage hindurch auf 1,0 herabgesetzt. Die Dauer der Erkrankung überstieg in diesen beiden Fällen nicht 14 und 16 Tage.

Der dritte Fall betraf ein 7jähriges Mädchen, bei dem die Entfieberung und Abschwellung der vielen hochgradig afficirten Gelenke schon nach 48 Stunden, auf eine innerhalb dieser Zeit gereichte Salolmenge von 6,0 eintrat. Auch hier, wie bei den vorher erwähnten 2 Knaben, kein Recidiv.

In dem vierten so behandelten Falle

vertrug das 9 Jahr alte Mädchen Salol per os schlecht (Erbrechen u. s. w.), und als 2,0 in Ei-Emulsion per Klysma eingeführt worden, trat 8—10 Stunden später eine über den ganzen Körper ausgebreitete Urticaria auf. Nun wurde jede Medication ausgesetzt und 2 Tage später Natrium salicylicum gereicht. Hierauf zeigte sich dasselbe Exanthem wie nach Salol. Es musste schliesslich zum Antipyrin gegriffen werden, das gut vertragen wurde und den Krankheitsprocess nach einer Gesammtgabe von 5,0 innerhalb 4 Tage beendigte.

In den beiden Fällen von Endocarditis und Pericarditis, die auf rheumatischer Basis beruhten, kann erst, nachdem durch Digitalis die abnorme Frequenz der Herzthätigkeit herabgesetzt und die Blutdruckverhältnisse regulirt worden waren, die günstige Wirkung des Salols zur Geltung.

Auch bei **Blasenkatarrh** zeigte das Mittel zwei Male gute Wirkung. In dem einen Falle handelte es sich um acute Cystitis nach Einwirkung von Canthariden (siehe Toxikologie S. 92). Es wurden dem 5 jährigen Knaben anfangs täglich 1,5, später 2,0—2,5 Salol gegeben. Schon am zweiten Tage dieser Behandlung wurde der bisher alkalisch reagirende Urin sauer, die Diurese reichlicher und schmerzlos, und der Knabe konnte nach 14 tägigem Salolgebrauch als geheilt betrachtet werden. — Der zweite Fall betrifft eine nach Masern aufgetretene Cystitis, ebenfalls mit Uebergang in chronische Cystitis. Auch hier leistete Salol gute Dienste.

Bei Brandwunden machte D. mit der äusseren, pulverförmigen Anwendung von Salol (mit fein pulverisirtem Magnesiumsilicat, sogenanntem Talcum Venetum, vermengt) ebenfalls recht gute Erfahrungen. Das schlaffe, unthätige Verhalten von Granulationen lang eiternder Geschwürsflächen scheint durch Salol günstig beeinflusst zu werden.

(24. und Bericht über die Thätigkeit des Jenner'schen Kinderspitals in Bern.) *R.*

Ueber Amylenhydrat als Schlafmittel. Von Georg Avellis.

(Aus der med. Klinik des Hrn. Prof. Riegel in Giessen.)

Die Zahl der Einzelversuche beträgt über 300, die Zahl der Patienten über 40. Therapeutisch wurde das Amylenhydrat in Gelatinekapseln (mit 1,0 Inhalt) und in flüssiger Form angewendet. In letzterer wurde es zuerst in Rothwein, später in Wasser mit etwas Syrupus Rubi Idaei gegeben. Die Dosen schwankten zwischen 0,8—3,2. Am häufigsten wurden 2,0 und 2,4 gereicht. Wo die Einführung per os contraindicirt war (Oesophagusstenosen, Ulcus rotundum etc.), wurde das Mittel als Klystier nach folgender auch von Jolly empfohlener Formel gegeben:

℞ Amylenhydrati 3,0
Aq. dest.
Gummi arab. āā 25,0
M. D. S. Zu Klystieren.

Der Schlaf trat verschieden schnell ein, mitunter fast momentan, oft nach 15—15 Minuten. Gar keine Wirkung wurde nur einige Male bemerkt. Im Allgemeinen war der Erfolg als ein sehr guter zu bezeichnen. Unangenehme Nebenwirkungen wurden nur in 2 Fällen beobachtet. — Angewendet wurde das Amylenhydrat bei verschiedenen Magen- und Nervenleiden, Kreislaufsstörungen, Icterus, Diabetes, Tuberculose, Emphysem u. s. w. — Besonders gute Wirkung wurde bei Icterus und icterischem Hautjucken gesehen, wo es das von Eichhorst dagegen empfohlene Chloralhydrat vortheilhaft ersetzen dürfte. — A. fasst seine auf der Giessener Klinik gewonnenen Erfahrungen dahin zusammen, dass das Amylenhydrat ein sicher wirkendes Hypnoticum ist, das stärker als Paraldehyd wirkt und letzteren vollkommen zu ersetzen im Stande ist.

(Deutsche med. Wochenschr. No. 1. 88.) *R.*

Strychnin bei Alkoholismus.

Die guten Erfolge, welche Popoff, Manassein, Tolwinsky (s. diese Hefte 1887 S. 30) u. A. mit Strychnin bei Dipsomanie erzielten, veranlassten S. Jaroshevsky zu einer experimentellen Untersuchung über den Antagonismus zwischen diesem Alkaloid und Alkohol. Aus seinen an Hunden erhaltenen Resultaten zieht J. folgende Schlüsse: 1) Strychnin neutralisirt zweifellos die berauschende und narcotische Wirkung des Alkohols. 2) Es ermöglicht die Aufnahme grösserer Mengen Alkohols während längerer Zeit, ohne dass es zur Ausbildung derjenigen Störungen kommt, welche als die gewöhnlichen des Alkoholgenusses bekannt sind. 3) Es giebt jedoch eine Grenze, über welche hinaus angewendet das Alkaloid dem Organismus schädlich wird. 4) Therapeutisch sollte Strychnin bei allen Formen des Alkoholismus angewendet werden. 5) Strychnin kann als ein wirksames Prophylacticum gegen Alkoholismus angesehen werden.

(British Med. Journ. 1888 S. 90.) *rd.*

Zur Heilung des Tetanus traumaticus. Von Dr. Adolf Greiner in Siklós.

Verf. berichtet über zwei Fälle, in denen durch Entfernung von Knochensplittern der Tetanus zur Heilung gebracht wurde. In einem Falle wurde die Hand eines Feldarbeiters durch eine Dreschmaschine total zerquetscht. Bei fieberlosem Verlauf zeigte sich nach kurzer Zeit oberflächliche Gangrän. Die gangränösen Partieen wurden abgetragen, der Wundverlauf war ein guter, als plötzlich 3 Wochen nach stattgefundener Verletzung die Erscheinungen des Tetanus auftraten. In dem anderen Falle war es eine Schusswunde, die das genannte Leiden herbeiführte. Auch hier traten die Symptome des Tetanus traumaticus nach 3 Wochen auf, schwanden jedoch nach der Entfernung einiger Knochensplitter.

(Orvosi Hetilap 1888, No. 2.)

Dr. Schwarz (Budapest).

Fall von acutem traumatischem Tetanus, erfolgreich behandelt mit grossen Dosen von Salicin und Bromkalium. Von H. F. Butlin.

Ein 20jähriger junger Mann hatte sich am 30. Juni 87 seinen Arm an einer Fensterscheibe schwer verletzt. Die Heilung der Wunde machte gute Fortschritte, als am 15. Juli sich Schmerzen im Epigastrium und später Zuckungen in den Muskeln des Gesichts, der Arme und Beine einstellten. Am 19. Juli rief lautes Sprechen Krampfanfälle hervor. Trotz Chloralhydrat und Bromkalium verschlechterte sich der Zustand. Am 22. Juli Puls und Respiration nicht zu zählen, die Krampfanfälle folgten sich mit grosser Schnelligkeit. Um 1 Uhr erhielt Pat. Salicin und Bromkalium $\widehat{aa}$ 1,2 zweistündlich. 5 Uhr reichlicher Schweiss, Puls kräftiger, 120; die Krampfanfälle wiederholten sich in Zwischenräumen von 10 Minuten. Am nächsten Tage erfolgten die Krämpfe nur alle 20 Minuten, die Athmung war leicht, der Puls noch kräftiger und langsamer. Von jetzt ab wurde das Medicament vierstündlich gegeben. Die Besserung nahm während der nächsten 2 bis 3 Tage zu, aber es dauerte doch mehrere Tage, bis die Schmerzen im Epigastrium verschwunden waren. Nach Verlauf von sechs Wochen war Patient geheilt und es bestand nur eine durch die Verletzung selbst bedingte Steifheit der oberen Extremität.

(British Med. Journ. 1888, S. 14.) *rd.*

Zur Sauerstoffbehandlung der Leukämie. Von Dr. A. Pletzer.

Kirnberger hat durch Sauerstoffbehandlung die Leukämie heilen sehen, Sticker und ein französischer Autor, Sizer, haben wesentlich günstige Erfolge constatirt. Verfasser fügt 2 weitere Fälle hinzu; beide Patienten liess er aus dem Limousin'schen Ballon täglich 30 Liter Sauerstoff pro Tag inhaliren. Bei dem ersten Falle war das Verhältniss der weissen zu den rothen Blutkörperchen im Beginne der Behandlung 1 : 10,3, das Körpergewicht 108½ Pfund, starker Leber- und Milztumor waren nachzuweisen. Am Ende der Behandlung, die häuslicher Verhältnisse wegen nach 53 Tagen abgebrochen werden musste, war das Verhältniss der weissen zu den rothen Blutkörperchen wie 1 : 18,8, das Körpergewicht betrug 113½ Pfund, Leber- und Milztumor waren beträchtlich verkleinert. Das subjective Befinden hatte sich gleich nach den ersten Inhalationen bedeutend gehoben.

Der zweite Patient konnte nur 14 Tage lang mit den Inhalationen behandelt werden, doch war auch dabei schon eine wesentliche Besserung des Allgemeinbefindens zu constatiren.

(Berl. klin. Wochenschr. 34. 87.)

Schaury (Beuthen O.S.

Eine Modification der Bandwurmkur. Von Dr. K. Bettelheim (Wien).

B. bedient sich bei der Bandwurmkur der keratinisirten Pillen, weil dieselben an Sicherheit der Wirkung und Mangel an unangenehmen Nebenerscheinungen nichts zu wünschen übrig lassen. Seitdem B. diese Pillen verwendet, hat er nur ein einziges Mal bei der Kur Erbrechen beobachtet und nur hier und da einzelne Pillen unverdaut abgehen gesehen.

Es nehmen jetzt gewöhnlich Erwachsene an dem dem Kurtage vorhergehenden Fasttage 15—20, am Kurtage selbst innerhalb 2—3 Stunden den Rest der folgendermassen verschriebenen Pillen:

℞	Extr. filic. mar. aeth.	
	Extr. Punic. Granat. $\overline{aa}$	10,0
	Pulv. Jalappae	8,0
	M. f. pilul. keratinisat.	70

Die Kur dauert (abgesehen von dem Fasttage, an dem auch Abführmittel zu nehmen sind), 7—9 Stunden. Ist ein Abführmittel während der Kur erforderlich, so wird ein Klysma von 100,0—200,0 Aqua laxativa Viennens. verordnet.

(Centralbl. f. kl. Medic. 46. 87.) *R.*

Einige Bemerkungen zur Behandlung der croupösen Lungenentzündung (Vortrag, gehalten am 18. März 1887 in der Berliner militärärztlichen Gesellschaft). Von Prof. Oscar Fräntzel.

Nach der heutigen Auffassung ist die Pneumonie eine Infectionskrankheit, die bezüglich ihres Fieberverlaufs dem Erysipel an die Seite gestellt werden kann. Das Verhalten des Pulses verdient die grösste

Beachtung. Der Puls leitet uns wesentlich bei der Prognose und Therapie. Je mehr die Pulsfrequenz unter 100 bleibt, desto besser die Prognose; überschreitet sie 120 in der Minute, so ist die Prognose getrübt. — Weniger ist die gesteigerte Respirationsfrequenz zu fürchten, selbst wenn sie 60 in der Minute beträgt. Sehr viel wichtiger ist dagegen das Auftreten von Delirien, auf deren verschiedene Formen F. des Näheren eingeht. — Nach endgültiger Feststellung der Diagnose erscheint eine tägliche Untersuchung der Respirationsorgane durchaus nicht immer geboten; dagegen bedarf das Herz einer täglichen und genauen Controle. — Die nicht selten bestehenden starken Durchfälle verschlechtern die Prognose, ebenso das Auftreten von Icterus (sogenannte biliöse Pneumonie). Starker Eiweissgehalt des Harns spricht für die Schwere der Erkrankung.

Die Prognose der croupösen Pneumonie ist im Allgemeinen kaum zu stellen. Sie richtet sich nach dem Alter und den Lebensgewohnheiten des Kranken. Nach den Potatoren, die meist verloren sind, hat F. bei Leuten zwischen 40 und 60 Jahren, die geistig schwer arbeiten und an eine grosse Menge von Lebensreizen gewöhnt sind, die schlechtesten Erfahrungen gemacht. Die Zunahme des Abusus spirituos. (für Berlin besonders der gesteigerte Bierconsum) trägt die Hauptschuld an der Verschlechterung der Prognose.

Der ganze Genius epidemicus scheint ein anderer geworden zu sein, dafür spricht die gewaltige Aenderung, welche die Therapie in den letzten 30 Jahren erfahren hat.

Der früher fast ausnahmslos in Anwendung gekommene Aderlass ist gegenwärtig fast überall als nachtheilig verlassen worden. Trotzdem hält F. ihn noch indicirt, „wo bei ziemlich ausgedehnter localer Erkrankung sehr starke Dyspnoe, tiefe Cyanose, Benommenheit des Sensoriums in Folge von Kohlensäureintoxication vorhanden sind, während die Radialarterien sehr eng und stark gespannt erscheinen“. Man wird nicht über 250 ccm Blut entleeren.

Von der Anwendung der Digitalis ist man mit Recht immer mehr zurückgekommen. Dieselbe ist bei den die Pneumonie häufig complicirenden gastrischen Störungen (Durchfällen) unwirksam, ausserdem kann sie wegen ihrer cumulativen Wirkungen leicht Collaps herbeiführen.

Schon von Alters her hat man immer wieder gesucht, die Pneumonie zu coupiren oder die Krise durch geeignete Mittel herbeizuführen. Darauf zielten die Aderlässe, desgleichen auch die vom Vortragenden vor 15 Jahren versuchte Darreichung von Jaborandi, die später als nutzlos aufgegeben wurden. Jetzt wird man natürlich nach einem Specificum gegen die Pneumonie-Mikroorganismen suchen. Wenn ein solcher Fund gelingen wird, ist Sache der Zukunft oder auch des Zufalls.

Auf die früher Mode gewesenen Mittel, wie Tartarus stibiatus und das Veratrin will F. nicht weiter eingehen. Dagegen hebt er mit Nachdruck hervor, dass alle Antipyretica (vom Chinin bis zu dem neusten Salol hin) bei Seite zu lassen seien, da dieselben nicht nur nutzlos, sondern häufig auch gefährlich seien. „Günstig verlaufende Fälle von Pneumonie werden durch den Gebrauch von Antipyreticis nur in ihrem Verlauf gestört, schwere Fälle verfallen nur um so sicherer dem Tode“.

Ebenso entschieden verwirft F. die Anwendung kalter Bäder. Pneumoniker können wohl hier und da trotz derselben, und nicht durch dieselben gesund geworden sein. Nicht einmal die Application der Eisblase auf die Brust, sondern warme Oeleinreibungen, warme Umschläge und kleine Morphininjectionen pflegt F. bei pleuritischen Schmerzen zu empfehlen.

Was seine eigene Behandlungsmethode anlangt, so empfiehlt F. zunächst absolute Bettruhe, flüssige Nahrung, Milch, Fleischbrühe; bei starkem Durstgefühle Citronenlimonade; zum innern Gebrauch Pflanzen- oder Mineralsäuren; eine Saturatio citrica; 1,0 Acid. phosphoric. oder Acid. nitric. auf 120,0 Decoct. Althaeae. Wein wird in der Regel vor dem 5. Krankheitstage nicht gegeben.

Bei Delirium potatorum Wein oder Schnaps in mässigen Dosen; alsdann Chloralhydrat (8,0 : 120,0), zuerst 2 Esslöffel auf einmal und dann stündlich 1 Esslöffel, bis Ruhe und Schlaf eintritt. — Bei den Fieberdelirien, bei welchen der Schlaf fehlt, wird Morphium subcutan gut vertragen, bei den Inanitionsdelirien ist es von prompter Wirkung.

Für die meisten Pneumoniker beginnt die Gefahr erst am 6. Tage: die Athmung wird beschwerlich, die Expectoration stockt, beginnender Stertor, Puls frequent und klein. Alsdann ist es angezeigt, Campher und Benzoë zu 0,1—0,15 *pro dosi*, Valeriana, Castoreum, Moschus und grössere Dosen Wein zu geben. Champagner ist wegen der gleichzeitigen Kohlensäurewirkung zu widerrathen.

Die pleuritischen Schmerzen werden durch trockene (nur ausnahmsweise blutige)

Schröpfköpfe, spanische Fliegen und Senfteige gemindert. — Bei Durchfällen kommt zunächst Bismuthum hydrico-nitricum und wenn dies nicht nützt, Pulvis Doweri in Anwendung.

Die früher bei der Behandlung der Pneumonie so gefürchteten Opiate können nur dringend empfohlen werden. Andere Expectorantien werden nur ausnahmsweise, und Liquor Ammonii anisat., seiner unangenehmen Nebenwirkungen wegen, gar nicht verordnet.

(Deutsche militärärztl. Zeitschr. Heft 3. 81). R.

Eine einfache Methode zur Erzielung sicherer Asepsis. Von Prof. Dr. Theodor Kocher in Bern.

Eine Reihe von Misserfolgen in der erstrebten prima intentio führte den Verf. darauf, in dem seitig benutzten Catgut trotz seiner Aufbewahrung in Sublimat ein geradezu infectiöses Mittel zu entdecken. Während vorher immer tadelloser Wundverlauf erzielt worden war, gab es plötzlich eine Zeit in seiner Klinik, in der die Wunden zwar per primam verklebten, nach kurzer Zeit aber empfindlich wurden, anschwollen und in der Tiefe Abscesse und selbst jauchige Secrete bildeten. Diese Thatsache wird durch eine Reihe von 31 Operationsfällen belegt, von denen nicht weniger als 22 trotz erstrebter Primärheilung sich nachträglich als inficirt erwiesen. Als nun Catgut fortgelassen und ausnahmslos Seide benutzt wurde, waren die Erfolge mit einem Schlage wieder tadellos. Bei dieser Möglichkeit, dass man überhaupt nur einmal ein Catgut in die Hände bekommen könne, das sich mit den üblichen Mitteln nicht sicher desinficiren lasse, hält Verf. dafür, dass man Catgut überhaupt aufgebe und fortan nur Seide anwende. Diese sei sicher zu sterilisiren, zumal da schon der Rohstoff frei von jeder Inficirung ist, was von Catgut nicht gesagt werden könne.

Verf. geht dann weiter auf die Sicherung der Asepsis bei der Operation ein und empfiehlt für die Blutstillung vorwiegend das Torquiren, besonders mit gezahnten, nicht gerippten Arterienzangen.

Die Schwämme sollen mit Seife und warmem Wasser gründlich gereinigt, mehrfach gebrüht und in 5% Carbollösung aufbewahrt werden. Vor der Operation sollen sie, womöglich durch eine Rollpressmaschine, fest ausgepresst und so in ein desinficirtes Gefäss gebracht, zugereicht werden. Die Schwämme sollen die Wunde nicht desinficiren, sondern blos nicht inficiren!

Für die Instrumente genüge einfaches Abreiben und Einlegen in Carbollösung. Die complicirteren Instrumente sind 2 Stunden in gewöhnlichem Wasser zu kochen.

Zur Desinfection der Hände sei das Verfahren von Forster in Amsterdam zu empfehlen: Abbürsten mit Seife und Wasser und unmittelbare Desinfection mit 1‰ Sublimat. Das nachherige Abreiben der Finger mit Alkohol sei unnöthig.

Der Luftinfection wird weniger Wichtigkeit beigemessen; um ihr zu begegnen, genügt es, in die Wunde und deren Recessus einen mit 1‰ Sublimat getränkten Gazebausch hineinzupressen, dann aber jeden Rest von Flüssigkeit sogleich wieder auszutupfen und die Wunde zu schliessen.

Für die Naht wird die fortlaufende Kürschnernaht, „abwechselnd tiefer und oberflächlicher greifend", empfohlen; zur Entspannung werden einige sehr tief greifende Knopfnähte benutzt.

Wo Höhlenbildung nicht zu vermeiden ist, werden Glasdrains gebraucht. Dieselben sind den flexibeln Gummidrains ihrer sichereren Desinficirung wegen durchaus vorzuziehen.

Zum Verbande endlich seien bei Wunden, bei denen prima intentio erzielt werden soll, alle fertig präparirten Gazen und sonstige Verbandstoffe, die Jodoformgaze nicht ausgenommen, zu verwerfen und nur eine momentan durch 1‰ Sublimat sterilisirte und kräftig ausgedrückte Gaze anzuwenden. Ueber dieselbe wird dann ein gut aufsaugendes, lockeres Kissen, am besten aus Waldwolle, gelegt. Der erste Verband wird in der Regel schon nach 24 Stunden entfernt, das Drainrohr ebenfalls, die Nähte meist nach 2 × 24 Stunden. Wo die Wunde schon eitert oder nicht ganz geschlossen werden kann oder nachträglicher Infection ausgesetzt ist, da seien Jodoformgaze und die sonstigen antiseptischen Verbandstoffe am Platze.

Die Drainage hält Verf. bei unvollkommener Asepsis für unentbehrlich, bei vollkommener Asepsis jedoch nicht für nothwendig. Angesammeltes Secret könne, sobald es Beschwerden verursacht, auch nachträglich durch Punction entfernt werden.

Das Hauptziel bei der Wundbehandlung sei also: „Sterilisation der Wunden in dem Sinne, wie wir andere Nährböden steril halten", und, dieses Ziel vor Augen, könne auch bei Operationen ausserhalb der Krankenhäuser mit einfachen Mitteln verfahren werden.

(Correspondenz-Blatt f. Schweizer Aerzte. No. 1. 1889.)
Freyer (Stettin).

Ueber Kalkbehandlung der Localtuberculose. Von Dr. Gustav Kollischer (Wien).

Die enthusiastischen Mittheilungen der ersten Zeit haben während der Fortsetzung der Versuche allmählich einer erheblich ruhigeren Anschauung Platz gemacht. K. fand nicht nur, dass seine Methode nur innerhalb gewisser Grenzen Erfolge setze, sondern dass auch innerhalb dieser Grenzen gewisse technische Schwierigkeiten den Erfolg in Frage stellen, und andererseits, dass Modificationen der Methode deren Anwendbarkeit steigern.

Zu erwähnen ist hier zunächst das Auftreten von ziemlich umfangreicher Gangrän nach gemachter Injection, die nicht nur auf zu dichter oder quantitativ übermässiger Injection, sondern auch darauf beruht, dass sehr oft unter einem Fungus bei der Arthrotomie oder Necroskopie in der Tiefe befindliche Weichtheilsgangrän oder Granulationsgewebe gefunden wird, das ein ähnliches Bild giebt, wie die blasse, anämische, tuberculöse Infiltration des Knochens und bei dem es nicht überraschen kann, wenn es bei Einbringung eines starken Reizmittels zu umfassender Gangrän kommt. — Bemerkt wird übrigens, dass in allen derartigen Fällen von Gangrän die Behandlung doch immer bis zum Schlusse fortgesetzt und Heilung erzielt werden konnte. — Als fernere Uebelstände kommt oft bei der Secundärnaht der kalten Abscesse aus einem, in Folge der zu frühen Schliessung der Naht nicht genügend von der Kalklösung afficirten Herde eine, wenn auch fadendünne Fistel zu Stande, welche neuerdings durch Einschiebung von 5 % Calciumbacillen zum Verheilen gebracht werden konnte, oder endlich es verhindern die Heilung häufig versteckte Knochenherde, wie Cavernen an der Innenseite der Rippen, die der directen Therapie unzugänglich bleiben, während in manchen seltenen Fällen noch genaue Exploration und Extraction von tuberculösen Sequestern die Heilung unter Kalkgazetamponade zu ermöglichen vermochte.

K.'s Urtheil ist nach alledem zur Zeit folgendes: Die Kalkbehandlung ist entschieden indicirt bei Kindern. Sie liefert hier in einzelnen Fällen imponirende Erfolge, giebt bei einer weiteren Reihe gute Resultate und bleibt nur bei einer letzten Reihe von Fällen wirkungslos.

Die günstigsten Resultate bietet die Gruppe der Weichtheilstuberculose, der Kapselfungi im engeren Sinne und der Sehnenscheidenfungi. In vielen Fällen muss man allerdings die Injectionen in mehreren Sitzungen wiederholen, bevor vollständige Schrumpfung erzielt wurde, aber immer gelang binnen verhältnissmässig kurzer Zeit i. e. 2—4 Monate, vollständiges Zurückdrängen der fungösen Geschwulst oder Herstellung der Function. Dieser Gruppe schliessen sich an die progredient verkäsenden Fungi, welche einige Zeit nach gemachter Injection aufbrechen, oft starke Schwellung, hohes Fieber, massenhafte Entleerung von abgestossenen Granulationsgeweben zeigen, aber gewöhnlich unter Kalkgazetamponade doch auch noch ausheilen. Die Fälle, die nicht heilen, sind entweder ausgebreitete Knochennecrose oder zeigen weit weg von der Aufbruchsstelle unter gesunden Weichtheilen einen Knochenherd oder Tuberculose der Carpus- oder Tarsusgelenke.

Bei kräftigen adolescenten Individuen beschränkt sich die prävalente Anwendbarkeit der Methode auf jene Fälle, wo reiner Weichtheilfungus vorhanden ist und noch nicht totale Destruction der Bänder sich eingestellt hat. Selbst exulcerirte Fungi complicirt mit Knochengeschwüren gelangen noch zur Heilung unter Kalkgazetamponade, wenn die Knochengeschwüre oberflächlich, secundäre Impfgeschwüre sind.

Von erwachsenen Patienten schliesslich sind nur vereinzelte Fälle der Kalktherapie zugänglich, nämlich die Weichtheilfungi bei sonst kräftigen und gesunden Individuen, aber auch nur im Beginne der Erkrankung und wenn jeder Knochenherd mit grösster Wahrscheinlichkeit auszuschliessen ist.

(Wiener medizin. Presse No. 44. 1887.)

G. Peters (Berlin).

(Aus der chirurgischen Klinik zu Greifswald.)

Zur Technik der Unterschenkel-Amputation. Von Prof. Dr. Helferich.

Im Gegensatze zu den üblichen Methoden der vorderen und hinteren Lappenbildung bei Unterschenkel-Amputationen glaubt Verf. sein seit 7 Jahren geübtes Verfahren der Bildung eines innern Lappens hervorheben zu sollen. Die Vorzüge desselben bestehen darin, dass schon bei der beliebten Lagerung des Kranken nach der Amputation in Pott'sche Seitenlage, wobei der Stumpf auf die Aussenseite zu liegen kommt, der Lappen in natürlicher Weise über die Wundfläche herabhängt, zu keiner Spannung Veranlassung giebt, an der vorderen Tibiakante sonst einen Ueberschuss von Haut bildet, während Nahtlinie und Narbe an den Rand des Stumpfes zu liegen kommen. Man hat also nicht so leicht Decubitus an der Tibiakante zu fürchten. Die Ausführung des Verfahrens ist in der kleinen Operationslehre von Rotter (München 1887) beschrieben und in ihren Vorzügen besonders gewürdigt.

(Münchener med. Wochenschr. Nr. 36, 1887.)

Freyer (Stettin).

Eine Variante in der Amputationstechnik des Unterschenkels. Von Prof. Dr. v. Mosetig-Moorhof.

Ziemlich gleichzeitig mit Helferich publicirt der oben genannte Verfasser für den Unterschenkel ein ähnliches Verfahren, das ebenfalls den Zweck haben soll, den Decubitus an der Tibiakante zu vermeiden. Nur bildet Verf. zwei seitliche Lappen, die, in der Mitte des Stumpfes vereinigt, an der Tibiakante einen Ueberschuss an Bedeckung abgeben, der „etwa wie ein Vordach die Tibiakante überwölbt", während Helferich nur einen einzigen inneren viereckigen Lappen mit Beinhaut und Fascie zur Stumpfbedeckung verwendet. Lappenbildung sowohl, als auch die Vorderansicht eines nach seiner Methode amputirten und vernähten Stumpfes werden vom Verfasser durch bezügliche Abbildungen veranschaulicht.

(*Wien. med. Presse, 1887, Nr. 45.*)

Freyer (Stettin).

Zur Technik der Unterschenkelamputation. Von Prof. Dr. A. Obaliński (Krakau).

Nach dem Bekanntwerden der Modificationen in der Technik der Unterschenkelamputation, wie sie von Helferich und Mosetig-Moorhof neuerdings mitgetheilt worden, glaubt Verf. auch seine Methode, wie er sie seit zwei Jahren übt, zur Beurtheilung und Nachahmung stellen zu sollen. Er bildet ebenfalls zwei seitliche, und zwar Hautmuskellappen, am besten in U-Form, und vereinigt dieselben mit zwei Reihen von Nähten, mit einer Reihe Platten- und einer Reihe Knotennähten bez. einer Kürschnernaht. Die Plattennähte kommen nur 1 cm oberhalb des Sägerandes an der Vorderfläche der Tibia zu liegen. Durch diese Naht sollen nach Verf. „die Weichtheile nach Art eines Hahnenkammes oberhalb der Tibiakante zusammengehalten und somit auch von dem durch Herabhängen über den scharfen Knochenrand entstehenden Drucke entlastet" werden. Zu demselben Zwecke soll die Plattennaht natürlich auch bei jeder andern Art von Schnittführung zur Geltung gebracht werden können. Verfasser glaubt seine Methode besonders der Helferich'schen vorziehen zu sollen. (Ob die vom Verf. für seine Methode gewählte Bezeichnung der „Hahnenkammmethode" gerade eine sehr glückliche ist, dürfte dahingestellt bleiben. Ref.)

(*Centralbl. f. Chirurg. 1887. Nr 31.*)

Freyer (Stettin).

Neunter Jahresbericht über die Wirksamkeit der Augenheilanstalt für Arme (Posen). Von Dr. B. Wicherkiewicz.

Nach der eingehenden Besprechung und statistischen Zusammenstellung des Krankenmaterials, welches in oben bezeichneter Heilanstalt im Jahre 1886 zur Behandlung kam, bringt W. einige hygienische Fingerzeige und Bemerkungen allgemeinen Werthes bei. Die ägyptische Augenentzündung betreffend hält Verf. die in den hygienischen Handbüchern gegebenen prophylactischen Vorschriften von dem Gebrauch besonderer Handtücher, Waschbecken, Schnupftücher u. dergl. nicht für ausreichend. Man muss auch darauf aufmerksam machen, dass durch den Finger, welcher durch Reiben der Augenlider den häufigen Juckreiz zu mildern sucht, bei gemeinsamen Gesellschaftsspielen, in der Schule, beim Tanzen u. s. w. eine Uebertragung des Trachoms möglich ist. Auch durch Tragen von Brillen der an letzterem leidenden Personen kann die gefährliche Augenentzündung verbreitet werden.

Verf. sah grossen Nutzen von der Ausspülung der vorderen Kammer nicht nur bei Operationen unreifer Staare, sondern auch bei den Resteutfernungen nach der Extraction ausgebildeter Cataracte. Als Flüssigkeit diente immer am wirksamsten abgekochtes und auf ungefähr 30° R. abgekühltes salziges Wasser. Das unentbehrliche Cocain dürfte nicht zu oft und nicht in zu concentrirter Lösung in den Conjunctivalsack geträufelt werden, falls man sicher Hornhauttrübungen, die durch zu reichliche Anwendung des Anästheticums herbeigeführt werden, vermeiden wolle. Der Augenverband wird namentlich nach Staaroperationen drei sogar vier Tage, falls keine besondere Veranlassung vorliegt, unberührt gelassen und setzt sich folgendermaassen zusammen: Ueber einer ziemlich starken Lage Jodoformgaze wird eine dicke Schicht Verbandwatte gebreitet und die unmittelbar vor der Anlegung des Verbandes in Sublimatlösung angefeuchtete Gazebinde um den Kopf geführt, wobei Ohren, Stirn und Nase durch Wattepolsterungen vor Druck geschützt werden. Zur Deckung von Substanzverlusten der Haut bedient Verf. sich der secundären stiellosen Hauttransplantation, über welche wir (Therap. Monatshefte 1887 S. 459) berichtet haben.

J. Ruhemann (Berlin).

Neuer Augenverband. Von Louis Wolffberg.

Als Verbandmaterial dient das auf Veranlassung W.'s hergestellte „hydrophile Augenverbandpapier", das aus einer Mischung von baumwollenen und leinenen Fasern hergestellt und mit 28% Glycerin getränkt ist. Das vor der Application in eine desinficirende Flüssigkeit getauchte, ausgedrückte Papier schliesst sich luftdicht der Haut an und kann durch aufgelegte nasse Watte feucht gehalten werden, besonders wenn man zwischen Papier und Auge angefeuchtete Verbandwatte legt. Unangenehmen Druck übt das trocken werdende Papier nicht aus, es hält das Auge luftdicht abgeschlossen, weshalb es z. B. in der ambulanten Praxis gut brauchbar ist. Ekzeme werden vermieden, wenn man auf die Lider vor Anlegung des Verbandes 10% Jodoform-Vaselinsalbe aufträgt. Thränen saugt das Papier auf, schleimige oder eitrige Secrete nicht.

(Klin. Monatsbl. f. Augenheilkunde. September 1881.)

J. Rubemann (Berlin).

Ueber die Erkrankung der Haarwurzeln und speciell über Blepharitis ciliaris, ihre Ursachen und Heilung. Von Dr. W. Röder.

Verf. geht von der Beobachtung aus, dass geringe Blennorrhoeen des Thränensackes bei Stenosen des Ductus nasolacrymalis die Lidränder zunächst in der Mitte des unteren Lidrandes erkranken lassen, während bei Bindehautentzündungen blepharitische Processe in der Nähe des äusseren Augenwinkels beginnen. Die mit Eiterzellen durchsetzte Thränenflüssigkeit überwindet den Widerstand des Talgdrüsenfettes und dringt alsdann in die Haarbälge ein. Durch das gequollene Haar wird der Eingang in den ebenfalls aufquellenden Haarbalg verengt; allmählich entsteht durch Eintrocknung des hervorbrechenden Eiters Krustenbildung zwischen den Wimpern, Ausstossung der Cilien und der inneren Wurzelscheide. Nach und nach erfolgt Narbencontraction der äusseren Wurzelscheide, Obliteration der Talgdrüsen, hakenförmige Krümmung der neugewachsenen Cilien.

Zunächst richtet sich die Behandlung gegen die zu Grunde liegende Thränensackeiterung und die Conjunctivitis; alsdann erfolgt die Expilation aller kranken Haare, die Entfernung der frisch nachgewachsenen Cilien, die Eröffnung der kleinen Eiterheerdchen; lauwarme Borsäureumschläge und Borsäureeinträufelungen (4%) unterstützen den Heilungsvorgang.

(Klin. Monatsbl. f. Augenheilkunde. Juli 1881.)

J. Rubemann (Berlin).

Der gegenwärtige Stand der Syphilis-Therapie. Von Dr. Maxim. v. Zeissl.

Es dürfte von Interesse sein, aus der Arbeit Zeissl's, als eines gewissermassen erblichen Vertreters der Wiener Schule der Syphilistherapie, dessen Ansichten über dieses wichtige und viel umstrittene Thema kennen zu lernen.

Ob es möglich ist, durch Aetzung einer Erosion bald nach einem verdächtigen Coitus den Ausbruch der Syphilis zu verhindern, ist Z. zweifelhaft; doch hält er es nicht für unzweckmässig, nach einem solchen Beischlafe entdeckte Excoriationen nach dem Vorgange Sigmund's mit concentrirter Carbolsäure zu ätzen. Dagegen ist er ein entschiedener Gegner derer, welche durch Excision des syphilitischen Primäraffectes der Ausbreitung des Giftes auf den Gesammtorganismus Halt gebieten zu können glauben. Ihm ist die Initialsklerose schon der Ausdruck der Infection des Gesammtorganismus. Seine eigenen Excisionsversuche (13 an Zahl) haben ein durchaus negatives Resultat ergeben. Ebenso verwirft Z. die Praeventivallgemeinbehandlung, die auf der Hypothese beruht, dass das Quecksilber ein Gegengift gegen die Syphilis sei. Für ihn ist diese Annahme noch durchaus nicht erwiesen, da die unzweifelhaft günstigen Resultate, welche das Quecksilber bei der Syphilisbehandlung aufzuweisen hat, sich ja auch dadurch erklären lassen, dass das Quecksilber den Organismus in den Stand setzt, den Kampf gegen das Syphilisgift erfolgreicher zu führen. Z. sieht den einzigen Erfolg der Praeventivallgemeinbehandlung darin, dass sie den Ausbruch der Allgemeinerscheinungen etwas hinausschiebt, dafür verlaufen diese dann aber unregelmässiger, und es treten unverhältnissmässig frühzeitig schwere, oft letale Erkrankungen des Centralnervensystems und auch schwere viscerale Symptome hervor. Auch der chronischen Behandlung, wie sie namentlich von Fournier und Neisser als continuirliche alternirende Behandlung geübt, steht Z. feindlich gegenüber; allerdings behandelt auch er in gewissem Sinne chronisch, denn er bricht seine Behandlung nicht mit dem Schwinden der Symptome ab, sondern verabreicht noch mehrere Monate bis ein Jahr lang Jodpräparate. Die mehrjährige Anwendung von Quecksilber hält er für nutzlos und gefährlich, da dieses Mittel die Patienten in ihrer Gesammternährung bedeutend herabsetzt. Die von Z. geübte Methode der Syphilisbehandlung ist folgende: Hat ein Kranker nur erst eine Initialsklerose und noch keine allgemeine Lues, so wird die Sklerose mit Desinficientien topisch behandelt. Treten die ersten allgemeinen Erscheinungen auf, so werden auch diese 6 Wochen lang nur local behandelt; ist nach 6 Wochen keine wesentliche Besserung eingetreten, so erhält der Kranke Jodpräparate. Ist nach weiteren 8 Wochen die Heilung noch keine vollständige, so wendet Z. mit Vorliebe das Zittmann'sche Decoct und Einreibungen von grauer Salbe an, die dann viel rascher die Erscheinungen der Syphilis zum Schwinden bringen, als wenn Quecksilber von vornherein in Anwendung gezogen wäre. In neuerer Zeit hat Z. von der Anwendung der Calomelinjectionen (Neisser) gute Erfolge gesehen.

(Klinische Zeit- u. Streitfragen Heft 5.) *Schmey.*

Ueber die Aetiologie und Therapie der Impetigo, des Furunkels und der Sykosis. Von Dr. Bockhart.

In dem kurzen, der Therapie genannter Affectionen gewidmeten Abschnitt seiner Arbeit empfiehlt B. bei der Behandlung dieser Hautkrankheiten die Heilbestrebungen der Natur zu unterstützen und zu fördern, und zu verhindern, dass die bekannten Ursachen dieser Krankheiten noch öfters auf das schon einmal befallene Individuum einwirken, also die Recidive dieser Erkrankungen durch geeignete prophylactische Maassregeln zu verhüten. Bei der Wilson'schen Impetigo kann man die Heilung beschleunigen durch Eröffnung der Pusteln und Desinficirung mit 1 bis 2‰ Sublimatlösung. Pasten, Salbenmulle und Ungt. Hebrae sind in diesen Fällen nicht zuträglich, ebensowenig der Puder, da dieser mit einem Theil des Pusteleiters eine Kruste bildet, sodass der übrige Theil des Eiters in der Pustel zurückgehalten wird.

Bei der Sykosis sind die erkrankten Haare zu epiliren und dabei die Entleerung der vorhandenen Pusteln vorzunehmen. Nach der Epilirung räth Verf. täglich zweimalige Waschungen des Gesichts mit 1‰ Sublimatlösung.

Der Carbunkel ist mit warmen Ueberschlägen oder Empl. hydr. zu behandeln zur Beschleunigung der Eiterung und Lösung des Pfropfes, welcher dann herausgedrückt wird. Oder es ist die Eröffnung mit dem Messer, also die alte Therapie, vorzunehmen (der wohl fast stets der Vorzug einzuräumen wäre d. Ref.).

(Wiener med. Presse 1887. N. 836.)

George Meyer (Berlin).

Die Béniqué-Sonde. Ein Beitrag zur Therapie der Harnröhrenerkrankungen. Von Dr. Feibes (Berlin).

Verf. empfiehlt die Béniqué-Sonde vor allen anderen sonstig gestalteten Instrumenten zur Behandlung der im hinteren Theil der Harnröhre liegenden Erkrankungen, da das Instrument den natürlichen Krümmungen der Urethra folgt, während anders geartete die Urethra in einen geraden Kanal verwandeln, wodurch besonders deren hinterer Theil gezerrt und zu einer abnormen Geradläufigkeit verändert wird. Ferner hat F. die Sonde an der Spitze conisch auslaufend construiren lassen für Fälle, wo das Orificium urethrae sehr eng ist. Das Instrument wird in dieser Gestalt auf der von Posner geleiteten Abtheilung für Erkrankungen der Harnorgane der Lassar'schen Poliklinik mit sehr gutem Erfolg benutzt. Das Zinn gestattet Krümmung des Instrumentes in für jeden Fall angepasster Weise, sodass also auch die Mercier'sche Krümmung zur Behandlung der Prostatahypertrophie hergestellt werden kann. Die Sonde dient ferner als Stricturbougie, für Neurosen der hinteren Harnröhre (Winternitz'sche Kühlsonde in dieser Form), sowie zur Behandlung der chronischen Gonorrhoe (Salbensonde).

(Berl. Klin. Wochenschr. 1887, No. 36.)

George Meyer (Berlin).

Seltenere Erkrankungsfälle der Harnröhre. Von Dr. Hugo Feleki in Budapest.

Unter diesem Titel berichtet Verfasser über eine grössere Anzahl von Fällen. Referent glaubte die interessantesten zu wählen, indem er von den hier angeführten berichtet:

1. Seltenere Erkrankung der Harnröhrenschleimhaut in Folge von Injectionen mit einer Lösung von Liq. ferr. sesquichlor. Verf. rügt vor Allem, dass der practische Arzt, dem alten Schlendrian huldigend, die Blennorrhoe noch immer schablonenmässig behandle und im Misserfolge gradatim zu stärkeren Adstringentien greife, ohne dem Grunde der Erfolglosigkeit seines Heilverfahrens nachzuforschen. Die Folgen der stärkeren Mittel sind meistens Erosionen der Schleimhaut, welche im Falle einer endoskopischen Controle fortgefallen wären. Verf. beobachtete eine sehr seltene Erkrankung der Urethralschleimhaut, welche in Folge von Injectionen mit einer Lösung von 30 Tropfen Liq. ferr. sesquichlorat. auf 100 g Wasser entstand. Diese Lösung wurde durch 8 Tage benutzt. Anfangs hörte die Eiterung auf, um nach einigen Tagen wieder zu beginnen, zugleich stellte sich grosse Schmerzhaftigkeit ein. Bei endoskopischer Untersuchung fand Feleki die Schleimhaut der Urethra mit schwarzen Schorfen bedeckt, zwischen den Schorfen die mit gelbem Eiter bedeckte, entzündete rothe Schleimhaut. Die erhabenen schwarzen Stellen zeigten sich als Brandschorfe. Nach 4 Tagen nahm die Zahl derselben etwa um die Hälfte ab, aber noch nach 2 Wochen waren einige derselben zu

sehen. Verf. empfiehlt in solchen Fällen von Blennorrhöen, welche den gewöhnlichen Adstringentien Widerstand leisten, zum Endoskop zu greifen und mit dessen Hülfe oder wenigstens Controle die Therapie durchzuführen. Dort, wo die hinteren Partieen der Schleimhaut erkrankt sind, werden wenigstens durch Injectionen die vorderen Partieen der Schleimhaut nicht gereizt werden, da bekanntermassen die Injectionsflüssigkeit die hinteren Partieen nicht erreicht.

2. **Acute Urethritis durch Anwendung einer Sublimatlösung.** Einem Patienten wurde von seinem Arzte gegen chronische Blennorrhoe 0,10 Sublimat auf 200 ccm Wasser verordnet. Gleich nach der 1. Injection traten im Gliede rasende Schmerzen auf, die trotzdem dass der intelligente Patient die Harnröhre augenblicklich mit reinem Wasser mehrmals ausspritzte, an Heftigkeit nicht abnahmen. Das Glied war erigirt, geschwollen, das Orificium externum klaffend. Dies wie auch die später eingetretene profuse Eiterung, die Schmerzen während der Harnentleerung und die öfteren Erectionen deuteten auf eine heftige Urethritis hin. F. verordnete Bettruhe und Eisumschläge. Die Reizzustände dauerten einige Tage. Nach Verlauf von 18 Tagen heilte die Urethritis auf Einspritzungen von Liq. Plumb. subacetici. Verf. warnt vor Mitteln, die solche heftige Erscheinungen provociren, trotzdem dass Pat. von seinem chronischen Tripper befreit wurde.

3. **Entfernung eines Fremdkörpers aus der Harnröhre mit Hülfe des Endoskops.**

Ein 26jähriger Tischlergehülfe brachte sich im berauschten Zustande eine Stecknadel, mit dem Kopfe nach rückwärts gerichtet, in die Harnröhre. Feleki konnte dieselbe von aussen nicht mit Bestimmtheit durchtasten, doch der Patient bezeichnete einen nächst der Symphysis gelegenen Punct als den Sitz des Fremdkörpers. Nachdem die Gefahr vorhanden war, durch Einführung eines Instrumentes die Nadel noch tiefer oder gar in die Blase zu schieben, versuchte Verf. dieselbe mittelst des Endoskops zu entfernen, indem er von aussen die schmerzhafte Stelle aus Vorsicht fest zusammendrücken liess. Mit wenig Mühe gelang es, einen 5 mm langen Theil der Spitze in das Lumen des Endoskops zu bringen, wonach die Nadel dann mit der Grünfeld'schen Pincette nebst Durchreissung einer aufgespiessten 2 mm langen, dünnen Schleimhautfalte leicht entfernt werden konnte. Pat. konnte gleich nach der Operation zu Fusse nach Hause gehen.

(*Gyógyászat. 1891. No. 30—32*).

Dr. Schuschny (Budapest).

Zur Pathologie und Therapie des chronischen Trippers. II. Therapeutische Bemerkungen und urethroskopisch zu beobachtende Vorgänge auf der Schleimhaut bei der neuen Heilmethode. Von Dr. Oberländer und Prof. Neelsen (Dresden).

Auf Grund zahlreicher elektroendoskopischer Beobachtungen ist diese neue Pathologie und Therapie der chronischen Trippererkrankungen zusammengestellt. Als obersten Grundsatz für die Behandlung stellt O. den Satz auf, „dass man unbedingt immer nach dem endoskopischen Befunde seine Therapie einzurichten hat". Die mucoesen Katarrhe werden entweder mit adstringirenden Injectionen oder mit Kauterisation behandelt. Zu letzterem Zweck ist Arg. nitr. in einer Lösung von 1:15—1:50 das geeignetste Mittel. Die erkrankte Stelle der Schleimhaut wird damit alle vier bis sieben Tage betupft, oder durch einen starken elastischen Katheter werden 60 bis 80 g einer Höllensteinlösung von 1:500—1:1500 injicirt. Nicht sehr begeistert ist O. von der Anwendung der Salbenbougies. Die „neue Heilmethode" nun besteht in der Application von Instrumenten, welche O. angegeben hat. Dies sind gerade und gebogene Dilatatorien, die so construirt sind, dass zwei federnde Stahlbranchen mittelst einer Schraubvorrichtung, welche nach Einführung des Werkzeugs ausserhalb des Orificium externum urethrae liegt, von einander entfernt werden können. Das Instrument ist mit einem gut anschliessenden Gummiüberzug versehen; ein an der Scheibe angebrachter Zeiger zeigt auf einem Zifferblatt die Entfernung der Branchen von einander an, sodass die durch das Dilatatorium bewirkte Dehnung der Urethra genau zu controliren ist. Unangenehme Störungen hat Verf. bei der Anwendung der Instrumente nicht beobachtet. Die Stärke der Dehnung ist individuell in jedem Falle verschieden. Zweckmässig kann man der Dilatation eine kaustische Ausspülung der Harnröhre folgen lassen. Bei den glandulär infiltrativen Entzündungsformen, so bei der Urethritis glandularis superficialis s. proliferans, der Urethritis granularis falciformis ist ebenfalls die Dehnung mit kaustischer Nachspülung am Platze. (Die neue pathologische Eintheilung der verschiedenen durch Tripper bedingten Entzündungsformen der Harnröhre ist im Original im 2. Heft II. Hälfte derselben Zeitschrift nachzulesen.) Die Risse, welche die Dehnung bewirkt, die natürlich auch Blutungen setzt, sind im endoskopischen Bild deutlich sichtbar; sie verheilen, wobei die kaustischen Lösungen die Abschuppung sehr befördern. Erst wenn eine normale, mattrothe Schleimhaut an Stelle der vorher erkrankten Partie zu sehen ist, kann der betreffende Fall als geheilt betrachtet werden. Die Dehnung und Ausspülung ist zwischen 4—8 Tagen oder auch längeren Zwischenräumen zu wiederholen, was sich ebenfalls nach dem Verlaufe und der Schwere des einzelnen Falles zu richten hat. Die Urethritis glandularis stringens, die hochgradige Verengerungen verursacht, die höchstens mit Nummern unter 20 Fil. Charrière zu entriren sind, sind anfangs vorsichtig zu erweitern. Hierbei ist natürlich von Wichtigkeit, wie die Blase und der Urin sich verhält (Blasenschwäche, alkalischer Urin etc.). Erst wenn das Instrument leicht durch die verengte Stelle hindurchgleitet, und der Infiltrationsprocess in Erweichung übergegangen ist, kann man forcirter dehnen. Das Granulationsgewebe wird dadurch zerquetscht, nekrotisirt und zur Vernarbung gebracht resp. aufgesaugt. Mit Bougies allein sind diese ernstlichen Stricturen, nicht die Schwundstricturen, nicht zur Heilung zu bringen. Erfolgen bei den Dehnungen noch leichte Risse, so sind sie häufig vorzunehmen, nachdem jedes Mal natürlich die Einrisse verheilt sind, was durch kaustische Ausspülungen beschleunigt werden kann. Treten die Risse nicht mehr auf, so ist seltener — nach 14 Tagen, 3—4 Wochen und Monaten — zu dehnen. Die vorher vorhandenen Erhabenheiten in der Schleimhaut schwinden immer mehr, und die platte narbige Schleimhaut tritt an ihre Stelle. Auch diese schwindet, die Oberfläche der Narbe wird glänzend und überzieht sich mit kleinen Gefässchen, schliesslich bleibt noch eine geringe, gelb gefärbte, glatte, durchsichtige Narbe als früherer Ort der Entzündung übrig. Die herdförmigen Infiltrationen werden entweder durch die Continuitätstrennung oder durch Erzeugung von Blutergüssen aufgesaugt. Sind einzelne Herde in den geheilten Partien intact erhalten, so kann von diesen eine neue Entzündung ausgehen, oder das Recidiv kann auch durch äusserliche Schädlichkeiten entstehen. Die Urethritis follicularis sicca, die viele Jahre lang auf derselben Entwickelungsstufe bestehen kann und sehr hartnäckig recidivirt, wird in geringen Graden ebenfalls mit ordentlichen Dehnungen behandelt. Oberflächliche Granulationen oder Substanzverluste sind durch kaustische Tampons zu beseitigen, darauf die Dehnungen vorzunehmen, deren Wiederholung sich nach dem endoskopischen Bilde resp. der Zahl der im Urin vorhandenen Schuppen und Klümpchen richtet (Filamente fehlen gewöhnlich bei dieser Form). Stets ist wie bei allen Dehnungen immer erst die Reaction derselben, die verschiedene Stärke und Dauer in jedem einzelnen Falle hat, abzuwarten, bis man von Neuem dehnt. Sind die Reactionen sehr stark, so sind Kamillentheebäder des Gliedes, Bor- oder Bleiwasserinjectionen am Platze, und dann nach einigen Tagen schwache kaustische Injectionen anzufangen. Beim Recidiv verliert die Oberfläche der Schleimhaut wieder ihren Glanz und verändert ihre Farbe. Stets muss man sich daher von der Ruhe der Narbe resp. ihrem weiteren Verschwinden überzeugen und durch rechtzeitiges Dilatiren weitere Rückfälle hindern, ehe man den Patienten aus der Beobachtung entlässt.

(Vierteljschr. f. Dermat. u. Syph. 1881. S. 637.)

George Meyer (Berlin).

Ueber Koprostase-Reflexneurosen. Von Prof. Dr. Heinrich Kisch.

In derselben Weise, wie in jüngster Zeit Gussenbauer als die gewöhnliche Ursache der intermittirenden Trigeminusneuralgie die habituelle Obstipation erkannt hat, zeigt Kisch, dass auch andere Neurosen reflectorisch durch Koprostase erzeugt werden. Die habituelle Obstipation oder „die Verringerung der automatischen Thätigkeit der nervösen Apparate des Darms" (Nothnagel) beruht auf pathologischen Veränderungen der Darmganglien, von denen auf dem Wege des Sympathicus nervöse Impulse zum Centralnervensystem fortgeleitet werden und die so reflectorisch abnorme Empfindungen und Neurosen veranlassen. Nach Kisch sind es namentlich das nervöse Herzklopfen, die Hemicranie, diese besonders bei Personen, die den Symptomencomplex der Plethora abdominalis zeigen, die Ischias, ferner die Lumboabdominalneuralgie und die Ovaralgie, welche in sehr vielen Fällen auf diese Weise zu Stande kommen. Wenn man auch durch purgirende Mittel diese Neurosen nicht coupiren kann, so vermag doch ein curmässiger Gebrauch der Glaubersalzwässer, sowie die Durchführung geeigneter diätetischer Maassregeln die habituelle Obstipation und mit dieser die Wiederkehr neuralgischer Anfälle zu verhüten.

(Berliner klin. Wochenschr. 1887. No. 13.)

Schmey (Beuthen O/S.).

Experimentelle Studien über die Wirkungen der Herzpunction bei Chloroformnarkose. Von Dr. Watson.

Um den Einfluss der Herzpunction in Fällen von Chloroformsynkope näher kennen zu lernen, stellte W. zahlreiche (80) Versuche an Thieren an. Dieselben wurden durch Chloroforminhalationen getödtet, alsdann wurde ihnen 1—4 Minuten später eine

Aspirationsnadel durch die Brustwandungen in das Herz gestossen.

Diese Herzpunctionen selbst sind ungefährlich; nur in den Fällen, wo die Vena cava getroffen wurde, erfolgte eine profuse Hämorrhagie.

W. kommt zu dem Schlusse, dass die Punction des Herzens, besonders die des rechten Ventrikels, die Muskelcontraction anrege und mit Vortheil bei der Behandlung der Chloroformsynkope angewendet werden können.

(Journ. of the amer. med. assoc. 1881. No. 23 und Centralbl. für Chirurg. No. 43. 87.) *M.*

Toxikologie.

Vergiftung mit Carbolsäure. Von Dr. Briggs.

Dr. Wallace A. Briggs aus Sacramento in Californien berichtet über einen Fall von Carbolsäurevergiftung, welche durch eine Vaginalinjection mit einem Theelöffel Carbolsäure in einem Quart heissen Wassers gelöst, hervorgebracht wurde. Ungefähr 48 g der Lösung waren injicirt worden, als die Patientin ausrief: „Ich fühle mich sehr übel". Dann legte sie ihre Hand auf die Gegend über den Uterus und meinte: „Hier oben brennt etwas". Ihr Gesicht war blass, ihre Respiration wurde bald angestrengt; geringer Muskeltremor trat ein, der Tod schien zu drohen. Als Dr. Briggs die Patientin sah, war das Athmen stertorös (10 Athemzüge in der Minute), die Haut feucht und kalt, der Puls kaum wahrnehmbar; Herzschläge nur schwach hörbar, die Reflexe verschwunden, die Temperatur subnormal. Die Behandlung bestand in subcutanen Injectionen von Whisky und Applicationen von Heisswasserflaschen auf die Füsse und die Seiten des Körpers. 5½ Stunde nachher machten sich schwache Zeichen wiederkehrenden Bewusstseins bemerkbar und 8 Tage nach dem Zufall sprach die Patientin zum ersten Mal. Nach 39 Tagen erst schien vollständige Heilung nahe zu sein.

(The Sacramento Medical Times April 1881 und The Dublin Journal October 1881.)

Hippel.

Behandlung der Opiumvergiftung mit Strychnin. Von Dr. W. Stadler.

Eine zufällige Beobachtung, dass ein 16jähriger Bursche, der, um sich zu vergiften, 2 g Morphium und 1 Minute später der grösseren Sicherheit halber über 1 g Strychnin genommen hatte, nur mässige Krämpfe bekam und ohne Behandlung in kurzer Zeit genas und ein von Dr. Davidson berichteter Fall von Opiumvergiftung, welche durch eine einmalige subcutane Injection von 0,6 Extr. Strychni mit Erfolg behandelt wurde, veranlassten St. bei dem nächsten Falle von Opiumvergiftung dieselbe Behandlung zu versuchen. Einer 64jährigen kranken Frau, welche wiederholt Morphium bekommen und es gut vertragen hatte, verschrieb St. eines Abends wieder Morphium 0,015, alle 4 Stunden. Am nächsten Morgen wurde St. zu der Frau gerufen und fand sie bewusstlos. Der Puls war schwach, frequent und unregelmässig; Respiration ausserordentlich langsam, 4 in der Minute. St. machte ihr innerhalb ½ Stunde 2 subcutane Einspritzungen von 0,006 Strychnin und gab ihr dann alle Viertelstunde eine Tasse starken Kaffees mit Capsicuminfus und 0,006 Strychnin. Nach 2 Stunden die ersten Anzeichen der Besserung; Puls kräftig, fast hart. Nach kaum 3 Stunden (Patientin hatte im Ganzen 0,06 Strychnin genommen) bemerkte St. die ersten Bewegungen an den Extremitäten und, während sie bis dahin das Capsicuminfus anstandslos hinuntergetrunken hatte, machte sie jetzt eine Bemerkung über den Pfeffergeschmack. Die Strychninbehandlung wurde ausgesetzt und 4 Stunden später war die Respiration normal, die Patientin vollkommen bei Bewusstsein und fühlte sich ziemlich wohl.

St. glaubt in diesem Falle noch zu vorsichtig bei der Strychninverabreichung gewesen zu sein, weshalb der Erfolg nur langsam eingetreten sei. Kommenden Falles will St. mit 0,03 beginnen und mit 0,015 und 0,0075 Strychnin fortfahren, bis der Effect eintritt, dann aber wegen der Gefahr der Zwerchfellkrämpfe damit aufhören.

(The New Orleans Med. Surgical Journal Sept. 1881.)

Hippel.

Vergiftung durch subcutan eingespritztes Cocain. Von Bernard Pitts.

Innerhalb 5 Minuten nach Einspritzung von 0,09 g Cocainum hydrochloricum in die Höhle eines erweiterten Kopfatheroms bei einem 13jährigen Knaben zeigten sich Pallor, Hinfälligkeit, Beschleunigung der Athmung und des Pulses (120). Allmählich heftiger

Collaps mit unregelmässigem, fliegendem, endlich unfühlbarem Pulse, mit schneller, oberflächlicher, ungleichmässiger Athmung, Nausea, Eructationen, Magenschmerz. Unter Excitantien (Branntwein), Hautreizen (Salmiakspiritus, Senfpflaster) u. s. w. begann innerhalb 1½ Stunden sich Besserung einzustellen.

(*The Lancet 1887, 24. Dec.*)

J. Ruhemann (Berlin).

Durch ein Cantharidenpflaster bedingte Vergiftungserscheinungen. Von Prof. R. Demme (Bern).

Ein 6jähriger Knabe war am 3. Novbr. im Laufe des Morgens von heftigem Erbrechen und stürmischen, aus blutig tingirten Schleimmassen bestehenden Darmausleerungen befallen worden. Gleichzeitig klagte er über Schmerzen in der Nierengegend und heftiges Brennen in der Harnröhre. Unter Wehklagen und Schreien liess er fortwährend einige Tropfen eines blutig gefärbten Harnes. Die Mundschleimhaut erschien intensiv geröthet, und am vorderen Rande der Zunge machte sich ausgedehnte, Herpes ähnliche Blasenbildung bemerkbar; dabei reichlicher Abfluss eines übelriechenden Speichels. Die Schleimhaut des Orificium urethrae und ebenso des Afters erschien hoch geröthet. Eine eingehendere Untersuchung (Puls- und Temperaturbestimmung etc.) war bei dem unruhigen Verhalten des Pat. nicht möglich. — Im Urin war Eiweiss und reichliches Vorhandensein hyaliner Cylinder, rother Blutkörperchen, sowie desquamirter Nieren- und Blasenepithelien nachzuweisen.

Die Anamnese ergab, dass der Pat. seit seinem 2. Lebensjahre an Enuresis nocturna gelitten und deshalb alle möglichen Curen durchgemacht habe. Auf Rath eines Freundes war nun am 2. November dem Jungen ein Blasenpflaster (Emplastrum Cantharidum ordinarium) von der Grösse von 2 Männerhänden auf die Kreuzbeingegend gelegt worden. Der ungestümen Klagen des Kindes wegen hatte dasselbe schon nach 12 Stunden abgenommen werden müssen. — Bei der nun vorgenommenen Untersuchung der Kreuzbeingegend zeigte sich die Haut daselbst geschwollen, geröthet und mit kleinen Blasen bedeckt. Es handelte sich somit unzweifelhaft um eine acute Vergiftung mit Canthariden.

Pat. erhielt ein protrahirtes lauwarmes Bad, reichlich lauwarmes Getränk von Milch, Eibischthee, Zuckerwasser und eine Mandelemulsion mit 8 Tropfen Tinct. Opii simpl. auf 24 Stunden. — Die localen Schmerzen am Kreuze wurden durch Umschläge von Bleiwasser gelindert.

Am Abend des 3. November hatten die Schmerzen in der Harnröhre und Blase, der Harndrang und Durchfall nachgelassen, aber es bestand Dyspnoë und zeigten sich leichte blitzartig auftretende Zuckungen in den Extremitäten. Temperatur 38,7°; Puls 120.

Am folgenden Tage wesentliche Besserung, die stetig fortschritt. — Am 15. November bildete sich in rascher Folge der Symptomencomplex einer acuten Cystitis aus. Dieselbe zog sich, allmählich chronisch werdend, mehrere Wochen hin. Die gewöhnliche übliche Behandlung hatte nur vorübergehenden Erfolg, bis am 7. December zur Salolbehandlung übergegangen wurde, die zur Heilung führte. (Siehe Seite 81). Als Curiosum sei noch bemerkt, dass das Bettpissen seither ausgeblieben ist.

(*24. med. Bericht über die Thätigkeit des Jenner'schen Kinderspitales.*) *S.*

Die Genese der chronischen interstitiellen Phosphor-Hepatitis. Von Dr. med. G. Krönig. (Autoreferat.)

Verf. hat es sich in vorliegender Arbeit zur Aufgabe gemacht, die Genese obiger, durch Wegner's Publication bekannt gewordener Leber-Affection zu erforschen und zu diesem Zwecke an jugendlichen Hunden experimentirt, denen längere Zeit hindurch minimale, allmählich gesteigerte Phosphor-Gaben einverleibt, und welche dann in verschiedenen Zwischenräumen getödtet wurden. Die Resultate, welche Verf. erhielt, waren folgende: das im Blute kreisende Gift schädigt zunächst die zelligen Bestandtheile desselben. Hieraus resultiren Ernährungsstörungen in den Gefässwänden, die sich in hyaliner Aufquellung der Häute und des Endothelial-Ueberzugs kundgeben. Zu gleicher Zeit oder wohl etwas später erkranken die Sternzellen und das eigentliche Leber-Parenchym, und es entstehen jetzt mehr oder weniger ausgesprochene Necrosen in Protoplasma und Kernen. Nach kürzerer oder längerer Andauer derselben entwickeln sich zum Schluss reactive Vorgänge in der Peripherie, bestehend in einer zelligen Hyperplasie des Interstitial-Gewebes. Die secundäre Natur dieses Wucherungs-Processes wird einmal an Injections-Präparaten, zweitens aber an Präparaten bewiesen, in welchen bereits deutliche Zellennecrosen, nirgends jedoch Proliferations-Vorgänge beobachtet werden.

Die Proliferation selbst ist, wie Ackermann bereits hervorgehoben, nicht entzündlicher Art. — Dass ein gleicher Entstehungs-Modus auch bei den übrigen Formen der Cirrhose anzunehmen sei, ist Verf. nicht wahrscheinlich, wenigstens bestreitet derselbe auf Grund früherer Erfahrungen die Berechtigung dieser Auffassung bezüglich der Alkohol-Cirrhose, deren Entstehung nach ihm in der Peripherie der Acini auf entzündlicher Basis ins Leben gerufen wird.

(Virchow's Archiv Bd. 110.)

Litteratur.

Arbeiten aus dem Kaiserlichen Gesundheitsamte. Dritter Band. Bericht über die Thätigkeit der zur Erforschung der Cholera im Jahre 1883 nach Aegypten und Indien entsandten Commission, unter Mitwirkung von Dr. Robert Koch bearbeitet von Dr. Georg Gaffky. Mit Abbildungen im Text, 30 Tafeln und einem Titelbilde. Berlin. Julius Springer 1887. 272 und 88 Seiten.

Der vorliegende Bericht über die Thätigkeit und die Reiseerlebnisse der denkwürdigen Choleracommission ist ein Werk von ganz eigenartigem Charakter. Der Berichterstatter hat anscheinend in enger Anlehnung an die ausführlichen Aufzeichnungen der Commission und fast durchweg in der Darstellung an die Zeitfolge der Ereignisse sich haltend, die Erlebnisse, vielseitigen Beobachtungen, die erlangten Entdeckungen in ihrer allmählichen Entwickelung in einfach historischer und schlicht objectiver Darstellung vorgeführt; gerade durch diese Form der Darstellung ist ein Ganzes geschaffen worden, dessen Inhalt als eine Bereicherung der Wissenschaft, dessen Studium als hochinteressant auch vom rein litterarischen Standpunkte aus zu bezeichnen ist. Aus drei Gesichtspunkten vor Allem erscheint das Werk besonders bedeutungsvoll; die Art der Schilderung, welche diese Gesichtspunkte in der Disposition nicht trennte, sondern neben einander hergehen liess, macht gerade hierdurch die Lecture so fesselnd.

Der erste dieser Punkte ist die historische Entwickelung des Weges, auf welchem die Commission zum Abschluss ihrer Resultate gelangte. Die Schilderung, unter welchen ausserordentlichen Schwierigkeiten aller Art und mit welcher Beharrlichkeit die Commission Schritt für Schritt ihrem Ziele näherrückte, wie schliesslich durch die Consequenz der Methodik und den Ernst des Willens aus einem völligen Nichts ein durchaus abgeschlossenes Ganze geschaffen worden ist, jene Schilderung ist in der Form so anspruchslos, hält sich so streng nur an die Thatsachen, und doch ruft sie mächtig in die Erinnerung zurück, wie gross, wie bedeutungsvoll und zugleich wie schwierig jene That war; ein Umstand, der heute, wo die neue Lehre so fest begründet, wo die Methodik so sehr Gemeingut geworden, wo das Experimentiren mit Kommabacillen zur täglichen Institutsthätigkeit gehört, leicht unterschätzt und in den Hintergrund gedrängt werden könnte.

Der zweite Gesichtspunkt, welcher das Werk zu einer wissenschaftlichen Leistung ersten Ranges macht, ist der Reichthum an thatsächlichem Material auf hygienischem, bacteriologischem und statistischem Gebiete. Einerseits sind hier die schon in den Verhandlungen der Choleraconferenzen vorgeführten Beobachtungen über den Kommabacillus und seine Eigenschaften, über den Einfluss hygienischer Momente, wie Wasserversorgung, Boden- und Witterungsverhältnisse, Menschenverkehr in ausführlicher Darstellung und unter Beibringung des ganzen gesammelten Stoffes, mit reicher Zuhilfenahme von Plänen, Diagrammen und Skizzen niedergelegt; so findet sich hier in ausführlichem Bericht die Geschichte des Fort Williams und die besonders anschauliche Darstellung der Verhältnisse jenes berühmt gewordenen Tanks, in dessen Wasser die Bacillen gefunden wurden. Andererseits enthält der Bericht noch so viele thatsächliche wissenschaftliche Beiträge zur Geschichte und Epidemiologie der Cholera, zur allgemeinen Hygiene in Aegypten und Indien eingestreut, dass aus diesen Beiträgen die Wissenschaft neues reiches Material schöpfen muss. Mit stets erneuter Bewunderung wird der Leser für die Männer der Commission erfüllt, welche unter den ausserordentlichsten Anstrengungen der Arbeitslast, des Klimas, der ungewöhnlichen Verhältnisse und dabei ganz erfüllt von der consequenten Verfolgung eines einzigen Zieles, dennoch zu keiner Zeit und an keinem Ort auch das kleinste Detail, welches belangreich sein konnte, ihrer Aufmerksamkeit haben entgehen lassen, deren Blick zu gleicher Zeit das Gesammtbild zu erfassen und in jede Einzelheit einzudringen verstand.

Der dritte Gesichtspunkt, der dem Werke einen besonderen Reiz verleiht, der zwar bei einem wissenschaftlichen Werke weniger wichtig erscheinen könnte und doch sicherlich hier einen grossen Antheil an dem Gesammtcharakter des eigenartigen Werkes hat, ist die stete Einschaltung lebendiger Schilderungen allgemein ethnologischen Inhaltes. Dieselben sind ja zunächst aus Beobachtungen hervorgegangen, welche den eigentlichen Zweck der Commission berührten; auch bei ihnen verleugnet sich nicht das Streben des Berichterstatters nach nackt objectiver Darstellung, aber offenbar reisst denselben hier der Gegenstand selbst fort, so dass eine Reihe eingestreuter Skizzen entstanden sind, die hochinteressant, z. Th. sogar ungemein fesselnd und lebhaft sind. Hierher gehört, um nur Einiges zu nennen, die Darstellung der Lebensweise der Bewohner von Damiette, der Quarantaineanstalten von Aegypten, des Pilgerwesens in Indien, die geradezu packende Schilderung des Ausfluges der Commission nach dem Südabhange des Himalaya, Skizzen, die jedes culturgeschichtliche Werk zieren müssten und welche die Lecture des vorliegenden Berichtes zu einer genussreichen auch für jeden gebildeten Nichtmediciner machen werden.

Hierzu kommt noch als eine besonders werthvolle Beigabe die Zuthat der beigegebenen 30 Tafeln, welche Uebersichtskarten, Pläne, statistische Diagramme, zehn prachtvolle Photogramme von Cholerabacillen und Culturen enthalten. In diesen Tafeln ist das Resultat eines unendlichen Fleisses, ein ausserordentlich grosses wissenschaftliches Material niedergelegt. Technisch bewunderungswerth ist die grosse Tafel No. 16, die Sunderbuns und die Calcutta benachbarten Districte, deren Einzelheiten mit der Lupe betrachtet werden müssen. Ueberhaupt ist die Gesammtausstattung des Werkes vorzüglich.

Werthvoll sind auch die dem Werke beigegebenen Anlagen. Dieselben enthalten die interessante Aufzeichnung über die Ausrüstung der Expedition und deren Kosten, die Sectionsprotocolle der gemachten Cholerasectionen, die nach der Heimath gesandten Berichte, die bekanntlich bisher nicht vollständig veröffentlicht waren, ferner Aufzeichnungen über Maassregeln zur Bekämpfung der Cholera unter den Truppen in Indien und über die ärztliche Behandlung der Cholerakranken. Hierzu kommen noch andere Notizen, wie solche über Lagerhospitäler, über Sectionsprotocolle bei anderen Krankheiten u. s. w.

Im Ganzen ist also das vorliegende Werk ein historisches und wissenschaftliches Document von ganz ausserordentlicher Bedeutung.

A. Gottstein (Berlin).

Beiträge zur klinischen Chirurgie von Dr. Paul Bruns. Mittheilungen aus der chirurgischen Klinik zu Tübingen. Dritter Band, zweites Heft. Tübingen 1887. Verl. d. H. Laupp'schen Buchhandlung.

Es ist nicht zu leugnen, dass der Werth wissenschaftlicher Mittheilungen erhöht wird, wenn dieselben auf persönlichen, an einem grossen Material gemachten Erfahrungen beruhen. Sie unterscheiden sich dadurch wesentlich von den Eintagsfliegen der bekannten vorläufigen Mittheilungen, die schon von dem nächsten Autor widerlegt werden. Noch werthvoller ist es, wenn die Erfahrungen bei klinischer Behandlung gemacht worden sind, da diese eine reinere Beobachtung des Verlaufs und eventuell auch des späteren Erfolges ermöglicht. Die Mittheilung solcher Erfahrungen ist daher nicht nur an sich berechtigt, sondern auch nothwendig, da nur auf der Summe vieler Mittheilungen sich eine endgültige Praxis in der Behandlung aufbauen kann.

Von diesem Standpunkte aus sind auch die Bruns'schen „Beiträge zur klinischen Chirurgie", wie sie uns in dem zweiten Hefte des dritten Bandes vorliegen, als werthvolle Mittheilungen zu schätzen, die geeignet sind, zur Klärung mancher noch offenen Frage beizutragen.

Wir müssen es uns versagen, jede einzelne Mittheilung hier in ihrem vollen Umfange zu besprechen und auf die Folgerichtigkeit ihrer Schlüsse zu prüfen: wir werden uns vielmehr darauf zu beschränken haben, in Gemässheit der Tendenz der Blätter, deren Spalten vorliegende Besprechung gewidmet ist, aus jenen Mittheilungen vorwiegend das therapeutisch Wichtige hervorzuheben, das Nachlesen der statistischen Excursionen und angehängten Krankengeschichten Denjenigen überlassend, deren fachwissenschaftliches Interesse dies erheischt.

Aus der ersten der Mittheilungen, „über die Geschwülste der Kiemenspalten" (Richard), interessirt es uns zu erfahren, dass die Totalexstirpation solcher Geschwülste, unter denen nicht nur Cysten und Abscesse, sondern selbst Carcinome vorkommen, mit ihrer fast regelmässig folgenden radicalen Heilung die unzuverlässige und vielfach von Recidiven gefolgte Behandlung mit Incision oder Punction und nachfolgender Injection von Lugol'scher Lösung, von der Esmarch und Socin ebenfalls gute Resultate gesehen haben wollen, weit übertrifft.

Bei tiefen periréctalen Abscessen, wenn sie oberhalb des Beckendiaphragmas, im Bereich der Prostata, gelegen sind, plaidirt Zeller („über die Eröffnung tiefer periréctaler Abscesse durch den Perinealschnitt"), unterstützt durch Lallemand u. A., für die frühe Eröffnung vom Damm aus, ohne die spontane Perforation nach Rectum oder Blase abzuwarten oder, wie bisher üblich, vom Rectum aus zu incidiren. Indem er die Vorzüge des Perinealschnittes den anderen Verfahren gegenüber hervorhebt, glaubt er ersteren besonders hervorheben zu müssen, trotzdem dass er allgemeine Anerkennung, wohl der Schwierigkeit der Ausführung wegen, noch nicht erlangt hat.

An Stelle der typischen Resection des fungösen Kniegelenks wünscht Mandry („zur Frage der Arthrektomie des Kniegelenks bei Kindern") die atypische Excision der erkrankten Theile, vornehmlich der Kapsel, gesetzt, wie sie seit 3½ Jahren in der Bruns'schen Klinik geübt wird. Die Hauptvortheile dieses Verfahrens bestehen darin, dass fast gar keine Verkürzung der Knochen und eine Freibeweglichkeit im Gelenk zurückbleiben, während der Neigung zur Flexionscontractur leicht durch orthopädische Behandlung begegnet werden könne.

Müller („die Rissfractur der Spina tibiae") theilt einen Fall mit, in dem ein Knabe beim Springen in die Weite sich die Spina tibiae abriss. Er fügt noch 7 Fälle aus der Litteratur hinzu; bei fast allen entstand die Fractur aus derselben Ursache. Ihr Zustandekommen wird also durch Muskelaction (active Contraction des M. quadriceps femoris) bewirkt. Bei der Behandlung kommen Fixirung durch Bandagen und Gypsverband event. Annageln in Betracht. Die Heilung erfolgt durch knöcherne Verwachsung, was v. Bergmann voraussetzen musste, um sein Verfahren bei der Operation veralteter Querfracturen der Patella zu rechtfertigen, bei dem er die Spina tibiae sogar abmeisselte, um sie etwas höher hinauf wieder zur Anheilung zu bringen.

Die Behandlung frischer Kniescheibenbrüche bespricht Beck („über die Behandlung der Kniescheibenbrüche und deren Endresultate") und kommt zu dem Resultat, dass die Methode der unblutigen Behandlung, sei es dass dieselbe mit dem Contentivverband oder mit der Anwendung der Malgaigne'schen Klammer resp. Bruns'schen Schraube ausgeübt würde, noch zu Recht bestehe. Zur blutigen Behandlung mit Sehnen- oder Knochennaht dürfe nur dann gegriffen werden, wenn durch eine gleichzeitige Weichtheilswunde das Gelenk eröffnet werde, da in andern Fällen vielfach Misserfolge, selbst Gelenkvereiterung und Tod beobachtet worden sei.

Hieran schliesst Bruns eine Besprechung der Behandlung „schlecht geheilter" Kniescheibenbrüche („über die veralteten, schlecht geheilten Kniescheibenbrüche"). Unter „schlecht geheilt" versteht er ungeheilt oder unvereinigt, indem in 23 von 25 Fällen, in denen es wegen Gebrauchsstörung zur Operation kam, gefunden wurde, dass entweder die fibröse Verbindung ganz ausgeblieben, oder das obere Fragment mit der Vorderfläche des Femur verwachsen war. Maassgebend für die Gebrauchsstörung ist nicht immer die Grösse der Diastase der Fragmente, da selbst bei Diastasen von 9—12, ja sogar von 15—20 cm noch gute Gehfunction beobachtet worden ist. Die Behandlung besteht in der Secundärnaht, die eben angewandt wird, wo es die Mangelhaftigkeit der Gehfunction erfordert.

In einer Abhandlung „zur Frage der Entkropfungs-Cachexie" bringt Bruns andern Autoren gegenüber seine Ansicht wieder zur Geltung, dass die Cachexie durch den Ausfall der specifischen, für das Central-Nervensystem unentbehrlichen Function der Schilddrüse, welche wohl wesentlichen Antheil am Stoffwechsel hat, bedingt werde. Dafür sprechen vor Allem die physiologischen Experimente und die genaue Beobachtung der Endresultate. Wo keine Cachexie eingetreten, ist meistens ein Recidiv zu constatiren, während andrerseits die schon begonnene Cachexie dem Auftreten des Recidivs sogar zu weichen pflegt. Dazu kommt die Rolle der Nebenschilddrüsen, die vicariirend eintreten, während bei der Operation stehengebliebene Drüsenreste nicht untergehen, sondern immer wieder neues Schilddrüsengewebe erzeugen. Die praktische Consequenz ist daher die, dass nur noch die partielle Exstirpation gerechtfertigt ist, die beim Cystenkropf in der Enucleation, beim Parenchymkropf in der halbseitigen extracapsulären Exstirpation — bei der intracapsulären blutet es zu stark — zu bestehen hat.

Unter den „kleinen Mittheilungen" endlich berichtet Müller über eine „acute Eiterung nach Brisement forcé", wobei er zur Vorsicht mahnt.

Derselbe Verfasser hat („über die „Kalkbehandlung" (Kolischer) der localisirten tuberculösen Processe") die genannte Kolischer'sche Behandlung an 17 entsprechenden Fällen versucht, doch mit geringen Erfolgen, zuweilen sogar mit Nachtheilen. Es wird eine Lösung von saurem phosphorsauren Calcium mit überschüssiger Phosphorsäure in die Gelenke injicirt oder vermittelst Gaze hineingethan, wo bereits Fisteln vorhanden sind.

Beim „Enchondrom des Kehlkopfs" endlich, das sehr selten ist und am häufigsten vom Ringknorpel seinen Ausgang nimmt, wünscht Bruns, man möge die Continuität des Knorpels möglichst zu erhalten suchen, da der Kranke sonst gezwungen sei, zeitlebens eine Canüle zu tragen.

Preyer (Stettin).

Practische Notizen

und

empfehlenswerthe Arzneiformeln.

Kreosot-Injectionen bei Lungentuberculose

werden von L. Rosenbusch (Wien. med. Presse No. 3/88) auf der innern Abtheilung des Dr. Widmann in Lemberg seit einigen Monaten gemacht und empfohlen. Die mit 3%igem Kreosot (in Mandelöl) in 2—3 tägigen Intervallen vorgenommenen Injectionen mildern den Husten, verringern den Auswurf und setzen die Temperatur herab. Zur Injectionsstelle werden hauptsächlich der 2. Intercostalraum oder die Fossa supraspinata gewählt.

Zur Behandlung des Rachenkatarrhs

hat Dr. Endler (Berl. klin. Wochenschr. 3/88) folgende Lösung zum 3—4 Mal täglichem Gurgeln vorgeschlagen

℞ Zinci sulfurici 5,0
Aq. Menth. pip. 1000,0
D. S. 3—4 Mal täglich gurgeln.

Ein Gerstenkorn gleich beim Erscheinen zum Schwinden zu bringen

genügt nach Jorissenne ein einmaliges Einreiben mit folgender Salbe

℞ Hydrarg. oxyd. rubri 0,1
Lanolini 10,0
M. f. ungt. D. S. Aeusserlich.

Gegen Enuresis nocturna

hat Harkin (Dublin. journ. of med. sciences April 1887) — mit Rücksicht auf die Beziehungen der Medulla oblongata zu den Sphincteren — Ableitungen (Schröpfköpfe, Blasenpflaster) am Nacken applicirt und überraschend günstige Resultate erzielt. Das eben erwähnte Verfahren bewährt sich auch gegen Blasenschwäche bei Erwachsenen in Folge von Rückenmarkskrankheiten.

Zur Behandlung der Lungentuberculose mit Kreosot.

Prof. Sommerbrodt kommt noch einmal (Berl. klin. Wochenschr. 48/87) auf diesen Gegenstand (vgl. I. Jahrg. dieser Zeitschr. S. 200) zurück. Er hält die von vielen Seiten gebrauchten kleinen Dosen von 0,01 für werthlos und geeignet, die Kreosotbehandlung in Misscredit zu bringen. „Je mehr Kreosot verordnet wird, desto besser die Wirkung.“ Wo das Mittel gut vertragen wird, darf und soll die Maximaldosis überschritten werden. Man kann ohne Bedenken mit 3 Kapseln (à 0,05) Kreosot beginnen, alle 4 Tage eine Kapsel zulegen und schliesslich bis auf 3 Mal täglich 2—5 Kapseln (also bis auf 0,75 und noch darüber) geben. — In ähnlicher Weise tritt Hopmann (Berl. klin. Wochenschr. 52/87) auf Grund seiner an mehreren Tausend Kranken gemachten Erfahrungen für die grossen Kreosotdosen ein. Er giebt das Mittel meistens in Tropfen, reichlich mit lauwarmem Wasser (½—1 Weinglas voll) diluirt.

Desinfection der Typhusdejectionen mit kochendem Wasser.

Nach eingehenden Untersuchungen fand Dr. Wiltschur in Petersburg (Wratsch 26/87), dass kochendes Wasser, wenn es in vierfachem Volumen der betreffenden Dejectionen zur Anwendung kommt, sämmtliche Typhusbacillen tödtet. Bei einer geringeren Wassermenge bleiben die Bacillen noch entwickelungsfähig. Somit wäre ein sicheres und bequemes Desinfectionsmittel gefunden, das zu weiteren Versuchen empfohlen zu werden verdient.

Der unangenehme Geschmack des Leberthrans

wird nach Dupré (Le Progrès méd. 51/87) am besten in folgender Darreichung verdeckt:

℞ Olei jecoris Aselli 250,0
Sacch. alb. pulv. 20,0
Natrii chlorat. pulv. 10,0
Rum. 60,0
M. D. S. Zu schütteln.

Als angenehm wirksames Anaestheticum

empfiehlt William J. Stephens im British Med. Journal 1888 S. 19 namentlich für kleinere Operationen eine Mischung aus gleichen Theilen Chloroform und Alkohol oder guter Eau de Cologne. Die Narcose tritt zwar nicht so schnell ein, aber die Anwendung soll für den Patienten angenehmer und weniger gefährlich sein als Chloroform, Aether oder die in England vielfach gebrauchte A. C. E.-Mischung (bestehend aus Alkohol 1, Chloroform 2, Aether 3).

Verlag von Julius Springer in Berlin N. — Druck von Gustav Schade (Otto Francke) Berlin N.

Therapeutische Monatshefte.

1888. März.

Originalabhandlungen.

Ueber Gebrauch und Missbrauch des „Atropins" in der Behandlung von Augenerkrankungen.

Von

Dr. J. Samelsohn,

dirigirendem Arzte der Kölner Augenheilanstalt für Arme in Köln.

Es ist eine ebenso seltsame, wie interessante Erscheinung in der Geschichte der Pharmakologie, dass gerade diejenigen Arzneikörper, deren zuverlässige Wirksamkeit wir immer von Neuem dankbar zu erproben in der Lage sind, bei ihrer Einführung in die practische Anwendung den allergrössten Schwierigkeiten und Widerständen begegnet sind. Langsam und oft nur etappenweise pflegen sie sich ihr Gebiet zu erobern und dasselbe immer weiter auszudehnen, dann aber auch den Kreis ihrer Anwendungsfähigkeit nicht selten wieder zu überschreiten, so dass durch eine missbräuchliche Verwerthung ihrer Heilkräfte das ursprüngliche Misstrauen in gerechtfertigtem Maasse zurückkehren kann. Es wäre leicht, an der Geschichte des Chinins, des Quecksilbers und anderer Heilpotenzen diese Erfahrung nachzuweisen; ganz prägnant wird sie illustrirt durch das Atropin und dessen Anwendungsweise in der Augenheilkunde.

Pupillenerweiternde Mittel hat es gegeben, so lange wir von einer Geschichte der Medicin überhaupt eine Kenntniss haben. Während im Alterthum der Saft von Anagallis-Arten zu diesem Zwecke besonders für die Staaroperation und andererseits als Cosmeticum benutzt wurde, erscheint im Mittelalter die Belladonna als mydriatisches Mittel mit gleichen Indicationen. Aber die Verwendung derselben war naturgemäss wegen der wenig sicheren Wirkung des Pflanzensaftes nur eine beschränkte. Erst als 1833 von Geiger und Hesse das Alkaloid „Atropin" rein dargestellt worden war, schien eine exactere Anwendung des Mydriaticums ermöglicht. Dennoch währte es noch ein Jahrzehnt, ehe White Cooper das Atropin methodisch an Stelle der bisher üblichen Belladonnapräparate in die Augenheilkunde einführte. Aber nicht so schnell, wie es wohl selbstverständlich gewesen wäre, folgten die Practiker diesem Beispiele, vielmehr war es erst dem Auftreten von v. Graefe beschieden, den Bann zu brechen und durch seine geniale Methode der Beobachtung und der Indicationsstellung dem Atropin einen ungeahnten Wirkungskreis zu erschliessen. So geschah es denn, dass in dem Triumphzuge, welchen die moderne Augenheilkunde unter der Leitung v. Graefe's in der Mitte der fünfziger Jahre unternahm, das Atropin eine nicht geringe Rolle spielte und nicht allein in den Händen der Ophthalmologen von Fach, sondern noch viel mehr in den bisher zaghafteren Händen des Practikers zu einer so ausgedehnten Verwendung gelangte, dass bald warnende Stimmen dem fanatischen Atropingebrauch Einhalt zu gebieten versuchten. — Unter diesen Predigern in der Wüste ist zunächst Sichel der Aeltere zu nennen, dessen mahnende Worte ebenso wie die späteren von Richard Liebreich und anderen ungehört verhallten.

Fragen wir uns, in welchen Fällen von Augenerkrankungen heutzutage von Nicht-Ophthalmologen Atropin verordnet wird, so dürfen wir kaum fehlgehen mit der Behauptung, dass die blosse Thatsache irgend einer Augenbeschwerde seitens des Patienten oft genügt, um kritiklos eine Atropinverordnung zu veranlassen. Die scheinbare Härte eines solchen Ausspruches wird fast täglich in einer besuchten Augenklinik so genügend widerlegt, dass ich es für zeitgemäss halte, gerade an dieser Stelle eine mehr systematische Behandlung des practisch wichtigen Gegenstandes zu versuchen.

Die mannigfachen Indicationen, welche für die Mydriatica, und als deren Hauptrepräsentanten speciell für das Atropin zur Zeit zu recht oder unrecht bestehen, lassen sich mit Leichtigkeit in 1. diagnostische und 2. therapeutische eintheilen.

Zu diagnostischen Zwecken kann das Atropin gebraucht werden 1. in seiner rein pupillenerweiternden, 2. in seiner accommodationslähmenden Eigenschaft. Zum Zwecke, eine Pupille zu erweitern, wie es für Untersuchung von Linsen- und Glaskörpererkrankungen und seltener nur von Hintergrundserkrankungen für den Gröbten nöthig erscheint, sollte heutzutage Atropin überhaupt nicht mehr verwandt werden, weil wir sowohl in dem Homatropin als besonders in dem Cocaïn ein mydriatisches Mittel von schnell vorübergehender Wirkungsdauer und von geringer resp. gar keiner Einwirkung auf die Accommodation besitzen. Ist es auf der einen Seite sowohl durch die ärztliche Klugheit wie auch durch Humanitätsrücksichten geboten, dem Patienten zu rein diagnostischen Zwecken nicht mehr und nicht länger Beschwerden zu verursachen, als unumgänglich nöthig erscheint, so giebt es auf der anderen Seite, wenn auch seltene Fälle, in denen eine vom Unkundigen zu diagnostischen Zwecken unternommene Anwendung des Atropins dem Kundigen die richtige Diagnose erschwert resp. unmöglich macht: ich meine diejenigen Fälle von plötzlichen, totalen Erblindungen mit ganz normalem ophthalmoskopischem Befunde, in welchen nur das freie und ungehinderte Spiel der Pupille uns einen Fingerzeig für den Sitz der Erkrankungsursache giebt. Da diese Fälle in überwiegender Mehrzahl bei kleinen Kindern angetroffen werden, bei denen die objective Untersuchung ohnehin schon schwierig genug ist, so wird durch eine ungerechtfertigte Atropin-Mydriasis, deren Wirkungsdauer durchschnittlich acht Tage währt, während dieser Frist die Möglichkeit einer exacten Diagnose, Prognose und selbst Therapie in beklagenswerther Weise beeinträchtigt. Aehnliche Erwägungen liegen für eine Reihe von Verletzungen des Augapfels und für gewisse Mischformen der glaucomatösen Krankheitsgruppe vor.

Es geht hieraus hervor, dass zu rein diagnostischen Zwecken eine blosse Pupillenerweiterung durch Atropin nicht mehr angestrebt werden darf, es sei denn, dass die genannten milderen Mydriatica ausnahmsweise den angestrebten Zweck nicht erreicht hätten, und der Untersucher alle Hülfsmittel der ophthalmologischen Diagnostik so vollständig beherrscht, um der specialistischen Control-Untersuchung entrathen zu können.

Anders verhält es sich in denjenigen Fällen von Krampf des Accommodationsmuskels, in denen auch die Untersuchung im aufrechten Augenspiegelbilde selbst dem Ophthalmologen keine genügende Erkenntniss des Sachverhaltes ermöglicht. In diesen immerhin seltenen Fällen, in denen bei objectiv emmetropischem oder selbst hypermetropischem Baue des Auges eine mehr oder weniger hochgradige Myopie vorgetäuscht wird, ist die diagnostische Verwendung des Atropins um so mehr angezeigt, als sie hier zugleich einen therapeutischen Zweck verfolgt und so die erste diagnostische Instillation den Beginn der fortlaufenden Behandlung darstellt. Fälle dieser Art fallen jedoch bereits so sehr in den Rahmen der specialistischen Ausübung der Ophthalmologie, dass für den Practiker kaum je Gelegenheit geboten werden dürfte, auf diesem Gebiete seiner Atropinomanie zu opfern.

Viel ausgedehnter und kritikloser als zu diagnostischen ist der Gebrauch des Atropins zu therapeutischen Zwecken. Das Indicationsgebiet ist hier, wie bereits erwähnt, zur Zeit noch ein unbegrenztes, zumal der Glaube an eine „entzündungswidrige“ Wirksamkeit des Atropins sich wie ein Dogma festgesetzt hat. Es geht mit diesem wie mit anderen Dogmen: Niemand fragt nach dem Urheber, Niemand — nach Beweisen.

Um auf diesem Gebiete zu leitenden Gesichtspunkten zu gelangen, dürfte es vortheilhaft sein, zunächst den Standpunkt zu kennzeichnen, welchen zur Zeit die Physiologie der Wirkungsweise des Atropins zuweist. Ohne in die historische Entwickelung der vorliegenden Frage, die lange Zeit der Discussion der Forscher unterlag und theilweise noch unterliegt, hier näher einzugehen, dürfte für unsern Gegenstand Folgendes genügen. Während Donders in seinem epochemachenden Werke über die Anomalien der Refraction und Accommodation 1866 die Ansicht, dass Atropin direct auf die muskulären Faserzellen wirke, noch ohne weitere Discussion zurückweist und entweder die Nervenfasern oder mit v. Bezold die vegetativen Ganglienguppen als die Angriffspunkte der Wirkung darstellt, wissen wir jetzt durch die Untersuchungen von Szpilmann und Luchsinger (Pflüger: Archiv XXXI, 9—10, p. 459—463), dass Atropin ein ganz specifisches Gift für die glatte Muskelfaser ist, auf welche es lähmend einwirkt. Wir werden sehen, dass wir diese experimentell gut gestützte Thatsache als besten Leitstern für unsere therapeutische Verwendung des Atropins betrachten dürfen.

Zunächst wird es hiernach klar, dass bei den Erkrankungen der Conjunctiva, so lange dieselben rein und uncomplicirt sind, niemals Veranlassung zum Verordnen von Atropin sich bieten darf. Die acute Conjunctivitis, der einfache Schwellungskatarrh, die Conjunctivalphlyctaene, selbst die einfache Blennorrhoe mit ihren hochgradigen Schmerzen, bedeutender Lichtscheu und selbst oberflächlicher pericornealer Injection verleiten den Practiker gar zu leicht dazu, eine tiefere Erkrankung anzunehmen und derselben mit ausgedehnter Atropinisation entgegentreten zu wollen. Ist jedoch die richtige Diagnose gestellt, so wird durch eine angemessene Medication in kurzer Zeit die Entzündung bekämpft und damit sofort die Gebrauchsfähigkeit des Auges wieder hergestellt, vorausgesetzt, dass nicht durch die Einwirkung des Mydriaticums die Accommodation noch längere Zeit gelähmt ist. Wie anders stellt sich diesem einfachen Satze gegenüber die Praxis, nach welcher nicht selten Patienten allein auf das Symptom der stärker gerötheten Schleimhaut hin mit ad maximum erweiterten Pupillen dem Ophthalmologen sich vorstellen! Für die verhältnissmässig geringen Beschwerden einer einfachen katarrhalischen oder phlyctaenulaeren Conjunctivitis haben sie das sie im höchsten Grade erschreckende Symptom der Accommodationslähmung eingetauscht, und ist die Krankheit selbst geheilt, so ist die Gebrauchsfähigkeit der Augen doch noch für Tage vernichtet.

Ist die Behandlung der Conjunctivalerkrankungen mittelst Atropin glücklicher Weise nur eine Ausnahme, so dürfte die Therapie der Hornhautentzündungen zur Zeit wohl kaum ohne das genannte Mydriaticum denkbar erscheinen. Weisen doch die meisten Lehrbücher der Augenheilkunde für die verschiedensten Formen der Keratitis dem Atropin eine so bedeutungsvolle therapeutische Stelle an, dass der Practiker in vollem Maasse gerechtfertigt erscheint, wenn er die Behandlung einer jeden Keratitis mit Atropinisation des Auges beginnt. Leider zählt weder die Pathologie noch die Therapie der Keratitis bisher zu den Glanzpunkten unserer systematischen Lehrbücher, in denen sich der Arzt in den Nöthen der Praxis sicheren Rath zu holen vermag!

Fragen wir nach der physiologischen Berechtigung des Atropins in der Therapie der Hornhautkrankheiten, so sollte nach unseren obigen Ausführungen die therapeutische Verwendung jenes Mittels bei Erkrankung eines anatomischen Gebildes, das weder glatte Muskelfasern noch Ganglienruppen besitzt, eigentlich unverständlich erscheinen. Zur Erklärung seiner auf dem Gebiete der Hornhautentzündung behaupteten Heilwirkung hat man angenommen, dass erstens das Atropin eine anaesthesirende Eigenschaft besitze, zweitens dass es durch Herabsetzung des intraoculären Druckes die Ernährungsverhältnisse der Hornhaut günstig beeinflusse und drittens durch Entspannung der tiefer liegenden Gefässe eine Depletion der oberflächlichen bewirke und so gleichsam einen antiphlogistischen Effect habe, der um so höher zu veranschlagen sei, als eine Complication der Keratitis mit entzündlichen Affectionen der Iris zu den häufigeren Erscheinungen gehöre.

Was die schmerzlindernde Eigenschaft des Atropins anbetrifft, so wäre a priori eine solche Wirkung, nachdem wir jetzt in dem Cocaïn ein locales Anaestheticum mit ausgesprochen mydriatischem Effecte kennen gelernt haben, wohl denkbar. Ich selbst habe mich von einer solchen Wirkung bisher nicht zu überzeugen vermocht. Höchstens finde ich nach Atropin-Instillation bei Keratitis dann einen Nachlass der Schmerzhaftigkeit, wenn bei gleichzeitiger Anwesenheit tiefer pericornealer Injection der Anwendung des Atropins zugleich eine starke Erweiterung der vorher verengten Pupille folgt, so dass eine schmerzstillende Einwirkung durch die Entspannung der Irismuskulatur wahrscheinlicher erscheint als eine solche durch directe Einwirkung auf die Cornealnerven. In der überwiegenden Mehrzahl jener Fälle von Keratitis, bei welchen die Anwendung des Atropins überhaupt keine Pupillenerweiterung nach sich zieht, bleibt demgemäss auch die behauptete schmerzstillende Wirkung aus, so dass von diesem Gesichtspunkte aus die Verordnung des Mittels um so überflüssiger erscheint, als wir in dem Cocaïn ein Mittel von ganz unbestrittener anaesthesirender Kraft besitzen, dessen Heileffect auf den Ablauf der Hornhautentzündung erfahrungsgemäss übrigens gleich Null ist.

Gleich unsicher ist auch, wie sich später ergeben wird, die prätendirte Einwirkung des Atropins auf die Herabsetzung des intraoculären Druckes; und was endlich seine sogenannte antiphlogistische Wirkung durch die Entspannung der tiefer gelegenen Gefässe betrifft, so bedarf es hier wohl nur des Hinweises darauf, dass die Entzündung kein so einfacher haemodynamischer Process ist, und dass die entspannende Einwirkung sich nicht allein auf die tiefer gelegenen Gefässe beschränkt, sondern in gleicher Weise die oberflächlichen ergreift und so die Entzündung unter Umständen eher zu steigern als zu mindern geeignet wäre. Es bliebe also als einzige rationelle Indication für die Anwendung des Atropins bei Hornhauterkrankungen jene bereits erörterte Neigung der Keratitis bestehen, den entzündlichen Process auf die Iris fortzuleiten. Hier hätte das Atropin durch Entspannung der Irismuskulatur gleichsam einen prophylactischen Zweck zu erfüllen; da aber diese Complicationen unschwer zu erkennen sind, so sollte der Spielraum auch für diese prophylactische Indication immerhin ein engerer werden, als er zur Zeit noch immer zu sein scheint, um so mehr als die selbst mässige Anwendung des Atropins in vielen Fällen von Keratitis einen offenbar schädlichen Einfluss auf den Verlauf des Processes ausüben kann.

Es kann an diesem Orte nicht meine Aufgabe sein, alle einzelnen Formen der Keratitis und deren Behandlung Revue passiren zu lassen. Bei der bereits erwähnten Schwierigkeit einer naturwahren Systematik der Hornhautentzündungen muss ich diese Aufgabe für eine andere Gelegenheit zurückstellen und mich hier darauf beschränken, allgemeine Gesichtspunkte für die therapeutische Verwendung des Atropins auf dem Gebiete der Hornhautentzündungen zu eröffnen, die sich nach dem Begriffe der Unschädlichkeit, der Schädlichkeit und des Nutzens des Mittels unschwer finden lassen.

Die therapeutische Zulässigkeit des Atropins wird in erster Reihe von demjenigen Momente beeinflusst, welches die klinische Auffassung der Hornhautentzündungen in hervorragendem Maasse beherrscht. Ich meine die Gefässbildung in dem de norma gefässlosen Gebilde. In dieser Richtung muss ich nach meinen langjährigen Erfahrungen folgenden, mit den physiologischen Thatsachen durchaus übereinstimmenden Satz aufstellen:

„Je ausgiebiger und oberflächlicher die Gefässbildung ist, um so schädlicher wirkt das Atropin; je mehr die Gefässbildung in den Hintergrund tritt, um so unschädlicher ist seine Anwendung; je ausgesprochener eine Mitbetheiligung der Iris sich geltend macht, um so evidenter wird der Nutzen einer maassvollen Atropinisation."

Je strenger sich der Practiker an diesen Satz hält, um so glücklicher wird er in der Behandlung von Hornhautentzündungen sein, die ja nicht allein eines der häufigeren Kreuze der Patienten, besonders in der Kinderpraxis, sondern auch der Aerzte darstellen. Ja er wird nicht selten in die angenehme Lage kommen, durch einfaches Fortlassen des von anderer Seite verordneten Atropins manchen Fall zu schneller Heilung gelangen zu sehen, der durch ein unzweckmässiges Atropinisiren ungebührlich lang unterhalten worden ist.

Zu diesen Formen, welche durch Atropin geradezu schädlich beeinflusst werden, gehören wie erwähnt alle diejenigen Keratitiden, bei denen der Entzündungsprocess vom Beginn mit oberflächlicher, circumscripter oder diffuser Gefässbildung einsetzt, gleichviel ob Infiltrationsprocesse dieselbe begleiten oder selbst veranlassen. Die schädliche Einwirkung des Atropins in diesen Fällen ist durch seine gefässerweiternde Eigenschaft hinreichend erklärt: hier hat vielmehr die Behandlung in erster Reihe die Aufgabe, dem Weiterschreiten der Gefässneubildung entgegenzutreten resp. die bereits neugebildeten Gefässe zu zerstören, eine Aufgabe, welcher die gelbe Praecipitatsalbe in idealster Weise gerecht wird.

Anders in jenen Fällen, wo das erste sichtbare Zeichen einer Hornhautentzündung ein circumscriptes Infiltrat ist, dessen entzündliche Natur überdies durch eine mehr oder weniger ausgesprochene pericorneale Injection sicher gestellt wird. Hier ist es gestattet und oft genug nützlich, gleichsam exploratorisch die Behandlung mit einer vorsichtigen Atropinisation zu beginnen und in gleicher Weise fortzusetzen, vorausgesetzt, dass wir durch die eintretende Erweiterung der Pupille uns von der Resorption und Wirkungsentfaltung des Mittels überzeugen können. Bleibt diese aus, so steigert die fernere Atropinisirung erfahrungsgemäss die Entzündung statt sie zu mildern. Für Fälle dieser Art gilt thatsächlich der scheinbar banale Satz, dass Atropin bei allen den Hornhautinfiltraten angezeigt ist, wo es seine Wirkung entfaltet. So banal dieser Satz klingt, so wird doch täglich gegen denselben gesündigt. Wie oft sehen wir, besonders in der Kinderpraxis, dass die so häufigen sog. scrophulösen Infiltrate mit um so grösseren Mengen Atropin überschwemmt werden, je weniger sich die Pupille erweitert und deren Erweiterung man durch die Menge des Mydriaticums erzwingen zu können meint; wie oft werden die Angehörigen bei ausbleibender Atropinwirkung wegen mangelhafter Wartung getadelt, wo einfach ein mangelhaftes Verständniss die ärztliche Verordnung leitet! Denn gerade dort, wo man die sicherste Indication für starkes Atropinisiren zu finden glaubt, wird das Mittel gar nicht von dem erkrankten Auge aufgenommen: denn je stärker die Thränensecretion, je accentuirter die cardinalen Entzündungserscheinungen, um so geringer die Resorption des Atropins. Es scheint, als ob für diese mangelhafte Resorption eine mit den gen. Erscheinungen fast stets einhergehende Druckerniedrigung des Augapfels verantwortlich gemacht werden müsste; immerhin wird man gut daran thun, sich durch Betastung des Bulbus in jedem Falle ein Urtheil darüber zu bilden, ob für die Aufnahme des Mittels die nothwendigen mechanischen Bedingungen vorliegen. *(Fortsetzung folgt.)*

Das Anthrarobin. Ein neues Heilmittel bei Hautkrankheiten.

(Nach einem Vortrage gehalten in der Berl. Med. Gesellschaft am 20. II. 1888.)

Von
Dr. Gustav Behrend,
Docent an der Universität Berlin.

Im October v. J. wurde mir von Herrn Prof. C. Liebermann eine von ihm dargestellte Substanz zu therapeutischen Versuchen übergeben, die er mit dem Namen Anthrarobin belegte, und von der er mir mittheilte, dass sie in Bezug auf ihre chemische Zusammensetzung dem Chrysarobin sehr nahe stehe. Bestimmte Erwägungen, welche Herrn Liebermann zur Darstellung dieses Stoffes führten[1]), legten ihm den Gedanken nahe, dass auch die therapeutische Wirkung dieses Stoffes den therapeutischen Wirkungen des Chrysarobin nahe komme, und veranlassten mich, diesen neuen Stoff bei allen denjenigen Erkrankungen der Haut zur Anwendung zu bringen, gegen welche sich das Chrysarobin wirksam erweist.

Das Anthrarobin, wie es von Jaffé und Darmstädter in den Handel gebracht wird, ist ein Pulver von gelblich weisser Farbe und etwas grobkörniger Beschaffenheit, welches auf die Nasenschleimhaut einen eigenthümlichen Reiz ausübt, sich mit Oel angerieben, mit Schweinefett und Lanolin zur Salbe verarbeiten lässt. Es löst sich in 10 Th. Glycerin bei etwa 100° C., sowie in 10 Th. kaltem und 5 Th. kochendem Alkohol mit dunkelbraungelber Farbe auf; desgleichen löst es sich in ähnlichem Verhältniss in einer wässerigen Boraxlösung auf, in reinem Wasser dagegen nur in Spuren.

Zu meinen therapeutischen Versuchen wurden verwandt:

1. eine theils 10 %, theils 20 % Salbe nach folgenden Formeln

℞ Anthrarobini 10,0
Ol. oliv. 30,0
Lanolini 60,0
M. f. ungt.
10 % Salbe.

℞ Anthrarobini 20,0
Ol. olivar.
Lanolini āā 40,0
M. f. ungt.
20 % Salbe.

℞ Anthrarobini 10,0
Ol. olivar. 15,0
Axung. porci 75,0
M. f. ungt.
10 % Salbe.

℞ Anthrarobini
Ol. olivar. āā 20,0
Axung. porci 60,0
M. f. ungt.
20 % Salbe.

2. eine theils 10 %, theils 20 % alkoholische Tinctur nach folgender Formel:

℞ Anthrarobini 10,0
Alcohol. 90,0
solve
10 % alkoh. Tinct.

℞ Anthrarobini 20,0
Alcohol. 80,0
ebulliendo solve
20 % alkoh. Tinct.

3. eine 10 % Glycerinlösung

℞ Anthrarobini 10,0
Glycerini 80,0
calef. solve.

4. eine wässerige Anthrarobin-Boraxlösung

℞ Anthrarobini 10,0
Boracis 8,0
Aq. dest. 80,0

℞ Anthrarobini 20,0
Boracis 25,0
Glycerini
Spiritus āā 90,0

Die beiden letzten Formen wurden nur in sehr wenigen Fällen angewandt, so dass sich ein endgültiges Urtheil über dieselben noch nicht gewinnen lässt, und sich meine bisher gesammelten Erfahrungen allein auf die Salbe und die alkoholische Tinctur beziehen.

In beiden Applicationsformen wurde das Anthrarobin gut vertragen, ohne dass selbst bei wochenlanger Anwendung desselben auch nur eine Spur von Entzündung und Jucken der Haut bemerkbar wurde, Erscheinungen, welche bei Anwendung des Chrysarobin regelmässig schon nach verhältnissmässig kurzer Zeit eintreten. Es wurde selbst im Gesicht, auf den Augenlidern und an den Augenwinkeln eingerieben, ohne dass Lidschwellungen oder Conjunctivitis eintraten. Allerdings macht sich unmittelbar nach der Einreibung des Mittels ein gewisses Brennen bemerkbar, das in einigen Fällen nur wenige Minuten, in anderen einige Stunden anhielt, aber selbst von Kindern gut vertragen werden konnte.

Im Allgemeinen ist die Wirkung des

[1]) Die chemischen Beziehungen dieses Stoffes werden von Herrn Prof. Liebermann im nächsten Hefte d. Ztschr. ausführlicher dargelegt werden.

Anthrarobin schwächer als die des Chrysarobin, so dass eine längere Behandlungsdauer bis zum vollständigen Heilerfolge erforderlich ist, sie ist aber stärker als die der Pyrogallussäure, die von Jarisch zum Ersatz des Chrysarobin in die Therapie eingeführt worden ist. Vor der letzteren aber hat sie noch den Vorzug, dass sie keine giftigen Eigenschaften besitzt, wie dies Th. Weyl durch Versuche festgestellt hat, die er demnächst zu veröffentlichen gedenkt.

Wesentlich verstärkt wird die Wirkung des Anthrarobin, wenn der Application desselben Einreibungen mit Schmierseife oder mit Spiritus saponatus kalinus vorausgeschickt werden. Hierbei nimmt das auf der Haut befindliche Anthrarobin eine braune Farbe an, indem es in ein Oxydationsproduct übergeht, und in dieser mit der Umwandlung einhergehenden grösseren Intensität der Wirkung glaube ich eine Bestätigung der Ansicht des Herrn Prof. Liebermann zu sehen, dass die Wirkung des Anthrarobin ebenso wie die des Chrysarobin wesentlich durch die Oxydation dieser Körper bedingt ist.

J. Neumann (Wiener med. Presse 1878 No. 14 ff.), welchem die deutsche Litteratur die erste Mittheilung über die Wirksamkeit des Chrysarobin verdankt, hat dasselbe bei Psoriasis, Herpes tonsurans und Pityriasis versicolor erfolgreich angewandt. Ich habe in letzter Zeit diesen Erkrankungen noch das Erythrasma (Eulenburg's Realencyclopaedie 2. Aufl. Bd. VI pag. 625) hinzugefügt.

Das Anthrarobin kam bei den gleichen Erkrankungen zur Anwendung und zwar

1. bei Psoriasis.

Behandelt wurden im Ganzen 15 Fälle. Von diesen blieben drei aus der Behandlung, nachdem eine Besserung erzielt war. Von den übrigen 12 Fällen wurden 4 von Herrn P. Guttmann in seinem Krankenhause, 1 von Herrn Fürbringer im Krankenhause des letzteren behandelt.

In den Fällen der beiden letzteren Herren hat es sich um Parallelversuche zwischen dem Anthrarobin und dem Chrysarobin gehandelt, welche das auch von mir festgestellte Ergebniss hatten, dass die Intensität der Wirkung bei ersterem geringer ist als bei letzterem. In meinen Fällen kam allein das Anthrarobin zur Anwendung, und zwar wurde theils die Tinctur, theils die Salbe auf die erkrankten Hautstellen nach Ablösung der Schuppen eingerieben. Hierbei ergab sich, dass Initialformen schon nach 4 bis 7 Einreibungen, weiter entwickelte Efflorescenzen dagegen erst nach längerer Behandlungsdauer, mitunter erst nach 3—4 wöchentlicher Behandlung schwanden. In einer Anzahl von Fällen wurden hier wie auch bei den folgenden Erkrankungsformen Seifeneinreibungen mit Anthrarobineinreibungen in der oben angegebenen Weise und dem bereits erwähnten Resultat combinirt.

2. Herpes tonsurans.

Bei dieser in Berlin noch immer so stark verbreiteten Erkrankung erwies sich die Wirkung des Anthrarobin viel stärker als bei der Psoriasis. Es wurden im Ganzen 17 Fälle behandelt, darunter 2 Fälle von Herpes tonsurans maculosus, 8 Fälle von H. t. des Bartes, 1 Fall von H. t. des Kopfes, die übrigen betrafen Erkrankungen an unbehaarten Körperstellen. Entscheidend für die Wirksamkeit des Anthrarobins waren für mich die Fälle von H. tons. des Bartes; dieselben heilten, ohne dass es zur Bildung von parasitischer Sycosis kam, ein Beweis dafür, dass das Mittel wirksam genug ist, um die Pilze zu tödten, bevor sie erst noch in die Tiefe der Follikel gewuchert sind und zu knotigen Infiltrationen geführt haben.

3. Erythrasma.

In Bezug auf diese von v. Bärensprung mit obigem Namen belegte, von Hebra als Eksema marginatum bezeichnete Erkrankung ist in neuerer Zeit von Bizzozero die Ansicht geäussert worden, dass den bei ihr vorkommenden Pilzelementen keine ätiologische Bedeutung beizumessen sei. Diese Ansicht wird jedoch von den Dermatologen nicht getheilt, vielmehr gilt dasselbe als parasitäre Krankheit, obwohl die klinischen Erscheinungen ihm gegenüber den anderen parasitischen Hauterkrankungen eine Sonderstellung anweisen. Ich habe jüngst meine Ansicht dahin ausgesprochen, dass das Erythrasma als gewöhnliches Eksem beginnt, aber durch secundäre Ansiedelung von Pilzelementen den Charakter einer Dermatomykose bekommt und beibehält. Hieraus erklärt sich vielleicht die von den Dermatologen allgemein betonte Hartnäckigkeit der Erkrankung gegenüber den bekannten Heilmitteln. Ich habe jedoch in dem oben bereits erwähnten Artikel schon darauf hingewiesen, dass wir in dem Chrysarobin ein Heilmittel besitzen, welches hierbei in ebenso vielen Tagen Heilung herbeiführt, als andere Mittel Monate erfordern, und ich kann auch dem Anthrarobin eine ausserordentlich gute Heilwirkung nachrühmen. Behandelt wurden 2 Fälle, von denen in dem einen die Erkrankung in der Gegend der Genitalien, also an der typischen Stelle localisirt war, in dem zweiten dagegen am Halse, in den Achselhöhlen und Ellenbeugen. In beiden Fällen wurde vollkommene Heilung in etwa 14 Tagen erzielt.

Fasse ich mein Urtheil über das Anthrarobin kurz zusammen, so geht dasselbe dahin, dass es allerdings schwächer wirkt als das Chrysarobin, stärker dagegen als die Pyrogallussäure, dass es vor ersterem den Vorzug besitzt, keine Hautentzündungen hervorzurufen und auch im Gesicht und an den Genitalien angewandt werden kann, vor letzterem dagegen den Vorzug einer intensiveren Wirkung und vollkommenen Unschädlichkeit in Bezug auf den Gesammtorganismus. Vor beiden aber hat es noch den Vorzug des Preises, der sich etwa um $\frac{1}{3}$ niedriger stellt.

Ueber Phenacetin.

Von

Dr. Heusner.

Oberarzt des Krankenhauses zu Barmen.

In den letzten Monaten wurde von den Farbenfabriken, vorm. Friedr. Bayer & Co. in Elberfeld ein neues, dem Antifebrin nahe verwandtes Derivat des Anilins, das „Phenacetin" in den Handel gebracht, welches zuerst von Hinsberg und Kast[1]) als wichtiges Fiebermittel erkannt und zu therapeutischen Zwecken empfohlen wurde. Ich habe mit dem Phenacetin im hiesigen Krankenhause eine grössere Reihe von Versuchen angestellt, auch das Mittel häufig in der Privatpraxis verordnet und bin gleich den früheren Beobachtern (Kobler, Wiener med. Wochenschrift No. 26 u. 27, 1887 und Hoppe, Inauguraldissertation) zu einer günstigen Ansicht bezüglich der Brauchbarkeit und Zukunft des Mittels gelangt.

Wird das Phenacetin in Dosen von 1 g einem fiebernden Erwachsenen verabreicht, so erfolgt fast immer ein sehr energischer Abfall der Körpertemperatur, der 8—10 Stunden anhält. Die Körperwärme sinkt kurz nach der Einnahme des Mittels in ziemlich steiler Kurve ab, erreicht etwa 3 Stunden später den niedrigsten Stand und steigt dann langsam und stetig bis zur frühern Höhe und höher, je nach der Tageszeit. Bei den meisten Personen tritt nach der Einnahme mehr oder weniger reichliche Schweissabsonderung ein; unterdrückt man letztere durch schweisshemmende Mittel (Atropin), so wird die Körpertemperatur etwas weniger stark herabgesetzt. Wie aus der Vergleichstabelle zu ersehen ist, wirkt 1 g Phenacetin ähnlich auf die Körpertemperatur ein wie $\frac{1}{2}$ g Antifebrin und wie 2 g Antipyrin. Chinin in Dosen von $1\frac{1}{2}$ g hatte bei weitem nicht den Einfluss auf die Körperwärme wie die genannten Mittel. Bei manchen Personen tritt kurz nach der Einnahme Frösteln, Trockenheit und Kratzen im Hals, zuweilen auch Uebelkeit und Schwindel ein, und bei einem sehr schwachen Phthisiker beobachteten wir nach 1 g Phenacetin einen überstarken Temperaturabfall mit vorübergehenden Schwächeerscheinungen. Auch bei Personen, die zum Schwitzen geneigt sind,

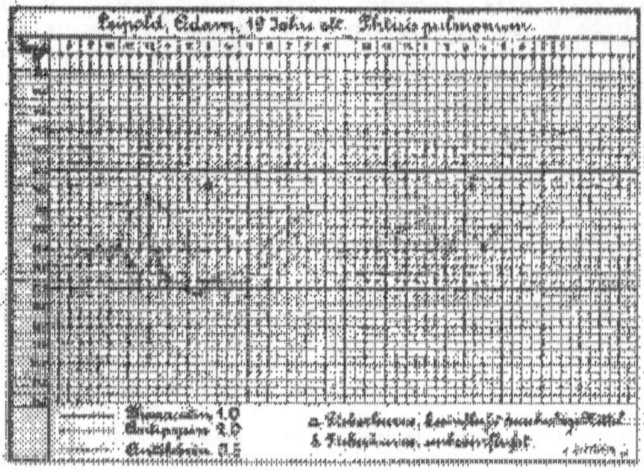

[1]) Hinsberg und Kast, Centralbl. f. med. Wissenschaft 1887, Nr. 9. 1887, Nr. 169.

muss man mit dem Phenacetin vorsichtig sein, da es hier öfters profusen Schweiss hervorruft. Bei den meisten Kranken tritt dagegen eine sehr behagliche Ruhe und leichte Schläfrigkeit ein, wodurch das Phenacetin sich vor seinen Concurrenten in vortheilhafter Weise auszeichnet. Mit Rücksicht auf die etwas ungleichförmige Wirkung des Mittels bei verschiedenen Zeiten und Personen empfiehlt es sich, die Einzeldose bei sehr herabgekommenen Kranken nicht über 0,5 g zu bemessen, während bei mittlerem Kräftezustand Dosen von 1 g ein bis zweimal in 24 Stunden längere Zeit ohne Schaden gegeben werden können.

Wenn nun das Phenacetin als fieberwidriges Mittel keinen wesentlichen Vorzug vor dem Antipyrin besitzt (das Antifebrin kann wegen der unangenehmen Cyanose, die es öfters erzeugt, meiner Meinung nach nicht in Vergleich gezogen werden), so verspricht es jedoch durch seine beruhigende Einwirkung auf das Nervensystem eine sehr schätzbare Bereicherung unserer Arzneimittel zu werden. Das Phenacetin ist kein Narkoticum im Sinne des Morphiums. Wo es gilt Schmerzen, die durch Entzündung, Wunden, Carcinom, Meningitis und andere organische Veränderungen entstehen, zu bekämpfen, bleibt es ohne nennenswerthe Wirkung; auch bei Chorea und anderen Neurosen sahen wir davon keine Wirkung. Dagegen wirkt es, wie auch Hoppe hervorhebt, ähnlich dem Antipyrin und Antifebrin, aber in noch energischerem Grade, beruhigend und schmerzstillend bei Neuralgien und Erregungszuständen des Nervensystems, welche durch reflectorische Reizungen bedingt werden oder in allgemeiner Nervosität wurzeln. Ich habe das Mittel fast täglich bei Migräne, Gastralgie, Ischias, Schlaflosigkeit etc. in Folge von Uteruskrankheiten, Wanderniere, Ueberarbeitung etc. gegeben und öfters enthusiastische Lobeserhebungen darüber gehört, während einzelne Kranke allerdings gar keinen Erfolg oder lediglich die erwähnten unangenehmen Beiwirkungen erzielten.

Bei intermittirender Trigeminus-Neuralgie fanden wir das Mittel ebenfalls wirksam, obgleich weniger kräftig als das Chinin. Angenehm überrascht war ich über die Wirkung des Phenacetin bei einem 3jährigen an Lungenentzündung erkrankten und sehr unruhigen Kinde. Durch Dosen von 0,1 Morgens und Abends verabreicht, wurde nicht nur das Fieber zu mässiger Höhe gedämpft, sondern es trat auch Nachlass des heftigen Hustens und Neigung zum Schlafe ein. Auch in andern Fällen von starkem Husten bei Kindern habe ich Phenacetin statt der narkotischen Mittel mit Vortheil verabreicht.

Gegen Schlaflosigkeit aus Ueberarbeitung und nervöser Erregung habe ich Phenacetin in Dosen von 1 g bei mir selbst des öfteren mit bestem Erfolge versucht.

Es wirkt hier besonders günstig, wenn man das Pulver zusammen mit einem Esslöffel Cognac oder condensed Beer geniesst, eine Anwendungsweise, die sich auch aus dem Grunde empfiehlt, weil das Pulver in Wasser unlöslich, in Branntwein aber ziemlich leicht löslich ist. Da das Phenacetin im Gegensatze zu Chinin, Bromkali und den eigentlichen Narkoticis gar keine Ermüdung oder sonstigen üblen Nachwirkungen hinterlässt, auch wegen seiner Geschmacklosigkeit sehr gut zu nehmen ist, so verspricht es ein hervorragendes Mittel gegen viele hysterische, neurasthenische und sonstige nervöse Beschwerden zu werden.

Zur Therapie der acuten Jodoformdermatitis.

Von

Dr. Krevet in Mühlhausen i. Th.

Die Antiseptica machen den Händen des Arztes bisweilen viel zu schaffen. Carbol und Sublimat greifen in mehr oder weniger starken Lösungen die Oberhaut an und machen sie trocken und rissig, ein Uebelstand, welcher sich nach Valenta durch tägliche Einreibung der Hände mit Ung. emoll. und Spir. sapon. zugleich verhüten lässt. Gleich dem Carbol und Sublimat haftet aber auch dem Jodoform der Nachtheil örtlicher Reizung an, wenn auch die Klagen darüber weniger offenkundig geworden sind. In der Münchener medicinischen Wochenschrift 1886 No. 50 bringt Fürst eine lebhafte Schilderung, wie das Jodoform seiner Haut arg zusetzte und ihn empfindlich in der Praxis störte. Er bekam an den Händen und im Gesicht Ekzem und Furunkulose und zwar war die Haut so empfänglich dafür, dass schon der Aufenthalt in Jodoform-Atmosphäre — ohne dass er sich selbst mit Jodoform befasste —, genügte, um die Haut, soweit sie nicht bekleidet war, in Entzündung zu versetzen. Aehnliche Erfahrung, wenn auch nicht in solchem Grade, machte ich mit dem Jodoform, als ich vor 5 Jahren begann in der gynäkologischen Praxis Jodoform in Oel und Glycerin zu benutzen und Finger, Sonde, Pessare u. dergl. darin einzutauchen. Während ich vorher Jodoform ohne Nachtheil auf Wunden gestreut und eingerieben hatte, bekam ich von dieser Zeit heftige Hautentzündungen, ohne gleich den ursächlichen Zusammenhang zu ahnen. Wenige Minuten nach dem Gebrauch wurde die Haut heiss und roth, auf der Rücken- und Seitenfläche der Finger der linken Hand, mit der ich zu touchiren pflege, entstanden kleine helle Bläschen und zugleich damit stellte sich Jucken ein, das unwiderstehlich und unaufhörlich zum Kratzen reizte. Alle guten Vorsätze halfen nichts, Nachts aus dem Schlafe ertappte ich mich beim Kratzen. Die Entzündung griff in die Tiefe und Weite um sich, der Handrücken schwoll polsterartig an. Nach ein paar Tagen liess Jucken und Kratzen nach, die Haut begann langsam abzuschwellen und es blieb eine schuppige, schrundige Epidermis zurück; Rhagaden sassen in den Querfalten der Finger und wurden äusserst lästig, da sie schwer heilten. Solche Anfälle wiederholten sich, die Haut gerieth allmählich in chronischen Reizzustand und reagirte immer leichter auf das Jodoform. Ein Mal bildete sich auch ein Furunkel in der Falte zwischen dem 2. und 3. Finger.

Das Gefährliche dieser Jodoformentzündung liegt in dem Jucken und dem damit unvermeidlichen Kratzen. Diese Insulte sind Schuld, dass die Entzündung solche Heftigkeit und Ausbreitung annimmt, und ein Mittel, welches das Jucken beseitigt, wird auch im Stande sein, der weiteren Entwicklung des Leidens Einhalt zu thun. Dieses Mittel habe ich für mich in heissen localen Momentbädern gefunden. Nachdem ich vorher kalte Carbolumschläge, Eisbeutel, Hebra'sche Salbe vergeblich angewandt hatte, bin ich von der Kälte zur Wärme übergegangen und habe seitdem nie wieder ein Uebergreifen der Entzündung auf den Handrücken erlebt. Das Mittel ist leicht zu beschaffen. Sobald man Jucken verspürt, hält man die Hand in heisses Wasser oder heisse Milch und zwar von so hoher Temperatur, dass man es gerade noch für Augenblicke darin aushalten kann. Ein 3 bis 4 maliges Eintauchen genügt; man empfindet ein wohliges Gefühl der Befriedigung ähnlich wie beim Kratzen, und mit dieser eigenthümlichen Empfindung ist der Reiz zum Kratzen vollständig erloschen. Selten wird es nothwendig, das heisse Bad später zu wiederholen. Bei dieser Behandlung kommt es nicht zur Entzündung und Schwellung sämmtlicher Schichten der Haut, sondern der Process bleibt auf die Oberhaut beschränkt und ist anstatt in Wochen, in Stunden beseitigt.

Wie Fürst und mir wird es manch Anderem auch gehen. Dass das trockene Jodoform nicht reizte, sondern erst in Verbindung mit Oel und den Secreten der Vulva und Vagina, ist nach der heutigen Kenntniss der Jodoformwirkung und seiner chemischen Umsetzung leicht verständlich. Das heisse Wasser heilt, indem es umsetzend und resorbirend wirkt. — Das Leiden ist für den Arzt äusserst lästig und störend, wir brauchen unsere Hände heil und rein. Auf das Jodoform aber wollen und können wir nicht verzichten trotz Heyn und Rovsing; sein Nutzen steht empirisch fest und wir freuen uns der Arbeiten eines Behring, Baumgarten, De Ruyter, König u. a., welche die Heilkraft des Mittels wissenschaftlich zu begründen bestrebt sind.

Lipanin und Lanolin.

Von

Prof. Oscar Liebreich.

In No. 2 der Therap. Monatsh. S. 40 ist von Herrn v. Mering mit eingehender Begründung das Lipanin als Ersatzmittel für Leberthran empfohlen worden. Die Anwendung des Lipanins ist wesentlich begründet durch die ausgezeichnete Emulsionsfähigkeit desselben. Die Ursache derselben ist in der freien Oelsäure zu suchen. Von Herrn Eugen Dieterich, dem geschätzten pharmaceutischen Autor, ist nun empfohlen worden, an Stelle des Lipanins Olivenöl mit Lanolinanhydrid zu versetzen, um dadurch dem Olivenöl ebenfalls eine hohe Emulgirbarkeit zu geben[1]). Herr Dieterich erwähnt schon selber ganz richtig, dass die Frage noch nicht ganz gelöst sei, ob Lanolin von der Darm- oder Magenschleimhaut aus resorbirt werde und glaubt, dass diese

[1]) Die Mischung des Olivenöls mit Lanolinanhydrid ist leicht durchführbar. Die Appetitlichkeit des Lanolinanhydrid dürfte bei der Reinheit, wie sie das Liebreich'sche Präparat zeigt, der keines anderen thierischen Fettes nachstehen. Obwohl sich Lanolin nicht verseift, so steht doch dahin, ob es nicht in Folge seiner aussergewöhnlich hohen Emulgirbarkeit auch resorbirbar ist; diese Frage dürfte aber secundär sein, weil vor Allem 95 Proc. Olivenöl in Betracht kommen. Als ein besonderer Vorzug des Lanolins muss seine Haltbarkeit hervorgehoben werden. Es dürfte daher kaum einem Zweifel unterliegen, dass diese Eigenschaft der Lanolin-Oelmischung, welche auch bei — 5° C. noch nicht erstarrt, mehr innewohnt, wie einem Oel, welches freie Oelsäure enthält. (Pharmaceut. Centralhalle 1888 No. 9 S. 108.)

Frage deshalb von untergeordneter Bedeutung sei, weil man nur 5% des wasserfreien Lanolin zuzusetzen brauche.

Ich möchte hierzu bemerken, dass diese Frage doch nicht bei Seite gelassen werden kann, denn es ist nicht erwiesen, ob nicht solche Gemische von Lanolin und Olivenöl schwerer resorbirbar seien, als Olivenöl allein. Es scheint mir bei der complicirten Frage der Fettresorption praktisch von Wichtigkeit, zuvörderst bei einem neuen Product stehen zu bleiben, um die nöthigen Erfahrungen zu sammeln, ich benutze aber die Gelegenheit, eine Untersuchung von Herrn Dr. J. Munk zu publiciren, welche zeigt, dass das Lanolin in Bezug auf den Darm vollkommen andere Eigenschaften zeigt, wie bei der Anwendung auf die menschliche Haut. Während die Imbibitionsfähigkeit der Haut für diese Substanz wohl keinem Zweifel mehr unterliegt, verhält sich die Substanz dem Darm gegenüber, wie nachstehende Untersuchung zeigt, vollkommen anders. Es verhält sich hier das Lanolin umgekehrt, wie die Glycerinfette, mit welchen sich nicht die Haut imbibirt, welche dagegen vom Darm bereitwilligst aufgenommen werden. —

Ist das Lanolin vom Darm resorbirbar?

Von

Immanuel Munk in Berlin.

Nachdem ich durch ausgedehnte Versuchsreihen die Resorption, Bildung und Ablagerung der Nahrungsfette im Körper festgestellt und gezeigt habe, dass auch die festen Fettsäuren, wofern ihr Schmelzpunkt nur 52° C. nicht übersteigt, ebenso gut vom Darm resorbirt werden und dieselbe stoffliche Wirkung üben, wie die entsprechenden Neutralfette[1]), bin ich gern der Anregung von Herrn Prof. Liebreich gefolgt, das Lanolin auf seine Resorbirbarkeit vom Darm aus zu prüfen. Diese Frage ist theoretisch nicht ohne Bedeutung, insofern das Lanolin sich erst um 50° C. herum zu verflüssigen beginnt und zwischen 55 und 56° ganz flüssig wird[2]); sein Schmelzpunkt liegt also nur um wenige Grade höher als der der Fettsäuren des Hammeltalges (49—51°), von denen ich nachweisen konnte, dass dieselben, obwohl sich erst weit oberhalb der Temperatur des Thierkörpers verflüssigend, doch bis auf 12% im Darm des Hundes zur Resorption gelangen. Der Ausnützungsversuch mit dem Lanolin, den ich im hiesigen pharmakologischen Institut durchgeführt habe, gestaltete sich wie folgt. Ein Hund von rund 10 kg erhielt nach zwei Hungertagen in einer Abkochung von 300 g Fleisch mit 800 ccm Wasser 15 g Schweineschmalz und 29,6 g Lanolinanhydrid. Der danach abgesetzte Koth, in der üblichen Weise durch Knochen abgegrenzt, von weicher pomadeartiger Consistenz, gab, im Soxhlet'schen Aetherextractionsapparat erschöpft, 27,84 g Aetherextract, hauptsächlich Fette (und Fettsäuren) enthaltend. Danach gab der Koth noch an sauren Aether 0,848 g ab, zumeist aus Seifen bestehend. Insgesammt fanden sich demnach an Fetten, Fettsäuren und Seifen 28,688 g. Nach einem eingeschobenen abermaligen Hungertage erhielt der Hund 800 g Fleisch und 15 g Schmalz (ohne Lanolin); danach entleerte er mit dem Koth 0,28 g Aetherextract und 0,24 g sauren Aetherextract (Seifen), im Ganzen 0,52 g an Fettkörpern. Letzteren Betrag von den beim Lanolinversuch mit dem Koth ausgestossenen Fettkörpern abgezogen, bleiben 28,168 g Fett, welche in Form von Lanolin ausgeschieden sind, d. h. von 29,6 g verfüttertem Lanolin sind 28,17 g oder fast 96% im Koth wiedererschienen. Erwägt man ferner, dass das Lanolin vermöge seiner bei der Temperatur des Thierkörpers zwar weichen, aber dabei zähen Beschaffenheit leicht den Darmwandungen anhaftet und dass demnach ein Bruchtheil davon längere Zeit im Darm verweilen kann, ehe er zur Ausstossung mit dem Koth gelangt, so darf man wohl ohne jedes Bedenken den Schluss ziehen, dass die Resorption des Lanolin vom Darm gleich Null ist. Dieses Resultat hat in doppelter Hinsicht Interesse. Einmal zeigt es, dass Fette, deren Schmelzpunkt über 52° C. gelegen ist, sich der Resorption vollständig entziehen, während die zwischen 49 und 51° C. schmelzenden Fettsäuren des Hammeltalgs noch sehr gut (zu mehr als $\frac{9}{10}$) resorbirt werden; danach scheint also die Grenze für die Resorption von Fettkörpern beim Schmelzpunkt von ca. 52° zu liegen. Sodann wird dadurch allen Vermuthungen der Boden entzogen, die darauf zielen, das in der Haut und in den Epidermoidalgebilden vorfindliche Lanolin etwa als vom Darm resorbirt und in der Haut abgelagert zu deuten. Es stützt diese Erfahrung von anderer Seite aus die von Herrn Liebreich gegebene Deu-

[1]) Virchow's Arch. Bd. 80, S. 10 ff.; Bd. 95, S. 407 ff.

[2]) Die aus verseiftem Lanolin dargestellten Fettsäuren begannen nach meinen Beobachtungen um 59° C. zu schmelzen und sind bei 61° ganz flüssig.

tung über die Entstehung des Lanolin: wo Lanolin sich findet, muss es loco gebildet sein.

Zur Therapie der Schlaflosigkeit.

Von

Dr. Leop. Ewer in Berlin.

Während die vegetative Sphäre des menschlichen Organismus der Erholung nicht zu bedürfen scheint, müssen alle Organe der willkürlichen Aeusserung geistiger sowohl wie körperlicher Kräfte, um gesund zu bleiben, in regelmässig wechselnden Zeiten Ruhepausen, Schlaf haben, in denen ein Wegschaffen der in den einzelnen Organtheilen übermässig angesammelten Arbeitsproducte und ein Wiederersatz der während der Thätigkeit verbrauchten Stoffe stattfindet.

Diese Anschauung über den Schlaf theilt jetzt wohl die Mehrheit der wissenschaftlichen Welt, sie hat von all' den Hypothesen, die man vorher aufgestellt, und die oft wunderlich genug waren, die meiste Wahrscheinlichkeit für sich, es lassen sich alle Erscheinungen, die sich auf den Schlaf beziehen, mit ihrer Annahme ohne Zwang vereinigen, und auch das Experiment (Preyer) spricht sich für dieselbe aus.

Diejenigen Menschen, welche während des Tages ein genügendes Quantum körperlicher sowohl wie geistiger Arbeit verrichtet haben, bei denen also eine hinreichend grosse Ansammlung von Arbeitsproducten stattgefunden, erfreuen sich in der Regel eines stärkenden und erfrischenden Schlafes.

Wo ersteres nicht der Fall ist, stellt sich oft Schlaflosigkeit ein, die von den Aerzten mit allerlei Mitteln bekämpft werden muss. Alle diese medicamentösen Mittel haben bei längerer Anwendung ihre grossen Schattenseiten. Dagegen giebt es ein anderes, das fast niemals versagt, das keine üblen Folgen hinterlässt, das einfach und bequem anzuwenden ist. Wir brauchen nur der Natur zu folgen und dafür zu sorgen, dass die Patienten Ermüdungs- oder Arbeitsproducte in ihre Gewebe ablagern. Wir erreichen dies durch methodisch angewendete Muskelbewegung.

Es fiel mir im Anfang meiner jetzigen Thätigkeit auf, dass wiederholt Patienten, die wegen der verschiedensten Leiden in heilgymnastischer Behandlung waren, nebenbei bemerkten, dass ihr Schlaf ein besserer geworden. Nun wäre dies ja nichts besonderes gewesen, wenn anstrengende oder langdauernde Uebungen vorgenommen worden, denn es ist ja eine längst bekannte Thatsache, dass solche Ermüdung und Schlaf hervorrufen. Aber es ist erstaunlich, ein wie kleines Quantum von Muskelthätigkeit, namentlich im Anfang der Behandlung genügt, um Schlaf zu bewirken. Bei Leuten, die an körperliche Thätigkeit nicht gewöhnt sind, reicht schon eine geringe Menge von Arbeitsproducten aus, das Bedürfniss nach deren Wegschaffung, also nach Schlaf, hervorzurufen.

Die Behandlung besteht darin, dass man in allen Gelenken des Körpers Widerstandsbewegungen machen lässt. Widerstandsbewegungen sind solche Bewegungen, die der Patient ausführt, deren Ausführung der Arzt zu erschweren sucht. Der Widerstand richtet sich nach dem Kräftezustand der zu behandelnden Person und muss namentlich Anfangs sehr gelinde sein. Ob man dabei über das Maass hinausgeht, ist leicht zu erkennen. Man macht den Patienten darauf aufmerksam, dass er alle Bewegungen gleichmässig, ohne Ruck und ohne Schwung ausführen solle. Ruckt er nun trotzdem bei einer Uebung, so ist der Widerstand zu gross, und man muss ihn verringern. Die Gymnastik braucht keineswegs Abends ausgeführt zu werden. Ich habe gefunden, dass es ziemlich gleichgültig ist, auf welche Tageszeit sie fällt.

Ein Erfolg zeigt sich meist schon nach wenigen Tagen, doch stellt sich bei Patienten, die längere Zeit an Schlaflosigkeit gelitten, nicht sofort ein die ganze Nacht hindurch währender Schlaf ein, sondern erst allmählich verlängert sich seine Dauer, und erst nach und nach gewinnt er alle die Eigenschaften, die wir von einem gesunden Schlaf verlangen. Auch in unserem Falle, sowie bei den meisten heilgymnastischen und Massage-Curen ist zu beachten, dass ein Zuwenig Anfangs niemals schadet, ein Zuviel oft nicht wieder gut gemacht werden kann.

Instrumente für Nase und Kehlkopf.

Von

Dr. Maximilian Bresgen in Frankfurt a. M.

Die Aufmerksamkeit, welche den von mir in der Section für Rhinologie und Laryngologie in Wiesbaden vorgezeigten und erläuterten Instrumenten zu Theil wurde, rechtfertigt wohl, dieselben auch an anderem Orte zu beschreiben und abzubilden; der Redaction dieses Blattes bin ich für ihr diesbezügliches Anerbieten zu besonderem Danke verbunden.

Da die Bedeutung einer regelrechten Untersuchung der Nase immer weitere Kreise durchdringt, so muss jedem Arzte daran gelegen sein, ein Instrument zu besitzen, mit welchem man im Stande ist, das Naseninnere von vorne sich in möglichster Vollkommenheit zu Gesicht zu bringen. Bei der Rhinoscopia anterior ist es wesentlich, den Naseneingang in derjenigen Richtung, in welcher die wichtigen Nasengebilde gelagert sind — also in der senkrechten Richtung — so zu erweitern, dass man genügend beleuchten und sehen kann. Früher glaubte man, es sei nöthig, solche Nasen-Erweiterer einzuführen, welche geeignet seien, die geschwollene Schleimhaut der unteren Muschel bei Seite zu drängen. Es ist heute, nachdem das Cocain gefunden ist und mit ihm jene Schwellung zeitweise beseitigt werden kann, überflüssig, zu untersuchen, ob die zuletzt bezeichneten Nasen-Erweiterer, welche nur in wagerechter Richtung zu benutzen sind, früher Vortheile vor den meinigen hatten. Wichtig ist aber, zu betonen, dass für die grössere Brauchbarkeit eines Nasen-Erweiterers weniger das Instrument selbst, als die Richtung, in welcher es im Naseneingange angewendet werden kann, massgebend ist. Liegen die wesentlichen Gebilde des Naseninnern in senkrechter Richtung übereinander, so muss dasjenige Instrument am brauchbarsten sein, welches in dieser Richtung den Naseneingang erweitert. Dies thut in vollkommener Weise mein Nasen-Erweiterer. Derselbe (Fig. 1 a, b) wurde

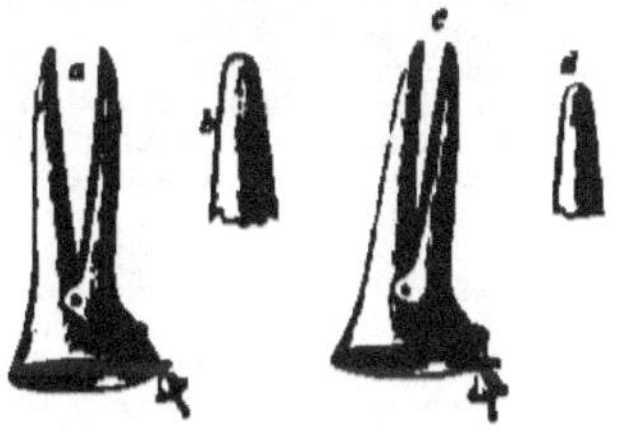

Fig. 1.

a = Nasen-Erweiterer für Erwachsene,
b = oberes Stück eines Blattes desselben von vorne gesehen.
c = Nasen-Erweiterer für kleine Kinder.
d = wie bei b.

(Verkleinert.)

von mir im Jahre 1876 nach dem damals neuen Duplay'schen Nasenspeculum angegeben; seither habe ich ihn mehrmals zu vervollkommnen Gelegenheit genommen; auch habe ich vor acht Jahren nach der gleichen Weise einen Nasen-Erweiterer für kleine Kinder (Fig. 1 c, d) angegeben. Beide zeichnen sich dadurch aus, dass sie 1) wegen ihres schlanken Baues überall leicht anwendbar sind, 2) sehr weit (mindestens 2.7 bezw. 1,5 cm) sich öffnen lassen, 3) genügend weit sind, um auch bequem sich reinigen zu lassen. Ich habe schon wiederholt[1]) darauf aufmerksam gemacht, dass diese Nasen-Erweiterer nicht in der allgemein üblichen wagerechten, sondern in der senkrechten Richtung im Nasenloche eingespannt werden müssten. Werden sie so verwendet, so geben sie uns einen überraschenden Ein- und Ueberblick in und über das Naseninnere; auch bleiben meine neuen Instrumente, wenn sie richtig eingespannt sind, in der Nasenöffnung hängen, sobald man sie, um irgend ein Instrument nehmen oder weglegen zu wollen, loslassen muss: man braucht nachher den Nasen-Erweiterer nur wieder mit der linken Hand zu ergreifen und seine hintere Oeffnung etwas zu heben, um sofort den erforderlichen Einblick in die Nase von Neuem zu erlangen. Bemerken möchte ich nur noch, dass das mit der Schraube in Verbindung stehende Blatt stets nach oben zu liegen kommen muss. Bezüglich des Nasen-Erweiterers für kleine Kinder kann ich sagen, dass er die sonst zur Nasen-Untersuchung der letzteren üblichen Ohrtrichter weit übertrifft; er erweitert wirklich den Naseneingang und lässt erheblich mehr Licht durch, als selbst der weiteste Ohrtrichter; und dies ist um so wichtiger, je jünger das zu untersuchende Kind ist.

Das nächstwichtige Instrument zur Untersuchung und Behandlung der Nase ist die Nasensonde (Fig. 2). Die zur einfachen Untersuchung oder Reinigung der Nase von Schleim oder Aetzschorfen dienende Sonde läuft, nach der Spitze hin sich leicht verjüngend, in ein einfach abgerundetes, nicht geknöpftes Ende aus (Fig. 2 a). Es ist dies deshalb sehr wichtig, damit man dieselbe Sonde auch zur Reinigung der Nasenschleimhaut von Schleim und Blut, zu welchem Zwecke man etwas Watte um die Spitze dreht, benutzen kann; wäre diese Nasensonde geknöpft, so würde beim Versuche, die Watte zu entfernen, der Knopf bald abgebrochen werden; jedenfalls aber würde dabei viel Zeit verloren gehen. Alle Nasensonden müssen, damit sie bequem durch

[1]) Der chronische Nasen- und Rachen-Katarrh. 1. Aufl. 1881. — 2. Aufl. 1883. Wien und Leipzig. Urban und Schwarzenberg.

Grundzüge einer Pathologie und Therapie der Nasen-, Mundrachen- und Kehlkopf-Krankheiten. Wien und Leipzig 1884. Urban und Schwarzenberg.

„Nasenkrankheiten" in Eulenburg's Real-Encyklopädie der gesammten Heilkunde. 2. Aufl. Wien und Leipzig 1888. Urban und Schwarzenberg.

den Nasen-Erweiterer hindurch gehandhabt werden können, 20 cm lang sein; sie müssen aus chemisch reinem Silber bestehen, damit sie Biegungen und Knickungen, deren man manchmal bedarf, vertragen, ohne Brüche zu erleiden. Am hinteren Ende der Sonde kann dieselbe, um das Gesichtsfeld durch die einführende Hand nicht zu beeinträchtigen, leicht abgebogen sein (Fig. 2 b); es geschieht dies dort am besten, wo das Myrtenblatt (Fig. 2 c) beginnt. Zur Cocaïnisirung, sowie zur Behandlung der Nase

Fig. 2.

Silberne Nasensonden (20 cm lang).

a zur Untersuchung der Nasenhöhle.
b deren hinteres Ende von der Seite.
c von vorne.
d zur Cocaïnisirung der Nasenhöhle; P. l. mit 6 cm langer Platinspitze zu Chromsäure-Aetzungen.
e geknöpfte Nasensonde zur Sondirung der Stirn- und Kieferhöhle.

mit Chromsäure bedient man sich am besten einer vorne nadelspitzen Sonde (Fig. 2 d), um in die engen Gänge und Spalten der Nase leicht und vollkommen eindringen zu können; im ersteren Falle kann dieselbe ganz aus Silber sein; im letzteren Falle muss sie vorne wenigstens 6 cm lang aus Platin bestehen, da Silber von der Chromsäure angegriffen wird. Diese Platinspitze (Fig. 2, d. P. l.) muss bei l in die Silbersonde eingezapft sein, da bei Schräglöthung die Löthstelle im Silber sehr weich wird und deshalb sich besonders leicht verbiegt; es ist aber darauf zu achten, dass das Bohrloch in der Silbersonde vom Platinzapfen gänzlich ausgefüllt wird, anderenfalls bricht die Sonde an dieser Stelle leicht durch. Die zur Cocaïnisirung benutzte Silbersonde muss an der Spitze mindestens 2 cm lang rauh sein, damit die an der letzteren angedrehte und mit der Cocaïnlösung getränkte Watte*) in engen Gängen der Nase sich nicht abstreifen kann; das Gleiche gilt von der ganzen Platinspitze der zu Chromsäureätzungen bestimmten Nasensonde. Eine leicht geknöpfte, sehr feine Nasensonde benutze ich zur Sondirung der Stirnhöhle (Fig. 2 e); dieselbe Sonde kann auch mit etwas kürzerer Krümmung zur Sondirung der Kieferhöhle verwendet werden. Die Sondirung der Stirnhöhle gelingt meist leicht; man muss nur mit dem Sondenknopf unmittelbar hinter dem Ansatzpunkte der mittleren Muschel nach oben gleiten; der etwas weiter nach hinten gelegene Gang zur Stirnhöhle ist gewöhnlich nicht oder nur sehr schwer zu durchdringen. Aber auch der vordere Gang macht nicht selten erhebliche Schwierigkeiten, wenn nicht vorher eine Cocaïnisirung desselben vorgenommen wird; und auch dann gelingt es nicht immer sogleich, in ihn vorzudringen; hier handelt es sich alsdann meist um Hyperplasie der Schleimhaut, denn nach Aetzungen mit Chromsäure gelang es mir in solchen Fällen doch, durch den Gang in die Stirnhöhle vorzudringen. Die Sondirung der Kieferhöhle gelang mir bisher gewöhnlich leichter, als die der Stirnhöhle; man schiebt die Sonde dicht unterhalb des Ansatzpunktes der mittleren Muschel auf der seitlichen Nasenwand nach hinten und etwas nach oben. Dass diese Sondirungen sich leichter sagen und beschreiben als ausführen lassen, versteht sich wohl von selbst. Zum Gelingen gehören neben gründlicher Kenntniss der Anatomie (einschliesslich ihrer vielen persönlichen Abweichungen) immerhin einige Geschicklichkeit in der Führung der Instrumente, sowie eine nicht geringe Erfahrung und Uebung in diesen Dingen. Wichtig ist die Sondirung der genannten beiden Höhlen, indem durch jene eine Erkrankung derselben leicht nachgewiesen werden kann. Bei fester Umwickelung der Sondenspitze (Fig. 2 d) mit Watte kann man, sobald dieselbe durch den Gang bis zur Höhle eingeführt ist, durch Hin- und Herschieben die letztere gewissermassen auspumpen; gelingt dies aber nicht, so lässt sich eine entsprechend gekrümmte Spritze in die Höhle einführen und etwaiges Secret aussaugen; dass dies bei der Kieferhöhle unter Umständen erheblich schwieriger, als bei der Stirnhöhle ist, begreift sich aus der anatomischen Lage ihrer natür-

*) Bezüglich meiner Methode, Cocaïn und Chromsäure in Wattebäuschchen an der Spitze der Nasensonde zu befestigen, verweise ich auf meine diesbezüglichen Mittheilungen: Die Anwendung der Chromsäure in der Nasenhöhle. Deutsche Medicinal-zeitung 1886. Nr. 7. — Entstehung, Bedeutung und Behandlung der Verkrümmungen und knöchernen Verdickungen der Nasenscheidewand. Wien. med. Presse 1887. Nr. 7, 8. — „Nasenkrankheiten" wie oben. — Sodann in Villaret's Handwörterbuch der practischen Medicin die Artikel „Rhinitis" und „Septum-Deviationen". Stuttgart 1888. Enke.

lichen Eingangsöffnungen zu ihrem Boden. Immerhin aber sollte die Probe-Ansaugung vor der blutigen Eröffnung versucht werden. Sie hat sich mir sehr dienlich erwiesen und mich mehrmals vor überflüssiger Anbohrung der Kieferhöhle bewahrt.

Ein sehr wichtiges Instrument zur Behandlung der Verkrümmungen der Nasenscheidewand[5]) ist der Nasenmeissel. Ich habe denselben gegenüber seinen Vorgängern wesentlich anders gestaltet und, wie ich glaube, auch verbessert (Fig. 3). Zunächst

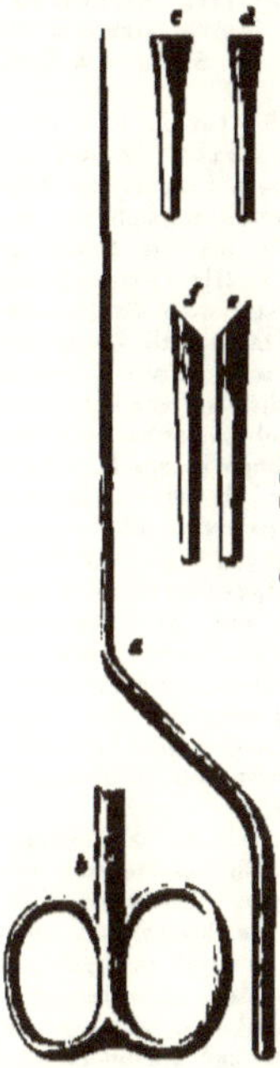

Fig. 3.

Nasenmeissel. (Verkleinert.)

a = von der Seite gesehen.

b = sein hinteres, scheerenförmiges Ende, von der Fläche gesehen.

c, d, e, f = die vier verschiedenen Meissel an ihrem vorderen scharfen Ende.

habe ich ihm, um das Gesichtsfeld ganz frei zu machen, die sog. Nasenabbiegung (Fig. 3a) gegeben; sodann sind dieselben so dünn wie möglich hergestellt, um den Raum, den sie selbst einnehmen, zu beschränken. Der scheerenartige Griff erlaubt nicht nur eine leichte Handhabung, er vermindert auch nicht deren Sicherheit, behütet aber vor allzu rohem Eingreifen. Die Meissel mit schräger Schneide erweisen sich besonders bei sehr harten knöchernen Brücken als vortheilhaft; mit ihnen ist das Vordringen in den Knochen erheblich leichter, als mit den übrigen, welche eine gerade Schneide besitzen. Zu beachten ist aber sehr wohl, dass bei Verwendung des Meissels Brechversuche durchaus zu vermeiden sind, da solche nur ein Schartigwerden seiner Schneide und unnöthige Brüche der Nasenknochen zur Folge haben; überdies empfiehlt es sich, in der Nase jede rohe, unberechenbare Gewalt zu vermeiden.

Schliesslich möchte ich noch auf eine von Voltolini[6]) schon empfohlene Vorrichtung, welche an Kehlkopfinstrumenten angebracht werden kann, aufmerksam machen. Dieselbe ist ganz vorzüglich geeignet, jene Schwierigkeiten, die sich bei starker Rückwärtsneigung des Kehldeckels dem Operateur in den Weg stellen, gänzlich zu beseitigen.

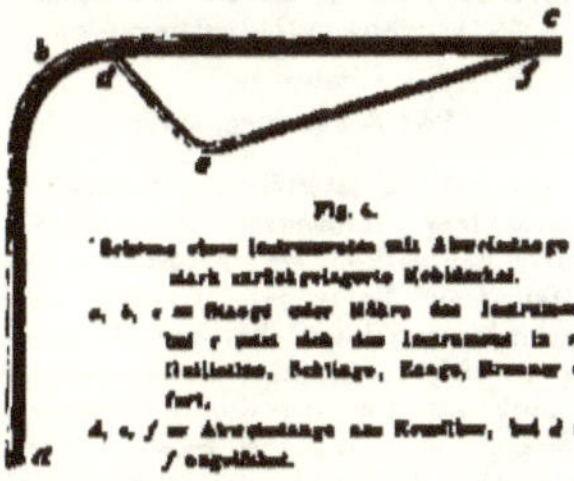

Fig. 4.

Schema eines Instrumentes mit Abweisstange für stark zurückgelagerte Kehldeckel.

a, b, c = Stange oder Röhre des Instrumentes; bei c setzt sich das Instrument in eine [illegible], Schlinge, Zange, Brenner etc. fort.

d, e, f = Abweisstange aus Neusilber, bei d und f angelöthet.

Die Abweisstange, aus dünnem Neusilberdraht gefertigt, behindert das Sehen nicht im mindesten, stellt aber den Kehldeckel so in die Höhe, dass der Kehlkopf gänzlich übersichtlich bleibt, so lange das Instrument in demselben verweilt. Natürlich bedarf, wie auch das Instrument selbst, die Abweisstange der jedem einzelnen Falle angepassten Länge und Krümmung. Diese von Voltolini zuerst beschriebene Vorrichtung macht alle Kehldeckelhalter vollkommen überflüssig. Nicht unerwähnt, wenn auch eigentlich selbstverständlich, will ich lassen, dass vor Einführung von Instrumenten in den Kehlkopf dieser mit einer 20%igen Cocainlösung gehörig unempfindlich gemacht sein muss.

Die hier beschriebenen Instrumente haben sich mir, theilweise schon durch eine lange Reihe von Jahren, stets ausgezeichnet bewährt, so dass ich erwarten darf, sie werden sich auch Anderen so erweisen. Geschicklichkeit und Uebung sind aber nirgendwo

---

[5]) Man vergl. die betreffenden, unter [1]) angeführten Aufsätze.

[6]) Ein neues Instrument für Operationen im Kehlkopfe bei Rückwärtsneigung des Kehldeckels. Monatsschrift f. Ohrenheilk., sowie für Nasen- und Kehlkopfkrankh. 1885. Nr. 7.

mehr nöthig, als wenn es sich um die Verwendung von Instrumenten handelt, die Andere ersonnen und empfohlen haben. Bei etwaigen Misslingen mache man deshalb weniger die Instrumente, als sich selbst zunächst dafür verantwortlich!

Die Naseninstrumente waren in Wiesbaden von C. Steiner in Frankfurt a. Main (Allerheiligenstrasse 58) ausgestellt; die Abweisstange an Kehlkopfinstrumente kann jeder Instrumentenmacher anlöthen und wieder entfernen.

Wissenschaftliche Ausstellung der 60. Versammlung deutscher Naturforscher und Aerzte zu Wiesbaden. IX. Gruppe (Elektrotherapie).

Referat von

Prof. A. Eulenburg, Berlin.

Die mit der letztjährigen Naturforscher-Versammlung verbundene wissenschaftliche Ausstellung enthielt — trotzdem sie so unmittelbar auf die in jeder Hinsicht epochemachende vorjährige Berliner Ausstellung folgte — wie auf manchen anderen Gebieten, so auch auf dem der Elektrotherapie eine überraschende Anzahl theilweise recht beachtenswerther Verbesserungen und Novitäten. Es mag genügen, die für therapeutische Zwecke anscheinend wichtigsten und brauchbarsten derselben im Nachfolgenden kurz zusammenzustellen, wobei sich die natürliche Eintheilung in Inductionsapparate, constante Batterien (mit dazu gehörigen Hülfsvorrichtungen) und Apparate für Anwendung der statischen Elektricität darbietet.

I. Inductionsapparate. Auf diesem Gebiete ist, wie früher, am wenigsten Neues hervorzuheben. C. & E. Fein in Stuttgart stellten einen Inductionsapparat aus, welcher durch eine entsprechende Einstellung der Contactschraube und der Verlängerungseinrichtung des Ankerhebels, welche sich genau controlliren lässt, die mehr oder minder schnelle Aufeinanderfolge der Stromunterbrechungen beliebig zu reguliren und mit hinreichender Genauigkeit zu bestimmen gestattet. Die Schwingungen des Ankers variiren dabei zwischen 60 und 4000 in der Minute; die Bestimmung der Schwingungszahl erfolgt theils durch Ablesung auf einer Kreistheilung der mit der Contactschraube verbundenen Scheibe, theils auch durch Feststellung der Tonhöhe, welche mittelst der Unterbrechungsvorrichtung bei grosser Geschwindigkeit erzeugt wird. Der in einem Holzkasten befindliche Apparat wird durch ein Flaschenelement (oder Daniell) betrieben. — Erwähnenswerth ist noch ein Inductionsapparat von W. A. Hirschmann in Berlin mit Helmholtz-Säule, welche die Ausschaltung der Schliessungsschläge und somit ausschliessliche Verwendung von Oeffnungsströmen der secundären Spirale gestattet, sowie ein ebenfalls zur Verwendung gleichgerichteter, galvanometrisch messbarer Ströme dienender Inductionsapparat von Dr. Stöhrer & Sohn (Leipzig).

II. Constante Batterien und dazu gehörige Nebenapparate. Ausser der schon in diesen Blättern (August) beschriebenen neuen transportablen Batterie mit Federgalvanometer für absolute Strommessung (Aussteller W. A. Hirschmann) sind noch einzelne, theilweise auch für Beleuchtungszwecke und Galvanokaustik benutzbare Batterien hervorzuheben. Unter letzteren zeichnen sich namentlich die transportablen Batterien für elektrische Beleuchtung und Galvanokaustik von R. Blänsdorf in Frankfurt a. M. aus. Dieselben sind für Beleuchtungszwecke mit dem sog. „Diaphotoskop-Schütz" zu verbinden, einem mit ringförmiger Glühlichtlampe versehenen, centrisch durchbohrten Beleuchtungsapparat, dessen Anwendung ausserordentlich bequem ist und ein sehr mildes, stets in der Axe des untersuchenden Auges liegendes, durch ein durch Kapsel und Hohlspiegel hindurchgehendes Metallröhrchen abgeblendetes Licht giebt.

Ebenfalls zur Beleuchtung und Galvanokaustik benutzbar ist die Tauchbatterie von Hedinger in Stuttgart (Aussteller F. E. Klengel, Dresden): sie besteht aus sechs grossen, in einem Holzschrank untergebrachten Chromsäure-Elementen, Stöpselumschalter (für 5 Schaltungen), Galvanoskop mit Ausschalter, Rheostat und gegabelten Polklemmen. Mit dieser Batterie war auch ein neues Elektro-Urethroskop derselben Firma verbunden. — An der „leicht transportablen Handbatterie" von W. R. Seifert (Dresden) mit 10—40 Plattenpaaren (Zink-Kohle) ist die als neu patentirte Befestigung der Elemente hervorzuheben, welche letzteren an zwei mit Gummi überzogenen Eisenstäben aufgehängt und mittelst zweier Schraubenmuttern befestigt werden können, was bei Reinigung und Füllung der Elemente grosse Bequemlichkeit darbietet.

Von Galvanometern sind ausser den schon genügend bekannten Edelmann'schen und Hirschmann'schen Instrumenten zu erwähnen: das Vertical-Galvanometer von Stöhrer mit absoluter (M.A.) Theilung, mit astatischer Nadel, Arretirung und Dämpfung, und 3 Stöpselungen zur abstufbaren Empfindlichkeit, und Fein's Horizontal-Galvanometer, welches ausser der empirisch bestimmten M. A.-Theilung auch noch eine ihr gegenüberstehende Kreistheilung von 0—90 Grad aufweist und dessen Messumfang von 0—2,5 — bei Einschaltung eines Nebenschlusses aber bis zu 25 M. A. reicht. Endlich eine grössere Feder-Stromwage nach Kohlrausch (bis zu 20 M.A.) von Marstaller in Würzburg. —

Von Rheostaten sah man alle die bekannten Metall-, Graphit-, Flüssigkeits- und Bandrheostaten in vielfachen Modificationen vertreten. Als neu ist hervorzuheben der nach C. W. Müller von Hirschmann angefertigte Metall-Rheostat in der Hauptleitung, der für 4000 Ohm (durchschnittliche Widerstandssumme des Körpers, der Elektroden, des Galvanometers und der Elemente) mathematisch berechnet ist und mittelst 50 Abstufungen ein gleichmässiges Ausschleichen um je 2% ermöglicht (Maximalwiderstand also = 196 000 Ohm); ferner der durch Stöhrer & Sohn vorgeführte Drahtbandrheostat von Grosse. Letzterer besteht aus einem mit Baumwollfäden zu einem Bande verwebten, gut isolirten Neusilberdraht, auf dessen ganzer Länge ein Streifen von Querdrahtfäden offen liegt, welche an beliebiger Stelle mit einer Rolle in Contact gebracht werden können, die eine sichere Verbindung zwischen dem Band und einer aufgeschraubten Polklemme vermittelt. Das Band wird in einer Hartgummibüchse auf eine metallene Axe aufgerollt. Durch Aufrollen wird der Widerstand vergrössert, durch Ausziehen des Bandes dagegen verringert, so dass messbare Widerstände von 0 bis zu 4000 Ohm eingeschaltet werden können. Derselbe Apparat wird auch in kleinerer Form, als Taschen-Rheostat, für 0 bis 1000 Ohm Widerstände geliefert.

Von sonstigen Nebenapparaten mag die sogenannte Normal-Elektrode nach C. W. Müller (von Th. Wagner, Wiesbaden) genannt werden, die einen Querschnitt von 1 qcm besitzt; letzterer wird durch den platinirten Kopf einer Schraube hergestellt, deren Mutter in einem Hartgummiknopf steckt, so dass auch bei tiefem Eindrücken der Elektrode nicht mehr als 1 qcm Gebrauchsfläche vorhanden sein kann. Dieselbe Firma brachte eine vollständige Collection der von C. W. Müller benutzten Elektroden. Ausserdem sind die elektrolytischen Apparate und Instrumente nach Voltolini (Aussteller Ernst Pischel's Nachfolger, Breslau) hier zu erwähnen.

Das Gebiet der hydroelektrischen Badeeinrichtungen war mehrfach vertreten, besonders durch Reiniger, Gebbert & Schall (Erlangen) und R. Blänsdorf; doch sah man hier gegen das Vorjahr kaum etwas Neues.

III. Apparate für statische Elektricität (Influenzmaschinen mit Zubehör). Die Apparate für Anwendung der statischen Elektricität („Franklinisation") fanden sich hier zum ersten Male in so ansehnlicher Zahl und mannichfaltiger Weise vertreten, dass sie dieser ganzen Ausstellungsgruppe gewissermaassen den Stempel aufdrückten, und somit auch äusserlich bekundeten, wie diese — in Deutschland bisher fast nur durch Stein und den Ref. praktisch vertretene — Methode sich nach und nach zu allgemeinerer Anerkennung und Uebung durchzudringen anschickt.

Influenzmaschinen hatten Blänsdorf, Hirschmann, Lenner (Dresden), Leybold (Cöln), R. Voss (Berlin) u. A. zur Ausstellung gebracht. Von Blänsdorf-Simon ausgestellt war die schon in diesen Blättern (Juni) beschriebene Stein'sche Ebonit-Cylindermaschine mit zwei nach entgegengesetzter Seite drehbaren Cylindern, nebst dazugehörigem Elektromotor und Tauchbatterie von drei grossplattigen Elementen (4 Kohle-, 3 Zinkplatten) in Hartgummizellen, und den kleineren Nebenapparaten. Die übrigen vorgeführten Influenzmaschinen waren theils mit Ebonitscheibe (Carré), theils mit Glasscheiben construirt, letztere entweder nach dem Töpler-Voss'schen Typus (mit einer rotirenden Scheibe) — bis jetzt noch am meisten bewährt und beliebt — oder nach Wimshurst, mit zwei entgegengesetzt drehenden Scheiben. Die nach speciellen Angaben des Referenten gefertigte, von W. A. Hirschmann ausgestellte „vollständige Einrichtung für die Anwendung statischer Elektricität" enthielt eine modificirte Töpler'sche Maschine, deren zahlreiche Einzelveränderungen hier nicht aufgeführt werden können; erwähnt sei nur die durch Verschraubung an der Aussenseite des Glashauses bewirkte Verstellung der Conductorkugeln mit Ablesescala, und das Anbringen zweier Durchführungen von den Conductoren nach der Aussenseite, sowie der Leydner Flaschen unter eben diesen Durchführungen, wobei es durch eine einfache Vorrichtung (Umlegen zweier Metallstäbe) möglich gemacht wird, den Strom entweder direct von den Conductorenden behufs Ladung, Spitzenwirkung u. s. w., oder von den äusseren Belegen der Leydner Flaschen zu entnehmen. Der Betrieb erfolgt durch einen Heissluftmotor. Das Armamentarium ist äusserst vereinfacht, indem die sog. „Glockenvorrichtung" durch eine mit der Maschine selbst fest verbundene, verstellbare Kopfplatte, der sog. „Ozonisirapparat" durch eine geeignete Spitzenelektrode, das „Tabouret" durch einen (auch zur Erde ableitbaren) Isolirstuhl oder eine isolirte Fussplatte in vollkommen genügender Weise ersetzt ist.

Besonders hervorgehoben sei noch der von Schadewell (Dresden) ausgestellte „Apparat zur therapeutischen Verwendung und Dosirung der Spannungsströme" nach Mund. Derselbe besteht im Wesentlichen aus zwei Funkenmikrometern, welche mit den Polen der Influenzmaschine in Verbindung gebracht werden. Auf dem Apparate können (statt der Leydner Flaschen) Plattencondensatoren von 25, 50 oder 100 Quadratcentimeter Belegung so angebracht werden, dass ihre Entladungen in der Funkenstrecke des Mikrometers erfolgen müssen. Durch Variirung der Schlagweiten einerseits und durch die verschiedene Capacität der verwendeten Condensatoren andererseits lässt sich so eine sehr mannichfaltige Abstufung der elektrischen Reizstärke (z. B. schon im Verhältniss von 1—144 für Schlagweiten von 1—6 mm) erzielen. Der Apparat kann mit der Maschine leicht auch während des Ganges der letzteren in Verbindung gesetzt und ebenso kann durch einen inneren Entlader jederzeit der äussere Schliessungsbogen sammt dem eingeschalteten Körper dem Einflusse des Stromes entzogen werden. — Von Mund waren ausserdem ein kleiner Elektromotor (Fabrikant Siemens & Halske) für Influenzmaschinen, und Elektroden zur Franklinisation (Modification der bereits 1886 von Schwanda angegebenen, sog. Funkenmesselektroden) vorhanden.

Zur Kenntniss der pharmakologischen und therapeutischen Eigenschaften der Methyltrihydrooxychinolincarbonsäure.

Mittheilungen aus dem Institut für experimentelle Pharmakologie in Bern.

Von

Prof. R. Demme in Bern.

(Schluss v. S. 67.)

Ich muss hier noch erwähnen, dass die mir zur fortgesetzten experimentellen Verwendung, auf die Vermittelung von Prof. v. Nencki durch die Fabrik von Dr. F. von Heyden Nachfolger in Radebeul bei Dresden übermittelte zweite Sendung des Präparates eine grössere Reinheit und hiermit zusammenhängend auch eine intensivere Wirkung desselben nachweisen liess. In Folge dessen sah ich mich veranlasst, mit dem Präparate der zweiten Sendung die wesentlichsten pharmakologischen Versuche zu wiederholen. Es beziehen sich unsere obigen pharmakologischen Angaben auf diese letzteren Ergebnisse[4]). Ebenso wurden bei den nun folgenden therapeutischen Mittheilungen nur die mit dieser zweiten Sendung des Präparates angestellten Beobachtungen berücksichtigt.

Es betreffen dieselben je zwei Fälle von croupöser Pneumonie, von acutem Gelenkrheumatismus, von Abdominaltyphus und von acuter tuberculöser Lungenphthise, je einen Fall von Erysipelas faciei und ferner von acuter Endocarditis und Pericarditis. Der jüngste dieser Patienten stand im Alter von 4 Jahren, der älteste zählte 15 Jahre.

Die Darreichung des Medicamentes geschah in einfach wässeriger Lösung mit Zusatz von etwas Zucker oder Succus liquiritiae. Das Medicament wurde ohne Widerwillen genommen und rief weder Uebelkeit noch irgendwelche Verdauungsstörungen hervor.

Mit Rücksicht auf die Ergebnisse der pharmakologischen Untersuchung wurde vorläufig die Grösse der Einzelgabe für Kinder zwischen dem 4. bis 6. Lebensjahre auf 0,1 bis 0,15 g, für solche zwischen dem 6. bis 10. Jahre auf 0,2 und für 11 bis 15 Jahre zählende Kinder auf 0,25 g normirt. Dabei wurden, unter halbstündlich vorgenommener Messung der Anustemperatur, zu Anfang unserer Versuche 3 bis 4 dieser Gaben in stündlichen Zwischenräumen auf einander folgend verabreicht und hierauf die Wirkung des Präparates abgewartet.

Diese initialen Beobachtungen betrafen die beiden Fälle von Pneumonie, sowie den Fall von Erysipelas faciei.

Bei keinem dieser Patienten erfolgte auf diese Medication ein rascher, sofort deutlich ausgesprochener Temperaturabfall, wie dieses nach entsprechenden Gaben von Thallin, Antipyrin, Antifebrin, der Fall zu sein pflegt. Dagegen sank bei einem derselben, einem 5 Jahre alten, von Pneumonie des linken oberen Lungenlappens befallenen Knaben, am zweiten Tage der Erkrankung die 40,7° C. betragende Anustemperatur, 4 Stunden nach der letzten der drei je 0,15 g betragenden Gaben, somit nach einer Gesammtgabe von 0,45 g, 7 Stunden nach Beginn dieser Therapie, plötzlich innerhalb 25 bis 30 Minuten bis auf 38,0° C. Dabei bestanden keine auf eine Krisis deutenden Erscheinungen, auch keine Collaps-Symptome. Das subjective Befinden des Kranken war befriedigend. Ungefähr 5 Stunden nach diesem Temperaturabfall hob sich die Temperatur-Curve wieder ganz allmählich und erreichte innerhalb der nächsten 3 bis 4 Stunden 39,2° C. Diese Temperaturhöhe wurde während der nächsten 24 Stunden nicht überschritten. Das Temperaturminimum betrug während dieser Zeit 38,4 (am Morgen des 4. Tages der Erkrankung).

Im Laufe des Morgens des 5. Tages hob sich die Eigenwärme plötzlich wieder bis auf 41,0° C. Es wurden neuerdings in stündlichen Zwischenräumen 3 Gaben von 0,15 verabreicht. 6 Stunden nach der letzten Gabe sank die Temperatur und zwar wieder innerhalb 30 bis 40 Minuten bis auf 37,6° C., dieses Mal unter leichten Collapserscheinungen, Kühlwerden der Extremitäten und auffallender Blässe des Gesichts. Diese Erscheinungen schwanden übrigens von selbst nach etwa einer halben Stunde. Schon 6 bis 7 Stunden später erfolgte neues Ansteigen der Temperatur-Curve. Dieselbe hob sich jedoch nicht mehr über 39,3° C. Am 7. Tage kritisirte die Pneumonie in der gewöhnlichen Weise und heilte der Fall bis zum 12. Tage ab. Der Verlauf der örtlichen Erscheinungen war durch unsere therapeutischen Eingriffe in keiner Weise modificirt worden. Dem Beginn des Temperaturabfalls gieng jedes Mal ein leichter Schweiss voraus. Die Harnsecretion wurde nicht beeinflusst.

In vollkommen analoger Weise äusserte sich die Wirkung des Arzneikörpers bei unserem zweiten, ein 7 Jahre altes Mädchen mit croupöser Pneumonie des rechten oberen und mittleren Lungenlappens betreffenden Fall. Hier waren ebenfalls am 2. Tage der Erkrankung und zwar des Morgens um 9 Uhr, bei einer Achselhöhlentemperatur von 40,1° C., drei in stündlichen Zwischenräumen folgende Gaben von 0,2 g gereicht worden. Nach der 3. Gabe, von 11 Uhr Morgens bis Nachmittag 3 Uhr, sank das Thermometer allmählich bis zu 38,8° C. Von 6 Uhr bis 6½ Uhr Abends trat rasch ein Abfall bis zu 37,8° C. ein. Während zehn Stunden, bei 3 Mal im Laufe der Nacht vorgenommenen Messungen schwankte die Eigenwärme zwischen 37,9 und 38,1° C. Um 6 Uhr Morgens des 3. Krankheitstages stand das Thermometer wieder auf 39° C, 5 Stunden später auf 40,2° C. Eine nochmalige Darreichung des Medicamentes in derselben Weise führte erst 5 Stunden nach der um 11 Uhr Morgens gereichten 3. Gabe von 0,15, ebenfalls unter leichten, bald vorübergehenden Collapserscheinungen, nach kurzem vorhergehenden Schweissausbruch zu einem Temperaturabfall auf 37,4° C. 5 Stunden später erfolgte neues ganz allmähliches Ansteigen der Eigenwärme. Um 11 Uhr des gleichen Abends wies das Thermometer wieder 38,9° C.

Auffallend war die unter dem Einflusse des Medicamentes sich vollziehende und noch zur Zeit des Wiederansteigens der Temperatur andauernde Abnahme der Pulsfrequenz von 132 auf 108 bis 104 in der Minute, bei deutlich zunehmender Energie der vom Beginn der Erkrankung an schwachen, zeitweise flatternden Herzcontractionen. Da die Eigenwärme im weiteren Verlaufe dieses Falles 39,2° C. nicht mehr überstieg, fand sich keine Veranlassung zu einer erneuten Anwendung des Medicamentes. Die Pneumonie kritisirte vom 6. auf den 7. Tag in normaler Weise. Auch hier hatte unsere Medication auf den Verlauf des Localprocesses keinen Einfluss ausgeübt.

Bei unserem in gleicher Weise behandelten Fall von Erysipelas faciei machte sich ein antipyretischer Effect des Medicamentes nur sehr unvollkommen geltend. Der auch hier in sehr protrahirter Weise eintretende Temperaturabfall betrug bei dreimaliger an verschiedenen Tagen vorgenommener Anwendung nie mehr als 0,5 bis 0,9° C. Das Allgemeinbefinden des 4 Jahre alten kräftigen Knaben verhielt sich bei den 0,1 g betragenden Gaben zwar befriedigend, der Localprocess liess jedoch keine Beeinflussung seitens des Medicamentes erkennen.

Aus diesen drei Versuchen, zu welchen noch eine Reihe einmaliger Beobachtungen der Wirkung unseres Arzneikörpers bei mehreren Fällen von Bronchopneumonie und zwar mit analogem arzneilichem Effecte wie bei den beiden Fällen von croupöser Pneumonie hinzukamen, ging für uns hervor, dass dem Präparate eine antipyretische Einwirkung innewohnt, dass dieselbe jedoch in der von uns bis dahin gewählten Darreichungsweise nur in ungenügender Weise zur Geltung kam und namentlich durch die kurze Dauer der Apyrexie für den Verlauf der Erkrankung bedeutungslos sein musste. Immerhin erschien uns eine Steigerung der so verabreichten Einzelgaben, mit Rücksicht auf den schliesslichen, vollkommen unbe-

*) Es erklären sich hieraus einige Abweichungen unserer heutigen Mittheilungen von den in der jüngsten Naturforscherversammlung in Wiesbaden in der pädiatrischen Section hierüber gemachten Angaben.

rechenbaren Temperaturabfall und der hiermit zusammenhängenden Möglichkeit eines Gefahr bringenden Collapses, unzweckmässig.

Es spricht der langsame Eintritt des bei unseren hier mitgetheilten Fällen als Arzneiwirkung aufzufassenden Temperaturabfalls für eine nur ganz allmähliche Resorption des Medicamentes und demgemäss für eine, dem Verhalten des Thallins, Antipyrins und Antifebrins gegenüber, auffallend verzögerte Zufuhr desselben zu den der Wärmeregulirung vorstehenden Centren. Umgekehrt erscheint die kurze Dauer der Entfieberung bei unseren Fällen durch eine verhältnissmässig rasche Ausscheidung des Arzneikörpers aus dem Organismus bedingt[4]).

Sollte es uns gelingen, durch eine fortlaufende Zufuhr kleiner Gaben des Medicamentes[5]) ohne schädliche Summation und andererseits unter Ausgleichung der Nachtheile einer zu raschen Ausscheidung desselben, eine den therapeutischen Indicationen genügende, wenn auch vielleicht nicht zur vollständigen Apyrexie führende Herabdrückung der dem Organismus feindlich erscheinenden, länger anhaltenden Temperaturmaxima von 40,0° C. und darüber zu erzielen, so lag für uns eine practische Verwerthung der uns beschäftigenden Arzneisubstanz eher im Bereiche der Möglichkeit.

Wir versuchten deshalb bei den nun folgenden Fällen die Darreichung des Präparates in regelmässig, während des febrilen Verlaufes der Erkrankung, ein- bis zweistündlich fortgesetzten kleinen Gaben. Dieselben betrugen für Kinder von 4 bis 5 Jahren 0,05, für solche zwischen dem 6. bis 10. Jahre 0,075 bis 0,1 und für Individuen zwischen dem 11. bis 15. Lebensjahre 0,1 g.

Bei unseren Fällen von Abdominaltyphus und ebenso von acutem Gelenkrheumatismus wurde diese Medication abwechselnd während einiger Tage fortgesetzt und hierauf wieder für einige Tage unterbrochen. Zur Abschätzung des antipyretischen Effectes diente die Vergleichung der Temperatur-Maxima und -Minima innerhalb 24 Stunden.

Ein durch diese Medication erzielter antipyretischer Effect trat bei unseren beiden Fällen von Typhus deutlich hervor. An den Medicament-Tagen hielten sich die Temperaturen zwischen 38,0 bis 38,8; an den freien Tagen erfolgte wiederholt ein Ansteigen der Eigenwärme bis auf 39,5 und 40,3. Es wurde, nach wiederholter Controlirung dieser Einwirkung, diese Medication schliesslich bis zur Erzielung eines täglichen Temperatur-Maximums, welches 38,8 nicht überstieg, fortgesetzt. Es erfolgte bei dem ersten, einen 9 Jahre alten Knaben betreffenden Fall, die Abheilung 23 Tage, bei der zweiten, ein 11 Jahre altes Mädchen betreffenden Beobachtung, 19 Tage nach Beginn der Erkrankung.

Unsere beiden Fälle von acutem Gelenkrheumatismus, ein 10 Jahre altes Mädchen und einen 15 Jahre alten Knaben betreffend, verliefen unter dieser Medication verhältnissmässig rasch und, ohne Recidive, günstig. Die Anschwellung und Schmerzhaftigkeit der Gelenke bildete sich schon innerhalb des 3. bis 5. Tages vollständig zurück. Profuse Schweissausbrüche wurden nicht beobachtet, doch war die Haut fortwährend dünstend, das Allgemeinbefinden dabei befriedigend. Da übrigens diese beiden Fälle an und für sich ein mildes, zur raschen Rückbildung neigendes Verhalten darboten, so wage ich nicht zu entscheiden, ob der Einfluss des Medicamentes hier wesentlich in Frage gekommen ist.

Bei unseren beiden Fällen von acuter tuberculöser Lungenphthise trat die Einwirkung der nur über Tags, jedoch zweistündlich gereichten Gaben unseres Arzneikörpers in der Weise hervor, dass die vor Beginn dieser Medication regelmässig sich einstellenden hohen Nachmittags- und Abends-Temperaturen von 39,5 bis 40,8° C. sofort wegfielen und die tägliche Temperaturcurve 38,5° C. nicht mehr überschritt. Wohl in Folge dessen stellte sich eine wesentliche Besserung des Allgemeinbefindens ein, welche auch nachmals, bei vorübergehender längerer Un-

[4]) Die Methyltrihydroxychinolincarbonsäure wird nach den in Nencki's Laboratorium angestellten Versuchen sowohl von Menschen wie von Hunden zu etwa ⁹/₁₀ unverändert ausgeschieden. Schon nach einer halben Stunde färbt sich der Harn mit Eisenchlorid roth, eine für diese Säure charakteristische Reaction. Durch Eindampfen des Harnes, Ausziehen mit Alkohol, Verdunsten des Alkoholextractes, Ansäuern mit Salzsäure und Ueberschichten mit Aether krystallisirt in dem wässerigen Syrup der grösste Theil der unveränderten Säure aus, die durch Umkrystallisiren gereinigt und durch Analysen, sowie Schmelzpunktbestimmung identificirt wurde.

In den Aether geht eine krystallinische, auch in heissem Wasser fast unlösliche Säure über, deren alkoholische Lösung durch Eisenchlorid tiefblau gefärbt wird. Die Untersuchung dieser nur in geringen Mengen nach Fütterung mit Methyltrihydroxychinolincarbonsäure auftretenden Säure ist noch nicht abgeschlossen. Den Analysen zufolge ist sie eine Dioxychinolinmethylcarbonsäure = $C_9H_3(CO_2H)(OH)_2N.CH_3$.

[5]) In Analogie des von Ehrlich und Laquer (Berl. klin. Wochenschr. 1885 No. 51), allerdings hier zur Verlangsamung der ausserordentlich raschen Resorption des Thallin, mit Rücksicht auf die Behandlung des Typhus empfohlenen Verfahrens.

terbrechung dieser Medication, trotz sofortigem Wiedereintritt hoher Fiebertemperaturen, noch andauerte.

Bei dem zu unserer Beobachtungsreihe gehörenden, ein 7½ Jahre altes, kräftiges Mädchen betreffenden Falle von acuter Endo- und Pericarditis, bei welchem vom Beginn der Erkrankung anhaltend hohe, zwischen 39,2 und 40,4° C. schwankende Achselhöhlentemperaturen bestanden, vermochten die meist stündlich gereichten Gaben von 0,1 unseres Medicamentes keine erwähnenswerthe Herabsetzung der Eigenwärme zu erzielen. Dagegen machte sich an den Medicament-Tagen im Vergleiche zu den freien Tagen ein auffallend günstiger Einfluss auf die Frequenz und Qualität des Pulses geltend. Von 130 bis 140 Schlägen in der Minute sank derselbe nach 8 bis 10 Gaben von stündlich 0,1 g auf 112 bis 104 Schläge. Dabei wurden die Herzcontractionen kräftiger, das Allgemeinbefinden besser und nahm die, übrigens nie hochgradige, Dyspnoe ab. 10 bis 12 Stunden nach Unterbrechung der Medication stieg die Frequenz des Pulses wieder, wurden die Herzcontractionen schwächer und geschah die Athmung etwas mühsamer. Mit Rücksicht auf diese im Verlaufe der Erkrankung wiederholt constatirte günstige Einwirkung des Medicamentes auf Frequenz und Qualität des Pulses wurde dasselbe schliesslich zu zweistündlich 0,1, später zu 3 bis 4 Mal täglich 0,1 bis zum Beginn der Convalescenz fortgesetzt.

Die hier mitgetheilte Beobachtungsreihe ist selbstverständlich zu klein, um ein massgebendes Urtheil über den antipyretischen Effect[1]) der Methyltrihydrooxychinolincarbonsäure zu gestatten. Ebensowenig berechtigt dieselbe zu der Entscheidung der Frage, ob dieser Arzneikörper durch seine Blutdruck steigernde und Puls verlangsamenden Eigenschaften auf einzelne, eine derartige Beeinflussung wünschbar machende Krankheitsprocesse, namentlich der Circulationsorgane, eine günstige Einwirkung auszuüben im Stande ist. Unsere bisherigen Beobachtungs-Ergebnisse lassen eine fortgesetzte Prüfung dieses Arzneikörpers, womöglich in Spitälern mit grösserem Krankenstande, wünschenswerth erscheinen. Dagegen berechtigen dieselben keineswegs dazu, das Präparat jetzt schon dem practischen Arzte zur Verwendung am Krankenbette zu empfehlen. Es handelt sich bei unserer heutigen Mittheilung um einen zunächst in wissenschaftlichem Interesse unternommenen Beitrag zur Kenntniss einer Substanz, deren chemische Structur therapeutisch verwerthbare Eigenschaften vermuthen liess.

[1]) Dass jedenfalls von keiner constanten antipyretischen Wirkung des Präparates die Rede sein kann, geht, abgesehen von den bereits oben mitgetheilten therapeutischen Versuchen mit negativem Resultat, auch aus der folgenden, nach Abschluss dieser Arbeit gemachten Beobachtung hervor: Der 7 Jahre alte, einer Bronchopneumonie wegen in das Spital aufgenommene Knabe Ernst W. hatte am 24. Nov. 1887, Nachmittags 4 Uhr, eine Achselhöhlentemperatur von 40° C. Bis zum 25. Nov., Morgens 8 Uhr, erfolgte ohne irgend welchen therapeutischen Eingriff ein Temperaturabfall bis zu 37,4. Um 9 Uhr hatte sich das Thermometer bereits wieder auf 38,2° C. gehoben. Es wurde nun versucht, das weitere Ansteigen der Eigenwärme durch stündlich dargereichte Gaben von 0,2 g unseres Präparates zu verhindern. Allein trotzdem im Verlaufe des Nachmittags auf diese Weise 1,0 g gegeben worden war, hob sich die Achselhöhlentemperatur bis Abends 6 Uhr auf 39,8° C. Am nächsten Morgen trat wieder, wie am medicamentfreien Tage ein Temperaturabfall bis zu 37,3 ein. Wieder wurden, und zwar schon zur Zeit der vollständigen Apyrexie beginnend, stündlich 0,2 g des Präparates verabreicht. Allein trotzdem hob sich auch jetzt die Temperaturcurve allmählich und erreichte bis 6 Uhr Abends, nach Verbrauch von 1,6 g, 39,5° C. Ein fast identisches Verhalten der Temperatur wurde am nächsten Tage bei Unterbrechung jeder Medication constatirt.

Gegenüber dem gänzlichen Mangel eines antipyretischen Effectes des Präparates in dem hier mitgetheilten Fall muss dagegen erwähnt werden, dass nach 3 bis 4 der 0,2 g betragenden Gaben die Pulsfrequenz von 124 bis 128 i. d. M. auf 116 und im weiteren Verlauf der Medication auf 112 i. d. M. sank, dass gleichzeitig die vorher mühsame Athmung freier, um 8 bis 10 Respirationen i. d. M. verlangsamt und somit das subjective Befinden des Patienten verbessert wurde. Da nach Unterbrechung dieser Therapie, d. h. an den medicamentfreien Tagen, die Pulsfrequenz sich wieder hob und die Athmung mühsamer wurde, erscheint es nicht ungerechtfertigt, die erwähnte günstige Veränderung von Puls und Respiration an den Medicament-Tagen dem Einflusse des Medicamentes zuzuschreiben.

(Aus dem pharmakologischen Institute des Prof. R. Kobert zu Dorpat.)

Zur pharmakologisch-experimentellen Untersuchung des Naphtols und der β-Oxynaphtoësäure.

(Original-Bericht.)

Von

G. Willems.

(Schluss von S. 90.)

Einer grossen weissen Ratte wurde um 12 U. 30 M. 0,1 g β-Naphtol subcutan injicirt; nach 10 Minuten bemerkte ich heftiges Niesen, Speichelfluss und Zittern, nach 20 Minuten traten epileptoïde Krämpfe auf, die bis 1 U. fortdauerten. Dann erholte sich das Thierchen einigermassen. Krämpfe, Speicheln und Niesen verschwanden. Die Ratte kroch im Zimmer umher, stolperte aber und wackelte dabei sehr. Ich glaubte, dass das Thier sich erholen werde, aber es verendete plötzlich um 5 U. ohne besondere Erscheinungen. Bei der Section fand ich Leber, Gehirn, Lungen und Nieren sehr blutreich. Nach kleineren Dosen des β-Naphtols bis 0,04 g erholten sich die Ratten scheinbar völlig.

17. VII. Einer 1,5 kg schweren Katze wurde um 1 U. 45 M. 0,1 g β-Naphtol subcutan injicirt. Vor der Injection war die Temperatur 39,3° C. Es bestand guter Appetit und normale Kothentleerung. Um 2 U. bemerkte ich schwaches Niesen und Speichel-Absonderung. Das Thierchen ist ganz traurig, frisst nicht. Um 4 U. Temperatur 38,0° C. Um 9 U. heftiger Durchfall. Die Katze ist viel munterer, frisst aber nicht und säuft viel. In der Nacht wieder Durchfall. Der Harn ganz dunkel, concentrirt, von stark saurer Reaction, enthält Spuren von Eiweiss.

18. VII. Um 9 U. Temperatur 39,8° C. Appetit nicht besonders. Starker Durst. Um 6 U. Temperatur 39,5° C. Das Thier hat sich scheinbar erholt. Guter Appetit. Das Niesen kommt sehr selten vor.

19. VII. Um 10 U. Temperatur 39,6° C. Um 6 U. 39,9° C.

20. VII. Um 5 U. Temperatur 40,5° C.; es wird wieder 0,1 β-Naphtol subcutan injicirt. Um 8 U. Temperatur 40° C. Bald nach der Injection traten dieselben Intoxications-Erscheinungen, welche schon früher (nach der ersten Einspritzung) beschrieben wurden, ein. Das Thier frisst nicht.

21. VII. Um 10 U. Temperatur 40,9° C. Um 4 U. 41,8° C. In dem rothbraunen Harne waren bei spectroscopischer Untersuchung die zwei Absorptions-Streifen des Oxyhaemoglobins ganz deutlich zu sehen. Der Harn ist sehr eiweissreich. Das Thier frisst wenig, miaut sehr traurig. Von Zeit zu Zeit bemerkt man Niesen.

22. VII. Um 10 U. Temperatur 40,0° C. Im Harne Eiweiss und Oxyhaemoglobin. Um 4 U. Temperatur 39,6° C. Das Thier frisst wenig.

23. VII. Um 10 U. Temperatur 39,8° C. Im Harne wieder Eiweiss und Oxyhaemoglobin. Um 4 U. 30 M. die Temperatur 40,4° C. Um 6 U. fand ich im Harne kein Haemoglobin, aber Spuren von Eiweiss. Guter Appetit. Ausleerungen normal. Das Thier ist stark heruntergekommen.

24. VII. Um 4 U. Temperatur 40,7° C. Das Thier frisst sehr wenig. Heftiger Durst. Im Harn reichliche Quantitäten von Eiweiss und Oxyhaemoglobin. Um 6 Uhr Temperatur 41,1° C. Im Harne reichliches Eiweiss und nur Spuren von Haemoglobin. Um 7 U. 30 M. Temperatur 40,1° C. Das Thier frisst wenig. Im Harne keine Spur von Eiweiss.

26. VII. Um 10 U. Temperatur 39,9° C. Es bestand guter Appetit. Um 6 U. Temperatur 40,4° C. Excremente von normaler Consistenz.

27. VII. Um 12 U. Temperatur 40,6° C. Es wurden 0,15 β-Naphtol subcutan injicirt. Um 1 U. 50 M. Temperatur 39,2° C. Bald nach der Injection bemerkte man Niesen, Speichelabsonderung, die bald aufhörten, aber sich öfters wiederholten. Das Thier frisst gar nicht, ist sehr schwach. In dem um 6 U. 45 M. entleerten Harne fand ich reichlich Eiweiss und Oxyhaemoglobin. Um 7 U. 30 M. Temperatur 36,5° C. Die Athmung sehr beschwert, beschleunigt und oberflächlich. Die Nasenlöcher mit eingetrockneten Schleime ganz verklebt. In der Nacht heftiger Durchfall.

28. VII. Um 10 U. Temperatur 36° C. Um 12 U. Temperatur 35,5° C. Das Thier frisst gar nicht und ist so schwach, dass es nicht mehr im Stande ist, sich auf den Beinen zu erhalten. Um 6 U. 30 M. Temperatur 36° C.

29. VII. Um 10 U. Temperatur 34° C. Die Katze liegt bewusstlos. Um 12 U. 15 M. traten starke epileptoide Krämpfe auf, die in dieser Heftigkeit nur c. 30 M. dauerten; in viel schwächerer Form dauerten dieselben aber bis 2 U. Um 2 U. 30 M. Exitus letalis.

Bei der sofortigen Section findet sich die Blase mit dunkel-rothbraunem Harne überfüllt. Der Harn ist von ausgesprochen saurer Reaction, enthält reichlich Eiweiss und Oxyhaemoglobin. Bei mikroscopischer Untersuchung des Harns finden sich Epithelien der Blase und des Nierenbeckens, auch Harncylinder. Die Nieren sind von gelb-brauner Farbe. Die Marksubstanz etwas heller als die Rindensubstanz. Das Epithel der Harncanälchen trübe, theilweise abgelöst, mit Fetttröpfchen und Detritus infiltrirt. Die Lungen ganz collabirt. Die Leber von gelb-brauner Farbe mit roth-braunen Pünktchen. Beim Einschneiden der Leber tritt eine wässrig-blutige Flüssigkeit in grosser Quantität aus. Magen und Gedärme fast leer, stark anaemisch. Die Gallenblase mit gelb-grüner Galle überfüllt. Das Herz diastolisch erweitert. Im rechten Herzen hell-rothes wässriges Blut in ziemlicher Quantität, das linke ist fast leer. Aus dem Gefässe herausgelassen coagulirt das Blut, dabei ganz weiche Gerinnsel bildend. Bei mikroscopischer

Untersuchung des Blutes finden sich grosse Mengen weisser Blutkörperchen; die rothen sind theils stachelbeerförmig, theils geschwollen, theils ausgelaugt, theils aber in verschiedenen Stadien des Zerfalls. Das Gehirn anaemisch. Die Hirnoberfläche feucht. In den Ventrikeln spärliches Transsudat.

Einem 40,6 kg schweren Hunde wurden am 14. VII. um 11 U. 20 M. 8,5 β-Naphtol subcutan injicirt. Die Temperatur vor der Injection war 38,8° C., Puls 92. Das Thier leidet an habitueller Obstipation. Nach 80 M. bemerkte ich starke Salivation, heftiges Niesen und Würgen. Um 1 Uhr Temperatur 38,4° C. Um 2 U. 30 M. 37,7° C. Um 4 U. 30 M. 38,7° C. Um die Schnelligkeit der Resorption resp. der Ausscheidung aus dem Körper einigermassen studiren zu können, wurden 2 Portionen des Harns aufgefangen. Die 2 Stunden nach der Injection aufgefangene Flüssigkeit war von dunkel-gelber Farbe; der Luft ausgesetzt bräunte sie sich aber. Beim Zusatz einiger Tropfen concentrirter Salpetersäure färbte sie sich smaragd-grün. Bei reichlicherem Zusatze der Salpetersäure und nachherigem Erwärmen färbte sie sich gelb-roth. Der 6 Stunden nach der Injection aufgefangene Harn von gelb-brauner Farbe geht bei längerem Stehen ins Oliv-braun über. Um 9 U. 30 M. Temperatur 38,6° C. Puls 108. Die Athmung sehr beschwert, schnarchend. Heftiger Nasencatarrh mit reichlichem schleimigen Ausfluss. Speicheln, Würgen und Niesen treten von Zeit zu Zeit auf, aber immer schwächer und in grösseren Intervallen. Der 9½ Stunden nach der Injection aufgefangene Harn von smaragd-grüner Farbe nimmt bei Zusatz einiger Tropfen concentrirter Salpetersäure dunkel-grasgrüne Färbung an; bei reichlicherem Zusatz der Salpetersäure und Erwärmen geht die Färbung in braunroth über. Durchfall.

15. VII. Um 10 U. Temperatur 39,2° C. Puls 100. In der Nacht wieder Durchfall. Um 6 U. Temperatur 39,5° C. Puls 108.

16. VII. Um 10 U. Temperatur 38,9° C. Guter Appetit. Die Ausleerungen von normaler Consistenz. Das Niesen kommt sehr selten. Um 6 U. Temperatur 39° C.

18. VII. Um 10 U. Temperatur 39,2° C. Puls 100.

19. VII. Um 10 U. Temperatur 39,5° C. Puls 120.

20. VII. Um 10 U. Temperatur 40° C. Puls 120. Um 6 U. 40,3° C. Puls 120.

21. VII. Um 4 U. Temperatur 39° C. Puls 98. An der Injectionsstelle kam es zur Eiterung. Der Eiter brach eine Hand breit unter der Einspritzungsstelle durch.

22. VII. Um 10 U. 45 M. Temperatur 39,1° C. Puls 98. Das Thier ist ganz munter, frisst gut und hat sich scheinbar ganz erholt. Es wurden 6,0 β-Naphtol in concentrirter öliger Lösung subcutan injicirt. Die Intoxications-Erscheinungen unterscheiden sich durch Nichts von denen nach der ersten Injection. Im oliv-braunen Harne konnte ich mittelst Salpetersäure das Naphtol nachweisen. Der Harn ist ganz klar und eiweissfrei. Um 12 U. 45 M. Temperatur 38,8° C. Puls 88. Um 6 U. — 39,6° C. Puls 116.

23. VII. Um 9 U. 30 M. Temperatur 38,5° C. Puls 92. Die Ausleerungen halbflüssig. Der oliv-braune Harn enthält das Naphtol, ist aber eiweissfrei.

24. VII. Um 8 U. Temperatur 39,5° C. Das Thier frisst gut und ist ganz munter. Spuren von Naphtol konnte ich noch bis zum 30. VII. im Harne nachweisen, aber keine Spur von Eiweiss. An den Injections-Stellen kam es zur Eiterbildung und nur durch örtliche Affectionen konnte man die Temperatur-Steigerung erklären. Die Nieren waren wenigstens nicht afficirt.

Was die innerliche Application des β-Naphtols resp. des Naphtolum crudum anbetrifft, so kommt es bei Fleischfressern sehr selten zum tödtlichen Ausgang, sogar bei recht grossen Gaben, weil, wie schon früher hervorgehoben war, ein Theil des noch nicht resorbirten Naphtols hauptsächlich durch Erbrechen, auch durch gesteigerte Peristaltik aus dem Thierkörper eliminirt wird. Man bekommt andere Resultate, wenn auf die Speiseröhre auf einige Stunden eine Ligatur angelegt wird. Obgleich die Operation eine sehr angreifende ist, so vertragen die Hunde dieselbe nichtsdestoweniger ziemlich gut.

Einem 4,6 kg schweren jungen Hunde wurden am 15. VI. um 11 U. 4,0 β-Naphtol mittelst Schlundröhre in den Magen gebracht und bald darauf eine Ligatur auf die Speiseröhre aufgelegt, die nach 5 Stunden gelöst wurde. Vor der Eingabe war die Temperatur 39,8° C. Puls 110. Nach 20 M. bemerkte man Niesen und Speichelfluss. Um 5 U. Temperatur 38,9° C. Puls 120. In der Nacht heftiger Durchfall und Brechanstrengungen.

16. VI. Um 10 U. Temperatur 40° C. Puls 120. Heftiger Durchfall. Im Harne war Eiweiss zu finden. Um 12 U. Temperatur 39,7° C. Puls 116. Um 7 U. Temperatur 40,8° C. Puls 120; das Thier frisst nicht, säuft aber viel.

18. VI. Um 10 U. wird das Thier todt gefunden. Vor dem Tode hat es gallige Flüssigkeit erbrochen.

Sectionsbefund. Die Schleimhaut

des Magens von roth-brauner Farbe, mit punktförmigen Haemorrhagien bedeckt. An der Schleimhaut des Jejunums kleine, aber zahlreiche Ecchymosen. Auf der Schleimhaut des Ileums zahlreiche streifige, dicht an einander hängende Haemorrhagien. Im Coecum und Colon sind die Veränderungen viel schwächer ausgesprochen, im Rectum aber ist die Schleimhaut von dicht an einander hängenden schwarzen Streifen bedeckt. Die Leber ist ganz anaemisch. Die Nierencapsel lässt sich leicht abziehen. Nach Entfernung derselben bemerkt man an gelber Grundfarbe des Nierenparenchyms schwarzrothe Punkte, die besonders zahlreich in Rindensubstanz sind. Bei mikroscopischer Untersuchung der Nieren wird Trübung und Exfoliation des Epithels der Harncanälchen gefunden, auch rundzellige Infiltration, Fetttröpfchen und Detritus. Die Lungen blutreich, stellenweise hepatisirt. Beim Einschneiden tritt flüssig-schaumiges Blut aus. Im rechten Herzen flüssiges Blut, das linke ist ganz leer. Die Hirnhautgefässe sind stark injicirt.

Einem grossen Meerschweinchen wurde am 25. VI. per os 0,8 β-Naphtol in Emulsion mit Gummi arabic. in den Magen eingeführt. Die Temperatur war um 5 U. 45 M. (vor der Eingabe) 38,1° C. Nach einer Stunde bemerkte man beschleunigte, oberflächliche Athmung, Speichel- und Thränen-Absonderung, Ausfluss aus der Nase. Um 8 Uhr Temperatur 36° C. Der vor der Eingabe alkalische Harn reagirt schwach sauer, ist ganz klar und eiweisshaltig.

26. VI. Um 10 Uhr Temperatur 35° C. Um 12 Uhr 36° C. Der Harn von ausgesprochen saurer Reaction ist sehr eiweissreich. Das Thierchen frisst nicht. Durchfall. Um 6 Uhr Temperatur 36,5° C.

27. VI. Um 9 Uhr Temperatur 37,5° C. Um 2 U. 40 M. Temperatur 38,1° C. Es wurden dem wieder ziemlich normalen Thiere abermals 0,5 β-Naphtol per os eingeführt. Um 8 Uhr Exitus letalis. Kurz vor dem Tode treten allgemeine Krämpfe auf. Bei der Section fand ich Lungenhyperaemie und Hirnoedem. Das Blut wässrig. Nieren von roth-brauner Farbe. Das Epithel der Harncanälchen granulirt, rundzellige Infiltration und Detritus. Die Nierencapsel lässt sich leicht abtragen. Harnblase ganz leer. Die ersten Wege sind entzündet.

Um die hemmende Wirkung des β-Naphtol auf Vermehrung der Fäulnissbacterien, sowie bacterientödtende Eigenschaften desselben zu studieren, habe ich 0,5% β-Naphtol zu faulem Fleischwasser resp. zu faulem Blute, in dem Myriaden von Fäulnissbacterien sich sehr lebhaft bewegten, in Substanz zugesetzt. Nach einer Stunde war die Zahl derselben stark vermindert und sie lagen dabei bewegungslos im Gesichtsfelde. Der Fäulnissgeruch nahm allmählich ab, verschwand aber ganz und gar erst nach 30 Stunden. Dieselben Resultate bekam ich beim Zusatz von β-Naphtol zum in Fäulniss begriffenen Harne. Zusatz von β-Naphtol (0,5% in Substanz) verhinderte das Sauerwerden der Milch sogar bei wochenlangem Stehen. — Die Wirkung des Naphtols auf pathogene Spaltpilze hatte ich leider keine Gelegenheit zu studiren. Dass die Pilze der Eiterung dadurch nicht abgetödtet werden, zeigen obige Versuche. Vielleicht ist das ölige Vehikel daran Schuld.

Das Naphtol ist bekanntlich in allen indifferenten Flüssigkeiten unlöslich, so dass dem Einführen in die Gefässe dieses Mittels Hindernisse im Wege stehen. Es war also unmöglich die directe Wirkung auf Blutdruck, Herzthätigkeit und Nerven-Apparat zu studiren. Einige diesbezügliche Versuche mit directer Einführung des Naphtols in alcoholisch-wässriger Lösung fielen ganz negativ aus.

Deshalb griff ich zu der β-Oxynaphtoësäure, die vielleicht mehr zu directem Einbringen in die Blutbahn geeignet ist und der möglicher Weise die Wirkung des Naphtols zukommt. Aus meinen Versuchen aber kann ich den Schluss ziehen, dass dieselbe keine grosse Rolle in der Therapie zu spielen hat, da sie einerseits noch schwerer als das Naphtol in indifferenten Flüssigkeiten löslich ist, anderseits alle Schleimhäute noch stärker als das Naphtol reizt, ohne die vorzüglichen Eigenschaften desselben zu besitzen. Dass andere Autoren das Präparat loben, ist mir keineswegs unbekannt. Es ist ferner schwer, dasselbe im Harne resp. in Organen nachzuweisen. Bei Zusatz einiger Tropfen Eisenchlorid zur in kochendem Wasser gelöster β-Oxynaphtoësäure bekommt man bekanntlich eine schwarzbläuliche Färbung. Im Harne findet man dieselbe aber nicht, dagegen sieht man in demselben bei subcutaner Application der β-Oxynaphtoësäure einen grau-schwarzen Niederschlag. Ich begnüge mich mit einigen Versuchs-Protocollen, die ich in extenso anführen werde. Versuche am Williams'schen, sowie am Durchströmungsapparate konnte ich nicht anstellen, da die β-Oxynaphtoësäure sehr schwer in alkoholisch-wässrige Lösung überzuführen ist.

Einem Frosche wurde 0,025 der β-Oxynaphtoësäure in öliger Lösung (1 : 10) subcutan injicirt. Nach 30 Minuten springt das

Thier nicht mehr, die Reflexerregbarkeit des Rückenmarks ist stark herabgesetzt. Nach 45 Minuten liegt der Frosch mit nach hinten gezogenen Beinen. Nach einer Stunde ist er todt. An der Injections-Stelle noch etwas von der öligen Flüssigkeit. Das Herz ist mit Blut prall gefüllt, sonst Nichts besonders.

Einem 20 kg schweren Hunde, bei dem in Folge von früher durchgemachter Staupe epileptiforme Zuckungen nachgeblieben sind, der sich sonst aber ganz wohl befindet, wurden am 3. IV um 11 U. 15 M. 10,0 der β-Oxynaphtoësäure in concentrirter öliger Lösung subcutan injicirt. Vor der Injection war die Temperatur 39,6° C., Puls 92. Um 1 Uhr Temperatur 39,5° C., Puls 124. Um 1 U. 30 M. traten die ersten Intoxications-Erscheinungen auf, namentlich starkes Speicheln, heftiges Niesen, Hüsteln, Würgen und Brechanstrengungen. Um 2 U. 30 M. Temperatur 39,1° C., Puls 128. Athmung beschwert, beschleunigt, oberflächlich und schnarchend. Ausfluss aus der Nase und Thränen. Um 3 U. 30 M. Temperatur 39° C. Um 4 U. 30 M. 39,3° C., Puls 92. Um 6 Uhr 40,1° C. Um 8 U. 15 M. 39,7° C., Puls 92. Der Harn von gelb-brauner Farbe mit einem Stich ins Grüne; bei Zusatz einiger Tropfen von Eisenchlorid zu demselben entsteht ein schwarz-grauer reichlicher Niederschlag.

4. VI. Die characteristischen Intoxications-Erscheinungen nehmen an Stärke ab. Anfälle heftigen Niesens kehren in unregelmässigen Intervallen wieder. Salivation ist unaufhörlich vorhanden. Das Thier frisst nicht, säuft aber gerne. Die Ausleerungen sind von halbflüssiger Consistenz.

Um 9 Uhr die Temperatur 40,1° C. Um 10 Uhr 39,8° C., Puls 120. Um 12 Uhr 39,4° C. Um 3 Uhr 39,1° C. Um 6 Uhr 30 M. 40,2° C., Puls 120.

5. VI. Um 9 U. 30 M. 39,5° C., Puls 116. Appetit nicht besonders. Ausleerungen von normaler Consistenz. Das Thier erholte sich völlig. Um 4 U. 30 M. 39,7° C., Puls 116. Es wurden jetzt 10,0 der β-Oxynaphtoësäure in öliger Lösung subcutan injicirt. Nach 1½ Stunden bemerkte man heftiges Niesen, starke Salivation, Würgen, beschwerte Athmung, Erbrechen. Um 8 Uhr Temperatur 40,4° C. Starker Durchfall, Appetitlosigkeit, heftiger Durst.

6. VI. Um 10 Uhr Temperatur 39,1° C. Das Thier versagt das Fressen. Die Intoxications-Erscheinungen sind fast ganz verschwunden. Die Ausleerungen sind immer noch dünnflüssig.

7. VI. Um 10 Uhr die Temperatur 39,1° C., Puls 100. Bei Zusatz einiger Tropfen Eisenchloridlösung zu dem dunkel gelb-braunen Harne bekam ich einen voluminösen schwarzgrauen Niederschlag. Der Harn ist eiweisshaltig. Um 3 U. 30 M. Temperatur 38,7° C., Puls 96. Um 6 U. 30 M. 38,4° C. Die Augenlider sind mit Eiter ganz verklebt. Von Zeit zu Zeit heult der Hund. Er frisst nicht, ist aber sehr durstig.

8. VI. Um 9 U. 45 M. Temperatur 37,9° C. Appetitlosigkeit. Um 3 U. 30 M. Temperatur 36,8° C. Bewusstlosigkeit, Unempfindlichkeit gegen Stiche und andere kräftige Reize. Um 4 Uhr Temperatur 37,2° C. Es besteht deutliche Herzschwäche.

9. VI. Um 9 Uhr Temperatur 38,1° C., Puls drahtförmig, kaum fühlbar. Um 10 U. 30 M. verendete das Thier ohne irgendwelche besonderen Erscheinungen.

Bei der Section fand ich an den Injectionsstellen Verdickung des Unterhautbindegewebes, rundzellige Infiltration, auch eine ziemliche Menge der noch nicht resorbirten öligen Flüssigkeit. Die Schleimhaut der Luftröhre von bläulich-rother Farbe, mit glasigem Schleime bedeckt. Das Epithel der Harncanälchen ist trübe, theilweise abgelöst. Es besteht rundzellige Infiltration zwischen den Harncanälchen; in denselben sieht man Fetttröpfchen und Detritus. Die Harnblase mit roth-braunem syrupartigem Harne mässig gefüllt. Der Harn ist ganz klar, eiweissreich. Weder Haemoglobin, noch Harncylinder waren darin zu finden. Beim Zusatz einiger Tropfen von Eisenchloridlösung zu dem sogar stark verdünnten Harne bemerkt man den voluminösen grau-schwarzen Niederschlag. Die Gallenblase ist mässig mit dicker Galle gefüllt. In anderen Organen waren keine Veränderungen zu finden oder nur solche, welche als Folge der Staupe erklärt werden können.

Einer kleinen Katze wurden um 1 Uhr 0,2 der β-Oxynaphtoësäure in öliger Lösung subcutan injicirt. Nach 15 Minuten Unruhe, Schreien, nach 20 Minuten starke Salivation, Brechanstrengungen und wirkliches Erbrechen, Niesen. Um 2 U. 30 M. verendete das Thier. Krämpfe wurden nicht bemerkt. Bei der Section bekam ich ganz negative Resultate.

Indem ich hiemit die Versuche über Naphtol resp. β-Oxynaphtoësäure abbreche, will ich keineswegs bestreiten, dass das Natronsalz derselben in wässriger Lösung vielleicht anders wirkt. Weiter scheint es mir nicht unnütz zu sein, die so differenten Angaben der Autoren über die Wirkung des Naphtols einigermassen zu erklären zu suchen. Dass Shoemaker keine toxische Effecte des β-Naphtols weder bei subcutaner, noch stomachaler Application gesehen hat, ist leicht begreiflich, wenn man auf die von ihm angewandten Dosen Acht gibt. Dieselben (0,03 — 0,12), obgleich öfters wiederholt, sind verschwindend klein im Vergleich zu denen von Neisser bei seinen Versuchen an Hunden resp. Kaninchen gebrauchten (1,0 g pro kg Kaninchen und 0,33 g pro kg Hund). Was die Versuche von Neisser anbetrifft, so ist es mir nicht klar, ob er mit dem reinen β-Naphtol oder mit Naphtolum crudum experimentirte. Deshalb sind beide Autoren zu verschiedenen, jedenfalls aber nicht ganz richtigen Schlüssen gekommen.

Aus meinen Versuchen dagegen geht hervor, dass beide Präparate des Naphtols sehr energisch auf den Thierkörper wirken, das Naphtolum crudum aber bei subcutaner, wie stomachaler Application viel energischer als das reine Präparat. Die toxischen Eigenschaften der beiden Präparate anlangend ist, wenn man die Katzen ausser Acht lässt, denen bekanntlich eine grosse Empfindlichkeit gegen alle Verbindungen der aromatischen Reize zukommt, jedenfalls die toxische Wirkung des Naphtols von Neisser stark übertrieben.

Neuere Arzneimittel.

Erythrophloeum.*)

Von

Professor Oscar Liebreich.

Da augenblicklich die Aufmerksamkeit von Neuem auf das Erythrophloeum guineense gelenkt worden ist, so dürfte es im Interesse unserer Leser sein, über diese Substanz, welche das Interesse der Pharmakologen seit geraumer Zeit in Anspruch genommen hat, das bisher Bekannte zu erfahren.

Wir kennen 2 Arten Erythrophloeum:

1. das Erythrophloeum guineense, der Rothwasserbaum, Mançone oder Téli, Bourane des Floupes (Senegambien) genannt, welches von West-Afrika zu uns gelangt. Das Holz des Baumes ist ungemein hart und soll von Würmern nicht angegriffen werden; die Rinde kommt in abgeplatteten Stücken in den Handel, sieht rothbraun aus, ist sehr hart, mit langen Fasern durchzogen, geruchlos und erinnert im Aeusseren an manche Coniferen-Rinden. Die Rinde wird auch mit dem Namen N'Cassa-Rinde oder Sassybark bezeichnet.

2. Erythrophloeum Couminga, welches von den Seychellen kommt.

Die Rinde dient den Eingeborenen um Pfeile zu vergiften und zum Gottesurtheil[1]). In Sierra Leone dient ein Aufguss der N'Cassa-Rinde unter dem Namen rothes Wasser[2]). In dem Correspondenz-Blatt der afrikanischen Gesellschaft No. 18, 1876 beschreibt Dr. Max Boehr die zur Erklärung des Gottesurtheils von mir angestellten Versuche, welche die Gefährlichkeit des als Herzgift erkannten N'Cassa darlegten, und die Möglichkeit der Unwirksamkeit beim inneren Gebrauch durch die brechenerregende Wirkung erklärten. Derselbe schreibt[3]):

„Die N'Cassa-Rinde spielt eine wichtige Rolle in Westafrika, da sie bei den Negervölkern allgemein zu ihren abergläubischen Gottesurtheilen als intensives, mit seltenen Ausnahmen schnell tödtliches Gift benutzt wird, als eine Substanz, mit der zahllose Justizmorde, wenn dieser Ausdruck gestattet ist, von schlauen und herrschsüchtigen Priestern ausgeübt werden. Jeder, der der Zauberei angeschuldigt ist, wird zum N'Cassa-Essen verurtheilt, und bekannt ist, dass er durch heftiges Erbrechen, wenn es dazu kommt, seine Unschuld beweisen und mit dem Leben davon kommen kann. Jeder Fall, der nicht zum Erbrechen führt, pflegt schnell tödtlich zu sein. Erbricht der Angeklagte, so muss sein Ankläger N'Cassa essen. Die schlauen Priester pflegen, falls sie selbst in diese Lage kommen, eine erfreuliche Fertigkeit in der schnellen Entleerung des Giftes nach oben zu besitzen, so dass man schon auf die irrthümliche Deutung verfiel, dass die Rinde des Baumes, je nachdem sie von der Sonnen- oder Schattenseite des Stammes herrührt, verschieden in der Wirkung sei. Ein ausreichender Vorrath der Rinde ist schwer zu bekommen, da die Neger die wenigen Bäume geheimnissvoll hüten und bewachen. Um so erfreulicher ist es, dass es Herrn Dr. Falkenstein gelungen, eines ausreichenden Vorrathes von allen Theilen des Stammes abgeschälter Rinde habhaft zu werden, welchen Professor Liebreich im hiesigen pharmacologischen Institut der Universität zu untersuchen die Güte hatte. Gelingt es, noch

---

*) Die richtige Schreibweise ist Erythrophloeum, von ἐρυθρός roth, φλοιός Rinde, nicht Erythrophlaeum; Franzosen schreiben Erythrophléine.

1) Dorvault, L'officine etc. Paris 1880, S. 1563.

2) Th. u. A. Husemann, Handbuch der Toxicologie. Berlin 1862.

3) Correspondenzbl. d. Afrikanischen Gesellsch. No. 18, 1876.

neuen Vorrath von der Rinde zu erhalten, so werden die physiologischen Experimente mit dem Gifte fortgesetzt werden.

Wiederholte toxikologische Experimente an Hunden haben gezeigt, dass schon eine Dosis von 15 Milligramm Extract (= ¼ Gran) in 1 Gramm Wasser gelöst und subcutan injicirt ausreicht, den Hund unfehlbar zu tödten. Das Thier macht gleich nach der Injection einige Leckbewegungen, geht unruhig umher, legt sich nieder, zeigt Beschleunigung der Athemfrequenz. Nach 5—10 Minuten stellen sich Würge- und Brechbewegungen ein, die in Absätzen den Mageninhalt vollständig entleeren; ziemlich gleichzeitig lässt der Hund ein starkes Geheul erschallen. Dann fällt das Thier, nachdem es vielleicht noch kurz vorher einige unruhige Schritte zum Entlaufen gemacht, um und ist todt. Krampf oder Lähmungs-Erscheinungen der willkürlichen Muskeln wurden während der ganzen Dauer der Versuche niemals beobachtet. Es schien, dass die Thiere auch bis zu ihrem Lebensende vollkommen das Bewusstsein behielten, da sie auf Anrufen Bewegungen machten. Dem Tode ging stets eine ganz kurze Dyspnoë voraus. Die Section bot in allen Fällen dasselbe Bild: das Herz war gelähmt, beide Ventrikel und beide Vorhöfe strotzend mit Blut überfüllt, — das Herz also in allen seinen vier Höhlen im Zustande der vollständigsten Ausdehnung und Erschlaffung verharrend, wie Professor Liebreich es sehr instructiv an einem sorgfältig in Chromsäure erhärteten Präparate (mittelgrosses Hundeherz) nachwies. Bei den übrigen unmittelbar post mortem vorgenommenen Oeffnungen des Herzens unterschied man sehr deutlich die Farben des arteriellen und venösen Blutes an den bei der Oeffnung hervorquellenden Blutstrahlen. Die drüsigen Organe, wie Leber, Milz, Nieren waren mit dunklem Blute strotzend gefüllt, die Lungen nicht auffallend blutreich, auch keine punktförmigen Blutaustretungen oder sonstige Erstickungssymptome an denselben zu constatiren.

Es scheint also, dass der Tod in allen Fällen ausschliesslich auf die absolute Lähmung des Herzens zu beziehen ist.

Die Dauer des tödtlichen Versuches übertraf in drei von Professor Liebreich angestellten Experimenten bei kleinen Hunden nicht den Zeitraum einer Viertelstunde, also der Effect der subcutan injicirten Dosis ist ein ebenso rascher wie schrecklicher und constanter.

Einem vierten Versuch mit einem etwas grösseren Hunde hatte ich durch freundliche Aufforderung des Prof. Liebreich beizuwohnen Gelegenheit. Die Vergiftungssymptome verliefen hier etwas langsamer, boten aber übrigens dasselbe Bild. Nachdem wir ¼ Gran (15 Milligr. in 1 Gramm Aq. dest. gelöst) injicirt, machte das Thier Leckbewegungen, wurde unruhig, aber erst nach 20 Minuten stellten sich die ersten Würg- und Brechbewegungen ein. Nachdem eine halbe Stunde verlaufen, ohne dass der Tod eingetreten war, injicirten wir noch einmal ⅛ Gran (= 7½ Milligramm) in das Unterhautbindegewebe. Jetzt verliefen die Erscheinungen stürmischer, das Erbrechen wurde stärker, der Hund heulte in Absätzen jammervoll, reagirte aber auf Anrufen, und nachdem er mit schwankenden Schritten in das Nebenzimmer gelaufen, fiel er — 48 Minuten nach der ersten, 13 Minuten nach der zweiten Injection — todt um. Die Section unmittelbar post mortem bot den geschilderten Status.

Aus den beschriebenen physiologischen Experimenten erklärt es sich vollkommen, wie beim Menschen durch die Aufnahme des Giftes vom Magen her noch Rettung eintreten kann, wenn das Erbrechen so schnell erfolgt, dass die Hauptmasse des eingeführten Giftes mit entleert wird. Bei subcutaner Anwendung ist natürlich eine solche Rettung ausgeschlossen, da aber die Würge- und Brechbewegungen in den Complex der toxikologischen Erscheinungen gehören, so bietet das Auswerfen der meist gepulvert in den Magen eingeführten Rinde bei den Gottesurtheilen der Neger das Correctiv zur möglichen Rettung des Organismus in manchen Fällen, ehe die Wirkung sich bis zur tödtlichen Herzlähmung cumulirt."

Die chemischen Bestandtheile sind zuerst von Hardy und Gallois festgestellt worden. Dieselben fanden bei dem Behandeln der Rinde nach dem Stas'schen Verfahren das Erythrophloeïn, ein Alkaloid, welches sich in Alkohol, Essigäther, dagegen wenig in Aether, Chloroform und Benzol löst. Das salzsaure Salz ist krystallisirt und in Wasser löslich[4]).

Harnack erhielt das salzsaure Salz als klare beim Eintrocknen spröde werdende Syrupe und als Zersetzungsproducte Erythrophloeïnsäure, welche keine hervorragenden physiologischen Eigenschaften zeigt und das Manconin, eine basische Substanz, die in ihrer Wirkung sowohl an Nicotin- wie an Pyridin-Wirkung erinnern soll.

Als schmerzstillendes Heilmittel ist Erythrophloeum bereits vor 50 Jahren vergeblich empfohlen worden, es solle Zahnschmerzen und geschwollene Gaumen heilen[5]).

Schärfere Indicationen sind durch die Untersuchungen von Lauder Brunton[6]), Harnack und Zabrocki[7]), David Drummond[8]), Lee und G. Sée et Bochefontaine[9]) aufgestellt worden.

Alle Autoren sind darüber einig, dass das Erythrophloeum in seiner Wirkungsart zur Digitalis-Gruppe zu zählen sei.

Brunton sagt, dass Aconitin, Veratrin,

[4]) Bull. de la soc. chimique de Paris 26, 89 (Beilstein).

[5]) Nkassa ou Nkasse noms d'un arbrisseau du Congo, dont le fruit de couleur rouge guérit le mal de dents et l'enflure des gencives. Dict. univ. de matière médicale. Paris 1832.

[6]) Phil. Transact. of the Royal soc. vol. 167. pt 2. p. 627.

[7]) Archiv f. exper. Path. u. Pharmak. Bd. 15. p. 403. 1882.

[8]) Lancet 1880 p. 763 f.

[9]) Compt. rend. 1880 p. 1360.

Erythrophloeum in gleicher Weise auf den N. Vagus einwirken und dass diese Eigenschaft den Gliedern der Digitalis-Gruppe zukomme. Er zählt Erythrophloeum auch zu den Herz-Tonicis wie Digitalis, Strophanthus hispidus, Convallaria majalis, Adonis vernalis etc., welche zugleich zu den Diureticis gezählt werden können.

Für das specielle Bild der Wirkung des Erythrophloeins sind die Worte Harnack's so bezeichnend, dass wir dieselben direct anführen[10]):

Auch bei Säugethieren tritt die digitalinähnliche Wirkung des Erythrophleins beinah nach allen Richtungen hin sehr deutlich hervor. Allerdings gelingt es nicht ganz leicht, dieselbe bei subcutaner Application des Mittels zu beobachten, weil ganz kleine Dosen nicht rasch genug wirken und grössere die Convulsionen zu rasch hervorrufen.

Zu dieser Digitalis-Wirkung gesellt sich die pikrotoxinartige Wirkung, welche bei Fröschen nach vorher eingetretener Parese hervortritt. — Diese Krampferscheinungen und die Herz-Wirkung haben mit Recht davor warnen lassen, das Erythrophloeïn nur mit äusserster Vorsicht an Stelle von Digitalis zu gebrauchen.

Die reizende, ätzende Einwirkung, welche beim äusserlichen Gebrauche den Gliedern der Digitalisgruppe zukommt, tritt beim Erythrophloeum ebenfalls hervor, sie ist nicht so scharf wie beim Digitoxin[11]), bei welchem bereits 0,1 mg! Phlegmone und Vereiterung hervorrufen kann. Die reizende Wirkung des Erythrophloeum auf die Schleimhäute wird übrigens schon beim Pulvern der Rinde beobachtet, welches heftiges Niesen hervorruft[12]).

Die neuerdings mit dem Erythrophloeum angestellten Thierversuche sind zum Theil falsch, zum Theil geben sie Resultate, welche einer ganzen Reihe scharfer Substanzen zukommen. Ich hatte bereits darauf hingewiesen, dass es sich hier nicht um eine locale Anästhesie wie etwa bei Cocaïn handle.

Am verlockendsten für die Empfehlung als locales Anästheticum erscheinen die Thierversuche mit Erythrophloeïn bei subcutaner Injection, weil an der Injektionsstelle Empfindungslosigkeit eintritt.

Thierversuche sind für die heutige Heilmittellehre von unschätzbarem Werth, müssen aber richtig gedeutet werden!

Die erste Frage, welche wir bei einem solchen Versuche natürlich stellen müssen, ist die, ob einem Körper oder einer Körperklasse die Wirkung speciell zukomme oder ob sie eine gewöhnliche, den verschiedensten Substanzen gemeinsame sei; letzteres ist hier der Fall. Ich habe eine Reihe von Substanzen angegeben, welche bei Thieren diese locale Anästhesie hervorrufen; von Bussenius[13]) sind 16 Substanzen aufgeführt worden, welche dieselbe Eigenschaft besitzen. Es sind dies Substanzen, welche sich grösstentheils als Aetz- oder Reizmittel charackterisiren und beim Menschen, wie sofort ersichtlich, als „locales Anästheticum" nicht zu benutzen sind, wenn auch deren sonstige therapeutische Wirkung z. B. bei Neuralgien nicht ausgeschlossen ist. Die gleichzeitige Publication über die Wirkung des Erythrophloeïns in Berlin, London und Wien[14]) haben in kürzester Frist eine grosse und die therapeutische Anwendung des Mittels als locales Anästheticum ablehnende Litteratur hervorgerufen. —

Lassen wir Revue passiren, was nach dieser Publication die therapeutischen Versuche bisher ergeben haben. —

Für die Anwendung in der Augenheilkunde hat es sich besonders gezeigt, dass die mangelhaften Angaben über die Thierversuche bei den Therapeuten zu ganz bedenklichen Missverständnissen führen mussten. Wie bereits von mir erwähnt, handelt es sich um eine Substanz, die nicht eine locale Anästhesie des gesammten Auges, sondern in erster Linie nur die Empfindungslosigkeit der Cornea hervorruft, während die Conjunctiva in stark gereizten Zustand übergeführt wird. — Die Anästhesie der Cornea tritt langsam ein, und individuell verschieden kann diese Anästhesie eine geraume Zeit hindurch dauern; es kommt dann zu einer Trübung der Cornea, welche wieder verschwinden, aber auch zu einer vollkommenen Vereiterung führen kann. — Diese Eigenschaft des Erythrophloeïns, die Cornea zu anästhesiren, kommt einer Reihe von Körpern zu, unter denen die Körper der Digitalisgruppe besonders sich auszeichnen[15]). Der Vorgang auf der Cornea ist als eine Aetzung des Epithels zu bezeichnen, es können schliesslich auch tiefere Partien getroffen werden. Wenn ich hier von Aetzung spreche, so möchte ich darauf hinweisen, dass die Gewebs-Veränderung im ersten Stadium für uns nicht sichtbar ist und erst bei langsamer, dauernder Einwirkung dasselbe Bild bieten, welches andere kaustische Mittel concentrirt

[10]) E. Harnack und H. Zabrocki, Arch. f. experimentelle Path. u. Therap. Bd. 15. p. 414.

[11]) Koppe, Archiv f. exp. Path. u. Pharm. Bd. III S. 299.

[12]) Dorvault p. 1365.

[13]) Bussenius, Locale Anästhesie bei Thieren. Dissert. inaug. Berlin 1888.

[14]) Wiener med. Blätter No. 8 1888 S. 232.

[15]) Krystallisirtes Digitalin als Pulver in's Auge gebracht verursacht ebenfalls Anästhesie der Cornea.

angewandt sofort auf der Cornea zeigen. — Allerdings meint Koller, man müsse hier feinere Vorgänge annehmen als eine Aetzung. Ich gedenke über diese Frage bei einer anderen Angelegenheit, berichten zu können. Die therapeutischen Resultate scheinen für meine Ansicht zu sprechen.

Von A. v. Reuss wird Folgendes berichtet[16]):

„Die Sensibilitätsverminderung (bei Anwendung 0,25% Lösung) begann nach 15 Minuten; nach 15 Minuten war Unempfindlichkeit bei Berührung mit einem glatten Stäbchen vorhanden, dagegen wurde leichtes Streifen mit einem Papierstückchen noch immer empfunden. Dieser Grad von Anästhesie dauerte, so weit ich eruiren konnte, durch zwei Stunden, selten kürzer, eine Unterempfindlichkeit war jedoch noch nach 24 Stunden zu constatiren. Bei einem Kranken mit Leucoma corneae, der bereits einmal unter Cocainwirkung tätowirt worden war, war nach 25 Minuten scheinbar Unempfindlichkeit vorhanden, doch empfand er die Stiche so schmerzhaft, dass ein zweites Mal eingeträufelt werden musste; bei der nach 15 Minuten vorgenommenen Tätowirung wurden die Stiche aber immer noch mehr gefühlt, als bei den unter Cocain vorgenommenen Operationen, vorher sowohl als nachher. Auch in dieser Concentration war der Schmerz beim Touchiren der gewöhnliche, auch auf das Unangenehme der directen Galvanisation hatte das Mittel keinen Einfluss. In einem Falle mit trachomatösem Pannus kam es überhaupt nur zu Unterempfindlichkeit der Cornea, bei dem Falle mit Ulcus corneae musste cocainisirt werden, um den Galvanokauter anwenden zu können."

Ferner berichtet Koller:

„An mir selbst habe ich ein Mal, und zwar mit 0,125 proc. Lösung experimentirt. 1—2 Minuten, nachdem ich mir 2 Tropfen der Lösung instillirt hatte, fühlte ich heftiges Brennen; gleichzeitig trat Injection der Conjunctiva und Thränen auf; das Brennen steigerte sich und unter gleichzeitiger Röthung der Haut strahlte der Schmerz in die ganze entsprechende Gesichtshälfte aus, auch in das Ohr, aber vorwiegend in die Nase. Die Schmerzen und die übrigen Reizerscheinungen erreichten ungefähr 20 Minuten nach Beginn des Versuches ihren Höhepunkt, nahmen dann langsam wieder ab und verschwanden erst nach 35—10 Minuten (vom Beginne an gerechnet) vollkommen.

Die Cornea war nun für Berührung vollkommen unempfindlich; die Empfindlichkeit gegen Berührung war schon in der zweiten Hälfte der Reizperiode eine geringere gewesen. Die Anästhesie hielt nun mehrere Stunden ungeschwächt an, und noch am nächsten Morgen war die Berührungsempfindlichkeit herabgesetzt.

An Pupille und Accommodation war keine Veränderung zu bemerken, ausser etwa einer geringen, die Reizung begleitenden und ihr entsprechenden Pupillenverengerung.

Etwa 1½ Stunden nach Beginn des Versuches wurde das Sehen trübe, es lagerte sich wie ein leichter Nebel vor die Gegenstände, und als Ursache hievon war eine Trübung des Cornealepithels zu erkennen; das Auge erschien glanzlos. Die Trübung nahm gegen Abend desselben Tages so weit zu, dass mittelgrosser Druck nicht mehr unterschieden werden konnte; um alle Lichtflammen zeigte sich das aus der Symptomatologie des Glaukomanfalles her bekannte Phänomen eines Spectralringes (blau innen, roth aussen). Am nächsten Morgen war die Trübung etwas weniger intensiv, persistirte aber noch den ganzen Tag und war erst am folgenden Morgen vollkommen gewichen."

Auch hier ist es deutlich ersichtlich, dass die chemische Veränderung des Epithels, also eine langsame Aetzung, den Weg der Wirkung bezeichnet — und man muss daran festhalten, dass eine Veränderung des Gewebes, durch eine chemische Substanz, innerhalb 1½ Stunden füglich als „kaustisch" bezeichnet werden muss. — Dass dem Cocaïn in sehr concentrirter 2%-Lösung zuweilen eine kaustische Wirkung zukommt, wird angegeben. Dünnere Lösungen zeigen dies Verhalten nicht. — Die Reiz- oder Aetzwirkung zeigt sich am deutlichsten in einem Falle von L. Königstein.

„Einem Kranken mit Erosion der Cornea war vor den vorausgehenden Untersuchungen ein Tropfen einer ¹/₁₀ procentigen Lösung von Erythrophl. hydrochl. eingeträufelt worden, es war die Reaction jedoch eine so heftige, dass der Patient vor Schmerz schrie und ich mich nach zehn Minuten genöthigt sah, Cocain einzuträufeln, das den Schmerz sofort behob. Ich brauche wohl nicht hinzuzufügen, dass die Lösung keine Spur von saurer Reaction zeigte und auch nicht opalescirte."

Auch Hirschberg[17]) berichtet über ähnliche Fälle, vor der Anwendung der Reizerscheinung wegen warnend.

Günstigere Berichte werden von Schöler[18]) angegeben, er findet jedoch auch die Epithel-Veränderung, und Dr. S. Goldschmidt[19]) berichtet über günstige Resultate, indem er in zwei Fällen „Eisensplitter aus der Hornhaut extrahirte und ein Thränencanälchen gespalten hat". Diese Versuche sind bereits wiederholt worden und haben zu bedrohlichen Erscheinungen für die Cornea geführt.

Auch Welcker (Centralblatt für Augenheilkunde) schliesst mit den Worten:

„Als Resultat ergab sich, dass Erythrophlein in schwacher Concentration instillirt (0,1% bis 0,25%), bei ziemlich starken Reizerscheinungen keine verwerthbare Anästhesie hervorrufe und

[16]) Prof. A. v. Reuss. Internationale Klinische Rundschau No. 8. Wien.

[17]) Centralblatt für Augenheilkunde 1888 p. 49.
[18]) Klinische Wochenschrift 1888 No. 8.
[19]) Centralbl. f. klin. Med. 1888 No. 7

jedenfalls dem bewährten Cocain nicht zu vergleichen ist. Stärkere Lösungen, wenigstens von dem jetzt vorliegenden Präparat (wir haben dasselbe direct aus der Merck'schen Fabrik erhalten, also wahrscheinlich aus derselben Quelle wie Dr. Lewin), scheinen so intensiv zu wirken, dass wir vor ihrer Anwendung nicht genug warnen können und sie als direct gefährlich bezeichnen müssen."

Alle diese Versuche stimmen im Ganzen mit den Resultaten überein, welche Tweedy in England am Anfange seiner Versuche erhalten hatte.

Im Ganzen wird man noch den bis jetzt erhaltenen Resultaten dem Ausspruch Königstein's zustimmen müssen, dass das Erythrophloeïn in der Augenheilkunde keine Anwendung finden wird.

Was die Anaesthesie bei subcutaner Einspritzung zu operativen Zwecken betrifft, so können hier die Fälle als Grundlage dienen, welche ich gemeinsam mit Dr. Rosenstein beobachtet habe und die ich bereits (s. No. 2 p. 74 Anmerk.) erörtert habe. Die noch längere Zeit bestehende Schmerzhaftigkeit (s. Berl. klin. Wochenschr. 1888 No. 8) s. Vereinsber. p. 128 ist ein Beweis für die ungemein starke Reiz- und Aetzfähigkeit, welche dem Erythrophloeïn zukommt. Die mir soeben zugegangenen Fälle von M. Kaposi geben eine Bestätigung der Wirkung in zahlreichen sorgfältig beobachteten Fällen. Von besonderem Interesse ist der Fall No. VI, welcher neben der abstumpfenden Wirkung die ätzende Wirkung zeigt.

„11 Uhr 48 Min. Nadelstiche werden stumpf empfunden, selbst solche, die das Corium durchdringen; Berührungsempfindung erhalten, die Auskratzung mit dem scharfen Löffel wird wie dumpfer Druck mit dem Finger empfunden. Pat. klagt über zunehmendes Brennen in der Injektionsgegend. Für Schnitt nahezu empfindungslos.

12 Uhr. Von der Injektionsstelle ausgehend über die ganze Extremität nach oben und unten ein angeblich so heftiges Brennen, als ob er mit Chlorzink geätzt worden wäre. Die Abstumpfung für Nadelstiche hält an, die Abstumpfung wie auch das Brennen währten bis 2 Uhr 7 Min. Nachmittags.

11. Februar. Noch immer ringsherum Röthung und auf Druck Schmerz, auch Gehen schmerzhaft."

Das Resumé seiner Untersuchungen ist: Das Erythrophloeïn bewirkt locale Anaesthesie, dieselbe betrifft nur eine kleinste mittlere Zone der Injectionsarea[30]). Allgemeine Vergiftungs-Erscheinungen stellten sich nach 15 Minuten bis 1 Stunde ein nach einer Dosis von 0,02 g; sie bestanden in Schwindel, Pupillenerweiterung, Schwäche und Verlangsamung der Herzaction und des Pulses und Flachheit des Athmens, in Ekel und Erbrechen, welche Erscheinungen mehrere bis viele Stunden anhielten.

Die Versuche, dies „locale Anästheticum" so zu verwenden, dass man die durch dasselbe hervorgerufenen Schmerzen durch andere Mittel beseitigt, sind allen Ernstes und nicht in ironischer Weise gemacht worden! Bei der Giftigkeit der Substanz einerseits und bei der nur durch grössere Dosen erzeugten, an der Injectionsstelle sich in einem ganz kleinen Bezirk abgrenzenden Anästhesie, würde die Zuhilfenahme des Cocaïns die Gefahr der Reizung vergrössern, ohne dass damit die locale Erythrophloeïnwirkung verbessert würde. — Von Hrn. Karewsky ist die Esmarch'sche Constrictionsmethode zugleich mit dem Gebrauch des Erythrophloeïns in Anwendung gezogen worden. Herr K. findet in der Blutleere ein mächtiges Unterstützungsmittel für die Wirkung des Erythrophloeïns. — Er sagt: „Worauf dieser Effect der Blutleere beruht, steht nicht ganz fest; jedenfalls wirkt die Blutleere an sich nicht anästhesirend, wovon ich mich in allen meinen Fällen ganz sicher überzeugte". — Es bleibt hierbei unklar, dass eine Blutleere ohne anästhesirende Wirkung hergestellt worden ist. Man weiss, dass dieselbe nur sehr untergeordnet sein kann, aber vorhanden ist sie immer, sobald eine Constriction richtig ausgeführt ist. — Pflug führt folgendes an[31]):

„Ich habe mich auch bei Thieren von dem Bestehen dieser localen Anästhesie überzeugt. Mir ist es beim ersten Versuche (Myotomie des Schweifes eines Pferdes mit Ausschneiden je eines Muskelstückchens von den beiden Depressores caudae) sofort aufgefallen, wie ruhig sich das nicht chloroformirte Pferd verhielt, es machte nicht einmal bei den Hautschnitten Zuckungen. Ja es war mir in der That, als arbeitete ich an einem todten Pferde."

G. Neuber erwähnt[32]):

„Bei mehreren Patienten, wo nach vorhergegangener Einwicklung der Extremität der Schlauch um die Mitte des Oberschenkels gelegt war, schwand die Tastempfindung von der Mitte des Unterschenkels abwärts absolut, nur tiefer Druck wurde gefühlt, jedoch unsicher angegeben. Ein inducirter Strom, welcher stark genug war, um nach Ansetzen der Electroden an der entsprechenden Stelle des anderen Beines ausserordentliche, kaum erträgliche Schmerzen hervorzurufen, wurde in der Fusssohle und unterhalb der Mitte des Unterschenkels nicht mehr empfunden, auch erfolgte nicht die geringste Muskelcontraction. Es tritt demnach, wenn die künstliche Blutleere länger als ½ Stunden andauert, eine ganz bedeutende Anästhesie ein, dieselbe

[30]) Wiener medicinische Wochenschrift No.

[31]) J. G. Pflug. Vorträge für Thierärzte. I. Ser. I. Hft. Leipzig 1878.

[32]) G. Neuber. Untersuchungen und Erfahrungen über die künstliche Blutleere. Diss. Kiel 1878.

nimmt mit der Dauer der Blutleere zu, breitet sich von den peripherischen Theilen der Extremität allmählich gegen die central gelegenen aus, so dass z. B. am Fuss absolute Empfindungslosigkeit bestehen kann, während dicht unter der Schnürbinde oberhalb des Knies noch Tast-Temperatur- und Druckempfindung vorhanden sind."

Ferner B. Iversen[20]):

„Bei den Experimenten am Bein legte ich den Schlauch in der halben Höhe des Oberschenkels an. Die Erscheinungen waren denen, die der Arm bot, sehr ähnlich. Sie traten nur etwas später auf. In den ersten 5 Minuten empfand ich ein leichtes Brennen in der Fusssohle, nach 10 Minuten einen diffusen Schmerz im Fusse, der nach 15 Minuten fast unerträglich wurde. Um diese Zeit waren die Motilität und Sensibilität in den Zehen sehr herabgesetzt und nach 17—18 Minuten gänzlich verschwunden. Dann ging auch das Gefühl im ganzen Fusse verloren mit der Fähigkeit, Bewegungen im Fussgelenk auszuführen."

Ich glaube diese Thatsachen erwähnen zu müssen, nicht etwa um zu beweisen, dass die künstliche Blutleere ein brauchbares Anästheticum bei Operationen sei, sondern um zu zeigen, dass bei den Erythrophloeïnversuchen die Unempfindlichkeit während der Operation durch eine längere Application der Methode erzeugt ist. Am Anfange wird Herr K. keine Anästhesie haben constatiren können; je länger die Constriction aber anhielt, desto energischer trat die Anästhesie ein. Da selbst bei den bis zur Intoxication angewandten Dosen von Erythrophloeïn die Unempfindlichkeit nur eine ganz kleine Stelle betraf, so kann man wohl schliessen, dass durch die künstliche Blutleere eine Erhöhung der Wirksamkeit des Erythrophloeïn, wie sie von Hrn. Karewski angenommen wird, nicht bewiesen ist. Da nun angegeben wird:

„Allerdings war auch bei ihnen (den Patienten) vor der Constriction Spontanschmerz aufgetreten, stellte sich nach derselben wieder ein und hielt mehrere Tage an"

so ist man wohl zu dem Schluss berechtigt: die durch das Erythrophloeïn verursachten Schmerzen werden durch die künstliche Blutleere beseitigt, um nachher desto stärker aufzutreten.

Nicht unerwähnt möchte ich lassen, was bei Zahnextraction Herr Karewski angiebt:

„Von den 6 Zahnextractionen, bei denen die Einspritzung unter das Zahnfleisch gemacht worden war, konnten nach 15—67 Minuten gleichfalls 4 schmerzlos vollzogen werden, aber stets spürten die Kranken den Ruck bei dem Heraushebeln des Zahnes aus der Alveole, immer hatten sie vor der Extraction und nachher bis über 24 Stunden Schmerzen. —

Als locales Anästheticum kann man daher diese Wirkung wohl nicht bezeichnen!

Es bleibt nun übrig, die Benutzung des Erythrophloeïn bei Behandlung von Neuralgien zu prüfen. Es liegen bis jetzt von Klinikern, welche eine Uebersicht über pharmakologische Wirkung besitzen, keine sicheren Resultate vor, die einen Vorzug dieses Mittels vor anderen scharfen ätzenden Mitteln und andern milderen zeigen. Bei Neuralgien ist, zur Klasse des Erythrophloeïn's gehörend, das Aconit und Veratrin mit gutem Erfolge bereits benutzt worden, aber auch reine Aetzmittel, wie Uebermangansäure, Salzsäure und viele andere haben Heilung hervorgerufen. — Man wird auch hier bei der einmaligen Anwendung die localen Reizerscheinungen in Betracht zu ziehen haben und andererseits sich erinnern müssen, dass beim mehrmaligen Gebrauch die digitalisartige Wirkung zu fürchten ist.

Die Aussichten für die Anwendung des Erythrophloeïn sind daher wie bisher keine günstigen.

Therapeutische Mittheilungen aus Vereinen.

Berliner medicinische Gesellschaft.
(Sitzung vom 8. Februar 1888.)

Herr Prof. Liebreich: Ueber die Wirkung der N-Cassa-Rinde und des Erythrophlaeïns[1]).

Herr Liebreich, wünscht über die Wirkung des Erythrophlaeïns bei Thieren, vielleicht auch für die etwaige therapeutische Anwendung, eine grössere Klarheit zu bringen und will dabei den „vielfach verschlungenen Wegen" Dr. Lewin's folgen. Herr Thomas Christy in London, welcher Herrn Lewin ein Gift mit der Bezeichnung „Haya" zur Untersuchung geschickt hatte, sei kein wissenschaftlicher Forscher, sondern ein Drogenhändler, welcher Waaren zur Untersuchung wesentlich im merkantilen Interesse verabfolge. Bezüglich dieses Giftes will Lewin durch Combination festgestellt haben, dass der wesentlichste Theil der Wirkung des Haya-Giftes auf dem darin vorhandenen Ery-

[20]) H. Iversen. Ueber künstliche Ischaemie bei Operationen. Diss. Kiel 1878.

[1]) Ueber die Orthographie s. S. 121 Anmerkung.

throphlaeïn beruhe. Diese Annahme dürfte nicht richtig sein, denn es mache schon der Name Haya wahrscheinlich, dass das Gift nicht von Pflanzen, sondern von einer Schlange, der Naja Haje oder Haya, der afrikanischen Brillenschlange, stammt, die bereits im Alterthum bekannt war (Schlange der Cleopatra) und besonders über Indien und Ober-Egypten verbreitet ist. Das frühere Mitglied der Loango-Expedition, Herr Dr. Falkenstein, an welchen sich Herr Liebreich um Auskunft über das Vorkommen dieser Schlange in Afrika gewandt hat, ist auch der Ansicht, dass das Haya-Gift, welches Herr Lewin für ein Pfeilgift anspricht, von der Schlange Naja Haya stamme und die Beimischung eines winzigen Stückchens Erythrophloeumrinde eine zufällige sei. Derselbe schreibt: „Unter dem Namen Haya ist in dem Gebiete West-Afrikas, das die Loango-Expedition von 1873—76 erforschte, eine Schlange bekannt, welche von mir der afrikanischen Gesellschaft eingeschickt worden ist und in mehreren Exemplaren sich im hiesigen zoologischen Museum befindet. Sie ist unter dem Namen Naja Haya bekannt und gehört wie die Naja tripudians zu den Brillenschlangen. Sie wird von den Negern als giftspeiend gefürchtet. Wenn ich mich erinnere, wie mir einmal beim Hochziehen einer Vipera rhinoceros die Menge Gift, die aus den enormen Giftzähnen dieser Art heraustropfte, auffiel, so kann ich mir wohl denken, dass ein ähnliches, von der Haya gewonnenes, mit Sand gemischtes Gift sich sehr wohl für Pfeile verwenden lasse und in amorphen Stücken seinen Weg hierher finden konnte." Herr Liebreich hält es für sehr naheliegend, dass die bei dem Haya-Gift gefundenen Rindenstücke Beimengungen seien, welche in Europa oder auf dem Transport nach Europa hineingekommen seien, zumal Herr Christy einer der grössten Händler der Erythrophloeumrinde ist.

Die Angabe Herrn Lewin's übrigens, dass er bereits vor 13 Jahren mit Erythrophlaeïn selbstständig gearbeitet, sei unrichtig, da damals Herr Lewin Studirender und nur als Famulus bei den Untersuchungen über das Erythrophlaeïn im pharmakologischen Institut beschäftigt gewesen sei.

Die Wirkungen, welche Herr Lewin selbst von der subcutanen Injection des Haya-Giftes in wässeriger Lösung bei Tauben beschreibt (Erbrechen, häufige Darmentleerungen, Dyspnoë, Krämpfe, Tod), stimmen ganz mit dem Bilde der Wirkung des Schlangengiftes überein, welches wesentlich von Wunden und bei subcutanen Injectionen, dagegen nicht vom Magen aus wirken.

Der Vortragende beleuchtet sodann Lewin's Beweise für die locale anaesthesirende Wirkung des Erythrophlaeïns.

1. Lewin erhielt bei einer durch Glas erzeugten stark schmerzenden Fingerwunde bei Anwendung einiger Tropfen 0,2 proc. Lösung von Erythroph. hydrochl. Analgesie, die eine Stunde lang anhielt. — Derartige Schmerzen könne man jedoch durch eine Reihe anderer Substanzen beseitigen (Eisenchlorid), welche blutstillend, adstringirend oder leicht ätzend wirken, und deshalb nicht zu den localen Anaestheticis zu rechnen seien.

2. Gegen Lewin's Versuch mit den in Strychninkrämpfen befindlichen Fröschen, bei welchen sich nach Injection von Erythrophlaeïn in ein Bein von der Injectionsstelle kein Tetanus mehr auslösen liess und das man durchstechen konnte, ohne dass Reaction eintrat, weist Liebreich auf die ausserordentliche Unempfindlichkeit der Winterfrösche in der Gefangenschaft hin („leukophlegmatische Frösche" du Bois-Reymonds). 8 von 10 Fröschen, die Liebreich untersuchte, zeigten sich unempfindlich gegen conc. Essigsäure, conc. Schwefelsäure und gegen das Brennen mit glühendem Draht. Aber auch bei gesunden, nicht „leukophlegmatischen" Fröschen, welchen man ¼ ccm einer 0,2 proc. Erythrophlaeïnlösung einspritzt, erhält man nicht nur von der Injectionsstelle, sondern von allen Stellen des Körpers aus Reactionslosigkeit, weil der Frosch paretisch wird.

3. Die locale Anaesthesie, welche Lewin durch subcutane Injection beim Meerschweinchen hervorgebracht hat, werde bei Thieren durch die verschiedenartigsten subcutan injicirten Substanzen erzeugt, die man sonst nicht als locale Anaesthetica bezeichnen könne*).

4. Gegenüber Lewin's Versuchen über die locale Anaesthesie am Auge von Katzen, Hunden und Kaninchen weist Liebreich darauf hin, dass es zwei Empfindlichkeiten des Auges gebe, eine Corneal- und eine Conjunctivalempfindlichkeit (Cl. Bernard). Beim Cocaïn komme dieser Unterschied nicht in Betracht, weil dasselbe eine allgemeine locale Anaesthesie am Auge mache, wohl aber bei einem ätzenden Gifte, wie dem Erythrophlaeïn, wo man in der That die Trennung der beiden Anaesthesien beobachte, indem zuerst Cornealanaesthesie, später Scleralanaesthesie erfolge, ähnlich wie bei der inneren Anwendung anderer Substanzen. Während bei Cocaïn die

*) Vergl. Bussenius. Locale Anästhesie bei Thieren. Dissert. inaug. 1888 und klin. Wochenschr. 1888 No. 9.

unempfindlichen Stellen blutleer und weiss aussehen, ähnlich wie bei Aetherwirkung, werde bei Application des Erythrophlaeïn die Conjunctiva hyperämisch und sehr stark gereizt und die Reizung bestehe noch, während schon die Cornealanaesthesie eingetreten sei. Dieselbe entstände zweifellos, trete aber bedeutend später ein als beim Cocaïn.

Die Prüfung der Dauer der Anaesthesie bei Thieren sei schwer zu beurtheilen, weil die Augen der Thiere oft ungemein unempfindlich sich zeigen auch ohne Anwendung irgend welcher Substanz. Bezüglich der Art der Wirkung scheine der späte Eintritt der Anaesthesie darauf hinzuweisen, dass es sich vielleicht um eine Sympathicuswirkung (Ganglion ciliare) handele, während die ätzende Wirkung stärkerer Lösungen dafür sprechen könne, dass auch bei dünneren Lösungen eine langsame, zur Unempfindlichkeit führende Aetzung allmählich eintrete.

Bei Injection in die Augenlider soll nach Lewin Anaesthesie eintreten. Bei Injection in's obere Augenlid entstehe aber Empfindungslosigkeit nur dort, wo die Flüssigkeit sich verbreitet hat. Dass es sich hier nicht einfach um eine Anaesthesie handle, zeigt folgender Versuch. Berühre man nach Ausbreitung der Injections-Flüssigkeit im oberen Augenlide die Cornea, Sclera oder das untere Augenlid, so schliesse sich das Auge, ohne dass das obere Augenlid sich am Schlusse betheilige. Injicire man auch in das untere Augenlid, so trete das Auge in Halbschluss (wie bei einseitiger Durchschneidung des Halssympathicus), und vom Bulbus erfolge keine Reaction. Dieser Versuch beweise nicht Anaesthesie, sondern Bewegungsunfähigkeit, eine Parese der Lidmusculatur, denn lasse man eine kleine Stelle des unteren Augenlides von der Injectionsflüssigkeit intact, so zucke diese bei Berührung der Cornea. Vortr. schliesst aus diesem Versuche, es sei entweder Lewin's Angabe, dass vom Bulbus aus noch Bewegung der Augenlider ausgelöst werden könne, falsch, oder Lewin habe nur in ein Augenlid injicirt.

Die anaesthesirende Wirkung auf die Cornea theile das Erythrophlaeïn noch mit vielen anderen Körpern z. B. dem Aconitin, wonach Anaesthesie der Cornea unter starker Reizung der Conjunctiva, später auch Anaesthesie der Conjunctiva eintrete. Auch bei Injection einer 10 % Antipyrinlösung in den Conjunctivalsack entstehe vollkommene Anaesthesie der Cornea, während die Sclera in ihrer Empfindlichkeit erhalten bleibe.

Die therapeutischen Versuche, welche Liebreich angestellt hat, haben die Schlüsse, die derselbe aus seinen Thierversuchen gezogen hat, bestätigt.

Bei Injection in den Unterarm einer Frau (¹/₄ Spritze einer 0,2 proc. Erythrophlaeïnlösung = ¹/₂ mg, Ewald'sche Abtheilung) entstand an der Stelle Schmerz, Röthung, flohstichähnliche Schwellung, keine Anaesthesie, nach einigen Stunden Schmerz. Bei den Patienten, welche Liebreich in Gemeinschaft mit Dr. Rosenstein beobachtete, wurden 4—7 mg eingespritzt, es trat bei 5 mg, am Oberschenkel eingespritzt, ein hyperalgischer Zustand ein, bei 7,5 mg ein nagender Schmerz, auf welchem nach 4 Stunden Ruhe erfolgte und eine Anaesthesie in einem Umkreise von weniger als 1 cm Durchmesser, um welchen herum eine Zone geringer Empfindlichkeit bestand. Bei einem Knaben, dem die Injection von 2 mg in die dünne Haut am Schienbein gemacht wurde, war nach ³/₄ Stunden eine ³/₄ cm lange und einige Millimeter breite anaesthetische Stelle herauszufinden. Dieselbe sah am nächsten Tage so entzündet aus und war so schmerzhaft, dass Vortr. eintretende Gangrän befürchtete. Die Wirkung sei also die eines scharfen Stoffes, der nach einer Art schmerzhafter Aetzung eine empfindungslose Stelle zurücklasse.

Bei Versuchen am menschlichen Auge (2 Tropfen einer 0,2 % Lösung) treten Reizerscheinungen seitens der Conjunctiva, und des Bulbus und Anaesthesie der Cornea ein; in einem Fall entstand colossale Hyperaemie des Bulbus; Sclera und Bulbus blieben empfindlich. Die Dauer der Cornealanaesthesie erscheint Liebreich wegen der üblen Folgen der Verätzung, die damit verbunden ist, von untergeordneter Bedeutung. Die Anaesthesie, die man mit Erythrophlaeïn erziele, ist jedenfalls ausserordentlich schmerzhaft (Hunde versuchen sich die Augen mit den Pfoten zu wischen). Diese Resultate stimmen mit den von Herrn Tweedy in London in Lancet veröffentlichten überein, welcher Schmerz, aber keine brauchbare Anaesthesie beobachtet hat.

Discussion: Herr Lewin meint, dass auf dem Transport Nichts zum Hayagift hinzugekommen sein könne, da dasselbe, in einer Pappschachtel(!) verpackt, ihm zugesandt worden sei. L. giebt die Möglichkeit zu, dass im Hayagift vielleicht auch Schlangengift enthalten sei; aber der Hauptsache nach sei die Wirkung des Erythrophlaeïn nicht die eines Schlangengiftes. Seine Versuchsfrösche seien ganz munter und empfindlich gewesen. Die Reizung und Hornhauttrübung bei grossen Dosen, von welcher Herr Liebreich spreche, habe er selbst angegeben. Therapeutische Versuche habe er allerdings nicht gemacht.

Herr Schöler bekam nach Einträufelung eines Tropfens einer 0,2 % Lösung ins Auge erst Reizerscheinung, die sich innerhalb der ersten 15 Minuten steigerte bis zum Eintritt einer vollkommen cornealen Anaesthesie. Nach 35 bis 40 Minuten sind die Reizerscheinungen verschwunden. Dann begannen Schwere der Lider, Verschleierung (wie durch einen doppelt gefalteten Mullschleier), Interferenzerscheinungen. Nach 2—3 Stunden allmählicher Nachlass der Erscheinungen. Nach 9 Stunden sind die farbigen Kreise, nach 11 Stunden der Schleier verschwunden. Er gebe zu, dass die corneale Anaesthesie bedeutend stärker sei als die conjunctivale, welche letztere mitunter auch sicher nachweisbar sei. Die Wirkung des E. sei bedeutend stärker als die des Cocaïn, sie trete zwar später ein, halte aber länger an. Schöler glaube, dass es sich um eine neuroparalytische Keratitis handle.

Herr Liebreich: In Bezug auf den Sympathicus bei der von ihm zuerst beobachteten Differenz zwischen Corneal- und Conjunctival-Anaesthesie könne es sich insofern um den Sympathicus handeln, als die Corneal-Nerven zum grossen Theil durch das Ganglion ciliare gehen, während die Conjunctival-Nerven direct verlaufen.

Hippel.

Nachschrift. In der zweiten Discussion über den Vortrag des Herrn Lewin in der Berliner medicinischen Gesellschaft theilte Herr Lewin einen Brief des Herrn Thomas Christy mit, nach welchem derselbe den Namen Haya dem Gifte, welches er Herrn Lewin übersandt hatte, zur Identificirungsmöglichkeit beigelegt hatte. Es wurde das Gift von einem Herrn J. Hay in Aden, welcher es von Eingeborenen Abessyniens nahe Harrar erhalten hatte, an Herrn Thomas Christy gesandt! Und weil der Einsender Hay hiess, hat er es mit dem Namen Haya bezeichnet.

Ich will an der Herkunft des Giftes keinen Zweifel hegen. Es ist nur kein Grund einzusehen, weshalb Herr Christy das nicht früher mitgetheilt hat. Vor Allem ist es incorrect, dass er einen Namen angegeben hat, welcher schon für ein bekanntes Gift existirt. Wie dem nun auch sei, es ist jedenfalls eine ferner merkwürdige Thatsache, dass das wirkliche Haya-Gift die Erscheinungen zeigt, welche von dem Gift des Herrn Hay berichtet werden. Ich habe aus reiner und zuverlässiger Hand das Gift der Cobra de capello erhalten, also das Gift der indischen Brillenschlange, es ist mir von Herrn Professor Robert Koch, dem Director des hygienischen Instituts zu Berlin, übergeben worden. Dieses wirkliche Haya-Gift, obgleich es schon lange in getrocknetem Zustande gelegen hat, zeigt die locale Anaesthesie des Auges und diejenigen physiologischen Erscheinungen, welche von dem Gift des Herrn Hay angegeben worden sind.

Dr. Oscar Liebreich.

Medicinisch-pharmaceutischer Bezirksverein von Bern.

(*Sitzung vom 20. Dec. 1887.*)

Herr Dr. C. Girard: Ueber die Verwendung des Menthols in der Chirurgie.

Angeregt durch die Versuche, welche mit Menthol bei Lungentuberculose gemacht wurden, hat G. dieses Mittel auch bei chirurgischer Tuberculose in Anwendung gebracht. — Er behandelte durch Einreiben, resp. Tamponiren mittelst eines Pulvers, aus Menthol und Jodoform āā bestehend, eine Anzahl (14) von Operationswunden nach Auskratzung und Resection tuberculöser Knochen- und Weichtheilherde. Dabei hatte er den Eindruck, dass der Heilungsverlauf ein günstigerer gewesen ist, als er es nach der einfachen Jodoformbehandlung anderer ähnlicher Erkrankungen zu sein pflegt.

Selbstverständlich will G. aus diesen kleinen Zahlen noch nicht bestimmte Schlüsse ziehen und nur zu weiteren ähnlichen Versuchen anregen. Er hebt noch des Weiteren hervor, dass das Menthol die Wunden nicht oder unwesentlich reizt und den Wundschmerz wenig steigert. Das Menthol verdient auch als ein vorzügliches Desodorans für Jodoform Beachtung.

Dr. de Giacomi hat bei einem Falle von Lupus des Ohres einen recht befriedigenden Erfolg mit einer 20 %-Lösung von Menthol erzielt. Von der innerlichen Anwendung habe er, obgleich er es grammweise zur Hebung des Appetits gegeben, gar keinen Nutzen gesehen.

Dr. Dättwyler bestätigt die letzte Beobachtung. Auf seiner Abtheilung hat er wiederholt Dosen von 3,0—5,0 *pro die* verabfolgt. Dabei bekamen die Kranken eher Ekel als Appetit.

Dr. Dumont glaubt, dass bei der chirurgischen Behandlung tuberculöser Erkrankungen weniger von einem specifischen Mittel, als von einer gründlichen Entfernung der afficirten Theile Erfolg zu erwarten sei. — Die erzielten Resultate scheinen für das Menthol nicht ganz beweisend zu sein, da die Heilungsdauer nicht viel kürzer als bei Anwendung anderer Mittel war. — Da

Menthol bei innerlicher Verabreichung den gehegten Erwartungen nicht zu entsprechen scheint, so sei noch weniger an die oben erwähnte Wirkung des Mittels zu glauben.

Dr. Girard sucht die letzte Ausführung zu widerlegen, indem er auf das Jodoform hinweist, das innerlich schlechter als Menthol vertragen werde und sich doch in der Chirurgie in ausgezeichneter Weise bewähre. — Bezüglich der Heilungsresultate müsse er hervorheben, dass eine ganze Reihe von Patienten mit tuberculösen Affectionen mit Menthol schneller heilten als mit andern Mitteln.

Dr. Sahli nimmt an, dass die externe Anwendung des Menthols mehr Aussichten bieten wird als die interne. Er weist dabei auf die diesbezüglichen Untersuchungen des Reichsgesundheitsamtes hin, welche ergaben, dass das Pfefferminzöl zu den kräftigsten Hemmungskörpern und Antisepticis gehöre.

(Corresp. Blatt für Schweizer Aerzte. No. 4. 1888.)

R.

Académie de Médecine (Paris).

Sitzung vom 17. Januar 1888.

Verneuil: Ueber Behandlung des Carbunkels mit Carbolspray.

Früher griff V. nur in den schweren Fällen von Anthrax activ ein, indem er sich des Thermokauters bediente, den er 2 bis 3 cm tief einführte. Gegenwärtig hat er auch diese Behandlungsmethode verlassen. Er wendet in den meisten Fällen nur Zerstäubungen von Carbolwasser an. Auf dieselben ist er durch folgenden Fall gekommen. Ein Patient mit Carbunkel sollte am nächsten Tage operirt werden. In der Zwischenzeit wurden Zerstäubungen mit Carbolwasser vorgenommen. Als nun zur Operation geschritten werden sollte, war eine so auffällige Besserung eingetreten, dass Pat. bald ohne jeden weiteren Eingriff genas.

Seit dieser Zeit greift V. weder zum Thermokauter noch zum Bistouri. Mit Beginn der Affection kommen die Carbolzerstäubungen in Anwendung. Dieselben liefern ausgezeichnete Resultate und coupiren fast immer den Process, auch wenn demselben Diabetes mellitus zu Grunde liegt.

Die Zerstäubungen wirken ebenfalls gegen Furunkel; im Beginn angewandt, kann die Krankheit coupirt, im späteren Stadium zum Stillstand gebracht werden. Furunkel und Anthrax seien nur verschiedene Grade desselben infectiösen Processes, daher mit denselben topischen Mitteln zu behandeln. Operatives Eingreifen sei immer weniger erforderlich und nur für ganz besondere Ausnahmen am Platze.

Die Carbollösung muss 2procentig sein. Der Zerstäuber ist etwa 20 bis 25 cm vom Kranken entfernt zu halten und 2 Stunden lang in 2 oder 4 Sitzungen während 24 Stunden in Thätigkeit zu setzen. In besonders schweren Fällen darf noch häufiger gesprayt werden. In der Zwischenzeit wird der erkrankte Theil mit Compressen, welche mit derselben Carbollösung befeuchtet sind, bedeckt.

Selbstverständlich sind die dem Carbunkel resp. Furunkel benachbarten gesunden Hautpartien (durch Compressen u. dgl.) vor dem Einflusse des Sprays sorgfältig zu schützen und muss der Patient während der Procedur eine geeignete Lage einnehmen. Bei Ergriffensein des Nackens oder Rückens hat z. B. Pat. rittlings auf einem Stuhle zu sitzen und die Arme auf die Lehne zu stützen.

(Revue gén. de Clinique et de Thérap. No. 3. 1888.)

R.

Referate.

Wirkung des Amylenhydrat als Hypnoticum. Von Dr. Franz Gürtler (Königsberg i. Pr.).

Verf. stellt auf Grund seiner Erfahrungen das Amylenhydrat an die Seite des Chloral, ja betont, dass es nicht wie dieses das Herz schädlich beeinflusst, also unter Umständen demselben vorzuziehen sei. Die mittlere Dosis beträgt 3,5 g, es sind aber auch schon 6,0 g nöthig gewesen, einmal sogar von einem Alkoholiker 7,0 g ohne Schaden genommen worden. Kinder unter einem Jahre erhalten 0,2, bis zu 10 Jahren 0,6 *pro dosi.* Am besten hat sich das Mittel in folgender Form nehmen lassen:

Amylenhydrat	7,0
Aq. dest.	40,0
Syr. rub. Idaei	30,0
Abends die Hälfte oder	
Amylenhydrat	7,0
Aq. menth. pip.	40,0
Syr. rub. Idaei	30,0
Ol. menth. pip. gtt. I	
Abends die Hälfte	

ev. in Pillen oder Gelatine-Kapseln.

Es trat meist tiefer, mehrere Stunden oder die ganze Nacht anhaltender Schlaf ein, in vereinzelten Fällen von Kopfschmerz und Benommenheit gefolgt.

Nur durch die Schlaflosigkeit indicirt und mit gutem Erfolge gebraucht wurde das Mittel in 7 Fällen von chron. Alcoholismus, 2 Fällen von Encephalomalacie, bei 2 Morphinisten und 2 Epileptikern, bei letzteren mit dauerndem Einfluss auf die nächtlichen Anfälle. Ferner 7 Mal bei Tuberculose, 2 Mal bei Cystitis, je 1 Mal bei Tabes dorsalis und Chlorose, endlich auch bei Vitium cordis und Tussis convulsiva in einzelnen Fällen. Ueberall trat erquickender Schlaf und Beruhigung ein, wenn auch bisweilen nur auf einige Stunden.

(Berl. klin. Wochenschr. 1888, 6.) *Franz Wolf.*

Ueber die Wirkung des Antipyrins auf eines der cerebralen Wärmecentren. Von Dr. H. Girard.

Verf. hat durch eine Reihe von an Kaninchen ausgeführten Experimentaluntersuchungen den Nachweis zu führen versucht, dass die Wirkung des Antipyrins auf einer Beeinflussung der regulatorischen Wärmecentren des Gehirns beruht. Zur Entscheidung dieser Frage beobachtete Verf. einmal die Wirkung des Antipyrins unter normalen Verhältnissen, während in einer zweiten Versuchsreihe das Medicament Thieren gegeben wurde, denen man theils vor, theils nach der Einführung des Antipyrins in die Blutbahn das am leichtesten erreichbare, am medialen Rande des Corpus striatum liegende Wärmecentrum durch Trepanation mit consecutiver Piqûre (die Technik der Operation selbst findet sich im Original genau angegeben) zerstört hatte. Bekanntlich entsteht nach Verletzung dieses regulomotorischen Wärmecentrums unter normalen Verhältnissen bei dem Versuchsthiere eine Temperatursteigerung um mehrere Centigrade.

Die Ergebnisse, die Verf. bei seinen Versuchen erhielt, lassen sich etwa in Folgendem zusammenfassen.

Giebt man einem unter physiologischen Bedingungen befindlichen, gesunden Kaninchen Antipyrin, so sinkt alsbald die Körpertemperatur desselben; bei grösseren Dosen tritt Collaps ein. — Erhält ein Kaninchen, bei dem man durch die oben erwähnte Operation das betreffende Wärmecentrum zerstört hat, die gleiche Dosis Antipyrin, so ist die nach der Piqûre gewöhnlich zu beobachtende Hyperthermie bei weitem nicht so intensiv, wie ohne Antipyringaben. Fast genau denselben Effect erzielt man, wenn man an einem Thiere, dem man Antipyrin gegeben, die Piqûre ausführt. Niemals freilich hat das Antipyrin die Fähigkeit, die durch die Piqûre gesetzte Hyperthermie gänzlich zu paralysiren. Auf Grund dieser Versuchsergebnisse sucht Verf. auch die trophischen Störungen, welche nach längerem Gebrauche des Medicamentes zuweilen zur Beobachtung gelangen, auf eine Hemmung gewisser excitomotorischer Rückenmarkscentren zurückzuführen, indem, wie Verf. sich vorstellt, dadurch der Gesammt-Stoffwechsel in seiner Energie gemindert wird. Diese Alteration des Stoffwechsels kann gelegentlich selbst zu vorübergehenden Ernährungsstörungen in gewissen Organen, in denen der Stoffumsatz ein sehr lebhafter ist, z. B. in der Leber führen.

Uebrigens lässt sich die vom Verf. angegebene Methode auch für die Erkenntniss der Wirkung anderer die Wärmeproduction beeinflussender Medicamente anwenden.

(Revue méd. de la Suisse Romande XI. 81.)

H. Lohnstein (Berlin).

Ueber die Anwendung von Salicylsäure und Salol beim acuten Gelenkrheumatismus. Von Dr. Aufrecht (Magdeburg).

Im Magdeburger Krankenhause erhielten früher die erwachsenen Patienten in den ersten 2 oder 3 Tagen des Gelenkrheumatismus je 6,0 Salicylsäure in Grammdosen, in den folgenden 8—10 Tagen je 4,0 oder 3,0. — Es stellten sich jedoch bei dieser Anwendungsweise, trotz reichlichen Wassertrinkens nach dem Einnehmen des in Oblaten gehüllten Medicamentes recht unangenehme Erscheinungen ein (Brennen im Magen, Erbrechen, Ohrensausen, Salicyl-Dyspnoe). Die spätere Anwendung von salicylsaurem Natron, in entsprechend grosser Dosis, hat hierin nichts gebessert und führte Verf. zu der Ueberzeugung, dass beim acuten, fieberhaften Gelenkrheumatismus die Wirkung des salicylsauren Natrons keine so prompte und sichere ist, wie die der reinen Salicylsäure.

Unter diesen Verhältnissen sah A. sich veranlasst, Versuche mit dem neuerdings empfohlenen Salol anzustellen. Die bezüglichen Erfahrungen wurden bereits von seinem Assistenzarzt Dr. Behm (Berl. kl. Wochenschr. 1887 No. 13) publicirt. Das Mittel war in 30 Fällen zu 6,0—8,0 täglich in Grammdosen mit Erfolg gegeben worden. Es empfiehlt sich auch hier (wie bei Salicylsäure) reichlich Wasser nachtrinken zu lassen. Eine Patientin hatte bei täglichem Gebrauch von 6,0 im Ganzen 243,0 genommen und gut vertragen.

Der Einfluss dieser Behandlung konnte folgendermassen präcisirt werden: Beim chronischen Gelenkrheumatismus ist dem Salol ohne Weiteres der Vorzug vor der Salicylsäure einzuräumen. Dagegen wirkt beim acuten, polyarticulären Rheumatismus die Salicylsäure rascher als Salol.

Der Umstand, dass unter den vom 1. Januar 1880 bis September 1886 im Magdeburger Krankenhause mehr als 600 mit Salicylsäure behandelten acuten Gelenkrheumatismen kein einziger Fall von acuter tödtlicher Endocarditis beobachtet wurde, während unter 40 mit Salol behandelten 1 derartiger verzeichnet werden musste, führte zu der gegenwärtig üblichen Methode, alle fieberhaften Rheumatismen, wie früher, mit Salicylsäure zu behandeln. Dieselbe wird jedoch (wegen ihrer unbehaglichen Nebenerscheinungen) von dem Moment, wo das Fieber aufhört, durch Salol ersetzt. Meistens kann dies schon am 2. oder 3. Behandlungstage geschehen. Die Kranken erhalten jetzt gewöhnlich nur 2 Tage lang je 6,0 Salicylsäure, von da ab je 6,0 Salol. Die Dosis wird alsdann, bei absoluter Bettruhe, auf 4,0 herabgesetzt.

Fast ausnahmslos wird die Salicylsäure 2 Tage lang gut vertragen. Wo das nicht der Fall ist, wird von vornherein vom Salol, als dem nächstbesten Antirheumaticum, Gebrauch gemacht.

Beim chronischen Gelenkrheumatismus verdient Salol auf alle Fälle den Vorzug vor der Salicylsäure, bei deren lange fortgesetztem Gebrauch Delirien und Psychosen auftreten und der Heilerfolg ausbleiben kann. Dies ist vom Salol weit weniger zu befürchten.

(Dtsch. med. Wochenschr. No. 9. 88). *R.*

Salol bei Rachen-, Ohren- und Augenkrankheiten. Von Max Thorner, M. D., of Cincinnati.

Die Beobachtungen des Verfassers beziehen sich auf solche Erkrankungen der genannten Organe, welche auf rheumatische Einflüsse zurückzuführen sind oder einen neuralgischen Charakter tragen. Er betont, dass das Salol, wenn auch nicht gänzlich ohne unangenehme Nebenwirkungen, immerhin dem Natr. salicyl. bei weitem überlegen ist, was die Sicherheit und Schnelligkeit der Wirkung als auch die Weite der Indicationen anbetrifft, ganz abgesehen von den Annehmlichkeiten des Geschmackes und der relativen Kleinheit der Dosen.

Bei jenen äusserst schmerzhaften Fällen acuter, katarrhalischer Pharyngitis, wo die ganze Hals- und Nackenmusculatur von den Schmerzen occupirt worden, schwanden dieselben rapide unter dem Gebrauch von 0,6 bis 0,9 g 3 × täglich; fast nicht weniger gut war die Wirkung bei phlegmonösen und folliculären Anginen. Die Schmerzen schwanden schon nach wenigen Dosen und die ruhelosen Kranken fielen in einen erquickenden Schlaf, konnten fast schmerzfrei schlingen und erholten sich in jeder Hinsicht bis zur spontanen Oeffnung des Abscesses oder Abstossung der Beläge. Der Torticollis rheumaticus wurde gleichfalls durch Salol schnell beseitigt.

Die Behandlung der Ohrenerkrankungen mit innerlicher Darreichung des Salol bezieht sich besonders auf rein nervöse Otalgie, aber auch die unerträglichen Schmerzen in einem Falle von Otitis med. chronic. purulenta liessen schnell unter dem Gebrauche des Mittels nach.

Schliesslich theilt Verf. noch einige Fälle von Neuralgia ciliaris und Iritis rheumatica mit, welche schon jahrelang (einer 20 Jahre hindurch) die Patienten gepeinigt hatten und nun der Darreichung von Salol schnell wichen. Allerdings muss das Mittel in hartnäckigen Fällen 8 Tage lang gegeben werden. Auch bei den heftigen Neuralgien des Trigeminus, welche oft katarrhal. Conjunctividen, ulcerirenden Pannus begleiten, wirkte das Salol so eclatant, dass die Patienten dasselbe als Narcoticum betrachteten. Abweichungen von der gewöhnlichen Ordination bestanden nur unter Umständen darin, dass die Dosis nach einer Stunde resp. bei eintretenden Schmerzen wiederholt wurde.

(The Cincinnati Lancet Clinic. Dec. 10. 87.)

Franz Wolf.

Der Strophanthus. Von Prof. J. L. Prevost (Genf).

Verf. stellt zunächst die von den übrigen Autoren bisher gemachten Erfahrungen über die Strophanthuspräparate zusammen und berichtet im Anschlusse daran über das Ergebniss seiner eigenen Versuche, die sich zunächst auf Thierversuche beschränkt haben. Verf. suchte zunächst die toxische Wirkung der Tinctura strophanthi an Fröschen festzustellen und injicirte daher 6 Tropfen der Tinctura strophanthi, die in dem doppelten Volumen Wasser verdünnt waren, subcutan unter die Bauchhaut eines Frosches. Diese Dosis tödtete das Thier binnen wenigen Secunden. Bei der Section fand man den Ventrikel in Systole, die Vorhöfe in diastolischer Stellung. — Verf. ging nunmehr zu immer schwächeren Lösungen über und fand schliesslich, dass man mit 0,015—0,02 der Tinctura strophanthi im Stande ist, einen kräftigen Frosch nach Verlauf von $1\frac{1}{2}$—$1\frac{3}{4}$ Stunden zu tödten. Wendet man kleinere Dosen, etwa 0,01 oder gar 0,005 an, so vermindert sich die Pulsfrequenz, das Stadium der Diastole verlängert sich; niemals indessen tritt vollständiger Herzstillstand ein. — Bemerkenswerth ist die Thatsache, dass die Laubfrösche, die doch im Allgemeinen weit zarter und kleiner als die gemeinen Frösche sind, genau dieselben Dosen vertragen wie letztere, während sie gegen andere Herzgifte, wie z. B. gegen das Digitalin weit empfindlicher sind, als die gemeinen Frösche. — Von andern durch das Medicament bei Fröschen erzeugten Symptomen erwähnt Verf. noch eine langsam und allmählich zunehmende Paralyse der gestreiften Muskulatur, die vollkommen ausgesprochen indessen erst mehrere Stunden nach der Injection erscheint. Den von Langgaard erwähnten hypnotischen Torpor, der der Herzparalyse vorangehen sollte, hat Verf. niemals auch nur andeutungsweise gesehen; bis zu dem Momente, in welchem eine merkbare Aenderung in dem Rhythmus der Herzaction eintrat, blieben die Frösche stets munter und leicht erregbar. — Noch kräftiger, als bei Fröschen ist die Wirkung des Strophanthus bei Meerschweinchen, indem hier 4 Tropfen der Tinctura strophanthi mit dem nöthigen Quantum Wasser verdünnt, bereits genügen, um die Thiere binnen 30 Minuten zu tödten. Bei der Section befindet sich das Herz, wie bei den durch die anderen Herzgifte hervorgebrachten Intoxicationen in Diastole.

Diese experimentellen Ergebnisse fordern nach Verf. zu einer weit grösseren Vorsicht in der Dosirung des Medicamentes beim Menschen, wo man anstandslos Dosen von 20—40 Tropfen der Tinctura strophanthi anwendet, auf. Wenn nach einer solchen Gabe bisher noch niemals ein übler Zufall zur Beobachtung gelangt ist, so hat dies wahrscheinlich seinen Grund darin, dass man das Medicament ausschliesslich per os, niemals aber subcutan anwandte. Auch hält es Verf. für sehr wahrscheinlich, dass die verschiedenen im Handel vorkommenden Präparate verschiedene Wirksamkeit besitzen, so dass ihre toxikologische und therapeutische Wirksamkeit erst durch genaue vergleichende experimentelle Untersuchungen, mit denen sich Verf. demnächst zu befassen gedenkt, festgestellt werden muss.

(Revue méd. de la Suisse rom. Decbr. 87.)

H. Lohnstein (Berlin).

Cytisin gegen Migräne. Von Prof. E. Kraepelin.

Die gefässverengernden Eigenschaften des Cytisins gaben K. Veranlassung, dasselbe bei der sog. paralytischen Form der Migräne zu versuchen. In der That erwies sich das Mittel hier von günstigem Einfluss, wie zwei mitgetheilte Krankengeschichten zeigen. In dem ersten Falle (31j. Hysterica) wurde nach angeblicher Anwendung verschiedener anderer Mittel im Beginne des Anfalls 0,003 Cytisinum muriaticum injicirt. Im Laufe einer halben Stunde schwand Röthung, Oppressionsgefühl und Schmerz bis auf einen leichten Kopfdruck. Dasselbe Resultat wurde unter Steigerung der Dosis auf 0,005 während der folgenden Monate bei jedem der zahlreichen Anfälle mit der grössten Regelmässigkeit erzielt. Dass es sich hier nicht etwa um einen psychischen Einfluss handelt, lehrt u. A. die Veränderung der Pulscurve durch das Cytisin. Am wirksamsten erwies sich dasselbe bei möglichst frühzeitiger Anwendung. In einem hier ausnahmsweise auftretenden Anfalle spastischer Migräne versagte das Mittel nicht nur, sondern steigerte noch die Symptome. Das Gleiche sah K. noch in zwei weiteren Fällen dieser Art. Die andere der angeführten Krankengeschichten betrifft einen 25j. Studenten (ausgesprochene Hysterie auf degenerativer Grundlage), bei dem der Migräneanfall durch subcutane Injection von 0,003 Cytisin coupirt wurde. Eine Viertelstunde nach der Injection liess der Schmerz nach, eine halbe Stunde später war völliges Wohlbefinden eingetreten.

(Neurol. Centralbl. No. 1. 1888.) *Kron.*

Tribromphenol als Antisepticum. Von Dr. F. Grimm.

Verf. hat unter verschiedenen anderen Substitutionsproducten des Phenols das Tribromphenol in seiner antiseptischen Wirksamkeit zu erforschen gesucht und gefunden, dass dasselbe, als Hauptproduct bei der Einwirkung von Brom auf Carbollösung gewonnen, im Vergleich zu den anderen Antisepticis einen praktischen Werth wohl beanspruchen dürfe. Aus seinen Eigenschaften, die ausführlich beschrieben werden, will ich nur hervorheben, dass es in Wasser sehr schwer löslich ist und einen schwachen, aber unangenehmen und haftenden Geruch hat. Gegen die äussere Haut ist es völlig indifferent, auf frische Wunden in Substanz gebracht, verursacht es Brennen und wirkt ätzend, granulirende Wunden werden durch dasselbe gereizt, atonische Granulationen belebt, tuberkulöse ebenfalls günstig beeinflusst. Bei gangränösen Processen wirkt es energisch desinficirend und beschleunigt die Abstossung. Zum Imprägniren von Verbandstoffen ist es sehr geeignet, ebenso zu antiseptischen Salben. Auf Wunden ist es als Streupulver, rein oder mit indifferenten anderen Pulvern gemischt, anzuwenden. Zur

Anwendung auf die Schleimhäute, also im Munde, in der Nase, im Rachen, ist es wegen seiner ätzenden Wirkung nicht geeignet. Verf. belegt seine Erfahrungen über das Tribromphenol noch durch bakteriologische Versuche, die er mit demselben im Vergleich zu anderen Desinficientien angestellt und findet, dass es in seiner antiseptischen Leistungsfähigkeit der Carbolsäure gleichzustellen ist. In mässiger Menge innerlich genommen (zu 0,1 *p. dos.* bis zu 0,5 *pro die*) dürfte es vermöge seiner Eigenschaft, im sauren Magensaft ungelöst zu bleiben und erst im Darm allmählich gelöst zu werden, zur Desinfection des Darmes sich als ein energisch wirksames Desinficiens erweisen.

(Deutsch. med. Wochenschr. No. 32, 1887.)

Freyer (Stettin.)

Jodoform und Erysipel. Von Dr. Ludwig Frey, I. Secundararzt der chirurgischen Abtheilung von Prof. v. Mosetig-Moorhof im K. K. Krankenhause in Wieden.

Trotz der allgemein bekannten Thatsache, dass selbst bei der reinen Jodoformbehandlung Erysipele beobachtet sind, die von der Wunde ihren Ausgang nahmen, will Verf. aus drei von ihm beobachteten Krankheitsfällen dennoch folgern, dass der Jodoform-Verband einen störenden Einfluss auf die Entwickelung der Erysipel-Coccen auszuüben durchaus geeignet sei. In dem einen Falle handelte es sich um eine Schusswunde an der Brust, während drei Tage später ein Erysipel an der Nase auftrat. In dem zweiten Falle erlitt Jemand eine complicirte Unterschenkelfractur mit gleichzeitiger Verletzung des Kniegelenks. Nach Wochen, als schon die Fractur zur Consolidation gekommen war und nur noch die Gelenkwunde behandelt wurde, trat nach einem etwas ungestümen Verbandwechsel 48 Stunden später ein Erysipel der rechten Wange auf, das den Körper abwärts wanderte, die Wunde aber umging und nach dem Fussrücken weiterwanderte, um dort zu endigen. Im dritten Falle endlich handelte es sich um eine 4 cm lange Rissquetschwunde der Haut in der Mitte des rechten Oberschenkels, und am 4. Tage sah man ein Erysipel in der Inguinalgegend auftreten, das sich zungenförmig vorwärtsschob, doch schon nach 2 Tagen abblasste.

Verf. ist nun trotz dieses Auftretens des Erysipels an anderen Stellen, als gerade an der Wunde, überzeugt, dass das Erysipel seinen Ausgang nur von der Wunde genommen. Er denkt sich das so, dass der Coccus in die Wunde hineingelangt sei, jedoch in der Umgebung derselben nicht die geeigneten Wachsthumsbedingungen fand, daher weiterwanderte, bis er anderswo, ausserhalb des Bereichs der Jodoform-Sphäre, geeignetere Bedingungen für seine Entwickelung fand. Das Jodoform macht somit nach seiner Ueberzeugung die unmittelbare Umgebung der Wunde für die Entwickelung der Coccen ungeeignet, vermag aber nicht zu verhindern, dass dieselben in die Wunde eintreten und auf dem Wege der Lymphbahnen weiterwandern. Auf Grund seiner Beobachtungen glaubt Verf. schliesslich trotz der neueren experimentellen Studien dem Jodoform durchaus eine antiseptische Wirkung einräumen zu müssen.

(Ref. kann es nicht unterlassen, zu bemerken, dass obige Deductionen auf ihn einen überzeugenden Eindruck nicht gemacht haben. Im Gegentheil vermag Ref. in den Vorgängen, wie sie oben beschrieben sind, kaum den Schein eines Beweises für oder gegen eine Jodoform-Wirkung mit Bezug auf das Erysipel zu finden. Eine Ehrenrettung des Jodoforms auf Grund von Beobachtungen zu versuchen, wie die oben angegebenen es sind, hiesse den thatsächlichen Verhältnissen Gewalt anthun!)

(Wien. med. Presse, No 49 u. 50, 1887.)

Freyer (Stettin.)

Zur Kenntniss der antibacteriellen Wirkung des Jodoforms. Von Prof. Dr. Neisser.

Neisser hat die Frage nach der antibacteriellen Wirkung des Jodoforms von den verschiedensten Gesichtspunkten aus in Angriff genommen und hat durch mannichfach modificirte Versuche die Bedeutung derselben und die Bedingungen ihres Zustandekommens festzustellen versucht. Ueber die Einzelresultate seiner Experimente wird in tabellarischen Uebersichten berichtet; der Text bringt die Versuchsergebnisse im Ganzen, welche aber auch im Referat nicht in wenigen Sätzen zusammenzufassen sind, da es sich im Laufe dieser Untersuchungen überall auf's Deutlichste erwiesen hat, wie vielfach die Wirkungen des Jodoforms gegenüber den verschiedenen Bacterienarten und unter den verschiedenen Bedingungen variiren.

An 15 Bacterienarten wurde zunächst die antiseptische Kraft des Jodoforms ausserhalb des Organismus geprüft: Auf Agar-Agargläsern wurden theils gut gewachsene, theils frisch geimpfte Culturen mit Jodoform versetzt — es ergab sich fast immer „eine bedeutende Verlangsamung, bisweilen totale Behinderung des Wachsthums; Tödtung nur bei den Choleraspirillen; von anderen Pulvern hatte nur Calomel, nicht Jodol und Bismuth. subnitr. den gleichen Effect.

Dieselben Resultate ergaben sich in — bei Brütofentemperatur gehaltenen Gelatineculturen; auch hier konnte eine mechanische Wirkung des Jodoforms ausgeschlossen werden: auch hier zeigte sich das Jodoform nur dem Choleraspirillum gegenüber als wirkliches Gift. Ganz ähnlich ferner verhielten sich Culturen in mit Jodoform versetztem Fleischbrei, in Milch, in einer Lösung von Hühnereiweiss, in Emulsionen (Mandelmilch mit und ohne Zusatz von Fleischbrühe); nur bei den Milchculturen ist hervorzuheben, dass in ihnen eine — wohl durch die Lösung des Jodoforms in dem Milchfett bedingte — stärkere Beeinflussung mancher Microorganismen zu constatiren war, während auffallender Weise die Choleraspirillen hier gerade langsamer getödtet wurden und die Erysipelcoccen eine ausserordentlich grosse Resistenz zeigten. Das Spirillum Finkler-Prior verhielt sich in Milch ähnlich wie das Spir. cholerae; in Gelatine wurde es nicht getödtet.

Während also bei diesen Culturversuchen eine wirkliche Vernichtung nur beim Choleraspirillum — bei diesem aber auch sehr constant und schnell — eintrat, die anderen Bacterien (mit Ausnahme des Bacillus pyocyaneus und fluorescens liquefac.) in quantitativ sehr verschiedenem Grade durch das Jodoform in ihrer Entwicklung gehemmt wurden, konnten bei Milzbrand qualitative Veränderungen in dem Wachsthum auf Agar-Agar constatirt werden; hier fanden sich glanzlose, glatte, kleinbleibende Herde und eine eigenthümliche Aufknäulung der peripheren Fädenenden. Farbstoffbildung und die zymogenen Eigenschaften der Bacterien wurden durch das Jodoform nicht beeinflusst. Dagegen konnte eine Aenderung ihrer pathogenen Wirkung in zwiefacher Weise constatirt werden. Einmal nämlich starben Thiere, welche mit einer Mischung von Jodoform und Milzbrandorganen geimpft waren, später als normal und zwar um so später, je mehr Jodoform zugesetzt war — in einzelnen Versuchen sogar überhaupt nicht; aber es handelte sich dabei nur um eine Wachsthumsbehinderung der Bacillen, nicht um eine Abschwächung ihrer Virulenz: beim Staphylococcus erwies sich der Jodoformzusatz als wirkungslos. Andererseits aber — und diese Ergebnisse sind besonders hervorzuheben — konnte Neisser mit voller Sicherheit constatiren, dass ausserhalb des Organismus mit Jodoform behandelte Culturen in ihrer Virulenz deutlich abgeschwächt waren. Milzbrandbacillen, deren Wachsthumsfähigkeit durch Controlimpfungen geprüft war, vermochten Mäuse und Kaninchen entweder gar nicht oder nur verzögert zu tödten; dabei liess sich in einzelnen Fällen an diesen Thieren eine zweifellose Immunität nachweisen, so dass man in der That hierbei an eine Abschwächung der Virulenz glauben muss; noch deutlicher traten diese Verhältnisse bei den Microorganismen der Bacterienseptichaemie, der Hühnercholera, der Mäusebacillenseptichaemie und des Schweinerothlaufs hervor, wenn diese unter Jodoform gewachsen waren; eine sich auf weitere Generationen vererbende Abschwächung oder Vernichtung der Virulenz konnte allerdings nicht erzielt werden. — Am Schlusse des ersten Theils der Arbeit berichtet Neisser dann noch kurz über das Resultat von Versuchen, die er mit Einführung von Jodoformtampons in die Vagina und mit Jodoformverbänden an eiternden Unterschenkelgeschwüren vorgenommen hat; es liess sich besonders an den letzteren eine deutliche Abnahme speciell der Staphylococcen, aber keine Vernichtung aller Bacterien constatiren. Endlich wird im Hinblick auf die wechselnden bisher berichteten Resultate die Bedeutung hervorgehoben, welche der Einfluss des Jodoforms auf die Gewebe selbst, speciell auf die Entzündungsproducte ausübt; die Beobachtung Marchand's, dass mit Jodoform versetzte, in die Peritonealhöhle von Kaninchen eingebrachte Fremdkörper niemals Riesenzellen aufweisen, wird dahin erweitert, dass überhaupt um alles aseptische Material, selbst wenn es, wie mit Terpentinöl getränkte Hollundermarkkügelchen zur Bildung einer starken entzündlichen Schwarte führt, niemals Riesenzellen producirt werden.

Der 2. Theil der vorliegenden Arbeit beschäftigt sich mit der Frage, „wie so das Jodoform die beschriebenen Eigenschaften entwickeln könne". Da ölige und ätherische Lösungen von Jodoform keine anderen Eigenschaften entfalten als das Pulver selbst, so muss es sich bei der Wirkung des letzteren um Zersetzungsvorgänge handeln. Nachdem es sich gezeigt hatte, dass Jodkalizusatz zu den Nährböden gar keine antibacterielle Wirkung habe und dass die jodsauren Salze zwar als Bestandtheil des Nährbodens einen Einfluss auf das Wachsthum mancher Bacterien haben, aber nicht im Stande seien, gut gewachsene Culturen zu zerstören, wurde die antiseptische Kraft des Jod selbst geprüft. Fertige Jodlösungen aber wirkten erst in so hohen Concentrationsgraden antiseptisch, dass der Gedanke nahe lag, es möchte dem erst freiwerdenden Jod, dem Jod im Status nascendi eine besondere Bedeutung zufallen. Bewiesen wurde diese Annahme dadurch, dass bei Einwirkung von Jodkali und Wasserstoffsuperoxyd eine weit kräftigere antiseptische Wirkung constatirt werden konnte, als bei der Benutzung von verhältnissmässig stärkeren Jodlösungen; abgesehen von einigen anderen Versuchsbedingungen war diese Wirkung von $JK + H_2O_2$ besonders in sauren Nährlösungen eine sehr intensive, so dass die Annahme gestattet ist, die in sauren Flüssigkeiten leicht sich bildende Jodwasserstoffsäure habe eine viel grössere desinficirende Kraft, als das Jod selbst. Es werden dann die Möglichkeiten der Zersetzung des Jodoforms kurz besprochen (durch activen O, durch nascirenden H, durch siedendes Wasser etc.) und dabei betont, dass der Einfluss des activen O, resp. des H_2O_2 (nach Gad und Wurster in Körpersecreten vorhanden) auf das Jodoform nicht von besonderer Wichtigkeit sein könne, da jodoformirte Culturen mit H_2O_2 keine Jodoformspaltung erkennen liessen; den ganzen Vorgang der Jodoformzersetzung im Körper schildert N. als eine fortwährende Wechselwirkung, indem sich bald Jodalbuminate, bald Jodalkalien, vielleicht auch Jodsäure (nach Binz) und Jodate, vielleicht — wenn auch nur ganz vorübergehend — JH bilden und diese verschiedenen Producte vielfach in einander übergehen, bis das gesammte Jodoform resorbirt ist.

Mit besonderem Interesse hat Verf. die ausserordentlich wichtige Frage studirt, ob die Bacterien an sich im Stande seien, das Jodoform zu spalten und ist auch dabei zu positiven Resultaten gelangt. Auch bei Abschluss von Licht und Sonne liessen sich in den jodoformirten Gläsern, in denen die Bacterien gewachsen waren, verschieden grosse Mengen von Jodalkali (nicht jodsaure Salze) nachweisen, die freilich bei Gegenwart von Licht, ferner bei saurer Reaction am beträchtlichsten waren. Zur Erklärung dieser jodoformspaltenden Kraft der Microorganismen werden herangezogen: 1. die während des Wachsthums in der Cultur vor sich gehenden Aenderungen in der Reaction der Nährböden (welche der Verf. schon vor mehreren Jahren constatirt hatte); 2. die auch sonst bekannten Reductions- und Oxydationsvorgänge; 3. ev. die von den Bacterien gelieferten Stoffwechselproducte — „Ptomaïne" im weitesten Sinne des Wortes. Die Resultate, welche sich bei den auf diese Punkte bezüglichen Untersuchungen ergeben haben, müssen angeführt werden, ohne dass es möglich wäre, auf die mannigfachen Einzelheiten, welche die Complicirtheit aller dieser Vorgänge in's hellste Licht setzen, einzugehen; es ergab sich: a) das Jodoform wird durch Bacterien allein zersetzt; denn in jodoformirten Culturen lässt sich bei Abschluss von Licht etc. Jodalkali nachweisen; b) die Bacterien allein haben unter Umständen die Fähigkeit, neutralen und alkalischen Nährboden in sauren umzuwandeln; c) diese saure Reaction tritt ceteris paribus bei Gegenwart von Jodoform schneller und intensiver ein; d) ob die von manchen Bacterienarten eingeleiteten Reductionsvorgänge eine Bedeutung für die Jodoformabspaltung haben, lässt sich aus den Versuchen des Verfassers nicht mit Sicherheit erschliessen; e) eine Bedeutung der Stoffwechselproducte der Bacterien für die Jodoformabspaltung hat nicht constatirt werden können. Endlich wurde durch Einbringung von mit H beladenen Palladiumblechen in Culturen bewiesen, dass in der That durch kräftige Reductionsvorgänge die Jodoformzersetzung (mit und ohne Anwesenheit von Bacterien) bedeutend schneller vor sich geht (vgl. Behring); H_2O_2 aber + Jodoform gab keine Jodalkalibildung — woraus geschlossen werden kann, dass das Wasserstoffsuperoxyd das Jodoform nicht zu spalten vermag, und erst dann jodbildend wirken kann, wenn das Jodoform bereits gespalten ist. —

Das Schlussresumé der Arbeit, dass bei der Complicirtheit der Bedingungen für die Jodoformzersetzung im Allgemeinen und ganz besonders im Organismus, bei der Verschiedenheit seiner Wirkungen unter verschiedenen Bedingungen und gegenüber verschiedenen Bacterien, bei der Schwierigkeit alle in Frage kommenden Factoren im Einzelnen zu prüfen und daraus ihre vereinte Wirkung zu combiniren, dass bei alledem ein einheitliches Bild der — an sich nicht zu bezweifelnden — wenigstens „indirect" antibacteriellen Jodoformwirkung sich noch nicht geben lässt, das wird sich aus den referirten Einzelergebnissen als vollauf berechtigt ergeben. Bei der weiteren Verfolgung dieser Untersuchungen, welche eine ausserordentlich grosse Arbeit erfordern, werden sich, wenn auch nur langsam, die noch immer bestehenden Widersprüche zwischen der praktischen Erfahrung und den experimentellen Resultaten, welche durch die vorliegende Arbeit unserem Verständniss bereits weit näher gerückt sind, lösen lassen.

(Virchow's Arch. Nov. u. Dec. 1887.)

Jadassohn (Breslau).

(Abtheilung für Hals- und Brustkrankheiten des Prof. Schnitzler.)

Die Behandlung der Kehlkopftuberculose mit phosphorsaurem Kalk. Von Dr. L. Réthi, Assistent an der allgem. Poliklinik in Wien.

Die Versuche, die R., veranlasst durch die Publicationen Kolischer's, bei der

Kehlkopftuberculose mit phosphorsaurem Kalk angestellt hat, erstreckten sich erstens auf Fälle des ersten Stadiums mit verdickter Epithelschicht, geschwollener Interarytänoidschleimhaut, Auflockerung der Schleimhaut über den Arytänoidknorpeln, zweitens auf Fälle bereits bestehenden Substanzverlustes, also Erosionen, seichte Geschwüre an den Processus vocales, an der Interarytänoidschleimhaut, beginnenden Zerfall von Infiltraten an der hinteren Larynxwand und endlich auf Fälle ausgebreiteter Ulcerationen und Perichondritiden. In allen Fällen konnte die Anwesenheit von Tuberkelbacillen constatirt werden.

Entweder wurde die phosphorsaure Kalklösung mittelst Pinsels aufgetragen oder mit der Hartevelt'schen Kehlkopfspritze eingetropft (wobei die Lösung Kolischer's so geändert wurde, dass sie 2,0 Acid. phosph. dil. statt 0,6 enthielt), oder der tuberculöse Geschwürsgrund wurde mit imprägnirter Kalkgaze in Berührung gebracht. Letzteres geschah, da die nach Schroetter armirten und in den Kehlkopf eingeführten Hartgummicatheter schlecht vertragen werden, in der Weise, dass — wie eine beigegebene Zeichnung darstellt — an eine gewöhnliche Schlundbougie, etwa 15 cm vom unteren Ende entfernt, ein Hartgummiring fix angebracht wurde, welcher einen nach vorne und abwärts gebogenen Schnabel von fast Bleistiftdicke, ebenfalls aus Hartgummi, in der Länge von 1,5—2 cm, trägt. Der Hartgummintheil der Bougie, sowie der Schnabel wird mit Kalkgaze, die mit Seide befestigt ist, vollkommen eingehüllt und nach Cocainisirung des Rachens und Kehlkopfs so eingeführt, dass der Schnabel zwischen beiden Arytänoidknorpeln rittlings zu sitzen kommt und die Kalkgaze nicht nur die hintere Kehlkopfwand, sondern auch die Innenflächen der Arytänoidknorpel, die Processus vocales und einen Theil der Stimmbänder innig berührt.

Die Kranken vertragen diese Sonde Anfangs wohl nur 20—25 Minuten, gewöhnen sich aber bald so an dieselbe, dass sie sie selbst eine Stunde ohne Beschwerden benutzen können.

Es zeigte sich nun, dass, wenn der phosphorsaure Kalk mittelst Pinsels in die aufgelockerte, erodirte oder seicht exulcerirte Schleimhaut eingerieben wurde, nur in wenigen Fällen (5 %) eine geringe Besserung, mitunter sogar Heilung zu constatiren war, dass aber alle irgendwie vorgeschritteneren Fälle von Kehlkopftuberculose ausnahmslos sehr wenig Erfolg zu verzeichnen hatten. Letzterer gestaltete sich erst dann einigermassen günstig, wenn vorerst das tuberculöse Geschwür mit dem scharfen Löffel ausgekratzt und dann mit phosphorsaurem Kalk nachbehandelt wurde.

Dieselben Verhältnisse bot die Versuchsweise mit Kalkgaze, indem auch hier hinwiederum bei einfacher Application auf die kranke Stelle nur mitunter Heilung oder Besserung zu erzielen war, während nach vorausgegangenem Curettement der Geschwürsflächen die Application der Kalkgaze häufiger von günstigem Erfolge begleitet war.

R. kommt deshalb zu dem Schlusse, dass allerdings dem phosphorsauren Kalk ein gewisser specifischer Werth bei der Behandlung und Heilung der Localtuberculose zuzusprechen sei, dass derselbe aber in erster Linie der Auslöffelung und erst in zweiter Linie dem phosphorsauren Kalk gebühre, um so mehr, da bei dem phosphorsauren Kalk nur wenig bessere Erfolge beobachtet werden konnten, als bei der Nachbehandlung mit Milchsäure, Bismuth, Plumb. acet. oder Jodoform.

(*Wiener medicin. Presse 1887, No. 44, 45.*)

G. Peters (*Berlin*).

Die Diphtherie mit Jod- und Bromkalium behandelt. Von Dr. W. Zimmermann (Darmstadt).

Verf. fühlt sich verpflichtet, dem deutschen Leserkreise seine durch die grosse französische Epidemie besonders im schwer betroffenen Arondissement de Valenciennes 1855/56 gesammelten Erfahrungen mitzutheilen, da die durch seine Therapie gewonnenen Resultate besser sein sollen, als die Ergebnisse der modernen Statistiken es sind. Die mächtigen „resolvirenden" und „revulsiven" Eigenschaften des Jods sowie sein Einfluss auf die Thätigkeit der Speichel- und Schleimdrüsen wie auf die Lymphwege und die ganze Circulation, die Nerven, Haut und Nierenfunction, endlich seine antiseptischen Eigenschaften sind dem Verf. gelegentlich der äusserlichen Anwendung bei diphtherischen Drüsenanschwellungen so eclatant aufgefallen, dass er sich entschloss, ein der Heilbronner Adelheidsquelle in seiner Zusammensetzung ähnliches Medicament in drei verschiedenen Concentrationen in Gebrauch zu nehmen:

	No. I	No. II	No. III
Natr. bicarb.	4 g	3 g	1 g
Natr. chlorat.	2 -	2 -	1 -
Kal. jodat.	4 -	2 -	0,5 -
Kal. bromat.	3 -	1 -	0,25 -
Aq. destill.	250 -	250 -	250 -

Davon werden 1 stdl. 2 Esslöffel bis zur Erscheinung von Jod-Intoxication und dann in grösseren Intervallen genommen. Aeusserlich anfangs 2—3 stdl., später 3—4 × tägl. Pinselungen mit: Rp. Jod. pur. 8,0, Spir. vin. rectif. 125,0, Kal. jodat. 6,0, Kal. bromat. 4,0, Aq. destill. 15,0 nacheinander auf Halsintegumente, Brust und Arme.

Von 184 Fällen waren 101 auf die oberen Luftwege beschränkt und diese heilten unter überraschend schneller Schmelzung und Abstossung der Membranen. Von 11 schweren Formen sogenannter Angina maligna perniciosa genasen 5. Hier war die Wirkung des Jods besonders in die Augen fallend, wenn die toxischen Erscheinungen in Coma und Collaps gipfelten. Die Circulation, Respiration und Calorification hob sich sichtlich unter leichten Schweissen, reichlicher Absonderung von Speichel und Harn und mit dünnflüssigem Stuhlgang. Von den 72 Croup-Kranken genasen 60, die Tracheotomie wurde nur einmal und erfolglos ausgeführt. Von den 22 letalen Fällen kamen 12 allerdings erst spät in die Behandlung des Verfassers. Aber auch hier zeigte sich der Einfluss des Jods auf die Abstossung der Membranen, welche eine Länge von 3 bis 17 cm hatten, in ausgezeichneter Weise.

(Sep.-Abdr. der Dtsch. med. Wochenschr. 85. 81.)

Franz Wolf.

Der Werth der Bergeon'schen Kohlensäure-Injectionen bei Phthisikern. Von Dr. Gabriel Pávay in Pressburg.

Die Bergeon'schen Kohlensäure-Injectionen wendete Pávay in einer grösseren Zahl von Fällen an und kam zu folgenden Schlusssätzen. Die Injectionen haben keine antiparasitäre Wirkung, da aus dem Sputum selbst nach einer Behandlung von 2 monatlicher Dauer die Tuberkelbacillen nicht verschwinden. Im Anfangsstadium der Lungenphthise beobachtete Verf. eine entschiedene Besserung, die vorgeschrittenen Fälle zeigten in Folge der Injectionen gar keine Veränderung, denn die Grösse der Infiltration wurde nicht beeinflusst. Der gute Einfluss auf Puls und Respiration ist ein geringer. Günstiger wurden das Körpergewicht des Kranken, der Appetit, die Nachtschweisse, das Fieber, der Hustenreiz und die Quantität des Sputums beeinflusst. Jedoch ist nicht ausser Acht zu lassen, dass sich die Fälle des Verf. auf Spitalskranke beziehen, die zumeist, als sie in's Spital kamen, unter bessere hygienische Verhältnisse kamen, was auf das Leiden vortheilhaft einwirkt. Ueber eine Wunderwirkung kann Verf. nicht berichten. Die Application der Bergeon'schen Injectionen ist für den Patienten unangenehm und erfordert dessen Geduld, umsomehr, da in den ersten Wochen die Besserung beinahe Null ist. Der in Ungarn bekannte Forscher Pávay glaubt die Frage aufwerfen zu dürfen, warum denn nicht die im Darm stets befindliche H_2S-Kohlensäure auf die Lungenphthise einwirke. Interessant wäre es, wenn man untersuchen würde, wie viel von der injicirten Kohlensäure resorbirt werde und wie viel Kohlensäure ein solcher Kranker ausathme.

(Orvosi Hetilap 1887. No. 13.)

Dr. Schuschny (Budapest).

Die Anwendung des Schwefelwasserstoff-Gases bei Lungenschwindsucht. Von Dr. Arpád Fernos in Klausenburg.

Obwohl die Angaben Bergeon's und einer Anzahl französischer Beobachter von vornherein nicht sehr vertrauenerweckend waren, so sah sich F. doch veranlasst, das Schwefelwasserstoffgas auf der Universitätsklinik des Prof. Purgesz in Klausenburg zu versuchen. Im Ganzen wurden 10 Kranke dieser Behandlungsweise unterzogen und bei diesen in erster Linie Temperatur, Puls, Athmung, Menge des Auswurfs, Husten, Schweiss und Körpergewicht wesentlich berücksichtigt. Nach keiner Richtung konnte Verf. irgendwelche Besserung der Verhältnisse constatiren und die Kranken wurden ungebessert entlassen. Die Behandlung dauerte nicht lange — 6 bis 83 Tage — einerseits entzogen sich die Kranken absichtlich derselben, andererseits wurde dieselbe lange genug fortgesetzt, um zu der Ueberzeugung zu führen, dass die Angaben von Bergeon, der schon nach 1 bis 2 Injectionen von wesentlicher Besserung der Symptome berichtet, nicht bestätigt werden können.

(Orvos-Természettudományi Értesitö 1887. S. 301. Heft III.) *Dr. Schuschny (Budapest).*

Zur Cocainanwendung in der Ophthalmo-Chirurgie. Von Dr. Boleslaw Wicherkiewicz (Posen).

Verf. meint die bei Cocaininstillation hier und da beobachtete Hornhauttrübung (Ernährungsstörung durch die von Cocaïn bedingte Hypotonia bulbi) durch Anwendung geringerer Dosen des Anaestheticum vermeiden zu können. Er träufelt kurz vor der Operation nur 2 Mal von einer 3—5% Lösung ein. Wegen der von C. bedingten Abnahme des intraoculären Druckes vermeide er es ziemlich gänzlich bei Discisionen und Iridectomien, weil sonst kein Klaffen der Wunden erzielt würde. Bei einer Reihe von äusseren Augenoperationen, Geschwulstoperationen, Transplantationen, Trichiasis- und Ptosisoperationen u. s. w. erreicht Verf. durch subcutane Einspritzung einer mit Sublimatlösung (1 : 10000) hergestellten Cocaïnsolution eine bis 60 Minuten anhaltende Anästhesie nach einer halben bis $1^{1}/_{2}$ Pravaz'schen Spritzen einer 3—5% Cocainlösung). Sondirung und Durchtrennung von Stenosen des Thränennasenkanals könne nach Einspritzung einiger Tropfen der Cocainlösung in den Ductus weniger empfindlich gemacht werden.

(Allgem. Wiener medic. Zeitung, No. 1, 1888.)

J. Ruhemann (Berlin).

Zur Frage der operativen Behandlung der inneren Darmeinklemmung. Von Dr. H. Kümmell (Hamburg).

Im Anschluss an die Discussion obiger Frage auf dem letzten Chirurgen-Congress giebt Verf. seine Erfahrungen auf diesem Gebiete kund und plaidirt für die ausschliesslich operative Behandlung des Ileus. Wird nicht zu lange mit der Operation gewartet, so geht sie meistens schnell von Statten. Verf. eröffnet durch einen langen, von dem Proc. xyphoid. bis zur Symphyse reichenden Schnitt die Bauchhöhle, packt die Darmschlingen „so schnell und so weit wie möglich" aus der Bauchhöhle heraus und tastet sich den Darmschlingen entlang zum Sitz des Hindernisses. Letzteres lässt sich auf diese Weise meist in wenigen Minuten erreichen. Schwieriger pflegt oft die Reposition der aus der Bauchhöhle herausgepackten Darmschlingen zu sein. Hier etwa durch Punction oder gar Schnitt eine Entlastung des Darmes herbeiführen zu wollen, hält Verf. für inopportun. Er kam stets zum Ziel, wenn er über die zurückgelagerten Därme eine desinficirte Serviette deckte, die Ränder derselben unter die Bauchdecken nach allen vier Seiten hin möglichst weit hineinschob, und nun über der straffgezogenen Serviette vom Sternum her zu nähen begann. Nach jedesmaligem handbreiten Verschluss der Bauchdecken wird die Serviette um eben so viel unter dem genähten Theil der Bauchdecken hervorgezogen, bis aus der letzten kleinen Oeffnung der Rest der Serviette vollends entfernt wird. Die Serviette hat dann gleichzeitig zum Schutz der Darmserosa vor Abschürfungen und Quetschungen gedient und gestattete ohne Gefahr die Anwendung eines stärkeren Repositionsdruckes, falls ein solcher nöthig wurde. — Als ein weiteres und prompt wirkendes Verfahren zur Erleichterung der Reposition glaubt Verf. die Anwendung der Magensonde nach Eröffnung der Bauchhöhle, wie sie Rehn (referirt in den Ther. Mon.-Heften, Jahrg. 1, Septbr.-Heft, pag. 357) in 2 Fällen mit Erfolg angewandt, empfehlen zu sollen.

(Centralbl. f. Chirurgie, No. 45, 1887.)

Freyer (Stettin).

Die Herniotomie in der Privatpraxis. Von Dr. L. Gelpke in Gelterkinden.

Verf. hebt mit Recht hervor, dass es kaum möglich sein dürfte, eine brauchbare Statistik über die in der Privatpraxis ausgeführten Herniotomien zu geben, da die wenigsten dieser Fälle — er hat aus einem Zeitraum von 6 Jahren nur 19 Fälle beibringen können — publicirt werden. Und doch ist es wichtig, auch hierüber Näheres zu erfahren. Unter diesen 19 Fällen endete nur einer, bei dem zugleich innere Incarceration bestand, mit Tod. Bei der Ausführung der Operation sei in erster Linie auf strenge Antisepsis zu achten, die mangelnde fachmännische Assistenz sei hier weniger empfindlich, als z. B. bei der Tracheotomie. Meist wird der Herniotomie die gleichzeitige Radicaloperation zu folgen haben; sie wurde in 14 von den 19 Fällen ausgeführt und ist nach den eingezogenen Erkundigungen nur in einem Falle von einem Recidiv gefolgt worden.

Bei der Complication mit innerer Incarceration kann die Darmschlinge sich in einer peritonealen Tasche neben der Bruchpforte (Hern. properitonealis nach Kroenlein) befinden; bleiben also nach der Operation die Incarcerationserscheinungen fortbestehen, so wird es sich nach Verf. empfehlen, den Bruchschnitt nach der Richtung des Nabels hin zu verlängern und dort das Hinderniss aufzusuchen (Herniolaparotomie). Vielleicht genügt auch schon ein leichter Zug an der bei der Herniotomie freigelegten Darmschlinge, um die andere durch eine peritoneale Tasche incarcerirte Schlinge aus ihrer Einklemmung zu befreien.

(Corresp.-Bl. f. Schweizer Aerzte, No 3, 1888.)

Freyer (Stettin).

Das Oleum Santali indicum in der Behandlung der Gonorrhoe. Von Marine-Stabsarzt Dr. Liebart (Pola).

L. hat das Sandelöl (ostindisches) im Marine-Lazareth zu Pola bei 240 Patienten mit Gonorrhoe angewendet und ohne Zuhülfenahme anderer Mittel in allen Fällen Heilung erzielt. Die Dosirung geschah in Gelatinekapseln von 0,2 Inhalt, 2 mal täglich 8 Stück bei den Visiten des Arztes eingenommen, also nie bei nüchternem Magen. War bis zum zehnten Tage keine merkliche Abnahme der Erscheinungen vorhanden, so wurden 2 Mal täglich 4, nur in 10 sehr hartnäckigen Fällen 2 Mal täglich 5 Kapseln gereicht. Das Mittel wurde verordnet, sowie der Kranke ins Spital kam bis zu seiner Entlassung aus demselben. Das Mittel wurde fast immer gut vertragen, nur einige Male kamen Magen- und Darmkatarrhe beim Gebrauch vor. In 2 Fällen zeigte sich Roseola auf der Haut. Bei beiden war aber wegen Cystitis zugleich Ol. Terebinth. verordnet. Eiweiss konnte nie beim Gebrauch des Mittels im Harn nachgewiesen werden. Complicationen des Trippers, Epididymitis, Blut im Secret oder Urin, Cystitis, schmerzhafte Anschwellung der Prostata waren keine Contraindication für den Gebrauch des Sandelöls. Bei anhaltender Anwendung wurde eine Verminderung der Durchsichtigkeit des Urins beobachtet, die Verf. zuerst für ein Zeichen von Cystitis zu halten geneigt war, die aber stets bei beendeter Behandlung schwand, ohne den Patienten vorher Störungen zu verursachen. Durch Eiweiss war die Trübung nicht bedingt, vielleicht handelt es sich um eine Verbindung des Oeles mit einer organischen oder anorganischen Säure des Harns. Die mittlere Behandlungsdauer betrug 27,5 Tage, im Ganzen wurde das Oel an 8105 Tagen gegeben. Die geringste Zahl der Tage, an denen eingenommen wurde, betrug 6, die längste 90 Tage. Verf. empfiehlt daher die Behandlung des Trippers mit Sandelöl besonders für die Spitalpraxis, wo ja immer eine gute Ueberwachung (in Bezug auf Diät etc.) statt findet. In der Privatpraxis und bei ambulanten Patienten war der Erfolg ein durchaus negativer. (Letzteres stimmt mit den in der Berl. klin. Wochschr. 1886 No. 50 veröffentlichten Erfahrungen des Ref. über die Wirkung des Ol. ligu. Santal. bei der acuten Gonorrhoe vollkommen überein.)

(Wiener med. Wochenschr. 1887. No. 29 ff.)

George Meyer (Berlin).

Klinische Beiträge zur Narbenverbesserung. Von Dr. O. Lassar (Berlin).

Bei allen Affectionen der Haut ist es ganz besonders im Gesicht wichtig, möglichst wenig sichtbare Narben zu erhalten. L. führt jetzt seit Jahren zu diesem Zwecke mit ausgezeichnetem Erfolge — wie die beigedruckten Abbildungen erkennen lassen — eine Verlangsamung der Wundheilung aus durch Hinderung des Wachsthums zu üppigen Granulationen. Bei Aetzwunden, vernachlässigtem Herpes tonsurans, Lupus erythematodes, Acne rosacea proliferans (Pfundnase) wird Alles erkrankte bis ins gesunde Gewebe hinein mit scharfem Löffel, Messer, Paquelin, Thermokauter u. s. w. entfernt und dann der Langenbeck'sche Jodoformschorf- oder Pastenverband, welche beide vortrefflich zur Aufsaugung der zu reichlichen Transsudate geeignet sind, angelegt. Diese Wundbehandlung hat längere Dauer, worauf man die Patienten aufmerksam zu machen hat, aber schöne Resultate. Die Technik der Behandlung, die natürlich jedem Fall individuell angepasst sein muss, ist im Original nachzulesen.

(Berl. klin. Wochenschr. 1887, No. 37.)

George Meyer (Berlin).

Ueber Epilation auf elektrolytischem Wege. Von Dr. Voorthuis (Amsterdam).

Am besten haben sich zur Entfernung des Haarwuchses an abnormen Stellen dem Verf. die Lustgarten'schen Platina-Iridium-Nadeln bewährt. Sie werden 1 bis 3 Minuten in den Haarfollikel gesenkt; dann lässt man den Strom 15 bis 20 Secunden einwirken. In einer Stunde konnte Verf. mittelst der Elektrolyse 80 bis 100 Haare entfernen. Zu empfehlen ist die Methode auch bei der Districhiasis und zur Verödung der Papillenwucherungen beim Trachom. In letzter Hinsicht setzt Verf. noch seine Versuche fort.

(Weekbl. van het Nederl. Tijdschr. voor Geneesk. 1887. II S. 88.)

George Meyer (Berlin).

Ueber schnellenden Finger (Doigt à ressort). Von Dr. A. Bumm.

Verf. führt 3 Fälle dieser seltenen Affection aus seiner Beobachtung an, zu deren Zustandekommen die Hyrtl-Menzel'sche Theorie und die Hypothese Roser's eine ausreichende Erklärung geben. Er sieht die Aetiologie des Doigt à ressort in der Complication einer Sehnenverdickung der Beuger oder Strecker der Finger mit physiologischer oder pathologischer Verengerung eines Theiles jener Passage, welche die betreffende Sehne bei Ausführung ihrer Bewegung zu durchlaufen hat. Die Sehnenverdickungen und die pathologischen Passageveränderungen entstehen durch chronische Tenosynovitis und Tenosynitis und werden durch Massage in Verbindung mit warmen Localbädern in relativ kurzer Zeit zum Schwinden gebracht. Im Bade, das unmittelbar vor der Massagesitzung gebraucht wird, werden active und passive Bewegungen des erkrankten Fingers vorgenommen.

(Wiener Med. Presse 1887, No. 43.)

J. Ruhemann (Berlin).

Das Glycerin als Abführclysma. Von Dr. v. Vámossy.

V. hat das Glycerin als Abführmittel im Krankenhause bei 150 Fällen (an Individuen beiderlei Geschlechts im Alter von 6 bis über 70 Jahren) versucht. Eine 2 ccm fassende, zu diesem Zwecke construirte, mit einem 5 cm langen Ansatzrohre versehene Spritze wird mit reinem Glycerin gefüllt und in das Rectum entleert. Die Application ist einfach, schmerzlos und der Erfolg ein überraschender. (Vergleiche den ersten Jahrgang dieser Monatsschr. Heft 10 S. 416.)

(Wien. med. Presse 88. 87.) *B.*

Toxikologie.

Ueber den Chloroformtod und die Wirkung des Chloroforms auf das Herz. (Originalmittheilung von Dr. Schmey in Beuthen.

Nach Nothnagel und Rossbach kann man 2 reine Chloroformtodesarten unterscheiden. Entweder bleibt das Herz plötzlich stehen durch Lähmung seiner musculomotorischen Apparate und der Mensch stirbt im plötzlichen Collapsus (syncopal), nach dem Verschwinden des Pulses treten oft noch mehrere Athemzüge auf; oder die Athmung hört auf in Folge einer Lähmung des Athmungscentrums im verlängerten Mark, während das Herz noch fortschlägt.

Von der ersten Todesart, die, wie ich in der Litteratur gefunden habe, relativ häufig vorkommt, habe ich selbst 2 sehr charakteristische Fälle beobachtet[1]), die mir Veranlassung gaben, der Frage, wie denn eigentlich der plötzliche Herzstillstand zu Stande komme, experimentell näher zu treten. Bei diesen Versuchen, bei denen ich mich der steten Unterstützung des Herrn Prof. H. Kronecker zu erfreuen hatte, wofür ich ihm auch hier meinen besten Dank sage, bediente ich mich einer Versuchsanordnung, die, im Laboratorium des Herrn Prof. H. Kronecker festgestellt, mit Sicherheit und Vortheil überall da angewendet werden kann, wo man die isolirte Wirkung irgend eines Agens auf das Herz studiren will. Ein Hund wird narcotisirt, curarisirt, künstliche Athmung wird eingeleitet, dann wird der ganze Thorax in der Mittellinie aufgeschnitten, eine Operation, die bei einiger Uebung fast vollständig blutlos verläuft, das Pericard wird breit eröffnet und an die Seitenwandungen des Thorax angenäht, so dass die ganze vordere Fläche des Herzens sichtbar ist. Zum Chloroformiren wurde ein Apparat verwendet, der im Laboratorium des Herrn Prof. Kronecker schon seit längerer Zeit zu solchen Versuchen im Gebrauche war, und den Jastreboff[2]) mit folgenden Worten beschreibt: „Der Apparat besteht im Wesentlichen aus einer doppelthalsigen Waschflasche, die bis zur Hälfte mit Chloroform gefüllt ist. Ein System gabelter und mit Hähnen versehener Glasröhrchen ermöglichte, ein in beliebigen Verhältnissen gemischtes Gemenge von reiner Luft und von solcher, die mit Chloroformdämpfen gesättigt war, dem Thiere zuzuführen."

Wenn man durch diesen Apparat den Hunden eine möglichst mit Chloroformdämpfen gesättigte Luft zuführt, so erhält man folgende Resultate. Zunächst wird das Herz durchaus nicht afficirt; hat man aber das Chloroformiren längere Zeit fortgesetzt, so tritt ein Moment ein, wo das ganze Bild sich mit einem Schlage ändert. Eben erfolgte noch ein regulärer, wirksamer Puls, und jetzt fängt das Herz, oder vielmehr fangen die Herzkammern an zu flimmern; sie verfallen, diastolisch erweitert, in fibrilläre Zuckungen, die nach einiger Zeit dem letalen Herzstillstande Platz machen. Es ist genau dasselbe Bild, welches Herr Prof. Kronecker und ich[3]) beobachteten, so oft wir eine Nadel in das von uns an der untern Grenze des oberen Drittels der Kammerscheidewand beim Hunde entdeckte Coordinationscentrum der Herzkammerbewegung senkten. Ganz dieselbe letale Lähmung dieses Coordinationscentrums wie beim Herzstich kommt also beim Hunde auch durch die Chloroformintoxication zu Stande. Und nicht blos beim Hunde; auch beim Menschen, da kein Zweifel darüber bestehen kann, dass der Chloroformtod vom Herzen aus beim Menschen ganz in derselben Weise eintritt wie beim Hunde. Hier wie dort kann man das Schauspiel erleben, dass das Herz, ohne dass irgend welche bedrohlichen Symptome aufgetreten wären, zu schlagen aufhört und zwar rettungslos und für immer. Das menschliche Herz besitzt also ein Coordinationscentrum für seine Kammermusculatur wie das Hundeherz, und durch Chloroformintoxication wird dieses Centrum letal beeinflusst. So oft beim Chloroformiren eines Menschen der Puls plötzlich aufhört, während die Respiration noch weiter geht, nehme ich an, dass es sich um Lähmung unseres Centrums handelt, und dann ist nach meiner Ueberzeugung der Patient rettungslos verloren. Auch die Acupunctur und Elektropunctur des Herzens vermag in solchen Fällen nichts zu nützen, und ist in andern Fällen als gefährlich stets zu verwerfen, da nach unsern Versuchen ein Stich in das Herz den Tod bringen kann, und da nach den Versuchen von

---

[1]) Dieselben sind in meiner Dissertation veröffentlicht.

[2]) du Bois-Reymond's Archiv 1884, S. 115.

[3]) Sitzungsberichte der Königl. Preussischen Akademie der Wissenschaften 1884, VIII.

Vulpian[4]), die wir durchaus bestätigen konnten, Inductionsströme auch nur mässiger Intensität das Herz tödten können.

Aus Versuchen, die namentlich von Seiten des englischen Chloroformcomités angestellt worden sind[5]), geht hervor, dass die Gefahr des syncopalen Herztodes bei Hunden wesentlich nur bei Einathmung concentrirter Chloroformdämpfe besteht; ebenso haben Versuche von Ratimoff[6]) ergeben, dass Kaninchen in einer Narcose, die durch verdünnte Chloroformdämpfe erzeugt ist, viele Stunden lang leben können, während das Einathmen von mit Chloroformdämpfen gesättigter Luft das Kaninchenherz nach spätestens einer Stunde tödtet. Es ist daher, um das Vorkommen von Chloroformsyncope zu vermeiden, unumgänglich nothwendig, die Narcose mit Hilfe von Apparaten zu bewerkstelligen, welche es ermöglichen, dem Patienten eine Luft von ganz bestimmtem Chloroformgehalt zuzuführen. Dazu empfiehlt sich am meisten jener höchst einfache Apparat, dessen Princip ich bereits angegeben habe, und der in seiner vollkommensten Gestalt von Ratimoff beschrieben wird. Ich hoffe, dass es bei Anwendung dieses Apparates möglich sein wird, die Lähmung des Coordinationscentrums, welche durch ihr ganz unerwartetes Hereinbrechen, durch ihre von vornherein durchaus letale Prognose einen so entsetzlichen Eindruck macht, vollständig zu vermeiden.

Fünf Vergiftungen mit Pilzen (Strychninkrämpfe).
Von Dr. Matthes (Obornik).

3½—4 Stunden nach dem Genuss von einem zum Theil aus Fliegenpilzen bestehenden Pilzgericht verfielen 2 Frauen, 2 Kinder und 1 Säugling von ½ Jahr(!) nach gastralgischen und rauschähnlichen Prodromalerscheinungen theils in Delirien, theils in tiefes Coma mit schwacher, schnarchender Respiration, stieren Blicken, weiten reactionslosen Pupillen, bei einem der Kinder unterbrochen von leichten Zuckungen. Die Delirien waren bei den beiden Erwachsenen vorherrschend. Ordination bestand in Darreichung von Brechmitteln, Drasticis und subcutanen Aether-Injectionen (mit Ausnahme des Kindes). Im weiteren Verlauf traten bei jeder Erschütterung, Berührung, ja schon bei plötzlicher greller Beleuchtung tonische Krämpfe auf, welche sich ca. 2 Stunden lang alle 10 Minuten wiederholten. Verf. unterliess deshalb die wegen der drohenden Herzparalyse beabsichtigten Strychnin-Injectionen, da er fürchtete, aus der Aehnlichkeit der Vergiftungserscheinungen mit Strychnin-Krämpfen könnte sich bei letalem Verlaufe eine Anklage für ihn entwickeln, die eine Deutung zu seinen Ungunsten zuliesse.

(Berl. klinische Wochenschr. 1888. No. 8.)

Franz Wolf.

4) Wiener Akademische Sitzungsber. LXXIV, October.

5) Medico-chirurgical Transactions 47, 1864.

6) du Bois-Reymond's Archiv 1884, S. 79.

Litteratur.

Dr. A. Cloetta's Lehrbuch der Arzneimittellehre und Arzneiverordnungslehre. Vierte umgearbeitete Auflage, herausgegeben von Professor Dr. Wilhelm Filehne (Breslau). Freiburg i. B. 1887. Akademische Verlagsbuchhandlung von J. C. B. Mohr (Paul Siebeck). 8°. 383 S.

Das vorliegende, nur 383 Seiten umfassende Werk gehört in gleicher Weise wie das von Nothnagel und Rossbach, Liebreich und Langgaard, Ewald, Loebisch u. A. zu den guten, sich einer wohlverdienten Beliebtheit erfreuenden Lehrbüchern der Arzneimittellehre, die in jüngster Zeit in erneuter Auflage erschienen sind. — Wegen Ueberhäufung mit Berufsgeschäften konnte Cloetta sich nicht mehr mit der ferneren Herausgabe seines Lehrbuches befassen. An seiner Stelle hat Prof. Filehne die Bearbeitung der vierten Auflage übernommen und dieselbe mit meisterhaftem Geschick durchgeführt. Auch ihm ist es gelungen, das Buch in seiner neuen Gestalt auf der Höhe der heutigen Anforderungen zu erhalten. Vor Allem kann nicht anerkennend genug hervorgehoben werden, dass — trotz der vielen zweckmässigen und dankenswerthen Verbesserungen und Umarbeitungen — die ursprüngliche Tendenz des verdienstvollen Buches ganz unverändert beibehalten worden ist. Dasselbe will, nach wie vor, in erster Linie ein practisches Lehrbuch für den die Klinik besuchenden Mediciner, für den angehenden Arzt sein und dem Lernenden das Lernen erleichtern. Daher auf jeder Seite das eifrige Bestreben, nur Wesentliches und Feststehendes zu bringen, nebensächliche und streitige Fragen unbeachtet zu lassen, damit der Belehrung Suchende möglichst schnell auf einen festen Standpunkt erhoben werde, von dem er das Wissenswerthe überblicken kann. Nach gehöriger Orientirung bleibt ihm später noch Zeit genug, sich mit der verwirrenden Masse der widersprechenden Meinungen und Angaben eingehender zu beschäftigen.

Trotz seines verhältnissmässig sehr geringen Umfanges lässt das Buch in Bezug auf Vollständigkeit durchaus nichts zu wünschen übrig. Die Art und Form der Darstellung ist durchweg ansprechend und fesselnd, die 24 Seiten lange Einleitung geradezu musterhaft zu nennen. Einem practischen Bedürfnisse am besten entsprechend sind die Arzneimittel nach den Indicationen in bestimmte Gruppen eingetheilt, und jeder einzelnen Gruppe recht zweckmässige, klare und präcise Erläuterungen vorangestellt. Selbstverständlich sind auch die neuesten Mittel, soweit dieselben für die Therapie bereits einen festgestellten Werth besitzen, in entsprechender Weise berücksichtigt worden. Dass dabei hier und da eine gewisse Ungleichheit zu Tage tritt, indem zuweilen denjenigen Mitteln ein grösserer Platz eingeräumt wird, zu denen des Verfassers Name vermöge seiner bekannten Arbeiten in inniger Beziehung steht, darf wohl Niemand Wunder nehmen. — Ein näheres Eingehen auf die in 12 Gruppen geschickt untergebrachte Materie müssen wir uns versagen, um nicht den Rahmen einer kurzen Besprechung zu sehr zu überschreiten. Es sei nur noch erwähnt, dass in einem Anhange auch eine kurze Uebersicht der wichtigsten Heilquellen gegeben worden ist und dass der Schlusstheil alsdann die Arzneiverordnungslehre in bequemer, leicht fasslicher Form bringt.

Dass wir ein in jeder Beziehung ausgezeichnetes Lehrbuch vor uns haben, beweist bereits die beifällige Aufnahme, die die in rascher Aufeinanderfolge erschienenen früheren Auflagen überall gefunden haben. Die eben herausgekommene vierte Auflage reiht sich ihren Vorgängerinnen würdig an und verdient ihrer vielen Vorzüge wegen ebenfalls allen Medicinern warm empfohlen zu werden.

Rabow.

Die neueren Arzneimittel in ihrer Anwendung und Wirkung dargestellt von Prof. Dr. W. F. Loebisch in Innsbruck. Dritte gänzlich umgearbeitete und wesentlich vermehrte Auflage. Wien und Leipzig. Urban & Schwarzenberg. 1888. 8°. 440 S.

Das wegen seiner wissenschaftlichen Bedeutung und seines practischen Werthes allgemein bekannte und beliebte Buch liegt wiederum in einer neuen Auflage vor, die mit Fug und Recht als eine gänzlich umgearbeitete und wesentlich vermehrte bezeichnet wird. Inhalt und Umfang des Buches haben in der That bedeutende Umgestaltungen und einen erheblichen Zuwachs erhalten. Die Zahl der Seiten ist fast verdoppelt worden. Der als Lehrer und Forscher rühmlichst bekannte Verfasser ist eifrigst bemüht gewesen, die Errungenschaften der modernen Therapie in der ihm eigenen ansprechenden und lichtvollen Darstellungsweise zu bearbeiten, so dass der sich für diesen Gegenstand Interessirende beim Lesen ein wahres Behagen empfinden muss.

Aus der grossen Anzahl von Arzneimitteln, die in den letzten Jahren klinisch versucht worden sind, hat der Verfasser auch in dieser Auflage nur solche Mittel aufgenommen, „die entweder durch die wissenschaftliche Begründung ihrer Wirkungsart oder durch ihren vielfach geprüften therapeutischen Werth das Interesse des practischen Arztes in Anspruch nehmen“. So sind nun hinzugekommen: Paraldehyd, Urethan, Nitroglycerin, Amylenhydrat, Acetanilid, Aseptol, Hypnon, Naphtalol, Saccharin, Salol, Pyridin, Jodol, die Antipyretica aus der Chinolinreihe, ferner das Antipyrin und Ichthyol, Cocaïn und Strophanthus.

Jeder Abschnitt ist erschöpfend behandelt. Am Schlusse desselben sind die betreffenden Receptformeln und die Litteratur vollständig angegeben. Ein genaues Sachregister bildet den Abschluss des ausgezeichneten Buches, dem wir auch fernerhin diejenige Beachtung und Verbreitung wünschen, die es in hohem Grade verdient.

Rabow.

Formulae magistrales Berolinenses. Mit einem Anhange enthaltend: 1) die Handverkaufspreise. 2) Anleitung zur Kosten-Ersparniss beim Verordnen von Arzneien. Ausgabe für 1888. R. Gaertner's Verlagsbuchhandlung. Hermann Heyfelder.

Auch die diesjährige Ausgabe der Formulae magistrales Berolinenses ist wieder ein beredtes Zeugniss für die Sorgfalt, mit welcher die Herren Verfasser sich der übernommenen Aufgabe zu entledigen bestrebt sind. Die Anzahl der Formeln ist um folgende fünf vermehrt: Liquor pectoralis, Mixtura alcoholica (ein von Traube zum Ersatz des Weines viel verordnetes Mittel), Lassar'sche Salicylpaste, Pilulae majores und Unguentum ad decubitum.

Neu ist ferner eine Tabelle der Preise für Artikel, welche mit dem Verein der Berliner Apotheker vereinbart sind und welche, wie wir hören, für alle Vereine dieses Mal gleichmässig bewilligt wurden. — In der Anleitung scheinen uns die deutschen Ausdrücke gegenüber den lateinischen mehr bevorzugt zu sein. Auch hier finden sich einige Zusätze, z. B. die Verordnung von Senfspiritus betreffend.

Wir können nur wiederholen, was wir bereits im vorigen Jahre aussprachen, dass die Formulae magistrales Berolinenses eigentlich in der Hand eines jeden practischen Arztes sein sollten.

Langgaard.

Practische Notizen und empfehlenswerthe Arzneiformeln.

Als brauchbare, sich lange haltende Sublimatlösung

empfiehlt Prof. Krönlein (Corresp. Bl. für Schweizer Aerzte 1888) eine zuerst von Keller vorgeschlagene und von Prof. Victor Meyer untersuchte und für gut befundene concentrirte Lösung, die nach folgender Formel hergestellt wird:

Hydrargyr. bichlorat.	500
Natr. chlorat.	250
Acid. acetic. dil. Ph. helv. (20,4 %)	250
Aquae	1000

S. 10 % Sublimatlösung.

Mittelst dieser Lösung werden dann die verdünnten Lösungen, wie sie in der Chirurgie zur Verwendung kommen, gewöhnlich 1 ‰ enthaltend, mit gewöhnlichem Leitungswasser hergestellt. Dieselben bleiben vollständig klar und zeigen nur eine sehr schwach saure Reaction, die ihre Verwendung in keiner Weise beeinträchtigt.

Saccharin als Ersatz des Zuckers.

Während Saccharin von vielen Individuen selbst bei längerem, continuirlichem Gebrauche gut vertragen wird, scheint in einzelnen Fällen eine Aufspeicherung dieser Substanz im Organismus stattzufinden, welche zu einem Aussetzen des Mittels nöthigt. So berichtet J. Hedley über einen Fall von Diabetes, bei welchem sich nach Gebrauch von 12 bis 15 Dosen am fünften Tage ein dauernd widerlich süsser Geschmack einstellte. Alles, was Pat. in den Mund nahm, schmeckte süss; selbst auf den Genuss seiner Pfeife verzichtete Pat., da auch der Rauch den süssen Geschmack zeigte. In solchen Fällen würde wohl nur mit Unterbrechung von dem Saccharin Gebrauch gemacht werden können.

Zähne schmerzlos zu extrahiren

machen Hénoque und Frédet (wie in der Société de Biologie zu Paris am 4. Febr. d. J. berichtet wurde) Zerstäubungen von Aether in der Umgebung des äussern Gehörlochs. Indem so auf die Ausbreitung der Trigeminus-Aeste im Gesichte eingewirkt wird, erhält man eine Anästhesie, die ausreichte, Zähne schmerzlos auszuziehen. Dieses Verfahren ist leicht und gefahrlos.

Zur localen Anästhesie

bedient sich Wagner (Wien) des constanten Stromes statt der subcutanen Cocaïn-Injectionen. Es wird die positive Elektrode, mit 5 %iger Cocaïnlösung getränkt, auf die betreffende Hautstelle gesetzt. — Reynolds erzielte mit diesem Verfahren ausgezeichnete Resultate.

Folgende Pillenform

eignet sich nach Huchard zur Stillung von Blutungen:

℞	Ergotin.	
	Chinin. sulf. āā	2,0
	Pulv. fol. Digital.	
	Extr. Hyoscyami āā	0,2
	F. pilul. No. 20.	

D. S. 5—8—10 Pillen tägl. zu nehmen.

Antipyrin als blutstillendes Mittel bei Haemoptoë

fand Olikhow (Rousskaia Medecina Septbr. 1887) in sehr schweren Fällen wirksam. Er bediente sich einer wässerigen Lösung von 2,0 : 180,0 zu häufig wiederholten Inhalationen. Neben der erwünschten baldigen Blutstillung wurde gleichzeitiges Sinken der Körpertemperatur wahrgenommen.

Zur subcutanen Injection

werden seit einiger Zeit von der G. Marpmann'schen Apotheke in Gr.-Neuhausen und von Dr. Kade's Oranienapotheke in Berlin sterilisirte Lösungen in kleinen zugeschmolzenen Glasröhrchen in den Handel gebracht.

Jedes Röhrchen enthält 1 ccm, gleich dem Inhalt einer Spritze, und ist mit genauer Dosenangabe versehen. Zum Gebrauche wird die Spitze des Röhrchens, welche durch einen Feilenstrich eingeritzt ist, abgebrochen. Um die Flüssigkeit in die Spritze zu ziehen, wird nach dem Abbrechen der Spitze das Gläschen auf die Canüle gesteckt, der Hals des Röhrchens zwischen zwei Finger der linken Hand gehalten und nun beim Aufsaugen mit der Spritze die Canüle allmählich mit der sinkenden Flüssigkeit aus dem Röhrchen herausgezogen. Dem Arzte wird in dieser Form die Möglichkeit gegeben, sich unzersetzte, pilzfreie und zuverlässig wirkende Lösungen vorräthig zu halten. Dies dürfte wohl besonders für diejenigen Herren Collegen werthvoll sein, welche verhältnissmässig selten subcutane Injectionen ausführen.

Der Preis ist ein sehr niedriger und stellt sich durchschnittlich auf 15 Pfennig pro Injection.

Die Röhrchen können einzeln oder in Cartons von je 12 Stück bezogen werden und werden von Dr. Kade's Oranienapotheke auch in kleinen eleganten Etuis, welche gleichzeitig eine Pravaz'sche Spritze enthalten, geliefert.

Verlag von Julius Springer in Berlin N. – Druck von Gustav Schade (Otto Francke) Berlin N.

Therapeutische Monatshefte.

1888. April.

Originalabhandlungen.

Erfahrungen über Cocaïn-Anwendung am Kehlkopfe.

Von

Geheimrath Prof. C. Gerhardt in Berlin.

Der Erfolg der Bepinselung der Kehlkopfschleimhaut mit Cocaïnlösung ist nicht in allen Fällen der gleiche.

Bei den meisten Menschen gelingt es allerdings durch 10 oder 20 % Lösung nach ein- oder mehrmaligem Bepinseln völlige Unempfindlichkeit zu Stande zu bringen. Kleine Unterschiede treten jedoch hervor in der Raschheit des Eintrittes, in der Dauer der Wirkung und in den Nebenwirkungen. So ist in wenigen Fällen die Kehlkopfschleimhaut alsbald unempfindlich, in anderen erst nach einigen Minuten, bald dauert die Anaesthesie weniger als 5 Minuten, bisweilen über eine Viertelstunde. Einigen wird das Schlucken geradezu unmöglich, bei Anderen kaum behindert.

Unter vielen Kranken findet man einzelne, bei denen das Cocaïn vollkommen unwirksam ist. Ich erinnere mich an zwei solche Ausnahmemenschen, einen kräftigen Mann und eine schwächliche nervöse Dame. Bei beiden war Menthol ebenso unwirksam wie Cocaïn.

Endlich begegnet man hier und da Personen, die schon auf sehr kleine Dosen Cocaïn schwere Vergiftungserscheinungen bekommen. So erinnere ich mich eines Beamten, der gelegentlich einer Polypenoperation, nachdem Nachmittags weniger als 0,25 g verbraucht worden waren, schon auf dem Heimwege einen schweren rauschähnlichen Zustand, später Beklemmungen, Angst, Athemnoth, Herzklopfen, Puls von 160, kalten Schweiss und ohnmachtähnliche Zufälle bekam. Vorsichtige Versuche mit Cocaïn aus anderen Bezugsquellen bestätigten nur seine völlige Intoleranz gegen dieses Mittel. Bei anderen kam es nur zu leichteren rauschoder katzenjammerähnlichen Zufällen.

Hiernach dürfte es sich empfehlen, in allen Fällen Vorversuche zu machen, ehe man Dosen anwendet, die völlige Unempfindlichkeit des Schlundes und Kehlkopfes herbeizuführen geeignet sind.

Ueber Anthrarobin.

Von

Prof. C. Liebermann in Berlin.

Wenn auch das Anthrarobin selbst nicht zu den in der Natur vorkommenden Substanzen gehört, so steht es doch zu einer natürlich vorkommenden in sehr naher chemischer Beziehung. Diese letztere Substanz ist in der Färberröthe oder Krappwurzel (Rubia tinctorum), einem altbewährten und früher in ausgedehntestem Maassstabe benutzten Färbemittel enthalten[1]). Sie führt den Namen des Alizarins und ist zuerst 1826 von Robiquet & Collin aus der Krappwurzel dargestellt worden, aus der sie sich in Folge ihrer hervorragenden chemischen Eigenschaften verhältnissmässig leicht rein darstellen lässt. Neben dem Alizarin kommen noch einige, derselben chemischen Gruppe angehörige chemische Farbstoffe, namentlich das Purpurin in der Krappwurzel vor und lassen sich gleichfalls rein isoliren. Die chemische Constitution des Alizarins wurde zuerst von Graebe u. Liebermann 1868 aufgeklärt und, auf diese Kenntniss seiner Constitution gestützt, gelang es denselben 1869 das Alizarin synthetisch zu erzeugen, als erstes Beispiel des künstlichen Aufbaues eines natürlich vorkommenden Farbstoffes. Als Ausgangspunkt für die künstliche Darstellung des Alizarins diente dabei ein Destillationsproduct des Steinkohlentheers, das Anthracen, welches sich in den höchstsiedenden Antheilen dieses Theers befindet. Um Alizarin darzustellen, wird das Anthracen zuerst durch Oxydationsmittel in Anthrachinon verwandelt, welches man durch Erhitzen mit rauchender Schwefelsäure in Anthrachinonsulfosäure überführt. Die letztere giebt beim

---

[1]) Den Medicinern ist diese Substanz aus den Knochenfärbungen bekannt.

Verschmelzen mit Kali Alizarin. Mittelst desselben Processes kann man auch Anthrachinondisulfosäuren darstellen, welche beim Verschmelzen mit Kali zwei andere Farbstoffe derselben Gruppe, das Flavopurpurin und das Anthrapurpurin liefern. Letztere kommen als Alizarin-Gelbstich — Alizarin wird deshalb technisch Alizarin-Blaustich genannt — in den Handel.

Diese Darstellung des Alizarins bildet heute den Gegenstand einer grossartigen Fabrikation, welche jährlich etwa 20 000 Ctr. dieses Farbstoffs (im trocknen Zustande gerechnet) in den Handel liefert.

Das Alizarin und die Purpurine sind in Wasser unlöslich; in Alkalien löst sich Alizarin mit prachtvoll blau-, die Purpurine mit rothvioletter Farbe; durch Säuren werden die ursprünglichen Verbindungen wieder in gelben Flocken gefällt.

Mit dem Alizarin steht eine natürlich vorkommende Verbindung in nahem Zusammenhang, welche den Namen Chrysophansäure führt, und die namentlich auch einen Bestandtheil des Rhabarbers und daher der Rhabarberpräparate ausmacht. Schon äusserlich zeigen sich diese nahen Beziehungen. Die Chrysophansäure ist ein in Wasser unlösliches gelbes Pulver, welches sich in Alkalien mit rother Farbe löst, und aus dieser Lösung durch Säuren in gelben Flocken gefällt wird. Noch viel näher stehen sich aber Alizarin und Chrysophansäure der chemischen Verwandtschaft nach. Sie sind nämlich fast gleich zusammengesetzt und gebaut. Während Alizarin ein Anthrachinon ist, in dem für 2 Wasserstoffatome 2 Hydroxyle stehen, ist Chrysophansäure ein Anthrachinon, in welchem sich zwei etwas anders gestellte Hydroxyle und ausserdem für einen Wasserstoff noch eine Methylgruppe befindet (siehe die Formeln in der Anmerkung)[2].

In einem interessanten Zusammenhang mit der Chrysophansäure steht ferner das Chrysarobin. Diese Substanz ist ein Bestandtheil der als Goapulver bekannten Drogue, welche von einem brasilianischen Baume (Andira Araroba) abstammt, in dessen Höhlungen sich dies Pulver vorfindet. Goapulver enthält ca. 17 % Holzfaser und 60 bis 70 % Chrysarobin, das man dem Pulver durch Extraction mit Benzol entziehen und durch Umkrystallisiren rein gewinnen kann. Chrysarobin ist eine reducirte Chrysophansäure. 1 Molekül Chrysarobin besteht aus 2 Molekülen Chrysophansäure, welche 1 Sauerstoffatom eingebüsst und 6 Wasserstoffatome aufgenommen haben. Wird Chrysarobin mit Alkali und Luft geschüttelt, so werden 6 Wasserstoffe fortoxydirt und 1 Sauerstoffatom aufgenommen und es entsteht Chrysophansäure[3]). Als äusseres Zeichen dieses Vorgangs geht die gelbe alkalische Lösung des Chrysarobins beim Schütteln mit Luft in die rothgefärbte über, welche der Chrysophansäure eigen ist. Im Uebrigen ist die Aehnlichkeit der Chrysophansäure und des Chrysarobins so gross, dass beide bis zur Auffindung der eben erwähnten entscheidenden Reaction durch Liebermann und Seidler (1878) für identisch gehalten wurden.

Das Goapulver und seine wirksame Substanz, das Chrysarobin, besitzen nun gegen gewisse parasitäre Hautkrankheiten (Psoriasis u. A.) Heilwirkungen, welche, so weit bekannt, weder das Alizarin noch die Chrysophansäure zeigen. Für den Verfasser lag es, nach Aufklärung der Constitution des Chrysarobins, daher nahe, zu vermuthen, dass diese Heilwirkungen mit dem Bestreben des Chrysarobins, unter den verschiedensten Bedingungen begierig Sauerstoff aufzunehmen, zusammenhingen. In der That lässt sich wohl annehmen, dass bei parasitären Krankheiten eine so sauerstoffgierige Substanz Heilwirkungen dadurch bewirken könne, dass sie den schädlichen Organismen den zu ihrer Existenz nöthigen Sauerstoff entzieht. Diese Schlussfolgerung wird noch dadurch besonders gestützt, dass eine andere sehr sauerstoffgierige Substanz, die Pyrogallussäure[4]), wie Jarisch gefunden hat, die-

---

[2]) Anthracen = $C_{14}H_{10}$

Anthrachinon = $C_{14}H_8O_2 = C_6H_4<^{CO}_{CO}>C_6H_4$

Anthrachinonsulfosäure = $C_{14}H_7O_2 . SO_3H$

Alizarin = $C_{14}H_6O_2.(OH)_2 = C_6H_4<^{CO}_{CO}>C_6H_2(OH)_2$

Anthrachinondisulfosäure = $C_{14}H_6O_2(SO_3H)_2$

Flavopurpurin = $C_{14}H_5O_2(OH)_3$
Anthrapurpurin = " " " "
Pflanzenpurpurin = " " " "

Chrysophansäure = $C_{14}H_5(CH_3)O_2 . (OH)_2 =$

$C_6H_2(CH_3)(OH)\genfrac{}{}{0pt}{}{CO}{CO}C_6H_3 . OH.$

[3]) Chrysarobin =

$C_{30}H_{26}O_7 = C_6H_2(CH_3)(OH)\genfrac{}{}{0pt}{}{CH(OH)}{CH}C_6H_2(OH)$

O

$C_6H_2(CH_3)(OH)\genfrac{}{}{0pt}{}{CH}{CH(OH)}C_6H_2(OH)$

$\underset{\text{Chrysarobin}}{C_{30}H_{26}O_7} + O_4 = 3H_2O + \underset{\text{Chrysophansäure.}}{2C_{15}H_{10}O_4}$

[4]) Pyrogallussäure = $C_6H_3(OH)_3$, eine in Wasser spielend lösliche, farblose Substanz, absorbirt bei Zusatz von Alkali, indem sich die farblose Lösung sofort tief dunkel färbt, so begierig Sauerstoff, dass sie einem abgeschlossenen Luftvolum den Sauerstoff bis auf die letzte Spur entzieht. Aus diesem Grunde wird die Pyrogallussäure auch vielfach bei der Analyse der Luft zur Bestimmung des Sauerstoffs angewendet.

selben Krankheiten in gleicher Weise heilt, wie es das Chrysarobin thut.

Den experimentellen Beweis dafür, dass die Heilwirkungen des Chrysarobins mit seiner Fähigkeit der Sauerstoffabsorption zusammenhängen, konnte man nun dadurch zu führen hoffen, dass man neue, dem Chrysarobin ähnliche, sauerstoffgierige Verbindungen chemisch darstellte und zum therapeutischen Versuch benutzte. Eine solche Substanz ist das Anthrarobin.

Zu einer grossen Zahl von Farbstoffen kennt man bereits zugehörige, aus denselben durch Reduction erzeugbare Verbindungen, welche meist als die Leukosubstanzen der betreffenden Farbstoffe bezeichnet werden, weil sie im Gegensatz zu dem Farbstoff ungefärbt oder fast ungefärbt erscheinen. Beispielsweise ist das Indigweiss die Leukosubstanz des Indigos, das Brasilin die Leukosubstanz des Rothholzfarbstoffs (des Brasileïns), das Leukanilin steht zum Rosanilin (Fuchsin) in demselben Verhältniss. Die Leukosubstanz unterscheidet sich von dem ihr zugehörigen Farbstoff chemisch nur dadurch, dass sie, bei sonst gleicher Formel, mehr Wasserstoff, bisweilen auch zugleich weniger Sauerstoff als der Farbstoff enthält. Als chemisches Characteristicum zeigen nun die Leukosubstanzen ganz allgemein das energischste Bestreben, den Sauerstoff der Luft zu absorbiren. Dabei gehen sie, indem sie den Ueberschuss von Wasserstoff durch Oxydation verlieren resp. Sauerstoff aufnehmen, in ihren zugehörigen Farbstoff über. Offenbar ist dies dasselbe Verhältniss, in dem wir Chrysarobin zu Chrysophansäure stehen sahen, so dass also das Chrysarobin als die Leukosubstanz der Chrysophansäure bezeichnet werden kann[1]).

Die sauerstoffabsorbirende Wirkung des Chrysarobins, welche wir als dessen Heilwirkung ansahen, kann daher als eine Eigenschaft der Leukosubstanzen im Allgemeinen angesehen werden. Daraus folgt, dass, wenn obige Ansicht über die therapeutische Wirkung des Chrysarobins richtig ist, auch andere Leukosubstanzen die Heilwirkungen des Chrysarobins zeigen sollten.

Diesen Gedanken lohnt es sich wohl, experimentell etwas weiter zu verfolgen, weil er, falls er sich bewahrheitet, das Princip erkennen lassen würde, nach welchem Pyrogallussäure, Chrysarobin u. a. als Heilmittel in den bezügl. Krankheiten wirken. Ist dies Princip einmal gegeben, so würde sich, bei der grossen Zahl darstellbarer Leukosubstanzen, der Kreis der bezügl. Heilmittel sehr erweitern lassen. Man würde dann auch hoffen dürfen, etwaige Mängel des einen Heilmittels durch geeignete chemische Veränderungen oder richtige Auswahl der Leukosubstanz beseitigen zu können.

Soll diese Frage therapeutisch gelöst werden, so sind indessen zunächst noch einige andere Bedingungen zu erfüllen. Die mit dem Chrysarobin zu vergleichende Leukosubstanz muss zunächst noch so gewählt werden, dass sie dem Chrysarobin möglichst nahe steht, da sonst therapeutische Nebenwirkungen eintreten könnten, welche den Vergleich stören würden. Zugleich muss die Leukosubstanz möglichst ungiftig sein und endlich auch sich in solchen Mengen beschaffen lassen, wie sie therapeutische Versuche beanspruchen. Ja, es wird dafür Sorge getragen werden müssen, dass die Substanz leicht im grossen, technischen Maassstabe und zu billigem Preise herstellbar ist, wenn sie practische Bedeutung als Heilmittel gewinnen soll.

Alle diese Bedingungen nun finden sich beim Alizarin und den Purpurinen erfüllt, von denen oben als von den nächsten Verwandten der Chrysophansäure die Rede war. Diese Farbstoffe geben durch Reduction Leukosubstanzen, welche in alkalischer Lösung Sauerstoff aufs Heftigste absorbiren und dabei in die Farbstoffe zurückgehen. Zu ihrer Darstellung aus den Farbstoffen kann man verschiedene der üblichen Reductionsmittel benutzen. Als zweckmässigste und billigste Reductionsart stellte sich Erwärmen der Farbstoffe mit Zinkstaub und Ammoniak heraus. Die Ausbeute an Leukosubstanz ist dabei fast quantitativ. Die so aus dem käuflichen Alizarin (Alizarin-Blaustich) entstehende Leukosubstanz, welche übrigens bereits früher von Dr. H. Römer dargestellt worden ist, habe ich Anthrarobin genannt. Anthrarobin G. ist ein Gemisch ganz ähnlicher Verbindungen, welches man unter denselben Bedingungen aus dem käuflichen Alizarin-Gelbstich (den Purpurinen) erhält[2]).

Die Umwandlung der Farbstoffe in Leukosubstanzen und deren Rückverwandlung durch Oxydation in die Farbstoffe mag folgende kleine Uebersicht veranschaulichen:

---

[1]) Indigo = $C_{16}H_{10}N_2O_2$ Indigweiss = $C_{16}H_{12}N_2O_2$
Brasileïn = $C_{16}H_{12}O_5$ Brasilin = $C_{16}H_{14}O_5$
Rosanilin = $C_{20}H_{19}N_3O$ Leukanilin = $C_{20}H_{21}N_3$
Chrysophansäure = $C_{15}H_{10}O_4$ Chrysarobin = $C_{30}H_{26}O_7$.

[2]) Die technische Fabrication des Anthrarobins nach der vorstehenden Methode gestaltet sich sehr einfach und wird auf meine Veranlassung von der chemischen Fabrik der Herren Dr. Jaffé & Darmstädter betrieben, welche auch das Produkt in den Handel bringt.

Farbstoff		Reduction	[illegible]	Oxydation	Farbstoff	
Alizarin		+ H — O =	Anthrarobin	+ O — H =	Alizarin	
Flavo- / Anthra-	purpurin	+ H — O =	Anthrarobin G	+ O — H =	Flavo- / Anthra-	purpurin
Chrysophansäure		+ H — O =	Chrysanthranol	+ O — H =	Chrysophansäure	
			Chrysarobin	+ O — H =	(Chrysophansäure[1])	

Mit dem Anthrarobin hat Herr Privatdocent Dr. G. Behrend in Berlin, welcher auf meine Bitte die therapeutische Untersuchung übernahm, gegen Psoriasis, Herpes tonsurans, Pityriasis versicolor und Ekzema marginatum dieselben Heilwirkungen erzielt, welche das Chrysarobin liefert. (Diese Zeitschr. S. 101.)

Durch diese Versuche ist die Richtigkeit meiner Theorie über die Ursache der Heilwirkungen des Chrysarobins und seiner Ersatzmittel zum Mindesten sehr wahrscheinlich geworden.

Anthrarobin habe ich das neue Heilmittel genannt, um damit gleichzeitig an seine Darstellung aus dem Anthracen und an seine therapeutische Analogie mit dem Chrysarobin zu erinnern.

Anthrarobin[2]) stellt ein gelblich-weisses Pulver dar, welches in Wasser unlöslich ist. In Alkohol ist es sehr leicht (in 5 Th.) mit gelbbrauner Farbe löslich. Es hat dadurch vor dem schwer löslichen Chrysarobin den Vorzug, sich in Form alkoholischer Tincturen anwenden zu lassen. Am besten löst man das Pulver durch kurzes Aufkochen mit Alkohol; bei 5 Th. Alkohol bleibt die Substanz dann auch in der Kälte gelöst. Glycerin löst Anthrarobin ebenfalls. Im trockenen Zustand hält sich Anthrarobin recht gut; für lange Aufbewahrung schützt man es zweckmässig in undurchsichtigen Gefässen vor Licht. In Alkali löst sich Anthrarobin mit gelbbrauner Farbe, beim Schütteln mit Luft geht die Farbe der Lösung sehr bald durch Grün und Blau in Alizarinviolett über. An diesen Reactionen lässt sich Anthrarobin leicht erkennen. Sein Absorptionsvermögen für Sauerstoff kann man leicht sichtbar machen, indem man etwa $\frac{1}{2}$ g Substanz mit etwas Alkali im Reagensglase mit aufgesetztem Daumen schüttelt. Der Daumen wird dabei, in Folge der im Reagensglase entstehenden Luftverdünnung in dieses hineingezogen. Die Menge Sauerstoff, welche Anthrarobin absorbirt, lässt sich in einem geeigneten Apparate leicht messen. Ich fand, dass das technische Anthrarobin etwa 20% seines Gewichts an Sauerstoff oder 1 g Anthrarobin ca. 120—130 ccm Sauerstoff absorbirt.

[1]) Bei der Reduction der Chrysophansäure gelang es mir bisher nicht vollständig Chrysarobin wiederherzustellen. Man erhält indessen dabei eine dem Chrysarobin zum Verwechseln ähnliche Substanz, welche ich Chrysanthranol genannt habe und die auch in dem natürlichen Chrysarobin in kleiner Menge enthalten ist. Chrysanthranol ($C_{15}H_{12}O_3$) ist auch darin dem Chrysarobin vollständig ähnlich, dass es sich in alkalischer Lösung durch den Luftsauerstoff zu Chrysophansäure oxydirt:

$$\underset{\text{Chrysanthranol}}{C_{15}H_{12}O_3} + O_2 = H_2O + \underset{\text{Chrysophansäure.}}{C_{15}H_{10}O_4}$$

[2]) Das käufliche Anthrarobin enthält wahrscheinlich 2 Reductionsstufen des Alizarins, nämlich ausser der Hauptverbindung $C_{14}H_{10}O_3$ noch die Verbindung $C_{14}H_{12}O_3$. Beide oxydiren sich in gleicher Weise zu Alizarin:

$$C_{14}H_{10}O_3 + O_2 = H_2O + \underset{\text{Alizarin}}{C_{14}H_8O_4}$$

und:

$$C_{14}H_{12}O_3 + O_2 = 2\,H_2O + C_{14}H_8O_4.$$

Die chemische Constitution der Verbindung $C_{14}H_{10}O_3$ und ihr Uebergang in Alizarin wird aus folgenden Constitutionsformeln ersichtlich:

$$\underset{\text{Anthrarobin}}{C_6H_4 \left< \begin{matrix} C(OH) \\ | \\ CH \end{matrix} \right> C_6H_2(OH)_2} + O_2 =$$

$$H_2O + \underset{\text{Alizarin.}}{C_6H_4 \left< \begin{matrix} CO \\ CO \end{matrix} \right> C_6H_2(OH)_2}$$

Ueber das zweckmässigste Verfahren zur Eröffnung der Kieferhöhle.

Von

Dr. Ziem in Danzig.

Um die Schleimhaut der Oberkieferhöhle, welche nach dem von Zuckerkandl an der Leiche, von mir, von B. Fränkel, Killian u. A. am Lebenden gelieferten Nachweise in einer früher nicht geahnten Häufigkeit von Eiterung ergriffen ist, einer unmittelbaren Behandlung zugänglich zu machen, kann man entweder durch das natürliche Ostium derselben mittelst entsprechend gebogener Sonden und Kanülen eingehen, was ja schon im vorigen Jahrhundert ausgeführt worden ist, oder man kann auf operativem Wege einen neuen, einen bequemeren Zugang zu der Kieferhöhle sich bahnen. Die von einem bekannten Autor gemachte Bemerkung, dass das letztere Verfahren dem Einrennen einer offen stehenden Thüre gleiche, scheint auf den ersten Anblick witziger zu sein als sie dann bei näherer Prüfung sich erweist. Sicher gehört es nicht zu den Annehmlichkeiten, mittelst einer Sonde oder einer Röhre in der Nase so lange sich herummanipuliren zu lassen, bis das an und für sich meistens sehr enge und verborgen gelegene Ostium maxillare glücklich getroffen ist. Man möge da nicht glauben, dass durch Anwendung örtlich anaesthesirender Mittel, besonders also des Cocain, alle mit einer derartigen Sondirung verbundenen Uebelstände in der einfachsten Weise zu beseitigen seien. Denn es ist ein geradezu gefahrbringendes Unternehmen, zum Zwecke der schmerzlosen Einführung einer Irrigationskanüle während einer oft Wochen oder Monate erfordernden Behandlung tagtäglich mit einer stärkeren Lösung jenes so gewaltig eingreifenden Mittels die Nasenschleimhaut zu imprägniren, mit jenem Mittel, welches der Erfahrung nach nicht nur auf den Gesammtorganismus eine je länger je mehr zerrüttende Einwirkung ausübt, sondern bei fortgesetzter Anwendung auch für benachbarte Organe, besonders für das Sehorgan bedeutende Nachtheile herbeiführen, ja nach einer Beobachtung Markwort's selbst den Ausbruch von richtigem Glaucom veranlassen beziehungsweise beschleunigen kann. Sieht man daher von einem derartigen, so ungewissen oder selbst feindlichen Hülfsmittel ab — und ich meinerseits habe das Cocain zu diagnostischen Zwecken nur sehr selten, zu therapeutischen Versuchen auf dem Gebiete der Nasenkrankheiten niemals angewendet —, so wird man schon bald das Bedürfniss empfinden, einer erkrankten Kieferhöhlenschleimhaut auf einem kürzeren und weniger beschwerlichen Wege beizukommen, als der durch das Ost. maxillare vorgezeichnete ist. Zu diesem Zwecke nun stehen hauptsächlich 3 Operationsmethoden zur Verfügung. Man kann die Kieferhöhle

1. vom Alveolarfortsatze aus (Cooper'sches Verfahren),
2. von der Fossa canina aus (Desault'sches Verfahren),
3. von der Nasenhöhle aus und zwar entweder vom mittleren Nasengange (Zuckerkandl) oder vom unteren Nasengange (Hunter, Hyrtl, Schäffer, Mikulicz) aus eröffnen.

Das letztere Verfahren, die Eröffnung vom unteren Nasengange aus, ist auf Grund mehrerer Operationsfälle neuerdings von Schäffer und bald darauf auch von Mikulicz empfohlen worden, während ich selbst zur selben Zeit die Anbohrung vom Alveolarfortsatze aus als Hauptmethode hingestellt habe. Gegen das Desault'sche Verfahren, das allerdings noch heute zu Tage von namhaften Chirurgen ausgeführt wird, hatte ich unter Anderem geltend gemacht: 1. dass von 5 in dieser Weise unter sonst gleichen Verhältnissen von mir operirten Kranken 4 während der Operation ohnmächtig geworden sind, vermuthlich weil die Erschütterung des Gehirnes durch eine mehr directe Fortleitung vermittelst der Stirnbeinfortsätze und der Siebbeinplatte hier eine grössere ist als bei dem Cooper'schen Verfahren, wo durch den an das Operationsgebiet nach oben angrenzenden umfänglichen Hohlraum des Sinus maxill. die Erschütterung in höherem Grade abgeschwächt wird; — 2. dass es hier mit grösserer Schwierigkeit verbunden ist, die Operationsöffnung offen zu halten, sofern man nämlich nicht eine den Kranken wohl sehr belästigende Dauerkanüle einführen oder die Operationsöffnung sehr gross anlegen will.

Die Mehrzahl der Autoren scheint sich jetzt dem Schäffer-Mikulicz'schen Verfahren zugewandt zu haben; in dem Folgenden wird es sich daher hauptsächlich um eine Vergleichung dieses mit dem Cooper'schen Verfahren beziehungsweise einer Modification des letzteren zu handeln haben.

Dem Cooper'schen Verfahren hat man vorgeworfen 1. dass hierdurch eine für die Einführung von Instrumenten zu wenig zugängliche Oeffnung geschaffen werde, 2. dass durch die so bewirkte Communication zwischen Mund- und Nasenhöhle eine erneuerte Infection der Kieferhöhlenschleimhaut, ja selbst die Unmöglichkeit einer Ausheilung der Eiterung zu Stande kommen könne, während andererseits die Eröffnung von der Nase aus eine mehr naturgemässe sei, sowie endlich 3. dass gelegentlich selbst ein gesunder Zahn geopfert werden müsse, ehe man in den Sinus einzudringen vermöge.

Während nun dem letzteren Einwande Berechtigung bis vor Kurzem nicht abzusprechen war, ist den unter 1. und 2. genannten Umständen meines Erachtens weder vom theoretischen noch vom practischen Standpunkte aus eine grosse oder überhaupt irgendwelche Bedeutung zuzuerkennen. Wenn ich hier erkläre, dass ich unter 227 bis jetzt von mir vorgenommenen Eröffnungen der Kieferhöhle 222 mal vom Alveolarfortsatze aus operirt und von hier aus die Kieferhöhle durchgespült habe, und dass eine Reihe meiner Kranken die Ausspülungen dann zu Hause selbstständig fortgesetzt hat, dann wird hoffentlich Niemand mehr an der Behauptung festhalten, dass man auf diesem Wege überhaupt nicht oder nur unter grossen Schwierigkeiten zu Stande kommen könne. Eine derartige, an und für sich schon und besonders auch im Hinblicke auf meine früheren, auf 36 Operationsfälle gestützte Mittheilungen fast unbegreifliche Aufstellung muss, wenn nicht auf eine etwas geringe Entwicklung technischer Fertigkeit, dann jedenfalls auf die Benutzung äusserst unzweckmässig geformter Instrumente zurückgeführt werden.

In welcher Weise aber und mit welchen Hülfsmitteln die Ausspülungen von mir vorgenommen worden sind, das glaube ich schon in meiner ersten diesen Gegenstand betreffenden Arbeit genugsam auseinandergesetzt zu haben[1]).

Auch die 2. der oben erwähnten Einwendungen ist nicht von grosser Bedeutung. Denn glücklicher Weise besitzen nicht alle die 60 oder mehr Arten von Pilzen, die man in der Mundhöhle entdeckt hat, pathogene oder pyogene Eigenschaften und es steht, wenigstens in der Mehrzahl der Fälle, ja nichts im Wege, in der Mundhöhle etwa vorhandene, in Zahnfleisch oder in faulenden Zahnstümpfen nistende Eiterungserreger durch gründliche Behandlung jener und Ausfüllung oder Extraction dieser zu beseitigen beziehungsweise beseitigen zu lassen. Auch auf diesen Punkt habe ich schon früher nachdrücklich hingewiesen, und ich freue mich, neuerdings in Killian einen Bundesgenossen in dieser Hinsicht gefunden zu haben. Es lässt sich in dieser Beziehung bei dem Publicum in der That doch so Manches erreichen, wenn man nicht müde wird, die Schädlichkeit zu betonen, welche in der Anwesenheit faulender Zahnstümpfe in jedem Falle und nicht allein bezüglich eines gerade vorhandenen Nasenleidens gegeben ist. Auch von diesem Standpunkte aus wäre es, beiläufig bemerkt, zu bedauern, wenn die Eröffnung der Kieferhöhle von der Nase aus einen grösseren Kreis von Anhängern als die vom Alveolarfortsatze aus gewinnen oder behalten würde, weil dann offenbar die Gefahr nahe liegen wird, dass in so manchem Falle eine von der Mundhöhle ausgehende und die Kieferhöhleneiterung unterhaltende Schädlichkeit übersehen oder unterschätzt wird. Mit allem Nachdrucke sei jedoch noch hervorgehoben, dass eine grosse Anzahl der vom Alveolarfortsatze aus von mir operirten Kranken innerhalb so und so langer Zeit vollkommen geheilt worden ist und dass mir die Meinung einiger Autoren, bei Operation vom Alveolarfortsatze aus beanspruche die Ausheilung einer Kieferhöhleneiterung einen längeren Zeitraum als bei Operation von der Nase aus, eine durchaus unbegründete erscheint. Auch bei ersterer Operationsmethode kommen schnelle oder sehr schnelle Heilungen öfters vor, wie ich denn einen Kranken, der mit den Resten eines Lidabscesses in meine Behandlung getreten, schon 3 Tage nach Eröffnung und Durchspülung der Kieferhöhle und Extraction eines mit Wurzelabscess behafteten Backzahnes als geheilt entlassen habe[2]). Das frühere oder spätere Eintreten der Heilung dürfte nicht sowohl von der Operationsmethode abhängen, als vielmehr und hauptsächlich, bei gleicher Sorgfalt in der Nachbehandlung, in den Ursachen der Kieferhöhleneiterung zu suchen sein; so giebt besonders die durch einen Zahnabscess bedingte Eiterung eine bei Weitem bessere Prognose, als die durch die Einwirkung einer modrigen Wohnung zu Stande gekommene oder eine während der Geburt erworbene Eiterung der Nasen- beziehungsweise der Kieferhöhle. Müsste man übrigens nicht den Gegnern der Operation vom Alveolarfortsatze aus Mangel an Consequenz vorwerfen, wenn sie trotz der von ihnen vorgebrachten Bedenken in gewissen Fällen, besonders bei Anwesenheit eines Zahnabscesses nach Extraction des Zahnes anstatt von der Nase aus nun doch von jenem Zahnfache aus in den Sinus eingehen? Denn wenn man die in der Mundhöhle überhaupt vorhandenen Pilze im Ganzen fürchtet, so muss man sie offenbar auch noch in einem derartigen Einzelfalle für schädlich und verderbenbringend halten. Das allerdings soll ohne Weiteres eingeräumt werden, dass das Anlegen einer grösseren, einer bis kleinfingerdicken (Roser) Oeffnung am Alveolarfortsatze, wie sie die Chirurgen von Fach in derartigen Fällen öfters oder meistens zu machen pflegen, eine grössere Gefahr für das Hineingerathen von Speiseresten in die Kieferhöhle herstellt. An und für sich zwar wäre hierdurch allein ein Entzündungsreiz natürlich noch nicht gegeben. Aber es ist überhaupt ja nur in seltenen Fällen nothwendig, eine derartig grosse Perforation anzulegen, sofern man nämlich zur Ausspülung des Sinus nicht des Irrigators, sondern einer Druckpumpe, besonders also der schon früher von mir empfohlenen Mayer'schen Douche sich bedient. Mittelst der letzteren kann man selbst durch eine nur 1 mm dicke Canüle die Kieferhöhle gründlich ausspülen, während andererseits die Anwendung des Irrigators das Vorhandensein einer breiteren Ausflussöffnung und demnach auch eines breiteren Operationscanales erfordert.

Dieser letzteren Anschauung gegenüber könnte allerdings eingewendet werden und ist thatsächlich auch eingewendet worden, dass man „nach chirurgischen Principien" eine grosse Oeffnung am Alveolarfortsatze anlegen müsse, um nämlich den dauernden Abfluss des Secretes der Kieferhöhlenschleimhaut sicherzustellen. Wenn jedoch in Hueter's Chirurgie zu lesen ist, dass auch bei umfänglicher Perforation die Heilung der

[1]) Monatsschr. f. Ohrenheilk. 1886 No. 2 u. fg.

[2]) Allg. med. Centralztg. 1887 No. 48 u. 49.

Eiterung oft mehrere Monate auf sich warten lässt, so ist hieraus allein schon ersichtlich, dass die fortdauernde Drainage der Kieferhöhle es nicht ist, welche die Ausheilung beschleunigt. Es wird sich hier wohl dasselbe Verhältniss herausstellen, was sich bezüglich der Drainage durch die Vagina nach Laparotomien, bes. nach Uterusexstirpationen u. s. w. ergeben hat, dass durch die eingeführten Drains die Heilung in keiner Weise befördert wird, ja dass sie im Gegentheile hierdurch verlangsamt werden kann, indem nämlich die Drainröhren sich verstopfen und so zum Verhalten des Secretes erst recht Veranlassung geben. Auch von dem von Hueter angegebenen siebförmig durchlöcherten Metalldrain zur Einlegung in die Operationsöffnung wird man nicht viel Nutzen zu erwarten haben. Sieht man überhaupt die Drainage für diesen Fall als unerlässlich oder doch als sehr wichtig an, so müsste die Operationsmethode von Mikulicz schon darum allein verworfen werden. Denn wie soll da die Drainage angebracht werden? und soll das Secret hier etwa aufwärts fliessen? Allerdings habe ich Gelegenheit gehabt, eine nach der Mikulicz'schen Methode operirte Kranke zu sehen, welcher man dann eine über gänsekieldicke Metallcanüle eingelegt hatte; was das aber hat nutzen sollen, wird dem betreffenden Operateur wohl selber nicht recht klar gewesen sein. Wichtiger als das Bestreben eine Drainage hier anzubringen, dürfte wohl die regelmässige, Tag für Tag 1 oder 2 mal stattfindende Entleerung des Secretes sein, die ja, wie erwähnt, selbst bei kleiner Operationsöffnung durch Ausspülungen zu ermöglichen ist. Man hat dann also im Allgemeinen keine Veranlassung, eine grosse Oeffnung zu machen und braucht auch in dieser Hinsicht die Operation vom Alveolarfortsatze aus nicht zu scheuen.

Ueber den Einwand, dass die Eröffnung von der Nase aus die mehr der Natur gemässe sei, da die Schleimhaut der Kieferhöhle eine Ausbuchtung nicht des Digestionstractus, sondern des Respirationscanals darstelle, darüber kann man vom practischen Standpunkte aus wohl ohne grosse Bedenken hinweggehen. Glaubt man denn, um hier nur ein ähnliches Beispiel anzuführen, dass ein Chirurg von der Ausführung eines Kaiserschnittes jemals darum sich wird lassen abhalten, weil dieser Weg doch nicht der natürliche für die Entleerung der Uterushöhle ist? Wüsste man dem Cooper'schen Verfahren keinen schwerer wiegenden Vorwurf zu machen, so würde dasselbe wohl wenig Anhänger verloren haben.

Aber das letzte der oben erwähnten Bedenken, dass man nämlich bei Operation vom Alveolarfortsatze aus unter Umständen auch einen gesunden Zahn oder, wie manche Autoren das für nothwendig zu halten scheinen, sogar zwei Zähne opfern müsse, das will allerdings etwas sagen. Es ist eine widerwärtige Sache, zumal bei ungewisser Diagnose — und in einer Reihe von Fällen bleibt die Diagnose einer Erkrankung der Kieferhöhle ja eine ungewisse — Jemandem den Verlust eines gesunden Zahnes zuzumuthen. Ich habe das selbst mehrmals von Kranken verlangen müssen und bedauere das heute zu Tage, wo ich selbst bei vollkommen unversehrtem Gebisse ohne ein derartiges Opfer in die Kieferhöhle einzudringen vermag, noch immer sehr lebhaft. Hat man doch das Ausziehen gesunder Zähne im Mittelalter benutzt, um säumige Schuldner zu schnellerer Zahlung zu veranlassen oder um Anleihen zu erpressen! Es ist und bleibt das eine widerwärtige Sache. Und man versetze sich doch in die Lage eines Kranken, der einen gesunden Zahn eingebüsst hat und bei welchem nun, was bekanntlich schon den grössten Meistern der Chirurgie vorgekommen ist, die Kieferhöhlenschleimhaut sich gesund erweist! Der Missgriff wird dadurch nicht viel verbessert, dass man nun sofort den Versuch macht, den ausgezogenen Zahn wieder zum Einheilen zu bringen.

Schon vor 2 Jahren hatte ich darum empfohlen, bei ungewisser Diagnose und unversehrtem Gebisse medialwärts von einem Zahnfache aus in die Kieferhöhle einzudringen. Es ist mir dies selbst mit dem unvollkommenen Instrumente, was in der Form des Ash'schen Drillbohrers mir damals nur zu Gebote stand, mehrmals gelungen; in anderen Fällen aber, besonders bei starker Wölbung des Gaumens, musste von einem derartigen Versuche schliesslich Abstand genommen werden, entweder weil ich, zwischen den Zähnen eingehend, schliesslich doch auf einen Zahn selbst gerathen war, der ein weiteres Vordringen hinderte, oder weil der Bohrer in medialer Richtung in den mucös-periostealen Ueberzug des Gaumens hineingeglitten war, wonach denn eine mehr oder weniger starke Blutung zu erfolgen pflegte. Bis vor Kurzem ist in einem solchen Falle dann nur die Möglichkeit übrig geblieben, entweder einen gesunden Zahn zuvor zu extrahiren oder von einer anderen Stelle aus in die Kieferhöhle einzudringen, sei es nun von der Nase aus, sei es von der Fossa canina aus. Manchen Kranken, der sich bei Unsicherheit der Diagnose weder der einen noch der anderen Procedur unterziehen wollte, habe ich so verloren.

Das ist nun Alles anders geworden, seitdem ich und zwar seit Mitte Juli vorigen Jahres in den Besitz einer sog. amerikanischen Bohrmaschine, jener bei den Zahnärzten gebräuchlichen Maschine gelangt bin.

(Schluss folgt.)

Ueber Gebrauch und Missbrauch de[illegible] „Atropins" in der Behandlung von Augenerkrankungen.

Von

Dr. J. Samelsohn,

dirigirendem Arzte der Kölner Augenheilanstalt für Arme in Köln.

(Schluss von S. [illegible])

Aus dem Vorhergehenden wird es genügend klar geworden sein, dass auch bei den geschilderten Infiltrationsprocessen dem Atropin nur eine bescheidene Rolle als Heilpotenz zugewiesen werden kann, während die resorptionsbefördernde Behandlung der Infiltrationsprocesse durch feuchte Wärme mit Hinzuziehung der allgemeinen causalen Therapie im Vordergrunde stehen muss.

Bei tieferen Infiltrationen, zumal denen, die zur Eiterung neigen, sind dagegen Complicationen mit Iritis so häufig, dass für die Anwendung des Atropins theilweise jene Indicationen gelten müssen, welche wir bei den Regenbogenhauterkrankungen bald kennen lernen werden. Die typische parenchymatöse Keratitis mit diffuser Infiltration neigt zwar für gewöhnlich nicht zur Eiterung, jedoch ausserordentlich zur inducirten Iritis, ja tritt nicht selten bereits als erstes sichtbares Symptom einer Entzündung des ganzen vorderen Uvealtractus auf (Uveitis anterior), und erheischt als solche von Anbeginn den mässigen Gebrauch des Atropins. Für die geschwürigen, zur Perforation neigenden Processe der Cornea gelten in Betreff des Atropins die bekannten Indicationen und Contraindicationen: Sitzt das Geschwür central, so wird ceteris paribus ein mehr weniger energischer Atropingebrauch angezeigt sein, um den Pupillarrand aus dem Bereiche der drohenden Perforationsöffnung zu entfernen, für marginal sitzende Ulcerationen gilt die entgegengesetzte Erwägung.

Eine besondere Erwähnung verdienen noch die Verletzungen der Hornhaut, besonders die oberflächlichen, wie sie nach kleinen Verwundungen und vor Allem durch Eindringen von Fremdkörpern fast alltäglich hervorgerufen werden. Auch hier verdient die noch so allgemeine Praxis, nach Entfernung des Fremdkörpers die Reizerscheinungen mit ausgiebiger Verordnung von Atropin zu bekämpfen, den allerenergischsten Widerspruch, um so mehr, als Verletzungen dieser Art in ganz überwiegender Mehrzahl die arbeitende Klasse treffen. Während man die gewöhnlichen Reizerscheinungen durch kalte Umschläge in Verbindung mit einigen Cocaïneinträufelungen oder eventuell auch mit einfachem Schutzverbande in einigen Stunden oder bei bereits ausgesprochenen Wundinfiltrationen mit warmen antiseptischen Umschlägen einen Arbeiter in wenigen Tagen seiner Beschäftigung zurückgeben kann, macht man ihn durch unbesonnenes Atropinisiren für mindestens acht Tage arbeitsunfähig und schädigt so nicht allein nur ihn selbst und seine Familie, sondern auch den Arbeitgeber und — die Krankenkasse.

Die entzündlichen Erkrankungen der Regenbogenhaut stellen, wie es a priori anzunehmen ist, die eigentliche Domaine für die therapeutische Verwendung des Atropins dar. Aber auch hier gilt der Satz, dass nur ein strenges Individualisiren die heilsamen Wirkungen des Mittels zur Erscheinung bringt und die Schäden, welche eine missbräuchliche Verwendung des Mydriaticums zur Folge haben kann und leider oft genug zur Folge hat, mit Sicherheit zu verhüten im Stande ist. — Betrachten wir den typischen Verlauf einer gewöhnlichen plastischen Iritis, so finden wir, dass dieselbe unter den Erscheinungen einer tieferen, pericornealen Injection mit Verengerung der Pupille, mangelhafter Reaction derselben und stärkerer Blutanhäufung des aufgelockerten Irisgewebes beginnt. Ohne Eingreifen der Therapie ist eine ausgesprochene Neigung zur Exsudation der hinteren Fläche, speciell des Pupillarrandes vorhanden, wodurch mehr oder weniger ausgedehnte Verwachsungen derselben mit der vorderen Linsenkapsel und alle, aus dieser hervorgehenden hinreichend bekannten, unheilvollen Folgen sich entwickeln können. Oft genug jedoch können wir beobachten, dass die Iritis in typischem Verlauf mit den Stadien des An- und Absteigens der Entzündung auch ohne Synechieen heilt oder dass Verwachsungen, wenn sie während des Höhestadiums der Entzündung eingetreten sind, nach Ablauf der Entzündungserscheinungen durch das wieder frei gewordene Spiel der Pupille von selbst gelöst werden. — Welche Ziele also kann die Atropin-Therapie der Iritis bei der geschilderten Sachlage verfolgen?

Wenn wir im Beginne der Entzündung Atropin in das Auge träufeln und nach verhältnissmässig kurzer Zeit eine ausreichende Erweiterung der Pupille wahrnehmen, so werden wir zunächst den Vortheil erzielen, dass wir das entzündete Organ, welches in der Norm ein ausserordentlich bewegliches ist, durch die specifische muskellähmende Wirkung des Heilmittels völlig ruhig stellen. Hiermit erfüllen wir die erste therapeutische Indication, welche sich bei allen entzündlichen Organerkrankungen in gleicher Weise wiederholt. Da aber die Iris bei erweiterter Pupille wegen ihrer geringeren Flächenausdehnung eine erheblich geringere Blutmenge zu fassen vermag als bei verengter Pupille, so erfüllen wir durch das Mydriaticum zugleich einen fluxionsvermindernden, d. h. theilweise antiphlogistischen Heilzweck. Hiedurch allein kann es gelingen und gelingt es in der That zuweilen, eine Iritis im Entstehen zu coupiren. Aber auch selbst, wenn dem Fortschreiten der Entzündung auf diese Weise nicht vorgebeugt werden kann, so ist in Anbetracht der besprochenen Exsudationstendenz durch Entfernung des Pupillarrandes von der im Centrum zunächstliegenden gekrümmten Linsenoberfläche der Ausbildung von Synechieen am besten vorgebeugt.

Allerdings dürfen wir nicht vergessen, dass das Atropin nicht allein auf die glatten Muskelfasern des Sphincter pupillae, sondern auch in gleicher Weise auf die Constrictoren der Irisgefässe lähmend einwirkt und durch diese seine Wirkung zu einem Theile den fluxionsvermindernden Effect der Flächenverkleinerung aufhebt. Aus dieser Erwägung allein folgt schon, was auch die Erfahrung genügend gelehrt hat, dass auch bei der Behandlung der Iritis ein übermässiger Gebrauch des Atropins schädlich wirken kann. Und in der That behandle ich auch, seitdem ich mich von diesen Verhältnissen genügend überzeugt habe, seit Jahren die Iritis während des Stadiums der ansteigenden Entzündung mit einem Minimum von Atropin, wo ich früher dasselbe in grossen Quantitäten zu verordnen gelehrt und gewohnt war. So lange die durch die erste Atropinisirung erweiterte Pupille ihre Grösse bewahrt, hat die weitere Anwendung des Mydriaticums keinen Sinn. Zeigt sich, wie gewöhnlich, Neigung zur Wiederverengerung der Pupille, so wird die Atropinisirung wiederholt. Erscheint die wiederholte Anwendung des Mydriaticums bei Zunahme der Entzündungserscheinungen ohne Einfluss auf die Erweiterung der Pupille, so wird selbst bei ausgesprochener Neigung zur Synechieenbildung die Anwendung des Mydriaticums auf das geringste Maass eingeschränkt statt, wie es häufig üblich, durch stärkeres Atropinisiren eine Erweiterung erzwingen zu wollen, weil der Erfolg zeigt, dass der von der entzündlichen Exsudation ergriffene Sphincter dem Atropin vollkommen widersteht, während die Muskelfaserzellen der Gefässe noch Angriffspunkte für das Mittel zu bieten scheinen, wodurch offenbar die entzündliche Fluxion gesteigert werden muss. Vollkommen fortgelassen werden muss das Atropin, sobald Exsudationen oder Blutungen im Kammerwasser auftreten, weil diese Symptome auf das Deutlichste zeigen, dass die Gefässalterationen in dem Verlaufe der Entzündung in den Vordergrund treten und durch die erwähnte gefässlähmende Wirkung des Atropins nicht noch verstärkt werden dürfen. Desgleichen muss das Mittel gänzlich ausgesetzt werden, sobald Trübungen im vorderen Theile des Glaskörpers oder bedeutendere Erhöhung des intraoculären Druckes eine Mitbetheiligung der sehr gefässreichen Ciliarfortsätze ausser Frage stellen. Unter solchen Verhältnissen bleibt nur die anderweitige bekannte Behandlung der Iritis mit Blutentziehung, Cataplasmen, Inunctionen, Diaphorese etc. in ihrem Rechte bestehen.

Beachtet man diese Grundsätze nicht, so wird man nicht selten die Erfahrung machen, dass unter dem missverstandenen Schulgebrauche des Atropins manches Auge geschädigt wird oder selbst durch eine Regenbogenhautentzündung verloren geht, welches durch einfaches Aussetzen dieser überschätzten und verkannten Panacee gerettet worden wäre. Ich selbst wenigstens habe in häufigen Fällen die Beobachtung gemacht, dass mein Rath, bei den beschriebenen Formen der Iritis mit dem Gebrauche des vorher ausgiebig angewandten Atropins gänzlich aufzuhören, zunächst ungläubiges Erstaunen erregte, dass dessen Befolgung aber die heilsamste und auch den Zweifler überraschendste Wirkung erzielt hat. Mit dem Abfallen der Entzündungserscheinungen tritt dann die erneute Indication für einen energischeren Atropingebrauch ein, falls Synechieen zurückgeblieben sind, und man sieht oft genug die ausgedehntesten Adhaesionen sich nach Abklingen der Entzündung noch mit Leichtigkeit lösen, deren Entwickelung während der Entzündung durch übermässigen Atropingebrauch man nicht allein nicht aufhalten konnte, sondern vielleicht geradezu befördert hat.

Die anderen Formen der Iritis, wie die luëtische, tuberculöse, gonorrhoische etc. erfordern noch weniger den energischen Gebrauch des Atropins und unterliegen in hervorragendem Maasse der causalen Allgemeinbehandlung. Die seröse Form erheischt desgleichen umsoweniger den ausgedehnten Gebrauch der Mydriatica, je mehr einerseits deren Abhängigkeit von einem Allgemeinleiden, andererseits ihre ausgesprochene Beziehung zu der glaucomatösen Krankheitsgruppe in den Vordergrund tritt.

Obwohl die physiologische Beziehung des Atropins zu der Beeinflussung des normalen intraoculären Druckes noch keineswegs zu einer experimentellen Klarheit gelangt ist, so lässt sich die klinische Thatsache nicht mehr zurückweisen, dass sich durch einen Tropfen Atropin in gewissen Augen ein acuter Glaucomanfall herbeiführen lässt. Welche Augen zu einer solchen Katastrophe disponirt sind, ist leider zur Zeit noch unbekannt: nur soviel ist gewiss, dass in einem jugendlichen Auge ein solches Zusammentreffen nicht leicht geschehen dürfte, sondern dass nur einzelne Augen des höheren Alters dieses traurige Vorrecht besitzen. Es ist deshalb gerade bei alten Augen eine besondere Vorsicht für den Gebrauch des Atropins geboten. Wenn diese eben erwähnte Thatsache zweifellos ist, so folgt daraus, dass es für die Behandlung des bereits manifest gewordenen acuten Glaucoms kein ungeeigneteres Mittel giebt als das noch so häufig gebrauchte Atropin. Die Schwierigkeit für den Practiker liegt hier ganz besonders in der Diagnose. Es ist wahrlich verzeihlich genug, wenn ein Nicht-Ophthalmologe ein entzündliches Glaucom für eine Iritis hält und dasselbe durch Atropinbehandlung verschlimmert, besonders da ja auch das acute Glaucom durch seine graduelle Verschiedenheit eine proteusartige Gestalt annehmen kann.

Als differential diagnostische Regel darf man aufstellen, dass **jede acute Entzündung des Augapfels, welche mit genuiner Erweiterung und Reactionslosigkeit der Pupille auftritt, als Glaucom angesehen und strengstens vor einem Mydriaticum behütet werden muss.** Die seltenen Ausnahmen von dieser Regel wiegen nicht schwer genug, um den Vortheil auszugleichen, welchen die strenge Befolgung dieser Regel im Gefolge hat.

Die seltenen Fälle von Chorioiditis und Retinitis, in denen sich eine Indication für den Gebrauch der Mydriatica bieten dürfte, fallen bereits vollkommen in das Gebiet speciell-ophthalmologischer Thätigkeit, um an dieser Stelle eine Besprechung zu gestatten. In gleicher Weise verhält es sich mit den Indicationen des Mittels für die Operationen an der Linse. Nur das eine sei hier erwähnt, dass bei reifender Cataract zu einer Zeit, da die Operation noch nicht ausgeführt werden kann, durch einen mässigen und nach den oben ausgeführten Grundsätzen wohl controlirten Gebrauch eines Mydriaticum in manchen Fällen durch die Erweiterung der Pupillen eine gewisse Erleichterung geschaffen werden kann.

Handelt es sich um eine noch durchsichtige Rindensubstanz bei stark gefärbter Sclerose oder Trübung des Kerns, so kann man durch alternirende Erweiterung der Pupillen zuweilen eine ganz bedeutende Erhöhung der Sehschärfe und damit eine gewisse Gebrauchsfähigkeit des Auges erzielen gerade während der Zeit des langsam fortschreitenden Blindwerdens, welche für viele Patienten qualvoller zu sein pflegt, als das Stadium des bereits ausgesprochnen Blindseins.

Hiermit wären die speciellen Indicationen und Contraindicationen des Atropins, soweit sie in den Rahmen der allgemeinen Praxis fallen, wohl erschöpft; es bliebe noch übrig einige allgemeinere Erwägungen anzuknüpfen, welche dem Atropin als solchem oder der individuellen Disposition mancher Patienten anhaften.

Zunächst wäre die Gefahr der Intoxication zu erwähnen, welche durch die Verordnung des so heftig allgemein wirkenden Mittels herbeigeführt werden kann. In der That lehrt die Litteratur der Atropinvergiftung, dass dieselbe erst kurz nach der Einführung des Mittels in die oculistische Praxis beginnt. Die schärfsten Warnungen von Seiten des Arztes werden ebensowenig wie die abschreckende Signatur des Apothekers diese Quelle der Vergiftungen absichtlicher oder unabsichtlicher Natur verschliessen. Ich pflege die Gefahr dadurch zu umgehen, dass ich in der überwiegenden Mehrzahl der Fälle das Mittel in **Salbenform** mit Vaselinum flavum verordne, wodurch ich seither keinen Vergiftungsfall zu beobachten Gelegenheit hatte, welcher durch die Verordnung selbst veranlasst worden wäre. Diese Form der Ordination schützt auch vollständig gegen die leichteren Formen der Vergiftung, welche bei Einträufelung des Mittels in flüssiger Form durch Aufsaugung mittelst der Thränenleitung beobachtet wird und zur Erfindung mannigfacher instrumenteller Vorbeugungsmittel Veranlassung gegeben hat.

Nicht aber wird dadurch jene unangenehme locale Folgeerscheinung verhindert, welche unter dem Namen der **Atropingranulationen** der Conjunctiva hinreichend gekannt ist. Seitdem ich das Atropin nur in den geschilderten mässigen Quantitäten in Anwendung ziehe, beobachte ich diese Erscheinung nur noch selten. Aber selbst bei dem mässigsten Atropingebrauche tritt sie in die Beobachtung, und es wird ihr gegenüber in jedem Einzelfalle dem ärztlichen Tacte überlassen bleiben, zu entscheiden, wie weit die Vortheile der Atropinisirung die Beschwerden der Conjunctivitis überwiegen oder vice versa. In gleicher Weise theilt die Salbenverordnung mit der Atropinlösung diejenige unangenehme Complication, welche unter dem Namen des Atropineksems bekannt ist. In diesen glücklicher Weise seltenen Fällen, die auf einer eigentlichen persönlichen Idiosyncrasie beruhen dürften, muss von dem Weitergebrauche des Atropins Abstand genommen werden, wenn nicht die zwingendsten Gründe für seine Anwendung vorliegen.

Der Leser wird vielleicht mit einem gewissen zweifelnden Erstaunen gesehen haben, dass für die Anwendung des Atropins nach meiner Auffassung nur ein sehr eingeschränktes Wirkungsgebiet zurückbleibt, das in einem recht grellen Gegensatze zu der beherrschenden Stellung stehen dürfte, welche zur Zeit diesem Heilmittel in der Behandlung von Augenkrankheiten eingeräumt wird. Er wird seinen Zweifel vielleicht einigermaassen mindern, wenn ich ihm mittheile, dass in meiner Klinik, die über ein Ambulatorium von jährlich viertausend neuen Patienten gebietet, und in welcher dementsprechend an vielen Tagen mehr als hundert Patienten abgefertigt werden, seit Jahren der Atropinverbrauch ein sehr geringer ist, ja dass an manchen Tagen die Atropinflasche überhaupt nicht geöffnet wird, obwohl auch bei mir wie allerorts die Erkrankungen der Conjunctiva und Cornea die grösste Verhältnisszahl der Fälle darstellen. In allen zweifelhaften Fällen wird man, wie ich zum Schlusse mich zusammenfassen will, besser thun, das Atropin zu meiden als es anzuwenden und wird so wenigstens dem ersten Grundsatze der ärztlichen Praxis treu bleiben, welcher heisst: „Nil nocere“.

Das Bromaethyl und die Bromaethylnarkose.

Von

Dr. Leo Szuman in Thorn.

Indicationen und Anwendungsweise. Der vorige Jahrgang der therapeutischen Monatshefte brachte mehrere Artikel über Bromaethylnarkose. Das Interesse, welches von verschiedenen Fachgenossen dem Mittel entgegengebracht wird, halte ich entschieden für berechtigt. Da das Bromaethyl schneller narkotisch wirkt als das Chloroform, dagegen geringere Nachhaltigkeit der Wirkung darbietet, ferner bei Verbrauch von kleinen Quantitäten selten Erbrechen veranlasst und relativ weniger gefährlich zu sein scheint, so ist seine Anwendung nach meinen Erfahrungen für kurz dauernde, schmerzhafte Operationen recht zu empfehlen. In dieser Beziehung stimme ich mit Nunnely[1]), R. J. Lewis[2]), Terrillon[3]), Chisolm[4]), Babuteau[5]), J. Asch[6]), A. Langgaard[7]), Pauschinger[8]) und J. Scheps[9]) überein. Das Bromaethyl benutze ich seit October 1883 bis heute sowohl im hiesigen Diaconissenkrankenhause, als auch in der Privatpraxis vielfach zur Narkose bei kleinen, schmerzhaften Operationen wie bei Extractionen von Zähnen und Zahnwurzeln, Abtragungen oberflächlicher kleiner Tumoren, Ausschabungen von Abscessen, Discisionen von Carbunkeln, Auslöffelungen cariöser Knochenfisteln, leichter ausführbaren Nekrotomien u. s. w. und ferner auch öfters in der geburtshilflichen Praxis. Ich habe bis Ende des vorigen Jahres ca. 120—130 solche Narkosen ausgeführt.

Ich wende das Bromaethyl mittelst einer mit dickem Flanell oder doppeltem, dichtem Tricotstoff überzogenen Chloroformmaske an. Die Maske wird nicht, wie bei Chloroform, 1—2 cm vom Gesicht entfernt gehalten, sondern dicht auf Nase und Mund gelegt und 1—3 mal reichlich mit der Tropfflasche übergossen, so dass die ganze Maske recht nass ist. Wenn dieses richtig ausgeführt wird, wozu ca. 10—15 g, selten 20—30 g Bromaethyl verbraucht werden, so ist die zu einer kurz dauernden Operation nöthige Betäubung bereits erreicht, d. h. ein mässiges Schwindelgefühl mit bedeutend herabgesetzter, manchmal völlig erloschener Schmerzempfindung, während die Tastempfindung und die Besinnung gewöhnlich noch erhalten bleibt. Die Patienten antworten noch meistentheils auf Fragen, öffnen, dazu aufgefordert, den Mund und fühlen das Anlegen der Zahnzange, das Schaben des scharfen Löffels, die

[1]) Conf. Kappeler, Anaesthetica, Deutsche Chirurgie, Lieferung 20 S. 186.

[2]) New-York Medical Journal 1880 August No. II S. 179 u. ff.

[3]) Ref. im Centrbl. f. Chir. 1880 No. 31 aus Gaz. Méd. de Paris 1880 No. 22.

[4]) Ref. in Centrbl. f. Chir. 1883 No. 20 aus Maryland Medical Journal 1883 Jan. 1.

[5]) Cit. bei Wiedemann, Petersb. Med. Wochenschr. 1883 No. 11.

[6]) J. Asch, Therap. Monatshefte 1887 Heft 2, S. 54.

[7]) A. Langgaard, Ibid. Heft 2, S. 62.

[8]) Pauschinger, Ibid. Heft 9 S. 356.

[9]) J. Scheps. Das Bromaethyl u. s. Verwendb. b. zahnärzt. Oper. Inaug.-Diss. Breslau 1887.

Scheerenschläge u. s. w. als dumpfen Druck oder Zug, aber die meisten halten den geringen Schmerz ruhig und ohne zu zucken aus. Auch machen die sonst an frischen Wunden so sehr schmerzhaften Beizungen mit Chlorzink in concentrirten Lösungen (8—10%) den Patienten bei Bromaethylanwendung sehr wenig oder gar keine Schmerzen. Manchmal, doch nicht immer, ist die Schmerzempfindung bei ganz leichter Narkose absolut ganz erloschen, so dass die Patienten vergnügt der Operation zusehen, oder, wenn Alles vorüber ist, fragen, ob die Operation wirklich ausgeführt worden. Das Erwachen aus der leichten Narkose, resp. die Rückkehr der Schmerzperception geschieht allerdings recht bald. Man muss sich mit der Operation beeilen und alles Nöthige sich vor der Narkose zurechtgelegt haben. Doch dauert die Betäubung bedeutend länger als die Stickoxydulnarkose, sie dauert jedenfalls wenige Minuten, nicht blos wie bei Stickoxydul wenige Secunden.

Contraindicationen. In Fällen, wo eine kleinere Operation lange dauert, z. B. bei plastischen Operationen oder wo man in einer Sitzung 8—10 theilweise mit Zahnfleisch bewachsene Zahnwurzeln extrahiren soll und ferner bei allen grösseren Operationen ist die Chloroformnarkose, da sie anhaltender wirkt, in der Regel vorzuziehen, ebenso zur Narkose bei Repositionen von Gelenkverrenkungen (vgl. unten).

Bei Potatoren ist eine genügende Betäubung gewöhnlich weder mit kleinen, noch mit grossen Dosen Bromaethyl zu bewerkstelligen. Ebenso ist es bei Personen, die nicht so viel Ueberwindungskraft haben, dass sie die Maske mehrere Secunden hindurch fest vor der Nase behalten, schwer, den passenden Augenblick der leichten Betäubung zu treffen, da der abwechselnd reichliche Zufluss reiner Luft die Wirksamkeit der Narkose stört. Bei solchen aufgeregten Personen muss man dann lange Zeit und tief narkotisiren, wobei aber das Bromaethyl keinen Vorzug vor dem Chloroform hat, vielmehr ist es, wie gesagt, für lange und tiefe Narkosen weniger wirksam.

Bei Schwindsüchtigen, Herzkranken und Nierenleidenden und ferner beim Gebrauch sehr grosser Dosen kann das Bromaethyl ebenso bedenklich werden, wie Chloroform, wie Aether, wie Lachgas u. s. w. In der mir zur Verfügung stehenden Litteratur finde ich 2 Todesfälle bei Bromaethylnarkose angeführt. Der eine trat ein bei einem schwindsüchtigen, sehr anämischen, nierenkranken jungen Mann, bei dem nur ca. 15—16 g Bromaethyl zur Narkose gebraucht wurden[10]), der zweite bei einer Frau, die angeblich sonst keine gröberen organischen Erkrankungen darbot, aber 150 g Bromaethyl bei einer Ovarium-Exstirpation nach Battey zu riechen bekam. Das ist allerdings eine reichliche Portion.

Anfangs, als ich das Bromaethyl durch die Abhandlung Wiedemann's[12]) und durch eine Mittheilung über Chisolm's Resultate bei 400 Bromaethylnarkosen, hauptsächlich bei Augenoperationen (a. a. O.) kennen lernte, habe ich es sowohl bei kleinen, wie bei grossen Operationen anzuwenden versucht und manchmal 80[13]) bis 100 g davon (einmal sogar 150 g[14])) zur Narkose gebraucht. Seitdem mir aber der schlimme Roberts'sche und M. Sims'sche Fall bekannt sind, sowie seitdem P. Müller[15]) zwei Fälle veröffentlichte, bei denen Inhalation von 100 g Bromaethyl starken Luftröhrenkatarrh (in einem Falle sogar mit hohem Fieber, aber sonst ohne lebensgefährliche Erscheinungen) zu veranlassen schien, habe ich darauf verzichtet, Bromaethyl bei grösseren und lange dauernden Operation zu gebrauchen. Uebrigens habe ich auch Gelegenheit gehabt, in einem Fall nach Strumaexstirpation unter Bromaethylnarkose trotz völliger Heilung per primam und trotz absolut aseptischen Verlaufs eine acute und schnell vorübergehende schleimige Bronchitis zu beobachten. Die Temperatur stieg hier plötzlich auf 40,2° [16]). Doch auch nach Chloroformnar-

[10]) Roberts, ref. im Centrbl. f. Chir. 1880 S. 639. No. 39.

[11]) M. Sims, New-York Med. Journal 1880 Vol. 32 No. 2 pag. 176. Die Sims'sche Patientin litt an Epilepsie. Ob Eiweiss im Urin vor der Operation gefunden wurde, ist nicht angegeben. Seitdem ich bei Epileptikern den Urin regelmässig auf Eiweiss untersuchen lasse, fand ich in mehreren Fällen Albuminurie, wo sonst keine Symptome für Nierenleiden sprachen. In solchen Fällen ist wohl die Epilepsie für nephritische Eclampsie zu betrachten.

[12]) Petersburger Med. Wochenschrift 1883 No. 11.

[13]) Betreffende Patientin war eine potatrix. Die Betäubung war, trotzdem 80 Gramm Bromaethyl verbraucht wurden, keine vollständige, und man musste Chloroform zu Hilfe nehmen, welches auch bald wirkte. An diesem Fall konnte man sehen, wie sehr die Bromaethylwirkung bei Säufern der Chloroformwirkung nachsteht.

[14]) Patient, kräftiger Landarbeiter, potator. Partielle Oberkieferresection wegen Carcinom. Trotzdem 150 Gramm verbraucht wurden, keine Analgesie, kein Halbschlaf.

[15]) P. Müller, Berl. Klin. Wochschr. 1883 No. 44.

[16]) Rosalie Walery, kräftiges Landmädchen, 19 Jahr alt. Doppelseitige Struma. Die linke Hälfte derselben war aber durch eine, vor mehreren Monaten vorgenommene Kur mit Ueberosmiuminjectionen (conf. Sauman, Berl. Klin. Wochenschrift 1884 No. 15) bis auf einen völlig flachen, kleinen Rest von Narbengewebe geschrumpft, wäh-

kose habe ich im vorigen Jahre einen Fall von acuter fieberhafter Bronchitis (Temp. bis 40° C.) in den nächsten Tagen nach einer im hiesigen Diakonissenhause von mir vorgenommenen Operation einer grossen Ovarial-Dermoidcyste bei sonst völlig aseptischem und tadellosem Verlauf der Wundheilung gesehen. (Die Laparotomiewunde heilte völlig per primam, kein Meteorismus, kein Exsudat, kein Abscess, keine Peritonitis.) Nach einigen Tagen sank das Fieber kritisch unter reichlichem Schweisse und häufigem, schleimig-eitrigem Auswurf und stieg seit der Zeit nur noch wenige Male über 38°, während der Wundverlauf stets völlig reactionslos blieb. — Ich will nicht unerwähnt lassen, dass sowohl die Struma-Kranke als auch die Ovariotomirte vor der Operation bereits chronisch-bronchitische Katarrherscheinungen darboten. Wahrscheinlich haben auch andere Operateure ähnliche, mehr oder weniger ausgeprägte acute katarrhalische Affectionen resp. Exacerbationen nach Operationen unter Chloroformnarkose gesehen. Ein gewisser Reiz der N. vagi und der Bronchialschleimhäute wird auch durch das Chloroform veranlasst und noch mehr durch Aethernarkose.

Anwendung bei Geburten. Lebert, Wiedemann (l. c.), Haeckermann[17]) rühmen sehr den Werth der Bromaethylnarkose zur Schmerzlinderung während der Wehen. Auch ich habe in mehreren Fällen, wo ich die Bromaethylnarkose während der Wehen in der Austreibungsperiode benutzte (in Gesammtquantitäten von etwa 30—50 g[18]), sehr bedeutende Linderung der Schmerzen ohne jede Störung der Wehenkraft und Wehenthätigkeit gesehen. Ich empfehle die Inhalationen aber nur während der Austreibungswehen zu machen oder ab und zu bei Krampfwehen.

Chemisch-physicalische Eigenschaften. Das Bromaethyl (Aethyle bromata, Aethylum bromatum), auch Hydrobromaethyl, Aethylbromid, Aethylbromür genannt (C_2H_5Br), eine farblose, sehr flüchtige Flüssigkeit, siedet bei 39° C.[19]), hat ein specifisches Gewicht von 1,39. — Mehrere Beobachter halten das Bromaethyl für leicht zersetzlich. Nach der Ansicht aber von Terrillon, von M. C. Traub (a. a. O.) und nach Beobachtungen von Dr. R. Hübner und von mir ist es bei passender Aufbewahrungsweise sehr beständig.

Langgaard (a. a. O.) und Traub wollen behufs sicherer Conservirung etwas Alkohol dem Bromaethyl zusetzen. Mir scheint dieser Zusatz höchstens dann zulässig, wenn der Arzt selber ihn ausführt und nicht, wenn die Fabriken, resp. Apotheken ihn beimischen würden, weil sonst die Untersuchung des specifischen Gewichts und des Siedepunktes (die doch zur Feststellung der Reinheit des Bromaethyls gerade sehr charakteristisch sind) sehr erschwert wird.

Mit Bromaethyl, welches 2—3 Monat alt war, habe ich öfters Narkosen ausgeführt und fand bei der Anwendung desselben keine Nachtheile. Freies Brom fand ich bei der Aufbewahrung in dunklen Flaschen nicht[20]). Eine Bromaethylprobe, die ich vom 27. Juli bis zum 12. November v. J., also 3½ Monate in dunkler Flasche im Glasschrank ohne directes Sonnenlicht aufbewahrt habe, hatte nach der Untersuchung des Dr. R. Hüb-

rend der rechte Struma-Lappen trotz der Injection nicht genug schrumpfte, vielmehr von Neuem zu wachsen schien. Exstirpation des rechten Lappens unter Bromaethylnarkose. Operation ohne besondere Schwierigkeiten ausführbar trotz der vorangegangenen Osmium-Injectionen. Der Tumor 1 ℔ schwer. Der linke in situ belassene Lappen völlig geschrumpft, mit der Haut fest wie eine Narbe verwachsen. Während der Bromaethylnarkose viel Erbrechen. An dem nächsten Tage nach der Operation zeigt sich unter Schüttelfrost (Temperatur bis 40,2) eine acute Bronchitis mit reichlichem Schleimauswurf, die aber in wenigen Tagen vorübergeht. Keine Stimmbandlähmung. Wundheilung bei der hohen Temperatur völlig per primam. Am 18. Tage nach der Operation auch der Drainkanal fest vernarbt und Patientin ohne Verband entlassen. Vagus und Recurrens wurden bei der Operation nicht blossgelegt und nicht laedirt.

17) Centrbl. f. Gynaecologie 1888 No. 34.

18) Beim Taschentuchaufgiessen wird allerdings oft mehr verbraucht, doch machen grössere Mengen oft Nausea, ebenso wie Chloroform.

19) Terrillon (Ref. in Centrbl. f. Chir. 1880 S. 715) giebt den Siedepunkt auf 40,7 an. Ebenso Gorup-Besanez (Lehrbuch der org. Chemie 1872, S. 111.), während Schlickum in der Real-Encyklopädie der gesammten Pharmacie von Geissler und Möller 1886 Band I, S. 153 den Siedepunkt auf 38, das specifische Gewicht auf 1,478 angiebt.

Dammer Chemisches Handwörterbuch 1876 S. 19 giebt den Siedepunkt auf 48,1 an.

Kerl und Stohmann Encyklop. Handbuch der tech. Chemie Band I 1874 S. 30 giebt ihn auf 40° an.

Dr. Langgaard (a. a. O.) bestimmt den Siedepunkt des reinen, brauchbaren Bromaethyls auf 39° C. — M. C. Traub Pharm. Centrb. 1887 No. 22 S. 274 fand in zwei guten Bromaethylproben ein spec. Gewicht von 1,385 u. 1,38, während eine dritte Probe mit einem spec. Gew. von 1,4 bereits Spuren von saurer Reaction Verunreinigung mit Bromwasserstoff) darbot. Herr Apotheker Dr. R. Hübner aus Thorn fand den Siedepunkt 39° C., das specifische Gewicht 1,39.

20) Bei längerem Aufbewahren soll eine gelbliche Verfärbung durch freies Brom vorkommen. Hager (Handbuch der pharm. Praxis 1883, Theil I, S. 189) u. Schlickum (l. c.). Das freie Brom ist durch Blattsilber oder Kupferschnitzel zu entfernen.

ner von hier völlig normale Eigenschaften, normalen Siedepunkt (39°), war frei von freiem Brom und von Bromwasserstoff. Da gerade diese Sache von eminenter practischer Bedeutung für den Arzt ist, so lasse ich über zwei Controlproben, die Herr Dr. Hübner auf meine Bitte 6 Monate hindurch aufbewahrt hat, um den Einfluss von Licht und Luft auf ganz reines Bromaethyl festzustellen, seine eigenen Worte hier folgen[17]):

„50 g Bromaethyl wurden in einem braunen Glase von 50,0 Wasserinhalt, das davon etwa zu ⅘ gefüllt war, gut mit Kork verschlossen, in einen dunklen Schrank gesetzt und etwa fünf Monate lang stehen gelassen, jede Woche aber 1—2 mal der Kork gelüftet[18]). — Andererseits wurden 50 g Bromaethyl in einem weissen Glase von 50 g Wasserinhalt genau so behandelt, aber dem zerstreuten Tageslicht ausgesetzt."

„Schon nach wenigen Wochen begann der das weisse Glas verschliessende Kork sich auf der unteren Seite zu bräunen. Diese Bräunung wurde allmählich intensiver und nach Verlauf von 5 Monaten musste der Kork als „corrodirt" bezeichnet werden, die Flüssigkeit aber zeigte keine, auch nicht zeitweise Veränderung der Farbe."

„Demgegenüber war der das braune Glas verschliessende Kork vollkommen intact geblieben und auch die Flüssigkeit zeigte keinerlei Farbenveränderung. Diesen Beobachtungen entsprach das Resultat der mit den beiden Proben vorgenommenen Untersuchung, welche vollkommen genügt, um eine Zersetzung des ursprünglich reinen Bromaethyls zu constatiren. Das mit Probe I (braunes Glas) geschüttelte Wasser reagirte durchaus neutral und gab mit Silberlösung keine Reaction; das mit Probe II (weisses Glas) geschüttelte Wasser hingegen reagirte stark sauer und gab mit Silberlösung einen starken Niederschlag von Bromsilber."

„Hieraus folgt, dass Luft allein (natürlich trockene) auf absolut reines Bromaethyl lange Zeit keinen Einfluss ausübt, dass aber bei gleichzeitigem Zutritt des Lichtes dasselbe sehr bald eine Zersetzung erleidet. Wie weit in letzterem Falle der Einfluss der Luft bei dieser Zersetzung in Betracht kommt, welcher Art dieselbe ist und welche Producte neben Bromwasserstoffsäure dabei auftreten, ferner, welche Wirkung das Licht unter Ausschluss von Luft auf das Präparat ausübt, lasse ich vorläufig unerörtert, bemerken will ich nur noch, dass ich als Siedepunkt des reinen Bromaethyls 39° und als spec. Gew. 1,39 gefunden habe." —

Die Schwankungen bei Bestimmung des Siedepunktes (um 1—2°) bei verschiedenen Autoren sind theils vielleicht auf kleine Beobachtungsfehler, theils auf Einfluss eines höheren oder niedrigeren Barometerstandes, theils wohl auf nicht ganz reines Präparat zurückzuführen[19]).

Das Bromaethyl hat einen dem Chloroform ziemlich ähnlichen, aber weniger scharfen, mehr süsslich-säuerlichen Geruch[20]). Die Inhalationsmaske riecht nach Benetzung mit Bromaethyl nach sauren Aepfeln und ist, wenn sie mehrere Minuten hindurch in Gebrauch war, mit weissen, schneeartigen, feinen Eiskrystallen bedeckt[21]). Wird Bromaethyl auf die Haut gegossen, so entwickelt es durch schnelle Verdampfung eine starke Kälte, ähnlich wie der wasserfreie Aether. Bringt man das Bromaethyl mittelst eines Zerstäubungsapparates auf die Hautoberfläche, so gefriert die Haut nach längerer Zerstäubung ebenso wie nach Zerstäubung wasserfreien Aethers. Deshalb kann man auch das Bromaethyl zur Localanaesthesie benutzen (Terrillon).

Auf einem Glasstab, über einer Spirituslampe angezündet, entzündet sich das Bromaethyl leicht und brennt mit grüner (Brom-)Flamme. Es ist aber nicht so entzündlich wie Aether, und man kann es daher ohne Gefahr bei Abendlicht und bei thermokaustischen Operationen gebrauchen. Doch zersetzen sich die flüchtigen Bromaethyldämpfe bei Anwesenheit einer Flamme, weshalb bei längerem Gebrauch des Bromaethyls bei Lampen- oder Kerzenlicht ein lästiger, scharfer Bromgeruch im Zimmer entsteht, wie ich das mehrere Mal zu beobachten Gelegenheit hatte.

Aus dem Munde der Patienten riecht es besonders nach langen Narkosen noch mehrere

[17]) Zu diesem Zwecke wurde brauchbares Bromaethyl (aus Alkohol, Schwefelsäure u. Kaliumbromid bereitet) aus der Fabrik von E. Merck in Darmstadt einer nochmaligen, sorgfältigen Rectification unterworfen und nur das bei 39° Uebergegangene, das alle bisher bekannten Proben auf Reinheit aushielt, zu obigem Versuche verwandt.

[18]) Um die Verhältnisse im ärztlichen Sprechzimmer nachzuahmen.

[20]) Die meisten Schriftsteller bezeichnen den Geruch als dem des Aether ähnlich. Dem kann ich nicht beipflichten, indem ich ihn mehr chloroformartig finde. Bromaethyl, welches einen stechenden scharfen Geruch hat, ist nicht rein, wie ich mehrmals Gelegenheit hatte zu constatiren. Auch Langgaard (a. a. O.) warnt vor derartigem Präparat.

[21]) Wenn man einige Tropfen Bromaethyl auf die Hohlhand giesst, so müssen dieselben in wenigen Secunden verdampfen, bleibt ein flüssiger Rückstand einige Minuten, so ist das Bromaethyl bestimmt unrein.

Tage hindurch nach Bromaethyl — oder vielmehr ist der Geruch säuerlich, apfelartig oder laucbartig.

Verfälschungen. Zu warnen ist vor Verwechslungen des **Bromaethyls** (**Aethyle bromata**) mit **Bromaethylen** (**Aethylenum bromatum, Aethylenbromid, Elaylbromid**). Letzterer Körper ($C_2H_4Br_2$ [65]) ist eine farblose, angenehm riechende Flüssigkeit, von 2,163 spec. Gewicht bei 21°, die bei 0° krystallinisch erstarrt und erst bei 129° siedet, also viel weniger flüchtig und bedeutend schwerer ist als das Aethylbromid und mehr Brom enthält. Das **Aethylenbromid** ist nach **Bonome's** und **Mazza's** Versuchen weniger narkotisch und dazu leicht tödtlich wirkend durch Herabsetzung der Herzthätigkeit. Auf die Möglichkeit dieser Verwechslung muss ich desto mehr aufmerksam machen, da in dem sehr verbreiteten Handbuch der Arzneiverordnungslehre von **Ewald** und **Lüdecke**[66]) die Bezeichnungen **Aethylenum bromatum** und **Bromaethyl** promiscue gebraucht werden, während doch Bromaethylen (Aethylenum bromatum) ein ganz anderer Körper ist als Bromaethyl, wie oben angeführt. Ferner wird der Name **Aether bromatus** von einigen Autoren für Bromaethyl benutzt[67]). Auch dieser Name ist nicht zu verwechseln mit dem giftigen Aethylenbromid oder mit dem von **Schuetzenberger** so genannten **Bromaether**, welcher allerdings eine durchaus verschiedenartige, roth krystallinische, erst bei + 21° schmelzende Substanz bildet von der Zusammensetzung: $C_4H_{10}OBr_2$ [68]).

Wenn es auch einzelne Fälle giebt, wo die Wirkung des Bromaethyls trotz richtiger Stellung der Indicationen und bei passender Gebrauchsweise eine ungenügende oder negative bleibt, so ist doch, wie auch **Langgaard**, **Traub** u. A. hervorgehoben haben, bei diesen Fällen entschieden eine grössere Anzahl auf unreines oder verfälschtes Präparat zurückzuführen. Unter meinen 120 Fällen habe ich 4 negative Fälle beobachtet. **Zwei davon** sind entschieden verfälschtem Präparat zuzuschreiben. Der letzte Fall begegnete mir Ende vorigen Jahres. Ich benutzte ein eben frisch aus der Apotheke gebrachtes Bromaethyl zur Narkose bei einer Frau behufs Extraction zweier mit Zahnfleisch überwachsener schmerzhafter Zahnwurzeln. Eine schmerzstillende Wirkung trat trotz längeren Aufgiessens des Bromaethyls gar nicht ein, wohl aber ein 2 Tage andauerndes Erbrechen mit sehr heftigem Kopfschmerz, Schwäche u. s. w. Schon beim Aufgiessen des Präparats auf die Maske fiel es mir auf, dass das Medicament gar nicht verwitterte und die Maske sich trotz längeren Aufgiessens gar nicht mit den charakteristischen weissen Schnee-Krystallen bedeckte. Das Präparat wurde durch eine hiesige Apotheke aus einer Berliner Firma bezogen. Die nachträglich von mir vorgenommene Untersuchung ergab, dass das Präparat vollständig gefälscht war; es enthielt überhaupt kein Bromaethyl. Es roch zwar ähnlich, nur etwas schärfer, war wasserklar, brannte zwar mit einer grünen Bromflamme, siedete aber erst bei 80° und hatte ein specifisches Gewicht von 1,095, entwickelte auch auf die Hand gegossen keine Kälte, sondern hinterliess einen sich fettig anfühlenden Ueberzug[69]). Der verschliessende Korkstöpsel wurde auch nach einiger Zeit schwarz und angeätzt (was bei reinem Bromaethyl nicht vorkommen darf (siehe oben die Angaben von Dr. **Hübner**).

Diese unliebsame Entdeckung veranlasste mich damals, allen in den hiesigen drei Apotheken und im Diakonissenkrankenhause vorhandenen Bromaethyl genau untersuchen zu lassen. Die Untersuchung ergab, dass von 6 Proben drei (bereits vor mehreren Wochen, resp. Monaten theils von **Merck**, theils aus einer Berliner Firma bezogene) Proben ganz gutes Bromaethyl enthielten, zwei von zwei Berliner Firmen vor Kurzem bezogene völlig verfälscht waren, kein Bromaethyl enthielten (das Eine davon war das von mir bei der eben besprochenen Narkose angewandte Präparat), eine Probe schliesslich enthielt stark verunreinigtes Bromaethyl (es kochte zwar im Wasserbade bereits bei 39° C., bei 80° aber war noch ein Rückstand im Reagensglas vorhanden). Letzteres befand sich in der Apotheke seit mehreren Monaten in einer **weissen Flasche**.

Seither untersuche ich jede Bromaethylflasche, die ich bekomme, auf den Siedepunkt und auf das spec. Gewicht, die ja bei Bromaethyl grade sehr leicht festzustellen und sehr charakteristisch sind[70]).

(Schluss folgt.)

---

[65]) $C_2H_5Br_2$ nach der älteren Bezeichnungsweise (**Strecker** l. c. S. 826).

[66]) Ausgabe vom J. 1883, S. 151.

[67]) **Schlickum** (a. a. O.) u. **Traub** (a. a. O. S. 276).

[68]) **Hager**, Handb. d. pharm. Praxis, Theil I, S. 189.

[69]) Vielleicht war es ein mit Alkohol vermischtes Aethylenbromid — jedenfalls war aber kein Aethylbromid darin. Es siedete bei 39—40° noch nicht im Geringsten.

[70]) Verfälschungen durch Aethylaether könnten sich im Siedepunkt dem Bromaethyl nähern, würden aber doch viel niedrigeres spec. Gewicht ergeben.

Ueber die Wirkung des Phenacetin
(Para-Acetphenetidin)*).

von

Dr. Hugo Hoppe.

Wenn man fragt, welche Fortschritte die Therapie des Fiebers oder der fieberhaften Infectionskrankheiten in unserer neuen Aera der Antipyretica mit Hülfe derselben gemacht hat, so muss man gestehen, dass diese Fortschritte gerade nicht sehr bedeutende sind. Nach wie vor stehen wir den Krankheitserregern ziemlich machtlos gegenüber. In der neusten Zeit ist sogar eine Anzahl beachtenswerther Stimmen laut geworden, die sich geradezu direct gegen den Gebrauch der Antipyretica aussprechen und ihren Werth für illusorisch halten. Ich glaube nun zwar, dass dies vielleicht etwas zu weit gegangen ist, meine jedoch, dass man sich heutzutage allerdings etwas skeptisch gegenüber der Frage über den Werth der Antifebrilia verhalten und besondern jeder Anpreisung eines neuen Fiebermittels mit gewissem Misstrauen begegnen muss.

Dies war der Standpunkt, den ich einnahm, als ich auf Anregung des Herrn Prof. Jacobson mich an die Untersuchung des jüngsten Fiebermittels, des Phenacetin, machte. Das Interesse, welches ich von Anfang an an demselben nahm, war mehr ein theoretisches als ein praktisches, mehr ein pharmakologisches als ein therapeutisches. Ich wollte nicht so wohl untersuchen, ob es ein wirksames Mittel zur Bekämpfung des fieberhaften Processes, sondern ob es ein wirksames Mittel sei, die fieberhafte Temperatur herabzudrücken, und ob es dabei unangenehme Erscheinungen macht oder nicht resp. ob es gut vertragen werde.

Ich begann die Untersuchung bereits im April v. J. im hiesigen jüdischen Krankenhause, wo mir Herr Prof. Jacobson das Material bereitwilligst zur Verfügung stellte. Doch konnte ich eines Theils, weil das Fieberkrankenmaterial in dem Krankenhause in diesem Frühjahr etwas gering war, die Arbeit nicht sehr fördern. Ich wandte mich deshalb an Herrn Prof. Albert Fränkel und später an Herrn Dr. P. Guttmann in Moabit, welche das Phenacetin bei einigen ihrer Patienten versuchten und mir die Krankengeschichte zur Verfügung stellten. So habe ich im Ganzen 20 Fälle zusammenbekommen. Während sich meine Untersuchungen in die Länge zogen, ist unterdess eine Arbeit von Dr. Kohler (aus der medicinischen Klinik des Herrn Prof. v. Bamberger in Wien) erschienen[1]), dessen Resultate sich im Ganzen mit den von mir gewonnenen decken. Später kam ich auf den Gedanken, das Phenacetin auch als Antineuralgicum zu versuchen und dehnte in der Folge meine Untersuchungen auf die Wirkung dieses Mittels bei nervösen Störungen aus.

Das Phenacetin oder Acetphenetidin, welches die Farbenfabriken in Elberfeld, vorm. Bayer & Co., darstellen, ist seiner chemischen Constitution nach der Aethylaether des acetylirten p-Amidophenols. Es muss also eigentlich Para-Acetphenetidin heissen. Es steht dem Antifebrin oder Acetanilid sehr nahe. Das letztere ist aus dem Anilin $C_6H_5NH_2$ dadurch herzuleiten, dass man ein H durch ein Acetyl-Radical C_2H_3O ersetzt, so dass seine Formel lautet:

$$C_6H_5 - N <^{H}_{C_2H_3O}$$

Das Phenacetin dagegen ist ein aethylirtes Phenol und hat folgende Zusammensetzung:

$$\underset{(1)}{C_2H_5O} - \underset{(4)}{C_6H_4 N} <^{H}_{C_2H_3O}$$

Das Paraacetphenetidin oder Phenacetin wird hergestellt aus dem durch Nitriren von Carbolsäure gebildeten Paranitrophenol. Dieses wird aethylirt und so in Paranitrophenetol übergeführt, mit Zinn und Salzsäure reducirt, mit Eisessig acetylirt und dann aus Wasser krystallisirt.

Das Präparat, mit welchem ich den grössten Theil meiner Untersuchungen anstellte, war ein schwach grau-röthliches, geruchloses Pulver von leicht bitterem Geschmack. (Die Fabrik stellt jetzt übrigens ein absolut weisses Product in schönen Krystallen dar.) Es krystallisirt in farblosen Nädelchen. Es ist in Wasser (auch in heissem) schwer löslich, leichter löst es sich in Eisessig, Schwefeläther und Alkohol und zwar am leichtesten in heissem, ebenso leicht in heissen Oelen und Glycerin, aus denen es sich beim Erkalten aber wieder ausscheidet; in saurer und alkalischer Flüssigkeit, sowie in verdauenden Säften ist es unlöslich. Es schmilzt bei 135°.

Die Entdecker, O. Hinsberg und G. Kast aus Freiburg i/B.[2]), hatten das Acetphenetidin zunächst bei Thieren versucht und gefunden, dass es in Dosen von 0,15 bis 0,2 pro Kilo am Hunde keine besonderen Veränderungen hervorrief, selbst wenn es ihnen mehrere Tage hinter einander 1,0—2,0 gegeben wurde.

---

*) Wegen Raummangels mit Bewilligung des Herrn Verfassers in gekürzter Form. Red.

[1]) Dr. G. Kohler. Das Acetphenetidin als Antipyreticum. Wiener Medicin. Wochenschr. Nr. 26 u. 27/87.

[2]) O. Hinsberg u. G. Kast. Ueber die Wirkung des Acetphenetidin. Centralblatt für die medicinischen Wissenschaften 26. Febr. 87.

Bei erheblicher Steigerung der Dosis (3,0—5,0 beim mittelgrossen Hunde) zeigte sich jedoch beschleunigte Respiration, Schlafsucht, schwankender Gang, Erbrechen. Diese Erscheinungen nahmen noch im Verlauf von 2—3 Stunden zu, wobei auch Cyanose der Maulschleimhaut, mehr oder weniger ausgesprochen, auftrat. Bei noch grösseren Dosen wurde cyanotische Verfärbung des Blutes beobachtet und in einigen Fällen trat auch Methämoglobin auf, also ähnlich wie bei der Antifebrinintoxication. Nach einigen Stunden erholten sich jedoch ausnahmslos die Thiere wieder.

Meine Thierversuche, welche ich im hiesigen pharmakologischen Institut mit gütiger Erlaubniss des Herrn Prof. Liebreich und mit freundlicher Unterstützung des Herrn Dr. Langgaard in letzter Zeit angestellt habe, ergaben noch günstigere Resultate in Bezug auf die Harmlosigkeit des Phenacetin. Ich experimentirte allerdings nur an zwei Kaninchen und einem Hunde. Bei den Kaninchen war wegen der fast absoluten Unlöslichkeit des Mittels in indifferenten Flüssigkeiten die Darreichung eine ausserordentlich schwierige. Das Phenacetin wurde dem einen Thier mit einem kleinen Hornlöffel löffelweise in das Maul gestopft, während ich es dem zweiten durch einen Glastrichter langsam ins Maul schüttete.

Diese Versuche, welche ich angestellt hatte, um die Grösse der tödlichen Dosis zu bestimmen, hatten in Bezug darauf ein negatives und, zusammengestellt mit den Thierversuchen von Hinsberg und Kast ein inconstantes Resultat ergeben. Jedenfalls zeigt dies, wie unsicher alle solche Thierexperimente sind und wie misslich es ist, daraus allgemeine Schlussfolgerungen in Bezug auf die Wirkung beim Menschen zu ziehen. Die individuelle Verschiedenheit bei Thieren ist ebenso gross, vielleicht noch grösser als beim Menschen. Was aber alle diese Thierversuche übereinstimmend lehrten, ist, dass das Phenacetin auch in grossen Dosen eine ziemlich unschädliche, harmlose Substanz mit nur vorübergehenden üblen Wirkungen ist.

Ich habe das Phenacetin in grösseren Gaben auch beim normalen Menschen angewandt, zunächst bei mir selbst. In Dosen von 0,2 bis 0,4 machte es gar keine Wirkung. Nur einmal trat nach einer Dosis von 0,4 deutlicher, wenn auch geringer Schweiss in der Achselhöhle und um den Nabel herum auf, während ich arbeitend ruhig am Tische sass. Ich habe es dann in Dosen von 0,6—1,0 und darüber genommen, ohne Schweiss zu beobachten. Die Temperatur wurde kaum merklich herabgesetzt, doch fühlte ich bei der Dosis von 1,0 ein leichtes Frösteln, das vielleicht eine halbe Stunde dauerte. Sodann gab ich einem jungen etwas bleichsüchtigen Mädchen eine Dosis von 1,25, um zu sehen wie das Mittel auf ein leicht erregbares Nervensystem wirkt. Nach ¼ Stunde etwa trat Schauder, deutliches Kältegefühl, Aufstossen (einmal sogar so stark, dass das Mädchen glaubte, es würde sich erbrechen), unaufhörliches Gähnen, Schläfrigkeit und etwas Benommenheit im Kopfe ein. Der ganze Symptomencomplex war in etwas über 1 Stunde vorüber; nur die Müdigkeit hielt noch an. Das Allgemeinbefinden war trotzdem nicht erheblich gestört, nur ein gewisses unbehagliches Gefühl war entstanden. Die Temperatur ging um 0,3° herunter, von 36,2 auf 35,9°. Bei einer andern etwa 44jährigen Dame, die an Migräne litt, versuchte ich das Mittel in therapeutischer Absicht (worauf ich später zu sprechen komme) auch in einer Dosis von 1,0. Es traten fast genau dieselben Erscheinungen auf, wie bei dem Mädchen, besonders Frösteln und Schwindel; die Migräne wich. Auch bei dem Mädchen gab ich später das Mittel wegen heftiger Kopfschmerzen, wobei sich stets dieselben Erscheinungen, mehr oder weniger ausgeprägt, zeigten. Einmal nahm es, da das erste Pulver, ohne viel Erscheinungen zu machen, die Kopfschmerzen nicht beseitigt hatte, nach 4 Stunden noch ein zweites um 3 Uhr 30 Nachmittags.

Ihren Aufzeichnungen gemäss traten folgende Erscheinungen ein:

um 3 Uhr	30	Minuten	Schwindel,
„ 3 „	35	„	Müdigkeit,
„ 4 „	—	„	Zittern in den Gliedern,
„ 4 „	5	„	Magenwühlen und heftiges Gähnen,
„ 4 „	10		Frost, so dass die Nägel an den Fingern blau wurden,
4 „	16		etwas Uebelkeit, aber nicht erheblich,
„ 4 „	25		Befinden bessert sich,
„ 4 „	30		wieder Frost und solches Gähnen, dass die Augen thränten,
„ 4 „	37	„	einigemal Aufstossen,
„ 5 „	—	„	ganz wohl.

Die Erscheinungen hatten also wiederum etwa 1½ Stunden gedauert. Sonderbarer Weise machte nach einigen Tagen eine Dose von 1,5 bei diesem Mädchen ausser Müdigkeit keine dieser Erscheinungen. Auch als ich viel später wieder einmal wegen heftiger Kopfschmerzen 1,0 gab, traten keine erheblicheren Erscheinungen auf. Ebensowenig bekam ich solche bei anderen Personen, denen ich bei Neuralgien 1,0 und mehr verabreichte, mit Ausnahme eines noch später zu erwähnenden Falles. Ich selbst experimentirte schon vorher an mir mit Dosen von

1,5 und 2,0, ohne unangenehmere Symptome zu verspüren. Bei der Dosis von 1,5 (6 Uhr Nachmittags) überkam mich nur eine gewisse Benommenheit, als wenn ich einige Gläser Bier getrunken hätte. Ich fühlte Druck in der Stirn, die Augenlider wurden mir schwer, als wollten sie zufallen, und brannten etwas; einigemal musste ich gähnen. Dabei ging die Temperatur von 36,8 bis 36,55, der Puls um 6 Schläge herunter. Um 7 Uhr waren die Erscheinungen zum grossen Theil vorüber, um 8 Uhr war ich ganz frei und die Temperatur wieder 36,8°. Als ich aber nach 2 Tagen Morgens 8 Uhr 2,0 Phenacetin nahm, traten noch geringere Erscheinungen auf: nur geringe Müdigkeit und Schwere der Augenlider und leiser Stirndruck. Temperatur und Puls gingen kaum merklich herunter. Ich musste danach annehmen, dass eine gewisse Gewöhnung des Nervensystems an das Mittel eingetreten war. Um eine Stütze für diese Vermuthung zu gewinnen, überredete ich meinen Freund, den cand. med. Max B., welcher ebenso wie ich, eine ziemlich kräftige Constitution besitzt, 2,0 Phenacetin zu nehmen. In der That war die Wirkung hier, wo vorher noch kein Phenacetin genommen war, eine weit stärkere, so wie ich vorausgesetzt hatte. Ich theile seine Aufzeichnungen selbst mit:

	Temp.	Puls	
Um 8 Uhr 50	36,8	68	
9 -			2,0 Phenacetin.
9 - 20	36,8	-	
9 - 40	36,5	64	Gähnen fast alle Min., etwas Uebelkeit.
10 - 5	36,5		
10 - 30			Gähnen, Schlafsucht, Eingenommenheit des Kopfes.
11 -	36,5	64	Gähnen, Schlafverlangen, Taumeln beim Stehen, starke Uebelkeit wie nach Rauchen einer schlechten Cigarre, grosse Mattigkeit, etwas Ptyalismus, Puls etwas klein.
11 - 30	36,2	64	
12 -			Erscheinungen lassen nach; kein Gähnen, Sensorium freier, Uebelkeit geringer.
12 - 30	36,5	64	Keine weiteren Symptome.

Die Erscheinungen dauerten also 3 Stunden.

Es trat hier, wie auch bei mir nach 2,0, ausserdem noch eine auffallende Steigerung der Diurese ein, welche vielleicht zum Theil auf die zugleich eingeführten grösseren Wassermengen zu beziehen ist.

Als ich etwa 2 Monate später selbst noch 2,0 und 2,5 Phenacetin nahm, bemerkte ich keine gesteigerte Diurese und auch im Uebrigen waren die Erscheinungen fast gleich Null. Aus allen diesen Versuchen geht hervor, dass das Phenacetin ein relativ unschädliches Mittel ist, welches selbst in grossen Dosen, allerdings individuell etwas verschieden, meist nur mässige Erscheinungen macht; wo unangenehme Symptome auftreten (bes. bei schwächlichen, anämischen Personen), sind dieselben in 2—3 Stunden vorüber.

A. Phenacetin als Antipyreticum.

Wenn ich jetzt zur therapeutischen Verwendung des Phenacetin behufs Herabsetzung der fieberhaften Körpertemperatur übergehe, so will ich zunächst hervorheben, dass dasselbe in den geringen Dosen von 0,2 bis 0,5 resp. bis 1,0 *pro die*, in welchen es bei Erwachsenen zur Verwendung kam, absolut unschädlich ist. Die einzigen geringen üblen Erscheinungen, die ich sah, betrafen geschwächte, durch lange Krankheit heruntergekommene Individuen und bestanden in stärkeren Schweissen, Mattigkeit und 1 oder 2 mal etwas Ohrensausen. Gleich in dem ersten Falle, in welchem das Phenacetin zur Anwendung kam, bei einer leukämischen Frau mit hohen Fiebertemperaturen, machte die kleine Dosis von 0,2 an dem ersten Tage so starken Schweiss, dass die Patientin das Hemd wechseln musste. An den nächstfolgenden Tagen wurde der Schweiss geringer und über Ohrensausen, welches das erste Mal aufgetreten war, wurde überhaupt nicht mehr geklagt. Auch in anderen Fällen, wo stärkere Schweisse auftraten und das Mittel nicht ganz gut vertragen zu werden schien (meist Phthisiker), wurden die Symptome an den folgenden Tagen geringere, so dass ich glaube annehmen zu dürfen, es sei eine Gewöhnung an das Mittel eingetreten.

Uebelkeit oder Erbrechen trat nie nach der Verabreichung auf, ebensowenig wurden unangenehme Erscheinungen von Seiten des Herzens, wie Cyanose, Herzschwäche, Collaps beobachtet. Dagegen kam in einem Fall von Typhoid bei einem 22jährigen Arbeiter nach einer Dosis von 0,5 ein Exanthem zur Beobachtung, wie es ähnlich nach Darreichung von Chinin, Antipyrin und anderer Antipyretica beschrieben worden ist. Nachdem der Patient am vorhergehenden Tage 0,5 Phenacetin erhalten, traten bei der zweiten Gabe von 0,5 während des Schweisses an den Schultern, auf den Armen und Oberschenkeln eine bis handgrosse, nicht erhabene Röthung der Haut auf, zunächst mit Jucken. Am nächsten Tage bestand das Exanthem ziemlich unverändert fort, doch wurde nicht mehr über Jucken geklagt, und auf einer grösseren Anzahl von Flecken hatte sich ausgedehnte Urticarin entwickelt. Tags darauf war das Exanthem bis auf Spuren verblasst.

Die Dosis war in den verschiedenen Krankenhäusern, in welchen das Phenacetin zur Verwendung kam, eine etwas verschiedene. Im Anfange war die Dosis, wie es die Vorsicht bei dem neuen Mittel gebot, eine geringe, 0,2 resp. 0,25 beim Erwachsenen, einmal täglich. Es wurde gewöhnlich nur gereicht, wenn die Temperatur in der Achselhöhle 39,5 betrug oder überstieg. Der Temperaturabfall war zwar ein grösserer, bis zur Norm aber meist nur dann, wenn es in den späten Nachmittagsstunden gegeben wurde. In einem Falle hatte eine Dosis von 0,25, in den Vormittagsstunden verabreicht, eine sehr geringe Wirkung und nach 2 Stunden ging die Temperatur wie an anderen Tagen in die Höhe. Auch grössere Dosen (0,4 und 0,5) entfalteten meist dann erst ihre volle Wirkung, wenn sie beim Absteigen der Temperaturcurve gegeben wurden. Einigemal allerdings ging die Temperatur auch bei Darreichung in den Vor- oder ersten Nachmittagsstunden zur Norm herunter. In Uebereinstimmung mit Kobler kann ich constatiren, dass einmalige grössere Dosen sich wirkungsvoller zeigten als wiederholt kleinere. Bei Kindern setzten schon Dosen von 0,125 die Temperatur um 1 bis 1½ bis 2° herunter, einmal sogar, um 6 Uhr Nachmittags verabreicht, von 40° bis 36,9° (10 Uhr Nachmittags). 0,2 bis 0,25 Phenacetin genügten meist in den späten Nachmittagsstunden die Temperatur normal zu machen. Doch wurden auch 0,4 g von einem 7jährigen Mädchen mit sehr hohen Fiebertemperaturen vorzüglich vertragen und hatten einen vollständigen Effect (Sinken der Temperatur von 40,5 um 6 auf 36,8 um 10 Nachmittags). Wo Dosen von 0,2 nicht genügten, hatten 2 oder 3 halbstündlich wiederholte Dosen die gewünschte Wirkung. Wie gut auch grössere Dosen von Kindern vertragen wurden, zeigt ein Fall, wo ein 4jähriges Kind innerhalb 2 Stunden 0,8 Phenacetin ohne irgend welche Nachtheile bekam.

Der Abfall der Temperatur erfolgte gewöhnlich allmählich, nur einigemal ganz steil. Derselbe begann etwa ½ Stunde nach Darreichung des Pulvers gleichzeitig mit den Schweissen, wenn solche überhaupt auftraten. Die Hauptwirkung war in 2 bis 4 Stunden erreicht. Dann begann, meist wieder ganz allmählich, der Anstieg[3]). Die Gesammtwirkung erstreckte sich je nach den Dosen und der Zeit der Verabreichung auf 2—6—8 Stunden.

Pulsfrequenz und Respiration gingen ungefähr entsprechend dem Temperaturabfall herunter.

Eine ausgesprochene Euphorie, wie sie Kobler bei der überwiegenden Mehrzahl seiner Patienten gesehen haben will, ist in meinen Fällen nicht beobachtet worden. Manche Kranke fühlten sich sogar etwas matt danach. In einem Falle von schwerem Typhoid bei einem Knaben wurde beobachtet, dass derselbe, etwa 20—30 Minuten nach der Verabreichung des Phenacetin (0,4) unruhig zu werden begann. Im Ganzen wurde aber, wie schon erwähnt, das Phenacetin gut vertragen, nur einige Phthisiker klagten, dass es ihnen nicht gut bekäme. Specifische Wirkungen habe ich in meinen Fällen ebensowenig gesehen, wie Kobler in den seinigen[4]).

Ich gehe nun an die Besprechung der einzelnen fieberhaften Fälle, bei welchen das Phenacetin zur Verwendung kam. Es waren, wie schon gesagt, 20 Fälle, welche 12 Erwachsene und 8 Kinder im Alter von 4—14 Jahren betrafen. Nach Krankheiten vertheilen sie sich folgendermassen: 1 Fall von Leukämie, 1 Fall von Pneumonie, 1 Fall von gastrischem Fieber, 9 Fälle von Typhoid, 2 Fälle von Scharlach resp. Scharlachdiphtherie und 6 Phtisiker. In Bezug auf die 6 im Krankenhause Moabit beobachteten Fälle (5 Typhoid, 1 Pneumonie) muss ich auf meine December 1887 erschienene Inaugural-Dissertation[5]) verweisen. In allen

[3]) Wie mir nachträglich Herr Dr. Paul Guttmann brieflich mittheilte, hat er später bei einem Kinde nach Phenacetin beim Ansteigen der Temperatur einen starken Frost beobachtet. Leider weiss ich nichts über die näheren Umstände des Falles; doch glaube ich, dass man, da weder von Hinsberg und Kast, noch in meinen 20 noch in den 50 Kobler'schen Fällen je Frost beobachtet wurde, nicht viel aus dieser einen Beobachtung wird schliessen können.

[4]) Nachträglich kommt mir eine kürzlich erschienene Abhandlung von Prof. Lépine (R. Lépine: Sur le traitement de la fièvre typhoide: la phénacétine. — La Semaine médicale 21 Dec. 87) in die Hände, in welcher dieser Forscher den Werth der verschiedenen Antipyretica beim Typhoid gegen einander abwägt und das Resultat seiner neuen persönlichen Erfahrungen über das Phenacetin mittheilt. Das Acetanilid hat nach L. gewisse Vortheile vor dem Antipyrin, besonders den, die Herzaction zu verstärken anstatt sie zu schwächen, aber es hat den Nachtheil, bei gewissen Individuen eine ziemlich bedenkliche Anämie hervorzurufen, wenn es längere Zeit gebraucht wird. Das Phenacetin hat nun nach L. vor dem Acetanilid den Vorzug einer viel grösseren Unschädlichkeit. „In der Tagesdose von 3,0 bis 4,0 afficirt es weder das Herz in bemerkenswerther Weise, noch ruft es Cyanose, noch irgend ein beunruhigendes Symptom hervor, mit Ausnahme vielleicht von Schweissen. Bis jetzt habe ich alle Ursache, mit diesem neuen Mittel zufrieden zu sein." L. gebraucht es in Oblaten von 0,5, 6 bis 8 mal *pro die* (!)

[5]) H. Hoppe: Ueber die Wirkung des Acetphenetidin. Inaugural-Dissertation, 24. Dec. 87.

trat prompt eine Temperaturabnahme ohne specifische Beeinflussung des Krankheitsprocesses ein.

Ich möchte zum Schlusse dieses Theils noch kurz die Wirkung des Phenacetin auf die Diurese besprechen. Ausser in einem Falle, wo bei dem kleinen Scharlachpatienten die Urinmenge von 200 auf 800 am nächsten und 1200 am übernächsten Tage stieg, habe ich einen Einfluss des Phenacetin auf die Diurese der Patienten nicht beobachten können. Dass das Phenacetin wenigstens in grossen Dosen aber diuretische Wirkungen haben kann, habe ich an mir und besonders an meinem Freunde sehen können, wo 2,0 Phenacetin die Diurese erheblich steigerten.

Mit Ferrumsesquichlorid gab der Harn, der keinen besonderen Geruch zeigte, eine schöne tief burgunderrothe Färbung, wie auch Kobler beobachtet hat. Einmal bekam ich in meinem Harn nach einer Dosis von 1,5 mit Fe_2Cl_6 eine starke chokoladenbraune Fällung, welche beim Stehen dunkler wurde. Beim Erhitzen setzte sich darüber die Flüssigkeit burgunderroth ab. Dieser Harn reducirte stark die alkalische Kupferlösung, ohne aber (wie Hinsberg u. Kast angaben) die Polarisationsebene zu drehen. In einigen Fällen konnte ich auch eine Reduction der alkalischen Kupferlösung nicht bekommen. Die Reduction rührt nicht von Zucker her, denn, wie Kobler mittheilt, fällt die Fischer'sche Phenylhydrazinprobe auch bei reducirendem Harn immer negativ aus. In einem Falle, den ich im 2. Theil noch erwähnen werde, wo binnen 6 Stunden 5,5 Phenacetin genommen wurde, war nach der Aussage des Patienten der Harn am nächsten Morgen ganz dunkelroth.

Nach Hinsberg und Kast tritt auf Zusatz von Salzsäure, wässeriger Phenollösung, Oxydation mit Kaliumbromat und schliesslicher Uebersättigung mit Ammoniak keine Farbenreaction ein. Es zeigt dies, dass kein Anilin im Körper entsteht. Wurde aber der Harn zunächst einige Zeit mit concentrirter Salzsäure gekocht und dann Phenol und Kaliumchromat zugesetzt, so trat eine braunrothe Färbung ein, welche auf Zusatz von Ammoniak in Grünblau umschlug. Dieselbe Farbenreaction zeigt das Aetherextract des Harns, der vorher mit concentrirter Salzsäure gekocht und mit Kalilauge übersättigt worden ist.

Die antizymotische Wirkung des Phenacetin, um auch diese noch ganz kurz zu erledigen, ist von Kobler im Verein mit Dr. Kovacz untersucht worden. Es wurde in allen Fällen (Bacillus subtilis, cyanogenus, anthracis, Micrococcus prodigiosus roseus und Staphylococcus pyog. aureus) kein anderer Einfluss auf das Wachsthum der Culturen beobachtet als eine ganz geringe Verzögerung desselben.

II. Phenacetin als Antineuralgicum.

Aufmerksam gemacht durch die Erfolge, welche Germain Sée, Lépine, Dujardin-Beaumetz u. A. in letzter Zeit mit dem Antipyrin und Antifebrin bei Bekämpfung der Migräne und von Neuralgien erzielt haben, kam ich auf die Vermuthung, dass das dem Antifebrin so nahe verwandte Phenacetin wohl eine ähnliche Wirkung haben würde. Diese Erwartung hat sich auf das Vollständigste erfüllt. In den allerdings noch wenigen (25) Fällen, in denen ich es anzuwenden Gelegenheit hatte, hat sich das Phenacetin als ein ganz promptes vorzügliches Antineuralgicum erwiesen. Die Fälle betrafen meist Frauen mit Migräne oder gewöhnlichen Kopfschmerzen, einmal auch eine Frau mit heftigem Kopfschmerz bei Schnupfenfieber. In einem Fall von Ischias, welcher allen anderen Mitteln (Antifebrin, Antipyrin) getrotzt hatte, trat ein ganz eclatanter Erfolg ein, ebenso in einem anderen Falle mit Ischias ähnlichen Schmerzen und Zuckungen, wo die Zuckungen allerdings bestehen blieben, die Schmerzen aber schwanden. Nur wo das Leiden auf organischer Basis beruhte (Nierensteine, Tabes [?]), konnte kein oder nur ein geringer Erfolg beobachtet werden, doch sah ich auch in einem Fall von Migräne einen absoluten Misserfolg. In allen übrigen Fällen von Kopfschmerz aber (das Mittel wurde ohne Auswahl gegeben) schwanden die Schmerzen nach $^1/_2$ bis 2 Stunden. Ich selbst hatte Gelegenheit, die vortreffliche Wirkung des Phenacetin an mir selbst zu beobachten, als ich einmal tüchtige Kopfschmerzen hatte. Nach $^1/_2$ bis $^3/_4$ Stunden war der Kopf frei und ich fühlte mich so frisch und leicht, als wenn ich nie mehr Kopfschmerz bekommen könnte. Aehnlich äusserte sich ein Kollege, der bei heftigem Kopfschmerz 1,0 Phenacetin genommen hatte. „Man fühlt sich danach so frei und körperlos", meinte er. In einem Falle von nervöser Gastralgie und Dyspepsie (Atonie?) trat ein eclatanter Erfolg ein. Auch bei nervöser Schlaflosigkeit habe ich es versucht, einmal mit befriedigendem Erfolg, während es ein anderes Mal im Stich liess. Die Dosis war 1,0 bis 1,5, doch kommt man meist mit 1,0 aus. In einem schon oben berührten Falle mit tabesähnlichen Krisen nahm der Patient wider Verordnung 2 mal 2,0 binnen 2 Stunden und dann noch einmal 1,5 nach 3 Stunden. Ueble Erscheinungen traten trotzdem nicht ein*). Auch in den übrigen Fällen blieb das Phenacetin in den grösseren Dosen von 1,0 bis 1,5 ohne Nebenerscheinungen, mit Ausnahme der zwei schon Anfangs erwähnten Patientinnen, welche fast regelmässig danach Schwindel, Mattigkeit, Frösteln und Uebelkeit bekamen. Nach 1½ bis 2 Stunden waren aber die Erscheinungen vorüber und damit auch der sehr heftige Kopfschmerz, und dann fühlten sich die Patientinnen ausserordentlich leicht und frisch. In dem eben erwähnten Fall von migräneartigem Kopfschmerz, wo kein Erfolg eintrat, machte das Phenacetin sehr unangenehme Erscheinungen, besonders Herzklopfen, Frost und Schwindel. Ich muss annehmen, dass bei diesen beiden Patientinnen (Mutter und Tochter) und der dritten Dame eine gewisse Idiosynkrasie gegen das Phenacetin bestand. Bei Gelenkrheumatismus habe ich es bisher noch nicht anzuwenden Gelegenheit gehabt.

Ich will die Fälle kurz einzeln anführen, von welchen ich übrigens einen Theil der Güte des Herrn Dr. Dorn (Berlin) verdanke, welcher die Freundlichkeit hatte, das Phenacetin bei einer Reihe seiner Patienten anzuwenden.

1. Frau D., 44 Jahr alt, leidet seit langer Zeit an migräneartigen Kopfschmerzen, die ziemlich häufig und unregelmässig auftreten und meist 1—2 Tage und noch länger dauern. Nach Dosen von 1,0 trat unter den oben erwähnten Erscheinungen Schlafsucht, Gähnen, Frösteln, Aufstossen („es war ihr, als ob der Magen sich umdrehen wollte"), ein Nachlass der Schmerzen ein, welcher zugleich mit Schwinden der Nebenerscheinungen nach 2 Stunden ein vollständiger wurde. Am nächsten Morgen fühlte Patientin nach kräftigem Schlafe ihren Kopf ganz leicht. Sie nahm Phenacetin vielleicht 3—4 mal bei auftretendem Kopfschmerz. Seit 14 Wochen ist die Frau ganz von Kopfschmerz frei.

2. Frl. D., 20 Jahr alt, leidet in letzter Zeit, wo sie sehr bleichsüchtig geworden ist, an häufigem Kopfschmerz. Dosen von 1,0 vertreiben denselben unter ähnlichen Erscheinungen. Einmal blieb Morgens der Erfolg aus; nach etwa 6 Stunden eine 2. Dosis: Sehr heftige Nebenerscheinungen (s. oben), nach 2 Stunden Nachlass derselben, die Kopfschmerzen sind ganz verschwunden. Später nach einer Dosis von 1,5 bei sehr heftigem Kopf- und Zahnschmerz völliger Nachlass der Schmerzen in 15 bis 20 Minuten ohne Nebenerscheinungen.

3. Frau F., 51 Jahr alt, leidet seit 10 Jahren, wo sie im Klimakterium eintrat, sehr häufig an heftigen Kopfschmerzen, die nun in letzter Zeit durch eine energische Eisentherapie seltener geworden sind. Einige Stunden, nachdem sich ausserordentlich heftiger Kopfschmerz im Hinterhaupt eingestellt hatte, gab ich 1,0 Phenacetin. Nach ½ Stunde schon fühlte sie etwas Erleichterung, die andauernd zunahm. Nach 2—3 Stunden waren die Kopfschmerzen verschwunden. In der Nacht schlief sie gut und wachte am Morgen mit freiem Kopf auf. Nebenerscheinungen traten nicht auf, nur etwas Müdigkeit stellte sich ein.

4. Frau N., 45 Jahr alt. Bei heftigem migräneartigen Kopfschmerz 1,0 Phenacetin. Nach 2 Stunden vollständige Besserung ohne Nebenerscheinungen.

5. Frau S., 38 Jahr alt. 1,0 Phenacetin bewirken in ½ Stunde vollkommenen Nachlass der heftigsten Kopfschmerzen. Keine Nebenerscheinungen. Aehnlicher Erfolg später noch einmal.

6. Frau W., etwa 45 Jahr alt. Bei sehr heftigem Stirnkopfschmerz tritt nach 1,0 Phenacetin ohne Nebenerscheinungen nach ¼ Stunde völlige Remission ein. Gleicher Erfolg bei einer späteren Gelegenheit.

7. Frau D., 41 Jahr alt, (aus der Privatpraxis des Hrn. Dr. Dorn), nervöse etwas schwächliche Frau, leidet zur Zeit der Menstruation an migräneartigen heftigen Kopfschmerzen, gegen welche Antifebrin auch in grossen Dosen ohne Erfolg blieben. Einmal hatte 1,0 Antipyrin Erfolg, später auch nicht mehr. Nach 1,0 Phenacetin allmähliches Nachlassen des Kopfschmerzes. Nach 2½ Stunden trat Schlaf ein, aus welchem Patientin ohne jeden Kopfschmerz erwachte. Auch Erbrechen, welches sonst eintrat, blieb aus.

8. Frau Sch., kräftige Frau (aus der Privatpraxis des Hrn. Dr. Dorn), welche auch zur Zeit der Menses Anfälle von Migräne bekommt. Durch Antipyrin und Antifebrin geringer, fast gar kein Erfolg. Bei Anwendung von 1,25 Phenacetin nach kurzer Zeit der Anfall schon wesentlich zum Besseren geändert, nach etwa 4 Stunden Wohlbefinden.

9. Frau C., 35 Jahr alt, eine etwas hysterische Dame, welche in letzter Zeit häufig an heftigen hysterischen Halsschmerzen leidet, die ihr die Nachtruhe rauben. Abends vor dem Schlafengehen während starker Schmerzen 1,0 Phenacetin, wonach sie einige Minuten lang heftiges Brennen im Halse verspürte. Um 10 Uhr trat Schlaf ein, der ohne Störung bis zum Morgen anhielt. Sie erwachte ziemlich frei von Schmerzen, nur fühlte sie eine Schwere in den Gliedern. Dieselbe nahm dann später mehrmals bei heftigen Kopfschmerzen 1,0 Phenacetin. Immer trat nach ¾ bis 1 Stunde vollständiger Nachlass ein, zuletzt auch bei heftiger Trigeminusneuralgie.

10. Frl. Anna T., Dienstmädchen, 26 Jahr alt. Bei heftigen Kopfschmerzen hatte 1,0 Phenacetin nach kurzer Zeit einen „brillanten Erfolg".

11. Frl. P., 17 Jahr alt, leidet seit einem Vierteljahr öfters an Migräneanfällen. Patientin nahm während eines Anfalls Abends 9 Uhr 1,0 Phenacetin. Nach ½ Stunde verspürte sie, dass es besser wurde. Sie schlief dann bald ein und wachte am nächsten Morgen vollkommen munter und klar auf. Seitdem sind über 14 Tage verflossen, ohne dass ein neuer Anfall sich eingestellt hat, während sonst sich dieselben in kürzeren Zwischenräumen wiederholten.

12. Frau W., 45 Jahr alt, kleine kräftige Person, leidet schon lange (sie befindet sich in den Wechseljahren) an Anfällen von nervösem Kopfschmerz, welche früh beim Aufstehen eintreten und den Tag über bleiben. Bei einem solchen Anfall Morgens um 10 Uhr 1,0 Phenacetin. Danach Aufstossen, allmähliche, um 12 Uhr vollständige Besserung.

13. Frau G. (aus der Privatpraxis des Hrn. Dorn), 60 Jahr alt, leidet sehr häufig, oft in Zwischenräumen von 8 Tagen, an migräneartigen Anfällen. Zwei Mal nach 1,0 Phenacetin alsbaldiges Nachlassen des heftigen Anfalles.

14. Frau Gr. (aus der Privatpraxis des Herrn Dorn), 55jährige Landfrau, leidet seit vielen Jahren

---

*) Lépine hat, wie er in einer Anmerkung zu seinem oben (S. 163) erwähnten Aufsatze mittheilt, das Phenacetin auch bei Tabes gegeben. Mehrere Patienten zogen es dem Antipyrin vor. Doch machte es in Folge der grossen Dosis von 6,0 *pro die*, welche zur Erzielung eines Erfolges nöthig war, Kopfschmerz und ein wenig Cyanose.

fast beständig an Kopfschmerzen. Nach 1,0 Phenacetin glänzender Erfolg. „Es ist geradezu wunderbar, ich kann das Mittel gar nicht genug loben“, äusserte sie sich. Sie hat nach einiger Zeit noch einmal 1,0 mit ähnlichem Erfolge gebraucht; ein drittes Pulver, welches ihr mitgegeben worden war, hat sie bisher noch nicht anzuwenden nöthig gehabt.

15. Frau D., 52 Jahr alt (aus der Privatpraxis des Herrn Dr. Dorn), nervöse Person, dabei von kräftiger Statur, hat viermal innerhalb 10 Tagen wegen heftiger Kopfschmerzen, die mit Schnupfenfieber verbunden waren (Grippe), 1,0 Phenacetin bekommen. Regelmässig liessen danach die sehr heftigen Kopfschmerzen im Laufe von 3—4 Stunden nach.

16. Frau T., 26 Jahr alt, leidet seit 2 Jahren, wo sie ihr letztes Kind verloren hat (in der ersten Zeit danach war sie sehr deprimirt und hatte häufige Angstanfälle), an Migräne, die Anfangs häufiger, in der letzten Zeit seltener auftrat. Sie nahm früher gegen dieselbe 0,5 Antifebrin, welches ziemlich prompt wirkte, doch immer etwas Herzklopfen machte. Vor einigen Tagen nahm die Dame bei einem heftigen Migräneanfall 1,0 Phenacetin. Nach ½ Stunde trat Frösteln, Kälte der Extremitäten, welche ganz weiss „wie abgestorben“ gewesen sein sollen, starkes Herzklopfen und furchtbares Angstgefühl ein. Diese Erscheinungen blieben von 6½ Nachmittags bis gegen Mitternacht, während Kopfschmerzen, Uebelkeit und Erbrechen unverändert fortbestanden. Dann schlief sie ein und erwachte Morgens ziemlich wohl, nur war sie noch etwas schwindlich beim Aufstehen.

17. Frau Br., 31 Jahr alt, hat sieben Mal geboren und dabei immer starke Blutverluste gehabt; auch die Menstruation war immer sehr profus (Bluturin). Nach ihrem dritten Wochenbett erkrankte sie an einem runden Magengeschwür. Dieses wurde geheilt, aber seit jener Zeit bietet sie einen Symptomencomplex, welcher meist zugleich mit den Menses oder öfter auftritt und stets in derselben Weise verläuft: zuerst als Vorbote Uebelkeit, die immer stärker wird, dann gesellt sich dann Erbrechen, und schliesslich auf der Höhe der Erscheinungen ausserordentlich heftiger Kopfschmerz; in umgekehrter Reihenfolge klingen dann die Erscheinungen wieder ab. Dieses Leiden besteht seit Jahren unverändert fort und lässt sich trotz aller angewandten Mittel (auch Antipyrin und Antifebrin) nicht inhibiren. Vor 8 Wochen nahm Patientin, als die Vorboten des Anfalls sich zeigten, 1,0 Phenacetin, welches nach kurzer Zeit diese Erscheinung coupirte und die weiteren nicht zur Entstehung kommen liess. Ebenso wurde einige Wochen später ein zweiter Anfall durch 1,0 Phenacetin coupirt, bei einem dritten Anfall trat aber der Erfolg viel langsamer, erst nach 4—5 Stunden, ein.

18. Herr N., Schuhmachermeister, 34 Jahr alt, bekam in Folge sehr angestrengter ungewohnter Arbeit vor dem Weihnachtsfeste andauernde rasende Kopfschmerzen (Druck im Hinteraugengrunde, bohrende Schmerzen in den Stirnhöhlen, die sich nach dem Scheitel hinzogen), so dass er zur Arbeit ganz unfähig, ganz apathisch wurde und den Eindruck eines geistig Gestörten machte. Alle Mittel blieben ohne Erfolg. Während einer Therapie mit Bromwasser (dreimal tägl. 1 Glas), welches ihm nur wenig Erleichterung verschaffte, nahm Patient, nachdem er etwa 14 Tage in Behandlung gewesen war, ohne dass sich das Leiden geändert hatte, ¾ g Phenacetin. Die Schmerzen wurden danach in kurzer Zeit dumpfer, erträglicher, so dass er in der Nacht besser schlafen konnte. Bald trat aber der frühere Zustand wieder ein. Erst einige Tage später bekam er wieder Phenacetin 1,0. Dieses hatte einen vollkommenen Erfolg. Die Schmerzen schwanden vollständig und der Patient hielt sich wieder für gesund. Die Erkrankung eines Kindes aber versetzte ihn in solche Erregung, dass das alte Leiden in voller Heftigkeit wieder auftrat. Eine erneute Dosis von 1,0 Phenacetin verringerte die Schmerzen wieder bis zu einem dumpfen Gefühl, dabei trat aber Herzklopfen und grosse Angst auf, was einige Stunden dauerte. Die Nacht schlief Patient aber gut und am nächsten Morgen fühlte derselbe sich viel freier. Das Bromwasser wurde ganz ausgesetzt und er bekam nur noch an drei nächsten Tagen zweimal tgl. 1,0 Phenacetin. Schon am zweiten Tage fühlte sich Patient wieder vollkommen wohl und am dritten fragte er, ob er wieder arbeiten könnte. Das Leiden war ein so schweres, dass die Annahme einer sich entwickelnden tieferen Hirnstörung (Tumor) nicht fern lag. Patient ist auch jetzt, wo er wieder gesund ist (resp. so scheint), nicht mehr so heiter wie früher.

19. Herr C., 38 Jahr alt, Kaufmann, erkrankte vor 2 Jahren an Magenkrisen, zu welchen sich im Laufe der Zeit ausser andern Erscheinungen heftige blitzartige Schmerzen in den Beinen gesellten, während die Crises gastriques aufhörten. Antipyrin und Antifebrin, welche Patient in letzter Zeit und in grossen Dosen nahm, blieben ohne viel Erfolg. Nach 1,0 Phenacetin wurden einmal die Schmerzen gelinder. Später während heftiger Schmerzen 2,0 Phenacetin (3 Uhr Nachmittags) ohne Erfolg. 2 Stunden darauf nahm Patient (dem ich vorgeschrieben hatte nur 1 bis 1,5 zu nehmen) nochmals 2,0. Es trat darauf Schlaf ein, aus welchem Patient nach 3 Stunden mit geringeren Schmerzen erwachte. Vor dem Schlafengehen nahm deshalb Patient noch einmal 1½ g. Am nächsten Morgen waren die Schmerzen nach einer gut verbrachten Nacht ziemlich geschwunden. Der Urin soll danach ganz dunkelroth gewesen sein. Der Schlaf soll zwar nicht so kräftigend wie ein gewöhnlicher gewesen sein, doch bedeutend besser als nach Morphiumeinspritzungen; Katzenjammer fehlte vollständig. Die Wirkung ist nach der Aussage des Patienten auch entschieden besser und angenehmer gewesen als die des Antipyrin und Antifebrin.

20. Herr Schl. (aus der Privatpraxis des Hrn. Dr. Dorn), Kohlenhändler, 25 Jahr alt, kräftiger Mann, leidet seit 5 Jahren an Ischias. Bei Anwendung von starken Dosen Natr. salicylicum, Oleum Terebinthinae, Elektricität bald geringe Besserung, bald wieder Verschlimmerung. Vor 5 Wochen nahm Patient Phenacetin früh und Abends 1,0 an 4 auf einander folgenden Tagen. Patient giebt danach eine wesentliche Besserung seiner ausserordentlich heftigen Schmerzen an und klagt nicht mehr über Schmerzen. Die Besserung besteht bereits seit 4 Wochen fort.

21. Herr B. (aus der Privatpraxis des Hrn. Dr. Dorn), sehr kräftiger Mann mit ischiasähnlichen Schmerzen und klonischen Zuckungen am linken Fuss. Nach einer Dosis von 1,5 Phenacetin haben sich die Schmerzen gebessert, die Zuckungen bestehen fort.

22. Herr Br., 35 Jahr alt, Cigarrenhändler (aus der Privatpraxis des Hrn. Dr. Dorn), mit ausstrahlenden Schmerzen in den Beinen, welche jedenfalls auf Nierensteinen beruhen. Nach mehreren Dosen von 1,0 kein Erfolg.

23. Georg Fl., 15 Jahr alt, schwächlicher Bursche, leidet seit langer Zeit häufig an Kopfschmerzen, Uebelkeit, Verdauungsbeschwerden, Mattigkeit (höchst wahrscheinlich auf Bandwurm beruhend, da vor einiger Zeit Bandwurmglieder abgegangen sind). Nach 1,0 Phenacetin (um Mittag) wurden zunächst die Erscheinungen schlimmer, bald aber verlor sich der Kopfschmerz und die Uebelkeit, während sich

Schwindelgefühl einstellte. Erst gegen Abend vollständiger Nachlass der Erscheinungen. Ein paar Tage später hatte 1,0 bei ähnlichen Erscheinungen ähnliche Wirkung.

24. Otto F., Mathematiker, 26 Jahr alt, von gesunder Gesichtsfarbe, litt früher an chronischer Diarrhoe, zu der später fast fortwährendes Aufstossen hinzutrat. Zuletzt verlor sich die Diarrhoe und zugleich das Aufstossen allmählich, doch blieben Störungen im Verdauungsapparat, besonders im Magen zurück derart, dass er seit jener Zeit fortwährend einen sehr lästigen Druck in der Magengegend fühlt, welcher nach hinten ausstrahlt. Nach jedem Essen wird der Druck schlimmer, er fühlt in der Magengegend eine grosse schwere todte Last, welche auf das Becken herunterzuhängen scheint und dasselbe drückt; das Druckgefühl geht auch nach hinten, wo es sich in einem bestimmten Punkte concentrirt; oft bekommt er nach dem Essen ein „fressendes Gefühl" in der Magengegend. Druck auf die Magengegend ruft dumpfe Schmerzen hervor. Besonders stark werden die Beschwerden nach dem Genuss schwer verdaulicher Speisen (Gemüse) und führen dann wieder zu Diarrhoe. Das Druckgefühl ist ein beständiges und quälendes. Erregende Getränke, besonders Kaffee und Wein (weniger Bier) lindern die Beschwerden; auch nach längerem Spaziergang, gymnastischer Uebung (die Patient täglich methodisch pflegt) und nach dem Bade fühlt er etwas Erleichterung; es ist ihm dann so, als ob sich die todte Last wieder zu beleben beginnt. Das Leiden trotzt bis jetzt jeder Behandlung (z. B. einer achtwöchentlichen Massagekur, welche dasselbe etwas verringerte). Patient ist durch sein langjähriges Leiden etwas hypochondrisch geworden. Ein ihn behandelnder Arzt bezeichnete das Leiden als Atonie des Magens. Am 15. Januar d. J. nahm Patient, um 9½ Uhr, 1 Stunde vor dem Frühstück, 1,0 Phenacetin. Bis zum Frühstück keine Veränderung, gleich nach demselben hatte er ein prickelndes Gefühl im Magen, wie „wenn ein eingeschlafener Fuss aufwacht" und empfand eine grosse Erleichterung, welche nach dem etwa 5 Stunden darauf eingenommenen Mittagbrode besonders eclatant wurde, während sonst die Beschwerden nach dem Essen gerade am ärgsten waren. Er fühlte sich auch den Nachmittag über so wohl, wie schon Jahre lang nicht. Nach dem Kaffee war die Erleichterung am bedeutendsten und hielt so bis zum Schlafengehen an; am nächstfolgenden Morgen aber erwachte er mit den alten Beschwerden. Er nahm nun an den drei folgenden Tagen früh 8 Uhr jedesmal 1,0 Phenacetin. Die Wirkung war die nämliche wie am ersten Tage, doch schien es dem Patienten, dass sie von Tag zu Tag etwas grösser geworden sei. Die Wirkung nahm bis zum Nachmittagskaffee zu und blieb bis zum Schlafengehen, während am nächsten Morgen die Beschwerden wieder grösser (aber geringer als früher) waren. Am 19. und 20. nahm Patient früh Morgens 1,5 Phenacetin; die Wirkung war eine noch bessere, verhielt sich im Uebrigen so wie an den früheren Tagen. Patient ist jetzt überhaupt von dem lästigen Druck, welcher auf dem Becken lastete und von dem noch peinigenderen Gefühl hinten am Rücken, welches ihm das Athmen schwer machte, fast vollständig frei und schaut mit froher Hoffnung in die Zukunft.

25. Herr T., Droguist, 35 Jahr alt, leidet an nervöser Schlaflosigkeit. Vor einiger Zeit nahm er Abends 11 Uhr, als er nicht einschlafen konnte, 1,0 Phenacetin. Nach 1 Stunde erfolgte Schlaf, der bis zum Morgen anhielt, aber nicht traumlos war. Sonst lag er bis 3, 4 Uhr Morgens munter. 2 Tage später bei gleicher Veranlassung wieder 1,0 Phenacetin. Nach ¾ Stunden guter traumloser Schlaf bis zum nächsten Morgen.

Der 19. und 22. Fall sind die einzigen, wo gar kein Erfolg eintrat. Beim 22. ist dies leicht zu erklären, da das Leiden ein organisches ist und die Ursache durch das Phenacetin nicht fortgeräumt werden kann.

Man ist geneigt, die gute Wirkung eines neuen Mittels zum Theil auf Rechnung der Suggestion zu setzen, welche eintritt, wenn der Patient erfährt, dass es sich um ein neues Mittel handelt, welches man probiren will. Der letztere (bisher einzige) Fall von Migräne, wo ein Misserfolg erzielt wurde, war für mich aber ein Beweis, dass diese Ansicht keine allgemeine Geltung haben dürfte und dass man es hier mit einer specifischen Wirkung des Mittels zu thun hat. Die betreffende Dame wusste seit längerer Zeit von der guten Wirkung, welche das Phenacetin bisher gehabt hatte, und da sie auch etwas hysterisch ist, so hätte hier am ehesten Suggestion wirken müssen. Es trat aber kein Erfolg ein, sondern es zeigten sich sogar üble Erscheinungen, welche auf ganz bestimmte Wirkungen des Phenacetin hindeuten. Diese betreffen, wie ich aus dieser und anderen Beobachtungen am Menschen, sowie aus den Thierexperimenten schliesse, gewisse Nervencentren, besonders die circulationsregulirenden; und ich vermuthe, dass das Phenacetin u. A. eine Contraction der Gefässe hervorruft.

Zum Schlusse will ich nun meine Resultate in einigen Sätzen zusammenfassen:

Das Phenacetin ist eine (wahrscheinlich auf das Centralnervensystem wirkende) Substanz, welche in kleinen einmaligen Dosen von 0,1 bis 0,3 bei Kindern, von 0,25 bis 0,5 (0,7) bei Erwachsenen kräftig antipyretisch wirkt, ohne im Allgemeinen üble Erscheinungen zu machen. Bei kräftigen Personen kann es in dreisten Dosen gegeben werden, doch dürfte vor seiner Anwendung bei schwächlichen, durch lange chronische (Infections-) Krankheit heruntergekommenen Individuen, besonders Phthisikern, zu warnen sein. In Fällen von acuten fieberhaften Krankheiten wird man es ebensogut wie das Antipyrin und Antifebrin anwenden können.

In grösseren Dosen von 1,0 bis 2,0 und darüber wirkt es beim Gesunden individuell verschieden, bei leichter erregbaren (disponirten) Naturen stärker als bei kräftigen. Die Wirkung ist vorzugsweise sedirend, Müdigkeit, Gähnen und Schlafsucht erregend; in einzelnen wenigen Fällen macht es Schwindeln, Frösteln, Uebelkeit.

In diesen grösseren Dosen von 1,0 bis 2,0 (eventuell auch mehrmals täglich) ist das Phenacetin ein vorzügliches, besonders bei Migräne bewährtes Antineuralgicum resp. Nervinum, welches im Ganzen etwas langsam (gewöhnlich in 1 bis 2

Stunden) aber sicher wirkt, meist ohne Nebenerscheinungen. Wo solche auftreten, sind dieselben nicht allzu erheblich und in ziemlich kurzer Zeit verschwunden. Vor dem Antifebrin dürfte es auch hier wegen seiner relativen Unschädlichkeit den Vorzug verdienen.

Hat die „künstliche Blutleere“ anaesthesirende Wirkung?

Von

Dr. Karewski in Berlin.

Es muss beinahe als ein Anachronismus erscheinen, in unseren Tagen, 15 Jahre nachdem Esmarch die Chirurgen mit seiner epochemachenden Entdeckung beschenkt hat, welche in einer grossen Zahl von experimentellen Arbeiten bestätigt ist und seit jener Zeit durch sich täglich aller Orten zahllos wiederholende Erfahrungen ihre segensreichen Wirkungen bewährt hat, von Neuem ihre physiologischen Erscheinungen — handle es sich zumal um einen untergeordneten Nebeneffect — prüfen zu wollen. Die künstliche Blutleere hat aber wiederum eine hervorragende Bedeutung gewonnen, insofern als sie bei Anwendung der neuen localen Anaesthetica, des vielgerühmten Cocaïn und des heissumstrittenen Erythrophloeïn, sich als ein Mittel bewährt hat, die örtliche Empfindungs- oder sagen wir richtiger Schmerzlosigkeit zu steigern. Die Thatsache ist unbestritten, dass Injectionen dieser Alkaloide viel wirksamer werden, wenn man den betreffenden Körperabschnitt zugleich anaemisirt; fraglich ist es aber, wie diese Eigenschaft zu erklären ist. Liebreich (Therap. Monatsh. 1888 III S. 125) glaubt, dass die Constriction an sich ein Anaestheticum ist, dass es unter Umständen sogar bestehenden Schmerz beseitigt, und kann sich gar keine richtige Constriction vorstellen, die nicht anaesthesirende Wirkung hätte. Er bezieht sich dabei auf gewichtige Autoren wie Esmarch, Neuber, Iversen, die Alle in Folge der localen Ischaemie und der Compression der Nerven locale Anaesthesie eintreten sahen, die zum Theil sogar schmerzlose Operationen vermöge derselben ausführen konnten. Es ist bekannt, dass ausser diesen Gewährsmännern noch andere wie Stokes[1]), Lefort[2]), Laborde und Morel d'Arleux[3]) ähnliche Beobachtungen machten, aber auf der anderen Seite giebt es eine grosse Anzahl berühmter Chirurgen, die die anaesthesirende Wirkung der Blutleere entweder überhaupt leugnen, oder doch wenigstens sie für so untergeordnet halten, dass sie ihr jede practische Bedeutung absprechen, so Nicaise[4]), Verneuil[5]), Billroth[6]), Fischer[7]), Gayet, Mollière, Trélat, Hockes, Bruns[8]), Riedinger[9]). Auch diese Autoren konnten eine Störung der Sensibilität neben dem Einfluss der Blutleere constatiren, aber diese äusserte sich nur in einem gewissen Gefühle des „Eingeschlafenseins“, welches die Versuchspersonen an der anaemisirten Extremität empfanden, während sie sensible Reize, wie man solche zur Prüfung zu gebrauchen pflegt, also electrische Ströme, Nadelstiche etc., „ebenso gut an der anaemischen wie an der normalen Extremität spürten und genau die Stelle der Berührung angeben konnten“ (Riedinger). Sehen wir uns nun diejenigen Anaesthesien an, welche man nach Injection von Cocaïn oder Erythrophloeïn erhält, wenn gleichzeitig die Esmarch'sche Constriction angewendet wurde, so kann es gar nicht zweifelhaft sein, dass diese complete Aufhebung des Schmerzgefühls und diese tiefe Herabsetzung des Tastsinnes nicht identisch sein kann mit derjenigen Beeinträchtigung der Sensibilität, welche man als Resultat der Gummibindeneinwicklung kennt. Folgendes ist beispielsweise der Inhalt zweier Versuchsprotocolle über eigene Experimente. (Dieselben wurden an jungen Collegen gemacht; die Sensibilitätsprüfung geschah mit der Spitze resp. dem Knopf einer Stecknadel, in der bekannten Weise.)

I. L. M., cand. med., 22 J., kleiner, untersetzter, kräftiger Mann.

2 U. 21 M. Injection einer Spritze von 5proc. Antipyrinlösung unter die Haut des rechten Vorderarmes an der Radialseite. Anlegung der Constriction.

2 U. 23 M. Beschleunigung derselben durch schmale Gummibinde, die wir immer statt des Schlauches benutzen.

2 U. 25 M. Pat. erhält in jede Hand ein Thermometer. Der Vorderarm sieht wachsbleich aus. Gefühl von Eingeschlafensein, namentlich an der Ulnarseite. Feine Berührungen mit Nadelspitze werden gut von solchen mit Nadelknopf differencirt: dieselben werden lebhafter empfunden, als oberhalb der constringirenden Binde und als am anderen Arm.

2 U. 29 M. Temp. l. 34,9, r. 31,6. Die Sensibilität

---

1) The Dublin Press and Circular. 1871. p. 248.
2) Arch. génér. de Méd. 1875. p. 155.
3) Gaz. méd. de Paris. 1874. p. 209 et 307.
4) ibid. p. 101.
5) Arch. génér. 1875. p. 164.
6) Wiener med. Wochenschr. 1873. p. 687.
7) Berl. klin. Wochenschr. 1873. No. 52.
8) Archiv f. Chir. XIX. p. 680.
9) Zeitschr. f. Chir. VII. p. 181.

an beiden Armen sowie oberhalb und unterhalb der constringirenden Binde überall gleich stark; auch an Stelle der Injection kein Unterschied.

2 U. 32 M. Temp. l. 35,8, r. 31,9. Arm schwach, starkes Kältegefühl. Temperatursinn aber erhalten, wie sich aus der guten Unterscheidung verschieden temperirten Wassers ergiebt.

2 U. 35 M. Temp. l. 35,8, r. 31,6. Pat. kann Thermometer nicht mehr halten. — Fingerspitzen blau gefärbt. Streckbewegungen nicht mehr gut möglich. Die Finger stehen in leichter Flexion. Oberhalb der constringirenden Binde am Oberarm und am Vorderarm gleiche Empfindlichkeit für spitze und stumpfe Berührungen. An der Injectionsstelle scheint das Gefühl etwas abgestumpft zu sein. In den Fingern aber erhöhte Empfindlichkeit für Nadelstiche. Jeder Stich brennt. Stiche in die Fingerspitze excessiv schmerzhaft.

2 U. 40 M. Finger stehen in vollster Beugung, Strecken unmöglich. Pat. hat ein Gefühl sehr grosser Schwere im Arm. Berühren der Finger mit der eigenen oder mit einer fremden Hand wird kaum bemerkt. Hingegen jeder Eindruck mit dem Nadelknopf. Jeder Nadelstich, auch der oberflächlichste, an den Fingern verursacht starkes Brennen. Sonst ist die Aesthesie überall am Vorderarm genau die gleiche wie oberhalb der Constriction und wie am normalen Arm, auch in dem Injectionsgebiet.

2 U. 51 M. Genau dieselben Verhältnisse. Der Versuch muss unterbrochen werden, weil Pat. sehr heftige Schmerzen im Bereich der constringirenden Binde hat.

Wir sehen also hier bei einer durch 30 Minuten hindurch bestehenden Anaemisirung des Armes, wie man sie vollständiger wohl nicht erreichen kann (Symptome: Fallen der Temperatur, Kältegefühl, Blaufärbung der Fingerspitzen, Taubheitsgefühl, Flexionsstellung der Finger etc. etc.) absolut keine Herabsetzung derjenigen Gefühlsqualitäten, welche für die vorliegende Angelegenheit in Frage kommen, eher eine gewisse Steigerung des Schmerzgefühles an den peripherischen Stellen. Ebenso bei folgendem Versuch, der aus Rücksicht auf die Versuchsperson nur 19 Minuten fortgesetzt werden konnte.

II. K., cand. med., 24 J., klein, schwächlich, anaemisch.

1 U. 52 M. Einwicklung des rechten Arms bis oberhalb der Condyli humeri. Brennendes Gefühl während derselben; nachher absolute Blässe, Schmerzen an der Constrictionsstelle. In jede Hand 1 Thermometer. Bald müdes Gefühl im Arm.

1 U. 58 M. Sensibilität oberhalb (o in Zukunft) und unterhalb (u) der Constriction sowie am normalen Arm (n) völlig gleich. Temp. l. 34,4, r. 32,0. Pat. kann das Thermometer r. kaum noch halten, die Hand wird vom Experimentator unterstützt.

2 U. — M. T. l. 34,7, r. 32,2. Keine Veränderung der Sensibilität.

2 U. 2 M. T. l. 34,9, r. 32,1. Entfernung der Thermometer. Heftiger Krampf im Handteller. Streckung der Finger und des Handgelenks, die beide in Beugestellung, unmöglich.

2 U. 6 M. Feine Stiche u so stark, wie tiefe o oder n. (Pat. hat heftige Beschwerden. Elevation des rechten Armes lindert dieselben etwas.) Gefühl von Taubheit in der Hand.

2 U. 10 M. Temperatursinn u, o und n gleich, dabei Kältegefühl. Fingerspitzen blauroth. Feinste Berührung mit Nadelknopf wird gut percipirt, mit Nadelspitze giebt heftiges Brennen in Fingern und im Handteller, viel schmerzhafter als o und n. Jede sonstige Sensibilitätsprüfung ergiebt überall o, u und n vollkommen gleiches Verhalten.

2 U. 11 M. Derselbe Zustand. Abbruch des Versuches, weil Pat. denselben nicht länger ertragen kann.

Nehmen wir nun zum Vergleich einen Cocaïnversuch:

III. Dr. med. H., grosser gesunder Mann, 25 J.

1 U. 18 M. Injection 1 Spritze 5,0 % Cocainlösung an der Streckseite des rechten Unterarms mit 6 cm langer Nadel um möglichst grosses Gebiet zu anaesthesiren.

1 U. 20 M. Aesthesie völlig erhalten. Constriction beider Arme.

1 U. 22 M. Constr. vollendet.

1 U. 23 M. Stich (St) an der Injectionsstelle (I) nicht schmerzhaft, aber gut unterschieden von Berührung mit Knopf (K).

1 U. 25 M. St wie K an I. Kribbeln und Schmerzen in der Hand. Einwicklung der linken Hand.

1 U. 30 M. St wie K an I. Tiefer St wie ganz feiner St. 2 cm überall von der I entfernt, u wie o rechts und links n und o, abgesehen von I, völlig gleich; beiderseits Taubheitsgefühl.

1 U. 45 M. St wie K an I, ob der St tief oder oberflächlich sei, schmerzlos. K wird gar nicht bemerkt. u und o beiderseits abgesehen von I völlig gleich u. s. w.[19])

Ein ähnliches Resultat ergeben Experimente mit Erythrophloeïn:

IV. Cand. med. N., 23 J., kräftiger Herr.

1 U. 23 M. Rechts an der Streckseite des Vorderarms Injection von 0,001 Erythrophloeïn in 1,0 Wasser gelöst.

1 U. 27 M. l. 0,002: 1,0 Suspension des Armes.

1 U. 37 M. Beiderseits Schmerzen an I. I sonst keine Veränderung.

1 U. 47 M. Stat. id. l. Arm ganz blass, wird ober-

---

[19]) Wir brechen die Protocolle hier ab, da die weiteren Erscheinungen ohne Belang für unsere Frage sind.

halb der Condylen d. Humerus constringirt.

1 U. 30 M. Volle Anaemie des l. Armes. Kriebeln in der Hand. Schmerzen an l verschwunden, r. noch vorhanden.

1 U. 35 M. L. wird an I (wieder 6 cm lang!) Sp für K gehalten bei sehr feinen Berührungen, bei starken Sp von K unterschieden. Stiche l. an l schwächer wie r. an l. Rechts in l schwächer als an der normalen Haut.

2 U. 3 M. L. an I Sp für K auch bei tiefen Stichen, r. Sp und K unterschieden, aber starke Stiche in I gleich feinen Berührungen an der normalen. L. an I alles schwächer empfunden wie r. an l. L. ausserhalb der Injectionsstellen alles gleich der Haut oberhalb der Constriction. Vorderarm ganz blass. Finger blauroth, herabgesetzte Extensionsfähigkeit.

2 U. 8 M. R. sehr heftige Schmerzen in der Umgebung der l. L. keine daselbst. R. Erythem, links nicht.

2 U. 17 M. Abnahme der Constriction, weil nicht länger vertragen.

2 U. 17 M. L. sehr feine Berührungen an I überhaupt nicht percipirt. K = Sp. Tiefe Stiche wie Berührungen alles schwächer wie R an I, wo K und Sp unterschieden werden, aber tiefe Stiche wie feine Berührungen mit Sp empfunden werden.

2 U. 21 M. Beiderseits in Umgebung der I I heftige Schmerzen r. heftiger wie l.

2 U. 27 M. Beiderseits Sp = K. Feinste Berührungen in der nicht injicirten Haut werden schmerzhafter empfunden als tiefste Stiche in den injicirten.

U. s. f.

Dieser letzte Versuch ist ganz besonders markant: 0.002 Erythrophloeïn geben schneller und intensiver Anaesthesie als 0,004 bei gleichzeitiger Blutleere, obgleich diese nicht nach Esmarch, sondern mit blosser Elevation des Armes erzielt worden war. Diese Anaesthesie hält auch nach der Abnahme der Constriction lange Zeit an, es kann also gar nicht die Rede davon sein, dass die Blutleere sie erzeugt habe, ebenso wenig wie beim Cocaïn, und ebenso wenig wie Anaesthesie erzeugt werde, wenn man gar keine Injection machte oder wenn Aetzmittel wie 5 % Antipyrinlösung oder 5 % Carbolsäurelösung subcutan in den so anaemisirenden Arm gebracht werden, wie weitere Versuche lehrten, deren Versuchsprotocolle ich aus Rücksicht auf den mir freundlichst von der Redaction dieses Blattes gewährten Raum nicht mittheile, zumal die gegebenen als Paradigmata gelten können. Auch genügen die letzteren wohl zur Klarstellung der beregten Frage.

Diejenige Empfindungsstörung, die durch die Anlegung der Esmarch'schen Blutleere innerhalb der in Betracht kommenden Zeit, d. h. bis zu 30 Minuten, zu Stande kommt, ist man nicht berechtigt eine Anaesthesie zu nennen. Es handelt sich um Paraesthesien, die analog sind den Formicationen und anderen Gefühlsstörungen, welche man nach Traumen am Nerven beobachtet (Druck auf den N. Radialis oder Ulnaris z. B.). So wenig wie man behaupten kann, dass die Blutleere den Temperatursinn aufhebt, weil in der anaemisirten Extremität zwar ein Gefühl von Kälte entsteht, aber verschieden temperirte Gegenstände gut in ihrem Wärmegrad unterschieden werden, so wenig ist jenes Taubheitsgefühl eine wirkliche Empfindungslosigkeit, weil, wie wir sahen, spitze von stumpfen Gegenständen gut differencirt werden, und vor Allem die Sensation des Schmerzes eher gesteigert als herabgesetzt ist. Und wenn wir constatirten, dass an einer blutleer gemachten Extremität nur diejenigen Stellen für die gebräuchlichen sensiblen Reize unempfindlich wurden, die mit Cocaïn oder Erythrophloeïn injicirt wurden, alle anderen aber genau in derselben Weise irritabel blieben, wie die nicht entbluteten Körpertheile, so haben wir keinen Grund, die Blutleere an sich für diese Anaesthesie verantwortlich zu machen, sondern die injicirten Substanzen. Und das ganz besonders, weil letztere ja auch ohne die Constriction dieselbe Wirkung haben, wenn auch nach längerer Zeit oder in schwächerem Maasse.

Dass die Blutleere kein Anaestheticum im chirurgischen Sinne ist, hat sich längst in der Praxis erwiesen; ich brauche diesbezüglich nur auf die oben genannten Autoren zu verweisen, nicht zum Wenigsten auch auf Neuber, der da sagt: „Um aber diese (Anaesthesie) auch nur für die untersten Partien einer Extremität zu erreichen, muss man die Constriction verhältnissmässig lange liegen lassen, und statt der kurzen Schmerzen an der Operationsstelle muss der Kranke dieselben mindestens ½ Stunde am Orte der Constriction und ausserdem noch die durchaus nicht angenehmen Empfindungen ertragen, welche durch die Blutleere bedingt werden". Dagegen konnte ich schon 20 Minuten nach einer Erythrophloeïninjection bei Anwendung der Blutleere ein Ganglion vom Handgelenk, das durchaus nicht als unterste Partie der Extremität zu bezeichnen ist, schmerzlos exstirpiren.

Aber auch wenn die Blutleere länger als ½ Stunde gedauert hat, kann man nicht auf Anaesthesie im Operationsgebiet rechnen. Verneuil konnte sich überzeugen, dass nach einer künstlichen Anaemie von 50 Minuten die Application einer Ligatur ebenso schmerzhaft war, wie sonst. Hiergegen können auch nicht jene wenigen Fälle von Operationen angeführt werden, die thatsächlich, ohne dass der Patient über Schmerzen klagte, ausgeführt wurden. „Was den Einen in Ekstase versetzt, lässt den Anderen kalt." (Riedinger.) Darum soll nicht geleugnet werden, dass in der That ein Mal die Constriction wirkliche Anaesthesie hervorrufen kann, selbst wenn solche nicht fehlerhaft d. h. mit zu starkem Drucke angelegt wird. Es giebt ja wohl verbürgte Fälle, wo nach der Constriction schwere Lähmungen auftraten, und hier werden gewiss die sensiblen Nervenfasern mit leiden.

In Bezug auf die durch Cocaïn und Erythrophloeïn bei Anwendung der Anaemisirung erzeugte Anaesthesie können wir aber nur sagen: „dass die Blutleere ein mächtiges Unterstützungsmittel zur Erzielung des gewünschten Effectes ist. Worauf diese ihre Fähigkeit beruht, darauf ist hier nicht der Ort, näher einzugehen; auch bin ich noch mit Untersuchungen über diesen Gegenstand beschäftigt, die noch nicht zu Ende geführt sind.

Bemerkungen zum obigen Artikel des Herrn Dr. Karewski

vom

Herausgeber.

Wir haben die vorstehende Arbeit bereitwillig aufgenommen, obgleich neue Versuche, die eine Widerlegung der in No. 3 dieser Zeitschrift S. 125 gegebenen Anschauungen aussprechen, nicht gegeben worden sind.

Uebrigens ist nirgends behauptet worden, dass die Constrictions-Methode eine für Operationen brauchbare Anästhesie liefere, dagegen ist gesagt worden, dass dieselbe im Stande sei, einen durch ein reizendes Mittel hervorgerufenen Schmerz zu beseitigen.

Da bei der Injection von Erythrophloeïn vor der Constriction Schmerzen aufgetreten waren, dieselben während der Constriction nachliessen und nachher mehrere Tage andauerten, so kann man eben nur annehmen, dass die durch die Application des reizenden Mittels hervorgerufenen Schmerzen durch die Anästhesie, welche die Constriction hervorruft, beseitigt worden sind.

Bemerken möchte ich ferner, dass das Messen der Temperatur in den Händen durch Umklammern eines Thermometers eine durchaus unzuverlässige Methode ist, die ganz unbrauchbar wird, sobald die Hand anämisch gemacht worden ist und das Gefühl für die Umklammerung beeinträchtigt worden ist. Sobald neue, die Therapie beeinflussende brauchbare Methoden der localen Anästhesirung bei der Constriction gefunden werden, wollen wir auf diese, für uns vorläufig abgeschlossene Frage zurückkommen.

Ustilago Maidis in der Geburtshülfe.

Von

Dr. v. Swiecicki in Posen.

Beim Ausprobiren eines neuen Mittels, sei es in der Gynaekologie oder in der Geburtshülfe, sind wir leider hauptsächlich „auf das wenig exacte Gebiet der Erfahrung hingewiesen", wie J. Veit[1]) treffend in seinem Artikel: „Hydrast. canad. in der gynaekologischen Therapie" bemerkt. Experimente an Thieren, wenn sie noch so genau angestellt sind, erlauben oft keineswegs einen Schluss auf ähnliche Wirkung beim Menschen zu ziehen. So schienen, um nur ein Beispiel anzuführen, die exacten experimentellen Untersuchungen Fellner's[2]), die er mit Hydrast. canad. anstellte, dafür zu sprechen, dass dieses jetzt so in Gebrauch gekommene Präparat eine wehenerzeugende Wirkung habe. Schatz[3]) wies indessen nach, dass die Fellner'schen Versuche einen derartigen Schluss nicht erlauben und man directe Versuche an Menschen machen müsse, um eine solche Eigenschaft zu beweisen. Und in der That haben die Schatz'schen Versuche mit Hydrast. canad. bei Schwangeren ergeben, dass das Präparat kein wehenerzeugendes, sondern lediglich ein vasomotorisches Mittel sei. Der Tokodynamometer von Schatz[4]) registrirt sofort die geringste Veränderung in der Qualität und Quantität der einzelnen Wehen und hat hier die Frage endgültig im negativen Sinne entschieden, indem selbst nach grossen Dosen die Wehen weder frequenter noch stärker wurden.

Der im Grossen und Ganzen so unbedeutende gynaekologische Arzneischatz ist in der letzten Zeit um ein neues Mittel bereichert worden. Es ist dies das Präparat: Ustilago Maidis oder Corn Smut von den Amerikanern genannt, welches zu der Familie: Gramineaceae gehört. Die Roh-Droge ist der Fungus von Zea Mais. Die amerikanische Firma Parke, Davis & Co. in Detroit, Michigan U. S. A. hat ein flüssiges Extract aus dem frischen Fungus her-

[1]) Therap. Monatshefte Heft 1 1887 pag. 9.

[2]) Med. Jahrbücher der k. k. Gesellschaft der Aerzte in Wien 1885.

[3]) Berl. klin. Wochenschrift vom 10. Mai 1886. Cf. Arch. f. Gyn. Bd. XXII.

[4]) Arch. f. Gyn. Bd. III 1871.

stellen lassen, und die mit dem Extract von den Amerikanern gemachten Versuche ergaben, dass das Präparat ein wehenbeförderndes Mittel sei[5]). Dorland[6]) benutzte Ustilago Maidis mit Erfolg in der Eröffnungsperiode, wenn schwache Wehen vorhanden waren und der Cervix gedehnt war. Das Extr. fluid. von Ust. Maidis soll nach ihm weniger giftig sein und sicherer als das Secale wirken. Nach C. H. Criesler's Analyse[7]) befindet sich in der Droge Propylamin, welches dieselben Eigenschaften wie das Secalin hat, ja sogar mit ihm identisch sein soll.

Ich habe das flüssige Extract[8]) von Ustilago Maidis bis jetzt in 9 Fällen, in welchen der Muttermund nicht ganz vollständig erweitert und der Kopf in der Beckenenge oder noch an der Grenze der Beckenweite und der Beckenenge stand, angewendet und ausserdem in einem Falle von secundärer Wehenschwäche versucht. Durch das Auflegen der Hand auf den Uterus beobachtete ich zuerst die normale Wehenfrequenz und gab hierauf innerlich 25 Tropfen des flüssigen Extracts. Mehr als drei Dosen zu 25 Tropfen habe ich nicht verabreicht. In acht Fällen (7 Multiparae, 1 Nullipara) war der Erfolg evident. Nach 10—15 Minuten wurden die Wehen stärker und hielten länger an. In dem neunten Falle war die Wirkung nicht zu ersehen. Dieser Fall betraf eine 33jährige V para mit phthisischem Habitus. Bei einer 19jährigen Primipara trat, als der Kopf in der Beckenweite stand, secundäre Wehenschwäche ein und der Kopf rückte absolut nicht weiter. Ich gab innerlich 25 Tropfen des Fluid-Extracts, und nach 12 Minuten fingen die Wehen an stärker zu werden, ja eine zweite und dritte Dosis von 15 Tropfen reichte aus, um nach 40 Minuten die Geburt spontan beendet zu sehen. Die nach secundärer Wehenschwäche so leicht eintretende Blutung in der Nachgeburtsperiode trat in unserem Falle nicht ein. Der Uterus contrahirte sich leidlich. Einfaches Reiben der Gebärmutter einige Minuten lang reichte vollkommen aus. In allen 9 Fällen kam kein einziges Kind asphyctisch zur Welt.

Ich bin weit entfernt davon, auf Grund einer so geringen Zahl von Fällen vor der Hand etwas Bestimmtes hinsichtlich der Wirkung des Ustilago Maidis behaupten zu wollen, dass es aber einen wehenverstärkenden Einfluss auf den Uterus ausübt, glaube ich mit Sicherheit sagen zu können. Versuche mit Extr. fluid. Ustil. Maid. unter Zuhülfenahme des Schatz'schen Tokodynamometers würden sicherlich eine Reihe exacter Beobachtungen abgeben, wiewohl man andererseits beim einfachen Auflegen der Hand auf den Uterus auch schon in einer Zeit den Beginn der Wehe abpalpiren kann, in welcher die Parturiens kaum die Wehenschmerzen verspürt und man noch dazu den Vortheil hat, dass man den Uterus durch die eingelegte Gummiblase nicht unnütz reizt. Es wäre erwünscht, wenn diejenigen Fachgenossen, die über ein grösseres Material verfügen, weitere Versuche über die Wirkungsfähigkeit der Ustilago Maidis anstellen würden. Die Frage, ob das Mittel nicht nur auf die Uterusmusculatur d. h. auf das Uteruscentrum in dem Lendenmarke, sondern auch auf die Gefässnervencentren eine Wirkung ausübt, wie und ob es bei Metrorrhagien, bei Myomen u. s. w., wirkt, wie es sich ferner chemisch zum Secale verhält, Alles dies harrt noch der Beantwortung. (S. übrigens das diesbezügliche Referat von Kobert d. Zeitschr. Jahrg. I S. 454. Red.)

[5]) cf. Working Bulletin for the scientific investigation of Ustilago Maidis. Zu beziehen von Parke, Davis & Co.

[6]) Med. News und cf. Wiener med. Presse No. 7 1886, p. 228. D. giebt das Fluid-Extract in Dosen von 2—4 g mehrmals *pro die*. Auch subcutan wendete er es an.

[7]) American Journal of Pharmacy 1861 in einem „Inaugural Essay".

[8]) Das Präparat ist entweder von Parke, Davis & Co. in Detroit, Mich., U. S. A. oder durch Simon's Apotheke, Berlin C. Spandauerstr. 33 zu beziehen.

Ueber das Photoxylin.

Von

Dr. O. Rosenthal in Berlin.

Das Photoxylin wurde im vorigen Jahre von S. Krysinski[1]) in ½—2% Aether-Alkohollösung an Stelle des Celloidins als Einbettungsmittel für mikroskopische Präparate und in einer 5% gleichen Lösung als Ersatz des Collodiums empfohlen. Später wandte Gurauowsky[2]) eine 20% Lösung in 5 Fällen von persistenten Trommelfellperforationen zum Verschluss derselben an.

Das Photoxylin, das ich durch gütige Vermittlung des Apothekers Herrn Frölich[3]) aus der hiesigen Schering'schen Apotheke bezog, sieht genau wie die Collodiumwolle aus und verbrennt in gleicher Weise, wie diese. Die Herstellung des Präparats ist ein Geheimniss der Firma C. Mann in Petersburg; jedoch lässt sich über die Natur desselben Folgendes sagen.

[1]) Virch. Arch. 58. Bd.

[2]) Monatsschrift f. Ohrenheilkunde 1887 Nr. 10.

[3]) Sämmtliche Präparate wurden in der Apotheke des Herrn F., Auguststr. 60, angefertigt.

Die Collodiumwolle oder das Kolloxylin wird bekanntlich so gewonnen, dass man eine salpetersäurehaltige Schwefelsäure (8 Th. Salpetersäure auf 20 Th. Schwefelsäure) während 12—24 Stunden auf Baumwolle in der Kälte einwirken lässt. Es entsteht so nach Hager die Trinitrocellulose, während eine längere Einwirkung der genannten Agentien Schiessbaumwolle oder Pyroxylin, nach Hager die Pentanitrocellulose, hervorbringt. Erstere unterscheidet sich von der letzteren dadurch, dass sie sich in weingeisthaltigem Aether löst und erst bei einem höheren Temperaturgrade verpufft. Hieraus ergiebt sich, dass bereits eine längere Einwirkung obiger Säuren auf Cellulose in der Kälte eine andere chemische Verbindung hervorruft. Das Photoxylin unterscheidet sich nun von der Collodiumwolle durch seine Lösungsverhältnisse in Alkohol und Aether. Das gewöhnliche Collodium der Pharmakopöe ist nämlich eine 4 % Auflösung von Collodiumwolle in alkoholhaltigem Aether (3 Th. Alkohol: 18 Th. Aether = 1/6). Hierdurch entsteht das ziemlich klare, schwach opalescirende Collodium, das sich von einem geringen weisslichen, unlöslichen Rückstand, der aus anderen Nitroverbindungen besteht, absetzt. Dieses Verhältniss von Alkohol zu Aether mit Photoxylin giebt indess eine trübe Flüssigkeit, die einen sehr starken, unlöslichen Niederschlag ausscheiden lässt. Die Lösung wird aber klarer, sobald der Procentgehalt des Lösungsmittels an Alkohol grösser wird; fast absolut klar, wenn Aether und Alkohol, wie schon Krysinski empfahl, in gleichen Theilen vorhanden sind, und erhält sich so, wenn das Verhältniss, umgekehrt wie beim Collodium, aus 3 Th. Alkohol und 1 Th. Aether besteht. Dieses ist schon ein Unterscheidungsmerkmal vom gewöhnlichen Collodium. Es gestattet diese Art der Lösung aber zugleich einen Rückschluss auf die Darstellungsweise des Photoxylins. Da nämlich nach Hager die durch höhere Temperaturen dargestellten Nitrosubstitutionsproducte der Baumwolle sich durch eine leichtere Löslichkeit in Alkohol auszeichnen, so ist anzunehmen, dass das Photoxylin auf dieselbe Weise wie das Kolloxylin, nur bei einer höheren Temperatur, dargestellt ist, wobei vielleicht auch ein anderes Mischungsverhältniss der Salpetersäure und der Schwefelsäure statt hat.

Um eine dem gewöhnlichen Collodium ähnliche Consistenz zu erzielen, genügt nicht eine 4 %, sondern eine 5 % Lösung des Photoxylins in Aether-Alkohol. 10 % Lösungen sind gerade noch flüssig, während concentrirtere Lösungen schon gallertartig sind.

Diese 5 % Lösung ist, was besonders auch bei dem gleich zu erwähnenden Jodoformphotoxylin deutlich hervortritt, von dem gewöhnlichen Collodium noch dadurch unterschieden, dass sie schneller erstarrt, gleichsam im Augenblick. Sie bildet eine feste Decke, die sich, wie Vergleiche ergeben, durch eine längere Dauerhaftigkeit auszeichnet. Diese Eigenthümlichkeit ist therapeutisch von einem gewissen Vortheil, fordert aber zum sorgfältigsten Verschluss der Flaschen auf und ist deshalb um so bemerkenswerther, als, wie schon oben erwähnt, das Photoxylinum solutum Aether ärmer, als das Collodium ist.

Therapeutisch ist von mir das 5 % Photoxylinum solutum angewendet worden, andererseits habe ich auch ein Photoxylinum elasticum, nach Analogie des Collodium elasticum, anfertigen lassen, wobei auf 50 Th. Photoxyl. sol. 1 Th. Ricinusöl kommt. Ferner habe ich ein doppelt elastisches Photoxyl., das eine 4 % Beimischung von Ol. Ricini enthält, in Gebrauch gezogen. Die sich aus diesem Präparate bildende Haut ist zwar dünner und von etwas geringerer Dauer, zeichnet sich aber durch grössere Elasticität aus. Die gewöhnliche 5 % Lösung übt eine starke contrahirende Wirkung aus, das elastische Photoxylin dagegen bildet eine glatte, schützende Decke, die nicht, wie jene brüchig ist und sich unter Umständen sogar in Gelenkgegenden Tage lang hält. Es ist dieses ein warm zu empfehlendes Präparat.

Ferner habe ich, wie schon oben angedeutet ist, eine Jodoformlösung und zwar eine 10 % in Anwendung gezogen. Dieselbe bildet sich leicht, wenngleich Collodium, das Aether reicher ist, Jodoform noch besser löst. Dieses Präparat fand vielfache Verwendung: bei allen möglichen Hautwunden, theils direct bei kleineren, theils indirect auf Watte oder Gaze; bei Erythema ex frigore mit sehr gutem Erfolge; zum Decken lupöser Flächen, die vorher mit dem Paquelin kauterisirt waren; zum Verschluss der Stichöffnungen der bei Luës gemachten intramusculären Injectionen; bei Furunkeln, — ein vorzügliches Mittel — die, frühzeitig bepinselt, sich nie weiter entwickeln, und bei anderen ähnlichen Affectionen.

Auch Pyrogallussäure und Sublimat lösen sich in Photoxylin gut. Mit letzterem wurde gern das doppelt elastische Photoxyl. verwendet, oder es wurden 10 Th. Photoxyl. ein Theil Oel hinzugefügt. Es bewährte sich dieses bei syphilitischen Hautproducten, besonders bei der Psoriasis palmaris und plantaris.

Das Chrysarobin dagegen bleibt ungelöst,

giebt aber in dem Photoxyl. eine gute Suspension. Auch die Anwendung dieser Mischung ist zu empfehlen, wenngleich die Wirkung eine langsamere ist, als zum Beispiel bei dem Chrysarobin-Traumaticin. Die Dermatitis ist aber dementsprechend auch geringer. Hierdurch wird, wie auch bei anderen Präparaten, der Beweis geliefert, dass die auch von autoritativer Seite gestützte Ansicht, dass das Chrysarobin nur in gelöstem Zustande seine Wirksamkeit entfaltet, auf Irrthum beruht.

Was die Verwendung zu mikroskopischen Zwecken anbetrifft, so dürfte sich wahrscheinlich herausstellen, dass die mit Photoxyl. hergestellten Präparate durchsichtiger sind, als die mit Celloidin; hierbei dürfte sich auch die Löslichkeit des neuen Präparates in Aether zur Entfernung desselben als vortheilhaft zeigen.

Was den Preis anbetrifft, so stellt sich zwar vorläufig das Kilo Photoxyl. ungefähr 30 M. theurer, als das Kilo Collodiumwolle. Bei der geringen Menge des zu verwendenden Mittels ist dieser Unterschied aber belanglos.

Zum Schluss gestatte ich mir noch eine Bemerkung, die Nomenclatur betreffend. Es erscheint mir nämlich der Einfachheit wegen zweckmässig, eine 5 % Lösung des Präparats in Aether-Alkohol zu gleichen Theilen — es ist dieses, wie oben auseinandergesetzt ist, die beste Form — als Photoxylinum solutum zu bezeichnen; dementsprechend würde sich dann der Name Photoxylinum elasticum rechtfertigen.

Practisch wichtige Beziehungen zwischen Jod und Carbolsäure.

Von

Dr. J. Ruhemann in Berlin.

Gelegentlich mehrerer von Dr. H. Lewy (Berlin) ausgeführten Uterusauskratzungen bemerkte ich, dass, wenn man die mit Resten Jodtinctur gefüllte Braun'sche Spritze in die Carbolsäure enthaltende Schüssel entleerte, die Jodlösung, deren färbende Kraft so bedeutend ist, farblos wurde; ebenso wurden die durch Jod gebräunten Teller durch Carbolsäurewaschung rein weiss, als hätte man eine Natriumcarbonat- oder Salmiaklösung benutzt. Es zeigte sich also, dass das Jod mit der Carbolsäure in eine chemische Verbindung getreten war, eine Thatsache, die mit den Erfahrungen, welche beim Jodiren von Carbolsäure gemacht sind, übereinstimmt. Da man nun in der gynäkologischen und chirurgischen Praxis das Jod zusammen mit dem Phenylalkohol anwendet, so lag es auf Grund chemischer Betrachtungen nahe, Versuche anzustellen, welche entscheiden sollten, wieviel Jod von der Carbolsäure gebunden würde, und ob es zu der angestrebten Halogenwirkung käme, falls man gleichzeitig an derselben Stelle Carbolsäure einwirken liess.

Von der Verbindung beider Körper kann man sich leicht auf folgende Weise überzeugen. Lässt man zu einem Tropfen officineller Jodtinctur, den man mit Spir. rectificat. verdünnt, langsam eine 3 %ige Carbollösung zuträufeln, so wird die anfangs ungarweinfarbige Flüssigkeit wasserklar und lässt, mit Chloroform ausgeschüttelt, kein freies Jod mehr erkennen. Wenn man umgekehrt verdünnte Jodlösung in die Carbolsäurelösung einfliessen lässt, so wird das Jod entfärbt und kann weder mit Chloroform oder gekochter Stärke nachgewiesen werden. Setzt man ferner der Jodlösung Chloroform hinzu, so kann man durch Zusatz der nöthigen Menge Phenylalkohol und energisches Schütteln der Flüssigkeit jenes entfärben. Es ist hierbei gleichgültig, ob man sich alkoholischer Jodlösungen oder der Lugol'schen Solution bedient.

Lässt man das auf diese Weise gebildete in Wasser gelöste Jodphenol — es mag der Kürze wegen so bezeichnet werden, in Wirklichkeit resultirt hierbei eine Reihe von Jodphenolen [1]) — einige Wochen dem Tageslicht ausgesetzt stehen, so färbt es sich nach und nach bräunlich, ohne dass es gelingt, durch Chloroform freies Jod nachzuweisen. Mit frisch bereiteten Hühnereiweisslösungen gemischt, giebt das Jodphenol seinen Halogengehalt nicht ab. Auf dem Wasserbade eingedampft, hinterlässt es einen bräunlichen, gelatinösen Rückstand, welcher in Wasser oder Alkohol leicht löslich ist. Es übt keine Einwirkung auf polarisirtes Licht aus, reducirt Fehling'sche Lösung nicht und reagirt, mit Lackmuspapier geprüft, saurer als die zu seiner Bildung benutzte Carbollösung. Das Jod wird in Freiheit gesetzt durch Chlor- oder Bromwasser, durch reine Salpetersäure, durch concentrirte Schwefelsäure, durch salpetrige Säure, nicht aber durch Salzsäure, verdünnte Schwefelsäure, verdünnte Salpetersäure, salzsaure Jodkaliumlösung. Demnach unterscheidet sich Jodphenol von Jodkali, indem jenes durch concentrirte Schwefel- oder Salpetersäure unter Jodabspaltung zerlegt wird, dieses aber nicht, es differencirt sich von Jodsäure oder jodsaurem Natron

[1]) Organ. Chemie, Beilstein 1887, S. 436.

durch sein Verhalten gegen salzsaure Jodkalilösung; denn HJO_3 oder $NaJO_3$ geben, mit dieser behandelt, bekanntlich freies Jod. Bei den vorgenommenen Bestimmungen der Jodmenge, welche von der Carbolsäure chemisch gebunden wurde, stellte es sich heraus, dass die ersten Quantitäten des Jodes verhältnissmässig schnell verschwanden, dass aber weitere Zusätze eine gewisse Zeit beanspruchten, um sich mit der Carbolsäure zu verbinden. So zeigte es sich, dass, wenn bei einem bestimmten Jodzusatz das Halogen bereits nachweisbar war, der Nachweis nach einigen Minuten nicht mehr gelang, dass, wenn eine Stunde lang Jodreaction bestand, dieselbe nach 24 Stunden nicht mehr bestand. Das lag nicht etwa daran, dass sich der Jodüberschuss verflüchtete; denn da stets mit Flaschen gearbeitet wurde, die mit Glasstopfen verschlossen waren, so hätte man durch Schütteln der Flüssigkeit das etwa verdampfte Jod wieder auffangen und nachweisen können.

Als Indicator des freien Jodes benutzte ich anfangs Chloroform, verwendete es aber später nicht mehr, weil sich zum Erkennen geringster Jodspuren seine Spiegelung als störend ergab und Irrthümer entstanden, wenn die Carbolsäure roth gefärbt war, denn die rothe Farbe derselben wird von Chloroform aufgenommen; es schien, dass sich zum Nachweis kleinster Jodmengen die Stärkereaction als schärfste und bequemste erwies, und zwar wurde sie so angestellt, dass die gekochte Stärkelösung auf Filtrirpapier oder porösem Thon eingetrocknet und die zu prüfende Flüssigkeit darauf geträufelt wurde. Wegen der sich sehr langsam vollziehenden Jod-Carbolverbindung wurde, um zu gleichmässigen und vergleichbaren Resultaten zu kommen, nur die Menge des Jods berücksichtigt, welche sich im Verlauf einer halben Stunde dem Phenol associirte, und es galt für mich das Endresultat, wenn sich nach einer halben Stunde noch gerade eine Spur freien Halogens nachweisen liess.

Lässt man zu 50 g einer 5 %igen Carbollösung eine Jodlösung, welche in 10 g Spir. absol. 1 g Jod. pur. enthält, langsam und unter starkem Schütteln der Mischungsflasche zufliessen, so gelingt der Nachweis minimalsten Jods eine halbe Stunde lang nach Verbrauch von 0,2 ccm; alsdann ist er nicht mehr zu führen. Danach entsprachen 2,5 g Acid. carbol. crystallisat. 0,02 g Jod. Nimmt man eine Lösung, die 0,05 g Jod in 100 g Spir. absol. enthält, so tritt die Endreaction nach Zusatz von 40—42 g, d. h. ebenfalls nach Zufügung von 0,02 g Jod ein. Lässt man aber die Mischung bei einer Temperatur von 38 bis 40° C. vor sich gehen, so findet man das Endresultat erst bei 0,65 g der Jodtinctur (1 + 10) d. h. bei 0,065 Jod. Es wird demnach bei einer ziemlich der Blutwärme entsprechenden Temperatur 3 Mal soviel Jod von der Carbolsäure gebunden als bei Zimmerwärme, und dies ist zu berücksichtigen, da wir beide Stoffe in Körperhöhlen, wie die Uterushöhle und die seröse Höhle des Hodens so oft zugleich anwenden, Theile, die eine Temperatur von 38—39° C. besitzen.

Während bei den ersten Jodzusätzen die Carbolsäure weiss bleibt, entsteht bei weiterer Jodeinleitung eine gelbe Farbe, die aber nicht von freiem Halogen herrührt und allmählich verschwindet; eigenthümlich ist es, dass die Mischungsflüssigkeiten zeitweise klar blieben, in anderen Versuchen aber sich trübten und nach einigen Tagen geringe Mengen bräunlichen Bodensatzes zeigten.

Um nun ein practisches Beispiel anzuführen, erwähnen wir, dass bei der Abrasio uteri vielfach nach Reinigung des Cavum uteri mit $2\frac{1}{2}$—4 % Carbollösung und nach dem Curettement c. $1\frac{1}{2}$—2 g Jodtinctur (1+10) mit der Braun'schen Spritze intrauterin eingeführt werden. Alsdann schickt man einen Strom von 200—500 g der Carbollösung nach. Wenn man von der Jodmenge absieht, welche beim Injiciren abfliesst und 0,15—0,2 g Jod in utero vorhanden annimmt, so sieht man, dass nach Ausspülung mit einer 5—20 g reiner Carbolsäure enthaltenden Flüssigkeit das Jod hinreichende Mengen zu seiner Bindung findet, dass es demnach nicht zu der gewünschten Jodwirkung kommt, denn zu der Bindung von 0,15 bis 0,2 g Jod gehören 5,8—7,6 g reinen Carbols: nehmen wir die in der Kälte gewonnenen Resultate als gültig an, so werden mehr Carbolsäuremengen zur Jodbindung gebraucht, nämlich das 7—10 fache von 2,5 g Carbol, von denen aber auch ein Bruchtheil zur Jodtilgung ausreichen würde; denn man muss bedenken, dass die Uteruswände vor der Jodapplication mit Carbol befeuchtet sind, dass die blutende Uterinfläche keinen sehr günstigen Anhaftepunkt für das Jod darbietet, dass das fliessende Blut durch seinen Eiweissgehalt das Jod zum Theil occupirt. Da es noch möglich war, dass das Jod sehr schnell sich mit dem Gewebeeiweiss verband und deswegen nicht mehr von dem Phenylalkohol in Anspruch genommen werden konnte, so musste dieser Punkt in Betracht gezogen werden; wir konnten uns aber auf einfache Weise von dem Gegentheil überzeugen. Denn ein

Stück mit Jodtinctur getränkten, frisch exstirpirten Portiogewebes, das von einigen 100 g eines 2½% Carbolstromes überrieselt wurde, entfärbte sich fast total.

Es kann sich also nur um Spuren von Jodwirkung handeln. Nun spricht aber die Erfahrung dafür, dass es unter der combinirten Anwendung von Jod und Carbolsäure zu prompten Heilungen kommt; es darf also angenommen werden, dass die gebildeten Jodphenole wenigstens keine schädlichen Wirkungen entfalten.

Freilich erhält man reine Jodwirkung, wenn man 4—6 g Jodtinctur einspritzt, wie Veit vorschlägt. (J. Veit: Ueber Endometritis. Zeitschr. f. Geburtshilfe u. Gynaekologie. XIII. Bd. 1886); denn alsdann bleibt Jod im Ueberschusse vorhanden.

Bedient man sich also bei Jodapplicationen in inneren Höhlen der Carbolsäure als Desinficiens, so braucht man sich vor Jodintoxicationen nicht zu fürchten, wenn man nur der Halogenmenge entsprechend das Carbolquantum regulirt, das den Jodüberschuss beseitigt. Setzt man der Carbollösung etwas Bromwasser zu, so kann man das Jod auch bei geringer Menge in Freiheit erhalten und erzielt daneben Tribromphenol, welches wegen seiner anregenden und desinficirenden Eigenschaft sicher günstig wirkt[7]).

Bernatzik und Vogel erwähnen als therapeutisch verwendete Medicamente eine schwarze syrupdicke, stark nach Jod riechende Flüssigkeit, welche aus einem Theil Jod. pur. und 4 Th. Acid. carbol. liquefact. besteht, ferner zum Pinseln bei Rachendiphtherie, zur Behandlung von Lupus, Krebs, Uterusblennorrhoe ein Gemisch von Acid. carbol., Tinctr. Jod. aa 1, Glycerin 5,0[8]).

Bei einer Abrasio uteri, welche ausgeführt wurde, um schwere hysterische Symptome einer seit Jahren an dauerndem Erbrechen und Polydipsie leidenden Dame zu beseitigen, konnte man die in utero sich vollziehende Verbindung des Jods und der Carbolsäure direct beobachten. Nachdem eine Braun'sche Spritze mit dem Halogen in die Uterushöhle eingespritzt und 2½%ige Carbollösung nachgesendet war, wurde das durch ganz geringe Blutbeimengung rosa gefärbte Abflusswasser aufgefangen und mit Chloroform geschüttelt. Die Spur von Violettfärbung des letzteren ergab kleinste Mengen von Jod. Zusatz von reiner Salpetersäure bewirkte eine intensive Jodreaction, was als Beweis der sich in der Uterushöhle vollziehenden Verbindung gelten muss. Nach 18 Stunden konnte bei Ausschütteln des Abflusswassers mit Chloroform keine Violettfärbung mehr erzielt werden, ein Umstand, der mit den oben auseinandergesetzten Thatsachen übereinstimmt.

Vorliegende Bemerkungen können nur einen ganz bescheidenen Beitrag zu der Kenntniss der Jodphenole bringen, deren chemische Natur und biologische Eigenschaften in ferneren Untersuchungen besprochen werden muss.

Für die Liebenswürdigkeit, mit der Prof. Liebreich mir das Material zu diesen Untersuchungen zur Verfügung stellte, sage ich meinen besten Dank.

[7]) Tribromphenol als Antisepticum von Dr. Grimm (Dtsche Medic. Wochenschr. 1887. No. 52).

[8]) Arzneimittellehre, Bernatzik u. Vogel. 1886. S. 852.

Zur Behandlung des Erysipel.

Von

Dr. med. Hilsmann in Constantinopel.

Zur Ergänzung der Therapie des Erysipels von Dr. Fehleisen Decemberheft der Therap. Monatshefte theile ich die Behandlungsmethode des Erysipels eines alten Weibes aus Adrianopel mit, das durch Heilungen des Erysipels sich Ruf erworben hat, zumal ich deren eclatante Wirksamkeit in mehreren Fällen bestätigen konnte.

Der Metzger Dimitri aus Adrianopel bekam in meiner Behandlung nach Eröffnung eines Abscesses in der Axelhöhle trotz antiseptischer Behandlung bei Anwenden von Jodoform ein ausgedehntes Erysipel über rechten Arm, ganzen Rücken und Brust mit hohem Fieber und beängstigendem Kräfteverfall; die üblichen ärztlichen Hülfeleistungen Brechmittel, Resorcinsalbe, Carbolwatteeinwickelungen, Aufstreuen von Sublimatholzwolle etc. liessen im Stich, — subcutane Carbolinjectionen konnte ich der grossen schnellen Ausdehnung halber nicht anwenden — unter den bedrohlichsten Symptomen blieb der Patient aus meiner Behandlung fort. Während ich den Mann todt wähnte, kehrte derselbe nach 3 Tagen zu mir zurück mit der Aufforderung, seine Wunde weiter zu behandeln, da „das Rothe" von dem alten Weib schnell geheilt sei.

Auf Befragen gab Pat. an, in folgender Weise behandelt worden zu sein. Es wurden ihm die von Erysipel befallenen Parthien der Haut mit altem Militärtuch eingewickelt: auf dem Tuch wurde mittels Talg etwas Werg befestigt und dann dasselbe angezündet. Der Rothlauf verschwand danach gleich.

Uebrigens zeigte Pat. noch am Hals durch Anschlagen der Flammen einige oberflächliche Hautverbrennungen.

In Folge dieser Beobachtung verfuhr ich bei einem Fall von Erysipel in folgender Weise: Die von Erysipel befallenen Parthien der Haut wurden mit dickem Filz bedeckt und dann wurde mit einem eben roth glühenden Eisen schnell über den Filz hin- und hergestrichen und so die vom Erysipel befallene Haut stark erwärmt. Diese Behandlung war von sehr günstigem Erfolg begleitet. Bei gleicher Behandlung sah ich auch eine Lymphangitis nach Skorpionstich nach 2maliger Anwendung schwinden.

Es würde mich freuen, wenn diese kurze Notiz weitere Anregung zur Behandlung des Erysipel mit Wärme geben würde.

Antipyrin gegen Chorea.

Von

Dr. W. Lilienfeld in Wittenburg i. M.

Im Anschluss an die im Febr.-Heft dieses Jahrgangs mitgetheilte günstige Wirkung des Antipyrins gegen Chorea, welche ich erst vor einigen Tagen zu lesen die Gelegenheit hatte, möchte ich in aller Kürze über einen ebenfalls eclatant günstig verlaufenen Fall berichten, in welchem mich allerdings der Zufall auf die gute Wirkung des Mittels gegen Chorea hinführte.

Es handelte sich um ein 9jähriges Mädchen, Tochter eines Arbeiters, von sehr zarter, scrophulöser Constitution, welches vor 1 Jahr schwere Diphtherie überstanden hatte und sehr anämisch geblieben war. Dasselbe war Anfang Febr. dieses Jahres an Chorea angeblich ganz plötzlich und sofort in sehr heftiger Weise erkrankt. Trotz aller angewandten Mittel steigerten sich, wie gewöhnlich, die Erscheinungen in derartiger Weise, dass sogar Nachts choreatische Symptome im Schlaf sich zeigten. Als die Krankheit 14 Tage bestanden hatte, wurde das Kind intercurrent, in Folge eines groben Diätfehlers, von einem heftigen acuten Magenkatarrh befallen. Ich verordnete gegen das hohe Fieber — ausser kalten Compressen etc. — Antipyrin 0,5, 2 mal täglich, und fand bereits am andern Morgen das Kind viel munterer, namentlich aber war nicht nur mir, sondern auch den Eltern des Kindes ein ganz bedeutendes Nachlassen der Muskelzuckungen auffällig. Ich gab dem Kinde nun Antipyrin 0,5 täglich einmal weiter, und bereits nach 8 Tagen war dasselbe vom Veitstanz völlig hergestellt.

Bei den geringen Erfolgen, welche die bisherige Therapie meist gegen Chorea aufzuweisen hat, ist eine weitere Prüfung und Anwendung des Antipyrins gegen die genannte Krankheit entschieden angezeigt.

Zur Behandlung der Eclampsie.

Von

Dr. Schmey in Beuthen.

Den Ausführungen des Herrn Dr. Aufrecht im Februarhefte dieser Zeitschrift möchte ich mir erlauben, einige theoretische Erwägungen anzuschliessen.

Wie man auch über die Eclampsie denken möge, jedenfalls muss man das Vorhandensein einer Hirnanaemie als die letzte Ursache der Convulsionen betrachten. Es ist daher von sehr grosser Wichtigkeit, an die Versuche von Arloing[1]) zu denken, der den Blutgehalt des Gehirnes im Chloroformschlaf unter der Norm, im Chloral- und Aetherschlaf dagegen über der Norm fand.

Ebenso fand ein amerikanischer Forscher[2]) an einem in Folge eines Schädelbruches mit Knochendefect freiliegenden Gehirne während der Narkose eine auffallende Blässe, der nach Nachlass der Narkose grösserer Blutreichthum folgte. Entsprechende Resultate hat Ackermann[3]) an chloroformirten Kaninchen, während allein Carter[2]) zu anderen Resultaten kam. In sehr guter Uebereinstimmung befindet sich eine Beobachtung Steinauer's[3]), der während der Chloroformnarkose die Temperatur im Schädel erniedrigt fand. Danach erklärt sich die Wahrnehmung Dr. Aufrechts sehr gut, dass er bei der Eclampsie Chloralhydrat mit sehr gutem Erfolge angewandt habe; es erklärt sich ferner der eclatante Erfolg, den Jenks[4]) in einem Falle von Eclampsie von der Anwendung des Amylnitrits gesehen hat. Ich meine also, dass bei der Eclampsie die Anwendung des Chloroforms eigentlich contraindicirt ist und vielmehr Chloralhydrat, Aether oder Amylnitrit anzuwenden sind.

---

[1]) Comptes rendus 1879 Bd. 89 S. 245.

[2]) Eulenburgs Encyclopaedie IV, 204.

[3]) S. 1. Auflage von Eulenburgs Encyclopaedie Artikel Chloroform.

[4]) Philad. Medic. Tim. Aug. 1872 (Eulenburg).

Neuere Arzneimittel.

Fluorwasserstoffsäure und ihre Anwendung in der Behandlung der Lungentuberculose.

Von

Dr. A. Langgaard.

In der Sitzung der Académie de médecine vom 23. Novbr. vorigen Jahres erstattete Hérard im Namen einer Commission, bestehend aus Hérard, Féréol und Proust, Bericht über zwei von Dr. Seiler und Dr. Garcin der Akademie eingereichte Denkschriften, welche die Behandlung der Lungentubercu-lose mittelst Fluorwasserstoff-Inhalationen zum Inhalt hatten. — Das über diese neue Behandlungsmethode der Lungenschwindsucht abgegebene Urtheil lautete so günstig, dass ein näheres Eingehen auf diesen Gegenstand wohl gerechtfertigt erscheinen dürfte.

Wir kennen die Fluorwasserstoffsäure oder Flusssäure in wasserfreiem und wässerigem Zustande.

Bereits Marggraf hatte im Jahre 1764 das Zerfressen einer Glasretorte bemerkt, in welcher er ein Gemenge aus Flussspath und Schwefelsäure erhitzte, und Scheele hatte den Flussspath als eine Verbindung von Calcium mit einer eigenthümlichen, von ihm Flusssäure benannten Säure erkannt. Rein wurde dieselbe jedoch erst im Jahre 1808 von Gay-Lussac und Thénard erhalten, und Ampère zeigte 1810, dass sie, entsprechend der Chlorwasserstoffsäure, keinen Sauerstoff enthalte und eine Verbindung des unbekannten, hypothetischen Elementes Fluor mit Wasserstoff sei.

Die wasserfreie Säure von der Formel HFl wurde jedoch erst von Fremy durch Erhitzen von trockenem Flourwasserstoff-Fluorkalium in einer Platinretorte erhalten.

Sie ist bei gewöhnlicher Temperatur ein Gas, welches sich durch Kälte zu einer farblosen, sehr flüchtigen Flüssigkeit verdichten lässt, die an der Luft weisse Dämpfe bildet und begierig Wasser ansieht.

Die Darstellung der wässerigen Säure geschieht durch Erhitzen eines Gemisches von 1 Thl. gepulvertem Flussspath mit 2 Thl. concentrirter Schwefelsäure in einer Retorte aus Platin oder Blei. Die sich entwickelnde Säure wird in einer Blei-Vorlage, in welche eine destillirtes Wasser enthaltende Platinschale aufgestellt ist, aufgefangen. Die Reaction verläuft nach der Gleichung:

$$CaFl_2 + H_2SO_4 = CaSO_4 + 2\,(HFl).$$

Das so erhaltene Präparat ist eine concentrirte wässerige Säure. Wird diese der Destillation unterworfen, so steigt der Siedepunkt bis auf 120° C. und jetzt geht eine wässerige Säure über, welche 35.6% wasserfreie Fluorwasserstoffsäure enthält. Dieselbe stellt eine farblose, stark sauer reagirende, an der Luft rauchende Flüssigkeit dar. Fast alle Metalle werden von der Säure leicht unter Bildung von Fluormetallen angegriffen. Ausgenommen ist Platin, Gold, Silber und Quecksilber. Auf Blei wirkt Fluorwasserstoffsäure nur langsam ein. Charakteristisch ist das Verhalten zu Glas, welches selbst schon durch verdünnte Fluorwasserstoffsäure angegriffen und zerfressen wird.

Diese Wirkung beruht auf der grossen Affinität des Fluors zum Silicium. Gelangt Fluorwasserstoffsäure mit Kieselsäure oder Silicaten in Berührung, so bildet sich Fluorsilicium:

$$SiO_2 + 4\,HFl = SiFl_4 + 2\,H_2O.$$

Aus diesem Grunde sind sowohl bei der Darstellung als auch für die Aufbewahrung Glasgefässe zu vermeiden. Man benützt daher für ersteren Zweck Geräthe aus Platin oder Blei. Die Aufbewahrung der wässerigen Säure geschieht zweckmässig in Guttapercha-Flaschen, welche selbst durch eine concentrirte Säure nicht angegriffen werden.

Die Fluorwasserstoffsäure ist eins der energischsten Aetzmittel. Ihre Dämpfe sind im Laboratorium gefürchtet, und jedes Lehrbuch der Chemie mahnt zur Vorsicht beim Arbeiten mit dieser Säure.

In dem von Eulenberg herausgegebenen Handbuch des öffentlichen Gesundheitswesens äussert sich Hörmann folgendermassen: „Die Flusssäure ist eins der gefährlichsten Aetzmittel; sowohl die gasförmige Säure, als auch deren Lösung in Wasser erzeugen auf der Haut schmerzhafte, fressende Geschwüre, die sich schnell in der Breite und Tiefe ausdehnen und eine geringe Tendenz zur Heilung besitzen. — Wegen der Leichtigkeit, mit der sich das Gas in Wasser löst, wirkt die gasförmige Flusssäure besonders leicht auf die Schleimhäute und Feuchtigkeit absondernden Körperstellen. Es kommen deshalb bei den mit Glasätzen beschäftigten Arbeitern besonders Ulcerationen auf der Schleimhaut der Augenlider, Geschwüre auf der Nasenschleimhaut, dem Zahnfleisch und der Mundschleimhaut, sowie starke Reizung der Respirationsorgane vor, welche letztere Husten und eitrigen Ausfluss zur Folge haben."

Wenig übereinstimmend mit diesen letzteren Angaben lautet das Urtheil der Chemiker und Directoren der Krystallglasfabriken von Baccarat und Saint-Louis über den Einfluss der Fluorwasserstoffdämpfe auf die Arbeiter. Michaut, welcher im Jahre 1857 die Aetzungen mittelst Fluorwasserstoff in der Fabrik von Baccarat einführte, fand, dass seine Befürchtungen für die Gesundheit der Arbeiter unbegründet waren, und die spätere Erfahrung zeigte, dass das Einathmen der Fluorwasserstoff-Dämpfe in derjenigen Verdünnung, wie sie in den Werkstätten vorhanden ist, vollkommen unschädlich ist und auch auf die Dauer gut vertragen wird. Ja, es schien sogar, als ob der tägliche Aufenthalt in der Fluorwasserstoff-Atmosphäre auf Lungenkranke einen heilsamen Einfluss ausübe. Bei den Arbeitern selber ist der Glaube an diese Wirkung so fest, dass die in der Schleiferei beschäftigten ihre Versetzung in die Abtheilung für Aetzung beantragen, sobald sich Symptome einer beginnenden Lungenerkrankung zeigen.

Im Jahre 1862 machte Didierjean, damals Chemiker an der Krystallglasfabrik von Baccarat, jetzt Director der Fabrik von Saint-Louis, einem Verwandten, dem Dr. Bastian, von dieser Beobachtung Mittheilung. In Folge hiervon verordnete dieser Fluorwasserstoff-Inhalationen bei Phthise, Asthma, Keuchhusten und Diphtherie, und veranlasste einige Jahre später auch Bergeron zu gleichen Versuchen bei Diphtherie. Trotz mancher Misserfolge war Letzterer doch so von der Wirksamkeit dieser Behandlungsmethode überzeugt, dass er dieselbe seit dem Jahre 1877 ausschliesslich bei Diphtherie und Croup anwandte und 1884 eine auf zahlreiche Beobachtungen basirte Denkschrift über diesen Gegenstand der Akademie einreichte. Im folgenden Jahre legte Seiler seine bei Lungentuberculose erzielten Resultate der Akademie vor.

Gleichzeitig erschienen die Untersuchungen von Chevy. Derselbe machte auf die energische antiseptische und antifermentative Wirkung der Flusssäure aufmerksam, welche noch in einer Verdünnung von 1 : 3000 Fäulniss und Gährung zu verhindern im Stande ist. Auch fand dieser Autor, dass die Dämpfe mit Luft, im Verhältniss von 1 : 1500 gemischt, ohne Belästigung und ohne Nachtheil für die Luftwege eingeathmet werden können. Die deletäre Wirkung für Tuberkelbacillen selbst in einer Verdünnung von 1 : 5000—20 000 constatirte Hippolyte Martin, und William Thompson bestätigte 1887 auf der British Medical Association zu Manchester die eminent antiseptischen Eigenschaften der Flusssäure und des Kieselfluornatriums.

Garcin endlich bezeichnete in seiner der Akademie am 20. September vorigen Jahres vorgelegten Denkschrift die Fluorwasserstoffsäure als ein therapeutisches Mittel ersten Ranges in der Behandlung der Phthise.

Die Beobachtungen ergaben:

1) Der Appetit wird häufig schon nach der ersten Sitzung gebessert, in einzelnen Fällen ganz bedeutend gesteigert. 2) Erbrechen, wenn solches bestanden, hört auf. 3) Die Diarrhöen werden weniger schnell beeinflusst. 4) Die Nachtschweisse werden vom Beginn der Behandlung an geringer und hören ganz auf. 5) Das Körpergewicht nimmt zu. 6) Die Dyspnoe wird sehr prompt gebessert. 7) Der Husten wird weniger anhaltend und hartnäckig und in Folge dessen die Nachtruhe weniger gestört. 8) Aphonie wird wenig beeinflusst. Dagegen nehmen die Schmerzen im Larynx ab und hören ganz auf. 9) Die Furcht vor dem Wiederauftreten von Haemoptoë unter der Einwirkung der Inhalationen ist unbegründet. 10) Die Expectoration wird quantitativ und qualitativ gebessert. 11) Die Tuberkelbacillen nehmen ab. Unter 17 Fällen schwanden sie 16 Mal vollständig. Eine Abnahme lässt sich bald constatiren, das gänzliche Verschwinden erst nach längerer Zeit. Der auscultatorische und percussorische Befund bessert sich. 12) Die besten Aussichten für eine erfolgreiche Behandlung bieten Fälle im Beginne der Erkrankung.

Therapeutische Resultate nach Garcin.
Unter 100 Kranken waren:
35 Heilungen,
41 Besserungen,
10 Todesfälle,
14 blieben unbeeinflusst.

Etwas weniger glänzend, aber immerhin sehr günstig waren die Resultate von Seiler, der unter seinen Kranken eine grössere Anzahl vorgeschrittener Fälle hatte.

Hérard fasst sein Urtheil schliesslich dahin zusammen, dass die Fluorwasserstoff-Inhalationen in der Behandlung der Lungentuberculose eine unbestreitbare therapeutische Wirkung haben, wenn der Krankheitsprocess sich nicht in einem zu weit vorgeschrittenen Stadium befindet. Die Methode sei einfach und frei von Unbequemlichkeiten und könne mit allen nöthigen diätetischen Maassnahmen combinirt werden.

So der Bericht Hérard's. Ob derselbe nicht gar zu optimistisch ausgefallen ist, ob diese neue Behandlungsmethode nicht dasselbe Schicksal haben und ebenso schnell der Vergessenheit anheimfallen wird wie frühere, nicht weniger enthusiastisch empfohlene, darüber lässt sich nach dem geringen, bis jetzt vorliegenden Material ein Urtheil nicht abgeben.

Lépine und Paliard in Lyon sahen bei 7 Phthisikern mit grossen Cavernen und starkem Fieber gar keinen Erfolg, bei 6 anderen im ersten und zweiten Stadium befindlichen Patienten konnten sie dagegen eine deutliche Steigerung des Appetits und eine Zunahme des Körpergewichts um 1 bis 4 Kilo innerhalb vier bis fünf Wochen constatiren. Auch Dr. de Giacomi, welcher in einer Sitzung des Medicinisch-pharmaceutischen Bezirksvereins zu Bern über keine sehr günstigen Resultate berichten konnte, hatte bei seinen Versuchen doch den Eindruck erhalten, dass die Behandlungsmethode eine weitere gründliche Prüfung verdiene.

Dass die Inhalationen durchaus nicht unangenehm sind, kann ich aus eigener Erfahrung bestätigen. Nur im Beginne macht sich ein leichter Reiz an den Augen und auf der Nasenschleimhaut bemerkbar, der jedoch nach wenigen Minuten verschwindet.

Die Technik der Inhalationen ist eine sehr verschiedene. Dujardin-Beaumetz bedient sich eines abgeschlossenen, aus Holz gezimmerten Cabinets von bekanntem Rauminhalt, in welchem die Fluorwasserstoffdämpfe durch Erhitzen einer reinen wässerigen Fluorwasserstofflösung erzeugt werden. Das Erhitzen geschieht in einer kleinen Bleischale auf dem Wasserbade.

Kennt man den Rauminhalt der Cabine und die Stärke der angewandten Fluorwasserstofflösung, so lässt sich eine ungefähre Dosirung ermöglichen. Von der reinen 35,6 procentigen Säure enthalten 3 Theile annähernd 1 Theil wasserfreier Fluorwasserstoffsäure. Dujardin-Beaumetz und Chevy liessen bei ihren ersten Versuchen ein Gemenge von 1 Fluorwasserstoff auf 25000 Luft einathmen. Diese Concentration ist entschieden zu schwach. Ein Verhältniss von 1:5000 bis 6000 wird ohne die geringsten Beschwerden vertragen und dürfte wohl mit mehr Aussicht auf Erfolg angewendet werden. Zu berücksichtigen ist jedoch, dass die Vertheilung der Fluorwasserstoffdämpfe in dem Raume niemals eine vollkommen gleichmässige sein wird. — Die Fenster der Cabine sind zum Schutze gegen die Einwirkung der Säuredämpfe mit einem Firniss zu überziehen. Sitzungsdauer 1 Stunde täglich.

Seiler und Garcin entwickeln die Fluorwasserstoffdämpfe nicht in der Cabine, sondern leiten einen Luftstrom in die Kammer, der vorher eine Mischung von 150 g käuflicher reiner Fluorwasserstoffsäure mit 300 g Wasser passirt hat. Seiler hält 10 Liter dieser Luft pro Cubikmeter für ausreichend, Garcin verlangt 20—30 Liter für den Cubikmeter. Sitzungsdauer gleichfalls 1 Stunde täglich. Auch hierbei ist die Dosirung eine sehr ungenaue, da die Quantität der Säure, welche der Luftstrom mit sich fortführt, abhängig ist von der Geschwindigkeit, mit welcher derselbe durch die Säuremischung getrieben wird und von der Concentration der letzteren.

Eine gleichmässige Vertheilung ist auch bei dieser Methode nicht zu erreichen, da die Fluorwasserstoffdämpfe in Folge ihres hohen specifischen Gewichtes in die tieferen Regionen der Kammer niedersinken.

Diese Uebelstände sucht Bergeron dadurch zu vermeiden, dass er die in die Kammer einzuführende Luft nicht durch, sondern über eine Fluorwasserstofflösung streichen und durch ein sich trichterförmig erweiterndes Ausflussrohr oberhalb des Kopfes des Patienten in die Kammer eintreten und gleichsam über den Kranken sich ergiessen lässt. Durch diese Anordnung soll erreicht werden, dass die Luft, unabhängig von der Geschwindigkeit des Luftstromes, ziemlich constant 1 mg wasserfreier Fluorwasserstoffsäure pro Liter enthält und der Kopf des Patienten während der Dauer einer Sitzung sich in einer möglichst gleichmässigen Fluorwasserstoffatmosphäre befindet.

Fig. 1 zeigt die Einrichtung der Bergeron'schen Kammer[1]). *E* ist das 2 Cubikmeter grosse Cabinet, *D* die Flusssäure enthaltende Kautschukflasche, in welche durch das Kautschukrohr *b* die Luft ein- und durch *c* wieder austritt. Bei *d* befindet sich die trichterförmige Ausflussöffnung, durch welche die Luft mit einer Geschwindigkeit von 2 Liter in der Minute in die Cabine einströmt. Zur Erzielung des Luftstromes bedient sich Bergeron eines aus 2 Glockengasometern bestehenden Motors, dessen Construction aus beistehenden Figuren 1 und 2 ersichtlich ist. Der Apparat besteht aus zwei cylindrischen, mit Wasser gefüllten Behältern *A* und *A*', in welche die beiden Glocken *B* und *B*' eintauchen. Letztere sind durch eine bei *F* und *F*' über Rollen laufende Kette derartig mit einander verbunden, dass die Glocke *B* gehoben wird, wenn *B*' sich senkt und umgekehrt.

Die Röhren *T U* und *T' U'* dienen dazu, Luft in die Gasometer ein- und austreten zu

[1]) Die Abbildungen sind Reproductionen der im Journal de Médecine erschienenen Originalien.

lassen. Bei U und U^1 theilen sich die Röhren, indem der eine Schenkel die ursprüngliche Richtung beibehält, der andere sich vertical nach unten wendet. Der obere

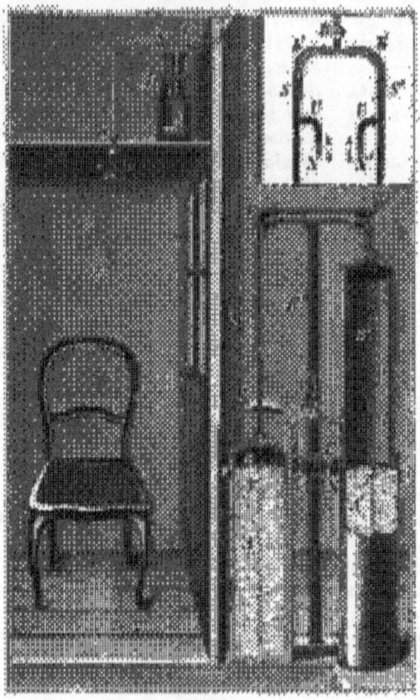

Fig. 1.

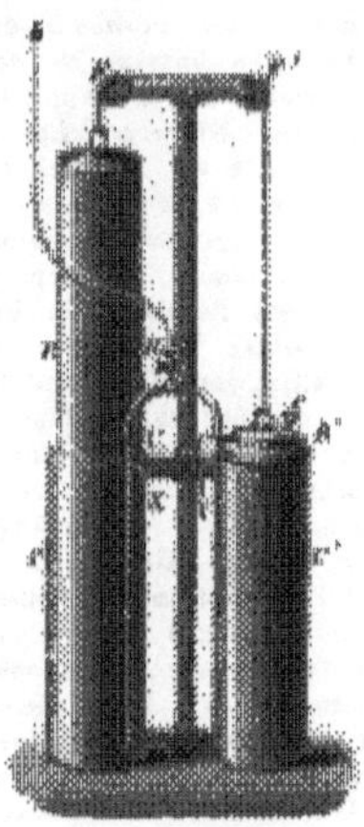

Fig. 2.

gerade Schenkel wird mittelst eines Gummischlauches b^1 mit dem Hahn R verbunden und erhält bei S resp. S^1 ein nur nach R hin sich öffnendes Ventil. Ebenso finden sich bei X und X^1 in der Richtung der Pfeile sich öffnende Ventile. Der Apparat functionirt nun folgendermassen:

Nehmen wir an, durch Auflegen eines Uebergewichtes e auf die Glocke B werde diese bei geöffnetem Hahn R zum Sinken gebracht. Dadurch wird die in B enthaltene Luft durch das Rohr TU und das Ventil S ausgetrieben, während Ventil X geschlossen wird. Gleichzeitig hebt sich die Glocke B^1 und es strömt Luft durch das Ventil X^1 und das Rohr T^1U^1 in dieselbe. Wenn die Glocke B den tiefsten Punkt erreicht hat, wird das Gewicht e auf die jetzt oben befindliche Glocke B^1 gelegt und dadurch diese zum Sinken gebracht, während B sich hebt und wieder mit Luft füllt.

Jede Glocke hat 15 Liter Rauminhalt. Eine Theilung ermöglicht die Controlle und Regulirung des Luftstromes.

Bergeron wendet drei, in einigen Fällen auch vier durch Pausen von fünf Minuten von einander getrennte Sitzungen an. In den Pausen wird die Kammer gut gelüftet.

Nach einem andern Princip lässt man die Kranken Luft durch eine Fluorwasserstofflösung inhaliren. Der Vorwurf, dass hierbei die Säure zu direct in die Lungen gelange und diese Art der Einathmungen für den Patienten zu anstrengend seien, ist gewiss berechtigt.

Bardet sucht diesen Uebelstand dadurch zu beseitigen, dass er den Patienten statt Luft, welche eine Lösung von Fluorwasserstoff passirt hat, eine Luft athmen lässt, in welche ein feiner Strahl von Kohlensäuregas injicirt wird, welches durch Fluorwasserstofflösung gegangen ist.

Der von Bardet benutzte Apparat ist folgendermassen construirt (s. Fig. 3, 4 u. 5). Die in dem Gefässe F entwickelte Kohlensäure passirt den aus Kautschuk gefertigten und Fluorwasserstofflösung enthaltenden Behälter B, beladet sich dort mit Fluorwasserstoffgas und tritt jetzt durch ein Kautschukrohr mit feiner Oeffnung in den Gummischlauch T ein, welcher am Ende das Mundstück C trägt. Bei e befindet sich eine Oeffnung in dem Schlauch, wie es Fig. 4 zeigt. Patient athmet also durch die Oeffnung *e* Luft ein, welcher eine kleine Menge von Fluorwasserstoff enthaltender Kohlensäure beigemischt wird.

Der Kohlensäureentwickeler besteht aus einer weithalsigen, ungefähr 1 Liter haltenden Flasche *F*, auf deren Boden sich ein aus 4 Theilen Acid. tartaricum und 5 Theilen Natr. bicarbonicum bestehendes Gemenge befindet. Durch die eine Oeffnung des doppelt durchbohrten Korkens geht ein rechtwinkelig gebogenes, unterhalb des Korkens endigendes Gasentbindungsrohr, durch die zweite Bohrung geht ein Trichterrohr *E*. Dasselbe ist an seinem unteren Ende ausgezogen und mit einer als Ventil functionirenden Kautschukkappe *e* versehen, in welcher sich ein longitudinaler Schlitz befindet (s. Fig. 5).

Fig. 3.

Fig. 4.

Fig. 5.

Wird jetzt Wasser durch das Trichterrohr gegossen, so entwickelt sich sofort Kohlensäure. In Folge der engen Ausflussöffnung bei *e* (Fig. 4) wird der Druck in dem Apparat alsbald ein sehr hoher sein und dadurch das Ventil *e* comprimirt und verschlossen werden. Beim Nachlassen des Druckes öffnet sich wiederum das Ventil und es tritt neues Wasser in die Flasche.

Um nun einen gleichmässigen Kohlensäurestrom zu erhalten, ist zwischen dem Kohlensäureentwickeler und dem Fluorwasserstoffbehälter ein Druckregulator *R* (Fig. 3) eingeschaltet. Letzterer besteht aus einem kleinen aus Kautschuk gefertigten Blasebalg, der auf seiner Oberfläche mit einer um eine Achse drehbaren Platte versehen ist. Wird der Blasebalg aufgeblasen, so hebt sich die Platte und kann nun bei geeigneter Lage des zuführenden Gummischlauches diesen comprimiren, das Lumen desselben verkleinern und den Zufluss des Kohlensäurestromes mässigen.

Die Benutzung dieses Apparates und ähnlicher würde wohl nur auf diejenigen Fälle zu beschränken sein, wo die Gelegenheit zu Inhalationen in einer Kammer fehlt.

Für diejenigen Herren Collegen, welche sich für diese Sache interessiren, sei bemerkt, dass Herr College M. Asch in seinem Inhalatorium Berlin, Luisenstrasse 35, geeignete Einrichtungen für Fluorwasserstoffinhalationen getroffen hat.

Litteratur. 1) Gmelin-Kraut's Handbuch der Chemie. Bd. I Abth. 2 S. 428. Carl Winter's Universitätsbuchhandlung, Heidelberg 1872.

2) H. Eulenberg. Handbuch des öffentlichen Gesundheitswesens II. S. 13. Aug. Hirschwald. Berlin 1881.

3) Eugène Chevy. De l'acide fluorhydrique et de son emploi en Thérapeutique. Thèse. Paris 1885.

4) Rapport sur des mémoires de M. le Dr. Seiler et M. le Dr. Garcin, rélatifs à l'action de l'acide fluorhydrique dans le traitement de la phthisie pulmonaire, au nom d'une Commission composée de MM. Féréol, Proust et Hérard rapporteur. — Bulletin de l'académie de médecine. 3me Série. Tome XVIII. No. 47. S. 626—644. Séance du 23 novembre 1887.

5) G. Bardet. Nouvel appareil, pour les inhalations d'acide fluorhydrique dans la Tuberculose. Journal de Médecine de Paris. 1888. XIV. No. 5. S. 189—193.

6) H. Bergeron. Emploi de l'acide fluorhydrique dans la Tuberculose. Journal de Médecine de Paris. 1888. XIV. No. 9. S. 335—341.

7) Lépine et Pallard. Traitement de la phthisie par l'acide fluorhydrique. Lyon médical. 1888. LVII. No. 11. S. 415.

8) de Giacomi. Ueber die Behandlung der Lungentuberculose mit Fluorwasserstoff. Correspondenz-Blatt f. Schweizer Aerzte 1888. No. 5. S. 142.

Therapeutische Mittheilungen aus Vereinen.

Berliner med. Gesellschaft.

Sitzung vom 27. Februar 1888.

Prof. Fürbringer: Zur Behandlung der serösen Pleuritis. (Autoreferat.)

Der Vortr. berichtet über eine Reihe von klinischen Beobachtungen, welche er im letzten Jahre über den Werth der Punctionsmethoden bei seröser Pleuritis unter besonderer Berücksichtigung des Exsudatdrucks angestellt hat. Die zahlreichen zur Thoracocentese empfohlenen Apparate lassen sich in 3 Categorien unterbringen:

1. Apparate, welche keinerlei eigene evacuirende Kräfte entfalten, sondern lediglich auf den positiven Exsudatdruck angewiesen sind (einfache Troicars, Canülen mit Trog-, Condomabschluss etc.).

2. Apparate mit Heberwirkung, welche den Ausfluss des Exsudats continuirlich gestalten und auch bei wiewohl geringem negativen Druck ermöglichen. Bei der üblichen Länge des Heberschlauches von 75 cm fand Fürbringer durch mehrfache Versuche am Krankenbett bei einer Lichtung von 0,8 bezw. 2 mm eine 7—8 mal schnellere Entleerung gegenüber dem einfachen Troicar; doch wurde noch nicht die Hälfte der einfachen Leistung einer mässigen Mundaspiration erreicht.

3. Apparate mit selbstständiger, durch besondere Thätigkeit entfalteter Saugwirkung, geeignet, bedeutenden negativen Druck zu überwinden: Aspirationsapparate i. e. S. (Stempelspritzen, Luftpumpen, Gummiballons etc.).

Die Meinungen, welcher Categorie der Vorzug zu geben ist, gehen noch heutzutage weit auseinander. Im Allgemeinen bevorzugt der Privatarzt den einfachen und Hebertroicar, während in Kliniken und Krankenhäusern mehr die Dieulafoy'sche Stempelspritze in ihren verschiedensten Modificationen den Platz zu behaupten scheint. Als Uebelstände derselben am Privatbett und bei seltenem Gebrauch haben zu gelten, von ihrem relativ hohen Preise ganz abgesehen: die Nothwendigkeit einer sorglichen Aufbewahrung und Behandlung, wofern häufiger Reparaturbedürftigkeit und öfterem Versagen (des Stempels, der Hähne, Ventile etc.) sicher begegnet werden soll; der Umstand, dass sie während der Hauptphase ihrer Thätigkeit eine vom Arzte zu leistende Arbeit verrichtet, welche überflüssig ist (wozu aspiriren, wenn das Exsudat freiwillig abläuft?); die precäre Abschätzung des Zuges, mit welchem man auf die kranken Respirationsorgane wirkt, speciell die zumal bei hartgehendem Stempel und für plumpere Hände schwierigen Antheilbestimmungen der Apparathemmung und der eigentlichen Aspiration.

Der Vortr. stellte sich deshalb die Frage, ob überhaupt auf eine stärkere Aspiration, als der Heber sie leistet, verzichtet werden darf und bestimmte bei 25 punctionsbedürftigen Pleuritis-Kranken ohne Auswahl die freiwillig durch den Heberschlauch ablaufende Menge und dasjenige Quantum, welches nunmehr secundär durch stärkere Saugung aspirirt werden konnte bezw. musste. Er fand, dass bei einer zwischen 420 und 2890 ccm schwankenden Gesammtentleerung die secundäre Aspiration

11 mal unter $^1/_{10}$
10 - $^1/_{10}$ bis $^1/_2$
4 - $^1/_2$ - $^1/_1$

der Gesammtentleerung leistete, bezw. in mindestens 10% der Fälle der Löwenantheil nicht durch den Heber abfloss, sondern aspirirt werden musste.

Weiter zeigte der Vortr. an der Hand eigener klinischer Erfahrung, dass eine einigermassen vollständige Entleerung des Exsudats, also unter Umständen eine etwas stärkere Aspiration die besten Erfolge giebt. Dem Gros der Fälle, in welchem vermöge des positiven Drucks genügend viel Exsudat freiwillig abläuft, steht jedenfalls ein keineswegs verschwindender Bruchtheil gegenüber, in welchem Verzicht auf stärkere Aspiration rücksichtlich der Wiederentfaltung der Lunge, der Resorption des Restes etc. eine Unterlassungssünde bedeutet.

Somit gestaltete sich die Aufgabe des Vortr. dahin, einen Apparat zu construiren, welcher, frei von den beregten Misständen, die Vortheile des Hebers und einer stärkeren, genau zu bemessenden und beliebig abzustufenden Saugwirkung continuirlich in sich vereinigte, und demonstrirt einen solchen, der das Princip der Spritzflasche, aber mit Mundaspiration am Luftrohr benutzt.

Eine gewöhnliche Literflasche dient als Auffanggefäss, jedes Rohr trägt einen Gummischlauch von gleichem Caliber (5 mm). Der Troicar (3 mm) wird eingestossen, das Stilet entfernt, der Hahn geschlossen, der Flüssigheberohrschlauch aufgesogen, nun ein wenig am Luftrohrschlauch mit dem Munde gesogen und der Troicarhahn geöffnet. Es strömt alsdann ohne Gefahr des Lufteintritts das Exsudat in die in dem Aufsaugegefäss befindliche Sperrflüssigkeit. Sobald nichts mehr durch den Heberschlauch freiwillig ausfliesst, wird mit dem Munde aus dem anderen Schlauche aspirirt.

Der Vortr. hat diesen höchst einfachen Flaschenapparat in 50 Fällen mit glattem, flottem Operationsverlauf und dem allerbesten Erfolge angewandt und recapitulirt als seine Vorzüge:

1. denkbar grösste Einfachheit der Construction, seltene Reparaturbedürftigkeit, die kein technisches Geschick erfordert.

2. Billigkeit (3—6 Mark excl. Troicar.).

3. Ausschluss von Versagern in Folge längeren Nichtgebrauchs.

4. Sofortige Herrichtung a tempore, mühelose Desinfection.

5. Continuirliche Vereinigung von Heber- und Saugwirkung in einem Apparat.

6. Genaue Abschätzung der Zugkraft; Ausschluss der gefährlichen Druckdifferenzen einer discontinuirlichen forcirten Aspiration.

Zum Schluss liefert der Vortr. einen Beitrag zu der practisch wichtigen Frage, wann ein mittelgrosses Exsudat unbekannten Alters punctirt werden soll, giebt ein einfaches Verfahren zur Bestimmung des Exsudatdrucks ohne Manometer an und zeigt an verschiedenen Curven die eigenthümliche Gestaltung des Drucks während des Abzapfens des Ergusses. (Vgl. auch Berl. klin. Wochschr. 1888 No. 12—14).

Verein für innere Medicin.

(Sitzung vom 6. Februar 1888.)

Prof. Fraentzel berichtet über seine mit Guajakol bei Lungentuberculose gemachten Erfahrungen.

Prof. Penzoldt hatte den Vortr. bereits im Sommer 1887 auf das Guajakol als den wahrscheinlich wirksamen Bestandtheil des Kreosots aufmerksam gemacht. Nachträglich erschien dann die Mittheilung von Sahli über den Gebrauch des Guajakols an Stelle des Kreosots. Vortr., welcher seitdem das Guajakol in mehr als einem Dutzend von Fällen mit dem gleichen Resultate wie Kreosot angewendet hat, empfiehlt in Zukunft statt des Kreosots das Guajakol in der Praxis anzuwenden.

Vortr. verordnet:

℞	Guajakoli	13,5
	Tinct. Gentianae	30,0
	Spir. Vini rectificati	250,0
	Vini Xerens. q. d. ad colat.	1000,0

M. D. S. 2 bis 3 mal täglich 1 Esslöffel voll in einem Weinglase Wassers zu nehmen. *rd.*

Gesellschaft der Aerzte in Wien.

(Sitzung vom 20. Januar 1888.)

Prof. Neumann: Ueber die Behandlung der Syphilis mit Calomelinjectionen.

In mehr als 40 Fällen von Syphilis hat N. auf seiner Klinik sich der Calomelinjectionen bedient. Die Zahl der Injectionen variirte in den einzelnen Versuchen zwischen 1—18. Dabei sind jedoch keine besonders glänzende Erfolge erzielt worden. Auf Grund seiner Erfahrungen glaubt N. zu der Annahme berechtigt zu sein, dass die Calomelinjectionen nur bei leichteren Affectionen der Haut, besonders bei leichter Roseola, wirken, bei schwereren Fällen jedoch nicht den Vergleich mit der Inunctionskur aushalten können. Einen Vorzug vor andern, zur hypodermatischen Behandlung verwendeten Quecksilberpräparaten besässen die Calomeleinspritzungen durchaus nicht.

(Wien. med. Wochenschr. No. 4. 88.) *R.*

Kön. Gesellschaft der Aerzte in Budapest.

(Sitzung vom 21. Januar 1888.)

Dr. Ferdinand Flesch demonstrirt den Ergostaten Gärtner's. Er hebt die Vortheile des Arbeitsstellers hervor, welche demselben einen bleibenden Werth sichern. Der Hauptvortheil des Ergostaten beruht darauf, dass grosse Mengen von Arbeit in rationeller Art dem Patienten ordinirt werden können. Flesch wünscht, dass auch hier individualisirt werden möge. Bei Neurasthenie und Muskelrheumatismus ist die Zahl der Umdrehungen eine weit geringere als bei fetten Individuen.

Dr. Nicolaus Reich schliesst sich den Anführungen des Vortragenden an. Bei vielen Patienten könne man Oertel's Heilmethode nicht durchführen. Hierher gehören jene fetten Individuen, die blass und anaemisch sind, schwache, dumpfe Herztöne, Dyspnoe, geringen Appetit und Stuhlverstopfung haben, welchen Symptomen sich manchmal Oedeme zugesellen. Solche Patienten, die also an Lipaemie oder an Hydrolipaemie leiden, können wir nicht mit Bergsteigen curiren. Der Patient verliert nicht sein Fett, die drohende Weiterentwickelung des Cor adiposum wird nicht verhindert. Oertel und seine Anhänger richten ihr Augenmerk in nur ungenügender Weise auf das Verhältniss zwischen dem Gewichte des Rumpfes und der Muskelkraft der unteren Extremitäten. Dort wo diese Muskelkraft eine geringe, dort kann von einem Erfolge der Terraincur keine Rede sein. Rolch benutzt seit einigen Wochen den Ergostaten in Fällen von Muskelrheumatismus, Chorea minor etc. und wird über seine Erfahrungen Bericht erstatten. — Das Princip Gärtner's sei nicht neu. Der Stockholmer Orthopäde Zander hat vor 15 Jahren einen dynamometrischen Turnapparat construirt, welcher mehrfache Arbeit zulässt. Auch Burlot wollte mit seinen Turnkästen (Gymnase de chambre) das genannte Princip verwirklichen. Je mehr Muskelgruppen bei einem solchen Apparate in Thätigkeit gelangen, desto grösser ist der praktische Werth desselben.

Dr. Schuschny (Budapest).

Société médicale des hôpitaux (Paris).

(Sitzung vom 13. Januar 1888.)

Hayem wendet gegen die grüne Diarrhoe der Säuglinge nach wie vor Milchsäure an. Er bedient sich dabei der folgenden Verordnungsweise:

℞ Acid. lactici 2,0
Syrup. simpl. 20,0
Aq. destill. 80,0

Während er früher davon täglich nur 5 bis 6 Kaffeelöffel verabreichte, geht er gegenwärtig bis auf 20 Kaffeelöffel *pro die* (d. h. halbstündl. 1 Kaffeelöffel). Das Mittel wird von den Kleinen, deren Mortalität erheblich abgenommen hat, gut vertragen. — Auch bei hartnäckiger chronischer Diarrhoe der Erwachsenen (basirend auf intestinaler Reizung) hat sich die Milchsäure in vielen Fällen heilsam gezeigt. H. giebt täglich 3 Esslöffel der Lösung d. h. 0,75 bis 1,0 Milchsäure.

Sevestre reicht den Kindern alle 5 bis 10 Minuten einen Kaffeelöffel der eben erwähnten Lösung. Niemals hat er dabei unangenehme Nebenerscheinungen wahrgenommen. Bei den sogenannten biliösen Diarrhöen hat er mit Acid. lacticum nichts erreicht. Diese weichen nur auf grosse Dosen Natrium bicarbonicum, bis zu 1,25 per Kilogramm Körpergewicht in 24 Stunden.

Hayem bestätigt, dass bei den letztgenannten Affectionen die Ausleerungen sehr sauer sind, während das bei der grünen Diarrhoe nicht der Fall ist. Was das doppelt kohlensaure Natron betrifft, so hat er Erwachsene 30,0—40,0 pro Tag gut vertragen gesehen.

(Revue gén. de Clinique et de Thérap. No. 3. 1888).

R.

Société des sciences médicales de Lyon.

(Sitzung vom Januar 1888.)

Martin: Ueber die Association von Antipyrin mit Cocaïn für die zahnärztliche Praxis.

Concentrirte Cocaïnlösungen, die dazu bestimmt waren, die Schmerzen beim Ausziehen der Zähne zu unterdrücken, haben zuweilen Intoxicationserscheinungen hervorgerufen. Um letztere zu vermeiden, hat M. die Dosis des Cocaïn vermindert und dafür Antipyrin nach folgender Formel hinzugesetzt:

Cocaïn. hydrochloric. 0,04
Antipyrini 0,4
Aq. destill. 1,0.

Die Injection dieser Lösung zwischen Zahnfleisch und Zahn ruft langsamer die Anaesthesie hervor als die Anwendung einer concentrirten Cocaïnlösung, aber die Periode der Gefühllosigkeit dauert länger an und die Extraction der Zähne verursacht keine Schmerzen.

Es verdient auch hervorgehoben zu werden, dass die Injection von Cocaïn und Antipyrin sehr schnell die furchtbaren Schmerzen der acuten Periostitis beruhigt.

(Lyon méd. No. 7. 1888.) *R.*

55. Jahresversammlung der British Medical Association zu Dublin.

(Schluss.)

Section für Gynäkologie.

Aus der geburtshülflichen Section wollen wir zunächst die Discussion „über die Prophylaxe des Puerperalfiebers" erwähnen.

Dr. Playfair ist überzeugt, dass die puerperale Septicämie ganz analog ist der Septicämie in der chirurgischen Praxis und stellt daher folgende wesentlichen Aufgaben der antiseptischen Prophylaxe auf: 1. die Bildung des Infectionsstoffes zu verhüten, 2. der Absorption desselben vorzubeugen, 3. denselben zu zerstören, wenn er bereits absorbirt ist. Er fordert eine strenge Ueberwachung der dritten Geburtsperiode und verlangt, dass die Hand in den ersten 20 Minuten nach Ausstossung der Placenta sich gar nicht vom Abdomen entferne und leichte Friction ausführe, während zugleich subcutane Injectionen von Ergotin gemacht werden sollen. Nach der Geburt soll das Perineum sorgfältig untersucht, jeder Einriss gut vernäht und das Operationsfeld mit Sublimat tüchtig bespült werden. Auch empfehle er bei solchen Fällen die Theile Früh und Abends mit Jodoform einzustäuben.

Die Vagina soll 2 mal täglich mit antiseptischen Flüssigkeiten (Condy's fluid?) ausgespült werden.

Dr. Barnes (London) lenkt die Aufmerksamkeit auf den Einfluss welchen der Allgemeinzustand der Frauen vor und nach der Geburt auf die Wochenbetterkrankungen hat.

Dr. Atthil (Dublin) legt grossen Werth auf den Zustand der Frauen vor der Geburt. Bei anämischen Frauen giebt er Eisen oder Arsenik in Verbindung mit Ergotin, dieses letztere nie nach der Geburt, sondern immer kurze Zeit vor derselben und zwar zusammen mit Strychnin oder Tinctura nucis vomicae.

More Madden (Dublin) hält das Sublimat für zu gefährlich; er gebraucht Kali hypermanganicum oder Terpentin.

Lawson Tait glaubt, dass man 2 Gruppen von Fällen unterscheiden müsse: in der einen Gruppe, wo eine Allgemeininfection vorhanden ist, lässt sich nichts thun, in der andern, wo der Process local verläuft, sind Laparotomie und Drainage von grosser Bedeutung.

Darauf berichtet Dr. O'Callaghan über 35 von Lawson Tait innerhalb eines Monats ausgeführte Laparatomien, von welchen nur ein Fall tödtlich endete. Dabei gebrauchte Lawson Tait nie Antiseptica. Das ganze Geheimniss seiner Erfolge beruht auf scrupulösester Reinlichkeit und Anwendung trockner Verbände.

Lawson Tait, von der Versammlung zum Sprechen aufgefordert, erklärt, dass er sich nie die Fälle aussuche, sondern immer operire, wenn er von den Kranken dazu aufgefordert würde. L. macht dabei auf einen interessanten Fall aufmerksam, wo er die Unterleibshöhle wegen einer suppurativen Peritonitis, die während der Schwangerschaft aufgetreten war, öffnete und drainirte, mit vollständigem Heilerfolg. In einigen Fällen von profusen Blutungen, die stets zur Zeit der Menses eintraten und 14—15 Tage dauerten, fand er als Ursache derselben die über 3 mal vergrösserten cystös entarteten Ovarien; eine arzneiliche Behandlung in diesen Fällen wäre natürlich ganz fruchtlos gewesen.

Dr. Duncan weist auf die guten Erfolge hin, welche ihm bei Metrorrhagien junger Mädchen die Anwendung von Bromkali in Dosen von 4 g geleistet hat.

Das grösste Interesse erregte die Mittheilung Dr. Apostolis „über die Behandlung der Uterusfibrome mittelst Elektricität". Seit 5 Jahren hat A. ein Verfahren angewendet, welches er als galvano-chemische Cauterisation des Uterus definirt. Alle früheren Versuche mit Elektricität seien mangelhaft: der Strom wurde 1. in einer unsicheren und mannigfaltigen Weise, 2. ohne Dosirung, 3. in ungenügender Stärke, 4. innen extrauterin und 5. mit öftere gefährlichen Methoden angewandt. Die von ihm verbesserte Methode sei 1. präcis durch die Einführung neuer Intensitätsgalvanometer, welche die Stromstärke genau zu definiren und zu messen erlauben, 2. energisch, 3. trotz der enormen Dosen des zur Erzielung mächtiger therapeutischer Effecte nothwendigen continuirlichen galvanischen Stroms gut zu ertragen in Folge der Einführung einer äusseren Elektrode aus feuchtem Ton, wodurch die Wirkung auf die Haut unschädlich gemacht wird. Sie sei ferner besser zu localisiren, besser zu controliren und wissenschaftlich exacter. Die Operation ist nicht schmerzhaft und ohne Anaesthetica auszuführen, so dass die Patienten während der Dauer der Behandlung ruhig ihren Geschäften nachgehen können.

Der positive Pol ist hämostatisch (antihämorrhagisch) in seiner Wirkung, die zuweilen sofort, zuweilen nach und nach eintritt; er ist das Heilmittel par excellence bei blutenden Myomen. Der negative Pol dagegen wirkt nicht blutstillend, sondern erzeugt nur einen Zustand temporärer Congestion und zeigt sich deshalb bei Fibroiden mit Amenorrhoe und Dysmenorrhoe nützlich. A. hält die Methode für leicht anwendbar, sie besteht in einer geschickten therapeutischen Sondirung des Uterus. Man braucht nur ein gutes Intensitätsgalvanometer, eine Batterie mit constantem Strom, eine Hautelektrode aus feuchtem Ton, eine unpolarisirbare Intrauterinelektrode aus Platin und einen Stahltroicart für die Galvanopunctur. Während der positive Pol bei blutenden, der negative Pol bei nicht blutenden Tumoren indicirt ist, sind die Indicationen für die Galvanopunctur zweifach: 1. nothwendig bei Atresia uteri oder in den Fällen, wo wegen einer Lageveränderung des Uterus die Sonde nicht eingeführt werden kann; 2. vorzuziehen, wenn die Puncturen mit intrauteriner Kauterisation verbunden werden können, um dadurch eine mächtigere Wirkung zu erzielen.

Für die Galvanopunctur giebt Apostoli folgende Regeln:

1. Antiseptische Irrigation der Vagina vor und nach jeder Operation.

2. Das Instrument soll ein schmaler Stahltroikart (oder Nadel) und die Puncturen sollen seicht, nicht tiefer als 1—2 cm sein.

3. Die Punctur soll im prominentesten

Theile des Fibroid, womöglich im hinteren Cul de sac gemacht werden.

4. Man braucht kein Speculum.

5. Man soll sich des Sitzes jeder Pulsation vergewissern, um jede Verletzung von Gefässen zu vermeiden.

6. Bei ungewöhnlicher Blutung aus der Vagina wird dieselbe mit einem erweiternden Speculum ausgedehnt und wenn nöthig, an die blutende Stelle eine Druckzange angelegt.

Die Erfolge dieser Behandlung sollen sehr grosse sein. Jeder Tumor erleidet dadurch, wie A. behauptet, eine fühl- und messbare Verkleinerung. Dieselbe ist gewöhnlich mit einer Vermehrung des subcutanen Fettgewebes in den Bauchwandungen verbunden und setzt sich auch nach vollendeter Behandlung fort. Die Geschwulst wird frei von ihren Adhäsionen und wird mehr subperitoneal und gestielt. Nicht minder auffallend ist die Besserung der klinischen Erscheinungen. In 95 Fällen von 100 wird der elende Zustand, der sich mit Fibroiden verbindet, gehoben, die Blutungen, die Menstruationsbeschwerden, Dysmenorrhoe, Amenorrhoe, die nervösen Störungen, die Schmerzen, die in der Geschwulst selbst und in dem Druck und in Reflexerscheinungen ihren Grund haben, hören auf.

Apostoli hat in den 5 Jahren von 1882 bis Juli 1887 in der Klinik und in der Privatpraxis den constanten galvanischen Strom in 5201 Fällen angewandt bei fast allen Krankheiten der gynäkologischen Praxis und zwar bei 1) Fibroiden des Uterus (Polypen), 2) totaler oder partieller Hypertrophie des Uterus, 3) Subinvolutionen, 4) acute und chronische Metritis und Endometritis, 5) Ulcerationen des Cervix, 6) periuterinen Entzündungen (Peri- und Parametritis, Cellulitis, Phlegmone), 7) Ovarialgie, 8) Ovaritis und Periovaritis, 9) Salpingitis, 10) Cysten des Ovarium und der Tuben im kindlichen Alter, 11) Atresie, 12) Haematocele. Diese 5201 Operationen wurden an 403 Patienten vorgenommen, von welchen nur 2 starben (bei dem einen, wo er das Vorhandensein einer eiternden Ovariencyste nicht erkannte, erfolgte der Tod durch Peritonitis, in dem anderen durch intraperitoneale Gangrän in Folge zu tiefer Punctur des Uterus). Von den 403 Patienten wurden 278 in 4346 Sitzungen wegen Fibroid oder Hypertrophie des Uterus behandelt und wenn A. auch nicht behaupten kann, dass sie alle geheilt sind, so kann er doch versichern, dass, wo die Sache nicht vernachlässigt und sein Rath pünktlich befolgt wurde, 95% dauernd geheilt worden sind. 7 Patienten, die zu ungeduldig waren, um die Behandlung weiter fortzusetzen und die Geschwulst von ausgezeichneten Chirurgen exstirpiren liessen, sind an der Operation zu Grunde gegangen.

Discussion: Dr. Playfair (London) hat nach einem Besuche bei Apostoli in Paris die Methode in seiner eigenen Praxis angewandt und kann so aus eigener Erfahrung ihre hämostatischen Wirkungen versichern. Die Methode sei jedoch nicht einfach und erfordere technische Kenntnisse.

Spencer Wells (London) gesteht, dass er ganz überrascht war über die Besserung des Allgemeinzustandes der Frauen, die auf diese Weise behandelt wurden. Eine seiner Patientinnen kam zu Apostoli mit einem fixirten Uterus und nach der 13. oder 14. Sitzung kehrte sie mit fast beweglichem Uterus und bedeutend gebessert zurück.

Dr. Macan (Dublin) wies darauf hin, dass die Behandlung sehr langwierig sei und sich besonders für Patienten mit wohlgefüllten Börsen eigne.

Die von ihm erfundene Pincette (Alligator forceps) führt er ein, um den Uterus auszuräumen.

Dr. More Madden (Dublin) sprach „über Behandlung einiger Formen von Sterilität". Er empfahl die forcirte Dilatation des Collum uteri und der Tuben.

In der Discussion über die „Pathologie des Abortus" erwähnt Lawson Tait, dass er in allen Fällen, wo gegründeter Verdacht auf vorangegangenen Abortus besteht, eine Woche lang Secale cornutum mit Brom- und Chlorkalium eingiebt.

Die Discussion: „Ueber die Behandlung der Lageveränderungen des Uterus" eröffnet Dr. Halliday Croom (London). Croom theilt dieselbe in 2 grosse Klassen: 1) diejenige, welche bei Nulliparen, 2) solche, welche bei Frauen vorkommen, die schon geboren haben. Bei den Lageveränderungen der ersten Klasse, welche C. für congenital (mangelhafte Entwickelung oder Deformität) hält, fordert C. streng als allgemeine Regel, jeden mechanischen Eingriff zu unterlassen. Sie machen meist keine Störungen und wenn Symptome von Leukorrhoe oder Beckenleiden auftreten, so habe diese ihre Ursache in gleichzeitiger Affection der Uterusadnexa, so dass eine mechanische Behandlung unnütz ist. Nur in Ausnahmefällen dürfte eine solche nothwendig werden.

Bei den Frauen, die schon geboren haben, sind die Verlagerungen nach vorn durch Entzündungen des Uterus und seiner Umgebung verursacht; die Behandlung muss sich daher auf Entfernung der entzündlichen Producte richten. Nur bei den Verlagerungen nach hinten, die in der Regel mechanisch entstanden sind, ist eine mechanische Behandlung am Platz. Bei Retroversio hält H., wenn keine Adhäsionen vorhanden sind, es fürs Beste, den Uterus bimanuell (ohne Sonde) sorgfältig aufzurichten und durch ein Hodge'sches Pessar in seiner Lage festzuhalten. Bei Retroflexio sollen die Repositionsversuche mit grösster Vorsicht ausgeführt und ein einfaches Ringpessar zur Fixirung des Uterus angewandt werden, während das Hodge'sche hier unbrauchbar ist.

Dr. Duncan (London) glaubt, dass die Mehrzahl der Flexionen nicht behandelt zu werden brauche, weil sie an sich keine Störungen machen und solche nur durch eine etwaige gleichzeitige Endometritis hervorgerufen werden. Auch D. empfiehlt die bimanuelle Methode der Aufrichtung anstatt der Sonde.

Dr. Wallace hat hunderte von Heilungen durch Pessarien erzielt. Allerdings waren die begleitenden Erscheinungen vor Anwendung derselben beseitigt worden.

Dr. Ridd (Dublin) hat die Anwendung der Pessarien bei verlagerten schmerzhaften Ovarien sehr vortheilhaft gefunden.

Dr. Cameron (Glasgow) will sehr grosse Erfolge an der „Alexander Adams'schen" Operation (Verkürzung der Ligamenta rotunda) gesehen haben.

Dr. Lungez hält die Subinvolution der Ligamenta für die Ursache falscher Lagen. Das beste Mittel, den Uterus zu exploriren, sind daher die Finger. In Bezug auf die Verlagerungen nach hinten empfiehlt er auch die von Schröder angegebene Anwendung der milden vaginalen Massage.

Hippel.

Referate.

Ueber die neueren Antipyretica und ihre Wirkung am Krankenbette. Von Prof. R. v. Jaksch (Graz).

Verf. beginnt mit der Entdeckung der antifermentativen Eigenschaften des Carbols durch Lister, an welche sich die Epoche der neueren Antipyretica anschloss.

Er rühmt die bekannten Wirkungen der salicylsauren Salze beim acuten Gelenkrheumatismus, betont jedoch, dass man nur durch grosse Dosen (10—15 g) und bei der ersten Attaque der Krankheit vollen und ganzen Erfolg erzielen wird. Er hebt ferner hervor, dass diese Therapie nur dann Erfolge aufzuweisen hat, und nur dann Recidive ausbleiben, wenn man im Verlaufe der Therapie auch bei Eintritt toxischer Symptome den Organismus durch Darreichung kleinerer Dosen von Salicylsäure unter der Wirkung dieses Mittels belässt. Als Ersatzmittel für die Salicylsäure empfiehlt er das benzoësaure Natron und das Salol.

Ferner führt der Vortragende an, dass eine entsprechend durchgeführte Salicylbehandlung bei Scarlatina bisweilen sehr gute Dienste leistet, ja er hat den Eindruck gewonnen, als ob eine derartige Therapie im Stande wäre, die wichtigste Complication des Scharlachs, die Nephritis, hintanzuhalten.

Auch auf die Sepsis puerperalis hat das salicylsaure Natron nach Erfahrungen des Vortragenden vielleicht specifische Wirkungen. Die Einzelheiten der Behandlung bei der Sepsis puerperalis sind genau dieselben wie beim acuten Gelenkrheumatismus. Bezüglich der Beobachtungen in den beiden letztgenannten Krankheiten behält sich jedoch der Vortragende eine gewisse Reserve vor, da die Anzahl der danach behandelten Fälle noch zu gering sei, um ein definitives Urtheil bilden zu können.

Für die Behandlung des Typhus ist das salicylsaure Natron nach Beobachtungen des Vortragenden nicht geeignet, da nach einer solchen Therapie relativ häufig Darmblutungen auftreten.

Der Vortragende bespricht sodann die Dioxyphenole, die wegen ihrer unangenehmen Wirkungen am Krankenbette nicht mehr Verwendung finden. Aus dem gleichen Grunde stehe auch das in Dosen von 0,5—1,0 g die Temperatur allerdings sehr rasch herabsetzende Kairin nicht mehr im Gebrauche.

Das Antipyrin weiter ist — in Dosen von 2,0—3,0 g, 3—4 mal täglich — ein ganz sicher wirkendes Antipyreticum und bewirkt keine Collapserscheinungen, doch treten danach öfter Exantheme auf, oder nehmen bestehende Exantheme hämorrhagischen Charakter an. Verf. hatte wiederholt Gelegenheit, in dieser Weise durch die Anwendung von Antipyrin modificirte Fälle von Morbillen und Scarlatina zu sehen, die zwar nicht den ungünstigen Verlauf nehmen: aber immerhin mahnen diese Beobachtungen zu einer gewissen Vorsicht in der Anwendung des Mittels. Es werden ferner die günstigen Wirkungen des Antipyrin bei Migräne, Neuralgien und bei Pertussis kurz erwähnt.

Bezüglich des Thallin bleibt Verf. bei seiner in seiner ersten Mittheilung über dieses Mittel gemachten Angabe, dass es in Dosen von 0,2—0,5 g ein ganz sicher wirkendes, von keinerlei unangenehmer Nebenwirkung begleitetes Mittel sei, dessen Wirkung ebenso prompt eintrete, wie die des Kairin, ohne jedoch dessen Nachtheile zu besitzen.

Doch spricht sich v. Jaksch gegen lange fortgesetzte Verabreichung auch kleiner Gaben von Thallin aus, die mit der Zeit zu gefährlichen ja selbst lebensbedrohenden Symptomen führen könne. Dagegen hält er das Thallin für das beste Mittel gegen die allerdings selten vorkommenden Fälle von Hyperpyrexie. Auch das Acetanilid ist nach Ansicht des Vortragenden ein sicher wirkendes und dabei sehr billiges Antipyreticum, doch kommen ihm unangenehme Nebenwirkungen zu; ausser den auch bei Antipyrin- und Thallin-Behandlung mitunter eintretenden Schüttelfrösten und Schweissen auch Cyanose und Erbrechen. Als schmerzstillendes Mittel habe es sich bei Neuralgien und Migräne vorzüglich bewährt.

Bezüglich des Acetphenetidin kann Verf. der von andern Autoren demselben gewidmeten Empfehlung auf Grund seiner Beobachtungen an Kindern, bei denen nach Darreichung von 0,1—0,2 g profuse Schweisse mit intensiver Cyanose, ja selbst Collapssymptome auftraten, nicht beistimmen und spricht die Ansicht aus, dass dieses noch wenig erprobte Mittel in der Privatpraxis vorläufig noch nicht Anwendung finden sollte.

Bezüglich des bereits früher erwähnten Salols ist noch nachzutragen, dass der Vortragende auch in Dosen von 10 g danach nie unangenehme Wirkungen eintreten sah.

Betol (Naphthalol) wirkt ähnlich, aber schwächer, als Salol.

Es wird sodann die Ausscheidung dieser Substanzen und ihr Nachweis im Harne besprochen.

Ueber die Anwendung der Antipyretica bei fieberhaften Krankheiten hat Verf. die Ansicht, dass durch eine forcirte Antipyrese oft nicht genutzt, vielleicht sogar geschadet wird. Doch seien natürlich die antipyretischen Methoden überhaupt nicht zu verwerfen, namentlich bei gewissen Krankheiten nicht. So empfiehlt v. J. die Kaltwasserbehandlung beim Typhus. Der Hyperpyrexie mit ihren schweren Symptomen sei durch chemische Antipyretica vorzubeugen.

Vielfach jedoch werde mit den antipyretischen Mitteln Missbrauch getrieben, wozu freilich oft der Arzt durch das Publicum gezwungen werde.

Redner bespricht sodann den Unterschied zwischen Antipyretica und Specifica, von denen erstere, wenn sie nicht zugleich Specifica sind, bloss ein Symptom des Fiebers, die Temperatursteigerung beseitigen, ohne den Krankheitsprocess als solchen zu beeinflussen, während die Specifica die Krankheit selbst heilen.

Die Fieberbehandlung ist nach Ansicht des Verfassers durch die neuen Mittel wesentlich dadurch gefördert worden, dass man durch sie zur Erkenntniss kam, dass mit der blossen Herabsetzung der Temperatur noch nicht alles geschehen ist.

(*Wien. med. Presse No. 1 u. 2. 88.*)

Dr. Schrack (Graz).

Bemerkungen zur Therapie des Fiebers mit Rücksicht auf die Therapie des Typhus abdominalis. Von Prof. Sigmund Purjesz in Klausenburg.

Da die Besserung der Typhus-Sterblichkeitsverhältnisse sich bei divergenter Therapie gleichmässig einstellt, so ist es jedenfalls berechtigt, daran zu zweifeln, dass diese Besserung eine Folge der Therapie ist. Verschiedene Momente machen hier ihren Einfluss geltend. Die Energie des Typhusgiftes wurde in letzterer Zeit mässiger. Es spricht hiefür die Verschiedenheit des Krankheitsbildes von einst und jetzt. Der wesentlichste Antheil an der Besserung der Typhusstatistik dürfte in der besseren Diagnostik von heute liegen. Miliare Tuberculose, asthenische Pneumonie, Pyämie, ulceröse Endocarditis, Uraemie, etc. werden heute kaum mehr mit Abdominal-Typhus verwechselt. Andererseits werden heute dem Typhus viele solche Fälle zugezählt, welche früher, weil der sogenannte Status typhosus ausgeblieben, unter anderen Rubriken angeführt wurden, früher fielen somit die leichteren, die Sterbestatistik bessernden Fälle aus, während andere mit Unrecht diese Statistik belasteten.

Wenn wir noch die frühere Therapie der Laxantien, localen Blutentziehungen, der Emetica in Betracht ziehen, so ist es überaus fraglich, ob die Mortalitäts-Statistik der früheren Jahrzehnte überhaupt zum Vergleich des Werthes der verschiedenen heutigen Behandlungsmethoden herangezogen werden können. Ausserdem müssen wir trotz der ätiologischen Einheit des Typhus berücksichtigen, dass sich die Infection in den verschiedenen Epidemien verschieden schwer äussern könne, ferner wie verschieden das zum Vergleiche benützte Material in Bezug auf Alter, Constitution etc. sei. Wie verschieden müssen z. B. die Sterbeverhältnisse, bei ganz identischer Behandlung, ausfallen in einem Civilkrankenhause, wo alte und junge Personen, Männer und Frauen, Schwangere, herabgekommene Individuen, Potatoren etc. aufgenommen werden, im Verhältnisse zu den Ergebnissen der Militärkrankenhäuser, wo das Krankenmaterial individuell am wenigsten verschieden ist und schon a priori die günstigsten Chancen zur Genesung bietet. Wenn daher Brand und Vogl so sehr auf ihr kleines Sterbeprocent pochen, so möge nicht vergessen werden, dass sie ihre Daten der allerletzten Zeit entlehnen und dass sich dieselben fast ausschliesslich auf in Militärlazarethen gemachte Erfahrungen beziehen.

Die hydriatische Behandlung verfügt heute noch nicht über eine Statistik, die man verlässlich nennen könnte.

Die die Temperatur herabsetzende Einwirkung des kühlen Wassers ist nur eine Wirkung desselben und neben dem günstigen Einflusse, welcher davon herrührt, dass von der Peripherie her kühleres Blut zu den Centren fliesst, muss noch darauf Rücksicht genommen werden, dass das kalte Wasser auch so manche Reflexwirkung ausübt. Der nun geistig frischere Kranke reagirt jetzt auch auf diese Einflüsse, was zur Folge hat, dass die Zunge nicht trocken sein wird, da das jetzt zum Bewusstsein gelangte Durstgefühl den Kranken zum Trinken veranlasst, die Blase wird zur Zeit entleert, der Koth nicht unter sich gelassen, der in den Bronchien angesammelte Schleim veranlasst Hustenstösse. Ausser diesen Symptomen finden wir, dass der Blutdruck durch das Bad erhöht, die Blutvertheilung geregelt werde. Durch kalte Bäder werden demnach mehr Symptome des Fiebers beeinflusst als durch die die Wärme herabsetzenden inneren Antipyretica.

Von den Antipyreticis benützt Prof. Purjesz das Chinin am liebsten. Die Wirkung des Chinins ist am wenigsten stürmisch und hält auch länger an. Eine bedeutende Remission werde von 1—2 Gramm Chinin (um 10—11 Uhr Nachts verabreicht) veranlasst und es dauert oft 1—2 Tage, ehe die Temperatur die frühere Höhe erreicht. Diese Behandlung zieht Verf. der mit Antipyrin oder Antifebrin vor, wo die Temperatur von einem Extrem in das andere sprungweise übergehe. Das Allgemeinbefinden der Kranken ist bei Chininbehandlung des Fiebers ein besseres.

(*Orvos-Természettudományi Értesítő. 1887. III. Heft.*)

Dr. Schuschny (Budapest).

Ueber conträre Wirkung Fieber erregender und Fieber hemmender Mittel. Von Dr. E. Aronsohn (Berlin).

Verf. machte gelegentlich seiner Untersuchungen über den Fieberprocess die Beobachtung, dass bei einigen Kaninchen — besonders bei solchen, bei welchen in Folge zahlreicher Experimente ein rapider Kräfteverfall eintrat — nach Injectionen von sterilisirter Heujauche nicht, wie gewöhnlich Fieber, sondern im Gegentheil Temperaturabfall erzeugt wurde. Diese scheinbar paradoxe Thatsache, sowie gewisse von Tomaselli, Herrlich, Leichtenstern u. A. gemachten Beobachtungen bezüglich der conträren — pyrogenetischen — Wirkung gewisser Antipyretica (Chinin, Salicylsäure, Antipyrin) ist von ihm zur Erklärung des Mechanismus dieser conträren Wirkungen verwerthet worden.

Die conträre Wirkung der pyrogenetischen Heujauche erklärt Verf. sich aus dem Kräfteverfall der Versuchsthiere, an denen sie beobachtet wurde. Da nämlich die Wärmeregulation, die aus dem harmonischen Zusammenwirken der Organe für Wärmeproduction und Wärmeabgabe resultirt, unter dem Einflusse der im Fieber enormen Kräfteconsumption gestört ist, so ist es wahrscheinlich, dass ein neuer Reiz, welcher die an sich schon geschwächten vasomotorischen Centralorgane trifft, dieselben nicht nur nicht erregt, sondern im Gegentheil lähmt, so dass das dilatatorische Centrum die Oberhand gewinnt. In Folge dessen steigt der Wärmeverlust durch die Haut, die Körpertemperatur sinkt und dies umsomehr, als auch die schlecht genährten Muskeln denselben durch erhöhte Wärmeproduction zu ersetzen nicht im Stande sind.

Die conträre Wirkung der Antipyretica führt Verf. auf eine energische Erweiterung der Capillaren nicht nur der Haut, wo sie sich durch Exantheme, Oedeme, Erytheme etc. documentiren, sondern auch der innern, speciell der thermogenetischen Centralorgane zurück. Ebenso wie es nach Anwendung von Chinin zu Hyperämie, ja selbst zu Extravasaten auf dem Trommelfell, in der Paukenhöhle etc. (Versuche von Kirchner an Hunden) kommen kann, so ist nach Verf.'s Anschauung das in paradoxer Weise entstandene Fieber nach Einverleibung von Antipyreticis nichts anderes, als ein Symptom der durch Alteration ihres Gefässsystems gereizten thermogenetischen Centra. Durch ihre Lage am gefässreichsten Theile des Gehirns, in unmittelbarer Nähe des Plexus choroideus, an der medialen Seite des

Corpus striatum und Thalamus opticus werden gerade diese Centren am intensivsten durch die so häufigen Alterationen der Blutcirculation beeinflusst.

(*Deutsche med. Wochenschr. No. 3 u. 4, 1888.*)

H. Lohnstein (Berlin).

Ein Fall von schwerer Chorea. Schnelle Heilung durch Antipyrin. Von Dr. Laurenrin.

Es handelt sich um ein 7 jähriges Mädchen, das bald nach Beginn der Erkrankung an schwerer Chorea täglich 2,0 Antipyrin in zweistündlichen Halbgrammdosen erhielt. Das Mittel wurde in Zuckerwasser mit einigen Tropfen Pfefferminzspiritus gegeben. Es trat bald Besserung ein, und als eine Woche nach Beginn dieser Behandlungsmethode die Tagesdose auf 3,0 Antipyrin erhöht wurde, war die gute Wirkung noch deutlicher ausgeprägt. 4 Wochen später konnte völlige Genesung constatirt werden. Das Mittel war stets gut vertragen worden (s. auch d. Zeitschr. S. 177).

(*Lyon méd. No. 11. 1888*) *B.*

(Aus dem Rudolfinerhaus in Unter-Döbling.)

Neurotomie des N. infraorbitalis unter Cocainanästhesie. Von Dr. A. F. v. Hochstetter.

Die Operation wurde bei der 48jährigen Kranken so eingeleitet, dass H. mit der Pravaz'schen Spritze in die Umgebung des Foramen infraorbitale und, indem er, immer injicirend, mit der Injectionsnadel allmählich tief in den Canal. infraorb. einging, auch in diesen, im Ganzen 1 g einer 5% Lösung einspritzte. Hierauf führte er, nach ca. 4 Minuten unter Leitung der im Canal. infraorb. steckenden Injectionsnadel, ein schmales convexes Tenotom in den Canal ein, durchschnitt, oder eigentlich zerbohrte mehr, durch wiederholtes Umdrehen des Instruments den Nerven und durchtrennte ausserdem noch, wie Billroth es öfter geübt hat, nach dem Zurückziehen des Tenotoms aus dem Canal durch einen subcutan geführten queren Schnitt die Zweige des Nerven ausserhalb des Canals. Die Operation verlief fast vollständig schmerzlos und sistirte die Schmerzanfälle dauernd.

(*Wiener medic. Wochenschrift 1887 No. 48.*)

G. Peters (Berlin).

(Aus der dermatologischen Abtheilung des Prof. Dr. Ernst Schwimmer in Budapest.)

Ueber die Anwendung des Cocain bei Haut- und Syphiliskranken. Von Dr. Alexander Pajor. I. Secundararzt in obiger Abtheilung.

Die Form der Anwendung war sowohl die der Injection und Einpinselung, beide mit 10% Lösung, als auch die der Einreibung mit 1—3% Salbe. Bei der Injection wurde in ¾ aller Fälle, ohne Rücksicht auf Alter, Geschlecht und Constitution eine, zuweilen auch 2 Pravaz'sche Spritzen der 10% Lösung, also bis 0,2 Cocain, benutzt und genügte durchschnittlich der Inhalt einer Pravaz'schen Spritze zur Anaesthesirung einer Hautfläche von 5—6 Ctm. Alle Patienten vertrugen das Mittel gut bis auf zwei, bei denen sich alsogleich nach der Injection allgemeine Erscheinungen grosser Depression einstellten, ohne jedoch weitere gesundheitsschädliche Nachwirkungen zu hinterlassen.

60 Fälle sind es, über die P. referirt, und waren seine Resultate hierbei folgende:

1. Bei schmerzhaften Substanzverlusten, beziehungsweise Geschwüren der Haut und Schleimhäute verschiedener Natur, wie sie durch Hautleiden, Syphilis oder Traumen zu entstehen pflegen, ebenso bei den geschwürigen Formen des Lupus, des flachen Hautkrebses und bei den nach deren Behandlung entstandenen schmerzhaften Granulationen, wirkten Einpinselungen mit Cocain überall prompt schmerzstillend. Insbesondere zeigte sich seine wohlthätige Wirkung in 2 Fällen specifischer Angina mit Ulcerationen der entzündlich geschwollenen Mandeln, nebst Plaques am weichen Gaumen und starker Injection der Schleimhaut der gesammten Rachengebilde, in welchen Fällen nicht nur die continuirlichen Schmerzen, sondern auch die Unmöglichkeit des Schlingens fester Speisen schnell und anstandslos schwanden.

2. Auch vor der Anwendung schmerzhafter Aetzungen bei Substanzverlusten und wuchernden Granulationen war derselbe gute, schmerzstillende Erfolg zu beobachten.

3. Die Vornahme chirurgischer oder ätzender Behandlung mittelst des scharfen Löffels, Scarificators, Lapisstiftes, Thermokauters u. s. w. bei verschiedenen krankhaften Hautinfiltrationen und bösartigen Processen (Lupus vulgaris et erythematosus, Epithelioma u. s. w.) war nach einer subcutanen Injection nicht in allen Fällen vollkommen schmerzlos, der Schmerz jedoch bei diesen Eingriffen unvergleichlich geringer, als ohne Anwendung des Cocain.

4. Wechselnd war der Erfolg bei der Vornahme der Exstirpation kleinerer Geschwülste (Atherome) und kleiner Hautstücke behufs mikroskopischer Untersuchung, wogegen bei Phimotomien in mehreren Fällen vollkommene Schmerzlosigkeit constatirt werden konnte.

5. Endlich war auch bei quälenden, mit peinlichem Jucken einhergehenden Hautleiden, selbst wenn durch dieselben die ganze Haut-

decke ergriffen war, in vielen Fällen das Cocaïn günstig zu verwenden. Als Vorbedingung hierbei galt, da dasselbe bei unversehrter Epidermis nicht wirkt, dass an irgend einer Hautstelle die Epidermis sehr verdünnt oder fehlend erschien, wie dies in Folge des intensiven Kratzens oder durch Maceration ihrer obersten Schichten oder an Uebergangsstellen zu Schleimhäuten (Lippen, Genitalien, Mastdarm) vorzukommen pflegt. Von solchen oft eng umschriebenen Hautstellen verbreitet sich bekanntlich oft auf Reflexwegen das Jucken über den ganzen Körper, und gelang es mitunter durch Einreibung der betreffenden zuerst vom Jucken ergriffenen Hautstellen mit einer 1—5% Cocaïnsalbe den Juckanfall zu coupiren.

(Wiener med. Wochenschr. 1887 No. 49.)

G. Peters (Berlin).

Strophanthus hispidus bei Herzaffectionen. Von Dr. Leon Rosenbach (Lemberg).

Die Tct. Strophanthi, oder Strophanthuspastillen oder das reine Strophanthin von Merck wurde einige Monate lang bei einem reichen Material meist weit vorgeschrittener incompensirter Herzfehler gebraucht und führte im Wesentlichen zu folgenden Resultaten.

1. Das Mittel steigert die Kraft der Systole in eminenter Weise, verlängert sie etwas, verlangsamt die Herzaction und vermehrt die arterielle Spannung.

2. Es stärkt den Herzmuskel und regulirt die Herzarbeit.

3. Es wirkt diuretisch, aber nur bei Herzkrankheiten.

4. Es stört die Verdauung nicht.

5. Es hat keine cumulirende Wirkung.

6. Am besten braucht man Tct. Strophanthi 3 mal tägl. 10—20 Tropfen.

7. Es erhält den Effect der bei schweren Compensationsstörungen nöthigen und vorher gereichten Digitalis.

8. Man brauche die alkoholische, nicht die ätherische Tinctur.

9. Bei Stenose der Aortenklappen vermeide man das Mittel, um die Systole nicht noch mehr zu verlängern.

(Berl. klin. Wochenschr. No. 7, 88.) *F. Wolf.*

Strophanthustinctur bei acuter Herzschwäche. Von Dr. Hans Graetz, II. Assistenzarzt der med. Poliklinik zu Erlangen.

Die in der Erlanger Poliklinik mit Strophanthus gemachten Erfahrungen ergaben, in Uebereinstimmung mit auch anderweitig constatirten Thatsachen, dass das Mittel bei Herzklappenfehlern nicht selten im Stiche liess und die anhaltende Aufbesserung der Herzthätigkeit nicht annähernd so gut bewirkte, wie die nachher gereichte Digitalis. Dagegen konnte man bei Zuständen, in denen wegen mangelhafter Herzthätigkeit Beklemmung, Dyspnoe, Schlaflosigkeit u. s. w. bestand, bei Strophanthusdarreichung entschiedene, objectiv nachweisbare, wenn auch vorübergehende Besserung eintreten sehen. Dieselbe erfolgte sehr bald, wie der Fall eines von heftigen asthmatischen Anfällen gequälten Emphysematikers lehrt, bei dem schon 15 Minuten nach Darreichung von 10 Tropfen Tinctura Strophanthi sichtbare Erleichterung eintrat. In Rücksicht auf die rasche Hebung der Herzthätigkeit empfahl Prof. Penzoldt, das Mittel bei drohender oder schon eingetretener acuter Herzschwäche in fieberhaften Affectionen zu versuchen. Seit November v. J. wurde nun Strophanthus in derartigen Fällen und zwar bei Pneumonie angewendet, und es wurden damit sehr günstige Erfolge erzielt.

Von 15 Pneumonien Erwachsener, die wegen hohen Alters und Complicationen, keine günstige Prognose gestatteten und ausnahmslos deutliche Erscheinungen drohender Herzschwäche zeigten, verlief nur ein Fall letbal. Das benutzte Präparat war Tinctura Strophanthi 1 : 20 (von Merck in Darmstadt). Die angewendeten Mengen schwankten je nach dem Bedürfniss; doch wurden in der Regel 3 mal täglich 10 Tropfen, selten mehr am Tage gebraucht.

Verf. resümirt seine Beobachtungen über Strophanthus bei Pneumonie wie folgt: S. besserte häufig das subjective Befinden. Die Athmung wurde meistens etwas freier und die Zahl der Athemzüge nahm um einige (4—10 in der Minute) ab. Die Pulsfrequenz wurde immer etwas, wenn auch nicht erheblich, verringert. Jedes Mal wurde nach kurzer Zeit der Puls voller, grösser und verschwanden Unregelmässigkeiten desselben. Die Temperatur wurde nicht wesentlich beeinflusst. Ueble Nebenwirkungen wurden nicht beobachtet.

(Münch. med. Wochenschr. No. 5, 88.) *R.*

Kreosot-Behandlung der Lungentuberculose. Von Dr. v. Brunn (Lippspringe).

Schon 1876 wandte Verfasser das Kreosot auf die Empfehlung von Bouchard hin an, ging aber sehr bald wieder davon ab, weil die Resultate seinen Erwartungen nicht entsprachen. Der Nachweis, dass die Tuberculose eine Infectionskrankheit sei, lenkte seine Aufmerksamkeit von Neuem auf dieses Mittel, jedoch gab er nun die Dosen, welche Bouchard empfohlen hatte und welche die derzeitige Maximaldosis um mehr als das Doppelte übersteigen und nun blieben die Erfolge nicht aus. Er bestätigt die Ansicht, dass Gaben von unter 0,45 *pro die* geeignet sind, das Mittel nur zu discreditiren und adoptirt den von Sommerbrodt ausgesprochenen Satz: Jemehr Kreosot vertragen wird, desto besser die Wirkung! Auch muss man das Mittel mehrere Monate fortbrauchen lassen, um eine Wirkung zu erzielen.

Die Erfahrungen des Verf. vertheilen sich auf 1700 Fälle und 8 Jahre sowohl bei ambulanten als auch fiebernden Patienten mit florider Phthise und allen Zeichen der Hektik.

Am sichersten wirkte das Kreosot bei frischen, stationär gewordenen Erkrankungen junger Leute mit einseitigen Katarrhen und Infiltraten, zunächst auf die Magen- und Darmverdauung, sodann auf das Allgemeinbefinden, endlich auf den localen Process durch Beschränkung aller subjectiven und objectiven Symptome (auch der Tuberkelbacillen).

Aber auch Fieber mit Temperaturen von über 38,5 contraindiciren die Anwendung nicht, wie Fräntzel angegeben hat, sondern es schwindet das hektische Fieber ganz allmählich mit den genannten Besserungserscheinungen.

Zur Vermeidung der oft unangenehmen Nebenerscheinungen von Seiten des Tolu-Balsams wie Aufstossen etc., sowie um der Reinheit der Beobachtung willen giebt er die von Bouchard empfohlene Form:

Kreosoti	13,0
Tct. gentian.	30,0
Spir. rectific.	250,0
Vin. Tokayens. ad colat.	1000,0

Drei Mal tägl. 1 Esslöffel in Wasser.

Die meisten Patienten gewöhnen sich bald an den unangenehmen Geschmack und Geruch; in den seltenen Fällen, in denen dies nicht der Fall ist oder auch bei bronchoblennorrhoischen Zuständen greift er zu den bekannten Kapseln. Bei bestehender Diarrhoe wird der Kreosotwein nicht vertragen, dagegen haben sich Pillen aus

Kreosoti	2,0—2,5
Opii pur.	0,3—0,4

f. pilul. 50 S. 3 stdl. 1 Pille.

sogar als vortreffliches Antidiarrhoicum erwiesen.

Unterstützt kann der Kreosotgebrauch noch durch consequenteste Inhalationen mittelst des Feldbausch'schen Nasalinspirator werden, welcher Tag und Nacht ohne besondere Beschwerden getragen werden kann.

Die Hauptsache bleibt aber immer: Grosse Dosen und consequenter monatelanger Gebrauch.

(*Berl. klin. Wochenschr. No. [illegible], [illegible].*) *F. Wolf.*

(Aus dem hygienischen Institut in Berlin.)

Rohe Schwefelcarbolsäure als Desinfectionsmittel. Von Ernst Laplace.

L. stellte Versuche in der Absicht an, die sogenannte rohe Carbolsäure durch Säurezusätze in Wasser löslich und zu Desinfectionszwecken nutzbar zu machen, und fand, dass, wenn er gleiche Theile roher Schwefelsäure und roher Carbolsäure (25%) mischte, die Mischung gut schüttelte, erhitzte und wieder erkalten liess, dann eine homogene, schwarze, syrupartige Masse sich gebildet hatte, welche den Anforderungen völlig entsprach.

Diese sich in Wasser leicht und schnell lösende Mischung, Schwefel-Carbolsäure, besitzt eine sehr hohe desinficirende Wirkung, denn Milzbrandsporen werden in einer 4%igen wässrigen Lösung in 48 Stunden, in einer 2%igen in 72 Stunden sicher vernichtet. Ein derartiges Resultat wird weder von einer Carbolsäure noch von Creolin erreicht und nur von saurer Sublimatlösung übertroffen. Hierzu kommt noch der billige Preis des Mittels, um ihm einen grossen practischen Werth zu verleihen.

(*Deutsche Med. Wochenschr. No. [illegible] [illegible].*)
A. Goldstein (Berlin).

Ueber die Sterilisation der zum Wundverbande dienenden Watte und Gaze, sowie des zur Verwendung kommenden Wassers. Von Dr. Léon Tripier, Professor an der chirurgischen Klinik der medicinischen Facultät Lyon.

Bekanntlich gelingt es, trotz der Imprägnation mit den stärksten Desinfectionsmitteln, fast niemals, die zum Wundverbande zu benutzenden Verbandstücke selbst für kürzere Zeit aseptisch zu erhalten, wie u. a. auch Versuche, die Arloing auf Veranlassung des Verf.'s anstellte, zur Evidenz bewiesen haben. Verf. benutzt daher seit einigen Monaten zur Desinfection des Verbandmaterials nicht mehr antiseptische Lösungen, sondern sterilisirt dasselbe mittelst eines allerdings etwas umständlichen, indessen im Vergleich zu dem bisher angewandten weit zuverlässigeren Verfahrens durch überhitzten Wasserdampf mittelst des Chamberland'schen Desinfectors, in welchem sich auf Drahtgeflechten die zu sterilisirenden Verbandstücke befinden. Sie werden hier etwa 20 Minuten unter einer Temperatur von 115—120° C. gehalten, worauf das Ventil des Desinfectors wenige Secunden hindurch geöffnet wird, so dass in Folge des veränderten Luftdruckes die in den

Watte- und Gazeporen befindliche Luft herausgeschleudert wird. — Diese Operation wiederholt man in Zwischenräumen von 10 zu 10 Minuten mehrere Male, worauf man sicher darauf rechnen kann, dass die im Desinfector befindlichen Verbandstücke absolut aseptisch sind. Unmittelbar darauf werden sie zum Trocknen in einen von Arloing angegebenen Apparat gebracht, welcher hauptsächlich zu dem Zwecke construirt worden ist, um eine während des Trocknens erfolgende Infection der sterilisirten Verbandstücke zu verhüten. Dieser Apparat, eine Art Ofen, der durch eine Reihe von Gasflammen erhitzt wird, birgt in seinem Innern 3 Kupfergefässe, gross genug, um je ein Drahtkörbchen mit den desinficirten Verbandstücken aufzunehmen. Die Kupfergefässe werden nun durch einen breitrandigen Deckel geschlossen, der in seiner Mitte von einem Luftloch, um den Wasserdampf herauszulassen, durchbohrt ist. Um zu verhüten, dass Keime aus der Luft in den Kupferrecipienten gelangen, verschliesst man diese Oeffnung durch einen Wattepfropf. Schliesslich befindet sich an jedem Recipienten noch ein Thermostat. In diesen Recipienten wird nun unmittelbar nach vollendeter Desinfection das aseptische Verbandmaterial transportirt und gleich darauf der Apparat geheizt, dessen Temperatur sehr schnell auf 100° C. steigt, um sich, in Folge der Wirkung des Thermostaten, auf dieser Höhe zu halten. Während dieser Zeit entweicht der in den Poren des Verbandmaterials befindliche Wasserdampf. Ist die Watte vollkommen trocken, so schliesst man das Luftloch durch einen hermetisch abschliessenden Deckel und lässt den Inhalt des Apparates ruhig erkalten. Die Verbandstücke werden erst ihrem Behälter kurz vor dem Gebrauche entnommen.

In ähnlicher Weise wird auch das zum Reinigen von Wunden vom Verf. gebrauchte Wasser sterilisirt und durch ein complicirtes Röhrensystem in den Operationssaal geleitet, wo dicht neben dem Operationstische der Ausflusshahn angebracht ist.

Ob resp. wie diese umständliche Desinfectionsmethode sich bewährt hat, findet sich in dem Aufsatze nicht angegeben.

(Revue méd. de la Suisse Rom., Dcbr. 87.)

H. Lohnstein (Berlin).

Der gegenwärtige Stand der Antisepsis. I. Todesursachen nach Schussverletzungen. II. Die Bedeutung des „schorfverhindernden" Wundverbandes. Von Prof. Dr. R. von Mosetig-Moorhof. (Vortrag, gehalten im Wiener medicinischen Doctoren-Collegium am 19. Dec. 1887.)

Verf. geht darauf aus, zu zeigen, wie die Antisepsis nach unseren heutigen Begriffen auf die Kriegschirurgie, insbesondere auf die Behandlung der Schussverletzungen anzuwenden sei. Er skizzirt daher zunächst die Todesursachen nach Schussverletzungen, indem er directe und indirecte unterscheidet, und behandelt unter den letzteren etwas ausführlicher den Wundstarrkrampf, auf dessen Aetiologie er näher eingeht, für dessen Behandlung aber er heute auch nichts anderes anzugeben vermag, als was man schon vor 40 Jahren that, nämlich für Euthanasie zu sorgen.

Anders dagegen steht es mit der Verhütung der Wundsepsis als Todesursache. Ihr Schwerpunkt liegt in der ersten Hülfeleistung, im ersten Wundverbande!

Von den drei Fundamentalsätzen Lister's ausgehend, 1. die Wunde nicht durch unnöthige Manipulationen, zu denen auch der Verbandwechsel gehört, zu stören, 2. die Wunde vor Gährungserregern durch aseptische oder besser noch durch antiseptische Substanzen zu schützen, und 3. für ungehinderten Abfluss der Wundsecrete zu sorgen, vindicirt Verf. der Wahl des Wundverbandes die wesentlichste Bedeutung. Zu ihrer Würdigung werden zunächst die verschiedenen Deckverbandarten in ihrer Anwendung bei Operationswunden characterisirt und als trockene, trocknende und feucht bleibende Deckverbände unterschieden. Die beiden ersteren führen einen trockenen Schorf herbei und bilden daher die sogen. Schorfverbände, der letztere soll die Wunde gerade vor dem Trockenwerden schützen, weshalb er eine luftdichte Hülle enthalten muss, durch welche die Verdunstung verhindert wird. Er ist daher ein „schorfverhindernder" Deckverband.

Die Indication für Schorfverbände ist gegeben, wenn die sicher aseptische und secretlos bleibende Wunde zur Primaheilung geführt werden soll, die Indication für feuchtbleibende Verbände, wenn Wundspalten offen zu halten für nöthig befunden wird (Schede's „Behandlung unter dem feuchten Blutschorf").

Bei accidentellen Verletzungen wird man a priori annehmen, dass die Wunde nicht aseptisch sei und wird in jedem Falle die Wunde erst gehörig desinficiren, um sie alsdann wie eine Operationswunde zu behandeln.

Eine Ausnahmestellung nehmen unter den accidentellen die Schussverletzungen ein. Auch sie wird man a priori als aseptische nicht ansehen dürfen. Hier aber würde man durch Sondiren, durch Betasten, durch Ausspritzen und dergl. eher eine nachträgliche Contactinfection bewerkstelligen, woher jede Manipulation an ihnen zu unterlassen sei. Man kümmere sich „um eingedrungene oder sitzengebliebene Projectile und sonstige Fremdkörper vorläufig gar nicht", sondern lege, da für die Möglichkeit des Secretabflusses in jedem Falle gesorgt sein muss, einen feuchtbleibenden Verband an. Denn, war die Wunde nicht aseptisch, so wird durch diese Verbandart wenigstens der Abfluss der septischen Secrete ermöglicht sein; war sie jedoch zufällig aseptisch, nun, so wird eine prima intentio „unter dem feuchten Blutschorf" zu Stande kommen. Diese Verbandart passt also für jeden Fall, während z. B. der Schorfverband im ersteren Falle direct schaden würde.

Verf. legt den feuchtbleibenden, also „schorfverhindernden antiseptischen Verband so an: auf die Wunde kommt das Antisepticum in Pulverform oder Gaze, letztere gekrüllt oder als Compresse, dann impermeabler Stoff, der die Gaze überragt, dann hydrophiler Stoff (Watte, Holzwolle, Torf etc.) als Aussen- oder Hüllverband. Letzterer kann nach Bedürfniss gewechselt werden, während ersterer ohne besondere Indication nicht gerührt werden darf.

(*Wiener med. Presse, No. 2 u. 6 1888.*)

Freyer (*Stettin*).

Ueber ophthalmische Migräne. Von Dr. F. C. Müller-Lyer in Dresden.

Unter dem Namen der Migraine ophthalmique hat Charcot eine Krankheitsform genauer beschrieben, die mit der Migräne das periodische in Anfällen erfolgende Auftreten von einseitigem Kopfschmerz gemein hat, aber charakterisirt durch das Auftreten von Hemianopie und Flimmerscotom während des Anfalls. Die Kranken sehen bei Beginn des Anfalls plötzlich einen hellen etwa halbmondförmigen Schein in der Luft, der sich allmählich vergrössert, dann in allen möglichen Farben flimmert und phosphorescirt und sich dabei hin- und herbewegt. Daneben bestehen dann noch Herzklopfen, Klopfen in der einen Schläfe etc. In schweren Fällen kommen hinzu Kriebeln und Spasmen im Arm, Bein und Mundwinkel der betreffenden Seite, apathische, epileptische Anfälle u. s. w., die zu bleibenden Lähmungen den Uebergang bilden können.

Ein specifisches Heilmittel dagegen ist nun das Brom. V. theilt nun ausführlich die Krankengeschichte eines schweren Falles mit, bei dem sich im Laufe von 3 Jahren die Krankheit so weit entwickelt hatte, dass die Anfälle fast täglich auftraten, Patient abmagerte, appetit- und schlaflos, reizbar und melancholisch wurde und zuletzt seine Beschäftigung aufgeben musste. Dazu traten dann noch Kriebeln und krampfhafte Schmerzen in dem Bein. Patient wurde in langsam steigender Weise mit einem Bromsalzgemisch (Kalium bromatum 2 Theile, Natr. brom. 2 Theile, Ammon. brom. 1 Theil) behandelt und nahm schliesslich davon 6,0 *pro die* zu sich. Nach einer mehrmonatlichen Behandlung verschwanden die Anfälle vollständig, und Patient befand sich objectiv und subjectiv sehr wohl.

V. theilt dann noch einen zweiten, leichteren Fall mit.

(*Berliner klin. Wochenschr. 48. 87.*)

Schmey (*Beuthen O.S.*)

Ueber die Behandlung der puerperalen Eclampsie. Von G. Veit (Bonn).

Der Verfasser schildert uns in eingehender Weise sein nach langjährigen Erfahrungen erprobtes Verfahren bei der puerperalen Eclampsie.

In früherer Zeit behandelte man die Eclampsie mit Blutentziehungen, Abführ- und Brechmitteln.

Als später Frerich's Monographie über die Bright'sche Niere mit dem Zusatz Litzmann's erschien, wonach die Eclampsie eine Vergiftung mit kohlensaurem Ammoniak sein sollte, wandte man bei den eclamptischen Anfällen Benzoësäure, Essigklystiere und Essigwaschungen an.

Während der Verfasser bei der alten Behandlung gute Erfolge gesehen hatte, verliefen bei der anderen alle Fälle lethal. Er kehrte zurück zur Venaesection, zum Calomel mit Rad. Jalap. und Eisumschlägen.

Als ihn bei einer schweren Eclampsie auch diese Mittel im Stich liessen, ging er mit Erfolg zur Chloroformnarkose und Opiumtinctur über.

Seit 30 Jahren nun wendet Verf. stets Opium oder Morphium subcutan, Chloroform nur in dringenden Fällen an. Er fängt gleich mit einer Dosis Morphium von 0,03 an und giebt als zweite Dosis eine wenigstens halb so grosse. Innerhalb 4—7 Stunden können Dosen von 0,08—0,12 erforderlich sein. Stets muss Morphium so lange gegeben werden, bis eine tiefe Narkose eingetreten ist und es muss weiter mit den Morphium-Injectionen fortgesetzt werden, „sowie eine Muskel-Action sichtbar ist".

Einen üblen Erfolg auf das Leben des Kindes will Verfasser nie gesehen haben.

In den Fällen, in denen bei der Morphium-Behandlung der Tod erfolgte, ist derselbe, wie die Sectionen ergaben, stets in Folge von acuter Nierenentzündung eingetreten. Aus diesem Grunde schlägt Verf. vor, sobald die Vorboten der Eclampsie, Eiweiss im Urin, Kopfschmerzen, allgemeines Unbehagen und Erbrechen eintreten, eine gründliche Diaphorese einzuleiten. Liebermeister's Verfahren, Vollbäder von 42—45° C. mit darauf folgenden, Stunden lang fortgesetzten Einpackungen in wollenen Tüchern haben den meisten Erfolg. Es ist dabei, wie die Fälle von Breus beweisen, nicht zu befürchten, dass bei Schwangeren eine vorzeitige Geburt, bei Wöchnerinnen Blutungen auftreten. Sind diese Bäder, wie in der Privatpraxis, nicht zu bewerkstelligen, so soll man hydropathische Einwickelungen machen. Dieselben sind aber von einer geringeren Wirksamkeit als die Vollbäder. Diese Behandlung ist namentlich bei der Eclampsia gravidarum sofort einzuleiten, sobald sich die oben erwähnten Vorboten zeigen. Die Folge davon ist, dass der Eiweissgehalt schwindet und damit die eclamptischen Anfälle überhaupt nicht eintreten. Auch schon nach eingetretenen Anfällen hat die Diaphorese bei Schwangeren die Eclampsie beseitigt, ohne dass Narkotica nothwendig waren.

(Sammlung klinischer Vorträge von R. v. Volkmann No. 306.)

Dr. Pyrkosch.

Ueber die subcutane Anwendung des Calomel und des Oleum cinereum bei Syphilis. Von Dr. Bender (Bonn).

Das von Lang in der Syphilistherapie empfohlene Oleum cinereum wurde in der Bonner Klinik bei bisher 12 Patienten in Anwendung gezogen. Das graue Oel ist so hergestellt, dass 1 ccm des 20 %igen Oeles — das Metall kann übrigens durch einen beliebigen Zusatz von Oel vermindert werden — etwa 0,23 Hg enthält, also soviel als 31 Spritzen einer 1 %igen Sublimatlösung. Die Behandlungsdauer war fast die gleiche wie beim Calomelöl; ebenso häufig wie bei diesem wurde Stomatitis beobachtet. An der Injectionsstelle schienen aber länger Schmerzen zu bleiben, und bei fast allen Patienten entstanden nach der Einspritzung mehr oder weniger starke Infiltrationen. Es erhielten 6 Männer im Ganzen 60 Injectionen. 50 Mal wurden je 3 Theilstriche, 10 Mal wurde die ganze Spritze auf einmal entleert. Von den ersteren Patienten erhielt einer 22, ein anderer 15, ein anderer 13 Einspritzungen bis zum völligen Schwund der Erscheinungen. Wöchentlich 2 Mal wurde injicirt; daraus ergiebt sich eine 6 bis 7 wöchentliche Behandlungsdauer. Bei den Weibern wurde niemals die ganze Spritze auf einmal injicirt. Es würde sich empfehlen, von dem Ol. ciner. immer eine ganze Spritze alle 8 bis 14 Tage zu injiciren. Bei allen 115 Einspritzungen kam nur ein Abscess zur Beobachtung. Das graue Oel würde sich also neben dem Calomelöl sehr wohl zur Behandlung der Lues eignen. Die Erfolge, welche mit letzterem in der Bonner Klinik erzielt wurden, waren ganz vorzügliche. B. hält „die intramusculären Injectionen des Calomelöl für die in ihrer Wirksamkeit zuverlässigste und in ihrer Anwendungsweise rationellste und practischste Einverleibung des Quecksilbers in den syphilitisch durchseuchten Organismus".

(Vierteljahrschr. f. Dermat. u. Syph. 1888, 1 S. 55.)

George Meyer (Berlin).

Worin besteht der therapeutische Effect des Karlsbader Thermalwassers bei Magenaffectionen? Nach dem heutigen Stande der Pathologie des Magens dargestellt von Doc. Dr. W. Jaworski.

Gegenüber der Lehre von Leube, dass die Magenerkrankungen meistens mit einer mangelnden Magensäure- und Pepsinbildung verbunden sind, wies Reichmann 1882 zuerst in einem Falle nach, dass es auch eine übermässige Salzsäurebildung im Magen geben kann. Später wurde auch gezeigt, dass z. B. das runde Magengeschwür von übermässiger Salzsäurebildung begleitet ist.

Die Wirkung des Karlsbader Thermalwassers wurde nun früher in der Anregung der Magenfunctionen und Beschleunigung der Verdauung gefunden. Verf. zeigte jedoch, dass sehr geringe Quantitäten des Wassers die Säuresecretion und Verdauungsthätigkeit wohl anregen, grössere Quantitäten jedoch dieselbe auf mehrere Stunden vollständig aufheben und nach längerer methodischer Anwendung in der Magenschleimhaut an Stelle der Säuresecretion eine Schleimsecretion schaffen, neben welcher die Function jenes Drüsenapparates ganz und gar zum Schwinden gebracht ist. Dementsprechend ist daher bei der therapeutischen Anwendung des Karlsbader Thermalwassers durch interne Untersuchung des Magens genau zu differenciren, in welchem Erkrankungsstadium derselbe sich befindet, um nicht nur mit dem richtigen Quantum von Wasser vorzugehen, sondern auch, um zur rechten Zeit mit der Anwendung desselben aufzuhören.

(Wien. med. Presse No. 3 u. 4. 1888.)

Freyer (Berlin).

Toxikologie.

Ein Fall von Kaffee-Vergiftung. Von Dr. Glogauer in Berlin. (Originalmittheilung.)

Eine ca. 25jährige Frau von kräftiger Constitution, die niemals Kaffee zu trinken pflegt, nahm gelegentlich 10 Tassen starken Kaffees zu sich. 2 Stunden darauf erfolgte Erbrechen mit Schwindel und Sausen im Kopf, Gedankenflucht, Angstgefühle, Todesahnen, starrer Blick, Brustbeklemmung, allgemeine Unruhe, Schmerzen im Epigastrium, Kühle der Extremitäten, Zittern in den Fingern. Der Puls war vermehrt, aber qualitativ nicht verändert. — Es wurden warme Getränke und Aether innerlich verabreicht, heisse Abreibungen gemacht und zuletzt Morphium subcutan gegeben. Darauf stellte sich wohlthuender Schweiss und Schlaf ein, und am nächsten Morgen war Patientin wieder genesen.

Antipyrinvergiftung. Von Oscar Jennings.

Bei einem 67jährigen Fräulein, welches wegen rheumatischer Affectionen der Hände täglich $2^1/_2$ g Antipyrin nahm, bemerkte man am 9. Tage nach Beginn dieser Medication rothe Flecke an den Armen. Am nächsten Tage zeigte sich Gefühl von Eiskälte im Körper, Röthe und Schwellung des Gesichtes und der Augenlider; dicht an einander stehende rothe Flecke bedeckten den ganzen Körper; Appetitlosigkeit, geringer Juckreiz, Gefühl, als ob das innere des Körpers mit Eis gefüllt wäre; am nächsten Tage waren leichte Coniunctivitis, Rhinitis und Heiserkeit etwa wie bei Jodkalivergiftung zu constatiren. Niedrige Temperatur, kalte Haut trotz des Bestehens der allgemeinen Röthe, Puls 76, dessen gewöhnliche Frequenz sonst 85 betrug. Brausen in den Ohren. Nach kleinen Dosen Belladonnatinctur bildeten sich die eben geschilderten Symptome zurück; es blieben grosse Hinfälligkeit und Gefühl von innerer Kälte zurück.

Bei einer anderen Dame, welche wegen rheumatischer Beschwerden 5 g Antipyrin *pro die* nahm, traten am 2. Tage plötzlich Gedächtnissschwund und Gedankenverwirrung ein; sie machte eine heftige 6 wöchentliche Gastroenteritis durch.

Bei einer dritten Dame zeigten sich nach Antipyrin Schwellung des Halses mit 6 stündigem suffocatorischen Anfall, nicht juckendes Hauterythem und profusem Schweissausbruch.

(*The Lancet 1888 Vol. I No. 8.*)

J. Ruhemann (Berlin).

Idiosynkrasie gegenüber Antipyrin. Von W. A. Sturge.

Bei einer an Migraine leidenden Person stellte sich ungefähr 5 Minuten nach Einnahme von 5 Grains (ca. 0,3) Antipyrin heftiges Niesen, Röthung des Gesichts und der Augen und Thränenfluss ein. Aus der Nase floss reichlich Schleim, die Respiration wurde mühsam. Pat. klagte über Erstickungsgefühl und war unfähig sich niederzulegen. Es stellte sich heftiger Husten ein, durch welchen enorme Quantitäten Schleim expectorirt wurden; gleichzeitig bestand profuse Schweisssecretion. Nach einer halben Stunde erfolgte unter heftigem Jucken der Ausbruch eines urticariaartigen Exanthems auf den Schenkeln, welches sich schnell auf das Abdomen ausbreitete. Ausserdem bestand metallischer Geschmack, lautes Singen in den Ohren. Der Puls war voll und schnell. Nachdem diese Symptome ungefähr $^3/_4$ Stunden gedauert hatten, verschwanden dieselben allmählich; nur der Ausfluss aus der Nase und ein Gefühl von Engbrüstigkeit hielten noch 4—5 Stunden länger an.

(*British Med. Journal 1888 4. Febr. S. 263.*)

rd.

Ueber Amylenhydrat-Intoxication. Von Dr. C. Dietz (Leipzig).

In der Leipziger psychiatrischen Klinik wird eine Amylenhydrat-Mischung vorräthig gehalten, von der den Kranken — nach vorhergegangenem starken Umschütteln — nach Bedarf verabfolgt wird. Im Januar d. J. ereignete es sich, dass beim Herausgeben der Schlafmittel die Amylenhydratflasche zwar umgeschüttelt, dann aber für einen Moment ruhig in der Hand gehalten wurde. Das genügte, dem Amylenhydrat Gelegenheit zu geben, sich an der Oberfläche wieder anzusammeln, und 4 Patienten erhielten so das Mittel in concentrirter Form. Die Grösse der Dosis konnte nicht mehr mit Sicherheit bestimmt werden. Alle 4 Personen boten Intoxications-Erscheinungen dar, die denen einer Alkoholvergiftung glichen. Es stellte sich tiefer, lang andauernder Schlaf ein. Die Extremitäten waren paralytisch, Sensibilität, Schmerzempfindung, Reflexe vollständig aufgehoben. Pupillen weit, träge reagirend. Die Respiration war verlangsamt, oberflächlich und unregelmässig, der Puls klein und verlangsamt, die Temperatur herabgesetzt. — Die Behandlung bestand vor Allem in Application von subcutan. Campher-Injectionen. Sämmtliche Patienten genasen bald wieder.

— Um der Verabfolgung zu grosser Einzeldosen dieses Mittels vorzubeugen, hält D. es für zweckmässig, dasselbe in Kapselform zu verordnen.

(Nach. Med. Zeit. No. 18 93.) *R.*

Vergiftung mittelst Datura Stramonii. Von Dr. Steiner (Rosenberg).

In der sonderbaren Absicht, stechende Schmerzen in der Brust durch die Stacheln der Datura Stramonii zu bekämpfen, trank ein Bauer eine Tasse Thee, welche aus Stechapfelkraut und Früchten hergestellt war. ¾ Stunden darauf bekam er einen Anfall von Tobsucht, so dass er nur mit Mühe im Bette gehalten werden konnte. Sieben Stunden später bot sich folgender Status:

Kräftiger Patient mit gedunsenem, dunkelrothem Gesicht, injicirten Conjunctiven und ad maximum erweiterter Pupille. Kopf und Extremitäten in fortwährenden convulsivischen Zuckungen, dabei Steifheit in den Gelenken. Respiration tief und beschleunigt, kleiner gespannter Puls, 130, Temperatur 36°, Haut trocken, Herztöne klingend. Das Schlucken sehr erschwert. Die Sensibilität ist auf Null reducirt. Unterleib aufgetrieben, Blase gefüllt.

Nachdem Injection von 0,03 Apomorphin innerhalb 10 Minuten ohne Erfolg gewesen ist, wird Natr. sulf. 30,0 mit grösseren Quantitäten Wasser gegeben, als Antidot Opium.

Inzwischen verfällt Patient in ein tiefes Coma, die Röthe des Gesichts macht einer fahlen Blässe Platz, Athmung wird ruhiger, Herzaction schwächer, die Zuckungen hören auf.

Eine halbe Stunde später ist Patient zu sich gekommen und war nach 8tägiger Reconvalescenz geheilt.

Da das Drasticum erst nach dem wiederkehrenden Bewusstsein wirkte und die Opiumdosen von 0,02 zu klein waren, um eine so eclatante Wirkung zu äussern, so vindicirt Verfasser dem Apomorphin gleich dem Morphin eine antidotische Wirkung gegenüber den Alkaloiden der Datura Stramonii und glaubt, dass das Gift in zu intensiver Weise lähmend auf die glatte Musculatur des Magens eingewirkt und so die specifische Reaction auf das Apomorphin verhindert habe. Verf. fordert die Schulen auf, durch Unterricht dem Schaden zu steuern, welcher durch Unkenntniss der Giftwirkung der Pflanze angerichtet wird, welche besonders auf die Kinderwelt durch ihre Schönheit einen verderblichen Reiz ausübt.

(Berl. klin. Wochenschr. 1887. No. 9.)

Franz Wolf.

Kupfergehalt von sauren Gurken und Pflaumenmus. Von E. Reichardt.

In einigen Gegenden ist der Zusatz von Kupfer zu sauren, Senf- und Pfeffergurken sehr gebräuchlich, um denselben eine schöne, grüne Farbe zu verleihen. Verf. wies in einigen Stückchen saurer Gurke 0,0005 g metallisches Kupfer, in einem andern sogar 0,001 g nach. In 6 Stück sehr schön grüner Pfeffergurken fand er 0,0025 g Kupfer.

Ebenso fand er in Pflaumenmus, das gewöhnlich durch Einkochen in blankgescheuerten, kupfernen Kesseln dargestellt wird, in jedem Falle Kupfer und zwar von 0,0015 g bis 0,008 g in 100 g Mus.

(Archiv der Pharmacie, Bd. 226 S. 19.)

Schorry (Beuthen i. Sch.).

Toxische Entzündungen der Conjunctiva. (Durch Processionsraupen) von Dr. Baas.

B. berichtet von zwei Fällen heftiger Conjunctivalreizung mit intensiver Schmerzhaftigkeit, Lichtscheu, Lidkrampf, Thränenfluss, welche durch das Hineinfallen von Haaren und Saft der Processionsraupen in die Augen zweier Arbeiter entstanden waren. Die Hornhaut war frei. Unter stündlicher Cocaïneinträufelung und Eisumschlägen trat in drei Wochen Heilung ein.

(Klin. Monatsblätter f. Augenheilk. Febr. 1888.)

J. Ruhemann (Berlin).

Litteratur.

Schulz, Dr. M., Impfung, Impfgeschäft und Impftechnik. Ein kurzer Leitfaden für Studirende und Aerzte. Berlin, 1888. Th. Fr. Enslin. (Richard Schoetz).

In dem vorliegenden kurzen Leitfaden hat Verf. ein Büchelchen geschaffen, das Vielen sicher sehr willkommen sein wird. Nicht dem Studirenden allein, der mit der dort behandelten Materie noch ganz unbekannt ist, wird es dazu dienen, sich über das dem Impfwesen zugehörige Gebiet einen klaren Ueberblick zu verschaffen, es wird auch dem bereits in der Praxis stehenden Arzte eine willkommene Gabe sein, bei der Ausübung des Impfgeschäftes sich über die jetzt geltenden gesetzlichen Bestimmungen, über Listenführung und dergl. mehr leicht zu orientiren. Denn gerade in neuerer Zeit sind seitens der Staatsbehörde Bestimmungen getroffen worden, die den neuesten Erfahrungen auf dem Gebiete der Impfung entsprungen sind und die denjenigen Arzte, der sich mit öffentlichen oder privaten Impfungen zu befassen hat, eben so wenig stets gegenwärtig sein dürften, wie der gegenwärtige, durch neuere Forschungen immer wieder modificirte Stand der Impfung überhaupt.

Der erste Theil führt uns in prägnanter Form den geschichtlichen und wissenschaftlichen Gang vor Augen, den die Impfung bis zur Neuzeit genommen, und beleuchtet an der Hand zweier Uebersichtstabellen den Nutzen der Impfung. Man darf auf diese Tabellen nur flüchtig hinblicken, um sofort zu ermessen, wie nichtig alles dasjenige ist, was man seitens der Impfgegnerschaft, sei es aus dem Unmuth über den gesetzlichen Zwang, sei es aus wirklich hervorgetretenen Nachtheilen, die hier alle kurz beleuchtet werden, herzuleiten sich bemüht, ganz zu schweigen von den ganz undiscutirbaren Dingen, die man ausserdem noch geltend macht. Ein kurzer Ueberblick über die gegenwärtig in den Vordergrund tretende Thierpocke, sowie über die bezüglichen Experimente und Theorien bildet den Schluss dieses Theiles.

In dem zweiten Theil finden wir das Impfgesetz vom 8. April 1874 sowie die meisten gegebenen Vorschriften reproducirt und mit den nöthigen Erklärungen versehen, und in den nun folgenden Capiteln findet der Impfarzt genau erläutert, was er in den einzelnen Phasen des Impfgeschäfts zu thun, andererseits aber auch, welche Unterstützung er seitens der Behörde zu beanspruchen hat. Selbst einige Winke über Gewinnung von Lymphe und deren Behandlung sowie über das Verhalten des Impfarztes etwaigen scheinbaren Impfschädigungen gegenüber dürften ihm nicht ganz unerwünscht sein.

Dass im Anhange die verschiedenen Listenformulare beigefügt und Proben ihrer Ausfüllung gegeben sind, halte ich für sehr praktisch, da ich aus Erfahrung weiss, wie oft einzelne Rubriken unrichtig ausgefüllt werden.

Im Besonderen betont Verf. mit Recht, dass die Lymphpräparate bei ihrer Verwendung auf einen reinen, sterilisirten Objectträger zu bringen sind, falls sie nicht mit dem Impfinstrument aus dem Aufbewahrungsgefässe entnommen werden können (p. 74). Ich würde es sogar für nothwendig halten, dass das letztere, sofern es sich um Thierlymphe handelt, stets eine Form hätte, die es gestattete, den Inhalt mit jedem Impfinstrument aus ihm zu entnehmen, etwa die Form eines kleinen flachen Napfes mit breitem Fuss, um es gleichzeitig während der Impfung auf den Tisch stellen zu können. Alsdann brauchte die Lymphe mit keinem andern Gegenstand weiter in Berührung zu kommen, sondern könnte direct mit dem Impfinstrument auf die Impfwunde aufgetragen werden. Ein über das geöffnete Gefäss gestülptes Glas würde den Inhalt während der Impfung vor Staubverunreinigung leicht schützen.

Das Büchelchen ist in jedem Falle als ein praktisches, präcis gehaltenes, klar geschriebenes und gut ausgestattetes sehr zu empfehlen.

Freyer (Stettin).

Die Stricturen und Fisteln der Harnorgane von Sir Henry Thompson, übersetzt und mit Rücksicht auf die deutsche Litteratur bearbeitet von Dr. Leopold Casper. Berlin-München 1888, Jos. Ant. Finsterlin.

Durch das vorliegende Werk hat sich der Bearbeiter die höchst dankenswerthe Aufgabe gesetzt, den deutschen Aerzten die hervorragendste Arbeit des bedeutendsten englischen Urologen zugänglicher zu machen. Das Originalwerk Thompson's selbst erschien schon im Jahre 1852 und wurde bei seinem Erscheinen mit dem Jacksonian-Preis gekrönt. Seit jener Zeit wurden in Folge des stetig wachsenden Freundeskreises, den das Buch fand, vier neue Auflagen nöthig, in denen der Autor Gelegenheit hatte, allen neuern Errungenschaften, welche die Forschung besonders auf therapeutischem Gebiete zu verzeichnen hatte, die gebührende Würdigung zu Theil werden zu lassen.

In seiner augenblicklichen Fassung hat das Werk nicht nur nichts von der spannenden, originellen Form, die es im Original auszeichnet, eingebüsst, es ist jetzt sogar dadurch, dass Casper dasselbe aller Orten durch Bezugnahme auf die Forschung deutscher Autoren, die früher nur sehr mangelhafte Erwähnung fanden, weil Thompson der deutschen Sprache nicht mächtig ist, ergänzte, für uns deutsche Aerzte doppelt werthvoll geworden.

Im ersten Capitel werden in ausführlicher Weise die Anatomie und Physiologie der männlichen Harnröhre besprochen. Schon von hier aus schlägt der Autor die Brücke zu den pathologischen Zuständen: er weist auf's Ueberzeugendste nach, wie unumgänglich nothwendig es sei, alle einschlägigen normalen Verhältnisse aufs Genaueste zu beherrschen, um nicht zu falschen Schlüssen bei der Deutung krankhafter Erscheinungen zu kommen; und auf diese Weise gelingt es ihm, die sonst wirklich trockne und langweilige Materie spannend und interessant zu machen. Capitel II—VI beschäftigen sich mit der Classification, mit der Pathologie und Symptomatologie der Stricturen. Betreffs der Classification werden deutsche Aerzte allerdings wohl den Anschauungen Dittel's, die Casper neben den Thompson'schen angeführt hat, den Vorzug geben; doch die Abhandlung über die Pathologie und ganz besonders die Lehre von den Symptomen der Stricturen sind aufs Beste und Treffendste gelungen. Dann folgt im Capitel VI die Diagnose und daran anschliessend bis Capitel X die verschiedensten Behandlungsarten der Stricturen. Mit grösster Gewissenhaftigkeit ist hier auf Grund einer immensen Erfahrung jeder einzelnen Methode je nach ihrer Berechtigung der gebührende Platz eingeräumt; sine ira et studio ist jedes Urtheil gefällt, so dass wir ein gewisses Gefühl der Dankbarkeit empfinden müssen, wenn wir durch eine anregende Lectüre die Summe von Erfahrungen, welche nur eine so arbeitsreiche, langjährige Thätigkeit zu geben vermag, uns in wenigen Stunden anzueignen im Stande sind. Die in die Therapie der Stricturen neu eingeführte Behandlung auf galvanokaustischem und elektrolytischem Wege finden ebenfalls in der Casper'schen Bearbeitung ihre Erwähnung, natürlich ohne dass der Autor hierüber schon ein definitives Urtheil abgeben könnte.

Hieran knüpft sich in den folgenden drei Capiteln die Betrachtung derjenigen Erscheinungen, welche die Stricturen eventuell im Gefolge haben können. Hier ist es besonders das Capitel über die Harnverhaltung in Folge von Stricturen in Form und Inhalt von gleich hoher Vollendung. Den Schluss macht dann eine kurze Abhandlung über die seltenen Fälle von Stricturen der weiblichen Urethra, denen sich noch eine tabellarische Uebersicht von 217 Strictur-Fällen anschliesst.

Es wäre sehr zu wünschen, wenn das vorliegende Werk nicht nur bei den speciellen Fachärzten, sondern auch in den weiteren Kreisen der practischen Aerzte die wünschenswerthe Beachtung finde. Denn da jeder practische Arzt oft genug zu Catheter und Bougie greifen muss, ohne immer erst auf die Hilfe eines Specialarztes recurriren zu können, so liegt auch für jeden Einzelnen die Verpflichtung vor, die Summe von Erfahrung sich anzueignen, die nothwendig ist, um Fehler und Missgriffe in der Diagnose und Therapie der Stricturen, die von irreparablen Folgen sein können, nach Möglichkeit zu vermeiden. Da aber eine practische Special-Ausbildung durchaus nicht von jedem Arzte verlangt werden kann, so kann die genaue Lectüre des vorliegenden Werkes nicht warm genug empfohlen werden.

Kuttner.

Practische Notizen

und

empfehlenswerthe Arzneiformeln.

Zur Abortivbehandlung von Furunkeln

empfiehlt L. Heitzmann Salicylsäurepflaster von folgender Zusammensetzung:

℞	Acid. salicyl.	7,5
	Empl. sapon.	60,0
	Empl. diachyl.	30,0

S. Pflaster zu täglich zweimaligem Gebrauche. Bei frühzeitiger Anwendung pflegen 6 bis 8 Tage zur Heilung selbst ausgebreiteter Furunculosis zu genügen.

Zur Anaesthesirung schmerzhafter Wehen.

Nachdem es Laget gelungen war, eine schmerzhafte Geburt einer fünfmonatlichen Frucht durch 2 Klystiere von je 2,0 Antipyrin völlig schmerzlos zu machen, verordnete auch Steinthal (Deutsch. med. Wochenschr. 9. 88) einer 25jährigen Primipara, die seit 20 Stunden in Wehen lag und wegen unerträglicher Schmerzen sich gar zu ungeberdig benahm, ein Klysma von 2,0 Antipyrin auf 1 Tassenkopf Wasser. Es trat sofort Schmerzlosigkeit ein, ohne dass die Contractionen des Uterus aussetzten. — Aehnlich günstige Resultate erhielt auch Queirel (Marseille) mit subcutanen Antipyrin-Injectionen.

Atropin-Injectionen bei Gonorrhoe.

Bei Gonorrhoe mit starker Blasenreizung, häufigem Uriniren und Urindrang hat Boone (Wien. med. Wochenschr. 4. 88) nach einer Injection von 0,015—0,03 Atropin. sulf. in 4,0—8,0 Wasser, die langsam durch die Urethra in die Blase gelangte, stets Erleichterung und meistens auch guten Erfolg erzielt. Dasselbe Verfahren bewährte sich auch bei Personen, die eine zu grosse Dose Canthariden genommen und hinterher über Urindrang und Schmerzen beim Uriniren klagten.

Als ein einfaches und zuverlässiges Verfahren, Singultus schnell zu beseitigen

empfiehlt Dr. Dresch (Bull. gén. de thérap. 30. Jan. 1888), die äusseren Gehörgänge mit den Fingern zu verschliessen und auf dieselben einen kleinen Druck auszuüben. Gleichzeitig ist irgend eine (von einer andern Person gereichte) Flüssigkeit schluckweise zu trinken.

Verlag von Julius Springer in Berlin N. — Druck von Gustav Schade (Otto Francke) Berlin N.

Therapeutische Monatshefte.

1888. Mai.

Originalabhandlungen.

Die chronischen Herzmuskelerkrankungen und ihre Behandlung.*)

Von

Prof. Dr. Oertel in München.

Meine Herren!

Das Referat, welches das Geschäftscomité des Congresses für innere Medicin dem Referenten für die heutigen Stunden zugetheilt hat, umfasst die chronischen Herzmuskelerkrankungen und ihre Behandlung.

Treten wir der hier gestellten Aufgabe näher, so werden wir nach der Möglichkeit auf den Herzmuskel therapeutisch einzuwirken, das heisst nach den Mitteln und Methoden, welche uns bei einer Behandlung dieses zu Gebote stehen, vorerst die Art und Weise der Behandlung selbst genauer kennzeichnen und in derselben 2 Methoden unterscheiden müssen, eine diätetisch-mechanische und eine medicinisch-pharmakologische.

Indem die Wahl des Comités bei der Zutheilung des Themas gerade auf mich fiel, glaube ich schliessen zu dürfen, dass die Besprechung der zuerst genannten Behandlungsweise, der diätetisch-mechanischen, die mir zugetheilte Aufgabe sei, und kann wohl jene des ganzen zweiten Theils, der medicinisch-pharmakologischen Behandlung, obwohl sie mit der ersteren in vielfacher Wechselbeziehung steht, meinem hochgeehrten Collegen überlassen.

Um nun eine klare Uebersicht über die diätetisch-mechanische Behandlung zu geben, schien es mir zweckmässiger, dieselbe mehr als geschlossenes Ganzes mit ihren Indicationen, Contraindicationen und den bisher beobachteten Erfolgen vorzuführen, als für jede einzelne Krankheitsform ein eigenes Heilverfahren aufzustellen. Ausserdem wird sich in der Discussion selbst genügende und passende Gelegenheit finden, wo es nothwendig ist, die bezüglichen therapeutischen Grundsätze noch genauer zu fixiren.

Veränderungen an der Muskelmasse des Herzens durch Krankheitsvorgänge kommen sowohl in quantitativer wie in qualitativer Weise zur Beobachtung.

Die quantitativen Veränderungen bestehen in einer Zunahme oder Abnahme der Muskelmasse sowohl relativ wie absolut und erstrecken sich entweder auf einzelne Abtheilungen oder auf das ganze Herz.

Die Zunahme der Muskelmasse des Herzens, die Hypertrophie, ist nur selten oder ausnahmsweise eine für sich allein bestehende Krankheit, sondern in der Regel bedingt durch erhöhte Ansprüche an die Herzkraft in Folge von Hindernissen, welche die Fortbewegung des Blutes zu überwinden hat bei Klappenfehlern, Aneurysmen, Arteriencompression durch Geschwülste, Struma, Einengung des Lungenkreislaufes, Verödung von Capillarbezirken in den Lungen oder Nieren u. s. w. Die in solchen Fällen unter der Erhöhung der Arbeitsleistung sich allmählich entwickelnde Zunahme der Muskelmasse des Herzens ist jederzeit als eine compensatorische Hypertrophie zur Ueberwindung des in den Blutstrom eingeschalteten Hindernisses aufzufassen; sie ist nicht Gegenstand der Behandlung im Sinne einer Reduction der Muskelmasse oder Abschwächung der Herzkraft, wie man früher glaubte. Schon Corrigan[1]) hat ein solches Bestreben geradezu als einen beständigen Kampf zwischen Natur und Medicin bezeichnet; vielmehr ist es eine principielle Aufgabe für den Arzt, diese compensatorische Hypertrophie zu erhalten, und, wo sie abgeschwächt oder zu Verlust gegangen ist, wiederherzustellen.

Die Abnahme der Muskelmasse ohne grössere degenerative Vorgänge, Atrophie, insofern sie das ganze Herz betrifft und eine absolute ist, finden wir als Folgezustand allgemeiner Ernährungsstörung zugleich mit Abnahme der Blutmenge bei Anämie, Chlorose, im Greisenalter, bei Krankheiten, besonders chronischen, welche zu Marasmus führen etc. Die relative und partielle betrifft seltener das ganze Herz als vielmehr einzelne Abtheilungen und findet in der allmählichen, mehr oder weniger beträchtlichen Abnahme des Dickendurchmessers der Herzwandung ihren Ausdruck, wobei aber der Längs- und Querdurchmesser eine Zunahme erfahren hat,

*) Vortrag, gehalten auf dem Congress für innere Medicin zu Wiesbaden. April 1888.

[1]) Vergl. hierzu: Stokes, Handbuch der Krankheiten des Herzens. Uebers. von Dr. J. Lindwurm, Würzburg 1854. S. 288.

und der von solchen Waudungen eingeschlossene Binnenraum vergrössert wird.

Diese Verdünnung oder Dehnung der Herzwandung kann sowohl bei normalen Herzen stattfinden und in einer Ueberanstrengung seine Ursache haben oder nach vorausgegangener Beschädigung des Circulationsapparates, insbesondere durch Klappenfehler, veranlasst werden. Wo ein Klappenfehler sich ausgebildet hat, wird durch die nicht mehr vollständige Entleerung des Ventrikels der intracordiale Druck allmählich eine solche Grösse erreichen, dass es zu einer Dehnung der Herzwandung mit Erweiterung der Kammern kommt und eine Dilatation entsteht. Die Verhinderung oder mehr oder weniger beträchtliche Einschränkung eines solchen Zustandes wird von der Natur durch die alsbald oder gleichzeitig erfolgende Massenzunahme der Muskelsubstanz des geschädigten Ventrikels erreicht. Wo diese compensatorische Hypertrophie sich nicht vollständig entwickelt, werden neben den Symptomen der Herzdilatation die der relativen Abnahme der Muskelmasse, der Insufficienz des Herzens, vorwiegend in die Erscheinung treten und eine Hauptindication für die diätetisch-mechanische Behandlung abgeben. Eine bestimmte Raumvergrösserung des Herzens ist als compensatorische aufzufassen, zur Aufnahme der in Folge des unvollkommenen Klappenschlusses regurgitirten Blutmenge und wie die compensatorische Hypertrophie nicht Gegenstand der Behandlung. Dagegen ist die von der Ueberdehnung des insufficienten Muskels ausserdem noch abhängige Erweiterung einer Rückbildung fähig und bildet sich zurück, sobald der Muskel hypertrophisch geworden ist und an Kraft gewonnen hat.

Die qualitativen Veränderungen, welche wir am Herzmuskel vorfinden, sind entweder die Folgen von entzündlichen Processen, Ernährungsstörungen oder von Degenerationsvorgängen, welche durch verschiedene Krankheiten, seltener durch constitutionelle Erkrankungen hervorgerufen werden.

Hier zeigt die Muskelfaser selbst Veränderungen in ihrer morphologischen Zusammensetzung, welche sie als krank, in ihrer Function beeinträchtigt oder vollkommen functionsunfähig erscheinen lassen.

Wo es durch Ueberernährung zu excessiver Fettbildung im Herzen, zu massenhafter Fettumwachsung und -Durchwachsung des Herzmuskels gekommen ist, kann auch die Muskelfaser nicht nur atrophisch, weich, brüchig, stark pigmentirt erscheinen, sondern auch zum Theil die Zeichen einer wirklichen fettigen Entartung ihrer Substanz an sich tragen. Das Fettherz in seinem verschiedenen Ernährungszustande mit Massenzunahme und Dilatation besitzt eine hohe Ziffer in der Statistik der chronischen Herzmuskelerkrankungen.

Zu den schwersten Formen namentlich in Bezug auf die Behandlung gehört jene Form, welche als fettige Degeneration der Muskelfaser sich kennzeichnet. Sie ist zumeist die Folge chronischer Ernährungsstörungen, sei es, dass sie durch allgemeine Ernährungsstörungen, durch Marasmus, durch eine übermässige Aufnahme von Alkohol, oder durch chronische Krankheiten, Klappenfehler, Emphysem mit steigender Abnahme der Decarbonisation des Blutes, hauptsächlich aber durch Sclerose der Kranzarterien hervorgerufen wird, welche die Zufuhr von Nährflüssigkeit zu beeinträchtigen oder vollständig aufzuheben vermag. Die zerstörendsten und der Therapie vollständig unzugänglichen Veränderungen des Muskels vom hämorrhagischen Infarkte, der Erweichung, Myomalacie und Schwielenbildung bis zum Herzaneurysma und der Herzruptur sind im Gefolge der letzteren.

Endlich wäre hier noch eine Veränderung der Herzmuskelsubstanz zu erwähnen, deren Vorhandensein aber im Leben oft kaum mehr als einer Wahrscheinlichkeitsdiagnose zugänglich ist, das ist der Ersatz eines Theiles des Muskelgewebes durch Bindegewebe, die Schwielenbildung nach Ablauf verschiedener entzündlicher Processe des Endo- und Pericardiums mit mehr oder weniger Betheiligung des Muskelgewebes und die partiellen Verwachsungen des Herzbeutels.

Als ausserhalb meiner Aufgabe liegend darf ich wohl die Erkrankungen des Herzmuskels in Folge von acuten Infectionskrankheiten, insbesondere des Typhus und der Diphtherie, von septisch-embolischen Processen, so wie von allgemeiner Syphilis betrachten: sie werden nur Gegenstand einer diätetisch-mechanischen Behandlung sein, wenn die durch das specifische Virus gesetzten Veränderungen zur Abheilung gekommen und nur mehr Inanitions- und Schwächezustände zurückgeblieben sind.

Das Wesen der chronischen Erkrankung des Herzmuskels, wenn wir von der verschiedenen Aetiologie derselben und ihren Erscheinungen hier absehen, bildet nun die Kraftabnahme und Insufficienz des Muskels, und die Krankheit selbst verläuft unter dem Bilde der Circulationsstörungen mit dem gleichen Symptomencomplex und Ausgange.

Ueberall in der gleichen Weise durch Abnahme der Herzkraft eingeleitet und hervorgerufen, bilden arterielle Anämie, Stauung im Venensystem, Anhäufung von Wasser im Blut und in den Geweben, Hydrämie secundäre Nierenerkrankung, Stauungsniere, Hydrops und Herzlähmung, das Wesen jener Krankheitszustände, die wir kurzweg als Kreislaufstörungen bezeichnen, mag denselben einfach eine chronische Herzmuskelerkrankung, oder, mit dieser verbunden, ein Klappenfehler, ein Aneurysma, eine Compression eines Arterienrohrs oder eine Störung im Lungenkreislauf zu Grunde liegen.

Die erste Aufgabe der Behandlung der chronischen Herzmuskelerkrankung wäre daher die Hebung der Insufficienz des Herzmuskels, die Wiederherstellung einer ausreichenden Herzkraft, Zunahme der Muskelmasse bis zur compensatorischen Hypertrophie, wobei die Möglichkeit einer Einschränkung einer bestehenden Dilatation durch die verstärkte Contractionskraft des Muskels gegeben wäre.

Zweitens würde man aber auch die durch die Herzmuskelerkrankung gesetzten Veränderungen im Circulationsapparate, sowohl jene in der Zusammensetzung der Blutflüssigkeit selbst als auch die Art der Vertheilung des Blutes zu berücksichtigen haben, insbesondere den Druck, unter dem es in den verschiedenen Gefässsystemen steht und den die Blutsäule selbst auf die anliegenden Gewebe ausübt, die hydrostatische Wirkung, und Veränderungen in der normalen Gewebespannung bedingt.

Die prognostische Beurtheilung in Bezug auf den Erfolg der Behandlung richtet sich hauptsächlich nach der Art und Grösse der vorliegenden Ernährungsstörungen und den Complicationen, welche neben der chronischen Erkrankung des Herzmuskels noch bestehen. Je einfacher und uncomplicirter diese ist, ein um so günstigeres Object bildet sie für die Behandlung, um so schwieriger dagegen wird die letztere, einen je schlimmeren Character die Ernährungsstörung trägt, je weiter sie bereits um sich gegriffen und je zahlreicher noch in anderen Organen die Störungen sind, welche sich mit der Herzmuskelerkrankung verbinden.

Da sämmtliche krankhafte Veränderungen im Herzmuskel nicht nur für sich allein bestehen, sondern auch in allen ihren Formen und Stadien mit anderweitigen Veränderungen im Herzen, Klappenfehlern, Beschädigung des Circulationsapparates und Störungen im Lungenkreislauf sich compliciren können oder geradezu von jenen bedingt sind, so wird sich auch die Prognose sowohl in den einfachsten wie in den schwersten Formen der Herzmuskelerkrankung proportional der Grösse der noch hinzutretenden Schädlichkeiten verschlechtern müssen.

Wenn wir nun unter Berücksichtigung dieser prognostischen Anhaltspunkte versuchen wollen, eine diätetisch-mechanische Behandlung der chronischen Herzmuskelerkrankungen festzustellen, entsprechend dem Standpunkte unserer gegenwärtigen biologischen Kenntnisse, so müssen wir vorerst doch einen Blick zurückwerfen auf die Bestrebungen früherer Zeiten, diesen Krankheitszuständen auf ähnliche Weise zu begegnen.

Je weiter wir in der Geschichte der Medicin zurückgehen, um so differenter gestaltet sich das damalige Heilverfahren, welches bei chronischen Herzerkrankungen mit Abnahme der Herzkraft eingeleitet wurde, mit unseren gegenwärtig auf anderer Basis beruhenden Methoden.

Albertini und Valsalva[1]) zweifelten nicht, dass es möglich wäre, eine directe Einwirkung auf die chronischen Herzkrankheiten, insbesondere auf Hypertrophie und Dilatation, zu erzielen. Leitender Grundsatz war äusserste Ruhe des Körpers und strengste Entziehungsdiät. Ein oder seltener 2 Aderlässe leiteten die Behandlung ein und wurden wiederholt, sobald der Puls einige Stärke zeigte. Dabei wurde ein beständiger Aufenthalt im Bette angeordnet. Die Kost beschränkte sich auf die mildesten Nahrungsmittel und das Gewicht der zu verabreichenden Menge sollte jeden Tag um etwas verringert werden, so lange und so weit als zur dürftigen Erhaltung des Körpers unbedingt nothwendig war, zuletzt bis zu $1\frac{1}{2}$ Schoppen Fleischbrühe des Tages in mehreren abgesonderten kleinen Dosen. Auch Laënnec hat eine ähnliche Methode angewendet, doch sie auf Fälle beschränkt, wo noch keine cachectischen Zustände und keine serösen Infiltrationen aufgetreten waren. Von einer Kritik dieses Verfahrens darf ich gegenwärtig wohl Abstand nehmen.

Der eingreifenden Methode von Valsalva gegenüber fand später eine symptomatische und exspective Behandlung mehr Verbreitung, bei welcher jedoch immer noch allgemeine Blutentziehungen in allen Stadien, die letzten ausgenommen, angeordnet wurden und in um so grösserem Masse, je früher das Stadium und je vollblütiger der Kranke war. Die Kost umfasste milde Diät, leicht verdauliche Pflanzenkost, mässige Darreichung von Fleisch und Milch; geringe Mengen reizloser Getränke blieben in leichteren Fällen

[1]) Vergl. hierzu auch: Morgagni, de sedibus. Epist. XVII. 30—32.

noch gestattet. Die Vorschrift zu anhaltendem Bettliegen wurde verlassen, und eine kurze, nicht erregende Bewegung in gleichförmiger, reiner, nicht zu warmer Luft für vortheilhaft gehalten. Bäder, warme und kalte, durften nur unter grosser Vorsicht gebraucht und sollten nur zu Reinlichkeitszwecken verwendet werden. Unter wenigen und unwesentlichen Veränderungen mit alleiniger Einschränkung oder Unterlassung der Blutentziehung haben sich diese Vorschriften bis in die letzten Jahrzehnte erhalten.

Etwas abweichend von den früheren Indicationen stellte sich Wunderlich[3]) die Aufgabe. Neben dem Bestreben, die weitere Entwickelung der Herzveränderungen durch ein symptomatisches Verfahren soviel wie möglich zu verhindern, legte er ein Hauptgewicht darauf, die Kraft der Zusammenziehung des Herzens mit der Quantität von Blut, die bewegt werden soll und kann, in Verhältniss zu bringen. Es spricht sich hier zum ersten Male ein für die Behandlung der Herzkrankheiten höchst wichtiger Grundsatz aus, der auch für unsere jetzigen Methoden noch ein leitender ist, wenn auch seine Ausführung eine andere geworden. Den Einklang von Kraft und Last glaubt Wunderlich am leichtesten durch Verminderung der Blutmenge selbst, durch Blutentziehung herzustellen. Mässige, oft wiederholte Blutentziehungen sollten im angegebenen Sinne bei noch kräftigen Herzkranken äusserst günstig wirken und dem Fortschreiten der Krankheit am besten vorbeugen. In Beziehung auf Diät, Bewegung, Gymnastik und körperliche Beschäftigung fällt sein Regime mit dem oben angegebenen in allen Punkten zusammen.

Von dem bisher geübten Heilverfahren endlich gründlich verschiedene Grundsätze spricht Stokes[4]) in der Behandlung der fettigen Degeneration des Herzens, oder, wie aus seiner Darstellung mehr hervorgeht, des Fettherzens, aus. Stokes empfiehlt zum ersten Male körperliche Uebungen, die systematisch gesteigert werden sollten, wobei er indess die Methode bei jüngeren Leuten für eher anwendbar hält als bei älteren. Die Symptome von Schwäche des Herzens würden durch eine geregelte gymnastische Behandlung oder durch Fussreisen in gebirgigen Ländern, wie in der Schweiz oder in den Hochländern von Schottland und England oft gehoben. Bei älteren Leuten müsste das Heilverfahren wegen der häufigen Complicationen mit atheromatösen Ablagerungen in der Aorta und mit Lungen- und Leberaffection mit grosser Vorsicht gehandhabt werden.

In der Diät verordnete er eine Kost, die nahrhaft ist, ohne die Gewichtszunahme des Körpers und besonders die Fettbildung zu vermehren, vorzüglich Fleischkost jeder Art, aber ohne Uebermass, während fetthaltige Speisen, Suppe und Milch gar nicht, Vegetabilien nur wenig genossen werden dürfen.

Als Getränke empfiehlt er am meisten das Wasser, ohne oder mit Wein oder Branntwein jedoch in sparsamer Masse. Dagegen verdiene bei älteren Leuten mit ausgesprochener fettiger Degeneration des Herzens, wenn der Puls langsam geworden und sie zu Ohnmacht und pseudoapoplectischen Anfällen geneigt sind, der reichliche Gebrauch von Wein oder Branntwein unser grösstes Vertrauen.

Es sind practische Erfahrungen und Beobachtungen aus seiner unmittelbaren Umgebung, welche Stokes dieses Verfahren bei der Behandlung von Fettherz oder fettig degenerirtem Herzen wählen liess. Welche Vorstellung er sich dabei von der Wirkungsweise desselben gemacht hat, ergiebt sich aus seiner Erklärung in Bezug auf die Wirkung der Fusspartien, durch welche nach ihm nicht nur die Energie und Ausbildung der Muskeln gefördert, sondern auch durch die Vermehrung der Hautsecretion eine grosse Quantität von öligen Bestandtheilen des Körpers beseitigt würde.

So hoch interessant und wichtig für die Behandlung der Herzkrankheiten die Stokes'schen Vorschläge waren, so blieben sie sowohl in der wissenschaftlichen Medicin als auch in der Praxis vollkommen unbeachtet. Die Zeit für solche Grundsätze in der Behandlung der Herzmuskelerkrankungen war noch nicht gekommen. Während einerseits heftige Gegner in England und in anderen Ländern seinen aussergewöhnlichen Vorschlägen entgegentraten, wurden sie von den anderen einfach unberücksichtigt gelassen und der Vergessenheit anheim gegeben und selbst Lindwurm, der Uebersetzer seines Buches, hat sie weder in seinen Vorlesungen erwähnt, noch in der Praxis ausgeübt.

So erhielt sich denn bis in die letzte Zeit hinein selbst bei der Behandlung von einfachem Fettherz und Kraftabnahme des Herzmuskels durch excessive Fettbildung, von jeder Complication von Klappenfehlern abgesehen, als erstes Princip des diätetischen und allgemeinen Regimes Ruhe, Schonung der noch vorhandenen Herzkraft, Vermeidung jeder grösseren Anstrengung, mässige Bewegung, einfache, reizlose, jedoch immerhin kräftige Kost mit mehr oder weniger Ent-

[3]) Wunderlich, Handbuch der Pathologie und Therapie. II. Aufl. Stuttgart 1856. III. Bd. S. 586.
[4]) Stokes a. a. O. S. 294.

haltung von Fett und Kohlehydraten, wie sie durch Banting gebräuchlich geworden war, dagegen bei eintretenden Schwächezuständen reichliche Darreichung von Wein, Spirituosen und andern Reizmitteln. Das Bestreben, eine directe diätetisch-gymnastische Behandlung des Herzmuskels oder gar eine Wiederherstellung verlorener Compensationen bei bestehenden Beschädigungen am Circulationsapparate zu versuchen, wird vollständig vermisst.

So war der Stand der Lehre von der Behandlung der Herzmuskelerkrankungen, als ich im Jahre 1875 den Versuch wagte, auf einen schwer kranken insufficienten Herzmuskel direct einzuwirken und eine verlorene Compensation wieder herzustellen. Es war damit das erste wissenschaftliche Experiment über die Möglichkeit einer diätisch-mechanischen Behandlung des Herzmuskels geliefert worden, und seine Beweiskraft ist um so grösser, als es am Menschen ausgeführt und die Theorie erst aus diesem Experimente und den sich anschliessenden Untersuchungen und Beobachtungen abgeleitet wurde.

Die Grundsätze, nach welchen ich eine Behandlung bestimmter, dieser überhaupt noch zugänglicher Herzmuskelerkrankungen versuchte, waren Hebung der Ernährungsstörungen, der übermässigen, falschen und ungenügenden Ernährung; dann Verbesserung der Blutbeschaffenheit, Verminderung der übermässig im Körper angesammelten Wassermenge, Erleichterung der Herzarbeit, ferner Kräftigung des Herzmuskels im Sinne einer Volumenzunahme desselben, Erhöhung des Druckes im Aortensystem, Ausgleich zwischen arteriellem und venösem Apparate, Entlastung der Nieren und endlich Erhaltung der wieder hergestellten Herzkraft durch zweckmässige Ernährung, Regulirung der Flüssigkeitsmenge im Körper und gymnastische Einwirkungen auf den Herzmuskel, insbesondere durch die Steigbewegung.

Es theilt sich demnach meine Behandlungsweise der bezüglichen Herzkrankheiten in 2 Methoden: 1. in eine diätetische und 2. in eine mechanisch-gymnastische; beide ergänzen sich und selten wird eine Indication für das eine oder andere Heilverfahren allein vorliegen.

Wenden wir zuerst der diätetischen Methode unsere Aufmerksamkeit zu. Ihre Aufgabe ist eine ganz bestimmt vorgezeichnete. Sie richtet sich einerseits nach dem Ernährungszustand und Fettbestand des Körpers überhaupt und andererseits nach der in den Gefässen und Geweben angesammelten Flüssigkeitsmenge bei seröser Plethora, Hydrämie und bereits bestehenden Oedemen.

In Beziehung auf den Fettbestand des Körpers werden wir folgende Fälle zu unterscheiden haben:

1. mit abnorm erhöhtem Fettbestand, mit Plethora und erst beginnender Abnahme der Herzkraft. Die Kostordnung umfasst: Erhöhung der Eiweisszufuhr, Verminderung der fettbildenden Stoffe, keine oder geringe Verminderung der Flüssigkeitsaufnahme;

2. Fälle von Fettsucht mit seröser Plethora. Sie bedingen Erhöhung der Eiweissbestandtheile und gleichzeitige Verminderung der fettbildenden Stoffe und der Flüssigkeitsaufnahme;

3. kommen alle Fälle in Betracht von Fettsucht bei älteren Personen mit Hydrämie, bei welchen nicht nur der Eiweissbestand, sondern auch der Fettbestand in Abnahme begriffen ist. Die Ernährung solcher Kranken verlangt mit der Erhöhung der Eiweissaufnahme eine noch genügende Darreichung von Fett- und Kohlehydraten oder selbst eine Erhöhung derselben, dagegen Verminderung der Flüssigkeitszufuhr.

Endlich erstreckt sich die diätetische Methode noch auf jene Fälle, in welchen bereits Inanition, Schwächezustände mit Abnahme der Herzkraft, Blutarmuth und Hydrämie zur Ausbildung gekommen sind. Mit diesen Fällen treten wir vor Allem an die auch in den übrigen vorliegende Aufgabe der Erhöhung des Eiweissbestandes des Herzens, d. h. der Vermehrung seiner Muskelelemente vom Subnormalen bis zum Normalen und bis zu einer Hyperplasie der Muskelmasse oder der sogenannten Hypertrophie.

Es werden hierher nicht nur die Erkrankungsformen zu rechnen sein, welche bei länger bestehenden Ernährungsstörungen mit Abnahme der Muskelmasse sich entwickeln, sondern auch jene Zustände, in welchen die Herzkraft durch ein im Kreislauf sich ausbildendes Hinderniss, Klappenfehler, Struma, Erkrankungen im Lungenkreislauf, nicht mehr ausreicht, dieses zu überwinden, und die abnorme Steigerung des intracordialen Druckes zu einer Dehnung der Herzwandung und Dilatation führt.

Soll ein Muskel hypertrophiren, so wissen wir, dass die Erhöhung der Ernährung, d. h. die vermehrte Zufuhr von circulirendem Eiweiss hierzu nicht genügt, sondern mit dieser zugleich eine Steigerung der Functionsthätigkeit dieses Muskels einzutreten hat. Von diesem allgemeinen Gesetze macht die Muskelbildung des Herzens keine Ausnahme. Die Compensation oder compensatorische Hypertrophie kann daher auch durch äussere Einflüsse, welche die Ernährung begünstigen, gefördert werden, wie die Hyperplasie der Scelettmuskeln durch die Gymnastik. Die neuen Anforderungen an die Leistungsfähigkeit des Organes gehen Hand in Hand mit der Eröffnung neuer Hilfsquellen, welche in der Zufuhr grösserer Mengen von Nährmaterials, in der Umbildung von circulirendem Eiweiss in Organeiweiss und in der Bildung von neuen Muskelfasern liegen, so dass die compensatorische Hypertrophie des Herzens, wie die Hypertrophie gymnastisch geübter Scelettmuskeln sich zugleich auch als Hyperplasie der Muskelelemente darstellt. Dass Hypertrophie und Hyperplasie des Herzmuskels beeinflusst werden durch das Alter, den Kräftezustand, die Art, Dauer und Ausdehnung seiner Erkrankung und die Complicationen ist wohl selbstverständlich.

Was die Erhöhung der Functionsthätigkeit und Herstellung einer Compensation durch die **Selbstregulirung** des Herzens anbelangt, so ist in der grossen Mehrzahl von Compensationsstörungen, von Insufficienz des Herzens in Folge von Ernährungsstörungen der verschiedensten Art, übermässiger Fettbildung und anderen kaum zweifelhaft, dass durch dieselbe allein eine auf längere Zeit ausreichende Herzkraft **nicht mehr** hergestellt wird. Es tritt wohl manchmal eine spontane Besserung der Circulationsstörungen auf kurze Zeit ein, dann brechen aber alsbald neue grössere Störungen herein und dieser Wechsel kann sich öfters wiederholen, wobei nur die Intervalle des Ausgleiches immer kürzer werden, bis der Tod eintritt. Ich habe diesen durch Selbstregulirung eintretenden compensatorischen Ausgleich nur zu häufig an Kranken und insbesondere an einem mir sehr nahe gehenden Fall beobachtet. Die Befürchtung, dass ich bei meinem ersten therapeutischen Versuche eine verlorene Compensation wieder herzustellen, es mit einem ähnlichen Vorgange, einem durch Selbstregulirung spontan eintretenden, aber meist rasch wieder vorübergehenden Zustande zu thun hätte, veranlasste mich auch, wie ich in der Vorrede meines Handbuchs der allgemeinen Therapie der Kreislaufsstörungen hervorhob, die Veröffentlichung dieses Versuches auf über 9 Jahre hinauszuschieben, bis ich den unwiderleglichen Beweis durch die Zeit geliefert in Händen hatte, dass es sich in demselben nicht um eine sogenannte spontane, durch Selbstregulirung des Herzens entstandene Besserung mehr handeln konnte, sondern ein dauernder Ausgleich im Circulationsapparat, eine wirklich erreichte vollständige Compensation eingetreten war.

Eine Steigerung der Functionsthätigkeit des Herzens, durch welche eine Erhöhung seiner Ernährung möglich ist, liegt nun in der Auslösung vermehrter und verstärkter Herzcontractionen und kann durch die verschiedensten Ursachen herbeigeführt werden. Damit sind wir von der diätetischen Methode zur mechanisch-gymnastischen übergegangen.

Jede Muskelbewegung, wenn sie mit Circulationsveränderungen einhergeht, kann **motorische Impulse** auf den Herzmuskel auslösen. Bei normalen Herzen gehen die meisten ohne bemerkbare Erscheinungen vorüber, nicht so beim kranken oder geschwächten Herzen, das in der Regel um so lebhafter reagirt, je mehr seine Kraft herabgesetzt ist und dadurch Veränderungen in der Blutbewegung im Sinne einer erhöhten Inanspruchnahme der Herzkraft um so lebhafter empfindet. Am meisten beeinflusst wird der Herzmuskel durch die **Geh- und Steigbewegung**.

Andauernde Erregungen des Herzmuskels eben in diesem Sinne, insbesondere durch allgemeine Körperbewegung und Bergsteigen führen schliesslich zu einer Hypertrophie desselben. Belege hierfür finden sich zahlreich in der Litteratur; am bekanntesten ist die bei Gebirgsbewohnern beobachtete Hypertrophie des Herzmuskels. Da aber diese Veränderungen des Herzmuskels bei Menschen noch auf anderweitige allmählich sich entwickelnde Krankheitszustände zurückgeführt werden können, so dürfte es noch von besonderem Interesse sein, die bei Thieren durch das Gewicht zu constatirende erhöhte Bildung gesunder Muskelsubstanz im Herzen vorzuführen.

Dr. J. **Bergmann**[1]) ermittelte die Gewichte des Herzens vom Menschen, von Hausthieren und wild lebenden Thieren, die andauernde und kräftige Körperbewegungen ausführen, und brachte sie in Verhältniss zum Körpergewicht. (Tabelle s. S. 207.)

Die Zahlen entheben mich zweifellos einer jeden weiteren Auseinandersetzung.

Wie empfindlich übrigens das Herz auf die Bewegungen beim Gehen reagirt, haben schon E. H. und Ed. **Weber** nachgewiesen. Beide fanden, dass bei anhaltendem schnellen Gehen die Herzschläge mit den Schritten synchronisch werden. Sie suchten diese Thatsache daraus zu erklären, dass die rhythmischen Contractionen der beim Gehen thätigen Muskeln der untern Extremitäten einen periodischen Druck auf das Blut ihrer

[1]) J. Bergmann, Ueber die Grösse des Herzens bei Menschen und Thieren. Inaug.-Diss. München 1884.

Normale Durchschnittsgewichte von Herzen.

Vom	Geschlecht	Körpergewicht	Abs. Herzgewicht	Verh. des Herzgewichtes zum Körpergewicht	Herzgewicht zu 1000 Körpergewicht	Differenz des Thierherzens vom Menschenherzen
Menschen . .	männlich	48 kg	340 g	1 : 170	5,88	
" . . .	weiblich	50 "	273 "	1 : 183	5,47	
Schwein . . .	—	49,7 "	225 "	1 : 220	4,52	− 1,36
Rind . . .	männlich	290 "	1,45 kg	1 : 198	5,35	− 0,53
" . . .	m. cast.	545 "	1,41 "	1 : 259	2,96	
" . . .	weiblich	898 "	1,323 "	1 : 362	3,63	− 1,84
Schaf . . .	männlich	20,6 "	127 g	1 : 162	6,17	+ 0,38
" . . .	weiblich	20,6 "	118 "	1 : 171	5,85	+ 0,29
Pferde . . .	m. cast.	493 "	3 kg	1 : 147	6,77	+ 0,89
" . . .	weiblich	417 "	2,4 "	1 : 172	5,81	+ 0,34
Hasen . . .	männlich	3¾ "	38 g	1 : 132	7,70	+ 1,82
" . . .	weiblich	3½ "	25 "	1 : 140	7,17	+ 1,70
Reh	männlich	20,6 "	238 "	1 : 86	11,55	+ 5,67

Venen ausüben, periodisch grössere Mengen denselben dem Herzen zupumpen und dieses seine Thätigkeit dem Rhythmus der beschleunigten Zufuhr anpasse.

Die nun beim Menschen während einer länger fortgesetzten Steigbewegung zu Beachtung kommenden Erscheinungen, von welchen eine gesteigerte Ernährung des Herzmuskels und Bildung von Muskelsubstanz abhängig gemacht werden muss, sind folgende:

1. eine lang andauernde Erweiterung der Arterien durch die Steigbewegung zum Theil unter Erhöhung des Blutdrucks, wodurch eine gleich lang erhöhte Zufuhr von Nährmaterial gegeben ist;

2. eine Auslösung kräftiger Herzcontractionen, eine erhöhte Arbeit des Herzmuskels oder Gymnastik desselben, von welchen Aufnahme und Umsatz des circulirenden Eiweiss in Organeiweiss in der Muskelfaser und in den zelligen Elementen selbst und die Neubildung jener allein abhängt.

Durch die verschieden grosse Arbeitsleistung, welche die Muskeln beim Begehen von Wegen mit verschiedener Steigung von 0—20 Grad auszuführen haben, kann eine jedes Mal vollkommen gleichmässige Einwirkung auf das Herz in zartester, kaum merkbarer bis zur kräftigsten Weise und auf nur kurze oder längere Zeit hinaus ausgedehnt erfolgen. Beobachtungen und Untersuchungen hierüber liegen der Errichtung meiner Terrain-Curorte zu Grunde. Indem Wege von nur bestimmter Steigung ausgesucht und dieselben nach einem einheitlichen Masse eingetheilt werden, ist es möglich, für jeden Kranken eine genau berechnete Aufgabe festzustellen, so dass einerseits der Träge und schwer Bewegliche zur nothwendigen Arbeitsleistung veranlasst und andererseits der Uebereifrige von Uebertreibung und Ueberanstrengung zurückgehalten wird. Zur Orientirung und Auswahl der Wege dienen die Terrain-Curkarten.

Während so von mir vorzüglich die Geh- und Steigbewegung zur mechanischen Behandlung der chronischen Herzmuskelerkrankungen herangezogen und speciell als Herzmuskelgymnastik bezeichnet wurde, ist von anderer Seite in Verbindung mit Bädern verschiedener Art die eigentliche sogenannte Heilgymnastik, die Ausübung activer, passiver und Widerstandsbewegung in der gleichen Absicht verwerthet worden. Das grösste Verdienst in dieser Hinsicht fällt dem verstorbenen Dr. August Schott in Nauheim zu. Nachdem von Beneke im Jahre 1872 die Nauheimer Bäder bei Gelenkrheumatismus mit complicirenden Herzfehlern mit Vortheil angewandt worden, hat August Schott zuerst den Versuch gemacht, dieselben auch bei Erkrankung des Herzmuskels, zumeist complicirt mit Klappenfehlern, in Anwendung zu ziehen. Ein Einfluss auf den Herzmuskel wurde dabei durch die Einwirkung der Wärme, des Kohlensäure- und Salzgehaltes der Bäder auf die Körperoberfläche zu erreichen gesucht und als Folge derselben Herabminderung der Pulszahl, Erhöhung des Blutdruckes und Erhöhung der Arterienwandspannung angeblich erreicht. Auch spricht Schott von einer durch die Percussion nachweisbaren Verengerung der Herzdilatation unmittelbar nach dem Bade (?).

Was die Gymnastik anlangt, so habe ich schon erwähnt, wie das Herz so vollkommen unter dem Einflusse der Muskelbewegung und der dadurch bedingten Blutdruckänderungen und motorischen Impulse steht und eine Herzerregung von dieser Seite um so leichter eintritt, wenn es erkrankt ist und seine Kraft bereits eine Einbusse erlitten hat. Daraus ergiebt sich von selbst die Möglichkeit, durch Ausführung bestimmter Muskelbewegungen oder Ueberwindung eines gewissen Widerstandes durch eine Muskelgruppe auch motorische Impulse auf das Herz auszuüben und die daraus resultirende Herzerregung therapeutisch zu verwerthen. Im Gegensatz zur Geh- und Steigbewegung, die mehrmals im Tage von wenigen Minuten bis auf 2 und mehrere Stunden ausgedehnt werden kann, ist hier die gymnastische Erregung nur auf einzelne Muskelgruppen und auf kürzere Zeit beschränkt und daraus auch der Einfluss auf den Herzmuskel zu bemessen. Durch Combination der einzelnen Bewegungen und Ausdehnung auf mehrere oder sämmtliche Gruppen kann der Effect gesteigert und eine nicht zu unterschätzende Einwirkung auf den Herzmuskel ausgeübt werden.

Die 2. Aufgabe der mechanischen Methode bezieht sich auf den Ausgleich der Störungen im Circulationsapparate, das ist auf Erhöhung des Blutdrucks im Aortensystem, auf grössere Füllung des arteriellen und Verminderung der aufgestauten Blutmasse im venösen Apparat.

Untersuchen wir nach dieser Richtung hin die Effecte der Geh- und Steigbewegung, so erhalten wir ganz brauchbare Resultate.

1. Dadurch, dass die Herzthätigkeit allseitig erhöht wird, steigert sich auch die Aspirationskraft des Herzens und da ausserdem noch durch die Muskelbewegung zugleich mehr venöses Blut in die grossen Venenstämme und gerade aus den überfüllten Bezirken der unteren Extremitäten geschafft wird, wie die Untersuchungen von Braune zeigen, strömt auch mehr Blut zum rechten Herzen als unter anderen Verhältnissen, insbesondere in ruhigem Zustande.

2. Sobald aber die Herzthätigkeit längere Zeit gesteigert bestanden hat und der Blutdruck im arteriellen System sich erhöht, tritt, möglicher Weise veranlasst durch die automatisch verstärkte Athmung während der Steigbewegung auf reflectorischem Wege, eine compensatorische Erweiterung der Arterien und Abnahme ihrer Wandspannung oder ihres Tonus ein. Der Abfluss des Blutes aus dem linken Herzen wird erleichtert, die arterielle Blutmenge erhöht, die venöse vermindert, d. h. ein Ausgleich zwischen arteriellem und venösem System getroffen.

3. Bei diesem Ausgleich nimmt nun die Lunge noch einen besonderen Antheil oder vielmehr die inspiratorische Ausdehnung des Thorax mit Vergrösserung der Lungenoberfläche und Erweiterung ihres Blutstrombettes. Es ist nicht möglich, auf andere Weise Stunden lang eine so ausgiebige Athmung zu erreichen und zu unterhalten, als sie während der Steigbewegung automatisch sich vollzieht. Durch die inspiratorische Ausdehnung des Thorax wird einerseits ein Reservoir für die vermehrt zu Herzen strömende und von diesem in die Lunge fortbewegte Blutmasse geschaffen und andererseits dadurch, wie Quincke und Pfeifer gezeigt haben, die Abflussgeschwindigkeit aus den Lungencapillaren in die Lungenvenen und zum linken Ventrikel erhöht, d. h. dem linken Herzen mehr Blut zugeführt und dadurch der Ausgleich zwischen venösem und arteriellem Apparate ganz wesentlich gefördert.

Durch die inspiratorische Erweiterung des Thorax in Folge der automatisch erhöhten Athmung wird die Mechanik der Herzbehandlung erst vervollständigt.

Sämmtliche, den Ausgleich der Störungen im Circulationsapparat fördernde Momente treten bei jeder anderen mechanischen Behandlung des Herzmuskels weitaus weniger in Wirksamkeit, als bei der Steigbewegung oder werden vollständig vermisst.

Die Aspirationskraft des Herzens, die reflectorisch und compensatorisch wirkende Erweiterung der Gefässe und die respiratorische Ausdehnung des Thorax fallen bei der Ausführung gymnastischer Bewegungen nicht in dem Grade ausgiebig aus, noch wird die tiefe Athmung automatisch so lange Zeit gleichmässig stark unterhalten und kann auf die Störungen im Circulationsapparat einwirken wie bei der Steigbewegung. Werden bei der Gymnastik nur einzelne Theile des Muskelapparates in Thätigkeit gesetzt, wie die Arme, ohne Einschaltung eines Widerstandes, so ist der Effect am schwächsten ausgeprägt. Je mehr Muskelgruppen nach einander oder zugleich in Action gezogen werden und je mehr der zu überwindende Widerstand der Kraft des Kranken angepasst ist, um so grösser stellt sich der Effect heraus. Zu einer genauen Abstufung dieses Widerstandes entsprechend der exacten Bestimmung der Arbeitsleistung bei der Geh- und Steigbewegung halte ich die Benützung der Widerstandsapparate, wie jenen von Burlot in Paris und den neuen sogenannten „Hygienisten" von Mager in Lübeck, wobei der eingeschaltete Widerstand durch das Gewicht bestimmt werden kann, für zweckmässiger, als die Verwendung von abgerichteten Dienern oder Gymnasten, auf deren Zuverlässigkeit nicht immer zu rechnen ist. Genügende Wirkung erhielt ich, auch wenn durch die Muskeln der untern Extremität die Steigbewegung nachgeahmt und der Kranke angehalten wurde, mit diesen Bewegungen tiefe Athemzüge zu verbinden. Es ist wohl selbstverständlich, dass es fast unmöglich ist, willkürlich lange Zeit hindurch so tiefe Athemzüge zu unterhalten, wie sie bei der Steigbewegung selbst mehrere Stunden hindurch automatisch ausgeführt werden. Ich habe mich hierüber sowohl in meinem Handbuch wie in meiner Schrift „Ueber Terrain-Curorte" schon vielfach ausgesprochen. Widerstandsbewegungen mit den Muskelgruppen der unteren Extremität entsprechen am meisten der Hebung der Körperlast beim Treppensteigen, während Rumpfdrehungen und Rumpfbeugungen ihre Wirkung vorzüglich auf die Blutstromverhältnisse der Abdominalgefässe ausüben und dadurch, wohl wieder indirect, eine Erhöhung des Blutabflusses aus den Venen der unteren Extremität veranlassen. Welche Arten von Bewegungen aber bei der Gymnastik auch ausgeführt werden, eine unerlässliche Bedingung ist immer eine verstärkt zu unterhaltende Respiration, unter welcher der erweiterte Thorax das Reservoir für die vermehrt zuströmende Blutmenge bildet und die Abflussgeschwindigkeit des Blutes aus den Lungencapillaren zum linken Herzen gesteigert wird.

Mit der Aufgabe, allmählich eine Erhöhung der gesunkenen Herzkraft zu erstreben, verbindet sich unmittelbar die zweite, wo möglich, eine **Verminderung der Herzarbeit** einzuleiten.

Schon bei **Wunderlich** finden wir die Indication angegeben, die Herzkraft mit der Quantität von Blut, die bewegt werden soll und kann, in ein bestimmtes Verhältniss zu bringen. Allerdings wählt **Wunderlich** als Mittel für die Entlastung des Herzens die Blutentziehung. Die Indication ist wohl richtig, das Mittel aber ist schlecht gewählt. Ich hatte mir gleichfalls schon bei meinem ersten Versuch dieselbe Aufgabe gestellt, glaubte aber, sie in der Weise lösen zu müssen, dass ich nicht die Blutmenge als solche zu vermindern, sondern die Wassermenge des Körpers überhaupt soviel wie möglich herabzusetzen suchte. Die Entlastung des Kreislaufes, wo ausgebreiteten Stauungen sich ausgebildet haben, seröse Plethora, Hydrämie und Anhäufung von Wasser in den einzelnen Geweben vorhanden ist, bildet eine der wichtigsten Aufgaben bei der Behandlung chronischer Herzmuskelerkrankungen.

Ihre Lösung wird erreicht:

1. Durch Verminderung der Flüssigkeitsaufnahme in Speisen und Getränken, und insbesondere der Beschränkung der letzteren bis zu einer dem speciellen Falle angemessenen Grösse. Dabei ist selbstverständlich Alles zu berücksichtigen, auf was ich bereits in meinen Zusätzen und Erläuterungen zur Therapie der Kreislaufstörungen hingewiesen, namentlich die noch mögliche Erzielung eines Ueberschusses von Harn bei vorgeschrittenen Kreislaufstörungen und Stauungen im venösen Apparate aus irgend welcher Ursache. Ein beträchtliches Minus bei herabgesetzter Flüssigkeitsaufnahme lässt hier fast ausschliesslich eine ungünstige Prognose stellen, und nur selten mehr durch Flüssigkeitsreduction einen Einfluss auf die Circulationsverhältnisse gewinnen. Hierher dürften wohl auch die gegenwärtig von **Bamberger** veröffentlichten Fälle gehören.

2. Durch Erhöhung der Flüssigkeitsausscheidung aus dem Körper.

Indem wir einer Vermehrung der Flüssigkeitsmenge im Körper durch eine, so eng wie möglich begrenzte Flüssigkeitsaufnahme entgegenwirken, werden wir eine Verminderung derselben direct erzielen durch eine Erhöhung der Wasserausscheidung. In der Steigerung der Schweisssecretion, der Wasserverdunstung von der Lungenoberfläche aus, und in der Vermehrung der Harnausscheidung finden wir die geeignetsten Mittel hierzu.

1. Eine gesteigerte Schweisssecretion erhalten wir, abgesehen von pharmakologischen Mitteln, schon zugleich durch die Erhöhung der Muskelthätigkeit, durch das Gehen, die Steigbewegung und gymnastische Uebungen. Ebenso tritt sie ein durch die Einwirkung der Wärme, durch die Sonnenwärme, dann, wo die Umstände es gestatten, durch Sandbäder, römisch-irische Bäder, Dampfbäder oder Bäder überhaupt, welche einen Reiz auf die Körperoberfläche ausüben und eine Hyperämie derselben erzeugen, durch hydrotherapeutische Proceduren u. s. w.

2. Die Wasserverdunstung von der Lungenoberfläche aus wird selbstverständlich proportional mit der Vergrösserung derselben durch unwillkürlich erhöhtes Athmen während der Steigbewegung und der Gymnastik zunehmen müssen.

3. Eine Erhöhung der Harnsecretion tritt, wie ich nachgewiesen habe, schon unter der verminderten Flüssigkeitsaufnahme ein in Fällen, in welchen noch genügende Herzkraft vorhanden, das Wasser im Körper vermehrt ist, Stauungen im venösen Apparat sich ausgebildet und die Nieren sich noch functionsfähig erhalten haben. Den Nachweis liefert das Ergebniss der **Differenzbestimmung über Flüssigkeitsaufnahme und Harnausscheidung**. Auch durch Erhöhung der Herzthätigkeit und des arteriellen Ausgleichs in Folge der Steigbewegung und der gleichzeitigen Abnahme der Stauungen und der dadurch bewirkten Erleichterung des Blutlaufes in den Nieren kommt es noch zu einer vermehrten Harn-

ausscheidung. In einer Reihe von Fällen beobachtete ich, dass trotz starker Schweissabsonderung während des Steigens oder an heissen Sommertagen doch noch mehr Harn entleert wurde als Flüssigkeit aufgenommen worden war.

Es ist wohl selbstverständlich, dass einer Methode gegenüber, welche in der geschilderten Weise auf das Herz und den Circulationsapparat einzuwirken vermag, eine Reihe von Umständen eintreten können, welche die Anwendung derselben theilweise oder gänzlich unmöglich machen.

Der secundären oder compensatorischen Hyperthrophie bei Erschwerung der Herzarbeit, sowie der compensatorischen Dilatation habe ich bereits gedacht; sie sind kein Gegenstand der Behandlung, sondern vielmehr ihre Erhaltung ist Aufgabe der Therapie.

Ebenso bietet die Sklerose der Kranzarterien mit ihren folgenschweren Veränderungen am Herzmuskel, dem hämorrhagischen Infarkte, der Myomalacie und dem Aneurysma cordis, keine Anhaltspunkte mehr für ein erfolgreiches diätetisch-mechanisches Eingreifen und die Behandlung wird stets eine symptomatische, beziehungsweise medicinisch-pharmakologische sein. Dagegen sind Regelung der Diät und motorische Erregung durch Gehen in der Ebene und Wege zweiter Ordnung, durch Gymnastik und Bäder zweifellos im Stande bei chronischem Verlauf der Krankheit und nicht zu weit vorgeschrittenen Veränderungen der Arterien günstig auf den Herzmuskel einzuwirken. Doch wird ihre Anwendung immerhin die grösste Vorsicht erheischen, und wo im Hinblicke auf die Schwere der vorliegenden Symptomatologie Verdacht auf tiefere Läsionen des Muskelgewebes vorhanden ist, werden Bäder und motorische Erregung gänzlich aus der Behandlung auszuschliessen sein.

Chronisch verlaufende oder häufig recidivirende Endocarditiden, Schwächezustände des Herzmuskels und unzulängliche Compensation bei frischen Klappenfehlern nach kurz überstander Endocarditis, Stenosen der Ostien, ausgebreitete Schwielenbildung, Herzaneurysmen, wo sie diagnosticirbar sind, in Folge von Endo- und Pericarditis, Verwachsungen des Herzens mit dem Herzbeutel, allgemeine Atheromatose, chronische Nierenerkrankung bei langbestehenden Herzfehlern, chronischer Morbus Brightii werden immer die wesentlichsten Krankheitszustände sein, welche eine Contraindication für das diätetisch-mechanische Verfahren oder eine Indication für seine Einschränkung abgeben.

Bei allen Kranken wird man langsam, vorsichtig tastend und versuchsweise vorgehen müssen, wenn es nicht möglich ist, alle Momente zu übersehen, von welchen Indicationen und Contraindicationen abhängig sind. Nach der Art und Weise, wie der Kranke mechanische Eingriffe erträgt, kurze Bewegung in der Ebene oder Begehen der Curwege zweiter Ordnung bis 10° Steigung, Treppensteigen oder gymnastische Uebungen, active und Widerstandsbewegungen namentlich am Apparate, wird es nicht schwer sein, die richtigen Massnahmen zu treffen oder den Fall für eine diätetisch-mechanische Behandlung als noch nicht oder überhaupt nicht mehr zugänglich zu erkennen.

Es erübrigt noch, Bericht zu erstatten über die Leistungsfähigkeit der Methode während der Zeit, innerhalb welcher ich selbst Beobachtungen zu machen Gelegenheit hatte und dieselbe an Terraincurorten in Anwendung gekommen ist. Ausführliche Berichte sind mir von Meran, Ischl, Reichenhall zugekommen und zum Theil veröffentlicht worden. Besondere Mittheilungen erhielt ich von Liebenstein, Baden-Baden, Abbazia, Kreuth und Wildbad.

Die Ergebnisse aus den verschiedenen Beobachtungen lassen sich in folgenden kurzen Sätzen zusammenfassen:

1. ausschliesslich günstige Resultate wurden an den Terraincurorten erhalten, in späteren Stadien des Fettherzens ohne erkennbare Erscheinungen der Sklerose der Kranzarterien, bei meist an Jahren schon vorgerückten Personen mit seröser Plethora, venösen Stauungen und nicht selten Oedemen. Sie umfassten:

Erhöhung oder Wiederherstellung der Herzkraft, Regulirung der Herzbewegung, wo dieselbe unregelmässig und aussetzend geworden war, Erhöhung des Eiweissbestandes und oft ganz beträchtliche Reduction der Fettanhäufung. Erhöhung der allgemeinen Leistungsfähigkeit des Körpers.

2. wurde erreicht: Vermehrung der Muskelsubstanz des Herzens und Herstellung einer compensatorischen Hypertrophie, wo dieselbe noch nicht vollständig ausgebildet, oder abgeschwächt war, bei Klappenfehlern und Einengung des Lungenkreislaufes, bei Erkrankungen der Wirbelsäule.

3. Rückbildung ausgebreiteter Dilatationen, soweit sie nicht compensatorische waren, in Folge von Kraftabnahme des Herzmuskels und Erhöhung des intracardialen Druckes bei noch jugendlichen Personen und nicht zu lange bestehenden Klappenerkrankung, insbesondere Insufficienz der Mitralis. So war in einem Falle (junge Dame) mit der Verkleinerung der percutorischen Herzbegrenzung ein vollständiges Verschwinden der sichtbaren

Undulationsbewegung vom 3.—6. Intercostalraum zu constatiren, in einem 2. Falle (38jähriger Mann) eine Einengung derselben bei gleicher Ausdehnung auf eine circa ein Zweimarkstück grosse Fläche im 5. Intercostalraum.

4. Möglichster Ausgleich zwischen arteriellem und venösem Apparat, Erhöhung der Blutmenge und des Druckes im Aortensystem, Abnahme der Cyanose, sowie der Wasseransammlungen in den Geweben bis zum Oedem.

5. Abnahme und vollständige Beseitigung der Störungen von Seite des Respirationsapparates, insbesondere der rasch eintretenden dyspnoischen Erregung und Athmungsbeschwerden.

Was endlich noch die Constanz der durch die diätetisch-mechanische Behandlung erzielten Ergebnisse betrifft, so werden erst weitere Beobachtungen dieselben endgültig feststellen lassen.

Anhaltspunkte dafür, dass dieselben auf lange Zeit hinaus sich erhalten lassen, gibt mancher mir besonders zugängliche Fall, in welchem es vor mehr als 12 Jahren gelungen ist, eine abgeschwächte oder verlorene Compensation bei hochgradigen Kreislaufstörungen, die bis zu Oedemen führten, wiederherzustellen. Auch prognostisch kann aus denselben nach dem gegenwärtig erreichten bestmöglichen Stand geschlossen werden, dass dieser Erfolg auch noch eine geraume Zeit sich erhalten dürfte*).

Die chronischen Herzmuskelerkrankungen und ihre Behandlung.[1])

Von

Prof. Dr. Lichtheim in Bern-Königsberg.

Wie aus den Mittheilungen des ersten Referenten Ihnen ersichtlich gewesen ist, sind wir übereingekommen, der Versammlung zu empfehlen, die Discussion im Wesentlichen auf die therapeutischen Fragen zu beschränken und die Fragen der Pathogenese nur so weit in den Bereich der Erörterung zu ziehen, als das Verständniss der therapeutischen Probleme dies unerlässlich macht. Ich habe mich dieser Beschränkung unserer Aufgabe gefügt, weil es mir in der That schien, als ob eine Discussion der in neuester Zeit aufgeworfenen therapeutischen Fragen ein dringendes Bedürfniss sei, weil ich erwarte, dass der Congress durch eine eingehende Erörterung derselben sich ein wirkliches Verdienst erwerben wird.

Die mechanisch-diätetische Behandlungsmethode der Herzaffectionen, deren Einführung in die Praxis wir dem Herrn Referenten verdanken, und deren Grundzüge er Ihnen auseinandergesetzt hat, hat, wie Ihnen Allen bekannt, ein ganz ungemeines Aufsehen gemacht. Ein Aufsehen, das sich aus den ärztlichen Kreisen bis weit in die der Laien fortsetzte, und welche es unzweifelhaft erscheinen lässt, dass diese Methode ganz ausserordentlich vielfach angewendet und geprüft worden ist. Dem gegenüber muss es sehr auffallend erscheinen, dass bisher, wenn ich von den Veröffentlichungen des Herrn Referenten absehe, umfänglichere Mittheilungen über die Resultate dieser Behandlungsversuche nicht bekannt gegeben worden sind. Dieser Lücke sollte unsere heutige Discussion abhelfen, umsomehr als ich und mit mir wohl Manche unter Ihnen den Eindruck haben, als ob es ein dringendes Bedürfniss wäre, die Leistungsfähigkeit der neuen Methode schärfer zu präcisiren, als ob die unberufene kritiklose Anwendung derselben schon allzuviel Schaden gestiftet habe.

Nichts liegt mir ferner, als mit dieser Behauptung einen Vorwurf gegen meinen Vorredner erheben zu wollen. Ich bin im Gegentheil so bereit als irgend Jemand die grossen Verdienste anzuerkennen, die er sich erworben dadurch, dass er einen Weg zeigte, auf welchem manche Circulationsstörungen günstig zu beeinflussen sind, der, wenn er zur richtigen Zeit und mit dem rechten Masse beschritten wird, zum Ziele führt. Die innere Medicin ist leider nicht so überreich an wirksamen Heilmethoden, dass sie nicht jede Bereicherung unseres therapeutischen Könnens mit Freude begrüssen sollte. Auch haben Sie selbst gehört, dass der Herr Referent sich einer Beschränkung der Anwendbarkeit seiner Methode nicht verschliesst, sondern ihr ganz entschieden das Wort redet. Wenn wir demnach im Princip einig sind und höchstens über die Lage der Grenze streiten werden, so existirt der Missbrauch doch unzweifelhaft. So glaube ich, dürfte auch der Herr Referent es uns danken, wenn von dieser Tribüne aus die Warnung vor der kritiklosen und unvernünftigen Anwendung der Oertel'schen Methode der Behandlung der Herzleiden kräftig ins Land hinausschallt, und wenn diese Versammlung, welche so viel dazu Berufene zählt, an der Hand der Erfahrungen versucht, die Grenzen ihrer Wirksamkeit möglichst scharf zu definiren.

Wenn ich vorher gesagt habe, dass bisher sehr wenig Aeusserungen von fremder Seite über die Oertel'sche Methode bekannt gegeben worden sind, so bedarf das einer Ein-

*) Eine eingehend kritische Besprechung des Lichtheim'schen Referates wird in einem der nächsten Hefte erscheinen. *Oertel.*

[1]) Vortrag, gehalten auf dem Congress für innere Medicin zu Wiesbaden. April 1888.

schränkung. Es hat sich bekanntlich eine zwar nicht sehr ausgedehnte, aber ziemlich lebhafte Discussion abgespielt, welche die theoretischen Grundlagen dieser Behandlungsmethode betont. Diese theoretischen Erörterungen waren deshalb unvermeidlich, weil die hauptsächlichste Begründung, welche Oertel seiner Methode mit auf den Weg gab, eine theoretische gewesen war. Diese Begründung scheint auch mir anfechtbar und mit unseren gegenwärtigen Vorstellungen vom Blutkreislauf nicht immer in Uebereinstimmung zu sein. Wie Ihnen bekannt ist, geht die Argumentation Oertel's von dem Gedanken aus, dass bei den nicht complicirten Herzleiden ein Missverhältniss zwischen den mit der Nahrung zugeführten und den abgeschiedenen Flüssigkeitsmengen eintritt, welche zu einer Vermehrung der Blutmenge, zur hydraemischen Plethora führt. Zur Beseitigung dieses Missverhältnisses, dessen Grösse Oertel durch Vergleichung der genossenen Flüssigkeitsmenge und der Harnmenge — durch Differenzbestimmungen, wie er dies nennt — feststellt, soll zunächst die Flüssigkeitsmenge der Nahrung möglichst beschränkt werden. Ich möchte es vermeiden, hier ausführlich die Frage zu erörtern, ob eine Vermehrung des Gesammtvolumens des Blutes die Herzarbeit beeinflusst, nicht weil ich in diesem Punkte den Anschauungen des Referenten beipflichten könnte. Es ist Ihnen wohl noch erinnerlich, dass diese Frage den Hauptgegenstand einer Controverse zwischen dem Referenten und Herrn Basch gebildet hat. Auf Grund eigener früherer Arbeiten muss ich in dieser Frage auf Basch's Seite treten. Allein, m. H., ich will wie gesagt auf diese Controverse hier nicht weiter eingehen, deshalb weil sie meines Erachtens für die Frage der Therapie der Herzkrankheiten keine erhebliche Bedeutung hat, deshalb weil auch bei nicht compensirten Herzleiden bei Kreislaufstörungen im Sinne Oertel's von einer erheblichen Zunahme des Blutvolumens, einer hydraemischen Plethora keine Rede ist. Es ist nicht zulässig, ohne Weiteres aus dem Deficit, dass die Harnmenge der genossenen Flüssigkeitsmenge gegenüber aufweist, anzunehmen, dass dieselbe oder ein erheblicher Theil derselben im Körper aufgespeichert wird. Wäre dem so, so müsste bei erheblicher Differenz der Körper rapide an Gewicht zunehmen, wie er es bei steigendem Hydrops thut, während er bei sinkendem Hydrops oder bei nicht hydropischen Kranken trotz grossen Deficits in der Harnabsonderung sein Gewicht kaum ändert. Wo bleibt nun aber die vermisste Flüssigkeit? Oertel vernachlässigt meines Erachtens zu sehr die Möglichkeit, dass eine Steigerung der insensiblen Ausscheidungen compensirend eintritt. Es scheint mir nicht erlaubt, beim Gesunden das Verhältniss zwischen insensiblem Verlust und Harnabscheidung festzustellen, und dasselbe ohne Weiteres auch für die pathologischen Fälle festzuhalten. Dass z. B. Dyspnoe die insensible Wasserabscheidung durch die Lunge erheblich steigert, ist klar und über die Schwankungen des insensiblen Verlustes durch die Haut wissen wir noch so gut wie nichts. Es ist also dies Verhalten des Blutvolumens in den erwähnten Fällen zum mindesten noch eine unbekannte Grösse, deren directe Feststellung unerlässlich ist, ehe man die vorausgesetzten Schwankungen desselben zum Ausgangspunkt unseres Handelns nimmt. Ich habe nun diese Lücke durch einen meiner Schüler ausfüllen lassen und denselben veranlasst festzustellen, wie sich die Blutmenge bei nicht compensirtem Herz verhält, und welchen Einfluss Beschränkungen der Flüssigkeitszufuhr auf dieselbe ausüben. Da in den fraglichen Fällen die Schwankungen der Blutmenge der Blutconcentration umgekehrt proportional sein müssen, so handelt es sich einfach um Feststellung der Blutconcentration unter den erwähnten Bedingungen. Zu diesem Zwecke wurde direct durch Bestimmung des Trockenrückstandes des Wassergehalts eine Blutprobe bestimmt, welche durch die Kanüle einer Pravaz-Spritze einer Hautvene entnommen worden war. Ich übergehe hier die Details der Methode, die Vorsichtsmassregeln, welche nothwendig waren, um Fehlerquellen auszuschliessen, sie werden in der Dissertation des Herrn Dr. Schwendt demnächst publicirt werden, hier will ich nur kurz die Resultate erwähnen, so weit sie für uns in Betracht kommen. Es zeigte sich zunächst, dass die Blutconcentration bei nicht compensirten Herzleiden keineswegs unter der Norm steht, bei hydropischen Kranken ist sie im Gegentheil häufig sehr gesteigert, von hydraemischer Plethora ist also bei solchen Kranken keine Rede. Eine sehr streng durchgeführte Beschränkung der Flüssigkeitszufuhr lässt bei gesunden Individuen die Blutconcentration um durchschnittlich noch nicht 3 % steigen, der höchste gefundene Werth betrug 8.4 %. Bei nicht compensirten Herzleiden war der Einfluss der Cur auf die Blutconcentration kein grösserer. Er war sogar viel geringer, wenn Hydrops vorhanden war, weil die hydropischen Erscheinungen unter dem Einfluss der Diät rasch zurückgingen. Ich will hier nicht auf die Details der Resultate miteingehen.

Für die uns beschäftigende Frage scheinen sie mir zu beweisen: erstens, dass die Voraussetzung, von der Oertel ausging, als er den Plan seiner Behandlungsmethode entwarf, nicht zutreffend war: die hydraemische Plethora als nicht compensirte Herzaffection existirt nicht. Zweitens, dass der Effect seiner diätetischen Behandlungsmethode weit hinter dem zurückbleibt, was er annimmt, die Schwankungen der Blutmenge fallen unter allen Umständen so geringfügig aus, dass der Einfluss auf die Herzleistung nicht in Betracht kommt.

Viel grössere Schwierigkeiten bietet der theoretischen Beurtheilung der zweite wesentliche Theilfactor der Oertel'schen Behandlungsmethode, die Behandlung der Herzkranken mittelst methodischen Bergsteigens, die Terraincuren.

Abgesehen davon, dass sie durch Steigerung der Schweisssecretion und des insensiblen Wasserverlustes auch dem vorher kritisirten Ziele zustrebt, ist sie nach Oertel dazu bestimmt, der abnormen Blutvertheilung direct entgegenzuwirken, das Venensystem und den kleinen Kreislauf zu entleeren, das Aortensystem zu füllen. Dass Muskelbewegungen ein sehr wesentliches Hülfsmittel für die Fortbewegung des Venenblutes sind, dass auch die Durchblutung der Lungen durch die Athembewegungen gefördert wird, kann nicht bestritten werden. Ein Vortheil für den Kreislauf wird aber durch das vermehrte Zuströmen von Blut zum Herzen nur unter der Voraussetzung erzielt werden, dass das Herz selbst die ihm zufliessenden Blutmengen weiter treiben kann. Das geschieht, wie Oertel ganz richtig bemerkt, durch die Vermehrung der Frequenz des Herzschlags, und hier fördert das Herz nicht nur eine grössere Blutmenge, sondern es fördert dieselbe sogar gegen einen höheren Blutdruck, wie Oertel selbst dies durch sphygmomanometrische Untersuchungen bestätigt hat. Diese Fähigkeit hat aber schon für das normale Herz mitunter ihre Grenze, und da wo das dem Herzen zuströmende Blut nicht mehr weiter geschafft werden kann, bewirkt der sich contrahirende Herzmuskel eine acute Dehnung der Ventrikularhöhle, das was man eine acute Ueberanstrengung des Herzens genannt hat. Was nun beim gesunden Herzen ausnahmsweise vorkommt, das wird, das bedarf also keiner vielen Belege, beim kranken Herzen, das schon ohnehin dem Bedürfniss nicht mehr recht genügen kann, sehr viel leichter eintreten müssen. Und darin beruht eine grosse Gefahr dieses Theils der Oertel'schen Behandlungsmethode. In der Dehnung der Herzventrikel liegt nach meiner Ansicht die Hauptgefahr, welche allen Herzkranken gemeinsam droht, und ich sehe in ihr sogar dasjenige Moment, das alle die krankhaften Störungen, die wir heut besprochen, verbindet. Zur Erläuterung dessen wird es zweckmässig sein, mit einigen Worten meine Auffassung von der Genese dieser Störungen hier klar zu legen.

Es ist nicht ganz leicht, die Krankheitsgruppe, deren Besprechung uns heut obliegt, vom klinischen Standpunkt aus richtig zu umgrenzen. Wenn der Wortlaut des Themas den pathologisch-anatomischen Gesichtspunkt in den Vordergrund stellt, so ist es doch wohl unzweifelhaft, dass das nicht so gemeint ist. Die meisten der chronischen Herzmuskelerkrankungen, der Herzinfarkt und die aus ihm resultirende Herzschwiele, das neuerdings wieder in seine Rechte eingesetzte Fettherz können bestehen, ohne dass sie irgend welche Krankheitserscheinungen mit sich bringen, die Fettdegeneration des Herzmuskels ist so gut wie völlig aus dem Cadre der Herzkrankheiten gestrichen. Nur diejenigen Fälle, in denen obige Erkrankungen des Herzmuskels zu Dilatation der Herzhöhlen und zu Hypertrophie der Herzwandungen führen, nur diejenigen, in denen sie Kreislaufsstörungen bedingen, hat unser Thema im Auge. Andererseits giebt es Herzdilatationen und Herzhypertrophien, bei denen weder ein nachweisbares Hinderniss im Klappenapparat noch ein anderweitiges anatomisches Kreislaufshinderniss besteht, und bei denen auch keine nachweisliche Erkrankung des Herzmuskels aufgefunden werden kann. Die Erkrankungen des Herzmuskels können also einerseits bestehen, ohne dass Herzkrankheiten im klinischen Sinne vorliegen, während andererseits dieselben klinischen Krankheitsbilder, dieselben chronischen Herzkrankheiten mit allen ihren Symptomen vorhanden sein können, ohne dass anatomisch nachweisbare Erkrankungen des Herzmuskels vorliegen. Das, worauf es in Wahrheit ankommt, das, was den Schlüssel zu diesen scheinbar paradoxen Erscheinungen liefert, ist die Dehnung der Herzhöhlen, speciell der Herzventrikel. Die Dehnung der Herzventrikel, das Aneurysma cordis, wie es die älteren Autoren nannten, bedingt die eigentliche Herzkrankheit. Welches sind die Ursachen dieser Ausdehnung der Herzventrikel? Alles was den intracardialen Druck steigert, Alles was den Widerstand der Ventrikelwand herabsetzt, kann zur Dehnung führen. Betrachten wir zunächst die Herzdehnungen, die auf Grund einer Steigerung des intracardialen Druckes zu Stande kommen, so fallen in diese Kategorie alle diejenigen, welche durch anatomische Kreislaufhindernisse entstehen, mögen dieselben im Herzen selbst, oder in irgend einem Abschnitt des peripherischen Gefässsystems gelegen sein. Es fallen in dieselbe ferner alle diejenigen Processe, welche man als Arbeitshypertrophie des Herzens beschrieben hat. Auch für sie möchte ich annehmen, dass die Herzdilatation das Primäre, die Hypertrophie die secundäre, die Compensationserscheinung ist. Es leiten mich dabei folgende Erwägungen. Das Herz des Bergbewohners, der schwere Lasten bergauf zu tragen hat, muss in der That eine erhebliche Steigerung seiner Leistung aufwenden und es ist sehr erklärlich, dass dasselbe hypertrophirt. Aber diese Hypertrophie muss eine gesetzmässige Folge der gesteigerten Arbeitsleistung sein, sie dürfte nicht bei einem Procentsatz der betreffenden Individuen eintreten, bei dem anderen fehlen und am allerwenigsten dürften die, bei denen sie eintritt, krank werden, während die übrigen gesund bleiben. Auch wäre zu erwarten, dass diese Hypertrophie sich wie die Arbeitshypertrophie der Körpermuskeln ganz oder zum Theil zurückbildet, wenn dem Herzen Ruhe gegönnt wird, und das geschieht, sobald die Krankheit den Kranken Ruhe aufzwingt. Alles dies ist bekanntlich nicht der Fall. Anders steht die Sache, wenn wir die Dehnung des Herzens als die primäre Krankheitserscheinung auffassen, da ist ja auch die Höhe der durch die schwere Arbeit bedingten intracardialen Drucksteigerung die bestimmende Ursache, der Effect wird aber von einem anderen variablen Factor, die Dehnbarkeit des Herzmuskels, beeinflusst, auf den wir sogleich zu sprechen kommen. Die Herzhypertrophie ist eine compensirende Erscheinung, nothwendig, wenn die Herzdehnung nicht rasch vorschreitend zum Tode führen soll und bleibend auch dann, wenn die Steigerung des intracardialen Druckes fortfällt. Das zweite ursächliche Moment, die Dehnbarkeit der Ventrikelwand, umfasst zunächst die anatomischen Erkrankungen des Herzmuskels, 1) die Fettdegeneration desselben — die Herzerweichung Laënnec's; 2) die Adipositas cordis, wo das zwischen die Muskelbündel eindringende Fett den Widerstand der Ventrikelwand verringert; 3) die sogenannten chronischen Myocarditiden, der Herzinfarkt und die Herzschwiele, sei es dass sie, wenn an einer Stelle die Herzwand verdünnt wird, zur partiellen Ausbuchtung, zum partiellen Herzaneurysma führen, sei es dass sie, wo sie sehr zahlreich und wenig umfänglich in die Muskelsubstanz eingesprengt sind, allgemeine Erweiterung herbeiführen; 4) die Veränderungen des Herzmuskels, wie sie nach Pericarditis mit Verwachsung von Herz und Herzbeutel auftreten können. Es kommen hierzu andere Verringerungen des Widerstandes des Herzmuskels, welche wenig in die Augen fallende anatomische Veränderungen bedingen. Zunächst diejenigen, welche durch acute Infectionskrankheiten bedingt sind. Es scheint ferner, als ob durch nervöse Einflüsse, Schreck, deprimirende Affecte, der Widerstand des Herzmuskels herabgesetzt werden kann, vielleicht dadurch, dass solche Einflüsse Störungen der Blutvertheilung und mangelhafte Ernährung des Herzmuskels bedingen.

Endlich muss man wohl annehmen, und damit kommen wir zu dem Punkte zurück, den wir soeben bei der Erklärung der Arbeitshypertrophie, oder wie ich sagen möchte, Arbeitsdilatation berührt haben, dass die Widerstandsfähigkeit des Herzmuskels dehnenden Einflüssen gegenüber nicht immer genau die gleiche ist. Es giebt Differenzen, die allerdings bei normalen Verhältnissen nicht in Betracht kommen, für die normalen Kreislaufsbedingungen leistet der normale Herzmuskel wohl immer genügenden Widerstand, die aber bei erheblichen Steigerungen des intracardialen Druckes sich geltend machen und die verschiedene Resistenz der verschiedenen Individuen denselben gegenüber erklären; wahrscheinlich spielen dabei hereditäre Verhältnisse mit, wenigstens macht dies die Häufigkeit dieser Krankheitsfälle in einzelnen Familien und die unumstössliche Ueberzeugung des Volkes von der Erblichkeit der Herzkrankheiten wahrscheinlich.

Diese Auffassung, welche ich schon seit vielen Jahren in meinen Vorlesungen vertrete und welche, wie ich gleichzeitig bemerke, in einer Reihe von Publicationen von Fräntzel verfochten worden ist, hat zum Mindesten den Vortheil, dass sie alle die verschiedenen Herzaffectionen, welche wir hier behandeln, das Fettherz, die Fettdegeneration des Muskels, die chronische Myocarditis, die idiopathische Herzhypertrophie unter einen gemeinsamen Gesichtspunkt bringt. Ja sie hat wahrscheinlich auch Gültigkeit für die Klappenfehler des Herzens und für die peripherischen Kreislaufshindernisse, wenn man annimmt, dass die Störungen der Compensation bei denselben, für welche man bisher vergeblich bemüht war, ein anatomisches Substrat im Herzmuskel zu finden, durch derartige Dehnung der Herzhöhlen bedingt wird.

Unter den aufgeführten Herzkrankheiten werden Sie eine vermissen, die für uns gerade von besonderer Bedeutung ist, die

Herzhypertrophie, die durch Unmässigkeit im Essen und Trinken, durch Alkoholmissbrauch und durch gleichzeitigen Mangel an Körperbewegung bedingt wird. Gleichzeitig mit den Veränderungen des Herzens leiden derartige Individuen häufig an allgemeiner Fettsucht und an Fettherz, oft auch an frühzeitiger Arteriosklerose, doch finden sich auch Fälle, wo diese Complicationen fehlen.

Man hat dieselbe meist in die erste Kategorie gestellt und angenommen, dass es sich um eine dauernde Plethora und um dadurch bedingte Steigerung der Herzarbeit und des intracardialen Druckes handelt. Diese Deutung hat ihre Bedenken. Erstens ist diese Plethora bisher völlig hypothetisch, und dann ist eine Steigerung der Herzarbeit durch Zunahme der Blutmenge, wie schon Eingangs erwähnt, nach den vorliegenden Versuchsergebnissen wenig wahrscheinlich. Ich möchte vielmehr annehmen, dass es sich auch hierbei um eine Abnahme der Widerstandskraft des Herzmuskels handelt, um eine mangelhafte Ernährung desselben, eine Folge der fehlerhaften Blutvertheilung, welche durch eine habituelle functionelle Hyperaemie der Bauchgefässe bedingt ist.

Sei dem, wie ihm wolle, die Consequenz würde aus den soeben vorgetragenen Anschauungen hervorgehen, dass die hauptsächlichste Gefahr für alle Herzkranken in der Dilatation der Herzhöhlen gelegen ist, und dass Alles, was derselben Vorschub leistet, in der Behandlung der Herzkrankheiten absolut vermieden werden muss. Wenn dies für die Herzkranken im Allgemeinen gilt, so hat es noch viel mehr Geltung für diejenigen Formen, deren Genese schon eine mangelhafte Resistenz des Herzmuskels dehnenden Einflüssen gegenüber voraussetzen lässt. Nun haben wir gesehen, dass die Behandlung mit Bergsteigen diese Gefahr unzweifelhaft in sich birgt, und die meisten vorsichtigen Aerzte haben deshalb den Schluss gezogen, dass diese Behandlungsmethode, sie mag so wirksam sein, wie sie wolle, doch eine sehr gewagte ist. Dass diese Bedenken völlig gerechtfertigt sind, das hat die Erfahrung bewiesen, welche gezeigt hat, dass hie und da, wie mir scheint nicht ganz selten, Kranke in Folge dieser Behandlungsmethode rasch zu Grunde gehen, und zwar ist das nicht nur da geschehen, wo ungebildete Kranke ohne ärztliche Controlle durch Uebertreibung der Cur sich selbst ruinirt haben, auch die sachverständigste Behandlung hat derartige Unglücksfälle nicht völlig vermeiden können.

Doch soll man, meine ich, nicht das Kind mit dem Bade ausschütten, man soll nicht auf Grund dieser ungünstigen Erscheinungen die Methode gänzlich perhorresciren, man soll besonders nicht, wie dies früher vielfach geschehen ist, Herzkranke zu völliger Ruhe verurtheilen.

Der Herr Referent hat selbst auf einen Punkt hingewiesen, der, wie mir scheint, von grosser Bedeutung ist, und der die Anwendung der Methode innerhalb gewisser Grenzen erlaubt. Oertel hat gezeigt, dass mit der Gewöhnung sich die oben angeführten Gefahren, die das Bergsteigen mit sich führt, vermindern, dass die Steigerung des arteriellen Druckes, welche zuerst sehr beträchtlich ist, sich allmählich vermindert, um schliesslich ganz fortzufallen. Die Deutung, welche er diesem sehr interessanten Verhalten giebt, scheint mir freilich sehr anfechtbar. Er nimmt an, dass die Blutdrucksteigerung allein durch die starke Füllung des Aortensystems bedingt ist, und durch eine gleichzeitige Erweiterung der Arterien der grosse Kreislauf mehr oder minder vollkommen compensirt wird. Diese compensirende Erweiterung des Arteriensystems soll allmählich immer vollkommener ausfallen und schliesslich die Blutdrucksteigerung vollständig verhüten. Ich halte diese Deutung für nicht wahrscheinlich. Eine Erweiterung des gesammten arteriellen Systems würde mit einer Blutdrucksteigerung kaum vereinbar sein. Oertel erschliesst dieselbe aus der von ihm durch Messung nachgewiesenen Erweiterung der Temporalarterie.

Allein diese Messungen sind nicht als ein Beweis für die Erweiterung des gesammten Arteriensystems anzusehen, denn da dem arbeitenden Muskel und den functionirenden Hautdrüsen grössere Blutmengen zufliessen, und dass die zu ihnen führenden Arterien erweitert werden, versteht sich von selbst. Die Blutdrucksteigerung spricht vielmehr dafür, dass Hand in Hand mit dieser Erweiterung der Haut- und Muskelgefässe eine Verengerung der übrigen Körpergefässe geht, und diese vasomotorische Verengerung wird als eine Wirkung der durch die Muskelarbeit gesteigerten Kohlensäurebildung anzusehen sein. Vermehrte Kohlensäurebildung — das Product des Muskelstoffwechsels — ist demnach die directe Ursache der Blutdrucksteigerung und diese Kohlensäurebildung ist, wie eine Reihe von physiologischen Arbeiten zeigt, keine directe Function der geleisteten Arbeit, sondern bei gleichbleibender Arbeitsleistung variabel, je nach der aufgewendeten Innervationsanstrengung. Ich stütze mich dabei auf die Resultate der Arbeiten Kronecker's, welcher gezeigt hat, dass die Ermüdungserscheinungen nicht mit dem mechanischen Arbeitseffect parallel gehen, und zu demselben — wenn auch unausgesprochenem — Resultat scheinen mir auch neuere Versuche Chandler's gekommen zu sein, aus denen ersichtlich ist, dass die geleistete mechanische Arbeit nicht für die Grösse der Stoffumsätze im Muskel entscheidend ist. Die mechanische Arbeit ist immer nur ein verschwindender Theil dessen, was er physiologische Arbeit nennt, aber von der Grösse der Innervation abhängig sein muss. Diese Innervationsanstrengung ist nun meines Erachtens ein variabler Factor, der mit der Uebung trotz gleichbleibender Arbeitsleistung allmählich sinkt, und übereinstimmend damit scheint aus einer Untersuchungsreihe, welche im Laboratorium von Kronecker ausgeführt worden, allerdings noch nicht abgeschlossen ist, hervorzugehen, dass die Kohlensäurebildung bei Muskelanstrengungen mit der steigenden Uebung abnimmt, ein Resultat, das übrigens auch der alltäglichen Erfahrung entspricht, die zeigt, dass die Dyspnoe beim Bergsteigen mit der Uebung geringer wird.

Danach wird ohne Weiteres verständlich, weshalb beim Bergsteigen allmählich auch die Blutdrucksteigerung fortfällt und es kann in der That bei fortschreitender Uebung die Körperbewegung die Entleerung des Venensystems durch directe Massage der Venen fördern, während der Fortfall der Blutdrucksteigerung die Gefahr der Herzdehnung wesentlich vermindert.

Es werden Ihnen diese Auseinandersetzungen vielleicht spitzfindig erscheinen, allein sie haben insofern Bedeutung für unsere Frage, als sie uns zeigen, wo wir den Massstab für die Gefahr zu suchen haben, die die fragliche Behandlungsmethode mit sich führt. Die Grösse der Dyspnoe wird uns ein directer Ausdruck sein für die Bedenken, welche derselben anhaften, und wir werden von der Behandlungsmethode überall da abstehen müssen, wo hochgradige Dyspnoe als warnendes Zeichen auftritt.

Wenn ich es für nothwendig gehalten habe, die theoretischen Gesichtspunkte, auf denen Oertel seine Behandlungsmethode aufgebaut hat, einer Kritik zu unterziehen, so bin ich doch keineswegs der Ansicht, dass sie den alleinigen, ja auch nur den hauptsächlichsten Gesichtspunkt abgeben dürfen für die Beurtheilung der Brauchbarkeit seiner Behandlungsmethode. Wenn wir auch verpflichtet sind, uns nach Möglichkeit Rechenschaft zu geben von denjenigen Wirkungen, welche diese eingreifende Behandlungsmethode ausübt, so zeigen doch gerade diese Bemühungen aufs Klarste, wie complicirt die Verhältnisse sind, wie viele nicht genügend gekannte Factoren in ihnen Platz greifen, und wie unsicher deshalb das Resultat ist.

Die practische Brauchbarkeit der Methode wird immer nur an der Hand der practischen Erfahrung geprüft werden können, und ich halte es für die Hauptaufgabe unserer heutigen Verhandlung, diesen practischen Erfahrungen möglichst Ausdruck zu geben. Freilich ist auch das, wie uns allen bekannt ist, eine schwierige Sache, und ich möchte vor allen Dingen davor warnen, hier vereinzelte casuistische Mittheilungen zu produciren. Jeder von uns weiss, wie schwer es selbst für den erfahrensten Arzt ist, die Prognose der Compensationsstörungen zu stellen, wie oft sich eine Compensationsstörung unerwartet wieder zurückbildet, während andere vielleicht weniger schwer erscheinende continuirlich zum Tode führen. Nur grössere Erfahrungsreihen, denen eine methodische Prüfung zu Grunde liegt, können für unsere Discussion einen Werth haben. Ich will versuchen, Ihnen kurz diejenigen Gesichtspunkte, zu welchen mich meine eigene Erfahrung geführt hat, kurz mitzutheilen.

Ich habe zunächst den Eindruck erhalten, dass die fragliche Behandlungsmethode bei den Kranken im Spital verhältnissmässig selten von durchschlagendem Erfolge ist, seltener als in der Consultationspraxis. Man könnte den Grund darin suchen, dass die stricte Durchführung der Diätvorschriften bei den Kranken des Spitals grösserem Widerstand begegnet und deshalb weniger sicher durchgeführt werden kann. Allein das ist bei mir nicht der Fall. Die strenge Durchführung der Vorschriften Oertel's ist in den meisten meiner Spitalbeobachtungen garantirt. Ich bin vielmehr der Ansicht, dass es daran liegt, dass diejenige Kategorie von Herzleiden, bei denen das Oertel'sche Heilverfahren seine souveräne Wirkung ausübt, in der Spitalpraxis bei uns wenigstens sehr selten ist. Es sind dies die Herzleiden, welche durch Unmässigkeit im Essen und Trinken gleichzeitig mit dem Mangel genügender Bewegung entstehen. Hier erweist sich, solange das Leiden nicht zu weit vorgeschritten, die Herzdehnung nicht existirt, die Oertel'sche Cur als souveränes Heilmittel, und das ist ohne jede Begründung verständlich. Ich habe vereinzelte derartige Erfahrungen schon vor Veröffentlichung des Oertel'schen Verfahrens gemacht. Und wenn man die Publicationen Oertel's durchmustert, so findet man dass auch seine eclatanten Heilungsfälle meist derartige sind: auch der Fall, von dem er ausgegangen, denn wenn in ihm auch ein dauerndes Circulationshinderniss bestand, so war es doch kein besonders schweres, und die hochgradigen Störungen waren wohl nur auf die unzweckmässige Lebensweise zu beziehen. Solche Combination von Kreislaufstörungen mit den oben erwähnten Schädigungen des Herzmuskels durch fehlerhafte Lebensweise mögen weniger selten sein, wie meine persönlichen Erfahrungen erschliessen lassen, sie werden alle durch eine Regulirung der Lebensweise nach den von Oertel aufgestellten Grundsätzen aufs günstigste beeinflusst werden. Selbstredend hat auch bei diesen Fällen die Behandlungsmethode ihre Grenze; sind Herzdehnung und Compensationsstörung einmal über ein grösseres Mass hinausgegangen, so kann die Methode sogar schädlich wirken, das rasche Schwinden des Fettes kann eventuell die Widerstandskraft des Herzmuskels vermindern, und die dehnende Wirkung der Körperbewegungen kann sich schädlich geltend machen. Immerhin bin ich erstaunt gewesen, wie schwere Compensationsstörungen auf dem angegebenen Wege besonders bei fetten Leuten noch zu beseitigen sind.

Aber solche Fälle sind, wie gesagt, bei uns wenigstens in der Spitalpraxis äusserst selten, fast alle der so häufigen idiopathischen Herzdilatationen gehören den anderen Kategorieen an, und bei ihnen versagt meiner Erfahrung nach die Methode vollständig. Das will nicht sagen, dass man nicht auch bei ihnen oft aus den Factoren der Behandlungsmethode Vortheile ziehen kann. Die Flüssigkeitsentziehung ist z. B. ein sehr mächtiges nicht zu unterschätzendes Mittel zur Beseitigung hydropischer Erscheinungen, das man mit dem grössten Vortheil auch dort noch anwenden kann, wo die anderen Hilfsmittel schon versagen. Und die Beseitigung und Verminderung des Hydrops kommt mitunter dem ganzen Befinden des Kranken zu gute. Auch ich habe die Beobachtung gemacht, dass mitunter unter dem Einflusse der Verminderung der Flüssigkeitszufuhr die vorher sehr geringe Harnmenge sich hob. So regelmässig, wie dies Oertel begegnet ist, habe ich es allerdings nicht gesehen, und ich habe es nie bei hydropischen Kranken beobachtet. Ich habe geglaubt dies so deuten zu dürfen, dass die Resorption der hydropischen Flüssigkeit dem Blute Salze zuführt, welche diuretisch wirken. Nicht unmöglich wäre es auch, dass die hydropische Beschaffenheit des Nierengewebes ein directes Hemmniss für die Secretion ist, dessen Fortfall die Secretion wieder in Gang setzt. In derselben Weise ist es vielleicht auch zu erklären, wenn mitunter in solchen Fällen die Herzleistung selbst durch die Flüssigkeitsbeschränkung und die durch sie veranlasste Resorption des Hydrops gekräftigt wird. Häufig ist dies meiner Erfahrung nach nicht, und nicht hydropische Kranke dieser Art haben durch die Beschränkung der Flüssigkeitszufuhr keinen günstigen Einfluss auf die Wiederherstellung der Compensation zu erwarten.

Andererseits lässt es sich nicht leugnen, dass eine strenge Durchführung der Oertel'schen Diät unter Umständen für die Kranken von Nachtheil sein kann. Ich habe bei dieser Behauptung nicht die von mehreren Seiten mitgetheilten Erfahrungen über die Entstehung von Albuminurie als Effect der Flüssigkeitsbeschränkung im Auge, ich habe derartige Erfahrungen ebensowenig wie der Herr Referent gemacht. Ich habe nicht einmal gefunden, dass bei Nephritis die bestehende Albuminurie durch die Oertel'sche Diät gesteigert wird, selbstredend darf man sich nicht durch zunehmenden Eiweissgehalt bei sinkender Harnmenge beirren lassen. Hingegen habe ich nicht selten gesehen, und ich bin überzeugt, dass auch andere Aerzte dieselben Erfahrungen gemacht haben, dass Patienten mit hochgradigen Compensationsstörungen rasch collabiren, nachdem sie auf die fragliche Diät gesetzt worden. Man muss ja bei so schwer Kranken immer der Fehlerquellen gedenken, dass ihr Befinden ohnehin sehr zu jähen Umschlägen neigt. Immerhin ist mir das Zusammentreffen beider Dinge so häufig begegnet, dass ich geneigt bin ein Causalverhältniss anzunehmen. Ueber die eventuelle Deutung desselben kann man allerdings zunächst nur Vermuthungen äussern. Ich habe daran gedacht, ob es sich nicht um Kranke handelt, welche bei schon bestehender hoher Bluteoncentration die geringe Steigerung, welche die Diät unter Umständen mit sich führt, nicht vertragen. Doch bin ich nicht in der Lage, für diese Vermuthung irgend welche thatsächlichen Belege anzuführen.

Für diese schweren Compensationsstörungen fällt der grösste Theil des Oertel'schen Behandlungsplans ohnehin ausser Frage. Man wird immer zunächst eine Correction der hydropischen Erscheinungen dem Versuch einer Beeinflussung der fehlerhaften Blutvertheilung durch Körperbewegungen und Gymnastik voranschicken müssen.

Ist dies jedoch mit Erfolg geschehen, oder fehlt der Hydrops von vornherein, so kommt diese Behandlungsmethode in Betracht. Ich habe schon ausführlich auseinandergesetzt, welche Gefahren derselben anhaften und wie vorsichtig dieselbe in Anwendung zu bringen ist. Dass diese Vorsicht doppelt am Platze ist bei denjenigen Herzleiden, deren Genese auf eine Dehnung des Herzmuskels durch übermässige Körperanstrengung zu beziehen ist, oder bei denen die Dehnbarkeit des Herzmuskels durch acute Krankheit die Ursache abgiebt, braucht nicht weiter erörtert zu werden. Im Stadium der Compensationsstörung wird bei solchen Leiden von dieser Therapie gänzlich abzusehen sein. Anders liegt die Sache bei erhaltener Compensation. Wir haben gesehen, dass einerseits wahrscheinlich anhaltende Körperruhe der Ernährung des Herzmuskels nicht zuträglich ist, dass andererseits mit wachsender Uebung die Gefahren der Körperbewegung sich verringern, und deshalb soll man eine geregelte Körperbewegung denjenigen Kranken vorschreiben, bei denen entweder die Compensationsstörung längere Zeit vollständig ausgeglichen, oder überhaupt noch nicht eingetreten ist. Ich halte es für eine der wesentlichsten Errungenschaften der Oertel'schen Anregung, dass man von dem Grundsatze des absoluten Verbotes aller körperlichen Anstrengungen für die compensirten Klappenfehler und die ihnen analogen Kreislaufhindernisse zurückgekommen ist. Für diese Krankheiten wird man meiner Erfahrung nach ohne erhebliches Risiko auch von mässigem Bergsteigen Gebrauch machen dürfen. Für die idiopathische Herzdilatation der Bergbewohner ist die Sache schon bedenklicher, und man wird sich lieber an geregelte Bewegung in der Ebene, oder wenn auch dies nicht angeht, an methodische Heilgymnastik halten. Ich habe schon vorhin ausgeführt, dass ich glaube, man solle die Grenze, bis zu der zu gehen erlaubt ist, an der durch die Bewegungen erzeugten Dyspnoe abmessen und jede hochgradige Steigerung derselben vermeiden. Dass Oertel in dieser Hinsicht weiter geht, als meiner Ansicht nach erlaubt ist, geht aus seinen Schilderungen hervor.

M. H., nach dem Gesagten wird Niemand auf den Gedanken kommen, dass ich die medicamentöse Behandlung der Herzaffectionen für überflüssig halte. Sie ist und bleibt die wesentlichste Heilmethode der übergrossen Mehrzahl aller Compensationsstörungen. Die Oertel'sche Diät unterstützt ihre Wirkung mitunter durch ihre Einwirkung auf die hydropischen Erscheinungen, ersetzt sie aber nicht. Andererseits ist man schon längst darüber einig, dass die Behandlung bei intacter Compensation keine medicamentöse, sondern nur eine diätetische sein darf.

Wenn ich trotzdem in meinem Referate diesen Theil der Behandlung etwas stiefmütterlich behandele, so geschieht dies, weil ich glaube, dass wesentliche Controversen auf diesem Gebiete unter uns nicht bestehen. Wir haben ja auch hier im letzten Jahrzehnt Fortschritte gemacht, aber diese Fortschritte sind unbestrittene. Wir sind alle wohl darüber einig, dass das fundamentale Mittel, um die Herzleistung zu heben, die Digitalis ist, dass alle die Ersatzmittel, die für sie proponirt worden sind, ihr nicht gleichkommen. Weder Adonis vernalis, noch Convallaria majalis, noch Scilla sind in ihrer Wirkung nur annähernd so zuverlässig wie die Digitalis, und die Uebelstände der Digitalisapplication, die ungünstige Einwirkung auf den Verdauungskanal haften auch ihnen an, sie sind schon jetzt als obsolet zu bezeichnen. Von grösserer Bedeutung als diese Mittel scheint das neueste Ersatzmittel der Digitalis, die Strophanthuspräparate zu sein. Es scheint ein principieller Unterschied zwischen Strophanthuswirkung und Wirkung der Digitalis zu existiren, der darin besteht, dass während die Digitalis gleichzeitig mit der Beeinflussung der Herzaction eine Verengerung der Arterien herbeiführt, diese letztere Wirkung bei Strophanthus fehlt. Man könnte darin nach den Auseinandersetzungen, welche ich gegeben habe, einen Antheil der Strophanthuswirkung sehen. Doch ist bekanntlich die ganze Sache bestritten und andererseits lassen die publicirten Erfahrungen, mit denen die meinigen übereinstimmen, erkennen, dass auch dieses Mittel der Digitalis nicht überlegen ist, dass es nur äusserst selten wirksam ist, wenn die Digitalis ihre Wirkung versagt. Auch wird es nicht besser vertragen als diese. Es scheint fast, als ob die Resultate in der letzten Zeit nicht mehr so gut sind, als die zuerst erzielten, und es wird dies von einigen Autoren darauf bezogen, dass der gesteigerte Consum dazu geführt hat, dass minderwerthige Droguen in den Handel gebracht werden. Ist mithin die Einführung der Strophanthuspräparate eine wirkliche Bereicherung unseres Arzneischatzes gewesen, so gebührt doch unbestritten der Digitalis der erste Rang schon deshalb, weil sie eine einheimische Pflanze ist, die in unbegrenzten Mengen und guter Qualität zu haben ist.

Auch über die Art der Anwendung dieses Mittels existirt meines Wissens eine erhebliche Differenz der Meinungen nicht. Die Erfahrungen über die cumulative Wirkung der Digitalis und über den raschen Umschlag der Erscheinungen sind bekannt. Sie haben dahin geführt, dass man das Mittel nur bis zur Wirkung reicht. Es genügen dazu meist 2—4 g, bekannt ist auch, dass man unter Umständen über diese Dose hinausgeben darf und muss. Dem Strophanthussamen soll nach einigen Autoren die cumulative Wirkung abgehen, eine Behauptung, die von anderen bestritten wird.

Sehr bedauerlich ist es, dass wir bei diesen Mitteln noch auf den Gebrauch der rohen Drogues oder der Extracte angewiesen sind, dass es bis jetzt nicht gelungen ist, die Glukoside selbst in einer für den Arzt brauchbaren Form darzustellen.

Letztem Wunsche entspricht das von Sée in die Herztherapie eingeführte schwefelsaure Spartein. Leider hat die enthusiastische Empfehlung von Sée von keiner Seite bestätigt werden können, als Mittel zur Kräftigung der Herzaction ist dasselbe unbrauchbar. Dass die von anderer Seite gerühmte symptomatische Wirkung dem Asthma der Herzkranken gegenüber häufiger versagt als eintritt, wird wohl auch allgemein zugegeben werden.

Von sehr viel grösserer Bedeutung ist die gleichfalls von französischen Autoren zuerst empfohlene Anwendung grosser Coffeindosen. Zwar wird auch dem Coffein von mancher Seite die Einwirkung auf das Herz abgesprochen und nur die diuretische Wirkung anerkannt. Meinen eigenen Erfahrungen nach ist dies ungerecht, es ist dem Mittel eine Wirkung auf das Herz nicht abzusprechen, wenn dieselbe auch hinter der der Digitalis und der von Strophanthus zurückbleibt. In Bezug auf die Art der Anwendung ist auch hier wohl eine allgemeine Uebereinstimmung erzielt.

Dass neben diesen der Krankheit direct zu Leibe gehenden Mitteln der ärztlichen Kunst viele rein symptomatische Aufgaben gestellt werden, brauche ich nicht zu erwähnen. Ich kann diesem grossen Gebiete hier nur eine flüchtige Erwähnung gewähren, wenn ich Ihre Geduld nicht noch länger in Anspruch nehmen will. Einen breiten Raum in dieser symptomatischen Therapie nimmt die Behandlung des Hydrops ein. Zu den alten mehr oder weniger wirksamen diuretischen Mitteln ist in neuer Zeit das Calomel in grossen Dosen getreten. Jeder von Ihnen wird sich gelegentlich von seiner mächtigen Wirkung überzeugt haben. Auch in Bezug auf die mechanische Beseitigung des Hydrops haben wir Fortschritte gemacht, nicht nur in Bezug auf die Beseitigung der Höhlenhydropsien, sondern in Bezug auf die Beseitigung des Anasarka. An Stelle der gefährlichen Skarificationen ist die Entleerung mit dem Southey'schen Troicart getreten. So glänzend mitunter das Resultat dieser Methode ist, so werden Ihnen Allen, wie mir, Fälle begegnet sein, wo die Entleerung raschen Collaps herbeigeführt hat.

Von neueren Mitteln zur Bekämpfung des quälenden Asthma der Herzkranken erwähne ich die Nitrite. Meine eigene Erfahrung freilich kann nicht viel von ihnen rühmen. Sie haben mir meist versagt, und können in keiner Weise die Wirkung der alten Narkotika ersetzen.

Fasse ich die Resultate meiner Erfahrungen über die Brauchbarkeit der Oertel'schen Methode in wenigen Sätzen zusammen, so sehe ich

1. in der Oertel'schen Methode ein souveränes Heilmittel gegen diejenigen Formen der chronischen Herzerkrankungen, deren Genese auf Unmässigkeit im Essen und Trinken und Mangel an Körperbewegung zurückzuführen ist.

2. bei denjenigen Herzerkrankungen, welche im Gegensatz hierzu auf die dehnenden Einflüsse übermässiger Körperanstrengung zu beziehen sind oder bei denen die gesteigerte Dehnbarkeit des Herzmuskels anderen Einflüssen entstammt, ist die Oertel'sche Methode an und für sich von keiner Wirkung. Körperliche Anstrengungen sind nur in mässig abgestufter Weise und nur bei leidlicher Compensation zu gestatten. Uebermässige Dyspnoe darf durch dieselben nicht erzeugt werden. Derartige Kranke sind viel vorsichtiger zu behandeln als die eigentlichen Klappenfehler.

3. Die medicamentöse Behandlung mit Digitalis, Strophanthus, Coffeïn ist und bleibt die wesentliche Behandlung der eigentlichen Compensationsstörungen. Wo sie versagt, nützt auch die mechanisch-diätetische nichts. Nur durch Wirkung auf die Resorption des Hydrops kann die Oertel'sche die Wirkung der medicamentösen Behandlung wesentlich unterstützen. Ersetzen kann sie dieselbe nicht.

4. Während der Periode der intacten Compensation ist jede medicamentöse Behandlung, abgesehen von gelegentlichen symptomatischen Indicationen, überflüssig. Hier tritt die diätetisch-mechanische in ihre Rechte, und die Principien Oertel's, mit Maass angewendet, können derselben zur Grundlage dienen.

———

Ueber Naphtalol oder Betol.

Von

Prof. R. Kobert in Dorpat.

Im Maihefte des vorigen Jahres habe ich in diesem Journale einige das Betol betreffende Versuche mitgetheilt und auf weitere denselben Gegenstand betreffende Untersuchungen meines Schülers G. Willenz verwiesen. Ich möchte diese in russischer Sprache veröffentlichten Untersuchungen[1]) hier soweit referiren, als es für die Leser dieser Monatshefte eventuell von Interesse ist.

Ich hatte in meiner vorigen Mittheilung behauptet, dass bei manchen Patienten das Phenolsalol schon in Dosen von 3—4 g die unangenehmsten Erscheinungen hervorruft. Ich muss dies gegenüber den Ausführungen von Sahli[2]) auch jetzt noch aufrecht erhalten und dagegen behaupten, dass bei eben so grossen Dosen Betol derartige Erscheinungen ungleich seltener und stets viel schwächer ausgeprägt beobachtet werden. Diese Verschiedenheit des Verhaltens hat zwei Ursachen:

1. Das Phenolsalol wird nach Sahli's eigner Mittheilung im Magen, trotz der sauren Reaction, theilweise zersetzt; das Betol wird unter gleichen Umständen vom Magen auch nicht einmal in Spuren zersetzt. Es ist daher selbstverständlich, dass von Patienten mit empfindlichem Magen das Phenolsalol ungleich schlechter vertragen wird als das Betol, selbst wenn man letzteres in doppelt so grossen Dosen giebt.

2. Das aus dem Betol entstehende Naphtol wird vom Darm aus recht gut vertragen[3]); das aus dem Salol entstehende Phenol dagegen, möge es nun im Magen, Darm oder zum Theil erst in den Organen abgespalten werden, ist ein so giftiger Körper, dass jede Ueberschreitung der Maximaldose uns dabei äusserst bedenklich machen muss. Die Maximaldosis desselben beträgt

in Deutschland 0,10 *pro dosi* und 0,50 *pro die*;
in Oesterreich 0,05 " " " 0,15 " ".

Gebe ich nun einem Patienten, wie Sahli empfiehlt, bis zu 8 g Salol *pro die*, so entstehen in seinem Körper 3,04 g Carbolsäure, womit die in Deutschland erlaubte Maximaldose um das sechsfache, die in Oesterreich aber erlaubte um das zwanzigfache überschritten ist! Dazu kommt, dass wir es bei Gelenkrheumatismus meist mit anämischen, hoch fiebernden Patienten zu thun haben; Fieber und Anämie setzen aber die Widerstandsfähigkeit des Organismus gegen Carbolsäure, wie Küster gefunden hat und Loebisch[1]) jetzt von Neuem hervorhebt, noch bedeutend herab. Man werfe nur einen Blick auf die von mir in Bd. 194 p. 229 der Schmidt'schen Jahrbücher gegebene Zusammenstellung über die Carbolsäurevergiftung und man wird mir glauben, dass ich als Vertreter der Pharmakotherapie ein Recht, ja die Pflicht habe, davor zu warnen, dass diese überaus traurige, grösstentheils auf Schuld der Aerzte fallende Casuistik noch vermehrt wird.

Dass in vielen Fällen das Salol bisher ohne Schaden ertragen worden ist, gebe ich gern zu; aber es beweist nichts für die Zukunft, denn auch das chlorsaure Kali und die Carbolsäure galten so lange für recht ungefährlich, bis Todesfälle uns eines Bessern belehrten. Ich jedenfalls halte es zum Mindesten für leichtsinnig, das Salol ohne sein natürliches Gegengift, das Natrium sulfuricum, einem Kranken innerlich einzugeben. Auch den Trost, dass das Salol bei Darreichung grosser Dosen eventuell per anum unzersetzt abgehe, haben wir leider nicht: das Mittel wird vielmehr schon im Dünndarm gespalten und so resorbirt, vielleicht sogar nach Sahli in kleinen Mengen auch ungespalten resorbirt; jedenfalls erscheint es im Koth nicht wieder.

Hinsichtlich des Betols ist von Sahli die Vermuthung ausgesprochen, dass es bei manchen Menschen ganz unzersetzt per anum abgehe, so dass man im Harn vergeblich nach der Salicylursäurereaction suche. Bei Darreichung des Mittels in Pulverform ist uns allerdings ein derartiger Fall vorgekommen neben vielen anderen, wo das Mittel schon bei kleinen Dosen prompt die erwähnte Reaction im Harn ergab; aber auch diesen einen Fall möchte ich nicht auf Ungespaltenbleiben des Betols beziehen, sondern auf ein Verdecktwerden der Reaction im Harn durch uns unbekannte Einflüsse. Wenigstens wird die von Sahli gegebene Erklärung solcher Vorkommnisse durch den hohen Schmelzpunkt unseres Mittels (95° C. gegenüber 43° beim Salol) dadurch hinfällig, dass selbst der doch stets viel niedriger als der Mensch temperirte Frosch (Sommer- und Winterfrosch) das Be-

[1]) Vergleiche auch den mehr für chemische Leser geschriebenen Auszug in der Chemikerzeitung, Jahrgang 1887, No. 96 und folgende.

[2]) Therap. Monatshefte I, 1887, p. 212 und 339.

[3]) Vergl. darüber die Mittheilungen von Willenz in den Therap. Monatsheften II, p. 20, 67 und folgende.

[1]) W. F. Loebisch, Die neueren Arzneimittel. Wien 1888, p. 134.

tol nicht nur beim Einbringen in den Darm, sondern selbst beim Circuliren desselben in den Blutgefässen rasch zu spalten vermag. Dass das Betol im menschlichen Organismus langsamer gespalten wird als das Phenolsalol, ja, dass man bei Einfuhr grosser Dosen es theilweise unzersetzt im Kothe wiederfindet, bestreite ich nicht; ich halte dies aber für einen grossen Vorzug des Mittels, indem die durch dasselbe erzielte desinficirende Darmwirkung dadurch dem ganzen Darmtractus bis zum Anus hin zu Gute kommt und die Allgemeinwirkung desselben eine protrahirtere wird, was wir in vielen Fällen von Gelenkrheumatismus gerade haben wollen. Hinsichtlich der Details der Wirkungen des freiwerdenden β-Naphtols verweise ich auf die in diesen Heften bereits publicirten Versuche von Willenz. Jedenfalls glaube ich das Betol nach wie vor bei Gelenkrheumatismus, bei den verschiedensten Formen von Darmfäulniss und bei Blasenkatarrh, namentlich gonorrhoischem, empfehlen zu können.

Von sonstigen Resultaten der Willenz'schen Versuche möchte ich hier Folgendes mittheilen.

Ebenso wie das Salol und das Betol werden auch das Alphol und das Resorcol bei Brütofentemperatur durch die Pankreassubstanz, die Schleimhaut des Dünndarms und durch die Leber schnell und stark gespalten. Etwas langsamer tritt die Spaltung beim Zerreiben dieser Mittel mit Speicheldrüsen und mit Nieren ein. Kaum wahrnehmbar ist die Spaltung beim Verreiben mit der Schleimhaut des Magens, selbst wenn derselbe deutlich alkalische Reaction besitzt; ebenso schwach beim Verreiben mit der Gland. thymus, der Gland. thyreoidea, der Schleimhaut des Dickdarms und der Harnblase sowie mit der Substanz des Hodens. Gar keine Spaltung trat ein beim Verreiben mit der Milz, mit dem Blute, mit Galle, mit Muskelsubstanz und mit der Schleimhaut des Magens bei saurer Reaction, wenigstens was Betol, Alphol und Resorcol anlangt. Alle genannten Spaltungen traten auch bei Zimmertemperatur ein, aber viel langsamer als bei der Temperatur des thierischen Organismus.

Im ungespaltenen Zustande besitzt das Betol keine deutlich fäulnisswidrige Wirkung, so dass z. B. in dem mit Betol versetzten Milzbrei schon nach sechs Stunden starker Fäulnissgeruch auftrat. Die fäulnisswidrige Wirkung kommt im gespaltenen Zustande aber allen vier Salolsubstanzen in hohem Grade zu. So trat z. B. in dem mit Betol versetzten Dünndarmbrei selbst nach vier Monaten kein Fäulnissgeruch auf.

Die Spaltung verläuft bei Körpertemperatur und Gegenwart von Dünndarmschleimhaut oder Pankreassubstanz sehr schnell, so dass man sie schon nach 30 Minuten auch beim Betol nachweisen kann. Wurde die Temperatur von 38° auf 40,5° erhöht, so fand ich schon nach 15 Minuten eine merkliche Menge des Betols gespalten. Ich kann absolut nicht einsehen, warum im menschlichen Darm bei diesen Temperaturen die Spaltung nicht ebenso prompt eintreten soll.

Bei Zusatz von Betol, Alphol und Resorcol zu faulen Muskeln, fauler Milz und faulem Blute trat absolut keine Spaltung ein, obwohl zahllose Bacterien anwesend waren. Die genannten drei Mittel werden daher selbst bei Brütofentemperatur von den gewöhnlichen Fäulnissbacterien nicht zerlegt. Für das Salol haben Nencki's Schüler bekanntlich wohl eine Spaltung durch Bacterien angegeben.

Bei Zusatz öliger Lösungen aller vier Salolsubstanzen zu Organbrei, welcher als sehr spaltungsfähig nachgewiesen worden war, trat die Spaltung stets viel langsamer und schwächer ein als bei Zusatz der gleichen Substanzmengen in Pulverform; ja manchmal blieb bei Anwesenheit von viel Oel oder Fett die Spaltung ganz aus. Ich möchte diesen Punkt betonen, da Sahli gerade die Darreichung des Betols mit Fettsubstanzen für empfehlenswerth erklärt. Ich kann mir das Ausbleiben der Spaltung in diesem Falle auch wohl erklären, denn durch die energisch vor sich gehende Fettspaltung wird die Alkalescenz der Darmschleimhaut sehr herabgesetzt und dadurch die Betolspaltung erschwert oder auch ganz unmöglich gemacht.

Ebenso schlecht wirksam wie die Lösungen der Salole in Oelen erwiesen sich solche in Solvin. In 5%igen Betolsalben (mit Oleum Oliv.) lebten Acari folliculorum 8 Stunden lang ungeschwächt; bei räudigen Thieren war die 5tägige Einreibung einer 10%igen Betolsalbe ohne Erfolg. Fettsalben und Solvinsalben der Salole dürften daher für die Chirurgie und Dermatologie nicht ohne Weiteres zu empfehlen sein.

Man glaube übrigens nicht, dass die Spaltung der Salole eben so gut durch Lösungen der Fermente des Pankreas und Darms wie durch die Substanz des Pankreas und der Darmschleimhaut herbeigeführt werde. Wie ich vielmehr früher schon betont habe, so fand auch Willenz, dass die

Spaltung eine Function der Zellen und zwar vorzüglich der lebensfähigen ist. Es ist daher selbstverständlich, dass die im Brütofen angestellten Versuche mit zerriebener Darmschleimhaut quantitativ hinter der im lebenden Darme vor sich gehenden Spaltung weit zurückbleiben müssen.

Spaltungsversuche angestellt an Betol mit Myrosin, Emulsin, Pankreatin und Papayotin fielen ganz negativ aus.

Einige Kliniker behaupten gute Resultate mit Injection einer Emulsion von Phenolsalol in die katarrhalisch afficirte Harnblase erzielt zu haben. Das Betol hat diese locale Wirkung ganz sicher nicht; aber auch die Wirkung des Phenolsalols möge man bei dieser Art der Application nicht überschätzen, wenigstens ist die Spaltung desselben in der Blase eine nur sehr geringe.

Die Wirkung der vier Salole bei subcutaner Anwendung wurde an Fröschen, Hunden, Katzen, Ratten und Pferden studirt und constatirt, dass dabei Salol und Betol rasch gespalten wird, Alphol und Resorcol dagegen nur sehr langsam und unvollkommen. Zwischen Salol und Betol besteht dabei der Unterschied, dass Salol schneller und energischer gespalten und demgemäss auch schneller wieder aus dem Organismus eliminirt wird. Im Uebrigen aber war die Wirkung beider eine gleich giftige.

Ganz anders fielen dagegen vergleichende Versuche mit Application per os an Hunden, Pferden und Meerschweinchen aus, indem dabei nach Saloleinfuhr Dyspnoë, Herzschwäche, Tobsucht, Krämpfe, Albuminurie, Nephritis, Darmentzündung, Collaps und krankhafte Blutüberfüllung der Lungen und des Gehirns eintrat, bei entsprechenden oder sogar noch grösseren Betolgaben aber von alledem nichts oder nur etwas Dyspnoë und mässiger Durchfall, obwohl recht beträchtliche Mengen des Stoffes zur Resorption gelangten. Vergleicht man die Wirkung der zur Resorption gekommenen Mengen mit der Wirkung derselben Mengen, wenn man sie noch und noch subcutan applicirt, so findet man die letzteren ungemein viel giftiger. Es erscheint daher, sowie auch aus anderen Gründen, wahrscheinlich, dass das aus dem Betol sich abspaltende β-Naphtol schon im Darm oder dem Pfortadersystem sich in eine weniger giftige Substanz umwandelt, eventuell in der Leber bereits zu ungiftiger Naphtolglykuronsäure paart.

Ueber das zweckmässigste Verfahren zur Eröffnung der Kieferhöhle.

Von

Dr. Ziem in Danzig.

(Schluss v. S. 151.)

Dieses Instrument ist zur Eröffnung der Kieferhöhle meines Wissens zuerst von Prof. Walb in Bonn empfohlen worden; doch hat Walb sowohl wie später Moldenhauer die vorhergehende Extraction eines Zahnes wie auch die daran anschliessende Durchbohrung des Zahnfaches von einem Zahnarzte vornehmen lassen. Doch hat besonders das Letztere seine grossen Unzuträglichkeiten, wenigstens ist mir von einem meiner Kranken geradezu erklärt worden, dass er eine derartige Operation nicht von einem Zahnarzte, sondern von mir selbst gemacht zu haben wünsche. Auch mag man ja eine Bürgschaft für die Leistungen Anderer nicht immer übernehmen, insbesondere kann man nicht wissen, ob auf vollkommene Sauberkeit der bei einer solchen Operation benutzten Instrumente auch von einem Anderen der grosse Werth gelegt werde, den man selbst auf diesen Gegenstand zu legen gewohnt ist. Ich ziehe darum vor, die in solchen Fällen nöthigen Operationen selbst vorzunehmen. Seit vorigem Juli habe ich nun mit Hülfe der Bohrmaschine 67 Mal die Kieferhöhle eröffnet; in 31 Fällen unter diesen war eine Zahnlücke nicht vorhanden, sodass also medialwärts von einem Zahnfache eingegangen wurde. 6 Mal in diesen 67 Fällen d. h. in 9 %, 4 Mal in jenen 31 d. h. in 13 % der Fälle hat sich bei der nun folgenden Ausspülung eine Erkrankung der Kieferhöhlenschleimhaut nicht gefunden. Ausserdem wurde 3 Mal bei je 1 Person aus später zu erwähnenden Gründen von der begonnenen Operation Abstand genommen.

Wem der hier gefundene Procentsatz der ergebnisslosen Eröffnung der Kieferhöhle als ein sehr hoher erscheint, der möge bedenken, dass eine sichere Entscheidung darüber, ob es in einem gegebenen Falle um eine diffuse Erkrankung oder um eine Herderkrankung der Nasenschleimhaut, beziehungsweise der Schleimhaut der Nebenhöhlen, sich handelt, und wo dann die letztere ihren Sitz hat, mit den jetzt zu Gebote stehenden Hülfsmitteln und wahrscheinlich auch in der Zukunft oft genug nicht getroffen werden kann. Was man da auch vorgebracht hat, um die Diagnose zu einer sicheren zu gestalten, das erweist sich bei näherer Prüfung doch als unzureichend. Allerdings giebt es Fälle, wo ein neuerdings besonders von B. Fränkel betontes Zeichen vorhanden ist, wo also beim Vornüberneigen des Kopfes eine stärkere Eiteransammlung in der Nase beziehungsweise im mittleren Nasengange zu bemerken ist, und schon vor B. Fränkel habe ich selbst ja von diesem Symptom gesprochen —, doch habe ich in mehreren Fällen der Art die Kieferhöhle eröffnet, ohne hier Eiter zu treffen, und andererseits findet man nicht selten eine eitrige Erkrankung der Kieferhöhlenschleimhaut, ohne dass eine stärkere oder überhaupt eine sichtbare Ansammlung von Eiter im mittleren Nasengange vorhanden gewesen wäre. Auch Killian hat solche Fälle gesehen. Auch die Einschränkung des Gesichtsfeldes, welche neuerdings besonders Killian zur Differentialdiagnose zwischen einer Eiterung der Keilbeinhöhle und einer solchen der Kieferhöhle verwerthen möchte, obwohl ich selbst schon vor 2 Jahren auf die Unsicherheit dieses Zeichens aufmerksam gemacht habe —, auch eine Einschränkung des Gesichtsfeldes ist zur genaueren Localisation einer Naseneiterung nicht zu gebrauchen, und neuerdings habe ich in mehreren, sehr merkwürdigen und anderwärts zu veröffentlichenden Fällen Einschränkung des Gesichtsfeldes auch bei Eiterung und Anschwellung der Kieferhöhlenschleimhaut gefunden und durch Behandlung der letzteren auch jene zur Ausgleichung gebracht*). Dass die sonst aufgeführten Zeichen zur Erkennung einer Eiterung der Kieferhöhle, besonders also Anschwellung der Wange, Maxillar-, Frontal- und Temporalneuralgie, vorhanden sein oder fehlen können, habe ich schon früher dargelegt und füge noch hinzu, dass ich eine Auftreibung der knöchernen Wandungen durch Eiteransammlung in der Kieferhöhle bei jetzt im Ganzen 227 Eröffnungen der letzteren niemals gesehen habe.

Bei diesem Stande der Dinge wird man in einem Theile der Fälle immer wieder auf den Weg des Versuches, auf eine Art Probepunction angewiesen sein, was ja sonderbarer Weise auch von denjenigen zugegeben wird, welche die von B. Fränkel zur Sicherung der Diagnose angestellten Versuche für einen wesentlichen Fortschritt und für eine glückliche Vervollständigung meiner eigenen Arbeiten erklärt haben.

Würde die Verwendung der Bohrmaschine einen anderen Nutzen nicht gewähren als den, eine Probepunction auf eine einfache und gefahrlose Art zu ermöglichen, so wäre schon hiermit allein ein grosser Vortheil gewonnen. Die Mikulicz'sche Methode kann in probatorischem Sinne offenbar nicht verwendet werden; um dieses, nach dem aus der Litteratur, sowie aus der Praxis Anderer für mich Ersichtlichen doch manchmal ziemlich eingreifende und auch zu lebhafterer Blutung gelegentlich Veranlassung gebende Verfahren vorzunehmen, muss die Diagnose doch schon ziemlich sicher stehen. Man hat eigentlich kein Recht, diese Operation an Jemandem zu vollziehen, wenn man seiner Sache, d. h. der Anwesenheit von Eiter in der Kieferhöhle nicht fast sicher ist. Anders bei der probatorischen Punction mittelst der Bohrmaschine vom Alveolarfortsatze aus! Mittelst feiner Bohrer von 1$^{1}/_{4}$ mm Durchmesser, 2—3 cm Länge und beistehender Form (Fig. 1 u. Fig. 2) vermag man, zwischen den Zähnen eingehend, innerhalb weniger Secunden in die Kieferhöhle einzudringen, ohne dem Kranken einen irgendwie nennenswerthen Blutverlust, ja fast ohne demselben Schmerz verursacht zu haben. Findet sich bei der nun folgenden Ausspülung Eiter in dem Sinus nicht vor, so hat man dem Kranken Schaden doch nicht zugefügt, abgesehen davon, dass er sich ein paar Stunden oder einen halben Tag im Zimmer aufzuhalten hat. In dieser Weise bin ich schon bei starken und mit sehr kräftigem Körperbau begabten Personen innerhalb 7, ja innerhalb 5 Secunden in die Kieferhöhle eingedrungen, und mehrere Collegen, welche bei solchen Operationen zugegen waren, haben mir ihre Ueberraschung über die schnelle Vollendung derselben ausgesprochen. Mit Vorliebe benutze ich hierbei den Zwischenraum zwischen 2. Bicuspidatus und 1. Molaris oder, was manchmal noch mehr vorzuziehen ist, den Raum zwischen den beiden Bicuspidaten. Findet sich Eiter in dem Sinus in grösserer Menge vor, so pflege ich mit Hülfe eines Spiralbohrers (Fig. 2) die Operationsöffnung noch etwas, bis auf 1$^{1}/_{2}$—2 mm Durchmesser zu erweitern. Unter Umständen kann man die Oeffnung auch noch grösser machen, vornehmlich, wenn man das Abfliessen der in die Kieferhöhle eingespritzten Flüssigkeit, die wegen öfters eintretender Verschwellung in der Umgebung des Ost. maxillare Schwierigkeiten haben kann, für alle Fälle und besonders auch zur Verhütung einer im Gefolge jener Verschwellung manchmal zu Stande kommenden heftigen Neuralgie sicherstellen will. Ich besitze Bohrer bis zu

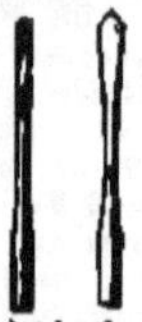

Fig. 1 u. 2.

*) Vergl. m. inzwischen in der Internat. Klin. Rundschau 1888 No. 10 u. 11 erschienenen Beitrag zur Lehre von der sympathischen Ophthalmie sowie meine in der Berl. Klin. Wochenschr. wohl bald zum Abdrucke kommende Arbeit über Einschränkung des Gesichtsfeldes bei Nasenkrankheiten.

3 mm Durchmesser; natürlich kann man für besondere Zwecke auch noch breitere Instrumente anwenden.

Was mir bei dem früher benutzten Drillbohrer, wie erwähnt, mehrmals begegnet ist, dass derselbe abgeglitten und in den weichen Gaumen hineingefahren ist, das ist mit der Bohrmaschine, welche ja vermöge der Fixation durch beide Hände eine viel sicherere Führung gestattet als der nur mit einer Hand geleitete Drillbohrer, bisher nur in einem einzigen Falle vorgekommen. Es handelte sich hier um einen 57 jährigen, früh gealterten Mann, der seit Jahren sämmtliche Zähne des Ober- und Unterkiefers verloren hat, so dass der Rest des Alveolarfortsatzes in einen äusserst spitzen Grat ausläuft. Bei mehreren Versuchen in den Sinus einzudringen, glitt ich jedesmal von dieser scharfen Kante ab; doch soll in nächster Zeit noch ein Operationsversuch von hier aus unternommen werden. In einem ähnlichen Falle hat Firwe in Christiania das Mikulicz'sche Verfahren angewendet. Die beiden anderen, oben berührten Fälle, in welchen die Eröffnung der Kieferhöhle vom Alveolarfortsatze aus zwar unternommen wurde, aber nicht vollendet werden konnte, beziehen sich 1. auf einen älteren Seemann, der einen Versuch, zwischen den beiden Bicuspidaten einzugehen, nicht zuliess, als die Eröffnung zwischen 2. Bicuspidatus und 1. Molaris bei der hier grossen Enge des Raumes nicht gelungen war; 2. auf einen 16 jährigen Mann, bei welchem der offenbar fehlerhaft gerichtete Bohrer etwa 2 cm tief in die laterale Wand der hier sehr mangelhaft entwickelten Kieferhöhle eingedrungen ist, ohne den Sinus zu eröffnen; einen Schaden von diesem Zwischenfall hat der Kranke übrigens nicht erlitten.

Seit ich im Besitze der Bohrmaschine bin, habe ich keine Veranlassung mehr gefunden, nach einer anderen Operationsmethode mich umzusehen. Die einzige Indication, die ich auch jetzt noch für die Eröffnung der Kieferhöhle von der Nase aus gelten lassen muss, wäre gegeben, wenn es bei gratförmiger Zuspitzung des Alveolarfortsatzes durchaus nicht gelingen will, von hier aus in die Kieferhöhle einzudringen. An und für sich müsste es natürlicher Weise möglich sein, mit Benutzung noch besserer Hülfsmittel, besonders noch feinerer Bohrer, auch in einem solchen Falle die Operation zu vollenden. Wenn ich selbst vor zwei Jahren, noch ehe die Arbeit von Mikulicz erschienen war, im Anschlusse an Hyrtl die Eröffnung von der Nase aus in dem Falle für im Allgemeinen zweckmässiger gehalten habe, wo, wie in höherem Alter, jene die Kiefer- und Nasenhöhle trennende Knochenplatte sehr dünn oder fast vollständig eingegangen ist, so muss ich jetzt doch glauben, dass man auch dann mit der Anbohrung vom Alveolarfortsatze aus wahrscheinlich ebenso schnell, jedenfalls aber unter geringerer Blutung zum Ziele kommen wird. Diese Knochenplatte ist in einer Reihe von Fällen allerdings so dünn, dass sie offenbar mit der grössten Leichtigkeit durchbrochen werden kann. In anderen Fällen besitzt sie aber doch eine ziemliche Dicke (vergl. z. B. Fig. 41 und Fig. 58 rechts des Werkes von Zuckerkandl über die Anatomie der Nasenhöhle), ganz besonders auch bei mehr jugendlichen Individuen, bei welchen die Eröffnung und Durchspülung der Kieferhöhle doch auch ziemlich oft angezeigt ist (vergl. Henke's Anatomie des Kindesalters in Gerhardt's Handb. d. Kinderkrkhtn. 1877 S. 270, Fig. 16). Es ist zwar wahrscheinlich genug, dass man die der Operation dann entgegenstehenden Schwierigkeiten durch Verbesserung des Instrumentariums wird vermindern können, so dass die Operation von der Nase aus selbst dann eben so leicht gelingen wird, wie sie vom Alveolarfortsatze aus jetzt zu bewerkstelligen ist. Aber doch werden auch dann mehrere Umstände bestehen bleiben, welche eher zu Gunsten der Eröffnung vom Alveolarfortsatze aus sprechen dürften.

Zunächst die bei dem Mikulicz'schen oder einem dem ähnlichen Verfahren zweifellos stärkere Blutung. Unter den 4 Fällen, auf welche sich die Publication von Mikulicz stützt, ist einmal eine so heftige Blutung aufgetreten, dass die entsprechende Nasenhälfte stundenlang tamponirt werden musste. Je weiter rückwärts in der Nasenhöhle, um so leichter geht die Operation von Statten, doch wächst hiermit zugleich auch, wie Mikulicz selbst hervorhebt, die Gefahr einer stärkeren Blutung. Allerdings habe ich auch bei Operation vom Alveolarfortsatze aus in mehreren Fällen, wo Malaria vorausgegangen war, eine nicht ganz unerhebliche Blutung gesehen; eine besonders starke in einem Falle, wo ausser chronischer Malaria auch sonst noch eine Disposition zu Blutung bestanden zu haben scheint: wenigstens soll auch der Vater des betreffenden Kranken an einer Herzerkrankung und häufigem Nasenbluten gelitten haben und in Folge dessen schon in frühen Jahren zu Grunde gegangen sein. Auch bei Eröffnung von der Nase aus würde unter diesen Umständen gewiss eine Blutung eingetreten sein. In einem weiteren, anderwärts noch genauer zu besprechenden Falle dürfte eine Verletzung der Art. infraorbitalis stattgefunden haben; auch diese Complication ist nicht der Operationsmethode an und für sich, als vielmehr der Benutzung eines verhältnissmässig zu langen Bohrers zuzuschreiben und wird sich für die Zukunft durch Benutzung etwas kürzerer Bohrer leicht vermeiden lassen. Abgesehen von diesen Fällen kommen stärkere Blutungen bei Eröffnung vom Alveolarfortsatze aus wohl kaum vor, und das dürfte ein nicht unwesentlicher Vortheil gegenüber dem Mikulicz'schen Verfahren sein. Interessant in dieser Beziehung und bis zu einem gewissen Grade beweiskräftig ist wohl der folgende Fall. Bei einer Kranken, bei welcher die Eröffnung der Kieferhöhle von der Nase aus anderwärts vorgenommen und sodann eine dicke Canüle eingelegt worden war, hatte ich Gelegenheit, als sie bald darauf in meine Behandlung überging, die Eröffnung derselben Kieferhöhle nochmals und zwar jetzt vom Alveolarfortsatze aus vorzunehmen; während nun bei der ersten Operation eine ziemlich starke Blutung stattgefunden hatte und noch den ganzen Nachmittag über Blut aus der Nase tropfenweise abgeflossen war, ist bei Operation vom Alveolarfortsatze aus irgend welche Blutung oder Nachblutung nicht eingetreten.

Ferner wird oder muss es Fälle geben, wo man mit dem Mikulicz'schen Verfahren überhaupt nicht zum Ziele kommt. Bei Musterung einer Reihe von Durchschnitten durch Kopf und Nase kann man sich davon überzeugen, 1. dass der untere Nasengang manchmal äusserst eng ist (vergl. Zuckerkandl l. c. Fig. 6), so dass man hier nur schwer oder selbst gar nicht mit einem Instrumente einzudringen vermag und 2. dass die Kieferhöhle manchmal so weit nach oben oder nach hinten zurücktritt (Zuckerkandl, Figg. 17, 62 rechts, 63 rechts, 83), dass man bei dem Versuche, dieselbe vom vorderen Abschnitte der Nasenhöhle aus zu eröffnen, an ihr vorbei und in die bedeckenden Weichtheile gerathen kann. Dem Vernehmen nach ist das kürzlich hier einmal vorgekommen.

Nun ist Anderen und mir selbst ja auch bei der Cooper'schen Methode manches Missgeschick begegnet. So ist in einem Falle der Bohrer statt in die Kieferhöhle in die Fossa retromaxillaris, in einem anderen durch die laterale Wand der Kieferhöhle in die bedeckenden Weichtheile gerathen[1]), in dem oben erwähnten Falle innerhalb der lateralen Wand geblieben. Doch wird das Alles wohl stets zu vermeiden sein, wenn man den Bohrer nicht zu stark nach aussen und besonders nicht nach hinten, sondern mehr gerade nach oben hin richtet.

Was mir ferner mehr zu Gunsten des modificirten Cooper'schen Verfahrens zu sprechen scheint, ist der Umstand, dass die Ausspülung hier, ich will nicht einmal sagen in einer bequemeren, aber jedenfalls doch in einer reinlicheren Weise vorgenommen werden kann. Führt man die Irrigationscanüle vom Munde aus ein, so lässt sich das Ausspülen auf sehr saubere Art vornehmen, wenn der Zuleitungsschlauch lang genug ist, so dass er etwas zur Seite gebogen werden kann; es kommt dann nicht vor, dass derselbe mit Blut oder Eiter besudelt wird. Bei Ausspülung nach dem Mikulicz'schen Verfahren hingegen ist das Letztere öfters wohl kaum zu vermeiden. Längs des in der Nasenhöhle befindlichen Zuleitungsschlauches wird das aus der Kieferhöhle zurückströmende und mit Blut oder Eiter vermischte Wasser wohl leicht hinfliessen können. Hat man nun bei mehreren Kranken der Reihe nach eine derartige Ausspülung vorzunehmen, so ist eine Besudelung des Schlauches doch recht bedenklich, jedenfalls aber geht bei der nothwendigen Reinigung desselben so und so viel Zeit verloren.

Wohl das einzige Bedenken, welches man gegen die im Vorhergehenden empfohlene Modification des Cooper'schen Verfahrens geltend machen kann, ist die Rücksicht auf den Kostenpunkt, da die Bohrmaschine einschliesslich der nöthigen Bohrer nahe an 100 Mark kostet. Doch wird derjenige, welcher mit Nasenkrankheiten als dem Mittel- und Ausgangspunct sehr vieler Erkrankungen der Kopf- und Halsorgane und vieler anderer Krankheiten eingehender sich beschäftigt, bei der Häufigkeit der in Rede stehenden Operation eine derartige Ausgabe nicht zu scheuen haben. Auch ist man dann ja im Stande, noch andere, neuerdings mehr und mehr in Betracht kommende Operationen, wie die Durchbohrung einer durch eine Knochenplatte verschlossenen Choane, die Eröffnung der Keilbeinhöhle u. a. d. A. mit grosser Leichtigkeit vorzunehmen. Beschäftigt man sich ausser mit Nasenkrankheiten noch mit der grösseren Chirurgie, so wird, um nur Einiges hier zu nennen, bei der Anlegung von Knochennähten etwa im Gefolge einer Fractur der Patella, bei Eröffnung von Abscessen der Extremitätenknochen, bei Syndesis der Gelenke, bei Voroperationen zur Abtragung von Osteomen die amerikanische oder die

[1]) Vergl. Allg. medic. Centralztg. 1887 No. 30, Monatsschr. f. Ohrenheilk. 1886 No. 4 S. 142.

durch Elektricität getriebene Bohrmaschine wohl oftmals die besten Dienste leisten.

Mit dem Vorhergehenden glaube ich gezeigt zu haben, dass die Eröffnung der Kieferhöhle mit Hülfe der Bohrmaschine eine leichte und gefahrlose Operation darstellt, die selbst bei ungewisser Diagnose als Probepunction vorgenommen werden darf.

Das Bromaethyl und die Bromaethylnarkose.

Von

Dr. Leo Szuman in Thorn.

(Schluss von S. 187.)

Theorie der Wirkung. Was die Anwendungsweise des Bromaethyls in der Narkose betrifft, so kommt es darauf entschieden an, dass die Maske recht nahe gehalten wird und recht reichlich mit Bromaethyl ein oder einige Male (in kurzen Intervallen) bis zum leichten Benommensein oder deutlichen Schwindelgefühl begossen wird.

Es würde danach scheinen, dass die Mischung des Bromaethyldampfes mit der atmosphärischen Luft eine mehr concentrirte sein muss, als die bezügliche Chloroformdampfmischung, um die gewünschte betäubende Wirkung zu erzielen. Es scheint aber auch, dass diese Mischung eine mehr concentrirte werden darf, als bei Chloroform. Während nämlich nach Snow, Lallemand, Perrin, Duroy[31]) etwa 4—5 Volumina Chloroformdampf auf 95—96 Vol. Luft ohne Schaden bei der Narkose von Säugethieren vertragen werden, ist eine Mischung von 8 bis 10 % Chloroformdampf gewöhnlich sofort tödtlich. Der Bromaethyldampf dagegen soll nach Richardson[32]) erst in einer Concentration von 8—10 % mit 90—92 % atmosphärischer Luft gemischt gut anaesthesirend wirken. Somit ist der Bromaethyldampf bedeutend weniger giftig als der Chloroformdampf.

Die Wirkung des Bromaethyls scheint bei der oben angegebenen Betäubungsweise derartig zu sein, dass bei den meisten Patienten zuerst das Schmerzgefühl mehr oder weniger erlischt (Analgesie[33]) und erst bei fortgesetzter Aufträufelung des Anaestheticums die Besinnung und der Tastsinn schwinden, während die Muskelrigidität häufig gar nicht verschwinden will[34]), daher das Bromaethyl zur Narkose bei Repositionen verrenkter Gelenke oder dislocirter Knochenfragmente nicht zu empfehlen ist. Vielmehr entsteht häufig bei fortgesetzter Bromaethylnarkose eine auffällige, kataleptiforme Muskelsteifigkeit; dieselbe geht aber ohne Weiteres nach der Narkose vorüber. Ebenso vergeht ohne Störung eine häufig während der Narkose zu beobachtende Dilatation der Pupillen, wie nach Atropin-Einträufelung. Letztere beobachtete ich öfters schon zu Anfang der Narkose und sah niemals schlimme Folgen dabei, während eine bedeutende Erweiterung der Pupillen während der Chloroformnarkose ein alarmirendes Symptom zu sein pflegt. Das Schmerzgefühl verschwindet, wie oben erwähnt, gewöhnlich viel schneller, als bei der Chloroformnarkose, bei welcher gewöhnlich zuerst eine vollständige Besinnungslosigkeit vorangehen muss, ehe eine genügende Depression der Schmerzempfindung eintritt.

Bonome und Muzza, welche über die physiologische Wirkung des Bromoform, des Bromaethyl und des Bromaethylen im Laboratorium des Prof. Albertoni experimentelle Untersuchungen angestellt haben[35]), fanden ebenfalls, dass das Bromaethyl viel schneller narkotisch wirkt als Chloroform und Bromoform, aber leichter eliminirt wird und daher geringere Nachhaltigkeit der Wirkung zeigt. Es sei für kurzdauernde Operationen zu empfehlen. Es sei weniger giftig als Bromoform, werde bei subcutaner Anwendung giftig bei 0,17 g für je 100 g Körpergewicht, während Bromoform in demselben Verhältniss schon bei 0,15 g giftig sei. Während der Narkose sinke der Blutdruck um 20—30 mm, steige bei Beendigung der Narkose bald wieder, während die Athmung dann beschleunigt erscheine. Sowohl Bromaethyl als Bromoform setzten die Reizbarkeit der Gehirnrinde herab.

Bericht über eigene Resultate. Eine genaue Statistik besitze ich über alle von mir ausgeführten Bromaethylnarkosen nicht. Anfangs erhielt ich öfters ungenügende Resultate, da ich das Bromaethyl auch bei grösseren Operationen versuchte. Bei Kindern lässt es sich auch hier anwenden, hat aber keine Vortheile vor dem Chloroform, bei Erwachsenen entschiedene Nachtheile. Später waren die Resul-

[31]) Kappeler Anaesthetica S. 113.

[32]) Vergl. das Citat bei Hager, Handb. der pharm. Praxis 1883, Theil 1, S. 190.

[33]) Diese Erscheinung wurde mehrseitig beobachtet, Haeckermann hebt diese analgesirende Wirkung des Aethylbromids (Zeitschr. f. Gebh. u. Gynäkl. X, S. 122, J. 1884) besonders hervor.

[34]) In dieser Beziehung widersprechen meine Beobachtungen mehreren d. oben citirten Schriftsteller (Richardson, Terrillon u. A.).

[35]) Centrbl. f. Chir. 1884 No. 36.

tate mit wenigen Ausnahmen (s. oben) im Allgemeinen recht günstig. Die Analgesie war bei Verbrauch von nur 5—15—30 g Bormaethyl theils ganz vollständig, theils war die Schmerzempfindung sehr bedeutend (ich möchte sagen, um mich in Zahlen auszudrücken, vielleicht auf den vierten Theil der normalen Empfindlichkeit) reducirt.

Vergleichsweise habe ich z. B. die Entfernung einer schwer zu extrahirenden, kronenlosen aber festsitzenden Zahnwurzel mit Bromaethylnarkose ausgeführt und bei derselben Person in derselben Sitzung einen leicht zu extrahirenden Zahn ohne Narkose gezogen. Die Patientin gab bestimmt an, die Extraction ohne Bromaethyl sehr heftig empfunden, die mit Bromaethyl nur wenig gefühlt zu haben.

Manchmal schreien die Patienten fortwährend bei der Bromaethylnarkose, ehe man überhaupt das Messer oder die Zange anlegt, ebenso wie das auch bei der Stickoxydulnarkose von C. Schrauth[26]) beschrieben wurde. Fragt man sie nach der Operation, weshalb sie geschrieen haben, so sind sie verwundert, dass die Operation schon vorüber ist und können sich nicht Rechenschaft ablegen von dem, was sie gethan, sind also noch im Halbschlaf. — Auch in meiner eigenen Familie habe ich sehr günstige Erfahrungen mit der Bromaethylnarkose gemacht.

In der letzten Zeit habe ich mir, um möglichst in Zahlen festzustellen, wie oft ein negatives Resultat vorkommt und wie das Verhältniss einer gemischten Cocaïn-Bromaethylnarcose zur reinen Bromaethylnarcose ist, genauere Notizen über mehrere Fälle gemacht. Ich besitze aus dieser Zeit Notizen über 16 reine Bromaethylnarkosen und 9 gemischte Cocaïn-Bromaethylnarkosen. Unter den ersten war die Analgesie in 7 Fällen ganz vollständig (in 3 Fällen nach 1—2maligem Aufgiessen bereits Schlafzustand eingetreten), in 5 Fällen war die Schmerzempfindung sehr bedeutend reducirt, so dass die Patienten mit Ruhe der Operation zusahen und den Schmerz als nicht bedeutend bezeichneten; in einem Falle trat Schlaf ein, aber dennoch verblieb grosse Unruhe und deutliche Schmerzempfindlichkeit, in 2 Fällen war der Erfolg ganz negativ, der eine Fall darunter war der oben beschriebene, wo das Präparat gefälscht war und kein Bromaethyl enthielt. In dem zweiten Falle wollte ich eine beiderseitige Tonsillotomie vornehmen, liess die sehr unruhige Patientin, um die Operation schnell nach der Narkose auszuführen, mit einem eingelegten Mundspeculum und breit offenem Munde inhaliren. Der Erfolg blieb aber aus, selbst bei längerer Inhalation, wahrscheinlich weil zu viel unvermengte atmosphärische Luft neben den Bromaethyldämpfen bei dem breit aufgemachten Munde und bei der Unruhe der Patientin eingeathmet wurde. Die betreffenden Patienten waren meistentheils erwachsene Personen, doch waren auch einige Kinder darunter. Die Operationen in diesen 16 Fällen waren: 1 Extractio unguis am Zeigefinger, 1 Discisio phimoseos und fortlaufende Catgutnaht, 1 Exstirpatio des Metacarpus indicis, Reinigung der Wunde und Naht, 10 Extractionen von 1 oder mehreren Zähnen und Zahnwurzeln, 1 Panaritiumincision, 1 Carbunkeldiscision, 1 Tonsillotomie.

Die verbrauchte Bromaethylmenge betrug in diesen Fällen 5—15—30 g.

Gemischte Bromaethylnarkosen. Bei den 9 Fällen, wo eine gemischte Cocaïn-Bromaethylnarkose stattfand[27]), war der Erfolg der Analgesie in 2 Fällen vollständig (kein Schmerz), in 5 Fällen war die Schmerzempfindung sehr bedeutend reducirt. In 2 Fällen dagegen war die Cocaïninjection wirkungslos, so dass die Bromaethylnarkose, die Anfangs nicht beabsichtigt war, nach mehreren Minuten angewandt werden musste und in beiden Fällen die Schmerzen linderte. Darunter war eine Zahnextraction (0,05 Cocaïn in das Zahnfleisch bei bestehender Periostitis und Gingivitis mit starker Schwellung injicirt, die Injection war sehr schmerzhaft) und eine ganz kleine Hautexcision behufs Transplantation (Injection von 0,015 Cocaïn[28]) in die zu excidirende Hautstelle). Bei zwei anderen Zahnextractionen mit gemischter Betäubung (mehrere Zähne in einer Sitzung) waren sowohl die Cocaïninjectionen, wie die Bromaethylinhalation deutlich schmerzlindernd. Die übrigen Operationen betrafen Fistelausschabungen und Discisionen, Excisionen von Lippenkrebs, Uterus-Ausschabungen u. s. w. Was die bei diesen Versuchen angewandte Injectionsdosis von Cocaïn betrifft, so habe ich es Anfangs vorigen Jahres mit grösseren Dosen versucht, bin aber nach einem beobachteten ernsteren Intoxicationsfall bei Dosen von 0,03—0,06 geblieben. Diese Dosen Cocaïn sind nun allerdings nicht immer genügend schmerzstillend, wie das auch von

[26]) C. Schrauth das Lustgas u. seine Verwendbarkeit in d. Chirurgie, Volkmann's Samml. klin. Vortr. No. 291, S. 17.

[27]) Das Cocaïn wurde theils aufgepinselt, theils mit der Pravazschen Spritze injicirt.

[28]) Von Landerer empfohlene Dosis, die er für ausreichend hält.

mehreren anderen Chirurgen beobachtet wurde.

Jedenfalls aber werden kleine Dosen Cocaïn vor der Bromaethylnarkose ebenso gut und ohne Gefahr vertragen, wie Morphiuminjection mit nachfolgender Chloroformnarkose. — Auch habe ich in einigen Fällen, wo ich Anfangs nur auf einen kleinen Eingriff rechnete und es sich erst während der Operation herausstellte, dass ich eine langwierigere Operation vornehmen musste und ferner einige Male bei Potatoren, (wo das Bromaethyl, wie erwähnt, erfolglos blieb) nach Bromaethyl Chloroform inhaliren lassen, was gar keinen Uebelstand veranlasste. Die Chloroformbetäubung schien dann ziemlich schnell einzutreten.

Bromaethylnarkose im Vergleich mit Chloroform und Cocaïn. Nach alle dem scheint mir das Bromaethyl ein berechtigter Concurrent von Stickoxydulgas und von Cocaïn (wenigstens in der Form von subcutanen Injectionen) zu sein**). Ich habe selbst, als diese Injectionen aufkamen, das Bromaethyl eine Zeitlang liegen lassen, bin aber doch bald zu ihm zurückgekommen, da mich die Cocaïninjectionen, wenn ich nicht ein Risico mit der Dosis treiben wollte, mehrere Male im Stiche liessen, während das Bromaethyl in diesen Fällen nicht versagte. Dagegen benutze ich das Cocaïn zur äusserlichen Anwendung für die Schleimhäute mit grossem Eifer, — allerdings lasse ich nie grössere Mengen in den Hals fliessen und habe da keine Intoxicationen erlebt. Eine zulässige maximale Injectionsdosis kann man bei einem differenten Mittel, das so sehr ungleichmässig von verschiedenen Individuen vertragen wird, wie das Cocaïn, schwer präcisiren, ein zu viel lässt sich aus dem Körper nicht leicht herausschaffen; das Amylnitrit und die Excitantien können auch versagen. Die Inhalationsmaske lässt sich aber jederzeit fortwerfen, sobald die geringste Gefahr zu drohen scheint. Darin liegt ein Vorzug der Inhalations-Anaesthetica vor den Injections-Anaestheticis. Daher halte ich den Einwand, dass der Wirkungskreis des Bromaethyls durch andere Anaesthetica besser ersetzt wird, für unbegründet.

Die Chloroformnarkose kann zwar alle anderen Narcosen ersetzen, es sind aber doch bei kleinen Operationen schwächer wirkende, weniger die Organe angreifende und weniger gefährliche Mittel entschieden zu versuchen und zu befürworten; denn den Schmerz zu lindern, ist eine der Hauptaufgaben des Arztes. Auch ist es schwer für einen Arzt gleichzeitig zu chloroformiren und zu operiren; das in der Regel auftretende Excitationsstadium, das häufige Erbrechen, die Nothwendigkeit öfters in kleinen Mengen zuzugiessen und die Maske nicht direct auf's Gesicht zu legen, lassen einen ärztlichen Assistenten bei der Chloroformnarkose sehr erwünscht erscheinen.

Bei der kurz dauernden Bromaethylanalgesie sind diese Verhältnisse viel einfacher, die Ausführung in der ärztlichen Sprechstunde mit einigermassen geübter Bedienung ohne ärztlichen Assistenten sehr gut möglich, das Erwachen sehr schnell und leicht, ein Katzenjammer höchst selten, während er auch nach kurz dauernden Chloroformnarkosen doch so häufig die Patienten hindert, das Bett, resp. das ärztliche Sprechzimmer zu verlassen**).

Zum Schluss will ich die Vorzüge von Bromaethyl als Anaestheticum nochmals kurz zusammenfassen:

1. Es ist sehr brauchbar bei Operationen, die einige Secunden bis einige Minuten dauern.

2. Man bedarf zu seiner Anwendung keiner kostspieligen und schwerfälligen Apparate, sondern nur der Chloroformmaske.

3. Bei kleinen, kurz dauernden Operationen ist der nöthige Grad der Analgesie meistens ohne Verlust des Bewusstseins zu erzielen.

4. Das Erwachen geschieht sehr schnell, Erbrechen u. a. schwächende Erscheinungen sind bei kleinen Dosen selten.

5. Das Mittel scheint in den ausreichenden Quantitäten von 10—30 g weniger gefährlich zu sein als das Chloroform und als stärkere Cocaïninjectionen, und wohl nicht gefährlicher als Stickoxydul, oder als zulässige Cocaïndosen.

6. Es kann sehr wohl ohne ärztliche Assistenz und bei ambulanten Kranken benutzt werden.

Zur Kenntniss des Salzbrunner Oberbrunnens.

Von

Prof. Oscar Liebreich.

Es ist eine auffallende Erscheinung, dass, obgleich bei einer Reihe von Quellen die Analysen bekannt sind, das Resultat dieser

**) Fälle, wo das Cocaïn als Einträufelung oder Einpinselung (bei Augen-, Nasen-, Rachenoperationen) verwendet werden kann, eignen sich wohl weniger für Bromaethylbetäubung, da hier das Cocaïn bei geringer Gefahr sehr viel leistet.

**) Denselben Uebelstand verursachen die Cocaïninjectionen, wenn sie zu hoch gegriffen sind.

Analysen nicht in der Weise benutzt wird, wie es sein sollte. Es unterliegt keinem Zweifel, dass aus der chemischen Analyse heraus die Vichy-Wässer ihres hervorragenden Alkaligehalts wegen eine ausserordentlich weite Verbreitung gefunden haben. Die alkalischen Wässer unserer Heimath dagegen sind merkwürdiger Weise, obgleich in den meisten Fällen die Analysen beigegeben sind, einer mehr zufälligen Verwerthung ausgesetzt, und nicht von ihrem chemisch therapeutischen Gesichtspunkte aus benutzt werden. Ich würde den nachstehenden Quellenvergleich nicht publicirt haben, wenn er nicht zeigte, dass eine Verwaltung, welche qualitativ ziemlich gleichartige aber quantitativ ganz verschiedenwerthige Quellen besitzt, deshalb in Zweifel gerathen musste, welche Quelle für eine alkalische Diät bei Gichterkrankungen, Verdauungsstörungen etc. anzuwenden am zweckmässigsten sei. Nachstehend habe ich die Quellen zusammengestellt, welche sich auf einem Terrain Obersalzbrunnens befinden und mich folgendermassen darüber geäussert.

Die an mich ergangene Anfrage, welche der Quellen des Obersalzbrunner Quellengebietes sich am besten zur Benutzung für therapeutische Zwecke, sei es am Orte selber oder zum Versande, eigne, beehre ich mich Ihnen, nachdem ich an Ort und Stelle von einem Theile der Quellen Kenntniss genommen habe, wie folgt zu beantworten:

Da die Quellen von namhaften Autoritäten bereits vielfach untersucht worden sind, so blieb mir nur übrig, zu meiner Information einige Hauptbestandtheile revidiren zu lassen und Vergleichsanalysen anzustellen. Diese Untersuchungen führten mich zu folgenden Resultaten:

Es ergiebt sich, dass von allen Quellen Ober-Salzbrunn's der **Oberbrunnen** die hervorragendste Stellung einnimmt, denn die chemische Analyse desselben zeigte, dass der gesammte feste Rückstand des Oberbrunnens in 10000 Theilen 32,11 g beträgt, während die übrigen Quellen unter den nämlichen Verhältnissen analysirt die Zahlen:

Louisenquelle	31,91
Mühlbrunnen	22,80
Kronenquelle	17,08

aufweisen*).

Von diesen festen Rückständen sind die wesentlichen Bestandtheile, welche den Quellen einen besonderen Werth verleihen, das Natriumbicarbonat u. die dasselbe begleitenden Salze. Es ist dem festen Rückstand entsprechend in dem **Oberbrunnen** das Natriumbicarbonat hervorragend enthalten, wie nachfolgende Zusammenstellung ergiebt:

Es enthält in 10000 Theilen

der **Oberbrunnen**	21,022	Theile
die Louisenquelle	12,96	-
der Mühlbrunnen	16,60	-
die Kronenquelle	7,792	- (n. Poleck).

Für eine alkalische Quelle, deren Wasser möglichst schnell zur Resorption gelangen soll, sind die das Natriumbicarbonat begleitenden anderen Alkalisalze von Bedeutung. Das Verhältniss derselben zum Natriumbicarbonat in den verschiedenen Obersalzbrunner Quellen ist nicht bedeutend differirend. Für das Kochsalz jedoch kommen die ungünstigsten Zahlen dem Mühlbrunnen und der Kronenquelle zu.

Zu Gunsten des **Oberbrunnens** ist ferner anzuführen, dass der doppeltkohlensaure Kalk hier in geringster Menge vorhanden ist. Die Zahlen für diesen Bestandtheil geben das überraschende Resultat, dass

In 10000 Theilen	Oberbrunnen	4,4	Theile
	Mühlbrunnen	5,9	-
	Louisenquelle	5,1	-
	Kronenquelle	0,3	-

enthalten sind. Man sieht hier, dass mit der Abnahme des werthvollen Natriumbicarbonates der Gehalt an werthlosem und zweifelhaft wirkenden Calciumbicarbonat steigt.

Rechnet man auf 100 Theile Natriumbicarbonat, so ergiebt sich

für **Oberbrunnen** nur	20,26	Theile	Calciumbicarbonat
- Mühlbrunnen	31,40	-	-
- Louisenquelle	12,00	-	-
- Kronenquelle	61,20	-	-

Letztere enthält also bei ihrem geringen Gehalte an Natriumbicarbonat fast das gleiche Gewicht an doppeltkohlensaurem Kalk, als Natriumbicarbonat vorhanden ist.

Man sieht auch hier die Präponderanz des Oberbrunnens gegenüber den anderen Quellen.

Auf den Lithium-Gehalt glaube ich vom therapeutischen Gesichtspunkte aus nicht den Werth legen zu können, welcher diesem Bestandtheile von anderen Seiten beigelegt wird, aber auch diese Substanz ist am reichlichsten im **Oberbrunnen** vorhanden.

Die mitgetheilten Zahlen beweisen, dass der Oberbrunnen von allen Salzbrunner Quellen die grösste Menge wirksamer mineralischer Bestandtheile enthält. Aus diesem Grunde ist er auch als die werthvollste sämmtlicher Salzbrunner Quellen vom therapeutischen Standpunkte aus zu betrachten. Es steht dies übrigens im Einklange mit der Thatsache, dass grade der **Oberbrunnen** seit geraumer Zeit die praktisch am meisten verwendete und bewährte aller Salzbrunner Quellen ist, an welche sich die günstigen therapeutischen Erfahrungen knüpfen, welche den Ruf Salzbrunn's als Badeort geschaffen haben.

Berlin, den 20. April 1888.

Dr. Oscar Liebreich, Professor.

---

*) Fresenius giebt als Summe der gefundenen Bestandtheile:

beim Oberbrunnen die Zahl

24,79659 als Monocarbonate und

38,12614 als Bicarbonate an.

Diese Zahlen ergaben sich für ihn durch Berechnung der gefundenen Basen als Monocarbonate resp. als Bicarbonate, während die meinigen aus der Wägung des bei 105° C. getrockneten Rückstandes resultirten.

Ueber die Wirkung des Leberthrans und ein Ersatzmittel desselben.

Von
Prof. E. Salkowski in Berlin.

Eine im Februarheft dieser Zeitschrift erschienene Abhandlung von J. v. Mering „Ein Ersatzmittel für Leberthran", die leider erst vor Kurzem durch einen vom Vf. freundlichst übersendeten Separatabdruck zu meiner Kenntniss gelangte, veranlasst mich zu einigen, denselben Gegenstand betreffenden Bemerkungen, theils sachlicher, theils persönlicher Natur.

Um mit den letzteren zu beginnen, so will ich kein besonderes Gewicht darauf legen, dass einzelnen Stellen der Mittheilung von J. v. Mering sehr nahe, ja fast dem Wortlaute nach übereinstimmen mit einer Abhandlung, die ich vor einiger Zeit in der Zeitschr. f. analyt. Chemie Bd. 24 S. 557—583 publicirt habe, ohne dass v. Mering es für geboten erachtet, auf diese Uebereinstimmung hinzuweisen.

So lautet ein Passus bei mir l. c. S. 574:

„Die freien Fettsäuren etc. (des Leberthrans) bilden, sobald der Leberthran den Magen passirt hat und in den Darm gelangt ist, mit dem Alkali der Galle und des Pankreassaftes Seifen. Die Seife aber ist ein vorzügliches Emulgens, und auf die Bildung einer Emulsion kommt bei der Resorption der Fette alles an."

Bei v. Mering heisst es:

„Die freie Oelsäure im Lipanin bildet, sobald dasselbe den Magen passirt hat, mit dem Alkali der Galle und des Pankreassaftes Seifen. Die Seife ist aber ein vorzügliches Emulgens, und auf die Bildung einer Emulsion kommt bei der Resorption der Fette alles an."

Ich lege darauf, wie gesagt, wenig Gewicht, da die citirten Sätze an sich nichts Neues enthalten, mehr Werth aber muss ich auf einen anderen Punkt legen.

In der citirten Abhandlung habe ich durch die Untersuchung einer Anzahl von hellen Leberthranen aus den verschiedensten Bezugsquellen nachgewiesen, dass die hellen Leberthransorten entgegen der gewöhnlichen Annahme nur einen sehr unbedeutenden Gehalt an freien Fettsäuren aufweisen. Dieser Befund war durchaus unerwartet, sah man doch bisher den Gehalt des Leberthrans an freien Fettsäuren als charakteristisch für diesen an! Eine Angabe hierüber von Hager, die ich selbst citirt habe, um ja keinem Autor zu nahe zu treten und die mir erst später bekannt wurde, lautet zu unbestimmt, als dass man sie als Beweis gelten lassen könnte. Es ist aus derselben nicht einmal zu ersehen, ob Hager unter freien Fettsäuren Säuren von höherem Kohlenstoffgehalt meint, wie Palmitinsäure oder Oelsäure, auf die es hier allein ankommt, oder nur flüchtige Fettsäuren.

Selbstverständlich habe ich l. c. auch die aus diesem Befund sich ergebende Consequenz gezogen.

Es heisst l. c. S. 579:

„. . . . Thatsache ist jedenfalls, dass die heute üblichen guten Leberthransorten nur einen sehr unbedeutenden Gehalt an Fettsäuren aufweisen, keinen grösseren oder kaum einen grösseren wie die Thierfette, die wir zu Nahrungszwecken verwenden; daraus folgt, dass die von ärztlicher Seite bestimmt angenommene specifisch günstige Wirkung des Leberthrans nicht mehr auf seinen grösseren Gehalt an Fettsäuren zurückgeführt werden kann, wie es Buchheim und nach ihm eine Reihe von Pharmakologen gethan hat.

Vielfach wurde früher und wird auch jetzt noch mitunter der gelbgefärbte Leberthran dem hellen vorgezogen. Der grössere Gehalt des gelben Leberthrans an Fettsäuren giebt dieser Anschauung einige Begründung; macht man den Versuch der Emulgirung durch mit Natriumcarbonat schwach alkalisirtes Wasser einerseits mit irgend einem hellen Leberthran, andererseits mit gelbgefärbtem, so überzeugt man sich ohne Weiteres von der weit vollkommeneren Emulgirung des dunkler gefärbten Leberthrans: Die Emulsion desselben ist vollkommen oder mindestens einige Tage haltbar, während die Emulsion des hellen Thrans sich im Laufe eines Tages zum grössten Theil wieder löst. Sieht man also die Emulgirung für einen wesentlichen Factor bei der Verdauung*) der Fette an, so muss man dem dunkeln Leberthran nach dieser Richtung einen Vorzug einräumen. Indessen fragt es sich, ob im Organismus nicht an sich schon genügend für die Spaltung des Fettes und Emulgirung gesorgt ist, und ob der erwähnte Vorzug des dunkleren Leberthrans nicht durch eine Reihe von Nachtheilen, wie der schlechtere Geruch und Geschmack, mehr als aufgewogen wird. Diese Frage kann nicht durch theoretische Erwägungen, sondern nur durch die ärztliche Erfahrung entschieden werden."

Dieser Thatbestand kommt in den Ausführungen v. Mering's nicht zum Ausdruck. v. Mering citirt allerdings meine Bestimmungen der Fettsäuren, aber auch nur diese und gerade der Umstand, dass er nur diese

*) Es sollte wohl richtiger heissen: „. . . die Emulgirbarkeit für einen wesentlichen Factor der Verdaulichkeit . . ."

citirt, muss den Leser zu der Vermuthung führen, dass ich zwar die Thatsache gefunden, aber keine Consequenzen daraus gezogen habe. Die obigen Ausführungen beweisen, dass dem nicht so ist und dieses Sachverhältniss wollte ich hiermit constatiren.

v. M. legt nun aber auf den Gehalt an freien Fettsäuren ein weit grösseres Gewicht, wie ich es in den obigen Ausführungen thue. Er verwirft den hellen Leberthran, weil derselbe durch Alkali nicht emulgirt wird, und den dunkeln, weil derselbe widerwärtig riecht und schmeckt, oft auch schlecht vertragen wird und empfiehlt an Stelle von Leberthran, einen früheren Vorschlag von Buchheim[1]), an dessen Abhandlung sich v. M. eng anschliesst, aufnehmend, ein Gemisch von Olivenöl mit 6 % Oelsäure, das unter dem Namen Lipanin von der Firma C. A. F. Kahlbaum in den Handel gebracht wird.

Dieses Gemisch wird nach v. M. merkwürdigerweise durch „partielle Verseifung" des Olivenöls hergestellt, wobei bedeutende technische Schwierigkeiten zu überwinden waren. Es ist mir, offen gestanden, unerfindlich, warum zur Herstellung des Gemisches nicht einfach reine Oelsäure zu Olivenöl zugesetzt wird, umsomehr, da die partielle Verseifung so bedeutende technische Schwierigkeiten verursacht hat, übrigens auch kaum ausschliesslich Oelsäure liefern kann, sondern ein Gemisch. Beiläufig bemerkt, lässt sich über die Zweckmässigkeit der Wahl der immerhin schwierig rein darzustellenden und theuren Oelsäure streiten, ich würde z. B. Erucasäure für zweckmässiger halten, die sich nach dem von mir[2]) oder dem von Will und Reimer[3]) beschriebenen Verfahren oder einer Combination beider mit grosser Leichtigkeit und sehr billig in absolut reinem Zustand aus Rüböl darstellen lässt, vielleicht auch Palmitinsäure oder das aus der Verseifung von Thierfetten resultirende Gemisch.

Das Lipanin schmeckt nach v. M. wie Olivenöl, wird von Kranken nicht ungern genommen und zeigt keine unangenehme Nebenwirkung: gewiss nicht zu unterschätzende Vorzüge gegenüber dem für manche Personen widerlichen Leberthran. Die Wirkung desselben wird als sehr günstig geschildert. Eine von mir untersuchte Probe von Kahlbaum's Lipanin, ein bei Zimmertemperatur klares hellgelbes Oel, zeigte einen schwachen aber unverkennbaren Geruch, der mit dem der reinen Oelsäure aus derselben Fabrik übereinstimmt, und nicht gerade angenehmen Geschmack; reinstes Olivenöl ist geruchlos und geschmacklos. Den Säuregehalt fand ich in 2 Bestimmungen nach Fr. Hofmann's Methode zu 6,29 resp. 6,34 %, auf Oelsäure berechnet, also mit der Angabe v. Mering's in hinreichender Uebereinstimmung. Die Emulgirbarkeit desselben durch eine Spur kohlensaures Alkali war, entsprechend dem Säuregehalt, eine vorzügliche. Einen Nachtheil bildet der sehr hohe Preis, welcher es für die weniger bemittelten Klassen unzugänglich macht[4]).

Wenn nun aber die v. Mering'sche Mischung auch manche Vorzüge vor dem Leberthran hat, so kann doch die Frage nicht unberührt bleiben, ob derartige säurehaltige Mischungen irgend eines Pflanzenfettes überhaupt den Leberthran völlig ersetzen können. Ich bin der Ansicht, dass dieses nicht der Fall ist. v. M. leitet mit Buchheim die Wirkung des Leberthrans von seinem Gehalt an freien Fettsäuren und daraus folgender leichter Emulgirbarkeit ab.

Wie steht es nun aber mit der Wirkung des hellen Leberthrans, der notorisch nur einen sehr geringen Gehalt an freier Fettsäure hat, und in der That mit Alkali schlechte Emulsionen bildet? Der helle säurefreie Thran bildet einen sehr grossen Theil des überhaupt zur Anwendung gelangenden. Es ist noch von Niemand nachgewiesen, dass derselbe schlecht resorbirt wird. v. M. schliesst dies nur aus der geringen Emulgirbarkeit desselben mit Alkalien, allein v. M. unterschätzt dabei die Kräfte und Mittel, welche dem Organismus zur Bildung der Emulsion zu Gebote stehen. Dieselben sind beim Leberthran vielleicht wirksamer, als bei andern Fetten, da es scheint, dass Leberthran ceteris paribus leichter emulgirbar ist, als Pflanzenöle. Giebt man hellem Leberthran einen solchen Zusatz von Oelsäure, dass sein Gehalt daran, einschliesslich der schon vorhandenen Säure 1,5 Proc. beträgt und verfährt ebenso mit Olivenöl (auch das feinste Olivenöl des Handels enthält gegen 1 Proc. Oelsäure), mischt dann 20 Tropfen des Leberthrans resp. des Oels mit 10 ccm Wasser und einem Tropfen gesättigter Lösung von Natriumcarbonat, schüttelt durch und lässt stehen, so löst sich die anfangs entstehende Emulsion in beiden Fällen bis zum nächsten Tage; beim Leberthran findet man an der Oberfläche des Wassers eine weisse rahmartige Schicht, eine ähnliche auch beim Olivenöl, jedoch in derselben grosse gelbe

[1]) Arch. f. exp. Pathol. Bd. 3. S. 123.
[2]) Zeitschr. f. analyt. Chem. Bd. 24. S. 578.
[3]) Ber. d. deutsch. chem. G. Bd. 19. S. 3320.

[4]) 100 g kosten 1 Mark; in vielen Droguengeschäften sind für denselben Betrag 300 g bester hellgelber Leberthran zu haben.

Oeltropfen. In irgend erheblicher Menge unresorbirt bleibendes Fett macht stets Verdauungsstörungen; ich erinnere an die schweren Folgen der Fettdarreichung bei Gallenfistel-Hunden, die Voit festgestellt hat — davon wird bei Anwendung hellen Leberthrans meines Wissens nichts berichtet. Emulgirbarkeit und Resorbirbarkeit dürfen nicht so ohne Weiteres identificirt werden. Die ab und zu vorkommende Angabe, dass der dunkle fettsäurehaltige Leberthran besser wirke, beruht wohl mehr auf populären Vorurtheilen, bei welchen die Abneigung gegen alle Verbesserungen von „Naturproducten" eine Rolle spielt.

Die Möglichkeit, dass der Leberthran doch noch andere Wirkungen habe, als jedes andere Fett, namentlich pflanzliche, auch das am leichtesten resorbirbare, ist meiner Ansicht nach noch durchaus nicht so sicher ausgeschlossen, dass man berechtigt wäre, dieses wichtige diätetische Heilmittel ohne Weiteres über Bord zu werfen. Unsere Kenntnisse hinsichtlich der chemischen Zusammensetzung des Leberthrans sind zwar noch keineswegs abgeschlossen, wir kennen aber doch einige wesentliche Differenzen von andern Thierfetten und von Pflanzenfetten.

So enthält der Leberthran, wie ich[3]) gefunden habe, relativ ansehnliche Quantitäten Cholesterin; v. Mering schreibt diesen Befund freilich Buchheim zu, allein v. M. befindet sich im Irrthum. In der Abhandlung von Buchheim kommt das Wort „Cholesterin" nur einmal vor l. c. S. 121 Zeile 12 von oben; B. sagt hier nur, dass die Gallenbestandtheile mit Ausnahme des Cholesterins in fetten Oelen unlöslich seien, das Vorkommen grösserer Mengen Cholesterin in dem Leberthran wird von Buchheim nicht behauptet, geschweige denn erwiesen.

Es ist höchstwahrscheinlich, dass das Cholesterin mit den Fetten zusammen der Resorption fähig ist. Wir haben nun nicht das mindeste Recht, diesen Körper als Abfallstoff zu bezeichnen, es kommen ihm möglicherweise sehr wichtige Functionen bei der Zellbildung zu. Hoppe-Seyler sagt darüber[4]).

„Lecithin, sowie Cholesterin sind in entwicklungsfähigen oder in der Entwicklung begriffenen Zellen als: Eidotter, Spermatozoen, farblosen Blutkörperchen, pathologisch schnell wuchernden Geschwülsten, Pflanzensamen, Sporen, Knospen und jungen Trieben im Frühling, Pilzen, Hefezellen so allgemein verbreitet gefunden, dass man ihnen eine bestimmte Beziehung zur Zellenentwicklung wegen dieses verbreiteten und regelmässigen Vorkommens zuschreiben muss etc."

Kein anderes thierisches Fett enthält nur annähernd ebensoviel Cholesterin, wie der Leberthran.

Die Pflanzenöle enthalten gar kein Cholesterin, wenn v. Mering auch behauptet, Hoppe-Seyler habe solches im Olivenöl und Mandelöl gefunden. Hoppe-Seyler hat allerdings in Pflanzenölen — meines Wissens in Mandelöl und Rüböl, nicht Olivenöl[1]) — einen cholesterinartigen Körper gefunden, den er für Cholesterin hielt, was sehr erklärlich ist, da das Phytosterin damals noch nicht bekannt war; ich habe jedoch in der mehrfach citirten Abhandlung in der Zeitschrift für analyt. Chem. Bd. 24 S. 571 nachgewiesen, dass diese cholesterinartige Substanz der Pflanzenöle nicht Cholesterin ist, sondern eine diesem zwar sehr ähnliche, aber doch sehr scharf davon verschiedene Substanz, das Phytosterin Hesse's und habe darauf ein Verfahren zur Erkennung mancher betrügerisch zugesetzter Pflanzenöle begründet. v. M. ignorirt auch diesen Thatbestand. Ferner habe ich in dem Leberthran einen gelben Farbstoff gefunden, der in die Reihe der Lipochrome Kühne's gehört; dieser findet sich reichlich auch im Eidotter.

Das sind zwar alles keine Beweise für eine specifische Wirkung des Leberthrans, aber doch Hinweise darauf, dass demselben eine specifische Wirkung zukommen könnte. So lange diese Möglichkeit vorliegt, scheint es mir nicht gerechtfertigt, den Gebrauch des Leberthrans ganz aufzugeben.

Sollte es sich bei vergleichenden Untersuchungen herausstellen, dass der helle Leberthran in der That schlecht resorbirt wird, so hindert ja nichts, demselben einen Gehalt von 5 bis 6 % irgend einer Fettsäure zu geben. — Oelsäure, Erucasäure oder Palmitinsäure, resp. das Gemisch der Säuren, das aus der Verseifung von Thierfetten resultirt — und dieses Gemisch der Bequemlichkeit halber etwa Ol. jecor. Aselli acidul. zu nennen. Die Herstellung dieser Mischungen ev. unter gelindem Erwärmen ist so einfach, dass sie in jeder Apotheke vorgenommen werden kann.

Vielleicht giebt es einen noch einfacheren Weg, zu einem solchen hellen und doch säurehaltigen Leberthran zu gelangen. Ich habe schon in der citirten Abhandlung die Frage aufgeworfen, wie es kommt, dass der Leberthran frei ist von Fettsäuren, trotzdem dass das

---

[3]) Zeitschrift für analyt. Chemie. Band 21. S. 567.

[4]) Physiol. Chem. S. 79.

[1]) Physiol. Chem. S. 81.

Leberfett nach Fr. Hofmann stets fettsäurehaltig ist. Es heisst daselbst S. 578:

„Soll man nun annehmen, dass alle untersuchten hellen Sorten durch Alkalien künstlich von ihrem Gehalt an Fettsäuren befreit sind? Eine solche Annahme ist gegenüber den Angaben verschiedener Fabrikanten über den von ihnen producirten Leberthran, in welchen von einer solchen Raffination des Leberthrans nicht die Rede ist, gewiss wenig wahrscheinlich. Es ist ja immerhin möglich, dass das Fett aus der Leber von Gadus Morrhua und Gadus Callarias sich anders verhält wie das Fett der Säugethierleber, dass es im Gegensatz zu diesem keine freie Fettsäure enthält."

Es liegt nun aber noch eine andere Möglichkeit vor, an die ich damals nicht gedacht habe. Wie ich schon früher vermuthet habe (Zeitschr. f. analyt. Chem. 24, S. 560) und mir durch private Mittheilung bestätigt wird, wird der Leberthran vielfach, ehe er in den Handel kommt, einer starken Abkühlung ausgesetzt und von den erstarrten Antheilen abgepresst. Es geschieht dieses, um den Leberthran „unfrierbar" zu machen.

Enthält nun ein Leberthran freie Fettsäure, so wird sich diese beim Abkühlen unter 0° ohne Zweifel zum grössten Theil mit ausscheiden. Man würde also vielleicht zu einem Leberthran gelangen, der auch v. Mering's Ansprüche bezüglich des Fettsäuregehalts befriedigt, wenn man die Fabrikanten dazu bewegen könnte, die vorgängige Abkühlung des Leberthrans zu unterlassen. Möglicherweise dient freilich diese Abkühlung auch dazu, den letzten Antheil an Wasser abzuscheiden und den Leberthran vollends zu klären, dann würden allerdings die Wünsche schwerlich Gehör finden.

Jedenfalls muss man, wenn man v. Mering's Lipanin anwendet, sich darüber klar sein, dass man andere Wirkungen, wie die von einer erhöhten Fettzufuhr resultirenden, nicht erwarten kann — für viele Fälle wird das genügen — während beim Leberthran ausserdem noch die Möglichkeit einer specifischen Wirkung vorliegt.

Lipanin und Leberthran.

Von

Prof. Dr. J. v. Mering in Strassburg.

Im Hinblick auf die Widerwärtigkeiten, welche die Einnahme des Leberthrans mit sich bringt, habe ich im Februarheft dieser Zeitschrift als zweckmässiges Ersatzmittel des Leberthrans ein Präparat empfohlen, welches aus feinem Olivenöl und 6% freier Oelsäure besteht. Dieses Präparat, welches die Firma C. A. F. Kahlbaum in Berlin darstellt und unter dem Namen Lipanin in den Handel bringt, erweist sich nach meinen Erfahrungen, die eine weitere Bestätigung in der hiesigen Universitäts-Kinderklinik gefunden haben, und demnächst in der Zeitschrift für klinische Medicin ausführlich geschildert werden, als recht brauchbar. Es wird gern genommen, gut vertragen, vorzüglich resorbirt, wirkt günstig auf die Ernährung und hebt den Kräftezustand.

E. Salkowski[1]) knüpft an diese Mittheilung, in welcher ich das, was von Salkowski[2]) thatsächlich beobachtet worden ist und zur Sache gehört, angeführt habe, eine Reihe persönlicher Bemerkungen, deren Quintessenz ist, dass Salkowski verlangt, ich hätte ihn mehr und öfter mit seinem Namen citiren sollen, als ich es gethan habe. Diese Ansprüche sind aber deshalb unbillig, weil Salkowski's Verlangen, von mir citirt zu werden, sich bezieht auf Thatsachen, welche nicht von Salkowski gefunden worden sind, oder auf Auslassungen, welche mit dem von mir bearbeiteten Gegenstand in keinem Zusammenhang stehen und für deren Wiederholung aus Salkowski's Aufsatz in diesen Heften, welche den Bedürfnissen des praktischen Arztes Rechnung tragen sollen, auch nicht die geringste Veranlassung vorlag. Dass in meiner Arbeit irgend etwas Thatsächliches einer Salkowski'schen Arbeit nicht entnommen ist, davon kann jeder Leser sich leicht überzeugen; Salkowski erhebt einen derartigen Vorwurf gegen mich auch garnicht, er verlangt nur mehr Anerkennung, als ihm zu Theil wurde.

Es hat unter anderem Salkowski's Befremden erregt, dass zwei Sätze in meiner Arbeit, in welchen die Thatsache angeführt ist, dass die Fette im Darm verseift werden, dass die Seife ein Emulgens ist, und dass auf die Bildung einer Emulsion bei der Resorption der Fette alles ankommt, gleichlauten mit der Formulirung derselben Thatsache durch Salkowski. Ich kann dazu nur bemerken, dass längst feststehende Thatsachen von verschiedenen Autoren oftmals gleichlautend ausgedrückt werden, und dass ich bei der Formulirung meiner Sätze an Salkowski und an seine Arbeit nicht

[1]) Ueber die Wirkung des Leberthrans und ein Ersatzmittel desselben, dieses Heft S. 220.

[2]) Beiträge zu den Untersuchungsmethoden des Leberthrans und der Pflanzenöle, Zeitschrift f. analyt. Chemie XXVI pag. 557.

gedacht habe. Auch weiss ich nicht, wie man diese Thatsachen in der Kürze wesentlich anders ausdrücken könnte, als Salkowski und ich gethan haben. Der Umstand, dass Salkowski diese Beschwerde, nachdem er sie gegen mich erhoben hat, wieder in demselben Athemzug zurücknimmt, indem er erklärt, er lege kein Gewicht auf dieselbe, zeigt, wie überflüssig es war, dieselbe vorzubringen.

Was die sachlichen Bemerkungen Salkowski's anlangt, so bringen sie nichts Neues. Wenn Salkowski bemerkt, dass nicht durch theoretische Erwägungen, sondern durch die praktische Erfahrung die Frage entschieden werden müsse, ob der dunkle, stark saure Leberthran leichter verdaulich sei, als der helle neutrale Thran und in dieser Beziehung den Vorzug vor letzterem verdiene, so möchte ich Salkowski empfehlen, sich bei den Praktikern zu erkundigen, ob die ärztliche Erfahrung eine Antwort auf diese Frage geben kann. Mir ist die Erfahrung, dass der dunkle Leberthran (vorausgesetzt, dass seine Einnahme keinen allzugrossen Widerwillen, Erbrechen etc. erzeugt) im Allgemeinen, namentlich von Personen mit empfindlichem Darmkanal leichter verdaut wird, als der helle, und dass nicht selten der Gebrauch des hellen Leberthrans Durchfall hervorruft, von manchen erfahrenen Aerzten bestätigt worden. Die Angabe, dass der dunkle Leberthran leichter resorbirt werde, als der helle, beruht daher nicht auf populären Vorurtheilen, wie Salkowski annehmen möchte, sondern auf der ärztlichen Erfahrung. Es war dies aber auch von vornherein anzunehmen, da die Emulgirbarkeit bei der Verdauung der Fette anerkanntermassen von der grössten Wichtigkeit ist, und der dunkle Leberthran im Gegensatz zum hellen äusserst leicht emulgirbar ist. Auch in der Litteratur finden sich hierauf bezügliche Belege. Harnack schreibt in seinem Handbuch der Arzneimittellehre 1883 pag. 828: „Der sogenannte gereinigte, neutral gemachte Leberthran, welcher nur noch sehr geringe Mengen freier Fettsäuren enthält, besitzt vor irgend welchen anderen fetten Oelen keinen Vorzug mehr".

Dorvault (L'officine de Pharmacie pratique): Die Praktiker ziehen den braunen Leberthran dem weissen vor.

In den Nouveaux éléments de matière médicale par Cauvet, professeur à la faculté de médecine et de pharmacie de Lyon 1886 tome I. pg. 84 findet sich folgende Stelle: „La saveur et l'odeur particulièrement désagréables de l'huile de foie de morue font difficilement accepter par beaucoup de malades, d'autant plus qu'elle provoque des éructations pénibles. Il est bien entendu, d'ailleurs, que l'on doit proscrire absolument les huiles dites blanches qui sont presque inefficaces etc."

Meine ärztlichen Erfahrungen sprechen in gleichem Sinne.

Ich kann nicht unterlassen, hier noch anzuführen, dass die günstigen Erfolge, welche man durch den Leberthran in der ersten Hälfte dieses Jahrhunderts erzielt hat und über die häufig berichtet worden ist, nur auf Rechnung des dunklen, sauren Leberthrans zu setzen sind, da der helle, neutrale Dampfthran erst in den letzten Jahrzehnten in Aufnahme gekommen ist. Man hört auch vielfach von älteren Aerzten, dass sie früher beim Gebrauch des Leberthrans günstigere Erfolge erzielt hätten, als jetzt. Sollte diese Erfahrung nicht hierin auch ihre einfache Erklärung finden?

Aus allen diesen Gründen ist es durchaus berechtigt, den von Buchheim, Schmiedeberg, Binz, Harnack, Nothnagel, Rossbach etc. gezogenen Schluss, dass die freien Fettsäuren es sind, welche die leichte Resorbirbarkeit des Thrans bedingen, anzuerkennen. Wenn Salkowski anderer Meinung ist, so wäre es doch wohl angezeigt, dass er seine Zweifel hieran durch Thatsachen stützte, anstatt nur unbegründete theoretische Bedenken vorzubringen.

Ich habe irrthümlicher Weise Buchheim die Entdeckung des Cholesterin im Leberthran zugeschrieben. Salkowski hat dieses Versehen bemerkt, um alsbald das Verdienst dieser Entdeckung für sich in Anspruch zu nehmen. Leider aber ist dieser Anspruch Salkowski's nicht berechtigt, denn Lindenmeyer*) hat bereits vor 25 Jahren unter Hoppe-Seyler's Leitung Cholesterin im Leberthran nachgewiesen. Auch in den Handwörterbüchern der Chemie wird das Vorkommen von Cholesterin im Thran als etwas Bekanntes angeführt. In Fehling's Handwörterbuch der Chemie heisst es: Cholesterin findet sich im Schneckenfett, Dorschleberthran, Mandelöl, Olivenöl, Eigelb etc. In dem Dictionnaire de chimie von Wurtz 1870 findet sich ebenfalls die Angabe, dass Cholesterin im Leberthran vorkomme. Dass in Pflanzenfetten (Calabarbohnen) nicht Cholesterin, wie man früher glaubte, sondern ein dem Cholesterin sehr ähnlicher Körper, das Phytosterin, enthalten sei, hat Hesse vor 10 Jahren angegeben. Von anderer Seite wird die Existenz dieses

*) Beiträge zur Kenntniss des Cholesterins. Inauguraldissertation Tübingen 1863.

Körpers noch in Zweifel gezogen. Das Phytosterin hat dieselbe Zusammensetzung wie Cholesterin ($C_{26}H_{44}O + H_2O$), besitzt das gleiche Drehungsvermögen etc. und unterscheidet sich von dem Cholesterin nur dadurch, dass es einen etwas niedrigeren Schmelzpunkt zeigt und in sternförmigen oder bündelförmigen Nadeln, statt in dünnen rhombischen Tafeln krystallisirt. Im Uebrigen ist die chemische Constitution des Cholesterin und des Phytosterin gleich dunkel.

Salkowski ist der Meinung, dass das Cholesterin vielleicht von Bedeutung bei der Wirkung des Leberthrans sein könne. Da aber die physiologische Bedeutung des Cholesterin, von dem nur bekannt ist, dass es im Thierkörper und selbst in pathologischen Zuständen sehr verbreitet vorkommt (es findet sich z. B. im Eidotter, in der Milch, im Blut, in Spermatozoën, in der Galle, im Eiter, in Cystengeschwülsten, bildet den Haupbestandtheil der Gallensteine etc.) völlig räthselhaft ist, und wir speciell über die Betheiligung des Cholesterin bei der Resorption der Fette nichts wissen und natürlich ebenso wenig wissen, ob das Phytosterin eine andere Bedeutung hat, als das ihm durchaus ähnliche Cholesterin, so ist darüber nichts weiter zu sagen. Wenn Salkowski mir deshalb vorwirft, dass ich auf diese Frage nicht eingegangen sei, so wird es Jedem begreiflich sein, dass dazu durchaus keine Veranlassung vorlag. Salkowski ist, wie bereits bemerkt, der Meinung, dass der Gehalt des Leberthrans an Cholesterin möglicherweise von Bedeutung sein könne, ja er glaubt, dass dem Thran deshalb vielleicht eine specifische Wirkung zukommen könnte. Bis jetzt hat Salkowski keine Erfahrungen über die physiologische Wirkung des Cholesterin und über die Betheiligung desselben bei der Fettresorption mitgetheilt. Sollte der Nachweis geliefert werden, dass Cholesterin bei der Wirkung des Leberthrans eine Rolle spiele, so würde ich es für zweckmässig halten, an Stelle des Leberthrans einen Eidotter zu geniessen, in welchem mehr Cholesterin als in 5 Esslöffeln Leberthran enthalten ist. (Ein Eidotter enthält nach Parke 0,25 g Cholesterin; 100 g Leberthran enthalten 0,3 g Cholesterin.) Mit dem Eidotter würde man dann auch noch auf angenehme Weise in reichlicher Menge dem Organismus den gelben Farbstoff zuführen, welchen Salkowski im Leberthran gefunden hat und auf den er besonderen Werth legt.

Mit Rücksicht darauf, dass reine Oelsäure nur schwierig und theuer darzustellen ist, erachtet Salkowski es für zweckmässig, dem Olivenöl Erucasäure oder Palmitinsäure zuzusetzen.

Die Anwendung der Erucasäure und noch weit mehr die der Palmitinsäure als Zusatz zum Olivenöl stösst auf Bedenken. Ich habe es bei meinen Versuchen nicht unterlassen, eine grössere Anzahl von Fettsäuren, die etwa als Ersatz der Oelsäure dienen konnten, in den Kreis meiner Untersuchung zu ziehen. Es schien mir indessen belanglos, über diese Versuche zu berichten, da sie im Wesentlichen zu einem negativen Resultate führten. Da aber Salkowski der Ansicht ist, dass man Erucasäure, vielleicht auch Palmitinsäure an Stelle der Oelsäure verwenden könne, will ich meiner früheren Mittheilung hier in Kürze nachtragen, dass die Verwendung der Palmitinsäure für diesen Zweck schon deshalb von vornherein ausgeschlossen ist, weil nach meiner Erfahrung diese Säure, nachdem sie im Olivenöl durch Erwärmen gelöst ist, beim Erkalten wiederum bald auskrystallisirt. So erstarrte reines Olivenöl, welches in der Wärme einen Zusatz von 5% reiner Palmitinsäure bekommen hatte, nach dem Erkalten in wenigen Minuten bei Zimmertemperatur zu einer festen Masse. Reine Erucasäure, welche auf der Zunge leicht schmilzt, wird nach meinen Erfahrungen leicht ranzig; die Erucasäure hat auch wohl noch den Nachtheil, dass sie einen weit höheren Schmelzpunkt als Oelsäure besitzt. Ferner wissen wir, dass die Emulgirbarkeit der Fette resp. Oele, abgesehen vom Säuregrade, wesentlich von der Löslichkeit der aus den Säuren des Fettes gebildeten Seifen abhängig ist; nun ist wohl anzunehmen, dass ölsaures Natron in Thier- und Pflanzenölen leichter löslich ist, als erucasaures Natron. Endlich habe ich die Oelsäure deshalb gewählt, weil von ihr mit Rücksicht auf den Gebrauch des dunklen Leberthrans, dessen Acidität durch Oelsäure bedingt ist, erfahrungsgemäss feststeht, dass Oel, welches reich an Oelsäure ist, äusserst leicht resorbirt und verdaut wird.

Ferner habe ich die bei gewöhnlicher Temperatur flüssigen Fettsäuren, welche bei Verseifung des Rüböls gewonnen wurden, geprüft. Die hiermit bereiteten Oelmischungen erwiesen sich aber als durchaus ungeeignet.

Ich habe auch an die Verwendung der Laurinsäure gedacht, bei der auch der geringere Kohlenstoffgehalt in Betracht kommt; aber die damit angefertigten Präparate entsprachen nicht den Anforderungen, die man an ein Ersatzmittel des Leberthrans stellen muss.

Während in der neueren Therapie allgemein die Anschauung herrscht, dass der

Leberthran keine specifische Wirkung, sondern nur die Wirkung eines leicht verdaulichen Fettes besitzt, bei welchem die neben dem Fett resp. Fettsäuren vorkommenden Stoffe nicht in Betracht kommen, hält Salkowski es nicht für unmöglich, dass der Leberthran noch andere Wirkungen als die eines leicht verdaulichen Fettes besitze und neigt zu der Ansicht, dass dem Leberthran eine specifische Wirkung zukommen könnte. Diese Ansicht muss aber als unrichtig bezeichnet werden. Es existiren keine Thatsachen, welche es gestatten, dem Leberthran eine specifische Wirkung zuzuschreiben, wie es früher geschehen ist und von Salkowski neuerdings für nicht unmöglich erachtet wird. Vielmehr zeigen die jetzt bereits in grösserer Zahl vorliegenden Erfahrungen mit dem Lipanin, dem übrigens Salkowski selbst manche Vorzüge vor dem Leberthran einräumt, dass der Leberthran thatsächlich durch eine aus Oelsäure und Olivenöl bestehende Mischung zweckmässig und vortheilhaft ersetzt werden kann.

Abgesehen davon, dass das Lipanin im Gegensatz zum Leberthran gern genommen und auch von Personen vertragen wird, welche einen unüberwindlichen Widerwillen gegen Leberthran besitzen, hat das Lipanin auch noch den Vortheil, dass es viele Monate lang ununterbrochen und auch während der warmen Jahreszeit, in welcher der Gebrauch des Leberthrans sich unzweckmässig erweist, genommen werden kann.

Meine Angabe, dass das Lipanin wie Olivenöl schmecke, wird von Salkowski kurzer Hand bestritten und als irrig bezeichnet. Man kann sich nun leicht in objectiver Weise überzeugen, dass meine Angabe durchaus richtig ist. Ich habe mehrere Personen, deren Unterscheidungsvermögen für den Geschmack verschiedener Fette durch die Erfahrung geschärft ist, mit verbundenen Augen abwechselnd gutes Olivenöl und Lipanin theelöffelweise kosten lassen. Dabei hat sich ergeben, dass von allen 4 Personen keiner im Stande war, Lipanin von gutem Olivenöl zu unterscheiden. Wenn Salkowski sich um eine ähnliche objective Ermittelung des Geschmackes bemüht hätte, so würde er die irrthümliche Behauptung, dass man Lipanin vom Olivenöl durch den Geschmack unterscheiden könne, nicht aufgestellt haben.

Es steht fest, dass der helle Dampfthran, wie er im Handel vorkommt, fast neutral reagirt, dagegen die dunkeln Thransorten grosse Mengen freier Fettsäuren enthalten. Das Leberfett der Säugethiere ist, wie Franz Hoffmann und J. Munk gezeigt haben, dagegen sehr reich an freien Fettsäuren. Da in der Litteratur ab und zu sich die Angabe findet, der farblose Leberthran werde künstlich durch Pottasche, Kalkhydrat und Kohle farblos gemacht, wodurch der Leberthran, wenn er vorher sauer gewesen wäre, neutralisirt werden müsste, habe ich die Frage, ob das Leberfett der Fische wirklich fast neutral reagirt, durch Untersuchung von frischen Fischlebern zur Entscheidung gebracht.

Aus den frischen Lebern verschiedener Fischsorten habe ich durch vorsichtiges Schmelzen im Wasserbad und Filtriren Leberthran dargestellt und hierbei constatirt, dass das Leberfett der Fische in der That fast neutral reagirt. So zeigte hellgelber Leberthran, welcher von mir aus frischer Schellfischleber gewonnen und nach Fr. Hoffmann's Methode titrirt war, nur 0,2 % freie Fettsäure (Oelsäure).

Leberthran aus Turbotleber, auf gleiche Weise dargestellt, enthielt 0,24 % freie Fettsäure.

Leberthran, aus Katzenhai (Scyllium catulus) dargestellt, enthielt 0,18 % freie Fettsäure.

Auf Grund dieser Untersuchungen kann es demnach keinem Zweifel unterliegen, dass der Leberthran, welcher aus frischen Fischlebern gewonnen wird, in der That fast neutral reagirt, und dass somit diese Eigenschaft des hellen Leberthrans nicht durch künstliche Manipulationen, d. h. durch Behandeln mit Alkalien, oder wie Salkowski es für möglich hält, durch starke Abkühlung hervorgerufen ist.

Nachdem ich constatirt hatte, dass der aus frischen Lebern von mir dargestellte Thran nur minimale Quantitäten von freien Fettsäuren enthält, stellte ich Leberthran aus nicht mehr frischen, gefaulten Lebern dar. Zu diesem Zwecke liess ich am 11. Februar 1888 mehrere frische Fischlebern, deren Leberfett 0,24 % freie Oelsäure enthielt, im Laboratorium in bedecktem Becherglase stehen. Am 7. März, also nach 4 Wochen, war aus den angefaulten Lebern eine reichliche Menge Thran ausgeflossen, welcher intensiven Fischgeruch hatte und dunkler war als der aus frischen Lebern dargestellte. Dieser Thran enthielt jetzt 2,8 % freie Oelsäure. Am 30. März, nachdem die Lebern 7 Wochen lang im Laboratorium gestanden hatten, war wiederum eine grosse Menge von Thran freiwillig ausgeflossen. Derselbe enthielt jetzt 6,5 % freie Oelsäure und zeigte eine dunklere Farbe als der frühere.

Diese Versuche ergeben, dass der aus frischen Lebern gewonnene Thran fast neutral ist, und dass die grossen Mengen freier Fettsäuren in den dunkeln Thransorten auf Spaltung der Leberfette durch Fäulniss zurückzuführen sind.

Neuere Arzneimittel.

Ueber Sulfonal (Bayer).

Von

Dr. A. Langgaard und Dr. S. Rabow.

Unter der Bezeichnung „Sulfonal" ist neuerdings eine Verbindung von A. Kast als Schlafmittel empfohlen worden, welche zuerst von E. Baumann im Jahre 1886 dargestellt und genauer beschrieben wurde.

Dieselbe gehört zu den sogenannten Disulfonen, d. h. organischen, schwefelhaltigen Verbindungen, welche dadurch charakterisirt sind, dass sie 2 Mal die einwerthige Atomgruppe SO_2 R an Kohlenstoff gebunden enthalten. Diese Sulfongruppen können nun entweder an ein und denselben Kohlenstoff geknüpft sein, oder an zwei verschiedenen Kohlenstoffen haften. Das Sulfonal gehört zu der ersten Categorie.

Dasselbe steht in sehr naher chemischer Beziehung zu den Acetalen, jener Gruppe von Körpern, welche uns bereits mehrere Schlafmittel, unter anderen das Methylal geliefert hat[1]).

Bekanntlich entstehen die Acetale aus der Vereinigung von 1 Molecül eines Aldehyds mit 2 Molecülen eines Alkohols unter Wasseraustritt. So bildet sich z. B. aus dem gewöhnlichen Acetaldehyd und Aethylalkohol das Diaethylacetal nach folgender Gleichung:

$$\underset{\text{Aldehyd}}{\begin{matrix}CH_3\\H\end{matrix}>C=}\boxed{O+\begin{matrix}H\\H\end{matrix}}\underset{+\ 2\ \text{Alkohol}\ =}{\begin{matrix}O.C_2H_5\\O.C_2H_5\end{matrix}}=$$

$$\underset{\text{Diaethylacetal.}}{\begin{matrix}CH_3\\H\end{matrix}>C<\begin{matrix}OC_2H_5\\OC_2H_5\end{matrix}}+H_2O.$$

In gleicher Weise wie mit Alkoholen verbinden sich die Aldehyde auch mit den Mercaptanen, d. h. Alkoholen, in welchen der Sauerstoff durch ein Schwefelatom ersetzt ist, zu sogenannten Mercaptalen. Bringen wir statt des gewöhnlichen Aethylalkohols $C_2H_5(OH)$, das Aethylmercaptan $C_2H_5(SH)$ unter geeigneten Bedingungen mit Aldehyd zusammen, so resultirt eine dem Diaethylacetal entsprechende geschwefelte Verbindung, in welcher die beiden Sauerstoffatome durch Schwefelatome vertreten sind:

$$\underset{\text{Aldehyd}}{\begin{matrix}CH_3\\H\end{matrix}>C=}\boxed{O+\begin{matrix}H\\H\end{matrix}}\underset{+\ 2\ \text{Aethylmercaptan}\ =}{\begin{matrix}S.C_2H_5\\S.C_2H_5\end{matrix}}=$$

$$\underset{\text{Aethylidendiaethylmercaptal.}}{\begin{matrix}CH_3\\H\end{matrix}>C<\begin{matrix}SC_2H_5\\SC_2H_5\end{matrix}}+H_2O.$$

Ebenso wie mit Aldehyden vereinigen sich die Mercaptane nun auch mit Ketonen. Letztere sind als Aldehyde aufzufassen, in denen das zur Aldehydgruppe $\begin{matrix}R\\H\end{matrix}>C=O$ gehörende Wasserstoffatom durch Alkoholradicale ersetzt ist. Die aus der Vereinigung von Ketonen mit Mercaptanen entstandenen Verbindungen sind „Mercaptole" genannt worden.

Uns interessirt mit Rücksicht auf das Sulfonal das von dem gewöhnlichen Aldehyd durch Substitution einer Methylgruppe CH_3 sich ableitende Dimethylketon oder Aceton, welches den Medicinern durch sein Vorkommen im diabetischen Urin hinreichend bekannt ist.

$$\text{Aldehyd}=\begin{matrix}CH_3\\H\end{matrix}>C=O$$

$$\text{Aceton}=\begin{matrix}CH_3\\CH_3\end{matrix}>C=O.$$

Bei der Vereinigung des Acetons mit Mercaptan entsteht das Dithioaethyl-Dimethyl-Methan.

$$\underset{\text{Aceton}}{\begin{matrix}CH_3\\CH_3\end{matrix}>C=}\boxed{O+\begin{matrix}H\\H\end{matrix}}\underset{2\ \text{Aethylmercaptan}}{\begin{matrix}S.C_2H_5\\S.C_2H_5\end{matrix}}=$$

$$\underset{\text{Dithioaethyl-Dimethyl-Methan.}}{\begin{matrix}CH_3\\CH_3\end{matrix}>C<\begin{matrix}S.C_2H_5\\S.C_2H_5\end{matrix}}+H_2O.$$

Wird diese Verbindung mit oxydirenden Mitteln behandelt, so wird nur der Schwefel oxydirt und wir erhalten das Diaethylsulfon-Dimethyl-Methan.

$$\underset{\text{Dithioaethyl-Dimethyl-Methan}}{\begin{matrix}CH_3\\CH_3\end{matrix}>C<\begin{matrix}S.C_2H_5\\S.C_2H_5\end{matrix}}+4\,O=$$

$$\underset{\text{Diaethylsulfon-Dimethyl-Methan (Sulfonal).}}{\begin{matrix}CH_3\\CH_3\end{matrix}>C<\begin{matrix}SO_2.C_2H_5\\SO_2.C_2H_5.\end{matrix}}$$

---

[1]) S. „Ueber Methylal". Therap. Monatshefte 1888 Heft 1 S. 24.

An Stelle dieses complicirten, die chemische Constitution des Körpers ausdrückenden Namen, ist nun mit Rücksicht auf die praktische Anwendung in der Medicin von den Farbenfabriken vorm. Fried. Bayer & Co. in Elberfeld, welche dieses neue Mittel darstellen, die Bezeichnung „Sulfonal" vorgeschlagen worden, durch welche sowohl die Zugehörigkeit zu den Sulfonen, als auch die Beziehungen zu den Acetalen Ausdruck findet.

Darstellung. In eine Mischung von 2 Molecülen Aethylmercaptan und 1 Molecül Aceton wird trockenes Salzsäuregas geleitet. Das hierbei erhaltene Dithioaethyl-Dimethyl-Methan wird mit einer fünfprocentigen Lösung von übermangansaurem Kalium geschüttelt, indem man von Zeit zu Zeit einige Tropfen Essigsäure oder Schwefelsäure hinzufügt.

Wenn keine Entfärbung der Permanganatlösung mehr eintritt, ist die Oxydation beendet. Man erwärmt auf dem Wasserbade und filtrirt heiss. Nach dem Verdunsten des Wassers auf die Hälfte krystallisirt in der Kälte der grösste Theil des gebildeten Sulfonals heraus, welches durch Umkrystallisiren aus heissem Wasser oder Alkohol gereinigt wird.

Eigenschaften. Das Sulfonal stellt dicke farblose Prismen dar, welche in 18—20 Theilen siedenden Wassers löslich sind. Von kaltem Wasser sind mehr als 100 Theile zur Lösung erforderlich. In Alkohol, Aether, Benzol, Chloroform ist Sulfonal leichter löslich. Es schmilzt bei 130—131° C. und siedet bei 300° unter geringer Verkohlung. Bemerkenswerth ist die Widerstandsfähigkeit gegenüber den stärksten Agentien. Concentrirte Schwefelsäure wirkt selbst beim Kochen nur langsam ein. Concentrirte Salpetersäure, Königswasser, Chlor und Brom sowie Aetzalkalien sind selbst in der Wärme ohne jeden Einfluss. Sulfonal ist vollkommen geruch- und geschmacklos.

Wirkung. Ueber die mit dem neuen Schlafmittel erzielten Resultate liegen bereits überraschend günstige Berichte von Kast und von Rabbas vor*). Was unsere eigenen diesbezüglichen Erfahrungen anlangt, so gebieten wir noch nicht über sehr grosse Versuchsreihen, doch hat der Eine von uns (selber an hartnäckiger Schlaflosigkeit leidend und deshalb sehr vertraut mit den guten und schlechten Eigenschaften aller bekannten Hypnotica) an sich, seinen nächsten Angehörigen und in geeigneten Bekanntenkreisen recht zuverlässige Beobachtungen machen können, welche die bisher veröffentlichten günstigen Berichte über die Wirkung des Sulfonals vollauf bestätigen. Es gehört zweifellos, wie auch Kast hervorhebt, zu denjenigen inoffensiven Mitteln, die das natürliche Schlafbedürfniss unterstützen und da, wo es fehlt, hervorrufen. Bei den in fast erschreckend grosser Anzahl vorhandenen Fällen von sogenannter nervöser Schlaflosigkeit konnten wir schon mit 1,0 und, wenn wir unseres Erfolges (namentlich bei kräftigeren Constitutionen) ganz sicher sein wollten, mit 2,0 einen die ganze Nacht andauernden, wohlthuenden, erquickenden Schlaf erzielen. Derselbe trat zumeist ½ bis 1 Stunde nach dem Einnehmen ein, und beim Erwachen machte sich ein Gefühl des Behagens bemerkbar und das Verlangen, noch weiter zu schlafen. Unangenehme Nebenwirkungen haben wir bisher niemals beobachtet. Ob eine baldige Gewöhnung an das Mittel eintritt, lässt sich bis jetzt noch nicht feststellen. In einem Falle konnten wir eher das Gegentheil constatiren, da hier eine von nervöser Schlaflosigkeit gequälte Dame nach 1,0 Sulfonal in der zweiten Nacht noch besser schlief, als in der vorhergegangenen bei derselben Dosis. — Von grossem Interesse war für uns ferner die Wahrnehmung, dass das Mittel seine Wirkung auch dann noch entfaltet, wenn es mitten in der Nacht gereicht wird. Die meisten Hypnotica versagen ja bekanntlich, wenn sie spät nach dem Zubettgehen genommen werden und das betreffende Individuum sein Nervensystem durch stundenlanges vergebliches Ringen nach Schlaf in einen stärkeren Erregungszustand versetzt hat. Bei der nach Versuchen an Thieren und Menschen mit ziemlicher Sicherheit festgestellten Ungefährlichkeit des Mittels, für dessen Anwendung selbst Herzkrankheiten keine Gegenanzeige bilden, nahmen wir keinen Anstand, dasselbe Leuten, die Nachts bei Eisenbahnfahrten nicht schlafen können, in der bescheidenen Gabe von 1,0 (nachdem wir uns selbst auf diese Weise geholfen) zu empfehlen. Der Erfolg war in den meisten Fällen ein durchaus günstiger.

Die absolute Geschmacklosigkeit des Sulfonals, — eine Eigenschaft, die es vor allen andern Schlafmitteln voraus hat, — wird gewiss in vielen Fällen der psychiatrischen Praxis nach Gebühr gewürdigt werden. So gelang es uns bereits, einer hochgradig aufgeregten, geisteskranken Dame, die seit Jahren jede Annahme von Arzneimitteln consequent verweigert, so viel Sulfonal mit den Nahrungsmitteln (weiches Ei, Butterbrod, Bier) ohne ihr Wissen beizubringen, dass sie Ruhe und Schlaf bekam.

*) Siehe Referate S. 217.

Was die einmalige Dosis betrifft, so genügen 1,0 bis 2,0 g. Bei kräftigen Individuen thut man gut, gleich mit 2,0 g zu beginnen. Das unlösliche Pulver wird mit Wasser heruntergespült. Man kann sich bei der Verordnung auch der Oblatenform bedienen. Auf unsere Veranlassung wurden Pastillen von 1,0 Sulfonalgehalt hergestellt, die als ganz besonders zweckmässig zu empfehlen sind.

Hand in Hand gehend mit der gesteigerten Inanspruchnahme und Resistenzlosigkeit unseres Nervensystems hat eines der quälendsten Symptome, die Schlaflosigkeit, in erschreckender Weise zugenommen. Dementsprechend hat auch die Gruppe der Hypnotica in der Neuzeit einen recht erheblichen Zuwachs von theils mehr, theils minderwerthigen Mitteln erhalten. Unter diesen dürfte nun das eben bekannt gewordene, das Sulfonal, nach den bisherigen Erfahrungen ganz besonders als eine werthvolle Errungenschaft unseres hypnotischen Arzneischatzes zu begrüssen sein. Nachtheiliges über dasselbe ist noch nicht zu unserer Cognition gelangt. Ob aber der hinkende Bote doch nicht früher oder später nachkommt, müssen wir einstweilen abwarten. — Wir können nicht umhin schon jetzt darauf aufmerksam zu machen, dass — wenn es auf die Sicherheit des Erfolges ankommt — vor Allem auf die absolute Reinheit des Präparates geachtet werden muss. Dasselbe muss vollkommen geruch- und geschmacklos sein und den oben angegebenen Schmelzpunkt zeigen. Auf letzteren ist besonders Rücksicht zu nehmen, da, wie Herr Prof. Baumann uns gelegentlich mittheilte, Präparate, welche nur eine geringe Verrückung des Schmelzpunktes zeigen, vollkommen wirkungslos sein können. Man wird daher gut thun, bis auf Weiteres bei der Verordnung sich des Ausdrucks Sulfonal (Bayer) zu bedienen.

Litteratur. 1) E. Baumann. Ueber Verbindungen der Aldehyde, Ketone und Ketonsäuren mit den Mercaptanen. Berichte der deutschen chem. Gesellschaft 1885. XVIII. S. 883.

2) E. Baumann. Ueber Disulfone. Berichte der deutschen chem. Gesellschaft 1886. XIX. S. 2806.

3) A. Kast. Sulfonal, ein neues Schlafmittel. Berl. Klin. Wochenschr. 1888. No. 16.

4) B. Fischer. Das Sulfonal, ein neues Schlafmittel. Pharm. Zeit. No. 32/88.

5) Rabbas. Sulfonal. Berl. Klin. Wochenschrift 17/1888.

Therapeutische Mittheilungen aus Vereinen.

XVII. Congress der deutschen Gesellschaft für Chirurgie in Berlin.

(Vom 4. bis 7. April 1888.)

Originalbericht von Kreisphysikus Dr. M. Freyer in Stettin.

I. Sitzungstag.

Der Congress wird durch den Vorsitzenden, Herrn von Bergmann, eröffnet. Nach Erledigung mehrerer Vereinsangelegenheiten spricht zuerst Herr König (Göttingen) über die Prognose der Carcinome. Die Carcinom-Frage ist in Commissionen und auf den verschiedenen Chirurgen-Congressen schon oft behandelt worden, ohne zu einem bestimmten Resultate geführt zu haben. Durch die antiseptische Methode ist dieselbe in ein neues Stadium getreten, und Fortschritte in Bezug auf die Prognose sind zu verzeichnen, seitdem man die Operirten längere Zeit nach der Operation beobachtet hat. Wesentlich kommt es dabei auf Art und Sitz des Carcinoms an. Um es an Zahlen zu zeigen, erwähnt der Vortragende, dass von 66 in seiner Klinik beobachteten Recidiven 33 schon im ersten halben Jahre nach der Operation am Recidiv zu Grunde gegangen sind, und er weiss nur 3 Recidive zu nennen, die erst im 4., 6. resp. 11. Jahre gestorben sind. Der Vortragende nimmt für das Zustandekommen der Recidive einen ruhenden Keim an, analog dem Tuberkel-Bacillus, der aus irgend einem Grunde plötzlich wieder zur Entwickelung gelangt. Das Recidiv geht entweder von der Narbe aus, an der sich ein kleines Knötchen bildet, das lange stationär bleibt, dann plötzlich wächst und eine mit dem Primär-Carcinom identische Neubildung darstellt, was daher nur durch Fortimpfung des ruhenden Contagiums zu erklären sei, oder das Recidiv etablirt sich in den Drüsen. Die Prognose ist daher günstiger geworden, seitdem Küster darauf hingewiesen, bei der Operation selbst die noch nicht erkrankt erscheinenden Drüsen mit auszuräumen.

Speciell auf das Rectum-Carcinom übergehend, kann sich der Vortragende den prognostisch rosigen Anschauungen eines anderen Autors, der die Operation für nicht gefährlicher als andere entsprechende Operationen, der sie überhaupt nicht für lebensgefährlich hält und dieselbe sogar als eine der dankbarsten Operationen den praktischen Aerzten darstellen mag, keineswegs anschliessen. Der Vortragende hält sie für durchaus gefährlich, einmal weil die Sepsis nicht vollkommen zu eliminiren ist, und zweitens, weil der Mensch krüppelhaft wird, da er die Schlussfähigkeit des Afters verliert. Ob bei der Operation das Peritoneum eröffnet wird oder nicht, hält Vortragender für ziemlich irrelevant (in 15 Fällen mit Peritonealeröffnung hatte er nur einen Todesfall). Das Hauptgewicht sei auf die Diät zu legen und mindestens 8—10 Tage vorher seien gründliche Kothentleerungen zu veranstalten. Bei der Operations-Methode werden möglichst stumpfes Lösen und sorgfältige Unterbindung der Gefässe betont: nach der Entfernung des Rectal-Rohres sollen aber die Drüsen nicht einzeln, sondern es soll das ganze Fettpolster incl. Drüsen herausgeholt werden. Nach der Operation sei die Nachbehandlung ausserordentlich wesentlich. Anfangs habe er immer genäht und zwar recht gründlich, dann sei er zur Auspolsterung des Perirectalraumes mit Jodoformgaze übergangen, doch habe er dabei sehr schlechte Functionsfähigkeit erzielt (Incontinenz und Strictur) und sei jetzt wieder zur Naht zurückgekehrt. Als Palliativmittel sei die Colotomie, die meistens als berechtigt nicht anerkannt werde, durchaus wieder anzuerkennen und in gleiche Reihe zu stellen mit der Tracheotomie bei Kehlkopfstenose. Zwei Patienten haben nach dieser Operation noch 2 resp. 3 Jahre lang gelebt und sind ihren Geschäften nachgegangen, nachdem sie sich bei der Operation fast in den letzten Zügen befunden haben. Bei der Ausführung der Colotomie jedoch warnt Vortragender vor der zweizeitigen Operation, da der Darm sich leicht tympanitisch in die Wunde drängt und platzt. Ausserdem sei die Colotomie-Wunde innerhalb der Muskelbündel anzulegen, die sich beim Pressen knopflochartig schliessen und den Obturator gut fixiren. Das obere Ende des Rectum zu vernähen, ist wegen der Secretverhaltung nicht rathsam; besser sei es, von oben her das Rectum zu durchspülen.

In letzterer Beziehung empfiehlt Herr Hahn (Berlin) den Darm zum Zwecke der Colotomie ganz zu durchtrennen und beide Enden besonders einzunähen, da alsdann ein Uebertreten des Geschwulstsecretes nach oben ausgeschlossen sei. Herr Schede (Hamburg) will die durch Incontinenz oder Strictur verursachte Verkrüppelung durch eine nachfolgende plastische Operation vermieden wissen. Auch er legt den künstlichen After an und schliesst ihn hernach, wenn er unnöthig geworden. Herr Küster (Berlin) hält in diesen Fällen die Colotomie nicht für nothwendig, er legt vielmehr ein dickes mit Jodoformmull umwundenes Drain ins Rectum. Zu den versenkten Nähten wählt er aber Seide, weil Catgut nicht genügend hält. Herr Helferich (Greifswald) betont für die Operation der Mamma-Carcinome die gründliche Ausräumung der Drüsen. Zu diesem Zwecke durchschneidet er den M. pector. maj. und legt das ganze Achselgebiet offen, nach dessen Ausräumung er den Muskel wieder annäht. Es betheiligen sich bei der Discussion weiter noch die Herren Gussenbauer (Prag), Löbker (Greifswald) und von Bergmann (Berlin), welcher Letzterer damit schliesst, dass die Gefahren der Carcinom-Operationen durch die heutige Methode der strengen Antiseptik und Reinhaltung des Wundgebietes wesentlich gemindert werden.

Als zweiter Vortragender folgt Herr Petersen (Kiel): Ueber eiterige durchlöchernde Hautentzündung. Vortragender beschreibt eine solche Entzündung an der Kopfhaut, an der die Haare mit den Borken verkleben, die afficirten Stellen nach einigen Tagen einschmelzen, durchbrechen und eine weite Unterminirung der Haut herbeiführen. Ob Fieber dabei, ist fraglich. Der Krankheitsprocess scheint längs den Haarbälgen hinzuziehen und bietet somit Aehnlichkeit mit dem Herpes tonsurans und der Sycosis parasit., doch haben weder der Vortragende, noch Fischer (Kiel) den Pilz des Herpes tonsurans dabei finden können. Trotzdem hält der Vortragende den parasitären Ursprung der Krankheit für wahrscheinlich. Die Behandlung muss eine energische sein: ausgiebige Spaltungen der Haut, Bearbeitung des Unterhautzellgewebes mit dem scharfen Löffel, doch mit Schonung der Haut, die nur an den Rändern ebenfalls mit dem scharfen Löffel radical zu bearbeiten und nachher mit Zinkoxyd-Chlorzinkgaze zu behandeln sei. Rasiren der Kopfhaut und Anwendung der Narcose seien ebenfalls nothwendig. Als Endausgang zeigt sich eine Zerstörung des untern Endes der Haarbälge und es folgt eine Ausstossung der Haare, an deren Stelle später feine Härchen hervorspriessen.

Der folgende Vortrag des Herrn Leser (Halle): Ueber die histologischen Vorgänge an der Ossificationsgrenze, mit dem Resultat, dass im Knorpelgewebe Zellenbildung wie in anderen Geweben stattfindet, hat ein eigentliches therapeutisches Interesse nicht.

Es folgt dann Herr Steinthal (Heidelberg): Ueber die chirurgische Behandlung ulceröser Perforativ-Peritonitis. Für dieselbe sind längst schon Mikulicz und Krönlein eingetreten. Eine wesentliche Schwierigkeit bildet die Unsicherheit der Diagnose, insbesondere mit Bezug auf den Sitz der Perforation. Czerny hat daher versucht, ein ganzes Perforationsschema aufzustellen. Die 3 vom Vortragenden in der Heidelberger Klinik beobachteten Fälle sind letal verlaufen; unter 18 in der Litteratur bekannt gegebenen Fällen sind jedoch 8 Heilungen zu verzeichnen. Vortragender ist daher der Meinung, dass durch die Operation sicher nie geschadet worden ist, die Operation daher ihre Berechtigung hat.

Mit Bezug auf die Behandlung plaidirt Vortragender für grosse Dosen Opium. Bei starkem Erbrechen soll die Magenpumpe angewandt werden, schon um der starken Blähung der Därme zu begegnen. Der Schnitt soll möglichst dem Orte der Perforation entsprechend gelegt werden. Zur Desinficirung der Bauchhöhle scheint salpetersaures Silber ($^{1}/_{4}$%) sehr gut zu sein; es folgen dann Ausspülungen mit Sublimat 1 : 2000. Nach den verschiedenen Nieschen der Bauchhöhle ist Jodoformdocht zu leiten, der sehr gut aspirirt.

In der Discussion ist Herr Lauenstein (Hamburg) der Meinung, dass durch die Operation das Ende des Kranken eher beschleunigt als verlängert werde. Er verlangt daher noch mehr Casuistik. Theoretisch sei es klar, dass die Bauchhöhle weit geöffnet und gut desinficirt werden müsse, aber practisch lässt sich dies nicht durchführen, ja er hält die erforderliche Reinigung der Bauchhöhle geradezu für unmöglich. Herr Pölchen (Danzig) hat den Vorgang bei der Perforations-Peritonitis experimentell zu studiren gesucht und gefunden, dass 1—2 Stunden nach der Perforation die Behandlung noch ziemlich dankbar sei, dies sei sie auch noch in den eitrigen Fällen, die dem Abscess gleich behandelt werden. Am ungünstigsten aber sei die Behandlung nach ca. 24 Stunden: alsdann finde man die serosa mit Microorganismen wie ausgestopft. Für die Behandlung empfiehlt er in frischen Fällen Opium zur Localisirung des Processes und hält Borsalicyllösung für ein brauchbares Desinficiens zur Ausspülung der Bauchhöhle. Herr Sonnenburg (Berlin) macht den Vorschlag, die Bauchdecken zunächst nur bis auf das Peritoneum zu spalten und dann abzuwarten; es lässt sich dann leichter constatiren, ob Abscessbildung vorhanden sei oder nicht.

II. Sitzungstag. (Chirurgische Klinik.)

In der Morgensitzung beginnt Herr Brieger (Berlin) mit der Demonstration der Wirkung dreier Toxien (Ptomaine). Nach einigen einleitenden Worten über die Geschichte der Ptomaine zeigt der Vortragende Präparate von Ptomainen, die aus verschiedenen Leichen (Typhus, Cholera etc.) herstammen. Einige Ptomaine, die nicht als giftige zu bezeichnen sind, können trotzdem verderblich wirken, wie z. B. das Cadaverin oder Putrin, durch deren Einwirkung Nekrose erzeugt wird. Die Erscheinungen, welche durch die Ptomaine hervorgerufen werden, sind entweder Lähmung oder Krämpfe. An drei Kaninchen demonstrirt nun der Vortragende die Wirkung des Tetanin, Neurin und Mytilotoxin, welche Stoffe er den Thieren durch subcutane Injection beibringt. Bei dem ersten der Thiere zeigten sich alsbald die characteristischen Tetanuserscheinungen, während bei dem zweiten zunächst eine Befeuchtung der Nasenlöcher und des Oberlippenspaltes, dann eine sehr energische Speichelsecretion, Respirationsstörungen, Lähmungen, Harnträufeln, Fäcalabgänge und klonische Krämpfe auftreten. Bei dem dritten endlich, dem das Mytilotoxin, das wirksame Princip bei der Miesmuschelvergiftung, injicirt wird, treten alsbald Dyspnoe, Niederducken, dann Lähmungen auf. Das Mytilotoxin zeigt sich auch therapeutisch verwerthbar, insofern es als Gegengift gegen den Tetanus wirksam ist. Die Consequenzen, die wir aus jenen Giftwirkungen zu ziehen haben, gehen dahin, dass wir bei bestimmten Krankheiten ganz bestimmte Gifte voraussetzen müssen, und die therapeutischen Maassnahmen werden sich daher auf Einimpfung der Stoffwechselproducte der betreffenden Bakterien zu beziehen haben.

Herr Fischer (Breslau) stellt sodann drei trepanirte Patienten vor. Der eine derselben ist wegen Epilepsie, die stets im linken Arm begann, an der rechten Kopfseite, entsprechend der vorderen Stirnwindung, trepanirt worden. Erst nach Entfernung der lamina vitrea begann wieder die Pulsation des Gehirns, die vorher an dieser

Stelle nicht zu constatiren war. Die epileptischen Anfälle blieben zunächst fort. Bei dem zweiten Patienten (33jährige Frau) wurde ein Gehirnabscess vermuthet und nach Trepanation des Schädels links unten mit Vermeidung des sinus transversus und der Art. mening. med. auch richtig aufgefunden. Bewusstsein und Sprache kehrten alsbald wieder und Patientin wurde geheilt. In dem dritten Falle war das linke Scheitelbein mit Depression des Knochens verletzt worden und ein grösseres Quantum von Gehirnsubstanz ausgeflossen. In Folge dessen Lähmung des Facial. und der rechten Extremität, Besinnungslosigkeit und Sprachverlust. Beides wurde nach 7 Tagen wiedergewonnen und, trotz Ausflusses eines grösseren Quantums Gehirn, schliesslich vollständige Heilung erzielt.

Herr Löbker (Greifswald) berichtet über die Resection des Unterkiefers bei bösartigen Neubildungen und stellt einen betreffenden Kranken vor. In Anschung der Mangelhaftigkeit der künstlichen Prothesen hält der Vortragende den Versuch für gerechtfertigt, die Ausdehnung der Continuitätstrennungen möglichst einzuschränken. Dieser Versuch sei bei den Neubildungen gerade des Unterkiefers um so mehr gerechtfertigt, als dieselben nicht so bösartig sind, wie anderswo. In dem vorliegenden Falle von kleinzelligem Rundzellensarcom ging Vortr. daher in der Weise vor, dass er subperiostal eine äussere und eine innere Knochenschale vom Tumor abspaltete, den Tumor entfernte, die Knochenlamellen abschabte und dieselben schliesslich mit dem Paquelin gehörig bearbeitete.

Herr von Bergmann (Berlin) warnt vor der Nachahmung dieses Verfahrens wegen des Recidivs. Sauer (Berlin) liefere vorzügliche Prothesen und die solle man benutzen.

Herr Thiem (Cottbus) spricht sodann über Verrenkungen des Unterkiefers nach hinten. Im Allgemeinen nimmt man an, dass eine solche Luxation ohne Fractur nicht möglich sei, weil der hinter dem Gelenk befindliche proc. mastoid. dies nicht zulasse. Dies trifft jedoch nicht vollständig zu. Der aus dem os tympani hervorgegangene proc. mastoid. schlägt sich beim Weibe höher um, als beim Manne. Der als fossa tympanico-stylo-mastoidea zu bezeichnende Raum ist daher beim Weibe gross genug, um den Gelenkkopf des Unterkiefers aufzunehmen. Im frühen Kindes- und im späten Greisenalter ist diese Luxation gleichfalls aus anatomischen Gründen ausgeschlossen und zwar wegen der horizontalen Gestalt, die der Unterkiefer beim Kinde noch hat und beim Greise in Folge der Abnutzung der molares annimmt. Bei beiden ist daher der Mechanismus der Kieferbewegung ein anderer. — Die Luxation entsteht gewöhnlich plötzlich in der Nacht, da im Schlaf der tonus der musculi pterygoidei und der Masseteren aufgehört hat, während die, vielleicht durch eine Myositis musculo-rheumatica krampfhaft contrahirten temporales das Uebergewicht erhalten haben. Die Einrichtung ist leicht, nachdem man Morphium oder Cocain eingespritzt hat oder noch besser beides combinirt, was vorzuziehen sei.

Herr Küster (Berlin) spricht über Ankylose des Kiefergelenks und stellt einen bezüglichen Krankheitsfall vor. Er hat in den letzten Jahren 4 solcher Fälle operirt. Am häufigsten geben Anlass zur Resection diejenigen Fälle, in denen die Affection vom Gelenkfortsatz ausgegangen, oder durch eine eitrige Otitis, zumal nach Infectionskrankheiten, herbeigeführt worden ist. Man findet das Gelenk alsdann entweder in vollständiger knöcherner Verschmelzung vor, oder, bei vollständigem Schwund der Bandscheibe und Schrumpfung der Gelenkkapsel, doch noch etwas beweglich. In Folge der Kleinheit des Kiefers bekommt das Gesicht das bekannte Vogelgesicht; oft ist es ungleich atrophisch, besonders auf der ankylotischen Seite, oft auch auf der andern. Daher ist wohl eine trophische Störung dabei anzunehmen.

Bei der Behandlung wich Vortragender von der König'schen Methode (Schnitt am unteren Rande des os zygom. ab und führte den Schnitt 1—1½ cm vor dem Kieferwinkel beginnend bis 2 cm über denselben hinaus, dabei den unteren Ast des facial. vermeidend. Nach Ablösung des Periosts Durchmeisselung des Kiefers und zwar nach aufwärts, bis in die incis. mastoid. hinein, das Gelenkende mit der Knochenzange erfasst und extrahirt. Bei knöcherner Ankylose muss man in der Richtung der Schädelbasis meisseln, wobei diese leicht verletzt werden kann; man darf daher den Knochen nur einmeisseln und hebt ihn dann empor. Es bricht wohl manchmal eine Lamelle von der Schädelbasis mit ab, doch ist ihm eine Perforation derselben bisher nicht passirt. Von Wichtigkeit ist die nachträgliche Knochenneubildung. Man muss ein möglichst grosses Stück fortnehmen, damit nicht so leicht ein Recidiv eintreten kann. Die Nachbehandlung hat für längere Zeit fortzubestehen, da es sonst doch, wahrscheinlich durch narbige Contractur der Weichtheile, zum Recidiv kommt. Bei der

Resection beider Kiefergelenke ist die Gefahr der Erstickung nicht ausser Acht zu lassen, woher nicht zu versäumen ist, vorher eine starke Fadenschlinge durch die Zunge zu legen.

Herr Koenig (Göttingen) ist von seiner Methode etwas abgewichen, indem er zu dem horizontalen noch einen senkrechten Schnitt nach unten hinzugefügt hat. Eine Schädelverletzung, wie sie Küster leicht passiren könne, sei doch in jedem Falle zu vermeiden und könne bei seiner Operationsweise eben nicht vorkommen. Vortragender hat immer gefunden, dass diejenigen Patienten, die gleich nach der Operation gut kauen können, es auch später können. Nur bei atrophischen Muskeln ist dies nachher nicht der Fall, daher ist eine orthopädische Nachbehandlung überaus wesentlich.

Herr Roser (Berlin) fand in den Fällen, in denen es sich nicht bloss um Synostose, sondern auch um übermässiges Wachsthum der proc. coron. handelte, die Fortmeisselung des Jochbogens nothwendig.

Herr von Bergmann (Riga) stellt einen Patienten vor, bei dem vor 3 Jahren die Totalexstirpation des Kehlkopfes ausgeführt worden und der bis jetzt recidivfrei geblieben ist. Der sammt der Epiglottis exstirpirte Kehlkopf wird vorgezeigt. Die Diagnose über die Ausdehnung des Tumors war vorher durch den Spiegel nicht zu stellen gewesen, es war dies erst nach Spaltung des Kehlkopfes möglich, woher die Spaltung in solchen Fällen stets erforderlich sein dürfte. Pat. trägt eine Kanüle, die ebenfalls vorgezeigt wurde. Der phonetische Erfolg ist nur ein mangelhafter.

Herr Hahn (Berlin) hat in 8 Jahren 24 mal bei 22 Patienten operirt und zwar theils wegen Stenose, theils wegen Tumorbildung, bald halbseitig, bald total. Aus der vorgelegten Uebersicht geht hervor, dass unter 11 wegen Tumors total Exstirpirten 4 in Folge der Operation, die übrigen am Recidiv gestorben sind; nur einer, im Jahre 1880 operirt, ist bis jetzt noch recidivfrei und spricht, wenn auch tonlos, doch vollkommen verständlich mit Ventilkanüle.

Herr Fischer (Breslau) demonstrirt ein Präparat einer umfangreichen Magenresection. Das Carcinom sass an der vorderen Magenwand und war exulcerirt und auf das Colon transversum übergegangen. Es wurden sämmtliche exulcerirte Parthieen des Magens und Darmes in grosser Ausdehnung resecirt und in complicirter Weise vernäht. Patientin überlebte diesen Eingriff noch 5 Monate. Bei der Section konnte am Magen die Nahtstelle nicht mehr erkannt werden, auch hatte sich an dem durch die Operation schlauchartig gestalteten Magen ein fundus herausgebildet.

Derselbe Vortragende zeigt Kothsteine vor und betont, dass manche Kothsteine von Gallensteinen herrühren, die in den Darm hinein perforirt sind. Zwei Patienten haben z. B. einen solchen grossen Stein nach mehrtägigem Bestehen von Ileus-Erscheinungen wieder per rectum entleert. Wirkliche Kothsteine sind kleiner, bestehen aus Koth, Kalksalzen und phosphorsaurer Magnesia und machen keinen Ileus.

Herr Hahn (Berlin) thut der Schellacksteine Erwähnung, die sehr gross sind und bei Tischlern, die die Politur trinken, vorkommen.

Herr Bidder (Berlin) spricht über eine typische angeborene (erbliche) Wachsthumshemmung der Unterschenkelknochen, welche hochgradige Schief- (Pronations-) Stellung der Sprunggelenke und Füsse bewirkt (Volkmann's Sprunggelenkmissbildung) mit gleichzeitiger Vorführung einer Patientin und Demonstration von Präparaten. Ein ähnlicher Fall ist schon vor 15 Jahren von Volkmann vorgestellt worden, der denselben als congenitale hereditäre Verkürzung der Sprunggelenke auffasst. Orthopädische Versuche schlugen fehl, daher nahm V. die Resection vor. Inzwischen haben die anatomischen Untersuchungen der beiden Beine des jüngsten aus derselben Familie stammenden Kindes, das gestorben war, unsere Kenntnisse hierüber vervollständigt. In dem vorgestellten Falle sind die Tibien erheblich verkürzt. Der linke mall. intern. reicht fast bis zum Fussboden, der rechte nicht ganz so weit herab. Die Füsse stehen in starker Abductions- und Pronationsstellung, Talus und Calcaneus in erheblicher Plantarflexion. Am linken Fusse fehlt ausserdem die zweite Zehe, am rechten die zweite und fünfte nebst den betreffenden Metatarsalknochen. Die Fussgelenke sind ganz fest, die Gelenklinien deutlich fühlbar, Bewegungen in den Gelenken selbst passiv kaum ausführbar. An der Tibia links ist bereits im ersten Lebensjahr eine Keilexcision ausgeführt worden, ohne dass von derselben ein Erfolg zurückgeblieben. In dem demonstrirten Präparat des erwähnten verstorbenen Kindes zeigt sich der talus besonders verändert und bildet eine plane Gelenkfläche. Therapeutisch ist nur ein operativer Eingriff zu rechtfertigen, da mit der orthopädischen Behandlung auf die perverse Knochenbildung nicht einzuwirken sei. Volkmann hat mit der Keilresection gute Erfolge gehabt. In dem vorliegenden Falle jedoch will Vortragender von dieser Operation absehen, weil bedeutender Plattfuss vorhanden ist und ein sehr grosses Stück von der Tibia fortgenommen werden müsste.

Herr Helferich (Greifswald) stellt einen geheilten Fall von schwerer traumatischer Epiphysenlösung am oberen Humerusende vor, bei dem er von der Anwendung einer pfriemartigen Spitze Gebrauch gemacht. Ueber dieses Verfahren ist auf S. 257 dieses Heftes der Therapeutischen Monatshefte referirt.

Herr Julius Wolff (Berlin) stellt ein Unicum von Missbildung vor. Bei einem Kinde besteht eine Art Flughautbildung, indem sich eine breite, dreieckige Platte von Haut und dazwischen befindlichen Muskeln nebst andern organischen Gebilden (Nerven, Gefässe) am linken Schenkel über die Gegend der Kniekehle hinüberspannt. Dasselbe Kind hat dann noch rechterseits einen Klumpfuss, am linken Fuss Einkerbung der Zehen, an der rechten Hand Syndactylie, ferner am Rücken ein grosses lipoma pendulum, daneben eine ziemlich tiefe Hauttasche und endlich an der rechten Brustseite eine spitz hervorragende Rippe. Das Kind kann sich nur rutschend fortbewegen. Der Vortragende hofft, die Flughaut mit Vermeidung der wichtigen in ihr enthaltenen Theile zu durchtrennen und dem Kinde wenigstens aufrechten Gang zu verschaffen.

Zum Schluss der Vormittagssitzung stellt Herr Petersen (Kiel) einen Fall von ischämischer Muskellähmung vor. Dieselbe pflegt sonst durch einschnürende Gypsverbände zu entstehen. In dem vorliegenden Falle jedoch fällt diese Ursache fort. Handgelenk und Finger befinden sich in Beugung, die Sehnen und Muskeln an der Beugeseite sind verkürzt. Auch die Sensibilität hat hier gelitten und nimmt vom Ellenbogen bis zu den Fingerspitzen zu. Vortragender glaubte zunächst, dass vielleicht die Nerven irgendwie in die Klemme gerathen gewesen und legte daher den Nerv. medianus frei. Dabei fand er die Arterie als dünnen Strang vor, ohne erkennen zu können, ob ein lumen vorhanden war. Dagegen fand sich das Muskelgewebe mikroskopisch verändert. Für die Behandlung kommen Electricität und passive Bewegungen in Kraft.

Herr Kölliker (Leipzig) glaubt, dass sowohl durch Elektricität als auch durch passive Bewegungen und Massage in solchen Fällen nur sehr wenig zu erreichen sei. Herr Koenig (Göttingen) dagegen warnt davor, jedwede Therapie aufzugeben, da doch noch etwas zu erreichen sei. Herr Wagner (Koenigshütte) glaubt eine fortschreitende Neuritis irgend eines Nerven als Ursache ansprechen zu sollen; Herr Petersen dagegen glaubt an die Neuritis nicht und weist darauf hin, dass die Veränderungen in den Muskeln sehr schnell, schon in wenigen Wochen, auftreten.

Schliesslich stellt Herr von Bergmann (Berlin) noch einen Patienten vor, bei dem er wegen Carcinoms am Dünndarm, Dickdarm und Gekröse eine Resection vorgenommen. Dieser Patient geht trotzdem seit 4 Jahren seiner Beschäftigung nach, was als Erfolg wohl bemerkenswerth sei.

Nachmittagssitzung. (Aula der Universität.)

Den ersten Vortrag in der Nachmittagssitzung hält Herr Laurenstein (Hamburg): Zur Heilung der Wunden unter dem feuchten Blutschorfe. Bekanntlich hat Schede (Hamburg) diese Methode vor 2 Jahren bekannt gegeben. Sie besteht darin, dass man die aseptisch angelegte Höhlenwunde unmittelbar nach der Operation weder drainirt, noch fest comprimirt, sondern mit Blut sich anfüllen lässt und, ohne sie vollständig zu schliessen, zunächst mit Protektiv deckt, damit das überschüssige Blut unter demselben noch abzufliessen vermag, worauf der übrige antiseptische Verband folgt. Schon damals wurden zwei wichtige Einwendungen gemacht, die eine von von Bergmann, der dem die Wunde erfüllenden Blutcoagulum keine besondere Rolle zuerkennen mochte, dasselbe vielmehr nur als ein Accidens ansah, das wohl willkommen sei, dem aber die antiseptische Tamponade vorzuziehen wäre, die andere von von Volkmann, der es wegen der Ungewissheit der Antiseptik für gewagt hielt, die Methode in ausgedehnterer Weise anzuwenden und die Drainage nebst Compression der Wunde fortzulassen. Auf Grund dieser Warnungen wohl mag daher die Methode nur wenig geprüft worden sein. Denn nur 2 Autoren haben durch Publication von ihrer Anwendung Erwähnung gethan. Der Vortragende hat nun die Methode in 74 Fällen angewandt und darunter 64 Erfolge und 10 Misserfolge gehabt. Viele Wunden eignen sich natürlich für die Methode nicht, z. B. wo eine prima intentio erstrebt wird, wo die Secundärnaht ausgeführt wird, wo die antiseptische Tamponade mit Jodoformgaze angebracht ist (Rectum, Mundhöhle, Genitalien), bei acuten Abscessen etc. Dagegen ist sie anzuwenden bei einigen kleineren Kopfverletzungen, bei Maschienenverletzungen der Hand und des Fusses mit Freilegung der Sehnen, bei einzelnen complicirten Fracturen, und von Operationen bei Durch- und Abmeisselungen von Knochen, bei Ausräumung tuberculöser Herde, bei Resection nicht tuberculöser Gelenke, bei Geschwulstexstirpationen, bei der Radicaloperation der Hydrocele nach von Bergmann, bei plastischen und auch wohl noch manchen anderen Operationen. Das Wesentliche bei der Methode sei, dass man die Krankheitsfälle unter einem Verbande zur Heilung bringen könne. Des Vortragenden Resultate bei der Sehnendurchschneidung beim Klumpfuss sind nicht so gute gewesen, wie bei Schede selbst. Das Misslingen des Verfahrens ist jedoch kein stürmisches; die beginnende Eiterung macht sich sofort durch Fieber bemerkbar und dann wird eben das Verfahren aufgegeben. Ein Flüssigbleiben des Blutes hat Vortr. nur 1 Mal beobachtet (nach Entfernung einer Gelenkmaus). Das öftere Ausbleiben des Erfolges bei Nekrotomien hat nach Vortragendem vermuthlich in dem zu frühen Operiren der Nekrosen seinen Grund. Menander in Upsala hat gute Resultate, weil dort meistens erst nach 10—15 Jahren die Nekrose operirt wird. Der gute Erfolg der Methode bei tuberculösen Affectionen beruhe wohl darauf, dass (nach Ogston) im tuberculösen Eiter keine Mikroorganismen vorhanden sind. Asepsis ist die erste Bedingung; ferner Ruhe, dann Entfernung jedweder Art von Fremdkörpern, da selbst aseptische Gewebsstücke, die in der Wunde zurückgeblieben, störend wirken. Vortragender wendet bei der Operation Esmarch'sche Constriction an, unterbindet dann Alles sorgfältig und hat immer noch genügend Blut zur Füllung der Wunde erhalten. Sterilisirte Verbandstoffe sind gewiss vorzuziehen. Asepsis der Hände, am besten nach Fürbringer's Angaben, ist unbedingte Nothwendigkeit. Das Urtheil über die Methode ist noch nicht abzuschliessen, doch ist Vortragender überzeugt, dass in ausgewählten Fällen nach dieser Methode wohl zu arbeiten sei.

In der Discussion berichtet Herr Rydygier (Krakau) über seine Resultate. Er modificirt das Verfahren dadurch, dass er die Wundhöhle nach dem Vorgange Neuber's durch Compression möglichst zu verkleinern sucht und neben der Drainage auch das Protektiv fortlässt. Er hatte meistens gute Erfolge.

Herr Neuber (Kiel) hat besonders bei den ausgekratzten tuberculösen Knochenhöhlen viele Misserfolge gehabt. Er suchte sich dabei durch Einschlagung von Hautlappen in die Knochenhöhle ev. durch Thiersch'sche Hautimplantationen zu helfen und kann diesen Ausweg sehr empfehlen. Von Schede's Verfahren unterscheidet das seinige sich ausserdem durch Anwendung stärkerer Compression und ferner dadurch, dass er das überschüssige Blut nicht oben über den Wundrand überfliessen, sondern durch eine am Grunde der Wunde angebrachte besondere Oeffnung abfliessen lässt. Das die Wunde erfüllende Blutcoagulum fällt daher bei ihm kleiner aus.

Herr Schleich (Greifswald) hat das Verfahren experimentell zu studiren gesucht und den Verlauf ähnlich wie bei der Thrombose gefunden. Der Werth desselben liegt nach seiner Meinung in der Vermeidung von Secretbildung.

Herr Landerer (Leipzig) endlich vindicirt dem Blute für den Heilungsvorgang gar keinen Werth, wobei er sich auf Thiersch's Untersuchungen stützt. Er hält den Vorgang nur für eine gute Asepsis; von Organisirung des Blutcoagulums sei gar keine Rede.

Den nächsten Vortrag hält Herr Wölfler (Graz): Ueber die Technik und den Werth von Schleimhaut-Uebertragungen. Vortragender findet es wunderbar, warum nicht schon längst Transplantationen mit Schleimhaut in grösserem Umfange gemacht worden sind. Er hat daher in drei Fällen hochgradiger Harnröhrenstrictur die ausgedehnte callöse Stelle excidirt, liess die Wunde granuliren und tapezirte die ganze Stelle anfangs mit Kaninchenconjunctiva, dann mit Vaginalschleimhaut in üblicher Weise aus, ohne jedoch Erfolg zu erzielen. Erst als er die Schleimhaut, nach dem Vorgange von Thiersch an der Cutis, mit dem Rasirmesser fein abtrug und ohne Nähte, nur durch einen mit Vaselin bestrichenen Jodoformbausch auf der granulirenden Fläche fixirte, heilte dieselbe gut an. In dem einen Falle bekam Vortragender Gelegenheit, die so operirte Stricturstelle einige Zeit später, als der Betreffende starb, zu untersuchen und konnte die Grenzen der transplantirten Schleimhaut kaum noch erkennen. Auch bei plastischen Operationen im Gesicht hat Vortragender mit dieser Art von Transplantation Erfolg gehabt. In zwei Fällen von Blepharoplastik nach Carcinom wurde Schleimhaut von dem prolapsus recti eines Kindes transplantirt; dieselbe haftete vorzüglich. Ebenso liess sich Cervical-Schleimhaut in einem Falle von halber Nasenbildung gut verwenden. Auch thierische Schleimhaut erwies sich brauchbar, so Froschmagenschleimhaut, die Blasenschleimhaut eines Kaninchens, die Oesophagus- und Magenschleimhaut einer Taube bei ulcus cruris, die Oesophagus- und Magenschleimhaut eines Kaninchens zur Bildung einer Wangenschleimhaut. Doch seien weitere Versuche noch zu machen und nicht gar zu sanguinische Hoffnungen zu hegen! Ob die Schleimhaut sich verändert und ihren Character verliert (was nach Czerny der Fall sein soll), hängt von dem Orte ab, an den sie hinkommt, und von dem Zwecke, dem sie dienen soll. Zwischen Schleimhaut implantirt bleibt sie Schleimhaut! Man darf verschiedene Arten von Schleimhaut verwenden; sie kann dann aber ihre specifische Individualität verlieren. Auf diese Metaplasie hat längst schon Virchow hingewiesen, indem er sagt: „Cellulare Pathologie und cellulare Therapie berühren sich aufs nächste gerade bei der Transplantation!"

In der Discussion erklärt Herr Thiersch (Leipzig) die Versuche des Vortragenden für hochbedeutsame Fortschritte in der chirurgischen Technik. Doch mahnt er zur Vorsicht und weiteren Beobachtung. Seine schwarzen Hautimplantationen sind doch weiss und die weissen schwarz geworden! Das hätten die Wanderzellen bewirkt.

(Schluss folgt.)

Königl. Gesellschaft der Aerzte (Budapest).

(Sitzung am 25. Februar 1888.)

Dr. Adolf Ónodi: Versuche mit Erythrophloein an Thieren und Menschen.

Ónodi hat im Institute des Prof. Thanhoffer an Kaninchen mit Erythrophloein Versuche angestellt, welche er später in seinem Ambulatorium an Kranken fortsetzte. Die Wirkung dieses Mittels tritt langsamer auf, als die des Cocaïns, sie ist aber von längerer Dauer, die sich sogar auf über 8 Stunden erstreckt. Die Nebenerscheinungen: Reizzustände, Kopfweh, Ohrenschmerzen, Schwindel, sogar Ohnmachtsanfälle sind höchst unangenehme Dinge. Bei Cornealgeschwüren sind die Schmerzen geradezu unerträglich. In der Nase, im Munde, am weichen Gaumen, im Orificium ext. urethrae angewendet ist der Erfolg mit einer ¼ % Lösung sehr gering, trotzdem waren die Erscheinungen derart, dass Vortragender zu einer stärkeren Lösung nicht mehr den Muth hatte. Lewin's Resultate wurden von ihm nicht erreicht, weshalb Ó. dem Erythrophloein eine Zukunft abspricht.

O. Schwartz (Budapest).

Académie de Médecine (Paris).

(Sitzung vom 14. Febr. 1888.)

Prof. Ball berichtet (für Jennings) über einen Fall von Intoxication durch Antipyrin. Eine 67jährige Frau, die gewöhnlich nur 37 Pulse in der Minute hatte, war an Rheumatismus erkrankt. Es wurden ihr 8 Tage hindurch 2,5 Antipyrin verordnet. Während dieser Zeit wurden folgende Erscheinungen beobachtet: Zerstreute erythematöse Flecke, Kälte der Extremitäten, Schwellung des Gesichtes, Conjunctivitis, Pulsbeschleunigung (76), mässiger Temperaturabfall. — Unter diesen Verhältnissen wurde Antipyrin ausgesetzt und dafür Tinctura Belladonnae verordnet. Sofort liessen die vorher citirten Störungen nach und verschwanden bald gänzlich.

Von andern Beobachtern sind ähnliche Erscheinungen wahrgenommen worden. Die angewandten Dosen schwankten von 0,25—1,0 täglich. Es ist besondere Vorsicht bei Greisen und empfindlichen Personen geboten. Bei Vergiftungsfällen scheint die Anwendung von Belladonna oder einer Atropin-Injection am Platze zu sein.

Germain Sée betont, dass die vorher genannten Symptome auftreten, wenn Antipyrin lange oder in grossen Dosen gereicht wird. Es genügt aber, einfach diese Medication einzustellen, um sofort alle Erscheinungen verschwinden zu sehen. Man kann alsdann das Antipyrin durch das Acetanilid ersetzen.

Dujardin-Beaumetz theilt bezüglich des seltenen Vorkommens und der Harmlosigkeit der durch Antipyrin bedingten Störungen die Ansicht des Vorredners. Er kann jedoch nicht umhin, auf die häufigen gastrischen Störungen hinzuweisen, die vielleicht auf Rechnung unreiner Präparate zu setzen seien. Acetanilid sei ebenso wirksam wie Antipyrin. Wenn man Acetanilid in fractionirten Gaben von 1,5—2,0 verordne, sei man keinen besonderen Unfällen ausgesetzt. G. Sée giebt noch den Rath, etwas Natrium bicarbonicum zuzusetzen, wenn Antipyrin vom Magen aus nicht gut vertragen wird. Für subcutane Antipyrin-Injectionen eignen sich, wenn man Schmerzen vermeiden will, wiederholte Gaben von 0,15—0,2.

Ollivier hat verschiedene Wirkungen beobachtet je nach den Gaben und nach den Individuen. Bei Chorea hat er nicht die von andern Beobachtern gerühmten Erfolge mit Antipyrin erzielt.

(Le Progrès méd. No. 7, 88.) *R.*

Société de Thérapeutique (Paris).

(Sitzung vom 11. Januar 1888.)

Hénoque berichtet über die blutstillenden Eigenschaften des Antipyrin. Taucht man den centralen Theil der durchschnittenen Pfote eines Meerschweinchens in einen Napf, der eine Antipyrinlösung enthält, so steht die Blutung sehr viel schneller als bei Anwendung eines andern Haemostaticums. Antipyrin ist indicirt bei Epistaxis, Metrorrhagie und bei allen Blutungen aus oberflächlichen Wunden.

Montard-Martin hat Antipyrin innerlich gegen Haemoptoë versucht, ohne einen günstigen Erfolg zu erzielen. Hénoque hat gleichfalls bei Lungenblutungen keinen Nutzen vom Antipyrin gehabt, dagegen zeigte es sich von Werth bei Uterusblutungen. Catillon sah das aus einer Schnittwunde fliessende Blut sofort gestillt, nachdem Antipyrin auf die Wunde geschüttet worden war.

(Le Progrès méd. No. 1. 88.) R.

Société médicale des Hôpitaux (Paris).

(Sitzung vom 9. März 1888.)

Glénard: Ueber Behandlung des Typhus mit kalten Bädern.

Vortr. hebt hervor, dass alle Aerzte, welche schon am vierten Tage eines Typhus die Brand'sche Methode angewandt haben, w[illegible], dass die Krankheit günstig verlaufe. Die allgemeine Vorschrift dieser Methode ist folgende: alle drei Stunden (Tag und Nacht), sobald die Körpertemperatur über 39° hinausgeht, ist ein Bad von 18 bis 20° zu verabfolgen; in demselben hat Pat. 15 Minuten zu verweilen. — Die Anwendung dieser Methode stösst jedoch zuweilen auf Schwierigkeiten, und besondere Verhältnisse, wie vorgerücktes Alter, Menstruation, Epilepsie, Herzklappenfehler bilden sogar eine Contra-Indication.

Das kalte Wasser entfaltet seine Wirkung, indem es die Circulation anregt und die Temperatur herabsetzt; es bekämpft die Schwäche und Hyperthermie und verhütet dadurch Complicationen. Ausserdem bleiben die vor der Anwendung der Bäder noch nicht alterirten Functionen normal.

Der Gebrauch der kalten Bäder ist niemals Veranlassung einer Bronchitis, Pneumonie oder anderer Complicationen. Wenn diese Methode jedoch erst vom 5. Tage der Krankheit an in Anwendung kommt, kann der betreffende Patient schon vorher verschiedenen Complicationen verfallen gewesen sein. Dieselben nehmen aber alsdann doch noch einen milderen Charakter an, als bei Nichtgebrauch der Bäder.

Ist der Typhus complicirt, so muss mit Bädern von 32° begonnen werden; dieselben sind allmählich abzukühlen. Dabei ist darauf zu achten, wie dieselben von Herz und Gehirn vertragen werden. Häufiger als alle 3 Stunden darf alsdann nicht gebadet werden. Es müssen dabei stimulirende Getränke: Weisswein, täglich eine Flasche Bordeaux und kräftige Nahrung nach dem Bade gereicht werden. — Wenn Complicationen seitens des Gehirns vorhanden sind, wird man sich neben den allmählich abgekühlten Bädern noch der stimulirenden Frictionen nach dem Bade bedienen und in der Zwischenzeit eine Eisblase auf den Kopf appliciren. Bekanntlich findet diese Methode in Lyon die gewissenhafteste Anwendung, und dort ist das Mortalitätsverhältniss ein ausserordentlich geringes.

(Revue gén. de Clinique et de Thérap. No. 11. 88.) R.

Referate.

Sulfonal, ein neues Schlafmittel. Von Professor A. Kast in Freiburg i. B.

Nachdem wir an anderer Stelle (s. dieses Heft S. 237) eine Darstellung der chemischen Constitution gegeben und die Bereitungsweise, sowie Eigenschaften dieses neuen Mittels besprochen haben, können wir uns hier auf die Wiedergabe der von Kast an Thieren und Menschen gemachten Beobachtungen beschränken.

Die ersten an Hunden ausgeführten Versuche hatten eine Beeinflussung der grauen Rinde des Grosshirns erkennen lassen. Ungeschickt und tölpelhaft, wie berauscht oder schlaftrunken, liefen die Thiere umher, um schliesslich in einen ruhigen Schlaf zu verfallen, aus dem sie nach längerer Zeit, ohne Zeichen einer üblen Nachwirkung, erwachten und dargebotene Nahrung frassen. Nachdem durch eine grössere Anzahl von Versuchen festgestellt war, dass das Mittel innerhalb gewisser ziemlich weiter Grenzen der Dosirung keinerlei Schädlichkeiten hervorruft, wurde zunächst dessen Wirkung an gesunden Menschen versucht.

Hierbei ergab sich zunächst, dass 3—4 g der Substanz ohne üble Nebenwirkungen oder Folgeerscheinungen genommen werden können. Dosen von 2—3 g riefen bei den meisten Individuen ein gewisses Ermüdungsgefühl, verbunden mit einer subjectiv bemerkbaren Abstumpfung gegen äussere Eindrücke hervor, ohne dass eigentlicher Schlaf sich einstellte. Bei einer Minderzahl kam es zu einem mehrstündigen tiefen Schlaf; bei einzelnen Versuchspersonen endlich liess sich überhaupt gar keine Wirkung des Mittels erkennen.

Weitere Versuche wurden darauf von K. theils an der Bäumler'schen Klinik, theils in der Privatpraxis und von Prof. Cramer in der Marburger Irrenheilanstalt unternommen. Es handelte sich in der Mehrzahl der Fälle um nervöse Schlaflosigkeit bei neurotischen Personen oder bei Patienten, deren cerebrale Uebererregbarkeit einem organischen Hirnleiden ihre Entstehung verdankte, ferner um senile Agrypnie und febrile Schlaflosigkeit in acuten Krankheiten. Einige Male fand das Mittel auch bei Herzkranken Anwendung, und endlich wurde es auch bei einem alten Manne mit seniler Demenz und äusserst lebhaften Delirien versucht.

Im Ganzen liegen mehr als 300 Einzelbeobachtungen an über 60 Kranken vor.

Das Ergebniss war nun folgendes: Mit Ausnahme eines einzigen Falles, in welchem das Mittel versagte, trat innerhalb ½ bis 2 Stunden ein ruhiger und fester Schlaf von 6—8stündiger Dauer ein, aus welchem die Patienten erquickt und ohne irgend welche Folgeerscheinungen erwachten. Puls- und Respirationsfrequenz waren, wie auch während des physiologischen Schlafes, etwas verlangsamt.

Der Blutdruck erfährt selbst durch grosse Dosen keine Erniedrigung. Eine Veränderung des Blutes liess sich weder spectroskopisch noch mikroskopisch feststellen. Störungen von Seiten des Verdauungstractus gelangten nicht zur Beobachtung.

Hiernach hielt Vf. sich für berechtigt, das Sulfonal als ein Hypnoticum zu empfehlen, welches nicht zu den schlaferzwingenden Betäubungsmitteln, sondern zur Gruppe derjenigen Substanzen gehört, welche das normale periodische Schlafbedürfniss unterstützen und da, wo es fehlt, hervorrufen.

Die mittlere Dosis beträgt nach K. 2 g. Bei Frauen genügt häufig schon 1 g, während bei robusten Männern oft die Dosis auf 3 g gesteigert werden muss. Die Darreichung geschieht am besten in den frühen Abendstunden als Pulver in Oblate oder in Wasser aufgeschwemmt. Auch kann das Mittel Geisteskranken bei seiner vollkommenen Geschmacklosigkeit der Nahrung zugemischt werden. Corrigentien sind unnöthig.

Eine Angewöhnung an das Mittel und damit ein Ausbleiben der Wirkung wurde vom Vf. bis jetzt nicht beobachtet.

Zur Entscheidung dieser Frage dürfte jedoch wohl eine längere Zeit der Beobachtung nothwendig sein.

(Berl. klin. Wochenschr. 1888 No. 16.)

rd.

Ueber die Wirkung des Sulfonals. Von Dr. G. Rabbas, Assistenzarzt der Irrenanstalt zu Marburg i. H.

R. berichtet über seine auf der psychiatrischen Klinik zu Marburg mit dem neuen Mittel gemachten Beobachtungen, welche die Angaben von Kast in allen wesentlichen Punkten bestätigen. Das Sulfonal soll in mittleren Dosen (2,0—3,0) sicherer und besser wirken, als Amylenhydrat und Paraldehyd in grösseren Dosen, und auch bei Leuten, die an Narcoticis gewöhnt sind, mit Erfolg gegeben werden können. Chloralhydrat führe zwar schneller Schlaf herbei, derselbe sei aber nicht so lange anhaltend, als nach Sulfonal.

(Berl. klin. Wochenschr. 1888 No. 17.)

rd.

Ueber die Einwirkung des Antipyrins auf das Nervensystem. (Aus dem klinischen Laboratorium des Prof. J. P. Mierzejewski) von Dr. L. Blumenau.

Die von Verf. an Hunden, Katzen und Fröschen angestellten Versuche haben folgende Ergebnisse gehabt:

Wird eine toxische Dosis (0,5—1,0 pro Kilo) einem Hunde intravenös injicirt, so treten alsbald tonische und klonische Krämpfe ein, und zwar früher, als nach subcutaner Injection. Gewöhnlich wurden zuerst tonische Zustände mit Herabsetzung der Sensibilität, demnächst klonische Krämpfe mit allmählicher Erhöhung der tactilen Sensibilität beobachtet. Ebenso gelang es, auf Schallreiz klonische Zuckungen hervorzurufen. Die Schmerzempfindlichkeit erwies sich während der ganzen Dauer des Versuches herabgesetzt. Wurde das Thier losgebunden, so beobachtete man Schwimmbewegungen, besonders an den Vorderpfoten. — Die Erregbarkeit der Grosshirnrinde zeigte sich directen auf sie ausgeübten Reizen gegenüber als deutlich erhöht.

Injicirte man einer Katze nach Durchschneidung des Dorsalmarks 1,5 g Antipyrin intravenös, so beobachtete man dieselben Convulsionen wie beim Hunde; gleichzeitig zeigte sich auch in den Hinterbeinen erhöhte Reflexerregbarkeit, womit der Beweis geliefert ist, dass das Antipyrin direct auf das Rückenmark wirkt.

Die elektrische Reflexerregbarkeit, die quantitativ durch Summirung schwacher Inductionsschläge geprüft wurde, zeigte sich gleichzeitig mit der Steigerung der tactilen Reflexerregbarkeit erhöht. Hierbei war es gleichgültig, ob nur das Rückenmark transversal durchtrennt oder gleichzeitig (behufs Ausschliessung der willkürlichen Bewegungen) die Grosshirnhemisphären entfernt waren. — Die Schmerzreflexe waren unverändert, wenn man nur das Rückenmark durchtrennt hatte, bedeutend herabgesetzt, wenn die Grosshirnhemisphären zuvor exstirpirt waren. Wurde dagegen in dieser Periode der herabgesetzten Schmerzreflexe nun auch das Rückenmark in der Nähe der Medulla oblongata durchschnitten, so trat die normale Reflexerregbarkeit wieder ein. Mithin hängt die Abschwächung der Schmerzreflexe von den im Mittelhirn und im verlängerten Marke gelegenen Centren ab, deren Reizung die Schmerzreflexe hemmt. — Schliesslich wurde nach grösseren subcutan injicirten Gaben (0,3 - 0,5 p. Kilo) stets eine deutliche Herabsetzung der Schmerzempfindlichkeit beobachtet.

(St. Petersburger med. Wochenschrift No. 32, 1887.)
H. Lohnstein (Berlin).

Beiträge zum Heilwerthe des Antipyrin. Von Dr. Béla Hajós in Harich.

Angeregt durch die günstigen Resultate von Legroux versuchte Verf. bei Chorea subcutane Injectionen einer 50%igen Antipyrinlösung. Es wurde mit einer halben Spritze begonnen, dann täglich um eine halbe Spritze mehr gegeben, bis 2 ganze Spritzen erreicht wurden. Schon nach kurzer Zeit trat vollständige Heilung ein. Bei nach Herpes Zoster aufgetretenen Intercostalneuralgien, ebenso bei Lumbago und Muskelrheumatismus erzielte Verf. mit dieser Behandlung prompten Erfolg.

(Gyógyászat, 1888. No. 13.)
Dr. Schuschny (Budapest).

Erfahrungen über Antipyrin. Von Dr. Jos. M. Loebl in Wien.

An einigen Fällen aus seiner Praxis zeigt Verf., dass das Antipyrin, sei es per os oder als Injection angewandt, bald eine schmerzstillende Wirkung zu entfalten geeignet erschien, bald nicht. Es sind das nur vereinzelte Fälle, die der Verf. anführt und die ein sicheres Urtheil eben nicht gestatten.

(Wien. med. Presse No. 4, 1888.)
Freyer (Stettin).

Experimentelle und klinische Beiträge zur Cocaïnwirkung. Von Prof. M. Rosenthal in Wien.

Die durch Cocaïn bedingten Erscheinungen eines erhöhten Druckes im Gefässsystem einerseits und den centralen oder örtlichen Effect der Anaesthesie andererseits glaubt R. für die Interpretirung mancher Symptome von Nervenkrankheiten und anderer organischer Affectionen verwerthen zu können.

Beginnen wir mit der durch arterielle Blutdruckerhöhung bedingten Milderung nervöser Symptome bei methodischem Cocaïngebrauch, so ist vor allem die depressive Form der Neurasthenie zu nennen mit ihrem Rückenschmerz, Kopfdruck, geistiger Unlust, Schlaf- und Verdauungsstörung, periodischem Angstgefühl, Gesichtsblässe, kleinem Puls und hochgradiger motorischer Erschöpfbarkeit. Bei derartigen Formen trugen steigende Dosen von Cocaïn (0,02—0,03 zweimal des Tages), wenn sie wochenlang gereicht wurden, wesentlich bei zur Beschwichtigung der abnormen Impressionabilität, sowie der Angstempfindungen, erzeugten das Gefühl eines leichten Champagnerrausches, Heiterkeit und Hoffnungsfreudigkeit und gaben den Kranken frischeres Aussehen, volleren Puls, bessere arterielle Spannung in der Radialis, grössere Beweglichkeit und Anregung der geistigen Fähigkeiten wieder.

Noch auffälliger war die Wirkung bei manchen Fällen von Tabes dorsalis, in welchen insbesondere der Einfluss auf die heftigen, lancinirenden Neuralgien ein durchaus günstiger genannt werden musste. Wurde, sowie sich der neuralgische Paroxysmus durch umschriebenes Hautbrennen oder Hyperalgesie, subjectives Kältegefühl, Blässe der Haut, sowie durch schwachen und kleinen Puls ankündigte, sofort eine 3% Cocaïnlösung spritzenvoll einverleibt, so kehrte nach 10—15 Minuten ein behagliches Wärmegefühl in den Körper wieder, die umschriebene Hyperaesthesie verlor sich, die Haut gewann wieder ihren Turgor und ihre Perspiration, der Radialpuls wurde merklich voller und gespannter, und die Kranken vermochten nach einer halben bis ganzen Stunde wieder das Bett zu verlassen. — Vergleichende Injectionen von Morphin, Napellin, Antipyrin boten eine gleich gute Wirkung nicht. Sie zeigten vielmehr diese Mittel nicht nur weniger rasch calmirend, das

Cocaïn, sondern auch von längerer, unangenehmer, allgemeiner Depression begleitet. Andererseits zwingt allerdings auch der längere Cocaïngebrauch allmählich zu concentrirterer Lösung (bis 5%) und erzeugt häufig jene unangenehmen, stundenlang währenden Magensensationen, gegen die meist ein Schluck Cognac unmittelbar nach der Injection angewendet wurde und ausreichend schien.

Bei chronischen, mit Wassersucht einhergehenden Krankheiten sah R. auf Cocaïninjectionen (von 0,03) die ödematösen Anschwellungen, allerdings nur vorübergehend bis zum Aussetzen der Injectionen, weichen und glaubt dies durch Erhöhung des intrarenalen Druckes und der Harnsecretion erklären zu können.

Was die zweite Wirkungsweise angeht, so kann die durch Cocaïn erzielbare Anaesthesirung sich an den Centren oder an der Peripherie geltend machen. Dementsprechend wurde bei der durch Hyperaesthesie der gastrischen Vaguscentren bedingten Bulimie (Hyperorexie) auf längeren Gebrauch von 0,01—0,02 Cocaïn (2—3mal des Tages) auffällige Besserung des Heisshungers beobachtet und auch bei verschiedenen Formen nervöser Cardialgie ein günstiger Erfolg verzeichnet, wenn im Beginne des Anfalls Cocaïn gegeben wurde u. z. am besten von einer Lösung 0,15—0,2 : 150 Aqua, ein Kaffeelöffel voll alle 15 Minuten, bis der Magenkrampf schweigt. Uebrigens glaubt R., seitdem in neuester Zeit wiederholt Erkrankungen des Vaguskernes bei spinalen Cardialgien nachgewiesen sind, auch für die bei heftigen Gemüthsbewegungen, bei Hysterie und Neurasthenie auftretenden Gastralgien nicht eine Erregung der im Magen zerstreuten Endigungen sensibler Nerven, sondern eine Reizung der bulbären Vaguscentren annehmen und auf Grund seiner Erfahrungen Cocaïn als besonders beruhigend für diese excentrische Reizung vorschlagen zu müssen.

Handelt es sich, dem centralen Ursprung gegenüber, bei Anorexia nervosa um eine Hyperaesthesie der peripherischen Magennerven mit dem nach jeder Mahlzeit auftretenden Druck- und Schmerzgefühl, so vermochten gleichfalls die in obiger Weise vor dem Essen wiederholt gegebenen Dosen von Cocaïn die Magensensationen noch bei Zeiten zurückzudrängen, ebenso wie das Erbrechen der Schwangern selbst in schweren Formen, nach Weiss in Prag, durch Verabreichung von Cocaïn (0,15 : 150,0 halbstündlich 1 Kinderlöffel voll) bald zum Stillstand gebracht wird.

Gegen die peripherischen Kolikschmerzen bei nervösen, anämischen Personen und Morphinisten leistet Cocaïn, in derselben Weise wie oben gereicht, hinwiederum gute Dienste, und scheinen hier die schmerzhaften Erregungen gewisser, in der Darmwand gelegener gangliöser Apparate, welche die Darmbewegungen beherrschen, in ähnlicher Weise wie die gereizten Magennerven, durch Cocaïn Beruhigung zu finden.

Endlich werden auch die Hyperaesthesien der Urethra und des Blasenhalses bei Neurasthenia sexualis, bei nervöser Spermatorrhoe oder in Folge von perennirenden Pollutionen oder Excessen mittelst kleiner örtlicher Injectionen günstig beeinflusst und ermöglichen eine methodische Sondencur, den Gebrauch der Kühlsonde, sowie, die Combination mit rationeller hydraulischer Behandlung, um der Hartnäckigkeit des Uebels zu steuern.

Zum Schluss erwähnt R. noch, dass die lästigen Ohrgeräusche bei Gebrauch von grösseren Chinin- oder Salicyldosen durch eine geringe Beigabe von Cocaïn (0,01 : 1,0) wesentlich gemildert werden können.

(Wiener med. Wochenschr. 1888 No. 5.)

G. Peters (Berlin.)

Ueber die Wirkung des Hyoscin. Von Dr. Sam. Kraus.

Als ganz vorzügliches Narcoticum bewährte sich das Hyoscinum muriaticum (Merck), welches subcutan *pro dosi et die* 1 mg in 90 Fällen an der Landesirrenanstalt bei Ofen angewendet wurde. Die Injectionen sind nicht schmerzhaft, auch wehrten sich die Kranken nicht gegen dieselben. Trotzdem dass das Hyoscin bei herabgekommenen Individuen in Gebrauch genommen wurde, konnte Kraus keine üble Wirkung beobachten, nur in einem Falle erfolgte Brechreiz. Die Wirkung tritt nach 6—10, spätestens 15 Minuten ein. Zuerst ist ein rauschartiger Zustand zu beobachten, der kaum länger als 20—30 Minuten währt, dann tritt ein tiefer, 2—3 öfters auch 4 Stunden dauernder Schlaf ein. Nach dem Erwachen dauert die Ruhe noch mehrere Stunden. Bei Paralytikern tritt die Wirkung des Hyoscin später ein als bei Maniakalischen. Das Mittel bietet mehr Vortheile als die gewöhnlichen Narcotica, da es sicher wirkt, keine Intoxicationserscheinungen hervorruft, auf Puls und Respiration keine Wirkung hat. Das Hyoscin füllt eine grosse Lücke im Arzneischatze des Psychiaters aus.

(Orvosi Hetilap 1888. No. 18.)

Dr. Schuschny (Budapest).

Quebracho in der Behandlung der Dyspnoe. Von Walter P. Ellis.

Die Beobachtung an 7 Fällen von asthmatischen und dyspnoischen Symptomen bei den verschiedensten Grundkrankheiten wie Ascites, Bronchialkatarrh, Emphysem und Tuberculose veranlasst den Verfasser, das Extr. Quebracho (Aspidosperma Quebracho) sowohl in flüssiger, wie in fester Form zu ausgedehnteren Versuchen auf's Wärmste zu empfehlen, zumal er gefunden hat, dass dasselbe um so besser wirkt, je schwerer der Anfall ist. Ohne irgend welche Nebenwirkungen coupirt es nicht nur den Paroxysmus, sondern wirkt auch prophylactisch monatelang mit gleich gutem Erfolge. Wo die Dyspnoe bei Bewegungen eintritt und dadurch die Patienten an Ausübung ihres oft noch so leichten Berufes hindert, wird es prophylactisch jedesmal mit überraschender Wirksamkeit gegeben und übertrifft die Erwartung der Patienten und des Arztes meist in wunderbarer Weise. Bei Beginn oder, wo es geht, kurz vor Beginn des dyspnoischen Anfalles oder auch bei der Beabsichtigung von Bewegungen, welche erfahrungsgemäss einen solchen hervorrufen, giebt er 0,12 g des soliden oder einen Theelöffel des flüssigen Extractes mit Wiederholung nach einer Stunde je nach Bedürfniss.

Einige Krankengeschichten sollen die unfehlbare Wirkung des Mittels illustriren, welche sich bei allen 7 beobachteten Fällen wiederholt.

Verf. hält Penzoldt's Hypothese, dass das Blut durch den Einfluss des Mittels im Stande ist, mehr Sauerstoff als gewöhnlich aufzunehmen und dadurch den quälenden Sauerstoffhunger zu beseitigen, für am wahrscheinlichsten.

(The Therap. Gazette No. 1. 1888.) *F. Wolf.*

Eine seltene Form von Chininexanthem. Von Dr. Werner (Markgröningen).

Eine 58jährige Frau erhielt gegen Kopfschmerzen, Ohrensausen, Schwindel 2 g Chinin in 30 Pillen, täglich 6 Stück zu nehmen. Nach der zweiten Pille stellte sich Frösteln und über Nacht Stechen in Hand- und Fingergelenken ein. Letztere waren gleichmässig gelbroth gefärbt, keine Schwellung, Gefühl von Pelzigsein. Nach Aussetzen der Pillen war nach 8 Tagen jede Röthung und Abnormität an den betroffenen Stellen geschwunden. 24 Jahre alt hatte Patientin an einer „Art Wechselfieber" gelitten, gegen welches sie viel Chinin ohne besonderen Erfolg, aber auch ohne sonstige Nebenerscheinungen gebrauchte. Als sie anderthalb Jahre später wegen Gesichtsreissen Chininpulver erhielt, bekam sie sofort am ganzen Körper, besonders an den Gelenken der oberen Extremitäten grössere und kleinere rothe Flecke mit Bläschen, welche am nächsten Tage verschwunden waren. Bald darauf überstand sie eine Angina Ludovici. Im Reconvalescentenstadium wurde ihr ein Chinadecoct verordnet, und bereits nach dem zweiten Löffel entstand in der Nachbarschaft der operirten Stelle am Halse ein rother, brennender Ausschlag. 11 Jahre später wurde sie, als sie wiederum wegen Gesichtsneuralgie ein Chininpulver einnahm, eine Stunde später von Schüttelfrost und Ausschlag an den Armen befallen.

(Würtemb. Corr.-Bl. 1888. No. 5. S. 33.)

George Meyer (Berlin).

Ueber Behandlung der Diphtherie. Von Dr. Victor Schmeidler, pract. Arzt in Breslau.

Ausgehend von der Ansicht, dass in den meisten Fällen von Diphtherie die Localerkrankung von Mandeln-, Rachen- oder Nasenschleimhaut gegenüber der Allgemein-Infection die primäre ist, empfiehlt Schm. die frühzeitige Localbehandlung. Und zwar lässt er, bis die Membranen im Halse locker werden, und das Fieber gewichen ist, stündlich, Tag und Nacht, in folgender Reihenfolge vorgehen:

„In der 1. Stunde: Mit reinem Terpentinöl die diphtherisch belegten Stellen mehrmals bestreichen, die etwaigen Vertiefungen der Tonsillen mit dem Pinsel möglichst sanft aber gründlich auswischen.

In der 2. Stunde: mit Kalkwasser aussprühen (mit oder ohne Zusatz von 1/3 Aq. dest.)

In der 3. Stunde: mit 1% Carbol-Wasser aussprühen."

Ist die bezeichnete Besserung eingetreten, wird Nachts allenfalls 1 1/2—2 Stunden pausirt. Die Terpentinölpinselung wird also dreistündlich vorgenommen. Das Terpentinöl wird entweder pur oder bei zarten Individuen mit Speise-Oel verdünnt angewandt. Das Verhältniss der Verdünnung hat der Vf. nicht angegeben. Er bedient sich nicht des üblichen Halspinsels am Draht, sondern gebraucht einen einfachen geraden Aquarell-Mal-Pinsel von etwa Bleistiftsdicke und bestreicht nur die kranken Flächen mit dem Pinsel, den er mit dem Terpentinöl tränkt, aber vor dem Gebrauch etwas ausdrückt, damit nicht Tropfen in den Eingang des Kehlkopfes fallen; 1/2 Stunde lang nachher dürfen die Kinder Nichts trinken.

Zum Aussprühen des Halses nimmt Sch. einen gewöhnlichen Spray-Apparat mit Hartkautschuk-Rohr, über welches er noch ein etwa 3 cm langes Stückchen Gummischlauch zieht, so dass dieser über die vordere Oeffnung der Canüle 1/2—1 cm hervorragt. Durch letztere Massnahme soll der Spray in eine bestimmte Richtung gezwungen und Verletzungen unruhiger Kinder durch die Canüle verhütet werden. Die so präparirte Canüle wird den diphtherischen Stellen bis auf 2—3 cm genähert, während man mit einem Spatel oder Löffel die im Munde zurückgezogene Zunge herunterdrückt. Eine zweite Person drückt den ventilirenden Gummiball. Man sprüht nur wenige Augenblicke, lässt die sich dabei im Rachen ansammelnde Flüssigkeit ausspucken und wiederholt dieses mehrmals hintereinander.

Die Terpentinpinselung wird so lange angewendet, bis die Membranen verschwunden sind, der Spray mit Kalkwasser und Carbolwasser wird aber noch fortgebraucht, allerdings verdünnter und seltener, wahrscheinlich bis zur vollständigen Wiederherstellung (Die Angaben über diesen Punkt sind ungenau. Ref.)

Vom Gurgeln hält Verf. wenig, doch soll nach jedem Essen oder Trinken von Milch etc mit Kalkwasser nachgegurgelt werden. Die Gurgelungen lässt er im Liegen mit weit geöffnetem Munde vornehmen. Mit dieser topischen Behandlung verbindet er eine consequente Eisbehandlung. Ein schlauchförmiger Gummi-Eisbeutel wird so um den Hals gelegt, dass der dem Kehlkopf entsprechende Theil durch Abschnüren mit zwei Bändern ungefüllt bleibt (solange nämlich der Kehlkopf nicht mit afficirt ist), die mit Eisstückchen gefüllten Theile dagegen gerade auf die Gegend der entzündeten und geschwollenen Tonsillen und Submaxillardrüsen zu liegen kommen, und der Schlauch durch oben angebrachte Bändchen auf dem Scheitel befestigt wird.

Gleichzeitig lässt der Vf. auch häufig Eisstückchen in den Mund resp. Hals geben.

Diese Eisbehandlung wird Tag und Nacht durchgeführt, bis alle Beläge im Halse verschwunden, die Mandeln und Lymphdrüsen fast ganz abgeschwollen und gegen Druck ziemlich unempfindlich sind. Bis zur vollständigen Wiederherstellung werden dann hydropathische Umschläge gemacht, die bei Tag 1 bis 2 stündlich erneuert werden und zuletzt über Nacht liegen bleiben können.

Bei Nasendiphtherie wird fleissig (wahrscheinlich stündlich) wenig verdünntes (¼ Aq. dest.) Kalkwasser bei möglichst angehaltenem Athem eingespritzt, vorn sitzende Beläge werden je nach dem Alter des Pat. mit verdünntem oder unverdünntem Terpentinöl 3 stündlich gepinselt, und zwar so, dass der reichlich getränkte Pinsel bei horizontaler Lage des Kindes vorn in der Nase sanft ausgedrückt wird. Dadurch gelangt das Terpentinöl auch durch Flächenausbreitung in die hinteren Nasenräume.

Sind auffällig äussere Wunden vorhanden und werden gleichfalls diphtherisch, so müssen sie möglichst oft mit 1‰ Sublimatlösung verbunden werden.

Neben dieser äusserlichen Behandlung giebt Verf. im Beginn Calomel als Laxans, dann Chinin in möglichst kräftigen Einzeldosen, muthmasslich um Fiebersteigerungen herunterzudrücken, also daneben; wenn die Calomelwirkung vorbei ist, Kali chloricum. Kommt die Temperatur auf oder unter die Norm, Natr. benzoicum mit Spir. aeth. In der Reconvalescenz Tinct. ferr. chlor. aeth. oder Liq. ferr. sesquichl. in Schleim. In Fällen grosser Schwäche, besonders bei arythmisch werdendem Pulse und Gefahr der Vaguslähmung, zumal bei Scharlach-Diphtherie Tinct. Ambrae c. Mosch. Statt des äusserl. Gebrauchs des Terpentinöls giebt es Verf. auch innerlich neben den andern Mitteln, wenn die Pinselungen unausführbar sind oder die Wirkung überall erzielt werden soll und zwar in der Dosis von 5—15 gtt. in einem kleinen Gläschen Wein mit Wasser 3 bis 4 mal täglich. 5 gtt. giebt Vf. einem Kinde von 6 Jahren; (wie viel er jüngeren Kindern giebt, sagt er nicht, wie er auch sonst keine Angaben über die Höhe der dargereichten innern Mittel macht.)

Der Verf. hat die angegebene Methode 4 Jahre lang geübt und glaubt sehr glücklich mit derselben gewesen zu sein.

Eigenthümlicherweise bezeichnet Vf. Kal. chlor. als Specificum der Dyphtherieerkrankung, während er doch einen so mühsamen Apparat zur Bekämpfung der Krankheit für nothwendig hält. Ebenso wunderbar ist es, wenn er Calomel zu Anfang auch als Antizymoticum reichen will, wo er doch annimmt, dass die Krankheitserreger local im Halse sind.

(*Breslauer ärztliche Zeitschr. No 4, 88.*)

Dane (*Berlin*).

Ueber die locale Behandlung der Rachendiphtherie mit Pyridin. Inaugural-Dissertation von Emil Rosenthal (Erlangen).

V. schildert die Resultate, die in der Penzoldt'schen Klinik im Winter 85/86 mit der Anwendung des Pyridins bei Rachendiphtherie gewonnen wurden. Das Pyridin wurde in 10% wässeriger Lösung mit Zusatz von etwas Oleum Menthae piperitae auf Watte aufgeträufelt, und diese alsdann mit einer Rachenpincette leicht gegen die Rachenorgane angedrückt. Nach der Pinselung gurgelten die Patienten mit einer 3% Lösung von Kalichloricum oder inhalirten eine 2% Carbolsäure-Lösung.

Nach dieser Methode wurden 38 Erwachsene behandelt, welche sämmtlich genasen, und 26 Kinder, von denen bei 7 eine

Ausbreitung der Diphtherie auf den Kehlkopf und der Tod eintrat. Das Material ist, wie V. selbst hervorhebt, zu gering, um daraufhin eine Empfehlung des Pyridins als gerechtfertigt erscheinen zu lassen; ausserdem haben auch die concentrirten Phenolätzungen in der Penzoldt'schen Klinik bessere Resultate ergeben, als die Pyridinpinselungen.

Schmey (Beuthen O.-S.).

Zur Aetiologie und Symptomatologie der Bronchitis putrida. Von Dr. Joseph Lumniczer (Budapest).

Nach eingehender Besprechung von 11 auf der Klinik des Prof. v. Korányi beobachteten Fällen von putriden Bronchitiden erwähnt Verf. das daselbst übliche Heilverfahren. Das Endziel desselben sei die Kräfte des Kranken zu heben. Dazu dienen kräftigende Nahrung, kleine Dosen von Chinin, Cognac, Wein. Eine Stauung des Secretes müsse hintangehalten werden, deswegen müsse man Expectorantien verabreichen. In den meisten Fällen erfolgte Besserung auf 2—4mal täglich (in schweren Fällen 2 stdl.) vorgenommene Inhalationen mit 2% Carbollösung. Ausserdem wurden für nützlich befunden: Inhalationen mit Sublimatlösung (1 : 2000), Terpentinöl (10—15 Trpf.) und einer wässerigen Lösung der Tinctura Eucalypti. Zeitweises Abwechseln der Mittel wirkte stets vortheilhaft.

(*Orvosi Hetilap No. 8–9. 1888.*)

Dr. Schuschny (Budapest).

Ueber die Anwendung der Dr. Bergeon'schen Gasmischung zu Inhalationen. Von Dr. Anton Kaiika, Gemeindearzt in Martinsberg.

Verf. wandte seit mehreren Jahren den Schwefelwasserstoff und die Kohlensäure, also dieselben Stoffe, welche jetzt bei den Bergeon'schen Gasinjectionen angewendet werden, in manchen Fällen von Lungentuberculose zu Einathmungen an. Bald aber überzeugte er sich, dass in der primitiven Weise, wie er die Gasmischung anwandte, die Kohlensäure nicht in der erhofften Weise zur Geltung kam, und er benutzte daher seitdem die Dämpfe der Lösung des Kalium sulfuratum allein. Die Anwendung geschieht in der Weise, dass der Kopf des Patienten und das die heisse Solution enthaltende Gefäss 10—15 Minuten lang mit einem Tuch überdeckt gehalten werden.

In mehr als 50 meistens ziemlich vorgeschrittenen Fällen von Lungentuberculose will Verf. durch Anwendung dieses Gases in Form von Inhalationen im Gegensatz zu der Bergeon'schen Anwendung vermittelst der Darminjectionen wesentliche Besserung erzielt haben. Hervorzuheben sei auch die Einfachheit und Billigkeit der Anwendung gegenüber den kostspieligen Apparaten und dem Widerwillen der Patienten bei der Bergeon'schen Behandlung.

(*Wien. med. Presse No. 7. 1888.*)

Freyer (Stettin).

Ueber die Neurosen des Magens. Von Prof. Dr. Julius Glax (Graz).

V. betrachtet die Neurosen des Magens als Theilerscheinungen des grossen Symptomencomplexes der Neurasthenie und hält im Gegensatze zu Leube das Vorkommen einer idiopathischen nervösen Dyspepsie zum mindesten für sehr selten.

Trotzdem dass man meistens combinirte Gastroneurosen zu sehen bekommt, ist es doch zweckmässig, Motilitäts-, Sensibilitäts- und Secretionsneurosen zu trennen.

Die Motilitätsstörungen zerfallen in 2 Gruppen, in Reizungsformen: peristaltische und antiperistaltische Unruhe des Magens, hyperkinetische Form des nervösen Aufstossens, nervöses Erbrechen, gastrische Krampfformen, und in Depressionsformen: Atonie des Magens, Insufficienz der Cardia, Insufficienz des Pylorus. Die Therapie der peristaltischen und antiperistaltischen Unruhe des Magens beschränkt sich auf die Anwendung der Elektricität. Kussmaul sah von inducirten Strömen einen günstigen Erfolg, Vf. hat die Galvanisation des Magens mit Hilfe grosser Plattenelektroden in Verbindung mit leichten hydriatischen Proceduren und dem Trinken warmer Glaubersalzwässer für sehr wirksam gefunden.

Bei dem nervösen Aufstossen, das von einer gesteigerten Peristaltik herzuleiten ist, die den Verschluss der Cardia überwindet, hat V. das Natr. brom. von besonderer Wirksamkeit gesehen. Heisse Leibbinden, Douchen in die Magengegend, Faradisation der Bauchmuskeln leisten oft gute Dienste.

Bei dem nervösen Erbrechen hat man zu unterscheiden die cerebrale und spinale Form, den Vomitus nervosus der Hysterischen und Neurastheniker und das reflectorische Erbrechen.

Das cerebrale Erbrechen, wesentlich bedingt durch Anaemie oder Hyperaemie des Gehirns, wird durch absolute Ruhe, Eispillen, Morphium günstig beeinflusst. Zu dem cerebralen Erbrechen gehört auch das Erbrechen bei der Seekrankheit, wobei Manassein und Otto das Cocaïn als wirksam gefunden haben. Zu den spinalen Formen gehören die Crises gastriques der Tabiden und das von Leyden in neuerer Zeit beschriebene periodische Erbrechen. Bei den Crises gastriques empfiehlt sich neben Morphium die Anwendung des Chapman'schen Schlauches und nach Franz Müller die locale Anwendung der Anode des constanten Stromes auf das Epigastrium oder faradische Pinselung.

In neuester Zeit haben Cahn und Hepp das Antifebrin mit Erfolg gegeben. Bei dem periodischen Erbrechen räth Leyden Hyoscyamus und Belladonna an. Vf. hat von Kaltwassercuren und vom Aufenthalt an der See günstigen Erfolg gesehen.

Bei dem Erbrechen der Neurastheniker ist die Therapie natürlich vor Allem gegen das Grundleiden zu richten, während bei dem reflectorischen Erbrechen, dessen beinahe physiologischer Typus das Erbrechen der Schwangern ist, das aber von allen möglichen Reizherden ausgelöst werden kann, dieser Reizherd local zu behandeln ist.

Von den gastrischen Krampfformen endlich ist am besten die krampfhafte Zusammenziehung der Cardia bekannt, gegen die Oser die Einführung der Sonde empfiehlt.

Wenn wir nun zu der Betrachtung der Depressionsformen übergehen, so ist zunächst bei der Atonie des Magens, die durchaus zu unterscheiden ist von der auf organischer Grundlage beruhenden Gastrectasie, die bei dieser indicirten Ausheberung des Mageninhaltes geradezu contraindicirt, vielmehr ist die Hydrotherapie anzuwenden am besten in Form kräftiger Abreibungen mit kaltem Wasser nach einer vorausgegangenen nassen oder trockenen Einpackung, Douchen in die Magengegend und Leibbinden. Günstig wirken auch Seebäder, Galvanisation des Magens oder des Halssympathicus, von Medicamenten Ergotin (Leube) oder Argent. nitricum. (Glax).

Die Insufficienz der Cardia macht sich bemerkbar in den leichtesten Fällen durch nervöses Aufstossen, in schwereren Fällen durch ein habituelles Regurgitiren der Speisen, welche entweder wiedergekaut und neuerdings verschluckt werden (Rumination oder Merycismus) oder ausgeworfen werden (habituelle Regurgitation). Die Behandlung ist vorwiegend eine psychische. Körner empfiehlt das Verschlucken von Eispillen nach jeder Mahlzeit.

Eine wirksame Therapie der Insufficienz des Pylorus endlich besteht zur Zeit nicht, doch dürfte die Faradisation (Fürstner) zu versuchen sein.

Was die Sensibilitätsneurosen betrifft, so ist zunächst der sog. Magenkrampf, die Cardialgie zu beachten. Bei den Cardialgien der Hysterischen und Neurastheniker sind die Kaltwassercur, Luftveränderung, der constante Strom und die methodische Behandlung mit Bromalkalien von grosser Wichtigkeit. Die reflectorische Cardialgie muss natürlich durch Behandlung des Reizherdes beeinflusst werden.

Von besonderem Interesse sind die nicht auf Ulcus beruhenden Cardialgien der Anaemischen und Chlorotischen, die bei Schwinden der Blutanomalie weichen, und die intermittirenden Cardialgien, die als larvirte Malaria anzusprechen sind, und durch Chinin beseitigt werden.

Zu den Sensibilitätsneurosen gehören auch die Veränderungen der physiologischen Gemeingefühle, Hunger und Sättigung.

Die Anorexia nervosa, die namentlich bei jungen Mädchen in der Pubertätsentwicklung vorkommt, erheischt eine zweckmässige psychische Behandlung combinirt mit Klimawechsel und leichten hydriatischen Proceduren. Ebenso ist bei der Hyperorexie oder Bulimie der Hysterischen und Neurastheniker psychisch einzuwirken. Rosenthal empfiehlt dabei subcutane Injectionen von Opiumextract, Kali arsenicosum und Verabreichung von Cocaïn, welch letzteres besonders das Hungergefühl exquisit herabsetzt.

Vollkommen parallel der Anorexie und Hyperorexie haben wir bei Neurasthenikern eine Hyperaesthesie nach Nahrungsaufnahme und eine Verminderung des Sättigungsgefühles (Polyphagie).

Die Behandlung ist dieselbe wie bei der Anorexie. Ebenso ist die fast nur beim weiblichen Geschlechte, bei chlorotischen Mädchen und schwangern Frauen, als Verlangen nach Kreide, Essig, Mehl etc. bekannte Parorexie zu behandeln.

Von den Secretionsneurosen ist genauer nur die vermehrte Magensaftsecretion bekannt, die Gastroxynsis Rossbach's oder der Magensaftfluss Reichmann's. Rossbach empfiehlt reichliches Trinken lauwarmen Wassers. Da der Anfall in der Regel nach geistigen Anstrengungen, psychischen Affecten oder Intoxicationen (Nicotin) eintritt, so wird ein entsprechendes Verhalten die Disposition dazu vermindern.

Eine Verminderung oder ein Fehlen der Magensaftsecretion als reine Neurose ist zwar sehr wahrscheinlich, aber noch nicht sichergestellt.

(Klinische Zeit- und Streitfragen 1887, Heft 6.)

Schwarz (Beuthen i. Schl.)

Ueber Atonie des Magens. Von Dr. H. Freiherrn von Pfungen.

Vf. versteht unter Atonie des Magens eine vollständige, nicht als Folge von acuten

Katarrhen, nervösen Zuständen u. s. w. auftretende Affection, die sich characterisirt durch Vergrösserung des Magenschalles, die jedoch in der Regel nicht über die Nabellinie hinausreicht, Verlängerung der Magenverdauungszeit und gesteigerte Acidität des Magensaftes. Die Patienten klagen über Appetitmangel, zunehmende Abmagerung, Gefühl von Völle und Druck im Magen, das 1—2 Stunden nach der Mahlzeit, also zu der Zeit, wo der Nachweis freier Salzsäure im Magen zu gelingen beginnt, anfängt und allmählich zunimmt. Die Folge der unzureichenden Ernährung sind dann allerlei anämische und nervöse Zustände.

Von der klassischen Dilatation unterscheidet sich diese Atonie durch die geringere Ausdehnung des Magens, durch das Fehlen des bei der Dilatation so constanten Erbrechens und der sichtbaren peristaltischen Bewegungen.

Eine solche Atonie des Magens ist entweder die Folge eines Schwächezustandes des Magens und wahrscheinlich einer zu frühen Ermüdung der automatischen Centren, oder sie wird reflectorisch hervorgerufen durch Ueberdehnung oder andere Reize von Seiten des Darmkanals. Eine dritte sehr interessante Ursache ist die vom Vf. sogenannte Säurehemmung. Vf. führte nämlich in Gemeinschaft mit Ullmann an einem Fistelkranken den directen Nachweis, dass ein Durchspülen des Magens mit einer stärkeren (0,25 %) Salzsäure den Abfluss des Mageninhalts aus dem Magen dadurch hemmt, dass sich innerhalb des Antrum pylori, dessen Musculatur hauptsächlich die Entleerung des Magens besorgt, einen der sphincterartigen Apparate nach dem andern aufrichtet und so den Magen von seinem Pylorustheil vollständig abschliesst.

Demgemäss besteht eigentlich das Hauptmoment der vom Vf. mit sehr grossem Erfolge angewandten Therapie in der Darreichung von Natrium bicarbonicum, das er in Dosen von 1—1½ g 2 Stunden nach der Mittagsmahlzeit, resp. 1 Stunde nach einer kleineren Mahlzeit nehmen lässt. Nach dem Gebrauch des Natr. bicarbon. darf mindestens eine Stunde lang keine Nahrungszufuhr stattfinden.

In vielen Fällen ist es angebracht, während des Essens ein mit 3—4 Tropfen Acidum muriaticum angesäuertes Trinkwasser zu reichen, wenn nämlich die während der ersten 1—2 Stunden nach der Nahrungsaufnahme normaliter vorhandene Milchsäure- und Buttersäurebildung zu stark wird und zu lange währt, was sich durch steigende Aufblähung des Magens, Ructus etc. geltend macht.

Die Diät ist wesentlich eine Mastdiät, und Vf. legt besonderes Gewicht auf den reichlichen Genuss von Milch, indem er als zweites Frühstück ¼ oder ½ l und zum Vesper neben dem Kaffee oder Thee eine gleiche Menge Milch trinken lässt.

Von grosser Wichtigkeit ist die Sorge für tägliche Stuhlentleerung, wozu er namentlich den Gebrauch der Rheumpräparate empfiehlt.

V. hält die geschilderte Atonie für so häufig, dass er in allen unklaren Fällen von Magenaffectionen die angeführte Therapie anzuwenden empfiehlt.

(Klinische Zeit- und Streitfragen Band 1, Heft 7—10.)
Schmey (Beuthen O.-S.).

Ueber die Dauer der Magenverdauung von Fleischspeisen mit Berücksichtigung der Beschaffenheit des Mageninhaltes während der Verdauung. Inaugural-Dissertation von F. X. Giggelberger (Erlangen)[1].

V. hat auf Veranlassung von Penzoldt Versuche an sich angestellt über die Zeitdauer, welche unsere gewöhnlichen Fleischspeisen im Magen verweilen. Vor dem Versuche und während derselben wurde nach der Methode von Jaworski und Gluzinski festgestellt, dass die Magenthätigkeit des V., wie sie auch subjectiv eine gute war, auch objectiv normal war. Es stellte sich dabei heraus, dass gesottenes Kalbshirn und Kalbsmilch (Thymus), sowie gesottenes Huhn die kürzeste Zeit im Magen verweilen, viel länger dagegen Ente, Gans, Hase, Rindszunge, dass rohes Rindfleisch schneller den Magen verlässt, als gekochtes und gebratenes, dass dagegen rohgeschabter und gekochter Schinken um eine Stunde weniger im Magen verweilen als roher, nicht geschabter Schinken.

Was die Reaction des Mageninhalts betrifft, so trat bei Speisen, die schon vor der dritten Stunde aus dem Magen verschwanden, freie Salzsäure schon in der ersten Stunde auf, um in der dritten abzunehmen; bei den länger verweilenden erst in der zweiten Stunde, um bis zur vierten Stunde anzuhalten. Milchsäurereaction wurde öfter beobachtet.

Schmey (Beuthen O.-S.).

Ueber Alimentation und Medication per Rectum bei Hautkrankheiten von J. V. Shoemaker. (Nach einer Uebersetzung von Dr. Lier, Kreuznach).

Abgesehen von rectaler Alimentation bei Epitheliomen und frisch kauterisirten oder ausgekratzten Lupusherden der Lippe und

---

[1] Auszug davon: F. Penzoldt: Ueber die Verdaulichkeit der Fleischspeisen. Münchener medicinische Wochenschrift 1887 No. 20.

des Mundes, wo die Ernährung per Klysma durch Schonung der obersten Digestionswege die krankhaften Processe wenigstens nicht störend beeinflusst, erzielt die Darmalimentation einmal eine günstige Ernährung z. B. bei Dyspepsien erregenden Ekzemen der Kinder, sodann eine schnellere Heilung solcher Hautaffectionen, denen ungenügende Magenverdauung zu Grunde liegt, z. B. bei Pemphigus- und Impetigoformen der Kinder, bei recidivirender Acne schwächlich constitutionirter Mädchen und Knaben. Das Ausspülen des Rectum vor der Application des Klysmas hält Verf. für unnöthig. Dasselbe soll nur alle 4 Stunden gegeben werden und für Kinder nicht mehr als 45 g, für Erwachsene 120 g enthalten.

Die Therapie p. rectum betreffend hält Verf. die Suppositorien für die beste Form der Darreichung durch den Mastdarm, welche vor allem indicirt ist, wenn das betreffende Medicament von dem Magen schlecht vertragen wird. So räth er, Suppositorien von 0,03 g Calomel oder 0,015 g Hydrargyr. bijodat. bei syphilitischen Hautaffectionen. Bei syphilitischen Exanthemen sah Verf. günstige Wirkungen von Leberthranklystieren (30 g). Chininsuppositorien à 1,2 g sind bei dem von Malaria bedingten Erythema multiforme und nodosum indicirt, falls gastrische Erscheinungen die Aufnahme der Medicamente p. os als unzweckmässig erscheinen lassen. Die durch gastro-intestinale Reizungen bedingte Urticaria simplex schwindet nach Ricinusöl-Glycerinklystieren. Für Erythema, Intertrigo in Folge von diarrhoischen Dejectionen sind Suppositorien von Opium mit 0,3—1,2 g Geranium oder Hammamelis ausgezeichnet. Opiumsuppositorien mit narkotischen Zusätzen werden gegen Pruritus ani, gegen den durch Affection der Analnerven bedingten Pruritus vulvae u. s. w. empfohlen. Arsen- und Antimonsuppositorien sind bei Psoriasis von ausserordentlichem Nutzen, Jodkali leistet in kleinen Dosen vom Darm aus gute Dienste bei subacuten und chronischen Ekzemen; endlich werden Leberthranklysmen bei hartnäckigem Ekzem und Ichthyosis empfohlen.

(Monatsschr. f. prakt. Dermatologie 1887, No. 24.)

J. Ruhemann (Berlin).

Untersuchungen über das Kniephänomen. Von Dr. George Meyer (Berlin) (Autoreferat).

Verf. hat zunächst bei seinen Untersuchungen über das Kniephänomen an den hemiplegischen Patientinnen der städtischen Frauen-Siechenanstalt gefunden, dass die Intensität und Extensität des Reflexes bei ein und derselben häufig gar nicht im Verhältniss zu einander stehen, d. h. dass das Bein auf Beklopfen der Patellarsehne zwar sehr kräftig vorgeschleudert werden kann, dass aber der Ausschlag der Extremität, zu dessen Messung M. das von Lasar und Heller angegebene Reflectometer benutzte, ein sehr kleiner sein kann und umgekehrt. Ferner zeigte sich die Reflexextensität innerhalb scheinbar ziemlich bestimmter Grenzen bei ein und derselben Person an verschiedenen auf einander folgenden Tagen schwankend. Es ergiebt sich also, dass eine einmalige Prüfung des Kniephänomens nicht zur Diagnosenstellung einer Affection des Centralnervensystems ausreicht, da genannte Umstände zu Täuschungen Veranlassung geben können.

Ferner prüfte M. die Wirkung des Physostigminum salicylicum auf das Kniephänomen, da Prof. Ewald dieses Mittel gegen die starken Schleuderbewegungen der Extremitäten bei Tabes mit gutem Erfolge versucht hatte. Es wurde 0,001 *pro dosi* injicirt und 4½ Stunde später und dann 4 Tage hintereinander um dieselbe Zeit der Ausschlag des Kniephänomens gemessen. Die Intensität desselben war fast stets nach der Einspritzung herabgesetzt; die Extensität zeigte dieses Verhalten nicht immer so deutlich. Die Injectionen wurden zuerst auf der einen Seite, dann auf der anderen ausgeführt. 8 von 28 Frauen hatten darnach verminderte Extensität, gleichgültig ob die Injection rechts oder links erfolgt war, und auf welcher Seite die Lähmung sass. Diese Verringerung hielt zwei Tage lang an, dann nahm die Curve am Messapparat wieder ihre frühere Gestalt an. Oftmals war nach der Injection eine geringe Verstärkung (vielleicht ein zunächst bewirktes Reizstadium) vorhanden. In 8 anderen Fällen trat die Verminderung des Ausschlages nicht auf der kranken injicirten, sondern auf der gesunden injicirten Seite ein. Bei 8 Frauen war dieses Verhältniss gerade umgekehrt, bei 4 liess sich eine deutliche Wirkung nicht erkennen.

Ausserdem wurde in derselben Weise eine Frau mit Chorea und drei Patientinnen mit Neurosen mit Physostigmineinspritzungen behandelt. Hierbei zeigte sich zunächst auf die choreatischen Zuckungen, gegen welche das Mittel auch empfohlen ist, nicht die geringste Wirkung, auch keine sehr ausgesprochene auf das Kniephänomen. Bei den Neurosen war zuerst stets Abschwächung des Patellarreflexes auf der injicirten Seite, am zweiten Tage aber eine beträchtliche, mehrere Tage lang dauernde Steigerung zu constatiren, während die Seite, welche keine Einspritzung erhalten, die gewöhnlichen kleineren Schwankungen darbot.

Die bei einem völlig gesunden Individuum vorgenommene Prüfung des Patellarreflexes ergab zwar auch Extensitätsschwankungen, aber keinen so regelmässigen Abfall der Extensitätscurve wie bei den Frauen nach Physostigmininjection. Ob die verschiedenen geschilderten Arten der Aenderung der Extensität nach Einspritzung des Medicamentes mit dem Sitz der Lähmung zusammenhängen, und wie überhaupt die Wirkung des Physostigmin auf die Medulla spinalis, die hier wohl offenbar vorliegt, stattfindet, darüber müssen weitere Untersuchungen entscheiden.

(*Berl. klin. Wochenschr. No 3. 1888.*)

Ueber die Anwendung der Stickstoffoxydul-Sauerstoff-Narkose bei grösseren chirurgischen Eingriffen. Vorläufige Mittheilung von Dr. Witzinger in Wien.

Nachdem Verf. ein aus Stickstoffoxydul und Sauerstoff im Verhältniss von 88 : 12 bestehendes Gasgemisch vorher schon vielfach an Thieren und in zahnärztlicher Praxis erprobt hatte, wurde ihm Gelegenheit, dasselbe bei 3 grösseren chirurgischen Eingriffen in der Wiener allgemein. Poliklinik und auf der Abtheilung des Herrn Prof. v. Mosetig mit gutem Erfolg als Anaestheticum anzuwenden. Verf. rühmt dabei die Gefahrlosigkeit der Anwendung und das Ausbleiben des Excitationsstadiums und behält sich vor, die weiteren Vorzüge dieser Art von Narkose an einer Reihe von Fällen in einer besonderen Monographie nachzuweisen.

(*Wiener med. Presse No. 3, 1888.*)

Freyer (*Stettin*).

(Aus der chirurgischen Klinik zu Greifswald.)

Zur Behandlung der traumatischen Epiphysentrennung am oberen Humerusende, nebst Bemerkungen über die Technik der Aneinanderbefestigung zweier Knochen. Von Prof. Dr. Helferich.

In den allgemein seltenen Fällen von traumatischer Epiphysentrennung am oberen Humerusende, in denen es, wenn sie im frühen Lebensalter erfolgen und die meistens bedeutende Dislocation nicht gehoben wurde, zu sehr hochgradiger Störung im Längenwachsthum des Humerus kommen kann, bereiten Reposition und Fixirung oft erhebliche Schwierigkeiten. Gelang aber die Reposition überhaupt nicht, so begnügte man sich mit der misslungenen Reposition und deren Folgen. Verf. hat nun in einem Falle, dessen Krankengeschichte er mittheilt, die blutige Reposition auf operativem Wege ausgeführt und zwar mit bestem Erfolg. Von besonderem Interesse hierbei ist die Art der Fixirung der adaptirten Bruchenden, die Verf. in der Weise bewerkstelligte, dass er eine pfriemartige Stahlnadel schräg durch beide Fragmente einbohrte und nach Entfernung des abschraubbaren Griffes in denselben sitzen liess. Einen ähnlichen Fall hat unser Landsmann und New-Yorker Chirurg F. Lange ebenfalls durch blutige Operation behandelt, nur geschah hier die Fixirung vermittelst Schienenverbandes und Bettruhe. Verf. glaubt jedoch in seinem Falle das günstige Resultat zum grossen Theile der Art der von ihm geübten Fixirung mit der pfriemartigen Stahlnadel zuschreiben zu sollen, woher er dieselbe nicht nur für die Fälle von blutiger Reposition empfiehlt, sondern das Verfahren vielleicht auch für Fälle, in denen die unblutige Reposition glücklich gelungen, zur sicheren Fixirung der Bruchenden als geeignet ansehen möchte.

(*Münchener med. Wochenschr. No. 40, 1887.*)

Freyer (*Stettin*).

Sechs weitere Fälle von conservativem Kaiserschnitt nach Sänger. Von Prof. P. Zweifel.

Die Kaiserschnittsfrage ist in den letzten Jahren in ein ganz neues Stadium getreten, und die Methode hat sich zu einer hohen Vollkommenheit entwickelt. Sänger hat das unbestreitbare Verdienst, zuerst für die Sectio caesarea eine Methode geschaffen zu haben, mit der ein durchschlagender Erfolg erzielt ist. Dass diese Methode zusammengesetzt ist aus Einzelheiten, welche zum Theil schon Gemeingut der Chirurgie waren, zum Theil auch einzelne schon von einigen Operateuren beim Kaiserschnitt angewandt waren, kann ihm dies Verdienst nicht nehmen; ebensowenig der Umstand, dass einiges als verlassen anzusehen ist, wie die Unterminirung des Bauchfelles und die Resection der Uterusmusculatur, um eine Einkrempelung des Peritoneum möglich zu machen.

Zweifel zeigt, was auch schon früher behauptet war, durch der Arbeit beigefügte Abbildungen von Präparaten, dass intacte Flächen der Serosa nicht, wie Sänger annimmt, mit einander verwachsen. Die von Sänger bei seiner Kaiserschnittsmethode angewandte sero-seröse Naht ist aber sehr geeignet, die Sicherheit, das Uterussecret von der Bauchhöhle fernzuhalten, zu erhöhen und die Verwachsung von Darmschlingen mit der Serosa-Naht und des Uterus mit den Bauchdecken zu verhindern. Wo sich aber eine Einkrempelung des Peritoneum der Spannung wegen nicht leicht bewerkstelligen lässt, soll man diese Einkrempelung lieber bei Seite lassen. Wenn man dann die Muskelwunde genau vereinigt, liegen die Ränder des Peritoneum so scharf an einander, dass eine lineare Verheilung in Kurzem eintritt und die Patientinnen keinen Nachtheil erleiden. Will man ohne Resection, welche die Operation in die Länge zieht und doch nur schwer eine genaue Adaption der Wundränder des Peritoneum ermöglicht, die Umkrempelung des Peritoneum erzwingen, so reisst dieses leicht ein und blutet; es müssen Umstechungen gemacht werden, und dort, wo Blut austritt, stellen sich auch leicht Verlöthungen mit der Bauchwand ein. Zweifel hat diese Erfahrung bei seinen eigenen Operationen gemacht.

Er beginnt seine Peritonealnaht unten am Uterus. Hier lässt sich das Peritoneum gewöhnlich leicht umschlagen; geht dies am Fundus nicht, so unterlässt er dort die Decknaht.

Als Nahtmaterial hat Sänger Silberdraht und Seide für das sicherste erklärt, aber auch das von Zweifel angewandte Chromsäure-Catgut gelobt. Das beste Material nach dem Silberdraht ist wohl Silkwormgut.

Die Uterus-Naht macht Verf. im Wesentlichen in der von Sänger angegebenen Weise. Die Decidua wird freigelassen und an der Serosa ca. 1 cm vom Schnittrand entfernt ein- und ausgestochen. — Zweifel giebt eine ausführliche Schilderung der von ihm geübten Vorbereitungen zur Operation und der einzelnen Acte derselben, welche wiederzugeben hier zu weitläufig wäre; dies mag im Original nachgelesen werden. Zweifel's Vorgehen unterscheidet sich nicht erheblich von dem an anderen Orten geübten Verfahren. Es sei dies nur erwähnt, dass Zweifel die Decidua stumpf lösend mit dem Daumen abhebt und Jodoform in die Uterushöhle streut und einreibt.

Einen vom Verf. früher mit Glück operirten Fall hat Döderlein publicirt. Von den in der vorliegenden Arbeit mitgetheilten 6 weiteren, in der Leipziger geburtshülflich-gynäkologischen Klinik operirten Fällen verliefen 5 für Mütter und Kinder günstig, in einem Falle starb die Mutter am 4. Tage des Wochenbettes an Sepsis, das Kind gedieh.

Die Indication zur Sectio caesarea war in allen Fällen eine bedingte, aber in allen waren eine oder mehrere der früheren Geburten durch Perforation des Kindes beendet worden. Nur in einem Falle, und zwar von einer in hohem Grade rhachitischen Frau mit einer Conj. ver. von 6,5 cm waren Kinder (Zwillinge) am Leben. Zweifel ist der Ansicht, dass man in Zukunft häufig den Kaiserschnitt da machen wird, wo man früher die künstliche Frühgeburt einleitete, dass aber die Perforation, selbst die lebender Kinder, kaum je ganz zu entbehren sein werde. Denn beispielsweise bei Quetschungserscheinungen des Uterus sei, wenn sich die Geburt nicht durch Wendung oder Zange beenden lasse, die Perforation des Kindes für die Mutter weit weniger gefährlich als ein Kaiserschnitt; auch sei es meist nutzlos, die Sectio caesarea vorzunehmen bei im Absterben begriffenem Kinde.

Zweifel macht noch in seiner Arbeit darauf aufmerksam, dass, wie es auch ihm in 2 Fällen vorgekommen ist, zuweilen beim Kaiserschnitt Kinder in Apnoe (Eupnoe, Zweifel) entwickelt werden, und dass dieser Zustand dann leicht für Asphyxie (Dyspnoe, Zweifel) gehalten wird. Beide Zustände sind in ihrer Erscheinung einander sehr ähnlich und blos durch die Lebhaftigkeit der Herzthätigkeit unterschieden.

(Archiv für Gynäkologie Bd. XXXI Heft 2.)

Fahrenbach (Berlin).

Caries der Patella und Tibia, geheilt unter Einwirkung der Freund-Kollischer'schen sauren phosphorsauren Kalklösung. Mitgetheilt von Stabsarzt Dr. Fikl in Brünn.

Trotzdem dass Kolischer selbst seine Methode[1]) schon vielfach einschränkt, glaubte Verf. doch gerade der Anwendung der mit der bezüglichen Lösung durchtränkten Gaze im Gegensatz zur Anwendung von Injectionen eine ausgiebigere Wirkung zumuthen zu sollen und wandte dieselbe in einem Falle von Caries der Patella und Tibia an, nachdem er die cariöse Stelle gehörig ausgeschabt hatte. Die Wunde heilte bis zur vollständigen Vernarbung, und Verf. glaubt diese Behandlungsweise auch weiter empfehlen zu können.

(Wien. med. Wochenschr. No. 1. 1888.)

Freyer (Berlin).

---

[1]) S. Ther. Mon.-Hefte 1888, No. 2, pag. 85 u. 96.

Toxikologie.

Antifebrin-Vergiftung. Von Dr. Julius Meyer in Berlin. (Original-Mittheilung.)

Ein 38jähriger Buchbinder K. (mässig kräftig, an Bronchialkatarrhen öfter leidend) erhielt von einem Droguisten in Berlin gegen einseitigen Kopfschmerz Antifebrin 2,0 (!) und nach kaum 24 Stunden wieder 2,0, je auf einmal zu nehmen. Während K. das erste Pulver eher vertrug, bekam er nach dem 2. nach einer Viertelstunde mit kühlen Schweissen ein grösseres Gefühl von Müdigkeit, Schwindel, Kopfbenommenheit, Angst, starkes Herzklopfen, (keine Herzgeräusche). Puls klein, frequent. Feststehen, Geradegehen wurde ihm schwer, er musste sich hinsetzen, sich festhalten. K. wurde bald cyanotisch (Gesicht, Lippen, Hände dunkelbläulich, Gesicht mehr aschfarben). Nach einer Tasse schwarzen Kaffees, nach Ricinusöl, Senfteigen ging die Bläue allmälig vorüber, die unangenehmen Sensationen verschwanden langsam. Die Arbeit wurde ihm schwer (die Augen fielen ihm zu). Mehrere Tage blieb K. recht matt.

Vergiftungen durch Muscatnuss. (6 Fälle.)

Die unten citirten Fälle beanspruchen deswegen grössere Beachtung, weil Muscatnussvergiftungen sehr selten sind — bisher scheint nur R. Hughes einige erwähnt zu haben (s. sein Manual of Pharmacodynamics) — andererseits die Lehrbücher sehr Spärliches über die Toxikologie der Muscatnüsse bringen. Garrod sagt, dass diese in grossen Dosen narkotische Wirkungen entfalten, indem sie Schläfrigkeit, ja vollkommenen Stupor und Gefühllosigkeit erzeugen. Das seltene Vorkommen von Vergiftungen, trotz des so häufigen Gebrauches der Nüsse, scheint auf den sehr variablen toxischen Stoffen derselben zu beruhen, für deren Entfaltung und Wirksamkeit terrestrische Einflüsse und dergleichen verantwortlich zu machen sind (A. Cummings Air).

A. Cummings Air (South Norwood) berichtet von einer Frau, welche eine zerschnittene Muscatnuss in heissem Wasser nahm, um die ausbleibende Menstruation herbeizuführen. 2 Stunden nachher fühlte sie ausserordentlichen Durst, Ohnmacht und Hinfälligkeit. Trotz letzterer hatte sie dauernde Ruhelosigkeit, welche sie zwang, unaufhörlich im Zimmer umherzugehen, wobei sie sich an den Möbeln festhielt. Beklemmung auf der Brust. Nach Brechmitteln und starkem Kaffee begannen die Symptome sehr langsam zu schwinden.

T. P. Devlin (Carlisle). Bei einer jungen Dame zeigte sich nach Genuss einer Muscatnuss Schläfrigkeit. Nach einem tiefen Schlafe wachte sie matt und schläfrig auf, konnte die Augenlider nicht heben, erbrach mehrere Male, war bleich im Gesicht, appetitlos und völlig abgeschlagen. Nach schwerem Kaffee, Douche auf Kopf und Gesicht, excitirender Medicin erholte sie sich langsam.

Reeve Tyler (King's Norton) sah nach dem Genuss einer mittelgrossen Muscatnuss, welche zu emmenagogen Zwecken in Branntwein genommen war, Schwindel, Ohnmacht, Sehstörung, Kälte der Haut, Pulsschwäche und Pupillendilatation auftreten. (The British Medic. Journ. 28. Mai 87.)

Geo H. Carvell (Toronto). Eine 24j. Frau nahm im 3. Monat der Gravidität, um zu abortiren, 5 gepulverte Muscatnüsse (ca. 18—19 g) in Zuckerwasser. 3 Stunden später zeigte der Puls bei normaler Temperatur 140 Schläge in der Minute. Sie delirirte und schrie kurze Zeit, versank dann in einen stuporösen Zustand; aus demselben erweckt, begann sie wieder zu deliriren. Heftiges Druckgefühl. Sie erholte sich unter Brechmitteln, Excitantien, Evacuantien nach 2 Tagen. Einen Effect auf den Uterus erzielte sie nicht. (The British Medic. Journ. 11. Juni 1887).

James Alexander beobachtete nach dem Genuss einer Muscatnuss, welche von einem Pat. zur Beseitigung von Diarrhoe genommen wurde, Betäubung, Schwindel, Schläfrigkeit. Die Erscheinungen schwanden nach Ricinusöl und schwerem Kaffee. (The British Medic. Journ. 14. Mai 1887.)

Denham Pinnock. Nach Genuss eines Glases heissen Ales, dem eine halbe, zerschnittene Muscatnuss zugesetzt war, zeigte eine gesunde Frau wenige Stunden später Nausea, Schläfrigkeit, Blässe, Kälte und Prickeln der Haut. Die Pupillen waren weit, die Respiration mühsam, Puls unfühlbar. Das Herz flog. Excitantien, Hautreize, Brechmittel führten Genesung herbei. (The Austral. Medic. Gazette. Aug. 87.)

J. Ruhemann (Berlin).

Anilin-Vergiftung. Von Dr. Karl Dehio (Dorpat).

Eine 23jährige Patientin hatte etwa 3 Wochen nach einer normalen Entbindung ca. 10 g reines Anilinöl heimlich getrunken. Nach einigen Stunden ruhigen Schlafes erregte dieselbe die Aufmerksamkeit der Anstaltswärterin durch lautes Röcheln. Gesicht und Extremitäten waren tiefcyanotisch, Athmung und Puls beschleunigt,

Pupillen weit, durchdringender Geruch der Athmungsluft nach Anilinöl.

Auf Milch erfolgte reichliches Erbrechen gelbbrauner, nach Anilinöl riechender Massen. Eine Stunde später leichte Somnolenz, welche sich bis gegen Morgen zu tiefem Coma steigerte.

Am Morgen hatte die cyanotische Färbung einen eigenthümlich graublauen Ton angenommen, welche sich durch Fingerdruck nicht beseitigen lässt und hatte sich fast über die ganze Körperoberfläche, besonders deutlich an den Schleimhäuten verbreitet. Athmung ist etwas ungleich, stöhnend, die Stimme jedoch klar. Husten fehlt trotz reichlicher Rhonchi sibilantes. Puls 132, klein, nicht hoch und wenig gespannt, Temperatur normal. Erst nach 24 Stunden begann sich der Zustand insoweit zu ändern, als Pat. anfing, auf sensible Reize schwach zu reagiren und profuse Schweisse abzusondern. Die Haut und die Scleren nahmen dabei eine unzweifelhafte Gelbfärbung an. Der Urin, welcher schon vorher Gallenfarbstoffreaction gezeigt hat, liess diese intensiver zur Erscheinung kommen, Gallensäuren liessen sich jedoch nicht in vermehrter Menge nachweisen. Ausserdem fanden sich im Urin noch Anilin, Paratoluidin und deren Derivate. Die gleichen Resultate ergab die Blutuntersuchung. Erst am 3. Tage kehrte das Bewusstsein vollständig zurück. Ausser Klagen über Kopf- und Bauchschmerzen und einer ausserordentlichen Körperschwäche bestand noch eine extensive Gelbfärbung, während die Blaufärbung etwas geringer scheint und am 5. Tage verschwindet. Allmählich verschwindet auch der Icterus, und der Urin zeigt am 6. Tage deutliche Oxyhämoglobinstreifen im Spectrum. Zu gleicher Zeit sinkt die Anzahl der rothen Blutkörperchen um die Hälfte.

Die Erscheinungen der ersten 30 Stunden fasst Verfasser als unmittelbare Wirkung auf das centrale Nervensystem auf, während er die Blaufärbung nicht wie Lewin u. A. für eine Cyanose hält, sondern als eine Durchtränkung der Gewebe mit einem blauen Anilinfarbstoff ansieht. Die verderblichen Wirkungen des Giftes auf das Blut zeigen sich schon nach 21 Stunden durch Erscheinen von reichlichem Gallenfarbstoff im Urin und Vermehrung desselben bis zum sechsten Tage ohne Lebervergrösserung. An Stelle des Bilirubins tritt nun das Hämoglobin und Hämoglobincylinder. Aus dem Urin und dem Blutserum verschwand dieses erst etwa am 10. Tage der Krankheit. In gleichem Schritt hielt sich die Zerstörung der rothen Blutkörperchen. Die Reconvalescenz ging demgemäss nach Aufhören der Hämoglobinurie nur langsam von Statten.

Verf. lässt unentschieden, ob der Icterus hämatogener oder hepatogener Natur ist, obwohl er sich mehr der Auffassung Stadelmann's zuneigt, welcher bei den Giften, welche Icterus und Hämoglobinurie bei einem Individuum hervorrufen, wie Kal. chloric., Arsenwasserstoff, Hellebora esculenta etc., den Icterus für einen Resorptionsicterus halten.

(Berl. klin. Wochenschr. No. 1. 1888.) *Franz Wolff.*

Vergiftung mit Morphium. Von **Maschka.**

Die zur Unterscheidung auf natürlichen Tod oder Suicidium vorgenommene Obduction eines 35 j. Mannes ergab Gehirnhyperämie, Pneumonie der linken und rechten unteren Lungenlappen und einen Gehalt von 0,2382 g Morphin. hydrochloric. in 1870 g der Organe. Demnach wurde die Morphinvergiftung an sich, in Folge deren eine Schluckpneumonie ermöglicht war, als Todesursache angenommen. — Die totale Bewusstlosigkeit des Betreffenden hatte mehr als 8 Tage angedauert. Die Pupillen waren sehr eng, das Athmen unregelmässig, in grossen Pausen erfolgend, der Puls klein, das Schlucken unmöglich, die Extremitäten beweglich, die Hautdecken blass. Urinretention. Reizungen der Haut und der Schleimhaut der Nase waren wirkungslos gewesen. Lungenödem, Incontinentia vesicae et alvi, Cyanose, Temperatursteigerung; Constatirung linksseitiger Pneumonie. Exitus. — Es handelte sich nicht um einen Morphiophagen.

(Prager medic. Wochenschr. 1887 No 32.)
J. Ruhemann (Berlin).

Ein Fall von bisher nicht beobachteten Folgen einer acuten Morphiumvergiftung. Von Dr. **S. H. Scheiber** in **Budapest.**

V. schildert eine Paranoia hallucinatoria acuta, die bei einer 54jährigen Frau in Folge von 2 im Laufe einer Viertelstunde applicirten Morphiuminjectionen von zusammen 0,05 Morphium entstanden war. Daneben bestand Amnesie, Aphasie, Alexie und Agraphie. Sodann trat in der Steissbeingegend eine handtellergrosse Gangrän auf, während an der rechten Ferse und an der Wurzel der grossen linken Zehe je ein thalergrosses Stück mumificirten. Nach 63 Tagen wurde die elektrische Behandlung mit dem galvanischen Strome begonnen und daneben Jodkali ordinirt, worauf Patientin nach fast zweimonatlicher Behandlung als geheilt entlassen wurde. Vf. nimmt an, dass die acute Morphiumintoxication Ernährungsstörungen und Gewebsveränderungen im Hirn und dadurch jene Psychose hervorgerufen habe.

(Pester medicinisch-chirurgische Presse 1888. No 6.)
Schuncy (Breslau O/S.).

Fischvergiftung. Von Dr. Alexander (Breslau).

Verf. berichtet über drei interessante Fälle von Fischvergiftung, welche durch den Genuss von einem Salzhering entstanden ist. Ein Mann, seine Frau und sein Kind erkrankten zu derselben Stunde unter folgenden, einerseits der Atropinvergiftung, andererseits der Wurstvergiftung ähnlichen, jedoch nicht mit denselben identischen Symptomen. Zuerst beobachtete der Patient eine abnehmende Deutlichkeit der Sehfähigkeit, sowie vollständige Unfähigkeit zum Schlingen, welche durch die Trockenheit im Schlunde und Munde um so störender wurde. Dazu gesellte sich bald Erbrechen. Am folgenden Tage stellte sich Doppeltsehen und ein Gefühl von Brennen im Verlauf des Oesophagus ein. Acht Tage später traten Störungen in der Urinsecretion hinzu; es wurde mit starkem Pressen äusserst wenig Harn entleert. Obstipation. Bis auf ein 10 monatliches Kind, welches nicht von dem Hering genossen hatte und deswegen verschont geblieben war, boten die Frau und das dreijährige Kind ungefähr dieselben Erscheinungen. Die erste Therapie bestand in Darreichung von Abführmitteln und Instillationen von Physostigmin zur Bekämpfung der ausserordentlich starken Mydriasis.

Die Augenuntersuchung ergab doppelseitige Ptosis, Mydriasis, Accommodationslähmung und eine fast vollkommene Lähmung beider Nn. abducentes, trochleares und oculomotorii. Ferner wurde im Rachen intensive, livide Röthung der Schleimhaut mit Soor-Bildung constatirt. Temperatur und Puls normal, Harn dunkelgelb ohne Eiweiss. Da die Seitwärtsbewegungen des Bulbus hochgradig gestört, dagegen die Convergenz nicht beeinträchtigt, so sieht Verf. darin einen Beweis von der centralen Ursache der Augenmuskellähmung, wie sie ja hier von vornherein anzunehmen war. Ebenso wahrscheinlich ist ihm die centrale Ursache der Schlinglähmung, der Verminderung der Speichel- und Schweisssecretion, der Trägheit des Darmes, der Dysurie und Oligurie. Die Reconvalescenz geht so langsam vor sich, dass einen Monat später nur erst das Schlucken von aufgeweichtem Brod mit Nachtrinken von Flüssigkeiten möglich ist. Allmählich verschwanden die Symptome, so dass die Kranken erst 9 Wochen nach der Vergiftung als geheilt entlassen wurden. Die Therapie, welche in Darreichung von Abführmitteln, Natr. salicyl. und Anwendung des Inductions-Stromes auf die Halsmusculatur bestand, war ohne jeden Erfolg.

(*Breslauer ärztl. Zeitschr. No. 3 1888.*) *F. Wolf.*

Vergiftung durch Genuss von Fischsuppe. Von John L. Spoffarth.

Ein Chinese, der eine von Stücken des Kugelfisches (Tetrodon) bereitete Suppe genossen hatte, starb unter Bewusstlosigkeit 7 Stunden nachher.

Der Magen, der noch Reste des Fisches enthielt, zeigte besonders am Pylorus Entzündung der Schleimhaut. Die Eingeweide, die sonst gesund waren, boten beträchtliche Hyperaemie dar (s. auch d. Zeitschr. 1887, S. 509 Ref.).

(*The Australian Medic. Gazette. Aug. 87.*)
J. Ruhemann (Berlin).

Litteratur.

Die künstliche Ernährung des Säuglings mit keimfrei gemachter Kuhmilch nach dem Soxhlet'schen Verfahren. Von Dr. med. F. A. Schmidt-Bonn. Mit Holzschnitten. Berlin C. 1888, Neuwied a. Rhein. Heuser's Verlag (Louis Heuser). 8°. 32 S.

Nach einem einleitenden Capitel über die Sterblichkeit künstlich ernährter Kinder überhaupt, spricht Verf. über die Schädlichkeiten der künstlichen Ernährung mit Kuhmilch, soweit sie in dem chemischen Unterschied derselben von der Muttermilch und durch Zersetzung der Milch und Verunreinigung derselben mit krankmachenden Keimen begründet sind, schliesst daran zwei Capitel über die Vermeidung dieser chemischen und bacteriellen Schädlichkeiten und fügt hierzu noch „kurzgefasste Regeln für die künstliche Ernährung der Säuglinge" als Anhang bei.

Verf. spricht mit allgemeiner Zustimmung, wenn er behauptet, dass den Ursachen der Kindersterblichkeit im ersten Lebensjahre nachzugehen und so viel als möglich Abhülfe zu schaffen, für uns in Deutschland eine der dringendsten Angelegenheiten der allgemeinen Gesundheitspflege darstellt, und begrüssen wir von diesem Gesichtspunkte aus einen jeden, auch den kleinsten, wissenschaftlichen Beitrag, der zur Lösung dieser wichtigen Frage mithelfen kann.

Das einzige Mittel zur Abhülfe ist und bleibt, auch nach Verf.'s Ansicht, da eine Besserung der natürlichen Ernährung nicht zu erwarten und, wenn zu hoffen, jedenfalls lange Zeit brauchen dürfte, hinwiederum nur die möglichste Verbesserung der künstlichen Ernährungsweise mit Kuhmilch, die ja allein als berechtigter Ersatz der Muttermilch in Betracht kommen kann.

Prof. Soxhlet in München war es nun, wie wir wissen, der den glücklichen Gedanken hatte, die Milch, je nach dem Alter des Säuglings verdünnt, in den zum unmittelbaren Genuss des Säuglings bestimmten Mengen in kleinen Flaschen keimfrei zu machen und keimsicher zu verschliessen, und diese Soxhlet'sche Methode nach seinen Erfahrungen auf's Wärmste zu empfehlen, ist der Zweck der ganzen Schrift.

Führen wir, nur um vollständig zu sein, ganz kurz die Hauptpunkte des Verfahrens an, so sind dies bekanntlich folgende:

Die Milch wird, wie sie frisch aus dem Stalle kommt, mit der dem Alter des Säuglings entsprechenden Menge von dünnem Gerstenschleim oder Zuckerwasser verdünnt, dann auf 10—12 kleine Fläschchen von 150 und später mehr Gramm vertheilt, die Flaschen mit durchbohrtem Gummipfropfen (ohne Glasstab) verschlossen, so dass die Luft beim Kochen bequem durch die Durchbohrung entweichen kann, und so, mit einem Blech- oder Drahtgestell, in einen gewöhnlichen Kochtopf gestellt, der soweit mit Wasser gefüllt ist, dass es bis zur Hälfte der Flaschen reicht. Dann wird der Kochtopf geschlossen und auf's Feuer gesetzt. Nachdem das Wasser im Kochtopf 15—20 Minuten ordentlich gekocht hat, hebt man nochmals den Deckel auf, stösst die vorher in das siedende Wasser eingetauchten Glaszäpfchen in die Bohrlöcher der Gummipfropfen ein, schliesst den Deckel wieder und lässt dann noch, aber etwas gelinder, bei geringerer Dampfentwickelung 20 Minuten lang kochen. Die nunmehr für den ganzen Tag fertiggestellte Milch lässt man erst abkühlen und dann an einem kühlen Orte, mit unberührtem Verschluss, der erst im Augenblick, wo das Kind trinken soll, gelüftet werden darf, aufbewahren.

Wenn das vorliegende Büchelchen auch wesentlich neue Gesichtspunkte für die künstliche Ernährung nicht bringt, so ist doch einerseits die ganze Frage so übersichtlich, allgemein verständlich und dem praktischen Bedürfniss entsprechend behandelt, die Rathschläge und Vorschriften überall so klar und deutlich gegeben und andererseits das Soxhlet'sche Verfahren bereits so vielfach rühmend erwähnt und in seinen Vorzügen anerkannt, dass wir jedem praktischen Arzte, der der Frage der künstlichen Ernährung näher treten muss und den Soxhlet'schen Apparat noch nicht kennt, seine Lectüre hiermit bestens empfohlen haben wollen.

G. Peters (Berlin).

Die Heilquellen des Taunus. Wiesbaden — Weilbach — Soden — Homburg — Ems — Assmannshausen — Schwalbach — Schlangenbad — Selters — Fachingen — Geilnau — Cronthal. Dargestellt von einem Vereine von Aerzten. Herausgegeben von Hofrath Dr. Grossmann in Schlangenbad. Wiesbaden. Verlag von J. F. Bergmann 1887. 8° 118 S.

Vor etwa Jahresfrist hat Herr Prof. Liebreich (diese Zeitschrift S. 206) das im Auftrage des Badener ärztlichen Vereins bearbeitete Buch: Baden-Baden und seine Kurmittel in wohl verdienter Weise anerkennend besprochen. Diesem Buche kann nun das überschriftlich erwähnte recht passend an die Seite gestellt werden. Es erscheint uns daher zweckmässig, auf dasselbe die Aufmerksamkeit des ärztlichen Publicums hinzulenken. Nur selten finden sich, wie im Vorworte ganz zutreffend hervorgehoben wird, so viele Mineralquellen von so verschiedenartiger Zusammensetzung ihrer Bestandtheile auf so kleinem Raume, wie an den herrlichen Abhängen des Taunus. „Viele Tausende, in bewegtem Leben ermüdet, erlangen an ihnen wieder Erholung und Kräftigung, ebenso viele Kranke Linderung und Heilung; in vielen Millionen Gefässen nach allen Ländern der Welt versandt, gewähren sie Gesunden stärkenden Genuss, bringen Leidenden Genesung." — Ueber diese Heilquellen nun alles Bekannte und Wissenswerthe in geeigneter und zuverlässiger Weise zusammenzustellen, ist der Hauptzweck des vorliegenden Buches, zu dessen Herausgabe sich ein Verein von hierzu sehr berechtigten, hochangesehenen Fachgenossen gebildet hatte. — Allen Collegen, die in die Lage kommen, Patienten nach dem von Mutter Natur so wunderbar bevorzugten, herrlichen Rheingau zu senden, kann dieses Buch als ein in jeder Beziehung zuverlässiger Führer und streng wissenschaftlicher Rathgeber warm empfohlen werden. Eine eingehende Besprechung desselben müssen wir uns versagen, weil dies zu weit führen würde. Es sei hier nur kurz auf den reichen Inhalt des verdienstvollen und sehr gut ausgestatteten Buches hingewiesen.

Nach einem kurzgefassten, zutreffenden Vorworte des Herausgebers reihen sich folgende Bearbeitungen aneinander:

I. Wiesbaden. Von Dr. E. Pfeiffer in Wiesbaden.
II. Die Mineralquellen von Bad Weilbach. Von Sanitätsrath Dr. Stifft in Weilbach.
III. Soden am Taunus. Von Dr. A. Haupt in Soden.
IV. Homburg vor der Höhe und seine Heilfactoren. Von Geheimrath Dr. W. Deetz in Homburg.
V. Bad Ems. Von Dr. von Iboll in Ems.
VI. Bad Assmannshausen am Rhein. Von Dr. C. Sturm.

VII. Die Eisenquellen von Schwalbach. Von Dr. C. Frickhöffer jun.

VIII. Schlangenbad, Wildbad und Waldluft-Kurort. Von Hofrath Dr. Fr. Grossmann in Schlangenbad.

IX. Selters, Fachingen, Geilnau und Cronthal. Von Hofrath Dr. Fr. Grossmann in Schlangenbad.

Anker.

James Eisenberg. Bacteriologische Diagnostik. Hilfstabellen zum practischen Arbeiten. Zweite völlig umgearbeitete und sehr vermehrte Auflage. Hamburg und Leipzig 1888. Leopold Voss.

Die erste Auflage des vorliegenden Buches erschien im Jahre 1886; es war in demselben beabsichtigt, „übersichtliche kurze Tabellen zu liefern, an der Hand deren es Jedem ermöglicht sein sollte, sich über das Wesen der einzelnen Organismen schnell zu unterrichten". In Tabellenform waren die Eigenschaften von 76 der häufigeren oder besonders characterisirten Mikroorganismen in Bezug auf morphologische und biologische Eigenthümlichkeiten, sowie auf ihr Verhalten im Organismus in knappen Worten aufgeführt und zwar durchweg auf Grund eigener Prüfung. Das Princip der Eintheilung nach nicht pathogenen und pathogenen Arten, die ersteren nach dem Verhalten zu Gelatine, die letzteren nach der Möglichkeit, sie ausserhalb des Thierkörpers zu züchten, war nach des Vf. eigenen Worten etwas willkürlich; immerhin bot gerade dieser Punkt grosse Schwierigkeiten und die practische Brauchbarkeit wurde nicht berührt. Der von dem Vf. unternommene Versuch musste als nach Plan und Ausführung durchaus geglückt bezeichnet werden; das Buch erwies sich als brauchbare Hilfe für practische Arbeiten. Ausserdem kam ihm noch zu Gute, dass es kurz vor dem grossen Werk von Flügge erschien, dass es somit zum ersten Male eine systematische Uebersicht und Zusammenstellung der Eigenschaften der wichtigeren Arten bot.

Nunmehr ist die zweite, völlig umgearbeitete und sehr vermehrte Auflage erschienen. In derselben sind zunächst die Tabellen typographisch übersichtlicher angeordnet, dann aber ist entsprechend dem raschen Gang der Disciplin der Inhalt wesentlich vermehrt, die Zahl der behandelten Arten ist auf 188 gewachsen, die Angaben bei vielen derselben ergänzt und erweitert. Natürlich sind die Tabellen jetzt nicht mehr durchweg auf Grund eigener Untersuchungen angefertigt, sondern eine Reihe der neu hinzugekommenen Arten ist nach den Litteraturangaben characterisirt. Die Eintheilung ist dieselbe geblieben, das Auffinden wird durch ein Register erleichtert; immerhin würde bei weiterer Zunahme des Stoffes in einer dritten Auflage eine andere Anordnung wünschenswerth sein.

Die Tabellen mit ihren knappen übersichtlichen Angaben, welche sofort das Characteristische und Unterscheidende hervorheben, erfüllen durchaus ihren Zweck, eine Anleitung für Lernende und Erleichterung beim Arbeiten zu geben.

Es lässt sich voraussehen, dass die nächste Auflage Vermehrung nicht nur der Arten, sondern auch der einzelnen Rubriken in den Tabellen bringen wird, unter denen die eine schon jetzt sich angeben lässt, nämlich die von der Bildung bestimmter chemischer Producte Seitens einzelner Arten. Bis dahin bieten die Abschnitte der Tabellen einem Jeden genügenden Raum, um einzelne Eigenschaften, die ihm wichtig erscheinen sollten und die er ungern vermisst oder die neu aufgefunden werden, noch hinzuzufügen.

A. Gottstein (Berlin).

Handbuch der Ohrenheilkunde für Aerzte und Studirende von Dr. Wilhelm Kirchner. II. Auflage mit 41 Abbildungen in Holzschnitt. Verlag von Friedrich Wreden 1888.

Das bereits bei seinem ersten Erscheinen von dem Ref. in der Münchner medicinischen Wochenschrift 1885 eingehender besprochene Compendium der Ohrenheilkunde liegt uns bereits nach drei Jahren in zweiter Auflage vor. Von der ersten unterscheidet sie sich hauptsächlich durch übersichtlichere Anordnung der Capitel und sorgfältige Durcharbeitung im Einzelnen. Wenn das Compendium auch für den Fachmann nicht viele wesentliche neue Zusätze erhalten hat, so beweist doch schon die Nothwendigkeit einer so baldigen zweiten Auflage, dass dasselbe einem Bedürfniss nach einem kurzen und das Wichtigste in zweckmässiger Form zusammenfassenden Lehrbuch für praktische Aerzte und Studirende entgegengekommen ist.

Bezold (München).

Practische Notizen und empfehlenswerthe Arzneiformeln.

Calomel als Diureticum.

Von Herrn Prof. Nothnagel ist uns folgende für die Praxis besonders beachtenswerthe Mittheilung bezüglich des Gebrauchs des Calomel als Diureticum gegeben.

Die bereits in den Therapeutischen Monatsheften vorhandene Litteratur über diesen Gegenstand kann wohl übergangen werden.

Nothnagel findet die Anwendung des Calomel auf Grund sehr zahlreicher Erfahrungen ausserordentlich werthvoll bei dem Hydrops der Herzkranken, unwirksam dagegen bei dem Hydrops, welcher auf nephritischer, kachectischer Basis beruht oder durch Leberaffectionen bedingt ist.

Er benutzt folgende Vorschrift:

℞ Hydrarg. chlorati 0,2
Sacch. lactis 0,5
M. f. pulv. D. tal. dos. No. X.

Hiervon werden 4 Pulver an einem Tage genommen. Am ersten und zweiten Tage beobachtet man keine Vermehrung der Urinausscheidung. Dieselbe beginnt am dritten oder vierten Tage. Es kann alsdann eine Urinmenge, welche vorher nur 300 ccm betrug, auf die colossale Höhe von 5000 bis 7000 ccm steigen. Die Menge sinkt dann allmählich in den nächsten 8 Tagen wieder zurück. Man kann mit Zwischenpausen von 2—4 Wochen die Cur dann wieder von Neuem beginnen. — Zeigt sich nach den ersten vier Tagen kein Erfolg, so beginnt man nach 8 Tagen eine neue Serie. Bleibt auch diese ohne Erfolg, so ist das Mittel bei Seite zu legen.

Bei dieser Cur ist es von grosser Wichtigkeit, der Mundpflege eine besondere Aufmerksamkeit zuzuwenden. Man benutzt hierzu Kali chloricum, Tinctura Myrrhae, Tinctura Ratanhae, Permanganatlösung.

Der Herausgeber.

Für Emplastrum Mentholi

giebt die Berl. klin. Wochenschr. folgende Vorschrift

℞ Emplastr. Lithargyri	75,0
Cerae flavae	10,0
Resin. Pini depurat.	5,0
leni calore liquefact. adde	
Mentholi	10,0
f. emplastrum.	

Gegen Nervenschmerzen, Rheumatismus etc.

Gegen Pruritis pudendi

empfiehlt Amand Routh im British Med. Journ. Waschungen mit folgender Lösung, welche der Pat. selber leicht zu bereiten im Stande ist. Ein Theelöffel voll Borax wird in ca. $^1/_2$ Liter heissen Wassers aufgelöst. Darauf fügt man 5 Tropfen Pfefferminzöl hinzu und schüttelt gut durch.

Berichtigung.

Das Photoxylin eine Trinitro-Cellulose.

In Bezug auf das Photoxylin sind den Therapeutischen Monatsheften zwei Berichtigungen von so geschätzter Seite zugegangen, dass wir uns beeilen, dieselben unsern Lesern mitzutheilen.

1. Herr Prof. E. von Wahl macht mit Recht darauf aufmerksam, dass die Priorität der therapeutischen Anwendung des Photoxylin ihm zukomme, da seine Veröffentlichung in No. 20 der St. Petersburger med. Zeitschrift erschienen ist. (Ein Referat befindet sich Centralbl. für Chirurgie 1887.) Prof. von Bruns in Tübingen habe in Folge dessen das Photoxylin bereits ein halbes Jahr in Gebrauch.

Das von den Professoren von Wahl und Bruns benutzte Präparat stammt aus der Mann'schen Fabrik in St. Petersburg.

2. In Bezug auf das von Dr. Rosenthal verwendete Präparat geben wir die Quelle der Fabrication durch nachfolgende Mittheilung, die uns zugegangen, bekannt; dieselbe ist insofern interessant, als sie eine Aufklärung über das als Photoxylin bezeichnete Product giebt.

Die chemische Fabrik auf Actien (vorm. E. Schering) schreibt uns:

„Das von Herrn Dr. Rosenthal durch Vermittelung des Herrn Apotheker Frölich aus der hiesigen Schering'schen Apotheke bezogene Photoxylin stammt aus unserer Fabrik und ist nichts weiter, als die seit einer langen Reihe von Jahren von uns dargestellte sogenannte „Mann'sche Collodiumwolle", deren Darstellungsmethode keineswegs ein Geheimniss der Firma C. Mann in Petersburg ist, wie Herr Dr. Rosenthal irrthümlich angiebt.

Die Darstellungsmethode der Mann'schen Collodiumwolle ist alt, aber der Name „Photoxylin" für dieselbe ist neu. Der jetzige Inhaber der Firma Mann in Petersburg, Herr Peltz, hat denselben für die bekannte Mann'sche Collodiumwolle gewählt, wie wir neulich aus glaubwürdiger Quelle erfahren.

Die Mann'sche Collodiumwolle — Photoxylin — ist eine mit gewissen Cautelen und sehr sorgfältig hergestellte Trinitrocellulose, welche, neben der gewöhnlichen Collodiumwolle, seit langer Zeit einer unserer grösseren Fabrikations- und Handelsartikel ist".

Verlag von Julius Springer in Berlin N. – Druck von Gustav Schade (Otto Francke) Berlin N.

Therapeutische Monatshefte.

1888. Juni.

Originalabhandlungen.

Erwiderung auf Professor Lichtheim's Referat über die Behandlung der chronischen Herzmuskelerkrankungen

auf dem VII. Congress für innere Medicin in Wiesbaden.

Von

Prof. Dr. Oertel in München.

Auf dem VII. Congresse für innere Medicin in Wiesbaden stand auf der ersten Tagesordnung das Thema: „Ueber die chronischen Herzmuskelerkrankungen und ihre Behandlung", wozu mir das erste Referat und Herrn Professor Lichtheim das zweite zugetheilt wurde. Aus persönlichen Beweggründen, die sich hier nicht weiter erörtern lassen und auch nach der gegebenen Erklärung nicht mehr massgebend sind, konnte ich mich in der Sitzung nur zu einem kurzen Schlussworte verstehen und behielt mir eine ausführliche Entgegnung auf späterhin vor. Leider ist in Folge dessen die Meinung entstanden und nicht ohne Absicht verbreitet worden, als hätte ich dem Lichtheim'schen Referat in allen Punkten ein stillschweigendes Zugeständniss gemacht[1]).

Wie der Wortlaut des Lichtheim'schen Referates erkennen lässt, sind die Differenzen in der Anwendung der von mir vorgeschlagenen diätetisch-mechanischen Behandlung der chronischen Herzmuskelerkrankungen nur wenig wesentliche oder vielmehr, die von uns aufgestellten Indicationen für dieselbe weichen nur in einem Punkte, und hierin, wie ich wohl sagen darf, in der Hauptsache nicht so weit von einander ab, dass nicht mit der Zeit eine Vereinbarung sich erzielen liesse. Lichtheim fasst die Resultate seiner Erfahrungen, sowohl sie meine Methode betreffen, in folgenden Sätzen zusammen:

1. In der Oertel'schen Methode sieht er ein souveränes Heilmittel gegen diejenigen Formen der chronischen Herzmuskelerkrankungen, deren Genese auf Unmässigkeit im Essen und Trinken und Mangel an Körperbewegung zurückzuführen ist.

2. Bei denjenigen Herzerkrankungen, welche auf dehnende Einflüsse übermässiger Körperanstrengung zu beziehen sind, oder bei denen die gesteigerte Dehnbarkeit des Herzmuskels durch andere Einflüsse entstand, ist die Oertel'sche Methode an und für sich von keiner Wirkung. Körperliche Anstrengungen sind nur in mässig abgestufter Weise und nur bei leidlichen Compensationen gestattet. Uebermässige Dyspnoë darf durch dieselbe nicht erzeugt werden.

3. Die medicamentöse Behandlung ist die wesentliche der eigentlichen Compensationsstörungen. Die diätetisch-mechanische nützt hier nichts, nur durch ihre Wirkung auf die Resorption des Hydrops kann die Oertel'sche die Wirkung der medicamentösen wesentlich unterstützen, aber nicht ersetzen.

4. Während der Periode der intacten Compensation tritt die diätetisch-mechanische Behandlung in ihre Rechte und die Principien Oertel's, mit Maass angewendet, können derselben zur Grundlage dienen.

In diesen Sätzen spricht sich der Gegensatz, welcher in den Erfahrungen Lichtheim's und in den meinigen liegt, der Hauptsache nach in der Behandlung der Compensationsstörungen bei Klappenfehlern aus. Aber auch in Bezug auf diese ist die Differenz doch nur eine graduelle und keine wesentliche, bedingt durch die Erfahrungen, die wir an einem verschiedenen Krankenmaterial zu machen Gelegenheit hatten. Ich zweifle nicht, dass wir vielleicht zu vollkommen gegensätzlichen Anschauungen gekommen wären, wenn er mit meinem, ich mit seinem Material gearbeitet hätte.

Was die Compensationsstörungen im allgemeinen anlangt, so brauche ich wohl kaum zu versichern, dass auch ich weit davon entfernt bin, alle Grade der Compensationsstörungen[2]) unterschiedslos der diätetisch-

[1]) In welch beispielloser Weise dieser Umstand in politischen Zeitungen ausgebeutet wurde, zeigt ein Artikel in der Frankfurter Zeitung No. 102 von einem Badearzt (?), der durch die Terraincurorte für Herzkranke sich beeinträchtigt zu fühlen scheint. Persönlichkeiten solcher Art sind nicht einer ernsthaften Zurechtweisung, sondern nur der Nichtachtung würdig.

[2]) Der Titel sowohl meines Handbuches d. all.

mechanischen Behandlung unterwerfen zu wollen. Im Gegentheil habe ich wiederholt und mehr als ein anderer auf das Unwissenschaftliche und auf die Gefahr aufmerksam gemacht, welche ein solches kritikloses Verfahren in sich schliesst. Aber auch noch in der Behandlung der schwersten Form dieser Krankheit treffen sich unsere Erfahrungen wieder, indem Lichtheim eine wesentliche Unterstützung der medicamentösen Behandlung, die hier nur mehr die einzig mögliche ist, durch die Oertel'sche findet, wo es schon zu Hydrops gekommen ist. Bereits vor Jahren habe ich mich im gleichen Sinne in Bezug auf die Erhöhung der Wirkung der Digitalis und der Diuretica in Fällen ausgesprochen, welche mit den Lichtheim'schen congruiren[1]). Wo noch eine intacte Compensation vorhanden ist, tritt nach Lichtheim die diätetisch-mechanische Behandlung in ihre Rechte ein, und meine Principien können derselben zur Grundlage dienen; bei leidlicher Compensation sind aber körperliche Anstrengungen, oder vielmehr die mechanische Behandlung nur in mässiger, abgestufter Weise zu gestatten. Es sind also nicht die Compensationsstörungen als solche, sondern bestimmte Stadien, welche auf Grund unserer Erfahrungen den Gegenstand unserer Controverse bilden.

Ich gehe nur in so fern einen Schritt weiter als Lichtheim und halte noch eine Rückbildung der Compensationsstörungen an den Terrainkurorten und unter umsichtiger ärztlicher Leitung bei Kranken für möglich, bei welchen Lichtheim das Gelingen derselben für unwahrscheinlich erklärt. Zur Entscheidung dieser Differenzen ist aber doch allein die Erfahrung massgebend und die Beurtheilung an einem Material, das nicht identificirt werden darf mit den das Spital aufsuchenden Kranken. Wo indessen die Compensationsstörung bei Klappenfehlern zu weit vorgeschritten ist, lassen die subjectiven und objectiven Erscheinungen, das Maass, in welchem der Kranke die Erregung motorischer Impulse entweder durch die Steigbewegung oder durch die Gymnastik erträgt, das Ergebniss der Differenzbestimmungen, die Grösse des Eiweissgehaltes im Harn und der allgemeine Kräftezustand schon nach wenigen Tagen erkennen, ob und in wie weit eine diätetisch-mechanische Behandlung indicirt ist oder nicht. Was endlich noch die durch Dehnung — stricte sit dictum — entstandenen Herzmuskelerkrankungen der verschiedensten Art anbelangt, so habe ich mich auch hierüber bereits schon früher genügend ausgesprochen, und kann, da nichts neues vorliegt, einfach darauf verweisen.

Nach Klarstellung dieser den practischen Arzt vorzüglich interessirenden Differenzen werden wir aber auch die Resultate der hierher bezüglichen Untersuchungen von Lichtheim im Zusammenhang mit den früheren von Bamberger veröffentlichten und die weiteren theoretischen Auseinandersetzungen des ersteren eingehender zu prüfen haben.

Mehr als ein anderer empfand ich seit längerer Zeit die Nothwendigkeit, in grösserem Maassstabe angelegter Untersuchungen des Blutes von Kranken, welche an Kreislaufstörungen litten, um über die chemische Zusammensetzung desselben in den verschiedenen Stadien dieser Störungen besseren Aufschluss zu bekommen. Allerdings würden solche Untersuchungen erst einen vollgültigen Werth haben, wenn es möglich wäre, was leider wohl kaum eintreten wird, zugleich auch die Gewebsflüssigkeit näher zu prüfen und ihr Verhältniss zum arteriellen und venösen Blute, namentlich zu ihrem Wassergehalte, genauer feststellen zu können. Bei dem Krankenmaterial, welches mir zu Beobachtungen unterstellt war und das ich zumeist an die Terraincurorte verwies, war ich selbstverständlich nicht in der Lage, eingehende Untersuchungen dieser Art in der nothwendig grossen Zahl auszuführen, und mit wenigen Fällen, die sich zu einer Blutentziehung verstanden hätten, konnte nichts erreicht werden.

Ich bestrebte mich daher auf andere Weise mir Aufschluss zu verschaffen über die abnorme Ansammlung von Wasser im Blut und in den Geweben, und die von mir benützte Methode der Differenzbestimmungen zwischen Flüssigkeitsaufnahme und Harnausscheidung konnte nicht nur dem practischen Arzte genügende Anhaltspunkte über diese Verhältnisse geben, sondern erwies sich auch in vieler Beziehung massgebend für die Prognose und die Anwendungsbreite der diätetischen Behandlung, soweit die Flüssigkeitsreduction in Frage kommt.

So waren mir denn die Untersuchungen von Bamberger über die Blutbeschaffenheit von Kranken mit vorgeschrittenen Kreislaufstörungen in Folge von Klappenfehlern von grossem Interesse. Bamberger fand nämlich unter 31 Fällen von compensirten Klappenfehlern und solchen mit beginnenden und vollständig entwickelten Compensationsstörungen in dem aus einer Venäsection ge-

Th. d. Kraft, wie der Schrift über Terraincurorte etc. spricht nur von Kraftabnahme des Herzmuskels und ungenügender Compensation bei Klappenfehlern etc.

[1]) S. a. Therap. Monatshefte 1887.

wonnenen Blute gradatim mit der Zunahme der Compensationsstörungen eine Vermehrung der Formelemente des Blutes und damit auch des specifischen Gewichtes und der festen Bestandtheile und kommt dabei zu dem Schlusse, dass bei Klappenfehlern und Stenose der Ostien mit Incompensation durch den Herzmuskel keine Wasseransammlung in dem in den Venen aufgestauten Blute stattfinde. Dasselbe Resultat erhielt auch Lichtheim in ähnlichen Untersuchungen und sprach sich deshalb auf dem Congresse dahin aus, dass eine seröse Plethora bei Klappenfehlern nicht vorkomme und deshalb eine Herabsetzung der Flüssigkeitsaufnahme bei diesen Kranken, wie ich sie vorschrieb, von keinem Vortheil sein könnte.

Unterziehen wir diese Untersuchungen in Bezug auf ihre therapeutische Verwerthung aber einer kritischen Betrachtung, so werden wir sofort einen wesentlichen Factor zu berücksichtigen haben, auf den übrigens auch Lichtheim selbst schon aufmerksam gemacht hat, nämlich die sicherlich grosse Verschiedenheit des Materials, welche zwischen den Fällen von Bamberger und Lichtheim einerseits und den mir zugehenden andererseits besteht. Die meist in den höchsten Stadien einer Compensationsstörung befindlichen Herzkranken, welche das Spital aufsuchen und häufig alsbald in demselben verenden, und dann die von mir den Terraincurorten Zugewiesenen können wir nur insofern mit einander als gleichartig betrachten, als sie wohl an der gleichen Krankheit erkrankt sind, aber in ganz und gar verschiedenen Stadien sich befinden, so dass von den bei den einen gefundenen Veränderungen nicht auf die gleichen bei den anderen, noch nicht in dieses Stadium vorgerückten geschlossen werden darf. Ich glaube, dass hierüber keine Auseinandersetzungen nothwendig sind. Dass aber eine solche Verschiedenheit selbst bei hochgradigen, vorgeschrittenen Kreislaufstörungen in Folge von Klappenerkrankung noch vorkommt, legen gerade die Zahlen von Bamberger auf das klarste dar.

Bleiben wir indess bei den von Bamberger als massgebend bezeichneten Fällen, so werden wir uns die Frage vorlegen müssen, in welcher Weise sich die gefundene Zunahme der festen Bestandtheile des venösen Blutes und die Abnahme seines Wassergehaltes erklären lässt.

Bamberger spricht sich in dieser Beziehung dahin aus, dass die Ursache der Eindickung des Blutes ohne Zweifel in der andauernden Ueberfüllung des Venensystems und der dadurch bedingten Rückstauung des Lymphstromes und den schliesslich daraus hervorgehenden Hydropsien gelegen ist. Im Stadium der aufgehobenen Compensation gehe das Blut um so sicherer, je beträchtlicher die venöse Stauung und je rascher und ausgiebiger hydropische Exsudate erfolgen, einer zunehmenden Eindickung entgegen. Im Falle 28 hatte das kurz vor dem Tode, also auf jeden Fall in keinem Stadium, das sich für eine Terraincur mehr eignet, mittels eines Schröpfkopfes entleerte Blut eine fast theerartige Beschaffenheit.

Wenn wir nun diese Erklärung für den verminderten Wassergehalt der Bamberger'schen Fälle acceptiren wollen, so werden wir von ihr zweifellos auch für jene Fälle Gebrauch machen dürfen, in welchen zwar noch keine hydropischen Anschwellungen nachweisbar sind, aber die Gefässe durch die lang andauernden Ernährungsstörungen bereits abnorm durchlässig geworden und eine vermehrte Transsudation in die Gewebe vorausgesetzt werden kann. Dass die Eindickung des Blutes durch eine vermehrte Wasserausscheidung durch die Nieren oder durch Haut und Lunge stattgefunden haben sollte, ist wohl unmöglich anzunehmen, da die Secretion der ersteren bei diesen Kranken meist eine beschränkte, übrigens der Beobachtung zugängliche ist und die spontanen, insensiblen Wasserausscheidungen durch Haut und Lunge nie eine solche Grösse erreichen, um neben der Ausgleichung des Wasserdeficits im Harn auch das Blut noch einzudicken.

Unter den obigen Voraussetzungen hätte also der Wassergehalt der Gewebe eine Zunahme erfahren, es läge ein latenter Hydrops vor, den wir zwar durch unsere Untersuchungsmethoden nicht nachweisen können, weil immer noch der grösste Theil des Transsudats durch die Lymphe abgeführt wird, der aber, wie gerade manche Fälle hinweisen, in kurzer Zeit zu einem wirklichen sich ausbilden kann. In solchen Fällen liegt aber dann das Circulationshinderniss nicht mehr in dem abnormen Wassergehalt der in den Venen aufgestauten Blutmasse, sondern bereits im Capillarsystem, das unter dem Druck der ausgetretenen Wassermenge steht und zugleich von dem abnorm erhöhten Gewicht der Venenblutsäule belastet wird.

Wie verhalten sich nun solche Fälle nach der praktischen Seite hin in Bezug auf Diagnose, Prognose und Therapie? Da der Arzt selten in der Lage sein wird, durch directe Blutentziehung sich von dem Wassergehalt zu überzeugen, aber auch eine abnorme Ansammlung von Wasser in den Geweben sich noch seiner Wahrnehmung entziehen kann, so glaube ich ihm in der Stellung der Differenz zwischen Flüssigkeitsaufnahme und Harnausscheidung, vorausgesetzt, dass keine Nierenerkrankung vorliegt, ein Mittel an die Hand gegeben zu haben, durch welches er den vorliegenden Fall sowohl diagnostisch als auch prognostisch und therapeutisch besser zu beurtheilen vermag. Wird in einem Falle von länger bestehender Incompensation eines Klappenfehlers und vorgeschrittenen Kreislaufstörungen mit oder ohne nachweisbare Oedeme nach Reduction der Flüssigkeitsaufnahme nicht nur nicht mehr Harn ausgeschieden, sondern ein ganz erhebliches Minus an Harn im Verhältniss zur Flüssigkeitsaufnahme erhalten, so ist der Fall für eine diätetisch-mechanische Behandlung nur mehr wenig zugänglich und seine Prognose darf auch im allgemeinen ungünstig gestellt werden. Tritt dagegen nach der Herabsetzung der Flüssigkeitsaufnahme eine Vermehrung der Harnausscheidung ein, so werden wir im allgemeinen nicht nur auf eine abnorme Wasseransammlung im Körper schliessen, sondern auch ein günstiges Ergebniss der diätetisch-mechanischen Behandlung erwarten dürfen[4]. In solchem Falle wird es indess nach den obigen Untersuchungen schwer sein, zu bestimmen, ob das vermehrt abströmende Wasser aus dem Blut oder den Geweben kommt, was allerdings für den praktischen Arzt irrelevant sein könnte, wie auch, ob die später rasch sich einstellende Erleichterung der gesammten Kreislaufverhältnisse von einer Entlastung des venösen Apparates oder durch die Aufhebung des Druckes, der auf dem Capillarsystem lastet, bedingt wird.

Fälle nun, in welchen eine Blutbeschaffenheit sich herausgebildet hat, wie sie aus den Untersuchungen von Bamberger sich erkennen lässt, werden zweifellos nach Herabsetzung der Flüssigkeitsaufnahme, wenn sie überhaupt ertragen wird, nur eine so ganz beträchtliche Abnahme der Harnsecretion ergeben, dass eine diätetische Behandlung in jenem Sinne durchaus aussichtslos erscheint; andererseits sind auch der Kräftezustand und das Allgemeinbefinden solcher Kranken ausserdem noch derartige, dass auch von einer mechanischen Behandlung nicht mehr die Rede sein kann, und dieselben, wenn sie nicht das Spital aufsuchen, auch in der Privatpraxis nur mehr einer medicinisch-pharmakologischen Behandlung zugewiesen werden können. Indessen auch in diesem Falle wird es nicht gleichgültig sein, in welchem Grade das Gefässsystem durch Flüssigkeitsaufnahme bei sehr reducirter Flüssigkeitsabgabe belastet wird, und wo Hydrops sich herausgebildet hat, lassen sich durch Reduction der Flüssigkeitsaufnahme, wie auch Lichtheim hervorhob, insbesondere noch günstige Erfolge erreichen. Ein Eintreten von Albuminurie oder eine Vermehrung des Eiweissgehaltes des Harns bei einer bereits bestehenden konnte auch Lichtheim in keinem Falle constatiren[5]. Ueber die günstige Wirkung der verminderten Flüssigkeitsaufnahme bei Klappenerkrankungen und Compensationsstörungen haben sich in der jüngsten Zeit auch Eichhorst und Stiller ausgesprochen.

Unterwerfen wir nun aber die Untersuchungen von Bamberger noch weiter einer wissenschaftlichen Betrachtung, so zeigt sich alsbald, dass hier die Verhältnisse in keiner Weise so einfach liegen, wie man auf den ersten Anblick annehmen und wie man sie gegen meine Methode verwerthen könnte.

Wir haben hier Vorgänge vor uns, welche ganz neue Fragen an uns stellen und die durch einseitige Untersuchungen sich nicht erklären lassen.

Ich habe bereits in meinem Handbuch der allgemeinen Therapie der Kreislaufstörungen darauf aufmerksam gemacht, dass bei hochgradigen Stauungen, bevor es zu Oedemen kommt, die in der Haut der unteren Extremitäten sich entwickelnden rostfarbigen, auf weite Strecken sich ausdehnenden Pigmentirungen, die sich wesentlich von jeder anderen Hauterkrankung unterscheiden, auf eine ganz ausserordentliche Diapedese der rothen Blutkörperchen in Folge der Stauung zurückgeführt werden müssen, und dass diese Pigmentirungen wieder abblassen und nach einiger Zeit vollständig verschwinden, wenn der venöse Blutlauf entlastet und wieder normale oder den normalen nahestehende Kreislaufverhältnisse hergestellt sind. Ferner liegen für unsere Fragen höchst wichtige Ergebnisse aus den Blutuntersuchungen vor, welche von Dr. Toenniessen schon vor Bamberger und Lichtheim auf Veranlassung von Penzoldt ausgeführt wurden und über welche der letztere berichtet hat[6].

In Fällen von hochgradiger Cyanose bei angeborener Stenose der Pulmonalarterie wurden in dem einen Fall 0,4 bis 7,6 Mil-

[4]) Über die in solchen Fällen dann oft lange Zeit auf Kosten der insensiblen Wasserausscheidungen habe ich mich bereits gleichfalls in den Therap. Monatsheften geäussert.

[5]) Vergl. damit die von gegnerischer Seite seit Jahren geführte Polemik.

[6]) Dr. Fr. Penzoldt, Einiges über Blutkörperchenzählungen in Krankheiten. Berlin klin. Wochenschrift, 1881, No. 32.

lionen, im 9. Falle sogar 8,82 Millionen rothe Blutkörperchen, also nahezu das Doppelte der normalen Ziffer im aufgestauten Venenblut durch Zählung berechnet. Aehnliche Resultate ergaben die Untersuchungen in Fällen von erworbenen Klappenfehlern im Zustande der Incompensation; die Zahl der rothen Blutkörperchen wurde, wenn auch in geringerem Grade, doch immer sehr deutlich vermehrt gefunden. Es scheint demnach Penzoldt, als ob die bei schweren uncompensirten Herzfehlern bestehenden Stauungen im Körperkreislauf eine Vermehrung der rothen Blutkörperchen in der Volumeneinheit des der Haut entnommenen Blutes bewirke oder mit anderen Worten, dass das Blut der Peripherie bei Stauungen concentrirter geworden sei.

Penzoldt gibt über diese Erscheinungen folgende hypothetische Erklärung: Da bei Pulmonalstenose und anderen schweren Herzfehlern, welche durch die Thätigkeit des rechten Ventrikels nicht mehr compensirt werden, das Blut im Körperkreislauf langsamer fliesst, auch in der Haut länger verweilt und deshalb Gelegenheit hat, mehr Wasser zu verlieren, so scheint es begreiflich, dass alsdann das der Haut entnommene Blut reicher an Blutkörperchen gefunden wird. Das Krankheitsstadium, in welchem sich die Fälle von Penzoldt befanden, dürfte aber zweifellos ein anderes voraussetzen lassen, in welchem die Stauungen und der Wasserverlust des Blutes an der Peripherie noch nicht so weit vorgeschritten sind, dass eine relative Vermehrung der Blutkörperchen in diesen Bezirken nachweisbar wird. Die Fälle des ersteren Stadiums werden offenbar identisch sein mit den von Bamberger und Lichtheim untersuchten, möglicherweise ausserhalb der diätetisch-mechanischen Behandlung stehen, während die zweiten, die noch nicht soweit vorgeschrittenen, dieser noch zugänglich wären. Ueber den Wassergehalt des Blutes und der Gewebe dieser letzteren Kranken, insofern bei ihnen nicht auch zugleich eine Nierenerkrankung vorliegt, wissen wir nichts Bestimmtes und es scheint nur, dass bei Verminderung der Flüssigkeitsaufnahme eine nicht nur relative, sondern oft absolut grössere Harnmenge ausgeschieden wird als bei gewohnter vermehrter Flüssigkeitsaufnahme.

Nun hat andererseits Penzoldt auch nachgewiesen, dass bei Hemiparese in Folge von Apoplexie nach vergleichenden Blutkörperzählungen das Venenblut auf der gelähmten Seite eine bald grössere, bald geringere Vermehrung der rothen Blutkörperchen gegenüber der gesunden Körperhälfte erkennen lässt. In einem Falle wurden 26 Zählungen ausgeführt und 2 mal übertraf die Zahl der von der gelähmten rechten Körperhälfte gewonnenen Blutkörperchen die von der gesunden linken um 2½ Millionen. Zur Erklärung führt Penzoldt als Grund wieder den behinderten venösen Rückfluss in den paretischen Extremitäten in Folge der geringeren Muskelaction an, wodurch eine starke Wasserabgabe begünstigt würde und das Blut reicher an Blutkörperchen erschiene.

Endlich im Gegensatz zu der ersteren Untersuchungsreihe fand Toenniessen die merkwürdigen Thatsachen, dass

1. in 3 Fällen von wohlcompensirten Klappenfehlern nur normale, aber auch subnormale Blutkörperchenzahlen erhalten wurden und

2. dass bei 2 Herzkranken, bei welchen die Digitalis jedesmal von ausgezeichnetem Erfolg war, nach dem Eintreten der heilsamen Wirkung eine Verminderung der erhöhten Blutkörperchenmenge sich nachweisen liess.

Die Ergebnisse der letzteren Untersuchungen sind nun von ganz besonderer Wichtigkeit, da wir in der Digitalis kein Mittel vor uns haben, welches eine Retention von Wasser im Körper begünstigt, sondern im Gegentheil eine erhöhte Ausscheidung desselben zum mindesten durch den Harn bedingt. Eine Verminderung der Blutkörperchen auf das normale Maass oder mit anderen Worten eine relative Erhöhung des Wassergehaltes des Blutes kann sich nach der Wirkung dieses Mittels nur dadurch erklären lassen, dass mit der Herstellung ausreichender Herzkraft mehr Blut in das Aortensystem hinausgeworfen, die Stauung gehoben wurde und ein Ausgleich zwischen arteriellem und venösem System stattgefunden hatte. Die Wirkung der Digitalis ist hier ganz analog, der in Folge der Steigbewegung ausgelösten motorischen Impulse, durch welche gleichfalls das Herz grössere Blutmengen in die Aorta verpumpt, eine Erhöhung des Blutdrucks, eine Erweiterung der Arterien und eine Abnahme ihrer Wandspannung, ihres Tonus, in den der mechanischen Behandlung zugänglichen Fällen eintritt.

Wenn wir aber keine Berechtigung haben, eine absolute Vermehrung des Wassers im Körper und damit eine Verdünnung der gesammten Blutmenge unter dem Einflusse der Digitalis anzunehmen, so werden wir diese relative Verminderung der erhöhten Blutkörperchenmenge auf das normale Maass, nur auf eine gleichmässigere, d. h. auf die wieder normale Vertheilung derselben im gesammten Körperblut zurückführen können. Es tritt uns daher bei der Beurtheilung von Fällen, in welchen eine relative Zunahme der rothen Blutkörperchen im aufgestauten venösen Blute stattgefunden hat, die weitere Frage nach dem Verhalten des arteriellen Blutes und der in diesem enthaltenen Blutkörperchenzahl entgegen. Hierüber liegen uns noch gar keine Untersuchungen vor und ein Schluss auf ein gleiches Verhalten des arteriellen Blutes wie des venösen ist nach den obigen Thatsachen immerhin unstatthaft.

Die Blutkörperchen sind im Plasma suspendirt und schwerer als dasselbe, sie schwimmen nicht, sondern werden von der strömenden Flüssigkeit, der vis a tergo und der Aspirationskraft des Herzens fortgerissen.

Nimmt die Stromkraft ab und tritt zugleich die hydrostatische Wirkung der aufgestauten Blutsäule stärker hervor, so kann auch das Gewicht der rothen Blutkörperchen sich mehr geltend machen und ein näheres Aneinanderrücken derselben und eine grössere Ansammlung in der aufgestauten, nur langsam sich fortbewegenden Plasmamasse bedingen. Wir müssen daher auch den möglichen Einfluss erwägen, welchen die Stauung im venösen Apparat auf die Aufwärtsbewegung der im Blutplasma suspendirten schwereren Blutkörperchen ausübt und ihre Anhäufung in die erweiterten Venen oder ihre relative Vermehrung begünstigt.

In Fällen von Hemiparese, in welchen eine grössere Zahl von Blutkörperchen im peripherischen Blute der gelähmten Seite gefunden wurde, ist diese Erhöhung entweder dadurch erfolgt, dass das Wasser, welches dem Blute jener Gefässbezirke entstammt, gänzlich zu Verlust ging, was undenkbar ist, da dann alsbald die gesammte Blutmenge wasserärmer werden müsste, oder das vermehrt aus den Gefässen ausströmende Serum wird sofort von den Lymphgefässen abgeführt, und erhöht dadurch nothwendiger Weise den Wassergehalt des Blutes der gesunden Seite, wobei die langsamere Bewegung des Blutes in Folge der Stauung noch ihren Einfluss auf die Ansammlung der rothen Blutkörperchen ausüben wird. In ähnlicher Weise dürften sich aber auch jene Fälle von Compensationsstörungen in Bezug auf die Concentration des Venenblutes verhalten, in welchen sich noch kein nachweisbarer Hydrops ausgebildet hat, sowie die anderen, in welchen durch die Wirkung der Digitalis auf die Energie der Herzthätigkeit wieder normale Zahlen gefunden werden, d. h. eine normale Vertheilung der Blutkörperchen in der Gesammtblutmenge wieder eingetreten ist.

Zweifellos werden wir aber von einer Wasseransammlung im Körper in jenen Fällen sprechen dürfen, in welchen einmal das aufgestaute venöse Blut sein Wasser an die Gewebe abgegeben hat, ein latenter Hydrops vorhanden, und zugleich eine, wenn auch nur geringe Verminderung der Harnabsonderung wahrnehmbar ist. Dass das hier austretende Wasser aber sofort durch die Haut, d. h. durch die insensible Perspiration ausgeschieden wird, ist ganz unwahrscheinlich, da gerade an Partien, an welchen das meiste Wasser sich angesammelt hat, beginnende, eben nachweisbare oder stärkere Oedeme vorhanden sind, die Verdunstungsgrösse der Haut, wie ich nachgewiesen habe, weitaus geringer als an anderen, nicht von Flüssigkeit durchtränkten Stellen oder geradezu = 0 ist. Die Schweisssecretion selbst ist aber nicht von der venösen Hyperaemie und der Wasseransammlung in den Geweben abhängig, sondern als reine Secretion von der Menge des arteriellen Blutes, welches den Schweissdrüsen zugeführt wird und der Erregung dieser. Auch die Voraussetzung, dass bei dyspnoischem Athmen mehr Wasser aus den Lungen ausgeschieden wird als bei normalem, wie Lichtheim erwähnt, ist unrichtig, da bei kurzen, frequenten Respirationen — ganz abgesehen von der hier ausserdem noch bestehenden Expirationsinsufficienz — der Wassergehalt der Ausathmungsluft, wie die Untersuchungen von Moleschott zeigen, immer eine weitaus kleinere ist als bei gewöhnlichem langsamen tiefen Athmen, die Exspirationsluft aber constant mit Wasserdampf gesättigt ist. Die insensible Wasserausscheidung durch die Lunge ist also bei dyspnoischem Athmen nichts weniger als vermehrt, sondern im Gegentheil eine verminderte, analog der Kohlensäureausscheidung[7]).

---

[7]) Da nun, wie so eben angeführt wurde, die Wasserverdunstung durch die Haut bei Kreislaufsstörungen, wenn keine Erhöhung der Schweisssecretion durch den Einfluss der Muskelthätigkeit, Wärme etc. hervorgerufen wird, nicht allzuweit über das Normale hinausgeht, bei Oedemen sogar bedeutend herabgesetzt wird oder = 0 ist, so ist die von mir bei den Differenzbestimmungen in Rechnung gebrachte Schwankung zwischen 25 bis 30 selten bis 32 % Wasser aus den Getränken, welches neben dem in den festen Speisen enthaltenen durch Haut und Lungen ausgeschieden werden, und somit die (von mir nicht vernachlässigte) Grösse der insensiblen Wasserausscheidung eher zu hoch als zu niedrig angenommen worden. Eine zu rasche Gewichtszunahme durch das im Körper sich ansammelnde Wasser

Andererseits können wir nicht annehmen, dass das aus dem Blut ausgetretene Wasser für dieses vollständig zu Verluste geht und das gesammte Blut jene theerartige Beschaffenheit besitzt und kaum mehr zu fliessen vermag, wie in dem Bamberger'schen Falle No. 29, der mit demselben immer noch 3 Wochen lebte; denn wenn auch die arterielle Blutmenge in dieser Weise eingedickt wäre, würde das Leben selbst alsbald unmöglich sein und der Tod unter Cholera ähnlichen Erscheinungen eintreten. Von dem aus dem Gewebe ausgetretenen Wasser fliesst aber immer noch ein grosser Theil in die Lymphe ab und ergiesst sich in die beiden Venae subclaviae, also in das Venenblut unmittelbar in der Nähe der rechten Vorkammer verdünnt und vermehrt dasselbe, bevor es vom Herzen in die Arterien verpumpt wird. Von der ganz ausserordentlichen Menge wasserreicher Lymphe, welche überall, wo es zu serösen Exudaten gekommen ist, durch den Lymphapparat wieder in das Blut zurückströmt und das arterielle Blut wasserreicher macht, kann man sich bei der Obduction von hydropischen Leichen überzeugen, in welchen nicht nur die grossen Lymphstränge, der ganze Ductus thoracicus, die beiden Trunci lymphatici, sondern auch die kleinsten Lymphgefässe ad maximum gefüllt sind. Bekanntlich werden solche Leichen von den Anatomen vorzüglich zur Injection und Präparation der Lymphgefässe benutzt. Wie gross nun der Wassergehalt des durch einen ganz abundanten, wasserreichen Lymphstrom verdünnten venösen Blutes ist, bevor es arteriell geworden, einen Theil seines Wassers in den Capillarnetzen wieder an die Gewebe abgiebt, wissen wir nicht.

Nach einer Schätzung von Bidder und C. Schmid wird im Normalen dem Blute durch die grossen Lymphstämme eine Gesammtmenge von Chylus und Lymphe zugeführt, welche der gesammten Blutmenge gleichkommt. Diese Menge muss sich natürlich in ganz ausserordentlicher Weise erhöhen, wenn ein grösserer Austritt von lymphebildender Flüssigkeit aus den Capillaren unter Eindickung des abströmenden venösen Blutes bei latentem oder nachweisbarem Hydrops erfolgt. Da diese ganze Lymphmasse aber unmittelbar in der Nähe des Herzens wieder in die Venen sich ergiesst, so muss der Wassergehalt des in das Herz einströmenden und von ihm verpumpten Blutes in gleichem Masse anwachsen und die Differenz an Wasser zwischen dem aus den Capillaren sich sammelnden venösen Blute und dem jenen zufliessenden arteriellen ganz ausserordentlich sich erhöhen. Eine weitere Steigerung wird aber die Wassermenge im Blute erfahren, wenn durch vermehrte Flüssigkeitsaufnahme in den Getränken, abgesehen von der Wasserresorption durch die Darmgefässe, auch noch von den Chylusgefässen her grosse Wassermengen in den Ductus thoracic. und Trunc. lymphat. sin. sich ergiessen und eine Insufficienz der Nieren die Entlastung des Gefässapparates nicht sofort wie im Normalen, sondern nur mehr in Schwankungen zwischen Oligourien und Polyurien herbeizuführen vermag. Dass durch den Erguss einer so von verschiedenen Seiten her vermehrten Lymphmasse auch die venöse Stauung und der Druck in den Venen erhöht werden muss, dürfte denn doch ersichtlich sein. Ich möchte letztere Thatsachen hier auch noch in Bezug auf eine Bemerkung Lichtheim's über die von mir angenommene Belastung des Gefäss- resp. venösen Apparates durch vermehrte Flüssigkeitszufuhr und über die Basch'sche Controverse erwähnen.

Durch die Untersuchungen von Bamberger und Lichtheim über die Blutbeschaffenheit bei compensirten Herzfehlern wurde daher nur der Nachweis erbracht, dass bei hochgradigen Stauungen mit hydropischen Ausscheidungen das venös gewordene Blut einen Theil seines Wassers an die Gewebe abgegeben hat und deshalb neben der durch die Stauung bedingten Anhäufung von Formelementen reicher an festen Bestandtheilen erscheint. Dagegen ist in keiner Weise durch dieselben bewiesen worden, dass in Fällen von Abnahme der Herzkraft bei Klappenfehlern, beginnenden Compensationsstörungen abnorme Wasseransammlungen im Blute des Kranken und zwar gerade in dem dem Herzen unmittelbar zuströmenden venösen Blute nicht bestehen.

(Schluss folgt.)

wird aber nicht durch die insensible Wasserausscheidung, sondern durch die erst in kürzeren, später in immer längeren Intervallen eintretenden Polyurien verhindert.

Cholerabehandlung.*)

Von

Prof. A. Cantani in Neapel.

Das nähere Studium der Ursachen des Choleratodes musste einen bedeutenden Ein-

*) Original-Mittheilung d. Verf.'s nach einem auf dem Congress für innere Medicin, April 1885, gehaltenen Vortrage.

fluss auf die Choleratherapie ausüben. Seit längerer Zeit ist die Bluteindickung durch den grossen Wasserverlust bei der Cholera als die Hauptgefahr, ja als die einzige wahre Ursache des algiden Stadiums und seiner Symptome und Folgen angesehen worden. Nach Koch's epochemachender Entdeckung der Kommabacillen erkannte man die vegetative Thätigkeit derselben auf die Darmschleimhaut als die Ursache des anatomischen Processes im Darmkanal und hiermit auch als die Ursache des Wasserverlustes und der Bluteindickung. Aber nähere Betrachtungen des klinischen Verlaufs und directe Experimente an Thieren mittelst intraperitonealer oder subcutaner Injectionen sterilisirter Kommabacillencultur führten zur Erkenntniss, dass eine zweite höchst wichtige Ursache des Choleratodes in einer acuten chemischen Choleravergiftung zu suchen ist.

Hieraus ergeben sich drei neue Indicationen der Choleratherapie:

1. Bekämpfung der Ansiedelung oder Vermehrung der Cholerabacillen im Darm durch Tödtung oder wenigstens Herabsetzung ihrer Lebensthätigkeit;

2. Unschädlichmachung des im Darm gebildeten Choleragiftes oder wenigstens raschere Entfernung aus dem Blute des bereits aufgesaugten;

3. Beseitigung der Bluteindickung durch neue Wasserzufuhr ins Blut.

Ueberzeugt, dass man der Cholera nur durch directen Angriff der Kommabacillen im Darm beikommen könne, und dass dies auf dem gewöhnlichen Wege des Mundes und Magens unmöglich oder nur sehr unvollkommen möglich sei, kam ich zu dem Schlusse, die zweckmässigen Desinficientien per rectum mittelst der durch Hervorrufung antiperistaltischer Bewegung die Bauhin'sche Klappe regelmässig überwindenden Enteroklyse anzuwenden.

Unter den verschiedenen Desinficientien dachte ich zunächst an die Carbolsäure, die Salicylsäure, den Sublimat u. s. w.; aber die erste ist in der nöthigen Dosis zu giftig für den Menschen, die zweite zu wenig löslich, die dritte Substanz wird, in Anbetracht des Schleims und der Eiweissstoffe im Darmkanal, durch Verbindung mit diesen, ihrer mikrobentödtenden Wirkung grösstentheils beraubt. Es handelte sich darum, ein Mittel zu versuchen, welches gegen die bösen Gäste genügte, aber dem Wirth selbst unschädlich wäre. Und diesbezüglich sprachen mehrfache Gründe für die Versuche mit der Gerbsäure, mit der ich bereits Ruhr, Cholera nostras, Cholera infantum u. a. ähnliche Affectionen glücklich durch Enteroklyse behandelt hatte, und von deren Unschädlichkeit selbst in grossen Dosen und starken Concentrationen ich bereits überzeugt war. Auch sprach für die Gerbsäure der Umstand, dass die Gerbereien, die Gerbsäure verwenden, von der Cholera regelmässig verschont bleiben, wie auch die Betrachtung ihrer adstringirenden Wirkung und der leichten Ansäuerung des Darminhalts, die man mit ihr erzielt, und die auch der Vermehrung der Kommabacillen hinderlich entgegentreten muss.

Eigens zu diesem Zwecke angestellte Versuche bewiesen, dass die Hinzusetzung von Gerbsäure bis zu 1 % zur Fleischbrühecultur der Kommabacillen dieselben bei 37° C. nach anderthalb Stunden tödtet, und selbst zu 1/2 % nach sechs Stunden grösstentheils tödtet oder wenigstens in ihrer vegetativen Thätigkeit lähmt, in dem Sinne, dass die Uebertragung dieser gelähmten oder abgeschwächten Bacillen in eine andere gerbsäurefreie Fleischbrühe oder auf Nährgelatine erst nach viel längerer Zeit als gewöhnlich eine Vermehrung derselben zur Folge hat, die aber nur höchst spärlich und kümmerlich vor sich geht.

Man muss also nach diesen Versuchen die Gerbsäure als ein gutes, ihrer Unschädlichkeit wegen anderen antiparasitischen Mitteln gegenüber ganz besonders für den Menschen und gegen die Cholerabacillen wichtiges Desinficiens betrachten.

Und die practischen Erfolge entsprachen auch den Erwartungen derartig, dass fast keiner der Fälle, in welchem beim ersten Beginn der Erkrankung die heisse gerbsaure Enteroklyse (von 2 Litern 38—40° C. warmen Wassers mit 5—10—20 g Gerbsäure und mit oder ohne etwa 50 g Gummi arabicum und 30 Tropfen Laudanum liq. Sydenh.), mehrmals im Tage aus 2—3 Meter Höhe, nach jeder Darmentleerung, ausgeführt wurde, ins algide Stadium kam, da in fast allen nach wenigen Applicationen, nicht selten nach der ersten, die Diarrhöe zum Stillstand kam.

Ich will bloss ein Beispiel aus meiner klinischen Erfahrung anführen. Im Jahre 1884 hatte ich die sanitäre Direction des Waisenhauses für die durch die Cholera ihrer Eltern beraubten Kinder übernommen. Während in der ersten Woche an einem Tage sechs Cholerafälle vorkamen, entwickelte sich keiner mehr zu algider Cholera, nachdem ich streng angeordnet hatte, dass beim ersten Beginn von Diarrhöe sofort die heisse gerbsaure Enteroklyse angewandt werde, und dies, obwohl unter den vielen hunderten aus den am meisten mitgenommenen Stadttheilen stammenden Kindern 76 an leichter und 54 an schwerer Choleradiarrhöe (hierunter 15 auch mit Erbrechen) erkrankten. Die in Turin, in Genua, in Triest, in Südamerika (namentlich in La Plata) mit dieser Behandlung erzielten Erfolge bestätigen sämmtlich die Nützlichkeit dieser Methode, und ich will hier nur noch die vom Director des Cholerаspitals in Triest, Dr. Lustig, veröffentlichte Statistik mittheilen, nach welcher von 117 in das Lazareth aufgenommenen und bloss mit der gerbsauren heissen Enteroklyse behandelten Cholerakranken 83 genasen und 34 starben, während von 193 mit den anderen gewöhnlichen Mitteln behandelten bloss 47 genasen und 146 starben[1]).

Eben der Umstand, dass die Gerbsäure nicht nur im ersten Beginne der Cholera, sondern oft auch bei schon ziemlich vorgeschrittener Krankheit von Nutzen war, führte zu der Vermuthung, dass sie auch das ptomaïnische Choleragift, anderen Alkaloïden gemäss, in unlösliches oder weniger lösliches und daher nicht oder doch langsamer aufsaugbares und weniger wirkendes Tannat umwandeln könne, und hiemit auch der zweiten Indication, der Unschädlichmachung des Choleragiftes, entsprechen dürfte.

Directe Thierversuche bestätigten diese Vermuthung und erklärten hiemit den Nutzen der gerbsauren Enteroklyse auch bei vorgeschrittener Krankheit — obgleich sie in dieser nie so überraschend sicher und rasch wirken kann, wie beim ersten Beginn der Choleradiarrhöe, wo es sich nur um biologische Bacillenwirkung, nicht aber um chemische Vergiftung handelt.

Während Hunde, denen eine dreitägige bei 37° C. gewachsene Reincultur Koch'scher Kommabacillen in peptonisirter Fleischbrühe, nach Sterilisirung bei 100° C. (so dass sie nur mehr todte Bacillen enthielt) oder nach Filtration durch Chamberland's Filter, in den Bauchfellsack eingespritzt worden, die eclatanten Zeichen einer mehr oder weniger schweren Choleravergiftung zeigen: wie allgemeine Schwäche mit folgendem fibrillärem Zittern der Muskeln und tief gehaltenem Kopf mit der Schnauze nach dem Boden, krampfartige Contractionen in den Hinterbeinen, krampfartiges, sich in kurzen Pausen bis 10—15 mal wiederholendes Erbrechen, Starrheit der Gliedmassen, Kälte derselben wie des Kopfes, Cyanose der weissen Schnauze weisser Hunde, Unfühlbarkeit der Pulse, gebrochenes Auge, Nachschleppen der starren Glieder, wiederholter Stuhlgang u. s. w., verhielten sich die Hunde, welche dieselbe, Choleragift enthaltende, aber mit ½—1 % Gerbsäure versetzte Flüssigkeit auf dieselbe Art eingespritzt bekamen, gerade so, wie sich die Controll-Hunde verhielten, welche einfache sterilisirte, bacillenfreie Fleischbrühe injicirt erhielten: d. h. sie blieben vollkommen munter, sie zeigten gar kein Zeichen von Choleravergiftung.

Hieraus ergiebt sich wohl mit allem Rechte der Schluss, dass die Gerbsäure das ptomaïnische Choleragift unschädlich macht. Sie ist daher das bisher entschieden beste Mittel, nicht nur die Vermehrung der Cholerabacillen im Darmkanal zu verhindern oder wenigstens auf ein Minimum zu reduciren, sondern auch das von ihnen producirte Choleragift unschädlich zu machen. Dies Verhalten indicirt sie vor Allem beim ersten Beginn der Erkrankung, lässt sie aber auch dort noch nützlich erscheinen, wo die Bacillen bereits Zeit gehabt, sich beträchtlich zu vermehren und das Choleragift zu produciren.

Natürlich kann die Gerbsäure gegen das schon in's Blut gelangte Choleragift nichts ausrichten, aber indem die heisse gerbsaure Enteroklyse die Aufsaugung von Wasser im Darmkanal erhält und somit auch der Bluteindickung entgegenwirkt und es regelmässig nicht zur Anurie kommen lässt, macht sie auch die Elimination des aufgesaugten Choleragiftes durch die normal fortfahrenden Secretionen möglich.

Dieser dritten Indication entspricht aber jedenfalls in viel entscheidenderem Maasse die directe Wasserzufuhr in's Blut. Diese wurde schon seit den dreissiger Jahren von russischen und schottischen Aerzten versucht, mittelst Wasserinjection in die Venen, gab aber immer, auch in den letzten Jahren von Hayem in Paris versucht, nur wenig aufmunternde Resultate. Dagegen entsprach practisch viel besser die von mir bereits 1865 empfohlene und 1881 ausgeübte Eingiessung 38—40° C. heisser Salzlösung in's Unterhautgewebe, welche mittlerweile 1878 auch von Dr. Michael in Hamburg und 1884 von Prof. Samuel in Königsberg warm befürwortet war.

Ohne mich diesbezüglich zu weit auszulassen, kann ich nur als vollkommen constatirt angeben, dass die subcutane Injection oder Hypodermoklyse von sterilisirtem 38°—39°—40° C. heissem Wasser mit 3 ‰ Natrium carbonicum und 1 ‰ Natrium chloratum bei allen Cholerakranken mit der grössten Leichtigkeit und in vielen Fällen mit überraschender Geschwindigkeit, regel-

[1]) Dr. Lustig, Studi sul Colera asiatico. Rapporto sanitario per l'anno 1886. — Trieste 1887.

mässig auch ohne Hilfe einer bei einzelnen Fällen nützlichen, selten nothwendigen Reibungsmassage von Absorption ins Blut gefolgt war, und dass so in allen Fällen, oft auch bei schon vollkommen aufgegebenen, in Agonie befindlichen Kranken wenigstens vorübergehenden, in recht vielen, wo sie nicht zu spät angewandt war, dauernden Nutzen, in keinem einzigen einen auch nur geringen Schaden erzeugte.

Man musste die anscheinend oft leblos daliegenden, pulslosen, vertrockneten, stimmlosen, cyanotischen kalten Kranken sehen, wie sie sich nach der heissen subcutanen Wasserinfusion in wenigen Minuten wieder belebten, Puls bekamen, aufsassen, zu sprechen begannen u. s. w., — wie sie hierauf oft dauernd und mit kurzer und leichter Reaction genasen, oder einer schweren typhoïden Reaction unterworfen waren, um von dem unzweifelhaften Nutzen dieser Operation überzeugt zu sein, auch in den Fällen, wo schliesslich in Folge der zu schweren Choleraintoxication doch der Tod eintrat.

Die Vorzüge der subcutanen Salzwasserinfusion vor der directen Injection ins Blut werden schon dadurch klar, dass bei der ersteren die Blutsäule nie durch eine Salzwassersäule unterbrochen wird, während die Aufsaugung nach und nach von den nach Wasser dürstenden Capillaren erfolgt, und so das eingedickte Blut nun rasch wieder verdünnt wird. Hierzu gesellt sich die absolute Unschädlichkeit dieser Operation, wenn sie mit sterilisirten Apparaten vorgenommen wird. Ich und meine Schüler hatten nie einen Abscess zu beklagen, der sich in Folge der Operation entwickelt hätte — während die intravenöse Injection doch nur mit grösster Vorsicht vorgenommen werden kann, da sie durch den möglichen Lufteintritt in die Vene auch augenblicklichen Tod erzeugen könnte und überhaupt grössere Injectionsgefahr bedingt.

Hierzu kommt die Statistik der Fälle, an welchen die Hypodermoklyse in Neapel und von anderen fremden, grösstentheils ehemaligen Schülern in anderen Orten Italiens geübt wurde. Auf 187 schwere mit der Hypodermoklyse behandelte Fälle kamen 114 Genesene und 73 Gestorbene, was ca. 61 % Genesene gegen 39 % Todte giebt. Es ist dies jedenfalls kein wunderbarer Erfolg der subcutanen Infusion; aber es ist immerhin, wenn man sich an Griesinger's Berechnung von 80 % Todten für die schweren zur Asphyxie gelangten Fälle hält, eine Reduction der Mortalität auf die Hälfte, ja schon unter die Hälfte.

Diese Erfahrung, wie auch die Thatsache, dass die Hypodermoklyse selbst in den letal verlaufenen Fällen doch wenigstens vorübergehende Erleichterung hervorbrachte und also wenigstens symptomatisch nützte, muntert gewiss zu weiteren Versuchen auf und verspricht für die Zukunft, wenn mit mehr Ruhe gearbeitet und die Operation früher vorgenommen werden kann, gewiss noch viel erfreulichere Erfolge.

Wenn wir nun das bisher Gesagte practisch resumiren wollen, so müssen wir sagen, die zwei rationellen Mittel gegen die Cholera sind die heisse gerbsaure Enteroklyse und die heisse Salzwasser-Hypodermoklyse.

Die heisse gerbsaure Enteroklyse nützt vor Allem im ersten Stadium der Cholera, besonders in der praemonitorischen Diarrhöe, als ein die Cholerabacillen tödtendes oder wenigstens abschwächendes und zugleich der Aufsaugung des Choleragiftes vorbeugendes Mittel, während sie zugleich durch ihre adstringirende Wirkung nützlich wird. Sie ist hauptsächlich gegen die mikrobiologische Infection des Darmes gerichtet, wirkt aber theilweise auch gegen die chemische Intoxication, weshalb sie auch, obwohl mit weniger Aussicht auf Erfolg, auch bei schon vorgeschrittener Krankheit angewandt zu werden verdient.

Die heisse Salzwasserhypodermoklyse ist hauptsächlich gegen die Bluteindickung gerichtet und nützt, indem sie dem Herzen die Arbeit erleichtert und die Wasserzufuhr den Geweben und die Sauerstoffzufuhr besonders auch dem Nervensysteme zusichert; sie ist aber auch das wichtigste Mittel, durch Anregung der unterdrückten Secretionen die Ausscheidung des in's Blut aufgesaugten Choleragiftes zu befördern. Daher ist sie namentlich im algiden Stadium und während des ganzen Reactionsstadiums, des sog. Choleratyphoids, angezeigt.

Beide nützen ferner durch die Wärme des Wassers gleich einem inneren Bade als erwärmende und zugleich Herz und Nerven erregende Mittel.

Bei schon vorgeschrittener Krankheit ist es angezeigt, beide Methoden zu combiniren, um einer weiter zunehmenden Vergiftung des Blutes vom Darm aus vorzubeugen und zugleich gegen die Bluteindickung und schon bestehende Blutvergiftung zu wirken.

Ueber Luftelektricität.[1])

Von

Dr. Schliep in Baden.

Die Elektricität der Luft ist gewöhnlich positiv. Bei bedecktem Himmel nimmt das positive Potential ab oder zeigt Schwankungen und ist von Zeit zu Zeit negativ. Bei Regen beobachtet man fast immer negative Spannung. Das Herannahen eines Gewitters verräth sich am häufigsten durch eine grosse negative Schwankung, die gefolgt ist von ergiebigen Oscillationen in beiden Richtungen mit einem deutlichen Vorherrschen der negativen Potentiale. (Mascart, Comptes rendus, T. 91.)

Mascart hat mit einem Thompson'schen Quadrantenelektrometer beobachtet und damit einen selbstregistrirenden Apparat verbunden. Er hat gefunden, dass im mittleren Zustande das positive Potential höher und gleichmässiger während der Nacht als am Tage ist. Von 9 Uhr Abends bis 8 Uhr Morgens ändert sich dasselbe wenig. Es sinkt bei Tagesanbruch, erreicht seinen kleinsten Werth um 3 Uhr Nachmittags, steigt dann wieder und erreicht sein Maximum um 9 Uhr Abends. Er hat mit Zugrundelegung einer willkürlichen Einheit folgende Werthe für die verschiedenen dreistündlichen Beobachtungstermine gefunden:

Mitternachts	26,6
3 h	25,2
6 h	24,6
9 h	15,0
Mittags	12,7
3 h	9,8
6 h	13,2
9 h	26,9.

Diese Mittel sind berechnet unter Berücksichtigung auch der negativen Ablesungen, aber immer mit Ausnahme der den Regenfällen entsprechenden. Darnach existirt nur ein Minimum während des Tages und ein fast constantes Maximum während eines grossen Theiles der Nacht, d. h. es giebt nur eine einzige Tagesperiode.

In jedem Monat findet sich eine Anzahl Tage, an welchen negative Elektricität beobachtet wird. Diese ist im Frühjahr und im Sommer grösser als im Herbst und Winter.

Der Winter zeigt höhere Spannungen als der Sommer.

Der Polarstrom der Luft bedingt im Allgemeinen positive Spannung, der Aequatorialstrom, besonders der Föhn, negative; terrestrische Phänomene, Erderschütterungen, Nordlichter sind nach Beobachtungen von Humboldt und Schübler von auffallendem Einfluss. Im Jahre verhalten sich die Tage mit positiver Electricität zu jenen mit negativer wie 72 : 28.

Was die Wirkung der Luftelektricität auf den Organismus betrifft, so lässt sich diese im Allgemeinen dahin definiren: Positiv elektrische Luft wirkt anregend, negative erschlaffend. Positive Luftelektricität fördert den Stoffwechsel, die Oxydationsprocesse und die Vorgänge der Circulation und Secretion. Sie muss aber in Bezug auf ihre Intensität in einem gewissen Verhältniss zur individuellen Widerstandsfähigkeit und zur nervösen Reizbarkeit bleiben, soll ihre Einwirkung als wohlthätig empfunden werden. Excessive Grade positiver Spannung rufen Reizzustände, Schlaflosigkeit, Neuralgie, Migräne, ja sogar entzündliche Affectionen hervor.

Negative Luftelektricität fördert den thierischen Stoffwechsel nicht, sondern hemmt ihn und bedingt Müdigkeit, Leistungsunfähigkeit, Stockungen der Säftebewegung, erhöht die Venosität, woraus sich passive Congestionen, Blutungen, Apoplexieen, biliöse Zustände, Kinderdurchfälle entwickeln.

In Gegensatz hiermit wird der pflanzliche Stoffwechsel durch negative Elektricität befördert. Der Erdboden ist negativ elektrisch. Die in der Luft existirenden Pflanzenkeime, Bacterien gedeihen desshalb an negativ-elektrischen Tagen besser und Jahre mit einer grossen Anzahl negativer Tage sind Fäulnissprocessen und der Entwickelung epidemischer Krankheiten günstig. Die bekannten Thatsachen des Sauerwerdens frischer Milch, des schnelleren Zerfalls organischer Substanz, der Entwickelung übler Gerüche aus Canälen und Senkgruben an Gewittertagen erklären sich durch den Einfluss negativer Luftelektricität. Licht, Wärme und Feuchtigkeit sind bei positiver Luftelektricität gar nicht oder nur in erheblich geringerem Grade im Stande, jene Wirkungen hervorzubringen.

Die Luftelektricität spielt also eine wichtige Rolle überall da, wo es sich um therapeutische Verwerthung der Luft handelt, also auch bei dem Verständniss klimatischer Einwirkungen, bei der Eintheilung der Klimate und der Aufstellung der Indicationen klimatischer Kurorte.

Die regelmässige Beobachtung der Luftelektricität stösst noch auf instrumentelle Schwierigkeiten, da ein einfaches, leicht transportables, nicht zu theures Luftelektrometer, zu fortlaufenden Beobachtungen geeignet, noch nicht existirt. Man muss sich dess-

[1]) Nach einem auf der Balneologenversammlung zu Berlin März 1888 gehaltenen Vortrag.

halb helfen so gut es geht. In Folgendem gebe ich eine Beschreibung desjenigen Apparates, dessen ich mich bediene, und der den Vorzug hat, dass er leicht zusammenzustellen und mit geringen Auslagen zu beschaffen ist.

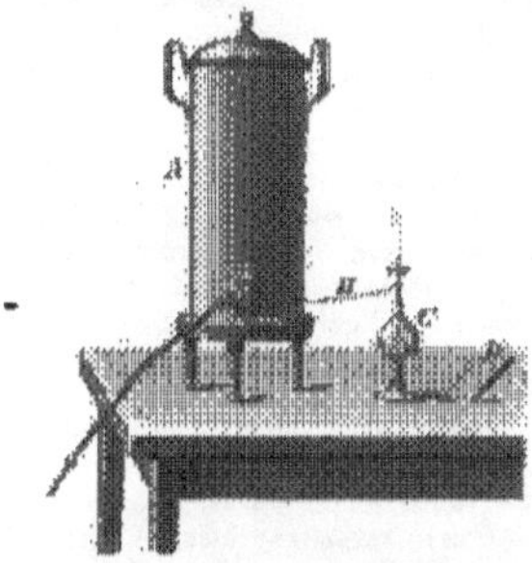

Er besteht aus einem Goldblattelektroskop mit Condensator und einem Aufsaugegefäss für die Luftelektricität, wie es zuerst Palmieri angegeben und dann auch Thompson mit seinem Quadrantenelektrometer verbunden hat. Dieses, ein cylindrisches Blechgefäss von etwa 60 cm Höhe und 25 cm Durchmesser (A) steht auf einem Isolirschemel. Das Gefäss muss diese etwas grössere Dimensionen haben, um dem 2 m langen Ausflussrohr das Gegengewicht halten zu können. Letzteres kann durch einen Hahn geöffnet und geschlossen werden. Durch einen am Ausflussrohr eingehängten kurzen Kupferdraht (H), dessen anderes Ende hakenförmig gebogen an den Hals des Elektroskops (C) gelegt werden kann, wird das Aufsaugegefäss mit diesem in leitende Verbindung gebracht, welche man jeden Augenblick durch eine seitliche Verschiebung des Elektroskops unterbrechen kann, ohne den Apparat ableitend zu berühren. Jedes Fensterbrett oder Balkongeländer dient als Aufstellungsort. Man lässt 20 bis 30 Secunden langsam Wasser nach aussen in die zu untersuchende Luft abfliessen. Dann unterbricht man die Verbindung, hebt die obere Condensatorplatte des Elektroskops ab und sieht am Divergiren der Goldblätter ob elektrische Spannung vorhanden ist. Ob diese positiv oder negativ ist entscheidet man durch Annäherung einer geriebenen Glasstange (D) oder zur Gegenprobe einer geriebenen Siegellackstange. Vermehrt sich die Divergenz der Goldblättchen bei Annäherung der Glasstange, so ist die Luft positiv elektrisch, steigert sich dieselbe bei Annäherung der Siegellackstange, so ist sie negativ. Man thut gut, stets die Gegenprobe zu machen. Gute Isolirung des Apparates ist nothwendig.

Eine quantitative Bestimmung der Luftelektricität ist auf diesem Wege nur sehr approximativ möglich; indess die Beantwortung der für medicinische Zwecke wesentlichen Frage, ob das Potential der Luft positiv oder negativ sei, ist in der beschriebenen Weise einfach und sicher zu bewerkstelligen.

Das genügt aber für weitere Untersuchungen, welche wir nicht nur bei klimatotherapeutischen Bestrebungen, sondern auch bei bacteriologischen und physiologischen Problemen im Auge zu behalten hierdurch in erneute Anregung gebracht haben möchten.

Ueber den Nährwerth des Fleischpeptons (Albumosepepton) von Antweiler.

Von

Dr. Immanuel Munk,

Docent in Berlin.

Von Herrn Dr. Antweiler, früherem chemischen Assistenten am Bonner physiologischen Institut, habe ich Ende v. J. ein von ihm dargestelltes, leimfreies Fleischpepton erhalten, mit dem ich im Institute und unter dankenswerthem, stets regem Interesse des Herrn Prof. Liebreich methodische Fütterungsversuche durchgeführt habe. Auf die Abwesenheit von Leim in solchen Präparaten wird von vielen Chemikern und manchen Aerzten seit der sachlich durchaus unfruchtbaren Polemik eines Peptondarstellers ein wohl übertriebener Werth gelegt. Antweiler kocht das fein zerkleinerte Fleisch mit viel Wasser, laugt es in der Filterpresse mit kaltem Wasser so lange aus, als dieses noch durch Tannin getrübt wird, dann wird mit Hülfe des eingedickten Saftes von Carica Papaya peptonisirt. Nach einem ziemlich umständlichen Verfahren, wobei schliesslich noch viel Chlornatrium behufs besserer Conservirung zugesetzt wird, gelangt man so zu einem feinen, leicht gelben Pulver, das schon durch sein Aussehen, seinen fleischbrühartigen salzigen Geschmack und seine absolute Geruchlosigkeit für sich einnimmt. Die beigefügte Analyse von Prof. J. König (Münster i. W.) führte neben 8,16 % Wasser, 71,73 % N-Verbindungen (als Eiweiss berechnet) auf, davon sollten 27,75 % Albumosen (Hemialbumose, Propepton) und 40,8 % Pepton sein, daneben ½ % Fett und 19,6 % Mineralstoffe, darunter 17 % NaCl. Da wir aber wissen, dass reines Pepton oder peptonreiche Gemische sehr bitter, zuweilen ekelhaft bitter schmecken, so mussten offenbar die auch von König benutzten, älteren Trennungsmethoden für Albumosen und Pepton[1]) den Werth für die Albumosen zu niedrig, den für Pepton zu hoch haben ausfallen lassen. Stellt man sich auf den neueren, von Wenz und Kühne vertretenen Standpunkt, dass nur das als Pepton anzusehen ist, was aus der Lösung beim Sättigen mit neutralem Ammonsulfat nicht ausfällt, so kann man auch nur letzteres Trennungsmittel für die Abscheidung der Albumosen zulassen. Indem ich mir vorbehalte, auf diese rein chemischen und analytischen Fragen an anderer Stelle ausführlicher einzugehen, will ich hier nur bemerken, dass die von mir ausgeführte Analyse im Präparat einen Gesammtgehalt von 10,974 % N (nach Kjeldahl), entsprechend 68,59 % Eiweisssubstanz, und darunter 58,73 % Albumosen[2]) und nur 5,1 % Pepton (neben 0,747 % Extractiv-N) ergeben haben. Da die Albumosen, die Zwischenproducte der natürlichen Magenverdauung, so gut wie gar nicht und nur die Peptone bitter schmecken, war nach meinen analytischen Ergebnissen der relative Wohlgeschmack des Präparates einfach erklärlich.

Ueber den stofflichen Werth der Albumosen liegt bisher nur eine von Pollitzer[3]), unter Leitung von Zuntz, ausgeführte verdienstliche Untersuchung vor, die zu dem Ergebniss gelangt ist, dass Pepton und Albumosen etwa denselben Nährwerth wie Fleisch haben, das die gleiche Eiweissmenge enthält. Einmal um diese, bisher noch nicht bestätigten Resultate zu controliren und womöglich noch schärfer festzustellen[4]), sodann weil man meines Erachtens den Nährwerth eines, Eiweissstoffe verschiedener Gruppen enthaltenden Gemisches nicht einfach so beurtheilen kann, dass man den bekannten Nährwerth der einzelnen Gemengtheile summirt, vielmehr um eine präcise Aussage machen zu können, man sich auf den Ausnützungs- und Stoffwechselversuch stützen muss, unternahm ich es, an einem mittelgrossen und sehr mageren Hunde von rund 14 ½ Kilo den Werth des Präparates zu prüfen. Von mittlerer Grösse wurde der Hund gewählt, weil kleinere Thiere sich für exacte Stoffwechselversuche nur schwer oder überhaupt nicht einüben lassen, ein mageres Exemplar bevorzugt, weil es ja zumeist auch für die Fälle, wo Ernährung mit Albumosen und Pepton in Frage kommt, um Individuen handelt, welche in Folge Darniederliegens der Verdauung abgemagert sind. Der Versuchsplan ging dahin, den Hund mit einem aus Fleischeiweiss, Fett, Kohlehydraten und den nöthigen Salzen zusammengesetzten Futter in's N-Gleichgewicht zu bringen (Periode I), dann das Fleischeiweiss durch eine, dessen N-Gehalt äquivalente Peptonmenge vertreten zu lassen, wobei indess die im vorher verfütterten Fleisch enthaltene Menge Extractiv-N nicht durch Pepton, sondern durch einen, den gleichen Extractiv-N enthaltenden Zusatz von Fleischbrühe ersetzt wurde (Per. II), dann wurde wieder zum Fleischfutter zurückgekehrt (Per. III), weiter behufs der Entscheidung, ob Pepton, wie v. Voit behauptet, nur nach Art des Leims wirkt oder ob es den wirklichen Eiweissnährwerth hat, eine ebenso grosse Menge N, wie in Per. II in Form von Pepton, nunmehr in Form feinster Gelatine zugeführt (Per. IV), dann abermals zum Fleischeiweiss zurückgekehrt (Per. V), weiter wieder das Fleischeiweiss durch Pepton ersetzt, wie in II (Per. VI) und mit einer Nachperiode von Fleischfütterung die Versuchsreihe abgeschlossen (Per. VII). Regelmässig um 9 Uhr früh wurde der Hündin der Harn durch den Katheter entzogen und damit der Versuchstag abgegrenzt, dann das Körpergewicht festgestellt und die entsprechende Futterration im aufgekochten Zustande auf einmal verabreicht. Da nach früheren Erfahrungen Kohlehydrate am besten in Form von (gemahlenem) Reis vertragen werden, so wurden davon 60 g (mit 1,09 % N = 6,38 % Eiweiss) und 50 g Schmalz zu der Abkochung des Fleisches in 400 ccm Wasser hinzugefügt. Da ferner in den statt des Fleisches zur Verfütterung gelangenden Peptonmengen, 61 g, etwa 10 g Aschebestandtheile enthalten waren, wurden, um auch die Salzzufuhr möglichst gleich zu halten, dem Fleisch- bez. Gelatinefutter je 8 g Na Cl hinzugegeben. Im Harn wie im (getrockneten) Koth wurde der N nach Kjeldahl-Pflüger festgestellt. Die Abgrenzung der auf die einzelnen Perioden treffenden Kothmengen wurde in bekannter Weise durch Knochenstückchen bewirkt,

[1]) Abscheidung der Albumosen durch essigsaures Eisenoxyd in der Siedhitze nach Schmidt-Mülheim und Fr. Hofmeister.

[2]) Durch gesättigte Ammonsulfatlösung ausgefällt.

[3]) Arch. f. d. ges. Physiol. Bd. 37, S. 301.

[4]) Pollitzer hat den Harn des Versuchsthieres im Käfig aufgefangen und die Abgrenzung der einzelnen Versuchstage mittels der durch Wasserinjection in den Magen hervorgerufenen Harnfluth bewirkt. Ferner hat er den gesammten Fleisch-N durch Albumosen- bez. Pepton-N ersetzt, während er selbst zum Schluss anführt, dass im Fleisch ⅒ vom N sich als Extractiv-N findet, der, ohne Nährwerth zu besitzen, den Körper einfach passirt und durch den Harn austritt. Beide Momente geben zu gelinden Bedenken Anlass.

welche am Abend vor Abschluss der Reihe dem Hunde verabreicht wurden. Die Versuchsresultate ergeben sich aus folgender Tabelle:

Eingeführt: 50 g Schmalz, 45 g Kohlehydrate, 8 g Salz, 650 ccm Wasser und 7,51 g N, davon 0,61 N ($^1/_{12}$ des ges. N) in Reis.

Periode	Futter	Zahl der Versuchstage	Täglicher Mittel: Harnmenge	N im Harn	N im Koth	N total	N am Körper[1])	Körpergewicht[1])
I	200 g Fleisch mit 6,9 N	6	549	6,76	0,33	7,09	+ 0,42	— 57 g
II	61 g Pepton mit 6,69 N u. 0,23 N in Fleischbrühe	5	500	6,44	0,9[2])	7,34	+ 0,17	— 68
III	wie I	4	551	7,7	(0,33)[3])	8,03	— 0,52	— 43
IV	45 g Gelatine mit 6,69 N u. 0,23 N in Fleischbrühe	2	716	9,49	0,42	9,91	— 2,4	— 150
V	wie I	3	518	7,4	(0,33)	7,73	— 0,22	+ 15
VI	wie II	4	541	6,11	1,01[4])	7,12	+ 0,39	— 17
VII	wie I	2	510	5,68	(0,33)	6,01	+ 0,9	— 43

[1]) + bedeutet: N (Eiweisssubstanz) bez. Körpergewicht angesetzt, — bedeutet: N bez. Körpergewicht verloren.

[2]) Breiiger Koth mit 68,9% Wasser.

[3]) Koth-N nicht direct bestimmt, in Analogie mit Per. I in Rechnung gebracht.

[4]) Dünnbreiiger, fast diarrhoischer Koth mit 69,3% Wasser.

Zunächst geht mit Bestimmtheit aus vorstehender Versuchsreihe hervor, dass das Präparat gut resorbirt und annähernd den gleichen Nährwerth hat, als das Fleischeiweiss. Während in der Fleischperiode I der Hund etwa auf N-Gleichgewicht sich befand (der Ansatz von 0,42 N ist kaum von Bedeutung), wurde dasselbe auch während der 1. Peptonperiode (II) innegehalten. In der Fleischperiode V wurde sogar ein klein wenig, 0,22 N in Form von Körpereiweiss zugesetzt, dagegen in der anschliessenden Peptonperiode VI sogar 0,39 N am Körper angesetzt. Auch in Bezug auf die Aenderungen des Körpergewichts zeigen sich keine wesentlichen Unterschiede zwischen den Fleischperioden (I, III, V, VII) und den Peptonperioden (II, VI): in allen erfolgt ein allmählich heruntergehendes Absinken des Körpergewichtes; da N-Gleichgewicht bestand, so musste etwas Fett und auch Wasser vom Körper abgegeben werden, offenbar weil die Kohlehydrate und Fette der Nahrung zur Deckung des Fettverlustes vom Körper nicht ganz genügten. Dagegen erweist sich dieselbe N-Menge in Form von Leim (feinste weisse Gelatine) gegeben, durchaus dem Nährwerth nach ungleich tieferstehend als Eiweiss und Albumosepepton. Bei derselben Menge Leim-N (Per. IV), wie im Fleischeiweiss und im Albumosepepton, setzte der Körper 2,4 g N oder 15 g Eiweiss, entsprechend 71 g Körperfleisch zu und büsste dabei täglich 100 g mehr von seinem Gewicht ein. Also ist die stoffliche Wirkung der Albumosen und des Peptons eine durchaus andere als die des erheblich minderwerthigen Leime[5]).

Allein es ist nicht zu verkennen, dass, so bestimmt danach auch das Albumosepepton als annähernd gleichwerthig dem Fleischeiweiss zu erachten ist, doch dem Präparat noch ein Nachtheil anhaftete, nämlich, dass danach ziemlich reichlicher breiiger, zuweilen sogar dünnbreiiger bis diarrhoischer Koth entleert und damit dem Körper mehr Stickstoff unverwerthet entführt wurde, und zwar 2 bis 3 mal mehr als bei Fleischfütterung. Reichliche bis diarrhoische, übelriechende Entleerungen haben nach den sog. Fleischpeptonen auch Pollitzer und Zuntz beobachtet; im Versuch von Zuntz[6]) betrug die N-Ausscheidung mit dem Koth bei Kemmerich's und Koch's Pepton sogar 3—6 mal so viel als beim Fleischfutter. Den Grund dafür glaube ich z. Th. in dem allzureichen Salzgehalt des Präparates suchen zu sollen. Auf meine Veranlassung ist daher neuerdings ein salzärmeres Präparat hergestellt worden, dem das wichtigste Nährsalz des Fleisches, das phosphorsaure Kali, welches zugleich mit dem Leim ausgelaugt worden war, zugesetzt ist. Dieses salzärmere Albumosepepton enthält nach meinen Bestimmungen 11,02% N, entsprechend 68,88% Eiweisssubstanz, zumeist in Form von Albumosen, zum kleineren Theil in Form von Pepton und nur ca. 9% Salze, darunter 0,6% Kaliumphosphat. In der That erwies eine genau so wie die erste durchgeführte Fütterungsreihe einen unzweifelhaften Vorzug des salzärmeren Präparates vor dem salzreichen. Die Versuchsresultate ergeben sich aus umstehender Tabelle.

Diese Versuchsreihe ist noch schlagender als die erste. Zunächst besteht in der Vorperiode beim Fleischfutter (I) nicht nur N-Gleichgewicht, sondern auch annähernd Körpergleichgewicht, und Beides wird sowohl während der Pepton- wie der Eiweiss-

[5]) Eine ähnliche Beobachtung hat übrigens schon Pollitzer gemacht (a. a. O. S. 307).

[6]) Zuntz, Arch. f. d. ges. Physiol. Bd. 38 S. 22[illegible].

Eingeführt: 75 g Fett, 56 g Kohlehydrate, 4 g NaCl, 560 g Wasser und 5,88 g N, davon 0,78 g ($^{1}/_{15}$ des ges. N) mit 75 g Reis.

Periode	Futter	Zahl der Tage	Täglichen Mittel: Harnmenge	N im Harn	N im Koth	N total	N am Körper	Körpergewicht
I	150 g Fleisch	6	483	5,49	0,31	5,8	+ 0,08	− 8 g
II	45 g Peptons, 0,14 N in Fleischbrühe	4	474	5,42	0,52[1])	5,94	− 0,06	− 15 g
III	wie I	4	449	5,38	(0,31)	5,69	+ 0,19	− 5 g
IV	wie II	4	459	5,32	0,56[2])	5,88	0	0
V	wie I	2	467	5,37	(0,31)	5,68	+ 0,2	− 10 g

[1]) Dickbreiiger, fast geformter Koth mit 64,3 % Wasser.

[2]) Breiiger Koth mit 69,7 % Wasser.

perioden unverändert behauptet; die winzigen Differenzen nach der einen oder anderen Seite sind, absolut genommen, ganz unerheblich. Der Koth war weniger reichlich und mehr dickbreiig, der Drang zur Entleerung offenbar geringer als die der ersten Versuchsreihe, erfolgte dieselbe doch nur einmal in dem Käfig, sonst, wie bei Fleischfütterung, zur Zeit, wo der Hund nach Abschluss des Versuchstages und zur Einnahme der Futterration sich ausserhalb des Käfigs befand. Somit hat durch die Herabsetzung des Salzgehaltes von unserem Präparate die Reizung des Darmkanals, durch die reichlichen, fast diarrhoïschen Entleerungen gekennzeichnet, und damit auch der Verlust, den der Körper an den unverwerthet ausgestossenen N-Substanzen erlitten, fast vollständig sich beseitigen lassen. Da nach allen vorliegenden Erfahrungen der menschliche Darm auf einverleibte Mineralsalze, wofern dieselben nicht wenigstens in Gaben von 10—15 g eingeführt werden, ungleich weniger empfindlich ist, dürfte für die Verwendung beim Menschen von einer schlechteren Verwerthung bez. reichlichen Ausstossung von Eiweiss-N durch den Darm erst recht nichts in die Erscheinung treten. Es sind bereits Versuche im Gange, um den Nährwerth des Präparates beim Menschen zu erproben; ebenso sollen auch bei Individuen, die an Verdauungsstörungen leiden, sowie an Reconvalescenten der Nutzen des Albumosepeptons festgestellt werden. Dass das Präparat das für die Muskel- und Zellenbildung so wichtige Kaliumphosphat enthält, erscheint des Hinweises werth. Andererseits ist die zugleich mit dem Leim bewirkte Entfernung eines grossen Theils der N-haltigen Fleischbasen (Kreatin, Xanthin u. A.) durchaus ohne Bedeutung, da ja diese Stoffe, denen kein Nährwerth zukommt, den Körper unverändert passiren und höchstens als Genussstoffe anzusehen sind.

Bezüglich des Nährwerths kommen 100 g Albumosepepton etwa 350 g magerem Rindfleisch (mit ca. 21 % Eiweiss + Leim) gleich.

Ich hoffe, noch im Laufe des Jahres über die Nährversuche an gesunden und kranken Menschen berichten zu können¹).

— —

Ueber subcutane Injectionen von Antipyrin.

Von

Dr. August Wolff,
praktischer Arzt in Breslau.

Mitte December 1887 kamen mir gleichzeitig zwei Veröffentlichungen zu Gesicht, von S. Fraenkel in Breslau und Hirsch in Hannover, die die von G. Sée zuerst gegen Schmerzen empfohlenen subcutanen Antipyrin-Injectionen nachprobirt hatten und warm empfahlen. Wenn nun auch seitdem wohl jeder Praktiker Gelegenheit gehabt haben wird, Antipyrin als Nervinum und Anodynum anzuwenden, und wenn auch nach dieser Seite hin eine ganze Reihe von Veröffentlichungen erfolgt ist, so sind mir doch ausser jenen beiden Aufsätzen keine bekannt geworden, die über ausschliesslich subcutane Anwendung des Antipyrin berichten. Nun scheint aber das A. ausser seiner allgemeinen Wirkung, die es auf das Nervensystem z. B. bei interner Darreichung entfaltet, noch eine ganz bestimmte, schmerzlindernde Local-Wirkung bei subcutaner Application am Orte der Injection zu haben, eine Wirkung, die der des Morphiums als locales Anodynum zum Mindesten gleichkommt, sie sogar wohl noch übertrifft, und scheint ausserdem nicht nur einen temporär schmerzlindernden, sondern auch einen directen Heilerfolg zu haben. Dies bestimmt mich, nochmals auf die gute Wirkung des Antipyr. in Form von subcutanen Injectionen hinzuweisen. Ich bediente mich stets einer Lösung von Antipyrin und Aq. dest. āā p. aequ. Das Wasser wurde vor der Mischung behufs sicherer Sterilisation aufgekocht, die Lösung selbst mehrfach filtrirt. Bei längerem Aufbewahren der Lösung färbt sich dieselbe gelbbräunlich, ohne dass dadurch ihre Wirksamkeit beeinträchtigt würde; nur

¹) Wie mir Herr Dr. Antweiler (Barmen, ev. Kirchstr.) mittheilt, ist er gern bereit, etwaigen Reflectanten Proben seines (salzärmeren) Albumosepeptons zuzusenden.

wollte es mir scheinen, als ob die Schmerzhaftigkeit der Injection bei Anwendung älterer Lösungen eine grössere sei. Injicirt wurde stets mit antiseptisch vorbereiteter Spritze an der Stelle des grössten Schmerzes und in der Richtung der Ausstrahlung desselben, soweit sich diese feststellen liess, in das Unterhaut-Zellgewebe. Die Dosis pro Injection war in den meisten Fällen eine volle Pravaz'-sche Spritze = 0,5 Antipyrin. Jedoch stimme ich mit Fraenkel überein, dass vielfach schon eine halbe Spritze = 0,25 Antipyrin zur Entfaltung der Wirkung genügt. — Ich will kurz die Fälle beschreiben, bei denen ich in der Zeit von Mitte December 1887 bis Anfang Februar 1888, mich an die von Fraenkel und Hirsch dafür aufgestellten Indicationen haltend, subcutane A.-Injectionen zur Anwendung brachte, wobei ich die verschiedenen Fälle, soweit wie dies möglich, rubriciren will:

1. Hedwig Gl., 53 j. Wäscherin. Seit 4 Wochen acuter Gelenkrheumatismus. Bisher der Reihe nach mit Salol, Na salicyl., Antipyrin innerlich und mit Ichthyol äusserlich behandelt ohne nachhaltige Wirkung. 15. XII. 87: Schmerzen in den Ellbogen-, l. Schulter- und l. Kniegelenk. 0,5 Antipyrin subcutan, auf die betr. Gelenke vertheilt. Nach 3 Min. jede Schmerzhaftigkeit verschwunden. — 16. XII. l., Ellbogen- und l. Kniegelenk völlig schmerzfrei und beweglich. Dagegen starker Schmerz in der r. Schulter; r. Arm „wie gelähmt". Ausserdem leichter Schmerz im r. Ellbogen- und l. Schultergelenk. 0,5 A. subcutan, und zwar 0,25 in die r. Schulter; Rest auf l. Schulter und r. Ellbogen vertheilt. Nach 5 Min. kann Pat. den jetzt schmerzfreien Arm ganz erheben, und der Schmerz aus der l. Schulter ebenfalls verschwunden. — 17. XII. R. obere Extremität ganz in Ordnung, dagegen wieder Schmerzen in l. Schulter und l. Ellbogen. Wieder 0,5 A. mit gleichem Erfolge. — 18. XII. Status idem. 0,5 Ant. — 19. XII. Nur noch geringe Schmerzen in dem l. Schultergelenk 0,25 A. — 20. XII. Alle Gelenke frei. — 21. XII. Starke Schmerzen mit Schwellung des l. Gelenkes des r. Daumens. Injection in den Handrücken muss unterbrochen werden wegen zu grosser Schmerzhaftigkeit derselben. — 22. XII. Status idem. Pat. will keine Injection mehr dulden. — Sool-Handbäder, leichte Massage. — 28. XII. erhält Pat. eine verlangte Injection in die Gegend des l. Handgelenkes, in dem sich neue Schmerzen und starke Schwellung eingestellt haben. — 31. XII. Nirgends mehr Schmerzen. L. Handgelenk noch etwas geschwollen. Massage. — Anfang Januar 88 erkrankte Pat. jedoch wieder an einer neuen Attaque und wandte sich nun an die Kgl. Poliklinik, in deren Behandlung sie sich Anfangs Februar noch befand.

Die A.-Injectionen äusserten in diesem Falle nur eine reine Localwirkung, sie beseitigten prompt die Schmerzen und die daraus resultirende Unbeweglichkeit der Extremitäten. Von einem curativen Erfolge kann keine Rede sein. Bemerken will ich noch, dass innerliche Tagesgaben von 5,0 Antipyrin in diesem Falle absolut keine Wirkung geäussert hatten. Wenn bei sehr empfindlichen Patienten der Gelenkrheumatismus nur ein oder wenige Gelenke befallen hat, so würde sich vielleicht zur Einleitung und Unterstützung einer antirheumatischen, internen Behandlung eine A.-Injection empfehlen.

2. Robert L., 43 j. Musiker. Tuberculosis pulmonum, besonders links. Seit Wochen Brustschmerzen vorn oben links, nach rechts ausstrahlend. Linimente, Fomentationen dagegen ohne Erfolg, Morphium-Injectionen nicht versucht, da sich Pat. davor fürchtet. Braucht zur Nacht seit Monaten 2,0 Chloralhydrat. 15. XII. 87. 0,25 A. subcutan. Nach 5 Min. Brustschmerz verschwunden. — 16. XII. Die Frau des Pat. berichtet: Der Schmerz ist nicht wiedergekehrt; ohne dass ich sie danach frage, fügt sie hinzu: „Der Athem geht auch viel leichter; mein Mann „schöpft" nicht mehr so." — 23. XII. Dasselbe gute Befinden; Pat. geht im Zimmer umher. — Bis jetzt sind die Schmerzen nicht wiedergekehrt (Anfang März).

3. Max H., 18 j. Buchbinder. — Phthisis pulmonum progressa. 4. I. 88. Pat. klagt über heftigen Stechen in der r. Brustseite, besonders vorn r., so dass er im Athmen äusserst behindert ist. 0,5 A. subcutan. Nach 2 Min. ist der Schmerz verschwunden. Bis jetzt (Anfang März) nicht wiedergekehrt.

In diesen beiden Fällen hatte die A.-Injection einen fast augenblicklich eintretenden, überraschenden und dauernden Heilerfolg. Bei beiden Kranken ist der sie sehr peinigende Brustschmerz nicht wiedergekehrt. —

4. Berthold W., 38 j. Friseur. Aorten-Insufficienz. Häufige stenocardische Anfälle von etwa 5 Minuten Dauer. Hat dagegen Digitalis, Coffein, Tinct. Strophanthi gebraucht, ferner Brom und Morphium ohne nennenswerthen Erfolg. 29. XII. 87. Während eines Anfalles 0,5 A. subcutan. Der Anfall wird dadurch nicht coupirt. Am Abend desselben Tages noch ein Anfall, sogar stärker als gewöhnlich. Ausserdem klagt Pat. tagelang über starken Schmerz an dem Orte der Injection.

5. Johann U., 68 j. Restaurateur. Pericarditis. Heftige Schmerzen in der Herzgegend und Athemnoth. 0,5 A. subcutan. Ohne jeden Erfolg. Eine Morphium-Injection will der sehr eigensinnige Pat. sich nicht mehr machen lassen.

Diese beiden Fälle sind die einzigen, in denen das A. völlig im Stiche liess; vielleicht ist dieses daraus zu erklären, dass der tiefe Sitz der Schmerzen mit dem Orte der Application des A. keine directe Verbindung durch Lymph- oder Blutbahnen hat. —

6. Auguste H., 34 j. Wirthschafterin. Starker Schmerz zwischen den Schulterblättern seit etwa 1 Woche. Lungen und Pleura gesund. 20. XII.

87. 0,5 A. subcutan erzeugt ein sehr langes anhaltendes Brennen, beseitigt jedoch den Schmerz dauernd und vollständig.

7. Caroline Fl., 58 j. Wittwe. Stechen zwischen den Schulterblättern, nach der l. Seite ausstrahlend. Pat. kann vor Schmerzen den l. Arm nicht bewegen. Brustorgane gesund. — 31. I. 88. 0,5 A. subcutan. Nach 3 Min. kann Pat. den l. Arm wieder bewegen, fühlt allerdings dabei noch leichte Schmerzen. — 1. II. Schmerz bedeutend gelinder, nur noch bei lebhafteren Bewegungen vorhanden. 0,50 A. subcutan. — 2. II. Pat. stellt sich als geheilt vor.

8. Mathilde H., 56 j. Wäscherin. Heftige Schmerzen unter dem l. Schulterblatt. L. Arm kann nur mit Mühe bewegt werden. Brustorgane gesund. — 21. I. 0,5 A. subcutan. Nach 5 Min. Schmerz bedeutend geringer. — 22. I. Pat. fühlt noch auf Druck die Stichstelle; der Schmerz unter dem Schulterblatt ist verschwunden, der l. Arm frei beweglich.

9. Anna Kr., 39 j. Haushältersfrau. 17. I. 88. Pat., im V. Monat gravid, klagt über Husten, Schlaflosigkeit und heftige, den ganzen Rücken einnehmende, besonders im Kreuz sehr starke Schmerzen. Catarrh der l. Lungenspitze, Lumbago. 0,01 Morphium subcutan in den Rücken. — 18. I. Pat. hat gut geschlafen, die Schmerzen in der Rücken-Musculatur und besonders im Kreuz unverändert. 0,5 A. subcutan. Nach 5 Min. sind die Schmerzen verschwunden. — 21. I. Bescheid: Schmerzen sind nicht wiedergekehrt.

In diesen Fällen von Muskelrheumatismus ist Antipyrin von ausgezeichneter Wirkung. Seit Anfang Februar habe ich noch eine ganze Reihe von Muskelrheumatismen, ohne mir ausführlichere Notizen darüber zu machen, mit A.-Injectionen behandelt. Stets war die Wirkung eine gleich prompte: Der Schmerz verschwand nach wenigen Minuten, um gar nicht oder nur in sehr abgeschwächtem Maasse wiederzukehren. In letzterem Falle genügte eine 2. Injection stets zur völligen Heilung.

Die Wirkung der A.-Injection in den beiden folgenden Fällen ist insofern bemerkenswerth, als durch sie erst die Stellung einer sicheren Diagnose möglich wurde:

10. Rosa B., 38 j. Bedienungsfrau. 17. XII. 87. Temp. 38,2. Puls 92. Klagen über sehr heftigen Schmerz in der l. Brusthälfte beim Athmen. Percussion: Leichte Dämpfung l. hinten unten und in der hinteren Axillarlinie. Herzdämpfung normal. Auscultation: negativ, da Pat. wegen der Schmerzen tiefe Athemzüge scheut. 0,5 A. subcutan. Nach 5 Min. kann Pat. ohne starken Schmerz tief athmen. „Ein Schmerz sei noch vorhanden, aber gar nicht mit dem von vorhin zu vergleichen.“ Es gelingt jetzt leicht, an einer etwa handteller-grossen Stelle l. hinten unten Knisterrasseln und Bronchialathmen nachzuweisen. — Da am nächsten Tage noch leichte Schmerzen vorhanden waren, wurde noch einmal 0,5 A. injicirt mit gleicher, den Schmerz zwar lindernder, ihn aber nicht ganz beseitigender Wirkung.

11. Hugo R., 37 j. Kaufmann. Nachtbesuch d. 31. I. 88. Pat. klagt über heftigste Schmerzen beim Athmen; dieses sehr behindert. Percussion: überall normaler Schall. Auscultation: wegen der oberflächlichen Athmung des Pat. ganz resultatlos. 0,015 Morphium subcutan, da Pat. vor Allem schlafen will. — 1. II. Pat. hat eine sehr schlechte Nacht gehabt, mehrmals erbrochen, gar nicht geschlafen. Die Schmerzen, nach der Einspritzung ½ Stunde verschwunden, sind in alter Stärke wiedergekehrt. 0,5 A. subcutan. Nach einigen Minuten erklärt Pat., er fühle sich bedeutend wohler; Schmerzen fast ganz verschwunden, auch bei tiefem Athmen. Die jetzt mögliche genaue Auscultation ergiebt nichts Abnormes. — 2. II. Schmerzen und Athemnoth nicht wiedergekehrt.

Leider hatte ich keine Gelegenheit, A.-Injectionen bei sonstigen schmerzhaften Untersuchungen anwenden zu können; glaube jedoch, dass speciell auch bei chirurgischen Untersuchungen z. B. von Fracturen, die Stellung der Diagnose durch eine schmerzlindernde A.-Injection erleichtert werden wird.

Endlich wandte ich A.-Injectionen noch in folgenden Fällen an:

12. Anna W., 45 j. Hausbältersfrau. 29. I. 88. Heftiger, linksseitiger Kopfschmerz, namentlich in der linken Stirnhälfte. 0,25 A. subcutan. Nach 10 Min. ist der Kopfschmerz verschwunden.

In solchen Fällen erscheint mir die subcutane Anwendung des Antipyrin jedoch nicht angezeigt. Der Schmerz, den die Injection hervorrief, schien äusserst heftig zu sein, hielt auch viel länger wie gewöhnlich an, und schliesslich kommt man ja dabei mit interner Darreichung des A. ebenso gut, wenn auch etwas langsamer zum Ziel.

13. Ernestine Gr., 51 j. Sattlersfrau. Chronische Lungenphthise. Sehr hartnäckige Neuralgie des V., die schon mit allen möglichen Pflastern und Einreibungen von der Pat. selbst, mit Chinin, Antifebrin, Antipyrin und Tinct. Gelsemii innerlich, sowie mit Electrisiren und Morphium-Injectionen, selbst im Hospital, monatelang erfolglos behandelt worden ist. 21.—24. XII. 4 A.-Injectionen à 0,5. Der Erfolg war leidlich gut: Die Schmerzen verringerten sich, kamen jedoch in der Nacht stets wieder. — 27. XII. Zum Vergleich 0,01 Morphium subcutan. — 29. XII. Pat. berichtet, so schlecht wie nach der letzten Einspritzung sei es ihr lange nicht gegangen: sie habe fortwährend gebrochen; die Schmerzen hätten gar nicht nachgelassen. Heute: 0,5 A. subcutan, ebenso am 2. u. 7. I. 88. Am 20. I. berichtet Pat.: Die Schmerzen sind seit dem 7. nicht wiedergekehrt. Hin und wieder habe sie „ein leichtes Zucken“ im Unterkiefer links. Sie fühle sich jetzt wohl, ihr Zustand sei mit dem früheren, qualvollen gar nicht zu vergleichen. — (Am 10. März kam Pat. mit einer neuen Attaque ihrer Neuralgie wieder in meine Behandlung. Nach 3 A.-Injectionen war auch diese wieder beseitigt.)

14. Gustav Br., 73 j. Lederhändler. 15. XII. 87. Schwerer asthmatischer Anfall. Starken Lungen-

emphysem, ausgebreiteter, trockener Bronchialcatarrh. Rp. Digital mit Aether und Jodkalium. 17. XII. Keine Besserung, Pat. sitzt sehr dyspnoisch im Bett, klagt über „Beklemmung in der Herzgrube". Puls verlangsamt, an der Radialis manchmal aussetzend. 0,25 A. subcutan. Nach 3 Min. hört das Beklemmungsgefühl auf, Pat. sagt: „Wenn's so bleibt, stehe ich Nachmittags auf". Objectiv ist die Dyspnoe unverändert. — 18. XII. berichtet die Frau des Pat., dass es besser gehe. — 19. XII. Pat. verlangt eine erneute Injection; nach dieser wird dieses Mal auch objectiv die Dyspnoe geringer. — 20. XII. Pat. fühlt sich wohl. — 23. XII. Schwacher Asthma-Anfall. Verlangte Injection hat guten Erfolg. — 26. XII. Pat. ist ausser Bett. — 28. XII. Pat. hat Tags zuvor mehrere Anfälle gehabt, auch jetzt geringe Dyspnoe. Zum Vergleich 5 mg Morphium subcutan. Nach 10 Min. Erleichterung. — 29. XII. Pat. giebt an, die letzte Injection sei noch besser gewesen als die früheren. Er hat keinen Anfall mehr gehabt. — 2. I. 88. Asthma-Anfälle nicht wiedergekehrt, der Catarrh besteht fort; braucht jetzt Jodkalium und zur Nacht 0,005 Morphium intern. — (Die Anfälle sind bis jetzt (Mitte März) nicht wiedergekehrt).

15. Bertha Str., 65 j. Obsthändlerin. Schon wiederholentlich in meiner Behandlung wegen Lungenemphysem und Asthma-Anfälle. 11. I. 88. Heftige Dyspnoe, Klagen über „Quetschen" in der Brust, grosses Angstgefühl. 0,5 A. subcutan. Nach einigen Minuten Gefühl grosser Erleichterung. 2,0 Jodkalium *pro die*. — Am 12. u. 13. I. Wiederholung der Injection. Vom 15. ab sistiren die Anfälle vollkommen. Bei den früheren Anfallsperioden hatte es unter Anwendung von Jodkalium mit Aether und Morphium stets viel länger gedauert, ehe die Anfälle sistirten.

Seit Anfang Februar 1888 habe ich A.-Injectionen noch in einer grossen Anzahl von Einzelfällen angewandt.

Nach der aus diesen gewonnenen Erfahrung kann ich die subcutane Application des A. besonders für folgende Krankheitszustände empfehlen:

1. Für das Gebiet des Muskelrheumatismus, „des Reissens". Wenn auch diese Affectionen unter den mannigfachsten, anderen therapeutischen Maassnahmen verschwinden, so scheint mir doch zweifellos die Behandlung mit subcutanen A.-Injectionen am schnellsten zur Heilung zu führen. Jeder Arzt, dessen Praxis sich mehr in den tieferen Schichten der Menschheit als auf ihren Höhen bewegt, kennt und fürchtet diese Crux der Sprechstunde, wenn ein halbes Dutzend Patienten hinter einander immer dieselbe Klage erschallen lässt: „Herr Dr., mir steckt's so im Kreuz, oder in den Seiten oder an sonst einer anderen Stelle": Hier finden Pat. und Arzt, beide gleich schnelle Hilfe durch die A.-Injection.

2. Für die Brustschmerzen der Phthisiker.

3. Für die Neuralgien oberflächlich gelegener Nerven.

4. Zur Erleichterung einer sicheren Diagnostik.

5. Bei asthmatischen Anfällen.

6. Bei schmerzhaften Zuständen, bei denen Morphium-Injectionen aus irgend einem Grunde contraindicirt sind, als Ersatz für diese, besonders also bei Kindern und bei den Pat., die Morphium schlecht vertragen.

Die A.-Injection bietet den Hauptvortheil in allen den Fällen oberflächlicher, localisirter Schmerzen, wo man schnell helfen will. Denn die schmerzlindernde Wirkung tritt stets sehr bald ein, spätestens 5 Minuten nach der Injection. Sie verschwindet erst nach 10—12 Stunden; aber auch dann kehren die Schmerzen nicht in gleicher Stärke wie vor der Injection wieder. Nachtheile irgend welcher Art habe ich bei den A.-Injectionen nicht beobachtet, weder speciell dem A. zuzuschreibende, wie z. B. A.-Exanthem, noch andere, z. B. Abscesse.

Die einzige Unbequemlichkeit der Injection ist der brennende Schmerz, den sie in allen Fällen in verschieden starkem Grade erzeugt, der jedoch stets in ganz kurzer Zeit, gewöhnlich in etwa einer Minute, vollständig verschwindet. Sehr heftig war er nur dann, wenn an Stellen injicirt wurde, wo die Haut an den unterliegenden Knochen durch sehr kurzes, straffes Bindegewebe angeheftet ist (cfr. Fall 12), sowie dann, wenn zufällig ein sensibles Nervenästchen direct von der Injection getroffen sein mochte. Jedenfalls spielt auch die individuelle Empfindlichkeit gegen Schmerzen dabei eine grosse Rolle. Vielleicht könnte man durch einen kleinen Zusatz von Cocaïn die Schmerzhaftigkeit der Injection beseitigen; Versuche habe ich darüber nicht gemacht. Nie war der Schmerz, den die Injection verursachte, so heftig, dass die Patienten (mit Ausnahme von Fall 5) eine etwa nothwendige Wiederholung derselben verweigert hätten. Zum Schluss möchte ich der Folgerung Fränkel's ganz und voll beistimmen, dass wir in den A.-Injectionen ein Mittel besitzen, wohl geeignet zur Bekämpfung schmerzhafter Zustände, und berufen, die Morphium-Anwendung zu beschränken, und besonders dem practischen Arzt seine Thätigkeit zu erleichtern.

Ueber die Sozojodoltherapie auf rhino-laryngologischem Gebiet.

Von
Dr. M. A. Fritsche in Berlin.

Die von Dr. Lassar vor einiger Zeit in dieser Zeitschrift veröffentlichten Versuche mit Sozojodol auf dermatologischem Gebiet gaben mir Veranlassung, dasselbe auch für die rhinologische und laryngologische Therapie in Anwendung zu ziehen und kann ich das Gesammtresultat meiner Erfahrungen über das Mittel nur als sehr günstig bezeichnen. Die mir seitens der chemischen Fabrik H. Trommsdorff in Erfurt mit grosser Bereitwilligkeit zur Verfügung gestellten Präparate waren verschiedene Salze des Sozojodol und zwar die Kalium-, Natrium-, Zink- und Quecksilberverbindung. Das Kalium- und Natriumsalz, etwa im Verhältniss von 1 : 7 in Wasser löslich, sind wohlcharacterisirte, in schönen weissen Nadeln krystallisirende Verbindungen, die gepulvert einen stark alkalischen, laugenhaften Geruch und einen bitterlich seifigen Geschmack zeigen, der bei der Kaliumverbindung besonders stark hervortritt. Bei der pulverförmigen Application auf die normale Nasen- und Kehlkopfschleimhaut erregen sie mässig starkes Brennen (die Natronverbindung in geringerem Grade) und vermehrte Schleimsecretion. Sie kamen in unverdünntem Zustande zur Verwendung, während das in weissen, büschelförmigen Nadeln krystallisirende Sozojodolzink in 5—10 facher Verdünnung mit Milchzucker zur Einblasung mittelst des Rauchfuss'schen Pulverisateurs gelangte. Auch bei dem Sozojodolquecksilber, das eine tief orangerothe, amorphe, stark bitter schmeckende, schwere Verbindung darstellt, konnte, nachdem ein Versuch mit einer 3 fachen Verdünnung sehr heftige Reizung der Nasenschleimhaut hervorgerufen hatte (es entstanden unter unerträglichem Brennen lebhaft entzündliche Erscheinungen und in Folge Reflexreizes sogar Brechbewegungen, sodass das Pulver schleunigst durch Ausspritzen der Nase wieder entfernt werden musste), nur eine 10—20 fache Verdünnung, die schon ziemlich anhaltendes Brennen zur Folge hatte, zur Verwendung gelangen.

Die betreffenden Versuche wurden an 65 Patienten aus meiner Poliklinik und 23 Privatpatienten, in summa also 88 mit den verschiedensten Kehlkopf- und Nasenaffectionen behafteten Personen angestellt. Die günstigsten Erfolge hatte die Sozojodoltherapie bei allen Katarrhen der Athmungswege mit Tendenz zur Eintrocknung des Secrets zur festen, zäh anhaftenden Absonderung aufzuweisen. Sowohl bei der Laryngitis sicca (5 Fälle), wie beim trockenen Rachen- und Nasenrachenkatarrh (18), bei dem theils das Kalium- und Natriumsalz, theils das Zinkpräparat in obiger Verdünnung zur Anwendung kamen, wurde in allen acuteren Fällen völlige Beseitigung, in den chronischen Formen erhebliche andauernde Besserung, unter anfänglicher Verflüssigung, späterer Abnahme des Secrets erzielt.

Auch bei dem atrophischen Nasenkatarrh (Ozaena, 24 Fälle, davon 7 mit Ulcerationen) zeigte sich bei abwechselnden Einblasungen des Kalium- und Zinkpräparates in den meisten Fällen eine erheblichere Besserung, als sie bisher durch andere Mittel zu erzielen war, insofern, als das Secret ebenfalls einen mehr dickflüssigen Charakter annahm und der Foetor vermöge der aseptischen Eigenschaften des Sozojodols sich wesentlich verringerte. Bei den alterinveterirtesten Ozaenafällen (8 derartige) erwies sich die Heranziehung der Hg-Verbindung in anfänglich schwacher, später stärkerer Concentration, zum Theil mit dem Zinkpräparat täglich abwechselnd insufflirt, ungemein vortheilhaft, indem sich unter starker localer Reizung momentan eine lebhafte, dünnflüssige Secretion einstellte, die im weitern Verlauf mehr oder weniger constant blieb und ein fast völliges Verschwinden des Foetor im Gefolge hatte.

Auch bei der hypertrophischen Rhinitis und Rhinopharyngitis, zum Theil mit bedeutender chronischer Verdickung (18 Fälle) erwiesen sich Einblasungen von den drei krystallisirten Sozojodolverbindungen (meist Kalium- und Zinksalz oder Natrium- und Zinksalz täglich abwechselnd gebraucht) sehr erfolgreich: Die Schleimhautschwellung nahm unter stark vermehrter Secretion erheblich ab und die Schwellkörper contrahirten sich, sodass die Nasengänge wieder wesentlich an Weite zunahmen und die Athmung entsprechend freier wurde. Diese Besserung erhielt sich bei länger fortgesetzter Behandlung andauernd und nur bei 5 der eingewurzeltsten Fälle musste schliesslich der Galvanokauter herangezogen werden. Auch zur schnelleren Ausheilung galvanokaustischer Operationsstellen im Rachen (9 mal) wie in der Nase (12 mal) fanden die krystallisirten Sozojodolsalze Verwendung und erzielten eine sichtlich erhöhte Heilungstendenz, jedenfalls in Folge der ihnen innewohnenden aseptischen Eigenschaften.

Auch tuberculöse Ulcerationen im Kehlkopf (11) und Rachen (2) begannen sich, namentlich bei Anwendung der Zinkverbindung, schön zu reinigen und gute Granulationen zu entwickeln; eine vollständige Vernarbung wurde indessen wegen der jedenfalls nicht lange genug fortgesetzten Behandlung bis jetzt nicht beobachtet.

5 Fälle von Lues der Nase und des Kehlkopfes, zum Theil vergesellschaftet mit gummösen Affectionen des Velum und der Zunge, wurden durch Insufflationen von Sozojodolquecksilber bei leichter interner Hg-Medication völlig geheilt.

Es können somit die Sozojodolpräparate mit Fug und Recht für die Specialbehandlung der Nase und des Kehlkopfes als eine sehr schätzbare Bereicherung unseres therapeutischen Contingents angesehen werden.

Menthol bei Diphtherie der Nase.

Von

Dr. med. R. Cholewa in Berlin.

Ich bitte den geneigten Leser nicht zu erschrecken oder sich von der Lectüre dieser wenigen Zeilen missmuthig abzuwenden, wenn er die Ueberschrift gelesen und an das Heer von Mitteln denkt, die von berufener und unberufener Seite alljährlich gegen diese tückischste der Krankheiten empfohlen werden. Meine Beobachtung soll ja auch kein neues Mittel empfehlen, sondern die Art der Anwendung eines Mittels zur Kenntniss der Collegen bringen, wie es sich mir in hochernsten Fällen von Nasen-Rachendiphtherie als ausserordentlich nutzbringend erwiesen hat. Der Fall, bei dem ich zuerst Gelegenheit hatte meine Idee anzuwenden, ist folgender: Ein Knabe von acht Jahren erkrankte an Diphtherie, bei der Untersuchung zeigten sich Fauces, Mandeln, Zäpfchen mit starken Membranen bedeckt. Aus beiden Nasenlöchern entleert sich fortwährend eine viscide wasserhelle Flüssigkeit, die Lippen und Nase wund fast; die unteren Muscheln sind bis zur Berührung mit dem Septum und dem Boden der Nasenhöhle geschwollen und wie mit einem grauen Flor bedeckt. Zu gleicher Zeit zeigten Stiche im Ohr und eine beginnende Röthung des Trommelfells die entzündliche Schwellung der Paukenschleimhaut an.

Es wurden neben innerer Medication Durchspritzungen der Nase vermittelst lauwarmen Kalkwassers und Gurgelungen mit demselben Medicament empfohlen. Nach 24 Stunden war der Zustand des kleinen Patienten ein bedeutend schlechterer. Die Kalkwasserspülungen waren nur schwer durch die total zugeschwollene Nase gegangen, die Nasenrespiration war vollkommen aufgehoben und wurde auch durch den weit geöffneten Mund allmählich schwerer.

Auf beiden unteren Muscheln zeigten sich vorn bis in den Naseneingang jetzt dicke Membranen, die weiter das ganze Nasenrachengewölbe austapezierten, so dass der Zustand prognostisch ein trostloser genannt werden musste. In Erinnerung der guten Dienste nun, welche uns Menthol bei acuten Schwellungen der Nasenschleimhaut zu leisten pflegt, in Erwägung der antibacillären Eigenschaften desselben, empfahl ich Wattebäuschchen mit Mentholöl (20 %) zu tränken, dieselben in die beiden Nasenlöcher einzuführen und längere Zeit liegen zu lassen. Die Eltern folgten pünktlich meinen Anordnungen und die Folge war, dass vom nächsten Tage an die Durchspülungen mit Kalkwasser leicht durch die Nase gingen, die Membranen sich fort und fort abstiessen und das Kind nicht mehr gezwungen war den Mund allein zum Athmen zu benutzen. Was soll ich den Fall in extenso schildern! Das Resultat bei diesem sowohl wie bei der 4jährigen Schwester des Kranken war, dass die Nasendiphtherie rapide aufhörte und unter der Weiterführung derselben Therapie auch die Neubildung von Membranen im Rachenraum sistirte resp. rasch einer totalen Abstossung Platz machte. Ich erlaube mir nur noch darauf hinzuweisen, dass ich mit Absicht Menthol und nicht Cocaïn wählte, ad I weil die Anwendung des ersteren in diesen Fällen eine leichtere und weitreichendere ist und weil ich ad II die deprimirende Wirkung länger fortgesetzter Cocaïnisirung grade in diesem Falle fürchtete.

Dass es sich hierbei in der That um schwere Diphtherie und nicht um eine andere Affection handelte, geht daraus hervor, dass ein drittes Kind derselben Familie, bei dem Menthol nebenbei gesagt nicht zur Anwendung kam, 14 Tage nach den ersten Krankheitserscheinungen des ersten Kindes, trotz rechtzeitig gemachter Tracheotomie rapide an Diphtherie zu Grunde ging.

Zur Pilocarpin-Wirkung.

Von

Dr. Bol. Wicherkiewicz in Posen.

Im Februarheft der therapeutischen Monatshefte d. J. führt Prof. Magnus 2 Fälle an, in denen das Pilocarpin seine Wirkung vollständig versagte. Die Erklärung dafür sieht Verfasser in einer Zersetzung des Präparates und richtet deshalb an die Apotheker die Mahnung, keinen allzugrossen Vorrath des Präparates auf Lager zu haben.

Ich selbst wende dieses vortreffliche Mittel in der oculistischen Therapie sehr häufig an und habe damit gar verschiedene Resultate erreicht.

Ohne hier auf die Frage der Pilocarpinwirkung überhaupt näher einzugehen, was ich mir für spätere Gelegenheit vorbehalte, möchte ich vorläufig nur hervorheben, dass meiner Erfahrung nach nicht die nachträgliche Zersetzung eines chemisch reinen Präparates an dem Ausbleiben der Wirkung die Schuld zu tragen scheint, sondern die ursprüngliche unreine Herstellung derselben und als Beleg für diese Behauptung möchte ich Folgendes anführen:

Ich habe vor Jahren, als ich die ersten therapeutischen Versuche mit Pilocarpin anstellen wollte, ein grösseres Quantum des salzsauren Salzes aus der bewährten Firma von Merck in Darmstadt für den Gebrauch in meiner Armen-Augen-Heilanstalt bezogen. Das Mittel wirkte während einer ganzen Reihe von Jahren in einer 1% Lösung, die ich mir selbst für eine längere Versuchsreihe zubereitet hatte, stets prompt.

Als mir im vorigen Jahre mein Vorrath ausging, verschrieb ich das Mittel aus einer der hiesigen sonst sehr zuverlässigen Apotheken und zwar eine 2% Lösung, die ich bei verschiedenen Kranken in Form von subcutanen Injectionen in der gewöhnlichen Dose von 0,01 anwandte, aber ohne die geringste Wirkung.

In den nächsten Tagen wurde daher bei denselben Kranken die Dosis verdoppelt, verdreifacht, ja selbst vervierfacht, doch immer ohne jeden Effect, oder mit einer sehr geringen Wirkung. Als nun die inzwischen bestellte neue Pilocarpinsendung aus Darmstadt ankam, hatte dieselbe in 1% Lösung wieder, bei denselben Patienten den gewünschten und erwarteten Erfolg.

Die von vielen Seiten constatirte mangelhafte oder complicirte Wirkung des Mittels dürfte einer chemischen Verunreinigung desselben zuzuschreiben sein, und ich neige der Ansicht, dass es sich hier um eine Verunreinigung mit Jaborin (Harnak)[1]) handelt, einem Körper, der sich durch Zersetzung des Pilocarpin's in einer saueren Lösung ausscheidet. Das Jaborin dürfte im Stande sein, da es eine andere physiologisch dynamische Beschaffenheit hat als das Pilocarpin, die Wirksamkeit dieses Mittels zu schwächen, oder wenn es quantitativ in einer verunreinigten Lösung prävalirt sogar eine ganz conträre Wirkung hervorzurufen.

[1]) Lehrb. d. Arzneimittellehre 1883 p. 658.

Die Schädlichkeit der örtlichen Anwendung von Quecksilberpräparaten auf die Bindehaut bei innerlichem Jodgebrauche.

Von

Dr. J. Rabl (Bad Hall).

In den sehr werthvollen ophthalmologischen Mittheilungen des Herrn Professor J. Hirschberg (Heft 2, 1888 der Therap. Monatshefte) kommt eine Stelle vor, die ich nicht lange unwiderlegt lassen möchte. Sie lautet:

„Dass man Calomel nicht einpudern „dürfe, wenn gleichzeitig Jodpräparate inner„lich gegeben werden, da sonst ätzendes „Jodquecksilber in der Bindehaut entsteht, „halte ich für eine Fabel, da ich bei tausend„facher Anwendung (die Kinder erhalten bei „mir sehr häufig Jodeisensyrup innerlich) „derartiges nie gesehen. Wenn Calomel „Aetzwirkung bedingt, so war wohl dem mil„den Quecksilberpräparate der „ätzende“ „Bruder beigemischt.“

Es war jedenfalls ein besonders glücklicher Zufall, wenn Herrn Prof. Hirschberg in seiner reichen Praxis keine Gelegenheit wurde, durch eine oder die andere Erfahrung sich vom Gegentheile zu überzeugen. Er hatte eben zufällig in seiner grossen Clientel bisher keinen Syphilitiker, der, während er gerade Jodkalium oder Jodnatrium nahm, von einer Conjunctivitis oder Kerato-conjunctivitis befallen wurde, die das Einstäuben von Calomel veranlasste. Wäre dies der Fall gewesen, so würde er sich von der bisweilen geradezu erschreckenden Wirkung einer Calomeleinstreuung oder der gelben Salbe überzeugt haben. Die geringen Mengen von Jod, die im Jodeisensyrup den Kindern einverleibt werden, sind nicht genügend, um eine irgendwie merkbare Menge des in den Bindehautsack gebrachten Quecksilberpräparates in ätzendes Jodquecksilber zu verwandeln. Ich beobachte ja auch in Bad Hall, dass neben der Trinkcur die Quecksilberpräparate Calomel und Oxyd. flav. mit grösstem Vortheile bei den Augenaffectionen scrophulöser Kinder in Anwendung kommen und möchte sogar glauben, dass das Minimum von gebildetem Jodquecksilber sogar förderlich ist, weil ich in Hall raschere und vollständigere Wirkungen der Localbehandlung der scroph. Augenleiden sehe, als ich in Wien beobachten kann.

Wenn aber eine einigermassen beträchtlichere Jodmenge gegeben wird — und da genügt schon 1 grm Jodkalium pro Tag —, so wird kein Quecksilberpräparat auf der Bindehaut vertragen, sondern es wirkt ätzend.

Diese Wirkung ist schon von so Vielen erprobt und bekannt gemacht worden, dass in den Fällen, die mir passirten, meinerseits immer ein Versehen, ein Vergessen unterlief, etwas, was mir künftig nicht mehr geschehen dürfte.

Ich führe nun die wenigen Fälle an, die mir vorkamen. Ein junger Mann von 26 Jahren, den ich schon als Kind an Scrophulose behandelt hatte und der noch bisweilen an Kerato-conjunctivitis phlyctaen. litt, stand wegen einer inzwischen erworbenen Syphilis in meiner Behandlung. Nach wiederholten Schmiercuren hatte er den Auftrag, von Zeit zu Zeit in bestimmten Intervallen 10 g Jodkalium in 10 Tagen, also 1 g *pro die* zu nehmen. Während einer solchen Jodkaliumperiode führte ihn ein Anfall von Kerato-conjunct. phlyct. zu mir. Ich applicirte ihm die ihm schon bekannte gelbe Salbe in den äusseren Augenwinkel in gewohnter Weise, ohne ihn gefragt zu haben, ob er nicht gerade Jodkalium nehme. Nach einer Stunde schon wurde ich geholt und fand eine sehr heftige Conjunctivitis, die Lider ödematös geschwollen, sehr schwer zu öffnen, die Bindehaut chemotisch, die Cornea rein, sehr heftige Schmerzen. Die Frage nach dem Jodkalium erklärte rasch den Zusammenhang. Ausspülen des Auges mit Wasser, Eisumschläge und am nächsten Tage kalte Wasserumschläge beseitigten folgenlos den Zwischenfall.

Der zweite Fall betraf auch einen jungen Menschen, der, während er Jodkalium (1,50 *pro die*) nahm, von mir eine leichte Inspersion mit Calomel bekam, die in gewohnter Weise, einen dünnen Schleier bildend, gemacht wurde. Schon auf dem Heimwege kamen heftige Schmerzen und nach einer Stunde war hochgradige Bindehautentzündung entwickelt; hier waren noch streifenförmige weisse Aetzschorfe am unteren Lide vorhanden. Die Schmerzen waren so heftig, dass der Kranke nur durch eine Morphiuminjection einigermassen beruhigt werden konnte. Der Verlauf war bei gleicher Therapie ganz günstig.

Ich bemerke, dass sowohl die gelbe Salbe als auch das Calomel dieselben Präparate waren, die ich in meiner Sprechstunde vorher und später an sehr vielen Kranken mit dem gewohnten guten Erfolge in Anwendung brachte, und dass somit der Einwand Prof. Hirschberg's hinfällig wird, es könnte der „ätzende Bruder“ dem milden Quecksilberpräparat beigemischt gewesen sein.

Ein dritter Fall wurde mir jüngst von einem bekannten Ophthalmologen mitgetheilt, eine hierher gehörige Erfahrung, die er an einem 15jährigen Patienten machte, welcher wegen Knochenleiden bei Lues congenita tarda von mir den Auftrag erhalten hatte, zu Hause noch Jodkalium fortzusetzen. Der College, der auch noch vorhandene Reste von Keratitis parenchym. zu behandeln hatte, applicirte Calomel, ohne zu wissen oder sich zu erinnern, dass der Kranke Jodkalium nahm, und erhielt sogleich eine heftige Conjunctivitis der geschilderten Art.

Ich glaube, dass die angeführten Fälle, zu denen mancher College ohne Zweifel noch andere beitragen könnte, beweisen, dass die Warnung der pharmakologischen Handbücher vor dem gleichzeitigen innerlichen Gebrauche von Jodpräparaten — natürlich in beträchtlicheren Dosen — und der Anwendung von Quecksilberpräparaten auf die Bindehaut auf keiner Fabel beruhe, sondern dringend wiederholt werden müsse.

Versuche mit Erythrophloeïn bei Odontalgie.

Von

Dr. med. Ludwig Brandt in Berlin.

Veranlasst durch die Empfehlung des Erythrophloeïn als zahnschmerzstillendes Mittel, habe ich mit demselben, um seine practische Verwendbarkeit zu erproben, eine Reihe von Versuchen in meiner Poliklinik angestellt, doch konnte ich weder eine Herabsetzung des Schmerzgefühls durch dasselbe, noch irgend welche anästhetische Wirkung bei operativem Eingriff constatiren.

In 10 Fällen habe ich einige Male [1], bis 1 mg Erythrophloeïn unter aseptischen Cautelen in die Uebergangsfalte des Zahnfleisches in die Wangenschleimhaut, die anderen Male in die Gegend des Ang. max. injicirt, doch mit so schlechtem Erfolg, dass ich von ferneren Versuchen gänzlich Abstand nahm.

Stets stellten sich sogleich nach Anwendung des Mittels in der Gegend der Injectionsstelle heftig brennende Schmerzen ein, die, wie einzelne Patienten versicherten, unerträglicher seien, als ihr Zahnschmerz.

Ausnahmslos kamen Tags nach der Injection die Patienten mit stark geschwollener Backe zurück und klagten, in Folge des Mittels eine schlaflose Nacht verbracht zu haben.

Die Gewebe waren stets so alterirt, dass die leiseste Berührung erhöhtes Schmerzgefühl veranlasste.

Ausserdem trat bei allen Patienten kurz nach der Erythrophloeïn-Injection Hyperämie der Conjunctiva auf.

Da alle 10 Fälle Odontalgien, verursacht durch acute und chronische Pulpenentzündungen betreffen und einen fast gleichen Verlauf zeigten, so will ich hier nur auf 3 Versuche näher eingehen.

1. Ferdinand Masquelier, Schneider, 18 Jahr alt, klagt über Zahnschmerzen im Oberkiefer. Die Untersuchung der Zähne ergiebt eine Pulpitis dent. mol. I. max. sup. dextr. Sämmtliche Nachbarzähne sind gesund und das Zahnfleisch überall normal gefärbt, Digitaldruck auf dasselbe nicht schmerzempfindlich.

1/5 mg Erythrophloëin-Injection in die Uebergangsfalte des Zahnfleisches zur Wangenschleimhaut. Sofort brennender Schmerz im Stichkanal. Nach 15 Minuten stärkerer Schmerz in weiterem Umkreis, starke Spannung der Nachbargewebe, Hyperämie der Conjunctiva und heftige Kopfschmerzen.

Am anderen Tage erscheint Patient mit stark geschwollener Backe, die bei Druck sehr empfindlich ist. Periostitis des kranken Zahnes, die eine Parulis und durch diese den oben geschilderten Zustand hätte bedingen können, ist nicht vorhanden.

2. Adolf Lens, 18 Jahr alt, Holzbildhauer, leidet an einer acuten Pulpitis dent. mol. II. max. inf. dextr. Patient von kräftiger Constitution und keineswegs wehleidig, erhält 1/4 mg Erythrophloëin am Ang. max. und ein 1/4 mg in das Zahnfleisch injicirt. Wirkung: Heftig brennender Schmerz, der sich steigert, jedoch ohne Kopfschmerz, dagegen wiederum Hyperämie der Conjunctiva. Eine Incision in das Zahnfleisch in unmittelbarer Nähe der Injectionsstelle verursacht heftigen Schmerz.

Patient, der nach 2 Tagen zurückkehrt, klagt ausser über Zahnschmerz noch über schmerzhafte Empfindungen in der Gegend der Stichkanäle und es ist die in der Zwischenzeit durch die Irritation der Gewebe in Folge des Erythrophloëins geschwollene rechte Gesichtshälfte bei Druck recht empfindlich.

3. Frau Schmitz, eine intelligente Patientin, erhielt eine Erythrophloëin-Injection von 1/8 mg am Ang. max. ein. Weder die Schmerzen des an einer Pulpitis erkrankten dens. mol. II. max. inf. sin. liessen nach, noch wurde die Gegend der Injectionsstelle anästhetisch. Im Gegentheil, Patientin verbrachte unter den heftigsten Schmerzen eine schlaflose Nacht und kam am folgenden Tage mit stark geschwollener und bei der leisesten Berührung sehr empfindlichen Backe wieder. Die Patientin behauptet, dass die Schmerzen in Folge der Application des Präparates, diejenigen am erkrankten Zahne um Vieles übertroffen hätten.

Aehnlich war der Verlauf bei meinen sämmtlichen hier nicht näher angeführten Versuchen. Da letztere, trotzdem dass sie mit grösster Vorsicht angestellt wurden, stets die grössten Misserfolge aufwiesen, so ermuthigen sie mich in keiner Weise zu weiterer Anwendung des Erythrophloëins in der Zahnheilkunde und ich glaube die Behauptung aufstellen zu können, dass eine practische Verwerthung des Erythrophloëins bei Odontalgie ausgeschlossen erscheint.

Neuere Arzneimittel.

Der gegenwärtige Stand der Jodoformfrage.*)

Von

Dr. Moritz Freyer, Kreisphysikus zu Stettin.

Bei dem vielseitigen experimentellen Anstürmen gegen das Jodoform in neuester Zeit dürfte es von Interesse sein, einen Rückblick auf dasjenige zu werfen, was Experimente und Discussionen über den Werth oder die Werthlosigkeit des Jodoforms als Antiparasiticum zu Tage gefördert, und zuzusehen, ob man zu einem abgeschlossenen Resultate bereits gelangt ist.

Wie ein Blitzstrahl fuhr es plötzlich unter die beim Jodoform Nächstbetheiligten, als zu Anfang des vorigen Jahres zwei dänische Experimentatoren, Heyn und Rovsing, auf Grund eigens zur Untersuchung der antiseptischen Wirksamkeit des Jodoforms angestellter Experimente als Resultat die Parole ausgaben: „Das Jodoform, wie viele treffliche Eigenschaften es auch sonst besitzen möge, ist in der Chirurgie als Antisepticum werthlos[1]).“ Das machte stutzig! Nicht dass man eine

*) Unter Zugrundelegung der bezüglichen Referate und Originalien aus dem I. Jahrgange der Therap. Monatshefte bearbeitet und mit Demonstration bacteriologischer Proben am 3. Januar 1888 in dem wissenschaftlichen Verein der Aerzte zu Stettin vorgetragen.

[1]) Ther. Mon.-Hefte, Jahrg. I No. 2 S. 72.

antiseptische oder, präciser gesagt, eine antibacterielle Wirksamkeit des Jodoforms bisher unbedingt allgemein anerkannt hätte, — es war im Gegentheil gleich in den ersten Zeiten der Anwendung des Mittels in Wunden behauptet worden, dass es nennenswerthe antibacterielle Eigenschaften nicht besitze, — allein es musste doch frappiren, dass nach den glänzenden Erfolgen, die man seiner Wirksamkeit in der Chirurgie zuschrieb, ihm nun plötzlich jeder Werth abgesprochen werden sollte. Dies nicht genug, es wurde von denselben beiden Autoren gleichzeitig sogar als ein gefährliches Mittel hingestellt, „das — wie sie sagten — mit Vorsicht angewandt werden muss, da die Möglichkeit existirt, dass das Jodoformpräparat selbst pathogene Mikroorganismen enthalten könne[2]).“

Unter den Chirurgen erhoben sich zunächst Koenig, von Mosetig-Moorhof und P. Bruns, um auf Grund der chirurgischen Erfahrungen eine Lanze für das Jodoform zu brechen und seine Wirksamkeit ins rechte Licht zu stellen.

Koenig[3]), von dem Herausgeber der Ther. Monatshefte aufgefordert, seine Stellung zur Frage der Berechtigung des Jodoforms zu kennzeichnen, geht zunächst auf die Arbeit von Heyn und Rovsing näher ein und referirt eingehender über deren Versuche, unter denen ihm manche Einzelheiten bedeutungsvoll erscheinen. Chirurgisch besonders wichtig sind ihm die Versuche, nach welchen es gelang, aus Mischungen von Jodoformpulver mit kleinen Mengen von Mikrobien, zumal mit Staph. pyog. aur., noch nach wochenlangem Stehenbleiben noch die betreffenden Mikrobien in sterilisirte Gelatine mit Erfolg überzuimpfen. Desgleichen gelang es, durch Einspritzung einer solchen Mischung von Jodoformpulver mit Staph. pyog. aur., die nach 10 tägigem Stehen mit sterilisirtem Wasser verschlemmt wurde, in dem Beingelenk eines Kaninchens Vereiterung zu erzeugen, aus welcher derselbe Coccus sich wieder herauszüchten liess.

In voller Anerkennung des Werthes der gewonnenen experimentellen Ergebnisse erklärt nun Koenig vorweg, weit davon entfernt zu sein, die von den Experimentatoren gezogenen practischen Schlussfolgerungen als berechtigte anzuerkennen. Er stützt sich auf Koch und das Gros der bacteriellen Forscher, nach welchen bacterielle Forschungsresultate nur Bedeutung haben, „wenn man sie mit der Beobachtung am kranken Menschen combinirt“. Es waren daher diejenigen Erscheinungen in Betracht zu ziehen, die bei Application des Jodoforms auf Wunden auftreten und die bei keinem anderen der modernen Wundverbandmittel in ähnlicher Weise zu beobachten sind, nämlich die Erscheinungen der Wundsecretion. „Jodoform, auf eine frische Wunde gebracht, hebt jede Secretion der Wunde so gut wie ganz auf.“ Zu betonen sei hierbei die Frische der Wunde, die eben noch nicht zu secerniren begonnen haben darf. In gleicher Weise verhalte sich auch die Höhlenwunde nach der Resection eines tuberculösen Gelenks, nachdem sämmtliches tuberculöse Gewebe vollkommen entfernt ist. Koenig bemerkt hiebei gleichzeitig, dass ihm die specifisch antituberculöse Wirkung des Jodoforms längst fraglich geworden sei, da in Resectionswunden, in denen tuberculöse Herde stehen geblieben, das Recidiv, wenn auch langsamer, aber trotz des Jodoforms dennoch zur Entwickelung gelangt. Endlich weist er auf die Erfahrung hin, wie man vermittelst der jodoformirten Verbandstoffe Höhlenwunden im Munde, in der Scheide, im After, vollkommen secretfrei zu erhalten vermag und wie sehr man gerade dieser eigenthümlichen Wirkung des Mittels auf die Wunde die grossen Erfolge zu danken hat. Wenn ihm auch diese Eigenthümlichkeit in der Wirkung noch nicht stricte erklärt erscheine, so sei immerhin eine antibacterielle Wirkung indirect darin zu finden, dass den Bacterien der Nährboden, das dazu so überaus geeignete erste Secret der Wunde, entzogen sei.

Schliesslich macht er noch den Einwurf, dass die in Jodoform gezüchteten Bacterien durch das Jodoform möglicherweise an ihrer pathogenen Eigenschaft Einbusse erlitten haben. Das Gegentheil sei jedenfalls noch zu erweisen.

Wir sehen also Koenig den experimentell gewonnenen Resultaten von Heyn und Rovsing eine am kranken Menschen bestimmt beobachtete Wirkung des Jodoforms, die Secretionsbeschränkung in der Wunde, entgegenstellen. Ob das Jodoform ein Antisepticum sei, oder nicht, ist ihm gleich, als Antibacterium mit Bezug auf die Tuberculose lässt er es sogar ohne Weiteres fallen; ihm, dem Chirurgen, ist es allein wegen der oben genannten Eigenschaft von hohem Werth und vorläufig unentbehrlich.

von Mosetig-Moorhof und P. Bruns gehen auf die fragliche antituberculöse Wirkung des Jodoforms näher ein und nehmen eine solche, im Gegensatz zu Koenig, als unbedingt vorhanden an.

[2]) Ebenda S. 72.
[3]) Ther. Mon.-Hefte, Jahrg. I No. 4 S. 131.

Während ersterer, gestützt auf seine Erfahrungen bei Behandlung der Hauttuberculose sogar so weit geht, eine gewisse Fernwirkung anzunehmen, „indem nicht bloss der directe Contact mit dem Mittel selbst, sondern auch die „„Jodoform-Effluvien““ auf einige Entfernung von Wirksamkeit seien[4])“, sucht Bruns[5]) die Frage durch die Resultate zur Entscheidung zu bringen, welche bei der Behandlung der tuberculösen kalten Abscesse mit Jodoform-Injectionen gewonnen werden. Wenn er eine 10%ige Mischung von Jodoform mit gleichen Theilen Glycerin und Alkohol in eine solche, ihres Inhaltes entleerte Abscesshöhle injicirte, so fand er bei kleineren Abscessen schon nach 1-maliger, bei grösseren nach 2- bis 3-maliger Injection den Abscess in 1 bis 2 Monaten sich verkleinern und schliesslich vollständig verschwinden. Um die Art der Wirkung des Jodoforms auf die Abscesswand zu studiren, eröffnete er bei einzelnen Kranken von Zeit zu Zeit nach der Jodoforminjection die Höhle und exstirpirte ihre Wandung theilweise oder vollständig. Die histologische Untersuchung solcher Abscessmembranen ergab dann constant, dass nach einigen Wochen schon die Tuberkelbacillen verschwunden sind, während sie im Controlpräparat des nicht jodoformirten Abscesses sich stets vorfanden. Die Wucherungsvorgänge an den Tuberkeln selbst werden allmählich spärlicher und hören schliesslich ganz auf. Gleichzeitig tritt Infiltration und Auflockerung der Tuberkel durch zellreiche Exsudation und schliesslich Verfettung und Necrose ein. Inzwischen hat sich ein sehr gefässreiches Granulationsgewebe entwickelt, welches die tuberkelhaltige Schicht abhebt und dieselbe dem flüssigen Inhalt der Höhle zuführt. Alsdann obliteriren die Granulationen und schwinden oder gehen in Bindegewebe über und die Wandung schrumpft narbig, nachdem die Exsudation versiegt und der Abscessinhalt resorbirt ist.

Aus diesem klinischen und histologischen Verlauf folgert Bruns nun mit Bestimmtheit, dass das Schwinden der Tuberkel der alleinigen Einwirkung des Jodoforms zuzuschreiben ist, das Jodoform somit eine antituberculöse Wirkung besitzt, die gleichzeitig eine specifische, antibacilläre ist.

Ergänzend zu den Auslassungen von Koenig, dem die austrocknende Wirkung des Jodoforms nicht klar ist und der Aufklärung hierüber vom Versuch am lebenden Thier erwartet, erinnert Binz[6]) an seine eigenen Versuche, die er nach dieser Richtung hin schon vor Jahren mit dem Jodoform angestellt. Er hatte Jodoform in bestem Süssmandelöl bis zur Sättigung gelöst und beim Aufträufeln desselben auf ein zur Eiterbildung vorbereitetes Froschmesenterium gefunden, dass, unter dem Einfluss des Tageslichts, die Eiterbildung verhindert und unterdrückt wird. Das freiwerdende Jod, das in das Gewebe und somit in die Gefässe fortwährend übergeht, lähmt hier die Zellen und verhindert ihr Durchtreten durch die Gefässwand. Die Anwesenheit des Lichtes behufs Abspaltung des Jodmoleküls ist jedoch nicht unbedingt nothwendig, dieselbe kann auch, wie viele Experimente ergaben, durch das lebende Gewebe ersetzt werden. Diesen Experimenten entsprechend ist die Wirkung des Jodoforms auf frische Wundflächen so zu denken, „dass die Fetttröpfchen der Wundflächen das aufgepulverte Jodoform genügend und andauernd lösen, um im Sinne des auf das Froschmesenterium aufgeträufelten jodoformirten Oeles zu wirken. Und wenn die Gewebe — fährt Binz fort — nicht von der einschmelzenden und verflüssigenden Thätigkeit der Eiterzellen zu leiden haben, so scheint mir damit eine hauptsächliche Ursache ihres Trockenbleibens klarzuliegen.“

Dass Jod ein starkes Gift für niederste Organismen ist, hat Binz schon 1867 an den Paramecien der Heujauche dargethan. Die farblosen Blutzellen des Menschen und der Thiere unterliegen nach ihm ebenfalls der Wirkung desselben. Wenn seine Experimente sich auch zunächst auf die Kaltblüter beziehen, so zweifelt er nicht daran, dass der Process bei Warmblütern genau so verlaufen würde.

Das Jodoform wirkt nach ihm somit nur durch seine Zerlegung, die unter dem Einfluss des Lichts oder des lebenden Protoplasmas geschieht. Es spalten sich dabei 96,7% Jod ab, das bekanntlich „ein flüchtiger, von Alkalien und Eiweiss leicht aufsaugbarer Körper“ ist. Das haben nach seiner Meinung die dänischen Experimentatoren nicht genügend erwogen und daher seien ihre Schlüsse für die Werthschätzung des Jodoforms bedeutungslos.

Sehen wir nun zu, in welcher Weise die nachfolgenden Experimentatoren bemüht gewesen sind, alle diese Momente zu berücksichtigen und ihre Resultate mit den chirurgischen Erfahrungen in Einklang zu bringen.

Ich will zunächst nachholen, wie die beiden dänischen Forscher ihre Experimente angestellt haben.

[4]) Ther. Mon.-Hefte, Jahrg. I No. 5 S. 161.
[5]) Ebenda S. 161.
[6]) Ebenda S. 163.

37

Sie bereiteten sich Lösungen von Jodoform in Olivenöl und benutzten deswegen Oel, weil die Lösungsfähigkeit des Jodoforms bekanntlich gering ist und es nur in öliger Flüssigkeit gelingt, grössere Mengen davon zu lösen. Daneben benutzten sie Schüttelmixturen von Jodoform mit Blutserum vom Kalbe sowie von Jodoformöl mit Serum, Gelatine und Agar-Agar. Von Mikrobien benutzten sie einen grauen Schimmelpilz, einen Micrococcus aus Rattenciter, den Staph. pyog. aur., den Pneumonie-Coccus und den Bac. subtilis.

Sie versuchten nun zunächst die Wirkung des Jodoform-Pulvers zu erproben, indem sie jene Mikrobien auf Gelatine-Platten aussäeten und die Culturen mit einer 2 mm dicken Schicht Jodoformpulver bestreuten. Tags darauf aber fanden sie nicht nur eine Weiterentwickelung der Culturen neben der Jodoformschicht, sondern sie beobachteten auch eine Entwickelung dieser Culturen, wenn sie von der Platte Stichculturen in Reagensgläsern anlegten. Dasselbe Resultat erzielten sie auch, wenn sie das Jodoform vorher mit der durch Erwärmen flüssig gemachten Gelatine gemischt hatten und nach dem Erstarren Culturen anlegten.

Die Versuche mit öligen Jodoformlösungen ergaben dasselbe Resultat. Sie tauchten Seidenfäden in Wasser, das eine jener Mikrobenarten enthielt, legten die Fäden dann für einige Zeit in Jodoformöl und brachten sie schliesslich bald aus-, bald ausgedrückt auf sterilisirte Gelatine; alsdann wuchsen die betreffenden Mikroben in allen Fällen aus. Selbst höhere, z. B. Körper-Temperaturen änderten hierbei nichts, ebensowenig Zusätze von Serum oder Benutzung der erwähnten Jodoform-Serumlösungen.

Die Versuche mit Mischungen von Jodoformpulver mit Mikroben, die sich selbst nach wochenlangem Stehen mit Erfolg weitercultiviren liessen, sowie die erfolgreiche Injection solcher Mischungen in die Gelenke von Thieren habe ich schon erwähnt.

Aus den Versuchen mit öliger Jodoformlösung wäre somit zu folgern, dass auch das abgespaltene Jod die Bacterien nicht abzutödten vermochte.

In ziemlich analoger Weise stellte Sattler[1]) seine bezüglichen Versuche an. Er benutzte Staph. pyog. aur. u. alb., Micrococc. cer. u. flav. (Passet), einen dem Pneumonie-Cocc. ähnlichen Mikroorganismus aus Eiter (Passet), den Löffler'schen Diphtherie-Bacillus und noch drei verschiedene Bacillenarten. Mit Reinculturen dieser Arten imprägnirte er sterilisirte Seidenfäden, liess sie trocknen, weichte sie dann 2—5 Min. in Wasser auf und bettete sie unter Jodoform. Nach einiger Zeit — bis zu 15 Min. — wurden sie wieder herausgeholt, etwas abgestäubt vom Jodoform und auf Nährgelatine oder Agar gebracht. Dadurch, dass noch ein feiner Mantel des Pulvers an den Fäden haften geblieben war, sei, wie er glaubte, den Verhältnissen in der Praxis Rechnung getragen.

In einer andern Versuchsreihe wurden die Fäden nicht erst mit den Culturen getrocknet, sondern, frisch aus den Culturen entnommen, in Jodoform gestreckt und dann auf den Nährboden gebracht. Bei den Staph.-Culturen fand er dann nur in 3 Fällen die Entwickelung verhindert; in allen anderen Fällen trat eine zwar beschränkte und verzögerte, immerhin aber eine Entwickelung der Culturen ein.

Endlich stellte er die Versuche so an, dass er auf Agar gewachsene Culturen mit einem feinen Platindraht abhob, auf Gelatine-Platten aufsetzte und nach 1 oder 2 Tagen jede Cultur etwa 1 mm hoch mit Jodoformpulver bedeckte. Nach 3—10—20 Min. trug er dann die Pulverhügel ab und impfte von den Culturen in Reagensgläschen hinein. Er beobachtete dann, dass in den Originalherden, die immerhin noch mit etwas Jodoform bedeckt blieben oder absichtlich bedeckt gelassen wurden, unter 14 Fällen es in 5 zu einer, wenn auch nur geringfügigen Weiterentwickelung kam, während in den übergeimpften Stichculturen, trotzdem dass beim Impfen etwas Jodoform stets mit hinübergetragen worden war, jedesmal Entwickelung eintrat.

Sattler folgert hieraus, dass das Jodoform wohl im Stande sei, das Wachsthum verschiedener Mikroorganismen zu beschränken und zu verzögern, nicht aber immer zu hemmen.

Den Vorgang bei der Wirkung des Jodoforms stellt er sich so vor, dass in erster Linie die Mikroorganismen selbst, sei es durch das freiwerdende Jod, sei es durch andere sich bildende Jodverbindungen, in ihrem Wachsthum beschränkt oder selbst getödtet werden, während die durch den Lebensprocess der Mikroben erzeugten Ptomaïne ihre schädliche Einwirkung einbüssen. Eine Fernwirkung vindicirt er dem Jodoform nicht, es wirke nur bei directem Contact.

Hier haben wir also schon einen Forscher, der dem Jodoform mit Bezug auf seine antibacterielle Wirkung einen gewissen Werth doch noch beimisst, trotzdem dass er nur an

[1]) Ther. Mon.-Hefte, Jahrg. 1 No. 3 S. 105 und Fortschr. d. Medic. 1887 No. 12.

künstlichen Nährboden der Gelatine mit demselben experimentirt hat.

Auf dem Chirurgencongress theilte de Ruyter[8]) die Resultate seiner Versuche, die er mit dem Jodoform angestellt, mit. Ausserhalb des Thierkörpers, also auf dem künstlichen Nährboden, vermag es, wie er in Uebereinstimmung mit Heyn und Rovsing fand, eine antiparasitäre Wirkung nicht zu entfalten, so lange es unzersetzt bleibt. Deswegen müsste auch die Möglichkeit zugegeben werden, dass mit dem Jodoform sogar pathogene Stoffe mit übertragen werden können. In löslicher Form dagegen lässt es nach ihm — entgegen den Versuchen von Heyn und Rovsing — eine antibacterielle Wirkung durchaus erkennen. de Ruyter hat aber auch am Thierkörper mit dem Jodoform experimentirt und zwar benutzte er von Mikroorganismen dabei Milzbrandbacillen und Mäusesepticämie-Culturen. Er inficirte frische Wunden mit diesen Mikroorganismen, rieb die Wunde dann mit Jodoformpulver ein und fand, dass die Thiere alle starben, nur später, als die Controlthiere. Ferner prüfte er in Gemeinschaft mit Behring das Verhalten des Jodoforms auf die Eitercoccen ausserhalb des Thierkörpers und fand, dass der Eiter das Jodoform zersetzt, indem es eine leicht nachweisbare Jodverbindung abgiebt. Sterilisirtes Blut oder Blutserum vermag dies nicht zu thun. Bei weiteren Versuchen fand er, dass die Jodverbindung an das bezügliche Ptomaïn der Coccen gebunden wird und dieses unschädlich macht. Dadurch erklärt sich nach ihm die vortreffliche Wirkung des Jodoforms bei seiner Anwendung in Höhlenwunden des Mundes, der Nase etc., wo Ptomaïne gewiss vorhanden sind. Die antiseptische Wirkung der Jodoformlösungen erklärt er durch eine combinirte Wirkung einer Jod- und Jodoformlösung. Am schnellsten wirke die Jodoform-Aether-Alkohol-Lösung; die blosse Jodoform-Aether-Lösung vornehmlich dadurch, dass sie das Jodoform auf die Wundoberfläche fein vertheilt.

Behring[9]) sieht die Bedingungen zur Entfaltung der antiseptischen Wirkung des Jodoforms nur in dessen chemischer Zersetzung. Bei einfacher Mischung des Pulvers mit dem Nährboden sei es nicht im Stande, eine bemerkenswerthe Entwickelungshemmung der Organismen herbeizuführen. Nur die Tuberkelbacillen machen eine Ausnahme, indem bei ihnen selbst nach 6 Wochen kein Wachsthum zu beobachten war. Aber auch selbst bei feinster Vertheilung des Jodoforms im Nährboden, z. B. in verdünnter alkoholischer Lösung, findet wohl eine deutliche Verzögerung des Wachsthums, aber keine Vernichtung der Bacterien statt. Bei seiner günstigen Einwirkung auf die Wunde müssen daher wohl noch andere Factoren mitwirken, und diese sieht er in seiner chemischen Zerlegung durch die Ptomaïne, die er als Reductionskörper auffasst. Das dabei sich bildende Acetylen scheint ihm das giftige Princip bei der Jodoform-Intoxication zu sein.

Beide Experimentatoren, de Ruyter und Behring, erkennen also dem Jodoform eine antibacterielle Wirkung zu, sobald es Gelegenheit zur chemischen Zersetzung hat. Auf die Tuberkelbacillen wirkt es dagegen nach Behring schon bei einfacher Vermischung mit denselben ein.

Diese letztere, die antituberculöse Wirkung, bestreitet wiederum Rovsing[10]) auf Grund neuer Experimente. Er nahm tuberculöses Material aus der Lunge eines frisch getödteten Kaninchens, verrieb es mit einer etwa fünfmal so grossen Menge Jodoform und impfte von dieser Masse in die vordere Augenkammer von Kaninchen. Alsdann entwickelte sich sowohl locale als auch allgemeine Tuberculose des ganzen Auges und zwar sogar früher, als in dem Controllthier, das mit reiner, nicht jodoformirter Tuberculose geimpft war.

Auch Baumgarten[11]) fand das Jodoform unfähig, der Entwickelung der Tuberkelbacillen entgegenzuwirken. Er experimentirte (in Gemeinschaft mit seinem Schüler Dr. Kunze) ähnlich, wie Rovsing, indem er Reinculturen mit überschüssigen Mengen Jodoformpulver verrieb und dann in das Unterhautzellgewebe hineinbrachte. Stets trat Allgemeininfection ein, doch — im Gegensatz zu Rovsing — erst 1—1½ Tage später, als in dem Controllthier.

Dasselbe Resultat hatte er bei Versuchen mit Kaninchensepticämie und Milzbrandbacillen zu verzeichnen, desgleichen bei Staph. pyog. aur., aus dessen Abscessen sich dieselben Mengen lebens- und entwickelungsfähiger Eitercoccen züchten liessen, wie aus den durch nicht jodoformirte Coccen erzeugten Abscessen.

(Schluss folgt.)

[8]) Ther. Mon.-Hefte, Jahrg. I No. 5 S. 192.
[9]) Ther. Mon.-Hefte, Jahrg. I No. 6 S. 259.
[10]) Ebenda S. 259.
[11]) Ther. Mon.-Hefte, Jahrg. I No. 7 S. 27[illegible].

Therapeutische Mittheilungen aus Vereinen.

XVII. Congress der deutschen Gesellschaft für Chirurgie in Berlin.

(Schluss v. S. [illegible])

III. Sitzungstag.

(Chirurgische Klinik.)

Herr **Israel** (Berlin) stellt zunächst einen Kranken vor, dem er vor 13 Monaten eine **Niere im Beginn der Carcinombildung** exstirpirt hat. Nur bei minutiösester Palpation war hier der halbkirschgrosse Carcinomknoten an der Nierenoberfläche zu constatiren gewesen. — Dann folgt ein Pat. mit **Rhinoplastik**, bei dem der alte Nasenrücken zum Septum verwandt wurde, auf welches dann ein Haut-Periost-Stirnlappen mit einer 1½ cm grossen Knochenplatte aufgepflanzt wurde. Eine Einsattelung des Nasenrückens ist dadurch sicher verhütet worden und es geht, wie es scheint, eine **Knochenneubildung** jetzt noch (nach 6 Monaten) vor sich.

Gegenüber diesem Falle von guter **Nasensattelbildung** stellt Herr **Helferich** (Greifswald) einen Fall von gut gebildeter **Nasenspitze** vor. Um der nachträglichen Schrumpfung zu begegnen, hatte schon 1879 **Thiersch** die **Unterfütterung** der Hautlappen empfohlen. In diesem Falle entnahm Vortragender einen Lappen aus der linken Wange, legte ihn, mit der Wundfläche nach oben gerichtet, nach rechts hinüber und pflanzte auf diesen einen aus der rechten Wange entnommenen Lappen auf. Das Resultat ist ein sehr gutes. H. empfiehlt daher zur Bildung von **Nasenspitzen Wangenlappen**. Der weitere Ausbau und Nachbesserungen sind erst möglichst spät vorzunehmen.

Herr **Koenig** (Göttingen) betont bei der **totalen Nasenbildung** die Bildung des **knöchernen Gerüstes**. Die Filtrumbildung sei vorläufig aufzugeben und erst später vorzunehmen.

Herr **de Ruyter** (Berlin) demonstrirt ebenfalls einen Fall mit gut erhaltenem Knochengerüst der Nase.

Herr **Wehr** (Lemberg) demonstrirt durch **Impfung von Hund auf Hund erzeugte Carcinomknötchen**. Er hat stecknadelkopfgrosse Carcinomstückchen unter die Schleimhaut verpflanzt und kleine Knötchen erhalten. Merkwürdig ist nur, dass diese Knötchen nach 6—8 Wochen wieder verschwinden!

Herr **Thiersch** (Leipzig) berichtet über Versuche mit **O'Dwyer's „Intubation of Larynx"**. Der Wunsch, bei Larynx-Diphtherie auf **unblutigem** Wege Luft zu schaffen, hat die Aerzte schon oft beschäftigt, und in den 50er Jahren gab es in Frankreich eine lebhafte Bewegung für die unblutige Methode, die sog. **Tubage**. Doch wurde die in der Académie de médecine im Jahre 1858 zu Paris darüber geführte Debatte zu Ungunsten dieser Methode entschieden und die letztere daher allmählich vergessen, bis sie neuerdings in Amerika durch den Arzt **O'Dwyer** wieder aufgenommen worden ist. Eine neuerlich zusammengestellte Tabelle über 806 Krankheitsfälle von 65 verschiedenen Operateuren ergiebt 27,4 % Heilungen, ohne dass nachträglich die Tracheotomie nothwendig geworden wäre, während nach einer Zusammenstellung aus der Leipziger Klinik bei 697 Fällen mit der bisher üblichen Anwendung der Tracheotomie 24,5 % Heilungen zu Stande gekommen sind. Vortragender hielt es für werth, nunmehr auch mit dem amerikanischen Verfahren auf seiner Klinik Versuche anzustellen. Zu dem erforderlichen Instrumentarium gehören eine **Mundklemme**, die sich im Munde automatisch geöffnet hält, eine **Canüle**, die dem Ausguss der bekannten croupösen Membranen gleicht und mit dem oberen Wulst auf die falschen Stimmbänder zu liegen kommt, ein **Führungsstab** zum Einbringen der Canüle und ein **Instrument zum Herausnehmen** derselben. Vor dem Einbringen wird die Canüle mit einem **Sicherheitsfaden** versehen, damit sie beim zufälligen Hineingleiten in den Oesophagus wieder herausgezogen werden kann. Der Erfolg unmittelbar nach Einführung der Canüle ist ein geradezu überraschender: das Kind wird ruhig, heiter und erscheint vollkommen gesund. Doch bald tritt der alte Zustand der bedrohlichen Erscheinungen wieder auf. Das **Resultat** war, dass in 32 Fällen 18 mal wegen plötzlich auftretender Dyspnoë die Tracheotomie der Intubation folgen musste, und die Mortalität gestaltete sich so, dass von diesen 32 überhaupt nur 3 am Leben blieben (dies waren allerdings nur Intubirte, ohne nachfolgende Tracheotomie). Das Urtheil lautet daher vorläufig: **Bei geringer Membranbildung, ohne Schwellung des oberen Kehlkopfes,** kann die Intubation die Tracheotomie ersetzen; bei starker Membranbildung dagegen wird man ohne die Tracheotomie nicht auskommen, da die Canüle nicht gut hindurchzubringen ist. Bei Schwellung der Epiglottis und der Schleimhaut im unteren Kehlkopf kann die Intubation nichts helfen.

Weiter bemerkt der Vortragende mit Bezug auf seine Beobachtungen, dass das Verschlucken der Canüle sehr oft vorkommt, was als ein grosser Uebelstand anzusehen ist. Ferner verursacht die Canüle manchmal Schmerz beim Schlucken. Auch macht sie zuweilen oberflächliche Erosionen in der Trachea, selbst grössere Substanzverluste bis auf den Knorpel. Ein Hinabsinken der Canüle in die Trachea ist nicht zu fürchten, dagegen kommt ein Aushusten der Canüle vor. Bei sehr starken Membranen löst das Einführen der Canüle starken Husten aus, wobei die Canüle mit Vehemenz herausgeschleudert wird, während unmittelbar hinterher die Membran nachfolgt. Daher ist dauernde Ueberwachung der intubirten Kinder erforderlich. Zu beachten ist noch die Schwierigkeit des Herausnehmens der Canüle. Der im Allgemeinen bessere Erfolg in Amerika hat wohl in der dort vorkommenden leichteren Form der Diphtherie seine Ursache; bei uns sind die diphtheritischen Membranen stärker. Vortragender empfiehlt schliesslich, das Verfahren nicht ganz bei Seite zu lassen, sondern dasselbe, zumal in der Privatpraxis, gleichsam als Voract für die eventuelle Tracheotomie zu üben, und wenn auch nicht, wie in Amerika, in jedem Falle, so doch bestimmt in den gleich von Anfang an schwer beginnenden Fällen damit vorzugehen.

Herr Rehn (Frankfurt a. M.) stimmt im Allgemeinen den Ausführungen des Vorredners bei und hält dafür, dass das Verfahren noch weiter zu versuchen sei, zumal da es im Publikum weniger leicht auf Hindernisse stossen wird. Es ist von jedem Arzte leicht zu erlernen. Doch muss man sich nicht verschweigen, dass auch einmal beim Einführen der Canüle ein Todesfall passiren kann. Die Nachbehandlung soll durchaus nur unter ärztlicher Beaufsichtigung vor sich gehen. In Folge des erschwerten Schluckens, wodurch die Gefahr der Schluckpneumonie erhöht wird, ist die öftere Entfernung der Canüle, oft 1—2 mal täglich, erforderlich, um in der Pause das Kind zu ernähren. Vom vierten Tage an sieht man überhaupt zu, ob die Canüle nicht schon ganz und gar fortbleiben kann. Man soll übrigens nicht unmittelbar nach der Mahlzeit operiren, weil das Erbrechen leicht Schluckpneumonie bedingen kann. Contraindicirt ist die Intubation bei der gangränösen Form der Diphtherie, ebenso bei der ausgebreiteten Nasen- und Rachendiphtherie. Von Instrumenten wird jetzt in Amerika die Dehnhardt'sche Mundsperre benutzt, die besser ist, da man an derselben gleich eine Handhabe hat, das Kind festzuhalten.

Herr Rose (Berlin) erinnert an den schon früher in Deutschland geübten Catheterismus des Larynx und erwähnt, dass die ihm bekannt gewordenen amerikanischen Resultate nicht so günstig lauten. Uebrigens hat er unter 1928 in 7 Jahren ausgeführten Tracheotomien noch 27,8 % Heilungen zu verzeichnen.

Des Weiteren stellt Herr Thiersch (Leipzig) zwei Personen vor, an denen nach seiner Methode eine Hautverpflanzung gemacht worden ist. Ehe der Substanzverlust (Carcinom der Stirn- bezw. Schläfenhaut) gedeckt wurde, musste noch der Knochen mit Hammer und Meissel angefrischt werden. Die Anheilung der übergepflanzten Hauttheile fand auch nur an den angefrischten Knochenpartien statt.

Herr Socin (Basel) hat abweichend von Thiersch sehr grosse Lappen zur Verpflanzung verwandt, bis 20 cm lang und 4—5 cm breit oder noch breiter. Statt des Rasirmessers benutzte er zur Abtragung ein Mikrotom. Ausserdem legt er die Ränder der Lappen über einander, um die Leistenbildung der Randnarbe möglichst zu vermeiden. Er erlangte durch die grösseren Lappen eine schnellere Bedeckung des Defectes und im Allgemeinen sehr schöne Resultate.

Herr Völker (Braunschweig) demonstrirt eine Gelenkmaus, die dadurch entstanden war, dass in Folge eines Traumas ein haselnussgrosses Knochenstück sammt dem Knorpelüberzug aus der Gelenkfläche des Condyl. intern. femor. central herausgesprengt worden war. Bei der Operation lag dasselbe wie eine Nuss in der Nussschale und war schwer aufzufinden.

Herr Helferich (Greifswald) spricht über partielle Resection der Symphyse als Hülfsmittel für Operationen an der Harnblase. Bei tuberculöser Caries der Symphyse hatte er Gelegenheit, die obere Hälfte der Symphyse zu reseciren, ohne dass dieser Eingriff einen schlimmen Einfluss auf den Betreffenden ausübte. Er wandte daher dies Verfahren in zwei Fällen zum Zwecke der Sectio alta an, um den Zugang von oben her zu erleichtern. Er durchmeisselte die Ossa pubis jenseits der Tubercula pubis und nahm das Periost gleichzeitig mit fort. Das Verfahren hatte auch hier keine Nachtheile. Die Blase eröffnete er durch einen Quer-, nicht Längsschnitt. — Die Discussion über dieses Verfahren wird verschoben.

Herr Fritz Salzer (Wien) spricht über Trigeminusresection am Foramen ovale. Die Operation ist im Ganzen selten ausgeführt; nur 3 Fälle sind in der Litteratur beschrieben. In den beiden von ihm operirten Fällen war der Erfolg ein guter. Nachher zeigten sich Sensibilitätsstörungen in der Haut und Schleimhaut, ferner Lähmung der Kaumusculatur und secundäre Contractur der Kiefermusculatur. Der Tensor tympani schien unberührt geblieben zu sein und die Geschmacksempfindung im analgischen Gebiet war in dem einen Falle erhalten, in dem anderen nicht.

Herr Schlange (Berlin) berichtet über 2 Fälle aus der Berliner Klinik. Die Unterbindung der Carotis communis hatte keinen Effect. Bei der Operation wurde der Jochbogen durchsägt und der Proc. pterygoid. zur Leitung benutzt. Die starke Blutung sei zu beachten.

Herr Mikulicz (Königsberg i. Pr.) bahnt sich den Weg zum Foramen ovale durch eine extrabuccale temporäre Resection des Unterkiefers und Anhebung des oberen Theiles desselben. Man hat dann den Nerven so weit frei, dass man nach Belieben den ganzen Nerven oder einzelne Theile desselben reseciren kann.

Herr Krönlein (Zürich) betont, dass nach seiner Methode der Proc. coronoid. des Unterkiefers auch nur temporär resecirt wird. Zur Blutstillung hält er die Unterbindung der A. maxill. int. für erforderlich.

Herr Israel (Berlin) hat 2 Fälle nach der Krönlein'schen Methode mit Unterbindung der Max. int. operirt, Herr Madelung (Rostock) 5 Fälle. Herr Langenbuch (Berlin) trepanirt durch die Lingula des Unterkiefers. Herr von Bergmann (Berlin) endlich legt auf die grosse Freilegung des Operationsgebietes das Hauptgewicht.

Den Schluss der Vormittagssitzung bildet ein Vortrag des Herrn Lauenstein (Hamburg): Zur Behandlung der Fracturen in das Ellenbogengelenk. Die Fixirung in der Beugestellung hat Nachtheile, weshalb der Vortr. seit 6 Jahren consequent die Streckstellung eingehalten hat. Herr Koenig (Göttingen) will die letztere nur für die klinische, nicht für die poliklinische Behandlung geeignet halten, Herr Wagner (Königshütte) überhaupt nicht für alle Fälle. Herr Bardenheuer (Köln) übt seit Jahren die permanente Extension mit Längs- und Querextension. Herr Sonnenburg (Berlin) endlich hält die Fixirung in derjenigen Stellung für die beste, in der die Reposition am besten gelingt.

Nachmittagssitzung.

(Aula der Universität.)

Auf den Antrag des Herrn v. Esmarch, Kiel wird für das nächste Jahr die Krebsfrage zur Discussion gestellt werden und zwar die Aetiologie und Diagnose speciell des Zungen- und Lippen-Carcinoms.

Alsdann hält Herr Rosenbach (Göttingen) seinen Vortrag über Eiterbildung durch chemische Agentien. Er kommt zu dem Resultat, dass chemische Agentien allerdings Eiterung bedingen können. Die Eiterung ist eine allgemeine Reaction der Schädigung, nicht eine bacterielle. Vielleicht spielen die Ptomaïne eine Rolle dabei.

Ferner sprechen Herr Graser (Erlangen) über Wanderzelle und Wundheilung, Herr de Ruyter (Berlin) über das Verhalten des Blutfarbstoffes bei den Infectionskrankheiten und Herr Schimmelbusch (Halle) über die Thrombose. Alle diese Vorträge haben ein besonderes therapeutisches Interesse nicht. Nur aus dem zweiten ist der Hinweis auf die spectroskopisch nachweisbare Veränderung des Blutfarbstoffes bei schwerer Sepsis, beim malignen Oedem und bei schwerer Diphtherie bemerkenswerth. Vortragender glaubt, dass auf manche Krankheiten vielleicht auch therapeutisch zu wirken sein wird, wenn erst chemisch festgestellt sein wird, dass das Blut verändert ist.

Den Schluss der Vorträge bildet der des Herrn Rydygier (Krakau) über osteodermatoplastische Amputation. In Fällen, in denen man wegen chronischen Ulcus cruris sich sonst zur Amputation genöthigt sah, hat Vortragender nach Reinigung und Anfrischung der Wundfläche die Operation am Fusse ähnlich der Syme'schen oder Pirogoff'schen Amputation begonnen, doch den Plantarlappen bis zu den Zehen erhalten und den ganzen Lappen nach vorn geschlagen und über dem angefrischten Ulcus-Defect befestigt. Die unterhalb des Defects stehengebliebene Hautmanchette spaltete er in der Mitte und schlug die Lappen derselben nach rechts und links zurück, um dieselben ev. über dem nach oben geschlagenen Lappen wieder zu vereinigen.

IV. Sitzungstag. (Chirurgische Klinik.)

Herr von Wahl (Dorpat) demonstrirt eine Sammlung von Fracturen der Schädelbasis und erläutert dabei seine Anschauungen über den Mechanismus der Fracturen, bei welchen er zwischen Berstungs- und Biegungs- oder Impressionsbrüchen unterscheidet.

Herr Fialla (Bukarest) demonstrirt die practische Verwendung des Querrahmens am Krankenbette. Derselbe kann zunächst als spanische Wand dienen; ferner kann der Kranke die beiden herabhängenden Riemenschlingen erfassen und sich an denselben erheben oder wenigstens leichte Körperrotationen machen, wodurch er sich leichter vor Decubitus schützt. Bei der Vornahme des Verbindens werden beide Riemen zu einer Schlinge vereinigt, die unter den Körper des Kranken geschoben wird und denselben in Schwebe hält. Ein Stützapparat aus Stäben unterstützt ihn dann für die übrige Dauer des Verbindens. Endlich kann die Schlinge auch zur Suspension einzelner Glieder dienen.

Herr Schlange (Berlin) demonstrirt Sägeschnitte der hypertrophirten Prostata an gefrorenen Leichen. Das eine Präparat stammt von einem 81 jährigen Manne und zeigt die Prostata nicht nur in den Seiten-, sondern auch im Vorderlappen, also in allen Dimensionen vergrössert. Dadurch ist eine Verlängerung der Urethra mindestens um das Vierfache entstanden; aus dem quergestellten Spalt ist ein längsgestellter geworden und die Krümmung der Urethra hat erheblich zugenommen. Die Rückwirkung auf die Blase zeigt sich in einer Höhenstellung derselben um mehrere Centimeter über die durch die Spitze des Steissbeins und der Symphyse gezogen gedachte Linie und in einer starken Faltenbildung der Schleimhaut, was leicht zur Steinbildung Veranlassung giebt. An diese anatomischen Veränderungen knüpft Vortragender theoretische Betrachtungen über das Zustandekommen der Urinverhaltung, und findet die Schwierigkeit der Einführung des metallenen Katheters in der mangelhaften Beweglichkeit der Prostata, die im kleinen Becken fest eingekeilt sitzt und sich dem Katheter nicht so accommodiren kann, wie etwa der Uterus der Uterus-Sonde. Zur Einführung sind daher Katheter mittlerer Weite oder sicherer elastische Katheter zu benutzen.

Bei der Discussion führt Herr Koenig (Göttingen) zur Ehrenrettung der metallenen Katheter an, dass dieselben nicht ganz zu verwerfen seien; sie müssen nur 1. sehr dick und 2. sehr lang (mit sehr langer Biegung) sein. Um sie einführen zu können, hat man event. vor einer blutigen Erweiterung der vorderen Harnröhrenöffnung nicht zurückzuschrecken. Dünne Metallkatheter sind geradezu gefährlich.

Herr Küster (Berlin) urgirt die Unzuverlässigkeit der Desinfection der weichen Katheter. Herr von Bergmann (Berlin) kann dem nicht beistimmen und erklärt sich für die Anwendung des elastischen Katheters, Herr Socin (Basel) desgleichen. Letzterer benutzt elastische Katheter bis zur Dicke von 1 cm Durchmesser und war meistens in der Lage, die vordere Harnröhrenmündung spalten zu müssen. Auf sehr hohe Lagerung des Patienten sei zu achten. Auch Herr Thiersch (Leipzig) ist für den elastischen Katheter.

Herr Neuber (Kiel) spricht sodann über Sectio alta. Er hält diese Operation durchaus nicht für ungefährlich, wie es von Volkmann gethan. Urininfiltration und Infection vom prävesicalen Gewebe aus werden nicht immer zu vermeiden sein. Er operirt daher seit 1884 zweizeitig. Erster Act: (bei mässig gefüllter Blase) 6—8 cm lang incidirt, prävesicales Fett durchtrennt, provisorisch Seidenfäden durch die vordere Blasenwand, Tampon 6—7 Tage liegend; zweiter Act: Fadenschlingen theils in die Höhe, theils nach unten gezogen, angehoben, Blasenwand eingeschnitten, Blase ausgespült, secundäre Blasennaht, äussere Wunde offenbleibend und tamponirt und später ev. secundäre äussere Naht. In 20—25 Tagen sei meist Heilung erfolgt. Bleibt eine Fistel, so wird ein elastisches Rohr eingelegt. Bei der Zweizeitigkeit der Operation wird die Peritonealfalte bedeutungslos. — Die Discussion wird verschoben.

Herr Waldeyer (Berlin) zeigt Präparate zur anatomischen Demonstration der vorderen Blasenwand und des Beckenausganges. Die Präparate werden im Nebensaale von einzelnen Mitgliedern in Augenschein genommen.

Herr Alberti (Potsdam) stellt ein Kind vor, dem er eine 30 cm im Umfang grosse Meningocele vom Hinterkopfe operativ entfernt hat. Es besteht gegenwärtig noch eine Fistel und ein Hydrocephalus ist in Entwicklung begriffen.

Herr von Bergmann (Berlin) stellt 2 Kinder vor, denen er je eine Encephalocele abgetragen hat. Die Abtragung sei berechtigt, seitdem man Gehirnpartien unbeschadet abgetragen hat. In der ersten Encephalocele, die am Vorderkopfe sass, war Gehirnsubstanz vorhanden, in der zweiten, am Hinterkopfe sitzenden, nicht. In beiden Fällen ist es bisher zu einer Entwickelung von Hydrocephalus nicht gekommen.

Herr Köhler (Berlin) stellt einen Mann mit Schussverletzung des Sehnerven vor. Die Revolverkugel hatte die Gefässeintrittsstelle nicht getroffen, woher Anfangs keine Veränderungen an den Gefässen im Augenhintergrunde zu sehen waren.

Herr Julius Wolff (Berlin) stellt einen Fall von operativer Vereinigung einer durchgehenden Lippen- und Gaumenspalte bei einem 6 Monate alten Kinde vor. Um das von ihm geübte und bereits bekannt gegebene Operationsverfahren noch sicherer zu gestalten, führt er die Operation mehrzeitig aus, indem er erst 5 Tage nach der Wundmachung und Ablösung der Gaumenlappen dieselben vernäht, weil dann bereits Erholung des Kindes nach dem ersten schweren Eingriff stattgefunden und die Ernährung des Lappens schon zu übersehen ist, und wendet als Naht eine Art Stütznaht an, durch welche die mittleren Wundränder mehr emporgehoben werden und der Tendenz der Lappen, sich wieder nach den Seiten zurückzulegen, entgegen gearbeitet wird.

Herr Sonnenburg (Berlin) hat zur Naht bei veralteten Patellarfracturen die Abmeisselung der Tuberositas tibiae nach von Bergmann benutzt und die Annäherung der Enden wenn auch nicht ganz, so doch allmählich erzwungen und gute Functionen des Beines erhalten.

Herr Küster (Berlin) berichtet über einen Fall höchst ungewöhnlicher Entstehung eines Aneurysma traumaticum arteriae popliteae. Die Arterie hatte sich nämlich an einem Osteophyten an der Hinterwand des Femur durchgescheuert. In der Literatur sind nur 8 Fälle zu finden und alle haben sich bei jüngeren Leuten ereignet. In einem Falle war der Knochenauswuchs $1\frac{1}{2}$ Zoll lang. Die Behandlung bestand in Abmeisselung des Osteophyten.

Es folgt nun die Discussion zu den Vorträgen der Herren Helferich und Neuber. Herr Koenig (Göttingen) empfiehlt das Verfahren von Helferich. Er hat es in einem Falle von Blasenscheidenfistel versucht, um die Fistel von innen her zu operiren. Von der Symphyse nahm er dabei noch mehr fort, als Helferich, besonders von oben her.

Herr Rosenbach (Göttingen) hat das Verfahren in einem Falle von grossem Blasenstein mit gutem Erfolg benutzt, Herr Trendelenburg (Bonn) in zwei Fällen von Blasenscheidenfistel. Doch kommt man bei ausgiebiger Hochlagerung des Beckens auch ohne die Resection der Symphyse aus. Herr Helferich fügt noch hinzu, dass das Verfahren als Voroperation zuerst von Credé empfohlen wurde, um die Freund'sche Operation der Uterus-Exstirpation zu erleichtern. Es wurde damals mit der Kettensäge operirt.

In Herrn Neuber's Operationsverfahren kann Herr Trendelenburg (Bonn) keinen Fortschritt sehen. Zur Vermeidung der Gefahr der Verletzung des Peritoneums genügt die ausgiebige Hochlagerung des Beckens. Herr v. Bergmann (Berlin) stimmt Herrn Trendelenburg bei. Er könnte sich nicht zur Zweizeitigkeit der Operation entschliessen.

Herr Mikulicz (Königsberg) demonstrirt einen von ihm abgetragenen Prolapsus recti et coli invaginati. In diesem Falle sowie in einem andern bei einem 5jährigen Kinde war Heilung erfolgt und er plaidirt daher dafür, schwere Fälle von habituellem Mastdarmvorfall durch die Operation zur Heilung zu bringen. Die Operation ist allerdings noch selten ausgeführt und die Ansichten über die technische Ausführung derselben sind noch getheilt. Allein alle bisher geübten Operationsmethoden, wie Schleimhautabtragung, Cauterisation etc., haben niemals dauernden Erfolg gehabt, was in den anatomischen Verhältnissen seinen Grund hat. Das Rectalrohr wird nämlich von einem Fascienapparat gehalten, der bei dem habituellen Vorfall gelockert wird und seine Function verliert. Daher die totale Abtragung einzig rationell. Abgequetscht, abgebunden, abgebrannt hat man den Prolapsus auch früher schon. Vortragender verfährt folgendermassen: Narkose, hohe Steinschnittlage. Der Darm wird mit 2 Fadenschlingen fixirt und 2 cm vom Anus entfernt das äussere Rohr incl. Serosa durchschnitten, wobei die Peritonealtasche eröffnet wird. Alsdann Vereinigung des Peritoneum mit der Serosa des inneren Darmrohres und Amputation des letzteren. Auf sorgfältigste Blutstillung ist zu achten. Während der ganzen Operation findet Irrigation mit 1 proc. Carbollösung statt, während jedes Tupfen vermieden wird. In einem Falle befand sich die Ileocoecalklappe mit in dem Vorfall.

Herr Petersen (Kiel) demonstrirt 2 Fälle von Operation an den Zehen. Bei tuberculösen Zehengelenken soll man lateral- und nicht medianwärts zum Gelenk zu gelangen suchen, wobei die Entfernung des Sesambeins vermieden werden kann, und bei verkrümmten Zehen soll man das Gelenk eröffnen und die Zehen gerade stellen, nicht, wie Koenig, amputiren.

Herr Rosenberger (Würzburg) berichtet über eine eigenartige Erkrankung des Condyl. intern. femoris. Nach ihrer Beschreibung handelte es sich um eine Neubildung, die Riesen- und Rundzellen in grosser Masse enthielt. Herr Esmarch (Kiel) hält dieselbe für ein centrales Riesenzellensarcom, das eine gutartige Geschwulst bildet und meist ohne Recidiv verläuft.

Herr Küster (Berlin) demonstrirt ein hämorrhagisches Sarcom. Eine ähnliche Geschwulst hat er bereits 1879 bei einem 88 jährigen Manne durch Amputation des betreffenden Unterschenkels entfernt. Die Geschwulst hatte bereits Metastasen in den Lungen gebildet. Das vorliegende Sarcom befand sich in der Gesässgegend eines 55jährigen Mannes. Es ist ein Rundzellensarcom mit zahlreichen mit Blut gefüllten Lacunen. Nach seiner Meinung entsteht es durch primäre Erkrankung der Gefässwand (Angiosarcom); doch kann dies fraglich sein.

Herr Bernays (St. Louis) macht eine kurze Mittheilung über drei Fälle von Continuitäts-Unterbindung der Art. vertebralis bei Epilepsie. Die Operation wurde 1880 von Alexander-Liverpool auf Anregung seitens des Neurologen Jackson zu St. Louis empfohlen und vom Vortragenden in 3 Fällen von Epilepsie ausgeführt. Der Erfolg war der, dass die Anfälle zunächst wohl ausblieben, dann aber wiederkehrten, in dem ersten Falle schon nach 14 Tagen, in dem zweiten nach 4, in dem dritten nach 5 Monaten. Die Operation hält der Vortragende für die schwierigste Unterbindung, die es giebt; es besteht bei derselben constante Verblutungsgefahr, ferner die Gefahr der Eröffnung der Pleurahöhle und der Verletzung der Anonyma. Interessant ist das physiologische Phänomen, dass der Puls unmittelbar nach der Operation auf 140 bis zur Unzählbarkeit steigt, um dann in 10—14 Tagen wieder normal zu werden. Der Pat. sieht jedoch dabei gar nicht so schlimm aus. Als Ursache dieses Phänomens könnte entweder eine mangelhafte Blutversorgung der Vagus-Kerne oder eine Reizung der Rami cardiaci angesehen werden. Das letztere erscheint dem Vortragenden als das wahrscheinlichere. Das Operationsverfahren wird auf Anregung des Herrn Vorsitzenden genauer beschrieben.

Herr Graser (Erlangen) spricht über Klumpfussbehandlung und zeigt Gypsabgüsse, die vor und nach der Behandlung von dem betreffenden Fusse genommen worden sind. Die Behandlung in der Erlanger Klinik findet in der Weise statt, dass nach einem kräftigen Redressement durch den Operateur der Fuss etwa 10 Min. lang in der corrigirten Lage erhalten wird, worauf die endgültige Correction nach Anlegung des Gypsverbandes, doch vor dem Erhärten desselben, nur mit einer Hand an der Ferse bewerkstelligt wird. Die Tenotomie wird principiell an die Behandlung nicht angeschlossen, wenigstens zunächst nicht, um Abduction oder Pronation nicht zu beschränken. Später kann sie ja, etwa zur Verhinderung der Hohlstellung des Fusses, immer noch nachträglich ausgeführt werden. Das obige Verfahren macht jede Nachbehandlung unnöthig und steht mit seinen Resultaten gegen die der operativen Behandlung keineswegs zurück.

Herr Beely (Berlin) stellt einen Knaben vor, dessen linksseitigen congenitalen Klumpfuss er zuerst mit Gypsverbänden, nachher mit einem sehr einfachen Schienen-Hülsenapparat, und zwar mit augenscheinlich sehr gutem Erfolge, behandelt hat[1]). Herr v. Bergmann (Berlin) bezweifelt, dass es sich in diesem Falle um einen congenitalen Klumpfuss gehandelt, da letztere niemals solche gute functionelle Erfolge abgeben. Herr Beely bleibt dabei, dass in seinem Falle der Klumpfuss ein congenitaler gewesen sei. Herr Wolff (Berlin) betont Herrn Graser gegenüber, dass es ihm bei dem Redressement nicht auf die absolute Grösse der anzuwendenden Kraft, sondern auf deren richtige Vertheilung auf jeden Punkt ankommt, er braucht daher viele Assistenten dabei. Das erste Ziel sei immer die gute Function, zumal wo wir auf die Form noch keinen Einfluss haben. Später stellt die Natur nach dem Transformationsgesetz die Form schon her. Herr Petersen (Kiel) will in einem Falle von angeborenem Klumpfuss ebenfalls ein gutes Resultat erzielt haben. Herr Oberstabsarzt Hahn (Berlin) ist für Maschinen und nicht für Verbände, und zwar aus Billigkeitsrücksichten.

Den letzten Vortrag hält Herr Walzberg (Minden) über Dammbildung. Bei dem Simon'schen Verfahren der triangulären Anfrischung wird Substanz noch fortgenommen, bei dem seinigen, das dem Verfahren von Lawson Tait und Fritsch ähnlich ist, wird Alles zu erhalten gesucht. Es besteht in der seitlichen Incision und Zusammenlagerung der so entstandenen gegenüberliegenden Wundflächen durch Nähte. Es

[1]) Siehe das Autoreferat im nächsten Hefte.

bildet somit eine Art Lappenverfahren, das nach der Meinung des Vortragenden dasjenige der triangulären Anfrischung wohl verdrängen und dem englischen Verfahren durchaus gleichberechtigt sein wird.

Zum Schluss demonstrirt Herr Beely (Berlin) noch eine Reihe sehr praktischer orthopädischer Apparate, über die im Autoreferat des Vortragenden das Nähere berichtet wird.

Referate.

Hyoscin und Sulfonal. Von Dr. J. Salgó, Primararzt der Landes-Irrenanstalt in Budapest.

Das sich auf mehrere hundert Beobachtungen stützende Urtheil des Vf.'s über die Wirkungen des Hyoscins bei Geisteskranken ist ein ausserordentlich günstiges. In allen Fällen, in welchen es sich um Beruhigung tobsüchtig erregter Kranken handelte fand S. das Mittel von souveräner Wirkung und allen bisher gebräuchlichen Sedativis und Narcoticis, was Promptheit und Verlässlichkeit der Wirkung und Breite der Anwendung betrifft, überlegen.

Als eigentliches Hypnoticum darf das Hyoscin jedoch nicht angesehen werden, da die unmittelbare und constante Wirkung nicht wirklicher Schlaf ist. Den Verlauf der Wirkung schildert Vf. folgendermassen: Ungefähr 10—15 Minuten nach der Injection treten zuerst einzelne Pausen in dem tobsüchtigen Treiben auf, die Kranken scheinen ermüdet und gleichsam neue Kräfte sammelnd. Dann wird das Sprechen und Schreien weniger laut, die Bewegungen erfolgen mehr stossweise, die Stimme wird heiser, die Zunge schwer, nur einzelne Worte werden hervorgestossen, die Kranken suchen sich anzulehnen und setzen in gestützter Position die hyperkinetischen Excursionen, freilich bedeutend eingeschränkt, fort. Allmählich sinken die Kranken auf eine Seite, taumeln, die Haltung wird schlaff; unverständlich und lallend werden die Worte hervorgestossen. Der Zustand gleicht demjenigen Betrunkener. Die Patienten fallen nunmehr um, oder lassen sich auf alle Viere nieder, kauern in einer Ecke mit herabgesunkenem Kopfe und halbgeschlossenen Augenlidern. Aufgefordert zu singen oder sich aufzurichten, wenden sie sich mit dem Ausdruck grösster Ermüdung ab, oder versuchen vergeblich der Aufforderung nachzukommen. Zu einem wirklichen vollen Schlaf kommt es jedoch kaum; man findet die Kranken immer schläfrig, aber doch immer wach. Auch ihre Mahlzeiten nehmen sie während der Hyoscinwirkung. — Die Athmung ist ruhig, der Puls voller und kräftiger als vor der Injection, die Sensibilität nicht aufgehoben, die Reaction auf Hautreflexe langsam und schwerfällig. In einigen Fällen waren die Pupillen erweitert, zeigten aber keine Verminderung ihrer Reaction. Ist die Wirkung vorüber, so fangen die Kranken ohne allmählichen Uebergang aufs Neue zu lärmen und zu toben an.

S. benutzte das Hyoscinum hydrochloricum, welches zu 0,001 ($^1/_2$ Spritze einer 2 ‰ Lösung) injicirt wurde. Uebele Nebenwirkungen oder Nachwirkungen gelangten bei dieser Dosis nicht zur Beobachtung. Nur in einem Falle von hypochondrischer Depression und hartnäckiger Agrypnie begegnete S. einer unüberwindlichen idiosynkrasischen Abneigung gegen die Wiederholung der Hyoscininjection.

Ueber das Sulfonal steht dem Verf. bis jetzt nur eine geringe Anzahl von Beobachtungen zu Gebote. Dasselbe wurde nur zur Bekämpfung von Schlaflosigkeit, nicht von Exaltation angewendet. Auch hier ist das Urtheil ein günstiges, wenngleich die Wirkung bei schlaflosen, unruhigen Paralytikern hinter der des Chloralhydrats zurückblieb. In wenigen vorgeschrittenen Fällen von paralytischer Geistesstörung trat guter, bis 6 Stunden dauernder Schlaf ein. Sehr gute Dienste leistete das Mittel in einem Fall von schwerer, viriler Hysterie, ebenso in dem oben erwähnten Falle von hypochondrischer Depression, in welchem gegen Hyoscin eine Abneigung bestand, ferner in einem Falle von Epilepsie mit zeitweiliger Agrypnie und in einem Falle von melancholischer Depression mit Selbstanklagedelirien.

Unangenehme Neben- oder Nachwirkungen beobachtete Verf. nicht.

(Wiener Med. Wochenschr. 1888. No. 22.)

rd.

Ueber die Wirkung des Hyoscin. Von Dr. Jacob Fischer in Budapest.

Die Resultate der mit Hyoscinum muriaticum (Merck) angestellten Versuche des Verf. sind folgende. Hyoscin ist ein sehr gutes Sedativum, welches bei sehr unruhigen oder furibunden Geisteskranken benutzt werden kann. Dosen von einem halben Milligramm, subcutan angewendet, genügen für gewöhnlich vollkommen, obwohl man manchmal in der Dosirung bis zu einem Milligramm steigen muss. Schädliche Nebenwirkungen traten nicht auf. Als Hypnoticum ist es zwar ein recht gutes Mittel, jedoch wende man das Hyoscin als solches nur dort an, wo bereits andere Hypnotica im Stich liessen, da an der deprimirenden Wirkung der ganze Organismus theilnimmt. Verf. beobachtete Kranke, bei denen selbst grössere Dosen des genannten Mittels von gar keinem Erfolge begleitet waren[1]).

(*Gyógyászat 1888. No. 19.*)

Schuschny (Budapest).

Ueber die antiseptische Wirkung des Chloroformwassers. Von Prof. E. Salkowski (Berlin).

Bei seinen Versuchen, Harne für spätere Untersuchungen zu conserviren, bediente S. sich seit einigen Jahren des Zusatzes von Chloroform. Wird Harn mit Chloroform stark geschüttelt und in einer verkorkten Flasche aufbewahrt, so bleibt derselbe lange haltbar und für alle Untersuchungen verwendbar. Die ammoniakalische Gährung tritt nicht ein; der Harn bewahrt dauernd seine saure Reaction.

Anknüpfend an diese Beobachtungen hat S. die Einwirkung des Chloroformwassers (5 ccm Chloroform oder etwa 7,5 g auf 1 Liter Wasser, stark durchgeschüttelt, lösen sich bei Zimmertemperatur völlig auf) auf Mikroorganismen untersucht. Dabei fand er, dass dasselbe hervorragend antiseptische Eigenschaften besitzt. Es verhindert das Chloroform alle durch die Lebensthätigkeit von Mikroorganismen bedingten Fermentationsvorgänge. — Milzbrandsporen erweisen sich durchaus resistent gegen Chloroformwasser; dagegen ist die Wirkung desselben ausserordentlich energisch auf die Kommabacillen.

Die conservirenden und desinficirenden Eigenschaften des Chloroforms resp. des Chloroformwassers lassen sich in mannichfacher Weise verwerthen:

1) In der Laboratoriumstechnik zur Conservirung von Harn, von wässerigen Fermenten aller Art, von pathologischen, eiweisshaltigen Flüssigkeiten (mit Ausnahme von Blut, das allmählich gerinnt; eine geringe Eiweissausscheidung tritt auch bei Transsudaten ein), von Gewebsauszügen und Extracten, die man vor Eintrocknen resp. Fäulniss schützen will, zur Anstellung von Verdauungsversuchen, namentlich mit Trypsin u. s. w.

2) Zur Aufbewahrung nicht zu umfangreicher anatomischer Präparate. An die Stelle des Chloroformwassers kann in diesem Falle auch die freie Aufhängung in Chloroformdampf treten. Auf dem Boden des Glases müssen alsdann einige mit Chloroform getränkte Stücke Bimstein liegen.

3) Was die Anwendung zu Heilzwecken betrifft, so könnte das Chloroformwasser behufs Sterilisirung der zu subcutanen Injectionen benutzten Lösungen zweckmässige Verwendung finden. — Auch der innerliche Gebrauch desselben verdient Beachtung, da wir an wirklich wirksamen und anwendbaren Mitteln zur Desinfection des Darmcanals bekanntlich keinen Ueberfluss haben. Thiere vertragen recht erhebliche Mengen. (Ein Hund erhielt 4 Tage hintereinander je 200 ccm Chloroformwasser mit dem Futter, ohne dass sich seine Fresslust verminderte etc.), ein Kaninchen 20 ccm pro Tag. Beim Menschen müssten zunächst kleinere Dosen und Verdünnungen auf die Hälfte versucht werden. In erster Reihe sollte man (mit Rücksicht auf die energische Einwirkung des Chloroformwassers auf den Cholerabacillus) dasselbe bei der Cholera therapeutisch versuchen. Als zweckmässig erscheinende Anwendung ist u. A. noch die als Mundwasser (mit dem gleichen Volumen Wasser verdünnt) zu erwähnen.

Verf. betrachtet es nicht als seine Aufgabe, die spec. medicinisch-practische Seite weiter auszuarbeiten. Ihm lag zunächst daran, auf dieses übersehene Antisepticum hinzuweisen und zur erneuten Prüfung desselben nach den verschiedensten Richtungen anzuregen.

(*Deutsch. med. Wochenschr. No 16, 1888.*) *R.*

Experimentelles zur Theorie der Quecksilberdiurese. Von Dr. Th. Rosenheim.

Verf., der bereits früher über seine klinischen Erfahrungen, die Quecksilberdiurese anlangend, berichtet hat (Deutsch. med. Wochenschr. 1887 No. 10. Therap. Monatsh. 1887. S. 143.), versucht nunmehr die (zuerst von Fürbringer ausgesprochene) Hypothese, dass die Diurese durch directe Reizung der Nierenepithelien zu Stande komme, durch den Versuch zu stützen. Auf dem für das Studium der Harnsecretion zuerst von J. Munk betretenen Wege und

[1]) Wir möchten vor einer allzu dreisten Dosirung warnen. Red.

im Verein mit Munk hat er an den aus dem Körper frisch ausgelösten und von der Arterie aus künstlich durchbluteten Nieren grosser Hunde die Quecksilberwirkung geprüft, indem er, nachdem die Secretion in Gang gekommen, dem Durchströmungsblut ein Quecksilberpräparat zusetzte und die danach auf den Ablauf der Harnabscheidung erfolgende Wirkung feststellte. Selbstverständlich durfte nur ein im Blute lösliches Quecksilberpräparat zugesetzt werden, und ein solches wurde durch Auflösung von Quecksilberoxyd in einer 5 % Asparaginlösung dargestellt. Zuvor musste indess festgestellt werden, ob der Zusatz von Asparaginlösung allein nicht schon die Harnabscheidung bez. die Strömungsgeschwindigkeit des Blutes durch die Nieren verändert; es zeigte sich nun, dass Asparagin, selbst zu 0,6—1,2 g dem Durchströmungsblute zugesetzt, weder auf die Nierengefässe noch auf die Harnabscheidung wirkt. Als nun in einer zweiten Reihe das Blut mit kleinen Dosen Asparagin-Quecksilberoxyd beladen wurde, und zwar in Gaben von 0,05 Hg auf 1100 ccm Blut, trat ebenfalls weder eine Veränderung der Harnabscheidung noch der Blutströmung durch die Niere ein, auch nicht als in Zeiträumen von 30—20 Min. wiederholt dieselbe Gabe zugesetzt wurde; dagegen hatte die fortgesetzte Zuführung solcher geringen Mengen weiterhin eine Schädigung der Nierenfunction zur Folge (die Harnabscheidung stockte fast ganz, die Blutgeschwindigkeit wurde immer geringer), die weder durch Zusatz frischen, Hg-freien Blutes noch sonst sehr wirksamer Diuretica (Coffein) zu beseitigen war. Als endlich in einer dritten Reihe dem Blute auf einmal eine grosse Hg-Dose zugesetzt wurde (0,31 g Hg O) stieg schon innerhalb der nächsten 5 Min. die Harnabscheidung acut auf das 17fache, um ebenso schnell wieder zu fallen; nach weiteren 5 Min. war sie noch 9mal, wieder nach 10 Min. nur noch 5mal und schliesslich nur noch $1^1/_2$mal so stark wie zuvor. Schon 40 Min. nach dem Zusatz zeigt die Niere alle Symptome der Functionserschöpfung, die weder durch Zuführung neuen sauerstoffhaltigen, Hg-freien Blutes, noch durch Zusatz von Coffein zu heben war. Neben der Steigerung der Harnabscheidung hat das Quecksilber zwar eine unzweifelhafte Wirkung auf die Nierengefässe, welche sich auf den Reiz erweitern und die Geschwindigkeit, mit der Blut die Nieren durchströmt, sofort auf das Doppelte ansteigen lässt, aber schon nach weiteren 5 Min. sinkt dasselbe beinahe auf die frühere Grösse, um weiterhin, zweifellos infolge einer nunmehr eintretenden Verengerung der kleinen Nierenarterien, bis auf $^1/_3$ des Werthes zu sinken, der vor der Hg-Zufuhr beobachtet worden ist. Da indess zu der Zeit, wo die Blutgeschwindigkeit nach dem kurzen Anstieg wieder fast zur Norm zurückgekehrt ist, noch die Harnabscheidung 9mal so stark als zuvor war, kann die Anspornung der Diurese nur zum kleineren Theil auf die Beeinflussung der Gefässe, zum überwiegenden Theil muss sie auf Reizung der spec. secernirenden Nierenepithelien zurückgeführt werden. Die Reizung der Nierenzellen ist eine ausserordentlich starke und so deletär wirkende, dass dieselben sehr bald ihre Functionsfähigkeit einbüssen und dann selbst durch den Reiz sonst sehr wirksamer Diuretica nicht mehr zur Secretion angetrieben werden können.

(*Zeitschr. f. klin. Med. XIV. 3. Heft 1 u. 2.*)

J. Munk.

Aus dem allgem. Krankenhause zu St. Georg in Zwickau i. S.

Ein kleiner Beitrag zur Anwendung des Guajacols bei Lungentuberculose. Von Dr. J. Horner.

Seit 4 Jahren hat H. das Guajacol in dem seiner Leitung unterstehenden Krankenhause und in der Privatpraxis bei tuberculösen Kranken angewendet. In vielen Fällen hat er einen guten, in einigen einen geradezu überraschenden, in manchen gar keinen Erfolg gehabt. Niemals hat er einen unangenehmen Zufall erlebt, obwohl seine Patienten täglich 0,5 Guajacol während 5 Monate und noch länger nahmen. Dabei konnte häufig gesteigerte Esslust, Verminderung des Hustens und Auswurfs beobachtet werden. Das Sputum der mit Guajacol behandelten Patienten wurde täglich auf Tuberkelbacillen untersucht und es konnte eine deutlich wahrnehmbare Abnahme derselben constatirt werden. Gleichzeitig treten die meisten lästigen Symptome zurück. Mit dem längeren Gebrauche des Mittels schwinden bei der Auscultation des Thorax die Rasselgeräusche immer mehr und mehr und ziehen sich nach den Lungenspitzen zurück.

H. verordnet das Guajacol in Pillen zu 0,05, fängt mit 3 Stück täglich an, steigert nach 3 Tagen die Dosis auf 6 Stück, um nach abermals 3 Tagen auf 10 Stück überzugehen. Die Pillen werden sofort nach dem Frühstück, nach dem Mittag- und Abendessen eingenommen. — Als Diät verordnet H. gekochte Milch mit Semmel, Milchsuppe und, damit die Kranken keinen Widerwillen gegen die Milch bekommen, abwechselnd einen recht weissen Milchkaffee zum Frühstück. Um 10 Uhr Vormittags erhalten die Patienten weich gesottene Eier,

Schinken mit Weissbrod; Mittags: Fleischsuppe, Kalbfleisch, Rindfleisch, Geflügel, Wild oder Fische, Milchgries oder Milchreis oder eine leichte Mehlspeise. Nachmittags einen sehr weissen Milchkaffee und Abends eine Suppe. — Bei schöner Witterung müssen die Kranken in's Freie; aber auch sonst wird durch gehörige Lüftung in den Krankenzimmern, wenn nöthig bei halbgeöffneten oberen Fensterflügeln und geheizten Oefen, für möglichst gute frische Luft gesorgt.

Der Nutzen des Guajacols ist um so auffälliger, je früher mit seiner Anwendung begonnen wird. Natürlich sind auch Misserfolge zu verzeichnen. Manche Kranke kehrten nach mehrwöchentlicher Behandlung bedeutend gebessert in ihre Heimath zurück und unterlagen später dennoch ihrem tückischen Leiden.

H. hält die Untersuchungen über die Wirkung des Guajacols bei Lungentuberculose noch durchaus nicht für abgeschlossen und wünscht zunächst noch zu weiteren Beobachtungen anzuregen. Gegenwärtig wendet er auch Guajacol-Injectionen an, über deren Wirksamkeit er später zu berichten verspricht.

(Prag. Med. Wochenschr. No. 17, 88.) **R.**

Die intrapleurale Infusion, eine neue manuelle Methode der Behandlung einiger Lungenkrankheiten. Von Dr. Gustav Hofmann, Stadtarzt in Bärringen in Böhmen.

Verf. schlägt auf Grund gewisser klinischer Erfahrungen, insbesondere im Anschluss an eine höchst interessante Beobachtung, als Behandlungsmethode gewisser Lungenaffectionen die Infusion grösserer Flüssigkeitsmengen in den Brustfellraum, womöglich ohne gleichzeitige Verletzung der Lunge und ohne Eindringen von Luft vor. — Der „Fall", dem die Idee entsprungen ist, betrifft eine im 4. Monate schwangere Frau, die plötzlich von einer ihrer Natur und Ursache nach gänzlich unklaren Haemoptoë betroffen wurde. Dieselbe trotzte allen therapeutischen Massnahmen und stand endlich am 3. Tage, nachdem sich plötzlich ein mächtiges rechtsseitiges pleuritisches Exsudat gebildet hatte. Die „Naturheilung", die also in diesem Falle die Blutung zum Stehen brachte, sucht Verf. durch die intrapleurale Infusion zu ersetzen. Sie soll also in den Fällen, in welchen sie indicirt ist, als comprimirendes Agens wirken. Indicirt ist die Operation 1. bei profusen Haemoptysen, 2. bei Lungenemphysem, so lange die Atrophie des Lungengewebes und die Rigidität der Thoraxwandungen das Leiden nicht zu einem unheilbaren gemacht haben. In diesem Falle soll sie der Ueberdehnung entgegenwirken. 3. bei genuiner Pneumonie: man hat nämlich beobachtet, dass bei Pleuropneumonie mit massigem Exsudate die pneumonischen Erscheinungen gering bleiben und rasch wieder zurückgehen, 4. bei Phthise auf Grund ähnlicher Erfahrungen, 5. als Applicationsmethode für Heilmittel bei entzündlichen etc. Processen: erfahrungsgemäss durchdringt nämlich ein Theil jedes pleuritischen Exsudates die sehr permeable Lunge, um durch die Bronchien hindurch expectorirt zu werden, so dass sich auf diese Weise für Arzneimittel ein sehr bequemes Vehikel in der intrapleural infundirten Flüssigkeitsmengen darbieten würde. Leider fehlen dem Verf. praktische Erfahrungen noch gänzlich.

(Sep.-Abdruck aus Allgem. medic. Zeitung No. 2, 1888.)
H. Lohnstein (Berlin).

Behandlung der Haemoptoë mit Jodoform. Von G. Chauvin und G. Jorissenne (Lüttich).

Seit 10 Monaten haben die Verf. bei Lungenblutungen sich des Jodoforms bedient und überraschend schnelle und constante Erfolge erzielt. Nachdem sie vorher das Jodoform in Verbindung mit andern Mitteln (besonders mit Tannin, Ergotin und Opium) verordnet hatten, brachten sie es schliesslich allein, mit demselben günstigen Resultate in Anwendung. Es werden 14 Krankengeschichten angeführt, die als Beweis für die Wirksamkeit des Jodoforms bei Haemoptoë dienen sollen. Ausserdem sind jedoch noch andere Patienten in derselben Weise mit Erfolg behandelt worden. — Aus ihren Beobachtungen ziehen die Verf. folgende Schlüsse: 1. Jodoform ist ein ausgezeichnetes, schnell und zuverlässig wirkendes Mittel bei Lungenblutungen. 2. Recidive sind sehr selten und wenn sie auftreten, erscheinen sie sehr spät und in viel milderer Weise als am Anfange. 3. Jodoform wirkt bereits in schwacher Dosis. Einige Pillen von 0,05 genügen bereits. Mitunter kommt man mit 2 bis 3 Pillen aus; selten kommen mehr als 8 bis 9 in Anwendung. 4. Während dieser Behandlung ging in den letzten 10 Monaten (obgleich der eine der Verf. Armenarzt in einem sehr bevölkerten Viertel ist) kein Patient an Haemoptoë zu Grunde. 5. Das Mittel wirkte, wo Ergotin in weit stärkerer Dosis nichts leistete und belästigte niemals den Magen. 6. Revulsiva, wie Schröpfköpfe u. s. w., wurden nur in den schwersten Fällen gleichzeitig verordnet. 7. Obgleich in vielen Fällen dem Jodoform noch Tannin associirt worden war, kann dem letzteren keine grosse Bedeutung zugeschrieben werden, weil es in ganz kleiner Dosis beigegeben war und weil die Beobachtungen, in denen Jodoform allein verordnet war und wirkte, dafür sprechen, dass dasselbe allein das wirksame Agens sei. — Die Verschreibungsweise, deren die Verf. sich bedienen, ist folgende:

℞ Jodoformii 0,05
Extract. Gentian.
oder Extr. Liquirit. q. s. ad pil. unam.
S. 3 bis 5 Pillen in 24 Stunden.

Oder:

℞ Jodoformii 0,05
Acid. tannic. 0,10
Extr. Gentian. q. s. ad pilulam unam.
S. 3 bis 5 Pillen pro Tag.

(La Prog. méd. No. 20. 1888). *R.*

Ueber cardiale Dyspnoë. Von Prof. A. Fraenkel (Berlin).

Die als diagnostisches wie auch als prämonitorisches und prognostisches Symptom ausserordentlich bedeutsame Dyspnoë bei Herzkrankheiten und deren consecutiven Circulationsstörungen theilt d. Verf. in eine continuirliche und in eine paroxysmale Form. Die erstere Form wird durch die geringere Leistungsfähigkeit hervorgerufen, welche das Individuum besitzt, wenn bei selbst compensirter Stenose des Ostium venos. sinistr. eine beträchtliche Stauung im Pulmonalsystem vorhanden ist, die naturgemäss bei jeder höheren Anforderung das Lumen der Lungen-Alveole durch strotzende Anfüllung der Capillaren um so mehr verringern wird. Es ist leicht ersichtlich, dass in diesen Fällen die Digitalis den dyspnoïschen Zustand nur verschlimmern wird. Dieselbe Dyspnoe entwickelt sich auch bei allen anderen sogenannten idiopathischen Herzkrankheiten, wenn die Kraft des linken Ventrikels zu ermatten beginnt.

Die anfallsweise Dyspnoe ist am typischsten bei hypertrophischen Zuständen des linken Ventrikels in Folge abnormer Widerstände im Aortensystem (Arteriosclerose, Nierenaffectionen). Der gewöhnlich Abends oder Nachts ganz plötzlich eintretende Anfall geht mit eigenthümlichen sibilirenden, schon von fern hörbaren Rasselgeräuschen einher, der Puls braucht nicht unregelmässig oder besonders frequent zu sein, ist jedoch stets stark gespannt, und wenn man auch bisweilen wegen der Ueberlagerung der oft vergrösserten Lunge die linksseitige Verbreiterung der Dämpfung nicht percutiren kann, so ist zur Differentialdiagnose mit Bronchialasthma doch der Mangel exspiratorischer Dyspnoe wie auch des forcirten exspiratorischen Athmungsgeräusches charakteristisch genug. Bisweilen treten vollkommene Athmungspausen auf.

Die Lungenvergrösserung scheint nach Waller's Thierexperimenten auf einer Stauung im Pulmonalsystem zu beruhen, zu einer Zeit, wo das Herz noch vollkommen intact ist, eine Auffassung, welche durch die Neigung derartiger Kranker zu chronischen Katarrhen noch unterstützt wird.

Das Plötzliche des Anfalls kommt durch ebenso plötzliches Nachlassen der Leistungsfähigkeit des linken Ventrikels zu Stande, welcher an einer gewissen Grenze den Anforderungen nicht mehr gewachsen ist.

Zur Behandlung dieser letztgenannten Zustände giebt es kein besseres Mittel als die Combination der Digitalis mit Morphium. Besonders so lange die Spannung im Arteriensystem noch eine grosse ist, wirkt das Morphium (0,015 und darüber) palliativ und symptomatisch geradezu coupirend, indem es die Dyspnoe beseitigt, welche in Folge der lebhaften Muskelaction zu Steigerung der Herzthätigkeit führt, indem es den arteriellen Druck herabsetzt und durch seine diaphoretische Wirkung das Gefässsystem entlastet; endlich verhindert es die Erschöpfung des Athmungscentrums durch die heftige Dyspnoe. Wenn jedoch die Dilatation des linken Ventrikels zu weit vorgeschritten ist, der arterielle Druck abgenommen hat, kurz die Digitalis nicht mehr wirkt, was die Messung der Harnmenge ergiebt, dann wirkt auch das Morphium nicht mehr curativ, die Dosen müssen immer grösser werden, ohne dass man den Verfall aufhalten könnte. Im anderen Falle aber kann das Morphium schon nach wenigen Tagen fortgelassen werden. Zur Verminderung der Widerstände im Arteriensystem dient ferner durch seine excessive depletorische Wirkung auf Darm und Nieren das Calomel (0,2 4 × tägl. 2 Tage lang). Es wirkt jedoch nicht bei allen Patienten, aber wo es einmal seine Wirkung entfaltet hat, wird es sicher bei erneuter Darreichung nicht versagen. Die Tinct. strophanthi ist nicht gerade ein besonders gutes Antidyspnoïcum, und ist überhaupt nur bei den Kranken wirksam, bei denen sie vorher die Diurese steigert, also wirklich das Herz stimulirt.

Zum Schlusse seines lehrreiches Vortrages bespricht d. Vf. noch kurz das sogenannte Asthma uraemicum, welches hauptsächlich bei den Nephritiden mit Hypertrophie des linken Ventrikels vorkommt und das Asthma dyspepticum, welches er ebenfalls als ein Asthma cardiale auffasst.

(Berl. klin. Wochenschr. No. 15, 16. 1887.)

Franz Wolf.

Ueber Zeichen und Behandlung des einfachen chronischen Magengeschwürs. Von Prof. C. Gerhardt (Berlin).

Die exacte anatomische Diagnose des chronischen Magengeschwürs ist deshalb von Wichtigkeit, weil die Berücksichtigung der durch Magenerkrankungen bedingten functionellen Störungen allein, angesichts der schweren Gefahren, welche das Ulcus herbeiführen kann, nicht genügt.

Das Magengeschwür wird bei Obductionen in einer Häufigkeit von 2,7—10% gefunden.

Das Blutbrechen, zwar ein wichtiges Symptom, tritt auch bei anderen corrosiven, tuberculösen, carcinomatösen Geschwürsformen auf, ferner bei Lebercirrhose, sowie aus Kreislaufsstörungen resultirenden Veränderungen der Magenwandung, kann auch bedingt sein durch alte Geschwüre, deren Grund auf gefässreiche Nachbarorgane (Pankreas, Milz) übergegriffen hat. Schwere intercurrente Erkrankungen können gleichfalls zu Blutungen führen.

Abwesenheit einer Geschwulst ist nur in ganz frischen Fällen als diagnostisches Merkmal zu verwerthen. Bei längerem Bestehen kann der Geschwürsgrund, besonders wenn das Ulcus an der vorderen Wand sitzt, als platter, dünner Tumor gefühlt werden. Sitzt das Geschwür am Pylorus, so kann die functionell hypertrophische Musculatur als Tumor palpabel werden.

Bei Perforationsvorgängen lässt sich zuweilen an der Aussenseite des Geschwürs eine tumorartige Exsudatmasse fühlen. Endlich bieten Theile von Nachbarorganen, die vom Geschwürsboden umfasst worden sind, einen palpablen Tumor dar.

Vorhandene HCl-Reaction macht die Diagnose wahrscheinlich, indessen schliesst ihre Abwesenheit das Bestehen eines Ulcus nicht aus. Besonders wichtig ist diese Reaction zur Entscheidung der Frage, ob bedeutende Magenerweiterung und Pylorusstenose durch Carcinom oder Ulcus bedingt ist.

Von wesentlichem Werthe ist die Dauer des Leidens. „Ein Magenleiden, das über 8 Jahre dauert, die Ernährung herunterbringt und keinen Tumor bewirkte, wird zumeist als altes Magengeschwür aufzufassen sein."

Der Schmerz fehlt häufig bei Sitz des Geschwürs an der hinteren Wand und ist ohne wesentliche Bedeutung, wenn er sich in der Nähe des Sternums, als dem neuralgischen Schmerzpunkt, zeigt. Er kann herrühren von Adhaesionen oder von anhaltender HCl-Absonderung. Im letzteren Falle wird er durch Nahrungsaufnahme oder Genuss bestimmter Nahrungsmittel vermindert.

„Druckempfindlichkeit und Geschwulst sprechen für Sitz des Geschwürs an der vorderen Wand, Rückenschmerz und Blutung für Sitz an der hinteren."

Wechsel in der Intensität der Erscheinungen ist insofern von Bedeutung, als zeitweise Abnahme derselben verbunden mit Zunahme des Körpergewichts gegen Carcinom spricht.

Die Basis für die Therapie ist eine zweckmässige diätetische Behandlung.

Reine Milchdiät genügt oft in frischen Fällen zur Heilung, in alten ist reichlicher Milchgenuss zum mindesten förderlich.

Peptone sind, zumal wegen ihres schlechten Geschmackes, als Nahrungsmittel nicht zu empfehlen, doch haben sie sich dem Verfasser in schwierigen Fällen als Klysma bewährt. Im Allgemeinen ist eine leicht verdauliche Milch- und Fleischdiät, in flüssiger Form oder Breiform, am meisten vorzuziehen. Bei Milch- und Buttersäure-Gährungen sind Kohlehydrate thunlichst zu meiden.

Die medicamentöse Behandlung hat nur Aussicht auf Erfolg auf der Basis eines rationellen diätetischen Regimes.

Bei grosser Schmerzhaftigkeit empfiehlt G. die zeitweise Anwendung des Morphiums. Der Gebrauch der Salzsäure ist bei mangelhafter HCl-Secretion, besonders bei anaemischen Kranken indicirt, Antacida im entgegengesetzten Falle. Besonders empfiehlt G. den Gebrauch von Karlsbad und Kissingen, wobei die abführende Wirkung dieser Wässer noch in Betracht kommt. Vom Höllenstein hat Verf. Nutzen bei solchen Patienten gesehen, die auch in nüchternem Zustande an Schmerzen litten; er gab nüchtern 1—3 Mal einige Centigramme in Lösung und liess dann die Stellung einnehmen, die voraussichtlich das Mittel in Berührung mit dem Geschwür brachte. Condurango bewährte sich oft in veralteten Fällen. In diesen zeigten sich besonders die Magenausspülungen von wesentlichem Nutzen, besonders bei bedeutender Magenerweiterung. In letzteren Fällen gestaltet sich die Prognose nur bei Zunahme des Körpergewichts, Abnahme der spontanen Schmerzen sowie der Druckempfindlichkeit günstig.

(*Deutsch. med. Wochenschr. No. 18, 1888.*)

Schneider (Berlin).

Über die Anwendbarkeit der Oertel'schen Heilmethode bei Klappenfehlern des Herzens. Von Prof. H. v. Bamberger.

Das Wesen der Oertel'schen Methode besteht bekanntlich in Reduction der Flüssigkeitszufuhr und in systematischer Erhöhung der Muskelthätigkeit, der „Herzgymnastik“. Vf. führt nun auf Grund von Blutuntersuchungen an lebenden Herzkranken den Nachweis, dass die Grundbedingung des ersten Heilfactors, die von Oertel angenommene seröse Plethora bei Klappenfehlern nicht besteht, sondern dass bei vorhandener oder wenig gestörter Compensation normale Blutbeschaffenheit, zuweilen auch eine gewisse Oligaemie, bei gestörter Compensation sogar eine erhebliche Eindickung des Blutes vorhanden ist. Es ist daher kein Grund zur Reduction der Flüssigkeitszufuhr vorhanden, vielmehr kann die Regelung der Wasserbilanz mit grösster Beruhigung dem Organismus selbst überlassen werden.

Was die Herzgymnastik betrifft, so hält v. B. alle stärkeren körperlichen Anstrengungen, Bergsteigen, gymnastische Übungen für direct schädlich. Kranken mit Klappenfehlern sind nur Spaziergänge auf ebenem oder mässig ansteigendem Terrain anzuempfehlen, was man aber nicht als Herzgymnastik bezeichnen kann.

Im Übrigen stellt v. B. die Wirksamkeit der Oertel'schen Methode bei reinen Schwächezuständen des Herzens durchaus nicht in Abrede.

(Wiener klinische Wochenschrift, 1888 No. 1.)

Schang (Beuthen O.-S.)

Eine neue Methode der Operation von Nasenrachenpolypen. Von Prof. Koenig, Göttingen.

Nachdem man bisher gewohnt war, die Operation von Nasenrachenpolypen nicht anders als nach einem der Operation vorangeschickten schweren Eingriff, der temporären Oberkieferresection, auszuführen, ist es erfreulich, von einer erheblichen Vereinfachung der Operation zu hören. Verf. spaltet die Nase längs des Nasenrückens mit der Scheere, lässt die Lappen mit scharfen Häkchen weit auseinderhalten, führt dann durch den so erweiterten Naseneingang starke, möglichst grosse, doch nicht sehr scharfe Löffel unter die Geschwulst und arbeitet dieselbe unter Leitung des durch den Mund eingeführten Zeigefingers der andern Hand von ihrer Basis los. Es ist dazu meistens eine ziemlich erhebliche Kraftaufwendung erforderlich. Sieht man sich während der Operation veranlasst, etwa in die andere Nasenöffnung einzudringen, so schneidet man das häutige Septum unter der Nasenspitze beginnend längs des Nasenrückens noch los. Nach der Operation Tamponade mit Jodoformgaze und Vernähung der Wunde. Der Löffel ist ferner auch für die Operation ausgedehnter Schleimpolypen verwerthbar.

(Centralbl. f. Chirurg., No. 10, 1888.)

Freyer (Stettin).

Die Wundheilung unter dem trockenen aseptischen Schorfe. Von Prof. Dr. E. Küster.

Im Gegensatze zu der Schede'schen Wundheilung unter dem feuchten Blutschorfe besteht das Verfahren des Verf.'s im Princip darin, dass durch Anwendung mehrreihiger fortlaufender Catgutnähte die gegenüberliegenden Wände der Wundfläche in so enge Berührung gebracht werden, dass es zu einer Blutansammlung überhaupt gar nicht kommen kann. Es wird dann auch die Hautwunde sorgfältig geschlossen und über dieselbe so lange aseptisches Jodoformcollodium gepinselt, bis kein Blut mehr durchsickert. Von der Einlegung eines Drains wird abgesehen, und jeder weitere Verband ist überflüssig.

Verf. hat dies Verfahren vornehmlich bei der Radicaloperation von Hernien geübt und verwahrt sich insbesondere dagegen, dass dasselbe, wie es gelegentlich geschehen sei, als „offene Wundbehandlung“ bezeichnet werde. Der Werth des Verfahrens für die Radicaloperation der Hernien bestehe vor Allem in der Anwendung von Etagennähten durch die ganze Wand hindurch, wodurch ein überaus festes Polster gegen Recidive geschaffen werde. Strengste Antisepsis ist selbstverständlich erste Bedingung für die Anwendung des Verfahrens.

(Centralbl. f. Chirurg., No. 11, 1888.)

Freyer (Stettin).

Ueber die therapeutische Verwendung der Muskelarbeit und einen neuen Apparat zu ihrer Dosirung. Von Docent Dr. Gärtner.

Bekanntlich beruht ein wesentlicher Theil der Behandlung der Fettleibigkeit in der Einleitung einer rationellen Muskelthätigkeit der Patienten. Seitdem durch die bahnbrechenden Arbeiten Voit's und Pettenkofer's nachgewiesen worden ist, dass Muskelarbeit auf Kosten der stickstofflosen Bestandtheile des Körpers, der Kohlehydrate und Fette erfolgt, ergab sich von selbst die Folgerung, dass man die Beseitigung der letzteren am geeignetsten durch angestrengte Muskelthätigkeit erzielen könne. Leider stellen sich der Ausführung dieser Idee oft grosse Hindernisse in den Weg, indem entweder die zu leistende Arbeit die Kräfte der geschwächten Patienten übersteigt (Turnen, Schwimmen, Rudern), oder indem zu kleine Muskelgruppen durch die Arbeit in Action gesetzt werden (Uebungen mit Hanteln, Spazierengehen etc.). Am geeignetsten erscheint noch das von Oertel besonders empfohlene Bergsteigen; indessen auch hier kann man nur dann nachhaltige Wirkung erwarten, wenn man diese Uebungen Jahre hindurch fortsetzt und nicht 11 Monate im Jahre ruht und nur einen Monat körperlich arbeitet. Die übrigen zur Beseitigung der Obesität empfohlenen Muskelübungen (Holzspalten, Sägen, Gartenarbeiten) sind meist nicht anwendbar, weil sie einen gewissen Grad von Gewandtheit erfordern und einen gewissen Raum und Werkzeuge voraussetzen, so dass für die Mehrzahl der Kranken keine der angegebenen Arbeitsformen passt, und der behandelnde Arzt oft betreffs der Auswahl einer geeigneten Beschäftigung seiner Patienten in Verlegenheit kommt.

Zur Ausfüllung dieses Defectes in unserm Heilapparate hat Verf. eine in jedem Wohnraume aufzustellende Maschine (Ergostat, Arbeitssteller) construirt, an welcher die Patienten in rationeller Weise abmessbare Mengen von Arbeit, je nach ihrem Kräftezustande verrichten können. Die Arbeit besteht darin, dass der Patient mit beiden Händen an einer Kurbel dreht, deren Länge so gewählt ist, dass er sich bei jeder Umdrehung ziemlich tief bücken muss. Dabei hat derselbe Reibung zu überwinden. Es wird nämlich mittelst der Kurbel eine Eisenscheibe rotirt, die von einem mit Bremsklötzen umgebenen Bremsband umspannt ist, dessen Ende an einem Hebel befestigt ist. Mit Hilfe eines auf dem Hebel verschiebbaren

Laufgewichtes wird das Band gegen die Scheibe mehr oder weniger fest angedrückt und so die Reibung zwischen Scheibe und Bremsklötzen verstärkt oder geschwächt, so dass damit auch die bei jeder Umdrehung zu leistende Arbeit beliebig variirt werden kann. Ausserdem ist der Hebel empirisch geaicht, so dass man die Zahl der bei jeder Umdrehung geleisteten Arbeit, in Kilogrammmetern ausgedrückt, direct von dem Stande des Laufgewichtes auf dem Hebel ablesen kann. Zur Controle der Anzahl der gemachten Umdrehungen dient ein mit der Achse des Apparates verbundener Tourenzähler.

Die Kurbelarbeit ist in erster Linie zur Production einer möglichst grossen Arbeitsleistung geeignet, weil, wie Verf. näher ausführt, gerade hier eine sehr grosse Anzahl von Muskelgruppen an der Arbeit theilnimmt, die Erschöpfung einzelner Muskelgruppen also möglichst wenig begünstigt wird. Am meisten tritt dies zu Tage, wenn die Kurbelbewegungen nur sehr langsam (etwa 20—25 Touren in der Minute) ausgeführt werden, da alsdann sämmtliche in Betracht kommenden Muskeln in ausgiebigster Weise an der Arbeit theilnehmen können. Insbesondere vermeidet man auf diese Weise die besonders bei Fettleibigen sich so leicht einstellende Dyspnoe, zumal wenn man die Anzahl der in der Minute zu machenden Touren der Athmungsfrequenz anpasst. — Selbstverständlich muss die Kleidung leicht und bequem, der Ort, in welchem man arbeitet, kühl und trocken sein, da sonst sehr leicht Erkältung etc. eintritt, zumal bei Personen, die zu reichlicher Schweisssecretion disponirt sind. — Die practischen Erfahrungen Verf.'s über den Nutzen seines Ergostaten sind leider noch gering, rechtfertigen indessen vollkommen die Erwartungen, die er an denselben knüpfte. So betrug der Gewichtsverlust einer wegen Fettsucht behandelten Patientin in der 1. Woche 1500, in der 2. Woche 1800, an den nächsten 5 Tagen 700 g bei stetig wachsender Muskelarbeit!

Auch bei all den andern Leiden, in denen Muskelarbeit als Heilmittel angewandt wird (functionelle Störungen des Nervensystems, Gicht, Oxalurie, Diabetes etc.) lässt sich der Ergostat mit Aussicht auf Erfolg anwenden. Seine Vorzüge werden vom Verf. in folgenden Punkten zusammengefasst:

1. Der Apparat ist dem Patienten stets, bei jeder Jahreszeit und Tageszeit zur Hand.

2. Er beschäftigt die grossen Muskelmassen des Körpers; die Arbeit ist daher die rationellste und ergiebigste.

3. Er erfordert keinerlei Geschicklichkeit und Intelligenz.

4. Es erfolgt eine förmliche Lungengymnastik.

5. Der Unterleib wird rhythmisch comprimirt, der Pfortaderkreislauf angeregt.

6. Der Ergostat gestattet eine genaue Dosirung der Arbeit nach Kilogrammmetern.

7. Ermöglicht er es dem Arzte, den Fleiss seines Patienten zu controliren.

(Sep.-Abd. der Allgem. Wiener medic. Ztg. No. 19 u. 20. 1887.)

H. Lohnstein (*Berlin*).

Zur Behandlung der infectiösen Urethritis durch Antrophore. Von Dr. Hugo Lohnstein. (Autoreferat.)

Verf. hat die von Stephan zuerst in den Handel gebrachten „Antrophore" (Arzneimittelträger) in 93 Fällen von Blennorrhagie der Urethralschleimhaut in den verschiedensten Stadien ihrer Entwicklung angewandt. 26 Patienten wurden wegen acuter, 39 wegen subacuter und 28 Patienten wegen chronischer infectiöser Urethritis behandelt. Von den an acuter Gonorrhoe erkrankten Patienten wurden 24, von den an subacuter Gonorrhoe leidenden 32 als geheilt entlassen. Bei chronischer Gonorrhoe erwies sich die Antrophor-Behandlung in 22 Fällen erfolgreich. — Die Behandlungsdauer schwankte zwischen 1—6 Wochen.

Diese relativ günstigen Ergebnisse sind wohl weniger der Wahl der Medicamente, als vielmehr der Art und Weise, wie dieselben auf die erkrankten Stellen applicirt werden und sich in andauerndem, innigem Contact mit der Schleimhaut befinden, zuzuschreiben.

Bei acuter Gonorrhoe gelangten im Beginne der Behandlung 2%ige, später 5%ige Thallinantrophore zur Anwendung. Vor ihrer Application wird die Harnröhre mittelst 2%iger Borsäurelösung durch den Zuelzer'schen Spülapparat von den sie bedeckenden Exsudatmassen gereinigt. — In 70% der beobachteten Fälle wurde mittelst dieser Behandlungsweise eine complicationslose Heilung erreicht. — Allerdings soll die Einführung der Instrumente etc. durch den Arzt, niemals durch den Patienten selbst, geschehen, um Complicationen (wie Orchitis, Epididymitis, Cystitis) mit einiger Sicherheit zu vermeiden.

Bei chronischer Gonorrhoe wurden im Beginne gleichfalls Thallinantrophore, später nach dem Aufhören der profusen Secretion Antrophore, die mit Adstringentien etc. beschickt waren (Zink 0,5%, Acid. tannic., Extract. Ratanhae 2%, Arg. nitric. 0,2%, Chinin 1—5%, Ammon. sulfo-ichthyolic. 3 bis 5%), verwendet. — Wenn es auch nicht stets gelang, in diesen einer erfolgreichen Behandlung oft so unzugänglichen Fällen eine radicale Heilung zu erzielen, so trat doch meist ein erheblicher Nachlass der subjectiven Beschwerden, sowie fast gänzliches Verschwinden der Secretion ein. — Vor der Application der Antrophore wird die Harnröhre in der Regio prostatica mittelst eines vom Verf. construirten Spülapparates gereinigt.

(Sep.-Abdr. der Allgem. med. Centralztg. No. 16 u. 17. 1888.)

Allgemeinbehandlung der Syphilis mit Injectionen des „grauen Oels" (Oleum cinereum). Von Dr. Trost (Wien).

Verf. hat auf der II. Syphilis-Abtheilung zu Wien (Prof. Lang) eine grössere Reihe von Versuchen mit dem von Lang zur Behandlung der Syphilis empfohlenen grauen Oel angestellt. Er schildert kurz die Bereitung des Präparates und die Technik der Injection. — Die Veröffentlichung der mit dem Medicament erzielten Resultate erfolgt später. Zur Bereitung der grauen Salbe, aus der das Oel hergestellt wird, wird reines metallisches Quecksilber mit gleichen Theilen Lanolin bis zur völligen Extinction verrieben. Von dieser Salbe wird nach folgender Formel ein 30%iges Oel hergestellt:

℞	Ungt. cinerei lanolin.	6,0
	Ol. olivarum	4,0

Die Salbe wird alle 4 Wochen frisch angefertigt. Sowohl bei der Bereitung des Medicaments als bei der Einspritzung ist strengste Antisepsis nöthig. Nach jeder Injection wird die Spritze auseinander genommen und mit Soda und Carbolsäure gereinigt. Die Spritze selbst hat einen dünneren Cylinder als die gewöhnliche Pravaz-Spritze und fasst etwa 0,5 ccm. Die Injectionsstelle ist ebenfalls peinlichst zu desinficiren; vor der Einspritzung ist etwa mitaufgezogene Luft aus der Spritze zu entfernen. Die Einspritzungen wurden an Rücken und Nates ausgeführt und zwar in bestimmter Reihenfolge der einzelnen Injectionsstellen, um nicht etwa eine Injection in das Terrain einer vorhergegangenen zu machen, wonach schnell Abscedirung erfolgen kann. Nach den ersten 52 Injectionen traten viele schmerzhafte Infiltrate bei den Patienten auf. Verf. beaufsichtigte daher die Anfertigung der Salbe, Reinigung der Spritzen etc. selbst und hat bei 69 Männern und 34 Frauen ca. 1100 Stiche dann applicirt, ohne eine einzige Abscedirung zu bemerken. Verwendet werden meist einmal wöchentlich 3 Theilstriche der Spritze = 0,03 ccm des Präparates an 2 Stellen des Rückens. Nach Schwinden der Allgemeinerscheinungen — meist nach 0,6—0,9 ccm — erhalten die Patienten noch einige Zeit 1½ Theilstrich pro Woche. Stets wurde Mund- und Zahnpflege berücksichtigt. Die entstehenden, gewöhnlich schmerzlosen Infiltrate werden schnell resorbirt. Bei 2 Patienten trat schwere Stomatitis auf, die zum Aussetzen der Behandlung zwang.

(Wiener med. Wochschr. 1888 Nr. 10.)

George Meyer (Berlin).

Toxikologie.

Unangenehme, bedrohliche Nebenwirkungen des Phenacetin. Von Dr. Lindmann in Mannheim. (Originalmittheilung.)

Veranlasst durch die Empfehlungen von Heusner und Hoppe (Therap. Monatshefte, März u. April d. J.) wandte ich dieser Tage in einem Falle intensiver Migräne Phenacetin an; die unangenehmen bedrohlichen Erscheinungen, die ich dabei beobachtete, veranlassen mich zur folgenden kurzen Mittheilung.

Frau L., 34 Jahr alt, ist eine gesunde, kräftige Frau, die sehr häufig von heftiger Migräne befallen wird. Da Antipyrin, das sie in der letzten Zeit genommen, Erbrechen veranlasst hatte, ordinirte ich ihr Phenacetin 1 g *pro dosi*; ich gab ihr die Weisung, 1 Pulver zu nehmen, und sollte der Kopfschmerz nicht nachlassen, nach 3 Stunden ein zweites folgen zu lassen. Patientin nahm Morgens 7 Uhr bei ziemlich heftiger Migräne 1 g Phenacetin, sie empfand sehr bald Schwindel, Flimmern vor den Augen, Zittern der Glieder und Brechreiz; der Kopfschmerz wurde heftiger und nach 10 Uhr wurde wieder 1 g Phenacetin genommen. Patientin empfand verstärkte Uebligkeit, hatte ein intensives Kältegefühl und wurde von ihrer Umgebung auf ihr blaues Aussehen aufmerksam gemacht. Die Finger und Hände, besonders die Nagelglieder, die Lippen und Wangen waren tiefblau, die Haut mit kaltem Schweiss bedeckt, grosses Angstgefühl und Dyspnoe war vorhanden; der Kopfschmerz dauerte fort. Ich sah die Patientin erst um 2 Uhr Mittags, der Zustand soll sich gebessert haben. Gesicht, Schleimhaut, die Wange und der Gaumen waren cyanotisch, besonders intensiv die Lippen, ebenso die Hände, die Haut des Körpers sehr blass mit kaltem Schweiss bedeckt. Der Puls war kräftig, voll 68; Haut kühl. Patientin klagt über Kopfschmerz, Brechreiz, Flimmern vor den Augen, sie konnte ohne Unterstützung nicht stehen und war ängstlich aufgeregt.

Ord.: Eis auf den Kopf, Eispillen, Champagner.

Gegen Abend war Pat. besser, Gesicht war noch im geringen Grade blau. Puls kräftig, Brechreiz und Schwindel noch vorhanden; zwei Mal war dunkler Urin in geringer Menge gelassen worden. (Ich erhielt erst des andern Tags Urin, der in der Nacht gelassen war; derselbe ergab auf Zusatz von Eisenchlorid keine Burgunderfärbung.)

Trotzdem die Nacht schlaflos verbracht war, hatte Pat. sich bis zum Morgen wieder erholt; ihre Gesichtsfarbe hatte wieder die frühere Frische, sie klagte nur noch über grosse Abgeschlagenheit und leichten Brechreiz.

Wenn bei unserer Patientin auch eine Idiosynkrase gegen Phenacetin vorhanden sein mag, so fordert der Fall jedenfalls zur Vorsicht in der Anwendung grösserer Dosen des Mittels auf. Sicher kann auch Phenacetin, ähnlich wie Antifebrin, Cyanose verursachen; ebensowenig dürfte das Phenacetin zu den „harmlosen" (Hoppe) Mitteln unseres Arzneischatzes gezählt werden.

(Aehnliche Erscheinungen sind übrigens von Hoppe — wenn auch selten — wahrgenommen und berichtet worden. Vergl. dessen Arbeit. Therap. Monatsh. Heft 1, S. 166, Fall 16. Red.)

Ein Fall von Opiumvergiftung eines Säuglings. Von Dr. P. v. Rautenfeld (Livland).

Im December v. J. wurde Verf. Morgens $^1/_4$4 Uhr zu einem 8tägigen Kinde gerufen, das von der Grossmutter eine beruhigende Medicin erhalten hatte und bald darauf schwer erkrankt war. R. machte sich mit folgender Lösung:

Camphor.	0,6,
Aether. acet.	2,0,
Tinct. Cinnam.	2,0

auf den Weg und traf $4^3/_4$ Uhr bei dem Kinde ein. Beim Betreten des Krankenzimmers sah er das Kind nur noch eine schnappende Athembewegung machen, worauf die Athmung vollständig sistirte. Der kleine Knabe lag unbeweglich mit geschlossenen Augen da, die Pupillen eng, Extremitäten kühl, Körper mit kaltem Schweiss bedeckt, starke Cyanose, Zunge trocken, Puls nicht fühlbar. Die Auscultation des Herzens ergab schwache, langsame Contractionen, circa 12—11 in der Minute.

Pat. wurde nun mit kaltem Wasser besprengt, ausserdem erhielt er 1 Tropfen der mitgebrachten Campherlösung. Gleichzeitig wurde die künstliche Respiration eingeleitet.

Bei weiterer Untersuchung stellte sich heraus, dass das Kind Tinct. Opii crocata erhalten hatte, die für die Grossmutter verschrieben worden war. Da das Kind sich beim Baden nicht ganz ruhig verhalten, hatte die vorsorgliche Grossmutter ihm von der Tinctur (angeblich nur 3 Tropfen) gegeben. Wahrscheinlich ist jedoch eine grössere Dosis verabfolgt worden. — Bald nach dem Einnehmen ist das Kind ruhiger geworden und eingeschlafen. Nach einiger Zeit fiel jedoch seine schnarchende und aussetzende

Athmung auf. Deshalb die schleunige Herbeirufung des Arztes. Nachdem die künstliche Respiration einige Zeit unterhalten worden war, verminderte sich die Cyanose, ohne dass jedoch die Athmung wiederkehren wollte. R. goss nun mehrmals 2 Tropfen der Campherlösung auf die Zunge des Kindes, und erst, nachdem die künstliche Athmung ununterbrochen 20 Minuten lang unterhalten worden war, machte Pat. wieder die erste krampfhafte Inspiration. Der Puls wurde nun auch fühlbar. Es folgen mehrere Inspirationen und die Athmung kehrte allmählich wieder. Alle 3 Minuten netzte R. nun seinen kleinen Finger mit der Campherlösung und brachte denselben auf die Zunge des Kindes. Es trat Schweiss ein, die Cyanose schwand und die künstliche Athmung konnte eingestellt werden.

Um 8 Uhr Morgens reagirte das Kind zwar auf äussere Reize, die Athmung war aber noch unregelmässig und aussetzend, so dass mehrfach wieder künstliche Respiration eingeleitet werden musste. Später wurde Pat. durch häufiges Bewegen munter gehalten. Um 2 Uhr Nachmittags wurden ihm einige Tropfen Milch mit einem Löffel eingeflösst und, da die Milch geschluckt wurde, damit von Zeit zu Zeit fortgefahren. Um 3 Uhr war die Narkose so weit gewichen, dass das Kind sich selbstständig bewegte und leise wimmerte. Eine Stunde später war der Puls 120, die Respiration regelmässig und ruhig. Die Verstopfung wurde durch Pulv. Magn. cum Rheo gehoben, und das Kind erholte sich im Laufe des folgenden Tages vollkommen.

(St. Petersburg. med. Wochenschr., No. 14, 1888.)

R.

Cocaïn-Vergiftung. Von J. B. Mattison M. D., Brooklyn, N.-Y.

Verfasser, welcher der Sorglosigkeit entgegentreten will, mit welcher ein so gefährliches Mittel wie das Cocaïn in der ärztlichen und in der zahnärztlichen Praxis angewendet wird, berichtet neben 40 aus der englischen, französischen, deutschen, österreichischen, russischen, polnischen und amerikanischen Litteratur gesammelten und in the Kings County Medical Society, Febr. 1887 veröffentlichen Fällen noch über 32 neuere Cocaïn-Vergiftungen, welche ihn zur Aufstellung folgender Thesen veranlassen:

1. Es giebt eine tödtliche Dosis in der gebräuchlichen Anwendung.
2. Die Grösse dieser Dosis ist ganz unbestimmt.
3. Giftwirkungen sind häufig.
4. Diese Giftwirkungen sind unabhängig von der Grösse der Dosis, dem Alter oder der Widerstandskraft der Patienten.
5. Diese Gefahr mahnt zur Vorsicht.
6. In jedem Falle von Cocaïn-Gebrauch müssen Antidote wie Amylnitrit oder Morphium zur subcutanen Injection bereit gehalten werden.

Die toxischen Erscheinungen bei dem Gebrauch in jedweder Form, welche uns nichts Neues darbieten, führe ich hier nicht in ihrer Mannigfaltigkeit auf, sondern will nur erwähnen, dass ein an sich selbst angestelltes Experiment des Dr. J. Hovell Way demselben fast das Leben gekostet hätte. Er injicirte sich innerhalb ½ Stunde 0,06 g Cocaïn in 3 Dosen (2 à 0,015 und einmal 0,03). Eine halbe Stunde später lag er im tiefsten Collaps mit unzählbarem, kaum fühlbarem, fadenförmigem Pulse, stertoröser Athmung von 9 Respirat. in der Minute und kühlen Extremitäten, von klebrigem Schweiss bedeckt. Erst nach einer halben Stunde begann er sich ganz allmählich zu erholen. Diese und ähnliche Mittheilungen mahnen in der That zur Vorsicht.

(The Therapeutic Gazette, No. 1, 1888.)

F. Wolf.

Fall von Chloroformvergiftung per os. Von Dr. R. Hoffmann (Baltimore).

Ein 50jähriger Mann hatte in Folge Verwechselung der Gläser anstatt einer Jodkaliumlösung einen grossen Esslöffel reinen Chloroforms eingenommen. Gleich darauf schrie er auf und fiel bewusstlos zusammen. 10 Minuten später fand H. den Pat. im tiefsten Schlafe, mit kaum fühlbarem Pulse und schwachem, stark nach Chloroform riechendem Athem. Gesicht und Extremitäten kühl und klebrig. Es wurden nun sofort Thüren und Fenster geöffnet, die Schlundsonde eingeführt und der Magen mit warmer Milch ausgespült, ohne dass dabei ein Erfolg sichtbar wurde. Alsdann wurde die künstliche Athmung in forcirter Weise eingeleitet. Während dieser Manipulation schlug Pat. nach einer halben Stunde die Augen auf, lallte einige Worte und verfiel wieder in Schlaf. Nach abermaligem Einleiten der künstlichen Respiration durch periodische Compression des Brustkastens mit flachen Händen kam Pat. allmählich so weit an sich, dass ihm ein Brechmittel gereicht werden konnte, worauf er stark nach Chloroform riechende Milch erbrach. Sodann injicirte H. ihm subcutan 0,0005 Strychnin. nitric. und reichte ausserdem einige Tropfen Aether auf Zucker. Dabei wurde Pat., der immer wieder in Schlaf verfallen wollte, stets angefeuert, tief ein- und auszuathmen, um das

Chloroform möglichst schnell aus dem Körper zu entfernen. 3 Stunden nach der Aufnahme desselben konnte er bereits als gerettet betrachtet werden. Er erholte sich sehr rasch und gab an, dass er im Momente des Schluckens ein Gefühl gehabt, als sei Feuer in seiner Kehle; von dem darauf Geschehenen hatte er keine Erinnerung mehr.

(Allgem. med. Central-Ztg. No. 33, 1888.)

R.

Litteratur.

Die Heilbarkeit der Larynxphthise und ihre chirurgische Behandlung. Eine anatomo-pathologische und klinische Studie von Dr. Theodor Heryng. 8° 193 S. Stuttgart, Ferd. Enke.

Vorliegende Arbeit ist im Wesentlichen eine weitere Ausführung derjenigen Erfahrungen und Principien, welche der Verfasser bereits auf den beiden letzten Naturforscherversammlungen zu Berlin und Wiesbaden über Natur, Prognose und Therapie der Kehlkopfphthise entwickelt hat. Dieselben sind darauf gerichtet, dem therapeutischen Skepticismus und Indifferentismus, mit welchem man bis in die neueste Zeit hinein dieser Krankheit entgegengetreten ist, den Krieg zu erklären. Der Umstand, dass der Verfasser, ebenso wie wohl alle beschäftigte Laryngologen in einer Anzahl von Fällen unter dem Einfluss einer rein tonisirenden und auf die Abhaltung von Schädlichkeiten gerichteten Therapie spontane Heilung tuberkulöser Kehlkopfulcerationen beobachten konnte, hatten den Glauben an die Unheilbarkeit dieser Affection in ihm erschüttert und ihn zu weiteren Studien und Versuchen veranlasst. Angeregt war die actuellere Methode namentlich durch Moritz Schmidt's Arbeiten, der im Jahre 1880 breite Incisionen in die infiltrirten Partien empfahl und durch die von H. Krause eingeführte Milchsäurebehandlung, deren eigentliche Tendenz in einer Aetzung der erkrankten Partien besteht. Da diese letztere Methode trotz mancher günstigen Resultate, welche auch Heryng mit derselben erzielte, dem Verfasser nicht genügte, ging er in derselben Richtung weiter und schritt dazu, die erkrankten Partien mit dem scharfen Löffel auszukratzen. Diese Behandlung und ihre Resultate näher zu beschreiben und ihre Stellung zu den übrigen Methoden zu fixiren, ist im Wesentlichen der Zweck des vorliegenden Buches. Heryng will durch das Curettement der tuberkulösen Ulcerationen dieselben in gutartige verwandeln, welche unter Anwendung antiseptischer Mittel in kurzer Zeit vernarben. Die entzündliche Reaction nach diesem Eingriff ist nach Heryng eine geringe, die gefahrbringende Dysphagie durch die bald erfolgende Heilung gehoben. Diese Art der Behandlung soll öfters schon allein zum Ziele führen. In der Mehrzahl der Fälle aber müsse sie durch energische Pinselungen mit Milchsäure unterstützt werden. Das Curettement hält Heryng neben der Milchsäurebehandlung namentlich in denjenigen Fällen indicirt, wo der tuberculöse Process zu hypertrophischen Ulcerationen und Granulationen geführt hat, auf welche die Milchsäure allein nur in ungenügendem Maasse einzuwirken vermöge. Dagegen sei es contraindicirt bei derben, nicht ulcerirten Infiltraten. Für solche Fälle hat Heryng Versuche mit submucösen Injectionen gemacht. Der Autor hält es für nothwendig, die Infiltrate, sobald deren infectiöse Natur erkannt sei, möglichst früh, noch ehe sie zur Ulceration führen, zu zerstören. Von den anfänglich vorgenommenen Milchsäureinjectionen ist er bald, infolge der oft ausserordentlich starken Reactionen der Gewebe zurückgekommen, trotz der günstigen Resultate, welche nach seinem Vorgange Mayer damit erzielt hat. An Stelle der Milchsäure hat Heryng eine aseptische Jodoformemulsion eingeführt, deren Application fast reactionslos verlaufen soll. Der Werth dieser Methode lässt sich, wie Heryng dies selbst hervorhebt, bei der geringen Anzahl der so behandelten Fälle — es sind im Ganzen 4 — noch nicht sicher beurtheilen, umsoweniger als dieselbe zeitweise durch Curettement und Milchsäure unterstützt wurde. Alle diese Operationen werden natürlich nur nach vorhergehender Anästhesirung des Kehlkopfes durch Cocaïn ausgeführt. Wo sich nach diesen chirurgischen Eingriffen oder im spontanen Ablauf des Krankheitsprocesses hochgradige acute Schwellungen der Theile einstellen, da wendet der Autor die von M. Schmidt in die Therapie eingeführten breiten Incisionen und Scarificationen an. Aber einzig und allein zum Zweck der Beseitigung dieser Schwellungen. Die Resultate der so erweiterten chirurgischen Behandlung der Kehlkopfphthise, welche in der von Heryng empfohlenen Weise natürlich nur unter geordneter Krankenhauspflege möglich ist, haben sich unter den Händen Heryng's als günstige erwiesen. Heryng veröffentlicht 33 Fälle von tuberculösen Kehlkopferkrankungen. Davon war in 27 Fällen eine mehr oder weniger lange Zeit andauernde Heilung erzielt worden, in 2 Fällen eine bedeutende Besserung, 6 Patienten starben. Unter diesen Fällen wurden 15 ohne Curettement, nur mit Milchsäure behandelt. Von diesen heilten 11 vollständig, 2 ergaben ein Recidiv und 2 Todesfälle. Auf Grund dieser Statistik glaubt Heryng von einer vollständigen Umwälzung auf dem Gebiete der Kehlkopftuberculose sprechen zu dürfen. Die Prognose des Uebels gestalte sich nunmehr besser. Vor allem gelte dies für die mehr circumscripten und subacut verlaufenden Ulcerationen und Infiltrate. Jedenfalls aber hängt auch nach Heryng's Ansicht die Voraussicht einer andauernden Heilung innig zusammen mit dem Verlaufe der in den meisten Fällen gleichzeitig vorhandenen Lungentuberculose. Deshalb müsse die auf Beseitigung der Kehlkopfphthise gerichtete Therapie stets den Allgemeinzustand des Kranken ins Auge fassen und kämen hierbei alle diejenigen Momente in Betracht, welche die Therapie der Lungenaffection zu fördern im Stande sind. Aber auch unabhängig von der Lungentherapie werde die locale Behandlung im Allgemeinen wenigstens die Dysphagie heben und durch die so ermöglichte bessere Ernährung das Leben des Kranken verlängern können.

P. Heymann (Berlin).

Die Fettleibigkeit (Lipomatosis universalis). Von Prof. Dr. E. Heinrich Kisch. Stuttgart, Enke 1888.

In diesem ausgezeichneten Buche fasst Vf. die Resultate einer 25 jährigen ärztlichen Thätigkeit an den Heilquellen Marienbads bezüglich der Fettleibigkeit zusammen, die er als eine vorwiegend in ungeeigneter Ernährungs- und Lebensweise begründete, durch hereditäre Anlage und gewisse disponirende Momente geförderte Stoffwechselerkrankung definirt.

Dementsprechend ist die Hauptaufgabe der Therapie, durch eine den Gesetzen des Stoffwechsels Rechnung tragende Veränderung der Ernährung und Lebensweise die vegetativen Processe im Innern des Organismus derartig umzugestalten, dass die Ablagerung des Fettes verhütet und der Consum des übermässig abgelagerten Fettes allmählich und stetig vermehrt wird.

Zu diesem Zwecke setzt Kisch den Genuss des Fettes und demnächst der Kohlehydrate auf ein möglichst geringes Maass herab, wobei aber auch Eiweiss, Wasser und die Salze nur in solchen Quantitäten gereicht werden, welche für die Leistungen des Organismus erforderlich sind. Er verabreicht also eine mässige, gemischte Kost, welche vorwiegend Eiweiss, geringe Mengen Kohlehydrate und Leimstoffe und nur äusserst wenig Fett enthält. Als Mittel für die Kostnorm giebt er bei Plethorischen 160 g Eiweiss, 10 g Fett und 80 g Kohlehydrate, bei Anämischen 200 g Eiweiss, 12 g Fett und 100 g Kohlehydrate. Was die Getränkeaufnahme betrifft, so ist reines, gutes, kaltes Trinkwasser während des Tages in beliebiger, bei Plethorischen sogar möglichst reichlicher Quantität zu gestatten und nur während der Mahlzeit die Quantität des Wassers einzuschränken, um nicht durch Verdünnung des Magensaftes den Verdauungsact zu stören. Jedenfalls ist grade bei Fettleibigen das Wasser einer der wichtigsten Nahrungsstoffe, weil die Wassermenge des Körpers bei reichlicher Fettablagerung eine beträchtliche Herabminderung erfährt, und ein reichlicher Wassergenuss die Oxydationen des Körpermateriale erhöht und die verschiedenen Se- und Excretionen vermehrt. Nur wenn Zeichen von Herzinsufficienz in bedrohlicher Weise auftreten, dann ist die Flüssigkeitsaufnahme zu beschränken. Neben dieser Regelung der Ernährung ist vermehrte körperliche Bewegung ungemein wirksam. Kisch lässt seine Fettleibigen morgens nach dem Genuss von 1—2 Gläsern kalten Wassers und 3 Stunden nach der Mittagsmahlzeit spaziren gehen, wobei sie unter Benützung des Pedometers von 3000 Schritten allmählich bis auf 25000 und mehr Schritte des Tages kommen. Jede Ermüdung muss jedoch dabei im Anfange vermieden werden. Bei alten Leuten, bei sehr geschwächtem Herzen und bei anämischen Personen sind solche körperliche Anstrengungen nur mit grosser Vorsicht anzuwenden und mitunter schädlich. Für solche Personen eignen sich besser methodisch geübte, nicht zu tiefe Einathmungen, leichte Muskelübungen, passive Gymnastik und Massage. Von hervorragender Wirksamkeit sind ferner hautreizende, laue Bäder mit Soda oder Kochsalz, Kaltwasserproceduren, Dampfbäder (diese jedoch nur bei vollständig intactem Herzen und Fehlen von Arteriosclerose) und der Genuss ozonreicher Waldluft.

Bei Anwendung dieser Methode sieht man eine langsame, aber dauernde Abmagerung eintreten; will man namentlich bei intensiver Fettleibigkeit, rascher zum Ziele kommen, so ist eine 4—6 wöchentliche Brunnenkur mit den Glaubersalzwässern vorzunehmen und alle Jahre oder alle 2 Jahre zu wiederholen. Dabei verdienen die kalten, starken Glaubersalzwässer (Marienbad, Tarasp-Schuls) den Vorzug vor den warmen (Karlsbad), weil sie weniger irritirend auf das Gefässsystem wirken und durch ihren Kohlensäuregehalt und die Kälte die Diurese mächtig anregen. Karlsbad verdient nur den Vorzug bei Combination von Fettleibigkeit mit Harnsäuresteinen oder bei Diabetikern. Bei sehr anämischen Personen wählt man entweder die schwächern alkalisch-salinischen Wässer (Franzensbad, Elster, Rohitsch) oder lässt neben den starken Glaubersalzwässern Eisenwasser trinken, z. B. in Marienbad den Ambrosiusbrunnen.

Das Trinken namentlich der kalten Glaubersalzwässer ist auch bei gestörter Integrität des Circulationsapparates, bei Störung des hydrostatischen Gleichgewichtes indicirt. Nur muss man in diesem Falle untersuchen, wie viel Flüssigkeit überhaupt zur Ausscheidung kommt und substituirt dann für das gewöhnliche Trinkwasser, im Nothfalle auch für Suppe, Kaffee etc. das betreffende Mineralwasser. Contraindicirt sind die kalten Glaubersalzwässer nur bei starker Arteriosclerose.

Bei leichten Formen uncomplicirter Fettleibigkeit sind auch die kalten Kochsalzwässer (Kissingen, Homburg) und die Kochsalzthermen (Wiesbaden), sowie die Jodwässer (Hall, Krankenheil) von Wirksamkeit.

Schmey (Beuthen O. S.).

Practische Notizen und empfehlenswerthe Arzneiformeln.

Zur Verordnung von Extractum Filicis aethereum bei Bandwurmcuren.

Nicht selten wird auch nach der Anwendung von Extract. filicis maris aethereum ein Misserfolg bei einer Bandwurmcur beobachtet; es kann dies seine Ursache in einem Extract haben, welches aus einem alten Rhizom hergestellt ist. Das zum Extrahiren verwandte Rhizom soll auf dem Bruche pistaciengrün sein, wie es die Pharm. Germ. ed. II auch vorschreibt. Leider fehlt jede Beurtheilung, ob ein Extract von einer solchen Wurzel herrührt. Man ist hier lediglich auf die Gewissenhaftigkeit des Apothekers angewiesen. Auch ist die Dose im Allgemeinen zu niedrig angegeben. In dem Compendium der Arznei-Verordnungen von Liebreich und Langgaard sind ebenfalls nur, wie bisher gebräuchlich, 5,0—10,0 g angeführt worden, weil noch nicht genügende Erfahrungen für grössere Dosen vorlagen. — Es geht uns von Herrn Geheimrath Professor Gerhardt folgende für die Praxis wichtige Vorschrift zu: Man verordne bei Taenia solium 10—12 g, bei Taenia mediocanellata 14—16 g in Gelatinekapseln oder (weniger gut) in Wasser vertheilt. Wenn nicht Diarrhöe eintritt, so wird 1—2 Stunden nachher ein Abführmittel aus Calomel und Jalape gegeben.

Der Herausgeber.

Zur Anwendung der Thallin-Antrophore wird uns geschrieben:

Sehr geehrter Herr Redacteur!

Im Februarhefte (1888) Ihrer Zeitschrift: „Therapeutische Monatshefte" befindet sich auf Seite 70 eine Anpreisung der Thallin-Antrophore des Apothekers Stephan zur Behandlung der Gonorrhoe. Auf Grund dieser Mittheilung habe ich bei einem Falle von hartnäckiger Gonorrhoe, die allen Mitteln widerstand, mir vorgenommen, die Wirkung der Antrophore zu erproben. Dieselben wurden aus der Apotheke „zum König von Ungarn" in Wien bezogen. Ich war vorsichtig genug, meinem Kranken zu erklären, dass mir eigene Erfahrungen abgingen, und demselben die Empfehlung Nachtigal's vorzulesen.

Der Kranke ging auf den Versuch ein. Es wurde in meiner Ordinationsstunde ein 5% Thall. sulf. haltender Antrophor eingeführt (18 cm lang), nicht vollständig zerfliessen gelassen, worauf der Kranke nach Hause ging, um der angeordneten Ruhe zu pflegen. Die Nacht verbrachte der Kranke sehr schlecht, er bekam einen Schüttelfrost, hatte lästigen, ja quälenden Harndrang, und des Morgens wurde ich gerufen. Patient hatte eine Temperatur von über 39° C.; befand sich aber bei meiner Visite sonst leidlich wohl, bis auf heftigen Schmerz in der Blasengegend (vorher bestand kein Blasenkatarrh, die ganze Gonorrhoe war auf das Stadium Goutte militaire beschränkt) und Harndrang, unter welchem ein sehr trüber Harn bei heftigem von der Glans penis gegen den Damm ausstrahlenden Schmerz gelassen wurde. Im Laufe des Nachmittags trat abermals Schüttelfrost ein, ein solcher ereignete sich auch noch in der Nacht und die Temperatur stieg bis auf 41° C., es wurde unter heftigem Schmerz Blut urinirt, der Zustand dauerte unter Schwankungen bis in den dritten Tag, wo der Harn noch immer bluthaltig war, doch war die Temperatur wieder normal, der Kranke vollständig munter und am 4. Tage war der Harn wieder, wie ehedem, klar, nur mit zahlreichen Tripperfäden versehen.

Die eingeleitete Therapie bestand nur in der Darreichung von Narcoticis, Bädern, Priessnitz-Umschlägen und reichlichem Getränk, gegen das excessive Fieber Antifebrin in mässigen Gaben.

Da ich erst nach Verlauf von 14 Stunden, vom Einführen des Antrophors gerechnet, zum Kranken kam, da ferner der Puls des Patienten kräftig, sein Allgemeinbefinden ziemlich gut war, unterliess ich absichtlich ein Ausspülen der Blase oder der Urethra, um die Wirkung des Antrophors rein beobachten zu können.

Ich gebe gern zu, dass diese höchst unangenehmen Erscheinungen auf eine gewisse Idiosynkrasie seitens meines Kranken zurückzuführen sein dürften, indess glaube ich denn doch, Ihnen die Mittheilung dieses Falles zur allfälligen Benützung in Ihrer geschätzten Zeitschrift nicht vorenthalten zu sollen, denn es ist für den Praktiker in höchstem Grade peinlich, durch solche „Zufälle" überrascht zu werden, und es wird in Zukunft nicht überflüssig erscheinen, an die Möglichkeit einer solchen Empfindlichkeit, wie sie mein Kranker besass, zu denken und mit der Dosirung des Mittels vorsichtig zu sein. Vielleicht regt auch diese Mittheilung zur weiteren Bekanntgabe etwaiger ähnlicher Erfahrungen durch die Fachcollegen an, womit der Zweck dieser Zeilen erfüllt wäre.

Nur Eines möchte ich hier noch anfügen, dass ich eine ähnliche (allerdings nicht so stürmisch verlaufende) Erkrankung bei einem anderen Patienten auf eine Injection einer 5% Resorcinlösung zu beobachten Gelegenheit hatte. Auch dabei kam es zu Blutharnen, ferner zu einem sehr hartnäckigen Blasenkrampf, der das Harnen nur nach Einführung einer Bougie zuliess und lange währte, obwohl nur ein einziges Mal das Mittel angewendet wurde.

Es scheint, dass die alte Lehre, nur sehr schwache Lösungen zu Injectionen zu benützen, noch immer, wenigstens in der Privatpraxis, nicht umgangen werden sollte. Vielleicht würden die Antrophore, die sich thatsächlich sehr leicht einführen lassen, ihren Zweck besser erfüllen, wenn sie weniger Thallin enthielten.

Hochachtend

Dr. Theodor Altschul.

Prag, 20. April 88.

Zur Beseitigung der Singultus schreibt uns Herr Dr. Büttrich (Hagen i. W.):

Im Aprilheft der therapeutischen Monatshefte berichten Sie unter Prakt. Notizen Seite 200 über ein Verfahren den Singultus schnell zu beseitigen. Das Verfahren ist schon lange bekannt, und bemerke ich, dass der Druck auf die äusseren Gehörgänge recht kräftig sein muss, um Erfolg zu erzielen und selbst dann häufig im Stich lässt. Ich fand, dass man den Singultus am besten durch langes Anhalten des Athems nach einer tiefen Inspiration beseitigt. Hält man den Athem über den Moment eines neu auftretenden Singultus an, so ist letzterer meist verschwunden.

Gegen Kinderdiarrhöen,

besonders gegen die sogenannten grünen, unverdaute Caseinreste enthaltenden Stühle der Kinder rühmt Dr. Zinnis (l'Union médicale und Jahrbuch der Kinderheilkunde Heft 4, 1888) neben Enthaltung aller mehligen Stoffe und Wechsel der Nahrung (dergestalt, dass statt Muttermilch Kuh- oder Ziegenmilch gereicht wird) folgende Arzneiverordnung:

℞	Aq. Foeniculi	75,0
	Aq. Calcariae	5,0
	Bismuth. subnitr.	3,0
	Syrup. Aurant. flor.	15,0.

D. S. 2stündl. 1 Kaffeelöffel zu nehmen.

Bei Incontinentiae urinae

empfiehlt Grisolle (nach les nouveaux und Med. chirurg. Rundsch. 8/88) folgende Pillen:

℞	Extr. nucis. vomic.	0,24
	Ferri oxydul. oxyd.	3,00
	Pulv. e. lign. quass.	3,00
	Syrup. absinth. q. s.	

ut f. pilul. No. 20.

D. S. 1—3 Pillen täglich.

Ausserdem kalte Salzbäder und Enthaltung von Getränken beim Abendessen.

Hochgradige Gallensteinkolik

hat Rosenberg (Berl. med. Gesellsch. 18. April 88) mit grossen Mengen Olivenöl behandelt. Der betreffende Pat. erhielt zuerst 150,0 und dann 4 Tage hinter einander je 180,0 Olivenöl. Es gingen gegen 700 Concremente von Stecknadelkopf- bis Kirschkerngrösse ab. Die Beschwerden sind geringer geworden, aber es treten immer noch Koliken auf.

Erklärung von Prof. E. Salkowski in Berlin.

Herr Prof. v. Mering hat meine Bemerkungen über Lipanin und Leberthran im Mai-Heft dieser Zeitschrift mit einer Reihe von Gegenbemerkungen beantwortet. Da die weitere Discussion der Einwürfe von Prof. v. Mering für die Leser dieser Zeitschrift zu geringes Interesse bieten würde, verzichte ich auf eine Entgegnung mit der Erklärung, dass ich den Inhalt meines Artikels voll und ganz aufrecht erhalte.

Therapeutische Monatshefte.

1888. Juli.

Originalabhandlungen.

Ein Beitrag zur Lehre von der Heilbarkeit der Krebskrankheit.

Von
Dr. E. v. Meyer in Heidelberg.

Im Jahre 1881 hatte Siegfried Fischer auf Veranlassung von Professor Rose es unternommen, sämmtliche in der Züricher chirurgischen Klinik während der Jahre 1867—1878 vorgekommene Fälle von Krebskrankheit in Bezug auf ihre Heilbarkeit einer Bearbeitung zu unterziehen, und hat die Ergebnisse dieser Untersuchung im XIV. Band der „Deutschen Zeitschrift für Chirurgie" (1881) publicirt. Der Grund dieses Thema zu bearbeiten lag in dem noch vielfach geäusserten Zweifel von Seite pathologischer Anatomen, sowie in dem Ausspruch alter und erfahrener Ärzte, dass eine Heilung des Krebses nicht möglich sei. Da aber trotz der damals erlangten günstigen Resultate die Einwendungen gegen die Erfolge der Krebsoperationen sich von Neuem einstellten, so musste es von grossem Interesse sein, um sich über die definitive Heilung des Krebses zu vergewissern, genau dieselben Fälle jetzt, also 10 Jahre später, einer neuen Bearbeitung zu unterziehen. Ich habe es daher auf Anregung von Professor Rose unternommen, über sämmtliche damals noch lebende Patienten Erkundigungen einzuziehen und habe die Ergebnisse meiner Nachforschungen im XXVIII. Band der „deutschen Zeitschrift für Chirurgie" publicirt. Da diese Ergebnisse recht erfreuliche waren, so bin ich gerne einer Aufforderung von Seite der geschätzten Redaction der „Therapeutischen Monatshefte" nachgekommen, die Resultate nochmals zu veröffentlichen. Dem Zweck dieser Hefte entsprechend muss ich mich hierbei etwas kürzer fassen und daher in Bezug auf Einzelheiten, wie genauere Krankengeschichte und Operationsverfahren, auf die Originalarbeit verweisen.

Fischer hat in seiner Arbeit 256 klinische Fälle zur Verfügung gehabt; bei seinen Nachforschungen erhielt er 72 % Antworten, so dass er damals 98 Fälle mit einem Heilungsbestand bis zu 11 Jahren verzeichnen konnte. Bei meinen Nachforschungen nach diesen 98 Personen bekam ich 84 % Antworten, jedoch sind nur 64 % aus verschiedenen Gründen für diese Arbeit verwerthbar. Von diesen 64 Fällen habe ich grösstentheils ganz genaue Nachrichten erhalten und das Ergebniss liess eine Publication derselben von Werth erscheinen.

Es vertheilen sich die 64 Fälle folgendermassen und wurden die klinischen Diagnosen durch die mikroskopische Untersuchung im pathologischen Institut jeweilen bestätigt:

Carcinome	47 Mal
Sarcome	11 Mal
Cystosarcome	3 Mal
Melanosarcome	1 Mal
Fibrosarcome	1 Mal
Tum. carcinoma-sarcomatodes	1 Mal
	64.

Von diesen haben wir 41 Fälle, also beinahe $^2/_3$, von denen wir einen definitiven Heilungsbestand zu verzeichnen haben und zwar bei 22 heute noch lebenden und bei 19 inzwischen an anderen Krankheiten zu Grunde gegangenen Personen.

Es leben noch mit einem Heilungsbestand von

20	Jahr.	3	Mon.	1	Person	nach Excision	eines	Carcinoma nasi.
19	„	8	„	1	„	„ „	„	Carcinoma colli.
19	„	8	„	1	„	„ „	„	Carcinoma labii inf.
19	„	—	„	1	„	„ Castration	„	Sarcoma testis.
18	„	9	„	1	„	„ Exstirpation	„	Melanosarcoma der reg. inguinal.
17	„	10	„	1	„	„ „	„	Carcinoma periani.
17	„	7	„	1	„	„ „	„	Carcinoma labii major.
17	„	4	„	1	„	„ „	„	Sarcoma parotidis.
17	„	4	„	1	„	„ Ablatio	„	Carcinoma mammae.
17	„	3	„	1	„	„ „ (durch Galvanocaustik)	eines	Carc. nasi.
16	„	6	„	1	„	„ Excision	eines	Sarcoma nasi.
15	„	8	„	1	„	„ Exstirpation	„	Sarcoma reg. lumb.
15	„	—	„	1	„	„ Ablatio	„	Cystosarcoma mammae.
15	„	—	„	1	„	„ Resection	„	Cystosarcoma mandib.

13 Jahr.	7 Mon.	1 Person	nach	Resection	eines	Sarcoma mandib. (4. Rec.)
12 „	7 „	1 „	„	Excision	„	Fistul. recto-vaginal. carcinomat.
12 „	6 „	1 „	„	„	„	Carcinoma lab. inf.
12 „	— „	1 „	„	Ablatio	„	Sarcoma gigantocell. mandib.
10 „	8 „	1 „	„	Excision	„	Carcinoma nasi.
10 „	7 „	1 „	„	Exstirpation	„	Carcinoma mandib.
10 „	6 „	1 „	„	Exarticulation	eines	Sarcoma digit. pedis.
8 „	7 „	1 „	„	Exstirpation	„	Tum. carcin.-sarcomatodes. (auf Nävus.)

Sehen wir diese 22 Fälle in Bezug auf die Art des Tumors, auf ihr Auftreten, auf ihre Metastasirung durch, so finden wir zunächst

die Carcinome in 11 Fällen (also die Hälfte)
die Sarcome in 7 „
die Melanosarcome in 1 Fall
die Cystosarcome in 2 Fällen
den Tumor carcinoma-sarcomatodes in 1 Fall

vertreten. Die Carcinomfälle vertheilen sich bezüglich ihres Auftretens und ihres Heilungsbestandes folgendermassen:

1 Heilung	bei Carcinom der Mamma	(17 Jahre 4 Monate)
3 Heilungen	„ „ „ Genitalsphäre	(17 J. 10 M., 17 J. 7 M., 12 J. 7 M.)
3 „	„ „ „ Nase	(17 J. 8 M., 20 J. 8 M., 10 J. 6 M.)
2 „	„ „ „ Lippe	(19 J. 3 M., 12 J. 6 M.)
1 Heilung	„ „ des Unterkiefers	(10 J. 7 M.)
1 „	„ „ „ Halses	(19 J. 8 M.)

Infiltration der regionären Lymphdrüsen war zwei mal vorhanden, einmal bei einem Carcinom am Damm, und einmal bei einem Carcinom des Unterkiefers. Bei einem Mammacarcinom waren bereits drei Jahre früher carcinomatöse Supraclaviculardrüsen entfernt worden. In allen Fällen von Carcinom wurde die Operation nach seinem ersten Auftreten gemacht, nur in einem Falle handelte es sich um ein Recidiv, das 8 Jahre nach der Exstirpation eines Lippencarcinoms aufgetreten war.

Die Sarcomfälle vertheilen sich, wie folgt:

1 Heilung	bei	Sarcom des Hodens	(10 Jahre)
1 „	„	Sarcom der Nase	(16 J. 3 M.)
1 „	„	Sarcom des Unterkiefers	(13 J. 7 M.)
1 „	„	Sarcom der Unterkiefer	(12 J.)
1 „	„	Sarcom des Rumpfes	(16 J. 3 M.)
1 „	„	Sarcom der Extremitäten	(10 J. 5 M.)
1 „	„	Sarcom der Parotis	(17 J. 4 M.)

Betheiligung der regionären Lymphdrüsen war zwei Mal vorhanden und zwar bei einem Nasensarcom mit Mitbetheiligung der Submaxillardrüsen und bei einem Unterkiefersarcom mit Infiltration der Cervicaldrüsen. Dieser letztere Fall war innerhalb 4 Jahren das 4. Recidiv.

Der eine Fall von Melanosarcom war ein Recidiv, das in den Inguinaldrüsen ausbrach und ungeheure Dimensionen annahm, nachdem mehrere Jahre früher ein Sarcom des Dammes entfernt worden war.

Die zwei Heilungsfälle von Cystosarcom betreffen die Mamma und den Unterkiefer. In letzterem Falle handelte es sich um ein drittes Recidiv, das zwei Jahre nach dem ersten Auftreten des Tumors sich entwickelt hatte.

Bezüglich des einen Falles von Tumor carcinoma-sarcomatodes, der auf einem Naevus des Armes entstanden war, fehlen leider weitere Angaben über etwaiges Auftreten eines Tumoren, wie einer bereits 2 Jahre nach der ersten Operation entfernt werden musste.

Im weiteren haben wir 19 Fälle von Heilungen bei solchen Personen, die nach Jahren angeblich recidivfrei an anderen Krankheiten zu Grunde gingen; jedoch können wir bei einigen Fällen einen Zweifel nicht unterdrücken, dass es sich um eine spät aufgetretene Metastase oder Generalisirung des Leidens gehandelt hat.

Es starben recidivfrei mit einem Heilungsbestand von

16 Jahren	— Monaten	1 Person	an Knochenfrass (Sarcoma gigantocell. max. sup.).
15 „	— „	1 „	an Phthise (Cystosarc. mammae).
15 „	— „	1 „	an Pneumonie (Fibrosarcoma colli).
12 „	6 „	1 „	an Marasmus senilis (Carcinoma auriculi).
12 „	6 „	1 „	an Wassersucht (Carc. labii inf.).
10 „	— „	1 „	an perniciöser Anämie (Carc. labii inf.)
8 „	— „	1 „	an Pericarditis-Pleuritis (Sarcoma mammae).
7 „	8 „	1 „	an Gicht [?] (Sarcoma femoris).
7 „	3 „	1 „	an Lungenbrand (Carcinoma testis).
7 „	3 „	1 „	an Gehirnerschütterung (Carcinoma mammae).
7 „	2 „	1 „	an Herzschlag (Carcinoma nasi).
6 „	5 „	1 „	an Hirnschlag (Carcinoma pedis).
4 „	6 „	1 „	an Lungenlähmung (Carcinoma penis).
3 „	6 „	1 „	an Phthise (Carcinoma nasi).
2 „	6 „	1 „	an Altersschwäche (Carcinoma nasi).
2 „	1 „	1 „	an Lungenblutung (Carcinoma nasi).
2 „	— „	1 „	an chron. Meningitis (Carc. lab. inf.).
1 „	7 „	1 „	an Lungenödem, chron. Magenkatarrh (Carcinoma mammae et linguae).
1 „	6 „	1 „	an Lungenphthise (Carcinoma mammae).

es handelte sich also

14 Mal um Carcinome,
3 „ um Sarcome,
1 „ um Cystosarcom,
1 „ um Fibrosarcom.

Bei den Carcinomen haben wir 9 Mal einen Heilungsbestand von mehr als 3 Jahren und 5 Mal einen Heilungsbestand von weniger als 3 Jahren. Infiltration der regionären Lymphdrüsen war in keinem Falle vorhanden; auch handelte es sich immer um die Entfernung der erstaufgetretenen Affection, nie um die Entfernung eines Recidivs; nur in einem Falle von Spindelzellensarcom des Oberschenkels wurde zugleich ein nach 3 Jahren entstandenes Sarcomrecidiv in der Mamma entfernt.

Betrachten wir die Tumoren sämmtlicher 41 geheilten Fälle nach der Region ihres Auftretens, so ergibt sich folgende Tabelle:

	Carcinome	Sarcome	Cystosarcome	Andere Tumoren
Mammae	4	1	2	
Nase	6	1	—	
Lippe	5	—	—	
Unterkiefer	1	2	1	
Rumpf	1	1	—	1 Melanosarcom.
Extremitäten	2	2	—	1 Tum. carcinoma-sarcomatodes.
Genitalsphäre	5	1	—	
Kopf	1	1	—	1 Fibrosarcom.
Oberkiefer	—	1	—	
Summa 41	25	10	3	3

Von den übrigen Fällen zählen wir 18, bei welchen als Todesursache locales Recidiv oder Metastasen angegeben wurden und zwar handelte es sich

9 Mal um locale Recidive,
4 „ um Metastasen,
3 „ um locale Recidive und Metastasen,
2 „ um Operationsunmöglichkeit;

darunter waren die Carcinome 17 Mal, die Sarcome 1 Mal vertreten.

Die Operationen betrafen Recidive nach bereits früher gemachten Operationen in 3 Fällen; in den übrigen Fällen war die Operation an dem erstaufgetretenen Tumor gemacht. Die Lymphdrüsen waren in 4 Fällen mit afficirt:

2 Mal bei Mammacarcinom,
1 „ bei Mammasarcom,
1 „ bei Perinealcarcinom.

Die localen Recidive traten auf

gleich nach der Entlassung 4 Mal,
nach 4 Wochen 1 „
„ 2 Monaten 3 „
„ 3 „ 1 „
„ 1 „ 1 „
„ später als 6 Mon. 1 „
„ „ „ 1 Jahr 1 „
„ „ „ 2 Jahren 1 „

und vertheilen sich nach der Region des Auftretens:

nach Carcinom an der Nase 1 Mal,
„ Unterlippe u. Wange 1 „
„ Mamma 2 „
„ dem Oberkiefer 2 „
„ der Stirn 1 „
„ dem Unterkiefer 1 „
nach Sarcom „ der Mamma 1 „

Die Metastasen traten auf

in der Leber 3 Mal nach Carcinoma cruris,
„ Carcinoma mammae,
„ Carcinoma nasi,
am Magen 1 Mal „ Carcinoma labii inf.

Metastasen und locales Recidiv gleichzeitig fand sich:

1 Mal bei Mammacarcinom — Metastase im Abdomen u. Unterschenkel,
1 „ „ — Metastase in der Leber,
1 „ „ Perinealcarcinom — „ in den Drüsen.

Die inoperabeln primären Tumoren betrafen den Oesophagus.

Die Lebensdauer der an Recidiv oder Metastasen Verstorbenen betrug nach ihrer Entlassung soweit bekannt geworden:

1 Mal 11½ Jahr, 2 Mal 1½ Jahr,
1 „ 10½ „ 1 „ 1¼ „
1 „ 8¾ „ 2 „ 1 „
1 „ 5 „ 1 „ 8 Monate,
1 „ 4½ „ 1 „ 3 „

Die anderen 6 Fälle (4 inoperable Recidive; 2 inoperable Oesophaguscarcinome) starben bald nach ihrer Entlassung. Schliesslich haben wir noch 5 Fälle zu erwähnen, bei denen keine Todesursache angegeben werden konnte, die aber die Möglichkeit eines Recidivs wenigstens nicht mit Sicherheit ausschliessen lassen.

Es ist nicht zu bezweifeln, dass die Zahlen in allen Rubriken noch besser ausgefallen wären, wenn es mir ermöglicht gewesen wäre, die Privatfälle zu verfolgen, von denen wie man gelegentlich hört, eine ganze Anzahl recidivfrei leben; ferner auch, wenn alle klinischen Fälle beantwortet worden wären; aber der Umstand, dass es grosse Schwierigkeiten machte, mit Sicherheit die Patienten von vor 10—20 Jahren zu eruiren, mag entschuldigen, dass die Arbeit nicht die Ergebnisse in dem erwünschten Umfange darstellen kann. Andererseits sind auch die Zahlen viel zu klein, um das Thema nach den verschiedensten Richtungen hin zu bestimmten Sätzen, auf Procentzahlen gestützt zusammenzufassen. Ich musste mich daher darauf beschränken nur kurz die Thatsachen, soweit sie mir bekannt werden konnten, mitzutheilen und so wenigstens einen kleinen Beitrag zur „Statistik der Heilbarkeit des Krebses" zu liefern.

Ueber die Art der Darreichung und Verordnung des Sulfonals.

Von

Prof. A. Kast in Freiburg i. B.

Aus den seit der ersten Publication über die hypnotische Wirkung des Sulfonals erschienenen Arbeiten, sowie einer Anzahl collegialer Privatmittheilungen habe ich den Eindruck gewonnen, als sei — bei voller Bestätigung der thatsächlichen Angaben über die Wirkung des Sulfonals — vielleicht in einem Punkte bei der Anwendung des Mittels von einzelnen Beobachtern eine gewisse Schwierigkeit gefunden worden.

Ich meine die in vereinzelten — im Ganzen recht seltenen — Fällen gemachte Wahrnehmung, dass der Eintritt der schlafmachenden Wirkung sich mehr als erwünscht — 2—3 Stunden und länger — verzögerte, nach seinem Eintritt aber der Schlaf der Kranken sich länger als beabsichtigt ausdehnte: Die Kranken schliefen bis tief in den Vormittag hinein oder empfanden, wenn sie erweckt wurden, das mehr oder weniger lebhafte Bedürfniss, weiter zu ruhen. Einige von ihnen genügten demselben durch einen sonst ungewohnten mehrstündigen Nachmittagschlaf, Andere suchten zu ungewohnt früher Stunde am folgenden Abende ihr Lager auf und schliefen ohne irgendwelches Hypnoticum bis zum Morgen durch.

Irgendwelche unangenehmen Nebenerscheinungen (Kopfweh, Schwindel u. dgl.) sind auch bei diesen Beobachtungen von keiner Seite constatirt worden.

So gerne nun auch innerhalb gewisser Grenzen die nachhaltige Wirkung eines Schlafmittels allseitige Anerkennung finden wird, und so willkommen selbst ein gewisser Grad von „postponirender" Wirkung an dem der Darreichung folgenden Tage bei vielen Kranken speciell bei Geisteskranken sein mag, so steht ausser aller Frage, dass dieselbe von manchen Patienten — die etwa ihren Berufsgeschäften wieder nachgehen wollen u. dgl. — als Belästigung empfunden werden kann, und dass vor Allem auch der Arzt über die Anwendung eines Mittels nicht eher vollkommen befriedigt sein wird, als bis Eintritt und Dauer der Wirkung desselben soweit irgend möglich in seiner Hand liegen.

Es erschien mir daher von Vornherein ein unabweisbares Erforderniss, gerade diesem Punkte der Sulfonalwirkung eingehendere Aufmerksamkeit zu widmen und über die praktischen Folgerungen, welche sich für die Art der Verordnung und Darreichung des Sulfonals aus meinen Untersuchungen ergaben, genauer und ausführlicher als dies in meiner ersten Arbeit geschehen ist, schon jetzt Mittheilung zu machen.

Offenbar sind es zwei Eigenschaften des Sulfonals, welchen dasselbe einerseits den mehrfach anerkannten Vorzug seiner allmählich eintretenden und nachhaltigen Wirkung verdankt, welche aber auf der anderen Seite auch für die unerwünschte Nachdauer der Wirkung in einzelnen Fällen verantwortlich gemacht werden können: eine physikalische — die Schwerlöslichkeit in Wasser — und eine chemische — die schwere Angreifbarkeit seines Moleküls.

Man könnte sich hiernach vorstellen, dass in den erwähnten Fällen entweder die Sulfonalkrystalle vermöge ihrer Schwerlöslichkeit im Darme Stunden lang liegen bleiben und erst nach geraumer Zeit in kleinen Raten zur Lösung und Resorption gelangten oder aber dass das resorbirte Sulfonal längere Zeit als solches unverändert im Blute kreist.

Um über die Beziehungen des einen und anderen dieser beiden Factoren zur Wirkung des Sulfonals Klarheit zu gewinnen, wurden zunächst über die Frage der Löslichkeit des Sulfonals ausgedehntere Untersuchungen angestellt.

Ich hatte die Schwerlöslichkeit des Sulfonals in Wasser in meinem ersten Aufsatze nur im Allgemeinen hervorgehoben und durch die Thatsache zu illustriren gesucht, dass „mehr als 100 Theile Wassers nöthig sind, um 1 Theil Sulfonal bei mittlerer Temperatur zu lösen".

Bei der Wiederaufnahme der Löslichkeitsbestimmungen bestätigte sich nun zunächst unsere frühere Angabe, dass das Sulfonal in 18—20 Theilen siedenden Wassers[1]) gelöst wird, aus diesem Flüssigkeitsquantum aber bei Abkühlung sofort wieder auskrystallisirt.

Bei Bluttemperatur (37—38° C.) sind 450 Theile Wasser zur völligen Lösung eines Theils Sulfonal erforderlich.

[1]) Scholvien (Pharmaceut. Zeitung 1888 No. 46) fand sogar für siedendes Wasser das Löslichkeitsverhältniss 1 : 15.

Erheblich begünstigt wird die Löslichkeit durch Anwesenheit von Salzen. Eine 2%, Kochsalzlösung löst das Sulfonal bei 40° C. im Verhältnisse von 1:250.

Schon von Baumann[2]) ist angegeben, dass das Sulfonal in concentrirten Mineralsäuren leicht löslich ist. Auch bei starker Verdünnung macht sich der begünstigende Einfluss der Säure auf die Löslichkeit geltend.

Für eine Salzsäurelösung von der Concentration des Magensaftes — 2‰ — ergaben sich bei Bluttemperatur in 2 Versuchen die Ziffern 1:272, 1:280.

100 cc künstlichen Magensaftes mit 0,5 g Sulfonal bei Bluttemperatur (38 bis 40° C.) versetzt, bewirkten innerhalb 1 bis 2 Stunden vollständige Lösung, also in dem Verhältnisse 1:200.

Beim Neutralisiren dieser Lösung (mit Soda) krystallisirte das Sulfonal während mehrerer Stunden nicht wieder aus.

Die Gegenwart von Salzen und Peptonen gestaltet die angegebenen Löslichkeitsverhältnisse noch etwas günstiger.

Ein anderes Ergebniss wurde erzielt, wenn das zuvor im heissen Wasser aufgelöste Sulfonal in den künstlichen Magensaft nachträglich eingegossen wurde. Hier zeigte es sich, namentlich wenn der Magensaft reichlich Peptone in Lösung hielt, dass selbst bei einer Concentration von 1:100 ein Auskrystallisiren des Sulfonals nach 1 Stunde in der auf Bluttemperatur abgekühlten Flüssigkeit noch nicht eintrat. Erst nach 2 Stunden zeigten sich einzelne Krystalle in der Lösung[3]).

Weit weniger als durch Säuren und Neutralsalze wurde das Löslichkeitsverhältniss des Sulfonals durch Alkalien beeinflusst.

Um nicht allein durch Löslichkeitsbestimmungen, sondern auch durch directe Feststellung seiner Veränderung im Darmcanale die Frage des Verhaltens des Sulfonals nach seiner Einnahme klarzustellen, wurden einige Versuche an Hunden angestellt, deren Ergebnisse hier kurz angeführt werden mag:

I. Einem Hunde von 6 k Körpergewicht wurde 1 g Sulfonal — nicht pulverisirt — mit 200 ccm kalten Wassers eingegossen. Das Thier war 24 Stunden vor dem Versuche zuletzt gefüttert worden.

Nach 2 Stunden wurde der Hund getödtet, der Magen vorher abgebunden, der Inhalt des Magens und des ganzen Darmtractus gesondert gesammelt (unter sorgfältiger Abspülung der Schleimhaut mit warmem Wasser). Jede Portion wurde mit Aether ausgeschüttelt — welcher gelöstes oder ungelöstes Sulfonal aus wässerigen Flüssigkeiten vollständig aufnimmt —, der Aether verjagt, der Rückstand mit heissem Wasser behandelt, vom ungelösten Fett abfiltrirt, das klare Filtrat abermals mit Aether ausgezogen und der Aether am Wasserbade verdunstet.

Bei dieser Behandlung liessen sich sowohl im Magen als im Darm sehr kleine Quantitäten — höchstens einige Centigramm — in Wasser schwerlöslicher Krystalle nachweisen, deren Identität mit Sulfonal auf verschiedenem Wege festgestellt wurde:

1. durch die Flüchtigkeit und Sublimirbarkeit der Substanz;

2. durch ihren Schwefelgehalt;

(Schmelzen mit reinem Aetznatron und Salpeter im Silbertiegel, Zusatz von Salzsäure zur Schmelze, Fällung der gebildeten Schwefelsäure mit Chlorbaryum.)

3. durch die Vulpius'sche[4]) Reaction auf Sulfonal.

(Schmelzen mit Cyankalium und Nachweis des gebildeten Rhodankaliums durch Eisenchlorid.)

Es fanden sich also nach Einführung von 1 g Sulfonal in 200 ccm kalten Wassers bei einem seit 24 Stunden hungernden Hunde nach 2 Stunden nur noch geringe Mengen des Präparates in Magen und Darm vor. Der grösste Theil des Mittels war zur Resorption gelangt.

II. Jagdhund von 16 Kilo, erhält 1 g fein pulverisirtes Sulfonal in 200 ccm Milch mit etwas Wurst. Tödtung nach 6 Stunden.

Behandlung des Magen- und Darminhaltes in ganz derselben Weise, wie im vorigen Versuche.

Weder im Magen noch im Darm eine Spur Sulfonal aufzufinden.

III. Jagdhund — 14 Kilo —. Eingiessung von 200 ccm kalten Wassers mit 2 g fein pulverisirten Sulfonals.

Tödtung nach 6 Stunden.

Im Magen und Darm ist nach der vor-

[2]) E. Baumann, Ueber Disulfone. Ber. d. deutsch. chem. Gesellsch. XIX, 2809.

[3]) Unsere Beobachtungen stimmen in dieser Beziehung mit den auf der diesjährigen Neurologenversammlung mitgetheilten Angaben von Aug. Cramer überein, welcher sogar ein noch niedrigeres Verhältniss bei dieser Versuchsanordnung gefunden hat.

An Erfahrungen über die Verzögerung des Auskrystallisirens aus übersättigten Lösungen fehlt es ja auch für andere chemische Stoffe nicht und es ist bekannt, dass gerade Eiweisssubstanzen, Peptone, Leim etc. den letzteren Vorgang besonders lange Zeit hier anzuhalten vermögen.

[4]) Vulpius, Apothekerzeitung 1888, No. 25.

erwähnten Methode kein Sulfonal nachweisbar.

Für die Kenntniss des weiteren Schicksals des Sulfonals erschien es von Interesse, zu entscheiden, ob in diesem Falle nach vollendeter Resorption des Sulfonals aus dem Darmcanal das Mittel sich etwa als solches noch im Blute nachweisen lasse.

Circa 300 ccm dem lebenden Thiere aus der Carotis entnommenen frischen Blutes wurden mit 1 Liter Alkohol extrahirt, der Alkohol verdunstet, der Rückstand in heissem Wasser gelöst und nach dem Erkalten filtrirt, die erst nach wiederholtem Filtriren klare Lösung[*]) mit Aether ausgeschüttelt.

Nach Verdunstung des Aethers blieben einige Krystalle zurück, welche durch ihre Schwerlöslichkeit in Wasser, sowie durch ihren — in der oben angegebenen Weise festgestellten — Schwefelgehalt als Sulfonalkrystalle mit Sicherheit erkannt werden konnten.

Dadurch war der Beweis erbracht, dass zu einer Zeit, in welcher die Resorption des Sulfonals aus dem Darmcanal bereits völlig abgeschlossen war, noch kleine Mengen von Sulfonal unzersetzt im Blute circulirten.

Wenn wir nach den angeführten Versuchsergebnissen auf den Ausgangspunkt derselben wieder zurückkommen — die Frage nach den bestimmenden Factoren der nachhaltigen, in selteneu Fällen sogar „postponirenden" Wirkung des Sulfonals — so illustriren dieselben zunächst aufs Deutlichste die Bedeutung der Löslichkeit resp. Resorbirbarkeit des Sulfonals für die Zeit des Eintrittes und die Dauer seiner Wirkung.

Es ergiebt sich aus ihnen ohne Weiteres die Regel, das Mittel fein pulverisirt mit wenigstens 200 ccm womöglich warmer Flüssigkeit in den frühen Abendstunden darzureichen am Besten etwa derart, dass dasselbe mit dem Abendessen — zwischen 7 und 8 Uhr — in Suppe oder Thee eingenommen wird.

Bei dieser Art der Verordnung findet — nach obigen Ausführungen — das Sulfonal offenbar die günstigsten Bedingungen für eine rasche Lösung vor: ein grösseres Flüssigkeitsquantum mit gutem Salzsäuregehalt und reichlichen Mengen von Salzen und Peptonen.

Die Berücksichtigung dieser Vorschrift wird sich insbesondere für diejenigen Fälle empfehlen, in denen es auf möglichst baldigen Eintritt der Wirkung ankommt oder bei welchen der Krankheitszustand Schwierigkeiten bei der Resorption voraussehen lässt.

Ich denke in der letztgenannten Richtung vor Allem an Herzkranke mit gestörter Compensation (Klappenfehler, Herzmuskelerkrankungen nach Arteriosclerose und Nephritis). Es wird sich zeigen, ob und inwieweit durch diese Art der Darreichung die nach meinem Eindrucke in diesen Fällen bis jetzt nicht sehr durchschlagende Wirkung des Sulfonals verbessert werden kann.

In ersterer Beziehung — Beschleunigung der Wirkung durch Beobachtung der angeführten Verordnung — liegen bereits eine Anzahl von Erfahrungen vor, unter anderen ein Fall von furibunden Fieberdelirien, der vor kurzer Zeit auf der medicinischen Klinik des Herrn Geh. Hofrath Bäumler hier zur Beobachtung kam und hier kurz erwähnt zu werden verdient:

Der 23 Jahre alte A. S. wurde wegen eines ziemlich schweren Abdominaltyphus etwa in der zweiten Krankheitswoche in der Klinik aufgenommen. Wenige Tage nach seinem Eintritt stellten sich bei dem Pat. äusserst heftige Delirien — unter einer durchschnittlichen Temperatur von 39,8 bis 40,5 in axilla — ein. Er wurde am Mittag des 27. VI. ausserordentlich erregt, sprach ungereimtes Zeug, drängte mit zunehmender Heftigkeit gewaltsam aus dem Bette, so dass er schliesslich mit Mühe festgehalten werden musste. 0,01 Morphin subcutan um 1 h und 2,0 Chloral um 3 h, sowie mehrere Bäder (20° C) brachten keinerlei Beruhigung: Pat. war in fortdauernder Bewegung und Unruhe.

8 h 4,0 Sulfonal in heisser Suppe. Nach kaum 20 Minuten wird Pat. ruhiger und versinkt bald in einen ruhigen Schlaf, aus dem er erst nach etwa 10 Stunden 28. VI bei vollkommen klarem Sensorium erwacht. Mit dem Wiederansteigen der Temperatur in den Nachmittagsstunden Wiederkehr des Erregungszustandes. Auf 4,0 Sulfonal — in reichlicher Menge warmer Suppe dargereicht — nach $^1/_4$ Stunde Ruhe, Schlaf bis zum Morgen des 29. VI. Erwachen bei klarem Bewusstsein. Beruhigung ohne Schlafsucht, den ganzen Tag über anhaltend bis in den späten Abendstunden (9 h), wo Pat. aufs Neue erregt wird. 5,0 Sulfonal führen 8stündigen ungestörten Schlaf herbei.

In den folgenden Tagen trotz andauernden hohen Fiebers keine Spur der früheren nervösen Erregungszustände.

Wenn durch solche und analoge Beobachtungen die Bedeutung der Löslichkeitsverhältnisse des Sulfonals und ihrer Beeinflussung durch gewisse Hülfsmittel bei der Dar-

*) Durch fein vertheiltes Fett bleibt die so bereitete wässerige Lösung auch nach wiederholtem Filtriren trübe. In solchen Fällen empfiehlt es sich, durch Zusatz einiger Tropfen von Chlorbaryum und kohlensaurem Natron und Abfiltriren des gebildeten Niederschlages die Flüssigkeit zu klären. Ein Verlust von Sulfonal ist dabei nicht zu befürchten.

reichung aufs Klarste hervortritt, so muss andererseits im Auge behalten werden, wie durch den Nachweis von Sulfonal in dem **Blute** eines Thieres, in dessen Darmtractus sich keine Spur des Mittels mehr auffinden liess, der Beweis geliefert ist, dass auch der zweite der von uns erörterten Factoren bei der Beurtheilung der Sulfonalwirkung in Betracht kommt — die **chemische Resistenzfähigkeit seines Moleküls**.

Diese Eigenschaft, welcher das Sulfonal wohl in erster Linie seine **Unschädlichkeit** verdanken dürfte, ist gewiss auch für seine nachhaltige, in einzelnen Fällen postponirende Wirkung nicht belanglos.

Immerhin scheint dieselbe in den hier in Frage stehenden Fällen von „verzögerter" Wirkung des Sulfonals nur eine secundäre Rolle zu spielen, da einmal nur ganz **vereinzelt** die Erscheinungen der störenden Nachdauer zur Beobachtung gelangt sind, dann aber auch die in circa 40% der Gesammtblutmenge gefundenen Reste von Sulfonal — trotzdem Verluste sich mit Sicherheit ausschliessen liessen — nach 6 Stunden schon so unbedeutend waren, dass spätere Symptome unmöglich darauf zurückgeführt werden können.

Hiernach ist es lediglich eine Sache der wachsenden Erfahrung, durch Berücksichtigung der **Löslichkeitsverhältnisse** des Sulfonals und eine **individualisirende Bemessung der Dosen** die Fälle von protrahirter Dauer der Sulfonalwirkung zu vermeiden oder jedenfalls erheblich einzuschränken. Zu bemerken ist, dass die angeführten Untersuchungen sich auf das Sulfonal **Bayer** beziehen.

Zur Wirkung des Sulfonals.

Von

Dr. Schmey in Beuthen O.-S.

Bei einem neuen Arzneimittel, das bestimmt zu sein scheint, eine wesentliche Lücke unseres Arzneischatzes auszufüllen, und das nach den bisherigen Mittheilungen absolut unschädlich sein soll, dürfte auch die Veröffentlichung eines einzigen Falles, in welchem das Sulfonal schädliche Wirkungen entfaltete, indicirt sein.

Es handelt sich um einen 61jährigen Patienten, der in Folge von Arteriosclerose an Angina pectoris und an Schlaflosigkeit litt. Es war gelungen durch ein zweckmässiges Verhalten und durch die Anwendung von Amylnitrit den Zustand so weit zu beeinflussen, dass die Anfälle, die früher mehrere Male täglich auftraten und stundenlang anhielten, sich jetzt einmal-, höchstens zweimal täglich einstellten und sich leicht coupiren liessen. Die Schlaflosigkeit wurde bekämpft durch die Darreichung von Amylenhydrat, das in Dosen von 3 g nach kurzer Zeit 5—6stündigen Schlaf ohne alle schädlichen Nebenwirkungen herbeiführte. Da aber der Patient nach einiger Zeit erklärte, er möchte das Amylenhydrat nicht gern weiter brauchen, da es zu unangenehm schmecke und er den Geschmack noch am nächsten Morgen nicht los werden könne, so griff ich sehr begierig zum Sulfonal, da ja in der Mittheilung von **Kast** ausdrücklich erklärt war, dass es das Herz nicht ungünstig beeinflusse.

Ich verabreichte eine Dosis von 2 g. Die Wirkung war eine ganz schreckliche. Bald nach dem Einnehmen traten die Anfälle von Angina pectoris mit grosser Heftigkeit auf; und sobald es gelungen war, durch kräftiges Einathmen von Amylnitrit einen solchen Anfall zu beseitigen, dauerte es nur wenige Minuten, bis ein neuer Anfall sich einstellte. So ging das die ganze Nacht hindurch. Ein eigentlicher Schlaf trat nicht ein, sondern 2 Stunden nach der Einnahme des Mittels zeigte sich für ungefähr 2 Stunden eine Art von Halbschlummer, der durch häufige Anfälle unterbrochen war. Noch die nächsten 2 Tage traten die Anfälle in ungewöhnlicher Stärke und Häufigkeit auf.

Ich möchte daher rathen, bei der Angina pectoris und bei der Arteriosclerose überhaupt von der Darreichung des Sulfonals Abstand zu nehmen.

Erwiderung auf Professor Lichtheim's Referat über die Behandlung der chronischen Herzmuskelerkrankungen

auf dem VII. Congress für innere Medicin in Wiesbaden.

Von

Prof. Dr. Oertel in München.

(Schluss von S. 271.)

Der **zweite Theil** des Lichtheim'schen Referates bespricht die mechanische Behandlung der Herzmuskelerkrankung, wie ich sie vor Jahren in Vorschlag gebracht und ausgeübt habe durch die Steigbewegung. Seinen Hauptinhalt bilden die **theoretischen** Auseinandersetzungen über die **Dehnungseinflüsse** und die **Hypertrophie** des Herzens.

Lichtheim legt das Hauptgewicht bei diesen Vorgängen auf die Dehnung des Herzens, welche der Hypertrophie vorausgehe und das Primäre sei, wobei er auf die Gefahren aufmerksam macht, welche durch eine neue Dehnung hervorgerufen wurden.

Der Lichtheim'schen Auffassung gegenüber haben wir aber vor Allem Dehnung und Hypertrophie als zwei Vorgänge auseinander zu halten, welche als solche nichts mit einander gemein haben, wenn sie auch gemeinsam gefunden werden. Die Hypertrophie entsteht nicht in Folge einer vorausgegangenen Dehnung, sondern selbst noch trotz dieser. Andererseits kann sie aber auch vollständig ohne diese zur Ausbildung kommen, wenn das auch nach einer vorausgegangenen Dehnung eintretende ursächliche Moment gegeben ist, die Arbeitserhöhung. In Rücksicht auf diesen Unterschied ist aber auch die mit der Hypertrophie verbundene Dilatation nicht sofort als das ausschliessliche Product einer Dehnung aufzufassen, sondern von ihr die Wachsthums- und compensatorische Dilatation wesentlich zu trennen. Die Dehnungsdilatation als solche ist einer Rückbildung fähig und Gegenstand der Behandlung, die letztern nicht (vergl. hierzu auch meinen Vortrag).

Ausgeschlossen von der Genese durch vorausgegangene Dehnung sind zweifellos von vornherein alle jene Hypertrophien des Herzens, in welchen es zu einer solchen gekommen ist ohne Erweiterung oder im Gegentheil mit Verengerung des Binnenraumes des Herzens. Aber auch bei einem grossen Theil von Herzen, welche eine Erweiterung ihrer Kammern neben der Hypertrophie der Wandungen aufweisen, wird sich gleichfalls Hypertrophie und Dilatation nicht nach dem proponirten Schema ableiten lassen. Wo sich langsam und allmählich ein Stromhinderniss im arteriellen System entwickelt, kommt es mit der Zeit zu einer Hypertrophie und Dilatation des Herzens, wobei aber die erstere von letzterer in keiner Weise bedingt ist oder diese als das einfache Product einer Dehnung im Sinne eines mechanischen Insults angesehen werden müsste. Hierfür spricht eine Reihe klinischer und pathologisch-anatomischer Beobachtungen. Durch die bei langsamem Wachsthum einer Struma anfangs minimale Verengerung des Lumens einer oder der beiden Carotiden wird das Herz nur genöthigt, das Blut unter etwas stärkerem Druck in die Aorta hineinzuwerfen, und deckt den hierzu erforderlichen Kraftaufwand durch einen Theil seiner Reservekraft. Hier kann von einer Dehnung des Herzmuskels durchaus nicht die Rede sein. Der Widerstand im arteriellen Rohr ist ein viel zu geringer, als dass dadurch eine solche mechanische Einwirkung im Sinne einer Auseinanderdrängung des vollständig gesunden Muskelgewebes ausgeübt werden könnte. Es tritt vielmehr hier dasselbe mechanische Moment in Wirksamkeit, welches bei der Gymnastik willkürlicher Muskeln die Hypertrophie derselben bedingt. Die erhöhte Arbeitsleistung ist, wie überall, von einer erhöhten Zufuhr von Nährmaterial gefolgt, welche ihrerseits zuerst zur Hypertrophie und später noch zur Hyperplasie der Muskelelemente führt. Da nun die Scheiben der hypertrophischen Muskelfasern nicht nur in ihrem Querdurchmesser (Hepp und Andere fanden die Muskelfasern eines hypertrophischen Herzens viermal so dick wie die eines normalen), sondern auch in ihrem Längsdurchmesser durch Ueberernährung sich vergrössern, so wird nicht nur der Querdurchmesser der gesammten Muskelmasse, sondern auch der Längsdurchmesser allmählich eine Vergrösserung erfahren, überhaupt ein grösseres Herz sich herausbilden, das also einen grösseren Rauminhalt umschliesst und allmählich eine grössere Blutmenge in sich aufnehmen kann. Die Erweiterung ist hier zweifellos als active Wachsthums-, nicht als passive Dehnungserscheinung aufzufassen, die Hypertrophie keine Compensation der so entstandenen Dilatation, sondern die letztere vielmehr von der ersteren veranlasst. Die gleiche Entwicklung wird der Herzmuskel übrigens auch nehmen, wenn in anderen Gefässbezirken dem Blutstrom ein Hinderniss sich entgegenstellt bei Verödung von Capillarbezirken der Nieren etc., wenn nur das Hinderniss im Kreislauf sich langsam ausbildet und bei seiner Entstehung durch einen Theil der Reservekraft des Herzens noch vollständig überwunden werden kann. Die von Lichtheim angeführten Beispiele über die Herzhypertrophie bei Gebirgsbewohnern sind nicht zutreffend. Ob sich eine Hypertrophie des Herzens, wenn sie bei Gebirgsbewohnern durch erhöhte Arbeitsleistung, nicht durch ein Stromhinderniss im arteriellen Gebiete oder durch andere pathologische Vorgänge bedingt, auftritt, nicht wieder zurückbilden kann, wenn die Arbeitsleistung vermindert wird, ähnlich wie die Hypertrophie der Skeletmuskeln, wissen wir nicht, da keine klinischen Beobachtungen und Sectionsbefunde darüber vorliegen. In der Natur selbst bei zahmen und wildlebenden Thieren, welche nur eine geringe oder anstrengende Körperbewegungen ausführen, nimmt nach dem Grade der Arbeitsleistung die Muskelmasse des Herzens zu, und das Verhältniss zwischen Herzgewicht und Körpergewicht steigt. Ich verweise auf die in meinem Vortrag angeführten Zahlen, in welchen sich das Herzgewicht zum Körpergewicht beim Menschen = 1 : 170, beim Schwein = 1 : 220, beim Rind = 1 : 193, beim Schaf = 1 : 162, beim Pferd = 1 : 147, beim Hasen = 1 : 132, beim Reh = 1 : 86, verhält.

Bei der natürlichen Entwicklung des Herzmuskels der zuletzt aufgeführten wildlebenden Thiere werden wir doch sicher keine passive Dehnungshypertrophie voraussetzen können.

Von einer eigentlichen Dehnung des Herzmuskels werden wir wohl nur dann sprechen dürfen, wenn durch irgend eine Ursache der intracordiale Druck durch plötzlich aufgestaute Blutmassen eine solche Steigerung erfährt, dass er von der Reservekraft des Herzens nicht mehr vollständig überwunden werden kann und dann einerseits ein Auseinanderdrängen des Muskelgewebes hervorruft. Hierher gehört das überangestrengte Herz. Ueber seine Beziehungen zur mechanischen Behandlung des Herzens und über die Gefahren, welche für dasselbe in dieser eingeschlossen sind, habe ich bereits an anderem Orte ausführlich mich ausgesprochen und es ist selbstverständlich, dass das Gesagte bei jenen Herzen, welche unter krankhaften Veränderungen, entzündlichen und Degenerationsvorgängen in ihrer Muskelmasse eine Dehnung oder einen mechanischen Insult erfahren haben, in noch höherem Grade gilt. Ich kann deshalb in Bezug auf die Auseinandersetzungen Lichtheim's füglich auf dasselbe verweisen¹).

Da nach der vorausgehenden Darlegung die Hypertrophie des Herzens aber auch zweifellos erfolgt ohne jegliche Dehnung seines Muskelgewebes, so wird es sich nunmehr auch fragen, in welcher Beziehung denn dann überhaupt Dehnung und Hypertrophie zu einander stehen, und ob es statthaft ist, in pathologischen Fällen ausschliesslich nur dehnende Einflüsse vorauszusetzen, wo es zu einer Hypertrophie des Herzmuskels gekommen ist oder diese beabsichtigt wird.

Bei der Beantwortung dieser Frage müssen wir uns zuerst erinnern, dass alle unsere Erfahrungen, welche wir über die Dehnung²) der Muskeln und ihren Einfluss auf die Ernährung dieser gemacht haben, mit vollständiger Bestimmtheit dafür sprechen, dass in der Dehnung eines Muskels kein Moment zu seiner Hypertrophie liegt, sondern im Gegentheil die Tendenz zu Ernährungsstörungen und Atrophie. Es wäre auch gar nicht verständlich, warum ein gedehnter Muskel hypertrophiren sollte. Abgesehen von dem leicht zu führenden experimentellen Beweis legt uns hier die praktische Erfahrung eine hinreichende Zahl von Muskeldehnungen der verschiedensten Art und Grösse vor, welche als Folge von Ueberanstrengung, Distorsionen und Luxationen entstanden sind und, wie jeder Chirurg und praktische Arzt zur Genüge weiss, nicht die mindeste Neigung zu einer Massenzunahme ihrer Gewebe zeigen, sondern sehr leicht atrophiren, und es ist im Gegentheil oft eine schwierige Aufgabe für den Chirurgen, dieselben durch Gymnastik und Electricität nur einfach zu ihrem normalen Gewebebestand wieder zurückzuführen.

Aber auch bei Herzen, in welchen sich in Folge endokarditischer Processe eine Insufficienz der Klappen ausgebildet und eine Dehnung stattgefunden hat, ist damit keine Tendenz zu einer Hypertrophie gegeben und die letztere erfolgt, ohne von jener abhängig zu sein, oder vielmehr erst nachdem der mechanische Insult derselben vollständig überwunden worden ist.

Die klinischen Beobachtungen lassen uns 2 Arten von Fällen unterscheiden, welche in ihrer Erscheinungsweise und in ihrem Verlaufe einander direct entgegenstehen, und von denen wir annehmen müssen, dass in der einen eine Dehnung und ein hochgradiger Kräftenachlass des Herzmuskels der compensatorischen Hypertrophie vorausging, während in der andern dieselbe zugleich mit dem Klappenfehler sich entwickelt hat. Zu den letzteren gehören alle jene nicht zu seltene Fälle, in welchen nach Ablauf

¹) Oertel, Zusätze und Erläuterungen z. Th. d. Kreisl. a. a. O.

²) Zum bessern Verständniss dürfte es nothwendig sein, sich über den Begriff „Dehnung" zu vereinbaren. Ich will hier bei dem Worte Dehnung an dem Begriffe festhalten, welcher auch bei anderen pathologischen Vorgängen diesem Worte zu Grunde liegt, wie Muskeldehnung, Nervendehnung, Stimmbanddehnung u. s. w., d. h. eine mechanische Einwirkung, die eine Verlängerung oder Verbreiterung des gedehnten Gegenstandes in der Art zur Folge hat, dass seine Elasticitätsgrenzen überschritten werden. Wo diese mechanische Einwirkung kleiner ausfällt und der Gegenstand nach dem Aufhören derselben wieder zu seiner natürlichen Grösse zurückkehrt, sprechen wir von „Spannung", Arterienwandspannung, Stimmbandspannung u. s. w. Eine Erhöhung des intracordialen Blutdruckes bis zur ersten Grösse verursacht eine Dehnung, eine solche zweiten Grades eine Spannung der Herzwand, sie wirkt elasticitätserregend und bildet einen Reiz zur Auslösung motorischer Impulse.

eines oft nicht erkannten endokarditischen Processes keine auffallenden Störungen von Seite des Circulations- und Respirationsapparates eintreten und der Klappenfehler nur zufällig bei Untersuchungen für militairische Zwecke, Lebensversicherungen etc. oder erst entdeckt wird, wenn einmal grössere Ansprüche an die Herzkraft gestellt werden.

In jenen Fällen, in welchen durch entzündliche Vorgänge im Herzmuskel und rasche Erhöhung des intracordialen Druckes eine Dehnung des Muskelgewebes stattgefunden hat, ist die compensatorische Hypertrophie nicht durch diese, sondern dadurch hervorgerufen worden, dass einmal in Folge des unvollkommenen Verschlusses der Klappe und zweitens durch die Erweiterung des Binnenraumes der Kammer in Folge der Dehnung ein grösseres Quantum Blut von jetzt an fortgeschafft werden muss, d. h. durch Erhöhung der Herzarbeit. Anfangs überwindet das Herz unter Zuhülfenahme eines grösseren oder kleineren Theiles seiner Reservekraft die gesteigerte Aufgabe. Nach Ablauf der entzündlichen Processe wird die Ernährung des Herzmuskels wieder eine bessere, es strömen durch die erhöhte Arbeitsleistung grössere Mengen von Nährflüssigkeit demselben zu, die vorhandenen Muskelfasern hypertrophiren, und neue bilden sich aus den zelligen Elementen heraus. Durch diese meist nur langsam sich entwickelnde Hypertrophie und Hyperplasie der Muskelfasern wird aber die gesammte Herzkraft erhöht und damit dem Herzen die Möglichkeit gegeben, proportional auch von seiner Reservekraft weniger Gebrauch machen zu müssen. Ist genügend Muskelmasse gebildet, so wird ein Zeitpunkt kommen, wo die einem solchen Herzen zu Gebote stehende, gewöhnlich zu verwendende Kraft ausreicht, wenn nur die für das Leben unmittelbar nothwendigen Anforderungen gestellt werden, den Klappenfehler zu compensiren. Werden diese Anforderungen jedoch abermals erhöht, so stellt sich für das Herz wieder jener Zustand ein, welcher vor dem erreichten Compensationsvermögen bestanden hat, nämlich das Herz wird wieder genöthigt sein, seine Reservekraft in Anspruch zu nehmen, um verstärkte Contractionen auszuführen und der neuen Aufgabe zu genügen. Damit werden aber auch wieder jene Bedingungen eintreten, welche bereits schon zur Hypertrophie geführt haben und diese erhöhen. Das Herz wird in die Lage kommen, mit der ihm jetzt zu Gebote stehenden Arbeitskraft auch Anforderungen zu genügen, welche grösser sind als jene für das Leben unmittelbar nothwendigen. Es sind das aber Vorgänge der Ernährung, des Wachsthums und der Kräftezunahme, wie wir sie bei der Entstehung einer compensatorischen Hypertrophie klinisch beständig beobachten und wie sie auch an dem durch irgend eine Schädlichkeit, durch Distorsion eines Gelenks etc. überdehnten, geschwächten und atrophischen Muskel sich entwickeln.

Wenn wir nun durch die Geh- und Steigbewegung oder durch Gymnastik dem Herzen eine nur um ein geringes grössere Blutmenge temporär und rhythmisch zufliessen lassen, werden Impulse auf dasselbe ausgelöst, welche unter Spannung nicht Dehnung der Herzwand eine stärkere Contraction gegebenen Falles unter Zuhilfenahme der Reservekraft des Herzens zur Folge haben. Mit der dadurch auf längere oder kürzere Zeit erhöhten Thätigkeit des Herzens ist aber andererseits ebenso eine erhöhte Nahrungszufuhr und schliesslich eine Wachsthumszunahme und Vermehrung der Muskelelemente gegeben und es wird auch hier wieder ein Zeitpunkt eintreten, in welchem das Herz in der Lage sein wird, die durch die Geh- und Steigbewegung verursachte Arbeitserhöhung mit seiner gewöhnlichen Arbeitskraft ohne Zuhilfenahme der Reservekraft zu ertragen. Diese Vorgänge können wir täglich in vollkommen gesetzmässiger Weise an gymnastisch geübten Skeletmuskeln, welche die ihnen auferlegten Uebungen auch nicht mit ihrer gewöhnlichen, sondern mit der ihnen ebenso eigenen Reservekraft ausführen, wahrnehmen, und die Herzhypertrophie sehen wir bei Menschen und Thieren analog entstehen, wenn die Herzarbeit in richtig abgemessener Weise erhöht wird. Es besteht kein wissenschaftlicher Grund, warum es nicht möglich sein sollte, auf dem angegebenen Wege und unter den selbstverständlich nothwendigen Cautelen auch einen schwachen insufficienten Herzmuskel zu kräftigen und zur Hypertrophie zu bringen. Eine Dehnung oder ein mechanischer Insult wird dadurch so wenig hervorgerufen, wie durch eine richtig angewendete Gymnastik der Skeletmuskeln eine Dehnung dieser, oder durch eine entsprechende Dosirung der Digitalis oder anderer Arzneimittel eine Vergiftung.

Um endgültig zu entscheiden, ob durch die mechanische Einwirkung auf das Herz, sei es durch die Steigbewegung oder durch Gymnastik, eine Hypertrophie und Hyperplasie eines insufficienten Herzmuskels erzeugt werden kann, muss vor Allem der Versuch dazu gemacht werden, wie bei der Erforschung eines jeden physiologischen Problems. Dieser Versuch ist aber einerseits von mir und den Aerzten an den Terraincurorten und andererseits von dem verstorbenen A. Schott durch Gymnastik mit zahlreichen, zweifellos positiven Resultaten ausgeführt und die Frage also ganz entschieden in bejahendem Sinne beantwortet worden.

Der Vorschlag Lichtheim's, das Eintreten der Dyspnoë als Maass für die Dauer der Steigbewegung zu benutzen, ist bei der Anwendung der mechanischen Behandlung ganz entschieden wichtig. Ich selbst habe bekanntlich in allen meinen Schriften, insbesondere in meinen „Terraincurorten", der andauernden Bewegung noch viel engere Grenzen gezogen und den Kranken die Vorschrift gegeben, immer nur unter regelmässigem Athmen die Geh- und Steigbewegung auszuführen und nach kurzen Strecken stehen zu bleiben und auf einen Stock etc. gestützt tiefe Respirationen auszuführen (vgl. hiezu auch meinen Vortrag).

Was weiterhin noch die Bemerkung Lichtheim's in Bezug auf den Blutdruck und die Gewöhnung bei der Steigbewegung, speciell Bergsteigen (eigentlich Begehen der Terraincurwege, wohl zu unterscheiden vom wirklichen Bergsteigen) anbelangt, so erhalten wir eine Erweiterung der Gefässe beim Bergsteigen nicht blos der Arteria temporalis, an welcher ich Messungen vornahm, sondern auch der übrigen Körperarterien, der Arteriae radiales etc., die stark erweitert und gefüllt in allen Versuchen zu fühlen waren, und bei der Untersuchung mit dem Sphygmographen und Sphygmomanometer eine beständige Abnahme ihrer Wandspannung, ihres Tonus, also eine Erweiterung und eine Zunahme des Blutdrucks in ihnen nachweisen liessen. Nun aber bleiben die genannten Arterien noch nach stundenlanger Ruhe, 1stündigem Schlafe und selbst noch am anderen Tage erweitert, ihre Wandspannung herabgesetzt, während der Blutdruck wieder abnimmt oder noch etwas erhöht gefunden wird[10]). Unter solchen Umständen kann aber in keiner Weise von einer Arbeitshyperämie mehr die Rede sein. Ich habe die Frage unentschieden gelassen, ob diese Abnahme der Arterienwandspannung auf reflektorischem Wege durch Zunahme des intrabronchealen Luftdruckes in Folge der erhöhten Athmung nach den Untersuchungen von Hering, Sommerbrodt etc. oder noch durch andere Ursachen hervorgebracht wird. Dass aber auch die Arterien der inneren Organe mehr Blut führen, beweist die schon in meinem Vortrage erwähnte vermehrte Harnabsonderung trotz der Schweisssecretion, welche durch die Steigbewegung etc. hervorgerufen wird. Was Lichtheim als Gewöhnung bezeichnet, ist die physiologisch nachweisbare früher eintretende Abspannung der Arterienwand unter der Zunahme des Blutdrucks während der Steigbewegung, wenn diese längere Zeit hindurch geübt wird. Die Erklärung, dass die Vermehrung der Kohlensäureproduction als mächtiger Inervationsimpuls auf das Gefässcentrum (nach den aber noch nicht abgeschlossenen Untersuchungen in Kronecker's Laboratorium) beim Steigen den Blutdruck erhöhen soll, ist wohl schon dadurch hinfällig, dass der Gefässtonus beim Steigen allmählich abnimmt statt zunimmt, während der Blutdruck sich erhöht und diese Erscheinungen mehrere Stunden nach dem Steigen, wo keine vermehrte Kohlensäureproduction mehr statthat, noch andauert. Warum übrigens die Kohlensäure nur eine vasomotorische Verengerung bestimmter Abdominalgefässe, die der directen Beobachtung nicht zugänglich sind, zur Folge haben und nicht auch die grosse Masse der übrigen wenigstens mehr oder weniger beeinflussen soll, ist nicht ersichtlich.

Endlich bezweifelt Lichtheim noch die Schwere der Erkrankung in jenem ersten Fall, den ich veröffentlicht habe. Aus der Schilderung der Symptomatologie der Kreislaufstörungen in der Einleitung meines Handbuches der allgemeinen Therapie der Kreislaufstörungen, die vollständig jenen Beobachtungen entnommen ist, aus der Grösse der Albuminurie und des weithin sich erstreckenden Oedems, das erst 1½ Jahre nach der Correction der Kreislaufsstörungen gänzlich verschwunden war, sowie nach der Prognose, die Prof. Lindwurm stellte, dürfte der Fall wohl zu jenen gehören, welche man sonst trotz aller Medicamention ausnahmslos zu Grunde gehen sah. Ruhe und Digitalis waren nicht mehr im Stande, dem raschen Fortschreiten der Kreislaufstörungen auch nur einigermassen Einhalt zu thun. Kost und Lebensweise ist jederzeit im Einvernehmen mit Prof. Lindwurm geregelt und eine reichlichere Zutheilung nach den damaligen Anschauungen, um den Kranken in seiner angestrengten Thätigkeit leistungsfähig zu erhalten, nicht als Luxusconsumption, sondern für nothwendig erachtet worden. Eine bessere Kenntniss der Ernährungsbedingungen solcher Kranken wurde aber erst durch meine Untersuchungen gewonnen.

Nach diesen kritischen Auseinandersetzungen

10) Vgl. Handb. d. allg. Ther. d. Kreislfst. III. Aufl. bes. Vers 9 (S. 164) u. auch die übrigen.

sungen bin ich nicht in der Lage, die vom Herrn Referenten aufgestellte Begrenzung der Anwendungsbreite meiner Methode auf jene Form von Herzmuskelerkrankungen annehmen zu können, welche aus Ernährungsstörungen in Folge von Ueberernährung und falscher Ernährung hervorgehen, sowie auf jene Fälle von Klappenerkrankung, bei welchen noch eine ausreichende Compensation vorhanden ist. Es widerspricht nicht nur eine Reihe physiologischer und pathologischer Thatsachen seinen theoretischen Erwägungen und beeinträchtigt selbst die Beweiskraft seiner Untersuchungen ganz erheblich, sondern es steht auch seinen Folgerungen geradezu das Ergebniss der diätetisch-mechanischen Behandlung insufficienter Herzmuskeln bei Klappenfehlern gegenüber, das wohl die Frage, ob man solche Herzen einer derartigen Behandlung unterziehen darf und kann, allein zu entscheiden vermag. Der Umstand, dass durch unrichtige Anwendung der Methode zumeist ohne ärztliche Leitung der eine oder der andere Kranke Schaden gelitten, kann der Methode selbst nicht zum Vorwurf gemacht werden, sondern beweist nur neben ihrer durchgreifenden Wirkung, dass sie mit Kenntniss und Umsicht angewendet werden muss, ebenso wie die Digitalis und andere Arzneimittel und therapeutische Methoden, welche wir doch immer wieder in Vorschlag bringen, wenn mit denselben durch Unkenntniss und Leichtsinn auch schon vielfach Unheil angerichtet wurde. Um den therapeutischen Werth dieser Mittel und Methoden zu charakterisiren, darf man dieses Vorkommen wohl nicht als ausschlaggebend registriren.

So muss ich denn die Grenze für die Indication der von mir aufgestellten diätetisch-mechanischen Behandlung der Herzmuskelerkrankungen etwas weiter ziehen als Herr Lichtheim und sie auch auf jene Fälle von Klappenfehlern ausdehnen, in welchen sich eine Kraftabnahme des Herzmuskels bemerklich macht oder eine Abschwächung einer bestehenden Compensation eingetreten oder diese sich noch nicht vollständig ausgebildet hat.

Wo die Compensationsstörung zu weit vorgeschritten ist, wird eine gymnastische Prüfung des Kranken, wie er eine Erregung motorischer Impulse erträgt, ob es noch möglich ist, durch dieselbe eine kräftigere Herzcontraction, einen volleren Puls zu erlangen, und der Kräftezustand und das Allgemeinbefinden genügende Anhaltspunkte geben, eine mechanische Behandlung auszuschliessen.

Es liegt aber auch nach den Verhandlungen des VII. Congresses weiterhin keine Veranlassung vor, von jenen Indicationen und Contraindicationen abzuweichen, welche ich in meinem Vortrag und früher in meinem Aufsatz über die diätisch-mechanische Behandlung der Kreislaufstörungen in den therapeutischen Monatsheften vom Jahre 1887 angegeben habe, und für deren Richtigkeit seit 13 Jahren ein ausreichend grosses Beobachtungsmaterial, insbesondere auch aus den Terraincurorten mir vorliegt und bereits veröffentlicht wurde.

Ueber Amylenhydrat nebst allgemeinen Bemerkungen über Schlaf- und Beruhigungsmittel.

Von

Dr. G. Mayer in Aachen.

Seit dem Ende der sechziger Jahre besitzen wir im Chloralhydrat ein Schlafmittel, welches diesen Namen wirklich verdient. Opium und Morphium sind zwar in hohem Grade geeignet, krankhafte Sensationen zu beruhigen und zu heben, sind aber in der zur Anwendung in der ärztlichen Praxis geeigneten Dosis für sehr viele Menschen überhaupt keine Schlafmittel; wenn ein sonst gesunder Mensch wegen heftiger Schmerzen, z. B. Zahnschmerzen Abends eine Morph.-Injection von entsprechender Stärke erhält, so fühlt er sich danach zwar meist sehr behaglich, schläft aber in sehr vielen Fällen gerade gar nicht oder erst sehr spät. Andere schlafen allerdings rascher, aber nicht, weil sie das Morphium schlafen macht, sondern weil dasselbe den Schmerz, der den Schlaf verhindert, aufhebt. Indem also das Morphium die krankhaften Empfindungen beseitigt, das Chloralhydrat aber als wirkliches Schlafmittel wirkt, giebt es keine vortrefflichere Combination, als die dieser beiden Mittel. In unserem Luisenhospital haben wir daher auch seit längerer Zeit die Methode eingeführt, schweren Kranken, welche an heftigen Schmerzen, Athemnoth oder sonstigen krankhaften Sensationen, verbunden mit Schlaflosigkeit leiden, zunächst eine Morphium-Injection zu machen oder auch innerlich Morphium zu geben, und $\frac{1}{2}$—1 Stunde später ihnen Chloralhydrat zu verabreichen. Es werden in dieser Weise zunächst die krankhaften Sensationen beseitigt, und dadurch das grösste Hinderniss des Einschlafens behoben, sodann wird durch Chloralhydrat der Schlaf wirklich herbeigeführt. —

Ich möchte die besonders nützliche und heilsame Combination dieser beiden Mittel hier besonders deshalb ausdrücklich hervorheben weil ein so hochgeschätzter Autor wie Aufrecht (Therapeutische Monatshefte 1888 Februar. S. 54.) den Zusatz von Morphium zum Chloralhydrat für lebensgefährlich erklärt; soweit man ersehen kann, bezieht sich diese Warnung auf die Anwendung bei Delirium tremens und auf die directe Combination beider Mittel; immerhin aber könnte sie jüngere Praktiker leicht abhalten, beide Mittel überhaupt zu verbinden, während doch gerade diese Verbindung in der angegebenen Weise, in einer grossen Anzahl schwerer Krankheiten ein fast unersetzliches Beruhigungsmittel ist, und dadurch oft ein Heilmittel bildet. Die Dosis des Morphiums zur Injection oder innerlich wird dabei, je nach der Individualität und Gewöhnung 0,006 bis 0,015 bis 0,02 und mehr, die des Chloralhydrats im Allgemeinen 1,25 bis höchstens 2,0 betragen müssen. Wenn Aufrecht bei dem Delirium der Pneumoniker, dem Delirium potatorum, der Eclampsia gravidarum, und der Manie Geisteskranker dem Chloralhydrat, dagegen bei allen schmerzhaften Krankheiten und bei der Melancholie dem Opium (Morphium) den Vorzug giebt, so kann man dem vielleicht im Allgemeinen beistimmen; es beweist eben, dass Morphium bei den zum Bewusstsein kommenden krankhaften Sensationen, wozu ja auch die Melancholie gehört, in erster Reihe gegeben werden muss, während die maniakalischen und krampfhaften Störungen, bei welchen das Bewusstsein fehlt oder noch in sehr geringem Grade vorhanden ist, nur auf das Schlafmittel Chloralhydrat, in hinreichend starker Dosis angewendet, reagiren. Übrigens bedürfen Melancholische, wenn auch durch Opium ihr Befinden sehr erheblich gebessert wird, doch oft genug gleichzeitig des Chloralhydrats zum Schlafen. — Für die Anwendung des Chloralhydrat bei Kindern gelten dieselben Regeln wie bei Erwachsenen, natürlich muss die Dosis in entsprechender Weise (etwa im Verhältniss zum Körpergewicht) verringert werden. —

Was das Morphium und die Morphium-Injektionen betrifft, so herrscht leider noch unter den Ärzten eine übertriebene Furcht vor der Anwendung dieser Mittel bei Kindern; man kann schon Kindern von wenigen Monaten innerlich Morphium in entsprechender Dosis ohne jeden Nachtheil geben. Schon vor 30 Jahren sah ich einen äusserst schweren Keuchhustenfall bei einem 6 wöchentlichen Kinde, welches in jedem Anfall zu verbleiben drohte, durch mehrmalige tägliche Anwendung von $^1/_8$ Milligramm Morph. acet. ($^1/_{100}$ — $^1/_{200}$ Gran der damaligen Rechnung) glücklich vorübergehen, indem sofort nach regelmässiger Anwendung der minimalen Morphiumgaben die Heftigkeit der Anfälle allmählich nachliess. Bei Kindern von 2 — 3 Jahren an habe ich oft Morph. Injectionen in schmerzhaften Krankheiten (z. B. Ohrenentzündungen, Unterleibsentzündungen) angewandt, etwa 2—3 mg für ein 2—4jähriges Kind und möchte dieselben im Nothfall selbst bei noch jüngeren Kindern nicht entbehren: fällt doch gerade in der Kinderpraxis die Hauptgefahr der Morphium-Anwendung, die der Gewöhnung fort. Während ich sonst eine Lösung von 1 : 30 für die zweckmässigste halte und stets bei mir führe, empfehle ich für Kinder eine $^1/_2$—1 procentige Lösung, um die kleine Dosis besser abmessen zu können; übrigens wird man gut thun, bei nervösen, besonders hysterischen Damen stets mit einer sehr kleinen Dosis (3 — 4 mg) zur Injection zu beginnen, wenn man unangenehme Zufälle vermeiden will. — Was nun die Schlafmittel betrifft, welche nach dem Chloralhydraht empfohlen worden sind, so habe ich mit Paraldehyd, Cannabin und Urethan mehrfache Versuche angestellt, ohne mich mit diesen Mitteln besonders befreunden zu können; dagegen hat mir das neuerdings von v. Mering in die Praxis eingeführte Amylenhydrat sehr günstige Resultate ergeben, in welcher Beziehung ich mich den Beobachtungen von Mering und Jolly, von Lehmann, Buschan, Gürtler, u. A. anschliesse.

Abgesehen von einzelnen Fällen der Privatpraxis haben wir im Luisenhospital seit Ende vorigen Jahres an 15 Kranken mehrere hundert Einzelbeobachtungen mit Amylenhydrat gemacht; 11 dieser Kranken brauchten das Mittel längere Zeit hindurch, während die andern nur wenige Gaben erhielten. Die Beobachtungen wurden von unserm Hausarzt Herrn Dr. van Rey sorgfältig controlirt; ich muss mich auf Anführung allgemeiner Umrisse beschränken.

Unter den 11 Kranken mit längerer Beobachtungszeit befanden sich acht Männer und drei Frauen; erstere litten an Cholelithiasis (1) an Herzaffection und Nephritis auf luetischer Grundlage (1) an Bubo (1) an Phthisis tuberculosa (2) an Typhus in der Reconvalescenzperiode (1) an Periostitis der Wirbel (1) an Spinalirritation (1). Die Frauen litten an Phthisis tuberculosa (1) an nicht bacillärer Lungenspitzeninfiltration nach Keuchhusten (1), an chronischer Nephritis parenchymatosa (1). In diesen sämmtlichen Fällen wirkte das Amylenhydrat, meist zu 3,0 *pro dosi* als angenehmes und sicheres

Schlafmittel; der Schlaf trat später ein als nach Chloralhydrat, war aber sehr ruhig, dem natürlichen ähnlich; er hinterliess keine üblen Folgen, keine Kopfschmerzen, etc. In drei dieser Fälle gingen die Kranken des Geschmacks halber später wieder zum Chloralhydrat über; von den übrigen acht Patienten wurde das Amylenhydrat gerne genommen.

Wir haben die Beobachtung gemacht, und zwar ganz speciell bei Brustkranken, dass das Amylenhydrat nicht bloss als Schlaf- sondern auch als Beruhigungsmittel, besonders aber auf den Husten sehr besänftigend wirkte. Der Hustenreiz hörte meist nach dem Amylenhydrat schon sehr rasch auf, ehe der Schlaf eintrat; wir konnten daher häufig das früher Abends gereichte Morphium weglassen. —

Eine Patientin mit linksseitiger tuberculöser Spitzeninfiltration wurde am 15. Februar d. J. ins Luisenhospital aufgenommen. — Sie nahm des Hustens halber Abends 0,01 Morphium, eine Stunde später Chloralhydrat 1,5; gegen das Fieber wurden kleine Dosen Antifebrin, und Morgens ein Bad von 27—26° R. gegeben. Da Patientin häufig Morgens Übelkeiten hatte, wurde vom 25. Februar an, statt des Chloralhydrats Abends 2,5, vom 2. März an 3,0 Amylenhydrat gegeben. — Während Patientin bis dahin trotz des Morphiums in der Nacht noch viel hustete, hörte jeden Abend nach dem Amylenhydrat der Husten in kürzester Zeit ganz auf; Patientin fühlt sich sehr bald ausserordentlich beruhigt, ganz behaglich, schläft nach ungefähr einer Stunde ein, und schläft, zuweilen mit kleinen Unterbrechungen, zuweilen ohne dieselben die ganze Nacht bis gegen 1/2 8 Uhr Morgens. Patientin kann die angenehme Wirkung des Amylenhydrat nicht genug rühmen; sie erholte sich über Erwarten bei der angegebenen Behandlung so, dass sie bald das Bett verlassen konnte, an Gewicht erheblich zunahm, und das Fieber sich verlor. Gewiss trugen zu diesem guten Resultat die ruhigen Nächte nicht unwesentlich bei. — Ebenso wohlthätig wirkte das Mittel bei dem an Phthisis tuberculosa leidenden Manne und der Patientin mit Spitzeninfiltration nach Keuchhusten; auch von diesen wurden günstigste Beeinflussung des Hustens, Schlaf bis gegen Morgen und vollständiges Wohlbefinden beim Erwachen gerühmt. In beiden Fällen wurde Abends kein Morphium gegeben, so dass nicht bloss die schlafmachende, sondern auch die hustenberuhigende Wirkung jedenfalls dem Amylenhydrat zukam. —

Auffallend günstig wirkte ferner das Mittel bei dem Typhus-Reconvalescenten einem sehr intelligenten, aber hochgradig nervös erregbaren Herrn aus den besseren Ständen; hier war sowohl Morphium als Chloralhydrat schon einige Zeit gegeben worden; nach letzterem fühlte Patient aber beim Erwachen Übelkeit und Unbehagen. Diese unangenehmen Erscheinungen traten beim Gebrauch von Amylenhydrat (3,0) nicht auf. Patient nahm das Mittel jeden Abend vom 21. December bis zu seiner Entlassung am 15. Januar und nahm noch 50,0 mit, um es einige Zeit zu Hause weiter zu nehmen. Auch in den anderen Fällen bewährte sich das Amylenhydrat als gutes Schlafmittel, wurde aber nach kürzerem, oder längerem Gebrauch, theils des Geschmacks, theils des Preises halber wieder mit Chloralhydrat vertauscht. —

Zweifellos wird ja letzteres Mittel seinen wohlverdienten hohen Rang unter unsern Schlafmitteln stets behaupten, allein auch vom Amylenhydrat darf man sagen, dass es ein sicheres, und, abgesehen vom Geschmack, angenehmes Schlafmittel, und dabei gleichzeitig für Brustkranke (Hustende) ein gutes Beruhigungsmittel ist, welches in geeigneten Fällen die von uns so hoch geschätzte Wirkung der Combination von Morphium und Chloralhydrat, in der beschriebenen Weise angewandt, ersetzt. Da das Amylenhydrat sich schwer mit Wasser mischt, ist die Verordnung in Mixturen unzweckmässig und kann zu Intoxikationen Anlass geben. (Dietz, Deutsche medizin. Zeitung 1888 No. 18 u. Therap. Monatsh. II. S. 197).

Im Luisenhospital pflegen wir an einem Maassgläschen die Höhe von 3,0 Amylenhydrat mittelst eines aufgeklebten Papierstreifchens zu bezeichnen und verabreichen den Kranken die so abgemessene Einzeldosis mit 2 Esslöffel Rotwein und Zucker; in der Privatpraxis habe ich es, nachdem ich die Verordnung in Mixturen für unzweckmässig erkannt, ebenso gemacht, oder lasse jede Dosis in der Apotheke in einem besonderen Fläschchen dispensiren. Über die Verabreichung in Gelatinekapseln habe ich keine Erfahrung. — (Da, wie ich selbst erfuhr, schlechtes, von dem echten sehr verschiedenes Amylenhydrat im Handel vorkommt, so ist auf die Reinheit des Präparates zu achten und am besten Kahlbaum'sches zu beziehen). Auch das Chloralhydrat gebe ich gerne, besonders älteren Leuten in Wein; sehr viele Patienten nehmen das Mittel am besten mit Succus liquiritiae; ich empfehle folgende, dem hiesigen Collegen Dr. Schweizer entlehnte Formel:

Chlorali hydrati
Succi liquiritiae ana 15
Aquae destill. 150
Abends 1 Esslöffel (= 1,5 Chloral).

Aus der Königlichen Universitätspoliklinik für Hals- und Nasenkranke.

Die Behandlung der Kehlkopftuberkulose.

Von
Dr. Albert Rosenberg,
Assistenzarzt an der Poliklinik.

Die zielbewusste Behandlung der Kehlkopftuberkulose ist noch jungen Datums. Wenngleich Namen von gutem Klang schon vor mehr als einem Decennium für die Heilbarkeit tuberkulöser Larynxgeschwüre eintraten, so konnten sie doch keine Erfolge mittheilen, die den überlieferten Skepticismus der Schule zu verdrängen geeignet waren. Auch die hier und da berichteten Spontanheilungen waren nicht im Stande, den Glauben an die Unheilbarkeit der Larynxphthise zu erschüttern. Erst die letzten Jahre haben eine Reihe von Arbeiten geliefert, die an Stelle des früheren nihilistischen Standpunkts den Aerzten die Pflicht der localen Behandlung der Larynxphthise aufgedrungen haben.

Die Beobachtung von Spontanheilungen häuften sich in letzter Zeit mehr und mehr, und ich möchte bei dieser Gelegenheit selbst einen hierhergehörigen Fall erwähnen, der der Praxis meines sehr verehrten Chefs, des Herrn Professor B. Fränkel entstammt und allgemeines Interesse beanspruchen kann. Es handelt sich um einen Oberlehrer Dr. S., 36 Jahre alt, in dessen Familie bereits mehrere Fälle von Lungenschwindsucht zum Tode geführt haben, und der, bis zum Jahre 1882 vollständig gesund, im Mai dieses Jahres zu husten begann; um dieselbe Zeit etwa stellte sich Heiserkeit ein, wegen der er kurze Zeit mit Höllenstein gepinselt wurde. Diese steigerte sich nichtsdestoweniger innerhalb einiger Wochen bis zur Aphonie. Er ging nach Ems, von da nach Lippspringe, wo er Carbol- und Borsäureinhalationen machte. Am 30. Nov. beobachtete B. Fränkel rechts oben vorn Dämpfung und unbestimmtes Athmen, sowie tuberkulöse Infiltration und Ulceration der Taschenbänder besonders links und in der Gegend des linken Aryknorpels. Es fanden sich Bacillen im Sputum. Patient ging nach Arco und blieb dort bis März 1883. Am 22. März 83 constatirte B. Fränkel beginnende Vernarbung der Geschwüre des Kehlkopfes, über der Lunge aber rechts oben Rasseln. Den Sommer dieses Jahres verbringt er wieder in Lippspringe, ebenso wie in den beiden nächstfolgenden Jahren. Während dieser ganzen Zeit wurde keine Localbehandlung vorgenommen.

Jetzt ist die Stimme noch etwas rauh, heiser und schwach, aber noch in weiterer Entfernung vernehmbar; P. unterrichtet seit 1883 und zwar ist er allmählich von 18 auf 24 Unterrichtsstunden wöchentlich gestiegen. Der laryngoskopische Befund nun ist ein höchst interessanter. Zwischen den Taschenbändern, deren mediane Ränder als solche noch deutlich erkennbar sind, spannt sich eine Membran aus, die sich von der vorderen Commissur bis über $^3/_4$ der Länge derselben nach hinten erstreckt. Sie inserirt sich an der unteren Fläche der Taschenbänder, sodass die Sinus Morgagni nicht zu sehen sind. Sie hat nach hinten einen scharfen Rand und lässt eine rundliche, für einen Schreibfederhalter durchgängige Oeffnung für die Respiration frei. Durch diese Oeffnung hindurch sieht man bei der Phonation die Aryknorpel sich gegeneinanderlegen. Es handelt sich hier also um einen Fall von Spontanheilung tuberkulöser Geschwüre und zwar mit einem — so viel ich weiss — bisher noch nicht beschriebenen Ausgang, nämlich einer membranartigen Verwachsung der beiderseitig erkrankten Partien. Zu bemerken ist noch, dass Patient nie syphilitisch war und sich keine Zeichen von Syphilis bei ihm, wohl aber auch jetzt noch Bacillen im sputo finden.

Beobachtungen von Spontanheilungen macht nun jeder laryngologisch beschäftigte Arzt. Diese erklären es, dass gelegentlich auch ein Erfolg beobachtet wird, gleichgiltig, welches Mittel man auch immer anwenden mag. Eine Behandlungsmethode verdient aber nur dann Anerkennung, wenn sie in einer verhältnissmässig grossen Anzahl nicht zu weit vorgeschrittener Fälle von Phthise Erfolge aufzuweisen hat; die Statistik muss vor der Hand noch der Prüfstein sein.

Auch braucht oder richtiger darf man sich nicht auf ein Mittel beschränken, vielmehr muss man hier wie überall individualisiren respective verschiedene Methoden combiniren.

Diese selbst sind nun chirurgischer und medicamentöser Natur.

Die Priorität für die Einführung der ersteren darf Moritz Schmidt für sich in Anspruch nehmen. Wenngleich schon Liefranc 1823 Scarificationen bei Oedem des Larynx empfohlen hatte — er sagt, er habe 5 von 6 Fällen auf diese Weise ohne Tracheotomie geheilt —, und wenn auch wohl in neuerer Zeit eine Anzahl Laryngologen dieselben bei Larynxphthise vorgenommen haben mögen, ohne es zu veröffentlichen, so ist es doch Schmidt gewesen, der sie zur therapeutischen Methode erhob und verhältnissmässig günstige Resultate durch Incisionen in die Dysphagie bedingenden geschwollenen Partien des tuberkulösen Kehlkopfs bekannt machte. Er erwähnt übrigens selbst, dass schon vor ihm Dr. Marcel in Cannes die Scarificationen empfohlen habe. Er combinirte diese Incisionen schon mit einer auf dem Princip der Desinfection beruhenden medicamentösen Behandlung.

Hierher gehört ferner die Besprechung der Tracheotomie bei Larynxphthise. Ende des vorigen Jahrhunderts hatte Désault wegen der bei „Phthisis des Larynx" auftretenden Athemnoth eine biegsame Röhre durch die Nase und den Schlund in den Kehlkopf eingeführt, um so die Athmung zu erleichtern resp. zu ermöglichen, eine Methode, die übrigens auch früher schon angegeben worden war. 1837 machten Belloc und Trousseau bei fünf Patienten mit „phthisie laryngée" wegen gleichzeitig bestehender Athemnoth die Tracheotomie. Zwar unterscheiden diese Autoren noch eine phthisie laryngée simple, syphilitique, cancereuse, tuberculeuse — der damalige Begriff der Larynxphthise deckt sich nicht mit unserm heutigen; aber aus den beigefügten Krankengeschichten ergiebt sich mit grosser Wahrscheinlichkeit, dass eine echte Phthise anzunehmen ist. Moritz Schmidt hat nun die Indicationen für diese Operation bei Kehlkopftuberkulose genauer präcisirt und vermehrt, indem ihn dabei auch andere Gesichtspunkte leiteten. Ausser bei Stenose hält er die Tracheotomie angezeigt bei schwerer Larynxerkrankung gegenüber relativ leichter Lungenerkrankung, ferner bei rasch fortschreitenden Larynxprocessen und gleichzeitig vorhandenem Schluckweh. Er sieht den Vortheil der Operation nicht nur in der reichlicheren Sauerstoffzufuhr zu den Lungen, sondern auch in der Abhaltung des gewaltsam durchgezogenen Luftstroms, sowie der thermischen und mechanischen Reize von dem Kehlkopfe. Manche Autoren stimmen ihm bei, andere erkennen diese Indicationen nicht als gerechtfertigt an, während manche die Operation als nicht ungefährlich verwerfen.

Das dritte Verfahren, das hier erwähnt zu werden verdient, ist das von Heryng angegebene Curettement, eine Operationsmethode, die nicht bloss wegen ihrer einleuchtenden theoretischen Begründung, sondern auch wegen ihrer praktischen Erfolge weitere Verbreitung verdient. Heryng glaubt nämlich, das Recidiviren von benarbten tuberkulösen Ulcerationen auf eine unvollständige Beseitigung tiefer tuberkulöser Infiltrate und Depots im submucösen Gewebe zurückführen zu müssen, eine Anschauung, die gewiss in einer grossen Anzahl von Fällen thatsächlich begründet ist. Die scharfe Curette wird unter Cocainanaesthesie in den Kehlkopf eingeführt, in das erkrankte Gewebe eingedrückt, und die entartete Partie durch eine kräftige Bewegung nach oben herausgeholt. So meint Heryng, das tuberkulöse Geschwür — indem er „das tuberkulöse Infiltrat in der Initialperiode beschränkt, seine Verbreitung wie auch seinen Zerfall verhindert, bei frisch entstandener Destruction dieselbe localisirt und die Ulcerationen reinigt" — in ein gutartiges umzuwandeln.

Die Contraindicationen seien von dem Allgemeinzustand, dem Charakter, den Lebensverhältnissen des Patienten u. a. abhängig.

Mir hat die Curette besonders bei Ulcerationen mit infiltrirtem Grunde oder den an der hinteren Larynxwand befindlichen phthisischen Tumoren recht gute Dienste geleistet, und würde ich sie in solchen Fällen ungern entbehren; man braucht, wenn man sie in etwas beschränktem Maasse anwendet, nicht die hier und da ausgesprochene Scheu vor der Verwundung zu haben. Wir haben davon nie Nachtheile gesehen.

Die medicamentöse locale Behandlung der Larynxphthise beginnt eigentlich erst mit der vor etwa zehn Jahren von französischer Seite (Cadier) empfohlenen Anwendung des Kreosotglycerin, den auch Schmidt in seiner Arbeit lobend erwähnt. Die Erfolge sind nach den vorliegenden Berichten nicht gerade ungünstige, allein man kann doch nicht von einer aussichtsvollen Anwendung dieses Mittels sprechen.

Eine grosse Rolle spielte dann eine Zeitlang das Jodoform, von dem auch jetzt noch Schnitzler und Massei reichlich Gebrauch machen. Wie mir scheint, ist der anfängliche Enthusiasmus besonders nach den Arbeiten Balmer's, Schäffer's und B. Fränkel's geschwunden, welch letzterer „als eine Heilung tuberkulöser Geschwüre bei der Jodoformbehandlung sah, wenngleich ein gewisser günstiger Einfluss nicht zu verkennen war".

Es kann nicht meine Aufgabe sein, alle bei Larynxphthise angewandten Medicamente auch nur zu erwähnen; sie sind zum grössten Theil nur von ephemerer Bedeutung.

Dagegen ist von Wichtigkeit die Milchsäure. Sie wurde von H. Krause in die Therapie der Kehlkopftuberkulose eingeführt, und zwar machte er seine erste diesbezügliche Mittheilung im Jahre 1885. Seine Applicationsmethode besteht in einem energischen Einreiben derselben in allmählich steigender Concentration bis zu 80%; er erzielte damit in vielen Fällen Heilung, indem er mit Mosetig-Moorhof, auf dessen Versuche bei fungöser Caries gestützt er die seinigen aufnahm, an die Eigenthümlichkeit der Milchsäure glaubt, dass sie nur das pathogene Gewebe zerstört, das gesunde dagegen intact lässt, eine Annahme, die inzwischen, wie zu erwarten war, ihre Widerlegung gefunden hat. Damit soll nun keineswegs etwas gegen die Wirksamkeit dieses Mittels bei Larynxphthise gesagt sein, im Gegentheil wird jeder, der vorschriftsmässig und mit genügender Technik die Application vornimmt, Erfolge erzielen, und es sind ja solche von verschiedensten Seiten und von Männern besten Namens erwähnt worden. Auf der Naturforscherversammlung 1886 war der Eindruck, den man bei der diesbezüglichen Debatte von diesem Mittel gewann, ein durchaus günstiger. Ich selbst hatte übrigens auch schon an anderer Stelle gleichfalls von Erfolgen gesprochen, die übrigens verhältnissmässig schnell eintreten. Allein die Milchsäurebehandlung hat einen Nachtheil; sie ist schmerzhaft, oft sehr schmerzhaft, und auch das Cocaïn ist nicht im Stande, diesem Uebelstande abzuhelfen. Die Application selbst ist unter Cocainanästhesie natürlich schmerzlos; aber nach dem Aufhören der anästhesirenden Wirkung tritt der Schmerz ein, der, wie Krause selbst angiebt, bis zu 6 Stunden andauern kann, eine Unannehmlichkeit, die bei der Wirksamkeit des Mittels gewiss nicht entscheidend in's Gewicht fällt, die aber doch bei den meist geschwächten Patienten nicht einfach ignorirt zu werden verdient. Ausserdem beobachtet man auch zuweilen eine störende reactive Entzündung. Gleichwohl erfreut sich die Milchsäure, wie gesagt, einer ausgedehnten gerechtfertigten Anwendung. Nicht gerade viele Stimmen haben sich gegen sie erhoben. Freilich macht man diesen Gegnern den Vorwurf, sie hätten die Application nicht genau nach Vorschrift vorgenommen, ein Vorwurf, den ich auf seine Berechtigung zu prüfen weder im Stande bin, noch mich befugt fühlen kann. Andererseits ist es ein nothwendiges, um nicht zu sagen, selbstverständliches Desiderat, dass man, ehe man sein Urtheil über die Behandlungsmethode eines Anderen abgiebt, dieselben genau nach den Angaben des Autors und längere Zeit hindurch ausgeübt hat.

Eine weit geringere Rolle unter den jetzt allgemeiner angewandten Mitteln spielt das von Lublinski empfohlene Jodol, ein Analogon der früheren Jodoformtherapie; es hat nur vor dem Jodoform den Vorzug der Geruchlosigkeit. Uebrigens hat schon Schnitzler vor Lublinski das Jodol für die Behandlung der Larynxphthise empfohlen. Es liegen von einigen Autoren günstige Berichte darüber vor, andere erzielten keine Heilung damit; übrigens sind ja auch Lublinski's Resultate nicht besonders ermuthigend, zumal er ja wieder zum Kreosotglycerin Cadier's — das ich vorhin erwähnte — zurückgekommen zu sein scheint.

(Fortsetzung folgt.)

Günstige Wirkung des Salols bei Blasenkatarrh im Verlaufe von Detrusorenlähmung.

Von

Dr. B. Arnold, Stuttgart.

Dr. Leopold Casper hat in seiner Abhandlung „über den gegenwärtigen Stand der Cystitis-Therapie im I. Jahrgang (1887) S. 59 dieser Zeitschrift die Anwendung des Salols beim chronischen Blasenkatarrh mit der Bemerkung empfohlen, dass zwar nur wenige aber doch sichere Erfahrungen über die Wirksamkeit dieses Arzneistoffes vorliegen. — Professor Dr. Demme in Bern zeigte das Mittel zweimal gute Wirkung. (Therap. Monatsh. II. Jahrg. Heft 2 S. 80.)

Einen entschieden günstigen Erfolg beobachtete ich bei einem 80jährigen, noch sehr rüstigen Greis, von kleiner Statur und lebhaftem Temperament. Derselbe, mit Hypospadie ersten Grades behaftet, musste vom 7. Jan. d. J. an wegen nahezu bis zum Nabel gefüllter Blase in Folge von Detrusorenlähmung 2mal täglich mit Nelaton 15 katheterisirt werden. Der Morgens und Abends in der Menge von beiläufig 1—1½ Liter pro Tag entleerte Harn war bis zum 20. Januar klar, hellgelb, von schwach saurer Reaction und 1009 spez. Gewichts, frei von Zucker und Eiweiss. Patient lernte in kurzer Zeit den Katheter selbst einführen. Es ging alles gut bis zum 19. und 20. Jan., an diesen beiden Tagen machte die Anwendung des Katheters Schwierigkeiten, es zeigte sich jedesmal etwas Blut, so dass der Kranke nicht mehr wagte, den Katheter 15 einzuführen. Katheter 12 und später 13 aber glitten leicht in die Blase. Trotz möglichst sorgfältiger Desinfection der Katheter hat sich am 21. Jan. eine acute Cystitis eingestellt. Wahrscheinlich wurden doch inficirte Blutgerinnsel in die Blase transportirt. Der Harn hatte sehr starken ammoniakalischen Geruch, reagirte entschieden alkalisch, war schmutzig trüb und machte ein starkes zähschleimiges blutfettiges Sediment; der Kranke fieberte und klagte über Empfindlichkeit der Blase auf Druck, über Harndrang u. s. w. bis zum 24. Jan. An diesem Tage war die Temperatur wieder eine normale und Schmerzen in der Blasengegend nahezu verschwunden. Die abnorme Beschaffenheit des Harns aber blieb trotz Bettruhe, Milchdiät, Fachinger Wasser, Cataplasmen und warmer Bäder bis zum 8. Februar dieselbe. Von da an erhielt der Kranke anfänglich 2mal täglich 1 g Salol. Da es vom Magen sehr gut ertragen wurde, steigerte ich die Dosis auf 3 g *pro die*. Um die Wirkung des Mittels genau controliren zu können, wurde der Urin in 3 Gläser für die Untersuchung am Vormittag gesammelt und zwar der am Abend und Morgen durch den Katheter entleerte und der ohne Katheter gelassene in je einem Glase. Schon beim Gebrauch von 2 g Salol *pro die* hat sich der Urin langsam aufgehellt, der Abend-Urin reagirte noch schwach alkalisch und roch noch ziemlich ammoniakalisch, während der Morgen-Urin schon schwach sauer reagirte, bei 3 g Salol täglich zeigte der Urin alsbald eine ins schwarzgrün stechende Farbe, hellte sich auffallend rasch auf; das vor dem Salolgebrauch noch schmutzig gefärbte zähschleimige Sediment wurde reiner, nahm stetig an Menge ab. Am 17. Februar war der Harn vollständig klar bis zum letzten aus dem Katheter fliessenden Tropfen; sämmtliche 3 Gläser ergaben saure Reaction. Freudig theilte mir der Kranke mit, dass er an diesem Tage einmal soviel Urin ohne Katheter gelassen habe wie seit Jahren nicht mehr. Am 18. Februar wurde das Salol versuchsweise ausgesetzt, aber schon am folgenden Tag war der Urin wieder trüb und setzte schleimig ab, insbesondere zeigte der aus dem Katheter abfliessende Rest eine milchige Trübung. Bis zum 28. Febr. wurden wieder täglich 3 g Salol gegeben; sogleich nach den ersten Gaben verschwand die Trübung. Ein wiederholtes versuchsweises Aussetzen mit dem Mittel am 29. Februar ergab am 1. März dasselbe Resultat wie am 19. Februar: Trübung und schleimiges Sediment, nur in etwas geringerem Grade. Bis Mitte März, um welche Zeit der Kranke das Bett verlassen konnte, verbrauchte er täglich 3 g, von da an nur 2 g Salol bis zum 3. April, an diesem Tage wurde die Dose auf 1 g *pro die* reducirt, aber schon nach einigen Tagen trübte sich der bis dahin ganz klare Urin wieder etwas und setzte ein leichtschleimiges Sediment ab. Nebenbei musste Patient auch wieder am Tage etwas häufiger statt 2 Mal 3—4 Mal uriniren. Aus diesem Grunde liess ich ihn wieder täglich 2 g nehmen, worauf sich alsbald Trübung und Sediment verloren. Bis heute den 24. April hat der Kranke 149 g Salol erhalten, sein Allgemeinbefinden ist ganz vorzüglich und der Urin von normaler Beschaffenheit.

Die Wirksamkeit dieses Arzneistoffes ist im vorliegenden Falle besonders durch das versuchsweise Aussetzen desselben entschieden sichergestellt. Es genügte die kleine Gabe von 3 g für den Tag, um die ammoniakalischen Gährungsvorgänge in der Blase zu verhindern und den Urin anhaltend klar und sauer zu erhalten. Es war nicht nöthig zu den grösseren Tagesgaben von 6—10 g zu steigen, wie sie Casper l. c. empfiehlt. Unerwähnt darf ich nicht lassen, dass Salol vom Kranken sehr gut ertragen wurde; die stark nach hinten gegen die Zungenwurzel zu fuliginös belegte Zunge reinigte sich zusehends, der Appetit steigerte sich entschieden während des Salolgebrauchs und ist heute noch ein ganz guter.

Ein Fall von Phenacetinexanthem.

Von

Prof. Ad. Valentin in Bern.

Frau J . . . . , an Anaemie und Schlaflosigkeit mit Anfällen von Kopfschmerz leidend, hatte Brompräparate sowie Antipyrin ohne grossen Erfolg gebraucht. Da in solchen Fällen Phenacetin überraschend günstige Wirkungen zu entfalten pflegt, so bekam sie zunächst abendliche Dosen von 5 dcg. An zwei aufeinander folgenden Abenden fühlte sie während der ersten Hälfte der Nacht starke Hitze im Gesicht, so dass sie schon aus diesem Grunde so gut wie gar nicht schlief. Das Mittel wurde ausgesetzt und acht Tage später Abends in der Dosis von einem Gramm gegeben. Nach etwa zwei Stunden trat das Hitzegefühl in verstärktem Maasse auf, so dass sie ernstliche Zufälle befürchtete und sich von ihrem Manne während der ganzen Nacht Eiscompressen auf den Kopf legen liess. Derselbe bemerkte schon in der Nacht den ganzen Körper mit rothen Flecken übersäet.

Um 6 Uhr Morgens war die Körpertemperatur 38,6. Als ich Nachmittags die Patientin sah, hatte sie nur noch 37,9. Die Flecken waren an Armen und Beinen sehr dicht, am Körper spärlicher gesäet; die meisten waren nicht über linsengross, zum Theil spitz erhaben; das erhabene Centrum war bedeutend dunkler, als der Rand. Einzelne waren auch ganz flach, alle blassten unter dem Fingerdruck ab. Der Kopfschmerz war noch vorhanden und ebenso das sehr belästigende Hitzegefühl in Gesicht und Stirn, doch weniger ausgesprochen, als in der Nacht. Am Körper war weder Schmerz noch Jucken wahrzunehmen. — Der Urin war dunkel, aber frei von Blutfarbstoff. — Das Exanthem verschwand am folgenden Tage völlig, doch blieb noch Appetitlosigkeit und Müdigkeitsgefühl zurück.

Es ist anzunehmen, dass Phenacetin so gut, wie Salicylpräparate, Chinin und andere Antipyretica eine purpuraartige Affection bei besonders dazu veranlagten Individuen schon in Dosen hervorzubringen vermag, welche von anderen Menschen gut vertragen werden. Neben der wohl geringen therapeutischen Bedeutung hat diese Nebenwirkung der Antipyretica ein grosses theoretisches Interesse. Natürlich wird durch diese Einzelwirkung des Phenacetins sein hoher Werth als Antipyreticum und Nervinum keineswegs beeinträchtigt.

Antipyrin gegen Hämorrhoidal-Geschwüre.

Von

Dr. J. Schreiber (Aussee-Meran).

Neudörfer's Publication[1]) über die schmerzstillende und antiseptische Wirkung des Antipyrin hat mich veranlasst, dieses Mittel in einem Falle hartnäckiger Hämorrhoidalgeschwüre zu versuchen. Der überraschende Erfolg, welcher bei dem seit vielen Jahren jeder sonstigen Behandlung trotzenden Leiden erzielt wurde, lässt eine kurze Mittheilung gerechtfertigt erscheinen.

Herr L. v. B., 72 Jahre alt, gut conservirt, litt seit 10 Jahren an hämorrhoidalen Falten, zwischen denen ohne Unterlass wunde, nässende Stellen sich bildeten. Schon vor Jahren wurde von einem hervorragenden Chirurgen eine energische Aetzung mit Arg. nitr. in Substanz vorgenommen. Die Erinnerung an den durch diesen Eingriff erzeugten Schmerz liess die Idee, dieses vortreffliche Mittel wieder anzuwenden, gar nicht aufkommen.

Ich musste mich demnach mit den übrigen gebräuchlichen Medicamenten behelfen, um einerseits die zahlreichen wunden Stellen, welche um den Anus herum und nach innen vom Sphincter ani sassen, zur Vernarbung zu bringen, andererseits um das lästige, besonders des Nachts auftretende Jucken zu mildern.

Alumen, Zincum sulfuricum, Oxydum zinci mit Morphium, Stuhlzäpfchen aus Cocain, Morphium, Belladonna etc. brachten nur vorübergehende Besserung.

Der obengenannte Artikel des Generalstabsarztes, Professors Neudörfer brachte mich auf den Gedanken, das von ihm so warm empfohlene Antipyrin zu erproben. Ich liess dieses Mittel zu feinstem Pulver zerreiben und trug dasselbe auf die wunden Stellen auf. Da die innerhalb des Sphincter ani sitzenden Geschwüre nur dann sichtbar wurden, wenn man mit beiden Händen die Gesässbacken kräftig auseinander hielt, so hätte ich eines Assistenten unumgänglich bedurft; da der Patient jedoch einen solchen ungern zuliess, so half ich mir in der Weise, dass ich einen Pulverbläser, wie er zu Insufflationen in den Larynx benützt wird (unter Hinweglassung des elastischen Kautschukschlauchs), mit dem Antipyrin füllte, denselben zwischen die Lippen nahm und während ich die beiden Hände zum Auseinanderhalten der Backen verwendete, die wunden Stellen bestäubte.

Die Berührung der letzteren mit dem Antipyrin ruft einen mässigen, nur etwa 30 Secunden andauernden Schmerz hervor; das Pulver zerfliesst auf den wunden Stellen, welche deshalb durch 10 Minuten mehr nässen.

Nach dieser Zeit macht sich eine ausgesprochene Verminderung des Schmerzes geltend.

Herr v. B. fühlte sich nachher behaglich und wenn die Anwendung des Antipyrin am Abend vorgenommen wurde, so erfreute sich der Patient einer ruhigen Nacht; das Jucken war auf ein Minimum reducirt.

Ich habe mit der Antipyrin-Behandlung am 22. Jänner begonnen, das Mittel Anfangs täglich, später jeden zweiten Tag anwendend; am 10. Februar (also nach 20 Tagen) waren sämmtliche Wunden vernarbt. Bis zum heutigen Tage (18. März) sind die Narben

[1]) Beiträge zur chirurgischen Therapie — Internationale klinische Rundschau 1888 No. 1.

nicht aufgebrochen, auch haben sich keine neuen Schrunden gebildet.

Der Ausspruch Neudörfer's, dass die schmerzstillende und antiseptische Wirkung des Antipyrin noch wichtiger sei, als seine antipyretische, dass das herrliche Mittel die Synonyma „Anodinin" und „Asepsin" verdiene, findet durch diese Beobachtung seine Bewahrheitung.

Zur Wirkung des Ichthyols bei innerlicher Anwendung.

Von

Dr. Bittersdorf in Schmoelln.

Einen wirklich günstigen Erfolg habe ich durch die Anwendung des Ichthyols in folgendem Krankheitsfalle zu verzeichnen, den ich freudig den Herren Collegen hierdurch mittheilen will. Es ist dies ein Erfolg, der durch kein anderes Arzneimittel bisher geleistet werden konnte.

Ida B. 27 Jahr alt, ledig, von kräftigem Knochenbau, gross und breitschulterig, liess mich am 29. August vor. J. zu sich rufen.

Status praesens. Puls 72, Temperatur 37. Die Haut des Gesichts besonders der Augenlider hydropisch, Lippen auffallend blass. Die Haut des übrigen Körpers ebenfalls ödematös. Mässiger Ascites. Besonders hochgradiges Oedem beider Hände und beider Unterextremitäten. Das Gehen der Patientin ist ein langsames, mühsames Fortschleppen der Beine, das Sitzen ist beschwerlich und wird auf die Dauer dadurch unerträglich schmerzhaft, ja unmöglich, dass die hydropische Geschwulst der Kniegegenden die entsprechende Beugung nicht zulässt. Aus der sitzenden Stellung vermag Patientin sich nicht wieder zu erheben, sie muss sich dazu fremder Hülfe bedienen. Allgemeine hochgradige Kraftlosigkeit der willkürlichen Muskeln. Urin ist klar, wird in 24 Stunden höchstens zweimal und im Verhältniss zu den genommenen Getränken äusserst spärlich gelassen. Er enthält eine bedeutende Menge Albumen.

Die physikalische Untersuchung der Brust ergibt, dass Lungen und Herz normal sind, insbesondere Klappenfehler mit Sicherheit ausgeschlossen sind.

Patientin empfindet Uebligkeit im Magen und das Wenige, was sie isst, wird theilweise erbrochen. Sie hat das Gefühl, als ob der Magen beständig gefüllt sei und fühlt sich hierdurch im Athmen beengt. Auch klagt sie über einen beständigen dumpfen, drückendes Schmerz in beiden Nierengegenden, welcher durch äusseren Druck nicht vermehrt wird.

Patientin leidet nach ihrer und der Eltern Angabe bereits seit 8 Jahren an dieser Krankheit und sei ihr Zustand für Folgen von Chlorose gehalten worden. Ihre Menses blieben seit Beginn der Krankheit aus. Sie sei bisher stets ärztlich behandelt worden, zuletzt in einer Krankenanstalt in Dresden. Jedoch alle ärztliche Hülfe habe sich für die Dauer vergeblich erwiesen und da sie zu jeder Arbeit seit lange unfähig sei, so sei sie im Frühjahr 1887 zu ihren Eltern hierhin zurückgekehrt, besonders da sie fühle, dass sie nunmehr ihrer Krankheit erliegen müsse. Während dieser Zeit und des Sommers habe sie noch das letzte Mittel „die Sympathie" — aber auch vergeblich — versucht.

Diagnose. Chronische Nephritis.

Therapie. Aus den vorgelegten Recepten ging hervor, dass die verschiedensten Mittel bei der Patientin angewandt worden waren. Nachdem ich nun auch mehrere Mittel vergeblich versucht, bestimmten mich am Morgen des 8. September 87 vorzugsweise die gastrischen Beschwerden dazu, Ichthyol innerlich 1 g *pro die* anzuwenden. Am 9. Septbr. wurde ich zur Patientin gerufen und fand sie in einem traurigen Zustande. Sie lag unbeweglich im Bett ausgestreckt und vermochte kaum leise und undeutlich zu sprechen. Puls 80. Urinentleerung hatte nur am Morgen spärlich stattgefunden, dennoch war die Blase nicht gefüllt. Im ersten Augenblick glaubte ich in diesem Zustande die Wirkung des von mir noch niemals versuchten Ichthyols erblicken zu müssen, allein ich konnte mich bald darüber völlig beruhigen; denn wie mir die Eltern und auch später Patientin selber sagten, waren diese Anfälle, die öfters mit völliger Bewusstlosigkeit verbunden waren, schon früher und besonders während der letzten Monate sehr häufig eingetreten. Die Anwendung des Ichthyol setzte ich nun weiter fort und hatte die Freude, zu sehen, dass das Erbrechen und die Uebligkeit allmählich schwanden, der Appetit wiederkehrte, der Stuhlgang sich regelte, die Körperwärme sich mehrte und vor Allem die Diurese bedeutend reichlicher wurde. Seit langer Zeit hatte Patientin auch im Bette des Nachts über Kälte zu klagen, sie hatte sich nicht erwärmen können. Nunmehr fühlte sie wieder Körperwärme. Als einzige Nahrung bestimmte ich Milch. Nach einiger Zeit wandte ich tägliche kalte Waschungen und Abreibungen des ganzen Körpers an, behielt aber den Gebrauch des Ichthyols bei. Das Gehen begann leichter zu werden, die Anschwellungen wurden geringer. Ende November liess ich die kalten Waschungen sistiren, Ichthyol aber wie bisher fortgebrauchen. Im Verlauf des December hatten sich die Anschwellungen Morgens nach der Nachtruhe vollständig verloren, was noch niemals beobachtet worden war. Um so auffallender trat die Magerkeit der Unterextremitäten, die Umrisse der Knochentheile der Kniee, der Unterschenkel und Füsse hervor. Auch am Tage kehrten die Anschwellungen in viel geringerem Grade wieder, als vordem. Diese Besserung hatte gegen Ende December derartige Fortschritte gemacht, die Kraft der Muskeln sich in dem Grade gehoben, dass sich Patientin trotz des Verbots verleiten liess, an einem mehrstündigen Tanzen theilzunehmen, zum Erstaunen aller ihrer anwesenden Bekannten, von denen sie längst aufgegeben war. Glücklicherweise hatte diese Sünde keinerlei Verschlimmerungen zur Folge. Der Appetit war wiedergekehrt, die Verdauung blieb normal. Heute versieht sie wieder als Hausmädchen ihren Dienst. Das Ichthyol gebraucht sie auch jetzt noch ununterbrochen fort. Seit dem Anfalle im September ist kein weiterer Anfall eingetreten noch sonst üble Zufälle während des Ichthyol-Gebrauchs. Die Urinuntersuchung nahm ich im December vor. J. kurz vor ihrer Abreise nach Dresden in ihren Dienst zum letzten Mal vor. Das Albumen war auf ein Drittel der früheren Quantität reducirt. Zwei Drittel derselben waren aus dem Urin verschwunden. Freilich die Menses cessiren noch immer und wahrscheinlich so lange, bis alles Albumen aus dem Harn verschwunden ist. Patientin befindet sich heute leidlich wohl, gebraucht jedoch immer noch das Ichthyol weiter.

Also in diesem veralteten achtjährigen Nierenleiden vermochte das Ichthyol noch relativ schnelle und dauernde Besserung zu schaffen! allerdings bei ganz normal gebliebenen Herz und Lungen, sowie bei einem jugendlichen Mädchen.

Die Beobachtungen des Herrn Professor v. Nussbaum (therapeutische Monatshefte I. 1888) dass „alle die Krankheiten und Leiden, bei welchen das Ichthyol sich nützlich zeigt, mit einer Hyperämie und einer Erweiterung der Capillaren einhergehen", finde ich durch diesen mitgetheilten Fall von Neuem bestätigt. Bei allen Krankheiten, welche mit diesen Anomalieen der Capillaren einhergehen, erweist sich das Ichthyol nützlich. Hier waren es die Anomalieen der Nierencapillaren, deren Hyperämieen und Erweiterungen bei Nephritis chronica unstreitig eine Hauptrolle spielen, bei welchen sich das Ichthyol dauernd nützlich und hülfreich erwies.

Sollte die Mittheilung dieser meiner Beobachtung die Herren Collegen zur Anwendung des Ichthyols in obiger Krankheit veranlassen, so ist der Zweck derselben erreicht.

Nachtrag, betreffend chronische Nephritis der Ida B.

Am 1. Mai d. Js. stellte sich Patientin bei Gelegenheit ihres Besuches ihrer hier wohnenden Eltern mir wiederum vor. Die Besserung ihres Kräftezustandes hatte bei fortdauerndem Gebrauche von dragirten Pillen aus Natrium sulfoichthyolicum 0,5 — 1,0 *pro die* (das Ammoniumsalz war seines eigenthümlichen Geschmackes wegen zum dauernden Gebrauch nicht geeignet, da sich Patientin in der Folge nicht an den Geschmack gewöhnen konnte) — derartige Fortschritte gemacht, dass sie längere Fusstouren unternehmen konnte. Sogar ihre Menses stellten sich im Februar d. Js. wieder ein, nachdem sie 8 Jahre vorher cessirt hatten und weiterhin wiederholten sich dieselben im April d. Js. Sie verliefen ohne Beschwerden. Wie die Urinuntersuchung ergab, hatte die Quantität des Eiweisses in demselben wiederum eine merkliche Abnahme erfahren.

Am 20. Mai reiste Pat. wieder in ihren früheren Dienst nach Dresden zurück und erfreut sich eines vortrefflichen Allgemeinbefindens.

Die wässrigen Anschwellungen sind nicht wieder eingetreten.

Neuere Arzneimittel.

Der gegenwärtige Stand der Jodoformfrage.

Von
Dr. Moritz Freyer, Kreisphysikus zu Stettin.

(Schluss v. S. 291.)

Die Resultate von Heyn und Rovsing bestätigt ferner Tilanus[12]), der nur am künstlichen Nährboden experimentirte, und zwar züchtete er seine Culturen, darunter auch den Staph. pyog. aur., direct auf Jodoform-Gelatine und Jodoform-Agar. Selbst wenn er von den auf diesen jodoformdurchsetzten Nährböden gewachsenen Culturen auf nichtjodoformirte Gelatine überimpfte, so wuchsen dieselben in üblicher Weise weiter. Einen einzigen Thierversuch machte er. Er brachte einen mit Staph. durch und durch getränkten Faden von Jodoformseide in die vordere Augenkammer eines Kaninchens, erzielte dabei aber nur eine adhäsive Entzündung, keine Eiterbildung. Denselben Versuch machte aber später ein Anderer (Schnitzer) nach und erzielte nicht nur hiebei Eiterung, sondern auch, wenn er den Faden mit mehr Jodoform als Eiter imprägnirte.

Uebrigens hatte schon vor dem Erscheinen der Arbeit von Heyn und Rovsing die Wirkungslosigkeit des Jodoforms auf den Staph. pyog. aur. Lübbert[13]) constatirt. In einer späteren Publication[14]) theilt er auch seine Versuche an Thieren mit, bei denen er nach Injection von Staph.-Jodoform-Mischungen unter die Haut, in Muskelschnittwunden und in Gelenke stets Eiterung erzielte. Er fand, dass der Staph. nicht einmal im Wachsthum gehindert wurde.

Dem gegenüber stehen wiederum Versuche von Saenger[15]), der auf dem Chirurgencongress über seine zwar nicht mit Staphyl., dessen Wirkung ihm eine zu unbeständige ist, wohl aber mit Milzbrand angestellten Experimente berichtete. In Jodoformgelatine fand er die Milzbrandbacillen wohl wachsen, aber ihre Fähigkeit verlieren, sich weiter fortzüchten zu lassen. Zugleich verändern sie auch ihre Form, indem sich eine protoplasmatische Degeneration einstellt: sie werden kleiner, kürzer und lassen Hülle vom Protoplasma unterscheiden. Nahm er zur Controlle an Stelle des Jodoforms feinen sterilisirten Sand, so blieben Wachsthum und Form der Bacillen ungestört. Ferner fand er, dass die Milzbrandbacillen, mit Jodoform gemischt, vom 1. bis 5. Tage noch wirksam bleiben, dann erst abgeschwächt und schliesslich ganz unwirksam werden. Mit Sublimat gemischt werden sie dagegen sofort unwirksam. Dementsprechend wirkten auch solche Jodoform-Milzbrandbacillen, innerhalb der ersten fünf Tage der Cultur entnommen, bei der Einimpfung auf Mäuse noch tödtlich, wenn auch erst nach 4—5 Tagen, während die Mäuse ja sonst schon innerhalb der ersten 24 Stunden nach Milzbrandimpfung zu sterben pflegen. War die Cultur aber länger als fünf Tage mit dem Jodoform in Berührung gewesen, dann zeigte sie sich bei der Uebertragung auf Mäuse überhaupt unwirksam. Interessant sind noch folgende Versuche. Wurde in eine Hauttasche zuerst Jodoform hineingebracht und eine halbe Stunde später Milzbrand, so kam dieser nicht zur Wirksamkeit und die Mäuse blieben am Leben. Wurde das Jodoform jedoch erst nach der Milzbrandimpfung, selbst schon eine Viertel Stunde nachher, eingebracht, so starben die Mäuse alle. Brachte er den Mäusen eine schwere Jodoform-Intoxication bei und impfte er sie dann irgendwo mit Milzbrand, so kam dies ebenfalls zur Wirkung und die Mäuse starben. Er folgert daraus, dass das Jodoform nicht etwa durch eine allgemeine Einwirkung auf den Körper diesen gegen die Milzbrandinfection immun zu machen im Stande ist, sondern dass es rein local wirkt, und zwar, bevor die Infection mit dem Microorganismus stattfand. Ehe wir also Jodoform auf eine Wunde streuen, müssen wir diese erst streng desinficiren, d. h. durch andere Mittel von ihren pathogenen Microorganismen befreien.

In seiner Erklärung der Wirkungsweise schliesst Saenger eine Jod-Wirkung aus und hält eine Ptomaïn-Wirkung für wahrscheinlich.

Buchner[16]), der die Versuche von Lübbert, Heyn und Rovsing mit Bezug auf Staph. pyog. aur. bestätigt, analoge Resultate auch bei vielen andern Bacterienarten gefunden haben will, war erstaunt,

[12]) Ebenda S. 376.

[13]) A. Lübbert, Biologische Spaltpilzuntersuchungen. Der Staph. pyog. aur. und der Osteomyelitiscoccus. Würzburg 1886.

[14]) Fortschr. d. Med. No. 11, 1887. Ueber das Verhalten von Jodoform zum Staph. pyog. aur.

[15]) Ref. in d. D. med. Wochsch. No. 33, 1887.

[16]) Ther. Mon.-Hefte, Jahrg. I No. 10 S. 406.

plötzlich beim Koch'schen Kommabacillus eine Jodoformwirkung zu beobachten und zwar nicht bloss bei der directen Berührung mit Jodoform, sondern sogar schon bei Einwirkung der Dämpfe desselben. Plattenculturen, die mit Jodoform bestreut wurden, zeigten gar keine Entwickelung weiter; dieselbe blieb aber auch dann aus, wenn das Jodoform nur unter dieselbe Glasglocke gebracht wurde. Mischte er die Cholerabacillen in die Nährgelatine eines Reagensgläschens ein, liess die Gelatine schnell erstarren und wurde dann ein kleines Gläschen mit Jodoform vermittelst eines Drahtes in das Reagensglas hineingehängt, so blieb jedesmal die oberste Zone der Gelatine 4—10 cm weit frei von Colonien, während sich in der übrigen Gelatine die Colonien regelrecht und an der untern Grenze derselben Zone am stärksten entwickelten. Der Einfluss der Jodoformdämpfe auf die Gelatine ist hier somit ein unverkennbarer. Und weiter: werden nach 2—8 Tagen die Jodoformgläschen aus den Reagensgläsern entfernt, so entwickeln sich nachträglich auch in der obern klaren Zone noch Culturen. Die Bacillen waren also nicht abgetödtet, sondern in ihrer Entwickelung nur niedergehalten worden. Gleiche Versuche mit Carbolsäure blieben ohne Erfolg, die Carboldämpfe vermögen also nicht in die Gelatine einzudringen, desgleichen nicht die Benzoldämpfe, während die Dämpfe anderer Substanzen, wie des Toluol, Xylol, Chloroform, Allylsenföl, Schwefelkohlenstoff und besonders des Ammoniaks ziemlich intensiv in die Gelatine eindringen. Dass es sich bei den Jodoformdämpfen nicht etwa um freiwerdendes Jod handelt, geht aus Controllversuchen mit reinem Jod hervor, dessen Dämpfe gar keinen Einfluss auf den Cholerabacillus ausüben. Die Wirkung fällt also dem Jodoform als solchem zu.

In seiner Erklärung dieser Wirkung stützt Buchner sich auf Versuche von Baumgarten und Marchand, die zeigten, dass das Jodoform die histologischen Processe der entzündlichen Granulationsbildung wesentlich modificirt, ferner auf die Bruns'schen Mittheilungen über die Einwirkung des Jodoforms auf die tuberculösen Abscessmembranen. In beiden Erscheinungen sieht er eine Tiefenwirkung der Jodoformdämpfe und in dieser wiederum die vorzügliche Wirkung des Jodoforms auf frische Wunden, sofern es die Gewebe gegen die Infection widerstandsfähiger macht. Als ein Antisepticum im gewöhnlichen Sinne vermag er es ebenfalls nicht anzusehen, indem er selber seine Einwirkung auf den Cholera- sowie auf den Finkler-Prior'schen Bacillus für eine Ausnahme erklärt. (Auf das Deneke'sche Käsespirillum wirkt es z. B. nicht mehr ein.) Es ist vielmehr ein indirectes Antisepticum, sofern es die Gewebe und durch diese erst die Microorganismen beeinflusst.

Kronacher[17]) prüfte das Verhalten des Jodoforms nur an drei bestimmten pathogenen Bacterienarten: an Streptoc. erysipelatis, an Milzbrand und an Rotz. Er untersuchte theils an künstlichen Nährmedien, theils am Thierkörper und stellte seine Versuche im Allgemeinen in analoger Weise wie die vorher genannten Forscher an. Aus diesen Versuchen will ich nur hervorheben, dass er bei Thieren in die Wunde entweder mit Jodoform gemischte Culturen hineinbrachte, oder die Wunde erst mit Jodoform einrieb, die Cultur heraufbrachte und dann wieder Jodoform aufstreute. Er kam schliesslich zu dem Resultat, dass Erysipel und Milzbrand weder ausserhalb des Thierkörpers, noch in demselben in irgend einer Weise vom Jodoform beeinflusst werden. Nur der Rotz wird ausserhalb des Thierkörpers in seiner Entwickelung gehemmt, im Thierkörper jedoch jedenfalls nicht wesentlich beeinflusst. Eine antibacterielle Wirkung kann er darum dem Jodoform nicht beimessen; seine Wirkung dürfte nach ihm nur in der Beeinflussung der Gewebe zu suchen sein.

Als letzten der Jodoformforscher führe ich Schnirer[18]) an, der sich vorsetzte, das Jodoform daraufhin zu prüfen, ob es, in derselben Weise wie in der Chirurgie angewandt, im Stande sei, die Wirkung der hiebei in Betracht kommenden, in die Wunde etwa gelangten Organismen zu verhüten. Er operirte daher mit Staph. pyog. aur. und alb., mit Strept. pyog., mit Erysipel und Milzbrand. Bei den Versuchen ausserhalb des Thierkörpers benutzte er theils Jodoformpulver, theils Jodoformöl, und fand, dass ersteres gar keinen Einfluss ausübte, letzteres dagegen vermöge des im Oel bei Lichteinwirkung freigewordenen Jods die Entwickelung der Organismen aufzuheben allerdings im Stande war. Bei den Thierversuchen benutzte er nur Jodoformpulver. Er brachte die Jodoformculturenmischung in eine Hauttasche des Thieres und sah stets die Culturen sich weiter entwickeln. Dann modificirte er die Versuche dahin, dass er auf die Wunde erst die Bacillen (Milzbrand z. B.) brachte, die Wunde dann abspülte,

17) Ebenda S. 406.
18) Ther. Mon.-Hefte, Jahrg. I No. 11 S. 456.

wie es in der Chirurgie zu geschehen pflegt, nunmehr Jodoformpulver aufstreute und mit Jodoformgaze verband. Auch so behandelte Thiere gingen meistens an Milzbrand zu Grunde oder bekamen Eiterungen, wenn Staphylococcus angewandt worden war, und er kommt daher zu dem Schluss, dass das Jodoform, in derselben Weise wie in der Chirurgie angewandt, nicht im Stande ist, die Entwickelung von Infectionskeimen zu verhüten, mithin kein Antisepticum ist.

Fragen wir nun, was alle diese Ihnen vorgeführten, mit dem Jodoform angestellten Experimente ergeben haben, so müssen wir als Thatsache anerkennen, dass, wie man die Experimente auch anstellen mochte, am künstlichen Nährboden oder am Thierkörper, eine antibacterielle Wirkung des Jodoforms mit Bezug auf die verschiedenen pathogenen Microorganismen im Allgemeinen nicht zu constatiren war. Eine Ausnahme scheinen nur die Versuche von drei Forschern: von Sattler, de Ruyter und Saenger zu machen. Allein einer strengeren Kritik dürften vielleicht auch ihre Resultate nicht Stich halten, wenigstens werden dieselben sich nicht ohne Weiteres verallgemeinern lassen, sondern zunächst nur für diejenigen Microorganismen Geltung behalten, an denen sie erprobt worden. Zudem erweisen sich ihre Versuche auch im Besondern nicht durchweg vorwurfsfrei. Z. B. wird man sich nicht wundern dürfen, dass Seidenfäden, wie sie Sattler zum Versuch benutzte, an denen also noch ein feiner Ueberzug von Jodoform anhaftete, nur eine beschränkte Entwickelung der Bacterien zeigten, da sie durch den Jodoformmantel doch zum grössten Theil von einer innigen Berührung mit dem Nährboden ausgeschlossen waren. Denn, spülte man, wie es Schnirer that, das Jodoform mit sterilem Wasser ab, so kamen auch die Bacterien ungestört zur Entwickelung. de Ruyter hat zwar gezeigt, dass Jodoformlösungen antiseptische Wirkung besitzen; daraus folgt aber noch nicht, dass diese Wirkung auch dem Jodoformpulver auf der Wunde zukomme, zumal das in der Lösung freigewordene Jod nach Lübbert's Versuchen durch Zuthun von Eiweiss sofort unter Bildung von Jodalbuminat gebunden wird. Wäre es daher nicht denkbar, dass in der Wunde etwa freigewordenes Jod ebenfalls durch das Eiweiss des Thierkörpers gebunden wird? Saenger's Versuche endlich, die nach einer späteren Publication dieses Autors[17]) auch nicht einmal ein Wachsthum der Bacillen in der Jodoformgelatine anzunehmen gestatten, indem gefunden wurde, dass die in Jodoformgelatine hineingeimpften Milzbrandbacillen den Nährboden zwar verflüssigen, dass sich aber in dieser Verflüssigung nur sehr wenig Bacillen fanden, die, auf neue Gelatine übertragen, sich nicht mehr weiter fortpflanzten, stehen mit analogen Versuchen Anderer in directem Widerspruch, und ich kann diesen Widerspruch aus eigener Erfahrung — und wie Sie sich an den vorliegenden Proben selbst überzeugen können — nur bestätigen. Dass aber eine Milzbrandimpfung am Thier sich unwirksam zeigte, nachdem vorher Jodoform an die Impfstelle gebracht worden, kann seine Erklärung auch in dem aufgehobenen Contact zwischen Bacterien und Gewebe finden.

In jedem Falle müssen schon die einzelnen positiv ausgefallenen Experimente, nach welchen sich pathogene Bacterien nach ihrer innigen Mischung mit Jodoform, sei es auf dem künstlichen Nährboden, sei es beim Thierversuch, noch wirksam und entwickelungsfähig zeigten, uns belehren, dass das Jodoform, wenn es auch auf einzelne Bacterien, wie z. B. auf den Cholerabacillus, eine Wirkung auszuüben im Stande ist, und wenn es auch, wie ich ebenfalls gefunden, eine Verlangsamung des Wachsthums bewirkt, als ein Antisepticum oder Antibactericum im Sinne der Desinfectionsmittel nicht anzusehen ist. Dies muss zunächst auch noch auf die Tuberkelbacillen bezogen werden, trotz der Bruns'schen Versuche und Beobachtungen an der tuberculösen Abscessmembran.

Uebrigens wird, wie ich Eingangs schon bemerkt, eine ausgesprochene antibacterielle Wirkung des Jodoforms auch von den Chirurgen schon lange nicht mehr angenommen. Man hatte nur Anfangs die wunderbaren, rein empirisch gefundenen Eigenschaften des Jodoforms, weil sie den antiseptischen Eigenschaften der übrigen Wundmittel gleichzukommen schienen, ohne weitere Kritik als eminent antiseptische bezeichnet, liess diese Anschauung aber, wie gesagt, nach weiteren Erfahrungen bald fallen. Man bewies dies alsbald durch die Art des Operirens, indem man in erster Linie streng aseptisch zu operiren sich bemühte und dann erst das Jodoform hinzuthat, und es dürfte wohl keinen Chirurgen gegeben haben, der geglaubt hätte, er würde einen aseptischen Wundverlauf erreichen, wenn er nur Jodoform in Anwendung bringen mochte, nachdem er bei der Operation selbst die antiseptischen Cautelen ausser Acht ge-

[17]) Ueber die Einwirkung des Jodoforms auf das Wachsthum und die Virulenz der Milzbrandbacillen. Deutsch. med. Woch. No. 33 u. 34, 1887.

lassen hätte. Dies trifft sicherlich auch für diejenigen Operationen zu, in denen ausschliesslich Jodoform zum Verbande in Anwendung zu kommen pflegt. Auch hier wird man den aseptischen Verlauf in erster Linie und vielleicht ausschliesslich dem aseptischen Operiren zuzuschreiben haben, mit dem man, wie die Operationen von Lawson Tait und Bantock beweisen, auch ohne Jodoform und selbst ohne sonstige Desinficientien so Grosses erreichen kann. Wie wenig schliesslich dem Jodoform in antiseptischer Beziehung von den Chirurgen selbst getraut wird, illustrirt am schlagendsten die Thatsache, dass einer der wärmsten Anhänger des Jodoforms, Mikulicz, die Jodoformgaze, die er direct auf die Wunde bringt, vorher noch in Carbolwasser abzuspülen pflegt.

Die theoretischen Erörterungen über die Art der Wirkung des Jodoforms dürften noch nicht als abgeschlossen angesehen werden. Ob das Wirksame bei dem Jodoform das abgespaltene Jod ist oder eine andere chemische Verbindung, die sich bei der Berührung des Jodoforms mit dem lebenden Gewebe bildet, ist weder durch die bisherigen Beobachtungen an der Wunde, noch durch die angestellten Experimente erwiesen (siehe unten Anmerkung). Wie dem auch sei, sicher bleibt nur die Thatsache, dass das Jodoform, auf aseptische Wunden angewandt, die vorzügliche Eigenschaft der Schmerzlinderung und vor Allem der Secretionshemmung besitzt. Mag dieses Freibleiben der Wunde von Secret auch noch auf anderem Wege, z. B. durch ein gut hygroskopisches Verbandmaterial erreicht werden können, werthvoller wird es dem Chirurgen immerhin sein, in dem Jodoform ein Mittel zu besitzen, welches zu verhindern vermag, dass sich in der Wunde überhaupt erst Secret bildet, dass etwa zurückgebliebenen oder später hineingelangenden Microorganismen also ein Nährboden geschaffen wird. Es wird demnach kein Chirurg, der bisher mit Jodoform gearbeitet hat, dasselbe missen mögen, und wir werden es mit Buchner als ein Glück ansehen, dass das Jodoform zur Anwendung gelangt ist, ehe man seine antibacterielle Wirkungslosigkeit auf experimentellem Wege festgestellt.

Anmerk. Selbst Neisser, der neuerdings (Zur Kenntniss der antibacteriellen Wirkung des Jodoforms. Virchow's Archiv, Band 110, Heft 2 und 3) sich am eingehendsten mit der Ergründung der Jodoformeinwirkung experimentell beschäftigt hat und bei einigen Bacterienarten in zweifelloser Weise eine directe Beeinflussung durch das Jodoform dahin, dass Wachsthum und Vermehrung der Bacillen entschieden modificirt werden, constatirte, spricht sich am Schlusse seiner Publication dahin aus, dass selbst bei „Berücksichtigung aller der verschiedenen Factoren, deren zersetzende Wirkung auf das Jodoform wir kennen, sich ein einheitliches Bild der auf den Wunden sich abspielenden Processe kaum geben lässt; nur — fährt er fort — wird im Allgemeinen festgehalten werden können, dass, je stärkere Reductionsvorgänge, sei es seitens der Gewebe, sei es, dass gewisse Bacterienarten im Spiele sind, um so stärker und schneller eine Zersetzung des Jodoforms und damit Bildung von nascirendem Jod, bezw. JH stattfinden wird. Dann erst wird das Jodoform zum wirklichen Antisepticum; denn nur diese nascirenden Jod- bezw. Jodwasserstoff-Mengen können, wie wir gesehen haben, von antibacterieller Bedeutung sein." Neisser stellt sich somit den Vorgang der Jodoformwirkung so vor, dass die Bacterien zunächst durch das Jodoform in ihrer Entwickelung gehindert werden; in Folge dessen unthätig liegen bleiben, so dass den verschiedenen, das Jodoform beeinflussenden Factoren Zeit gelassen wird, das Jodoform zu spalten und seine antiseptisch wirksamen Producte frei zu machen.

Therapeutische Mittheilungen aus Vereinen.

XVII. Congress der deutschen Gesellschaft für Chirurgie in Berlin.

(Schluss aus [illegible].)

Herr Beely (Berlin): Demonstration orthopädischer Apparate. (Autoreferat.)

Im Anschluss an den Vortrag des Herrn Graser stellt B. zunächst einen 10j. Knaben vor, der wegen linkss. congen. Klumpfusses von ihm zuerst mit Gypsverbänden, nachher mit einem Schienenhülsenapparat behandelt worden ist, und der gute Functionsfähigkeit des Fusses, ausgiebige Extensions- und Flexionsbewegung zeigt.

Er betont die Nothwendigkeit, bei der Behandlung des Klumpfusses nach der Wiederherstellung der Form auch auf die Function des Fusses beim Gehen Rücksicht zu nehmen und weist darauf hin, dass der Patient die zum Abwickeln der Fusssohle beim Gehen nothwendige Dorsal- und Plantarflexion nur dann ausbilden kann, wenn man nach dem mehr oder weniger forcirten Redressement Apparate anwendet, die den Fuss in der redressirten Stellung erhalten, aber Extensions- und Flexionsbewegungen im Fussgelenk gestatten. Die besten B. bekannten derartigen Apparate sind Schienenhülsenapparate.

Um die vollkommensten Resultate bei der Behandlung des congenitalen Klumpfusses zu erzielen, ist es aber wünschenswerth, mit dem Redressement möglichst früh, sofort nach der Geburt zu beginnen und es empfiehlt B. zu diesem Zweck eine Klumpfussschiene, die aus einer Hohlrinne für die Aussenseite des Oberschenkels, einer zweiten für die Aussenseite des Unterschenkels und einer Sandale für den Fuss besteht. Diese drei Theile sind durch feste, aber doch noch biegsame Stahlstäbe verbunden, die Sandale lässt sich in ziemlich weiter Excursion nach aussen und innen rotiren und durch Schrauben feststellen. Am Innenrand der Sandale befinden sich zwei verticale Stahlzungen, von denen aber gewöhnlich nur die vordere, dem Metatarsophalangealgelenk der grossen Zehe entsprechende, gebraucht wird. Wesentlich ist eine winkelige Stellung des Oberschenkeltheils zum Unterschenkeltheil, weil es nur dadurch möglich ist — wie an einem Modell demonstrirt wird — sicher und dauernd auf die Rotation des Fusses zu wirken.

Der Apparat ist mit Filz ausgelegt, einer weiteren Polsterung bedarf es nicht. Der Fuss wird manuell redressirt, der Apparat so gestellt, dass er dem erreichten Redressement entspricht, und an der unbekleideten oder mit einem Strumpf versehenen Extremität mit Flanellbinden oder — bei grösseren Kindern — mit Riemen befestigt.

Bei kleinen Kindern wird der Apparat täglich — von der Wärterin oder Mutter — 1 bis 2 mal entfernt, die Extremität massirt, der Fuss redressirt, das Kind gebadet und nach ein- bis zweistündiger Pause die Schiene wieder angelegt. Bei Kindern, die bereits laufen, lässt sich der Apparat als Nachtschiene gut verwerthen.

Bezugnehmend auf seine Demonstrationen des letzten Jahres (s. Verhdlgn. der deutschen Ges. f. Chr.) legt B. sodann einige Bruchbänder mit verticalen Kreuzbeinfedern vor. Er hat wiederholt Gelegenheit gehabt, dieselben nicht nur bei Leisten- sondern auch bei Schenkelhernien zu verwenden und sie haben sich auch hier bewährt. Es scheint nach den bisherigen Erfahrungen, als ob der Perinealriemen bei diesen Bruchbändern entbehrt werden kann. Bei den Schenkelhernien mussten die Pelotten auffallend klein genommen werden.

Bei Kindern und in einigen Fällen auch bei Erwachsenen (bei Letzteren, wenn sie zugleich Corsets tragen mussten) hat B. jetzt auch bei Leistenhernien (Scrotalhernien nicht ausgeschlossen) Bruchbänder ohne Feder und ohne elastisches Zwischenstück erfolgreich anzuwenden Gelegenheit gehabt; es ist dabei jedoch nothwendig, dass die Pelotte, die die Gestalt eines rechtwinkeligen Dreiecks besitzt, nicht gleichmässig gepolstert wird, sondern nur in ihrer oberen Hälfte, parallel der einen, horizontalen Kathete, so dass der eine (unten) spitze Winkel ganz ohne Polsterung bleibt. Die horizontale, stark fingerdicke Polsterung legt sich dann fest gegen den Leistenkanal und verhindert das Hervortreten der Eingeweide. Hier ist aber ein Schenkelriemen unerlässlich, weil sonst die Pelotte sich um ihre obere Kathete dreht, die ungepolsterte Spitze weit absteht und der Bruch so gut wie gar nicht zurückgehalten wird. B. glaubt, dass unter diesen Bruchbändern, die Tag und Nacht getragen werden können, die Heilung congenitaler Leistenhernien eher zu Stande kommen wird als unter den gewöhnlichen federnden Bruchbändern, weil dieselben nicht, wie die letzteren, einen permanenten Druck ausüben, der das Gewebe atrophisch macht, sondern nur dann, wenn die Eingeweide gegen die Bruchpforte andrängen.

Die von B. bei leichteren und schwereren Skoliosen benutzten Corsets, von denen Exemplare vorgelegt werden, finden sich abgebildet und genau beschrieben in Nr. 1 des Centralblatts für orthopaed. Chir. und Mechanik 1888. Mit der einfacheren Form kann man in einzelnen Fällen Verlängerungen des Körpers um 1,5 cm, mit der complicirteren um 2,5 cm erreichen.

Die letztere Form (s. a. a. O. Fig. 6 und 7) findet sich auch mit Vortheil bei congenitalen Hüftgelenksluxationen, besonders doppelseitigen, Verwendung. Bei einer Patientin von jetzt 5 J., die seit ihrem 2. J. ein Corset der leichteren Art (s. a. a. O. Fig. 4 und 5), seit einigen Monaten ein solches mit Armpolstern getragen hatte, konnte B. durch leichten horizontalen Druck, indem er, hinter der Pat. stehend, die Zeigefinger auf die Spin. anter. super., die Daumen hinter die

Trochanteren legte, das Becken aufrichten, so dass die Lumbal-Lordose verschwand; die Pat. vermochte auch ohne Hülfe sich einige Zeit in dieser Stellung zu erhalten. Aus dieser einen Beobachtung lässt sich freilich noch kein weitgehender Schluss ziehen, aber es wäre nicht unmöglich, dass das Corset zu diesem günstigen Resultat beigetragen hat, da die unteren, hinter den Trochanteren gelegenen Enden der Rückenschienen permanent einen Druck in der oben angedeuteten Weise ausüben.

Ein einfacher Lagerungsapparat für Kinder, die gezwungen werden sollen, im Bett Rückenlage einzunehmen, besteht aus zwei stellbaren Eisenschienen, die unter einer gewöhnlichen Matratze liegen, auf der Matratze befinden sich, an diesen Eisenschienen mittelst Riemen befestigt, gepolsterte Schulterriemen und Beckengurt.

Ein Wagen zum Phelps'schen Stehbett ermöglicht einen leichten Transport der Patienten; das Stehbett kann in jeder beliebigen Lage, horizontal, schräg, steil festgestellt werden, so dass die Patienten zum Fenster hinaussehen, an einem Tisch spielen können u. s. w. Das Stehbett ist mit leicht zu wechselnden Polsterkissen, z. B. mit Hirsespreu gefüllt, versehen, es lässt sich bequem vom Wagen abheben und wieder an denselben anschrauben.

Ein Apparat für Patienten mit stark verkürzter unterer Extremität, der so construirt ist, dass die Fläche, mit der die Patienten auftreten, sich stets annähernd parallel der Fusssohle bewegt, ermöglicht eine ausgiebigere Ausnutzung der Fussgelenkbewegungen und dadurch einen elastischeren Gang als eine einfache Erhöhung der Fusssohle. Beschreibung und Abbildung im Centralbl. f. orthop. Chir. u. Mech. Nr. 3 1888.

Dr. de Ruyter (Berlin): **Verhalten der Blutfarbstoffe bei Infectionskrankheiten.** (Autoreferat.)

Je mehr man einsieht, dass zur Erzeugung einer Reihe von Infectionskrankheiten die rein mechanische Uebertragung der betreffenden Mikroparasiten nicht ausreicht, desto wichtiger ist es, Untersuchungen vorzunehmen, welche uns über den Chemismus dieser Krankheit Anhaltspunkte geben.

Diese Frage wurde mir besonders dadurch nahe gelegt, als ich in früheren Arbeiten, „über die Wirksamkeit des Jodoform" gesehen hatte, dass in den chemischen Beziehungen dieses Arzneimittels zu den Ptomaïnen die günstigen Einflüsse desselben in der Therapie basirten.

Aus der Toxikologie wissen wir, wie eine Reihe organischer und unorganischer Gifte eine Veränderung des Blutfarbstoffs herbeiführen; ich suchte daher in erster Linie das Verhalten des Blutspectrums bei den verschiedensten Infectionen festzustellen. Das erste Ergebniss war ein wesentlich negatives, bis ich schliesslich beim malignen Oedem einen neuen Streifen neben dem unveränderten Oxyhaemoglobin-Streifen entdeckte. Besagter Streifen deckt sich zum Theil mit dem des Methaemoglobin, reicht jedoch näher an den Oxyhaemoglobin-Streifen heran.

Als ich dann das Verhalten des reducirten Blutspectrums bei den verschiedenen Infectionen verglich, fand ich, dass der gleiche Streif bei schweren Formen diphtherischer Sepsis sich nach dem Zusatz von Schwefelammonium bildet.

Ich glaube daher mit Bestimmtheit annehmen zu dürfen, dass der Streif nicht der des Methaemoglobin ist.

In weiterem Verfolge der Sache mit der Pflüger'schen Luftpumpe angestellte gasanalytische Untersuchungen konnten nur quantitative Verschiebungen des O, CO_2 und N zu Tage fördern, dürften daher vorläufig des praktischen Interesses entbehren. Ich habe jedoch die Ueberzeugung, dass mit verbesserten Spectralapparaten sich noch eine Reihe von Veränderungen des Blutfarbstoffes werden constatiren lassen. Bei meinen Untersuchungen wurde ich durch die liebenswürdige Unterstützung des Herrn Prof. Liebreich und seiner Assistenten wesentlich gefördert; da in der Klinik grössere Apparate zu meinen Untersuchungen nicht vorhanden, habe ich im Wesentlichen die des pharmakologischen Instituts benutzt.

Die therapeutischen Verhandlungen des VII. Congresses für innere Medicin zu Wiesbaden (April 1888).

Von

Dr. Benno Laquer in Wiesbaden.

Dass der innere Congress, der einen Markstein in der Geschichte der inneren Klinik bildet, unter der Führung von Klinikern, wie E. Leyden, Leube, Jürgensen, auch für die allgemeine Therapie eine hervorragende Bedeutung besitzt, haben die diesjährigen Verhandlungen und Discussionen erwiesen, welche in breiten Bahnen den therapeutischen Forschungen des letzten Jahrzehnts das Pro und Contra abzugewinnen suchten.

Gleich am ersten Tage wurde die sog. Oertel'sche Behandlungsmethode der chron. Herzmuskelerkrankungen in erschöpfender

Discussion erörtert. Die Vorträge des Ref. und des Corref. (Prof. Lichtheim) zeichneten sich durch glänzende Klarheit und logischen Aufbau aus; während aber Herr Prof. Oertel mit jener Begeisterung, die sich auch in seinen übrigen Schriften über diese Frage ausspricht, als Apostel seiner Lehre, durch die er einst sich selbst und später viele Hunderte von Kranken gesunden sah, die allbekannten Grundsätze seiner cardialen Therapie (Reduction der Flüssigkeitszufuhr neben gleichzeitiger Steigerung der Hauttranspiration, sowie erhöhte Muskelthätigkeit, Bergsteigen) der Versammlung an's Herz legte, hatte Prof. Lichtheim die weit leichtere Aufgabe, die immerhin vorhandenen Lücken der Oertel'schen Beweisconstruction aufzudecken, wobei L. allerdings nicht im Stande war, den wirklich praktischen Erfolgen der Oertel'schen Methode solche entgegenzustellen, die er oder andere durch die vor Oertel bei „Herzkranken" im Allgemeinen beliebte Methode des laisser faire, laisser aller, wenn wir von der medicamentösen Behandlung absehen, erzielt hätte. Und in dieser Beziehung dürfen wir das Resultat der therapeutischen Verhandlungen des ersten Tages folgendermassen zusammenfassen. Die Forschungen über die Haltbarkeit der theoretischen Grundlagen des Oertel'schen Regimens sind durch den Congress in Fluss gekommen; der Ref. und der Corref. sind darin übereingekommen, dass jene Behandlungsmethode ein souveränes Heilmittel gegen diejenigen Formen der chronischen Herzkrankheiten ist, deren Genese auf Unmässigkeit und mangelhafte Körperbewegung zurückzuführen ist: in der Periode der intacten Compensation und wie Oertel meint, auch zur Wiederherstellung von verloren gegangener Compensation sind die diätetisch-mechanischen Behandlungsprincipien im Stande, die Herzkraft zu erhöhen resp. die gesunkene wiederherzustellen. — Dabei betonte Prof. Oertel noch die Beseitigung der Complicationen von Seiten des Circulations- (Cyanose, Oedeme, Albuminurie) und des Respirationsapparates (Dyspnoë). Prof. Oertel behält es sich vor, wie aus einem an den Schreiber dieses gerichteten Briefe erkenntlich, auf die theoretischen Einwürfe des Correferenten an anderem Orte ausführlich zu antworten. — Sollte aber auch wirklich jene sich als richtig erweisen — und dass bei Fehlern in der Theorie die praktische Verwendbarkeit einer durch die Theorie gestützten Behandlungsmethode dennoch Erfolge aufweisen kann, hat ja Prof. Lichtheim selbst zugegeben — so ist und bleibt das unbestreitbare Verdienst Oertel's, wie Nebel[1]) richtig bemerkt, „das allgemeine ärztliche Interesse auf eine praktisch so wichtige Frage hingelenkt zu haben und man wird dabei kaum umhin können, dem Muth und der Consequenz, mit der der Autor sein Ziel verfolgt hat, dem Fleiss und der Ueberzeugungstreue, mit der er für seine Sache eingetreten ist, achtungsvolle Bewunderung zu schenken".

Von geringerer dramatischer Spannung, weil an Gegensätzen und Controversen ärmer, war die Discussion über den Heilwerth des Alkohol am zweiten Tage. Eine Autorität wie Prof. Binz in Bonn — seit zwei Jahrzehnten ist er selbst und unter seiner Leitung sind Andere mit der Lösung dieser Frage beschäftigt — entwickelte in einem glänzenden Exposé den Fortgang der Unkenntniss sowohl als der Erkenntniss über den Weingeist als Heilmittel von jener mittelalterlichen Zeit, da man den neu entdeckten Aethylalkohol als Quinta essentia, als Aqua vitae bezeichnete bis zu unserer Zeit, wo keine geringere, als die Kaiserin Victoria in den Lazarethen des 66er Feldzuges zur Behandlung der septischen Verwundeten mittelst Alkohol den Anstoss gab.

Die physiologischen Grundlagen der Alkoholtherapie. Der glänzenden Auseinandersetzung folgte die klinische Ergänzung von Seiten des Herrn Prof. von Jaksch zu Graz, der auch selbst höchst schätzenswerthe Untersuchungen über Alkoholdarreichung bei noch nicht wie Erwachsene gegen den Weingeist immunen Kindern anstellte. Das Resultat dieser Verhandlungen war die allseitige unumwundene Anerkennung der Lungen- und Herzthätigkeit erregenden, den Eiweisszerfall nicht nur nicht aufhaltenden, sondern Eiweiss sparenden, das Fieber vermindernden Wirkung des Alkohol. Ueber letztere hatte allerdings der Kliniker eine etwas negative Ansicht gegenüber dem Physiologen, wenn er es auch als bestes Unterstützungsmittel in hochfieberhaften Krankheiten, wie besonders bei Diphtherie, Typhus und septischen Processen dringend empfahl. — In der Discussion wurde — wie dies bei der Oertel-Debatte der Fall war und wie dies schliesslich bei der wissenschaftlichen Erörterung eines jeden Heilmittels, einer jeden Behandlungsmethode der Fall sein dürfte, einer individualisirend-beschränkenden, durch die Erfahrung beeinflussten Alkoholtherapie das Wort geredet und vor Uebertreibungen gewarnt; hauptsächlich Erb (Heidelberg), Not-

[1]) H. Nebel, Beitr. zur mechan. Behandlung. Wiesbaden 1888.

nagel (Wien) und Merkel (Nürnberg) erörterten die event. Gefahren, bestehend in Erzeugung des chronischen Alcoholismus und seiner degenerativen Einwirkung auf Herz und Gefässe, in der Darreichung des Alkohols bei Frauen und Kindern etc., während Jürgensen (Tübingen) und Rühle (Bonn) die angegriffene Quinta essentia zu vertheidigen suchten. Am folgenden Tage wurde die Frage der Verhütung und Behandlung der Cholera vorzüglich vom contagionistischen Standpunkte aus, wie er durch die R. Koch'sche Entdeckung sich ausbildete durch A. Pfeiffer (Wiesbaden) und Cantani (Neapel) ausführlich und gründlich besprochen.

In den Nachmittagssitzungen interessirten in therapeutischer Hinsicht: der Vortrag von O. Liebreich: über locale Anästhesie, wenngleich die zahlreichen Experimente bisher nur am Thiere beobachtet wurden, wegen der Aufdeckung neuer Anaesthetica und wegen der scharfsinnigen Hypothese über die Wirkung der Anaesthetica, ferner der humane Vorschlag E. Leyden's — dahin gehend, durch Einlegung von Dauercanülen das Leben jener an Oesophagus-Carcinom leidenden Unglücklichen um Monate zu verlängern und ihre Beschwerden zu lindern. Der Vortrag von G. Cornet (Berlin), welcher bei Koch, abgesehen von interessanten theoretischen Forschungen, unzählige Thiere mit Kreosot, Menthol, Carbol, Tannin, Sublimat und anderen Parasiticidis fast bis zur Intoxication gefüttert, ohne sie vor Inoculationstuberculose schützen zu können. Der Vortrag von v. Liebig (München) über therapeutische Erfolge der pneumatischen Kammer bei Herzleiden, die von E. Pfeiffer (Wiesbaden) auf Grund von Experimenten wiederholte Empfehlung des Fachinger Wassers zur Auflösung harnsaurer Concremente bei Gicht, endlich der Vorschlag von Debio (Dorpat), bei Magenkrankheiten die Ausdehnung des Magens im Stehen des Pat. percutorisch nach abgestuftem Genuss von Wasser in einzelnen Gläsern zu bestimmen.

Aus dieser kurzen Uebersicht ist zu erkennen, in wie glänzender Weise gerade therapeutische Fragen in den Verhandlungen des 7. Congr. für innere Medicin dominirten. Auch die auf die Tagesordnung des nächsten Congresses gesetzten Themata der Behandlung des Ileus, der Angina pectoris, der Pathologie und Therapie der Gicht dürften in obiger Beziehung den Interessen der Forschung und der Praxis auf weitestem Wege entgegenkommen; ein segensreicher und fruchtbringender Einfluss des inneren Congresses auf die Aufgaben und das Handeln des practischen Arztes wird dann gewiss nicht ausbleiben.

Referate.

Keuchhusten und Antipyrin. Von Dr. Dubousquet-Laborderie.

Dem Verf. ist es nicht bekannt, dass Antipyrin in Deutschland bereits vielfach gegen Keuchhusten angewandt und empfohlen worden ist. Er selbst hat es in einer Reihe von Fällen erprobt und ist mit den erreichten Resultaten sehr zufrieden. Die Dosis betrug 0,30 bis 1,0 für Kinder bis zu 3 Jahren, und 1,0 bis 4,0 für ältere Kinder und Erwachsene. Für kleine Kinder lautete die Verschreibungsweise:

Antipyrin.	0,5—1,0
Eau de Vichy oder Vals.	80,0
Syrup. Rubi Idaei	20,0.

Kaffeelöffelweise (unmittelbar nach dem Hustenparoxysmus) innerhalb 24 Stunden zu nehmen.

Grössere Kinder und Erwachsene erhalten die verordnete Menge in Selter- oder Vichywasser, mit irgend einem Syrup versüsst, Morgens, Mittags und Abends bei Beginn der Mahlzeit.

Auch mittelst Clysma wurde das Mittel bei einem zehnjährigen Kinde (Morgens und Abends 1,0) mit Erfolg verabreicht.

(Bull. gén. de Thérap. 15. Mai 1888.) A.

Antipyrin bei Kinderkrankheiten und bei Chorea. Von Prof. Dr. Moncorvo (Rio de Janeiro).

Nachdem M. in seiner Poliklinik mehr als 200 Fälle mit den verschiedensten fieberhaften Zuständen mit Antipyrin behandelt hatte, ist er zu der Ueberzeugung gelangt, dass dasselbe das wirksamste und ungefährlichste aller bisher in der Kinderpraxis angewandten antipyretischen Mittel sei. Desgleichen ist er zu dem Ergebniss gekommen, dass Antipyrin in leichten Fällen von Sumpffieber wirke und in schwereren Fällen als ein geeignetes Adjuvans für Chinin angesehen werden könne. — Von unangenehmen Nebenwirkungen hat Verf. bei Kranken nur Schweisse und Erbrechen wahrgenommen. Diese führten jedoch niemals zu bedenklichen Erscheinungen. Die von manchen Autoren so sehr gefürchtete Adynamie ist in den 200 Fällen nicht ein einziges Mal beobachtet worden, nicht einmal bei einem 14tägigen Säugling, der innerhalb einer Stunde 1,0 Antipyrin erhalten hatte. Rash und Hautexantheme kamen in einem Procent der Fälle vor, ohne den Charakter einer besonders störenden Complication darzubieten. — Bei der Behandlung des acuten, des subacuten und chronischen Gelenkrheumatismus der Kinder, zeigte das Mittel sich gegen das Fieber und auch gegen die Schmerzen von grossem Nutzen. Erst neuerdings erzielte M. vollständige Heilung in kürzester Zeit bei einem schwächlichen an Gelenkrheumatismus leidenden Knaben, der durch eine alte Malaria sehr heruntergekommen war. Das Mittel wurde in täglichen Gaben von 3,0—4,0 g gut vertragen. Die schmerzstillende Wirkung desselben bewährte sich in vielen Fällen von Neuralgien der Kinder. Auch auf die Ernährung und die Urinausscheidung war ein Einfluss unverkennbar. Es konnte eine Zunahme des Körpergewichts wahrgenommen werden. — Endlich verdient auch die blutstillende Wirkung des Antipyrin erwähnt zu werden.

Diese eben genannten Eigenschaften sichern dem Mittel einen hervorragenden Platz in der Praxis. Was dasselbe jedoch vor Allem werthvoll erscheinen lässt, das ist sein beruhigender Einfluss auf das erregte Nervensystem. Daher ihm eine grosse Bedeutung bei der Behandlung von Nervenkrankheiten zukommt. In einigen Fällen von Chorea wurde es mit ausserordentlich günstigem Erfolge angewendet. Verf. berichtet ausführlich über zwei hierher gehörige Fälle. In dem einen handelte es sich um stark ausgeprägte Chorea bei einem 12½jährigen Mädchen. Dasselbe erhielt am ersten Tage der Behandlung 3,0 Antipyrin. Die Dosis wurde in den folgenden Tagen auf 6,0 erhöht. Es trat alsbald Besserung ein und nach Verlauf von 17 Tagen war die Krankheit unter ausschliesslichem Gebrauch von Antipyrin, das noch während 10 Tage weiter gegeben wurde, geschwunden. Im Ganzen waren in einem Zeitraum von 25 Tagen 119,0 Antipyrin genommen, davon waren kaum 3,0 ausgebrochen worden. Der zweite Fall betrifft einen 8½jährigen Knaben, der seit 3 Wochen an intensiver Chorea leidend, mit Antipyrin vom 24. Februar bis 17. März, bis zu seiner Genesung behandelt wurde. Anfangs erhielt er 3,0 in 24 Stunden (1,0 *pro dosi*). Nach wenigen Tagen sichtbare Besserung. Es wurde mit der Tagesgabe bis auf 7,0 gestiegen, das Mittel nur an einigen Tagen ausgesetzt. Im Ganzen hatte Patient 228,0 erhalten, davon nur 5,0 an 3 verschiedenen Tagen erbrochen. Mit Ausnahme dieses Erbrechens wurden keine störende Nebenerscheinungen beobachtet, dagegen eine erhebliche Steigerung des Appetits wahrgenommen. — Die beiden angeführten Fälle beweisen, dass Antipyrin in grossen Dosen lange Zeit von Kindern vertragen wird und dass es, wie bereits Wollner (s. Therap. Monatsh. I. Jahrg. S. 117) und Legroux früher gezeigt, ein gutes Mittel gegen Chorea ist. — Zum Schluss kann Verf. noch über einen dritten durch Antipyrin günstig beeinflussten Fall von Chorea berichten.

(Revue gén. de Clinique et de Thérap. No. 22, 88)

R.

Antipyrin, Acetanilid und Solanin. Von Dr. G. Sarda (Montpellier).

Verf. kommt zu folgenden Schlüssen:

Antipyrin, Acetanilid und Solanin sind ausgezeichnete Nervenmittel. Antipyrin leistet entschieden mehr als die beiden andern Mittel bei acutem Gelenkrheumatismus, Migräne, Neuralgien frischen Datums und bei anfallsweise auftretenden Schmerzen.

Antipyrin und Acetanilid wirken ungefähr in gleicher Weise bei chronischem Gelenkrheumatismus und bei blitzartigen Schmerzen der Tabiker.

Acetanilid verdient den Vorzug vor Antipyrin bei älteren Neuralgien und wo es sich um Bekämpfung der motorischen Excitation handelt. Beide Mittel rufen selten unangenehme Nebenerscheinungen hervor.

Solanin ist ein vorzügliches Schmerzmittel. Weniger wirksam bei acutem Gelenkrheumatismus als die beiden vorgenannten Mittel, scheint es mehr zu leisten bei alten Neuralgien, besonders wenn es sich gleichzeitig um Neuritis handelt. Es beruhigt die gastrischen, die blitzartigen, tabischen Schmerzen; vornehmlich aber eignet es sich zur Bekämpfung der motorischen Erregung. Hierin ist es dem Acetanilid überlegen. Es bringt (in Tagesgaben von 0,025—0,03) den Tremor der Sclerose en plaques, die gesteigerte Reflexerregbarkeit und den epileptoiden Tremor sehr schnell zum Schwinden. Es scheint schwerer zu wirken, wo das sensible oder motorische Symptom mit einer anatomischen Laesion zusammenhängt.

(Bull. gén. thérap. 30. Mai 88.) R.

Antipyrin gegen Corneal-Trübungen. Von Dr. Adolf Aldor, Primararzt in Nagy-Károly.

Aldor begann seine Versuche mit Antipyrin behufs Aufhellung von Corneal-Trübungen bereits im Jahre 1885 und hat bemerkt, dass dieses Mittel die Heilung chron. Cornealinfiltrate beschleunige. Es wurde, wie Calomel, in's Auge eingestäubt. Von der Thränenflüssigkeit sofort aufgelöst verursacht es Photophobie und einen heftig brennenden Schmerz, der 1—2 Secunden dauert und von einer eine Viertelstunde währenden starken Secretion der Thränen gefolgt wird. Wird die Inspersion zu bald wiederholt, so können Entzündungserscheinungen auftreten, welche 1—2 Tage dauern. Aldor theilt einige Krankengeschichten mit.

(*Orvosi Heti Szemle 1888. No. 18.*)

Schächter (Budapest).

Ueber das Phenacetin. Von Prof. Dr. Rumpf in Bonn.

Vf. hat die Wirkung des Phenacetins als Antipyreticum und Antineuralgicum in einer grösseren Anzahl von Fällen geprüft und kommt zu folgenden Schlüssen:

Als Antipyreticum steht das Phenacetin keinem der anderen gebräuchlichen Mittel dieser Classe nach. Wegen des Fehlens von übelen Neben- und Nachwirkungen — nur stärkere Schweisse gelangten bei der Phenacetintherapie zur Beobachtung — verdient es dem Antipyrin und Antifebrin vorgezogen zu werden. Für einen kräftigen Erwachsenen ist 0,5 g eine vollständig ausreichende Dosis; für Kinder genügen 0,2 bis 0,25.

Als Antineuralgicum leistet das Mittel Vorzügliches bei Hemicranie und übertrifft in vielen Fällen sogar Chinin und Antipyrin; auch gegen Kopfdruck in Folge übermässigen Alkoholgenusses, sowie bei Neurasthenie mit Kopfdruck ist die Wirkung eine gute. Eine überraschend günstige Wirkung entwickelte das Mittel gegen die lancinirenden Schmerzen der Tabiker und gegen Neuralgien bei chronischer Neuritis. Weniger sicher war der Erfolg bei Neuralgien einzelner Nerven, jedoch rief es auch hier häufig Linderung hervor, und in einem Falle erfolgte sogar Heilung.

Als Antineuralgicum empfiehlt R., es in der Dosis von 1,0 g zu geben.

(*Berl. klin. Wochenschr. 1888. No. 23.*) *rd.*

(Aus der psychiatrischen Klinik zu Freiburg i. B.)

Ueber die Wirkung des Sulfonals bei Geisteskranken. Von Dr. August Cramer (Freiburg).

C. verfügt über 407, an 49 Personen angestellte Versuche. Von den 49 Kranken litten 25 an Melancholie, 9 an hysterischer Seelenstörung, 8 an Manie, 4 an Paralyse, 2 an Paranoia und 1 an Hebephrenie. Das Sulfonal (Bayer) hatte unter den 407 Versuchen 377 Male (in 92,6 %) einen 5- und mehrstündigen Schlaf herbeigeführt. Erfolglos wurde das Mittel 30 Male (in 7,4 %) gegeben, indem es höchstens einen Schlaf bis zu 5 Stunden herbeiführte. 2 Beobachtungen sind auszuschalten, da Controllversuche mit Kochsalz ergaben, dass der erzielte Schlaf nur auf suggestiver Wirkung beruhte. Das Mittel wurde meistens in Oblaten, zuweilen auch in Bier, Wein, Wasser, Kaffee u. s. w. dargereicht. Nur bei einigen Patienten war man genöthigt, das Mittel ohne ihr Wissen mit der Nahrung beizubringen. Eine Kranke mit hochgradigem Misstrauen gegen die Umgebung verzehrte ihr Abendessen mit 2,0 Sulfonal versetzt während längere Zeit ohne Bedenken. Sie nahm das Mittel auf diese Weise im Kartoffelsalat, Dürrobst, Wasserschnitten und anderen Speisen: auch ein mit Sulfonal bestreutes Butterbrot wurde mit gutem Appetit verzehrt. Auch in Omelette eingebacken erwiesen sich 2,0 Sulfonal ganz wirksam.

Der Schlaf trat meist nach ½ oder ¼ Stunde, selten nach 1—2 Stunden ein, um in schwereren Fällen 5—6, in leichteren 6—8 Stunden anzudauern. Eine gewisse Schläfrigkeit wurde zuweilen am andern Morgen noch bemerkt, doch fehlte jede unangenehme Nebenwirkung.

Bei von quälender Angst gepeinigten Melancholikern wurde das Mittel bei Tage in refracta dosi gereicht. Es entwickelte sich alsbald eine gewisse schläfrige Mattigkeit, welche die Angst und Unruhe in den Hintergrund drängte, so lange die Sulfonalwirkung andauerte. Des Nachts folgte bei den sonst schlaflosen Kranken ein ununterbrochener Schlaf von 6—8 Stunden. Die Dosis betrug 2,0—3,0 *pro die.*

Bei längerer Zeit fortgesetztem Gebrauch von höheren Dosen sind keine nachhaltigen Wirkungen beobachtet worden. (Rabbas hat einer Kranken in einem Zeitraume von 6 Tagen 31,0 gegeben, ohne dass derselben Schaden erwuchs und ohne dass das Mittel den Dienst versagte). In 2 Fällen von schwerer Melancholie hat C. während 2 Monate fast täglich das Mittel in Dosen bis zu 3,0 ohne Nachtheil gereicht.

Eine Steigerung der Dosis war nur in einem Falle nöthig. Dieselbe betrug jedoch nur 1—1½ g.

C. theilt noch des Näheren 17 klinische Beobachtungen mit, hinsichtlich derer wir auf die Originalarbeit verweisen. Das Ergebniss seiner Beobachtungen gipfelt in dem Schlusssatze, dass in dem Sulfonal ein für die psychiatrische Therapie wichtiges und gut wirksames Schlafmittel gewonnen ist, für welches noch genauere Indicationen zu gewinnen, nur durch fortgesetzte genaue klinische Prüfung möglich sein wird.

(Münch. med. Wochenschr. No. 24. 88.) *R.*

(Aus der medicinischen Abtheilung des Hospitals zu Allerheiligen in Breslau.)

Sulfonal.

1. **Ueber Sulfonal und Amylenhydrat.** Bemerkungen zur Methodik der Prüfung von Schlafmitteln. Von Prof. Dr. Ottomar Rosenbach.
2. **Ueber die Wirkung des Sulfonals.** Von Dr. Heinrich Rosin.

Der Artikel von Prof. Rosenbach ist eine Einleitung zur Rosin'schen Arbeit. Während Letzterer über die mit dem neuen Schlafmittel erzielten Erfolge berichtet, erörtert Rosenbach die Principien, welche er bei der Prüfung eines Arzneimittels auf seine hypnotischen Eigenschaften beobachtet wissen will und welche auf der unter seiner Leitung stehenden Abtheilung hinsichtlich des Sulfonals zur Anwendung gelangten.

Um festzustellen, ob ein Mittel ein absolut schlafbringendes oder nur ein sedatives ist, welches eine physiologisch schon vorhandene Schlafneigung begünstigt, empfiehlt R. den Versuch, ohne dass die Versuchsperson von der Natur des Mittels Kenntniss hat, a) in den Vormittagsstunden, b) nach dem Mittagessen oder in den Abendstunden vorzunehmen, und die Dosis, je nachdem der unauffällig beobachtete Patient bloss Zeichen von Müdigkeit oder wirklichen Schlaf zeigt, an den nächsten Tagen nach Belieben zu verändern, um die sicher wirkende Gabe festzustellen. Glaubt man eine sichere hypnotische Wirkung constatirt zu haben, so sollen die Versuchspersonen von der Wirkung in Kenntniss gesetzt werden, dann aber soll statt des Schlafmittels eine indifferente Substanz, deren Geschmack auf irgend eine Weise verdeckt ist, gegeben werden. Bleibt jetzt die Wirkung aus, während eine solche nach dem eigentlichen Hypnoticum, welches nun wieder an einem der folgenden Tage untergeschoben wird, eintritt, so ist die Wirkung des Mittels erwiesen. — Wichtig ist es, die zu prüfende Substanz Patienten zu geben, die über die Natur des Mittels vollständig im Unklaren gelassen werden und nicht im Bette liegen, da Zeichen von Ermüdung und Schläfrigkeit unter diesen Umständen doppelte Beweiskraft beanspruchen dürfen.

Unter Beobachtung dieser Cautelen wurde das Sulfonal nun bei 62 Patienten in 138 Einzelversuchen angewendet. Das Ergebniss war nach Rosin nun folgendes: In Dosen von 1,0 g erwies sich Sulfonal als ein wenig sicheres schlaferzeugendes Mittel. — Dosen von 2,0 g wirkten sicher hypnotisch, ohne unangenehme Nebenerscheinungen hervorzurufen, und können in ihrer schlaferzeugenden Wirkung 0,01—0,015 Morphium gleichgestellt werden. Nur in den seltensten Fällen liess das Mittel bei der genannten Dosis im Stiche. Auch Herzkranke nahmen dasselbe ohne schädliche Folgen. Eine Gewöhnung wurde nicht wahrgenommen. — Nebenerscheinungen wurden auch bei 3,0 g nicht beobachtet. — Nach 4,0 g trat ein sehr intensiver 6—12 Stunden dauernder Schlaf ein und am nächsten Morgen klagten alle Versuchspersonen über Taumelgefühl, welches den ganzen Tag anhielt, so dass die Darreichung so grosser Gaben nur auf seltene Fälle beschränkt bleiben sollte. Auch in der folgenden Nacht war der Schlaf fester als gewöhnlich.

Neben der schlaferzeugenden Wirkung besitzt Sulfonal aber auch eine solche auf die Sensibilität der Bronchialschleimhaut. Bei Phthisikern wurde der Hustenreiz vermindert und Schlaf erzielt. Jedoch steht es in dieser Beziehung in Dosen von 2,0 und 3,0 g dem Morphium in Gaben von 0,01 nach. Letzteres ist daher bei Schlaflosigkeit in Folge von Hustenreiz oder schmerzhaften Zuständen dem Sulfonal vorzuziehen.

(Berl. klin. Wochenschr. 1888, No. 24 u. 25.) *rd.*

Zur Wirkung des Sulfonals. Von Carl Oestreicher, Assistenzarzt der Maison de Santé zu Schöneberg-Berlin.

Die Erfahrungen des Vf.'s erstrecken sich auf 50 Patienten, theils körperliche, theils psychische Kranke, mit über 100 Einzelbeobachtungen und stimmen im Wesentlichen mit denjenigen von Kast und Rabbas überein. Der Schlaf tritt erst spät ein — nach 1—3 Stunden —, ist aber anhaltend und fest. — In den ersten Tagen der Morphiumabstinenz hilft Sulfonal gewöhnlich ebenso wenig wie Chloral, Paraldehyd oder Amylenhydrat. Ueble Nebenwirkungen wurden nicht beobachtet. Die Dosis betrug 2—3 g. Nur in einem Falle wurde schon durch 1,5 g Schlaf erzielt. Wegen seiner Geschmack- und Geruchlosigkeit verdient es besonders bei Geisteskranken vor Amylenhydrat und Paraldehyd den Vorzug.

(Berl. klin. Wochenschr. 1888, No. 21.) *rd.*

(Aus dem städt. allgem. Krankenhause Friedrichshain, Abtheilung des Herrn Prof. Fürbringer.)

Zur klinischen Würdigung der Sulfonalwirkung. Von Dr. Julius Schwalbe, Assistenzarzt.

Das Mittel wurde bei 50 Patienten beiderlei Geschlechtes, bei den verschiedensten Altersklassen und den verschiedenartigsten Krankheitszuständen angewendet. In 23 Fällen handelte es sich um „nervöse" Schlaflosigkeit, in 27 Fällen um solche in Folge cerebraler Affection, Schmerzen und Husten. Am günstigsten war der Erfolg in den Fällen von rein nervöser Schlaflosigkeit, indem 21 Mal = 90,8 % eine volle und gute Wirkung eintrat und in keinem Fall ein vollständiger Misserfolg zu verzeichnen war, während in den anderen 27 Fällen nur 12 Mal = 44,4 % eine zufriedenstellende Wirkung erzielt wurde.

Bei heftigen Schmerzen und starkem Hustenreiz leistete das Mittel wenig, ebenso blieb bei cardialem Asthma die Wirkung aus.

Nebenwirkungen, wenn auch nur unerhebliche und vorübergehende, wurden in 6 Fällen = 12 % beobachtet und bestanden in Schwindel, Eingenommensein des Kopfes, seltener Uebelkeit, Erbrechen und Diarrhoe. Puls, Respiration und Temperatur wurden niemals beeinflusst und so konnte Vf. es wagen, das Mittel in einem Falle von croupöser Pneumonie mit mächtig gespanntem, sehr frequentem Pulse und bei einem Typhus — beide auf der vollen Höhe des Fiebers — in geringer Dosis zu geben. Der Erfolg war ein ausgezeichneter. Vf. fordert zu weiteren Versuchen nach dieser Richtung hin auf.

Bei Kindern war die Wirkung in Dosen von $^1/_4$—$^1/_2$ g eine gute.

(*Deutsch. med. Wochenschr. 1888, No. 25.*) *rd.*

Hyoscyamin und Atropin. Mittheilung der chemischen Fabrik auf Aktien (vorm. E. Schering) in Berlin.

Als vor jetzt bald 60 Jahren Mein und unabhängig von diesem Geiger und Hesse aus der Belladonnapflanze das Atropin isolirt hatten, glaubte man in diesem Alkaloide die in der Pflanze präformirt vorkommende wirksame Substanz zu besitzen und diese Ansicht ist bis auf den heutigen Tag die allein gültige gewesen. Aus der Mittheilung der oben genannten Fabrik erfahren wir jetzt, dass dies durchaus nicht der Fall ist, dass in der Belladonnawurzel gar kein Atropin, sondern nur das diesem isomere Hyoscyamin vorkommt und dass das Atropin nichts weiter ist, als ein Umwandlungsproduct des in der Belladonnawurzel vorgebildeten Hyoscyamin. Je nach der Darstellungsweise kann man aus der Belladonnawurzel nur Atropin oder nur Hyoscyamin oder endlich ein Gemenge beider Substanzen erhalten. Die Umwandlung des Hyoscyamin in Atropin gelingt ohne Schwierigkeiten durch längeres Erwärmen auf 110° C. oder durch Behandeln mit Alkalien.

(Das von uns durch eine lange Reihe von Jahren so viel benutzte Atropin ist also nur ein Product einer ungenügenden und falschen Darstellungsweise.

Wir müssen uns darauf gefasst machen, dass die nächste Zeit uns ähnliche Aufklärungen über andere Alkaloide bringt. Folgende Cautelen dürften bei Darstellung von Alkaloïden besonders zu berücksichtigen sein: Vermeidung starker Mineralsäuren, Vermeidung hoher Temperaturen, Abdampfen bei möglichst niedriger Temperatur im Vacuum, Vermeidung starker Basen bei Abscheidung der freien Alkaloide. Ref.)

(*Pharmaceut. Zeitung 1888, No. 43, 46 u. 50.*)
rd.

Die Anwendung des Chloroformwassers zur Lösung von Medicamenten. Von Dr. Unna (Hamburg).

Verf. hat die Fäulniss hemmende Wirkung des Chloroformwassers für die subcutane Therapie in Anwendung gezogen. An der Injectionsstelle entsteht nach Einspritzung der mit dem Chloroformwasser hergestellten Lösungen bisweilen ein leichtes Brennen; eine Allgemeinwirkung der kleinen Mengen des miteingeführten Chloroforms war nicht zu bemerken, nur bei einzelnen Patienten schien sich Müdigkeit nach den Injectionen einzustellen. Viele Kranke hatten von der Injection gar keine subjective Empfindung; die intramuskuläre Glutäalinjection schien stets schmerzlos zu verlaufen. Unna empfiehlt nach seinen Erfahrungen den Ersatz des destillirten Wassers durch Aq. chloroformiat. zur Bereitung der Solutio Fowleri und aller Ergotinpräparate, auch für den innerlichen Gebrauch, wo die bei externem Gebrauch eintretende subjective unangenehme Empfindung wegfällt. Ferner wären einige Tropfen Chloroform zum Morphium zuzufügen, um bei schmerzhaften Localaffectionen neben der schmerzstillenden Wirkung des Morphiums einen leichten örtlichen Reiz zu erzeugen (Trigeminusneuralgie etc.), vielleicht ist die Lösung aller Alkaloide für innerlichen und äusserlichen Gebrauch in Chloroformwasser für die Zukunft anzurathen, da die Substanzen sich sonst sehr leicht zersetzen. Weitere Versuche werden über diese Verhältnisse Klarheit verschaffen.

(*Monatsschr. f. pract. Dermat. 1888 Nr. 2.*)
George Meyer (Berlin.)

Ueber Unzweckmässigkeit der Silbercanülen. Von Dr. St. Zaleski in Dorpat.

Durch den zufälligen Verbleib einer silbernen Trachealcanüle in der Luftröhre eines Patienten 2 Jahre hindurch wurde Verfasser zuerst auf die Auflösung aufmerksam gemacht, welche das Silber innerhalb des Organismus zu erleiden hat und welche er der ganz allmählichen Einwirkung der im Körper vorhandenen Chloride zuschiebt, derart dass etwa das gebildete Chlorsilber durch Alkalien oder durch das mit dem Speichel verschluckte Rhodankalium aufgelöst werde. Ein angestellter Thierversuch ergab, dass eine Trachealcanüle von 1,9892 g innerhalb eines Monates einen Verlust von 0,056 g d. h. 0,282% an Silber verlor. Die Gefahr, welche in diesem Umstande für die Entstehung einer Argyrie oder auch in einer Schädigung der inneren Organe resp. der Schleimhäute der Luftwege liegt, muss uns vor dem Gebrauch der silbernen Canülen warnen, ganz abgesehen davon, dass, wie der eben erwähnte Fall bewies, die Auflösung sich so manifestiren kann, dass einzelne durch Fäden zusammenhängende Splitter entstehen, die durch gänzliche Loslösung mechanische Läsionen herbeiführen können. Verf. empfiehlt als Material Platin, Gold und in erster Linie Bergkrystall, wohl auch hartes Glas, Porcellan oder Elfenbein.

(Berl. klin. Wochsch. 16, 1888.) *† Franz Wolf.*

Ueber die Eröffnung der retropharyngealen Abscesse. Von Dr. H. Burckhardt in Stuttgart.

Die übliche Art und Weise, retropharyngeale Abscesse zu eröffnen, ist die vom Munde aus. Dieselbe ist jedoch, zumal bei kleinen Kindern, oft schwierig und nicht ungefährlich, während eine strenge antiseptische Behandlung bei derselben ganz ausgeschlossen ist. Verf. hat daher in mehreren Fällen mit gutem Erfolg solche Abscesse vom Halse aus eröffnet. Er führt den Schnitt entlang dem inneren Rande des M. sternocleid. in der Höhe des Kehlkopfes durch Haut und Platysma, arbeitet sich stumpf bis zur Carot. comm. hinan und sticht hier, dicht neben dem Kehlkopf sich haltend, den Abscess an, die kleine Oeffnung mit der Kornzange allmählig erweiternd. Grössere oder kleinere Venen, denen man beim Vordringen begegnet, thut man gut, doppelt zu unterbinden, ehe man sie durchschneidet. Verf. hat dies Verfahren bereits in 8 Fällen geübt und hält es bei allen sog. idiopathischen Abscessen für zweckmässig, bei allen spondylitischen Abscessen und solchen septischen Ursprungs sogar für geboten.

(Centralbl. f. Chirurg., No. 4, 1888.)

Freyer (Stettin).

Eine neue Methode der Behandlung torpider Geschwüre. Mitgetheilt von Dr. F. Späth, Assistenzarzt am Hospital zum heil. Geist in Frankfurt a. M.

Die Mangelhaftigkeit aller bisherigen Methoden zur Heilung torpider Geschwüre hat nach Verf. ihren alleinigen Grund in der mangelhaften Ernährung des Geschwürsgrundes, da die Blutzufuhr zu demselben theils durch die callösen Ränder, theils durch den sehnigen Untergrund sehr erheblich beschränkt ist. Harbordt, Chef des Frankfurter Hospitals z. heil. G., hat daher folgendes rationelle Verfahren ersonnen und seit Jahren mit Erfolg geübt: er spaltet das ganze Geschwür der Länge nach bis weit ins Gesunde hinein und legt in 2 cm weiten Abständen Querschnitte an, die durch die callösen Ränder hindurch und ebenfalls bis ins normale Gewebe in die Tiefe, jedenfalls durch die obere Fascie hindurch, eindringen. Die durchschnittenen Theile müssen weit auseinanderklaffen. Dann Jodoformverband, der nach 8—14 Tagen gewechselt, in den klaffenden Spalträumen bereits reichliche gesunde Granulationen erkennen lässt. Haben dieselben das Niveau erreicht, so kann man auf dieselben noch transplantiren. Die späteren Narben erweisen sich weit resistenter und die ganze Heilungsdauer ist eine kürzere.

(Centralbl. f. Chirurg., No. 14, 1888.)

Freyer (Stettin).

Ueber gynäkologische Massage. Von Prof. Schauta. Vortrag, gehalten am 16. October 1887 in der Section Pilsen des Centralvereins deutscher Aerzte in Böhmen.

Obwohl die Massage sich in der Chirurgie längst einen Ehrenplatz errungen, ist dieselbe bei gynäkologischen Leiden noch wenig bekannt und geübt. Es dürfte dieses ausser der Schwierigkeit der gynäkologischen Diagnostik zumeist in der Scheu der Aerzte vor Eingriffen an den weiblichen Genitalien überhaupt und dann in der Unkenntniss einer brauchbaren und verlässlichen Methode seinen Grund haben.

Die Angaben der wenigen Autoren, welche über die Massage berichten und stets sich dahin äussern, man solle dieselbe erst dann anwenden, wenn alle andern Methoden resultatlos verlaufen, die Thatsache ferner, dass trotz der enormen Fortschritte in der Behandlung der gynäkologischen Leiden die der chronischen Entzündungsproducte im weiblichen Becken bis heute noch in vielen Fällen jeder Behandlung Trotz bieten und endlich alledem gegenüber die glänzenden Erfolge, die Brandt in Stockholm erzielte, veranlassten Verf. sich einige Wochen an

Ort und Stelle selbst über die Behandlung zu informiren. Das Urtheil, das er hier gewann, ist ein nach jeder Richtung hin äusserst günstiges und führt ihn, neben Worten wärmster Anerkennung für Brandt's Art und Weise der Behandlung, zu dem Ausspruche, „dass durch Brandt's Methode der gynäkologischen Therapie ein weites, grosses und erfolgreiches Arbeitsfeld eröffnet werden dürfte, wenn diese Methode einmal allgemeine Geltung sich verschafft haben dürfte".

Die Massage, oder wie sie Sch. richtiger nennt, die manuelle Behandlung der Krankheiten der weiblichen Beckenorgane, indem er darunter alle die manuellen therapeutischen Eingriffe auf die Beckenorgane des Weibes verstehen will, wie sie Brandt in die Gynäkologie eingeführt hat, — Eingriffe übrigens, deren Technik durchaus nicht leicht zu erlernen ist, sondern neben vollendeter gynäkologischer Untersuchungsfertigkeit grosse Ausdauer und Uebung, wenn möglich durch Autopsie, nothwendig macht, — ist nach Sch.'s Meinung berechtigt: erstens bei chronischer Entzündung des Beckenzellgewebes mit oder ohne Dislocation des Uterus: bei Dislocation und Fixation der Ovarien, bei Metritis chronica, bei Haematocele und endlich bei Erschlaffung des musculären Apparates und deren Folgezuständen, dem Descensus und Prolapsus uteri. Als Contraindicationen gelten acute Entzündung, gonorrhoische Infection, hochgradige Erregbarkeit des Nervensystems, sehr fette Bauchdecken.

Was die einzelnen Handgriffe angeht, so liegt bei Ausführung der Massage von Beckenexsudaten die Patientin auf einem niedrigen kurzen Sopha bei stark erhöhtem Kopfe und Schultern, während Brandt an der linken Seite derselben sitzt. Für gewöhnlich wird der Zeigefinger der linken Hand von der Vagina aus die Gegenstütze für die Bewegungen der andern Hand bilden, und nur unter Umständen dieses vom Rectum aus oder sogar von beiden Körperhöhlen aus gleichzeitig geschehen müssen. Die rechte Hand wird bei vollkommen gestreckten Fingern auf die entsprechende Stelle des Abdomen aufgelegt, führt womöglich nur mit der Volarfläche der dritten Fingerglieder, zunächst unter sehr sanftem Drucke kleine, kreisförmige Bewegungen aus, die stets nur im Ellenbogen und Schultergelenk vor sich gehen dürfen und drückt während dieser Bewegungen die Bauchdecken successive immer tiefer und tiefer ein, bis endlich das zu massirende Infiltrat dicht zwischen den Fingern dieser Hand und dem in der Scheide liegenden Zeigefinger gefühlt wird. Bei massigeren Exsudaten führt Brandt vor Beginn der eigentlichen Massage in jeder Sitzung eine sogenannte Einleitungsmassage aus, indem er am Promontorium und der vordern Kreuzbeinfläche mit gegen dieselbe gekehrter Volarfläche der Finger kreisförmige streichende Bewegungen ausführt, welche die zahlreichen Lymphdrüsen, welche hier liegen, zunächst entleeren und zur Aufnahme neuer Lymphe tauglich machen sollen.

Um gespannte oder verkürzte Ligamente auszuzerren, den fixirten Uterus oder die Ovarien beweglich zu machen, beginnt man mit der Massage z. B. des infiltrirten Ligaments in der Nähe des Beckenrandes und schreitet unter kreisförmigen Bewegungen mit der rechten Hand successive gegen den Uterus vor, um denselben in die Medianlinie, ja sogar aus dieser in die andere Seite hinüber zu bewegen. Alle massirenden Bewegungen dürfen nur in der Stärke ausgeführt werden, dass die Patientin keine Schmerzen empfindet. Die einzelnen Sitzungen werden täglich 1—2 mal vorgenommen, richten sich in ihrer Dauer nach der Empfindlichkeit der Patientin und schwanken zwischen 2 und 15 Minuten.

Zur Herstellung des normalen Tonus der musculären Fixationsapparate des Uterus wird von Brandt endlich das sog. Uterusheben geübt. Der Operateur setzt, während die im Hüftgelenk bis zum rechten Winkel gebeugten untern Extremitäten der Patientin sich gegen sein Becken stützen, die Fingerspitzen seiner beiden stark supinirten Hände etwa in der Gegend des Promontorium auf die Bauchdecken, verschiebt die Bauchhaut bis zur Gegend der Symphyse, drückt die Fingerspitzen beider Hände dicht nebeneinander, bei fast gestreckten Armen, zwischen Symphyse und Uterus in die Beckenhöhle ein, umfasst von vorne her den Uterus und streicht ihn allmählich an der vordern Kreuzbeinfläche und am Promontorium vorbei über den Beckeneingang hinaus. Ist der Uterus ad maximum gehoben, so lässt man ihn langsam ins Becken zurücksinken und wiederholt diesen Vorgang in jeder Sitzung 2—3 mal. Zweckmässig wird dieser Handgriff, der bei retrovertirtem Uterus natürlich umgekehrt geschieht, nur mit Assistenz ausgeführt, die von der Vagina aus den Uterus zweckentsprechend nach vorne oder hinten drängt.

Versuchen wir uns zum Schluss die Wirkung der Massage zu erklären, so ist dieselbe bei Beckenexsudaten und ähnlichen Processen einfach so aufzufassen, dass sie ganz analog der Massage bei Entzündungsproducten an andern Körperstellen, durch Beförderung des Blut- und Lymphstromes von der erkrankten Partie zu der gesunden Peripherie erfolgt. Leicht verständlich ist auch der Mechanismus der Dehnung von Adhäsionen, wobei es sich offenbar um eine Combination von Beförderung des Lymph- und Blutstromes nebst mechanischer in die Länge Zerrung der Adhäsionen handelt. Schwierig zu verstehen ist nur die Wirkung der sog. Uterushebung bei Descensus und Prolapsus uteri, über welche seit dem Falle, den Brandt bei B. S. Schultze in Jena mit Erfolg behandelte, Zweifel ja auch kaum mehr bestehen können. „Bedenkt man jedoch, dass ein schwacher Muskel dadurch gestärkt werden kann, dass man ihn wiederholt passiv dehnt und ihn in die Länge zerrt, so begreift man nach Analogie mit dieser passiven Bewegung wohl auch die Wirkung der Uterushebung auf den Muskelapparat, der bestimmt ist, den Uterus in einer bestimmten Lage zu erhalten."

(Prager med. Wochenschr. 1887, No. 13.)

G. Peters (Berlin).

Toxikologie.

Ein Fall von Cocaïn-Vergiftung. Von Dr. P. Stadler in Strelno. Original-Mittheilung.

Bei einer ca. 25jährigen jungen Frau wurde behufs Extraction eines cariösen Zahnes Pinselung mit einer 20% Cocaïn-Lösung vorgenommen. Kurz nach der Extraction traten Ohnmacht und fast zugleich andauernde klonische Krämpfe ein.

Das Sehvermögen war anfangs vollständig aufgehoben, ebenso die Geschmacksempfindung; die Pupillen reagirten normal. Puls voll und regelmässig, 60 Schläge in der Minute. Geringes Druckgefühl im Kopfe und Brustbeklemmung. — Analeptica. Allmählicher Nachlass der Krämpfe und langsame Rückkehr des Sehvermögens; die Geschmacksempfindung trat etwas eher wieder ein. Während jedes Krampfanfalles war jedoch das Sehvermögen erloschen. Bei ruhiger Bettlage Abnahme aller Erscheinungen, welche jedoch bei den geringsten Bewegungen wieder mit voller Macht eintraten. Nach Verlauf von 3 Stunden 3 g Chloral. Hierauf ruhiger Schlaf. Am andern Morgen bestand nur noch ein geringes Mattigkeitsgefühl und leichter Kopfschmerz, welcher im Laufe des Tages verschwand.

Wenn Prof. Gerhardt (Therap. Monatsh. II. S. 146) auf die Möglichkeit eines schlechten Präparates hinweist, wodurch derartige Zufälle entstehen können, so möchte ich bemerken, dass ich dasselbe Präparat, in gleicher Concentration auch bei verschiedenen anderen Patienten anwandte, ohne dass auch nur die geringsten Erscheinungen einer Vergiftung eintraten. Es scheint also doch hier eine Idiosynkrasie vorgelegen zu haben. An die Möglichkeit nämlich, dass durch Verschlucken die Vergiftung hervorgerufen worden sei, ist nicht zu denken, da Patientin angiebt, nichts verschluckt zu haben und ausserdem bei der Aufpinselung keine oder nur geringe Spuren Cocaïnlösung in den Mund resp. an die Zunge gelangten.

Vergiftung einer Familie mit Vanille. Von Sanitätsrath Dr. Kuphe (Posen).

Die aus 6 Köpfen bestehende Familie eines Beamten erkrankte in den Morgenstunden des 8. Mai an denselben Erscheinungen, welche in Erbrechen, Diarrhoe, krampfartigen Schmerzen um den Nabel, kühlen Extremitäten und einem kleinen, wenig beschleunigten Pulse bestanden. Am meisten waren die beiden Dienstmädchen mitgenommen. Dieselben lagen, arg stöhnend, matt darnieder. Es konnte bald festgestellt werden, dass das letzte Abendessen die Veranlassung der Erkrankung gewesen war. Dasselbe bestand aus einem „Flammeris" mit Vanillensauce und war von Allen mit grossem Appetit verzehrt worden. Der Gedanke an irgend eine Metallvergiftung konnte sofort aufgegeben werden, da zur Bereitung der Speise kein Metallgeräth verwendet worden war.

Die ärztliche Behandlung bestand zunächst in Darreichung kleiner Dosen von Chloralhydrat, wodurch die Schmerzen schnell beseitigt wurden. Am folgenden Tage waren sämmtliche Patienten wieder genesen.

Vergiftungen durch Vanille-Eis (Gefrornes) sind bisher häufig beobachtet worden. Es ist aber dem Verf. nicht bekannt, dass auch Vergiftungen durch andere Vanillespeisen, wie durch Gefrornes, zur Cognition gekommen sind.

(Allgem. med. Central-Zeit. 30/1888).

R.

Magnesiumsulfat bei Carbolsäurevergiftung. Von George Newton (Chicago).

Einer Wöchnerin gab ihr Gatte anstatt Ricinusöl, welches ihr verordnet war, einen

Theelöffel voll 95 % Carbolsäure. Sie nahm es in einem Schluck, um über den unangenehmen Geschmack möglichst schnell hinüberzukommen, bemerkte aber sofort den Irrthum. Der Gatte eilte sofort zu N., welcher Magn. sulf. verschrieb und etwa 10 Minuten nach dem Unfall bei der Wöchnerin eintraf. Sie war ganz bewusstlos, Puls ausserordentlich unregelmässig, erst rapid und hüpfend, dann langsam schwach, der Körper in kaltem Schweiss gebadet, Hände und Füsse kalt, Respiration mühsam. Die Bewusstlosigkeit war 5 Minuten, nachdem Pat. die Carbolsäure genommen hatte, eingetreten. Patientin hatte bereits 30,0 Magn. sulf. bekommen; sie schluckte nur mühsam, indem der Versuch Krampf der Kaumuskeln verursachte. Eine subcutane Injektion von Whisky verbesserte die Herzaction und ¾ Stunde nach N.'s Ankunft begann das Bewusstsein wiederzukehren. Sie bekam nun das Magnesiumsulfat in grossen Mengen (im ganzen fast 30,0) und dazu das Weisse von 3 Eiern. Nach einer Stunde hatte sich Patientin soweit erholt, dass sie N. auf eine Stunde verliess, währenddessen sie stark erbrach. Sie bekam nun Eis auf den Hals und Eisstückchen zu schlucken. Das Bewusstsein war vollständig erst 2 Uhr Nachmittags zurückgekehrt (Frühmorgens hatte sie die Carbolsäure genommen). Der Puls war noch schwach, aber regelmässig. 2 Tage darauf erreichte die Temperatur 37,8°, kam aber nie höher. Noch eine Woche lang klagte Pat. über Schmerzen im Halse und starke Beschwerden beim Schlucken, wogegen 5 Tage hindurch Eis angewendet wurde. Die Nahrung wurde in den ersten 3 Tagen in Klystiren gegeben. Dann abwechselnd mit kleinen Dosen Milch bis zum 7. Tage. Nach 4 Wochen war sie vollständig genesen.

(*The Med. Record, 10. Dec. 1887.*) *Hippel.*

Ein Fall von Campher vergiftung. Von A. Brothers (New-York).

Es handelte sich um einen 26jährigen Mann, welcher aus Versehen Campheröl genommen hatte. Er hatte, um abzuführen, ein kleines Mädchen zum Drogisten geschickt, um für 5 Cents (10 *Pf.*) Ricinusöl zu holen. Der Drogist, welcher nicht recht verstand, was sie wollte, gab ihr Campher-Oel, wobei er zur Vorsicht den Namen der Substanz daraufschrieb. Der junge Mann bemerkte aber die Aufschrift nicht und trank auf einen Zug den ganzen Inhalt mit etwas Whisky herunter. Nach einer Stunde fühlte er sich unbehaglich. Darauf heftige Kopf- und Wadenschmerzen, Frost, Uebelkeit und allgemeine Schwäche. Die ausgeathmete Luft zeigte den scharfen Geruch nach Campher. Die Kopfschmerzen nahmen fortwährend an Heftigkeit zu und machten ihn fast rasend. Um 4 Uhr Nachmittags liess er eine kleine Menge Urin, welche nach Campher roch. Nach einem etwa einstündigen Spaziergang begab er sich zum Abendbrod, bei welchem er plötzlich todtenblass wurde, in Ohnmacht fiel und allgemeine Krämpfe bekam. Aus dem bewusstlosen Zustande erwachte er erst allmählich nach 2 Stunden. B. fand ihn um 7 Uhr noch halb bewusstlos auf dem Stuhle sitzen. Puls voll, hart, 80 in der Minute, das Gesicht war heiss, der Athem roch nach Campher, Pupille normal, keine Schmerzen in Mund, Schlund oder Magen. B. verordnete Calomel 1,2 und Kal. brom. 1,8 alle 4 Stunden. Nach der ersten Dosis erbrach Pat. sein unverdautes Abendbrod, welches stark mit Campher vermischt war. Er verbrachte eine sehr unruhige Nacht. Am nächsten Morgen fühlte er sich aber stark genug, um das Haus zu verlassen. Nach Anfrage beim Drogisten glaubt B. das Quantum des genommenen Camphers auf 9 g schätzen zu sollen. Davon müsste während der 8 Stunden, während welcher der Campher im Magen blieb, der grösste Theil resorbirt worden sein.

B. hat bei genauer Durchforschung der Litteratur 80 Fälle von Camphervergiftung gefunden. Die geringste giftige Dosis war 0,35 bis 0,1 (bei einer jungen Dame: ausserordentliche Mattigkeit und Schwäche des Pulses). Die grösste Einzeldosis, welche genommen wurde ohne den Tod herbeizuführen, war 12,0 (derselbe betraf eine sehr starke Frau, welche danach in Convulsionen und Coma verfiel, am andern Tage aber wieder gesund war). 5 Fälle gingen in Tod aus (sie betrafen 4 Kinder und 1 Frau, citirt von Taylor). Die Hauptkennzeichen der Camphervergiftung sind nach B. Convulsionen, auf welche ein halb bewusstloser Zustand folgt, und der Geruch des Campher in der Athemluft. Die Prognosis ist nach dem Alter und dem Kräftezustand der Patienten verschieden. Die Behandlung besteht in möglichster Entfernung des Giftes durch Brechmittel und Kal. brom. oder Morphium gegen die Krämpfe.

(*The Med. Record., 10. Dec. 1887.*)

Hippel.

Litteratur.

Lehrbuch der inneren Medicin für Studirende und Aerzte. Von Professor Dr. Fleischer (Erlangen). Mit Abbildungen. Erster Band. Wiesbaden, J. F. Bergmann, 1888. 8° 387 S.

Wiederum liegt ein neues Lehrbuch der inneren Medicin vor, das seiner besonderen

Vorzüge wegen die grösste Beachtung verdient und als eine willkommene Erscheinung zu begrüssen ist. Von einem hervorragenden Fachmanne ungewöhnlich zweckmässig und geschickt abgefasst, wird dasselbe voraussichtlich in kürzester Frist die Gunst des ärztlichen Publicums erringen und die allgemeinste Verbreitung finden.

Indem wir uns eine eingehendere Besprechung für später (nach Erscheinen des zweiten (Schluss-)bandes) vorbehalten, wollen wir vorläufig nur mit einigen Worten auf die wesentlichsten, dem verdienstvollen Buche zu Grunde liegenden Principien hinweisen. Dasselbe hält die Mitte zwischen den umfangreichen und den ganz kurzen Lehrbüchern, schildert in knapper, ansprechender Form die Krankheitsbilder und geht auf die Erörterung wissenschaftlicher Hypothesen und Probleme nur so weit ein, als dies für das Verständniss der Krankheitsprocesse und der Pathogenese unbedingt erforderlich ist. „Dem Studirenden soll es seine Aufgabe, auf dem Gebiete der inneren Medicin sich zurechtzufinden, erleichtern und ermöglichen, die in der Klinik, in Kursen und Vorlesungen erlangten Kenntnisse zu befestigen und zu vervollständigen. Dem Praktiker soll das Lehrbuch Gelegenheit bieten, über diese und jene, ihn gerade interessirende Frage sich rasch zu informiren."

Der eben erschienene erste Band behandelt (auf 357 Seiten) in klarer und übersichtlicher Darstellungsweise die Infectionskrankheiten, Hautkrankheiten, Krankheiten der Nase und die Kehlkopfskrankheiten. Den Infectionskrankheiten ist passend ein allgemeiner Theil vorangeschickt, der in gedrängter Kürze alles Bekannte und Wissenswerthe über die Mikroorganismen enthält. — Die Schilderung der betreffenden Krankheitsbilder ist meisterhaft gelungen. Auf die neusten Errungenschaften der pathologischen Anatomie und der Therapie ist selbstverständlich überall die grösste Rücksicht genommen.

Wer seine medicinische Bibliothek durch Anschaffung eines recht brauchbaren, auf der Höhe der Wissenschaft stehenden Lehrbuches bereichern will, dem kann das überschriftlich genannte angelegentlich empfohlen werden.

Rabow.

Arbeiten des pharmakologischen Instituts zu Dorpat. Herausgegeben von Prof. R. Kobert, Kaiserlich russischem Staatsrath. Bd. I. Verlag von Ferdinand Enke. Stuttgart 1888. VIII. u. 145.

Im Jahre 1885 hatte Kobert aus der Quillajarinde zwei Glykoside isolirt: Quillajasäure und Sapotoxin. Er bezeichnete dieselben als identisch mit den wirksamen Bestandtheilen der als Expectorans viel gebrauchten Senegawurzel und empfahl die Quillajarinde wegen ihres weniger unangenehmen Geschmackes, wegen des constanten Gehaltes an wirksamen Bestandtheilen, wegen des billigen Preises und weil sie besser von den Patienten vertragen werde, an Stelle der Senegawurzel zu benutzen. Diese Empfehlungen sind später mehrfach durch die Praxis bestätigt worden. In einer sehr werthvollen im Jahre 1887 erschienenen Arbeit: „Ueber Quillajasäure. Ein Beitrag zur Kenntniss der Saponingruppe", hat Kobert dann die Resultate seiner genaueren chemischen und physiologischen Untersuchung des einen der genannten Glykoside niedergelegt. Indem wir auf eine Wiedergabe der höchst interessanten Einzelheiten dieser Arbeit verzichten, heben wir nur folgende Punkte hervor. Die Quillajasäure ist ein Protoplasmagift. Bei subcutaner Injection erzeugt dieselbe starke locale Entzündungen. Sie besitzt eine energische, Blutkörperchen auflösende Kraft, wirkt bei directer Einführung in das Blut sehr toxisch unter Erzeugung ruhrartiger Entzündungen des Darmes und tödtet unter heftigen Krämpfen durch Lähmung des Gehirns und der Respiration, während vom Magen aus selbst 500fache Dosen ohne irgend welche Erscheinungen vertragen werden.

Kobert hat diesen Gegenstand durch seine Schüler weiter verfolgen und ausarbeiten lassen und die drei den Inhalt des vorliegenden Bandes bildenden Abhandlungen schliessen sich an die erwähnte Kobert'sche Arbeit an.

Die erste Arbeit von Dmitrij Pachorukow behandelt das Sapotoxin. Der Vf. fand dasselbe qualitativ gleich wirkend der Quillajasäure und tritt für die Benutzung der Quillajarinde an Stelle der Senegawurzel ein.

Aus der zweiten Arbeit: Ueber Senegin von Joseph Atlas ist hervorzuheben, dass die Vermuthung Kobert's, die beiden Glykoside aus der Senega seien identisch mit den Glykosiden der Quillajarinde, sich nicht bestätigt hat. Qualitativ wirken dieselben zwar gleich, quantitativ jedoch nicht, indem das Sapotoxin sich gerade 10 Mal giftiger erwies als das Senegin.

Nichtsdestoweniger befürwortet auch dieser Autor, aus den von Kobert angeführten Gründen, die Anwendung der Quillajarinde.

Die dritte Arbeit: Ueber Cyclamin von Nicolai Tufanow hat mehr pharmakologisches Interesse. Wenn das Cyclamin nach zweifellos zu derselben pharmakologischen Gruppe gehört, wie die oben genannten Stoffe, so ist seine Wirkung doch eine so von der Quillajarinde und der Senegawurzel abweichende, dass an eine Identificirung der wirksamen Bestandtheile nicht gedacht werden kann. Der Verf. warnt vor dem Gebrauch des Cyclamin zu therapeutischen Zwecken. Erwähnt sei noch, dass das Cyclamin die Fähigkeit besitzt, das Fett der Milch seiner ganzen Menge nach abzuscheiden und an der Oberfläche abzusetzen, so dass das Cyclamin zur quantitativen Fettbestimmung in der Milch verwendet werden kann.

Wenn der Herr Herausgeber die Veröffentlichung der Arbeiten in deutscher Sprache unternommen hat, in der Absicht, den Vorwurf zu widerlegen, dass die Dorpater Doctorschriften nicht den an solche Arbeiten zu stellenden strengen Anforderungen entsprächen, so ist ihm dies in vollstem Maasse gelungen. Die Arbeiten können geradezu als Muster gelten.

Langgaard.

Berliner Klinik. Sammlung klinischer Vorträge. Unter Mitwirkung hervorragender Fachmänner. Herausgegeben von Geh.-Rath Dr. E. Hahn und Prof. Dr. P. Fürbringer. Berlin 1888. Fischer's med. Buchhandlung. H. Kornfeld. 8°. 26 S.

Wenn auch einerseits zugegeben werden muss, dass die häufig laut werdende Klage über zunehmende Ueberproduction an litterarischen Erzeugnissen von zweifelhafter oder untergeordneter Bedeutung ihre volle Berechtigung hat, so darf doch andererseits nicht in Abrede gestellt werden, dass noch häufig litterarische Schöpfungen auftauchen, die schon bei ihrem ersten Erscheinen den Stempel der Gediegenheit und praktischen Brauchbarkeit tragen und vom ärztlichen Publicum freudig begrüsst zu werden verdienen. So präsentirt sich uns soeben unter dem Titel „Berliner Klinik" wiederum ein neues Unternehmen, dem die gesundesten und dankenswerthesten Bestrebungen zu Grunde liegen und für dessen Gedeihen die rühmlichst bekannten Namen der Herausgeber und Mitarbeiter hinreichende Gewähr bieten.

Wie in dem Prospect hervorgehoben wird, soll die „Berliner Klinik" in zwanglosen Heften die Bestrebungen der inneren Medicin, der Chirurgie, der Geburtshülfe und der von diesen Grunddisciplinen ausstrahlenden Specialfächer wiederspiegeln, rein theoretische Raisonnements und kritiklose Empfehlungen therapeutischer Methoden vermeiden.

Inaugurirt wird das neue Unternehmen in geeignetster Weise durch zwei hochinteressante und lehrreiche Vorträge von Prof. Senator: „Ueber Ziele und Wege der ärztlichen Thätigkeit" und „Ueber Icterus, seine Entstehung und Behandlung". Für eine Wiedergabe in kurzem Auszuge scheinen uns diese beiden vortrefflichen Abhandlungen nicht besonders geeignet; dieselben verdienen von jedem Arzte aufmerksam im Original gelesen zu werden.

Rabow.

— —

Practische Notizen
und
empfehlenswerthe Arzneiformeln.

Subcutane Antipyrininjection.

Herr Dr. v. Brincken in Hanerau schreibt uns:

Ich weiss nicht, ob bereits von anderer Seite darauf hingewiesen worden ist, dass der heftige Schmerz, den die subcutanen Antipyrininjectionen erzeugen, durch vorherige Injection einer 2 % Cocaïnlösung fast auf Null reducirt werden kann. Ich wandte die vorherige Cocaïninjection an bei 2 Fällen von Ischias und bei 1 Fall von Lumbago, stets mit demselben Erfolg. Die Patientinnen — Männer behandelte ich noch nicht damit — klagten jedoch nach der Injection von 4 Theilstrichen einer Pravaz-Spritze sämmtlich über etwas unangenehme Nachwirkung des Cocaïns: Schwächegefühl, Uebelkeit, welche gefehlt hatte bei einer Antipyrininjection. In Folge dessen setzte ich die zu injicirende Menge des Cocaïns auf 2 Theilstriche = 0,004 Cocaïn herab, wodurch noch ein hinreichend grosser Hautbezirk unempfindlich wurde. Nach 3—5 Minuten kann die Antipyrininjection folgen.

Als Syrupus antidiabeticus

bezeichnet G. Bardet (Les nouveaux remèdes 1888 und Med. chirurg. Rundschau 1888, 11) folgende Mixtur, von der täglich 2—3 Esslöffel gegeben werden:

℞ Infus. Coffeae	150,0
Antipyrini	10,0
Saccharini	0,2
Natrii bicarbon.	0,1.

Glycerinsuppositorien

hat Boas bei habitueller Stuhlverstopfung an Stelle der Glycerinclysmen (Dtsch. med. Wochenschr. 23, 1888) mit gutem Erfolge angewendet. Die Suppositorien sind die von Sauter fabrikmässig hergestellten Deckelnäpfchen, von denen die grössten die erforderliche Dosis von 1,0 Glycerin aufnehmen. 15—20 Minuten nach Application eines solchen Suppositoriums pflegt ausgiebige Stuhlentleerung zu folgen.

Als internes Zahnschmerzmittel

empfiehlt Hofmann (Prg. med. Wochenschr. 11, 1888) das Natrium salicylicum. Es ist kein radicales Mittel, es hilft nur vorübergehend. Der Schmerz erscheint immer wieder, wenn die Ursachen (Caries oder Wurzelhautentzündung) nicht beseitigt werden. Die von H. gewöhnlich angewendete Dosis ist 0,75 halbstündlich. In der Regel ist nach 2 oder 3, selten nach mehr solcher Dosen, der Schmerz für einen oder mehrere Tage beseitigt.

Neue Eisenpräparate.

Der letzte wissenschaftliche Bericht aus dem chemischen Laboratorium der bekannten Fabrik von Eugen Dieterich in Helfenberg bei Dresden (Helfenberger Annalen 1887) enthält einen Artikel über indifferente Eisenoxyd-Verbindungen, welcher auch für ärztliche Kreise von Interesse sein dürfte.

Unter indifferenten Eisenverbindungen versteht der Vf. solche Verbindungen des Eisens, welche die bekannten characteristischen Reactionen der Eisensalze nicht oder nur in vermindertem Grade zeigen. Es gehören hierher das Ferrum oxydatum saccharatum solubile der Pharmakopoe, ferner das Albuminat und Peptonat. Die Darstellung guter Präparate ist bis jetzt stets mit grossen Schwierigkeiten verknüpft gewesen. Während man bisher sich bei der Darstellung des Liquor Ferri sesquichlorati bediente, benutzte Dieterich statt dieses den Liquor Ferri oxychlorati. Hierdurch war es nicht nur möglich ein Ferrum oxydatum saccharatum zu erhalten, welches vor dem officinellen nicht unwesentliche Vortheile zu besitzen scheint, sondern es gelang auch eine ganze Anzahl neuer Eisenpräparate darzustellen.

Ferrum oxydatum saccharatum solubile 3 % Eisen enthaltend. Das neue Präparat löst sich in der Hälfte seines Gewichtes Wasser, während das der Pharmakopoe 20 Theile zur Lösung erfordert.

Neue Präparate sind:

Ferrum oxydatum galactosaccharatum solubile mit 3 % Eisen. Hellgraubraunes Pulver, in 3 Theilen Wasser löslich.

Ferrum oxydatum mannosaccharatum solubile. Eisenmannit mit 10 % Eisen. Hell-ockerbraunes, schwach eisenartig schmeckendes Pulver, in 3 Theilen Wasser klar löslich.

Ferrum oxydatum dextrinatum solubile. Ferridextrinat mit 10 % Eisen. Chokoladenbraunes Pulver in $1^1/_2$ Thl. Wasser klar löslich.

Alle genannten Präparate sind gegen Milch und eiweisshaltige Flüssigkeiten indifferent.

Hierzu kommen:

Liquor Ferri albuminati. (Nach *Drees*.) Trübe alkalisch reagirende Flüssigkeit mit 0,42 % Eisen. Gegen Milch und Eiweiss indifferent.

Liquor Ferri albuminati. Neutral reagirend. Gegen Milch indifferent, nicht aber gegen Eiweiss.

Liquor Ferri albuminati saccharatus. (Nach *Brautlecht*) mit 0,65 % Eisen, schwach alkalisch reagirend, gegen Milch und Eiweiss indifferent.

Liquor Ferri peptonati. (Nach *Pizzala*) mit 0,42 %, neutral reagirend, gegen Milch indifferent, nicht aber gegen Eiweiss.

Gelatina Ferri oxydati. Eisengelée mit 0,4 % Eisen, angenehm aromatisch schmeckend. Gegen Milch und Eiweiss indifferent.

Neuerdings dargestellt, in dem genannten Berichte aber noch nicht aufgeführt sind:

Liquor Ferri glycerinatus. Eine dunkel rothbraune dickliche Flüssigkeit mit 5 % Eisen. Ferner: Ferrum oxydat. saccharatum mit 10 %. Ferrum oxydat. galactosaccharatum mit 10 %. Ferrum oxydat. mannosaccharatum mit 10 %.

Einer brieflichen Mittheilung zu Folge werden die wässerigen Lösungen des Saccharates und Mannitates durch Einleiten von Kohlensäure zersetzt, während das Galactosaccharat und Dextrinat unverändert bleiben.

Letztere sind also als die festen Verbindungen anzusehen.

Eigene Erfahrungen über den practischen Werth der neuen Peptonate fehlen uns noch, doch dürften Versuche, namentlich mit dem neuen Saccharat, sowie mit dem Galactosaccharat, dem Mannitat und dem Dextrinat wohl gerechtfertigt sein.

Berichtigung zu dem Artikel des Herrn Prof. Oertel:

In der Anmerkung 4 auf Seite [illegible] Heft VI muss es heissen:

Ueber die in solchen Fällen dann oft lange Zeit anhaltende [illegible] der Harnsecretion auf Kosten der [illegible] habe ich mich bereits gleichfalls in den Therap. Monatsheften geäussert.

Die Redaction.

Verlag von Julius Springer in Berlin N. — Druck von Gustav Schade (Otto Francke) Berlin N.

Therapeutische Monatshefte.

1888. August.

Originalabhandlungen.

Ueber „Simulo" als Antepilepticum und Antihystericum.

Von

Prof. Dr. Eulenburg in Berlin.

Da gegenwärtig Empfehlungen einer Tinctura Simulo als Antepilepticum von englischer Seite (W. Hale White in der Lancet vom 31. März) erscheinen, die ohne Zweifel auch ihren Weg nach Deutschland finden werden, so sehe ich mich veranlasst, über die von mir schon seit 9 Monaten mit diesem Mittel gemachten Erfahrungen kurz zu berichten.

Ich machte die Bekanntschaft des Mittels in der sehr reichhaltigen Abtheilung für Pharmakologie der mit der vorjährigen Naturforscher-Versammlung in Wiesbaden verbundenen wissenschaftlichen Ausstellung, durch den dort anwesenden Vertreter von Thomas Christy & Co. (25 Lime Street, London). Die Ausstellung enthielt Simulo-Früchte und eine daraus hergestellte Tinctur. Die Früchte, von Capparis corriacea, haben — nach dem Drogenbericht von Th. Christy (September 1887) — äusserlich am meisten Aehnlichkeit mit einer getrockneten unreifen Zwetsche; sie sind ungefähr 2 cm lang, 1½ cm breit, mit einem ½—1½ cm langen Stiel versehen. Die fast steinartig harte Schale ist von aussen rothbraun, von innen hellgrün gefärbt, und enthält etwas eckige linsengrosse Samen, von mandelartigem Aussehen, aus einem weissen Kern mit graugelber Samenhülle bestehend. Die Samen sind von bitterem Geschmack und in eine extractartige braune Masse von süsslichem Geschmack eingebettet. Den eingezogenen Erkundigungen zufolge sollte das Mittel von Larrea und von Hutchison in Glasgow als Antepilepticum und Antihystericum benutzt und empfohlen worden sein, und zwar die aus den Samen bereitete Tinctur innerlich theelöffelweise. Meine Bemühungen, durch zwei hervorragende hiesige Botaniker Näheres über die Provenienz und Eigenschaften der Droge etc. in Erfahrung zu bringen, lieferten leider wenig Ausbeute. Ich erfuhr nur, dass „Capparis coriacea Burch" am Kap einheimisch und der ebenfalls dort wachsenden Capparis oleoides Burch, welche erbsengrosse knotenartige Schoten hat, sehr ähnlich sein solle; über etwaige Nutzanwendung der Pflanze in ihrer Heimath zu Heilzwecken war nichts zu ermitteln.

Die Tinctur selbst erhielt ich durch Dr. Kade's hiesige Apotheke, deren Inhaber F. Lutze auch die Freundlichkeit hatte, ein grösseres Quantum des ziemlich theuren Präparates (100 g selbst nach verbilligter Herstellung = 4 Mark) für poliklinische Zwecke zur Verfügung zu stellen. Das Mittel wurde längere Zeit hindurch bei 7 Kranken (4 Epileptischen, 3 Hysterischen) in Anwendung gezogen, wobei in der Regel mit der Einzeldosis von ½ Theelöffel begonnen und bis auf 2 Theelöffel, 2—3 mal täglich, gestiegen wurde. Irgend welche üble Nebenerscheinungen wurden selbst bei fortgesetztem Gebrauche der grösseren Dosen bisher niemals beobachtet, und scheint das Mittel in dieser Beziehung gänzlich harmlos zu sein, so dass wenigstens dem „ne noceamus" durch dasselbe entsprochen wird. Hinsichtlich der positiven Wirksamkeit bei den oben genannten Neurosen dürfte sich das Endurtheil freilich kaum so anerkennend gestalten. Als Antihystericum ist das Mittel entschieden bedeutungslos. In den drei Fällen von Hysteria gravis mit den typischen Erscheinungsformen derselben, hysteroepileptischen Anfällen u. s. w. zeigte es auch als Palliativ so geringen Nutzen, dass von seiner Verwendung in weiteren ähnlichen Fällen Abstand genommen wurde. Die allerdings von zwei Patienten angegebene temporäre Besserung ihres subjectiven Befindens konnte vielleicht mehr auf das therapeutische Novum als solches, als auf dessen pharmakodynamische Action zurückgeführt werden. Ein wenig günstigere Ergebnisse lieferte die antepileptische Verwendung; doch war eigentlich nur in einem von den hierhergehörigen 4 Versuchsfällen das Resultat ein derartiges, um wenigstens von weiteren Versuchen in dieser Richtung nicht ganz zu entmuthigen.

An ein Mittel, welches den Namen eines Antepilepticum verdienen soll, wird man, wie ich glaube, zum mindesten die Auforderung stellen müssen, dass es als Palliativ die krankhafte Disposition zu epileptischen Entladungen seitens der Grosshirnrinde, die excessive Erregbarkeit der letzteren herabsetzt; dass es die Frequenz und womöglich auch die Intensität der Anfälle, sowie deren Rückwirkung auf das Allgemeinbefinden in nachhaltiger Weise günstig beeinflusst. Die Bromide leisten dies bekanntlich in so hervorragender Weise und — bei richtiger Behandlungstechnik — im Allgemeinen auch so sicher und zuverlässig, dass sie nachgerade fast alle übrigen medicamentösen Mittel aus der Behandlung der Epileptiker verdrängt oder überflüssig gemacht zu haben scheinen. Indessen giebt es doch, wie die tägliche Erfahrung lehrt, Fälle genug, in denen es in hohem Grade erwünscht wäre, den Bromiden andere therapeutische Agentien von möglichst gleicher Wirksamkeit und verhältnissmässig gleicher Innocuität zu substituiren. Einerseits begegnen uns Fälle, in denen trotz sorgfältigster Auswahl[1]), Combination, Dosirung und Darreichung, also trotz zweckmässigster Behandlungstechnik die Bromide auf die Dauer in keiner Weise vertragen werden und die bekannten psychischen und somatischen Depressionserscheinungen u. s. w. in besorgnisserregendem Grade hervorrufen. Gewissermassen im Gegensatz dazu existirt eine (wenn auch viel beschränktere) Anzahl von Fällen, in denen die Bromide, weit entfernt beruhigend oder gar deprimirend zu wirken, vermöge einer noch unerklärten Idiosynkrasie der betreffenden Individuen heftige, bis zu Convulsionen, furibunden Delirien und maniakalischen Zuständen gesteigerte Exaltationserscheinungen zur Folge haben: wie ich dies allerdings nur dreimal in exquisiter Weise beobachtete. Endlich aber giebt es Fälle genug, in denen die Bromtherapie selbst bei möglichster Steigerung der Dosis und bei ausdauerndster Anwendung eine nur ungenügende Wirkung insofern entfaltet, als es nicht gelingt, die Frequenz (und Intensität) der Anfälle über ein gewisses Mass hinaus — auch nur bis zu wochen- und monatelangen Intervallen — herabzudrücken und somit den Kranken das Gefühl einer wenigstens temporären Sicherung vor den gefürchteten Krankheitsmanifestationen zu geben. — Fälle dieser drei Categorien insbesondere sind es, welche die zeitweise oder bleibende Substituirung der Brompräparate durch anderweitige, den oben formulirten Anforderungen entsprechende Medicamente so wünschenswerth machen. Wenn wir nun hierauf die von Tinct. Simulo erhaltenen Wirkungen prüfen, so muss es als höchst zweifelhaft erscheinen, ob wir in dieser Tinctur ein zum Ersatz der Brompräparate irgendwie geeignetes und ausreichendes Arzneimittel besitzen. In 3 unter 4 Fällen zeigte sich die Wirkung der Simulotinctur offenbar schwächer und unsicherer als die der Bromide bei mittlerer (6—9 g betragender) Tagesdosis; nur an einem einzigen, der dritten obigen Categorie zuzurechnenden Falle konnte vorübergehend von einer Superiorität der Wirkung gegenüber den Bromiden — jedoch immerhin noch bei insufficienter Gesammtwirkung beider Mittel — gesprochen werden. Dieser Fall betraf einen 18jährigen Mann mit seit 7 Jahren bestehender Epilepsie auf familiär neuropathischer Grundlage; äusserst häufige Anfälle von classischer Epilepsie und von petit mal (bei allmählich anwachsenden Intervallärsymptomen), die auch durch jahrelangen Gebrauch der Bromide in Tagesdosen bis zu 12 g nicht weiter als auf 5—8 kleinere oder grössere Anfälle in der Woche reducirt werden konnten. Der Gebrauch von Simulo leistete erst dann etwas, als bis zu den grösseren Dosen ($1\frac{1}{2}$—2 Theelöffel, 2—3 mal täglich) gestiegen worden war; alsdann gelang es, die Anfälle auf 2 bis 5 — niemals weniger als 2 — in der Woche herabzudrücken, wobei Patient eine Zeit lang sich kräftiger und frischer, im Ganzen leistungsfähiger zu fühlen glaubte, als beim Gebrauch der Bromide. Ueber fünf Monate hindurch wurde der Versuch in der Weise fortgesetzt, dass Patient 1—2 Wochen nur Simulo, dann ebenso lange die Bromsalzcomposition (10 g täglich) einnahm; fast ausnahmslos war dabei die Zahl der Anfälle in den Wochen des Simulo-Gebrauches etwas geringer und das subjective Befinden besser als in den Wochen des Gebrauches der Bromide. Später stellte sich ein combinirtes Verfahren als zweckmässig heraus, indem Patient ausser ca. 5 g — also halber Gesammtdosis — von Bromiden noch zwei Theelöffel Simulotinctur, auf zwei Einzeldosen vertheilt, innerlich gebrauchte und bei dieser Medication ungefähr dasselbe Resultat erzielte, wie beim alleinigen Gebrauche der grösseren Simulodosen. Schliesslich versagte jedoch auch dieses Verfahren; die Zahl der Anfälle stieg wieder; Patient befand sich in den Intervallen schlechter

[1]) Ich bediene mich in der Privatpraxis seit Jahren fast ausschliesslich des „Bromwassers" (nach Erlenmeyer), sowie der sog. aufbrausenden Bromsalze nach Neuss und Sandow; letztere, überdies durch relative Billigkeit ausgezeichnete Präparate sind insbesondere für den Aufenthalt auf dem Lande, in kleineren Orten sowie auf Reisen u. s. w. sehr zu empfehlen.

und drang enttäuscht selbst darauf, die Simulo-Behandlung zu suspendiren.

Nach diesen allerdings nicht sehr ausgedehnten Erfahrungen möchte ich die **Simulotinctur als Antepilepticum für nicht gerade gänzlich wirkungslos ansehen** — glaube aber doch aussprechen zu können, dass dieselbe im Allgemeinen **den Brompräparaten auch nicht entfernt gleichzustellen** ist und höchstens in seltenen Ausnahmefällen sich zur Substitution, oder allenfalls zur Combination mit den Bromsalzen eignet. Sehr wünschenswerth wäre es übrigens, dass recht bald von berufener Seite die pharmako-dynamische Wirkung der Droge einer Prüfung unterzogen und eventuell der wirksame Bestandtheil derselben isolirt dargestellt würde.

—

Ueber Acetphenetidin.

Von

Dr. Friedrich Müller,

Assistent der II. med. Klinik in Berlin.

(Vortrag, gehalten im Verein für innere Medicin am 2. Juli 1888.)

Kurz nach dem Auftreten eines neuen Antipyreticums pflegen eine grosse Menge von klinischen Berichten über die Brauchbarkeit desselben zu erscheinen, und so haben auch die letzten Wochen und Monate eine Fülle von interessanten Mittheilungen aus Deutschland, England und Frankreich über das Acetphenetidin gebracht. Es sei deshalb gestattet, nur ganz in Kürze und ohne auf Einzelheiten einzugehen, die Erfahrungen mitzutheilen, welche auf der Klinik des Herrn Geh. Medicinalrathes **Gerhardt** bei der Anwendung dieses neuen Mittels gesammelt worden sind:

Das Acetphenetidin oder Phenacetin, wie es aus technischen Gründen genannt worden ist, steht in seiner chemischen Constitution bekanntlich dem Acetanilid oder Antifebrin sehr nahe, und dementsprechend ist auch seine **antipyretische Wirkung** eine ähnliche. Zahlreiche Versuche an fiebernden Kranken, und zwar an Typhus, Erysipel, Phthisis und Puerperalfieber haben mir ergeben, dass Dosen von 0,5 bis 0,75 bei Erwachsenen die erhöhte Temperatur mit Sicherheit herabsetzen; nur selten war ein ganzes Gramm nothwendig. Der Temperaturabfall erfolgte im Laufe von 1—4 Stunden, war in den meisten Fällen von Schweiss, aber nicht von unangenehmen Sensationen begleitet. Während der Apyrexie, die 3 bis 5 Stunden, selten länger dauerte, fühlten sich die Kranken ziemlich wohl, hatten nicht selten grösseren Appetit, und schliefen viel. Darnach erfolgte, in ähnlicher Weise wie der Temperaturabfall, auch der Wiederanstieg, und zwar in der grössten Zahl der Fälle ohne Frost, niemals mit wirklichem Schüttelfrost. Dieser Vorgang kann dann beliebig oft wiederholt werden, und man kann es dahin bringen, dass die Kranken statt einer Febris continua eine Febris intermittens darbieten. Doch ist damit den Kranken meist wenig gedient; sie werden durch den häufigen Wechsel von Temperaturabfall und Anstieg, von Schweiss und Frost beunruhigt, und einige meiner Patienten zogen ihr Fieber der antipyretischen Behandlung entschieden vor, sie wollten von einer weiteren Anwendung des „Schwitzpulvers", wie sie es nannten, nichts wissen. Es lag deshalb nahe, das Mittel in ähnlicher Weise, wie es **Ehrlich** für das Thallin eingeführt hat, continuirlich zu geben, um eine dauernde Apyrexie zu erzielen. Dies Verfahren führt jedoch nur selten zum Ziel; nur bei den wenigsten Fällen lässt sich dauernde Fieberlosigkeit erzielen, bei den meisten steigt trotz der continuirlichen Darreichung das Fieber zwischenhinein auf Stunden recht bedeutend an. Es verhält sich dann die Temperaturcurve etwa ähnlich wie die Oberfläche einer Flüssigkeit. Je tiefer und breiter ein Wellenthal ist, das man durch einen brüsken Eingriff hervorruft, desto höher und steiler ist der darauf folgende Wellenberg. Das septische Fieber, das Eiterfieber, und das dem Eiterfieber so nahe verwandte Fieber der Phthisis pulmonum scheinen der continuirlichen Behandlung ganz besonders wenig zugänglich zu sein. Ausserdem stösst diese Behandlungsmethode noch auf folgendes Hinderniss: Schon nach wenigen Tagen tritt Angewöhnung an das Mittel ein, man muss höhere und höhere Dosen geben, um Apyrexie zu erzeugen, und es kommt schliesslich zu so hohen Tagesgaben, dass sie gefährlich werden können. So habe ich bei einem Fall von hochgradiger Lungentuberculose und bei einem Gesichtserysipel, welche mit Tagesdosen bis zu 6 resp. 8 Gramm Phenacetin in continuirlicher Weise behandelt worden waren, deutliche Cyanose beobachtet; besonders in dem geschwollenen Gesicht der zweiten Kranken war die Blaufärbung sehr auffallend und erschreckend. Die Untersuchung des Bluts hat in beiden Fällen **Methaemoglobin** ergeben. In beiden Fällen gingen übrigens diese Erscheinungen nach Aussetzen des Mittels nach einem Tage wieder zurück. Ein Einfluss des Mittels auf den Gesammtverlauf einer Krankheit konnte weder im günstigen noch auch im ungünstigen Sinne jemals bemerkt werden. Typhus, Sepsis puerperalis, Phthisis pulmonum machten unter Phenacetingebrauch denselben Ablauf als wie vorher, und Gesichtserysipel schritt auch während der künstlichen Apyrexie in schmerzhafter Weise vorwärts.

Das Acetphenetidin leistet also als Antipyreticum nicht mehr, aber auch nicht weniger als die übrigen Antipyretica, z. B. das Antipyrin, aber es hat den erheblichen Vortheil vor den anderen voraus, dass seine Nebenwirkungen viel weniger unangenehm sind. Das Mittel ist ganz geschmacklos und deshalb sehr leicht zu nehmen. Erbrechen und Magenbeschwerden kommen nur ganz ausnahmsweise selten vor, Ohrensausen oder Exantheme konnte ich niemals beobachten. Auch waren niemals Albuminurie oder andere Zeichen von Nierenreizung zu constatiren; nur in einigen Fällen schien es, als ob das Phenacetin das Auftreten von Diarrhöen begünstigte. Cyanose und Methaemoglobinaemie wurden, wie gesagt, nur in zwei Fällen, die mit sehr hohen Dosen überschwemmt worden waren, beobachtet; sehr zahlreiche Blutuntersuchungen bei anderen Patienten, denen z. Th. auch Tagesgaben bis zu 5 Gramm längere Zeit hindurch verabreicht worden waren, haben dagegen niemals mehr die Anwesenheit von Methaemoglobin erwiesen. Wahrscheinlich dürften sich sowohl Cyanose als auch Methaemoglobinaemie ganz vermeiden lassen bei Annahme einer Maximaldosis von 5,0 Gramm *pro die*. Auch in der Literatur fand ich Cyanose nur dreimal, von v. Jaksch, Lépine und Lindmann erwähnt.

Cyanose und Methaemoglobinaemie ist dagegen bekanntermassen ein sehr viel häufigeres Symptom bei der Darreichung von Acetanilid, indem, wie ich vor einem Jahre gezeigt habe, aus diesem im Organismus Anilin abgespalten wird, und auf das Blut seine giftige Wirkung ausübt. Diese Thatsache, die auch von Lépine urgirt wird, dass das Phenacetin auf das Blut eine sehr viel weniger gefährliche Wirkung ausübt als das Antifebrin, dürfte, nachdem gerade die Litteratur der letzten Monate eine ganze Reihe von Antifebrinvergiftungen gebracht hat, dem Acetphenetidin den entschiedenen Vorrang vor dem Acetanilid verschaffen und es dem Antipyrin ebenbürtig an die Seite stellen.

Ebenso wie einer ganzen Reihe von antipyretischen Mitteln, dem Chinin, Antipyrin und Antifebrin kommt auch dem Phenacetin in hohem Masse die Eigenschaft zu, Nervenschmerzen zu beruhigen. Das Mittel wurde mit grossem Erfolge angewandt bei Kopfschmerzen in Folge gynaekologischer Affectionen, bei den oft so quälenden Kopfschmerzen der Herzkranken, und vor allem bei typischer Migräne. Binnen kurzer Zeit hatte sich das Phenacetin einen derartigen Credit als Kopfwehmittel auf der Weiberabtheilung erworben, dass die Kranken darum baten. Man darf jedoch nicht zu zaghaft mit der Dose sein; während 0,75 Gramm hinreichen, um eine Körpertemperatur von 40° auf die Norm herabzusetzen, müssen bei Kopfweh nicht selten 2, 3, ja 5 Gramm *pro die* gegeben werden, um einen vollen Erfolg zu erzielen, und dabei sinkt die normale Temperatur kaum um ein paar Zehntel Grad!

Auch bei Ischias und einigen anderen Neuralgien wurden die Schmerzen durch Phenacetin wirksam bekämpft. Ohne Erfolg wurde das Mittel gegeben bei Kopfschmerzen in Folge organischer Hirnkrankheit, Tumor, Abscess, ferner bei Uraemie, bei Schreckneurose. Auch bei den lancinirenden und Gürtelschmerzen der Tabischen, sowie bei gastrischen Krisen habe ich im Gegensatz zu andern Beobachtern niemals einen nennenswerthen Erfolg gesehen. Ferner wurde Phenacetin ohne jedes Resultat angewandt in 3 Fällen von Chorea. Freilich waren dies Fälle, bei denen auch zahlreiche andere Mittel ohne Erfolg geblieben waren. Diese Misserfolge stehen aber an Zahl so zurück gegen die günstigen Resultate, dass man wohl annehmen darf, das Phenacetin werde sich in der Behandlung der Kopfschmerzen, vor allem der Migräne, sowie mancher andrer Nervenschmerzen einen dauernden Platz erwerben und dem Antipyrin und Antifebrin in keiner Weise nachstehen.

Nachdem nun schon drei antipyretische Mittel, die Salicylsäure, das Antipyrin und das Antifebrin als Specifica gegen den acuten Gelenkrheumatismus sich bewährt hatten, lag es nahe auch das Acetphenetidin bei dieser Krankheit in Anwendung zu ziehen. Unter 24 Fällen von Gelenkrheumatismus zeigten 15 sofortiges Aufhören des Fiebers und Nachlass der Gelenkschwellung und -schmerzhaftigkeit, die nach 2—9 Tagen völlig verschwand; in 4 Fällen war nur eine Besserung, keine Heilung zu erzielen, in 6 Fällen wurde der Zustand nicht beeinflusst. Von diesen 6 Fällen waren 2 gonorrhoischen Ursprungs, 2 waren als chronische Gelenkrheumatismen aufzufassen, in einem Fall wurde nach dem Acetphenetidin Antipyrin gegeben und damit Heilung erzielt.

In mehreren Fällen wurden die Kranken nach 2—4 Tagen schmerz- und fieberfrei, aber es blieb ein leichtes Gefühl von Spannung in den befallenen Gliedern zurück; diese Reste konnten dann durch eine einmalige Dose Salicylsäure oder durch Massiren beseitigt werden.

Acetphenetidin verhindert das Auftreten von Endocarditis und Pericarditis im Verlauf der Rheumarthritis ebensowenig wie die Salicylsäure; Recidive des Gelenkrheumatismus entwickelten sich unter Phenacetingebrauch ebenso wie bei Antipyringebrauch, doch anscheinend nicht so häufig.

Fassen wir das Gesagte zusammen, so ergiebt sich, dass das Phenacetin sowohl als Antipyreticum und Antirheumaticum als auch vor allem als Antineuralgicum in ebenbürtige Reihe zu stellen ist mit Antipyrin und Antifebrin, dass es aber vor letzterem den Vorzug der Ungefährlichkeit voraus hat.

Zum Schlusse seien noch einige Bemerkungen mehr chemischen Inhalts gestattet.

Das Acetphenetidin ist ein aethylirtes Paraamidophenol (Phenetidin), dass dann acetylirt worden ist[1]).

Das Acetphenetidin wird weder von saurem Magensaft oder Pepsinsalzsäure, noch auch von alkalischem Pankreasauszug gespalten, und man muss demnach wohl annehmen, dass das in kaltem Wasser fast ganz unlösliche, in warmem Wasser nur wenig lösliche Mittel unverändert resorbirt wird. Im Stuhlgang fand sich auch nach grossen Dosen weder Acetphenetidin noch eines seiner Derivate vor. Im Harn findet sich unverändertes Acetphenetidin nicht vor, dagegen lässt sich sowohl im alkalischen Aetherextract des Harns als auch im Harn direct die Anwesenheit von Phenetidin erweisen: Führt man nämlich das Phenetidin in die Diazoverbindung über, so giebt diese mit Naphtol oder Phenol eine prachtvolle purpurrothe resp. gelbe Farbe. Im Harn lässt sich diese Reaction am besten so anstellen, dass man denselben im Reagensrohr mit etwa 2 Tropfen Salzsäure und ebensoviel einer 1% Natriumnitritlösung versetzt. Fügt man nun einige Tropfen einer alkalischen wässrigen α-Naphtollösung zu und macht alkalisch, so entsteht eine prachtvolle Rothfärbung, die bei nachträglichem Ansäuren mit HCl in Violett übergeht. Nimmt man statt α-Naphtol Carbolsäure, so entsteht in alkalischer Lösung eine citronengelbe, in saurer eine rosarothe Farbe. Alle diese Farbstoffe lassen sich am besten als solche erkennen, wenn man sie auf Filtrirpapier ausgiesst. Diese Reaction wird von Paraamidophenol nicht erhalten. Mit Eisenchlorid giebt der Harn nach grösseren Phenacetindosen bisweilen eine Rothfärbung, die bei stärkerem Eisenchloridzusatz in schwarzgrün übergeht. Diese Reaction dürfte wohl auch, wenigstens zum Theil, durch die Anwesenheit von Phenetidin bedingt sein. Aehnliche Färbungen des Harns werden auch durch Chromsäure, Chlorkalk und andere Oxydantien erzielt. — Ausserdem liess sich constatiren, dass der Harn nach Phenacetingebrauch das polarisirte Licht nach links ablenkte, und zwar stieg diese Linksdrehung mit der Erhöhung der Dose. So wurde z. B. nach mehrtägigem Gebrauch von 6,0 g Phenacetin in einer Urin-Tagesmenge von 850 ccm eine Linksdrehung von 1,33° beobachtet, bei Darreichung von 2,0 g in 500 cc Harn eine Linksdrehung von 0,6° (Röhrenlänge 20 cm). Der Harn reducirte alkalische Kupferoxydlösung, gab jedoch bei der Gährungsprobe ein negatives Resultat. Es ist demnach wohl anzunehmen, dass der Harn eine Glycuronsäureverbindung enthielt. Ausserdem liess sich nach grösseren Phenacetingaben eine Vermehrung der gepaarten Schwefelsäure nachweisen. So wurde bei der oben erwähnten Patientin, welche 5,0 g Acetphenetidin täglich bekommen hatte, eine Urin-Tagesmenge von 850 ccm mit einem spec. Gew. von 1020 beobachtet. In 100 ccm Harn waren enthalten

Gesammt Schwefelsäure 0,1580 g
gebundene Schwefelsäure 0,0722 g

also eine Tagesmenge von 0,614 g gebundener Schwefelsäure und ein Verhältniss der letzteren zur ersteren wie 1 : 2,19.

Das Acetphenetidin wurde am Tage darauf ausgesetzt. Drei Tage später waren bei einer Harnmenge von 700 ccm und einem spec. Gewicht von 1022 in 100 ccm Harn enthalten:

Gesammt Schwefelsäure 0,1668 g
gebundene Schwefelsäure 0,0142 g

also eine Tagesmenge von 0,0994 g gebundener Schwefelsäure und ein Verhältniss der gebundenen zur gesammten Schwefelsäure wie 1 : 11,74.

Zur Entfernung des Phenetidins wurde der alkalische Harn mit mehrfach erneuten grossen Mengen von Aether andauernd ausgeschüttelt, hierauf mit concentrirter Salzsäure einige Stunden lang am Rückfluss-

[1]) Die Fabrik F. Bayer & Co. in Elberfeld hatte nicht nur die Liebenswürdigkeit, der II. med. Klinik mehrmals grössere Quantitäten von Acetphenetidin zuzusenden, sondern auch mir zu Versuchen Phenetidin und andere einschlägige Präparate zur Verfügung zu stellen. Besonderen Dank schulde ich dem Chemiker der Fabrik, Herrn Dr. Duisberg, für seine gütige Informirung und Unterstützung.

kühler gekocht, alkalisch gemacht und mit Aether ausgeschüttelt. Das Aetherextract wurde abdestillirt, mit schwacher Salzsäure aufgenommen und nach den von Jaffé[2]) gegebenen Vorschriften weiter behandelt. Es resultirten trotz des Umkrystallisirens aus Schwefelwasserstoffwasser immer wieder braun gefärbte Krystalle, deren Menge, auch bei wiederholter Verarbeitung mehrerer Liter Harn, so gering war, dass sie zu einer Elementaranalyse nicht hinreichte.

Die wässerige Lösung derselben ergab starke Indophenol- und Indonaphtolreaction, färbte sich mit Eisenchlorid dunkel, mit Chlorkalk hellgelbgrün. Es ist somit höchst wahrscheinlich, dass es sich um Paramidophenol handelte, das an Glycuronsäure und Schwefelsäure gepaart im Harn ausgeschieden worden war.

Es hat also im Organismus nicht nur eine Abspaltung der Acetylgruppe stattgefunden, in ähnlicher Weise wie es für das Acetanilid von Jaffé und Hilbert und von mir[3]) nachgewiesen worden ist, sondern es hat noch ein weiterer Abbau stattgefunden, indem auch zum Theil die Aethylgruppe abgetrennt worden ist. Daraus aber, dass aus dem Phenacetin im Organismus zwei ziemlich indifferente Körper, das Phenetidin[4]) und das Paramidophenol entstehen, während aus dem Acetanilid ein viel intensiver wirkendes Blutgift, das Anilin, abgespalten wird, dürfte die grössere Giftigkeit des Antifebrin und die relative Ungefährlichkeit des Acetphenetidin zu erklären sein.

Im sauren Aetherextract des ursprünglichen oder des mit HCl gekochten Phenacetin-Harns habe ich keine ähnlichen Körper auffinden können, wie sie Jaffé und Hilbert nach Acetanilidfütterung bei Hunden entdeckt haben.

Dagegen wurde aus dem Harn einer hochfiebernden Kranken, die mit 2,0 g Acetphenetidin behandelt worden war, aus dem Aetherextract des mit HCl gekochten schwach sauren Harns ein krystallinischer rothgelber Farbstoff extrahirt, der in Wasser unlöslich ist, und der mit concentrirter Salz- und Schwefelsäure eine prachtvolle, dem Methylviolett ähnliche Farbe giebt. Diese Farbe wird jedoch bereits durch Wasser wieder dissociirt, und der Körper stellt demnach nur eine schwache Farbbase dar. Die Menge des aus einem Tagesquantum Harn dargestellten und durch zweimaliges Umkrystallisiren gereinigten Farbstoffs betrug 6 Milligramm. Aus dem Harn einer nicht fiebernden Kranken gelang es mir nicht, diesen Körper darzustellen.

Zum Schlusse sei noch erwähnt, dass das Acetphenetidin so gut wie gar keine antiseptischen Eigenschaften besitzt. Es verhinderte weder die Fäulniss von Harn oder von Pankreasaufgüssen, noch auch das Wachsen verschiedener Bacterienreinculturen. Es bestätigt sich also auch hier wieder der schon früher von mir und Engel[5]) aufgestellte Satz, dass zwischen der antipyretischen und antiseptischen Wirksamkeit der Fiebermittel keine Parallele besteht, und dass somit die erstere nicht in ursächlichen Zusammenhang mit der letzteren gebracht werden kann.

[2]) Jaffé u. Hilbert, Zeitschrift f. physiolog. Chemie XII. Heft 4.

[3]) Fr. Müller, Deutsche med. Wochenschrift 1887 No. 8.

[4]) Erst in sehr grossen Dosen (1—2 Gramm bei mittelgrossen Kaninchen) erzeugt auch das salzsaure Phenetidin Methaemoglobinaemie und Vergiftungserscheinungen.

[5]) Mittheilungen der medicinischen Klinik zu Würzburg II. Band 1886. pag. 148.

Erwiderung an Herrn Kobert, betreffend Salol und Betol.

Von
Prof. H. Sahli in Bern.

In seinem Artikel im Maiheft dieser Zeitschrift fühlt sich Herr Kobert neuerdings veranlasst von der Anwendung des Salols abzurathen und dafür das Betol zu empfehlen. Die Gründe, welche K. gegen das Salol anführt, sind auch jetzt wieder wesentlich theoretischer Natur. Kobert stützt sich auf die Thatsache, dass bei der Darreichung von Salol im Körper Phenol frei wird und sieht hierin eine grosse Gefahr. Als Verf. seine ersten Versuche mit Salol anstellte war er sich der Bedenken wegen des Phenolgehaltes wohl bewusst. Jene ersten Versuche waren daher auch schüchtern und vorsichtig. Als aber die Erfahrung lehrte, dass selbst grosse Dosen Salol in weitaus den meisten Fällen gut vertragen wurden, glaubte er die theoretischen Überlegungen der practischen Erfahrung unterordnen zu müssen, wie dies in der modernen Naturwissenschaft zum grossen Vortheil des Fortschrittes üblich geworden ist. Umgekehrt Herr Kobert. Er kommt immer wieder auf die alten Speculationen zurück. Er bringt keine Statistik zu Ungunsten des Salols, sondern führt gegen diesen Körper die ganze Wucht der chirurgischen Carbolsäurevergiftungen in's

Feld. Diese beiden Dinge haben miteinander in Wirklichkeit nichts zu thun, und die Kampfesweise des Herrn Kobert erscheint mir deshalb zum mindesten unlogisch. Vor allem ist daran zu erinnern, dass die meisten Carbolvergiftungen darauf zurückzuführen sind, dass die resorbirten Carbolmengen bei der äusserlichen Application sich jeder Controlle entziehen und dass dabei die Resorption auch eine sehr rasche ist. Anders bei der Saloldarreichung. Hier stehen die eingeführten Phenolmengen unter der Controlle von Waage und Gewicht, und wenn dabei die Erfahrung lehrt, dass selbst relativ grosse Dosen Phenol in der Form von Salol dem Körper einverleibt werden können, Dosen, welche die Maximaldose der innerlich dargereichten Carbolsäure bei Weitem übertreffen, so dürfte dies einerseits darauf zurückzuführen sein, dass in ganz grossen Dosen das Salol vielleicht zum Theil als solches resorbirt wird, andrerseits darauf, dass die Abspaltung des Phenols aus dem Salol eine sehr allmähliche ist, so dass die Phenolmenge nur allmählich zur Wirkung gelangt und dabei successive immer wieder ausgeschieden oder mit Schwefelsäure resp. Glycuronsäure gepaart unschädlich gemacht wird. Jedenfalls lässt sich über die Thatsache nicht streiten, dass Salol nicht Carbolsäure ist und dass die für den letzteren Körper geltenden Maximaldosen keine Anwendung auf die in dem Salol enthaltenen Phenolmengen finden. Dabei betone ich nochmals, dass ich keineswegs leugne, dass auch das Salol mitunter unerwünschte Nebenwirkungen hat, die wahrscheinlich zum Theil (aber nur zum Theil) auch dem Phenolcomponenten zur Last fallen, dass es Leute giebt, welche das Präparat nicht vertragen; aber all das ist nicht schlimmer als dasjenige, was wir bei jeder wirksamen Substanz zuweilen sehen und zwar hauptsächlich dann, wenn wir therapeutisch nicht mit der nöthigen Vorsicht zu Werke gehen.

Soviel über den negativen Theil der Kobert'schen Arbeit. Was nun den positiven Theil derselben, nämlich die Empfehlung des Betols betrifft, so muss ich von vornherein erklären, dass ich, wie aus meiner früheren Mittheilung hervorgeht, bei weitem kein so fanatischer Gegner dieses Körpers bin, wie Kobert für das Salol. Im Gegentheil habe ich ja seine Nichtgiftigkeit, beruhend auf seiner schweren Spaltbarkeit, vollkommen anerkannt. Nur kann ich den „Trost" nicht recht einsehen, den Kobert in dieser schweren Spaltbarkeit findet. Wenn das Betol nicht gespalten wird, so wirkt es auch nicht, und darum ist die Ungiftigkeit ein zweifelhafter Gewinn. Es gilt dies nicht nur für die Allgemeinwirkung, sondern auch für die Localwirkung auf den Darm. Es ist mir unverständlich, wie Kobert auf der einen Seite dem ungespaltenen Betol jede, auch die antiseptische Wirkung absprechen und dennoch gleichzeitig den grösstentheils in unzersetztem Zustand erfolgenden Durchgang des Körpers durch den Darm als einen grossen „Trost" und Vorzug bezeichnen kann.

Kobert hat auch die eigentlich toxischen Wirkungen des Salols und Betols an Thieren mit massiven Dosen geprüft. Wenn ich auch von dem auffallenden Umstand absehe, dass es Kobert als der Vertreter einer exacten Wissenschaft nicht für nöthig hielt, die Dosen, die er dabei angewandt, zu definiren, so muss ich doch hervorheben, dass das Ausbleiben toxischer Wirkungen beim Betol auch hier nicht so ohne Weiteres als ein Vortheil angesehen werden dürfte. Ein Körper der auch in massiven Dosen nicht toxisch wirkt, gilt sonst als unwirksam, und umgekehrt wirken gerade die heilsamsten Substanzen in grossen Dosen regelmässig toxisch. Ich halte es nicht für nöthig, auf die übrigen Punkte der Kobert'schen Arbeit einzugehen. Ich habe den Eindruck gewonnen, dass die letztere weit mehr durch den rothen Faden der Tendenz als durch denjenigen der Logik zusammengehalten wird und betrachte hiermit meinerseits die Discussion über den Gegenstand als geschlossen.

(Aus der psychiatrischen Klinik zu Freiburg i. B.)

Untersuchungen über die Einwirkung einiger der gebräuchlichsten Schlafmittel auf den Verdauungsprocess.

Von

Dr. August Cramer,
I. Assistenten der Klinik.

Bei Arzneimitteln, welche wie die Hypnotica längere Zeit in relativ grossen Quantitäten Tage, Wochen und Monate lang dem Organismus zugeführt werden, dürfte meines Erachtens eine Frage eingehendere Berücksichtigung verdienen, als ihr bisher zu Theil geworden ist, nämlich die nach dem Einfluss des Mittels auf die Verdauung. Es genügt dabei offenbar nicht, sich auf den allgemeinen Eindruck zu beschränken, dass etwa unter dem Gebrauche des einen oder des anderen Mittels der Appetit der Kranken vermindert oder herabgesetzt wird, vielmehr erschien es geboten, durch exacte physiologische

Methoden eine sichere Grundlage für die empirischen Feststellungen der klinischen Beobachtung zu schaffen. Diese Möglichkeit eröffnet aber zunächst nur der künstliche Verdauungsversuch. Die Fragen, welche ich mir bei meinen Untersuchungen vorlegte, waren im Wesentlichen folgende: Wie verhalten sich die bisher gebräuchlichen Schlafmittel, Chloral, Paraldehyd, Amylenhydrat und Sulfonal[1]) zur Wirkung 1. des Speichels, 2. des Magensaftes, 3. des Pankreassaftes?

1. Verhalten von Paraldehyd, Amylenhydrat und Sulfonal[2]) zur diastatischen Wirkung des Speichels.

Methode. 10 cc gemischten Mundspeichels werden mit der gleichen Menge destillirten Wassers versetzt, gut durchgeschüttelt und in 2 gleiche Theile getheilt. Beide Theile werden gleichzeitig mit 50 cc dünnflüssigen Stärkekleisters versetzt. Zu Theil II wird ausserdem 1 g Paraldehyd oder Amylenhydrat oder Sulfonal hinzugefügt, und hierauf beide Theile tüchtig durchgeschüttelt während 4 Stunden im Brütofen einer Temperatur von 40° ausgesetzt.

Sodann werden beide Proben gleichzeitig aus dem Brutofen entfernt und zu gleicher Zeit auf 100° erhitzt, um durch Zerstörung des Fermentes die weitere Zuckerbildung zu sistiren. Der Zuckergehalt beider Theile wird durch Titriren mit Fehling'scher Lösung ermittelt.

Die in beistehender Tabelle zusammengestellten Resultate ergaben, dass weder Sulfonal noch Amylenhydrat und Paraldehyd in der angewandten Dosis im Stande sind, die saccharificirende Wirkung des Speichels wesentlich zu beeinträchtigen.

Tabelle I.

No. des Versuchs	Ohne Zusatz	Mit Sulfonal 1,0	Mit Paraldehyd 1,0	Mit Amylenhydrat 1,0
1	0,20	0,23	—	—
2	1,42	1,11	—	—
3	0,31	—	0,33	0,34
4	0,12	0,12	—	—
5	0,12	—	0,11	—
6	0,12	—	—	0,11
7	0,44	0,44	—	—
8	0,38	—	0,38	—
9	0,46	—	—	0,47
10	0,31	—	0,30	—
11	0,35	—	0,33	—
12	0,47	—	0,48	—
13	0,44	0,42	—	—

Zucker in gr.

[1]) Bezogen von den Farbenfabriken vormals Friedr. Bayer & Co., Elberfeld.

[2]) Chloral konnte wegen seines Reductionsvermögens zu diesen Versuchen nicht verwandt werden.

Das Unvermögen des Paraldehyds und Amylenhydrats alkalische Kupferlösung zu reduciren, wurde durch Versuche festgestellt.

2. Wie verhält sich Chloral, Paraldehyd, Amylenhydrat und Sulfonal zur Fibrinverdauung künstlichen Magensaftes?

Methode. In einer ersten Versuchsreihe wurden 3 Kölbchen mit je 20 cc desselben künstlichen Magensafts[2]) beschickt. Kölbchen 2 und 3 werden mit je 1 g Chloral oder Paraldehyd oder Amylenhydrat oder Sulfonal versetzt, während Kölbchen 1 zur Controle ohne Zusatz belassen wird. Hierauf wird gleichzeitig zu allen 3 Kölbchen sorgfältig ausgewaschenes, rein weisses, gleichmässig behandeltes und zerkleinertes Fibrin in gleicher Menge hinzugefügt und die 3 Kölbchen zugedeckt zu gleicher Zeit auf ein Wasserbad gebracht, dieser Zeitmoment notirt und abgewartet, bis das Fibrin in den einzelnen Kölbchen verdaut ist. Der Zeitpunkt der Beendigung der Verdauung in den einzelnen Kölbchen wurde ebenfalls notirt. Als Endpunkt der Verdauung wurde betrachtet, wenn sich in dem gegen Licht gehaltenen Kölbchen kein zusammenhängendes Fibrinflöckchen mehr erkennen liess und nur noch eine geringe Menge einer gleichförmig pulverigen Masse sichtbar war. Auf diese Weise war es möglich, eine etwaige Differenz in der Verdauungsgeschwindigkeit zwischen Magensaft ohne Zusatz und dem Magensaft mit Zusatz zu erkennen.

Die erhaltenen Resultate sind in folgender Tabelle zusammengestellt:

Tabelle II.

Nr. des Versuchs	Ohne Zusatz, Verdauungszeit in Minuten	Mit Sulfonal 1,0, Verdauungszeit in Minuten	Mit Paraldehyd 1,0, Verdauungszeit in Minuten	Mit Amylenhydrat 1,0, Verdauungszeit in Minuten	Mit Chloral 1,0, Verdauungszeit in Minuten	Verdautes Fibrin in Grammen	Angewandte Menge Magensaft in cc
1	4	4	10	—	—	1,0	20
2	9	9	10	—	—	1,0	20
3	9	9	13	—	—	1,0	20
4	5	6	8	—	—	1,5	20
5	7	7	13	—	—	2,0	20
6	6	—	14	35,0	—	2,0	20
7	9	10	17	—	—	2,0	20
8	6	—	—	15	13	2,0	20
9	131	135	310	—	—	3,0	80
10	9	10	—	60	—	1,0	20
11	13	—	70	—	80[1])	1,0	20
12	6	—	(60[1])	60[1])	—	1,0	20
13	10	—	34	53	74[1])	1,0	10
14	16	16	—	—	80[1])	1,0	20

[1]) Es finden sich noch einzelne Fibrinflöckchen, welche noch nicht zerfallen sind.

[2]) Der Magensaft wurde durch Maceration von getrockneter Magenschleimhaut mit 0,2 % Salzsäure erhalten.

In einer zweiten Versuchsreihe wurde zu controliren versucht, wie viel Fibrin 20 cc Magensaft ohne Zusatz und je 20 cc Magensaft mit je ein Gramm Chloral oder Paraldehyd oder Amylenhydrat oder Sulfonal in einer Stunde völlig zu verdauen im Stande sind. Es wurden zu diesem Zweck 3 Kölbchen mit 20 cc desselben Magensaftes beschickt und zu Kölbchen 2 und 3 je 1 g der in Betracht kommenden Schlafmittel hinzugefügt. Hierauf wurden alle drei Kölbchen zu gleicher Zeit mit je 1 g Fibrin versetzt und auf ein Wasserbad gebracht.

Sodann wurde während der Dauer einer Stunde jedesmal dem Kölbchen, in welchem das Fibrin völlig verdaut war, ein weiteres Gramm Fibrin hinzugefügt.

Die folgenden Versuchsprotokolle enthalten die genaueren Details und Resultate.

Versuch 1: 3 h 14 m N. werden die 3 Kölbchen a, b, c mit 20 cc künstlichen Magensaftes beschickt und zu b 1 g Sulfonal, zu c 1 g Amylenhydrat hinzugefügt.

Die gleichzeitig mit je 1 g Fibrin versetzten Kölbchen kommen 3 h 14 m N. auf ein Wasserbad.

3 h 23 m N. (nach 9 Minuten) ist das Fibrin im Kölbchen a völlig verdaut, worauf aufs neue 1 g Fibrin zu dem Kölbchen a zugesetzt wird.

3 h 24 m N. (10 Minuten nach Beginn der Verdauung) ist das Fibrin im Kölbchen b ebenfalls verdaut, es wird aufs neue 1 g Fibrin zugefügt.

3 h 39 m N. (25 Minuten nach Beginn der Verdauung) ist das 2. g Fibrin im Kölbchen b verdaut, erneuter Zusatz von 1 g Fibrin.

3 h 45 m N. (31 Minuten nach Beginn der Verdauung) kann auch im Kölbchen a nach völliger Verdauung vom 2. g ein neues g Fibrin zugefügt werden.

4 h 14 m N. (nach Ablauf einer Stunde) sind in allen Gläsern nur noch Spuren von Fibrin zu bemerken und zwar im Kölbchen c, in welchem nur 1 g Fibrin verdaut wurde, noch mehr als in den Kölbchen a und b, in welchen die Reste vom 3. g Fibrin ziemlich gleichmässig aussehen.

Versuch 2. Drei Kölbchen a, b und c mit je 20 cc Magensaft werden, nachdem zu b 1 g Chloralhydrat und zu c 1 g Paraldehyd hinzugefügt, zu gleicher Zeit mit je 1 g Fibrin versetzt und kommen 4 h 32 m N. auf ein Wasserbad.

4 h 45 m N. (13 Minuten nach Beginn der Verdauung) wird zu Kölbchen a, in welchem das erste Gramm Fibrin völlig verdaut ist, ein zweites Gramm Fibrin hinzugefügt.

5 h 32 m N. (eine Stunde nach Beginn der Verdauung) ist auch das 2. g Fibrin im Kölbchen a bis auf Spuren verdaut, während sich im Kölbchen b und c, welchen nur je 1 g Fibrin zugefügt wurde, noch deutliche Fibrinflöckchen erkennen lassen, welche erst nach weiteren 40 Minuten völlig verschwinden.

Versuch 3. 3 Kölbchen a, b und c, welche mit je 20 cc Magensaft beschickt sind, werden, nachdem zu b 1 g Paraldehyd, zu c 1 g Amylenhydrat hinzugefügt ist, zu gleicher Zeit mit je 1 g Fibrin versetzt und 2 h 36 m N. auf ein Wasserbad gebracht.

2 h 42 m N. (6 Minuten nach Beginn der Verdauung) kann zu Kölbchen a nach völliger Verdauung des ersten Grammes Fibrin ein 2. g hinzugefügt werden.

2 h 59 m N (23 Minuten nach Beginn der Verdauung) ist auch das 2. g Fibrin im Kölbchen a verdaut, so dass ein 3. g Fibrin hinzugefügt werden kann.

3 h 36 m N (eine Stunde nach Beginn der Verdauung) ist das Fibrin in allen drei Kölbchen ziemlich gleichmässig bis auf Spuren verdaut, also im Kölbchen a (ohne Zusatz) 3 g in einer Stunde, in Kölbchen b und c (Paraldehyd und Amylenhydrat) nur 1 g in einer Stunde.

Versuch 4. 3 Kölbchen a, b und c mit je 20 cc Magensaft, von denen b mit Sulfonal 1,0, c mit Chloral 1,0 versetzt ist, kommen nach gleichzeitiger Beschickung mit je 1 g Fibrin 2 h 51 m N auf 1 Wasserbad.

3 h 7 m N (16 Minuten nach Beginn der Verdauung) ist das Fibrin im Kölbchen a und b völlig verdaut. Erneuter Zusatz von je 1 g Fibrin zu Kölbchen a und b.

3 h 51 m N ist auch das 2. g Fibrin im Kölbchen a bis auf Spuren verdaut, ebenso lassen sich auch in Kölbchen b (Sulfonal) nur noch wenige Ueberreste vom 2. g Fibrin finden.

Im Kölbchen c (Chloral) dagegen zeigt sich noch eine reichliche Menge glasiger, gequollener Fibrinstückchen, während die spärlichen Ueberreste bei a und b, mehr zerfressen, als gequollen aussehen.

Diese beiden Versuchsreihen lehren

1. dass 20 cc Magensaft mit je 1 g Chloral oder Paraldehyd oder Amylenhydrat versetzt, fast die doppelte ja dreifache Zeit brauchten, um 1 g Fibrin völlig zu verdauen, als 20 cc Magensaft ohne Zusatz oder mit 1 g Sulfonal.

2. Dass 20 cc Magensaft mit je 1 g Chloral oder Paraldehyd oder Amylenhydrat in einer Stunde nur die Hälfte oder ein Drittel der Fibrinmasse verdauten, welche 20 cc Magensaft ohne Zusatz oder mit 1 g Sulfonal bewältigen.

3. *Verhalten von Chloral, Paraldehyd, Amylenhydrat und Sulfonal zur verdauenden Wirkung des Pankreassaftes.*

Der Pankreassaft wurde aus frischem Rindspankreas dargestellt.

2 Stück frisches Rindspankreas wurden mit Glassplittern und etwas Wasser in einer Reibschale zerrieben, der entstehende Brei wird auf ein Filter gebracht und das resultirende Filtrat auf das dreifache mit Wasser verdünnt zu den Untersuchungen verwandt.

Methode. 3 Kölbchen werden mit der gleichen Menge desselben Pankreassaftes beschickt, zu zweien derselben wird je 1 g Chloral oder Amylenhydrat oder Paraldehyd oder Sulfonal hinzugefügt, sodann gleichzeitig alle 3 Kölbchen mit je 1 g Fibrin versetzt und im Brutofen einer Temperatur von 35—40° C. ausgesetzt.

Versuch 1. 3 Kölbchen a, b und c werden mit je 10 cc desselben verdünnten Pankreassaftes beschickt. Zu Kölbchen b wird 1 g Sulfonal, zu Kölbchen c 1 g Chloral hinzugefügt. Alle 3 Kölbchen werden gleichzeitig 3 h 20 m N. mit je 1 g Fibrin versetzt und im Brutofen einer Temperatur von 35—40° ausgesetzt.

3 h 34 m N ist das Fibrin im Kölbchen a und b verdaut, während das Fibrin in Kölbchen c um 8 h 0 m N noch nicht verdaut war.

Versuch 2 wurde unter denselben Bedingungen angestellt wie Versuch 1 und ergab dasselbe Resultat. Während das Fibrin in dem Kölbchen ohne Zusatz und in dem Kölbchen mit 1 g Sulfonal zu gleicher Zeit (nach 16 Minuten) verdaut war, konnte man in den Kölbchen mit 1 g Chloral nach 4 Stunden immer noch Reste von Fibrin auffinden.

Versuch 3. Von 3 Kölbchen a, b und c, welche mit je 10 cc verdünnten Pankreassaftes beschickt sind, wird b mit 1 g Paraldehyd, c mit 1 g Amylenhydrat versetzt.

4 h 54 m N. werden alle 3 Kölbchen, nachdem sie gleichzeitig mit je 1 g Fibrin versetzt sind, im Brutofen einer Temperatur von 40° ausgesetzt.

5 h 10 m N. (also nach 16 Minuten) ist das Fibrin im Kölbchen a verdaut. Erneuter Zusatz von 1 g Fibrin zu Kölbchen a.

5 h 51 m N (nach Ablauf einer Stunde) sind in allen 3 Kölbchen noch deutliche Reste von Fibrin vorhanden.

Versuch 4. Ergab dasselbe Resultat.

Aus diesen Versuchen geht hervor, dass die fibrinverdauende Wirkung von 10 cc des frischen pankreatischen Saftes durch Zusatz von Chloral, Paraldehyd und Amylenhydrat wenigstens im Verhältniss von 1 : 10 in hohem Maasse beeinträchtigt, wenn nicht sistirt wird, während sie bei Zusatz von 1 g Sulfonal ungestört bleibt.

Bei allen diesen Versuchen, sowohl mit Magensaft als Pankreassaft hatte sich das schwer lösliche Sulfonal entsprechend der geringen Menge Flüssigkeit nur zum Theil gelöst. Man kann also gegen die angeführten Versuche wohl mit Recht den Einwand machen, dass das Sulfonal, weil es nur zum Theil sich löste, nicht in demselben Verhältniss zu den Verdauungssäften gestanden habe, wie Chloral, Paraldehyd und Amylenhydrat.

Um diesem Einwurf zu begegnen, experimentirte ich mit so stark verdünnten Verdauungsflüssigkeiten, dass das Sulfonal bei einer Temperatur von 40° während der Dauer des Versuches aber noch in Lösung blieb. Es erwies sich hierbei ein Verhältniss von 1 g Sulfonal auf 80 cc Flüssigkeit als ausreichend.

Zugleich prüfte ich auch das Verhalten von Chloral, Paraldehyd und Amylenhydrat zu den genannten Verdauungsflüssigkeiten in dieser stärkeren Verdünnung. Die Lösung des Sulfonals konnte nicht in den Verdauungsflüssigkeiten selbst vorgenommen werden, weil entweder die zur Lösung dieses Mittels nöthige hohe Temperatur das Ferment zerstörte oder bei dem sehr langdauernden Versuch, dieses Mittel bei niederer Temperatur (zwischen 30 und 40°) zu lösen, die Verdauungsflüssigkeiten sich allmählich zersetzten. Es wurde deshalb das Sulfonal in der Siedehitze in 40 cc Wasser gelöst und zu der auf 50° abgekühlten Lösung 40 cc verdünnten Magen- oder Pankreassaftes zugefügt. Auch die anderen Mittel, Chloral, Paraldehyd und Amylenhydrat wurden zuerst in 40 cc Wasser gelöst (aber bei 40°) und dann ebenfalls 50° warm mit den Verdauungsflüssigkeiten (40 cc) gemischt.

I. Versuche mit künstlichem Magensaft.

Versuch 1. In einem Kölbchen wird 1 g Sulfonal in 40 cc H_2O in der Siedehitze gelöst, zugleich wird in einem zweiten Kölbchen 1 g Chloral ebenfalls in 40 cc H_2O bei einer Temperatur von 40° gelöst, ein drittes Kölbchen wird mit 40 cc H_2O beschickt. Nachdem sich Sulfonal und Chloral gelöst, werden alle 3 Kölbchen auf eine Temperatur von 50° gebracht und zu jedem je 40 cc desselben Magensaftes hinzugefügt.

4 h 15 m N. werden alle Kölbchen gleichzeitig mit je 1 g Fibrin beschickt und im Brutofen einer Temperatur von 40° ausgesetzt.

4 h 55 m (also nach 40 Minuten) war das Fibrin in allen Kölbchen verdaut.

Versuch 2, 3 und 4. Dieselbe Versuchsanwendung mit demselben Resultat.

In Versuch 2 war nach 29 Minuten das Fibrin in allen 3 Kölbchen gleichmässig verdaut, in Versuch 3 und 4 waren 56 resp. 73 Minuten zu gleichmässigen Verdauungen des Fibrins in allen 3 Kölbchen erforderlich.

Versuch 5. Von 3 mit 40 cc H_2O beschickte Kölbchen a, b, c, wird b mit 1 g Paraldehyd, c mit 1 g Amylenhydrat versetzt, hierauf wird zu den auf 50° erwärmten Kölbchen je 40 cc desselben Magensaftes zugesetzt.

5 h 55 m N werden die gleichzeitig mit je 1 g Fibrin versetzten Kölbchen im Brutofen einer Temperatur von 40° ausgesetzt.

6 h 21 m N (nach 26 Minuten) ist das Fibrin in allen 3 Kölbchen gleichzeitig verdaut.

Versuch 6. Dieselbe Versuchsanordnung.

Gleichzeitige Verdauung des Fibrins in allen Kölbchen nach 31 Minuten.

II. Versuche mit Pankreassaft.

Versuch 1. Es wird in einem Kölbchen mit 40 cc Wasser 1 g Sulfonal bei Siedehitze gelöst, ebenso in einem zweiten Kölbchen, mit 40 cc H_2O, 1 g Chloral bei 30° Temperatur, ein 3. Kölbchen wird mit 40 cc H_2O beschickt. Alle 3 Kölbchen werden nach völliger Lösung von Sulfonal und Chloral auf eine Temperatur von 50° gebracht und hierauf zu jedem je 10 cc desselben verdünnten Pankreassaftes zugefügt.

3 h 15 m N. wird zu jedem Kölbchen gleichzeitig je 1 g Fibrin zugesetzt und die Kölbchen im Brutofen einer Temperatur von 40° ausgesetzt.

4 h 16 m N. (nach 61 Minuten) ist das Fibrin im Kölbchen ohne Zusatz und in dem Kölbchen mit Sulfonalzusatz völlig gelöst, während nach 2 Stunden noch deutliche Reste von Fibrin in dem Kölbchen mit Chloralzusatz zu bemerken sind.

Versuch 2. Dieselbe Versuchsanordnung wie bei Versuch 1. Während das Fibrin im Kölbchen ohne Zusatz und das Fibrin im Kölbchen mit Sulfonalzusatz nach einer Stunde völlig verdaut ist, lassen sich nach 4 Stunden noch zahlreiche Fibrinstückchen in dem Kölbchen mit Chloralzusatz bemerken.

Versuch 3. Dieselbe Versuchsanordnung wie bei Versuch 1. Nach 1 Stunde und 41 Minuten ist das Fibrin im Kölbchen mit Sulfonalzusatz, nach 1 Stunde 54 Minuten das Fibrin im Kölbchen ohne Zusatz völlig verdaut. Das Fibrin im Kölbchen mit Chloralzusatz dagegen ist nach 7 Stunden grösstentheils noch nicht gelöst.

Versuch 4. 3 Kölbchen a, b und c werden mit 40 cc H_2O beschickt und zu b 1 g Paraldehyd, zu c 1 g Amylenhydrat hinzugefügt. Hierauf werden alle 3 Kölbchen auf eine Temperatur von 50° gebracht und 6 h 40 m N. gleichzeitig je 1 g Fibrin hinzugefügt.

8 h 20 m N. (nach 2 Stunden 20 Minuten) ist das Fibrin im Kölbchen a (ohne Zusatz) verdaut.

9 h 20 m N. (nach 3 Stunden 20 Minuten) ist das Fibrin im Kölbchen c (Amylenhydrat) verdaut, während sich nach 6 Stunden in Kölbchen b (Paraldehyd) immer noch einige Flöckchen erkennen lassen.

Versuch 5. Dieselbe Versuchsanordnung wie im vorhergehenden Versuch. Nach 1 Stunde 50 Minuten ist das Fibrin im Kölbchen ohne Zusatz verdaut, nach 2 Stunden 50 Minuten ist auch das Fibrin im Kölbchen mit Zusatz von Amylenhydrat verschwunden, nach 6 Stunden lassen sich in dem Kölbchen mit Paraldehydzusatz immer noch einige Reste von erhaltenem Fibrin bemerken.

Aus den vorstehenden Untersuchungen ergiebt sich:

1. Die diastatische Wirkung gemischten Mundspeichels wird durch Paraldehyd, Amylenhydrat und Sulfonal in keiner Weise beeinträchtigt.

2. In sehr verdünnten Lösungen ($^1/_{50}$) stört Chloral, Paraldehyd, Amylenhydrat und Sulfonal die fibrinverdauende Wirkung künstlichen Magensaftes nicht in bemerkbarer Weise, dagegen tritt in concentrirten Lösungen ($^1/_{10}$) durch Chloral, Paraldehyd und Amylenhydrat eine deutliche Verzögerung der Verdauung ein. Beim Sulfonal, welches in solcher Concentration nur theilweise gelöst wird, lässt sich ein bindender Schluss in dieser Richtung nicht ziehen.

3. Die fibrinverdauende Wirkung künstlichen Pankreassaftes wird durch die einzelnen der genannten Schlafmittel in verschiedener Weise beeinflusst:

Chloral und Paraldehyd verzögern in ausgesprochenster Weise die Lösung des Fibrins auch in einer Concentration von $^1/_{50}$, weniger nachtheilig zeigte sich in dieser Richtung das Amylenhydrat, während in den Versuchen mit Sulfonal ein ungünstiger Einfluss auf die Pankreasverdauung nicht festgestellt werden konnte.

In wie weit diese im Experimente festgestellten Resultate sich mit den klinischen Erfahrungen in Einklang bringen lassen, kann hier vorläufig noch nicht erörtert werden.

Für vielfachen Rath bei meinen Versuchen bin ich Herrn Professor Baumann zu besonderem Danke verpflichtet.

Die specifische Behandlung des Keuchhustens mit Antipyrin.

Von

Dr. Sonnenberger,

Specialist für Kinderkrankheiten in Worms.

Die Worte Nothnagel's, welche dieser bei Gelegenheit der Debatte über das Thema „über den Weingeist als Heilmittel" auf dem diesjährigen Congress für innere Medicin aussprach, nämlich wenn heutzutage in der Medicin ein neues Mittel auftauche, es in der Regel gegen Alles angewandt werde, kamen mir unwillkürlich in die Erinnerung, als ich eine kleine Schrift über das Ichthyol durchblätterte, die mir dieser Tage von der Hamburger Ichthyol-Gesellschaft zugeschickt wurde. Allen Respect vor dem Mittel, für das ja glänzende Namen der Medicin einstehen, wie u. A. v. Nussbaum, Edlefsen, Unna, Baumann, Zuelzer etc. — aber ein und dasselbe Mittel für ca. 60 verschiedene Krankheitsformen in 100 Receptformeln, welche jenes Schriftchen aufführt! Und wenn auch für diese vielseitige angeblich erfolgreiche Anwendung des Mittels von v. Nussbaum (Therap. Monatshefte Heft 1. 1888) eine Erklärung gegeben wird — indem nämlich Ichthyol bei allen jenen Krankheiten sich nützlich erweise, die mit Hyperämie und einer Erweiterung der Capillaren einhergingen —, so hat derselbe doch sicher Recht, wenn er weiter sagt: „Es ist für das junge Ichthyol wirklich ein Unglück, dass es bei gar so vielen Krankheiten empfohlen wird."

Aehnliches lässt sich auch in Bezug auf das uns hier speciell interessirende Antipyrin sagen. Obgleich dasselbe, wie man sicher annehmen darf, sich in unserem Arzneischatze eine dauernde Stellung erobert hat, so wird auch dieses Mittel von manchem Arzte wohl gar nicht oder nur ungern angewendet werden, weil es bei so vielen Krankheitszuständen als erfolgreich angepriesen wird, dass es sich ebenfalls fast wie ein „Universalmittel" ausnimmt. Seiner durchgreifenden Anwendung bei Keuchhusten — und gerade bei dieser Krankheit feiert es, wie ich hier vorgreifend bemerken will, seine glänzendsten therapeutischen Erfolge — steht dann noch überdies hemmend der Umstand im Wege, dass wir es hier mit einer Krankheit zu thun haben, gegen die fast noch kein Mittel unserer materia medica unversucht geblieben und auch als erfolgreich angepriesen worden ist, was natürlich mit dem grössten Misstrauen gegen ein „neues Keuchhustenmittel" erfüllen muss. Bei keiner Krankheit ist ja auch der Selbsttäuschung über die Wirksamkeit eines angewandten Mittels mehr Raum gegeben, als gerade beim Keuchhusten, wie das u. A. Heubner in der Debatte über den Keuchhusten auf dem VI. Congress für innere Medicin (Vide Verhandlungen desselben) hervorgehoben hat.

Wenn ich mir nun in Nachfolgendem gestatte, etwas Zusammenfassendes über die Anwendung des Antipyrins bei Keuchhusten zu sagen, so nehme ich das Recht hierzu aus dem Umstande her, dass ich der erste war, der das Mittel beim Keuchhusten anwandte und zwar in ausgedehntem Masse, nämlich in ca. 80 Fällen zweier Epidemien der Jahre 1884, 1885 und 1886 —; ausserdem habe ich bis jetzt die ausführlichsten Publicationen über diesen Gegenstand (s. unten) gebracht.

Wenn ich historisch in Bezug auf die Veröffentlichungen über die Anwendung des Antipyrins bei Keuchhusten vorgehe, so war die erste die von Dr. Demuth-Frankenthal (in No. 6 d. Vereinsblattes der pfälzischen Aerzte pr. 1886). Es ist dies ein Vortrag „zur Behandlung des Keuchhustens", den Genannter am 5. Juni 1886 in einer Versammlung des ärztlichen Bezirksvereins Frankenthal hielt und worin derselbe hauptsächlich auf die beruhigende Wirkung des Antipyrins in Bezug auf die nächtlichen Anfälle bei Keuchhusten, ferner auf die coupirende Wirkung des Mittels, wenn im I. Krankheitsstadium gereicht, hinwies, welch' letztere Beobachtung aber insofern keine reine ist, als D. in diesen Fällen ausser Antipyrin auch Calomel gebrauchen liess und man diesem also einen Theil der günstigen Wirkung zuschreiben könnte. Auch scheint die Zahl seiner Beobachtungen keine grosse gewesen zu sein, und ausserdem liess er das Antipyrin nur eine Woche ununterbrochen gebrauchen, während, wie ich unten ausführen werde, das Antipyrin viel länger ununterbrochen angewandt werden muss, um bei Keuchhusten seine volle Wirksamkeit zu entfalten, weshalb ich denn auch von einer förmlichen Antipyrincur bei Keuchhusten als einem wichtigen Factor bei der Behandlung derselben spreche. — Die folgende Arbeit über diesen Gegenstand war ein kurzer Artikel von Dr. Windelband-Köln (in No. 1. 1887 der allgem. med. Centralzeitung), in welchem derselbe berichtete, dass er in ca. 20 Fällen von Keuchhusten Antipyrin als Ersatz von Chinin habe gebrauchen lassen und sei der Erfolg ein guter gewesen, insofern als die einzelnen Anfälle coupirt und der ganze Krankheitsverlauf abgekürzt worden seien. Auch diese Beobachtungen sind keine reinen, indem W. neben Antipyrin auch noch 5%ige Carbollösung vermittelst Aufhängens von mit solcher imprägnirten Tüchern inhaliren liess.

Es folgte dann meine Arbeit „über Pathogenese und Therapie des Keuchhustens" (in No. 14. 1887 d. deutschen med. Wochenschrift), sowie meine Darlegungen über die Anwendung des Antipyrins bei Keuchhusten bei Gelegenheit der Keuchhustendebatte auf dem VI. Congress für innere Medicin (vide Verhandlungen derselben). Auf beide Publicationen werde ich unten näher eingehen. Bemerken will ich hier noch, dass ich in meiner erstgenannten Arbeit die vorhergehenden Autoren und ihre Veröffentlichungen deshalb nicht erwähnt habe, weil mir zur Zeit der Abfassung meines betreffenden Artikels jene noch nicht bekannt waren. Letzterer befand sich schon Monate vorher, ehe er veröffentlicht wurde, in den Händen der Redaction und musste damals wegen Fülle des zu publicirenden Materiales von jener noch zurückgelegt werden. — Das letzte über das uns beschäftigende Thema ist ein Vortrag von Dr. v. Genser-Wien „zur Pathologie und Therapie des Keuchhustens", den Genannter am 6. April d. J. in einer Sitzung d. k. k. Gesellschaft der Aerzte in Wien hielt (ref. in No. 16. 1888 d. internat. klin. Rundschau) und worin derselbe unter Demonstration der von Heubner angegebenen Anfallscurven (siehe unten) nachwies, dass Antipyrin, täglich in mehreren Decigrammen bis 1 Gramm verabreicht, sowohl die Anzahl der täglichen Anfälle, als auch die Dauer der Krankheit vermindere, während er von der Insufflation von Res. Benz. in die Nase nach Michael keinerlei günstigen Erfolge sah. Merkwürdigerweise erwähnt

Dr. v. Genser keinen der vorhergehenden Autoren, die über die Anwendung des Antipyrins bei Keuchhusten doch lange vor ihm gearbeitet haben; wenigstens hat ersteres den Anschein nach dem betreffenden Referat der intern. kl. Rundschau.

Ich besitze dann noch einige briefliche Mittheilungen von Collegen, die Antipyrin gegen Keuchhusten anwenden liessen und sich sämmtlich befriedigend über die Wirkung des Mittels aussprechen; so schreibt einer derselben: „Ich wende Antipyrin massenhaft bei Keuchhusten an und habe recht gute Resultate, namentlich in frischen Fällen erzielt, ja ich kann sagen, in manchen Familien wurde derselbe geradezu coupirt."

Sonstiges über die Anwendung des Mittels bei Keuchhusten konnte ich in der mir zu Gebote stehenden Litteratur nicht auffinden. In einer der neuesten zusammenfassenden Arbeiten über die physiologischen und therapeutischen Wirkungen des Antipyrins von Dr. Caravias-Brüssel (in Lo Sperimentale No. 1 1888) ist gerade die Anwendung des Mittels gegen Keuchhusten unberücksichtigt geblieben, obgleich alle seine anderen therapeutischen Anwendungsweisen eingehend erörtert sind; ebenso ist darüber nichts von Dr. Mahnert in seinem Vortrage „über Antipyrin" erwähnt, den Genannter am 12. März 1888 im Verein der Ärzte von Steiermark gehalten hat (Ref. in der Wien. med. Presse).

Komme ich nun auf meine eigenen Versuche und Anschauungen über die Wirkungen des Antipyrins bei Keuchhusten und die Resultate, die ich damit erzielt habe — wie ich diese Auseinandersetzungen theilweise schon in meinen oben angezogenen Publicationen gemacht habe, die ich mir aber hier nochmals in einem kurzen Resumé zusammenzufassen gestatte, unter Hinzufügung meiner neu gewonnenen Erfahrungen über jene Punkte —, so bemerke ich Folgendes: Ich ging, als ich Antipyrin gegen Keuchhusten in Anwendung brachte, zunächst von der nämlichen Idee aus, wie sie Binz in der als Nachtrag zu den Verhandlungen des VI. Congresses für innere Medicin gedruckten Abhandlung „Die Behandlung des Keuchhustens mit Chinin" ausdrückte, indem er sagte, dass der Keuchhusten durch Darreichung von Chinin in zweckentsprechender Gabe und Form zwar wesentlich gemildert und abgekürzt werden könne, dass es aber dringend zu wünschen sei, dass unter den chininähnlichen Mitteln der Neuzeit eines gefunden werde, welches beim Keuchhusten ebenso wirksam, aber weniger unbequem in seiner Anwendung sich erweise.

Wir sehen hiermit, dass selbst der beredteste Vertreter der Anwendung des Chinins bei Keuchhusten es als dringendes Erforderniss erachtet, das Chinin durch irgend ein anderes ihm ähnliches Mittel bei dieser Krankheit ersetzt zu sehen. Wenn aber die länger dauernde Anwendung des Chinins bei Keuchhusten dem Kliniker blos „unbequem" erscheint, so ist dessen fortgesetzter Gebrauch bei jüngeren Kindern, mit denen wir es hier doch meist zu thun haben, dem practischen Arzte in den meisten Fällen einfach „unmöglich". So sehr wir einerseits auch zugeben müssen, dass in Fällen, wo die fortgesetzte Anwendung von Chinin möglich ist — also insbesondere bei Erwachsenen, obwohl auch diese ja sehr oft unter den unangenehmen Nebenwirkungen des Chinins recht zu leiden haben (Ziemssen, Klinische Vorträge III. 1887 „Die Behandlung des Abdominaltyphus") —, wir bei Keuchhusten recht gute — nach Heubner allerdings keine augenfällige, durch seine Curven nachweisbare — Resultate zu erhoffen berechtigt sind, so selten wird es andrerseits dem practischen Arzte gelingen, es bei Kindern so lange und so consequent fortgebrauchen zu lassen, als dies zur Erzielung eines vollen Erfolges bei Keuchhusten nöthig ist. In No. 14 1887 der Deutsch. med. Wochenschrift schrieb ich hierüber: „Der stark bittere, durch kein Corrigens genügend zu verdeckende Geschmack des Chinins nöthigt die Eltern, den kleinen Patienten, welche sich gegen das Einnehmen des ihnen widerlichen Mittels sträuben, dieses mit Gewalt einzuschütten, wozu sich namentlich die Mütter sehr ungerne verstehen. Ist das Mittel glücklich im Magen der Kinder angekommen, so ereignet es sich sehr oft, dass es wegen seiner schweren Verdaulichkeit unangenehme Verdauungsstörungen hervorruft, insbesondere Brechreiz und oft auch Erbrechen, umsomehr, als ja beim Keuchhusten die Neigung zum Erbrechen eine grosse ist. Die Ernährung der bei Keuchhusten ohnedies sehr rasch herabkommenden Kinder leidet dann oft augenscheinlich durch den Gebrauch des appetithemmenden und andere Verdauungsstörungen herbeiführenden Mittels, und wir sehen uns genöthigt, bald von seiner Anwendung abzustehen. So ist es mir wenigstens in den meisten Fällen ergangen etc." Klystiere, Stuhlzäpfchen, subcutane Injectionen von Chinin — das sind alles Darreichungsformen, die wohl für das Krankenhaus passen mögen, aber für die Privatpraxis in wochenlanger Anwendung recht unangenehme Nothbehelfe und insbesondere bei Kindern kaum durchführbar sind.

Auch das leichter verträgliche und nicht schlecht schmeckende Chinin. tannicum ist nach Binz wegen seines schwankenden Chiningehaltes und seiner schweren Löslichkeit nicht besonders empfehlenswerth.

Berücksichtigen wir ferner noch, dass Chinin nach Hassmann (Therap. Monatshefte I. 1888 „Beiträge zur Chininvergiftung") schon manchmal toxische Eigenschaften in Gaben, die dies nicht im Entferntesten erwarten liessen, entfaltet hat und dass Kaulich (Jahrbuch für Kinderheilkunde XVII. I. „Therapeutische Beobachtungen beim Typhus im Kindesalter") bei der Darreichung des Chinins bei durch Fieber erschöpften oder sonst sehr herabgekommenen oder sehr anämischen Kindern zu grosser Vorsicht mahnt, so muss insbesondere der Kinderarzt ebenfalls dringend wünschen, dass das Chinin durch ein anderes Mittel ersetzt werde, das die guten Eigenschaften des ersteren, dabei aber nicht dessen üble Nebenwirkungen besitzt. Hierzu eignet sich nun ganz besonders — abgesehen von der Intermittens, bei der das Chinin bis jetzt unentbehrlich und unersetzbar zu sein scheint — das zu der Chinolinreihe gehörige, also zu dem Chinin in innigen chemischen Structurbeziehungen stehende Antipyrin. Es entfaltet seine Wirkungen viel rascher als das Chinin und es übt in nicht zu hohen Dosen — und bei Keuchhusten werden ja relativ kleine Dosen (vide unten) verordnet — keinen nachtheiligen Einfluss auf die Verdauung aus (Petersen, the Lancet 4. Septbr. 1880), im Gegentheil, Ernährung und Verdauung der das Mittel gebrauchenden Kinder heben sich zusehends nach meinen eigenen und den Beobachtungen anderer Autoren, und gerade dieser günstige Einfluss auf das Gesammtbefinden der Kinder im Gegensatz zu anderen Mitteln macht es bei Keuchhusten besonders werthvoll: es setzt den Gewebeumsatz und die Stickstoffausscheidung im Organismus bedeutend herab und hindert dadurch den raschen Zerfall der Organe, insbesondere bei fieberhaften Erkrankungen (Jacubowitsch, Jahrbuch für Kdhlkde. XXIII. 4. „Von der Wirkung des Antipyrins auf die Temperatur und den Stoffwechsel der fiebernden und gesunden Kinder"; Mahnert l. c.); es übt eine sedative schmerzstillende Wirkung aus, ohne dabei den nachtheiligen Einfluss auf das Gehirn, den die Narcotica, insbesondere oft bei Kindern, entfalten, zu besitzen; es schmeckt wenig unangenehm, und sein leicht bitterer Geschmack wird durch Zusatz von etwas Wasser und Syr. Rub. Idaei gut verdeckt; die unangenehmen Nebenwirkungen, die zuweilen bei der Darreichung des Antipyrins beobachtet werden, wie Erbrechen, Herzklopfen, Frostanfälle, profuse Schweisse, Collapserscheinungen, urticariaähnliche Ausschläge etc. werden bei Kindern sehr selten gesehen, und speciell bei den kleinen Dosen während des Keuchhustens lässt sich das Mittel wochenlang, wie mich zahlreiche Erfahrungen gelehrt haben, ohne irgend welche Nachtheile gebrauchen. Ist so einerseits das Antipyrin für die Kinderpraxis ein sehr schätzbares und brauchbares Mittel, so sind andrerseits seine Indicationen derart, dass es für zahlreiche Erkrankungsfälle von dem Kinderarzt mit Erfolg angewandt werden kann. Ich habe hier nur von seiner Indication bei Keuchhusten zu sprechen und stehe nicht an, es als Specificum für denselben zu bezeichnen, welchen Ausdruck ich später rechtfertigen werde. Indem ich von der Mittheilung casuistischen Materials absehe, fasse ich meine Erfahrungen über die Anwendung des Antipyrins bei Keuchhusten in Folgendem zusammen:

Das Antipyrin wird gegen Keuchhusten in etwas kleineren Dosen verabreicht, als dies gegen Fieber geschieht, und zwar gibt man ungefähr soviel Centigramme, als das Kind Monate, soviel Decigramme, als das Kind Jahre zählt; doch kommt man bei ältern Kindern mit relativ kleineren Dosen aus, so dass man z. B. einem Kinde von 8 Jahren nur ca. 0,5 *pro dosi* zu geben braucht. Das Mittel wird 3 Mal täglich am besten nach dem Essen evtl. des Nachts noch eine 4. Dose, verabreicht. Die Kinder nehmen das Antipyrin ganz gerne in Pulverform (mit oder ohne Sacch. alb.) mit reichlich Wasser und Himbeersaft vermischt. In diesen kleinen Dosen lässt es sich wochenlang ununterbrochen fortgebrauchen, ohne ungünstige Nebenwirkungen zu äussern, was sehr wichtig ist; denn ich halte diese längere Verabreichung des Antipyrins als wesentlich für das vollständige Gelingen der raschen Heilung. Es ist sogar zweckmässig, wenn man das Antipyrin nach Aufhören der Anfälle noch 1—2 Wochen in selteneren und kleineren Gaben weitergebrauchen lässt. Das sind Regeln, die genau beobachtet sein wollen, wenn man durchschlagende Erfolge haben will, welche dann aber auch selten fehlen werden. Es liegen die Verhältnisse hier ähnlich, wie bei der Anwendung von Specificis bei andern Krankheiten, so des Sublimats bei Syphilis, des Natr. salicyl. bei Gelenkrheumatismus etc., bei welchen ja oft die betreffenden Curen deswegen nicht voll gelingen, weil das Mittel nicht consequent oder lange genug gebraucht wurde oder wegen unangenehmer Nebenwirkungen dies nicht geschehen konnte.

Wird das Antipyrin bei Keuchhusten nun in der angegebenen Weise systematisch verabreicht, so gestalten sich die Wirkungen des Mittels folgendermassen: Im Allgemeinen wirkt das Antipyrin bei Keuchhusten desto besser, je früher es in Anwendung gezogen wird. Haben wir die günstige Gelegenheit, das Antipyrin gebrauchen zu lassen, noch ehe sich die charakteristischen Anfälle ausgebildet haben, so werden wir die Krankheit oft coupiren können; es kommt überhaupt nicht zur Ausbildung des regulären Krankheitsbildes, sondern die Erkrankung verläuft unter der Form eines milden Bronchialkatarrhs. Das Antipyrin übt hier also eine geradezu „abortive" Wirkung aus, wobei ich diesen Ausdruck im Sinne von Hutchinson auffasse, der sagt (Vortrag in der Sitzung der Medical Society of London v. 20. Febr. 1888 in Brit. Med. Jornal v. March 1888: „über die Abortivbehandlung der Syphilis;" ref. in der internationalen med. Presse v. 1. April 1888): „Was nun den Ausdruck „abortive Behandlung" anbetrifft, so ist seine Berechtigung überall dort vorhanden, wo es sich darum handelt, die Entwicklung einer Krankheit hintanzuhalten und die Evolution seiner naturgemässen Stadien zu unterdrücken. Wir dürfen nicht das Wort so weit einschränken, dass wir damit die absolute Vernichtung der betreffenden Krankheit verstehen. — Eine derartige Behandlung kann man meiner Ansicht nach wohl eine abortive nennen im Gegensatz zu allen anderen, bei denen man die gewöhnliche Evolution der Krankheit nicht unterdrücken kann."

Wird Antipyrin in einen etwas späteren Stadien gegeben, wo zwar die charakteristischen Anfälle schon vorhanden sind, dieselben aber noch wenig zahlreich und noch nicht auf sehr heftige Weise auftreten, so wird es gelingen, den ganzen Krankheitsverlauf zu einem milden zu machen: in ca. 3 Wochen mit 6—7 nicht heftigen Anfällen in 24 Stunden wird die Krankheit abgelaufen sein, die Kinder sind dabei in ihren Gesammtbefinden wenig oder gar nicht gestört.

In noch späteren Stadien, selbst auf der Höhe des Krankheitsbildes gereicht, wird die Wirkung des Antipyrin allerdings keine so wunderbar günstige sein, wie die oben geschilderte, aber immerhin zeigen sich auch dann nach einigen Tagen oder noch früher die guten Einflüsse des Mittels: Die Anfälle werden zunächst milder, insbesondere geht die Expectoration resp. Lösung des Schleims prompter und leichter von Statten, bald werden auch die Attaquen seltener und die Krankheit kommt rasch in das stad. decrement.

Bekanntlich stellt Heubner als einziges Kriterium für die Anerkennung der thatsächlichen Wirkung eines Mittels bei Keuchhusten die Zahl der täglichen Anfälle hin. Er hat sich Curven angefertigt und durch intelligente und geduldige Mütter und Pflegerinnen die Zahl der täglichen Anfälle notiren lassen, diese Zahlen in seine Curven eingetragen und hat so ein Mittel, einem Dritten die Intensität und Dauer der Erkrankung direct ad oculus zu demonstriren. Er hat nun in 21 Fällen die verschiedensten Mittel, wie Atropin, Chinin, Cocain, Carbol etc. in den einzelnen Fällen zur Anwendung gebracht — aber in allen Fällen konnte man in durchaus gleicher Weise das ausserordentlich allmähliche und langsame Abklingen der Krankheit constatiren. Stellen wir uns nun solche Curven für Keuchhustenfälle her, die wir mit Antipyrin behandeln, so sehen wir in auffallender Weise jenes Heubner'sche Kriterium bestätigt: der einförmige Typus der Curve ist — wie dies Heubner verlangt — regelmässig in der Weise durchbrochen, dass jene alsbald nach der Anwendung des Antipyrins einen raschen, scharfen Abfall macht. Dabei ist aber in Bezug auf die Beurtheilung des Werthes des Antipyrins gegen Keuchhusten ganz entschieden auch die Abnahme der Intensität der einzelnen Anfälle in Anschlag zu bringen, ein Factor, der für den Patienten selbst — wie dies Michael sehr richtig bemerkt (Verhandlungen des VI. Congresses für innere Medicin) — von noch grösserem Werthe, als die verminderte Zahl der Anfälle ist. Wenn also nach den vorstehenden Darlegungen bei der methodischen Anwendung des Antipyrins im Keuchhusten 1. wir im Stande sind, die Krankheit unter Umständen zu coupiren, 2. die Anfälle entschieden seltner werden, 3. die Heftigkeit derselben sich mildert und 4. die Dauer der Erkrankung sich um ein Wesentliches abkürzt — so glaube ich mit vollem Rechte das Antipyrin ein Specificum gegen Keuchhusten nennen zu dürfen. Man würde selbst dann diese Bezeichung noch aufrecht erhalten dürfen, wenn man hier und da einmal keine entschiedene Wirkung des Mittels sehen würde — was ich aber bis jetzt noch nicht beobachtet habe —, denn auch die anderen als Specifica bezeichneten Mittel versagen ihre Wirkung manchmal bei den Krankheiten, für die sie als Specifica bezeichet werden (Neudörfer in Intern. klin. Rundschau No. 17. 1888: „Das Kreolin und seine therapeutische Verwendung" sagt: „Wir können sogar von den als Specifica bezeichneten Medicamenten, vom Chinin, Quecksilber, Jodkali etc. sagen, dass sie in 100 Fällen 20—30 Mal sich als unwirksam erweisen").

Die specifische Wirkung des Antipyrins gegen Keuchhusten ist ja auch vom theoretisch-rationellen Standpunkte aus erklärlich. Wenn auch die den Keuchhusten erzeugende Organismen bis jetzt noch nicht entdeckt zu sein scheinen, „so ist man heute doch fast allgemein einig, dass es sich um eine Infectionskrankheit handle" (Hagenbach in den Verhdlg. d. VI. Congr. f. innere Med.); und wenn selbst neuerdings Dr. Coesfeld-Barmen (No. 9. 1888 d. deutsch med. Wochenschrift) noch den Versuch macht, den Beweis zu erbringen, der Keuchhusten sei eine reine Neurose, so gründet sich diese Beweisführung auf absolut falsche Thatsachen, so z. B. dass bei taubstummen Kindern noch nie Keuchhusten beobachtet sei. Ebenso spricht die geringe Wirksamkeit des Antifebrins gegen Keuchhusten — worauf ich unten noch zurückkommen werde — gegen jene Annahme.

Das Chinin wurde nun schon von Hufeland (Enchiridion med. 1837 pag. 303) gegen Keuchhusten verordnet, „weil es die Reflexerregbarkeit des Rückenmarkes und damit überhaupt die Erregbarkeit des Nervensystems herabsetzt." Aus demselben Grunde wurde es später bekanntlich von Rossbach empfohlen, bis es nach den Versuchen von Binz über die deletären Wirkungen des Chinins auf die Lebensfähigkeit niederer Organismen eine noch höhere Bedeutung in der Behandlung des Keuchhustens erlangte. Ebenso wie Chinin sind auch die ihm verwandten Körper der Chinolinreihe Parasiticida, und insbesondere das Antipyrin soll nach Neudörfer (No. 1 1888 d. Internat. klin. Rundschau: „Neue Antiseptica: Antipyrin und Kreolin") ein vorzügliches Antisepticum sein, weil es die Fäulniss aufhalte, die Bacterien tödte, die Wundschmerzen lindere, die Hand des Chirurgen und seine Instrumente nicht afficire. (Aehnlich auch Krieger in No. 44 1886 d. Ctrlblt. f. klin. Medicin). Er will deshalb das Antipyrin (mit welchem Namen man dem Alkaloid geschadet habe, weil man die geringste (?) seiner Eigenschaften zur Namengebung verwendet habe) lieber Asepsin (oder wegen seiner hervorragend schmerzstillenden Wirkung Anodynin) nennen, und nur sein hoher Preis (pro Kilo Mk. 120,—, in den Apotheken pro Gramm 25 Pf.) — den es in Folge eines darauf erwirkten Reichspatentes hat — stehe vorläufig seiner allgemeinen Verwendung als Antisepticum entgegen.

Dass nun das Antipyrin auch innerhalb des Organismus des Menschen die niederen Vegetationsformen zerstöre, das kann man natürlich nicht mit der Genauigkeit eines Experimentes demonstriren. Indess dürfte nach Vorstehendem die Hypothese, dass es auf die Keuchhustenorganismen irgend eine deletäre Wirkung ausübe, keine allzu gewagte sein. Dass die sedative Wirkung des Antipyrin bei seiner Anwendung als Keuchhustenmittel ebenfalls in Betracht kommen dürfte, das soll nicht in Abrede gestellt werden und macht das Mittel noch besonders werthvoll. Dass dieser Einfluss auf das Nervensystem aber nicht die Hauptwirkung des Mittels bei Keuchhusten ist, sondern dass dabei noch etwas Anderes — eben seine specifische Wirkung gegen Keuchhusten — im Spiele ist, geht daraus hervor, dass nach meinen Erfahrungen das Antifebrin — das doch im Uebrigen fast die gleichen Wirkungen, wie das Antipyrin ausübt, so die fieberherabsetzende, die antirheumatische (nach Cahn und Hepp, Landgraf etc.), die antineuralgische (nach Krieger u. A.) — bei Keuchhusten entfernt nicht die günstige Wirkung ausübt, wie Antipyrin. Des bedeutend niedrigeren Preises des Antifebrins (pro Gramm 5 Pf.) halber wäre es ja wünschenswerth, letzteres in der Behandlung des Keuchhustens dem Antipyrin substituiren zu können, besonders da es ja auch nur in ca. 1/4 der Dose des Antipyrin gegeben zu werden braucht, um seine sonstigen Wirkungen zu entfalten. Die Ausgaben für eine Familie, bei der einige Kinder am Keuchhusten erkranken, sind vorläufig bei der methodischen Antipyrinbehandlung, wie sich leicht berechnen lässt, noch recht beträchtlich, werden aber meist von den Eltern gern getragen, wenn sie sich einmal von der guten, selbst dem Laien in die Augen fallenden Wirkung des Mittels überzeugt haben. Uebrigens verdient das Antipyrin auch in der Kinderpraxis überhaupt vor dem Antifebrin den Vorzug, weil jenes — wie ich oben ja näher ausgeführt habe und andere Paediatriker z. B. Demme angeben — das Allgemeinbefinden der Kinder günstig beeinflusst und die Verdauungsorgane derselben sich bei dem Gebrauche des Mittels auffallend günstig verhalten, während das Antifebrin die Verdauung der Kinder recht beeinträchtigt, öfter Appetitlosigkeit, Brechneigung, Diarrhöen hervorbringt, was Dr. Secretan-Lausanne (Revue méd. de la Suisse romande No. 1 1887 ref. in Ther. Monatshefte April 1887) auch bei Erwachsenen beobachtet hat.

Es ist selbstverständlich, dass das Antipyrin um so besser wirkt, unter je günstigeren hygienischen Verhältnissen sich die keuchhustenkranken Kinder befinden.

Es ist hier nicht der Platz und auch nicht meine Aufgabe, über die vielen anderen gegen Keuchhusten empfohlenen Mittel eine Kritik zu fällen (Näheres hierüber: Vogel und Hagenbach: Verhandlungen des VI. Congresses f. innere Medicin und mein citirter Artikel in der Deutsch. med. Wochenschrift): aber das ist sicher, dass keines von ihnen so angenehm in seiner Anwendung, so sicher in seiner Wirkung und so frei von allen Nebenwirkungen ist, wie das Antipyrin in der von mir oben geschilderten Darreichungsweise. Mit seiner Einführung in die Therapie des Keuchhustens wird hoffentlich anstatt des „Laisser aller" — wie sich Seitz in seinem Lehrbuche der spec. Pathologie und Therapie ausdrückt — und daraus hervorgehend der Versäumniss von richtigen Maassnahmen gegen den Keuchhusten — wie dies bisher nicht allein vom Publicum, sondern auch von vielen Aerzten in Hinblick auf die so sehr problematischen Wirkungen aller bisher gegen den Keuchhusten angewandten Behandlungsmethoden geschehen ist — eine energische und erfolgreiche Behandlung mit Antipyrin eintreten. Wenn man bedenkt, dass in Preussen nach Hirsch in dem 5jährigen Zeitraume von 1875—1880 circa 85000 Individuen, in England und Wales 1858—1867 ca. 120000 an Keuchhusten gestorben sind, nach Hagenbach in Deutschland jährlich ca. 250000 Kinder an Keuchhusten erkranken, was bei einer durchschnittlichen Mortalität von 4—5 % (Biermer gibt sogar 7,6 % an) 10—12000 jährliche Todesfälle gibt, so müssen wir diese Krankheit als eine sehr bösartige und für die Kinderwelt sehr verderbenbringende bezeichnen. Geht doch Dr. Karl Roser (Deutsche med. Wochenschr. 7 1888 „zur Nachbehandlung Tracheotomirter") in Hinblick auf jene erschreckend hohen Mortalitätsziffern so weit, zu verlangen, dass man bei Kindern die Tracheotomie machen solle, sobald sie bei Keuchhusten „durch die Hustenparoxysmen in lebensgefährlicher Weise herunterkommen"!

Ich hoffe, dass Vogel's Wunsch, es möge das süddeutsche Sprüchwort: „der Keuchhusten dauert so lange, bis er wieder aufhört", endlich einmal Lügen gestraft werden, mit der Verallgemeinerung der Behandlungsmethode des Keuchhustens durch Antipyrin in Erfüllung gehen werde.

Worms, im Mai 1888.

Ueber das Hydrargyrum salicylicum.

Von

Ellenberger und Hofmeister.

Aus dem physiologisch-chemischen Laboratorium der Kgl. Thierarzneischule zu Dresden.

Das salicylsaure Quecksilber, welches wir aus der chemischen Fabrik von Dr. F. von Heyden Nachfolger in Radebeul bei Dresden bezogen, ist ein amorphes, weisses, geruch- und geschmackloses Pulver von neutraler Reaction. Es löst sich so gut wie nicht in Wasser und Alkohol, enthält 0,2 % Krystall- resp. hygroskopisches Wasser und 59 % Quecksilber. Die Formel des Salzes ist

$$C_7H_4O_3Hg = C_6H_4<{}^{COO}_{OHg}$$

Der Quecksilbergehalt ist constant derselbe, wodurch sich dieses Präparat vor andern Quecksilbersalicylaten auszeichnet.

Das Salz wird durch Essig-, Wein-, Milch- und Kohlensäure nicht verändert; Mineralsäuren scheiden daraus freie Salicylsäure aus.

Von der genannten Fabrik ging uns später noch die Notiz zu, dass das Mittel in Kochsalzlösung ziemlich leicht löslich sei:

„Die heisse concentrirte Lösung des Hydrarg. salicylicum in Kochsalzlösung erstarrt beim Erkalten gallertartig, durch Verdünnen mit Wasser tritt aber wieder Lösung ein. Behufs leichter Bereitung einer wässerigen Lösung des Quecksilbersalzes sind z. B. für 3,4 g desselben 2,5 bis 3,0 g Kochsalz in dem Wasser vorher aufzulösen."

Für unsere Versuche war es nothwendig eine Lösung des Salzes in Kochsalz zu erhalten, welche bei gewöhnlicher Stubentemperatur und im Brütofen unverändert bleibt. Wir erreichten dies nahezu mit 300 g einer 4,4 % Kochsalzlösung, welche bei Kochhitze 1,5 g des Quecksilbersalzes vollständig lösten, aus welcher Lösung beim längeren Stehen in der Kälte nur ganz geringe Mengen des Salicyls.-Quecksilbers sich wieder ausschieden, welche aber beim gelinden Erwärmen wieder in Lösung übergingen. Die Experimente, welche wir mit dem salicyls. Quecksilber anstellten, bezogen sich auf seine antiseptischen und antizymotischen Wirkungen; auf sein Verhalten zu den Verdauungsfermenten, zu den Krätzmilben und auf seine giftigen Eigenschaften.

Die Untersuchung zerfällt in Versuche:

I. mit dem pulverisirten,

II. mit dem in Kochsalz gelösten Mittel.

I. Das Pulver.

a) Die antiseptischen Eigenschaften desselben wurden ermittelt durch Experimente welche nach der Methode von Jalan de la Croix ausgeführt wurden.

1. **Ermittelung der kleinsten Menge des salicyls. Quecksilbers, welche die Entwicklung der aus der Luft in gekochtes und ungekochtes Fleischwasser einfallenden Bacterienkeime hemmt und deren Tod herbeiführt.**

Das Mittel kam in Verdünnungen von 1 : 300 bis 1 : 20000 zur Verwendung.

Die Resultate waren die folgenden: Bei der Verdünnung 1 : 10000 hob das Mittel die Entwicklung einfallender Bacillen im ungekochten Fleischwasser auf, d. i. ungekochtes Fleischwasser, welches so viel vom Salze enthielt, dass eine Verdünnung von 1 : 10000 bestand, faulte nicht. Eine Concentration des Salzes von 1 : 2500 aber war nöthig, um die Bacillen zu tödten, so dass nun erst sterilisirtes Fleischwasser nicht faulte, wenn demselben einige Tropfen dieser mit dem Mittel in Verdünnug von 1 : 2500 gemischten Flüssigkeit zugesetzt wurden, welche vorher 3 Tage lang in offenen Gefässen im Brütofen bei 37—40° C. gestanden hatte.

Auch das gekochte Fleischwasser faulte bei der Verdünnung von 1 : 10000 nicht; beim Transplantiren setzte sich aber die Bacillenentwicklung in den sterilisirten Flüssigkeiten fort und zwar bei Verdünnung 1 : 10000 bis 1 : 5000 und 1 : 2500; erst bei der Verdünnung 1 : 1200 wurde ihre Entwicklung sistirt resp. der Tod der Bacillen herbeigeführt.

Die antiseptische Wirkung des salicyls. Quecksilbers gab sich in allen Fällen, selbst bei der Verdünnung 1 : 20000 kund; die Controlflüssigkeiten gingen viel schneller und energischer in Fäulniss über als die Flüssigkeiten, in welchen das Mittel, selbst in minimalen Mengen, zugegen war.

2. **Ermittelung der kleinsten Menge des salicylsauren Quecksilbers, welche die in keimfreies, frisch ausgekochtes Fleischwasser ausgesäeten Bacterien in ihrer Entwicklung zu hemmen und zu tödten im Stande ist.**

Frisch ausgekochtes, durchgeseihtes Fleischwasser wurde abermals aufgekocht und unter Watteverschluss abgekühlt. In auf 130° C. im Trockenschrank erhitzte, mit Wattepfropf verschlossene Reagensgläschen wurden je 15 cc dieses desinficirten Fleischwassers zu dem darin abgewogenen Quecksilbersalze eingefüllt und dann mit 5 Tropfen eines reichlich bacterienhaltigen fauligen Fleischwassers geimpft, durchgeschüttelt und unter Watteverschluss in den Brütofen bei 39° C. eingestellt. Sterilisirte, geimpfte und nicht geimpfte Control-Fleischflüssigkeiten ohne Salzzusatz standen dabei. Von dem salicyls. Quecksilber kamen Verdünnungen 1 : 200 bis 1 : 10000 zur Wirkung.

Das Resultat war: Verdünnungen bis 1 : 5000 blieben wirkungslos. Das geimpfte Fleischwasser faulte weiter, lebhafte Bacterienentwicklung liess sich darin mikroskopisch nachweisen.

Verdünnungen 1 : 2500 hoben die Entwicklung der Bacterien auf und tödteten diese; denn bei Transplantation dieser Flüssigkeiten auf fäulnissfreies, desinficirtes Fleischwasser blieb die Bacterienbildung aus und die Fäulniss fern. Die eine Controlflüssigkeit mit gefaultem Fleischwasser geimpft, faulte weiter, die andere, nur sterilisirtes Fleischwasser enthaltend, blieb frei von Fäulniss.

3. **Ermittelung der kleinsten Menge des salicyls. Quecksilbers, welche die in faulendem Fleischwasser oder in faulenden Fleischstücken üppig entwickelten Fäulnissbacterien in ihrer Entwicklung hemmt und tödtet.**

Obgleich wir von vornherein nicht allzu starke Verdünnungen des Salzes verwendeten, mussten wir doch vielfache Versuche anstellen, ehe wir die richtige wirksame Concentration trafen. Verdünnungen 1 : 2500 bis 1 : 20 stellten sich als nicht geeignet heraus, starke bestehende Fäulniss aufzuheben. Die Bacillen entwickelten sich dabei ungestört weiter, und bei den Transplantationen der mit dem betreffenden Mittel versetzten Flüssigkeiten in sterilisirtes Fleischwasser ging letzteres stets in Fäulniss über.

Zusatz von Salzsäure, Milchsäure zum salicyls. Quecksilber und Fleischwasser (7,5 cc Fleischwasser und 7,5 cc einer 0,4% Milchsäure oder 0,2% Salzsäure), wobei die Verdünnung des Quecksilbersalzes 1 : 2500 bis 1 : 200 betrug, hob die Fäulniss nicht auf; auch nicht als wir bei denselben Verdünnungen eine $\frac{1}{4}$% Kochsalzlösung mit einer $\frac{1}{4}$% kohlensauren Natronlösung in Anwendung brachten.

Erst bei der Concentration des Salzes von 1 : 10, 1 : 7,5, 1 : 5 wurde in der That die Fäulniss aufgehoben und durch Transplantation bestätigt, dass die Bacillen getödtet waren. Gefaulte Fleischstücke, in Verdünnungen des Salzes von 1 : 1200 bis 1 : 100 gelegt, verloren zwar momentan den fauligen Geruch, derselbe kehrte aber nachher im Brütofen wieder und die Bacillenentwicklung dauerte ununterbrochen fort.

Nach Vorstehendem haben wir in dem salicyls. Quecksilber ein Mittel, welches in viel bedeutenderem Grade als die Carbolsäure, Salicylsäure und viele andere antiseptische Mittel den Eintritt der Fäulniss hindert; gegen eine bereits bestehende Fäulniss vermag dasselbe aber wenig zu wirken.

b) Bezüglich der Fragen, in wie weit das salicyls. Quecksilber die **Wirkung des proteolytischen und amylolytischen Ferments** beeinflusst, stellte sich heraus,

1. dass die medicinische Gabe des Salzes die Magenverdauung nicht aufhebt; der mit dem Mittel versetzte oder unter Zusatz desselben hergestellte künstliche Magensaft verdaute Eiweiss schnell und vollkommen;

2. dass auch das diastatische Ferment in seiner Wirkung durch das salicyls. Quecksilber nicht benachtheiligt wird. Wir stellten 50 g Hafer einfach mit Wasser und 50 g Hafer mit 3 g des Salzes und Wasser in den Brütofen. Nach 5 Stunden wurden in beiden Portionen je 3,1 % Zucker nachgewiesen.

Die Verzuckerung der Stärke durch das diastatische Ferment war demnach mit und ohne Salzzusatz gut verlaufen; ein hemmender Einfluss des salicyls. Quecksilbers auf die Wirkung des diastatischen Ferments war nicht zu ersehen. Auch bei der uns bekannt gewordenen Anwendung des Mittels bei Menschen sind Verdauungsstörungen nicht eingetreten.

c) **Wirkung des Quecksilbersalzes auf Schimmelbildung.**

Das salicyls. Quecksilber wirkt gegen Schimmelbildung etwas weniger kräftig ein, als auf Fäulnisskeime. Schimmelpilze entwickelten sich noch in den mit Quecksilbersalicylat in Verdünnung von 1 : 10000 — 1 : 5000 versetzten Flüssigkeiten, welche 7 Tage an der Luft, ohne eine Spur von Fäulnisskeimen zu zeigen, gestanden hatten. Bei den Concentrationen, welche die Bacillen tödteten (1 : 2500 bis 1 : 1200) trat keine Schimmelbildung mehr ein. Also hat das Mittel eine erhebliche Wirkung gegen die Schimmelpilze.

d) **Wirkung des Quecksilbersalicylats auf Milchsäure- und Alkoholfermente resp. gegen Gährung (antizymotische Eigenschaften).**

In Bezug auf die Frage der Wirkung des Mittels gegen Gährungen stellten wir folgende Experimente an:

1. **Milchsäuregährung.**

50 g Hafer wurden mit Wasser zum Brei angerührt und blieben im Brütofen 5 Stunden lang stehen. Nach dieser Zeit wurden darin (resp. im Filtrat davon) 3,1 % Zucker gefunden. Der Säuregrad betrug 0,035 % Milchsäure.

Das Filtrat wurde in 4 gleiche Theile zu je 30 cc getheilt:

a) blieb ohne salicyls. Quecksilberzusatz
b) erhielt 0,150 g Salz-Verdünnung 1 : 200
c) " 0,200 g " " 1 : 150
d) " 0,300 g " " 1 : 100

Diese 4 Proben gelangten in den Brütofen und zeigten im Laufe der Digestionszeit folgende Veränderungen:

Bei a) war der **Zuckergehalt** successive in 6 Tagen von 3,1 % auf 1,56 %, 1,25 %, 0,90 %, 0,62 %, 0,62 % **gesunken**; der **Milch-Säuregrad** dagegen von 0,035 % bis auf 0,2 %, 0,28 %, 0,36 %, 0,50 %, 0,70 % **gestiegen.**

Bei b) c) d) hielt sich der **Zuckergehalt** zwei Tage lang unverändert in gleicher Höhe auf 3,1 %, ging erst am 3. Tage auf 2 % zurück und sank schliesslich am 6. Tage bis auf 1 %.

Die saure Reaction der 3 Proben war am 2. Tage in die **neutrale** übergegangen, am 3. Tage trat geringe Säuerung ein (0,05 %, 0,07 % Milchsäure), am 6. Tage waren nur Spuren der Säure nachweisbar.

Die **Milchsäuregährung wird demnach durch** das salicyls. Quecksilber **gehemmt.**

Dies wurde ferner bewiesen durch Experimente, die wir mit **Kuhmilch** anstellten.

3 Proben frischer Milch à 100 cc wurden mit 0,125 g, 0,0625 g und 0,03125 g Quecksilbersalicylat gemischt; das Salz befand sich demnach darin in Verdünnung = 1 : 800, 1 : 1600 und 1 : 3200; eine 4. Probe zu 100 cc von derselben Milch blieb ohne Zusatz des Salzes. Die Temperatur des Zimmers, worin die Milch aufgestellt war, schwankte zwischen 6° bis 10° C. Nach Verlauf von 24 Stunden war die Milch in sämmtlichen Gläsern unverändert, erst nach 48 Stunden gaben sich Unterschiede zu erkennen. Die Milch im Glase ohne Salzzusatz begann zu gerinnen und nahm saure Reaction an; diese Gerinnung und saure Reaction nahm darin langsam aber stetig zu, während die Milchproben mit dem Salicylat versetzt unverändert blieben und nicht geronnen.

Schneller und energischer wurde dieser Vorgang in der Milch im Brütofen herbeigeführt; als wir Proben von frischer Milch, wie vorher angegeben, vorbereitet mit und ohne Salicylat in den Brütofen bei 30° C. einstellten, war die Probe, welcher das Quecksilbersalicylat nicht zugesetzt war, bereits nach 20 Stunden fest geronnen und zeigte stark saure Reaction durch entstandene Milchsäure; die Molke liess sich klar vom abgeschiedenen Casein abfiltriren. Die mit dem Präparat versetzten Milchproben dagegen zeigten keine Spur von Gerinnung oder Säure. Durch Carboleisen liess sich darin keine Milchsäure nachweisen, die Proben reagirten gegen Lackmuspapier nicht sauer, sie liessen sich kochen ohne zu gerinnen, Molke liess sich nicht abfiltriren, die Milch ging unverändert durch das Filter hindurch, weil das Caseïn darin nicht geronnen war. Die mit dem salicyls. Quecksilber versetzten Milchproben hatten aber das Coagulationsvermögen nicht verloren, denn auf Zusatz von verdünnter Essigsäure trat Gerinnung ein wie bei normaler Milch.

2. Zur Prüfung des Verhaltens des Quecksilbersalicylates bezüglich der alkoholischen Gährung studirten wir zunächst das Gährungsvermögen bestimmter Mengen der zu verwendenden Presshefe auf in Wasser gelöste bestimmte Mengen Honig ohne Zusatz irgend eines fremden Körpers im Brütofen bei 39°—40° C.

Wir fanden, dass von 10 g Honig, gelöst in 100 g Wasser, durch 1 g Hefe in 48 Stunden 69%, durch $^3/_4$ g nur 60%, durch $^1/_2$ g nur 50% und durch $^1/_4$ g nur noch 40% in Alkohol übergeführt wurden.

Darnach wirkt 1 g Hefe auf 10 g Honig in 100 g Wasser gelöst am kräftigsten; deshalb wendeten wir dieses Mischungsverhältniss bei unseren Versuchen an und verrieben je 1 g Hefe mit 0,2 g, 0,4 g, 0,5 g, 0,75 g salicylsaurem Quecksilber und setzten sie dem betreffenden Honigwasser zu, so dass Verdünnungen des Salzes von 1:500, 1:400, 1:200, 1:133 entstanden.

Anstatt, dass vorher ohne Zusatz des Salzes 69% Zucker in Alkohol übergingen, waren

nach Zusatz von 0,2 g salicyls. Hg. nur 50%
- - - 0,4 - - - - 40%
- - - 0,5 - - - - 27%
- - - 0,75 - - - - 17%

Zucker in Alkohol umgewandelt, damit aber die bedeutende gährungshemmende Wirkung des Salzes selbst bei Verdünnung = 1:500 constatirt.

e) Die Giftigkeit des Mittels.

Bei einem Kaninchen von 1200 g Körpergewicht wurden Dosen von 0,005 g bis 0,150 g des Pulvers verabreicht, ohne dass giftige Wirkungen eingetreten wären. Weitere Steigerungen der Dosen fanden nicht statt, weil an Stelle des Pulvers später die Lösung des Salzes trat, deren Giftigkeit eine weit bedeutendere, als die des Pulvers sein musste.

f) Verhalten des Pulvers gegen Krätzmilben.

Bei einem im hohen Grade mit der Räude behafteten Hunde wurde das Mittel mit vorzüglichem Erfolge angewendet.

II. Die Kochsalzlösung des salicyls. Quecksilbers.

Wir verwendeten eine $^1/_2$% salicyls. Quecksilberlösung in verschiedener Verdünnung, um ihre Wirkung gegen bestehende Fäulniss und gegen Gährung zu ermitteln.

1. Wirkung der Quecksilbersalicylatlösung gegen Fäulniss.

a) Die in Flaschen einfallenden Bacillen wurden getödtet im frischen Fleischwasser bei Verdünnung 1 : 8000, im gekochten bei 1 : 16000: die antiseptische Wirkung der Lösung ist also viel stärker, als die des Pulvers.

b) Je 20 cc stark faulenden Fleischwassers wurden mit 40 cc bis herab auf 0,3 cc der 0,5% Lösung versetzt, so dass Verdünnungen von 1 : 300 bis 1 : 13000 entstanden.

Bei Verdünnung 1 : 1800 blieb die Fäulniss fortbestehen; sie wurde dagegen bei Verdünnung 1 : 1000 aufgehoben. Zwischen 1 : 1000 und 1 : 1800 liegt somit die Grenze der Wirksamkeit des Salzes. Diese antiseptische Wirkung war eine sehr energische; transplantirte man die Verdünnung 1 : 1000 in sterilisirtes unter Watteverschluss bewahrtes Fleischwasser, so faulte dieses letztere nicht.

Weil aber das salicyls. Quecksilber in Kochsalz gelöst war, und dieses Salz auch antiseptisch, wenn auch schwach[1]) wirkt, so stellten wir noch einen Nebenversuch mit Kochsalz allein an, um uns über dessen Wirkung zu vergewissern. Zu je 20 cc gefaulten Fleischwassers wurden 40, 20, 10 und 5 cc einer 4% Kochsalzlösung gesetzt, aber gänzlich erfolglos: die Fäulniss bestand in den 4 Gefässen fort, so dass von einer desinficirenden Wirkung dieses Salzes, wenigstens bei der hier vorliegenden Concentration, wie sie zur Lösung des salicyls. Quecksilbers erforderlich ist, nicht die Rede sein kann. Die desinficirende Kraft kommt dem salicyls. Quecksilber ausschliesslich zu. Es geht aber auch weiter aus den Versuchen hervor, dass die Lösung des salicyls. Quecksilbers eine erheblich stärkere antiseptische Wirkung als das Pulver besitzt; starke Fäulniss wurde sistirt bei einer Verdünnung des Pulvers = 1 : 10. Die Lösung des salicyls. Quecksilbers hatte die gleiche Wirkung schon bei Verdünnung = 1 : 1000.

2. Die antizymotischen Eigenschaften der Lösung. Auch in dieser Beziehung wirkt die Lösung weit energischer, als das Pulver.

Wir setzten an:

---

[1]) Maly's Jahresbericht über die Fortschritte der Thierchemie Bd. 13 S. 418.

1. 2 g Hefe + $\frac{100\ \text{Honigl.} + 100\ \text{aq. dest.}}{200}$ (9,8 g Zucker) 0 Salicyl.
Controle
2. 2 g Hefe + 200 Honiglösung (9,8 g Zucker) 100 cc Salzlösg.*) Verdünnung. 1:600
3. 2 g Hefe + $\frac{100\ \text{Honigl.} + 50\ \text{aq. dest.}}{150}$ (9,8 g Zucker) + 50 cc Salzlös. Verdünnung. 1:800
4. 2 g Hefe + $\frac{100\ \text{Honigl.} + 75\ \text{aq. dest.}}{175}$ (9,8 g Zucker) + 25 cc Salzlösg. Verdünnung. 1:1600
5. 2 g Hefe + $\frac{100\ \text{Honigl.} + 87{,}5\ \text{aq. dest.}}{187{,}5}$ (9,8 g Zucker) + 12,5 cc Salzlösg. Verdünnung. 1:3200
6. 2 g Hefe + $\frac{100\ \text{Honigl.} + 93{,}75\ \text{aq. dest.}}{193{,}75}$ (9,8 g Zucker) + 6,25 cc Salzlösg. Verdg. 1:6400

Nach 48 Stunden wurde in den 6 Flaschen der Zucker bestimmt. In No. 1. (Controle) waren von 9,8 g Zucker nur noch 0,62 g vorhanden, also waren 9,2 g Zucker vergohren. Dagegen fand sich in den Flaschen mit salicyls. Quecksilberlösung No. 2 bis 6 der Zuckergehalt unverändert; das Salicylat hatte selbst in Verdünnung 1:6400 die Gährung vollständig verhindert, während das Pulver erst bei der Verdünnung von 1:133 die Gährung annähernd unterdrückte.

Milch versetzten wir mit der Lösung des Quecksilbersalicylats genau in denselben Verhältnissen, wie mit dem Pulver. Auf 100 cc Milch kamen 25 cc, 12,5 cc und 6,25 cc der 0,5 % Salicylatlösung.

Die Wirkung war die nämliche, wie die des Pulvers; die mit der Quecksilbersalicylatlösung versetzte Milch geraun nicht. Die controlirenden Milchmengen ohne Salzlösung entwickelten starke Milchsäuregährung.

3. Die Giftigkeit der 0,5% salicyls. Quecksilberlösung.

Ein 1500 g schweres Kaninchen erhielt 50 g der Lösung (0,25 g); das Kaninchen verendete 12 Stunden nach der Verabreichung des Mittels. Die Section ergab: hochgradige Gastro-Enteritis, Stauungsniere, schwache parenchymatöse Degeneration der Leber und des Herzens und partielles Lungenödem. Kleinere Dosen wirkten nicht giftig. Nur einmal starb ein Kaninchen 6 Stunden nach Verabreichung einer Dosis von 30 g der Lösung. In diesem Falle scheint aber der Tod durch Verschlucken erfolgt zu sein: die Section ergab hochgradiges Lungenödem neben einer leichten Gastritis.

Das salicylsaure Quecksilber ist, wie die vorliegenden Versuche lehren, ein vorzügliches antiseptisches, antizymotisches und desinficirendes Mittel. Es dürfte sich bei der antiseptischen Wundbehandlung, bei Magendarmerkrankungen mit Gährung des Darminhaltes, bei der Syphilis (innerlich), bei syphilitischen und anderen Geschwüren, beim Chanker, bei eiternden Wunden, bei parasitären Hautkrankheiten, bei Darmmycosen, bei Infectionskrankheiten, die durch Aufnahme der im Darm ruhenden Infectionsstoffe entstehen (als Pulver zu verwenden) u. s. w. empfehlen.

*) Salzlösung = 0,5 % salicylsaure Quecksilberlösung in Kochsalz.

Ein Bergsteige-Apparat.

Von

Dr. v. Corval in Baden u. Maschinen-Ingenieur Zett in Karlsruhe.

Der diesjährige Congress für innere Medicin in Wiesbaden wurde bekanntlich mit der Discussion über die mechanische und diätetische Methode der Behandlung von Herzkrankheiten nach Oertel eröffnet. Wollen wir das Resultat der sehr lebhaften und anregenden Discussion in wenige Sätze zusammenfassen, so müssen wir vor Allem constatieren, dass Oertel selbst die Indicationen für seine Methode gegen früher nicht unerheblich eingeschränkt hat. Er verwahrte sich jedoch mit vollem Rechte dagegen, dass man die beobachteten Misserfolge oder gar die Fälle mit schlimmem Ausgange ihm und seiner Methode zur Last lege, statt der unrichtigen Auswahl u. fehlerhaften Anwendung.

Die Meisten der übrigen Redner, der Correferent Prof. Lichtheim an der Spitze, gaben bereitwillig zu, dass mit der sog. Oertel-Cur glänzende Erfolge zu erzielen seien, jedoch nur in einer beschränkten Zahl von Fällen, bei Fettherz ohne Degeneration der Muskulatur, besonders in Folge von Unmässigkeit im Essen und Trinken; Dilatation (durch Ueberanstrengung) und Klappenfehler seien durchaus ferne zu halten, da kein Nutzen, wohl aber sehr leicht Schaden gestiftet werden könne.

Ganz besonders lebhaft wurden endlich die zur Begründung seiner Methode von Oertel aufgestellten Theorien angegriffen, und die Herzgymnastik mittelst Bergsteigen, als sehr gefährlich weil nicht genügend controlirbar, für die Mehrzahl der Fälle verworfen. Bei dieser Gelegenheit wurde dann nebenbei von der Verwendbarkeit sonstiger Gymnastik gesprochen, ohne dass näher auf die Art derselben eingegangen worden wäre.

Geradezu unbegreiflich erschien es, dass keiner der Redner der Schwedischen Heilgymnastik, insbesondere aber der Methode des Dr. Zander in Stockholm gedachte, während Letzterer doch bereits seit 23 Jahren über 1000 von Herzkranken aller Art (darunter auch sehr viele mit Klappenfehlern) mit ausserordentlich günstigem Erfolge behandelt hat, und von andern Orten aus, wo die gleiche Methode geübt wird, gleich gute Resultate gemeldet werden. So haben wir z. B. in Baden seit mehreren Jahren eine ganz erhebliche Zahl von Herzkranken, darunter auch solche mit schlecht compensirten Klappenfehlern (spec. d. l. Herzens) mittelst der Zander'schen Maschinen behandelt, meistentheils mehr oder weniger günstige, zuweilen sogar ganz überraschend gute Erfolge erzielt u. dabei hinreichend Gelegenheit gehabt, uns auch von der Richtigkeit der theoretischen Begründung der Methode zu überzeugen.

Zander will durch seine mechanische Behandlung Herzkranker zunächst eine Entlastung des venösen Kreislaufes durch Verbesserung der Circulationsverhältnisse u. damit eine Erleichterung der Herzarbeit erreichen; in zweiter Reihe Verbesserung der Beschaffenheit des Herzmuskels, den man durch langsam sich steigernde Anforderungen zu vermehrter Thätigkeit anregt, und wodurch vermehrte Wachsthums-Energie d. h. Verminderung der Dilatation und Herstellung compensatorischer Hypertrophie erzielt wird. Es würde an dieser Stelle zu weit führen, wollte ich auf die Erklärung der Wirkung eingehen, u. verweise ich in dieser Beziehung auf die soeben erschienene schöne Arbeit von Dr. Nebel: Beiträge zur mechanischen Behandlung. Wiesbaden. J. F. Bergmann, in welcher in bündiger überzeugender Weise die Wirkungsart u. die Vorzüge der Zander'schen Methode besprochen werden. Ich erlaube mir nur aus der citirten Arbeit folgende Sätze anzuführen, welche mir für Zander u. seine Methode sehr bezeichnend erscheinen: „Sie wird zu versuchen sein bei all' jenen Leiden, welche eine Störung des Blutkreislaufes als Ursache der Krankheitserscheinungen erkennen lassen . . . ." Und weiter: „Sie ist eine allgemeine u. keine specielle Therapie der Kreislaufstörungen, ein diätetisch-mechanisches Verfahren, welches keineswegs der Anwendung unserer gebräuchlichen Arzeneimittel, wo sie indicirt sind, entgegentritt, vielmehr recht wohl in Combination mit der medicamentösen Behandlung, resp. im Anschlusse an dieselbe, natürlich auch combinirt mit der Oertel'schen Wasserentziehung ihre Wirksamkeit entfalten kann."

Von gleichem Standpunkte aus haben auch wir uns von vorne herein vor Einseitigkeit gehütet und in den meisten Fällen uns nicht mit dem Gebrauche der Maschinen begnügt, sondern je nach den Indicationen die sonst gebräuchlichen medicamentösen und diätetischen Hilfsmittel verwendet. Die Erfolge einer derart combinirten Methode waren wie gesagt sehr gute, vielfach geradezu überraschende.

Ganz besonders hervorheben muss ich jedoch, dass nicht wenige Patienten bei denen die Verordnung des „Bergsteigens" geradezu ein Verbrechen hätte genannt werden müssen, welche nach 20—30 Schritten auf ebenem Boden bereits stark dyspnöisch wurden, in der ersten Zeit nur Maschinen-Gymnastik trieben, und zwar bei der nöthigen Vorsicht ohne Beschwerde und ohne irgend welche störende Erscheinung, allmählich so weit gefördert wurden, dass man nach einiger Zeit mit vorsichtigem und wohl controlirtem Bergsteigen beginnen konnte, unter Beibehaltung der Uebungen an den Apparaten, und dass nun die Besserung in weit rascherem Tempo vorschritt.

Diese Beobachtung bestärkte mich in dem schon lange gehegten Gedanken, dass unter den Zander'schen Apparaten noch einer fehle, mittelst dessen gleichzeitig entsprechende Arm- und Beinbewegungen gemacht, resp. Beförderung des Kreislaufes im Gebiete der vv. cav. sup. u. inf. gleichzeitig erzielt werden könnte. (Zu demselben Zwecke empfiehlt bekanntlich Oertel besonders das Bergsteigen mit Alpenstock.)

Nach langem Ueberlegen glaube ich, dass es mir, im Verein mit dem Herrn Maschinen-Ingenieur Zutt gelungen ist, einen Apparat zu construiren, welcher oben angedeuteten Zweck in der vollständigsten Weise erfüllt, und dabei doch die Möglichkeit der vorsichtigen Dosirung und sorgfältigsten Controle gegenüber dem oft so schwierig zu controlirenden und daher vielfach absolut auszuschliessenden Bergsteigen gewährt. Der Apparat soll keineswegs irgend einen der so genial erdachten Zander'schen Apparate ersetzen; er soll sich denselben nur zum Zwecke der Vervollständigung anreihen und die Möglichkeit gewähren, im Verlauf der Cur einen rascheren Fortschritt zu erzielen. Ebenso wenig soll unser „Bergsteige-Apparat" das Bergsteigen nach Oertel vollständig ersetzen und überflüssig machen. Er soll nur den Patienten, welchen das Bergsteigen entweder überhaupt nicht oder zur Zeit noch nicht gestattet werden darf, die Möglichkeit gewähren, die beim Bergsteigen nöthigen complicirten Arm- und Beinbewegungen ohne Gefahr nachahmen, eventuell sich zu späterem Bergsteigen vorbereiten und befähigen zu können.

Weiter glaubten wir jener überwiegend grossen Zahl von Kranken, welche aus dem einen oder anderen Grunde nicht in der

Lage sind, sich einer mechanischen Behandlung zu unterziehen, durch unseren Apparat einen theilweisen Ersatz bieten zu können, indem wir sie in den Stand setzen, mit Hilfe desselben Arm- und Beinbewegungen auch isolirt vorzunehmen. Endlich hofften wir jenen Kranken, bei denen durch systematische mechanische Behandlung in einer Anstalt, durch die Oertel'sche Cur u. s. w. es gelungen ist, Compensation herbeizuführen, ein Mittel an die Hand zu geben, durch dessen consequent fortgesetzten Gebrauch sie im Stande wären, das Erreichte für immer oder wenigstens für längere Zeit festzuhalten.

Beschreibung des Apparates.

Was nun den Apparat selbst anbelangt, so lag der Construction desselben der Gedanke zu Grunde eine schiefe Ebene herzustellen, deren Steigungswinkel beliebig verändert werden kann, und auf welcher der Kranke aufwärts geht.

Diese schiefe Ebene ist bei unserem untenstehend skizzirten Bergsteigapparate darge-

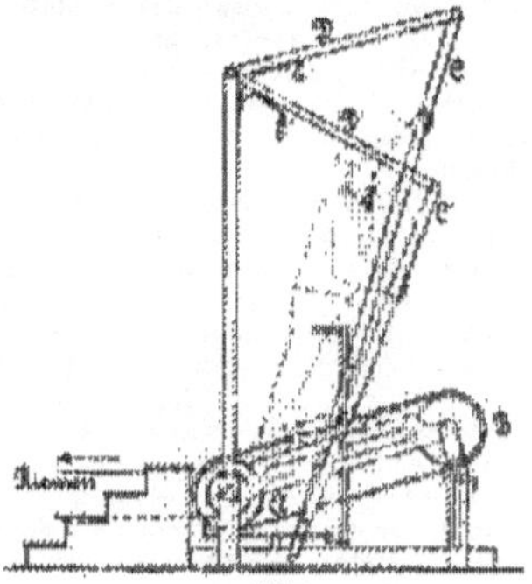

stellt durch ein mit Querleisten besetztes endloses Band, welches um zwei Walzen A. u. B. geschlungen ist und sich beim Umdrehen der einen Walze A in der Pfeilrichtung bewegt. Die Veränderung des Steigungswinkels der Ebene wird durch Höher- oder Tieferlegen der Walze B erzielt.

Um den Kranken beim Begehen des Apparates zur Hervorbringung der Armbewegung, wie sie bei der Handhabung des Bergstockes ausgeführt wird, zu veranlassen, sind links und rechts an den Hebeln D und D' Stangen C und C' angebracht, welche von dem Kranken abwechselnd nach abwärts gezogen und durch die Federn E und E' stets wieder in ihre ursprüngliche Lage zurückgebracht werden.

Der Apparat wird entweder durch einen besonderen Motor, von Hand durch eine zweite Person oder mittelst einer Art Uhrwerk von den Kranken selbst in Bewegung gesetzt.

In Bezug auf die Anwendung des Apparates habe ich nur noch wenig hinzuzufügen; dieselbe ergiebt sich für jeden mit der Zander'schen Methode Vertrauten von selbst. Man wird so in jedem Falle mit der geringsten Steigung anfangen und nur sehr allmählich und mit sorgfältiger Beobachtung der Herzthätigkeit die Steigung erhöhen; man wird im Anfange vielleicht nur die Beine bewegen und die Arme einfach nur zu Erhaltung des Gleichgewichtes benützen, bis man nach und nach auch letztere regelmässig heben und senken lässt. Ein grosses Gewicht haben wir jedenfalls auf regelmässiges Ein- und Ausathmen zu legen und dahin zu streben, dass jeweils auf 2 Schritte eine Inspiration und Exspiration kommt, woraus sich zugleich ergiebt, dass das Tempo 60—70 Schritte in der Minute nicht übersteigen darf. Stricte Vorschriften lassen sich übrigens in dieser Beziehung so wenig geben, wie bei den anderen Apparaten, weil man sich den gegebenen Verhältnissen stets anzupassen hat.

Aus der Königlichen Universitätspoliklinik für Hals- und Nasenkranke.

Die Behandlung der Kehlkopftuberkulose.

Von

Dr. Albert Rosenberg,
Assistenzarzt an der Poliklinik.

(Fortsetzung von S. 377.)

Das letzte Mittel, von dem ich hier zu sprechen habe, ist das Menthol. Ich wende dasselbe in 20procentiger öliger Lösung — bei sehr empfindlichen Patienten mit 10procentiger beginnend — in Form von Berieselungen seit 1885 ununterbrochen an. Das, was diesem Mittel den Vorzug vor der Milchsäure giebt, ist die analgesirende Eigenschaft, die sich bei längerer Anwendung als cumulirend erweist. Während also die Milchsäure — wie Krause übrigens selbst in seiner Mittheilung es ein Aetzmittel nennt, freilich, wenn ich so sagen darf, ein specifisches — wie ein Aetzmittel wirkt — solche waren übrigens auch früher schon im Gebrauch — weshalb er ein energisches, kräftiges Pinseln im Kehlkopf empfiehlt —;

Nr.	Name, Stand	Alter, Jahre	[illegible]	Ulceration an	Infiltration	Perichondritis	Angebliche Dauer der Erkrankung		Dauer der Behandlung und Ausgang
							der Lunge	d. Kehlkopfs	
1	F. Glasmacher	34	Ja	Stimmbänderrand, processus vocal. sin., hintere Larynxwand	Stimmbänder		1 Jahr	$^1/_2$ J.	3 Monate, Heilung.
2	S. Fahrherr	37	Ja	ganz. link. Stimmband, grosses Ulcus a. d. hint. Wand und an d. laryng. Fläche d. Epiglottis			15 Jahre	$^1/_2$ J. (?)	1 Monat, P. bleibt fort, Heilung der Epiglottis.
3	D. Talmudist	26	Ja	Stimmbänder, proc. vocal. dexter			6 J.	$^1/_2$ J.	3 Monate, Heilung.
4	M. Musiker	31	Ja	l. Stimm- und Taschenband und hint. Wand	Stimmbänder		6 J.	$1^1/_2$ J.	1 M., bleibt fort, wahrscheinlich todt, da er weit vorgeschrittene Lungenphthise hatte.
5	K. Landwirth	43	Ja	r. Stimmband, hintere Wand			?	?	Bleibt fort, Aufenthalt nicht zu ermitteln.
6	H. Schaffnerfrau	35	Ja	Taschenbänder	Taschenbänder		1 J.	$^1/_2$ J.	4 Monate, Reinigung der Geschwüre, fast gänzliche Heilung derselben, Infiltration besteht noch.
7	H. Wächterfrau	35	Ja		Stimmbänder		$^1/_2$ J.	4 M.	3 Monate, Abnahme der Verdickung.
8	B. Kaufmann	25	Ja	hinter. Wand			1 J.	4 M.	Kommt nicht wieder, da er verreisen muss.
9	M. Bureauassistentenfrau	29	Ja	Epiglottis proc. vocal. sinistr. hint. Wand	Epiglottis	cartilaginis arytaen. dupl.	9 M. (seit Beginn d. Gravidit.)	3 M.	3 Monate, Ulcerationen geheilt, Infiltration besteht noch.
10	K. Dienstmädchen	21	Ja	r. Taschenband	r. Taschenband		$2^1/_2$ J.	8 M.	2 Monate, Heilung.
11	W. Eisendreher	28	Ja	l. Stimm- und Taschenband			6 J.	$1^1/_2$ M.	Bleibt fort.
12	H. Steindrucker	37	Ja	Stimmbänder	Stimmbänder		$2^1/_2$ J.	?	Entzieht sich der Behandlung und ist nicht auffindbar.
13	G. Kaufmann	23	Ja	proc. vocal. sinistr. beide Stimmbänd. hint. Wand	r. Stimmband hint. Wand		$1^1/_2$ J.	$^1/_2$ J.	4 Monate, 2maliges Curettement, Heilung.
14	T. Stationsassistent	46	Ja	ganz. l. Stimmband			5 J.	$^1/_2$ J.	2 Monate, Heilung.
15	D. Näherin	29	Ja	proc. vocal. sinistr.			$^1/_2$ J.	$^1/_4$ J.	Einige Wochen nach der ersten Vorstellung todt, kam überhaupt nur zwei Mal.
16	M. Kaufmann	45	Ja		hint. Wand		1 J.	1 M.	Bleibt aus der Behandlung.
17	K. Wittwe	35	Ja	hint. Wand			$1^1/_2$ J.	3 Wochen	1 M., bleibt fort, gebessert.
18	H. Sattler	27	Ja		r. Taschenband und r. lig. aryepigl.	cartil. aryt. dextr.	$^1/_2$ J.	$^1/_2$ J.	Nach 10 Tagen lig. aryepigl. normal, nach $2^1/_2$ Mon. noch ganz geringe Schwellung d. Aryknorpels.
19	Ch. Landwirth	51	Ja	Epiglottis r. Taschenb. proc. vocal. dexter	Epiglottis Stimmbänder	cartil. aryt. sin.	2 Monate	?	Muss nach 2 Monaten abreisen, gebessert.
20	W. Schleifer	36	Ja	r. Stimmband			3 J.	$^1/_2$ J.	Bleibt nach einigen Tagen fort.
21	Z. Aufwärter	48	Ja	laryng. Fläche d. Epiglottis ganz, l. Stimmband; l. Taschenband, r. Taschenband hinten	r. Stimmband, r. Taschenband		1 J.	$^1/_2$ J.	Nach 2 Mon. Epiglottis geheilt, Dysphagie nach 8 Tagen geschwunden, bleibt fort.
22	J. Restaurateurfrau	19	Ja		Taschenbänder		1 J.	2 M.	Bleibt nach kurzer Zeit fort
23	L. Kürschner	26	Ja			cart. aryt dextr.	?	$1^1/_2$ M.	do.

Ja		r. Stimmband		1 J.	1 J.	Nach 5 Wochen Abnahme der Schwellung, bleibt fort.
Ja	Stimmbänder; proc. voc. sin.	Stimmbänder		2 J. traum. Phthise		Nach 1 Monat Ulcera sind am Benarben, bleibt fort.
Ja			cart. aryt dupl.	1 J.	½ J.	Bleibt nach einigen Tagen fort, starb bald darauf.
Ja	ganz. l. Stimmband			?	?	1 Mon., bleibt fort, gebessert, nicht auffindbar.
Ja	l. Taschenband			1 J.	3 M.	Bleibt fort, nicht auffindbar.
Ja	hint. Wand			?	3 M.	14 Tage, es geht nach brieflicher Mittheilung ganz gut
Ja	Stimmbänder; h. Wand	Taschenbänder	cart. arytaen. dupl.	1 J.	¼ J.	Bleibt fort.
Ja	r. Stimmband hinten	r. Stimmband	cart. aryt sin.	5 J.	¼ J.	2 Monate, ist bis auf leichte Verdickung d. r. Stimmbandes und Verlust des Aryknorpels, wo Narbe, geheilt.
Ja	proc. vocal. dext.	l. Taschenband	cart. aryt. sin.	?	?	Bleibt fort, starb nach briefl. Mittheilung bald.
Ja	proc. vocal. sin.	Stimmbänder		3 M.	1 M.	Bleibt fort, nicht auffindbar.
Ja	Taschenbänder hinten	Taschenbänder	cartil. aryt. sin.	2 J.	?	do.
Ja		Taschenbänder		10 J.	5 Wochen	1 M., Heilung.
Ja		Taschenbänder		½ J.	1 M.	1 M., gebessert, bleibt fort.
Ja		Stimmbänder, l. Taschenband		3 M.	1 M.	Bleibt fort nach kurzer Zeit.
Ja	hint. Wand	Stimmbänder		1 J.	2 M.	3 Monate, Heilung.
Ja	r. Taschenband			2 J.	½ J.	1 Monat, 2malige Milchs.anwendung, gebessert, bleibt fort.
Ja	Taschenband u. Stimmbänder			1 J.	?	Bleibt nach 2 Monaten fort, Besserung.
Ja		Taschenbänder, l. Stimmband		?	2½ M.	1 Monat, keine wesentliche Besserung.
Ja	palatum molle	Epiglottis		Gaumen 3 M.	½ J.	½ Monat, Besserung.
Ja	Taschenbänder	l. Stimmband		1 J.	1 M.	½ Monat, Reinigung der Geschwüre.
Ja	Taschenbänder	Taschenbänder	cart. aryt. dupl.	1 J.	½ J.	Bleibt von Zeit zu Zeit fort, Abschwellung.
Ja	Taschenbänder; hint. Wand			1 J.	11 M.	Bleibt nach 3 Wochen fort, Besserung.

Nr.	Name, Stand	Alter, Jahre	Complication d. Lungenphthise?	Ulceration an	Infiltration	Perichondritis	Angebliche Dauer der Erkrankung der Lunge	Angebliche Dauer der Erkrankung d. Kehlkopf.	Dauer der Behandlung und Ausgang
49	D. Tapezier	36	Ja	l. Taschenband, r. Stimmband, hint. Wand	l. Taschenband	cart. aryt. dext.	mehrere Jahre	1 M.	Nach 5 Wochen Reinigung der Geschwüre.
50	K. Schuhmacher	32	Ja		hint. Wand l. Stimmband				Bleibt fort.
51	L. Silberarbeiter	26	Ja	l. Stimmband hinten			1 J.	½ J.	4 Wochen, Besserung.
52	H. Bote	32	Ja	proc. vocal. sin.	r. Taschenband	cart. aryt. dext.	1 J.	3 M.	Bleibt fort, nicht auffindbar.
53	H. Hausdiener	83	Ja		hint. Wand		1 J.	?	Nach 2 Wochen Besserung.
54	A. Portier	63	Ja	Epiglottis	Epiglottis	cart. aryt. dupl.	1 J.	2 M.	Milchsäurebehandlung, nach 2 Wochen keine wesentliche Aenderung.
55	W. Kassenbote	54	Ja	Epiglottis, laryng. Fläche	Stimmbänder		?	2 M.	do. Reinigung der Geschwüre.
56	D. Dienstmädchen	26	Ja	l. Taschenband			1 J.	8 M.	do.
57	M. Wittwe	36	Ja	Epiglottis, r. Taschenband	Epiglottis		?	?	1 Woche, Geschwür beginnt sich zu reinigen.

während also die Milchsäure als Aetzmittel schmerzhaft ist, verursacht das Menthol bei **ausgedehnteren** Erkrankungen auch Brennen, allein dieses geht **schnell** vorüber; dann aber tritt die analgesirende Wirkung ein, und es gelingt, bei richtig, vorsichtig und langsam ausgeführter Application die etwaige Dysphagie sehr bald zu beseitigen.

Die Behandlungsmethode verdient den Vorzug, die im Stande ist, die Ursache der Krankheit zu beseitigen; der ätiologische Standpunkt ist der von allen erstrebte. Wenn nun die Tuberkelbacillen die Ursache der Phthise sind, so wird das zweckmässigste Mittel gegen diese ein antibacilläres sein. Diese Eigenschaft besitzt nun, wie ich an anderer Stelle ausgeführt habe, das Menthol in ausgezeichnetem Maasse und da es bei verhältnissmässig niedriger Temperatur verdunstet, ist es sehr geeignet, in die Tiefe zu wirken, d. h. auch an Stellen, mit denen es nicht in directe Berührung kommt.

Diese theoretischen Erwägungen aber waren es nicht allein, die mich das Menthol weiter anwenden liessen; vielmehr sind es auch die practischen Erfolge. Ich habe dieselben bereits in der Berliner klinischen Wochenschrift 1887 No. 26 veröffentlicht, und ich werde auf meine damalige Mittheilung nachher noch mit einigen Worten zurückkommen. Zuvörderst sei es meine Aufgabe, über die Fälle von Phthisis laryngis zu berichten, die in der Königl. Universitätspoliklinik für Hals- und Nasenkranke in der Zeit vom 1. Juni 1885 bis zum 1. Februar d. J. mit Menthol behandelt worden sind. Ich stelle sie vorstehend tabellarisch zusammen.

(Schluss folgt.)

Zur Anwendung des Sulfonals.

Von

Dr. Georg Müller in Berlin.

Die Warnung des Herrn Dr. **Schmey** im vorigen Hefte vor der Anwendung des Sulfonals bei Arteriosclerose" scheint mir durchaus nicht gerechtfertigt zu sein. Denn abgesehen davon, dass es wohl kaum zulässig ist, aus einem einzigen Falle allgemein gültige Regeln ableiten zu wollen, so haben meine Erfahrungen ein gerade entgegengesetztes Resultat ergeben. Erwähnt sei nur ein recht eclatanter Fall von Arteriosclerose. — Es handelt sich hierbei um einen 72jährigen Herrn, welcher schon 10 Tage unter den furchtbarsten Athembeschwerden das Bett hütete. Digitalis etc. milderte vorübergehend die Athemnoth und erzeugte einen nur nach Minuten zählenden Schlaf, und in Folge dieser Schlaflosigkeit, trat ein rapider Kräfteverfall ein. Morphium und Chloral erzeugten Delirien mit bedeutender Erregung. Da gab ich abends 8 Uhr 1,0 Sulfonal. Um 11 Uhr trat ein fast die ganze Nacht währender erquickender Schlaf mit ruhiger Athmung ein, welchem ein so guter Tag, wie seit lange keiner zuvor, folgte. Die zweite Nacht wurde ohne Sulfonal nun zum Theil schlafend verbracht. Am dritten Abend erfolgte wieder eine Sulfonalgabe 1,0. Darauf trat wieder guter, aber mehrfach unterbrochener Schlaf ein. Seitdem war der Schlaf leidlich gut, Sulfonal wird nicht mehr gegeben. Das Allgemeinbefinden, Puls, Athmung, Appetit heben sich.

Der Fall des Herrn Schmey beweist durchaus nicht die Schädlichkeit des Sulfonal bei Arteriosclerose, da ja gerade diese Krankheit in ihrem Verlauf absolut unberechenbar ist, und grade hier das „post quod, non propter quod!“ angebracht ist.

Neuere Arzneimittel.

Ueber Antipyrese.

Kritische Studie über die neueren antipyret. Mittel und Methoden[1]).

Von

Prof. Dr. Josef Fischl in Prag.

Der Verfasser sucht die jetzt vielfach ventilirte Frage, ob bei den verschiedenen febrilen Krankheitsprocessen ein antipyret. Verfahren einzuleiten sei, sowohl vom theoretischen als auch vom klinisch-praktischen Standpunkte zu beantworten, indem er in ersterer Beziehung auf die zahlreichen Arbeiten vieler Forscher eingeht und auf die in denselben hervortretenden Divergenzen hinweist, während er in letzterer Beziehung die Erfahrungen vieler Kliniker der Neuzeit, sowie seine eigenen Wahrnehmungen registrirt.

Von Seite der Theorie liegen nach seiner Ansicht noch keine Anhaltspunkte vor, die für die Zulässigkeit der Antipyrese sprechen würden, denn es lässt sich weder die von manchen Beobachtern behauptete deletäre Wirkung der hohen Temperatur auf die Gewebe (i. e. die parenchymatöse Degeneration der Organe), noch die schädliche Einwirkung derselben (der hohen Temperatur) auf die Steigerung des Stoffumsatzes durch die bisher in dieser Richtung ermittelten Untersuchungsresultate nachweisen, wie dies ja ein Blick in die betreffenden Arbeiten zur Genüge ergiebt.

Ebenso wenig vermögen die auf Grundlage der Theorie über die Wirkung der antipyretischen Mittel gewonnenen Anschauungen die Anwendung derselben zu rechtfertigen, da wir bisher nicht im Stande sind, diese Wirkung weder bei den inneren, noch bei den äusseren Antipyreticis in befriedigender Weise zu erklären.

Unter solchen Verhältnissen kann als Richtschnur für das ärztliche Handeln am Krankenbette nur die practische Erfahrung maassgebend sein, und da auch in dieser Beziehung noch bedeutende Divergenzen bei den verschiedenen Beobachtern hervortreten, glaubt Vf., gestützt auf eine 30jährige Erfahrung in der Privatpraxis und auf eine mehr als 20jährige im Prager allgemeinen Krankenhause, auch seine in dieser Richtung gemachten Wahrnehmungen mittheilen zu sollen.

In Betreff der äusseren Antipyrese handelt Verfasser zunächst von den kalten Bädern, welche in verschiedenen Epidemien bei Typhus abdomin., Scarlatina und Morbillen (meist nach der Brand'schen Methode) zur Anwendung kamen. Eine günstige Einwirkung dieser den meisten Kranken lästigen Proceduren liess sich weder in Betreff der Abkürzung der Krankheitsdauer, noch in Betreff des Ausganges des Leidens feststellen, und ebensowenig vermochte er die Ueberzeugung zu gewinnen, dass dieses Verfahren Complicationen und Nachkrankheiten hintanhalte, indem die Verhältnisse in derselben Epidemie sich gleich blieben, mochten die einzelnen Individuen gebadet, oder bloss expectativ behandelt werden. Er möchte daher auf der Basis seiner Erlebnisse zu dieser Methode (Brand, Jürgensen) nur in den schwersten, hyperpyretischen Formen, wenn die milderen Proceduren (Einpackungen, Abreibungen, Umschläge) sowie die medicamentöse Antipyrese im Stiche lässt, namentlich aber unter gewissen individuellen Verhältnissen seine Zuflucht nehmen, ohne jedoch seine Erwartungen allzuhoch anzuspannen, sondern vielmehr dem Grundsatze folgend: „melius remedium anceps quam nullum“.

Bei Pneumonie, Erysipel und anderen febrilen Krankheiten fand er bisher keine Veranlassung von kalten Bädern Gebrauch zu machen, da diese Processe, selbst in den migrirenden Formen mit seltenen Ausnahmen, gegen welche sicherlich auch die kalten Bäder sich ohnmächtig erwiesen hätten, einem glücklichen Ausgange zugeführt wurden.

[1]) Autoreferat nach „Klin. Zeit- u. Streitfragen.“

Denn diese spärlichen Ausnahmen beziehen sich auf Krankheitsfälle, die schon in den ersten Tagen des Leidens unter Symptomen der Herzschwäche bei fast normaler, ja sogar niedrigerer Temperatur zu Grunde gingen.

Ueber protrahirte Bäder (nach Riess) sowie über allmählich abgekühlte (nach v. Ziemssen) besitzt Vf. zwar keine eigenen Erfahrungen, er möchte jedoch, trotzdem dass sich einzelne Stimmen gegen die Anwendung derselben (Ebstein gegen diese, Brand gegen jene) erhoben haben, denken, dass sich gegen diese beiden Methoden nicht jene Bedenken erheben lassen, die vielfach gegen die kalten Bäder (nach Brand, Jürgensen etc.) geltend gemacht worden sind, doch wäre es wünschenswerth, dass der Nutzen derselben durch wiederholte Prüfung an einer grossen Zahl von Krankheitsfällen, bei gleichzeitiger Anwendung der expectativen Methode an einem möglichst gleichartigen Materiale demonstrirt werde.

Von den schon genannten milderen hydriatischen Proceduren hat er in geeigneten Fällen von Typhus (abdom. und exanthem.), Scarlatina, Variola etc. schon deshalb sehr häufig Gebrauch gemacht, weil er einerseits auf einen Widerstand nur sehr selten stiess und weil andererseits bei deren Anwendung in der Regel ein Effect beobachtet werden konnte, indem sowohl die beabsichtigte Wirkung auf das Sensorium, als auch auf die Centren der Respiration und Circulation in gleichem Maasse wie bei den Bädern eintrat, ohne dass er bisher üble Folgen gesehen hätte. Namentlich schritt er zu dieser Methode, wenn neben hohen Temperaturen Erscheinungen eines darniederliegenden Nervenlebens auftraten und die inneren Antipyretica entweder keinen Erfolg zeigten, oder aus später anzuführenden Gründen nicht verabreicht werden durften. In leichteren und mittelschweren Fällen der genannten Krankheitsprocesse waren auch diese Proceduren häufig entbehrlich und genügte meist ein zuwartendes Verfahren, welches gegen gewisse lästige Symptome gerichtet war.

In Betreff der inneren Antipyrese beziehen sich die Erfahrungen des Verf. lediglich auf Chinin, Antipyrin und Salicylsäure, während er von den sonstigen neueren Antipyreticis nur noch vom Antifebrin Gebrauch machte, doch war die Zahl der mit dem letztgenannten Medicamente behandelten Krankheitsfälle nicht gross genug, um ein endgiltiges Urtheil über den Werth desselben zu gestatten. Vf. ist der Ansicht, dass es vorwiegend individuelle Verhältnisse sind, von denen die Wirksamkeit oder Unwirksamkeit der angeführten Fiebermittel abhängt, so dass in einem gegebenen Falle die Anwendung eines Antipyreticums immer nur ein Experiment bleibt, von dessen Gelingen oder Misslingen die Beantwortung der Frage abhängt, ob das Medicament wiederholt werden darf, oder aber wegzulassen sei. Nichtsdestoweniger hält Vf. sich, namentlich in länger dauernden febrilen Krankheiten für verpflichtet, ein solches Experiment jedesmal zu wagen, weil er einerseits einen bleibenden Schaden nach einem missglückten derartigen Versuche nicht beobachtet, und andererseits in geeigneten Fällen eine solche Ermässigung der quälenden Symptome gesehen hat, dass er es für eine Unterlassungssünde halten würde, dem Kranken die Wohlthat einer dem Antipyreticum folgenden, häufig sehr auffälligen Euphorie zu entziehen. Viele Patienten verloren bald nach Verabreichung des Mittels die frühere Unruhe, verfielen in einen erquickenden Schlaf, den sie früher nicht finden konnten, und erwachten oft mit normaler Temperatur, freiem Sensorium und frei von jedem Krankheitsgefühl, so dass sie selbst gleich ihrer Umgebung nicht dankbar genug sein konnten. Auf der anderen Seite muss Vf. jedoch erwähnen, dass vielleicht ebenso häufig bei einzelnen Kranken nach Verabreichung von Chinin und Antipyrin üble Zufälle sich zeigten, die ihn von einer Wiederholung dieser Mittel, selbst in jenen Fällen abschreckten, wo diese Zufälle nicht unter den Erscheinungen des so bekannten und von vielen Beobachtern gesehenen Collapses auftraten. Er meint gewisse subjective Beschwerden, die von verschiedenen Kranken in verschiedener Weise geschildert werden, die aber meist im grellen Contraste mit wenig oder gar nicht entwickelten objectiven Symptomen stehen. Viele führen Klage über gewisse peinliche, beängstigende Gefühle, die zu bezeichnen sie sich vergeblich bemühen, andere wieder geben an, dass sie, unmittelbar nach Gebrauch des Medicamentes, von einem äusserst lästigen Hitzegefühl im Kopfe, von der Empfindung einer enormen Schwäche im ganzen Körper, dem Gefühle der Betäubung, des Vergehens, quälender Dyspnoe u. dergl. befallen wurden, ohne dass man, wenn bei solchen Zufällen geholt, weder am Pulse, noch an dem Verhalten der Respiration u. s. w. bei genauester objectiver Untersuchung irgend eine Anomalie hätte entdecken können, die im Stande gewesen wäre diese lästigen Sensationen zu erklären. Ein Zweifel an der Richtigkeit dieser Angaben war jedenfalls durch den Umstand ausgeschlossen, dass dieselben oder ähnliche Klagen von vielen Patienten gemacht wurden, die zu verschiedenen Zeiten mit diesen Medicamenten behandelt wurden; es handelte sich überdies meist um sehr intelligente, verlässliche Individuen, die F. oft aus Anlass früherer Erkrankungen genau kannte, so dass er ihre Beschwerden keineswegs als eingebildete halten konnte. Mitunter traten derartige Erscheinungen schon nach 1 g Chinin und ebenso nach derselben Dose von Antipyrin auf, es geschah aber auch bisweilen, dass eine gewisse Angewöhnung an das Medicament bei jenen Kranken zu bemerken war, die sich auf Zureden bestimmen liessen, nochmals das Antipyreticum zu versuchen. In der Regel wollten aber die Patienten von einer solchen Wiederholung nichts mehr hören, und zogen es vor, in dem hohen Fieber, welches ihnen viel geringere Unannehmlichkeiten bereite, zu verbleiben. Schliesslich führt Vf. noch an, dass er mitunter auch ausgesprochene Collapserscheinungen beobachtete, die ihn von jedem weiteren Versuche abhielten, sowie, dass manche Individuen, die geringere Grade von Collaps zeigten, nichtsdestoweniger den Zustand nach der Einverleibung des Antipyreticums lobten, und lieber die geringen Misslichkeiten, die einzigen Beschwerden, über die sie klagten, mit in den Kauf nahmen, wenn sie nur von den ihnen so lästigen Symptomen des Fiebers (der Hitze, Abgeschlagenheit etc.) befreit waren.

So ungleich sind die Wirkungen der noch jetzt am meisten empfohlenen antipyret. Medicamente, so unberechenbar der Eingriff, dass Vf. immer mit grösster Vorsicht, mit grösster Angst und Unruhe zur versuchsweisen Anwendung dieser Heilmittel schreitet. Und doch macht er immer wieder von denselben in schwereren Fällen Gebrauch, weil er denkt, dass es nicht gleichgültig für den Kranken sein kann, wenn derselbe Nacht für Nacht in grosser Unruhe schlaflos verbringt, denn es ist schwer zu bestimmen, wo die Grenze liegt, jenseits welcher in schweren Krankheitsprocessen, die Erscheinungen der Unruhe, Schlaflosigkeit u. s. w. in ihrer Summirung (zu den anderen febrilen Erscheinungen hinzugefügt) die letzten Kräfte des Leidenden consumiren.

In jenen Fällen, wo die Kranken von dem Antipyreticum in günstiger Weise beeinflusst wurden, nahm Vf. keinen Anstand beim Auftreten stärkerer Exacerbationen abermals zu demselben zu greifen und es geschah dies in der Regel mit demselben günstigen Erfolge. Doch war dies keineswegs ausnahmslos der Fall, denn er stiess auch auf Fälle, wo im weiteren Verlaufe der Krankheit das früher so gern genommene und so günstig wirkende Medicament in derselben Dose entweder seinen Dienst völlig versagte, oder sogar so beunruhigende Symptome hervorrief, dass es für ein bedenkliches Wagniss gehalten werden musste, einen weiteren derartigen Versuch mit einem solchen Mittel bei diesem Patienten zu machen. Es kam nämlich zu ganz manifesten Intoxicationserscheinungen, die auf ein Ergriffensein des Hirns, sowie der Centren der Respiration und Circulation hinwiesen, die Kranken verfielen in heftige Delirien, die vor Anwendung des Mittels nicht vorhanden waren, wurden unbesinnlich, soporös, es zeigten sich Zeichen hochgradiger Dyspnoe, sowie solche eines tiefen Collaps, ohne dass jedoch in den bisherigen derartigen Beobachtungen (hyperpyret. Krankheitsformen ausgenommen) ein ungünstiger Ausgang eingetreten, oder irgend welche Folgen dieser Anwendungsweise zurückgeblieben wären. Bei sämmtlichen Kranken schwanden, nachdem das Medicament weggelassen und die entsprechenden Mittel angewendet worden waren, diese unliebsamen Erscheinungen bald wieder gänzlich und machten diese Individuen die weiteren Phasen des Krankheitsprocesses glücklich durch. Wie dieser plötzliche Umschlag, diese verschiedene Reaction desselben Individuums gegen dasselbe Medicament in verschiedenen Phasen der gleichen Krankheit zu erklären sei, darüber weiss Vf. kaum eine Vermuthung auszusprechen.

In Betreff der Gabe räth F. mit allen Cautelen versuchsweise vorzugehen und dieselbe jedesmal bei den betreffenden Kranken erst auszuprobiren, bevor man sich zu einer systematischen Anwendung des Mittels, sei es Chinin oder Antipyrin, entschliesst.

Findet Vf., dass bei einem Kranken nach Darreichung eines Antipyreticums ein Temperaturabfall zwar bewirkt, eine Ermässigung der anderen febrilen Symptome jedoch nicht beobachtet wird und auch die gewünschte Euphorie ausbleibt, dann reicht er das Mittel auch dann nicht mehr, wenn es, ohne Beschwerden zu machen, vertragen wird, weil er es für besser erachtet, die Kranken unbeeinflusst zu lassen, als sie den eventuellen, nicht vorauszusehenden Gefahren bei Wiederholung des Medicamentes auszusetzen, welches ihnen unter solchen Verhältnissen gar keinen Nutzen gewährt; denn eine blosse Ermässigung der Temperatur, ohne eine ihr entsprechende Abnahme der anderen Krankheitserscheinungen hat, nach dem, was F. in dieser Richtung erfahren hat, einen nur problematischen Werth. Verfasser giebt niemals ein Antipyret. im Stadium der spontanen Remissionen, da in diesem Zeitraume des Leidens neben dem Temperaturabfall meist auch ein Rückgang der anderweitigen Symptome zu bemerken ist, und er es für unverantwortlich hält, mit Medicamenten ohne Noth zu experimentiren, die doch immer ein zweischneidiges Schwert bleiben.

Wenn Verf. im Allgemeinen einen zur Zahl seiner Beobachtungen verhältnissmässig seltenen Gebrauch von der Antipyrese macht, so ist dies darin begründet, dass ein roborirendes Verfahren, frühzeitig in Anwendung gezogen, wahrscheinlich auch der gegenwärtige günstigere Charakter der genannten febrilen Krankheiten nicht jene schweren Symptome hervortreten lässt, gegen welche viele Beobachter, zu denen auch er gehört, antipyretisch vorgehen. Wie Vf. aber den Nutzen der Antipyrese auffasst, ist bereits erwähnt worden und möchte er daher nur nochmals hervorheben, dass er sich durch die hohe Temperatur allein zu einem Eingreifen nicht bestimmen lässt, da er in den fieberhaften Krankheiten nicht in dieser, sondern in dem Grade der Infection die Hauptgefahr findet.

Therapeutische Mittheilungen aus Vereinen.

VII. Congress für innere Medicin zu Wiesbaden. (April 1888.)

Prof. Dr. Rumpf. Ueber das Wanderherz. (Autoreferat.)

Der Vortragende berichtet über 5 Fälle, von hochgradiger Beweglichkeit des Herzens, deren Entstehung er im wesentlichen auf Entfettungscuren oder Abmagerung zurückführt. Der erste Fall, über welchen der Vortragende ausführlicher berichtet, ist ein 30jähriger Bierbrauer aus gesunder Familie, der bis zur Entfettungscur über 2 Centner wog. Er lebte dann etwa ein Jahr nur von Filet und trocknem Weissbrot und trank an Stelle der gewohnten 8 Liter Bier nur etwas sauren Weisswein. In Folge dieser „Cur" verlor er 60 Pfund. Aber mit diesem Gewichtsverlust traten hochgradige Schwäche, Anfälle von Schwindel, Beklemmungen und Athemnoth sowie Unfähigkeit auf der Seite zu liegen, auf.

Die objective Untersuchung der Körperorgane ergab in aufrechter Stellung und Rückenlage keine Abweichung von der Norm; die Lungen erwiesen sich bei Percussion und Auscultation gesund, die Leber zeigte normale Verhältnisse, die inspiratorischen und exspiratorischen Verschiebungen ergaben die gewöhnlichen Werthe. Die Herzdämpfung zeigte in derselben Stellung das bekannte unregelmässige Viereck, dessen rechte Seite 5½ cm, dessen Basis 6½—7 cm ausmachte. Der Herzchoc war 6½ cm vom Brustbein entfernt. Die relative Herzdämpfung umgab die absolute nach oben und links in Form eines 2 cm breiten Bandes. Sobald aber Patient die aufrechte Stellung oder die Rückenlage mit der Seitenlage vertauschte, traten beträchtliche Verlagerung der Herzdämpfung und des Spitzenstosses auf. Bei der linken Seitenlage entfernte sich die Herzdämpfung von dem Brustbein, so dass nur die rechte obere Spitze zu der dritten Rippe das Sternum berührte. Die ganze Herzdämpfung zeigte jetzt die Figur eines nicht ganz regelmässigen Dreiecks, dessen linke Spitze im fünften Intercostalraum in Mitten der Achselhöhle lag, wo sich auch der kräftige Spitzenstoss befand, während die rechte untere Spitze gut 2 cm vom Sternum entfernt im sechsten Intercostalraum ihren Platz hatte. Die rechte Herzdämpfungsgrenze hatte eine Länge von 8 cm, die Basis 11 cm und die obere und linke Seite betrug 19 cm. Zwischen dem Brustbein und der rechten Herzgrenze war deutlicher und heller Lungenschall. Bei der rechten Seitenlage verschwand die absolute Herzdämpfung vollständig. Nur eine relative Herzdämpfung von 2 cm Breite verblieb zu beiden Seiten des Brustbeins von der fünften Rippe bis zum sechsten Intercostalraum; der Herzchoc befand sich jetzt direct neben dem Sternum im sechsten Intercostalraum. Der Weg, welchen der Spitzenstoss zurücklegte, betrug nach rechts wie nach links 6½—7 cm, im Ganzen also 13—14 cm.

Der Vortragende schliesst Dilatation des Herzens, Pericarditis, Pleuritis und Lungenerkrankung aus den Ergebnissen der häufig wiederholten Untersuchung aus, und glaubt, dass es sich um eine abnorm grosse Beweglichkeit des Herzens handelt, welche durch die Hungercur entstanden sei.

Ganz ähnliche Bilder boten auch die anderen 4 Fälle, wenn auch die Verschiebung nicht ganz so gross war. Auch hier war die **Rückenlage**, die einzig angenehme, während in der **Seitenlage** intensive **Störungen** auftraten, **Schmerzen, Beklemmungen, Angstanfälle, Steigerung der Pulszahl** um 50—60 Schläge per Minute, auch hier waren **Schwäche, Schwindel** und zum Theil **Arbeitsunfähigkeit** vorhanden.

In vier Fällen aber hat sich das Krankheitsbild direct an eine **Entfettungscur** oder an eine beträchtliche **Abmagerung** angeschlossen. Der Gewichtsverlust betrug im leichtesten Falle 20 Pfund, im schwersten Falle 60 Pfund.

Ist nun die Entfettung die Ursache dieser Krankheitsbilder?

Es liesse sich einwenden, dass die abnorme Herzbeweglichkeit schon früher vorhanden gewesen und erst durch nebensächliche, zum Theil vielleicht unbekannte Momente, vielleicht auch durch den Verlust pericardialen Fettes bei der Abmagerung intensiver geworden sei, und zu Beschwerden geführt habe, oder dass die vorhandenen Beschwerden mit der Beweglichkeit des Herzens nichts zu thun haben. Gegen letzteren Einwand sprechen allerdings die subjectiven und objectiven Erscheinungen beim Uebergang aus der **Rückenlage** zur Seitenlage, die **Beklemmungen** und **Schmerzen**, die **Beschleunigung der Pulszahl**. Der Einwand aber, dass die beobachtete Beweglichkeit des Herzens nur eine das Krankheitsbild begleitende und modificirende Erscheinung, nicht aber die wesentlichste Ursache sei, lässt sich nur an der Hand eines ausserordentlich grossen Materials entscheiden.

Fände sich die gleiche Beweglichkeit des Herzens bei normalen Menschen ohne vorausgegangene Abmagerung oder ohne Beschwerden von Seiten des Herzens, so würde in den geschilderten Fällen die Bedeutung der Entfettungscur für die Entstehung der Krankheitserscheinungen sich beträchtlich vermindern. Der Vortragende hat es nun versucht diesem naturgemässen Einwande näher zu treten. Aber unter **normalen** Verhältnissen konnte er eine passive **Herzbeweglichkeit**, wie die oben **geschilderte**, nicht constatiren. Allerdings erfährt auch in der Norm die absolute und relative Herzdämpfung durch die Seitenlage eine Verschiebung, die bei **linker** Seitenlage im Durchschnitt 2 cm nach **aussen**, bei **rechter** Seitenlage $1\frac{1}{2}$ cm nach **rechts** beträgt. Aber dieser Wechsel der Herzdämpfung geht in vielen Fällen unabhängig von einer Verlagerung des Spitzenstosses vor sich, der an der alten Stelle nachweisbar bleibt.

Es gibt aber auch Fälle, bei welchen mit der Verlagerung der Herzdämpfung auch eine Verlagerung des Herzchocs einhergeht. Bei normalen Menschen hat der Vortragende eine derartige mit den Seitwärtslagen einhergehende Verlagerung des Spitzenstosses nur in geringen Grenzen und bei einer Minderzahl beobachtet. Die Seitwärtsbewegung des Herzchocs betrug in diesen Fällen durchschnittlich 2 cm, nur selten mehr, vereinzelt 3 cm nach links, nach rechts meist nicht ganz 2 cm. Auch trat wohl bei rechter Seitenlage, wie dies schon **Gerhardt** berichtet, seitwärts vom rechten Sternalrande eine **rechtsseitige relative** Herzdämpfung von geringem Umfange auf; doch gehörte dieses Auftreten zu den Seltenheiten.

Ganz anders gestalteten sich die Befunde in pathologischen Fällen. Bei einer Anzahl von Fällen weit vorgeschrittener Lungentuberculose mit starken Gewichtsverlusten konnte R. eine beträchtliche **Abweichung** des Spitzenstosses bei der Seitenlage constatiren. Hier fanden sich Verschiebungen nach links von 4—6 cm, nach rechts 3—4 cm. Die Herzdämpfung gestaltete sich dann ähnlich wie in den oben beschriebenen Fällen. Aber diese Patienten konnten die Seitenlage nicht ohne Beschwerden ertragen.

Die gleiche Beweglichkeit des Herzchocs und der Herzdämpfung fand R. bei einem weit vorgeschrittenen Fall von progressiver Muskelatrophie, bei dem auch das Fettgewebe in hohem Grade geschwunden war und Patient einen Gewichtsverlust von 40 Pfund erlitten hatte. Hier betrug die Abweichung des Spitzenstosses nach beiden Seiten 4 cm.

Diese Beobachtungen bei Erkrankungen mit beträchtlicher Abmagerung, sowie die negativen Befunde bei normalen Menschen betrachtet der Vortragende als weitere Stütze für seine Ansicht betreffs Entstehung des allzubeweglichen Herzens.

Er nimmt deshalb keinen Anstand, die **Entfettungscur als die wesentlichste Ursache der abnormen Herzbeweglichkeit in den oben geschilderten Fällen** zu betrachten.

Allgemeiner ärztlicher Verein zu Cöln.

(Sitzung vom 11. Mai 1888.)

Herr **Georg Sticker**: Therapeutische Mittheilungen. (Autoreferat.)

I. **Hilfsmittel der Digitalis.**

Der Arzneischatz des Arztes, welcher nach klaren Indicationen und mit zielbewusster Rücksicht auf die pharmakologischen Wirkungen des von ihm angewendeten Mittels seine Verordnungen zu treffen pflegt, hat in der jüngsten Zeit durch manche sogenannte „Herzmittel“, namentlich durch die Coffeïndoppelsalze, die Strophanthuspräparate und das Sparteïn eine wesentliche Ergänzung erfahren. Wer die „neuen Mittel“ ohne Erfolg in einer Reihe von Fällen verschrieben hat, dürfte sich wohl eher den Vorwurf machen müssen, dass er sie ohne Berücksichtigung ihrer Indicationen und Contraindicationen und ohne richtige Vorstellung der durch den gegebenen Fall erforderten Eingriffe anwendete, als zu dem so häufig hingeworfenen Schlusse berechtigt sein, die „neuen Mittel“ taugen nichts. — Man suchte nach „Ersatzmitteln“ der Digitalis, weil diese in manchen oder vielen Fällen im Stich liess. Weshalb sie im Stich liess, darüber gab man sich aber nicht immer Rechenschaft. Der Grund war meistens einfach der, dass man von der Digitalis mehr verlangte als sie leisten kann. Die Digitalis ist aber ebensowenig ein Universalherzmittel als irgend ein anderes Medicament. In den Fällen, wo sie nichts leistet, bedarf es anderer Mittel, die man unlogischer Weise „Ersatzmittel“ nennen mag; oder es bedarf der Hinzufügung von Mitteln zur Digitalis, die man als „Hilfsmittel der Digitalis“ bezeichnen kann. — Im Allgemeinen ist der Grundsatz, der als conditio sine qua non für die Anwendbarkeit der Digitalis das Vorhandensein vermehrter Pulsfrequenz und herabgesetzter Pulsspannung fordert, in das ärztliche Gewissen eingedrungen, und man darf von jedem Arzt erwarten, dass ihm — zunächst wenigstens — erhöhte Pulsspannung und verlangsamte Herzaction als absolute Contraindicationen für den Gebrauch jenes Mittels gelten. Die genauere Darlegung der Regeln, nach welchen jene Gegenanzeigen vorhanden sind, die weitere Ausführung der Bedingungen, unter welchen trotz vermehrter — zum wenigsten nicht verminderter — Pulsfrequenz und trotz herabgesetztem Blutdruck die Verordnung der Digitalis nutzlos, schädlich, ja lebensgefährlich ist, mag einer zukünftigen Besprechung vorbehalten bleiben. Die Kenntniss dieser Vorbedingungen vorausgesetzt, bleiben gewisse „Hilfsmittel der Digitalis“ zu besprechen. Mittel, welche zur Unterstützung der Digitaliswirkung in jenen Fällen dienen können, in denen trotz der zureichenden Indicationen für die Digitalis eine Wirkung der Arznei ausbleibt, oder in den anderen Fällen, in denen eine Contraindication für Digitalisanwendung zwar vorliegt, aber aus dem Wege geräumt werden kann. 1. Stark herabgesetzter Arterientonus, wie er bei Aorteninsufficienz, sogenannter idiopathischer Herzdilatation, in einem gewissen Stadium der Arteriosclerose, bisweilen auch unter der Einwirkung acuter enormer Körperüberanstrengungen zur Beobachtung gelangt, ist nach der Ausführung O. Rosenbach's nicht selten der Grund für erfolglose Darreichung der Digitalis; die Engländer erblicken in ihr — bei Aorteninsufficienz — sogar eine Contraindication für Digitalisanwendung, nach der nicht selten die bedrohlichsten Erscheinungen von Herzlähmung und acuter Tod eintraten. Das Hilfsmittel der Digitalis für solche Verhältnisse ist das Secale cornutum, welches vermöge seiner gefässtonisirenden und gefässcontrahirenden Eigenschaft bei vorhergehender oder gleichzeitiger Verordnung mit der Digitalis die angestrebte Wirkung ermöglicht. Redner schliesst sich unter Mittheilung eigener Erfahrungen völlig den Mittheilungen O. Rosenbach's an. 2. Gesteigerte Arterienspannung und erhöhter arterieller Druck bei chronischer Nephritis contraindiciren die Darreichung der Digitalis, während gleichzeitig vorhandene Steigerung der Pulsfrequenz oder starke Irregularität der Herzaction und deren Folgen ihre Wirkung wünschenswerth erscheinen lassen. Das von Rossbach u. A. empfohlene Nitroglycerin vermag hier der Digitalisanwendung die Contraindication wegzuräumen. Das genannte Zusammentreffen von gesteigerter Arterienspannung und gestörter Herzaction ist nicht so selten, wie man den Lehrbüchern zufolge glauben sollte und wird selbst bei uncomplicirten Herzmuskelerkrankungen beobachtet. Redner verfügt über eine Anzahl von Beobachtungen, in welchen der Eintritt der Herzinsufficienz bei einem Herzmuskelfehler (mit oder ohne Nephritis) von gesteigerter und bisweilen ganz bedeutend gesteigerter Arterienspannung begleitet wurde. Es handelte sich in allen Fällen um ein spätes Stadium des Fettherzes oder der idiopathischen Herzhypertrophie bei Schmieden, Feilenschlägern, Kellermeistern; ausnahmslos wurde dabei der Eintritt der Herzinsufficienz von cardialen Asthmaanfällen oder continuirlicher cardialer Dyspnoë eingeleitet und durch die Versiegung der Harnsecretion, starke Cyanose, beginnende Oedeme angezeigt. In einem Falle war wenige Tage vor dem Eintritt der Erhöhung der Pulsspannung eine starke Herabsetzung derselben constatirt worden, so dass zuerst Digitalisdarreichung in Aussicht genommen wurde, aber glücklicherweise unterblieb. In den in Rede stehenden Fällen scheute Redner natürlich die Anwendung der Digitalis, umsomehr, als gerade in einem derselben ein College durch die Darreichung des Mittels einen schweren apoplectiformen Insult und grosse Steigerung der asthmatischen Anfälle herbeigeführt hatte. Die Anwendung des Nitroglycerin (2 stündlich 0,001 bis zu 0,01 *pro die*) erwies sich, als die abnorme Arterienspannung 5 Tage lang bei expectativem Verhalten — abgesehen von der Application äusserer und innerer Derivantia: Sinapismen, Blutegel, Drastica, Diuretica — anhielt, erfolgreich und bereitete der Digitalis den Weg, die nach Herabsetzung der Pulsspannung nicht nur gefahrlos, sondern auch mit wohlthätigster Wirkung auf alle subjectiven und objectiven Erscheinungen eingenommen wurde. Auch in mehreren anderen hiergehörigen Beobachtungen zeigte sich das Nitroglycerin (ebenso das in einem Falle angewendete Natrium nitrosum — NO^2Na — in 2 stündlichen Gaben von 0,2) in der combinirten Darreichung als Hilfsmittel der Digitalis im angegebenen Sinne und zwar auch dann noch, als die gewöhnlichen Hilfsmittel (Diuretica, Drastica etc.) im Stich gelassen hatten. Immerhin zieht Redner, wo es vertragen wird, die von Riegel so erfolgreich in die Praxis eingeführten Coffeïnsalze (Coffeïn. natrosalicylic. oder Coffeïn. natrocinnamylicum) unter jenen Umständen der Verbindung von Digitalis und Nitroglycerin vor; die Salze des Coffeïn, weil diesem Arzneimittel die — hier unerwünschte — Wirkung der Digitalis, die Arterienspannung primär zu erhöhen, abgeht. In zwei Beobachtungen sah er sich aber nichtsdestoweniger gezwungen, auch die Coffeïndarreichung mit der Nitroglycerinverordnung zu verbinden, da die arterielle Spannung und die mit ihr einhergehende hochgradige Dyspnoe sich nach der alleinigen Coffeïndarreichung noch steigerte. Der combinirten Darreichung folgte die gewünschte Wirkung. 3. Man vermisst die positive Digitaliswirkung nicht selten, ohne einen Grund hierfür finden zu können; man hat in solchen Fällen häufig allen Grund, davon abzusehen, die Digitaliswirkung durch Steigerung der Gabe oder fortgesetzte Darreichung der ohnehin schon mehrere Tage hindurch verabreichten Arznei zu erzwingen. Nachdem in einem solchen Fall Vortragender bei Application einer Eisblase auf das Herz zufällig eine Beobachtung gemacht, die derjenigen Traube's bezüglich des schnellen Eintrittes einer starken Digitaliswirkung unter dem Einflusse zweier Eisblasen (auf Kopf und Unterleib) völlig gleichwerthig erschien, hat er die Eisblase als Unterstützungsmittel der Digitalis erfolgreich anzuwenden noch mehrmals Gelegenheit gehabt. — Die Untersuchungen Silva's über die Wirkung der auf die Herzgegend applicirten Eisblase müssen diese combinirte Anwendung dringend befürworten. — Der Fall Traube's, in welchem der schnelle Eintritt einer starken Digitaliswirkung auf der Höhe einer Polyarthritis rheumatica unter dem Einfluss eines abgekühlten Bades beobachtet wurde, dürfte in Verbindung mit den Ergebnissen der Studien Schweinburg's und Pollak's über die Wirkung des kalten oder abgeschreckten warmen Sitzbades auf das Herz dazu auffordern, in geeigneten Fällen auch das kühle Sitzbad als Hilfsmittel der Digitalis zu versuchen. — Die synergetische Wirkung von mehreren Mitteln, welche eine für den gegebenen Fall passende Eigenschaft gemein haben, hat Traube ausreichend begründet.

II. Kreosot und Jodkalium als Heilmittel der Lungenphthise.

Während auf der einen Seite das Jodkalium „überall bei Tuberculose und in jedem Stadium als Heilmittel" angepriesen und nur „im Fieber vielleicht eine Contraindication" und nur in der Möglichkeit der Haemoptoë eine Unzuträglichkeit jener Medication gefunden wird (G. Sée), gilt auf der anderen Seite das Kreosot als Universalmittel bei der Schwindsucht. Redner, der die Bedingungen für die Wirksamkeit und namentlich für die Unwirksamkeit beider Mittel studirt hat, fasst seine Erfahrung dahin zusammen, dass Jodkalium und Kreosot in gewissem Sinne als wichtige Heilfactoren in der Behandlungsmethode der Phthise betrachtet werden dürfen, wenn man ihre Anwendung nach folgenden Gesichtspunkten regelt: Kreosot und Jodkalium haben ihren umschriebenen Wirkungskreis, aber innerhalb der Grenzen dieses Kreises eine ziemlich unbeschränkte Wirksamkeit im Sinne Gimbert's und Bouchard's, Sommerbrodt's, Hopmann's u. s. w., im Sinne Sée's andererseits. Ganz allgemein ist der Wirkungskreis für das Kreosot die Gruppe der Lungenphthisiker, welche vorwiegend das anatomische Bild der käsigen Zerfallspneumonie liefern, der Wirkungskreis für das Jodkalium die Gruppe jener, in welchen eine chronische interstitielle Pneumonie mit fibröser Schrumpfung und adhaesiver Pleuritis das anatomische Substrat bildet. Die Mischformen der käsigen und fibrösen tuberculösen Pneumonie fallen nach dem Ueberwiegen des einen oder anderen Processes in den Wirkungskreis des einen oder anderen Mittels und erheischen bisweilen eine alternirende Behandlung. Eine dritte Gruppe von Phthisikern, bei denen wegen der vorwiegenden Betheiligung der Bronchialschleimhaut das Bild einer eitrigen oder schleimigen Bronchitis und Tracheitis entsteht, schliesst die Anwendung des Jodkaliums ganz aus und erfordert die Anwendung der Balsamica mit oder ohne Kreosot. Eine vierte Gruppe, die unter den Erscheinungen eines Emphysems auftritt, wird wiederum durch Jodkalium wohlthätig beeinflusst. — Contraindicationen für die Anwendung a) des Kreosot: Darmtuberculose, Amyloid, spätes Stadium der Phthise; b) des Jodkalium: Haemoptoë und Neigung dazu: Kehlkopfläsionen selbst leichter Art (Gefahr des Glottisödem!); geschwürige Processe in der Trachea; Insufficienz des Nierenfilters (Nephritis, Nierenamyloid, Stauungsniere); Auftreten eines schweren Jodismus (Gesichtsödem, Purpura, Pemphigus, Herzschwäche). Leichter Jodismus verschwindet häufig beim Weitergebrauch, jedenfalls bei gleichzeitiger Darreichung von Arsenik (2 bis 3 und tgl. 3—5 gtt. Sol. Fowleri); Diarrhoe erfordert den Zusatz von Opium (0,01—0,05 mehrmals *pro die*), der sich auch bei starkem Reizhusten empfiehlt. — Tagesdosis: des Kreosot 0,3—1,0(!), (in Tropfenform Kreos. fag. Tinct. Gentian 1 : 2, mit reichlichem Wasserzusatz); des Jodkalium 1,0—3,0—6,0 g nach den Mahlzeiten in einer Tasse Milch.

Referate.

Ueber die Wirkung einiger antipyretischer Mittel auf den Eiweissumsatz im Organismus. Von Dr. Muneo Kumagawa aus Tokio.

Die wichtige und besonders auch für das practische Vorgehen am Krankenbette nicht belanglose Frage, in welcher Weise die Antipyretica auf den Eiweisszerfall des Organismus einwirken ist bisher in widersprechender Weise beantwortet worden.

Von allen Antipyreticis beschränkt nur das Chinin den Eiweisszerfall, d. h. das Bedürfniss des Körpers an Eiweiss, es übt einen schützenden erhaltenden Einfluss auf das Zellprotoplasma aus. Diese Wirkung kommt ohne Zweifel auch beim Fiebernden zur Geltung.

Dem Chinin am nächsten steht das Antipyrin, welches selbst in grossen Dosen den Eiweisszerfall des Organismus nicht steigert.

Alle andern Antipyretica steigern den Eiweisszerfall. Bei dem Antifebrin allerdings sind selbst die von K. angewandten „kleinen" Dosen, in denen das Antifebrin beim Hunde noch keine Steigerung des Eiweisszerfalls bewirkt, nämlich 2—3 g *pro die* sowohl absolut als auch namentlich relativ viel höher als die beim Menschen medicamentös verwendeten. Erst Dosen von 4—5 g *pro die* erzeugen beim Hunde einen allerdings beträchtlichen Eiweisszerfall, der den normalen im Mittel um 30—35% übertrifft. Beim Menschen wird man auch für das Antifebrin bei Verwendung therapeutisch genügender Dosen annehmen müssen, dass eine Steigerung des Eiweisszerfalles nicht eintritt.

Von den übrigen Antipyreticis steigern den Eiweisszerfall das Natrium benzoïcum im Mittel um 2—5%, das Thallinum sulf. um 6,0%, das Acid. benz. um 6—8%, das Natr. salicyl. um 10—13%, das Salol um 19%.

Bezüglich der Wirkung auf die Darmfäulniss erweist sich am wirksamsten das Antifebrin, indem es die Zahl der Bacterien des Darminhalts auf $^1/_{10}$ herabmindert, sodann das Ac. benzoïc., welches eine Verminderung bis auf $^1/_4$ bewirkt, beim Natr. salicyl. und beim Salol ist eine deutlich erkennbare Wirkung in dieser Richtung nicht vorhanden.

(*Virchow's Archiv CXIII, 1.*)

Schmey (*Beuthen O. S.*)

Ueber die Wirkung des Antipyrin bei der Menstruationskolik. Von Dr. Windelschmidt (Köln).

W. verordnete das Antipyrin in einigen Fällen von Krämpfen und Kolik während der Menses und vor denselben in der Dosis von 2,0 per anum mit auffallend günstigem Erfolge. Die Wirkung trat meistens eine halbe Stunde nach dem Clysma auf. In einem Falle musste dasselbe nach 12 Stunden wiederholt werden. Mit der krampf- und schmerzstillenden Wirkung war meistens eine narkotische verbunden. Ausser starken Schwitzens und leichter Ischurie wurden unangenehme Complicationen nicht beobachtet. Zur Verhütung eines eventuellen Collapses wurde oft ein Glas Wein oder Bier gegeben.

(*Allgem. med. Central-Ztg., 53, 1888.*)

R.

Gefahren bei der Anwendung des Chininum sulf. und des Natrium salicylicum bei der Behandlung des Typhus. Von Prof. Jaccoud.

Im Verlaufe des Typhus können verschiedene Arten Delirien beobachtet werden. Unter diesen verdient das sogenannte therapeutische Delirium ganz besondere Beachtung, weil es durch den Gebrauch zu grosser Gaben von Chininum sulf. oder Natrium salicylicum oder unter dem Einfluss mässiger, aber zu lange fortgesetzter Verabreichung dieser Mittel entsteht. Diese Form des Delirium ist leicht zu erkennen und durch Aussetzen des Medicamentes zu beseitigen. Zuweilen kann aber auch dadurch der tödliche Ausgang beschleunigt werden.

(*Journ. de Méd. de Paris No. 30. 1888.*) *R.*

Einige Bemerkungen über die Wirksamkeit des Sulfonals. Von Dr. James Fraenkel, Arzt an der Dr. Richter'schen Privat-Irrenanstalt Pankow.

Vf. hat das Sulfonal nahezu 100 Mal sowohl bei Geisteskranken als auch bei Geistesgesunden angewendet. Wenn auch im Allgemeinen eine günstige Schlafwirkung constatirt werden konnte und das Mittel nur in selteneren Fällen vollkommen versagte, so ist das Gesammtresultat doch kein so günstiges wie bei den früheren Beobachtern. Offenbar war das verwendete Präparat kein reines Product. Dasselbe stammte aus der Riedel'schen Fabrik, unterschied sich von dem Sulfonal Bayer durch seinen Geruch und einen bitteren, ein bis zwei Stunden andauernden Nachgeschmack und wurden die aus demselben angefertigten Tabletten von den meisten Patienten zurückgewiesen. — Wiederholt machten sich auch so auffallende und unangenehme Nachwirkungen — ausserordentliche Mattigkeit und Abgeschlagenheit der Glieder während des ganzen folgenden Tages, Benommenheit des Kopfes — geltend, dass aus diesem Grunde die weitere Anwendung des Mittels unterbleiben musste.

(*Berlin. klin. Wochenschr. 1888 No. 30.*) *rd.*

Ueber den Werth der Fluorwasserstoff-Säure bei Lungenphthise. Von Dr. Karl Gager in Arco-Gastein.

Nach einer eingehenden Besprechung der bisher empfohlenen Mittel gegen Lungenschwindsucht theilt Verfasser seine mit der Fluorwasserstoffsäure gemachten Versuche mit. Die Versuche erstrecken sich auf 17 sorgfältig beobachtete Fälle und fand Verf., dass in 5 Fällen die Tuberkelbacillen aus dem Sputum verschwanden, mit welchem Befunde eine Besserung der physikalischen Symptome zusammentraf. In 7 Fällen war eine geringere Besserung zu beobachten. Das Körpergewicht nahm in 12 Fällen zu. Dasselbe war in einigen Fällen in gar keinem Verhältnisse zur Besserung. Von drei fiebernden Patienten zeigte das Fieber in einem Falle gar keinen, in einem Falle geringen Nachlass. In einem Falle blieb das Fieber mit den Tuberkelbacillen aus. Ein Patient verlor die Nachtschweisse. Bei 7 Kranken besserte sich die Vital-Capacität um 100 bis 600 ccm. Bei Larynxaffectionen trat Verschlimmerung ein, sobald das Mittel ausgesetzt wurde trat Besserung ein, welche bei Wiederinangriffnahme der Fluorwasserstoffsäure-Behandlung einer Verschlimmerung Platz machte. Bei 5 Patienten war keine Besserung zu verzeichnen. Ein Patient mit vorgeschrittener Phthise starb. Unangenehme oder schädliche Wirkung konnte Gager nicht beobachten. Er würde diese Behandlung, deren schon bekannte Ausführung Verf. eingehend beschreibt, im Anfangsstadium der Lungenphthise empfehlen, da er im Beginne dieses Leidens eine eminente Besserung erzielte.

(*Orvosi Hetilap, 1888. No. 27.*)

Schachter (Budapest).

Anwendung der Milchsäure bei tuberculösen Ulcerationen der Haut und der Schleimhäute. Von Dr. Rafin (Lyon).

Nach dem Vorgange von v. Mosetig-Moorhof hat R. sich der Milchsäure in 4 Fällen von tuberculöser Geschwürsbildung und zwar 2 Male bei tuberculöser Ulceration der Zunge und 2 Male bei ulcerirendem Lupus mit bestem Erfolge bedient. Er brachte eine 80 procentige Lösung (Acid. lactic. 80,0. Aq. destil. 20,0) in Anwendung, indem er längere Zeit täglich die afficirten Theile mit einem in diese Lösung getauchten Pinsel betupfte. Die Wirkung war keine schnelle. In den beiden Fällen von Geschwüren der Zunge trat die Heilung nach einem und nach zwei Monaten ein; in den beiden Fällen von Lupus nach 2 Monaten und nach $6^1/_2$ Monaten.

(*Lyon méd. No. 28. 1888.*) *R.*

Zur Behandlung des Keuchhustens. Von Dr. Widowitz (Graz).

Die Ansicht, dass das Wesen des Keuchhustens in einer localen Mykose der Respirationsschleimhaut bestehe, dürfte die richtige sein. Am besten lässt sich in dieser Beziehung der Keuchhusten mit Soor vergleichen. Das Bestreben der Therapie muss darauf gerichtet sein, dass sehr rasch und möglichst viel Secret und mit diesem auch möglichst viele Krankheitserreger nach aussen befördert werden. Zu diesem Behufe hat W. den zuerst von Netter (Semaine méd. 1880) empfohlenen Oxymel Scillae in einer grossen Reihe von Fällen in Kinderspitalen versucht und bewährt gefunden. Auf die richtige Art und Weise der Verabreichung und der Güte (Alter) des Medicamentes ist hierbei grosses Gewicht zu legen. W. giebt von 5—6 Uhr Abends alle 10 Minuten 1 Kaffeelöffel und zwar Kindern im ersten Lebensjahre (das jüngste so behandelte Kind war 3 Monate alt) 4, Kindern im zweiten Lebensjahre 5 und älteren Kindern 6 Kaffeelöffel in dem erwähnten Zeitraum. Kurz vor Beginn und gleich nach dem Aufhören des Einnehmens darf keine Nahrungsaufnahme stattfinden, damit die während des Einnehmens des Oxymel öfters heftiger werdenden Anfälle und das damit verbundene Erbrechen des Kindes nicht bei gefülltem Magen überrasche.

Unter 149 so behandelten Fällen trat in 59 bereits nach einmaliger Ordination (ungefähr 90 g für 3 Tage) eine bedeutende Herabsetzung der Zahl und der Heftigkeit der Anfälle ein; in 24 Fällen wurde dasselbe nach zweimaliger, in 19 Fällen nach 3—4 maliger Ordination beobachtet. Keine Besserung trat in 14 Fällen ein und in 38 Fällen blieb der Erfolg unbekannt. — Der günstige Einfluss des Oxymel Scillae auf die Anzahl der Anfälle ist aus den einzeln angeführten Zahlen zu ersehen, dagegen wird die Dauer der Erkrankung durch das Mittel nicht erheblich abgekürzt. Nachtheilige Folgen will W. von der Verabreichung des Mittels nicht wahrgenommen haben, obwohl manche Kinder es 14 Tage hindurch täglich erhielten.

(*Wien. med. Wochenschr. No. 17, 1888.*)

R.

Anwendung des Cerium oxalicum bei der Seekrankheit und einigen anderen Affectionen. Von Dr. Gardner.

In grossen Dosen von 0,6 bis 0,9 und 1,2 alle 3 Stunden in 1 Esslöffel Wasser genommen, hat das oxalsaure Cerium sich wie kein anderes Mittel bei der Seekrankheit bewährt. Die verhältnissmässig grosse Dosis wird fast ausnahmslos gut vertragen. In einem Falle von hochgradiger Indigestion hatte G. einem Pat. 5 Dosen von 0,3 Cerium oxalicum, 2 stündlich zu nehmen, verordnet. Pat. hatte jedoch in einem Anfalle von heftiger Cardialgie 4 Pulver (= 1,2) auf einmal genommen und gleich darauf Linderung verspürt. In einem andern Falle, in welchem ein Mann eine Schusswunde in das Epigastrium erlitten hatte und an fortwährendem, fast unstillbarem Erbrechen litt, gelang es durch Gaben von 0,6 wesentliche Besserung herbeizuführen. Seitdem hat G. sich des Präparates in sehr vielen Fällen von Migräne, Uebelkeit und Erbrechen während der Schwangerschaft mit bestem Erfolge bedient. Stets waren aber grosse Dosen (durchschnittliche Gabe für den Erwachsenen = 0,6) erforderlich. Dieselben zeigten sich sogar gegen den quälenden Husten der Phthisiker nützlich.

Bezüglich des Zustandekommens der Wirkung könnte es sich vielleicht um einen beruhigenden Einfluss auf den nervus vagus und Sympathicus handeln. — Ungünstige Erscheinungen wurden niemals beobachtet, selbst dann nicht, wenn mehrmals täglich 1,5 genommen wurden.

(*N.-Y. med. Record. Juni 1888 u. Allg. med. Centr.-Ztg. 53. 1888.*)

R.

Aufbewahrung von Sublimatlösung. Von Dr. H. Michaelis (Berlin). (Autoreferat.)

Die Thatsache, dass Sublimatlösungen im Dunkeln beliebig lange unzersetzt aufbewahrt werden können, während sie sich im Lichte unter Abscheidung von Oxychloriden zersetzen, führte zu der Vermuthung, dass wohl nicht alle Lichtstrahlen in gleicher Weise an dieser photochemischen Einwirkung betheiligt seien. Zur Entscheidung dieser Frage wurden Sublimatlösungen in Fläschchen unter verschieden gefärbten Cylindern längere Zeit dem Tageslichte ausgesetzt. Wie sich als Resultat ergab, hatte während einer Beobachtungszeit von 57 Tagen in einem, mit farblosem Cylinder bedeckten Fläschchen, ebenso wie in einem, mit blauem Cylinder bedeckten die grösste Abscheidung stattgefunden. Eine geringere Abscheidung fand unter einem grünen Cylinder statt, während in einem, mit gelbem Cylinder bedeckten Fläschchen überhaupt keine Abscheidung stattgefunden hatte. Ebenfalls ohne Abscheidung blieb eine im Dunkeln aufbewahrte Lösung. Aus den Versuchen geht hervor, dass antiseptische Sublimatlösungen in durch Eisenoxyd gelb gefärbten Flaschen sich ebenso unzersetzt halten, als wenn sie im Dunkeln aufbewahrt würden. Bei einem Controlversuch, bei einem sehr dünnwandigen, und durch Fe_2O_3 nur schwach gelb gefärbten Fläschchen zeigte sich nach derselben Beobachtungszeit eine ganz minimale Abscheidung in der Lösung. Es ist daher erforderlich, dass die Wandung der zur Aufbewahrung der Sublimatlösung bestimmten Flasche eine gewisse Dicke oder das Glas eine genügende Intensität der Färbung besitzt.

Am besten werden sich daher zur Aufbewahrung dunkelgelbe (gelbbraune) Flaschen eignen, welche jedoch noch deutlich den Inhalt erkennen lassen.

(Zeitschrift für Hygiene. Bd. IV, 1888.)

Zur Therapie der Obstipatio chronica. Von Dr. med. Bueler (Bern).

Nach den Erfahrungen Verf.'s ist das wirksamste Mittel in der Behandlung der chronischen Obstipation die Massage der Bauchdecken. Allerdings ist darunter nicht eine mechanische, kritiklose Nachahmung der von den verschiedenen Autoren gelehrten Handgriffe zu verstehen. Vielmehr ist sie mit Rücksicht auf die Ursache der Verstopfung in verschiedener Weise, je nach der Individualität des betreffenden Falles, auszuüben. Ist die Obstipation wesentlich durch Insufficienz der Bauchpresse bei relativer Integrität der Darmmuskulatur bedingt, so ist tiefe, kräftige Massage gleich im Beginne der Behandlung indicirt, um reflectorische Contractionen der Recti zu erwecken. Handelt es sich dagegen um Atonie der Darmmuskulatur, wie es besonders bei Leuten mit sitzender Lebensweise und geringen Muskelbewegungen der Fall ist, so ist die Muskulatur der Bauchwand möglichst wenig zu irritiren, vielmehr durch flaches, sanftes Streichen mit der flachen Hand erst an die Massage zu gewöhnen. Erst später dürfen bei diesen Patienten die Bauchdecken in energischerer Weise massirt werden. Ist Dyspepsie die Ursache der Obstipation, so leistet Massage der Magengegend vortreffliche, die Weiterbeförderung der Nahrungsmittel betreffende Dienste. In einigen dieser Fälle, in welchen sonst die Speisen länger als 2 Stunden im Magen verweilten, gelang es, sie durch methodische Massage der Magengegend binnen 5—10 Minuten in das Duodenum zu befördern, wovon man sich theils durch Magenausspülung, theils durch die Salolprobe im Harn (cf. die Arbeit von Ewald und Sievers, Therap. Monatshefte, August 1887) überzeugen konnte. — Bei Obstipation in Folge von Neurasthenie ist wesentlich die Anwendung von Hautreizen, Frottiren der Bauchdecken etc. angezeigt. — Auch bei der in Folge chronischer Peritonitis, Perityphlitis entstehenden Obstipation ist die Ausübung der Massage von Erfolg gewesen. — Im Ganzen hat Verf. 20 Fälle von chronischer Obstipation mit seiner Methode behandelt, davon 18 mit dauerndem Erfolg. — In einem Falle trat ein Recidiv ein; — 1 Fall trotzte der Behandlung und musste als ungeheilt entlassen werden. — Gewöhnlich wurde binnen 1—6 Wochen in 18—25 Sitzungen Heilung erzielt. Für die Erklärung der Wirksamkeit der Methode kommen in Betracht: 1. Ihre mechanische Wirkung, durch welche die Secretion der Darmdrüsen angeregt, der Darminhalt selbst mechanisch weiter befördert wird. 2. Die reflectorische Wirkung, besonders bei nervösen Individuen, zumal dort, wo die Darmmuskulatur mehr oder weniger intact ist. 3. Die Steigerung der Bluttemperatur in den massirten Organen, die zuweilen 1—3° C. betragen kann. 4. Vielleicht eine chemische Wirkung, hervorgerufen durch die Anhäufung von CO_2 in den Venen des Darmtractus in Folge der durch die Massage bedingten venösen Hyperämie des Peritoneums. — Hierdurch wird bekanntlich gleichfalls die Peristaltik des Darmes vermehrt.

(Sep.-Abdr. aus dem Correspondenzblatt für Schweiz. Aerzte, 1888.) *H. Lohnstein (Berlin).*

Glycerin als Purgans. Von Dr. O. Seifert (Würzburg).

Auf Grund eigener Beobachtungen ist Verf. in der Lage, die Angaben von Anacker (siehe Seite 416 des vorigen Jahrgangs dieser Monatsschr.) und von v. Vámossy (siehe Seite 140) über die purgirende Wirkung des Glycerins bei äusserer Anwendung vollständig bestätigen zu können. Bei 26 Patienten, die wegen constanter Bettruhe an Obstipation litten, genügte jedes Mal eine Quantität von 3—5 ccm Glycerin, um sofort den Drang zur Defäcation und reichliche Stuhlentleerung herbeizuführen, ohne dass unangenehme Sensationen zurückblieben. Eine Gewöhnung an das Mittel will er nicht beobachtet haben. (Ref. hat dagegen in einigen Fällen eine schnelle Gewöhnung wahrgenommen). — Besonders günstige Erfolge hat Verf. mit der Anwendung der Glycerinclysmata in der Kinderpraxis erzielt. Bei einem 1½jährigen rhachitischen Kinde brachte erst 1 Kaffeelöffel reines Glycerin den gewünschten Erfolg, und seit mehreren Monaten werden diese Klystiere jeden zweiten Tag mit derselben günstigen Wirkung applicirt.

(Münch. med. Wochenschr. No. 9, 88.) *R.*

(Aus der med. Klinik des Hrn. Prof. Přibram in Prag.)

Ueber Glycerinklysmen. Von G. Reisinger.

Von den 115 Klysmen (es wurden 2 cc Glycerin mittelst einer kleinen Zinnspritze in den oberen Theil des Rectum eingeführt) hatten 101 (gleich 87,8 %) überhaupt Stuhlentleerung zur Folge. Häufig war der Stuhl sehr ausgiebig, oft aber auch nur spärlich; seine Consistenz wechselte zwischen rein diarrhoischer bis sehr fester Beschaffenheit. Die Zeit, innerhalb der die Stuhlentleerung erfolgte, schwankte zwischen 2 und 15 Minuten, zuweilen trat dieselbe später und zwar 1—2 Stunden nach dem Klysma ein.

Die Ursache der Abführwirkung des Glycerins wurde bekanntlich von Anacker und von v. Vámossy in seinem wasserentziehenden Einfluss auf die Gewebe angegeben. Um hierüber Aufschluss zu erhalten, wurden zunächst einige Versuche mit Eiweisslösungen gemacht, welche in gleicher Weise wie das Glycerin in's Rectum eingeführt wurden behufs Prüfung des einfachen mechanischen Reizes durch eine chemisch indifferente Substanz. Der negative Ausfall dieses Versuches lehrte, dass die Wirkung des Glycerins nicht in der mechanischen Reizung der Rectalschleimhaut begründet sein könne, dass man es vielmehr mit einer directen chemischen Wirkung zu thun habe. „dass hierbei die wasserentziehende Wirkung des Glycerins das Ausschlaggebende sei, stellte sich gleichfalls als ziemlich unwahrscheinlich heraus, weil concentrirte Lösungen von Natriumsulfat in gleicher Weise in's Rectum gebracht, gar keinen oder lange nicht den prompten Effect aufwiesen wie das Glycerin. Es bleibt also nur noch die Annahme offen, dass das Glycerin auf andere Weise reflectorisch eine lebhaftere Darmperistaltik auslöse".

(Prag. med. Wochenschr. No. 22. 88.) *R.*

Ueber Sehnennaht und Sehnenplastik. Von Prof. Dr. Anton Wölfler in Graz.

In den vielfältigen Operationsweisen, die bisher geübt worden und die bald in einem Verzicht auf die Wiedervereinigung der Sehnenenden und an Stelle dessen in einer Anlagerung der peripherischen Sehnenstümpfe an intacte Nachbarsehnen (Duplay und Tillaux), bald in einer Verlängerung der Sehnenstümpfe durch Abspaltung einzelner Stücke derselben (Hueter und Czerny), bald in Implantation von Thiersehnen (Wölfler, Peyrot, Monod), bald endlich in Einlagerung fremdartigen Materials (Catgutzöpfe nach Gluck) bestanden, ist eine Einigung nicht erzielt worden. Ebensowenig ist dies bei der un- [illegible]

Sehnennaht), und die Fäden bilden dann, analog den Gluck'schen Catgutzöpfen, die Wegweiser für die sich später entwickelnden fibrösen Verbindungsbrücken. In einem Falle gebrauchte Verf. neben den Catgutfäden noch Seidenfäden, dieselben wurden aber bald durch Fistelöffnungen exfoliirt. Bei der Aufsuchung der Sehnenenden räth Verf., die Sehnenscheiden dreist zu spalten, um sie später durch feine Knopfnähte wieder zu vereinigen.

(Wien. med. Wochenschr. No. 1, 1888.)

Freyer (Stettin).

Zur Frage der operativen Behandlung der Darminvagination. Von Dr. Meinhard Schmidt, Cuxhaven.

Gestützt auf die Braun'schen therapeutischen Schlussfolgerungen, dass bei der Invagination die Laparotomie da indicirt sei, wo heftige Einklemmungserscheinungen, namentlich Erbrechen und vollständige Stuhlverstopfung eintreten, hat Verf. in einem Falle von Invagination den rechten Zeitpunkt zur Operation verabsäumt, indem in diesem Falle noch am 1., 3., 4. und 5. Tage sehr reichliche Kothentleerungen eintraten, während das Erbrechen selten war und tagelang ganz fehlte. Verf. schliesst sich daher den Erfahrungen von Treves an, der bei Invagination, wenigstens bei Kindern, ohne Einschränkung die Laparotomie innerhalb der ersten 24 bis höchstens 48 Stunden fordert.

(Centralbl. f. Chirurg., No. 1, 1888.)

Freyer (Stettin).

Zur Radicaloperation der Hernien. Von Dr. D. G. Zesas.

Verf. referirt über einen Operationsfall, bei welchem es bereits zum 2. Male zum Recidiv gekommen war und es sich daher darum handelte, die Bruchpforte möglichst haltbar zu verschliessen. Zu diesem Zwecke implantirte Dr. Niehans in Bern, nachdem rings um die Bruchpforte eine, das Peritoneum allein umfassende Geldbeutelnaht angelegt [illegible]

Periostlappen ohne Nachtheil für den letzteren verwenden könnte.

(Centralbl. f. Chirurg., No. 7, 1888.)

Freyer (Stettin).

Die Cholecystotomie mit Unterbindung des ductus cysticus. Von Dr. Zielewicz, dirig. Arzt d. chir. Abth. am Krankenhause d. Barmh. Schwest. in Posen.

Nach dem Vorschlage Campaignac's[1]), bei der Cholecystotomie zur Vermeidung einer langwierigen Gallenfistelbildung den ductus cysticus zu unterbinden, hat Verf. in einem Falle von Empyem der Gallenblase diesen Vorschlag zur Ausführung gebracht und günstigen Erfolg erzielt. Es ist dies die erste gelungene derartige Operation. Die bei der Operation gebildete Gallenfistel versiegte alsbald, und der Operationseffect kommt dem der Cholecystectomie vollständig gleich, ohne dass die Operation so gefährlich ist, wie die letztere.

(Centralbl. f. Chirurg., No. 13, 1888.)

Freyer (Stettin).

Ueber die Chirurgie der Gallenwege. Von Dr. L. G. Courvoisier. Vortrag, gehalten in Olten den 29. October 1887.

Nach einer historischen Einleitung und einigen kurzen Bemerkungen über Indication und Mortalität der operirten Fälle geht Verf. auf die Technik der Operation näher ein, indem er der beiden Hauptverfahren der Cholecystomie: der Bildung einer Gallenblasen-Bauchfistel und Versenkung der genähten Blase, und zweier neuer Methoden Erwähnung thut: der Gallenblasen-Darmfistelbildung (Cholecysto-Enterostomie) und der Gallenblasenexstirpation (Cholecystectomie). Endlich erwähnt er noch als neueste Operation die von Langenbeck zuerst ausgeführte Gallensteinzertrümmerung (Cholelithothripsie), indem es gelang, den eingeklemmten Gallenstein mit einer gepolsterten Zange zu zertrümmern und den Gallengang wieder wegsam zu machen. Man werde also in einem Falle von Obturation des Gallenganges durch einen Gallenstein zuerst die letztgenannte Operationsmethode zu versuchen und erst, wenn diese nicht gelingt, zur Cholecystotomie oder Exstirpation der Blase zu schreiten haben. Beruht die Obstruction auf narbiger Verwachsung, so wird die Anlegung einer Gallenblasendarmfistel indicirt sein. Bei spontaner Perforation der Gallenblase in die Bauchhöhle oder bei Verletzungen der Gallenblase wird die Laparotomie zu machen sein, während bei einer durch Neubildungen bedingten Störung der Gallenabfuhr Kappeler sogar die Cholecysto-Enterostomie ausgeführt hat. Trotz der weit vorgeschrittenen Gallenblasenchirurgie wird auch Verf. jedoch die chirurgische Behandlung immer erst einzutreten haben, wenn die medicamentöse Therapie sich machtlos erweist.

(Corresp.-Bl. f. Schweizer Aerzte, No. 3, 1888.)

Freyer (Stettin).

Galvanokaustik bei Conjunctivitis follicularis. Von Dr. Reich (Tiflis).

Verf. tritt für die galvanokaustische Behandlung der Conjunctivitis follicularis (trachoma folliculare) in ihrem Anfangs- und Mittelstadium ein. Er macht nach Cocaïnanästhesirung der Bindehaut in jedem einzelnen Follikel Einstiche mit dem glühenden Ende des schnabel- oder nadelförmigen Galvanokauter von Nieden (modificirter Sattler'scher Schlüssel) und zwar an den Übergangsfalten und dem unteren Lide, nicht aber an der Conjunctiva tarsi superior. Strichförmige Cauterisationen wurden in wenigen Fällen gemacht. Wo bedeutende Schwellung und Secretion bestanden, musste zunächst das entzündliche Stadium vorüber sein, ehe Follicel-Cauterisation vorgenommen wurde. Nach derselben wurden Jodoformeinpuderungen oder Sublimatlösung-Bespülungen (1 : 5000) resp. Umschläge mit letzteren angeordnet. Abgesehen von der durch diese Behandlung erzielten schnelleren Beseitigung der Affection glaubt Verf. durch die punktförmige Cauterisation Narbencontracturen vermeiden zu können.

(Klin. Monatsblätter f. Augenheilk., Febr. 1888.)

J. Rahmann (Berlin).

Plumbum causticum (Gerhardt) zur Behandlung der spitzen Kondylome. Von Dr. Bockhart (Wiesbaden).

Das von Gerhardt sogenannte Plumbum causticum ist eine 3,3 % Auflösung von Bleioxyd in 33 % Kalilauge (Kal. caust. fus. 33,0, Aq. dest. 67,0). Zum Gebrauch löst man 0,25 Bleioxyd in 7,5 ccm der 33 % Kalilauge. Die Flüssigkeit ist etwas trübe und schwach graugelb und kann in Glasgefässen mit Glasstöpsel beliebig lange aufbewahrt werden. Sie wird mittelst eines an einem Holzstäbchen befestigten Wattebäuschchens auf das Kondylom gebracht, bis dasselbe sich in einen schwärzlichen Brei verwandelt, und die Aetzflüssigkeit in den Mutterboden der Warze eindringt. Bei grösseren Warzen ist diese Operation in mehreren Zeiten auszuführen. Da das Mittel nicht weit in die Tiefe wirkt, muss man, wenn der oberste

[1]) Ther. Mon. Heft. Jahrg. II, No. 1, S. 36.

Theil des Kondyloms in eine schwarze Masse verwandelt ist, diese abwischen und die neue Fläche der Warze weiter ätzen. B. hat das Plumbum causticum auch in Stiftform gebraucht (2 Theile Bleioxyd in 8 Theilen geschmolzenem reinen Aetzkali; der Stift enthält also in 100 Theilen 80 Theile Kal. caust. fus. und 20 Theile Bleioxyd). Die Stifte haben graugelbe Farbe und müssen in gut verschlossenen Glasröhren aufbewahrt werden. Das Ende des Stiftes wird zum Anfassen mit Guttapercha umwickelt. Der Stift wird ebenso angewendet wie die Lösung, jedoch haben die Patienten dabei grössere Schmerzen als von dieser. Die schwarze Farbe des Kondyloms unter Einwirkung des kaustischen Blei rührt von dem Schwefelblei her, das sich während der Aetzung aus dem Blei des Plumb. caust. und dem in der Haut enthaltenen Schwefel bildet. Grössere Massen von spitzen Warzen sind nicht für diese Behandlung geeignet, sondern mit dem Messer abzutragen; ebensowenig solche Kondylome, welche pilzartig in der Fläche weiter wachsen. Auch diese sind mit schneidenden Werkzeugen zu entfernen; dann kann man ganz günstig den zurückbleibenden Stumpf mit Plumb. caust. zerstören. Vortrefflich ist die Wirkung des Mittels bei den hahnenkammartigen Kondylomen und bei kleinen isolirten, eng zusammenstehenden spitzen Warzen. Die Substanzverluste sind auch nach der Aetzung mit kaustischem Blei sehr klein und heilen sehr schnell, in 24 Stunden, grössere in 2 bis 4 Tagen. Die geätzte Stelle wird mit öfter am Tage zu wechselnden Bleiwasserwattecompressen bedeckt. Die radicale Wirkung und die Bildung möglichst kleiner Aetzgeschwüre, die ausserordentlich schnell heilen, machen das Plumb. caust. zum werthvollsten Mittel zur Behandlung der spitzen Warzen.

(*Monatsh. f. pract. Dermat. 1888, No. 4. S. 173.*)

George Meyer (*Berlin*).

Ueber die Behandlung der Syphilis durch subcutane Calomelinjectionen. Von Dr. L. Hoffmann (Berlin).

H. hat genau nach der Vorschrift Neisser's bei 16 Patienten mit Lues 96 Injectionen von Calomel ausgeführt. 24 Stunden nach der Injection entstanden Schmerzen an der injicirten Stelle und stets Infiltration, fünf Mal Abscesse. Magere Patienten vertrugen die Einspritzungen besser als fette Individuen. Die Erfolge waren sehr gut. Die syphilitischen Erscheinungen fingen schon nach 2 Injectionen an zu schwinden und waren nach 4—5 Einspritzungen vollkommen verschwunden. Stets wurden 6 Injectionen in Zwischenräumen von 8 Tagen gemacht. Auf die Zungenplaques war der Einfluss der Injectionen kein guter; leicht ulcerirten dieselben, wahrscheinlich durch stärkeren Ptyalismus. Nach den Einspritzungen hatten die Kranken meist Fieber, auch öfters Mundaffectionen trotz sorgfältiger Mundpflege. 8 Mal konnte Dysenteria mercurialis aber stets nur bei den fetten Individuen beobachtet werden, die nach Ol. Ricini und folgendem Opiumgebrauch günstig verlief. Es wirken also die Calomelinjectionen in Bezug auf die syphilitischen Erscheinungen sehr günstig, bedingen aber häufig unangenehme Nebenerscheinungen, die ihre Anwendung contraindiciren. Ueber Recidive kann H. nichts berichten, da die Beobachtungsdauer eine zu kurze ist. Und doch kann erst aus dem Verhalten der Recidive aus vielen Beobachtungen ein ungefährer Schluss auf die Brauchbarkeit eines Antisyphiliticums gezogen werden.

(*Monatsh. f. pract. Dermat. 1888, No. 6, S. 267.*)

George Meyer (*Berlin*).

Ueber Calomel als poliklinisch zu verwendendes Antisyphiliticum. Von Dr. Dellon (Amsterdam).

Bei 25 Patienten (14 klinischen und 11 poliklinischen) wurde zu Amsterdam mit recht gutem Erfolge gegen Lues im Ganzen 112 Calomelinjectionen ausgeführt. Die syphilitischen Erscheinungen schwanden darnach in kurzer Zeit. Verwendet wurde die Formel:

℞	Calomel. vapor. parat.	1,0
	Natr. chlor.	1,0
	Glycerin	2,0
	Aq. dest.	10,0.

Meist wurde alle acht Tage in die Glutäalgegend eine Einspritzung von 1 g, in einigen Fällen von 2 g der Flüssigkeit gemacht, so dass den Kranken 0,1 resp. 0,2 Calomel eingeführt wurde. Bei letzteren schienen mehr Infiltrate und Abscesse an den Injectionsstellen aufzutreten, als bei jenen. Stomatitis trat bei den in der Klinik behandelten Patienten 2 Mal, bei den poliklinischen 3 Mal auf. Ganz besonders wurde stets auf Reinigung des Mundes und der Zähne Seitens der Kranken geachtet. Bei allen Patienten bestanden nach der Einspritzung Schmerzen von verschiedener Stärke und Dauer. Ein Urtheil über die Recidive nach dieser Behandlung ist wegen der Kürze der Zeit, seit welcher die Versuche angestellt noch nicht recht abzugeben.

(*Weekbl. van het Nederl. Tijdschr. voor Geneesk. 1888, I. S. 303.*)

George Meyer (*Berlin*)

Toxikologie.

Ein Fall von Cocain-Intoxication nebst kritischen Betrachtungen über die zulässige Cocain-Dosis bei subcutanen Injectionen des Mittels. Von Dr. Leon Szuman in Thorn.

Dr. Gluck theilte am 2. Februar v. J. in der Berliner medicinischen Gesellschaft mit[1]), dass er bei 21 grösseren Operationen (darunter Exstirpationen grösserer Geschwülste, Rippenresectionen u. s. w.), durch Injectionen von „2 bis höchstens 3 Spritzen einer zehnprocentigen Cocaïnlösung" — also durch etwa 0,2 — 0,3 Cocaïn Anaesthesie erzielte. Diese totale Anaesthesie trat nach etwa 5 Minuten ein und dauerte bis 2 Stunden.

Nur in einem Falle musste Patient wegen leichter Intoxicationserscheinungen Amylnitrit inhaliren. Gluck befürwortet sehr warm seine Cocaïn-Injectionsmethode, ist der Ansicht, dass dabei „nicht nur die Chloroformgefahr wegfällt, sondern Patient im Vollbesitz seines Bewusstseins auch unter Umständen noch im Stande ist zu assistiren."

Die Mittheilungen Gluck's klingen so günstig, zumal sie sich auf 21 Fälle beziehen, dass sie, trotzdem dass mir mehrere publicirte Fälle von Cocaïnintoxicationen bekannt waren, die doch bei grossen Dosen öfters vorkamen, als bei kleinen, mich veranlasst haben, die Injectionen grosser Dosen von Cocaïn Anfang vorigen Jahres einige Male zu versuchen.

Der erste Versuch (Injection von 0,2 Cocaïn. hydrochl. bei einer mässig kräftigen Frau zum Zweck einer Uterus-Ausschabung) fiel durchaus günstig aus. Keine Spur Schmerz bei der Operation, keine Spur von Intoxicationserscheinungen. — Nachher folgten drei Fälle, in denen der Erfolg mehr oder weniger zufriedenstellend war und mässige Intoxicationserscheinungen: Beklemmung, Ohnmacht, Cyanose, frequenter kleiner Puls in 2 Fällen sich zeigten. Doch war die Ohnmacht in dem einen Falle nach Injection von 0,1 Cocaïn. hydrochl. sehr langdauernd, der Puls sehr klein, frequent ca. 120 und die nachfolgende Schwäche dauerte mehrere Stunden. In einem ferneren Falle aber trat nach einer Injection von ebenfalls 0,1 Cocaïn bei einem erwachsenen, nicht sehr rüstigen, nervösen Mädchen so ernste Cocain-Intoxication ein, dass ich nachher wohlweislich davon Abstand nahm, das Mittel in Dosen von 0,1 oder mehr subcutan zu versuchen, zumal der Petersburger Todesfall, der allerdings durch eine irrthümlich angewandte, sehr grosse Dosis veranlasst wurde, als ernste Warnung dasteht.[2])[3])

Mit Rücksicht auf die Wichtigkeit der Frage über die Cocaïn-Intoxication und die zulässige Injectionsdosis theile ich hier diesen Fall in extenso mit:

Fräulein S., Lehrertochter aus Thorn, 20 Jahr alt, kam behufs Ausschneidung einer grossen, unbequemen, sehr empfindlichen Warze am Daumenballen, die ihr jede Arbeit unmöglich machte, zu mir. Frühere Bepinselungen mit Arg. nitr. und rauchender Salpetersäure waren erfolglos geblieben. Injection von einer Pravaz-Spritze einer 10 procentigen Cocaïnlösung in die Nähe der Warze in die Hand. Nach einigen Minuten Excision. Eine Naht. Patientin giebt keine Schmerzäusserung von sich, verfällt aber während der Anlegung der Naht in völlige Ohnmacht mit Verlust des Bewusstseins, wird blass, Puls klein, nicht auffällig beschleunigt. Die Hände und Füsse werden ganz steif, beinahe wie tetanisch. Nachdem die Stirn mit kaltem Wasser und Eau de Cologne gerieben wurde, kommt Patientin zur Besinnung, macht die Augen auf, fragt aber: „wo sind meine Hände, ich fühle gar nicht, wo ich meine Hände habe." Der Puls wird kräftiger, die Hände und Füsse verbleiben aber steif, so dass man kaum die Gelenke in eine andere Lage bringen kann. Die Patientin bekommt ein Glas Wein zu trinken, (Amylnitrit zur Inhalation hatte ich nicht bei der Hand), wird vom Operationsstuhl ins Bett nach einem andern Zimmer getragen, wobei man merkt, dass auch der Rücken steif ist. Erst nachdem Patientin eine gute halbe Stunde im Bett gelegen hatte, wurde ihr besser und sie konnte aufstehen und meine Wohnung

---

[1]) Berl. klin. Wochenschrift 1887, No. 8 S. 134.

[2]) Wratsch. 1886 No. 46/47 und Chirurgitscheskij wiestnik 1886, S. 782. Prof. Kolomnin liess (auf Delafosse's Erfahrungen sich stützend, der bis 48 Gran (3 g.) Cocaïn in die Harnblase ohne Schaden angeblich hineinpumpte) ein Klystier mit 21 Gran Cocaïn bei einer jungen Frau machen, zum Zweck der Ausschabung eines Rectalgeschwürs. Die Kranke starb drei Stunden nach dem Klystier an Cocaïnintoxication und Prof. Kolomnin nahm sich durch einen Revolverschuss das Leben.

[3]) Mehr als dreist ist auch die Dosis von Dr. A. Ricci zur subcutanen Injection (Deutsche med. Wochenschr. 1887. S. 891 No. 41).

verlassen, war aber noch sehr blass. Sie gab an, keinen Schmerz während der Operation gefühlt zu haben. — Die Mutter der Patientin litt an epileptischen Krämpfen und starb in jungem Alter während eines mehrstündigen Krampfanfalles. Die Patientin selber wurde schon mehrmals vor dieser Operation von hysterischen Ohnmachtanfällen heimgesucht. — Einige Monate später machte dieselbe Kranke bei einem Recidiv der vernähten Neubildung eine Chloroformnarkose völlig glatt und ohne Störungen durch.

Ich muss also mit Rücksicht auf die Angaben von Mannheim[4]), wo Injectionen von 0,2 Cocaïn eine vierwöchentliche Krankheit mit heftigen Beklemmungsanfällen u. s. w. veranlasst haben, auf die Mittheilungen Blumenthal's[5]), Bock's[6]), Schilling's[7]), Telschow's[8]), Pitts's[9]), B. Fraenkel's[10]), R. Wagner's Barskij's[10]) u. A. und auf meine obigen Versuche vor Anwendung grosser Gaben Cocaïn zur subcutanen Injection ernstlich warnen[11]), zumal auch grosse Gaben manchmal in Betreff der Analgesie sehr im Stiche lassen[12]).

Sowohl grosse, als auch kleine Dosen Cocaïn wirken bei verschiedenen Patienten nicht gleichmässig intensiv. Diese Eigenschaft theilt Cocaïn sowohl in der subcutanen, als in der äusserlichen Anwendung leider mit allen andern Mitteln, die zu leichteren Betäubungsgraden benutzt werden, als da sind, Morphiuminjectionen, innerlicher Morphium- oder Chloralgebrauch, Bromaethylinhalationen u. A. Nichtsdestoweniger ist das Cocaïn meistentheils ein vorzügliches Mittel bei passender Anwendungsweise, sowohl bei der äusserlichen Einträufelung und Einpinselung auf die Schleimhäute[13]), als auch subcutan in kleiner, bis mässig grosser Dosis, wobei es bei nervösen Damen entweder ganz zu streichen oder auf die ganz geringen Landerer'schen[14]) Dosen zu beschränken wäre. Meine Erfahrungen in Betreff der Dosis stimmen ungefähr überein mit den Beobachtungen Litten's[15]), Wallé's[16]), Wölfler's[17]), Hering's[18]), Telschow's[19]), Alexander Fraenkel's B. Fraenkel's[20]), Orloff's[21]), G. Viau's[22]) E. Hoffmann's[23]) u. A. Als Durchschnittsdosis für Erwachsene würde ich etwa 0,03—0,05—0,06 aufstellen.

[4]) Mannheim, Berl. klin. Wochenschr. 1886, No. 35.

[5]) Deutsche Medicinalztg. 1881, No. 99, S. 868, Dosis 0,2 bei einem Manne.

[6]) Gg. Bock, Deutsche med. Wochenschr. 1886, No. 6. Die Dosis betrug etwa sechs Tropfen einer 20% Lösung, also etwa 0,07 Cocaïn bei einer nicht nervösen, aber durch heftige Schmerzen und Schlaflosigkeit geschwächten 28 jährigen Frau.

[7]) Münchener Intelligenzblatt 1885, No. 52 ref. im Centrbl. f. Chir. 1886, No. 24. Dosis 0,06.

[8]) Telschow, Berl. klin. Wochenschr. 1887, No. 4.

[9]) B. Pitts, Ref. in Therap. Monatsheften 1888, Heft 2, aus The Lancet 1887, 21. Decbr.

[10]) B. Fraenkel, Therap. Monatshefte 1887, No. 3. Dosis 0,11 beim kräftigen jungen Mann. — R. Wagener, ebenda, No. 10, S. 412, Dosis 0,075. Barskij (Wratsch 1886, No. 50 Russisch). Auf der Klinik des Prof. Grube in Kasan beobachtete B. einen Intoxicationsfall nach Injection von 0,08 Cocaïn, der allerdings nach Inhalation von Amylnitrit bald vorüberging.

[11]) Auch bei innerlichem Gebrauch von 0,288 Cocaïn wurde eine sehr ernste Intoxication bei einem Manne beobachtet. Vergl. das Referat über Kilham's Mittheilung in den Therap. Monatsheften 1887, No. 2.

[12]) Vergl. auch die Mittheilung Robert's Newyork Med. Journ. vol. 42 No. 17 Pag. 439; ref. im Centrbl. für Chir. 1886, No. 3, und die Mittheilung Dr. Düttmann's in Heft 1 der Therap. Monatshefte vom laufenden Jahre über eine an ihm selber ausgeführte Cocaïn-Betäubung. Cocaïn-Gabe 0,06 subcutan und etwa 0,3 in äusserlicher Application verbraucht.

[13]) Auch die Resultate der äusserlichen Anwendung auf Schleimhäute haben verschiedene Beobachter nicht gleichmässig gut gefunden. (Zaufall, Störk, Kirchner, Mayerhausen, Schech u. A.) Bekanntlich sind auch bei Einträufelungen in's Auge, in die Nase, in den Larynx u. s. w. verschiedene vorübergehende Intoxicationen vorgekommen. (Mayerhausen, Heymann, Bresgen Czernomordik u. A.)

[14]) Wie enorm gross der Unterschied ist, den verschiedene Autoren in der zulässigen, subcutanen Injectionsdosis des Cocaïns machen, ersieht man, wenn man z. B. die Angaben Landerer's in dem Centrbl. f. Chir. 1885, No. 48 u. 1886 No. 8, S. 127 u. Gluck's (l. c.) vergleicht. Ersterer bezeichnet 0,012 bis 0,015 Cocaïn als die grösste brauchbare Injectionsdosis, Letzterer dagegen 0,3 Gramm.

Die Landerer'sche Dosis ist jedenfalls nicht immer wirksam. Mich hat sie neulich bei einer sehr kleinen Operation, einem einzigen Scheerenschlag, schmählich im Stiche gelassen. Behufs Excision eines etwa 3 cm langen Hautstückchens zur Transplantation injicirte ich 0,015 Cocaïn muriat. Merck in die zu excidirende Cutis-Stelle am Oberarme (nicht in das subcutane Zellgewebe). Bei der nach einigen Minuten vorgenommenen Excision des Hautstücks schrie der Kranke gewaltig und gab an, heftigen Schmerz zu empfinden; und zur Anlegung der Nähte musste Bromaethyl-Inhalation zu Hülfe genommen werden, die auch sehr prompt anästhetisch wirkte.

[15]) Berl. klin. Wochenschr. 1885, No. 48, S. 795.

[16]) Wallé, Deutsche Medicinalztg. 1885, No. 3.

[17]) Wölfler, Wiener med. Wochenschr. 1885, No. 50 u. 1887 No. 2.

[18]) Hering, Deutsche med. Wochenschr. 1887, No. 7.

[19]) Telschow, Berl. klin. Wochenschr. 1887, No. 4.

[20]) B. Fraenkel, Therap. Monatshefte 1887, No. 3, S. 86.

[21]) L. W. Orloff, Wiener med. Wochenschr. 1887, No. 30 S. 999.

[22]) G. Viau, Ref. in den Therap. Monatsheften 1887, Heft 2, S. 502.

[23]) E. Hoffmann, Wiener med. Wochenschr. 1887, No. 16.

Bei dieser Injectionsangabe sah ich bei den von mir operirten Patienten keine üblen Nebenwirkungen, doch möchte ich 0,06 nur als Ausnahmsgabe bei kräftigen Individuen betrachten, da die Gabe schon Vergiftungen machte. Man muss nur nicht das Cocaïn durch Empfehlung grosser Dosen discreditiren; denn wenn erst einzelne Todesfälle und mehrere schwere Erkrankungsfälle mit Cocaïn sich ereignet haben, so wird die Gefährlichkeit desselben, (ähnlich wie es häufig mit Chloroform und anderen Anaesthetics geschieht) bald vom Publicum überschätzt werden. Einzelne Morphinisten vertragen freilich das Cocaïn in ganz colossalen Gaben (0,5 bis 0,8, sogar bis 2,5 *pro die*)[54]), doch auch bei Morphiophagen sah man schon nach Injection von 0,075 Cocaïn bedrohliche Vergiftungssymptome[55]).

Eine passende Methode der Injection, — für besondere Fälle eine lange, gebogene Injectionscanüle (Hering, Krause) —, eventuell mehrere Injectionen einer nicht zu starken Lösung an vielen Punkten des Operationsgebietes (Roberts, Conway, Yarrick, Schuestler, Orloff, L. Frey, A. Fraenkel[56]),) Absperrung des Blutkreislaufs nach Corning's Vorschlag, wo sie ausführbar ist, — Verbindung der Injection mit nachfolgender Einträufelung oder Bepinselung (B. Fraenkel, Telschow[57]) eventuel Combination von Cocaïn mit nachfolgender Bromaethylnarcose, wie ich es mehrmals mit Erfolg ausgeführt habe[44]) scheinen dabei Momente zu sein, die viel mehr zur Erzielung genügender Analgesie[58]) beitragen, als sehr grosse, nicht unbedenkliche Dosen Cocaïn an und für sich es thun. Nicht nur bei Nervösen, sondern auch bei Herzkranken und bei Personen, die zu Gehirnblutwallungen neigen, könnten grosse Dosen Cocaïn wegen ihrer eminenten Wirkung auf das Herz und auf die Circulation gefährlich werden, wie das auch Alex. Fraenkel, mit Recht betont. Es giebt eben keine Panaceen unter den Medicamenten.

. . . .

Zum Schluss führe ich noch folgenden mir gefälligst zur Publication überlassenen Fall von Cocaïnintoxication bei einem Knaben an, wo bereits nach einer Injection von 0,02 Cocaïn bedrohliche Erstickungssymptome eintraten:

Dr. K. in Warschau injicirte im Januar d. J. einem Knaben eine halbe Pravaz'sche Spritze einer 4% Cocaïnlösung in die Ohrmuschel behufs Ausführung einer kleinen plastischen Operation an derselben (wegen Bildungsfehler). — Operation schmerzlos und gut verlaufen. Schon nach Anlegung des Verbandes aber bekam der Knabe heftiges Erbrechen und fing nachher an wie rasend im Zimmer umherzulaufen, indem er schrie: Ich sticke, ich sticke. Das Gesicht war blass, Puls klein, frequent. Er wurde ins Bett gebracht und unter stimulirender Behandlung besserten sich die Erscheinungen, doch hatte er noch bis zum nächsten Tage heftige Kopfschmerzen und mehrmaliges Erbrechen.

[54]) Erlenmeyer, Ueber Cocainsucht, Deutsche Medicinalztg. 1886, No. 44.
Comanos Bey, Berl. klin. Wochenschr. 1886. No. 38.

[55]) R. Wagner, Erlenmeyer's Centrbl. für Nervenheilk. 1887, No. 17, ref. in den Therap. Monatsheften 1887, Heft 10, S. 412.

[56]) Selbstverständlich unter strenger Antisepsis mit frischen oder carbolisirten Cocain-Lösungen, zumal 2—3% Carbol-Lösungen subcutan schon an und für sich local anästhesirend wirken, wie das schon längst bekannt ist und wie es auch neulich durch G. Vian an 86 Fällen bestätigt worden (a. a. O.). — Sonst schimmeln Cocain-Lösungen leicht, wie das vielseitig beobachtet wurde.

[57]) Wölfler (Wiener med. Wochenschr. 1885, No. 50 S. 1532 Anmerkung) drückt ein cocainisirtes Schwämmchen an die Wunde an, um die Anästhesie zu verlängern.
Ich benutze zu gleichem Zweck mit Cocainlösung getränkte, dünne Sublimatgaze-Streifchen, um nicht übermässige Mengen Cocain zu verwenden.

[58]) Ich glaube das Wort „Analgesie" ist für Bezeichnung der gewünschten Cocainwirkung passender, als die Bezeichnung „Anästhesie." Wenn wirkliche „Anästhesie" d. h. Verlust jeder Empfindung und Mangel des Bewusstseins eintritt, so ist die Cocaingabe schon zu gross gewesen.

Litteratur.

Die Blennorrhoe der Sexualorgane und ihre Complicationen. Von Dr. Ernst Finger, Wien. Leipzig u. Wien, Franz Deuticke 1888.

Das vorliegende Werk des schon sonst als sorgfältig und fleissig bekannten Autors giebt vor Allem einen neuen Beweis seines emsigen Fleisses. Es giebt kaum ein Buch dieses Gebietes, in dem die Litteratur mit solcher Sorgfältigkeit und Ausführlichkeit gesammelt worden ist wie in diesem. Die zahlreichen Arbeiten der Deutschen, Oesterreicher, Engländer, Franzosen und Italiener, sie Alle sind aufs Beste verarbeitet.

Aus dem ersten Capitel, das die acute Urethritis behandelt, heben wir besonders die musterhafte Schilderung der Diagnose und Differentialdiagnose hervor. Die Exactheit, mit der der Forscher gearbeitet hat, giebt sich am besten in der Besprechung der Gonococcen-Frage zu erkennen. Es ist ja allbekannt, wie schwierig die Untersuchung auf Gonococcen namentlich deswegen ist, weil man so leicht durch heterogene aber gleich gestaltete Mikroorganismen getäuscht wird. Der Autor statuirt als Charakteristica der pathogenen Gonococcen die Form, die Gruppirung, das Tinctionsverhalten gegen Anilinfarben (Roux), die Lagerung und endlich die Menge dieser Mikroorganismen. Erst eine Berücksichtigung dieser Gesammtverhältnisse gestattet eine exacte Diagnose.

Das zweite Capitel behandelt die chronische Urethritis, wohl eines der schwierigsten unserer gesammten Pathologie. Der Leser findet Alles verzeichnet, was gegen die chron. Gonorrhoe unternommen worden ist und unternommen werden kann. Der Urethroskopie schreibt der Autor mehr Werth zu, als sie verdient. So glänzend die Triumphe der Cystoskopie sind, so kommt bei der Urethroskopie mit wenigen Ausnahmen nicht viel heraus. Selbst mit den besten Apparaten ist in den meisten Fällen ohne Enthusiasmus und ohne Phantasie nichts zu sehen. Die Salbensondenbehandlung und die Höllenstein-Instillation, die Finger eingehend behandelt, bleiben unsere wirksamsten therapeutischen Mittel bei der chron. Gonorrhoe.

Ganz besonders schätzenswerth ist die erschöpfende Behandlung der Complicationen der Gonorrhoe. Die leider so oft vernachlässigten Folge-Erscheinungen wie die Prostata- Hoden- Nebenhoden- und Samenbläschenerkrankungen, die Bartholinitis, Vulvitis und Uteruskrankheiten sind ebenso interessant wie belehrend beschrieben.

Den Schluss des Buches bildet eine Besprechung des Tripperrheumatismus, der Endocarditis, Opthalmie und Adenitis blennorrhoica und der blennorrhoischen Exantheme.

Entsprechend der enormen Verbreitung dieser Erkrankungen wird das Buch nicht nur den Special- sondern auch allen allgemeine Praxis treibenden Aerzten willkommen und von grossem Nutzen sein.

Leopold Casper (Berlin).

Handbuch der Geburtshülfe, bearbeitet von Fehling, Fritsch, Kehrer, Kleinwächter, Küstner, P. Müller, Schauta, J. Veit, Werth, herausgegeben von Dr. P. Müller, I. Band, Stuttgart, Enke 1888.

Mit Freude kann diesmal auch der practische Arzt einmal das Erscheinen eines Handbuchs begrüssen: während sonst solche Werke nur für den Specialisten des entsprechenden Faches bestimmt sind und wohl auch nur von solchen benutzt werden, haben wir es in dem vorliegenden Werke mit einem Buch zu thun, dessen Inhalt ein Gebiet umfasst, in welchem jeder, vor allen sogar der „practische Arzt“ die vollendetste Ausbildung haben soll und haben muss, nämlich die Geburtshülfe. Ein Buch zu schaffen, welches auch dem allseitig beschäftigten Arzt Rath und Belehrung bieten soll, das ist auch der ausgesprochene Zweck der Bearbeiter, deren Namen schon eine gewisse Garantie leistet für die Güte dessen, was uns geboten wird. In dem uns vorliegenden ersten Bande erhalten wir zunächst aus der Feder von Ludwig Kleinwächter einen kurzen Abriss der Geschichte der Geburtshülfe (und Gynäkologie), dargestellt an dem Wirken der hervorragenderen Geburtshelfer aller Zeiten, vom Beginn des Menschengeschlechtes — „denn geboren wurde, seitdem das Menschengeschlecht besteht“ — bis zu unseren Tagen. In dem Bestreben, sich möglichst kurz zu fassen, sind dem Verfasser einige Flüchtigkeiten mit untergelaufen, die ebenso erklärlich, wie entschuldbar sind: so heisst es z. B. (S. 6 Z. 8) bei Darstellung der hyppokratischen Lehren: „die Vagina wird nicht erwähnt“, und wenige Zeilen später (Z. 17) „mittelst Vaginalräucherungen kann man bestimmen“; ebenso (S. 7 Abschn. 2 Z. 6) „vom Abgang der Wässer ist nirgends die Rede“ und (12 Zeilen nachher) „erschwert wird die Geburt durch zu frühen Wasserabfluss“, Ungenauigkeiten, die sich wohl mit den verschiedenen Verfassern der hyppokratischen Schriften erklären. Dagegen ist eine unerklärliche Flüchtigkeit dem Autor bei der Geschichte der Ovariotomie passirt, wo er „die erste Operation in Europa 1825“ Lizars zuschreibt, um bald darauf Chrysmar zu erwähnen, „der bis 1820 dreimal operirte“. Der Druckfehler (S. 51 Z. 2), der die Symphiosotomie in Deutschland bis 1870 von Ritgen empfohlen werden lässt, kann leicht zu eigenthümlichen Irrthümern Anlass geben; die richtige Zahl 1820 findet sich später bei der Erwähnung der Thätigkeit Ritgen's. Auf den Inhalt weiter einzugehen, verbietet uns natürlich der Raum; wir können nur einem jeden, der auch einmal die Thätigkeit manches Arztes kennen lernen will, dessen Namen ihm durch diese oder jene anatomische oder sonstige Bezeichnung geläufig ist, die Lectüre dieses geschichtlichen Abrisses dringend empfehlen.

Der nächste Abschnitt, der die Anatomie und Physiologie der weiblichen Genitalien behandelt, ist von J. Veit verfasst und zeigt überall das Bestreben dieses Autors, nicht nur alles beizubringen, was auf den einzelnen Gebieten veröffentlicht worden ist, und daraus das richtige festzustellen, sondern dies noch durch Wiederholung der einschlägigen Untersuchungen, Experimente etc. zu bestätigen. Das Becken in seinen Knochen, Gelenken und Bändern, das knöcherne Becken als Ganzes, die Beckenmuskulatur namentlich ist in ausserordentlich klarer Weise dargestellt, und die beigegebenen, ganz vortrefflich gewählten Figuren tragen noch besonders zum Verständniss bei. Ein (im Anfang des § 15 S. 95) vorgekommener Irrthum — es heisst daselbst: „Zieht man von der Steissbeinspitze nach dem Frenulum und dem untern Rand der Symphyse je eine gerade Linie etc.“ anstatt: zieht man vom unteren Rand der Symphyse nach der Steissbeinspitze und dem Frenulum — wird durch die daraus gezogene Folgerung und die beigegebenen Figuren von selbst als solcher gekennzeichnet. In dem Kapitel über die Genese des Beckens, dem er ein solches über das Becken des Neugeborenen vorausschickt, kommt Veit, namentlich im Gegensatz zu Freund, zu dem Schluss, dass die Rumpflast einen merklichen Einfluss auf die Beckenformation des Erwachsenen habe, indem er darauf das Hineinrücken des Promontorium, die Vereinigung der Trichterform des Beckens und die Vergrösserung des Querdurchmessers zurückführt. In dem noch angehängten Kapitel über das Racenbecken enthält sich Verf. mit Rücksicht auf die noch zu kleine Zahl der Beobachtungen einer bestimmten Entscheidung über Characteristica. Die nun folgende Anatomie der weiblichen Sexualorgane enthält namentlich im Anschluss an die Arbeiten von Carl Ruge eine umfassende Darstellung der Uterusmuskulatur neben der Beschreibung der äusseren Genitalien, der Ovarien und Tuben. (Warum spricht Veit stets von dem Cervix, während im 1. sowie in den späteren Theilen richtig die Cervix erwähnt wird? Ref.). In der Physiologie der weiblichen Sexualorgane wird zunächst die Menstruation, definirt als menstruelle Blutung plus Ovulation, besprochen: die menstruelle Blutung, deren auf den Tag bestimmtes, periodisches Eintreten geleugnet wird, stammt von dem ganzen hyperämischen, leicht blutenden Endometrium, das während dieser Zeit in seinen Drüsen blutigen Schleim absondert. Der Ovulation wird eine gewisse Unabhängigkeit von der menstruellen Blutung zugewiesen: es kann, nach der Leopold'schen Arbeit, auch ausserhalb derselben ein Ei austreten, es tritt keineswegs jedesmal in einem ganz bestimmten Verhältniss zur Ovulation die Blutung ein; es kann der Follikel sowohl kurz vor, wie während, wie endlich kurz nach der Regel bersten, bindet sich aber hierbei regelmässig an die Zeit derselben. Die Pflüger'sche Theorie über die Menstruation, welche die Reifung der Graaf'schen Follikel und die Blutung als Folge einer Summe von dauernden Nervenreizen hinstellt, kann Veit nun auch nicht mehr anerkennen, zumal die Follikelberstung nicht das Resultat einmaliger Hyperämie der Genitalien ist, sondern allmählich geschieht durch die Wucherung der Thecazellen; er stellt als Hauptursache die Ovulation hin, das Heranwachsen des Follikels als den Reiz für die Genitalnerven, unter dessen Einfluss das Endometrium anschwillt, bis es nach Erreichung eines gewissen Grades sich wieder zurückbildet unter Secretion blutigen Schleims. Und in Bezug auf diese An- und Rückbildung des Endometriums will er diesem eine gewisse Selbstständigkeit, eine Gewöhnung, wenn auch in unvollkommenem Masse, zuweisen. In der Physiologie der Zeugung weist V. alle mehr oder weniger gewagten und unbewiesenen Auffassungen über den Eintritt des Sperma in den Uterus zurück und lässt nur die mechanische Auffassung gelten, nach welcher aus der Samenlache, in welche die Portio nach der Cohabitation taucht, die Spermatozoën durch selbstständige Bewegung in den Uterus gelangen; als Ort der Imprägnation lässt er den ganzen Genitalschlauch zu vom unteren Abschnitt des Uterus bis auf das Ovarium und erklärt sich unter Beibringung eines sehr grossen Zahlenmaterials bei der Frage über die Zeit der Imprägnation als Gegner der neuen Theorie von Sigismund-Reichert, indem er regelmässig den Conceptionstermin sich nach dem Eintritt der letzten Menstruation sich befinden und im Allgemeinen das Ei dieser Regel befruchtet werden lässt. Als Zeitdauer der Gravidität giebt er, je nachdem die Conception während der ersten 9 Tage nach Beginn der letzten Regel oder 20—28 Tage nach derselben erfolgte, die Durchschnittszahl mit 282,5 und 289 Tage an, so dass also auch die Lage des Conceptionstages hierfür von Einfluss zu sein scheint. Demgemäss muss auch die Geburt frühzeitiger Embryonen möglich sein, ohne dass eine Menstruation (soll heissen menstruelle Blutung. Ref.) ausgeblieben ist. Der Abschnitt schliesst mit der Darstellung der Theorien über die Geschlechtsbestimmung, von denen Verf. die Düsing'schen Gesichtspunkte „das Geschlecht wird so bestimmt, dass die Art erhalten wird, so dass eben von beiden Geschlechtern hinreichend Individuen erzeugt werden", als principiell richtig auffasst, ohne sich den weiteren Folgerungen dieses Autors anzuschliessen, nach welchen dasjenige Geschlecht entsteht, welches im Moment der Zeugung sexuell überanstrengt ist.

Auch aus der Feder v. J. Veit stammt der dritte Abschnitt, der die Physiologie der Schwangerschaft behandelt. Auch hier erhalten wir zunächst eine Darstellung der anatomischen und histologischen Veränderungen des Uterus während der Gravidität. Die Veränderungen in der Function der einzelnen Muskelzellen und zwar das Aufhören der Contraction, nicht der Zug der Bänder, noch der Druck des Eis, wird als Grund für das ungestörte Wachsthum des Uterus herangezogen: der Cervicalcanal wird zur Einbettung des Eis zu keiner Zeit der Gravidität verbraucht, das untere Uterinsegment gehört nur dem Corpus an; die Friedländer'sche Schichtung der Serotina wird namentlich für die späteren Monate nicht zugegeben. Es folgen dann die Veränderungen in den übrigen Organen mit Darstellung der Besonderheiten in den einzelnen Monaten; die Anatomie der Eihäute und der Placenta. Bei letzterer werden den Waldeyer'schen vorläufigen Mittheilungen bereits eine so sichere Basis zuerkannt, dass sie als die wahrscheinlich richtigen Ansichten mit aufgeführt werden: es scheint also circulirendes Blut (nicht Gewebsflüssigkeit, wie Ruge will) in dem intervillösen Raum vorhanden zu sein, so dass ein vollständiger Kreislauf des mütterlichen Blutes existirt, indem der intervillöse Raum die Rolle von Capillaren spielt. Das Fruchtwasser entsteht hauptsächlich aus dem mütterlichen Gewebe: in der späteren Zeit der Schwangerschaft wird ihm in ununterbrochener Weise eine noch nicht bestimmbare Menge Urin des Fötus beigemengt. Die Entwicklungsgeschichte bringt einen sehr umfassenden Auszug aus den Arbeiten verschiedener Embryologen (His, Kölliker, Waldeyer etc.), ohne dass Verf. in den abweichenden Puncten einen bestimmten Standpunct einnimmt. In der Physiologie der Frucht wird zunächst der Kreislauf des Foetus abgehandelt, seine Ernährung, bei welcher ein Uebergang corpusculärer Elemente von Mutter auf Kind geleugnet wird, seine Athmung und seine sonstigen Functionen, unter denen die der Niere mindestens in Frage gestellt wird. Das Capitel über Lage und Haltung der Frucht, in welchem als Ursache für die Geradlage nicht bloss die Schwerkraft, sondern die Spannung der vorderen Bauchwand (nicht der Uterus) angeführt wird, schliesst diesen Theil. Sodann wird die mehrfache Schwangerschaft erörtert, die Superfoetation nicht als exact bewiesen anerkannt, und die Anatomie der mehrfachen Placenten dargestellt. Die Diagnostik der Schwangerschaft, die nun folgt, ist ein ausserordentlich lesenswerthes Capitel, auf welches näher einzugehen der Raum nicht gestattet; es enthält ebenso gute practische Winke, wie das Schlusscapitel über die Diätetik der Schwangerschaft, in welchem mancher hergebrachter, unbegründeter Glaube zurückgewiesen wird. Das noch vorangehende Capitel über die Ursache des Geburtseintritts lässt zwar eine bestimmte Ansicht als die richtige nicht erkennen, führt aber diesen im allgemeinen auf die Entwicklung des Eis zurück: ob dabei der Druck des kindlichen Kopfes, der Sauerstoffmangel und die Kohlensäureüberladung etc. allein oder zusammen massgebend sind, bleibt dahin gestellt.

Im vierten Abschnitt bespricht Richard Werth die Physiologie der Geburt: Nach einigen einleitenden Bemerkungen über Begriff, Zweck und Eintheilung der Geburt erhalten wir eine knappe Darstellung eines normalen Geburtsverlaufes von seinen Vorläufern bis zur Ausstossung der Nachgeburt. Nun erst werden die einzelnen Factoren genauer besprochen: Die Entstehung und der Verlauf, der Schmerz und die Folgen der Wehen, die Wirkung der Bauchpresse sind der Inhalt des nächsten Capitels; als Wirkung der Uteruscontractionen und der Bauchpresse wird nur der allgemeine Inhaltsdruck (Lahs) anerkannt, während die Formrestitutionskraft abgelehnt wird. Dann folgt die Wirkung der Geburt auf den Geburtsapparat und das Geburtsobject; in jenem Theile werden die Vorgänge am Uterus, den Ligamenten und dem Geburtscanal geschildert; auch W. schliesst sich in der Lehre über das untere Uterinsegment Schroeder an; in diesem der Mechanismus der Schädellagen, welche allein für normale Lagen erklärt werden. W. wünscht, dass nur von einer ersten und zweiten Schädellage gesprochen, je nachdem das Hinterhaupt und damit der Rücken nach links oder rechts liegt; die Beckenachse verwirft er ebenso wie den Fruchtwirbelsäulendruck; er lässt durch den allgemeinen Inhaltsdruck, den alle Abschnitte des Kopfes in gleicher Weise empfangen, diesen vorwärts bewegt werden und macht die Gestaltung dieser Bewegungen nur abhängig von den Widerständen in den unteren Theilen des Geburtscanals. Die Bewegungen theilt er in Cardinalbewegungen, die bei jeder normalen Geburt nothwendig sind, und accessorische, von nebensächlichen, nicht immer gleichen Momenten abhängig. Zu jenen gehört die den Kopf durch den Geburtscanal führende Progressivbewegung, die schon in der Eröffnungsperiode beginnt, die innere Drehung, welche das Hinterhaupt nach vorn bringt, und die Drehbewegung des Kopfes um die Symphyse, beide der Austreibungsperiode angehörig. Die innere Drehung führt W. nur auf den kaum nennenswerthen Widerstand von Seiten der anderen Beckenwand im Bereiche des Schambogens im Gegensatz zu dem grossen Widerstand seitlich und hinten zurück. Diese innere Drehung bleibt aus bei der Vorderscheitellage und manchmal in den Fällen, wo das Hinterhaupt primär dem hinteren Endpunkte eines der schrägen Durchmesser zugekehrt ist und von da den näheren Weg nach der Kreuzbeinhöhlung einschlägt, ohne dass hierfür eine befriedigende Erklärung gegeben werden kann. Die accessorischen, durch zufällige Einflüsse oder individuelle Eigenthümlichkeiten veranlassten Bewegungen können die hintere Scheitelbeineinstellung veranlassen, gleichen aber meist diese Abweichung wieder aus; sie bewirken auch die vordere Scheitelbeineinstellung (Nägele's Obliquität), führen auch nach unterhalb des Beckeneingangs das Hinterhaupt bald nach hinten, bald nach vorn. Von den Einwirkungen der Geburt auf die Frucht werden die Kopfgeschwulst auf den geringeren Widerstand, den der frei vorliegende Theil erfährt, zurückgeführt, die Aenderungen der Schädelform besprochen, des Blutkreislaufs und der Athmung; von denen auf den mütterlichen Organismus die Puls- und Temperaturänderungen, die Athmungszunahme, die Albuminurie der Kreissenden, die sonstigen Veränderungen der Urinsecretion und der Magendarmfunctionen. Bei Schilderung der Nachgeburtsperiode lässt Wertl die Placenta nicht in einer einfachen Falte, sondern in mehreren längsverlaufenden Wülsten sich abheben, die sich ausgleichen, sobald die entsprechenden Theile unter den Contractionsring getreten sind, ein Mechanismus, der theils der von Duncan, theils der von Schultze gegebenen Darstellung entspricht. Auch bei der Leitung der Nachgeburtsperiode schliesst sich Verfasser in dem entsprechenden späteren Capitel nicht ganz den Ansichten von Ahlfeld an, der unter Zugrundelegung des Schultze'schen Modus den Credé'schen Handgriff verwirft, wenn er auch einem gewissen exspectativen Verfahren das Wort redet. Die mehrfache Geburt, die Diagnostik, Prognose, Diätetik und in letzterem Capitel insbesondere das Dammschutzverfahren und die Abnabelung und wie schon erwähnt, die Verfahren zur Entfernung der Placenta werden sehr eingehend erörtert. Den Schluss bildet ein Capitel über die Anaesthesirung Kreissender.

Die Physiologie des Wochenbetts aus der Feder von A. Kehrer ist der letzte Abschnitt des vorliegenden Bandes, in welchem uns die Vorgänge des Wochenbetts in Bezug auf Athmung, Verdauung, Blutkreislauf, Nerven- und Muskelthätigkeit geschildert werden. Sowohl auf schwer verdauliche Speisen als auf lebhafte Gemüthserregungen lässt Kehrer in manchen Fällen Puerperalfieber (S. 529 und 534) zurückgehen. Bei der Rückbildung der Genitalien bringt er das Resultat seiner neuesten Beobachtungen über Lage des Uterus, sowie ausführliche Bemerkungen über den Lochialfluss, der stets pathogene Bakterien enthält. Ausserordentlich umfangreich ist die Abhandlung über Milchabsonderung, aus der wir blos die hohe Bedeutung hervorheben wollen, die er bei Frauen mit kräftiger Blutbildung dem Selbststillen beilegt als „einer im Interesse des übrigen Körpers höchst wichtigen Thätigkeit und einem nicht ungestraft auszuschaltenden Glied in der Kette der Fortpflanzungsvorgänge". Die Ischurie und Polyurie am 1. Wochenbettstage zu erklären erwartet K. noch von der Zukunft. Das Milchfieber will er fallen gelassen wissen, da es seltener geworden, je strenger die Antisepsis gehandhabt wird, da nach unseren heutigen Erfahrungen keine physiologische Temperatursteigerung bis zur Fieberhöhe im Puerperium vorkommt, und die Auffassung, als existire normaliter ein Milchfieber, oft die richtige Zeit für die therapeutische Bekämpfung des Puerperalfiebers versäumen lässt. Die Capitel über die Erkennung des Wochenbettzustandes bringen dem Gerichtsarzt sehr praktische Winke; in der Besprechung der Puerperal-Morbidität, die auch heute noch 10% von Genitalienaffectionen und septischen oder pyaemischen Fiebern in den Anstalten aufweist, und Mortalität werden die beeinflussenden Momente bezeichnet, dabei auch die Jahreszeit insofern hervorgehoben, als in Anstalten das Maximum in die Winter-, das Minimum in die Sommermonate fällt. Besonders wichtig für den Praktiker sind die beiden letzten Capitel über die Behandlung der Wöchnerinnen, wo jede Möglichkeit einer Thätigkeit des Arztes und der Wärterin erwähnt und besonderes Gewicht auf die Desinfection der Genitalien gelegt wird, und über das Stillen. Ein besonderer Theil ist noch dem lebhaft empfohlenen Sublimat gewidmet.

Landsberg (Stettin).

Practische Notizen und empfehlenswerthe Arzneiformeln.

Zur Behandlung des Erysipels. Von Dr. Weigel in Lemberg. (Original-Mittheilung.)

Im Aprilhefte 1888 der „Therapeutischen Monatshefte“ lese ich auf Seite 176 eine Notiz von College Dr. Hilsmann in Constantinopel, betreffend die Behandlung von Erysipel durch Abbrennen von Werg über den mit Tuch bedeckten, vom Erysipel ergriffenen Stellen. Diese Art Therapie ist für uns hierzulande durchaus nichts Neues, denn es ist das von der ganzen ländlichen Bevölkerung bei uns seit undenklichen Zeiten geübte therapeutische Verfahren bei Erysipel, welches in ganz Polen überhaupt als Brennen des Rothlaufs bekannt ist und stets von allen Bauern geübt wird, genau in der von Dr. Hilsmann angegebenen Weise und wirkt durch starke Erwärmung der betroffenen Theile. Mir speciell ist es ein neuer Beweis dafür, dass bei Erysipel, wenn nicht der allgemeine Kräftezustand sehr gesunken ist, und das Erysipel nicht allzu heftig und in allzu grosser Ausdehnung auftritt, und noch genug Spannkraft im Organismus vorhanden ist, eine jede Therapie des Erysipels zum Ziele führt, mag sie auch noch so merkwürdig erscheinen, ebenso wie es bei Cholera und Diphtherie der Fall ist, wo es auch Fälle giebt, die von vornherein tödtlich verlaufen müssen, und wo wirklich jeder Streit um die Therapie ein Streit „de lana caprina“ ist, und wo die andern Fälle unter jeder Therapie oder selbst ohne Therapie heilen.

Für die Verordnung von Antipyrin

hält Dr. Waren-Bey nachfolgende Receptform für die geeignetste:

℞	Antipyrini	8,0—12,0
	Alcohol (90%)	15,0
	Syrup. Rub. Idaei	75,0
	Aq. destill.	100,0

Davon 1 Esslöffel in Suppe oder Wasser zu nehmen.

Bei Magenblutungen

hält Dr. Finshar (Allgem. Med. Centr. Ztg. 55/88) das Trinken von heissem Wasser für das sicherste und angenehmste Mittel. Er lässt das Wasser so heiss, wie es vertragen wird, in Menge von ¼—¾ Wasserglas hintereinander trinken. Dass die Gerinnung des Blutes schnell vor sich geht, zeigten öfter später ausgebrochene Stücke von Blutgerinnseln, die selbst ohne Schaden für weitere Blutungen unter Würgen gelegentlich entleert wurden.

Behufs Beschränkung der Milchsecretion

hat Dr. Salemi (Bull. gén. de Thérap. Juni 1888) mit Erfolg Antipyrin angewandt. Nachdem alle andern Mittel im Stiche gelassen, verabfolgte er Antipyrin in einer Tagesdosis von 0,6 (auf 3 Pulver vertheilt). Die Milchsecretion nahm bereits am ersten Tage ab und hörte am dritten ganz auf.

61. Versammlung deutscher Naturforscher und Aerzte zu Köln.

Zur Aufnahme der mit der 61. Versammlung Deutscher Naturforscher und Aerzte verbundenen wissenschaftlichen Ausstellung in Köln im September d. Js. ist in einer in Mitte der Stadt am Ebertplatz gelegenen neugebauten Doppelschule ein sehr passendes Gebäude gefunden worden. Schöne helle Säle, die mit einander verbunden sind, eine prächtige grosse Turnhalle mit Oberlicht ermöglichen eine bequeme günstige Aufstellung, während die Lage in Mitte der Stadt und in der Nähe der Fest- und Sitzungslocale eine häufige Besichtigung ohne Zeitverlust gestattet. — Um einen regeren Verkehr zwischen Ausstellern und Fachleuten zu beiderseitigem Interesse anzubahnen, sind in demselben Gebäude Räume bereit gestellt, worin Demonstrationen ausgestellter Gegenstände vor einem grösseren Zuhörerkreis (auch event. Sectionssitzungen) abgehalten werden können. Die Ankündigung derartiger Demonstrationen kann kostenlos durch das während der Versammlung täglich erscheinende Tageblatt erfolgen.

Ein solcher Meinungsaustausch zwischen Technikern und Gelehrten muss zweifellos belehrend und befruchtend wirken und hierin liegt nicht zum wenigsten die ideale Bedeutung einer solchen Fachausstellung, die nicht wie die grossen Ausstellungen durch Vorführung des auf vielen Gebieten Geleisteten die Schaulust befriedigen und Handelsinteressen dienen soll, sondern in ihrem engen Rahmen dem Fachmann neue Hülfsmittel für die wissenschaftliche Forschung und die praktische Verwerthung im Leben zur Beurtheilung vorführt und damit selbst wieder die Wissenschaft fördert und für die Praxis nutzbar macht. Dass die Aussteller auch ihren materiellen Erfolg finden sollen und ihn hier, wo sie ihre Erzeugnisse Tausenden von Consumenten vorführen, auch finden, ist selbstverständlich, zumal auch neben den zuvorkommendsten Bedingungen seitens des Ausstellungs-Ausschusses der Verkauf gestattet ist. Anmeldungen sind bereits in grosser Anzahl eingetroffen und treffen täglich ein, so dass erst nach dem 25. Juli, dem Endtermin für die Anmeldungen (für die die Formulare von dem Bureau der Ausstellung, Unter Sachsenhausen 9 Köln, bezogen werden können), ein vollständiges Bild der zukünftigen Ausstellung zu gewinnen ist.

Verlag von Julius Springer in Berlin N. — Druck von Gustav Schade (Otto Francke) Berlin N.

Therapeutische Monatshefte.

1888. September.

Originalabhandlungen.

Aus der Universitäts-Klinik für Syphilis und Hautkrankheiten von Professor Dr. Wolff zu Strassburg i. E.

Ueber Succinimid-Quecksilber, ein neues Mittel zur subcutanen Injection.

Von

Dr. Vollert,

früherem Assistenten der Klinik für Syphilis und Hautkrankheiten zu Strassburg.

Den Versuchen, welche seit einer Reihe von Jahren in der Klinik für Syphilis und Hautkrankheiten an der Universität Strassburg mit subcutanen Injectionen von löslichen Quecksilberverbindungen, insbesondere mit dem von v. Mering[1]) und A. Wolff[2]) empfohlenen Glykokoll-Quecksilber, zur Behandlung der Syphilis gemacht worden sind, reiht sich eine Anzahl von weiteren Versuchen an, welche seit Februar dieses Jahres mit einem neuen Quecksilbermittel zur subcutanen Injection, dem Succinimid-Quecksilber, ausgeführt werden. Da das Material der Klinik so gross ist, dass in der Zeit von etwa $2^1/_2$ Monaten im ganzen 432 Injectionen gemacht werden konnten, wobei noch eine grosse Zahl von Patienten von dieser Behandlungsmethode ausgeschlossen wurden, so lässt sich schon jetzt über den Werth dieses Mittels ein Urtheil fällen. Wir wollen daher über unsere Versuche berichten.

Dessaignes[3]) hat die Verbindung des Quecksilberoxyds mit einigen Amiden, darunter auch mit dem Succinimid, bereits 1852 gefunden und deren chemische Eigenschaften beschrieben. v. Mering war es, der zuerst das Succinimid-Quecksilber in Bezug auf seine Verwendung zu therapeutischen Zwecken versuchte. Derselbe hat die Darstellung des Succinimid-Quecksilbers in neuerer Zeit bewirkt und uns das Präparat zur subcutanen Injection empfohlen[4]).

Es wurde uns das Succinimid-Quecksilber von Herrn Professor Dr. v. Mering hierselbst zu Versuchen übergeben, nachdem derselbe es bereits sowohl in Bezug auf sein physiologisch-chemisches Verhalten als in Bezug auf seine Brauchbarkeit für die subcutane Applicationsweise beim Menschen geprüft hatte. Eine Publication wird darüber von seiner Seite nicht erfolgen.

Ich entnehme einem von ihm im Februar d. J. im hiesigen medicinisch-naturwissenschaftlichen Verein gehaltenen Vortrage über dies Präparat die folgenden Angaben.

Das Quecksilberoxyd geht mit dem Succinimid, einem Product der Bernsteinsäure, welches unter andern durch Erhitzen von Bernsteinsäureanhydrid in Ammoniakgas entsteht, — (wie mit andern Amidverbindungen, Formamid, Glykokoll, Asparagin, Alanin, Harnstoff) — eine Verbindung ein und bildet mit jenem ein weisses, seidenartiges, in Wasser leicht lösliches Pulver. Die wässrige Lösung dieses Präparats bleibt absolut klar, trübt sich auch bei längerem Stehen nicht. Das Succinimid-Quecksilber fällt kein Eiweiss, keine Pleura-Flüssigkeit, auch keine Hydrocele-Flüssigkeit.

Die Lösung, welche zuerst bei unsern Versuchen verwandt wurde, war eine einprocentige Quecksilberlösung, so dargestellt, dass 2 g der Substanz in 100 Theilen Wasser gelöst und dann diese Flüssigkeit einmal oder mehrmals filtrirt wurde. 2 g Succinimid-Quecksilber entsprechen 1 g Quecksilber, wie mir Herr Professor Dr. v. Mering angab. Zusatz von Cocain, behufs Abstumpfung der Schmerzen, wie wir dies bei Injectionen von Cyan-Quecksilber zu thun pflegen, ist hier-

---

[1]) v. Mering: Ueber die Wirkungen des Quecksilbers auf den thierischen Organismus. Strassburg 1879 und: Ueber die Wirkungsweise etc. im Arch. f. exp. Path. und Pharm. 1880.

[2]) A. Wolff: Ueber die subcutane Anwendung des Glykokoll-, Asparagin- und Alanin-Quecksilbers und deren Wirkung auf den syphilitischen Process. Strassburg 1888.

[3]) Dessaignes: Note sur les combinaisons de quelques amides. Annales de chimie et physique. 3. série, t. XXXIV, p. 146.

[4]) Auf v. Mering's Veranlassung ist das Succinimid-Quecksilber-Präparat von der chemischen Fabrik C. A. F. Kahlbaum, Berlin SO, Schlesische Strasse 16—19 hergestellt und in den Handel gebracht, von da ist es auch zu beziehen. 100 g kosten 8 Mark.

bei nicht möglich, da dadurch eine Fällung entsteht[5]).

Wir fanden es später für gut, besonders um dies Präparat mit dem Glykokoll-Quecksilber in Bezug auf Wirkung und Schmerzhaftigkeit vergleichen zu können, eine schwächere Lösung, nämlich 1,30 : 100, anzuwenden, welche das Quecksilber in demselben Verhältnisse enthält, wie das Glykokoll-Quecksilber. Mit dieser Lösung sind die meisten unserer Injectionen ausgeführt.

Die Vorzüge des Succinimid-Quecksilbers vor dem Glykokoll-Quecksilber sind zuerst die Unzersetzlichkeit und Beständigkeit der Lösung. An der Oeffnung der Flasche und am Glasstopfen krystallisirte die Substanz etwas aus, die Lösung erhielt sich aber im übrigen wochenlang, so lange wir sie benutzten, vollständig klar, ohne sich zu zersetzen, und ohne in ihrer Wirkung einzubüssen. Um das Glykokoll-Quecksilber zu appliciren, muss man stets eine Lösung durch Zusammengiessen dreier Substanzen von bestimmter Zusammensetzung (Hydrarg bichlorat. 3,75%, Natrium carbon. crystallisat. 4,10% oder Natrium carbon. siccum 1,5% und Glykokoll 2,5%) und Abmessen gleicher Theile derselben frisch bereiten. Diese Lösung zersetzt sich schon nach wenigen Minuten und ist dann nicht mehr zu gebrauchen.

Die Injectionen mit Succinimid-Quecksilber sind ferner lange nicht so schmerzhaft. Glykokoll - Quecksilber macht gewöhnlich ganz erhebliche Schmerzen. Die Patienten können diese Injectionen gewöhnlich nur ertragen, wenn sie im Krankenhause aufgenommen sind und keine Beschäftigung weiter haben. Die Schmerzen bestehen auch nach Beendigung der Kur noch ziemlich lange Zeit fort und schwinden erst ganz allmählich, vielfach erst nach Wochen.

Die Infiltrate der Haut an den Applicationsstellen sind bei Succinimid-Quecksilber-Injectionen viel geringer und gehen nach kurzer Zeit wieder zurück, während das Glykokoll-Quecksilber gewöhnlich ziemlich harte und derbe Infiltrate bildet, die ziemlich lange bestehen bleiben, so dass die Injectionen auch deswegen zeitweise ausgesetzt werden müssen.

Nebenbei hat das Succinimid-Quecksilber auch den Vorzug besonderer Billigkeit, das Glykokoll - Quecksilber bleibt ein ziemlich kostspieliges Präparat.

Hinsichtlich der Wirkung des neuen Mittels glauben wir die Erfahrung gemacht zu haben, dass dieselbe der des Glykokoll-Quecksilbers um ein Weniges nachsteht. Die Wirkung der bezeichneten, dem Glykokoll-Quecksilber in Beziehung auf seinen Quecksilber-Gehalt analog zusammengesetzten Succinimid-Quecksilber-Lösung (1,30 : 100) war wenigstens nicht eine so energische und in die Augen fallende, wie die der von uns früher vielfach und gewöhnlich verwandten Glykokoll-Quecksilber-Lösung.

Die Vortheile des Präparats sind jedoch so grosse, dass es trotz seiner etwas weniger intensiven Wirkung wohl das Glykokoll-Quecksilber in vielen Fällen ersetzen wird.

Im Vergleich mit dem Cyan-Quecksilber ist seine Wirkung eine viel schnellere und und sicherere, ohne dass dabei eine Nebenwirkung auf den Darm eintritt, wie sie vielfach durch das Cyan hervorgerufen wird.

Wir haben überhaupt keine üblen Nebenwirkungen bei diesem Präparat beobachtet.

Es ergiebt sich aus den auf S. 404 ff. beigefügten Krankengeschichten, dass das Succinimid-Quecksilber im allgemeinen durchweg ausgezeichnet vertragen wird. Nur in sehr wenigen Fällen mussten wir mit dem Mittel aussetzen, wo die Patienten grössere Schmerzen äusserten, — was in der letzten Zeit mit Cocain nicht mehr vorgekommen sein soll — oder wo die subcutane Application des Quecksilbers überhaupt wegen magerer Haut oder stärkerer Empfindsamkeit des Individuums unthunlich war.

Wir haben das Mittel auch bei Personen versucht, die in der Poliklinik ambulant behandelt werden mussten. Der Erfolg war auch hier ein günstiger, indem die Patienten wenig oder gar nicht über Schmerzen klagten. Bei zwei Patienten[6]) aus den niederen Ständen haben wir dabei allerdings kein Glück gehabt, denn sie sind uns nach einigen Injectionen ausgeblieben. Der eine von ihnen, der auch sonst noch allerlei Krankheiten hatte, klagte von Anfang an über heftigere Schmerzen, der andere wohnte ziemlich weit von der Klinik entfernt, und da seine Krankheitserscheinungen sehr bald unter gleichzeitiger entsprechender localer Behandlung zurückgingen, so ist er möglicherweise nur aus Rücksichten der Bequemlichkeit nicht wieder gekommen. Ein dritter

[5]) In neuerer Zeit hat jedoch A. Wolff mit Cocain, in geringer Menge zugesetzt, keine Fällung gehabt, so dass er für eine Dosis der Lösung noch 0,01 Cocain hinzufügt. Unsere Versuche, über die wir in den beigegebenen Krankengeschichten berichten, sind aber sämmtlich ohne Cocain angestellt, da ein einmaliger Versuch ursprünglich jenes Resultat der Fällung hatte.

[6]) No. 11 und 16 der Tabellen.

Patient[7]), der schon früher Kuren durchgemacht hatte, wünschte wegen Schwellung des Zahnfleisches und dadurch hervorgerufener Beschwerden beim Kauen, ohne dass eigentliche Stomatitis vorhanden war, auszusetzen, während ihm die Injectionen selbst gar keine Beschwerden machten. Die Einspritzungen wurden dann später bei ihm wieder aufgenommen.

In den Fällen, die mir Herr Professor Dr. Wolff aus seiner Privatpraxis, wo er das Mittel ebenfalls versucht hat, mitzutheilen die Freundlichkeit hatte[8]), wurden etwa 80 Injectionen bei jeder Person vollzogen, wovon die ersten Cyan-Quecksilber waren, ohne dass die Patienten, die den gebildeten Klassen angehörten, sich irgendwie jemals über diese Behandlungsmethode und über die Schmerzhaftigkeit beklagt hätten.

Es verdient am meisten hervorgehoben zu werden, dass das Succinimid-Quecksilber sich für die ambulatorische Behandlung besonders eignet. Denn wenn wir hierbei das Quecksilber hypodermatisch dem Körper einzuverleiben wünschen, so sind wir im Zweifel, zu welchem Präparat wir greifen sollen. Cyan-Quecksilber, welches am wenigsten Schmerzen verursacht, kann wegen der sehr geringen Intensität seiner Wirkung und wegen der in vielen Fällen hervortretenden üblen Nebenwirkung auf den Darm nur in sehr beschränktem Masse zur Anwendung und in Frage kommen. An das Glykokoll-Quecksilber ist wegen der heftigen Schmerzen weniger zu denken. Sublimat schmerzt ebenfalls ziemlich bedeutend, noch mehr als das Glykokoll-Quecksilber. Beim Pepton-Quecksilber hängt es von der Güte und Beschaffenheit des Peptons ab, ob die Injectionen schmerzlos sind oder nicht. Ausserdem zersetzt es sich bald. Harnstoff-Quecksilber wurde von uns ebenfalls versucht, aber wegen grösserer Schmerzen sehr bald wieder verworfen. Calomel-Injectionen eignen sich auch nicht für die ambulatorische Behandlung wegen der entstehenden Beulen und der intensiven Schmerzen. Ueber andere unlösliche Quecksilber-Verbindungen, besonders das in der neuesten Zeit so vielfach in Anwendung gezogene Hydrargyrum oxydatum flavum, besitzen wir keine Erfahrungen.

Weitere Versuche in dieser Richtung mit dem Succinimid-Quecksilber dürften unsere Angaben bestätigen.

Bei unseren Versuchen haben wir, namentlich zu Anfang, eine Anzahl Abscesse zu verzeichnen gehabt. Später als wir in Anbetracht dessen sorgfältiger und mit der scrupulösesten Reinlichkeit verfuhren und Sorge trugen, dass die Injectionsflüssigkeit nicht zu oberflächlich in die Cutis selbst, sondern ins Unterhautzellgewebe gelangte, ist uns das seltener passirt. Es mag daran die noch nicht völlig ausgebildete Technik Schuld gewesen sein, andererseits die ausserordentlich grosse Zahl der Einspritzungen, welche es mit sich brachte, dass ausser den Assistenten der Klinik, auch Studirenden zur Uebung die Injectionen überlassen wurden. Ferner mag dazu auch noch der Umstand beigetragen haben, dass zu den sämmtlichen Versuchen eine einzige Pravaz'sche Spritze benutzt werden musste, die sich mehr und mehr abnutzte und bei der nicht immer eine genügende Reinigung vorgenommen worden ist. Später wurde auf eine genauere Desinfection gehalten und die Zahl der Abscesse reducirte sich auf ein Minimum.

Eine genauere Angabe über die Anzahl der Abscesse im Vergleich zu der Gesammtzahl der Einspritzungen kann aus den angegebenen Gründen, besonders da keine genügende Controlle für die richtige Application in jedem einzelnen Falle vorhanden war, und da die Injectionen nicht alle von einer Hand nach derselben Methode gemacht worden sind, nicht beigefügt werden. Auf der mir unterstellten Weiberabtheilung der Klinik habe ich unter 210 Einspritzungen 2 Abscesse gehabt. Herr Professor Wolff theilte uns aber mit, dass er überhaupt nie Abscesse bei den von ihm selbst gemachten Injectionen gesehen habe. Es kommt zur Vermeidung dieses Uebelstandes, weswegen einige Syphilidologen die hypodermatische Application des Quecksilbers ganz verwerfen, neben grösstmöglichster Desinfection des Injectionsapparats vor und nach der Injection und der Application unter antiseptischen Cautelen, vorhergehender gründlicher Reinigung der Injectionsstelle mit Seife und Aether, wohl vorzugsweise auf die richtige Technik an.

In Bezug auf das Letztere möchte ich die Vorschriften von A. Wolff[9]) hier wiederholen.

„Das Einstechen der Nadel geschieht nicht senkrecht, wie dies von verschiedenen Autoren ad nates vorgenommen wird, sondern es wird eine starke Fettpolsterfalte aufgehoben und die Nadel parallel mit der Haut bis mitten in das Zellgewebe gestossen, so dass die Spitze nicht zu nahe der Haut

(Fortsetzung des Textes S. [illegible].)

[7]) No. 17.
[8]) No. 21, 22, 23, 24.
[9]) A. Wolff, l. c. p. 15.

Kranken-

Name, Alter, Stand, Wohnort.	Dauer der Behandlung. Diagnose.	Anamnese. Status. Bisherige Behandlung.
1. Z., Carl, 18 J. Bildhauer. Neuhof. Poliklinik II. Reg. No. 163. Ambulant behandelt.	23. II.—20. III. 88. Sklerose. Roseola.	Pat. war vom 15.—30. XII. 87 aufgenommen in der Klinik wegen ulcerirter markstückgrosser Sklerose des inneren Praeputialblatts, seit 14 Tagen bestehend (Incub. 22 Tage). Jodoform. Wird wiederbestellt, wenn die Roseola erscheint. — Pat. erscheint am 23. II. 88 wieder. Roseola vor 14 Tagen aufgetreten. Abgeblasste Flecke noch in den Flanken zu sehen. Kopf- und Halsschmerzen vor 8 Tagen dagewesen. Etwas anaemisches Aussehen.
2. K., Marie geb. Lichtenberger. Wittwe, 47 J. Strassb. Polizeilich eingeliefert auf die Abtheilung für Geschlechtskrankheiten des Bürger-Hospitals.	23. II.—21. III. 88. Ulcera pharyngis.	Liederliches Vorleben. 6 Kinder, darunter 4 uneheliche, u. 1 Fausse couche, 5 Kinder leben. Zweimal verheirathet. 1886 bereits aufgenommen wegen Urethritis. — Primäraffect und Roseola entgangen. Seit Anfang Nov. 87 Halsschmerzen. Das Geschwür wurde in der medic. Poliklinik hierselbst mit Pinselungen und Inhalationen behandelt, heilte jedoch nicht. 11. I.—22 I. 88. kam die P. auf die Abtheilung für Hautkranke mit einem etwa bohnengrossen, mässig tief greifenden, ulcerirten Geschwür an der hinteren Wand des Pharynx und Drüsenanschwellungen an der rechten Seite des Halses vor und hinter dem Sternocleidomastoideus. Seit 8 Tagen kommt beim Schlucken oft flüssige Nahrung zur Nase heraus. — Jodkalium, Hydrargyrum bijodatum nach Gibert tägl. 3 g, da P. sich weigert, einer Schmier- oder Injectionskur sich zu unterwerfen. P. nahm die Medicin dann nicht mehr und verliess plötzlich die Abtheilung. 1 Mon. später wegen liederlichen Umhertreibens aufgegriffen, zeigten sich bei ihr 2 Ulcera pharyngis, das eine 5 Pfennigstück, das andere 10 Pfennigstück gross.
3. L., Karl 27 J. Dienstknecht. Strassburg. Aufgenommen.	3. II.—18. III. 88. Iritis. Roseola.	Infection Anfang Sept. 87. Incub. 3 Wochen. Sklerose des Praeputium. — Behandlung Calomel. Roseola erscheint Jan. 88. Anfang Januar Iritis gummosa rechterseits und mehrere Synechien.
4. E., Karoline. 18 J. Dienstmagd. Aus dem Bezirks-Gefängniss ins Hospital entlassen.	7. II.—25. II. 88. Plaques der grossen Labien, des Dammes und der Analgegend.	Seit Oct. 86 fünfmal in Beobachtung und Behandlung im Hospital wegen Urethritis, Bartholinitis, Erysipelas faciei. 17. II.—31. III. 87. Grosspapulöses Syphilid. 30 Frictionen. Juli 87 Plaques der grossen Labien. Gibert.
5. H., Stephan. 32 J. Gambsheim i. Els. Aufgenommen.	26. II.—12. IV. 88. Ulcus pharyngis.	Thalergrosses Geschwür an der hinteren Pharynxwand seit 7 Monaten. Infection vor 12 Jahren. Keine bisherige Behandlung. Inguinaldrüsen ergriffen. Die Frau des P. abortirte einmal bei ihrer 4. Schwangerschaft gegen den V. Monat.
6. K., Ottilie. 21 J. Kellnerin. Strassbg. Aufgenommen.	27. II.—31. III. 88. Syphilis condylomatosa genitalium et oris.	Vor 2 Jahren 18 Frictionen u. Jodkali in Bonn wegen Condylomen der Genitalien. Sehr zartes und empfindliches Individuum von gracilem Knochenbau, mageren und dünnen Muskeln. Körpergewicht $43\frac{1}{2}$ Kilo. Inguinaldrüsen ergriffen.
7. H., Lina, 24 J. Dienstmagd. Aufge-	28. II. 88 aufgen. —14. V. 88. Con-	Die Condylome der Genitalien bestehen seit 14 Tagen. Ueber Infection und Incubation ist nichts zu ermitteln. Inguinaldrüsen ergriffen. Keine

Geringe Schmerzen, nur 1
nach der Injection.

Name. Alter. Stand. Wohnort.	Dauer der Behandlung. Diagnose.	Anamnese. Status. Bisherige Behandlung.
8. D., Karoline. 22 J. Dienstmagd aus Völlerdingen bei Saar-Union. Aufgen.	28. II.—31. III. 88. Maculo-papulöses Syphilid.	Das Syphilid ist schon etwas abgeblasst. Pigmentirte Maculae auf der Haut überall zurückgeblieben, besonders Hals, Brust, Bauch, Rücken, wie besät, aber auch Arme und Gesicht. Seit 1 Monat Defluvium capillitii. Papeln der grossen Labien. Plaques der Tonsillen, der Zunge u. der Lippen. Anaemisches, schwächliches und sehr heruntergekommenes Individuum. — Im November 1887 im Spital in Bar-le-Duc in Behandlung wegen Halsschmerzen und Flecken auf Leib und Armen. Behandelt mit Gurgelwasser, Liq. van Swieten, 2 Kaffeelöffel p. die in heisser Milch, ferner täglich 8 Tropfen einer Medicin.
9. B., Adele. 20 J. Dienstmagd. Rosheim. Aufgenommen.	10. III.—18. IV. 88. Syphilis condylomatosa.	Roseola und Halsschmerzen. Vor 1 Monat Pigmentsyphilis. Infection angeblich vor 5 Monaten. Pat. hat zu Hause vor 2 Mon. 6 mal geschmiert. Inguinaldrüsen afficirt.
10. W., Margarete. 29 J. Köchin. Strassburg. Aufgenommen.	8. III.—7. IV. 88. Syphilis condylomatosa.	Ueber Infection etc. nichts zu ermitteln. Kopfschmerzen seit mehreren Tagen. Inguinaldrüsen ergriffen. Condylome der Genitalien. Plaques an den Nasenflügeln. Keine bisherige Behandlung.
11. M., Josef. Polikl. II. Reg. No. 613. 21 J. Tagner. Strassburg. Ambulant behandelt.	20. III.—24. III. 88. Sklerose. Roseola.	22. II. Sklerose an der linken Seite des Glieds in der Nähe der Raphe, überzehnpfennigstückgross, seit 14 Tagen bestehend. Oedem des Praeputium und Phimose (Incub. 3 Wochen). Inguinaldrüsen. Jodoform. — Urethritis und Balanoposthitis. — Zn. sulfocarb. 1:150. — Wandernde Flecke der Zunge. — Herzfehler seit 2 Jahren nach Gelenkrheumatismus. — Roseola. Sklerose fast geheilt.
12. G., Elisabeth. 18 J. Puella publica. Strassburg. Aufgenommen.	29. II.—13. IV. 88. Roseola.	Inf. etwa Anfang Nov. 87. Primäraff. in der linken Labia. P. wurde am 6. XII. 87 der Klinik zugeführt und wegen Urethritis und Papeln der grossen Labien in Pflege genommen. Inguinaldrüsen bereits ergriffen. Kopfschmerz seit Mitte Januar 1888. Beh. mit Calomel und Jodoform. Ausserdem bestand Urethritis. P. wurde am 23. I. 88 wieder entlassen ohne allg. Beh., da bisher noch keine secundären Erscheinungen eingetreten waren. Sie trat dann in ein hiesiges öffentliches Haus ein. 28. I.—9. II. 88 abermals in Behandlung wegen Urethritis. 29. II.—13. IV. 88 wieder in der Klinik wegen Urethritis. Es zeigte sich am 20. III. Roseola.
13. H., Elisabeth. 26 J. Dienstmagd aus Kork. Aufgenommen.	17. III.—18. IV. 88. Plaques der r. Nympha.	Seit 1881 in der Klinik alljährlich behandelt, meist an Urethritis. 30. IV.—11. VI. 87. U. Plaque d. r. gr. Labie. Ulcerirte breite Condylome des Afters. Nur locale Behandl. mit Calomel u. Jodol. Während ihres jetzigen Aufenthalts in der Klinik besteht noch U. u. B. s. — Wegen des heruntergekommenen Zustandes der Pat. und der veralteten Lues wird jetzt eine allg. Beh. eingeleitet neben der localen. Status: Schlechter Allgemeinzustand. Elendes, abgemagertes und sehr verwahrlostes Individuum. Kleine Statur, fast Zwergwuchs. Körpergewicht 46 Kilo. Pigmentirte Flecke auf Brust und Bauch, wohl Reste von maculösem Syphilid. Pigmentsyphilis des Halses mässigen Grades. Haarausfall. Pediculosis. Blässe und Anaemie der Schleimhäute. Inguinal- sowie Cervical- und Occipital-Drüsen ergriffen. P. leidet an Magenschmerzen und Schmerzen in der linken Seite, klagt auch häufig über Augenschmerzen. Seit ½ Jahr ist sie schwerhörig, linkerseits besteht Ohrenweh. Ferner Klage über Kopfschmerz, Schwindel, Krampfanfälle angeblich Magenkrämpfe, wobei das Bewusstsein stets erhalten ist. Leicht zornig erregt. — Regel ist seit nahezu 1 Jahre ausgeblieben. Menstruation war auch sonst immer unregelmässig. Vor einigen Jahren hat P. schon an Bleichsucht und Unterleibsentzündung gelitten.

Zahl der Injectionen und übrige zur Zeit angewandte Behandlungsmethoden.	Besondere Bemerkungen. Schmerzen. Weitere Verordnungen.	Wirkung.
		wegen Urethritis. In der Rückenhaut fühlt man kleine harte Knötchen, die jedoch absolut nicht mehr geschmerzt haben. Allgemeinbefinden gut. Die Stellen, wo die Condylome sassen, sind noch schwach blauröthlich gefärbt und als solche bis zum 10. V. 87 zu erkennen. P. bekam täglich 3 gr. Jodkali nach Beendigung der Spritzkur.
32 Injectionen von Succinimid-Quecksilber, davon die ersten 13 von der stärkeren Lösung. Aetzungen in der Mundhöhle mit Lapis.	Von den Injectionen mit der schwächeren Lösung glaubt P. weniger Schmerzen zu haben. Mittel wird sehr gut vertragen.	Nach 13 Einspritzungen bemerkt man deutliches Abblassen d. Flecken, Besserung des Allgemeinzustandes, der sich im Verlauf der Kur noch bedeutend hebt. Nach 23 Injectionen sind die Maculae ganz abgeblasst. Pigment ist fast verschwunden. Die Injectionen werden trotzdem bis auf 32 fortgesetzt, um der P. eine ordentliche Kur angedeihen zu lassen.
28 Injectionen Succinimid-Quecksilber $\left(\frac{1:100}{100,0}\right)$. Local Calomel.	Injectionen werden ohne irgend welche Beschwerden vertragen. — Jodkali zu Hause.	Nach 8 Einspritzungen etwas Stomatitis, welche einige Tage fortbesteht. Nach 13 Injectionen Plaques der Genitalien geheilt. Die Injectionen werden bis auf 28 fortgeführt.
27 Injectionen, davon 1 Glykokoll-Quecksilber u. 1 Cyan-Quecksilber, die übrigen Succinimid. $\left(\frac{1:100}{100,0}\right)$. Local Calomel-Salzwasser.	Injectionen meist gut ertragen.	Nach 13 Injectionen Plaques der Genitalien geheilt. Die Injectionen werden fortgesetzt, da die P. noch keine diesbezügliche Kur durchgemacht hat.
5 Injectionen von Succinimid $\left(\frac{1:100}{100,0}\right)$	P. giebt an, heftige Schmerzen von den Injectionen zu haben, und erscheint nach 5 Injectionen nicht wieder.	Roseola geschwunden.
1 Friction, dann 22 Injectionen, davon eine Injection von Glykokoll-Quecksilber, die übrigen von Quecksilber-Succinimid $\frac{1:100}{100,0}$	Gut vertragen. Die Glykokoll-Einspritzung hat am meisten geschmerzt, die Stelle ist auch sehr stark infiltrirt, während die andern das nicht sind. P. empfindet hier noch 4 Tage später besondere Schmerzen. Die letzten Einspritzungen wurden erst Abends vorgenommen. P. hatte dann bei Nacht stärkere Rückenschmerzen und konnte nicht auf dem Rücken liegen, sie musste daher zeitweise auf dem Bauche schlafen. Es war der P. angenehm, wenn die Injectionen schon des Morgens gemacht wurden, da ihre Nachtruhe nicht darunter litt.	Roseola nach einigen Einspritzungen verschwunden.
8 Injectionen, dann 8 Frictionen, dann wieder 9 Injectionen Succinimid-Quecksilber $\frac{1:100}{100,0}$	Die Injectionen wurden ausgesetzt, weil P. stets über Schmerzen klagte, dann aber später wieder aufgenommen und gut vertragen. P. gab am Schlusse der Kur an, dass die Injectionen sich sehr gut ertragen liessen, und dass sie ihr zuletzt wenig Schmerzen mehr bereitet hätten, dass sie auch gut habe schlafen können. — Die Reaction an den Injectionsstellen ist sehr gering, nur minimale Infiltrate sind zu fühlen. — Mit Jodkali entlassen.	Allgemeinzustand bessert sich im Verlauf der Kur sehr bedeutend, so dass P. allmählich von ihren vielerlei Klagen zurückkommt.

Name, Alter. Stand. **Wohnort.**	Dauer der Behandlung. Diagnose.	**Anamnese. Status. Bisherige Behandlung.**
14. R., Luise, 27 J. Näherin (früher Kellnermädchen in Frankfurt a. M.). Strassburg. Aufgenommen.	20. III.—13. IV. 88. Syphilis condylomatosa et Angina syphilitica.	Im Mai 1887 wegen Condylomen der Genitalien und Roseola in Frankfurt a. M. behandelt mit 10 Injectionen, welche nicht gut vertragen wurden, u. 30 Frictionen. Im Februar 88 wegen Syphilis-Recidiv wiederum ebenda 30 Frictionen. — Jetzt sind wiederum Plaques der grossen Labien aufgetreten.
15. K., Marie. 20 J. Puella publica. Strassburg. Aufgenommen.	28. III.—25. IV. 88. Papeln der Genitalien u. Roseola.	23. I.—11. II. 88 wegen Urethritis in der Klinik in Behandlung. Die jetzige Affection besteht seit 8 Tagen. Kopfschmerz seit 8 Tagen. Angina seit 1 Tage. Defluvium capillitii.
16. Sch., Karl. 21 J. Bäcker. Mischheim. Ambulant behandelt.	10. IV.—11. IV. 88. Papeln der Genitalien. Roseola.	Nässende Papeln des Glieds, Eichel, Praeputium. Plaques muqueuses am After. Confluirende feuchte Papeln am Scrotum u. Oberschenkel an correspondirenden Stellen der Inguinalfalte. Roseola. — Inf. vor ½ Jahr zuerst angeblich am After bemerkt. Seit gestern Kopfschmerzen u. etwas Hitze im Kopf.
17. K., Oskar. 23 J. Schlosser. Pohlkt. II. Reg. No. 714. Strassburg. Ambulant behandelt.	14. IV.—9. V. 88. Ulceration am Glied.	**Ulcus specificum links zwischen Glied und Scrotum, fast markstückgross. — Harter Schanker und Rupia (?) im J. 1881, wogegen 8tägige Schmierkur und Calomel angewandt wurde und Jodkali.**
18. B., Marie. 20 J. Puella publica. Strassburg. Aufgenommen.	14. IV.—21. IV. 88. Plaque der r. Nympha.	Seit 85 hier in der Klinik in Beobachtung. Ansteckung datirt angeblich seit April 87, wo ein harter Schanker der r. Labie auftrat, der mit Höllenstein und Jodoform behandelt wurde. Von da ab war P. 6mal wegen Plaques des Gaumens, der Tonsillen, des Zäpfchens, des Mundwinkels, der Nymphen in Beh., welche einzeln auftraten und unter localer Behandlung gewöhnlich rasch heilten. Diesmal wurde zum ersten Male eine allgemeine Behandlung in mässiger Ausdehnung eingeleitet.
19. L., Heinrich. **17 Jahr.** Wagner. **Strassburg.** Aufgenommen.	22. III.—18. IV. 88. Sklerose des Praeputium. Roseola.	Infection 6 Wochen **vor Eintritt in die Klinik. (Incub. 4 Wochen.)** Inguinaldrüsen ergriffen. **Keine bisherige Behandlung.**
20. B., Alois. 40 J. Knecht. Königshofen. Aufgenommen.	28. III.—4. V. 88. Papulo-pustulöses Syphilid.	Infection Mitte Nov. 87. Mitte Januar erschienen Papeln über den ganzen Körper. Der ganze Körper ist mit Papeln und Pusteln bedeckt, welche dicht neben einander stehen, besonders am Rumpf und an den Extremitäten. Die Eichel zeigt 2 tiefe Depressionen (Dellen), welche den früheren Sitz des Primäraffects bezeichnen. Grosse Drüsenpackete in beiden Leisten. Cervicaldrüsen ebenfalls afficirt. Angina. Iritis rechterseits mit einer Synechie seit 8 Tagen. Kephalalgie seit einigen Tagen.

Zahl der Injectionen und übrige zur Zeit angewandte Behandlungsmethoden.	Besondere Bemerkungen. Schmerzen. Weitere Veränderungen.	Wirkung.
6 Injectionen von Succinimid-Quecksilber. Local Calomel.	Die Injectionen werden weniger gut vertragen. Stärkere Röthung und Infiltration der Haut als bei anderen Personen.	Plaques der Genitalien nach 4 Inj. geheilt.
9 Frictionen, dann im Interesse unserer Versuche Injectionen von Succinimid-Quecksilber, 15 an Zahl. Local Calomel.	P. verträgt die Injectionen gut, sie sind ihr jedoch etwas lästig.	Papeln und Roseola bereits durch die zuerst eingeleitete Schmierkur zurückgegangen.
Local Calomel-Calcar. phosph. $\frac{aa}{}$. 2 Injectionen von Succinimid-Quecksilber $\frac{1:80}{100.0}$	P. erscheint nach 2 Injectionen nicht wieder. Aufn. war unthunlich. Weg zur Klinik ist ziemlich weit.	
8 Injectionen von Succinimid-Quecksilber $\frac{1:80}{100.0}$. Local Calomel-Calcar. phosph. $\frac{aa}{}$. Zuletzt Aetzungen des gut granulirenden Geschwürs mit Lapis. Später noch 4 Injectionen.		Nach 6 Einspritzungen Stomatitis. Nach 8 Einspritzungen ist Heilung des Geschwürs bis auf „Hemdknopfgrösse" eingetreten. P. wünscht nach der 8. Inj. auszusetzen wegen Schwellung des Zahnfleisches und Zahnschmerzen, weil er nicht gut essen kann, daher nur noch locale Behandlung, die dem P. selbst überlassen wurde. P. stellt sich dann am 30. April wieder vor. Die Heilung der Ulceration war fast vollständig erfolgt. P. erhielt dann noch 4 Injectionen an aufeinander folgenden Tagen; am 8. Mal war die Ulceration ganz zugeheilt. Keine allzugrosse Schmerzhaftigkeit.
7 Injectionen, davon 4 der schwächeren u. 3 der stärkeren Lösung.	P. empfindet keinen Unterschied zwischen den verschiedenen Lösungen. Anfänglich konnte P. Nachts nicht schlafen, später nur 2—3 Stunden Schmerzen.	Plaque geheilt.
17 Injectionen der stärkeren Lösung. Dann 8 Frictionen. Local Jodol.	Injectionen waren dem P. lästig, liessen sich jedoch ertragen. Entlassung mit Jodkali.	Schanker am Glied bis auf eine mässig infiltrirte, etwas über linsengrosse Härte, die noch oberflächlich excoriirt ist, geheilt nach den 17 Injectionen. Die dann veranlassten 8 Frictionen bringen den Schanker vollständig zur Heilung.
34 Injectionen von der schwächeren Succinimid-Lösung ohne Unterbrechung hinter einander. $\frac{1}{}$ Atropin.	Die Einspritzungen wurden gut vertragen.	Nach 12 Einspritzungen Pusteln vertrocknet u. verschwunden, Papeln flachen sich ab. Nach 4 weiteren Inj. Papeln merklich abgeblasst. Nach der 24. Inj. sind die Papeln gänzlich eingesunken u. nur noch schwach röthlich gefärbt. Die Inj. werden jedoch noch einige Tage fortgesetzt. Synechie am r. Auge hat sich nach 25 Injectionen gelöst bis auf eine minimale Anheftung. Nach der 32. Inj. war die Synechie ganz gelöst. Beim Weggange des P. nach 34 Injectionen erschienen die Papeln auf dem ganzen Körper nur noch als braune Pigmentflecke.

Name, Alter, Stand, Wohnort.	Dauer der Behandlung. Diagnose.	Anamnese. Status. Bisherige Behandlung.
21*). K., stud. Strassburg. Ambulant behandelt.	Nov. 87 — März 88. Sklerose. Mac.-pap. Syph.	23. Nov. 87 kleines Geschwür des Praeputium, welches das Aussehen eines weichen Geschwüres hat, über 14 Tage nach dem Beischlaf aufgetreten ist. Es entwickelt sich daraus eine grosse Sklerose des Praeputium und ein maculo-papulöses Syphilid.
22. H., stud. Strassburg. Ambulant behandelt.	12. XII. 87 — 19. III. 88. Sklerose.	Pat. kommt am 12. XII. 87 zum ersten Male mit einer kleinen Sklerose des Praeputium, welche 3 Wochen nach dem Coitus aufgetreten ist und am 13. XII. excidirt wird. Heilung per primam. Es kommen doch nach und nach Drüsen. P. geht dann in die Weihnachtsferien (1887), kommt zurück mit beiderseits fluctuirenden Bubonen, die beide punctirt werden. Sklerose war Anfangs noch geheilt, brach dann aber wieder auf. Mehrere Drüsen, die nicht Zerfall zeigten, wurden mit Quecksilber-Pflaster local behandelt. In dem Fall wurde das Auftreten allgemeiner Erscheinungen nicht abgewartet, weil man wegen des applicirten Quecksilbers zu lange hätte warten müssen, und zu Cyan-Einspritzungen gegriffen.
23. W., Offizier. Ambulant behandelt.	Februar — März 88. Schwiele auf dem Glied.	1882 Lues durchgemacht. 1887 verheirathet. P. hat auf dem Praeputium neben dem Frenulum eine kleine, linsengrosse, harte Ulceration (Schwiele), die flach ist und wenig Eiter absondert. Kein verdächtiger Coitus. P. verlangt eine Kur durchzumachen, damit seine Frau nicht angesteckt wird.
24. D., Offizier. Ambulant behandelt.	Von Anfang März — 20. IV. 88 in Behandlung. Ulceröses Syphilid.	P. hat zuerst eine Cyankur von 30 Einspritzungen durchgemacht, nachdem sich unter heftigen Kopfschmerzen ein papulöses Syphilid entwickelt hatte. Nun zeigten sich 14 Tage nach der Cyankur neue Erscheinungen, ein ziemlich grosses Geschwür am Meatus (ulcerirtes Syphilid), das schnell um sich griff, Knochenauftreibungen der beiden Tibien u. des linken Scheitelbeins, sowie heftige nächtliche Kopfschmerzen, die dem P. den Schlaf raubten. Dann wurden 4 Tage hinter einander Succinimid-Quecksilber-Injectionen gemacht. Der Zustand bessert sich bedeutend, so dass P. fast ganz ohne Schmerzen schlafen kann. Kur wird 4 Tage unterbrochen, weil P. für einige Tage Strassburg verlassen muss. Als Pat. wieder zurückkommt, hat sich der Zustand bedeutend verschlimmert, da oben erwähnte Schmerzen und Auftreibungen wieder aufgetreten waren. Die Kur wurde daher wieder aufgenommen. Die Schmerzen gehen auch zurück, aber die Ulceration am Meatus greift weiter um sich, und es wird nun zu einer combinirten Schmier- und Spritzkur gegriffen. Die Knochenschmerzen gehen dann nach Verlauf von 14 Tagen zurück, aber die Ulceration heilt erst später, vielleicht nach 20 Einreibungen.
25**). B. 24 J. alt. Aus Lichtenau. Puella publica. Aufgenommen in der Klinik.	20. IV. — 19. V. 88. Secundäre Syphilis.	Papeln der linken Nymphe und beider grossen Labien. Kopf- und Halsschmerzen seit 4 Wochen. Angina syphilitica. Inguinaldrüsen. Infection und Incubation unbestimmt. Vor 5 Wochen 12—13 Frictionen mit schwarzer Salbe auf den Leib.
26. D. 28 J. alt. aus Biberach. Puella publica. Aufgenommen.	20. IV. bis Ende Mai 88. Maculo-papulöses Syphilid.	Das Syphilid erscheint auf Brust, Bauch, Rücken und Armen. Papeln der grossen Labien. Bestehen seit 14 Tagen. Inguinal- und Occipital-Drüsen. Ueber Infection und Incubation nichts zu ermitteln. Keine bisherige Behandlung.

*) Die 4 folgenden Fälle, 21, 22, 23, 24, stammen aus der Privatpraxis des Herrn Prof. Dr. Wolff, der mir dieselben gütigst überlassen hat.

**) Die 4 letzten Fälle sub 25—28, welche ich wegen meines Weggangs von der Klinik nur theilweise selbst beobachten konnte, verdanke ich der Güte des jetzigen Assistenten der Klinik, Herrn Dr. Marot.

Zahl der Injectionen und übrige zur Zeit angewandte **Behandlungsmethoden.**	Besondere Bemerkungen. Schmerzen. Weitere Verordnungen.	Wirkung.
8 Injectionen v. Cyan-Quecksilber. Dann Excision der Sklerose (13. Februar 1888). Nach Heilung der Excisionswunde Injectionen von Succinimid-Quecksilber $\frac{1,20}{100,0}$ täglich, im Ganzen 30 Injectionen.	Schmerzhaftigkeit ist nicht grösser, als Cyan mit Cocain, V. hat sich nie beklagt.	Nach 15 Injectionen geht das Syphilid zurück, bleibt aber noch pigmentirt bis zur 30. Injection. Die vorausgegangenen, ziemlich unwirksamen 8 Cyaninjectionen sind dabei mit einbegriffen. Die Sklerose geht durch die Cyan-Injectionen nicht zurück und ist noch sehr gross, deshalb wird die Excision vorgenommen. Heilung per primam.
Vom 9. II. 88 ab 8 Cyan-Injectionen, dann Succinimid-Quecksilber-Injectionen $\frac{1,20}{100,0}$, wobei dann und wann Pausen gemacht wurden. 19. III. 88 30 Injectionen im Ganzen beendigt.	Die Injectionen waren auch hier nicht schmerzhaft.	Bis Ende Mai 88, wo der P. wieder gesehen wurde, hatten sich keinerlei Erscheinungen gezeigt, auch waren die Drüsen sowie die Sklerosenrückstände vollständig geschwunden, der Allgemeinzustand war sehr gut.
Vom 9. II. 88 ab 8 Einspritzungen von Cyan, dann Succinimid-Quecksilber $\frac{1,20}{100,0}$ bis zu 30 Injectionen im Ganzen.	Ebenfalls ohne Klagen ertragen.	Schwiele sehr hartnäckig, ist erst geheilt nach 22 oder 23 Einspritzungen.
4 Injectionen von Succinimid. Dann einige Tage ausgesetzt. Dann combinirte Schmier- und Spritzkur, nämlich 28 Einreibungen und zu gleicher Zeit auch noch täglich Einspritzungen mit Succinimid-Quecksilber $\frac{1,20}{100,0}$ während 14 Tagen. Von da an werden die Einspritzungen nur noch alle 2 Tage vorgenommen und bis auf 25 geführt. Letzte Einspritzung etwa am 20. IV. 88.	Keine Schmerzhaftigkeit der Einspritzungen.	Vollständige Heilung. Wegen des rapiden Verlaufs des ulcerösen Syphilids musste die combinirte Behandlungsmethode eingeleitet werden. Die Wirkung des Succinimid-Quecksilbers war hier nicht energisch genug, um den Zerfall und das Umsichgreifen des Geschwürs aufzuhalten.
22 Injectionen von Succinimid-Quecksilber 2%, 2 Cyan-Quecksilber-Injectionen.	Da zu Anfang 2 Abscedirungen eintraten, wurden die letzten 13 Injectionen sämmtlich in die Nates gemacht, wobei keine Abscesse mehr beobachtet wurden. Die Injectionen wurden im Allgemeinen gut vertragen. Keine Stomatitis.	Nach 8 Injectionen Abblassen der Roseola, nach der 11. Roseola verschwunden. Condylome der Genitalien nach der 10. Injection bis auf eins, welches noch roth erschien, zurückgegangen. Nach einigen weiteren Einspritzungen (Anfang Mai) alle Erscheinungen gewichen. Die Kur wurde dann trotzdem fortgesetzt. Geheilt entlassen und Jodkali verordnet.
24 Injectionen mit 2%iger Succinimid-Quecksilb.-Lösung.	Das Exanthem verschwand nach 5 bis 6 Einspritzungen. Gleichzeitig entstand Schwellung des Zahnfleisches, worauf nach 8 Injectionen starke Stomatitis sich entwickelte, da P. die Mundpflege vollständig vernachlässigte. Die Kur wurde trotzdem noch 9 Tage fortgesetzt und dann erst wegen der Stomatitis 5 Tage pausirt. 24. und letzte Injection am 18. Mai. P. wird wegen Urethritis noch zurückgehalten.	

Name. Alter. Stand. Wohnort.	Dauer der Behandlung. Diagnose.	Anamnese. Status. Bisherige Behandlung.
27. W. 24 J. alt. Puella publica. Aus Stollhof bei Rastatt.	21. IV.—18. V. 88. Syphilis condylomatosa.	Papeln der grossen Labien, Inguinalfalten und Analgegend. Oedem der rechten grossen Labie. Inguinaldrüsen. Seit 5 Wochen bestehend. Roseola. Halsschmerzen. Kopfschmerzen. Primäraffect in der rechten grossen Labie. Infection vor 8 Wochen. Incubation vor 3 Wochen.
28. H. 19 J. alt. Poliklinisch behandelt. Lederarbeiter. Aus Schiltigheim.	21. IV.—18. V. 88. Papulöses Syphilid.	Markstückgrosse, ulcerirte Sklerose auf dem Dorsum penis. Die Infection geschah vor 8 Wochen mit 14tägiger Incubation. Keine bisherige Behandlung. Das papulöse Syphilid äusserte sich in Papeln, welche auf dem ganzen Körper, besonders über Brust und Gesicht zerstreut waren. Inguinaldrüsen ergriffen.

und nicht bis auf die unterliegende Muskulatur zu stehen kommt. Es wird dann die Flüssigkeit langsam eingespritzt, unter leichtem Massiren der Beule, welche nachher noch durch Streichen in das Zellgewebe vertheilt wird. Die Operation wird dann jeden Tag abwechselnd auf der linken oder der rechten Seite der hinteren Rumpffläche vorgenommen."

Unter genauer Befolgung aller dieser Vorschriften dürfte wohl die Abscessbildung nur sehr selten vorkommen oder gänzlich ausgeschlossen sein, besonders bei einem Präparate wie das Succinimid-Quecksilber, welches an der Applicationsstelle so geringe locale Reizung hervorruft. Nach unserer Ansicht kommt jedoch das Material dabei weniger in Betracht.

Wir haben bei denselben Individuen später vergleichsweise die oben beschriebene schwächere Lösung 1,30 : 100 und die stärkere 2 : 100 versucht und gefunden, dass nur einige wenige Personen zwischen beiden einen Unterschied in Bezug auf Schmerzhaftigkeit zu erkennen vermeinten, die meisten gaben an, keinen Unterschied zu merken. Dagegen war hinsichtlich der Wirkung beider Lösungen eine bemerkenswerthe Differenz deutlich zu notiren.

Es dürfte sich daher empfehlen, für weitere Versuche die 2procentige Succinimid-Quecksilber-Lösung mit etwa 1 Procent Quecksilber-Gehalt, eventuell mit Zusatz von 0,01 g Cocain *pro dosi*, in Zukunft in Anwendung zu bringen.

Die schwächere Lösung 1,30 : 100 enthält 0,65 % Quecksilber, jede Pravaz'sche Spritze von 1 g Inhalt also 0,0065 g Quecksilber, demnach 0,0035 g Quecksilber weniger als die stärkere Lösung 2 : 100, welche 0,01 g Quecksilber in jeder Pravaz'schen Spritze enthält.

Bei unsern 523 Injectionen, die sich auf 28 Patienten vertheilen, kommen auf jede Person im Durchschnitt 19 Injectionen. Für mittelschwere Fälle dürften 24 Injectionen der 1 procentigen Lösung ausreichend sein, um alle Symptome zum Schwinden zu bringen und noch einen Ueberschuss von Quecksilber dem Organismus einzuverleiben. In ersteren Fällen würde man wohl bis auf 30—35 Injectionen gehen müssen. Bei 24 Injectionen wird etwa 0,24 g Quecksilber verbraucht.

In der Regel wurde täglich eine Pravaz'sche Spritze von 1 g Inhalt injicirt. Unterbrechungen der Cur fanden nur einige Male wegen zeitweiliger Indisposition, seltener wegen Stomatitis statt.

Die Injectionen wurden in den Rücken gemacht, dabei wurden besonders diejenigen Stellen ausgewählt, welche nach Lewin's*) Versuchen sich durch geringere Schmerzhaftigkeit kennzeichnen, und die in der seinem Werke beigefügten Tafel kenntlich gemacht sind.

---

*) Lewin: Die Behandlung der Syphilis mit subcutaner Sublimatinjection. Berlin 1869.

Zahl der Injectionen und übrige zur Zeit angewandte Behandlungsmethoden.	Besondere Bemerkungen. Schmerzen, Weitere Verordnungen.	Wirkung.
22 Injectionen mit 2%iger Succinimid-Quecksilber-Lösung und 2 Cyan-Quecksilber-Injectionen.	Injectionen gut vertragen.	Roseola verschwand nach 5 Einspritzungen. Condylome blassen ab und wurden flacher nach 7 Injectionen, zu gleicher Zeit wichen auch die Kopf- und Halsschmerzen. Nach der 13. Injection war an den Genitalien nichts von Lues mehr zu finden. Bei der Entlassung 18. V. bestand noch geringes Oedem der rechten grossen Labie. Im Uebrigen geheilt. Jodkali wurde weiter verordnet.
24 Injectionen mit 2%igem Succinimid-Quecksilber in die Glutaeen. Local-Behandlung mit Jodoform.	Keine besondere Schmerzhaftigkeit. Keine Abscesse.	Nach der 4. Injection blassen die Papeln merklich ab, nach der 8. schuppen sie ab und sinken ein, nach der 8. sind sie im Gesicht verschwunden. Der ulcerirte Schanker ist nach der 10. Einspritzung um die Hälfte kleiner geworden, nach der 11. fast zugeheilt. Es besteht nur noch eine kleine, kaum erbsengrosse, granulirende Fläche, welche jedoch noch infiltrirt und hart ist. Nach der 17. Injection ist der Schanker ganz geheilt. Die Injectionen werden dann bis auf 24 weitergeführt.

Es sind in den vorliegenden Krankengeschichten auch die Fälle herangezogen, bei denen verschiedene Behandlungsmethoden in Anwendung gebracht worden sind. Daher können einige davon in Betreff der reinen Wirkung des Succinimid-Quecksilbers nicht in Betracht kommen. Diese Fälle wurden nur zum Beweise der geringen Schmerzhaftigkeit und der ausgezeichneten Verträglichkeit des Mittels ausgeführt.

Unsere Versuche beschränken sich freilich nur auf eine sehr geringe Zahl von Injectionen. Alle Fälle, ob nun frische oder veraltete Lues vorlag, sind nur einmal mit Succinimid-Quecksilber behandelt worden. Wir können aber daraus schon jetzt schliessen, dass das Succinimid-Quecksilber ein brauchbares und wirksames Mittel bei Behandlung der Syphilis mittelst subcutaner Einspritzungen ist. Wie es sich mit den Recidiven dabei verhält, die ja bei keiner Behandlungsmethode ausgeschlossen sind, ob sie bei diesem Präparat schneller, häufiger, intensiver auftreten als bei andern zur subcutanen Behandlung verwandten Mitteln, wie Sublimat, Calomel, Glykokoll-Quecksilber, das werden weitere und länger fortgesetzte Beobachtungen und Versuche lehren, die an der dermato-syphilitologischen Klinik zu Strassburg auch in Aussicht genommen sind.

Es war mir leider nicht mehr möglich, Untersuchungen über die Ausscheidung des Quecksilbers aus dem Organismus für das Succinimid-Quecksilber anzustellen, wie sie für das Glykokoll-Quecksilber in exacter Weise früher von Nega[1]) an der Klinik gemacht worden sind. Es ist jedoch anzunehmen, dass das Präparat hinsichtlich der schnellen Resorption und schnellen Elimination dem Glykokoll-Quecksilber und den andern löslichen Quecksilber-Verbindungen ähnlich ist.

Für die Ueberlassung des Materials zu dieser Arbeit spreche ich meinem früheren Chef, Herrn Professor Dr. Wolff, meinen Dank aus.

Strassburg i. Elsass, im April 1888.

Untersuchungs-Brille montirt mit elektrischer Lampe.

Von

Dr. Th. Stein (Frankfurt a. M.)

Schon häufig wurde von Collegen insbesondere Laryngologen der Wunsch mir gegenüber ausgesprochen, doch selbst einmal über einen brauchbaren elektrischen Beleuchtungs-Apparat nachzudenken, welcher neben Einfachheit der Handhabung und Leichtigkeit des Gewichtes bei gutem Lichte allen Desiderien für genaues und sicheres

[1]) Nega: Ueber die Elimination des Merkurs mit besonderer Berücksichtigung des Glykokoll-Quecksilbers. Inaug. Diss. Strassburg 1882.

Sehen entspräche. Die seither im Gebrauche befindlichen elektrischen Beleuchtungsapparate jeglicher Construction leiden nämlich, das eine Instrument mehr, das andere weniger, an folgenden Missständen: Erstens sind alle ziemlich schwer und belästigen bei längeren Untersuchungen den Operateur durch Druck auf die Stirne. Zweitens muss bei allen derartigen Instrumenten, nachdem einmal das Licht seine Richtung erhalten hat, der Untersuchende mit peinlicher Sicherheit den Kopf ruhig halten, da bei der geringsten Verschiebung der meist in Kugelgelenken gehenden Beleuchtungskörper das Licht vom Object nach rechts oder links abweicht, drittens und hauptsächlich existirte bisher kein elektrischer Beleuchtungsapparat, bei welchem Blicklinie und Lichtstrahl in einer und derselben Ebene liegen und bei jeder Bewegung des Kopfes in derselben Ebene zu bleiben gezwungen waren. Insbesondere der Mangel letzteren Umstandes ist es, welcher stets diejenigen Aerzte, die sich vorübergehend des elektrischen Lichtes für ihre Untersuchungen bedienten, genöthigt hat, wieder zur früheren Petroleumbeleuchtung mit durchbohrtem Reflector zurückzugreifen.

Um nun diesen so oft beklagten Missständen abzuhelfen, habe ich den in den Figuren 1 und 2 abgebildeten elektrischen Beleuchtungsapparat, sei es in Form einer Brille, sei es eines sogenannten „Opernglases" angegeben, welche Construction sich in der Hand einiger hervorragender Specialisten, von denen ich die Herren Dr. Moritz Schmidt (Frankfurt a. M.) und Prof J. M. Oertel (München) nenne, als jedem zu stellenden Wunsche entsprechend bewährt hat, und erst nachdem mir solches mitgetheilt, schreite ich zur Veröffentlichung der Construction.

Der brillenförmige Apparat Fig. 1 (im Grundriss gezeichnet) besteht aus zwei, von

Fig. 1 ($^1/_2$ natürl. Grösse).

Hartkautschuk gedrehten Augenringen L und F', verbunden durch den, als Isolator dienenden Elfenbeinbügel bb. In die Brillenringe L und F' können Gläser zur Correction jedweder Anomalie der Sehschärfe eingesetzt werden; der Apparat gleicht einer Staubschutzbrille. In dem elfenbeinernen Bügel b (vergl. auch Fig. 2) sitzen zwei Metallstäbchen r und r^1, welche eine leichte Metallkapsel (B) tragen, die eine Glühlampe enthält. Vor der Glühlampe sitzt eine halbkugelförmige Beleuchtungslinse RC, durch deren Concentrationsfähigkeit die auf das Object auffallende Lichtstärke bedeutend erhöht wird. Auf die beiden Brillenringe L und F' können, einerseits um die Beleuchtungsvorrichtungen ($B\ R\ C$) für das Auge des Untersuchers zu verdecken, andererseits um zur Abblendung seitlichen Lichtes, also als „Blende" zu dienen, zwei aus gehärtetem Karton bereitete kegelförmige abnehmbare geschwärzte Röhren a und a^1 aufgesetzt werden (Fig. 2). Der galvanische

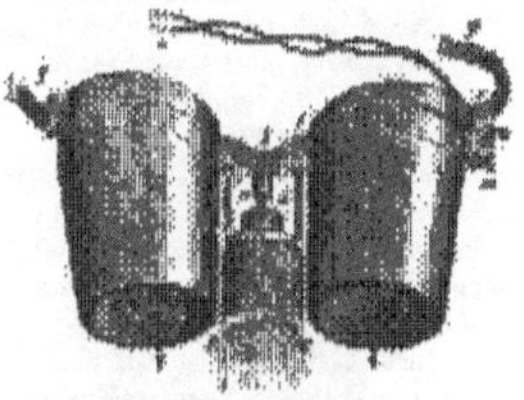

Fig. 2 ($^1/_1$ natürl. Grösse).

Strom, welcher den Glühfaden der Lampe zum Leuchten bringt, gelangt aus einer kräftigen Chromsäure-Tauchbatterie, mittels geeigneten Leitungsdrahtes zu den Klemmen n und m. Die Batterie (von 8 Elementen) hat bei frischer Füllung 13,5 Volts Spannung und entsprechend dem Widerstande von Batterie und Glühlampe 1200 Milliampères Stromstärke. In dem einen Brillenringe F' (vgl. Fig. 1) laufen, von einander isolirt, zwei Leitungen nach t; es treffen im Inneren des Elfenbeinbügels bb die eine Leitung auf das Metallstäbchen r (Fig. 2), die zweite auf den eingelassenen Knopf p. Sowohl die letzteren, als das Stäbchen sind mit den Zuführungsdrähten der Glühlampe B verschraubt.

Der Apparat, wie in Fig. 2 abgebildet, wiegt mit Kapsel und Lampe nur 48 Gramm; werden die Metalltheile in Aluminium hergestellt, was bei dem steten Fortschreiten der Aluminiumindustrie wohl in absehbarer Zeit bei den meisten unserer Instrumente der Fall sein dürfte, so wird dieser Apparat etwa nur die Hälfte wiegen. Allein schon ein Gewicht von 48 g wird kaum empfunden; ich glaube nicht, dass überhaupt in der gesammten ärztlichen Polytechnik ein an Gewicht leichteres Beleuchtungs-Instrument zu finden sein dürfte.

Durch den Umstand, dass bei dem geschilderten Apparate mit beiden total unbedeckten Augen gesehen wird, erscheint jeder beleuchtete Gegenstand äusserst scharf und plastisch. Die mit elektrischem Lichte versehene Brille wird ebenso aufgesetzt, wie ihre einfachen Schwestern aus dem Gebiete der Optik und bleibt solche während der Untersuchungen durch ein über die Schläfen gehendes Gummiband (*g g*) fest auf dem Nasenrücken sitzen. Hat man das Instrument einmal „aufgesetzt", so ist nichts mehr zu stellen, zu rücken oder zu richten, es sitzt und wirkt wie jede gewöhnliche Brille, mag man den Kopf neigen, wohin man will. (Herr S. R. Dr. Moritz Schmidt zu Frankfurt a. M. benutzt die elektrisch montirte Brille an dem von ihm angegebenen quer über den Kopf gehenden federnden Stahlhalter in Bügelform, eine Construction, die sich besonders für Kurzsichtige, welche eine gewöhnliche Brille bedürfen, eignet).

Schliesslich sei bemerkt, dass durch die Stellung der elektrischen Lampe bei meiner Construction es auch ermöglicht ist, das elektrische Licht dem zu untersuchenden Objecte auf geringen Abstand zu nähern. Da sich aber jede Lichtwirkung auf das Gesetz „von dem umgekehrten Verhältnisse zu dem Quadrate der Entfernungen" stützt, so muss offenbar die Stärke der Erleuchtung bei meinem Apparate verhältnissmässig bedeutender sein. Das Beleuchtungsfeld kann durch beliebige Verschiebung der Linse *R C* vergrössert und verkleinert werden.

Die Vortheile des geschilderten Apparates lassen sich kurz wie folgt zusammenfassen:

1. Lichtlinie und Blicklinie liegen in einer unverrückbaren Ebene;
2. Die Untersuchung geschieht mit beiden vollkommen freien Augen;
3. ist ein „Einstellen" des Lichtes auf den zu untersuchenden Gegenstand niemals nöthig;
4. kann sich der Untersuchende dem zu beleuchtenden Objecte bedeutend nähern.
5. ist das Gewicht des Apparates ein äusserst geringes und
6. ist die Construction eine so ungemein einfache, dass der Apparat äusserst billig und von jedem Mechaniker hergestellt werden kann.

Was die Verwendbarkeit des Apparates anlangt, so ist solche überall da am Platze, wo sehr helles Licht in eine Körperhöhle eindringen soll. Demnach dürfte der Apparat insbesondere den Laryngologen zur Beleuchtung der Mundhöhle, der Choanen und des Kehlkopfs, den Frauenärzten zur Beleuchtung der hinteren Vaginalwände und der Portio vag. uteri, und den Chirurgen zur Beleuchtung von Wundhöhlen zu empfehlen sein. Ich bin gerne zu jeder weiteren Auskunft betreffs Instandhaltung und Handhabung des bei R. Blänsdorf Nachfolger zu Frankfurt a. M. vorräthigen Instrumentes (D.R.P.) bereit.

Behandlung der Phthise mit Calomel.

Von

Priv.-Docent Alexander Dochmann.

(Klinik Kasan.)

Das Mittel, welches nach seiner Einführung in den Organismus ebenso zerstörend auf das phthisische Gift wirken könnte, wie es ausserhalb des Organismus wirkt, das heisst ohne dem letzten zu schaden, ist noch das pium desiderium der specifischen Therapie der Phthisis.

Unter den neuesten Versuchen in diesem Sinne ist die Behandlung der Phthise mit Quecksilber zu erwähnen. Diese kurze Notiz erlaubt uns nicht die theoretischen Grundsätze der Anwendung dieses Mittels zu untersuchen, welches im Allgemeinen als das stärkste antiparasitische Mittel gilt; aber wir wollen versuchen die Frage so zu erledigen, indem wir uns auf längst vergangene Zeiten berufen.

Die Behandlung der Phthise mit Quecksilber oder besser zu sagen mit Calomel ist noch im Anfange unseres Jahrhunderts angewendet worden; einige Autoren hielten es für ein specifisches Mittel gegen die Phthisis pulmonalis.

Delafield[1]) sagt, dass der Mercur in den ersten Stadien der Krankheit, bis zur Salivation gegeben, oft die heilsamsten Wirkungen hervorbrachte.

Desault[2]) hielt das Quecksilber für ein Specificum gegen die „knotige Lungensucht".

Mecker[3]) betrachtet das Calomel als das sicherste und wirksamste Mittel in den ersten Stadien der Phthisis, besonders bei scrophulösen Kindern. Diese Idee ist noch ausführlicher von Chrichton[4]) entwickelt worden. Er behauptet, dass durch grosse

---

[1]) Dissertation on pulmonary consumption. New-York, 1816.

[2]) Bei Reaumes: Von der Lungensucht, Uebers. v. Fischer, Hildburghausen, 1809, S. 226.

[3]) Kunst die Krankheiten des Menschen zu heilen, Gotha, 1822. Bd. II., S. 209.

[4]) Pract. observat. on the treatement and cure of several varieties of pulmonary Consumption, and on the effects of the vapour of boiling tar in that disease. London, 1823, Cap. III.

Vorsicht gewiss bisweilen eine scrophulöse Disposition verändert und die Bildung von Tuberkeln verhindert werden kann, und neben verschiedenen hygienischen Maassregeln, die heutzutage sehr verbreitet sind, empfiehlt er innerlich die Aufnahme von Quecksilber als ein die Bildung der Tuberkeln verhinderndes Mittel. Den meisten Nutzen schafft das Calomel jedoch in kleinen Dosen. Wenn die Tuberkeln schon gebildet sind, gilt nach der Meinung des Autors das Calomel als das sicherste Mittel für die Zertheilung derselben.

Clark[5]) empfiehlt die Anwendung von Calomel bei der Behandlung der ersten wie auch der letzten äussersten Stadien der Lungensucht und schreibt diesem Mittel in gewissen Fällen eine positive (specifische) Bedeutung zu.

Nach der Meinung von Trousseau und Bellvo[6]) wirkt in Fällen der Larynxphthise das Calomel gut wo 1) keine syphilitische Kachexie der Krankheit zu Grunde liegt und 2) wo alle anderen Mittel erfolglos geblieben sind.

Plasse[7]), Ficker[8]), Broussais[9]) Andral[10]), Lorinter[11]) u. A. empfehlen und betonen die Anwendung des Quecksilbers in verschiedenen Formen und Perioden der Lungensucht; was den ersten der citirten Autoren betrifft, so empfiehlt er Einreibungen der grauen Salbe.

Bei Hufeland[12]) wird die Anwendung des Quecksilbers bei Behandlung der Phthise nicht erwähnt, obgleich derselbe Autor dasselbe bei Scropheln empfiehlt und es für ein Specificum hält wie auch bei Syphilis.

Laennec[13]) macht nur Andeutungen auf eine sehr verbreitete Anwendung des Quecksilbers in der nachgewiesenen Richtung in England und Deutschland; er selbst hat dieses Mittel zu wenig in Anwendung gebracht, um seinen Werth gehörig beurtheilen zu können.

In der Dauer der folgenden 40—50 Jahre wird das Quecksilber bei Behandlung der Phthise (die specifische syphilitische Pneumonie ausgenommen) gar nicht angewendet; viele Ursachen haben dazu beigetragen, aber ich unternehme hier keine Betrachtung derselben, weil eine solche mich weiter führen würde, als es meine Absicht ist.

Neuerdings hat die Doctrine von Robert Koch die allgemeine Aufmerksamkeit auf die Anwendung und die antiparasitische Wirkung des Quecksilbers bei der Behandlung der microbischen Lungenkrankheiten gelenkt.

Auber[14]) und Gougenheim[15]) machten Injectionen von Sublimat in die Cavernen der Lungen, Lepine[16]) Injectionen desselben in das Parenchym der Lungen bei crouposer Pneumonie (deren Behandlung mit Calomel schon längst bekannt ist).

Barthel und Moritz[17]) behandeln die croupose Pneumonie, indem sie die graue Quecksilbersalbe einreiben: diese Methode wurde von Kubassof[18]) bei der Behandlung der Lungensucht angewendet, was zum ersten Mal Plasse empfohlen hat.

Die Arbeit der letzten citirten Autoren interessirt uns als erster Versuch auf experimentellem Wege die Bedeutung des Quecksilbers zu beweisen. Indem er die Kaninchen mit phtisischem Gift ansteckte, bekam er keine Entwickelung der Tuberkeln oder in sehr geringem Grade bei den Thieren, denen bei Anfang der Ansteckung die graue Salbe eingerieben wurde.

Ich gehe zu den von mir erlangten Resultaten über, wobei ich die Beschreibung der Krankheiten aufgebe, um dieselbe in einer anderen Arbeit (auf russisch) eingehend zu besprechen.

Der erste Punkt, den wir hier zu erörtern haben, ist, dass bei gewöhnlichen Formen der Anämie das Calomel eine heilsame und rasche Wirkung nach sich zieht, selbst in Fällen, wo eine frühere hartnäckige Behandlung mit Eisen erfolglos geblieben ist. Die rasche Wirkung des Calomels macht sich zunächst dadurch geltend, dass es den Appetit des Kranken hebt, habituelle Verstopfungen verschwinden lässt und eine Regulirung der habituell zu spät kommenden Menstruationen hervorruft.

---

5) Die Lungenschwindsucht etc. A. d. Englisch. v. Nötter, Leipzig 1836.

6) Ueber Phthisis laryngea, laryngitis chronica etc. A. d. Franz. v. Schnackenberg. Leipzig 1838, S. 170.

7) Allg. med. Annalen d. 19. Jahrhunderts, 1824.

8) Hufeland Journ. XLVIII., 2, 29.

9) Histoire des phlegmasies chroniques. Paris 1822, Bd. II., 326.

10) Die specielle Pathologie. A. d. Franz. von Unger.

11) Die Lehre v. d. Lungenkrankheiten. Berlin, 1823, S. 153.

12) a. Enchiridion medicum. Berlin 1858, S. 327 und 521.

b. Ueber die Natur, Erkenntnissmittel und Heilart der Scrophelkrankheiten. Jena, 1797.

13) Abhandlungen v. den Krankheiten der Lungen und des Herzens etc. A. d. Franz. v. Meissner, Leipzig, 1832, Bd. I.

14) La semaine médicale, 1886, No. 4.

15) Ibid. No. 2.

16) S. op. 18.

17) Behandl. d. croup's. Pneumonie mit Einreibungen grauer Salbe. S. Petersb. med. Wochenschrift 1886, 1.

18) Medicinskoje Obosrenië (Medicin. Rundsch.) v. Sprimmon, Moskau, 1887, Nr. 5.

Dann folgt eine Reihe von Fällen, wo die Anämie selbst als das Resultat der schon vorhandenen phthisischen Dyscrasie erscheint. Es ist bekannt, dass bei diesen Formen die Behandlung mit Eisen ganz erfolglos bleibt und zuweilen einen positiven Schaden verursacht, indem es zerstörend auf die Verdauung wirkt. Solche Patienten mit gestörter allgemeiner Ernährung bieten uns Lungenaffectionen dar, die wegen ihrer Unbedeutsamkeit oft gar nicht beachtet werden. Bei fortschreitender Entwickelung der Krankheit erscheinen allmählich leichte Fieberanfälle, ein unbedeutender trockener oder schleimreicher Husten; objective Lungenaffectionen steigen, bis sie einem bestimmten klinischen Typus untergeordnet werden können etc. etc.

Die Behandlung mit Calomel in solchen Fällen, in kurzer Dauer von 1—2 Monaten, bringt die besten Resultate: das Bedürfniss der Nahrung steigt bei dem Kranken; Husten und Fieber nehmen ab, verschwinden sogar und die nächtlichen Schweisse hören auf.

Ich will hier 2 Fälle aufführen, um das Gesagte zu illustriren.

K., Inspector der Schule, 34 Jahre alt; sein Vater an einem chronischen Lungenkatarrh gestorben; die Mutter lebt noch; die Geschwister haben keine Phthisis. Anfang Februar stellten sich bei dem Kranken, dessen Gesundheit im Allgemeinen schwach war, Hustenanfälle ein, welche bis zu Ende März dauerten, wo sich denselben ein fiebernder Zustand, Schwäche, Appetitlosigkeit zugesellten. Die Untersuchung Ende April ex consilio auf Grund objectiver und subjectiver Kennzeichen hin, liess die Entwickelung eines acuten Katarrh's tuberkulöser Art der Lungenspitzen vermuthen. Die dreiwöchentliche Behandlung mit Calomel rief einen raschen Umschwung der Krankheit hervor: der Husten verschwand beinahe vollkommen, T. normal; die nächtlichen Schweisse beunruhigten nicht mehr den Kranken, der Appetit verbesserte sich, wie auch der körperliche und moralische Zustand, so dass der Kranke ohne Beschwerden seine gewöhnliche Arbeit fortsetzen konnte; nach $1\frac{1}{2}$ Monaten verschwand auch der katarrhalische Zustand der Lungenspitze vollkommen, und der Schleim enthielt keine Tuberkelbacillen.

Die zweite Untersuchung wurde an Frau P., einem Arzte, vollzogen. Ohne jede hereditäre Anlage bekam sie vor einem Jahre Schmerzen in der linken Seite, von Zeit zu Zeit Fieberanfälle, Husten. In der letzten Zeit dauerte das Fieber ununterbrochen einen ganzen Monat lang; es stellten sich nächtliche Schweisse ein. Die Untersuchung der linken Lungenspitze zeigte eine bedeutende Herabsetzung des Respirationsgeräusches, eine verlängerte Exspiration und eine schwache Crepitatio.

Einen ganzen Monat lang nahm P. wechselweise Antipyrin und Antifebrin ein. Dann wurde die Behandlung mit Calomel verordnet und jede andere aufgehoben. Die zweiwöchentliche Behandlung hatte eine wunderbare Wirkung hervorgerufen. T°. normal, Appetit ziemlich gut, die Kräfte nahmen in der Weise zu, dass die Kranke weite Spaziergänge unternehmen konnte; der Husten wurde leichter und von reichlicheren Expectorationen begleitet. Nach drei Monaten verbesserte sich der Zustand der Kranken so sehr, wie es objective und subjective Kennzeichen urtheilen liessen, dass College P. sich mit Recht für geheilt halten konnte.

Also erweist sich das Calomel am Ende der ersten und im Beginn der zweiten Periode als ein Mittel, welches auf den Process der Krankheit wirkt und am besten und wichtigsten der indicatio morbi entspricht.

Am Ende der zweiten Periode und im Beginn der dritten wirkt das Calomel, indem es die mittlere Temperatur herabsetzt, die Durchfälle abnehmen oder verschwinden lässt, den allgemeinen Zustand des Kranken verbessert u. s. w. Ob das Calomel auch auf (specifische) locale Alterationen der Lungen, auf das Leben und auf die Entwickelung der Tuberkel-Bacillen wirkt, ob es die weitere Entwickelung des zerstörenden Processes verhindert, sind Fragen, die nur grössere und umfassendere Beobachtungen als die meinigen beantworten können.

Die Art und Weise der Wirkung des Calomel. Bis heute können wir, ungeachtet der zahlreichen Arbeiten v. Mialhe, Bucheim, Oettinger, Voit u. A. nicht bestimmt feststellen, welches die Form der Verbindung ist, in welcher der Organismus das Calomel einsaugt — in der Form des gelösten Quecksilberalbuminats oder auch in der Form doppelsalzigen Sublimats und Chlornatriums. In der letzten Zeit wurde von Torsellini*) eine wichtige Beobachtung über den Einfluss des Pepsins auf die Lösbarkeit des Calomels gemacht. Es erweist sich, dass Pepsin die Löslichkeit des Calomels beträchtlich erhöht, ohne ihn in Sublimat umzuwandeln, obwohl die Lösung 0,2 % Salzsäure enthielt. Pepsin

*) Della influenza della pepsina sulla solubilità del calomel. Bollet. d. soc. fra i cult. d. scienze med. 1881, No. 1. Centrbl. f. klin. Med. 1885, S. 677.

allein ohne Säure bleibt dagegen wirkungslos. Salzsäure, Milchsäure in 0,1—0,2 %igen Lösungen begünstigen die Lösung des Calomels, dieselbe ist jedoch weit geringer, als bei Mitwirkung des Pepsins. Dies tritt besonders deutlich bei der Phosphorsäure hervor.

Dass das gelöste Calomel nicht in die Oxydstufe übergegangen war, wies Torsellini durch seine Reaction gegen Jodkalium nach; er sah nie Bildung von Krystallen des rothen Quecksilberjodids, sondern immer nur die gelblich grünlichen, des Quecksilber-Jodürs. Torsellini kommt daher zu dem Schluss, dass diese Löslichmachung eine offenbare Fermentwirkung des Pepsins auf das Calomel ist.

Der Unterschied des Calomels von anderen Quecksilberpräparaten besteht ferner darin, dass, es den Fäulnissprocess im Darmkanale zurückhaltend, keine schädliche Wirkung auf die Thätigkeit der Verdauungsfermente hat (Wassilieff[19]). Also wenn es Jemand gelingt, genauer das specifische Verhältniss zwischen Mercur und Phthise-Bacillus zu beweisen, wird man genöthigt sein, das Calomel wegen der erwähnten Eigenschaften als wirksamstes Präparat bei der Tuberculose des Darmkanals anzusehen.

Die galletreibende Eigenschaft des Calomels ist neuerdings, meiner Meinung nach ohne genügende Gründe, bestritten worden; aber ich beabsichtige hier nicht die Ansichten über diese Frage zu betrachten, welche vom klinischen oder experimentellen Gesichtspunkte aus gelöst werden kann.

Ebenso wichtig wie die galletreibende Eigenschaft ist die Eigenschaft des Calomels, die Fäulniss der Galle zu verhindern, die bei Mitwirkung des Calomels ihre Eigenschaften in der ganzen Länge des Darmkanals bewahren muss, was eine besondere Bedeutung hat, wenn wir dazu die Versuche von Marpmann[20]) über die antibacilläre Wirkung der Galle in Betracht ziehen.

Die allgemeine Wirkung des Calomels auf den Organismus, welche von der eingenommenen Dosis abhängig ist, unterscheidet sich nicht von der Wirkung des Quecksilbers im Allgemeinen; wenigstens besitzen wir zur Zeit noch keine genügenden Versuche.

Wir haben keine bewiesenen und bestimmten Erfahrungen in Bezug auf den Stoffwechsel bei Behandlung mit Quecksilber, doch Dank den Beobachtungen von Liégeois[21]), Hayem[22]), Bennett[23]), Keyes[24]), Wilbouchewitsch[25]), Schlesinger[26]) u. A. können wir für bewiesen halten, dass kleine Dosen Quecksilber keine Störungen des Stoffwechsels, im Sinne der Ernährung, nach sich ziehen — dieselbe wird in solchen Fällen gesteigert, wie auch das Körpergewicht des Kranken. Diese Anschauung können meine Beobachtungen bei der Behandlung Anämischer mit Quecksilber bestätigen.

Ob das Quecksilber irgend welche specifische Wirkung auf das tuberculöse Gift hat, ist noch eine Frage, die möglicherweise leichter zu lösen ist, als das Verhältniss des Quecksilbers zu dem Gifte der Syphilis. Man darf nicht vergessen, dass wegen seiner umfangreichen Wirkung das Quecksilber das wichtigste antiparasitische Mittel ist: bei Syphilis, Abdominaltyphus, Typhus recurrens, Rose, Cholera, Dysenteria, Diphteritis, Pneumonie; (und wahrscheinlich bei der Tuberculose) — das sind die Krankheiten, zu deren specifischen Erregern das Quecksilber ein intimes Verhältniss hat.

Die entzündungverhindernde Eigenschaft des Quecksilbers (eine Thatsache, die hundertjährige Erfahrungen bestätigt haben, aber die bis jetzt noch keine hinreichende Erklärung gefunden hat) spielt gewiss eine bedeutende Rolle in der genannten Therapie der Lungentuberculose, — in diesem Falle verliert der Grundsatz Jaccoud[27]): „les seules bases solides du traitement prophylactique et du traitement curateur sont fournies par la notion de nutrition imparfaite et par la connaissance de l'influence nocive des phlegmasies" — nicht seine tiefe Bedeutung.

Die Methode der Behandlung. Calomel wird in refracta dosi eingeführt, habituell in Verbindung mit Opium; als Constituens gebrauche ich Magnesia (usta); in der letzten Zeit gebrauche ich das Pepsin. In manchen Fällen wird Ergotin, Extract. hyoscyami in

---

[19]) Ueber die Wirkung des Calomel auf Gährungsprocesse und das Leben von Microorganismen. Zeitschr. f. phys. Chemie. VI., S. 112.

[20]) Allg. medic. Central-Zeitung, 1886, V., 29.

[21]) Gaz. des hôpitaux, 1869, S. 347.

[22]) Leçons de thérap. générale. Grands médicaments. Paris, 1887.

[23]) Bei Binz: Vorlesungen über Pharmakologie. 1881.

[24]) The effect of small doses of Mercury. Amer. Journ. of med. sc. 1876, v. 11, 17.

[25]) Influence des préparations mercur. sur la richesse du sang en glob. rouges et en glob. blancs. Arch. d. Physiol. 1874, v. 1, 509.

[26]) Die Wirkung lange Zeit fortgegebener kleiner Dosen Quecksilber auf Thiere. Arch. f. exp. Pathol. etc. 1881, Bd. 13, S. 317. (Cit. 22, 24—27. S. Binz l. c.)

[27]) Curabilité et traitement de la phthisie pulmonaire. Paris 1881.

die Pillen eingemischt. Das Morphium vermeide ich, wo es möglich ist, bei Lungensucht.

1. ℞ Calomelanos via hum. parat. 0,72.
Pepsini russici (Karéeff)
v. germanici (Witte) 3,75.
Tinct. opii simplicis gutt. XXX.
M. f. pulvis
Dein adde:
Extract. phelaudrii aquat.
q. s. u. f. pil. 60. D. S.

2. ℞ Calomelanos etc. 0,72.
Pepsini 3,75.
Ergotini Bonjeani 0,09.
Extract. liquir.
q. s. u. f. pil. 60. D. S.
(Bei Hemoptoë).

3. ℞ Calomelanos 0,72.
Pepsini 3,75.
Extract. hyoscyami 0,36—0,6.
Extract. phel. aquat.
q. s. u. f. pil. 60. D. S.

Am ersten Tage nimmt der Kranke zwei Pillen alle 2 Stunden (6 einnehmen), am zweiten Tage sind 5 einzunehmen, am dritten 4, und vom vierten Tage an nimmt er dreimal am Tage 2 Pillen während der ganzen Zeitdauer der Behandlung mit Calomel ein. Nach allen 5—6 Tagen der Behandlung wird das Einnehmen auf 2—3 Tage eingestellt. (In diesen Pausen hat kal. jodat. oft gute Erfolge hervorgebracht).

Die erste Dosis des Mittels hängt vom Fieber ab; das letztere kann auch eine Steigerung der Dosis bei der Behandlung erfordern; bei jeder Steigerung des Fiebers nimmt auch die Dosis des Calomels zu bis 12—14 Pillen *pro die*.

In den meisten Fällen beschränkt sich die ganze Behandlung der Krankheit auf das Erwähnte. In seltenen Fällen gebrauchte ich larga manu die ableitenden Behandlungsmethoden — Fliegenpflaster und compresses échauffantes.

Damit ist nicht gesagt, dass eine umfangreiche Anwendung der hygienischen Maassregeln, besonders Nahrung (Ernährung) und frische Luft ausgeschlossen ist: einen grossen Dienst leistet in dieser Beziehung die Behandlung mit Kumiss.

Ueber Kreosot-Verordnung.

Von
Dr. Keferstein,
pract. Arzt in Altdoebern in der Niederlausitz.

Es soll hier nicht die Rede sein, welchen Werth oder Unwerth die Kreosotbehandlung bei Lungentuberculose hat, sondern eine Frage von practischer Bedeutung hier erörtert werden, nämlich: wie wollen wir unsern Kranken das Kreosot geben, so dass es leicht und einigermassen angenehm zu nehmen ist?

Um nun für alle, die nicht gern lange Artikel lesen, das beste vorweg zu nehmen, so ist die Antwort: man soll das Kreosot unter folgender Formel geben:

℞ Kreosot. 1,3
Spir. vin. rectif. 25,0
Aq. Cinnamom. 100,0
Syr. Cinnamom. 25,0
M. D. S. 3 × tgl. 1 Esslöffel, jede Woche um 1 Esslöffel steigend.

So ändre ich die bekannte, durch Fräntzel wieder empfohlene, von Bouchardat angegebene Formel ab und erhalte dadurch eine klare Kreosotmixtur, die bedeutend besser schmeckt und riecht, als die von Bouchardat angegebene — der Zimmetgeschmack verdeckt zum Theil das Kreosot — und auch billiger ist, als mit Vinum Malagens.

Wenn Jemand einwenden möchte, der Wein soll mit Absicht gegeben werden, um den Patienten zu stärken, so ist es besser, dass jeder Patient den Wein extra trinkt, als jenen Kreosotwein einnimmt, dessen Geschmack an denaturirten Spiritus erinnert. Es heisst „die meisten Patienten gewöhnen sich bald an den unangenehmen Geschmack und Geruch"; ich habe besonders bei Frauen die entgegengesetzte Erfahrung gemacht, so lange ich die Vorschrift Fräntzel's verordnete; dagegen kann ich meine eigene Receptformel für Kreosot warm empfehlen.

Am besten nimmt sich Kreosot natürlich in Kapseln; denn hierbei wird der unangenehme Geschmack ganz eliminirt, und sind die von Sommerbrodt angegebenen, gefüllt mit Kreosot und Tolubalsam (0,05 + 0,2) ganz zweckentsprechend; es finden sich jedoch häufig Patienten, die zu ungeschickt sind, um solche Kapseln herunter zu schlucken. Auch andere Gründe sprechen gegen den Gebrauch der Kapseln. Denn v. Brunn hat darauf aufmerksam gemacht, dass unangenehme Nebenerscheinungen von Seiten des Tolubalsam hin und wieder auftreten, und ich möchte als eigne Erfahrung hinzufügen, dass die Kapseln beim längeren Aufbewahren, wie das in kleinen Apotheken nicht zu vermeiden ist, schrumpfen und unansehnlich werden und der Inhalt durch Verdunsten des Wassergehalts und wahrscheinlich Zutritt der Luft verharzt.

In Pillenform Kreosot zu geben, ist deshalb nicht gut thunlich, weil ein passendes Bindemittel fehlt, wodurch Kreosot zu einer Pillenmasse verarbeitet werden kann. Succ. Liquir., Pulv. rad. Liquir., Pulv. rad. Althae. wollen es nicht recht thun, die Pillenmasse wird kein schmiegsamer Teig, sie bröckelt; ein für alle Male ist aber anzurathen, nicht Aqu. destill. zur Pillenbereitung anzuwenden, sondern Mucil. Gummi arab. q. s. ut. f. Pil. etc., dann bröckelt die Pillenmasse weniger. Dass der Apotheker, der die Kreosotpillen macht, die Pillenmasse auf ein besonderes Brettchen auszurollen hat, möchte ich beiläufig erwähnen; denn das Brettchen bekommt einen grossen Kreosotfettfleck, der nicht wieder aus dem Holz herausgeht, und jede andre Pillenmasse, die darauf wieder ausgerollt wird, bekommt einen Kreosotbeigeschmack. Man findet für die Bereitung der Kreosotpillen auch Cer. alb. ras. vorgeschlagen, und kann man dadurch eine leidliche Pillenmasse erhalten, doch halte ich Pillen mit Zusatz von Wachs für unverdaulich und deshalb nicht rathsam. Ausser der verhältnissmässig schwierigen Zubereitung der Kreosotpillen ist noch ein zweiter Uebelstand der Pillen-Verordnung, dass man bei hohen Kreosotgaben ein grosses Pillenquantum schlucken lassen muss, eine Verordnung, die bei manchen Patienten nicht ausführbar ist.

Eine ziemlich gute Pille erhält man mit folgender Formel:

℞ Kreosot. 4,0
Pulv. rad. Althae.
Succ. Liquir. depur. āā 6,0
Mucil. Gummi arab. q. s. ut fiant pil. No. 120.
Obduc. Gelatina.
S. 3 × tägl. 6 Pillen.

Man kann das Ueberziehen der Pillen mit Gelatine bei ärmeren Patienten recht gut weglassen. 6 Pillen würden hier 0,2 Kreosot enthalten.

Bei grossem Hustenreiz und Diarrhoe habe ich folgende Pille für gut befunden:

℞ Kreosot. 1,0
Plumb. acet.
Opii pur. āā 0,3
Succ. Liquir. 6,0
Mucil. Gummi arab. q. s. ut fiant pil. No. 50.
S. 3 × tgl. 5 Pillen.
5 Pillen enthalten dann 0,1 Kreosot.

Weiter hat man Kreosot in Leberthran gegeben, der Geschmack ist hier im Sommer besonders recht widorwärtig. Da Kreosot sich in fetten Oelen löst, so benutzte ich diese Eigenschaft, um eine möglichst milde Emulsion darzustellen, die auch von Kindern genommen werden kann:

℞ Kreosot. 1,3
solve in
Ol. Amygdal. 30,0
Gummi arab. 20,0
Aq. dest. 100,0
M. f. Emuls. adde
Tinct. Aurant. comp. 1,0
Elaeosacch. Menth. pip. 4,0
M. D. S. 2 bis 5 × tgl. 1 Esslöffel.

Bei Kindern würde man die Hälfte von der Emulsion anfertigen lassen und Theelöffel- bis Kinderlöffelweise geben.

Für Aq. dest. kann gesetzt werden:

Aq. Menth. pip. oder Decoct. Althae. oder dergleichen; so kann man das Medicament noch zweckmässig variiren.

Der Esslöffel dieser Kreosotemulsion enthält 0,1 Kreosot, man kann demnach die tägliche Gabe des Kreosots bestimmen. Wird von dem Patienten der Oelgeschmack herausgefunden, so lasse ich warmen schwarzen Kaffee hinterher nehmen oder einen Bissen Brod oder Semmel oder derartiges, ähnlich wie bei einer Ricinusoelverordnung. Im allgemeinen wird diese sehr mild schmeckende Kreosotemulsion von Erwachsenen und auch von Kindern ganz gern genommen, bei letzteren würde man besser die Tinct. Aurantii comp. weglassen.

Es bleibt nun noch übrig, das Kreosot in Tropfenform zu geben. Als Formel dafür hat sich folgende mir bewährt:

℞ Kreosot. 3,0
Tinct. Cinnamom. 30,0
M. D. S. 3 × tgl. 50 Tropfen oder einen halben Theelöffel in einem Tassenkopf warmer Milch, unter starkem Umrühren hinzuzufügen.

Für warme Milch kann man auch warmen Haferschleim oder warmes Zuckerwasser wählen. Ich betone, dass die Flüssigkeit, in welche die Tropfen hinein getropft werden sollen, warm sein soll, die Tropfen lösen sich dann beim Umrühren wirklich, während beim kalten Wasser die hineingethanen Tropfen als weisse Haut das Wasser überziehen, und trotz sorgfältigen Umrührens Reste dieser Haut übrig bleiben.

25 Tropfen dieses Receptes enthalten 0,1 Kreosot, danach kann man die Anzahl der Tropfen bestimmen. Die Formel eignet sich besonders in der poliklinischen Praxis, eben so gut kann man dieselbe auch in der besseren Praxis mit Vortheil anwenden, dann lasse man diese Tropfen auf ein Glas Malaga, Sherry oder Glühwein nehmen. Am besten lässt man zum Frühstück ein Glas Malagawein mit einem halben Theelöffel der

Kreosottropfen nehmen, ebenso zu Mittag, am Abend dagegen dieselbe Dosis der Kreosottropfen auf ein Glas Glühwein. Als Cardinalregel für das Vehikel, in dem man die Kreosottropfen geben soll, ist zu merken, dass alkoholreiche Flüssigkeiten, in denen die Tropfen gegeben werden, wie schwere Weine, kalt sein können, dagegen Flüssigkeiten, die kein Alkohol enthalten, hier am besten schleimige Flüssigkeiten, warm sein sollen.

Noch muss ich bemerken, dass ich Formel für Formel in meiner Praxis in der Niederlausitz, die reich an Tuberculose ist, ausprobirt habe, und dass jede Formel nicht etwa leere Combination ist, sondern sich als gut und practisch bei ihrer Anfertigung und ihrem Gebrauch erwiesen hat.

Aus der Königlichen Universitätspoliklinik für Hals- und Nasenkranke.

Die Behandlung der Kehlkopftuberkulose.

Von
Dr. Albert Rosenberg,
Assistenzarzt an der Poliklinik.

(Schluss von S. 374.)

Wenn ich nun mit einigen Worten auf diese Tabelle eingehen darf, so möchte ich Folgendes hervorheben:

Aus den Bemerkungen in den letzten Rubriken geht zur Genüge hervor, dass eine grosse Anzahl von Patienten sich der Behandlung entzog; manche kamen überhaupt nur einmal, um ein ärztliches Urtheil über ihr Leiden zu hören. Es ist darum nothwendig, ihnen dieses nicht zu harmlos darzustellen, sondern ihnen klar zu machen, dass es sich um eine eventuell lebensgefährliche Erkrankung handelt. Dann werden sie gefügiger, nehmen die Behandlung ernster und führen sie consequent durch, ein Umstand, der selbstverständlich von grösster Bedeutung ist, da er die Chancen für eine Heilung ermöglicht resp. günstiger gestaltet. Beginnt nämlich die Behandlung früh, so kann man mit einiger Wahrscheinlichkeit auf Heilung rechnen; man darf nur nicht zu früh mit derselben aufhören. Es passirt nicht selten, dass Patienten eine Zeit lang aus der Behandlung bleiben, weil es ihnen schon „recht gut ging" oder weil sie „keine Beschwerden mehr hatten". Der Process schreitet dann weiter, und sie suchen dann in einem weit verschlechterten Zustande die Hilfe des Arztes wieder auf. Vielleicht ist in dieser Beziehung auch der Unglaube vieler Aerzte in Bezug auf die Heilbarkeit der Tuberkulose von Unheil; ist dieser Pessimismus endgiltig geschwunden, so werden viele Kehlkopfphthisiker früher in geeignete Behandlung kommen, und die Resultate sich günstiger gestalten.

Ich habe mich bemüht, von den Patienten, die fortblieben, Nachricht zu erhalten; eine Anzahl derselben war nicht aufzufinden; andere, die ein oder einige Male schon in ganz desolatem Zustande kamen, sind bald darauf gestorben, so dass nur ein verhältnissmässig kleiner Bruchtheil von verwerthbaren Fällen übrig bleibt.

Alle Patienten, die längere Zeit in Behandlung blieben — es sind etwa zwanzig — wurden gebessert, wiewohl doch dabei berücksichtigt sein will, dass es sich um Patienten handelt, die alle unter mehr oder minder ungünstigen Verhältnissen leben, von denen die meisten sich nothdürftig ernähren, die sich keine Pflege angedeihen lassen können, die sprechen müssen, statt ihrem kranken Kehlkopfe die ihm so wohlthätige und nöthige Ruhe angedeihen zu lassen u. dergl. m. Ausserdem sind die zuletzt in der Tabelle erwähnten Patienten zu kurze Zeit in Behandlung — ich schliesse meine Beobachtungen Mitte Februar ab —, als dass schon von einer Heilung die Rede sein könnte; ich zweifle aber nicht, dass dieselbe in einigen Fällen noch eintreten wird. Wirklich eingetreten ist dieselbe in neun Fällen, d. h. die Infiltrationen sind geschwunden, die Ulcerationen sind vernarbt und etwaige subjective Beschwerden sind geschwunden.

Am leichtesten heilen die Ulcerationen; ihr Grund reinigt sich schon in den ersten Tagen und allmählich schiessen gesunde Granulationen auf, die bei selbstverständlich nicht zu ausgedehntem Umfange und nicht zu schlechtem Allgemeinbefinden zur Benarbung führen. Am hartnäckigsten unter ihnen erweisen sich die Geschwüre der hinteren Larynxwand.

Grössere Resistenz bieten die Infiltrationen; doch gehen auch sie oft allmählich zurück.

Beginnende Perichondritiden — es handelte sich in unseren Fällen nur um die der Aryknorpel — schwinden oft ganz; in einem Falle kam es zu Verlust des Knorpels.

In drei Fällen haben wir die Milchsäure nach Krause'scher Vorschrift angewandt, bisher wohl eine Besserung aber noch keine Heilung erzielt; möglich, dass die Behandlung noch nicht lange genug fortgesetzt worden ist.

Die Dauer der Behandlung variirt von vier Wochen bis zu vier Monaten.

Ich gehe nicht des Näheren auf die einzelnen Fälle ein, möchte aber einen besonders interessirenden herausnehmen, No. 45. Es handelte sich hier, wie in der Tabelle angegeben, um eine neben einer leichten Infiltration der Epiglottis bestehende Tuberkulose des ganzen weichen Gaumens. Dieser war fast ganz durch Ulcerationen in seiner vorderen Fläche zerstört. Ich habe anfänglich die eine Seite desselben mit Milchsäure und die andere gleichzeitig mit Menthol behandelt und bin schliesslich zur ausschliesslichen Mentholbehandlung übergegangen, weil die mit Menthol behandelte Seite eine schnellere Besserung zeigte; andererseits machte die mit Milchsäure bepinselte Seite dem Patienten so enorme Schmerzen, dass nicht bloss die Nahrungsaufnahme fast ganz eingestellt wurde, sondern auch ohne diese heftige Schmerzen den Kranken zu sehr quälten; freilich musste hier am Gaumen diese unangenehme Eigenschaft der Milchsäure um so deutlicher in die Erscheinung treten. Der Patient reiste gebessert ab — er war von ausserhalb — und kehrte nach einigen Wochen, während deren er ohne Behandlung blieb, in sehr depravirtem Zustande zurück; er hatte die letzten Tage jede Nahrungsaufnahme wegen zu grosser Dysphagie verweigert. Es war jetzt auch unmöglich, ohne Weiteres die Mentholbehandlung aufzunehmen, weil ihm jede Berührung des Gaumens die heftigsten Schmerzen machte. Ich spritzte ihm nun täglich 0,2 einer Pravaz'schen Spritze voll 10 % Cocaïnlösung submucös in das Velum; nach einigen Minuten konnte der Kranke ohne Beschwerden ½ Liter Milch trinken. Diese Anästhesie benutzte ich zur Application von 20 %iger Menthollösung, und nach 10 Tagen war er im Stande, auch ohne vorherige Cocaïnisirung, seine regelmässige Nahrung, selbst festere Speisen, zu sich zu nehmen. Der Patient, der sich der Heilung nahe glaubte, musste, wie er sagte, aus geschäftlichen Rücksichten abreisen; ich habe nichts wieder von ihm gehört.

Ich habe bei den aufgeführten Fällen von Heilung Recidive nicht gesehen; die Beobachtungszeit ist eben noch eine kurze; ich zweifle nicht daran, dass sie hier eintreten können, aber hört man mit der Behandlung nicht zu früh auf, dann sind sie nicht gerade häufig.

Ich möchte mit Rücksicht auf diese Frage kurz über die früher von mir mit Menthol geheilten Fälle berichten. Ich habe wenigstens einen Theil derselben von Zeit zu Zeit wiedergesehen und ihren Kehlkopf untersucht. Bis auf einen, der sich vollkommen für gesund hielt — es handelte sich auch hier wie in den in der Tabelle zusammengestellten Fällen um gleichzeitige Lungenphthise — und deswegen in baccho et venere excediren zu können glaubte, und der ein inzwischen wieder geheiltes Recidiv bekam, sind sie noch Alle gesund. Ich kann über neun Fälle Bericht erstatten.

1. Stadtreisender M. hatte neben Infiltration beider Spitzen ein tuberkulöses Ulcus an der hinteren Larynxwand, das damals — März 1886 — geheilt wurde. Heute sieht man die Narbe.

2. Buchdrucker J. hatte linksseitigen Spitzenkatarrh, Ulcus tubercl. proc. vocal. sin. et pariet. posterior. Seit Mai 1886 geheilt.

3. Glaser S. Beiderseits Spitzenkatarrh. Ulcus pariet. posterior. Seit Mai 1886 geheilt.

4. Eisenbahnbeamter R. Neben Lungenphthise Ulcus proc. vocal. sinist. Seit Mai 1886 geheilt.

5. Kaufmann T. Lungenphthise, Ulcera chord. vocal. Seit Juni 1886 geheilt.

6. Kaufmann S. Infiltration der linken Spitze. Ulcus proc. vocal. sin. Heilung seit einem Jahre.

7. Xylograph P. Beiderseitiger Spitzenkatarrh. Ulcera proc. vocal. utriusque. Seit einem Jahre geheilt.

8. Ch., Lehrer. Beiderseitiger Spitzenkatarrh. Ulcera proc. vocal. utriusque et pariet. posterior. Seit einem Jahre geheilt.

9. Von einem Patienten, der in ganz desolatem Zustande, besonders bezüglich seiner Lungen, in Behandlung kam, so dass er kaum im Stande war, selbst im langsamsten Tempo eine Treppe zu steigen, und der im Kehlkopf zwei grosse Ulcerationen zeigte, besitze ich ein Präparat — er starb nach etwa 6 Wochen —, das aufs Deutlichste den Effect des Menthols demonstrirt. An der hinteren Wand sah man nämlich ein gut bohnengrosses Geschwür, das täglich mit Mentholöl berieselt wurde; dieses vernarbte vollständig, und man kann jetzt am Präparat aufs Deutlichste die Narbe sehen. Neben dieser, etwas tiefer, sieht man nun noch ein Ulcus; dieses war in vivo nicht deutlich als solches zu erkennen, man sah an dieser Stelle nur eine zackige Hervorragung, die jedenfalls einen Theil des erhabenen Randes des Geschwüres darstellte. Dieses, von kraterförmiger Gestalt, richtete nämlich seine Oeffnung nach unten, so dass das von oben eingespritzte Menthol nicht auf den Grund desselben gelangte, deswegen wurde es auch nicht wesentlich verändert; das andere dagegen, das der Einwirkung des Mittels ausgesetzt war, ist vollständig benarbt.

Ich bin übrigens in der Lage, auch über Heilungen zu berichten, die andere Beobachter mit dem Menthol erzielt haben. So berichtet Dr. v. Brunn in No. 19 der Deutsch. med. Wochschr. 1887, er habe unter Mentholbehandlung tuberkulöse Kehlkopfgeschwüre heilen sehen und zwar zieht er sie der Milchsäure vor „bei zarten und nervös reizbaren Naturen"; ausserdem verwendet er das Menthol „noch gelegentlich an Stelle der Milchsäure, wenn diese in von vornherein dazu geeignet erscheinenden Fällen doch nicht gut vertragen wurde".

Auf dem letzten internationalen Congress in Washington sprach sich Lennox Browne bei Besprechung des Themas: „Neuere Anschauungen in Bezug auf Pathologie und Therapie der Tuberkulose des Pharynx und Larynx" sehr günstig über die Mentholbehandlung aus, die ihm gute Resultate ergeben habe.

Weiter hat jüngst — Januar d. J. — Beehag, klinischer Assistent von Mc. Bride in Edinburg einen Aufsatz über Menthol veröffentlicht, in dem er voll und ganz meine Erfolge aus seinen Erfahrungen bestätigt. Und Mc. Bride selbst schreibt mir: „Die besten Resultate (vom Menthol) habe ich bei Lungenphthise gehabt, wo die (trachealen) Injectionen sehr vortheilhaft zu wirken schienen. Ich habe eine hohe Meinung vom Menthol und habe natürlich auch bei Kehlkopfphthise die günstige Wirkung beobachtet". Er verweist mich dann auf die oben erwähnte Arbeit Beehag's. Wenn er bei ausgedehnten Zerstörungen noch keine Benarbung erzielt habe, so lägen die Chancen für eine Heilung der Larynxphthise in seiner Poliklinik ungünstig, weil die Patienten nur zwei Mal wöchentlich behandelt würden, während im Anfang wenigstens die Injectionen täglich gemacht werden müssen.

Ausserdem haben eine ganze Anzahl auswärtiger Laryngologen, die gelegentlich die Poliklinik besucht haben, sich von dem positiven Erfolge des Menthols bei der Larynxphthise überzeugt; und — last not least — hat Prof. B. Fränkel, dessen Rath ich des Oefteren einholte, durch fortdauernd regelmässige Beobachtung der angeführten Fälle dieselben constatiren können; er hat mich deswegen autorisirt zu erklären, dass er voll und ganz das von mir Mitgetheilte bestätigt.

So viel von der localen Behandlung der Larynxtuberkulose.

Was die Diagnose derselben anbetrifft, so brauche ich hier nicht auf dieselbe einzugehen; sie ist ja im Allgemeinen für ein geübtes Auge leicht, das Bild ist ziemlich charakteristisch; meist sind ja auch die Lungen betheiligt.

Ich möchte hier nur betonen, dass in allen hier tabellarisch zusammengestellten Fällen der B. Fränkel'schen Forderung des Nachweises der Tuberkelbacillen Genüge geschehen ist, und dass alle Fälle, so sehr sie auch zur Diagnose Phthise herausfordern mochten, als solche ausgeschlossen worden sind, wenn sich keine Bacillen fanden. In der That ist diese Untersuchung ja von grosser differential-diagnostischer Wichtigkeit und man gelangt oft erst auf Umwegen in zweifelhaften Fällen zur richtigen Beurtheilung der Erkrankung.

Folgender Fall mag illustriren, wie wichtig einerseits dieses Moment ist und wie schwierig andererseits gelegentlich die Diagnose sein kann. Ein 15jähriges Mädchen kam in unsere Behandlung, das seit $1\frac{1}{2}$ Jahren heiser ist und in letzter Zeit Schluckschmerzen hatte. Man fand ausgedehnte, ineinander übergreifende Ulcerationen an der knotig verdickten Epiglottis und ein ähnliches Bild an den Taschenbändern; die röthlich verfärbten Stimmbänder waren verdickt und ulcerirten bald; der rechte Aryknorpel war geschwollen. Die Lungenuntersuchung ergab eine ganz geringe Betheiligung der linken Spitze. Secret, das nur ganz minimal vorhanden war, wurde den Ulcerationen mehrfach entnommen und untersucht, ohne dass Tuberkelbacillen nachgewiesen werden konnten; ebensowenig fanden sich solche im Sputum, das ab und zu sehr spärlich ausgeworfen wurde. Bei der geringen Lungenerkrankung gegenüber der weit vorgeschrittenen Zerstörung des Larynx, besonders aber wegen der immer wieder negativ ausgefallenen Untersuchung auf Tuberkelbacillen, musste man von der Diagnose Phthise absehen, und es wurde demnach von der Mentholbehandlung abgestanden, die auch nicht viel Erfolg aufzuweisen hatte. Wenngleich keine anderen Zeichen von Syphilis nachzuweisen waren — die Eltern sind auch, soweit zu eruiren, in diesem Punkte nicht verdächtig — wurde Jodkali gegeben. Nach einigen Wochen begannen die Ulcerationen der Epiglottis zu heilen; der Process. vocal. dext. ragt entblösst vor. Unterhalb der Stimmbänder sieht man vorn zwei röthliche Wülste, die als Stimmbänder imponiren könnten. An mehreren Stellen vernarbte Ulcera. Es trat also ein gewisser Erfolg ein, aber im Grossen und Ganzen waren die Fortschritte bei dem langen Jodkaligebrauch doch nur verhältnissmässig geringe. Man musste demnach auch an dieser Diagnose zweifelhaft werden; es bleibt nur noch eine dritte Möglichkeit, das ist die des Lupus. Die Patientin gebraucht jetzt neben zeitweiliger unterbrochener Jodkur Leberthran, und der Process schreitet nicht nur nicht vor, sondern bessert sich langsam; inzwischen ist der Erfolg ein so deutlicher und dauernd fortschreitender geworden, dass die Diagnose Lues festgehalten werden muss.

Die Prognose hängt natürlich von der Ausdehnung der Localerkrankung wie von dem Allgemeinzustand, resp. auch von der grösseren oder geringeren Betheiligung der Lungen ab; das brauche ich weiter nicht auszuführen. Aber ich möchte nochmals betonen, dass im Allgemeinen die Chancen günstigere geworden sind, und dass selbst von schwereren Erkrankungen eine ganze Anzahl geheilt werden kann. Freilich gehört dazu Energie und Geduld seitens des Arztes und des Patienten; lässt man es an dieser fehlen, so fehlt auch meistens der Erfolg.

Ich kann diese Betrachtung nicht schliessen, ohne noch auf die Lungentuberkulose zu sprechen zu kommen; und es ist nicht nöthig, des längeren auseinanderzusetzen, von wie eminenter Wichtigkeit für die Kehlkopftuberkulose die zweckmässige Behandlung der für gewöhnlich ja gleichzeitig vorhandenen Lungenphthise ist. Ich gehe hier nicht weiter ein auf die allgemein bekannte Bedeutung der Besserung ungünstiger hygienischer Verhältnisse, auf die Wichtigkeit guter Pflege, günstigen Klimas u. s. w., das sind selbstverständliche Dinge. Die Besserung des Allgemeinbefindens, die Hebung der Körperkräfte verbunden mit der Besserung des localen Lungenprocesses, wie sie in den geschlossenen Anstalten zum Segen der Schwindsüchtigen erzielt werden, finden ihre Erklärung in dem Umstande, dass das Lungengewebe auf diese Weise widerstandsfähiger gemacht wird gegen die deletären Einflüsse des Tuberkelvirus. Wenn man nun daneben von der anderen, wenn ich so sagen darf, aggressiven Seite vorgeht, d. h. wenn man die antiseptische Behandlung einleitet, die den Tuberkelbacillen direct zu Leibe geht, so wird man ohne Frage die Chancen für eine Heilung verbessern, vorausgesetzt, dass das Antisepticum keine schädlichen Einwirkungen auf den Organismus ausübt. Diese letztere Befürchtung, wie sie ja bei den meisten Antisepticis zu Recht besteht, trifft nun bei dem Menthol nicht zu, wie ich aus meinen Erfahrungen bei bis jetzt mehr als 150 Phthisikern constatiren kann, die zum Theil ein ganzes Jahr täglich der Mentholbehandlung sich unterzogen. Die einzige unangenehme Erscheinung, die ich bei den Inhalationen — auf die ich gleich zu sprechen komme — beobachtet habe, ist das Auftreten von leichtem Schwindel; derselbe stellt sich aber erstens nur bei einem verschwindend geringen Procentsatz ein und schwindet bei ruhigem Fortgebrauch nach einigen Tagen. Bei zu starker Anwendung, die nicht nöthig ist, klagen die Patienten über ein trockenes Gefühl im Halse. Was nun die medicamentöse Behandlung selbst anbetrifft, so möchte ich hier wie schon an erwähnter Stelle nochmals auf die Bedeutung trachealer Einspritzungen aufmerksam machen, die man mit einer gewöhnlichen Kehlkopfspritze durch die Glottis hindurch in die Trachea hinein vornimmt. Reichert hat bereits ihre Wichtigkeit für die Behandlung der Lungenphthise hervorgehoben und günstige Resultate veröffentlicht. Penhale in Barnstaple hatte schon einer grossen Anzahl von Kälbern, die in Folge von Parasiten in der Luftröhre an lebensgefährlicher Dyspnoë litten, erfolgreich tracheale Injectionen gemacht und nie üble Folgen gesehen. Branaccio in Neapel spritzte Hunden 15—20 g Blut mittelst Pravaz'scher Spritze in die Trachea; er sah nie Husten, Dyspnoë oder irgend welche Belästigung, und die Thiere nahmen zu; d. h. es trat Resorption ein, eine Thatsache, die auch Sommerbrodt constatirte. Sehrwald in Jena stellte dann fest, dass die percutan in die Trachea injicirte Flüssigkeit in die Alveolen, die peribronchialen und pleuralen Bindegewebsschichten und die Knorpel gelangt und also auch wahrscheinlich in gefässlose Neubildungen (Tuberkel). Die Lunge resorbire schneller als der Verdauungstractus und das subcutane Bindegewebe, eine Thatsache, die Duboné bezüglich der Tracheal- und Bronchialschleimhaut schon kannte, als er empfahl, bei Cholerakranken im algiden Stadium Wasser in die Trachea zu spritzen. Es ist nicht nöthig weitere Autoren zu citiren; es erhellt aus den angeführten Bemerkungen, dass die trachealen Injectionen ungefährlich sind und auf die Lungen einwirken.

Man beginne mit ½ Spritze 10 % Mentholöls und steige allmählich in Bezug auf das Quantum sowie die Concentration je nach der Tolerabilität des Patienten, und man mache es so oft als möglich.

Die zweite und nicht minder wichtige Methode ist die Inhalation. Ich benutze jetzt nicht mehr den Schreiber'schen Inhalationsapparat wie früher, habe mir vielmehr einen neuen construiren lassen, der mir wenigstens für die uns hier interessirende Frage viel zweckmässiger zu sein scheint, in seiner Anwendung sehr einfach ist und ohne irgend welche Umstände sofort in Thätigkeit gesetzt werden kann.

Eine Flasche mit drei Oeffnungen steht in einem Kessel mit Wasser, das durch eine unter ihm stehende Flamme erhitzt wird.

Die mittlere Oeffnung trägt ein Thermometer, das die Innentemperatur der Flasche angiebt — dieselbe soll einige 40 bis 50° C. betragen, da bei dieser Temperatur Menthol gasförmig wird, nachdem es bei etwa 40° geschmolzen ist. — Die eine seitliche Oeffnung dient der Inspirationsluft zum Eintritt, die andere zum Austritt, und zwar steckt in derselben ein Glasrohr, das mit Schlauch in Verbindung steht. An dem einen Ende desselben befindet sich eine Maske, die der Patient in den Mund nimmt. Mit jeder Inspiration dringt nun das Mentholgas in Verbindung mit der atmosphärischen Luft in die Lunge und breitet sich eben vermöge seiner ätherischen Eigenschaft über die ganze Oberfläche aus; schliesslich wird es durch das reich entwickelte Lymphgefässnetz der Lunge resorbirt und wirkt so auch auf die tieferen Theile.

Die ersten Inhalationen — dieselben sollen wenn möglich stündlich je 10 Minuten gemacht werden — bringen meistens eine Steigerung des Hustens und eine Vermehrung des Auswurfs. Dadurch darf man sich aber nicht zurückschrecken lassen; der vortheilhafte Einfluss des Mittels macht sich bald geltend und ich habe bei beginnender Lungentuberkulose ohne weitere Behandlung Heilung erzielt. Ich möchte nicht verabsäumen, darauf aufmerksam zu machen, dass man sich der Güte dieses Mittels zu versichern hat. Ich habe in verschiedenen Apotheken ganz verschiedene Präparate erhalten und betone daher, dass man nur das asiatische verwenden soll, da dies das beste ist.

Von einem ähnlichen Gedanken — einer gasigen Durchtränkung — sit venia verbo — der Lunge geht auch die Bergeon'sche Methode der rectalen Gasinjectionen aus, die ja auch bei Larynxphthise Erfolge aufweisen soll. Wenngleich auch die Acten über diese Behandlungsweise noch nicht ganz geschlossen sind, so scheint sie mir doch nach den bisherigen Publicationen eine im Effect sehr zweifelhafte und heroische zu sein, die in Deutschland wenigstens keine Anhänger finden wird.

Die Inhalationen mit Bacterium termo, die ausser von Cantani auch von anderen Autoren und zwar auch bei Larynxphthise versucht wurden, kann ich füglich übergehen.

Die weitere Behandlung mit Arsenik, Kreosot oder Guajacol u. a. sind gewiss von Bedeutung und nicht zu vernachlässigen; es ist aber bei den jüngst erst erschienenen zahlreichen Publicationen in dieser Frage nicht nöthig, hier näher darauf einzugehen.

Wenn ich zum Schluss mich bezüglich der Behandlung mit Menthol, der ich das Wort rede, resumiren soll, so kann ich sagen, dass sie in der Behandlung der Larynxtuberkulose (wie auch der der Lungen) eine hervorragende Rolle zu spielen berechtigt ist. Ich bin weit entfernt, anderen Mitteln die Erfolge abzusprechen oder jeden Larynxphthisiker für durch Menthol heilbar zu halten. Ich meine aber, dass es den bis jetzt bekannten Mitteln überlegen und der Milchsäure in Bezug auf den Effect gleichwerthig ist, und dass es nur darauf ankommt, richtig zu individualisiren resp. eine Combination mehrerer Behandlungsmethoden eintreten zu lassen. Sie hat dabei vor der Milchsäure noch den Vorzug der leichteren Application, die jeder practische Arzt vornehmen kann, während die vorschriftsmässige Anwendung des Acid. lactic. eine gewandtere Technik voraussetzt.

Ueber anale Glycerineinspritzungen als stuhlbeförderndes Mittel.

Von

Stabsarzt Dr. Gerstacker.

Vor einigen Jahren hat Oidtmann in Linnich, der bekannte Impfgegner, unter grosser Reclame ein sog. Purgativ in den Handel gebracht, welches in geringer Quantität in den Mastdarm eingespritzt, sofort Stuhlgang bewirken sollte. In der That wurde von verschiedener Seite dieser Erfolg bestätigt und scheint bei den mannigfachen Vorzügen, die eine so einfache und bequeme Manipulation in einem Punkte hat, in der oft die lästigsten und widerlichsten Proceduren erfolglos bleiben, eine allgemeinere Verwendung des sog. Purgativ namentlich nur an dem Widerstreben der Aerzte gegen alle Geheimmittel gescheitert zu sein. Denn ein solches ist das Purgativ Oidtmann: die zuweilen veröffentlichten Analysen haben daran nichts geändert. Vor einigen Monaten dürfte indess diese Frage in ein neues Stadium getreten sein, welches für die Behandlung der Obstipation ein fruchtbareres zu sein verspricht, für den Erfinder selbst aber trotzdem eine Enttäuschung bringen wird. Von Anacker in Chateau Salins (deutsch. med. Wochenschrift 1887, 37) wurde als wirksames Princip des Oidtmann'schen Purgativs das Glycerin angegeben, die übrigen darin enthaltenen Pflanzensäfte und Salze aber nur als färbende oder überflüssige Zuthaten bezeichnet. Er konnte über eine Reihe von Erfolgen mit Glycerineinspritzungen berichten und sah die physiologische Wirkung derselben in den wasserentziehenden Eigenschaften des Glycerins begründet, welches dadurch eine lebhafte Blutanfüllung der unteren Partien des Mastdarms bewirkte.

Auf diese Empfehlung hin habe ich im Garnison-Lazareth zu Neu-Breisach im Winterhalbjahr 1887/88 wiederholt das Glycerin in Anwendung gebracht und sehr zufriedenstellende Erfolge erzielt, theilweise auch in solchen Fällen, wo reichliche Eingiessungen erfolglos geblieben waren. Es wurde eine einfache zinnerne Wundspritze oder auch der Reinlichkeit halber eine gläserne Tripperspritze benutzt, an welche ein kurzer Gummiansatz befestigt war. Wurde ein Gummischlauch von $\frac{1}{2}$ Meter Länge (Drainrohr) in Anwendung gezogen, so konnten die Patienten in Rückenlage sich den Schlauch bequem in den After einführen und die Einspritzung selbst besorgen. Ich glaube, dass in dieser Modification der Werth der Methode deshalb erhöht wird, weil sie den Patienten von fremden Personen unabhängig macht und den zahlreichen hartleibigen Leuten die auf künstliche Hervorrufung ihres Stuhlganges angewiesen sind, gestattet, ihre Hülfsapparate in einer compendiösen Form mit auf die Reise zu nehmen. Der weit mehr Platz beanspruchende Irrigator oder Trichter, ihre umständlichere Anwendung könnte so wenigstens zeitweise vermieden werden.

Verwandt wurde von uns reines Glycerin der Pharmacopoe in einer Menge von etwa 2 g, geringe Abweichungen scheinen keine erheblichen Unterschiede zu bedingen.

Ueber 55 Fälle wurden genaue Aufzeichnungen gemacht, und 1 mal trat der Stuhlgang erst nach 6 Stunden ein, im Durchschnitt aber erfolgte er bereits $8\frac{1}{2}$ Minuten, am frühesten 2 Minuten nach den Einspritzungen. Die Entleerungen wurden 45 mal als reichlich bezeichnet, 5 mal als wenig, in der grössten Anzahl war der Stuhl breiig, nur 11 mal war er hart. 4 mal traten wiederholte Entleerungen ein. Beschwerden folgten der Einspritzung niemals, namentlich wurde nie, trotzdem dass immer besonders danach gefragt wurde, über irgend welche unangenehme Gefühle im After geklagt, nur 3 Kranke empfanden zwischen Einspritzung und Stuhlgang Kollern oder ziehende Schmerzen im Leibe.

Nach diesen Erfolgen glaube ich Glycerineinspritzungen als Abführmittel wegen ihrer Bequemlichkeit, Geringfügigkeit des Apparates und Sauberkeit der Procedur zu weiteren Versuchen empfehlen zu können. Anderweitige günstige Berichte finden sich in der pharmaceutischen Centralhalle 1887 No. 28, der Wiener med. Presse 1887 No. 48 und in der Münchener med. Wochenschrift 1888 No. 9.

Ueber die von Boas in der deutsch. med. Wochenschr. 1888 No. 23 an Stelle der Einspritzungen empfohlenen mit Glycerin gefüllten Stuhlzäpfchen besitze ich keine Erfahrungen; die oben vorgeschlagene Verlängerung des Gummiansatzrohres schliesst jede von Boas gerügte Umständlichkeit in der Anwendung der Spritze seitens des Patienten aus.

Einige Beobachtungen über die Neben-Wirkungen des Antifebrins.

Von

Dr. Kronecker in Berlin.

Das vor 2 Jahren in die Therapie eingeführte Antifebrin wurde von den ersten Beobachtern für ein absolut sicheres, von bedenklichen Neben-Wirkungen freies Fiebermittel gehalten. Kahn und Hepp[1]) erzielten bei einem Typhus-Patienten durch Gaben von 0,5 einen Temperatur-Abfall von 40° auf 37,8°, ohne dass, abgesehen von Cyanose und geringer Schweiss-Secretion etwas Auffälliges sich gezeigt hätte. Ebenso vermochte Krieger[2]) bei einem Falle von Typhus 4 Mal eine Dosis von 0,8 resp. 1,2 Antifebrin zu verabreichen, wodurch eine Herabsetzung der Eigenwärme von 40° bis auf die Norm erfolgte, und auch bei dieser Medication wurden irgend welche unangenehmen Ereignisse von ihm nicht beobachtet.

Riese[3]) sah bei derselben Affection durch eine Gabe von 0,5 A. sogar ein Herabgehen unter die Norm, bis auf 35,5; und

---

[1]) Centralblatt für Klin. Medicin. Jahrg. 1886 No. 33.

[2]) Ebenda No. 44.

[3]) Deutsche med. Wochenschrift Jahrg. 86 No. 47.

doch scheinen auch bei diesem rapiden Fieber-Abfall gefährliche Folge-Zustände, besonders Collaps, ausgeblieben zu sein. Hingegen wurde ein solcher von ihm bei einem Phthisiker beobachtet, welchem er zur Verhütung der abendlichen Temperatur-Steigerung eine Einzeldosis von 0,75 A. gereicht hatte. Indessen handelte es sich hier wohl um ein bereits sehr heruntergekommenes Individuum.

Demme[4]) sah bei mit Erysipelas behafteten Kindern nach Eingabe von kleinen Mengen des Mittels Verdauungs-Störungen und Erbrechen auftreten; und v. Jaksch[5]) erklärt ausdrücklich, dass das Antifebrin zwar ein ganz sicher wirkendes und dabei wohlfeiles Fiebermittel sei, dass ihm aber unangenehme Neben-Wirkungen nicht abgingen, neben Schüttelfrösten und profusen Schweissen auch Cyanose und Erbrechen.

Ich selbst habe das Antifebrin, während ich im Jahre 87 an der internen Abtheilung des Deutschen Hospitals zu New-York als Assistent thätig war, in Übereinstimmung mit den Herren Oberärzten vielfach, besonders auch während einer grösseren Typhus-Epidemie zur Anwendung gebracht. Obwohl seine antipyretische Wirkung nie ausblieb, so zeigten sich doch auch hier eine Reihe sehr peinlicher, ja gefährlicher Neben-Wirkungen selbst bei ganz minimalen Einzelgaben. Besonders stutzig machte mich in dieser Hinsicht folgender Fall:

Karl Orenstein 18 J. Arbeiter erkrankte am 3. August 87 mit Kopfweh, Gliederschmerzen und allgemeiner Abgeschlagenheit; in den nächsten Tagen traten auch diarrhoische Stühle auf. Bei seiner Aufnahme am 10. August zeigte der grosse, sehr kräftig gebaute, muskulöse Mann ein mässig schweres Krankheitsbild:

Das Sensorium war leicht benommen, das Gesicht hoch fieberhaft geröthet, Lippen und Zunge trocken, letztere streifig belegt. Im Übrigen ergab der Status alle Symptome des Typhus aufs Evidenteste ausgeprägt.

Am ersten Tage seines Hospital-Aufenthaltes betrug die Temperatur[6]) des Patienten 39,5, stieg aber schon nach 2 Stunden auf 40,5, worauf ich ihm 0,25 Antifebrin in Oblaten reichen liess. Unter Auftreten von ziemlich profusem Schweiss und geringer Cyanose des Gesichtes erfolgte nun nach 2 Stunden eine Herabsetzung der Temperatur um 1 Grad, während der Puls des Patienten minder frequent und zugleich voller wurde. Ich beschloss, mich mit diesem Palliativ-Erfolg zu begnügen, und ordnete nun für den Fall, dass das Fieber über 40° stieg, eine weitere Gabe von 0,2 Antifebrin an, wobei ich aber stets die Wirkung des Medicamentes auf das Allgemein-Befinden des Typhuskranken genau controlirte, um bei drohenden Erscheinungen sofort mit der Darreichung zu pausiren. Temperatur-Messungen wurden bei Tage 2 stündlich, bei Nacht 4 stündlich vorgenommen. So wurden im Laufe von 4 Tagen 8 Mal je 0,2 Antifebrin gereicht; jedes Mal sank hierdurch die Eigenwärme des Kranken unter ziemlich profuser Schweiss-Secretion um 1 bis 1,5°, jedes Mal war ein Langsamer- und Vollerwerden des Pulses, eine leichte Besserung in den übrigens nur in sehr geringem Masse vorhandenen Hirn-Erscheinungen zu constatiren.

Am 5. Tage nach der Aufnahme, also am 15. August, liess ich, nachdem um 12 Uhr Mittags die Temperatur wieder einmal auf 40,1° gestiegen war, wiederum d. h. zum 9. Male 0,2 A. reichen; Pat. bot um diese Zeit ein keineswegs schweres Krankheitsbild dar; das Sensorium war beinahe ganz frei, der Puls deutlich dicrot aber voll, regelmässig und gleichmässig, betrug 92 Schläge in der Minute. Da trat eine Stunde nach der letzten Medication unter ungewöhnlich profusem Schweiss-Ausbruch ein schwerer, gefahrdrohender Collaps ein: Pat. verlor plötzlich das Bewusstsein und verfiel in tiefes Coma; die bisher fieberhaft hoch gerötheten Wangen wurden blass, und cyanotisch, die Extremitäten waren kühl, der Puls fadenförmig, bisweilen aussetzend, die Respiration sehr oberflächlich und frequent. Dabei ergab die Messung das auffallende Resultat, dass die Temperatur in der Axelhöhle um noch nicht 2°, von 40,1 auf 38,3° gefallen war. Nur durch energische Stimulation, alle 5 Minuten wiederholte Injection einer vollen Spritze Äther, Einpacken in heisse Tücher, Einflössen grosser Mengen Whiskys und heissen Caffees, liess sich der beängstigende Zustand des Patienten heben. Der Kranke hatte sich, Dank seiner trefflichen Constitution, nach Verlauf von 2 Stunden völlig erholt, machte seinen Typhus regulär durch und wurde am 6. September geheilt entlassen; das Antifebrin war natürlich sofort ausgesetzt worden.

In dem beschriebenen Falle also trat, nachdem 8 Mal ohne besonderen Nachtheil die kleine Dose von 0,2 Antifebrin gereicht worden war — im Ganzen 1,6 innerhalb 4 Tagen — bei der 9. Gabe plötzlich jener gefährliche Symptomen-Complex ein. Die Erscheinung ist wohl lediglich durch eine cumulative Wirkung jener minimalen Einzelgaben zu erklären.

Ein anderes bemerkenswerthes Ereigniss wurde von mir verzeichnet in folgendem Falle:

Hedwig Häring, 25 J., Näherin:

Pat. wurde am 2. August in das Hospital überführt, nachdem sie 8 Tage früher mit allen Symptomen des Typhus erkrankt war. Sie präsentirte sich als ein schwächliches, anämisches Wesen deren Lungen, abgesehen von Bronchitis, sich in-

[4]) 24. med. Bericht über die Thätigkeit des Jenner'schen Kinderhospitals in Bern.

[5]) Wien. med. Presse No. 1 u. 2 Jahrg. 88.

[6]) Man bedient sich in Amerika wie auch in England ausschliesslich der Fahrenheit'schen Thermometerscala. Des besseren Verständnisses halber ist an dieser Stelle die Übertragung in das hier übliche Centigrad-Mass vorgenommen.

tant verblichen. Das Bild des Typhus abdominalis zeigte sich in deutlicher Weise ausgeprägt.

Bei der Aufnahme am 2. August betrug die Temperatur der Patientin 39,9°. Am 4. um 2 Uhr früh erhielt sie bei einer Temperatur von 39,3° 0,2 Antifebrin. Darauf ging das Fieber langsam hinunter und war um 10 Uhr, also erst nach Verlauf von 8 Stunden, auf 38,5 gefallen. Kurz darauf trat ein heftiger, ½ Stunde währender Schüttelfrost auf; Pat. wurde cyanotisch und klapperte mit den Zähnen, worauf die Temperatur rapid anstieg, so dass sie schon um 12 Uhr Mittags, also zwei Stunden später, die Höhe von 40,75° erreicht hatte. Eine neue Dosis 0,2 Antifebrin brachte das Fieber bis um 6 Uhr Abends auf 39,5° hinab. Als dasselbe am 5. August Morgens 4 Uhr von Neuem 40° erreicht hatte, ward noch einmal 0,2 A. angewandt; die Herabsetzung der Temperatur aber erfolgte auch hier wieder sehr langsam und unbedeutend, so dass sie nach Verlauf von 8 Stunden d. h. um 12 Uhr Mittags nur um 0,5 gefallen war. Sofort wurde wieder 0,2 A. gegeben und jetzt eine wenn auch langsame so doch prompte Wirkung erzielt, denn um 10 Uhr Abends war die Eigenwärme der Patientin bis auf 37,2, also die Norm, gesunken und zwar ohne störende Neben-Symptome, von einem profusen Schweiss abgesehen. Indessen war das Fieber schon nach Verlauf von 4 Stunden, am 6. August um 2 Uhr früh, auf 40,1° hinaufgegangen; Bei dieser schnellen Steigerung war wohl ein Frösteln, aber kein ausgebildeter Schüttelfrost wie das erste Mal zu beobachten gewesen. Eine jetzt noch einmal repetirte Gabe der bisher üblichen Antifebrin-Dose bewirkte ein abermaliges und zwar schnelleres Fallen, so dass die Temperatur nach Verlauf von 4 Stunden 37,5° anfiel. In der folgenden Nacht stieg sie abermals auf 39,5 an, sank indessen spontan bis zum Morgen auf 38,5 und verblieb von da an stetig unter 38°. Am 28. August wurde Patient geheilt entlassen.

Zwei Punkte scheinen in dem skizzirten Falle der Bemerkung werth: Erstlich die auffallend langsam erfolgende Wirkung des Antipyreticums, indem es fast ausnahmslos 8 Stunden braucht, um einen Effect zu erzielen; ein Verhalten, welches wohl auf Rechnung der Anämie und dadurch hervorgebrachten sehr langsamen Resorption zu setzen ist. Ferner der Schüttelfrost, welcher nach Darreichung des Antifebrin bisher wohl selten zur Beobachtung kam.

Collaps-Zustände, wenn auch nicht so hochgradige wie bei dem oben gedachten Patienten habe ich auch in einigen anderen Fällen nach öfter wiederholten Gaben von 0,2 A. gesehen. Profuse Schweisse, welche die Pat. zuweilen stark mitnahmen, fehlten selten. Ich begnügte mich nach derartigen Erfahrungen, anfangs nur Dosen von 0,1 A. zu reichen, welche, falls die Pat. das Mittel gut vertragen, später verdoppelt wurden. Ward bei solchem Verfahren auch nur eine langsamere Fieber-Herabsetzung erzielt, so blieben die peinlichen Neben-Wirkungen dafür völlig aus.

Vorliegende Zeilen mögen einen neuen Beleg dafür bringen, dass das als sicher wirkende Antipyreticum mit Recht geschätzte Acet-Anilid, selbst in ganz kleinen Dosen bei acut fieberhaften Affectionen verabreicht, gefährliche Zustände im Gefolge haben kann. Vorsicht bei seiner Darreichung und genaue Controlle über seine Wirkung scheint mir besonders bei solchen Krankheiten geboten, bei denen, wie beim Typhus eine Gefahr durch Herzschwäche droht.

Zur Wirkung des Antifebrin.

Von

Dr. Leo Löwenthal in Frankfurt a./M.

Seitdem das Antifebrin als Heilmittel empfohlen ist, habe ich es in den verschiedensten Fällen mit gutem Erfolge angewendet, ohne bisher irgend eine unangenehme Nebenerscheinung, wie Cyanose etc. zu beobachten. Bei einem Kinde von 1¾ Jahren, das an schwerer Pneumonia crouposa erkrankt war, ging ich sogar bis 0,25 g *pro dosi!* Da in der jüngsten Zeit verschiedene hiesige Collegen Collaps nach dieser Dosis beobachtet haben, wurde ich deshalb mit der Anwendung des Antifebrin vorsichtiger. Aber selbst bei kleiner Dosis war im folgenden Falle die Wirkung eine so starke, dass ich ihn der Veröffentlichung werth halte, um auch Andere zur Vorsicht zu mahnen.

W. H., 1 Jahr alt, ist an Pneumonia crouposa im rechten Unterlappen erkrankt. Das Kind ist mit Muttermilch genährt und ist sehr kräftig. Die Temperaturen bewegten sich um 40,5° C. Am 2. Tage gab ich bei Tp. 40,9, 0,05 g Antifebrin; die Temperatur fiel auf 39,0. Am Morgen des 3. Tages bei einer Tp. von 40,7 liess ich zuerst 3 kalte Einwicklungen geben, die die Tp. auf 40,3° brachte und gab dann noch 0,05 g Antifebrin. Die Tp. fiel nach 3 Stunden auf 36,8°. Des Nachmittags stieg die Tp. wieder auf 41,0° und machte die Wärterin wieder 3 kalte Einwicklungen von ungef. 10° Tp. und gab dann noch 0,05 g Antifebrin. Die Tp. fiel unter starkem Collaps auf 37° nach 3 Stunden und hielt sich auf diesem Stand 4 Stunden lang. Nach dieser Zeit stieg sie wieder mit einem ½ Min. dauernden Starrkrampf beginnend auf 40,5. Hätte ich in diesem Falle die Dosis von 0,125 g angewendet, welche man bei einjährigen Kindern ruhig soll gehen können, so wäre wohl sicher Exitus letalis eingetreten. Am folgenden Tage um 6 Uhr Nachmittags liess ich bei Tp. 39,8° 0,01 g Antifebrin geben und fiel die Tp. auf 38,6°. Sie stieg dann im Laufe der Nacht wieder auf 39,7°.

Ich möchte deshalb rathen, bei Kindern von 1 Jahre und darunter immer zuerst mit 0,01 g *pro dosi* zu beginnen und erst bei Wirkungslosigkeit dieses Quantums allmählich unter strengster Controlle des Thermometers zu grösseren Dosen zu greifen. —

Die Radicalbehandlung der Prostata-Hypertrophie und Prostata-Tumoren durch Elektrolyse,

nach einem in der Berliner medic. Gesellschaft gehaltenen Vortrage.

Von

Dr. Leopold Casper, Berlin.

Bei der Therapie der Prostatahypertrophie und Prostatatumoren hat man sich meist im palliativen Verfahren darauf beschränkt, die Symptome und Complicationen dieser Affectionen zu bekämpfen, und selbst die auf diesem Gebiete hervorragendsten Autoren wie Thompson, Guyon, Dittel und Socin haben sich im allgemeinen gegen alle bisher vorgeschlagenen Versuche einer Radicaloperation der Prostatahypertrophie ausgesprochen, während sie andererseits anerkennen, dass alle therapeutischen Palliativmassregeln gegenüber dem Verlauf der Krankheit und ihren schweren Begleitsymptomen oft unwirksam sind. Wenn auch manche an Prostatahypertrophie Leidende oft jahrelang ohne jede oder doch verhältnissmässig geringe Belästigung bleiben und ein hohes Alter erreichen, so ist doch für viele andere nur der Katheter das einzige Hilfsmittel und auch dieser lässt zuweilen in den allerdringendsten Fällen von completer Harnverhaltung im Stich oder man muss vom wiederholten Katheterismus und auch von der Sonde à demeure wegen excessiver Sensibilität von Blase-Urethra oder wegen gefahrbringender Alterationen des Gesammtorganismus Abstand nehmen.

Selbst bei der sorgfältigsten Handhabung des Katheters lässt sich zuweilen eine Zersetzung des in der Blase zurückbleibenden Urins nicht verhüten. Appetitmangel, Trockenheit der Zunge, jauchige Cystitis, Urinfieber stellen sich ein.

Zur Verhinderung dieser Folgeerscheinungen haben die verschiedensten Autoren eine Radicaloperation, d. h. eine vollständige Entfernung oder doch wenigstens eine Verkleinerung des vergrösserten Organs angestrebt, indem sie alle von der Anschauung ausgehen, dass die hypertrophirte Drüse ein mechanisches Hinderniss für die Urinentleerung bildet, welche mit der Beseitigung jenes sich heben müsse.

In dieser Absicht haben die einen eine Incision resp. Extirpation oder Zerquetschung der obstruirenden Prostatapartie von der Harnröhre aus vorgenommen. Andere haben vom Mastdarm oder Damm aus Jod- resp. Karbolinjectionen in die Prostata ausgeführt; noch andere haben versucht, eine Excision der Prostata durch die Harnröhre auf galvanokaustischem Wege auszuführen, oder die Drüse durch Ignipunctur vom Mastdarm aus zu verkleinern. Bei Prostatatumoren endlich sind wiederholt grössere Partien oder auch die ganze Drüse theils nach ausgeführter Sectio mediana, theils Sectio alta exstirpirt worden. Von diesen Methoden hat keine bisher wegen der damit verbundenen Gefahren eine allgemeinere Verbreitung in der Praxis gefunden, denn da die Prostata mit ihrem grössten Antheil zwischen Harnröhre und Mastdarm eingekeilt liegt, so ist sie für irgend ein Instrument nur nach Verletzung eines dieser beiden für die Lebensfunctionen so wichtigen Organe zugänglich.

Wenn nun auch in neuerer Zeit gewichtige Autoren wie Thompson, v. Langenbeck und Benno Schmidt mit Recht dafür eingetreten sind, dass in Zukunft in geeigneten Fällen die Prostatektomie auszuführen sei, so bin ich doch der Ansicht, dass es sich vor Anwendung einer so eingreifenden und gefährlichen Operation, wie die Verletzung der Harnröhre oder des Mastdarms sie ist, doch der Mühe verlohnt, ein minder eingreifendes Verfahren zur Verkleinerung der Prostata noch vorher zu versuchen. Ein solches Verfahren glaube ich nach meinen bisherigen Versuchen und Beobachtungen in der Elektrolyse gefunden zu haben.

Im Jahre 1864 hat zuerst Nélaton von seiner Methode, Geschwülste durch die Elektrolyse zu beseitigen, Mittheilung gemacht, und seitdem hat dieselbe in ähnlichen Fällen wiederholt erfolgreiche Anwendung gefunden. Die Wirkung der Elektrolyse ist in der Weise zu erklären, dass durch die am negativen Pol sich ansammelnden Alkalien das berührte Gewebe zerstört wird, während der gleichzeitig sich entwickelnde Wasserstoff das Gewebe auseinanderdrängt und dadurch seine Ernährung beeinträchtigt. Es wird demnach ohne Schmerzen, ohne

Eiterung oder Entzündung das mit dem elektrischen Strom beschickte Gewebe rings um den negativen Pol herum zerstört, aufgelöst und resorbirt. Zweifellos lässt sich auch die Prostata auf diese Weise zerstören resp. verkleinern, doch kann in diesem Falle das zerstörte Gewebe nicht seinen Weg nach aussen nehmen, muss also durch Resorption fortgeschafft werden. Aus Furcht, es könne hierbei gelegentlich zu einer Embolie kommen, habe ich behufs Entscheidung dieser Frage mich zunächst dem Thierexperiment zugewendet.

Bei 4 Kaninchen wurde die negative Nadelelektrode, welche in einiger Entfernung von der Spitze durch Hartgummiüberzug nichtleitend gemacht worden war, durch die Haut hindurch in einen Muskel eingestochen, während die positive Plattenelektrode an einer beliebigen anderen Körperstelle auflag. In 10—15 Minuten langen Sitzungen wurde ein Strom von 15—20 Milliampère hindurchgeschickt, ohne dass nach Wochen auch nur eine Spur von Embolie aufgetreten wäre. Bei Hunden wurde der Hoden zur Elektrolysirung benutzt und zwar in der Weise, dass die negative isolirte Nadelelektrode durch das Skrotum hindurch in den Hoden eingestochen wurde, während man den Strom durch die positive, auf die Hinterpfote aufgesetzte Plattenelektrode schloss. Im ganzen wurden an dem demonstrirten Hunde in Zwischenräumen von einer Woche 10 elektrolytische Sitzungen vorgenommen mit dem Resultat, dass sich derselbe auch jetzt noch nach Verlauf eines Jahres wohl befindet, und dass vom rechten Hoden bei unverletzter Haut nur noch ein kleines Rudiment übrig geblieben ist.

Nach Feststellung dieser Thatsachen ging ich zur Anwendung meines Operationsverfahrens am lebenden Menschen über. Dasselbe geschieht in der Weise, dass dem auf die Seite gelegten Patienten eine Ausspülung des Darms mit einer 0,1 % Sublimatlösung vom After aus applicirt und alsdann eine mit dem positiven Pol verbundene, angefeuchtete, 400 qcm grosse Platte auf den Bauch befestigt wird. Mit dem in den Anus eingeführten gut beölten Finger wird nun nach Glättung etwaiger Schleimhautfalten des Rectums der für den Einstich zu wählende Punkt fixirt und bis zu diesem die cachirte Nadel mit der anderen Hand auf dem im After ruhenden Finger eingeführt, dort ein wenig angedrückt und dann mit einem Ruck in der erwünschten Richtung in die Prostata eingestochen. Man lässt nun einen allmählich von 2 bis zu 12 Elementen steigenden Strom 5 Minuten lang einwirken, zieht die Nadel etwas zurück, um sie nun durch dieselbe Stichöffnung in etwas veränderter Richtung von neuem vorzustossen. Dasselbe wiederholt sich nach 5 Minuten, so dass jede Sitzung 15 Minuten dauert und durch dieselbe Stichöffnung im Darm 3 verschiedene Stellen der Prostata in Stromstärke von 10—25 Milliampère elektrolysirt werden. Der Schmerz des Einstechens ist ganz minimal, der Strom verursacht ein leichtes Brennen und Stechen in der Glans penis. Die Sitzungen wurden in entsprechenden Zwischenräumen 20 mal und mehr wiederholt.

Zur Unterstützung der Kur wird bei Blaseninsufficienz regelmässig je nach dem Quantum des Urinrückstandes in der Blase mehr oder weniger häufig katheterisirt, bei Catarrhen der Blase ausgespült und zugleich innerliche Desinficientien, wie Salol, Bor, Benzoesäure, verabreicht, ausserdem bei den durch Congestionen hervorgerufenen acuten, schmerzhaften Exacerbationen des Leidens heisse Sitzbäder und Narcotica verordnet.

Bei den in dieser Weise behandelten und in der Gesellschaft vorgestellten 4 Patienten mit ausgesprochener Prostatahypertrophie, chronischer Cystitis, Insufficienz der Blase und Retentio urinae wurde in 2 Fällen sowohl in objectiver wie subjectiver Hinsicht eine bedeutende, im 3. Falle eine geringe Besserung erzielt, während der 4. Fall unbeeinflusst von dem Verfahren blieb und durch Schadhaftwerden des Firnissüberzuges der Nadel während einer Sitzung eine Blasenmastdarmfistel davontrug, die im übrigen bei dem höchst bedrohlichen Zustande des Pat. geradezu lebensrettend wirkte. In den beiden ersterwähnten Fällen trat eine nachweisliche Schrumpfung der Prostata sowie eine bedeutende Verringerung des Urinrückstandes in der Blase (von 150 resp. 300 ccm auf 20 bezw. 60 ccm) auf. Die Harnentleerungen wurden in Bezug auf ihre Frequenz geringer (alle 3—4 Stunden), so dass die Patienten sich wieder der Nachtruhe erfreuten und bei Tage nicht von dem lästigen fortgesetzten Harnbedürfniss gequält wurden. Ebenso liessen die Schmerzen während des Urinlassens nach, das Allgemeinbefinden hob sich bedeutend.

Allgemeine Beurtheilung des Verfahrens: Eine Gefahr quoad vitam ist mit der Operation nicht verbunden. Embolie, Blutungen, Entzündungen, Abscedirungen in der elektrolysirten Prostata oder in dem durchstochenen Rectum sind nicht beobachtet worden. Die Gefahr der Entstehung einer Fistel ist trotz des einmaligen Eintretens derselben infolge eines unglücklichen Zufalls fast als ausgeschlossen zu betrachten. In allen ähnlichen, nicht zu weit vorgeschrittenen Fällen ist eine ähnliche Besserung zu erwarten.

Keine Aussicht auf Besserung bei Anwendung des elektrolytischen Verfahrens bieten 4 Gruppen von Fällen. Zuerst diejenigen Fälle, in denen die Prostata weniger im Dicken-, als im Längen- und Breitendurchmesser vergrössert ist, d. h. die Fälle mit infiltrirter und starrer Blasenwand, bei denen eine ungenügende Contraction der Blase und daher ein beständiges Zurückbleiben von Urin stattfindet. 2) Die Fälle von längerer Zeit bestehender, übermässiger Dilatation der Blase, in denen auch nach Beseitigung des Prostatahindernisses die Blase keine Contractionsfähigkeit mehr besitzt. 3) Die Fälle von sog. concentrisch-hypertrophirter Blase, wo sich eine so starke Hypertrophie der Blasenwände ausgebildet hat, dass die Blase kaum noch als Urinbehälter fungiren kann. 4) Diejenigen Fälle, in denen die Prostatahypertrophie so gering ist, dass sie vom Mastdarm aus gar nicht gefühlt werden kann. Hier pflegt es sich um einen Auswuchs am Blasenhals zu handeln, der bei der Harnentleerung die Blase wie ein Ventil verschliesst, vom Mastdarm aus jedoch für die Nadel nur durch Zufall zugänglich ist.

Schliesslich sind noch diejenigen Fälle als von der Behandlung auszuschliessende zu erwähnen, welche die Symptome einer Prostatahypertrophie vortäuschen, in denen es sich aber keineswegs um eine solche, sondern um Lageveränderungen der Blase, Herabsinken derselben ins Becken, Nachlass ihrer Widerstandsfähigkeit etc. handelt.

In der Mehrzahl aller Fälle von Prostatahypertrophie wird es indess nach meiner Ueberzeugung möglich sein, mittelst der geschilderten elektrolytischen Methode die Drüse zu verkleinern und die gefürchteten Folgezustände der hypertrophischen Drüse zu verhüten.

Neuere Arzneimittel.

Ueber Sozojodolpräparate.

Von

Dr. A. Langgaard.

Unter dem Namen „Sozojodol“ werden neuerdings von der chemischen Fabrik H. Trommsdorff in Erfurt zwei Salze, das Natrium- und das Kaliumsalz der Dijodparaphenolsulfonsäure, in den Handel gebracht und als Ersatz des Jodoforms empfohlen, nachdem dieselben von O. Lassar bei einer ganzen Reihe von Hautkrankheiten mit günstigem Erfolge angewendet und von Fritsche mit nicht weniger befriedigenden Resultaten auf rhino-laryngologischem Gebiete versucht worden sind. Wenn auch die entschieden günstigen Erfahrungen der beiden genannten Beobachter zu weiteren Versuchen mit diesem Mittel auffordern, so reichen dieselben doch keineswegs aus, um die Empfehlung dieser Körper für die Wundbehandlung im Allgemeinen an Stelle der bisher gebräuchlichen Antiseptica zu rechtfertigen, ebensowenig wie die Kenntniss der Constitution dieser Verbindungen uns ihre antiseptischen Eigenschaften gewährleistet. Es erschien mir daher nicht ohne Werth, das Sozojodol auf seine antiseptischen Eigenschaften, insbesondere auf sein Verhalten zu Eitercoccen festzustellen.

Zu den betreffenden Versuchen benutzte ich wegen der grösseren Löslichkeit die Natriumverbindung, das Sozojodol-Natrium, und ausserdem die freie Dijodparaphenolsulfonsäure, für welche ich die Bezeichnung „Sozojodolsäure“ oder „Acidum sozojodolicum“ vorschlage[1]).

Ehe ich indess zu den von mir erhaltenen Resultaten übergehe, wird es zweckmässig sein, kurz das chemische Verhalten der genannten Verbindungen zu besprechen, da dasselbe in den bis jetzt veröffentlichten Arbeiten theils unvollständig, theils unrichtig behandelt worden ist[2]).

[1]) Hinsichtlich der Nomenclatur bemerke ich, dass ich die von der chemischen Fabrik H. Trommsdorff eingeführten Bezeichnungen „Sozojodol schwerlöslich“ für die Kaliumverbindung und Sozojodol leichtlöslich für die Natriumverbindung für die ärztlichen Kreise nicht als zweckmässig ansehen kann. Dieselben mögen ja als Handelsbezeichnungen praktisch sein, für den Arzt bilden sie eine Quelle des Irrthums. Richtiger erscheinen mir daher die Namen Sozojodol-Kalium und Sozojodol-Natrium, lateinisch: Kalium resp. Natrium sozojodolicum. Dementsprechend würden andere Salze, z. B. Sozojodol-Zink oder Sozojodol-Quecksilber lateinisch als Zincum sozojodolicum resp. Hydrargyrum sozojodolicum zu bezeichnen sein.

[2]) Die folgenden Angaben über die Darstellung, die genauen Löslichkeitsverhältnisse etc. verdanke ich der Güte der chemischen Fabrik H. Trommsdorff in Erfurt, welche mir auch das Material zu meinen Untersuchungen bereitwilligst zur Verfügung stellte.

Die Entdeckung der Sozojodolverbindungen rührt von dem Chemiker E. Ostermayer her.

Darstellung des Sozojodols.

Durch Einwirkung von concentrirter Schwefelsäure auf Carbolsäure

$$C_6H_4 < {OH \atop H}$$

in der Wärme wird die Paraphenolsulfonsäure

$$C_6H_4 < {OH \quad (1) \atop SO_3H \; (4)}$$

erhalten, welche in das Kalisalz übergeführt wird. Dieses wird in Wasser gelöst und mit einer berechneten Menge einer wässerigen Chlorjodlösung versetzt. Hierbei treten 2 Atome Jod substituirend an Stelle von 2 Wasserstoff-Atomen des Benzolringes ein, und es scheidet sich das gebildete dijodparaphenolsulfonsaure Kali

$$C_6H_2 \begin{cases} OH \\ J_2 \\ SO_3K \end{cases}$$

direct als in Wasser schwerlöslicher, krystallinischer Körper ab, welcher nun durch wiederholtes Umkrystallisiren gereinigt wird, bis er vollkommen weiss erhalten wird. Die Krystalle werden darauf abfiltrirt und in mässiger Wärme getrocknet.

Aus diesem „Sozojodol" im engeren Sinne werden nun alle anderen Salze sowie die freie Sozojodolsäure erhalten.

Sozojodolsäure und deren Salze.

1. Sozojodolsäure, Acidum sozojodolicum. Dijodparaphenolsulfonsäure =

$$C_6H_2J_2 . OH . SO_3H + 3H_2O.$$

Die freie Sulfosäure krystallisirt aus Wasser in nadelförmigen Prismen, welche 3 Molecüle Krystallwasser enthalten, das sie schon beim Trocknen über Schwefelsäure verlieren.

Die Verbindung ist sowohl in Wasser als auch in Alkohol, Methylalkohol und Glycerin leicht löslich. Die wässerige Lösung giebt mit Eisenchlorid eine violette Färbung.

Beim Erwärmen mit Salpetersäure wird unter deutlicher Abspaltung von Jod Pikrinsäure gebildet. Versetzt man eine wässerige Lösung mit Chlorwasser, so wird nach einiger Zeit Jod in Freiheit gesetzt, welches sich in der bekannten Weise mit Stärkekleister oder durch Schütteln mit Chloroform nachweisen lässt. Auf Zusatz von Palladiumchlorür zu einer wässerigen Lösung der Säure wird letztere nicht verändert. Es lässt sich also mit diesem Reagens der Jodgehalt nicht nachweisen.

Was die Stellung der Jodatome betrifft, so lässt sich dieselbe mit Sicherheit nicht angeben. Ostermayer hält es für sehr wahrscheinlich, dass beide Jodatome sich in nächster Nähe der Hydroxylgruppe befinden.

2. Sozojodol-Kalium, Kalium sozojodolicum, als „Sozojodol schwer löslich" im Handel.

Es ist das saure Kaliumsalz der Dijodparaphenolsulfonsäure, hat die Formel

$$C_6H_2 \begin{cases} OH \\ J_2 \\ SO_3K \end{cases}$$

enthält kein Krystallwasser, 55 % Jod, 7 % Schwefel, 20 % Phenol.

Das Präparat kommt in schönen, vollkommen farb- und geruchlosen Krystallen in den Handel.

100 Theile Wasser lösen bei 17° C. 1,8 Theile des Salzes; in warmem Wasser ist dasselbe bedeutend löslicher. Glycerin verhält sich ähnlich wie Wasser. Alkohol löst nur sehr geringe Mengen, auch in der Wärme.

3. Sozojodol-Natrium, Natrium sozojodolicum, als „Sozojodol leicht löslich" im Handel.

Das saure Natriumsalz von der Formel

$$C_6H_2 \begin{cases} OH \\ J_2 \\ SO_3Na \end{cases} + 2H_2O$$

enthält 2 Mol. Krystallwasser und krystallisirt in langen nadelförmigen Prismen. 100 Theile Wasser lösen 6,2 Theile des Salzes, 100 Theile Glycerin 5 Theile. In Alkohol ist dasselbe leichter löslich als das Kalisalz.

Neuerdings sind dann noch folgende Salze dargestellt worden:

4. Sozojodol-Lithium, Lithium sozojodolicum

$$C_6H_2 \begin{cases} OH \\ J_2 \\ SO_3Li \end{cases}$$

enthält 1,6 % Lithium und krystallisirt in nadelförmigen Prismen. 100 Theile Wasser lösen 60 Theile des Salzes.

5. Sozojodol-Ammon, Ammonium sozojodolicum

$$C_6H_2 \begin{cases} OH \\ J_2 \\ SO_3NH_4 \end{cases}$$

mit 4 % Ammon. Es enthält kein Krystallwasser und besitzt dieselbe Krystallform wie das Kaliumsalz. 100 Theile Wasser lösen 3,6 Theile des Salzes.

6. Sozojodol-Magnesium, Magnesium sozojodolicum

$$\left(C_6H_2 \begin{cases} OH \\ J_2 \\ SO_3 \end{cases}\right)_2 Mg + 8H_2O$$

krystallisirt mit 8 Mol. Krystallwasser in farblosen dünnen Nadeln. 100 Theile Wasser lösen 6,7 Theile des Salzes. In Alkohol von 90 % ist dasselbe gleichfalls leicht löslich.

7. Sozojodol-Aluminium, Aluminium sozojodolicum.

$$\left(C_6H_2 \begin{matrix} OH \\ J_2 \\ SO_3 \end{matrix}\right)_3 Al + 3\,H_2O$$

bildet farblose lockere nadelförmige Krystalle. 100 Theile Wasser lösen 88,2 Theile. Auch in Alkohol ist dasselbe leicht löslich.

8. Sozojodol-Zink, Zincum sozojodolicum

$$\left(C_6H_2 \begin{matrix} OH \\ J_2 \\ SO_3 \end{matrix}\right)_2 Zn + 6\,H_2O$$

enthält 6,8 % Zink und krystallisirt in schönen, weissen, vollkommen geruchlosen Nadeln. 100 Theile Wasser lösen 5,2 Theile des Salzes. Alkohol löst leicht.

9. Sozojodol-Blei, Plumbum sozojodolicum

$$\left(C_6H_2 \begin{matrix} OH \\ J_2 \\ SO_3 \end{matrix}\right)_2 Pb + H_2O$$

enthält 18,2 % Blei. Es ist in kaltem Wasser schwer löslich (0,5 : 100 Thl. Wasser), in lauwarmem dagegen verhältnissmässig leicht. Es krystallisirt mit 1 Mol. Krystallwasser in sehr feinen, verfilzten, anfänglich farblosen Nadeln, die sich am Licht bald gelblich färben.

10. Sozojodol-Silber, Argentum sozojodolicum

$$C_6H_2 \begin{matrix} OH \\ J_2 \\ SO_3Ag \end{matrix}$$

enthält 20,2 % Silber und 47 % Jod. Es bildet ein schwach gelblich weisses, am Lichte sich bald violett-röthlich färbendes Pulver und ist in kaltem Wasser sehr schwer löslich. 100 Theile Wasser lösen 0,3 Theile des Salzes.

11. Sozojodol-Quecksilber. Hydrargyrum sozojodolicum

$$\left(C_6H_2 \begin{matrix} OH \\ J_2 \\ SO_3 \end{matrix}\right)_2 Hg$$

enthält 31,9 % Quecksilber und 38,4 % Jod. Es bildet ein schön pomeranzengelbes äusserst feines Pulver. 100 Theile Wasser lösen nur 0,2 Theile des Salzes. Sehr leicht löslich ist es dagegen in Kochsalzlösung, so dass es leicht gelingt, selbst eine 25procentige Lösung herzustellen.

Wirkung der Sozojodolsäure und des Sozojodol-Natriums auf Eitercoccen.

Bei den betreffenden Versuchen wurden durch Zusatz verschiedener aber bestimmter Mengen der beiden genannten Verbindungen zu verflüssigter Nährgelatine Lösungen von verschiedenem Procentgehalt hergestellt, welche darauf mit Staphylococcus pyogenes aureus geimpft und auf Platten ausgegossen wurden.

Das Resultat war für beide Substanzen fast das gleiche. Ein Gehalt von 0,5 und 1 % verzögerte die Entwickelung der Eitercoccen. Die freie Säure wirkte etwas stärker, konnte jedoch auch in 1procentiger Lösung die Entwickelung nicht verhindern. Bei einem Gehalte von 2 % verhinderte sowohl die freie Sozojodolsäure, als auch das Sozojodol-Natrium die Entwickelung der Eitercoccen vollkommen. Die Platten blieben steril.

Auf Fäulnissbacterien und Schimmelpilze ist die Wirkung weniger energisch.

Wirkung des Sozojodols auf den Warmblüter und sein Verhalten im Organismus.

Für die praktische Anwendung des Sozojodols in der Wundbehandlung war es von Wichtigkeit, zu entscheiden, ob dasselbe giftige Eigenschaften besitzt. Die an Kaninchen mit Sozojodol-Natrium angestellten Versuche zeigten, dass das Mittel selbst in Dosen von 1,0 g keine toxischen Wirkungen äussert.

Es war ferner sowohl von theoretischem als auch von praktischem Interesse, festzustellen, ob der Organismus der Warmblüter im Stande ist, das Sozojodol zu spalten oder ob dasselbe unzersetzt den Körper passirt. Hierüber konnte die Untersuchung des Harnes Aufschluss ertheilen. Wenn eine Abspaltung von Jod stattfindet, so konnte man erwarten, dass das Jod durch den Harn als Jodalkali ausgeschieden werde und sich auf die bekannte Weise nachweisen lasse. Dies war jedoch nicht der Fall. Wurde der Harn dagegen nach Zusatz von kohlensaurem Natron in einer Platinschale eingedampft und verascht, so lieferte der Rückstand eine sehr starke Jodreaction. Das Jod war also jedenfalls in Form einer organischen Verbindung ausgeschieden worden, und man darf daher wohl annehmen, dass das Sozojodol unverändert den Organismus passirt. Mit absoluter Sicherheit wird sich dies freilich erst sagen lassen, wenn es gelungen ist, das Sozojodol als solches wiederum aus dem Harn zu isoliren. In Uebereinstimmung hiermit befindet sich die Beobachtung M. Cohn's, welcher nach Sozojodoleingabe in der Thränenflüssigkeit kein Jodalkali nachweisen konnte. Die bis jetzt medicinisch verwertheten organischen Jodverbindungen, das Jodoform und das Jodol, zeigen in dieser Beziehung ein anderes Verhalten. Beide erfahren im Organismus eine Zerlegung und das Jod dieser Verbindungen wird bei kleineren Dosen seiner ganzen Menge nach, bei grossen toxisch wirkenden Gaben zum grössten Theile als Jodalkali ausgeschieden. Für die Ungiftigkeit des Sozojodols dürfte wohl gerade der Umstand von Bedeutung sein, dass aus dieser Verbindung kein Jod abgespalten wird.

Anwendung der Sozojodolpräparate.

Ueber die Anwendung der Sozojodolpräparate liegen bis jetzt nur wenige Publicationen vor. Lassar rühmt die Reizlosigkeit des Mittels und die Eigenschaft, die entzündete und gereizte Haut zu milder, reactionsloser Schälung zu bringen, er betont den wohlthätigen Einfluss des Sozojodols auf Wunden, auf frische und länger bestehende Ekzeme, auf Herpes und Impetigo und hebt die Wirkung auf parasitäre Hauterkrankungen hervor. Fritsche sah nach Einblasung der Kalium- und Natriumverbindung bei Laryngitis sicca, beim trockenen Rachen- und Nasenrachenkatarrh in acuteren Fällen völlige Beseitigung, in den chronischen Formen erhebliche andauernde Besserung unter anfänglicher Verflüssigung und späterer Abnahme des Secrets.

Nicht minder günstig waren die Erfolge bei hypertrophischer Rhinitis und bei Ozaena. Bei letzterer Erkrankung besserte sich nach abwechselnden Einblasungen von Sozojodol-Kalium oder Zink die Beschaffenheit des Secretes unter Abnahme des Foetor, und wo in veralteten Fällen diese Behandlung nicht zum Ziele führte, hatte die Anwendung der Quecksilberverbindung ein fast völliges Verschwinden des Foetor im Gefolge.

Diese Beobachtungen erfahren durch die im Vorhergehenden mitgetheilten Untersuchungen eine Ergänzung und Bestätigung, und fordern in Gemeinschaft mit den von mir experimentell erhaltenen Resultaten zu weiteren Versuchen mit den Sozojodolpräparaten auch auf dem Gebiete der allgemeinen Wundbehandlung auf.

Hier kämen hauptsächlich neben der freien Säure die Natrium-, Kalium- und Aluminiumverbindung in Betracht, welche wegen der Ungiftigkeit und absoluten Geruchlosigkeit den Vorzug vor anderen bisher gebräuchlichen Antisepticis beanspruchen dürften.

Von den anderen oben aufgeführten Sozojodolpräparaten würden neben dem Zink- und Quecksilberpräparat das Sozojodol-Blei und Sozojodol-Silber für gewisse Zwecke mit Vortheil zu verwerthen sein.

Dosirung. Für die Wundbehandlung sind zu Lösungen die leichtlöslichen Natrium- und Aluminiumverbindungen oder die freie Säure in 2—3 procentiger wässeriger Lösung zu benutzen.

Die gleichen Präparate wären auch für die Imprägnirung von Verbandstoffen wie Gaze und Watte geeignet. — Wo eine länger anhaltende Wirkung beabsichtigt wird, empfiehlt sich das schwerlösliche Sozojodol-Kalium in fein gepulvertem Zustande als **Streupulver**, entweder in Substanz oder mit Talcum oder Milchzucker etc., 5—10%. **Salben:** Sozojodol-Natrium, -Kalium, -Aluminium, -Zink 5—10% mit Lanolin. — **Pasten:** die gleiche Concentration mit Zink-Amylum, -Lanolin oder -Vaselin als Grundlage.

Zu **Einblasungen:** Sozojodol-Kalium und -Natrium entweder unverdünnt oder mit Milchzucker, — Sozojodol-Zink 10% mit Milchzucker, Sozojodol-Quecksilber 5—10%.

Litteratur.

1. O. Lassar: Ueber das Sozojodol. Therap. Monatshefte 1887 S. 439.
2. M. A. Fritsche: Ueber die Sozojodoltherapie auf rhino-laryngologischem Gebiet. Therap. Monatshefte 1888 S. 243.
3. Max Cohn: Ueber die Wirkung des Calomel bei gleichzeitiger Anwendung einiger substituirten Jodpräparate. Inaugural-Diss. Berlin 1888.

Therapeutische Mittheilungen aus Vereinen.

Aerztlicher Bezirksverein Erlangen.

Sitzung vom 25. Juni 1888.

Prof. Penzoldt: Ueber den Grad der Giftigkeit des Creolins.

Vortr. hielt es für seine Pflicht, ein so viel gebrauchtes und angepriesenes Geheimmittel, wie das Creolin, einer näheren Prüfung zu unterwerfen und besondere Versuche über die Giftigkeit des Mittels anzustellen. Die wesentlichen Resultate seiner (in Gemeinschaft mit Engel) vorgenommenen Untersuchungen sind: Beim Frosch trat auf subcut. Injection von 0,02—0,05 motorische Lähmung sowie Hyperästhesie und erst nach längerer Zeit der Tod ein, beim Kaninchen liegt die tödtliche Dosis pro Kilo bei subcut. Anwendung um 0,4 herum. Das würde an sich auf eine äusserst geringe Giftigkeit beim Menschen schliessen lassen. — Da aber von einem vorzüglich brauchbaren Antisepticum vor Allem verlangt werden muss, dass es zur Berieselung gerade von sehr ausgedehnten Wundflächen und serösen Höhlen ohne jede Gefahr angewendet werden darf, so sind mehrere Versuche über die Giftigkeit bei Application auf Pleura und Peritoneum angestellt worden. Dabei ergab sich, dass von der Bauch- und Brusthöhle aus schon 0,025 Creolin pro Kilo Kaninchen das Leben schwer bedrohende Erscheinungen (Dyspnoe, Cyanose, Krämpfe, Lähmung) zu machen im Stande sind. Man wird daher gut thun, mit einem Mittel, welches ein Gemisch von zahlreichen, in ihrer Wirkung nicht genau genug bekannten Stoffen und ungleichmässiger Zusammenstellung darstellt (obwohl es von der Fabrik auf dem Etiquet als „ungiftig" bezeichnet wird und wirklich keinen hohen Grad von Giftigkeit zeigt), stets vorsichtig umzugehen, insbesondere, wenn die Möglichkeit einer ausgedehnten Resorption der Substanz durch die Art der Anwendung gegeben ist.

(Münch. med. Wochenschr. No. 32/88.) R.

Wanderversammlung der süddeutschen Neurologen und Irrenärzte zu Freiburg.

Sitzung am 9. Juni 1888.

Professor Forel (Zürich): Zur Therapie des Alkoholismus.

Man glaubte früher dem Alkoholiker Alkohol geben zu müssen, und beim Delirium tremens keinen Wein oder Schnaps zu reichen galt geradezu als Kunstfehler. In neuerer Zeit ist man von diesem falschen Grundsatz auch in Deutschland zurückgekommen. Die vielbelächelten und verleumdeten Temperenz- oder Abstinenzvereine (in England, Amerika, Schweden, Norwegen und Dänemark zählen ihre Mitglieder nach vielen Hunderttausenden) haben zwei Thatsachen unwiderruflich bewiesen, nämlich

1) dass der Mensch bei vollständiger Enthaltung aller alkoholischen Getränke gesunder, kräftiger und für jede Arbeit, auch für die schwerste, andauerndste Muskelarbeit tüchtiger ist, als wenn er Alkohol geniesst;

2) dass durch die Rettungsarbeit der Abstinenzvereine die für so schlecht geltende Prognose der Trunksucht ganz erheblich gebessert werden kann, wenn man sich nämlich die Mühe giebt, aus den Trinkern, durch ihre Zuziehung zum Verein, Abstinente zu machen.

Der Prämien-Rabatt von 10 Procent, den gewisse Lebensversicherungs-Gesellschaften in England und Amerika den Abstinenten gewähren, spricht auch schon dafür, dass die Abstinenz der Gesundheit zuträglich ist. Die Bedeutung der Temperenzvereine wird auch am besten durch die Schaar der durch sie geretteten Trunkenbolde illustrirt. Der noch junge Schweizerische Temperenzverein zählt circa 6000 Mitglieder, worunter über 1000 gerettete, ehemalige Trinker sich befinden, die sich bei völliger Abstinenz fest und standhaft halten. — Die Erfahrung lehrt, dass es fast immer das erste Glas, ja nur der Geschmack des Alkohols ist, wodurch der Rückfall eingeleitet wird. Viel leichter wird es den Alkoholisten sich ganz zu enthalten als mässig trinken. — Wie schon von England aus berichtet wurde, so findet auch F., dass selbst zur Behandlung des Delirium tremens meist kein Alkohol nothwendig sei. Die Abstinenzerscheinungen des Alkoholisten sind fast Null, wenn man vom Durst absieht, der sich mit Wasser stillen lässt. F. braucht bei Delirium tremens selten mehr als 4 bis 5 Tage, um die Alkoholdosis bis Null herabzudrücken. Dabei sorgt er nur für gute Ernährung (im Nothfall — bei Nahrungsverweigerung — sogar mit Schlundsonde). Beim Wasserregime bessert sich das Aussehen und Befinden in auffallender Weise von Tag zu Tag. Seit September 1886 ist diese rationelle Behandlung der in der Anstalt Burghölzli aufgenommenen Alkoholiker mit Hülfe des Präsidenten eines Schweizerischen Mässigkeitsvereins durchgeführt worden. Seit März 1887 kam der Hypnotismus als Hülfsmittel hinzu. In diesem Zeitraum wurden 34 Alkoholiker aus der Anstalt entlassen. Unter denselben befanden sich 10 Unbelehrbare, welche von der Abstinenz nichts wissen wollten. Für eine rationelle Behandlung verblieben 24. Von diesen sind 10 bis jetzt geheilt (abstinent) geblieben. Die andern Fälle sind theils rückfällig geworden, theils zweifelhaft, theils unbekannten Aufenthaltsorts. — Im Hypnotismus sieht F. ein Hülfsmittel, das nicht zu verschmähen ist. Ein Mal hilft er zuweilen den Alkoholiker zum Eintritt in einen Abstinenzverein zu bewegen, und kann dadurch mittelbar Heilung erzielt werden. Zudem aber kann er bei stark suggestiblen Menschen den allerfestesten Rückhalt gewähren. Auch bei Morphinisten hat sich der Hypnotismus in

2 Fällen mit Nutzen anwenden lassen. — Zum Schluss noch einige interessante Bemerkungen über die Einrichtungen der Trinkerasyle. Die Geschichte derselben in Amerika ist lehrreich. Mit staatlichen Trinkerasylen machte man dort meist schlechte Erfahrungen, während manche private Asyle dieser Art blühen. Von den Eigenschaften des Anstaltsleiters hängt Alles ab; derselbe muss vor Allem begeisterter Abstinent sein und Beziehungen zu einem Abstinenzverein unterhalten, damit die Insassen nach ihrem Austritt nicht ohne moralische Stütze verbleiben.

(*Münch. med. Wochenschr. No. 26/88.*) *R.*

Gesellschaft der Aerzte in Wien.
Sitzung vom 4. Mai 1888.

Dr. v. Eiselsberg: Ueber einen geheilten Fall von Tetanus.

Eine 40jährige Frau hatte sich in der Hohlhand durch einen Holzsplitter verletzt. Derselbe wurde nicht vollständig entfernt. Es trat eine Zellgewebseiterung auf, die chirurgisch behandelt wurde. Die Affection war beinahe geheilt, als sich plötzlich Trismus und Tetanus einstellten und fast 4 Wochen anhielten. Während dieser Zeit war die Kranke nach der Billroth'schen Klinik transportirt worden. Sie erholte sich hier trotz der heftigsten tetanischen Anfälle und wurde, nachdem noch aus einer eiternden Fistel an der Hohlhand, die Ursache der Eiterung, ein Holzspahn, entfernt worden war, geheilt entlassen. Von diesem Spahne impfte E. 2 Kaninchen. Das eine ging, nachdem am zweiten Tage typischer Tetanus aufgetreten, zu Grunde. Bei dem andern Versuchsthier entwickelte der Tetanus sich am dritten Tage, und es konnte bisher am Leben erhalten bleiben.

(*Wien. med. Wochenschr. No. 20, 88.*) *R.*

Verein deutscher Aerzte in Prag.
Sitzung vom 6. April 1888.

Prof. Pick: Ueber therapeutische Wirkung des Anthrarobin.

Als beste Applicationsformen empfehlen sich die 10—20 procentige Salbe und die 10—20 proc. alkoholische Tinctur. Selbst bei wochenlanger Anwendung macht sich keine Spur von Entzündung oder Jucken der Haut bemerkbar. Desgleichen fehlt auch jede entzündliche Reizung der Conjunctiva nach Einreibung im Gesichte. Durch dieses Fehlen der lästigen Nebenerscheinungen unterscheidet das Anthrarobin sich vortheilhaft vom Chrysarobin, welches jedoch stärker wirkt und eine kürzere Behandlungsdauer erfordert. —

Die Wirkung des Anthrarobin wird durch vorheriges Einreiben mit Schmierseife oder Spirit. sapon. kalinus wesentlich verstärkt. Hierbei nimmt das auf die Haut applicirte Anthrarobin (durch Uebergang in ein Oxydationsproduct) eine braune Färbung an. Wahrscheinlich ist die Wirkung des Chrysarobin wie die des Anthrarobin durch Oxydation dieser Körper bedingt. Vortr. hat das Mittel bisher in einigen Fällen von Psoriasis, Ekzema marginatum und Pityriasis versicolor angewendet und wahrgenommen, dass die zuletzt genannten beiden Affectionen dabei schnell heilen, dass bei Psoriasis Anthrarobin zwar längere Zeit angewendet werden müsse als Chrysarobin, dafür aber auch am Gesicht und Genitalien Verwendung finden könne, weil es keine Hautentzündung bewirke. Vor der Pyrogallussäure zeichnet sich Anthrarobin durch intensivere locale Wirkung und Unschädlichkeit in Bezug auf den Gesammtorganismus aus.

(*Wien. med. Presse No. 23, 88.*) *R.*

Kinderärztegesellschaft zu St. Petersburg.
Sitzung vom 15. Jan. 1888.

Prof. Bystrow theilt 3 Fälle von Meningitis bei Kindern mit, von welchen 2 genasen, trotzdem dass die Krankheit zweifellos tuberculösen Characters war. Die Cur bestand in Anwendung von Jodkalium, Eis auf dem Kopf und Derivantien. Der eine Fall betraf ein Kind von 6 Jahren aus nicht tuberculöser Familie. Die Hirnerscheinungen verschwanden nach 4 Wochen und nach 2 Jahren war das Kind beim besten Wohlbefinden. Prof. B. muss gestehen, dass er es in Anbetracht des günstigen Ausganges nicht mit einer Meningitis tuberculosa, sondern mit einer Leptomeningitis zu thun hatte. Der zweite Fall betraf einen einjährigen aus einer zur Phthisis erblich veranlagten Familie. Hirnerscheinungen schwanden nach 4 Monaten. Auch hier war die Aehnlichkeit mit Meningitis tuberculosa sehr in die Augen fallend. Der dritte Fall betraf ein scrofulöses, an Ekzem leidendes, sehr heruntergekommenes Kind, welches zuerst abzumagern begann und bald darauf alle Symptome einer tuberculösen Meningitis mit Hydrocephalus acutus darbot. Die Untersuchung des Augenhintergrundes dagegen liess keine Tuberkel nachweisen. Section ergab ausser Symptomen des Hydrocephalus keine Tuberkel und auch keine Vergrösserung der Bronchialdrüsen. Somit giebt es nach B. Fälle von Meningitis, welche in klinischer Beziehung von der tuberculösen

Form nicht zu trennen sind, weshalb die Prognose in Fällen von diagnosticirter Meningitis tuberculosa, (besonders wenn noch keine Lähmungen eingetreten sind, Rauchfuss) nicht sofort als hoffnungslos zu stellen ist. (Wir haben diese Fälle etwas ausführlich referirt, obgleich sie in therapeut. Beziehung wenig Interesse darbieten. Wir glauben jedoch diese 8 Fälle als einen Beweis dessen zu betrachten, dass absolut tödtliche Krankheiten, zu welchen ja die sicher constatirte tuberculöse Meningitis gehört, stets so zu behandeln sind, als ob man sich in der Diagnose geirrt haben könnte, anstatt wie viele Aerzte in solchen Fällen solaminis causa eine ganz indifferente Therapie einleiten. Ref.)

(Wratsch 1888/3.) *Friedlaender (Pawlowsk).*

Académie de Médicine. (Paris).

Sitzung am 14. August 1888.

G. Sée: Ueber Aneurysmen und Bacillen und ihre Behandlung mit Jodkalium und Antipyrin.

S. ist durch die Thatsache überrascht worden, dass mit Aneurysmen behaftete Individuen häufig tuberculös werden und an einer schleichenden, cavernösen Phthise zu Grunde gehen. Das Vorhandensein eines Aorten-Aneurysmas schliesst den Koch'schen Bacillus nicht aus, sondern begünstigt seine Entwickelung und Vervielfältigung (in Folge unvollständiger Respiration und Circulation). Zu viel Sauerstoff schadet den Bacillen, wenig Sauerstoff begünstigt ihre Entwickelung. Bezüglich der Provenienz des Bacillus ist S. geneigt, das Vorhandensein einer bacillären Endarteritis anzunehmen, ohne jedoch dafür einen stichhaltigen Beweis beibringen zu können.

Die früher zur Behandlung der Aneurysmen empfohlene Filipunctur und Electropunctur wird jetzt allgemein verworfen. Gegenwärtig giebt es nur eine Methode: Die Jodbehandlung und daneben Antipyrin und seine Analoga. Die gewöhnlichen Herzmittel sind durchaus zu verwerfen, nur das Spartein ist von Nutzen. Ganz besonders verdient die Anwendung des Antipyrin gegen die persistirenden Schmerzen und Druck-Neuralgien gerühmt zu werden. Seit 18 Monaten bedient S. sich des Antipyrins (Analgesine) in allen Fällen von Aneurysma und Angina pectoris. Stets erzielt er dabei günstige Resultate, daher möchte er dieses Mittel nicht gegen ein anderes z. B. gegen das Phenacetin oder Acetanilid vertauschen. Vortragender hebt schliesslich mit Nachdruck hervor, dass Jodkalium und Antipyrin die wahren und einzigen Heilmittel des Aneurysma seien.

Dujardin-Beaumetz möchte das Antipyrin nicht für ein inoffensives Mittel halten, da bereits mehrere Vergiftungsfälle bekannt geworden seien. Er bedient sich seit lange des Phenacetins, ohne toxische Erscheinungen beobachtet zu haben.

(Le Progrès méd. No. 33, 88.) *R.*

Société médicale des Hôpitaux de Paris.

(Sitzung vom 9. März 1888.)

Comby hat seit 15 Monaten die **therapeutische Wirkung des Phosphors bei Rachitis** geprüft. 40 Kinder, im Alter von 3 Monaten bis 10 Jahren, erhielten täglich 1 bis 2 Milligramm Phosphor in Leberthran (1 Liter Leberthran, 0,10 Phosphor — 1 bis 4 Kaffeelöffel täglich). Dies ist die Kassowitz'sche Methode, welche 8 bis 12 Monate hindurch Anwendung fand. Niemals wurden bedenkliche Nebenerscheinungen beobachtet. Von den 40 in dieser Weise behandelten Patienten zeigten 21 Besserung, 18 blieben unverändert und 1 Patient wurde schlechter. Dagegen wurden von 40 andern rachitischen Kindern, die zu derselben Zeit mit Soolbädern behandelt wurden, 2 ganz geheilt und 34 gebessert. Aus diesen Beobachtungen dürfte der Schluss erlaubt sein, dass die äussere Behandlung mit Salz (Bäder, Kochsalzbäder, Aufenthalt an der See) den Vorzug vor der internen Behandlung (welcher Art dieselbe auch sein möge) verdiene.

(Le Progrès méd. No. 11, 1888.) *R.*

Sitzung vom 8. Juni 1888.

Debove: Behandlung der chronischen Diarrhoe mit Talcum (Magnesium silicicum).

Es lag D. daran die chronische Diarrhoe mit einem ganz inoffensiven Pulver zu behandeln. Deshalb bediente er sich des pulverisirten Talks, von dem er seine Patienten bis 600 g ohne jede Störung nehmen lassen konnte. Die mittlere Dosis betrug 200 g (in Milch vertheilt). Auf die hartnäckige Diarrhoe der Phthisiker (bedingt durch tuberculöse Ulcerationen) sah er gewöhnlich Verstopfung folgen. Mit Hülfe dieses Mittels konnten viele Patienten auch Milch (die sonst Diarrhoe verursachte) und auch grosse Dosen Oel (bis 500 g) in 24 Stunden vertragen.

(Le Progrès méd. No. 24, 88.) *R.*

Ueber die physikalische Behandlung chronischer Magen- und Darmkrankheiten. Von Prof. Dr. H. v. Ziemssen.

V. bespricht in seinem Vortrage besonders die von ihm selbst ausgebildete methodisch-elektrische Behandlung gewisser Magen- und Darmkrankheiten und ihre Indicationen. Seine Methode besteht in der percutanen Magenelektrisation; er verwendet 2 gepolsterte, schwach gebogene Elektroden von 600 qcm resp. 500 qcm Grösse, deren grössere auf die vordere Bauchwand in der Richtung vom Pylorus zum Fundus, die kleinere vom Fundus zur Wirbelsäule, der Lage des Magens entsprechend, wohl durchgefeuchtet angelegt wird. Der Abstand zwischen den über dem Fundus ventriculi liegenden Rändern der Elektroden soll nicht mehr als 1—2 cm betragen. Die Stromstärke muss bei der Grösse der Elektroden sehr beträchtlich sein. Beim Inductionsstrom, sowie bei Commutationen des constanten Stromes müssen kräftige Contractionen der Bauchmuskeln u. s. w. eintreten.

Der erste und wichtigste Effect dieser percutanen Magenelektrisation ist eine auffallende Anregung des Appetits, mit der eine entschiedene Zunahme der activen Verdauungsfähigkeit des Magens Hand in Hand geht. Infolge dessen lässt v. Z. die Elektrisation des Magens vor dem Mittagessen vornehmen, um ihre Wirkung möglichst für die Hauptmahlzeit auszunutzen. Da die meisten für die Magenelektrisation sich eignenden Fälle zugleich einer Auffrischung des Nervensystems bedürfen, so lässt v. Z. eine trockne Bürstenelektrisation der Haut des Bauches, der Brust und des Rückens von 2—3 Minuten Dauer folgen und benutzt ausserdem womöglich auch noch die übrigen, generellen, peripherisch-sensiblen Reizmethoden (bzw. therapeutische Abreibungen, Soolbäder, Kohlensäurebäder, allgemeine Massage).

Die günstige Wirkung der physikalischen und in erster Linie der elektrischen Behandlung des Magens ist vor allem durch eine directe Einwirkung auf die Magenwand, speciell auf deren Nerven- und Drüsenapparat, in zweiter Linie als Reflexwirkung von den sensiblen Nerven der Haut aus zu erklären.

Bezüglich der Indicationen für dieses Verfahren steht obenan die nervöse Dyspepsie, sowie alle andern Beschwerden der Hysteriker und Neurastheniker, die digestive Hypersensibilität, die nach Vernarbung von Magengeschwüren sehr häufig für längere Zeit zurückbleiben und die atonische Verdauungsschwäche. Bei der eigentlichen Magenerweiterung lässt diese Behandlungsmethode im Stich.

In ähnlicher Weise wird die methodische Elektrisation des Darmes vorgenommen, indem auf die vordere Bauchfläche eine dieselbe völlig deckende Elektrode angelegt wird, während die andere Elektrode von gleicher Grösse der Rückenfläche des Unterleibes angepasst wird. Die Wirkung der Elektrisation besteht nun in einer Anregung der motorischen Innervation seitens der motorischen Darmganglien und Darmnerven, einer Vermehrung der Darmsaftsecretion und vielleicht auch des pancreatischen Saftes und Gallenflusses. Diese Methode ist sehr werthvoll bei den Zuständen von digestiver Atonie des Darmes und den zahllosen Beschwerden der Darm-Hypochonder und Neurastheniker; sie ist dagegen unwirksam bei der habituellen Obstipation, die am besten durch die Massage in der Weise bekämpft wird, dass man tief in den Leib hineingreifend, die einzelnen Darmpartien zwischen den Fingern zusammenzupressen sucht. Ebenso ist die Massage von sehr grosser Bedeutung bei den in Folge von chronischer partieller Peritonitis vorhandnen Verwachsungen der Darmschlingen unter einander und mit den Nachbarorganen, welche mechanische Hindernisse für die Darmbewegung setzen. Zu der elektrischen Behandlung und der Massage gesellen sich dann noch die thermischen resp. hydropathischen Methoden, von denen die morgendliche nasskalte Abreibung, die einstündige nasse Einpackung mit nachfolgender kalter Douche, das abgeschreckte Halbbad und die schottische Douche bei chronischen Magendarmkatarrhen, bei Magen- und Darmatonie häufig von grossem Nutzen sind.

(Klinische Vorträge XII.)

Schmey (Beuthen).

Practische Erfahrungen über die zuckerige und einfache Harnruhr. Von Prof. Eichhorst (Zürich). (Nach einem Vortrage auf der Frühjahrsversammlung des zürcherischen cantonalen Aerztevereins in Winterthur am 7. Mai 1888.)

In Bezug auf die Aetiologie des Diabetes mellitus verfügt E. über eine Beobachtung, in welcher in unzweideutigster Weise Heredität bestand. Es handelt sich um einen diabetischen Chemiker, der den Urin seines Grossvaters, Vaters und seiner zwei Brüder vielfach auf Zucker untersucht und den Zuckergehalt quantitativ bestimmt hatte. Auch der Urgrossvater hatte an Zuckerharnruhr gelitten. Die Krankheit soll nur bei dem männlichen Theile der Familie in der Zeit zwischen dem 30.—35. Lebensjahre vorgekommen sein. — Auf eine beachtenswerthe Ursache für Diabetes mellitus wurde E. durch einen an Diabetes leidenden Director einer Zuckerfabrik hingewiesen, der als Ursache seiner Krankheit seinen Beruf angab und mittheilte, dass Zuckerharnruhr bei Angestellten von Zuckerfabriken ungewöhnlich häufig vorkomme. Aehnliche Angaben wurden E. bald darauf von einem zweiten, gleichfalls an Diabetes erkrankten Director einer Zuckerfabrik gemacht. Uebrigens sollen auch, wie in der Litteratur angegeben ist, die Neger in Zuckerplantagen häufig an Diabetes leiden. — Ehe E. zur Besprechung der Behandlung des Diabetes übergeht, hält er es für angezeigt, die Frage zu berühren, ob es unter allen Umständen wünschenswerth erscheint, die Zuckerausscheidung durch den Harn so schnell und so vollkommen als möglich zu unterdrücken. Diese Frage möchte er durchaus nicht mit einem unbedingten Ja beantworten, denn es kann sowohl die Schnelligkeit als auch die Vollkommenheit, mit welcher die Zuckerausscheidung beseitigt wird, für den Kranken mit grossen Gefahren verknüpft sein. Es verdient auch erwähnt zu werden, dass die plötzliche Einführung einer möglichst absoluten Fleischdiät von Gefahren gefolgt sein kann. Unter solchen Umständen droht nämlich die Gefahr der sog. Acetonaemie, die ausserordentlich schnell dem Leben ein Ziel zu setzen vermag.

Bei der Behandlung des Diabetes mellitus kommen wesentlich drei Dinge in Betracht, einmal das diätetische Verfahren, sodann die eigentliche medicamentöse Therapie und endlich die Brunnenbehandlung.

Die diätetische Behandlung muss den Grundstock jedes anderen therapeutischen Verfahrens bilden. Es ist der Grundsatz festzuhalten, dem Pat. so viel wie möglich Albuminate und auch Fette, so wenig wie möglich Zucker und Kohlehydrate zu gestatten. Bei der grossen Schwierigkeit, sich auf die Dauer des Zuckers in Speise und Trank zu enthalten, wird man es nicht hoch genug zu schätzen wissen, dass neuerdings in dem Saccharin ein Surrogat für den Zucker gefunden ist, welches Diabetiker ohne Schaden beliebig lange gebrauchen können. Bei etwaigem Eintritt von unangenehmen Erscheinungen (Brechneigung, Widerwille u.s.w.) nach zu starkem und zu lange fortgesetztem Gebrauch, ist das Saccharin nur für einige Tage auszusetzen. Alsdann kann dasselbe wieder vorsichtig weiter gebraucht werden. Das von Sprüngli in Zürich unter dem Namen des Saccharin-Cacao auf den Markt gebrachte Präparat eignet sich ganz besonders zum Morgen- und Nachmittagsgetränke.

Bei der eigentlich medicamentösen Behandlung des Diabetes mellitus kommen verschiedene Mittel in Betracht. Welches Mittel den Vorzug verdient, ist schwer zu entscheiden. In dem einen Fall zeigt sich der Arsenik von evidentem Nutzen, in dem andern lassen alle gebräuchlichen Mittel im Stich und nur die Opiumtherapie bringt Besserung, in einem dritten Falle bewährt sich wiederum der Carlsbader Brunnen. — Auch die Salicylsäure und das Natron salicylicum sind nicht Mittel, die unter allen Umständen Nutzen bringen. Die von Gönner (Vergl. Therap. Monatsheft., Jahrg. 1., S. 451) empfohlene Antipyrinbehandlung hat E. in einem Falle ohne jeden Erfolg versucht. Dagegen zeigte dieselbe sich sehr wirksam bei einem an Diabetes insipidus leidendenden, 38jährigen Manne, dessen 24stündige Harnmenge bis auf 13,000 ccm gestiegen war. In diesem Falle vermochte eine tägliche Darreichung von 5,0 Antipyrin die Harnmenge zur Norm zurückzuführen.

Was schliesslich die Brunnenbehandlung der Harnruhr betrifft, so verdient unter allen Orten Carlsbad den Vorzug.

Eine dauernde Genesung wird auch nach einer glücklich und erwünscht verlaufenen Carlsbader Kur in der überwiegenden Mehrzahl der Fälle ausbleiben.

(Corresp.-Blatt für Schweizer Aerzte No. 13, 1888).

R.

Ueber Calomelbehandlung der Tuberculose. Vorläufige Mittheilung von Dr. G. Martell (Breslau).

Die als Infectionskrankheit erkannte Tuberculose entsteht durch Invasion der Tuberkelbacillen, welche theils durch Contact-Infection, theils durch Inhalation in den Organismus gelangen, sich hier ansiedeln und vermehren, um je nach ihrem Ansiedlungsort entweder centrale oder periphere Tuberculose zu erregen. — Die ursächliche Einheit der äusserlichen und innerlichen Tuberculose schreibt auch ein einheitliches

Heilverfahren vor. Nach den neusten Untersuchungen steht es fest, dass im Sublimat das geeignetste Antisepticum gegen den Parasiten gegeben ist. Lösungen von 1:20000 vermögen schon die kleinsten Mikroorganismen zu zerstören; stärkere Lösungen können Vergiftungserscheinungen hervorrufen, schwächeren gegenüber behält der tuberkulöse Process seine Widerstandskraft. — Es lag nun der Gedanke nahe, ein dem Sublimat näher stehendes Trockenpräparat anzuwenden, um dadurch die häufigen Vergiftungserscheinungen zu verhüten. Als solches empfiehlt sich das Calomel. Da dasselbe in Gegenwart von Kochsalz in Sublimat umgewandelt wird, und diese Umwandlung durch die Körpertemperatur begünstigt wird, so ist die antiseptische Wirkung des Calomels als eine Sublimatwirkung aufzufassen. Das Ausbleiben der Vergiftungserscheinungen erklärt sich durch die Entstehung der Verbindung des Sublimat-Albuminates aus dem Calomel, welches der Fäulniss gegenüber sehr widerstandsfähig ist und — da es schwer löslich — zugleich den Körper vor der Aufsaugung des giftig wirkenden Sublimats bewahrt. — Aus diesem Grunde hat auch Lister neuerdings die Sublimat-Albuminat-Präparate in die Wundbehandlung eingeführt. Desgleichen hat Töply das Calomel als Antisepticum gegen äussere Wunden empfohlen. — Seit 3 Jahren hat Verf. die Wirkung des Calomels auf tuberculöse Processe geprüft und gefunden, dass das Calomel zur Bekämpfung dieser Processe als das geeignetste specifische Antisepticum angesehen werden muss, bei dessen Anwendung (unter den nöthigen Vorsichtsmaassregeln) gar keine Intoxicationen auftreten dürfen.

Durch die Einführung des Calomels ergiebt sich die Möglichkeit, das Quecksilber auch gegen den tuberculösen inneren Process, speciell den der Lungen, in Anwendung zu ziehen. — Bei äusseren tuberculösen Processen wirkt es als Streupulver durch unmittelbare Berührung, bei Lungentuberculose durch den Contact des Pulvers mit den erkrankten Theilen auf dem Wege der Inhalation. Durch die Calomelbehandlung hat M. bei tuberculösen Processen die günstigsten Wirkungen erzielt.

(*Prag. med. Wochenschr. No. 23, 1888.*)

R.

Die örtliche Behandlung der Lungentuberculose durch parenchymatöse Kreosotinjectionen. Von Dr. Leon Rosenbusch, Secundärarzt am genannten Krankenhause. (Aus dem allgemeinen Krankenhause in Lemberg).

Der immer wieder auftauchende Gedanke der localen Behandlung der Lungentuberculose hat Verf. veranlasst bei einem grossen, ihm zur Verfügung gestellten Material — nach einigen nicht befriedigenden Versuchen mit Menthol — parenchymatöse Injectionen mit Kreosot zu versuchen, welche so überraschend günstige Resultate lieferten, dass sie in der That der Veröffentlichung werth erscheinen. Wenn man die beigegebenen 10 Krankengeschichten durchliest, so kann man sich dem Eindruck nicht verschliessen, dass wir, wenn unser jetziges Können auch vielleicht nur erst ein Uebergangsstadium darstellt, doch entschieden auf gutem Wege sind, hoffentlich recht bald dieser heimtückischen Krankheit erfolgreich gegenüber treten zu können. Mag diese Hoffnung keine trügerische sein. —

Nach R.'s Schilderung ist der Erfolg der Injectionen „oft geradezu erstaunlich." Häufig bleibt schon einige Viertelstunden nach der ersten Injection der fortwährende krampfhafte Husten, der bis dahin allen Opiaten in grossen Dosen getrotzt hatte, fort, fast immer aber hört derselbe nach einigen, in 2—3tägigen Zwischenpausen wiederholten Injectionen vollständig oder fast vollständig auf. Dann hebt sich der Allgemeinzustand, die Kräfte und der Appetit des Kranken, es hören die Athemnoth und die Nachtschweisse auf, die Sputa verschwinden und auch die physikalischen Erscheinungen bessern sich in auffallender Weise, u. z. zeigt sich diese Besserung fast in allen Stadien, so dass, wenn auch die beginnende Spitzendestruction die beste Zeit andeuten wird, in der die örtliche Behandlung angezeigt ist, doch selbst noch in den verzweifeltsten Fällen eine deutliche Erleichterung zu erzielen und durch Aufhebung des Hustens eine Linderung zu schaffen ist, die bisher unbekannt war.

Was die Wahl des Ortes anlangt, so machte R., da wir am häufigsten Spitzenveränderungen zu Gesicht bekommen, ferner gerade die Fälle, wo die Infiltrate noch auf die Lungenspitzen beschränkt sind, sich am meisten hierfür eignen werden und endlich die Punction dieser Stellen mit den kleinsten Gefahren verbunden ist, seine Injectionen hauptsächlich in die Lungenspitzen u. z. von der Brustseite aus in den 2. Intercostalraum oder in die Spitzen selbst und von der Tergalseite aus in die Fossa supraspinata, welcher letztere Ort als der geeignetste bezeichnet wird. Die Einspritzungen — nebenbei bemerkt sämmtlich in den Mittagsstunden applicirt — geschehen mit der gewöhnlichen Pravaz'schen Spritze, jedoch mit Nadeln von 6—8 cm Länge und müssen selbstverständlich streng antiseptisch gemacht werden. Die zu denselben benutzte Flüssigkeit ist Mandelöl, am besten mit 3 % Kreosot und hat man darauf zu achten, dass die Flüssigkeit nur langsam in das Lungenparenchym übergeht. Bei der Einspritzung darf der Kranke keine tiefen, sondern nur oberflächliche Athembewegungen machen, welche letztere dem Eingriff nicht hinderlich sind. Nach der Einspritzung bleibt der Kranke zweckmässig einige Minuten in liegender Stellung und kann dann ohne irgend welche unangenehmen Empfindungen aufstehen und auch umhergehen.

Viel scheint schliesslich auf das zu den Injectionen zu verwendende Präparat, das nur vegetabilisches Kreosot sein darf, anzukommen und giebt R. zu dessen Prüfung einige bestimmte Vorschriften, die im Original nachzulesen sind.

(*Wien. med. Presse 1888. No. 24–26.*)

G. Peters (Berlin).

Zur Behandlung des atonischen Unterschenkelgeschwürs. Von Dr. Appenrodt in Clausthal.

Es ist eine bekannte Erfahrung, dass die veralteten atonischen Unterschenkelgeschwüre auch den zweckmässigsten Methoden einen grossen Widerstand entgegensetzen. Man neigt zu der Ansicht, dass, sobald das Geschwür aseptisch behandelt werde, die venöse Stauung verhindert und die Ränder und der Grund ausgiebig zerstört werde, Heilung eintreten müsse. Besonders die Privatpraxis zeigt, dass dies nicht der Fall ist. Nach den verschiedensten vergeblichen Heilversuchen entwickeln sich in Folge beständiger Reizung Geschwüre mit ekzematöser und erysipelatöser Umgebung der Haut. Es gewährt den Anblick, als wenn Haut, subcutanes Gewebe, Fascien und Periost der Tibiakante eine starre gefässlose, lymphdurchtränkte Masse bilden.

Die Circulationsverhältnisse des Unterschenkels zu bessern, hat man, bevor an die directe Heilung des Geschwürs gedacht werden kann, mit Recht in erster Linie im Auge gehabt, doch sind die Methoden schwer durchführbar. Die Suspension ist schon aus äusseren Gründen nicht durchführbar, die zweifelhafte Cur dauert Wochen, ja Monate, und beim Aufstehen treten leicht die alten Stauungen wieder ein und verschlechtern den besseren Zustand, falls er wirklich eingetreten ist.

Die Martin'schen Binden und Heftpflasterstreifen behindern die Perspiration, maceriren und reizen die Haut, neue Ekzeme hervorrufend.

Die ausserordentliche Reizbarkeit der Haut verhindert in sehr vielen Fällen die Anwendung aseptischer Verbände trockener oder feuchter Natur.

Der Eintritt der Behandlung des Geschwürs kann allerdings erst als rationell bezeichnet werden, wenn die Verhältnisse am Unterschenkel gebessert sind, und man lasse sich nicht verleiten, die Ränder und den Grund des Geschwürs zu zerstören oder Circumcisionen zu machen.

Es schien dem Verf. bei einer Anzahl von atonischen Geschwüren mit starken Verdickungen, welche von ihm und Anderen bisher vergeblich behandelt worden waren, angezeigt, die Massage zu versuchen; nachdem die Behandlung, allerdings unter grosser Mühe, erfolgreich gewesen war, empfiehlt er dieselbe dringend.

Zuförderst wird das Geschwür mehrere Tage lang aseptisch behandelt und ebenso der ganze Unterschenkel aseptisch gemacht, weil sonst durch das Hineindrücken der Infectionsstoffe in die Lymphbahnen Abscesse und Furunkel erzeugt werden. Der Verfasser beginnt mit leichter Effleurage unter dem Knie, allmählich weiter rückwärts gehend. Die Manipulation treibt die Lymphe aus den excoriirten Stellen, ein Zeichen des Erfolges. — Zum Einfetten benutzt der Verfasser am besten das Lanolin (Jaffé und Darmstädter) wegen seiner geringen Reizlosigkeit und dem Schutz, welche die Zähigkeit des Lanolins für die Haut darbietet (man vermische es daher nicht wie sonst üblich mit Fett). Jedes Mal nach dem Massiren, wie vor demselben wird die Haut gründlich abgeseift und desinficirt; die wunden Stellen, das Geschwür selbst wird dann mit Lanolin-Mull-Läppchen bedeckt, darüber Seidenpapier gelegt und mit einer Cambric-Binde verbunden.

Zusatz von desinficirenden Stoffen zum Lanolin ist nicht nur unnöthig, sondern in den meisten Fällen schädlich. Nur wenn die Haut wenig empfindlich ist, kann man mit Jodoformgaze bedecken, welches oft Erythem macht. Man vermeide Bedecken mit impermeablen Stoffen. — Der Verfasser sah unter dieser Behandlung in Kurzem Abschwellung, Aufhören des Nässens und baldiges Auftreten der ersten Granulationen. Nur selten ist es nöthig, das Ekzem durch Zusatz von Amylum und Zinkoxyd zum Lanolin zu bekämpfen. — Die Ueberhäutung geht trotz der Granulationen langsam vor sich, man kann sich dann der Reverdin'schen Transplantationen bedienen, aber auch ohne diese kann man schliesslich Heilung erzielen. — Die Massage muss auch nach der Geschwürheilung fortgesetzt werden und das Glied ausgiebig gebraucht werden.

(Deutsch. med. Wochenschrift 1888 No. 26). ch.

Ueber die Ligatur der Schilddrüsenarterien behufs Einleitung der Atrophie von Kröpfen. Von Dr. Th. Billroth.

Da die Resultate der Kropfexstirpation immerhin zu wünschen übrig lassen, hält Verf. es für angezeigt, dass man die Operation der Unterbindung der zur Drüse zuführenden Gefässe zur Herbeiführung der Atrophie der Drüse nach Wölfler's Vorgang wieder in den Vordergrund treten lasse. Ein Erfolg sei jedoch a priori nur bei solchen Kröpfen zu erwarten, in denen noch keine ausgedehnteren Degenerationen eingetreten seien. Ob nach so herbeigeführter Atrophie eine Kachexia strumipriva eintreten werde, sei noch abzuwarten, und eine dauernde werde die Atrophie wahrscheinlich nur dann bleiben, wenn alle 4 Arterien unterbunden worden waren.

Mit Bezug auf die Technik der Operation macht Verf. auf die Dünnwandigkeit und Brüchigkeit der A. thyr. inf. aufmerksam und mahnt zur Vorsicht. Schliesslich erwähnt Verf. eines zwar erfolglosen Versuches, durch das genannte Unterbindungsverfahren auch auf Sarcome und Carcinome der Schilddrüse einzuwirken, räth aber, diese Versuche, vielleicht ganz früh und beim ersten Beginn jener Degeneration, jedenfalls zu wiederholen.

(Wien. klin. Wochenschr. No. 1, 1888.)

Freyer (Stettin).

Keine Regel ohne Ausnahme. Von Geheimrath von Nussbaum in München.

An einem Falle von Penis-Carcinom, das bereits Metastasen am ganzen Körper gesetzt hatte, weist Verf. nach, dass man manchmal auch trotz vorhandenen Metastasen noch operiren könne oder müsse, wie man überhaupt gerade in der medicinischen Wissenschaft je nach der Individualität des Falles Ausnahmen von der Regel zu machen habe.

Bei der weiteren Erörterung des Falles giebt Verf. einige practische Winke aus seiner reichen Erfahrung.

Mit Bezug auf die Narkose hebt er die Verminderung der Blutung bei der Operation als Folge der durch die Narkose erzeugten Herzschwäche hervor (Ref. sah kürzlich aus derselben Ursache eine Mamma-Amputation fast vollständig blutlos verlaufen). Will man dagegen bei schon vorhandener Herzschwäche narkotisiren, so setzt man dem Chloroform zweckmässig 30% Schwefeläther hinzu, wobei sich die excitirende Wirkung des letzteren auf das schwache Herz sehr werthvoll erweist.

Ist das Blut sehr dünnflüssig, fibrinarm und daher nicht mehr gerinnungsfähig, so lässt selbst das Glüheisen als Stypticum im Stich; dagegen bewährt sich auch in solchem Falle einzig und allein der blutstillende Tampon, wie ihn Verf. stets gebraucht hat. Er wickelt weiches, elastisches Material, etwa Schwamm, Watte, Brotteig, in Guttaperchapapier locker ein und klebt dasselbe mit Chloroform gut zu. Solchen Tampons giebt er jede gewünschte Form und erzielte mit denselben meistens eine ebenso sichere Blutstillung, wie mit dem Finger oder der Hand.

Als Vorzug der glühenden Instrumente bezeichnet Verf. die geringe Gefahr der Nachblutung, weil der Thrombus sich von Stunde zu Stunde vergrössert, während im Gegensatz hierzu die mit dem kalten Messer durchschnittenen kleinen Gefässe in Folge des Seitendruckes der Blutsäule und der Collateralcirculation sich allmählich erweitern und, sobald der Herzstoss wieder kräftiger geworden, leicht bluten.

Ein fernerer Vorzug ist der spätere Eintritt des Recidivs. Verf. erinnert an die Erfolge der Landolf'schen Aetzpaste und ist überzeugt, dass, wie die letztere, so auch die Glühhitze intensiver zerstörend auf die nachbarlichen Keime einzuwirken vermöge und thatsächlich einwirke, als das Messer.

Endlich werde durch die Glühhitze das Operationsfeld mit einem schützenden, aseptischen Schorfe bedeckt, und die Reaction sei eine geringere.

(Wien. med. Presse No. 20. 1888.)

Freyer (Stettin).

Zur Behandlung der Wanderniere. Von Dr. Paul Niehans, Chefarzt d. 2. chir. Abth. d. Inselspitals in Bern.

Gegenüber der operativen Behandlung der Wanderniere hat in neuester Zeit Lindner die Bandagenbehandlung in erster Linie zu versuchen empfohlen. Dementsprechend hat Verf. in einem Falle folgenden Apparat vorzüglich bewährt gefunden: Von einem doppelten Leistenbruchbande steigt an der betreffenden Seite ein federnder Stahlbügel empor, an dessen oberem Ende eine Pelotte im Kugelgelenk steht und vermittelst eines leichten Gurtes gegen den Leib angeschmiegt wird. In Rückenlage wird der Apparat angelegt, die Pelotte vor die möglichst reponirte Niere gelegt und der Bügel nunmehr unten am Bruchbande festgenietet. Der Apparat kann zur Nacht abgenommen werden.

(*Centralbl. f. Chirurg., No. 19, 1888.*)

Freyer (*Stettin*).

Das „Megaloskop" des Dr. Boisseau du Rochet in Paris. Mitgetheilt von Dr. W. v. Vragassy.

Verf. hatte Gelegenheit, genanntes Beleuchtungs-Instrument auf Péan's Klinik im Hôp. St. Louis für diagnostische und operative Zwecke in Verwendung zu sehen. Der Erfinder nannte das Instrument „Megaloskop", weil man durch dasselbe ein grosses Gesichtsfeld von dem Object erhält. Es ist mit einer Vorrichtung für elektrische Beleuchtung und mit einem Fernrohr versehen. Für Magen, Blase und Rectum hat es besondere Modificationen und functionirt vorzüglich. Mit Bezug auf die genauere Beschreibung des Instruments ist auf das Original zu verweisen.

(*Wiener med. Presse, No. 2 u. 3, 1888.*)

Freyer (*Stettin*).

Beiträge zur Therapie des Carcinoma uteri mit einer Anmerkung über Hydrometra. Von Prof. Dr. H. Chrobak in Wien.

Chrobak steht auf Seiten derjenigen Gynäkologen, welche bei anscheinendem Beschränktsein des Carcinoms auf den unteren Gebärmutterabschnitt sich mit einer der Partialexstirpationen, der vaginalen bez. der keilförmigen oder hohen Amputation der Portio begnügen und nicht gleich die Totalexstirpation des Uterus machen.

Chrobak, welcher vorläufig nicht im Stande ist, Zahlen über die von ihm selbst zur radicalen Entfernung des Krebses vorgenommenen Operationen anzugeben, citirt die von Schröder, Hofmeier, Martin, Olshausen, Fritsch und Leopold veröffentlichten Publicationen über ihre Resultate mit der Totalexstirpation bez. der Partialoperationen. Verf. erwähnt hierbei, dass bisher keine der durch Totalexstirpation des Uterus operirten Frauen, deren Schicksale weiter bekannt geworden, 4 Jahre nach der Operation noch am Leben gewesen sei, und dass er selbst aus eigener Erfahrung keinen Fall von Totalexstirpation ohne nachfolgendes Recidiv kenne (dem Ref. ist eine Frau bekannt, bei welcher Gusserow im Sommer 83 die Totalexstirpation wegen Uteruscarcinoms ausführte. Als die Pat. sich vor wenigen Monaten, 4½ Jahr nach der Operation, zuletzt vorstellte, war sie noch recidivfrei).

Verf. betrachtet als die Hauptgefahr bei der Totalexstirpation das Einimpfen von Krebskeimen in das parametritische Gewebe und entfernt auch bei der Amputation der Portio stets zuerst die vordere Lippe, um eine Infection der Schnittfläche der hinteren Lippe durch die Krebsmassen zu verhüten. Er setzt zwar auf die Totalexstirpation des Uterus grosse Hoffnungen, sei aber noch nicht in der Lage, mit Sicherheit immer die Entscheidung zu treffen, ob im einzelnen Falle partielle Excision oder Totalexstirpation am besten sei. Bei Portiocarcinomen habe er mit der partiellen Excision so günstige Resultate erlebt, dass er hierfür vorläufig bei den Partialexstirpationen verbleiben werde.

Bei inoperabelem Uteruscarcinom hat Chrobak in den letzten 10 Jahren 96 mal die Ausschabung mit nachfolgender Aetzung gemacht, nachdem vorher, soweit es anging, das Kranke mit Messer und Scheere abgetragen war. Als Aetzmittel verwandte er gewöhnlich rauchende Salpetersäure. Die Nachbehandlung bestand in den letzten Jahren ausschliesslich in Tamponade mit Jodoformgaze. Eine der Pat. ist im Anschluss an die Auskratzung in Folge von Sepsis gestorben, die übrigen Frauen wurden theils momentan geheilt, theils ungeheilt nach 2—4 Wochen aus dem Krankenhaus entlassen. Bei einer von diesen konnte erst nach über 4 Jahren ein Recidiv constatirt werden. 2 Mal war es in der Zwischenzeit zu einer Hydrometra gekommen. Verf. liess die Flüssigkeit jedes Mal chemisch untersuchen und theilt das Resultat der qualitativ und quantitativ ausgeführten Analysen mit. Die Resultate mögen im Original nachgesehen werden.

In einem 2. Fall (auf die Scheide übergegriffenes Cancroid der Portio bei 32 jähriger Pat.) hat Verf. 2 mal operirt; das 2. Mal 10 Monate nach der ersten Operation. Als Verf. die Pat. 2½ Jahre später zuletzt sah, war sie noch recidivfrei. In 8 weiteren Fällen, wo allerdings die Frauen fortwährend behandelt werden mussten und wiederholt geätzt wurden, gelang es dem Verf., das Leben der Kranken 2 Mal über 2, 1 Mal über 4 Jahre in leidlich gutem Zustande zu erhalten.

Auch die Vernähung der ausgekratzten Wundflächen bei inoperabelem Carcinomen hat Chrobak relativ gute Resultate ergeben. Der Krebs scheint sich danach langsamer zu verbreiten, als wenn er äusseren Insulten und der Berührung mit den Secreten des Genitalschlauches ausgesetzt ist.

(*Wien. med. Wochenschr. No. 44 u. 45.*)

Veit (*Berlin*).

Inversio uteri completa. Von Teuffel aus Chemnitz.

Verfasser theilt einen Fall von vollständiger Inversion der Gebärmutter nach einer Zangenentbindung mit beim (spontanen) Austritt der Placenta, die sich leicht ablöst. Die Umstülpung wurde durch Druck mit der Faust in die Vagina gebracht, eine Reinversion gelangt aber erst durch folgende $1^1/_2$ Stunden p. p. ausgeführte Manipulation: von der hinteren Umschlagsfalte wird der Uterus mit der in die Vagina eingeführten Hand nach vorn gedrängt, während die andere von aussen her hinter den Uterus greift und die Umschlagsstelle fixirt; nun drücken die Spitzen der 3 mittleren Finger innen nach vorn und oben, während von aussen vorsichtig nach hinten und unten geschoben wird. So gelang in ziemlich kurzer Zeit die Reinversion, ohne dass die Anheftungsstellen des Uterus gedrückt oder gedehnt wurden. Der sonstige Verlauf war normal. Als Aetiologie wird die kurze Nabelschnur angegeben, an der möglicherweise gezogen wurde.

(Centralbl. f. Gynaecol. No. 23/88.)

Landsberg (*Stettin*).

Die Essigsäure als Desinficiens in der Geburtshilfe. Von Dr. Engelmann (Kreuznach).

Nach Eingebung der Essigsäure als Mittel bei Diphtheritis hat E. dasselbe (in 3—5% Stärke) auch bei geburtshilflichen Operationen angewandt, deren Zahl allerdings dem Verfasser selbst für ein abschliessendes Urtheil noch nicht genügend gross erscheinen. Er rühmt der Essigsäure vor allem die absolute Unschädlichkeit nach, die ihre antiseptische Wirkung aber nicht beeinträchtigt, ihre blutstillende Kraft, die Fähigkeit leicht die Gewebe zu durchdringen (im Gegensatz namentlich zum Sublimat, das mit den Eiweisskörpern unlösliche Verbindungen eingeht) und eine gegenüber dem Sublimat geringere angreifende Einwirkung auf die Instrumente.

(Centralbl. f. Gynaecol. No. 21, 88.)

Landsberg (*Stettin*).

Ueber Kreuznacher Mutterlauge und Chlorcalcium in der Behandlung der Hautkrankheiten. Von Dr. Lier (Kreuznach).

Die Annahme, dass der günstige Einfluss der Kreuznacher Quellen auf deren Gehalt an Brom und Jod beruhe, ist irrig; das günstige Agens derselben muss in dem Chlorcalciumgehalt gesucht werden. Verf. hat bei mehreren Patienten mit Psoriasis universalis, skrophulösem Ekzem, Ichthyosis hystrix etc. genau controlirte Versuche angestellt, aus denen sich ergiebt, dass die gute Wirkung der Kreuznacher Mineralbäder und anderer chlorcalciumhaltiger Heilquellen bei Hautkrankheiten auf einem Agens beruht, „welches den centrifugalen Secretionsstrom der Haut, sowie die endosmotischen und exosmotischen Vorgänge der Zellen energisch beeinflusst". Es ist dabei eine Oberflächen- und Tiefenwirkung zu unterscheiden. Erstere erzielt Trockenheit bei Erythemen, nässenden Ekzemen, impetiginösen Affectionen, Psoriasis, tuberculösen Drüsen. Die Tiefenwirkung, welche Aufquellung, Erweichung, Verflüssigung bewirkt, ist zu benützen bei pruriginösen keratoiden Ekzemen, Ichthyosis, Sclerodermien etc. Die Oberflächenwirkung wird erreicht durch kürzere, kühlere Mineralbäder mit wenig oder keinem Zusatz von Mutterlauge, durch Mutterlaugenleime, -pasten mit geringem Fettzusatz; Tiefenwirkung wird erzielt durch wärmere, länger dauernde Bäder, Leime und Pasten mit stärkerem Fettzusatz; die Anwendung des Chlorcalcium ist eine analoge.

(Monatsh. f. pract. Dermatol. 1888, No. 8.)

George Meyer (*Berlin*).

Toxikologie.

Ein Fall von acuter, tödtlich verlaufener Vergiftung mit Bleiweiss. Von Dr. M. Freyer, Kreisphysikus in Stettin.

Die Seltenheit acuter, tödtlich verlaufener Vergiftungen mit Bleiweiss giebt mir zur Publication des nachstehenden, zur gerichtlichen Verhandlung gelangten Falles Veranlassung.

Von einer verheiratheten, im Anfange der Dreissiger stehenden Frau waren in der Meinung, schwanger zu sein, behufs Abtreibung der Leibesfrucht für 5 Pf. Bleiweisspulver und für 10 Pf. Blutreinigungstropfen eingenommen worden. Für die genannten Beträge erhält man, wie gelegentlich festgestellt wurde, von dem ersteren Präparat 45 g, von dem letzteren, aus Turion. Pini, Lign. Guajaci, Lign. Sassafras, Fruct. Juniperi und Spirit. vini dilut. durch Digeration bereiteten Tropfen ca. 15 g.

Die ersten Krankheitserscheinungen scheinen erst mehrere Stunden nach dem Einnehmen aufgetreten zu sein und bestanden in heftigen Schmerzen im Hinterkopfe und im Kreuze, in unlöschbarem Durste und heftigem Erbrechen. Wie das Erbrochene anfangs ausgesehen, war nicht mehr zu ermitteln, später hat es eine intensiv grüne Farbe gehabt. Unter Zunahme dieser Erscheinungen traten am vierten Tage Krämpfe ein, die sich mehrmals wiederholten und unter denen am fünften Krankheitstage der Tod erfolgte. Nach dem Tode bemerkte man an den Beinen der Verstorbenen sowie auf der Unterlage Blut.

Die sechs Tage nach dem Tode vorgenommene Section ergab bei der bereits hochgradig in Fäulniss übergegangenen Leiche, dass die Magenschleimhaut in der Nähe des Zwölffingerdarmes eine röthliche, am Magengrunde eine schwärzliche Farbe hatte und hier wie mit Kohlenstaub bestreut aussah. Oberflächliche Abschürfungen oder Anätzungen waren nirgends zu bemerken. Die Zunge hatte einen grauen, körnig aussehenden, weichen Belag; ein sog. Bleisaum war an den Zähnen nicht zu sehen.

Schwangerschaft lag gar nicht vor.

Die chemische Untersuchung der Leichentheile ergab, dass in letzteren nur Spuren von Blei nachzuweisen waren, während anderweitige Gifte in denselben nicht gefunden worden sind.

In der Litteratur über acute Bleiweissvergiftungen finde ich nur, dass man nach 20—25 g schwere Vergiftungserscheinungen beobachtet hat, und dass ein Kind von fünf Jahren, das ein mit Oel verriebenes Stück Bleiweiss in der Grösse einer Marmorkugel (also vielleicht 5—10 g) genossen hatte, nach 3 Tagen verstorben ist (Seidel, Vergiftungen etc., in Maschka's Handb. d. ger. Med., Bd. II, S. 271). Tübingen, 1882).

Dass man trotz Einführung grosser Bleimengen in den Magen später aus den Leichentheilen oft nur Spuren von Blei chemisch darzustellen vermag, liegt bekanntlich daran, dass das Blei oft nicht hinreichend zur Resorption gelangt.

Das nach dem Tode bemerkte Blut an den Beinen dürfte vielleicht von einer Uterinblutung hergerührt haben, da nach C. Paul (Buchheim, Lehrb. der Arzneimittellehre, S. 240) bleikranke Frauen während der Anfälle an Uterinblutungen leiden und fast jede Schwangerschaft bei ihnen mit einem Abort zu enden pflegt.

Ein Fall von Vergiftung mit Schweinfurter Grün. Von Prof. Fürbringer.

Ein 54jähriger Drechsler hatte eine grosse Menge (angeblich 90 g, wie sich später herausstellte gegen ½ Pfd.) Schweinfurter Grün in selbstmörderischer Absicht genommen. Er wurde in einem desolaten Zustande ins Krankenhaus gebracht, Temp. 35,8, Puls kaum fühlbar, klares Bewusstsein, heftige Magenschmerzen, Durchfälle und Erbrechen. Dazu Klage über schmerzhafte Wadenkrämpfe. (In den Lehrbüchern wird gewöhnlich angeführt, dass die Differentialdiagnose zwischen Cholera nostras und Arsenvergiftung u. A. auch dadurch geleitet werde, dass Wadenkrämpfe bei Arsenvergiftung fehlten. Das trifft aber nicht zu, wie F. in diesen und auch in anderen Fällen zu beobachten Gelegenheit hatte). — Der Magen wurde ausgespült, Campher und Morphium gereicht, doch der Collaps wich nicht; es trat Exitus letalis nach 5 Stunden bei vollem Bewusstsein ein. Während nach der allgemeinen Annahme mit Arsen Vergiftete unter Krämpfen und im tiefsten Coma sterben, traf dies in diesem Falle auch nicht zu. — Bei der Section wurde neben der Gastroenteritis toxica im Magen ein ¼ bis ½ Pfd. schwerer Klumpen von Schweinfurter Grün gefunden. Ein Theil des eingeführten Giftes hatte mit dem Magenschleim einen festen Kitt gebildet, der durch Ausspülung nicht zu entfernen war.

(Verein für innere Medicin 4. Juni 1888.)

B.

Ueber Strychninvergiftung in forensischer Beziehung. Von Dr. Pierre le Mébanté (Lyon).

Eine vergleichende Studie der bekannten statistischen Daten über Vergiftungen führt zu folgenden Schlussbetrachtungen:

1. In Frankreich machen die Verbrecher von den metalloidischen Giften (Arsen, Phosphor etc.) immer weniger Gebrauch und bedienen sich mit Vorliebe der vegetabilischen Alkaloide, ganz besonders des Strychnins.
2. In England steht dieses Alkaloid besonders bei Verbrechen und Selbstmord in Gunst. Die jungen Engländerinnen wenden es gern an, um der Schande oder Verzweifelung zu entgehen. Sie benutzen es als „Battle's vermin Killer". Wie die deutschen Frauen es vorziehen, sich zu erhängen,

lieben es die Französinnen sich durch Kohlendunst, die Engländerinnen sich durch Strychnin umzubringen.

3. Die Prognose der Strychninvergiftung ist sehr ernst. Unter 126 Vergiftungen befanden sich 69 Todesfälle = 54,76 %.

Die Symptomatologie der Strychninintoxikation ist pathognomonisch: Die Plötzlichkeit des Ausbruchs, die Natur und Aufeinanderfolge der Symptome, die Schnelligkeit des glücklichen oder tödtlichen Ausganges unterscheiden sie deutlich von Epilepsie und Tetanus.

Die pathologisch anatomischen Veränderungen bieten nichts Characteristisches. Die in manchen Fällen so bemerkenswerthe Leichenstarre ist nicht constant. Die Läsionen der nervösen Centren und die vielfachen Hyperaemien der verschiedenen Organe bilden nichts besonderes und können auch bei Chorea und Tetanus angetroffen werden. Indessen kann das Fehlen einer jeden Veränderung, die den schnellen Tod und die während des Lebens beobachteten Symptome erklären könnte, zu der Vermuthung einer Vergiftung führen.

Die chemische Untersuchung wird immer schwieriger. Unmittelbar nach dem Tode angestellt, kann sie negativ ausfallen, wenn das Gift durch Erbrechen entfernt worden ist. Später (nach der Exhumirung) unternommen, wird sie oft unbestimmt. Die Fäulniss kann das Strychnin zersetzt oder zur Entstehung von Ptomaïnen Veranlassung gegeben haben, welche die chemischen Reactionen verdecken.

Das physiologische Experiment d. h. die Untersuchung der Einwirkung des Urin-Extractes auf den Frosch giebt viel genauere Anhaltspunkte als die farbigen Reactionen des Strychnins. Es sollte stets angestellt werden.

Um auf Vergiftung durch Strychnin zu schliessen, müssen daher alle Verhältnisse der Reihe nach in allen Einzelheiten betrachtet werden, die Symptome und die anatomischen Veränderungen sind sorgfältig zu prüfen, desgleichen alle chemischen Reactionen genau zu beachten und sämmtliche vorher wahrgenommene Thatsachen durch das physiologische Experiment zu controliren.

(Thèse de Lyon 1888 und Lyon méd. 21/88.)

R.

Toxikologisches über das Hydroxylamin. Von Prof. C. Binz in Bonn.

Das Hydroxylamin NH_2OH ist ein biologisch sehr interessanter Körper. Man kann mit dem Hydroxylamin in kürzester Zeit bei den Thieren, ohne Gefährdung derselben Methämoglobin machen, es ist eins der energischsten Gifte für niedere Organismen und es erzeugt unter Umständen und unabhängig von seiner Wirkung auf das Blutroth eine tiefe Narkose der Nervencentren. Alle drei Wirkungen beruhen auf seiner energisch reducirenden Kraft, wobei es dem Oxyhämoglobin Sauerstoff entzieht und dabei in Stickoxydul, salpetrige Säure und Salpetersäure übergeht. Therapeutisch hat das Hydroxylamin, welches übrigens gut krystallisirende Salze bildet, wohl nach zwei Richtungen eine Zukunft, einmal in Folge seiner eminent antimykotischen Wirkung zu Desinfectionszwecken und dann als Ersatzmittel der Pyrogallussäure und des Chrysarobins, die ja doch auch nur wegen ihrer reducirenden Wirkung verwendet werden, vor denen aber das Hydroxylamin den Vorzug besitzt, die Haut, die Wäsche und das Verbandmaterial ungefärbt zu lassen.

(Virchow's Archiv CXIII, 1.)

Schmey (Beuthen O. S.).

Litteratur.

Klinik der Verdauungskrankheiten von Prof. Ewald. II. Theil. Die Krankheiten des Magens. Verlag von August Hirschwald.

Dem ersten Theile, welcher über die Physiologie der Verdauung handelte, ist der zweite Theil nachgefolgt. Ein dritter Theil über die Darmkrankheiten wird in baldige Aussicht gestellt.

Als ein grosser Vorzug des vorliegenden Buches erscheint es uns, dass der Verf. nicht nach dem streng methodischen Schema eines Lehrbuches den Stoff abhandelt, sondern in der Form von Vorlesungen, welche eine weit zwanglosere Gruppirung der einzelnen Krankheitsbilder gestatten und von vorneherein den Verf. dem Leser gegenüber in nähere, ich möchte sagen, intimere Beziehungen bringen. Da Verf. ausserdem seinem in der Vorrede gegebenen Worte treu bleibt, allen gerade auf diesem Gebiete noch so weit verbreiteten und gern gehegten Hypothesen fernzubleiben, und aus den zahlreichen Arbeiten der neueren und neuesten Zeit nur das wirklich Positive, das Thatsächliche kurz und übersichtlich darzustellen, so ist es in der That ein Vergnügen, diese fesselnd und fliessend geschriebenen Vorträge zu lesen, und die einzelnen Krankheiten mit ihren wechselnden Erscheinungen in prägnanter Darstellung an sich vorüberziehen zu sehen.

Vorher ist es jedoch nöthig, dem Gewicht, welches die Technik der Untersuchungen sowie wir letztere selbst heut zu Tage besitzen, Rechnung zu tragen, und so bespricht denn auch der Verf. in den ersten beiden Capiteln von der Höhe der Wissenschaft aus die Methodik und die Prüfung des Mageninhalts, ohne indess auch nur einmal den Gesichtspunkt des practischen Arztes aus den Augen zu verlieren. Bei der Bestimmung der freien Säure ist auch hier das Günzburg'sche Reagens Phloroglucin in die erste Linie gestellt. Wenn auch die Bestimmung der freien Säure (HCl) und überhaupt des Magensaftes bei den Magenkrankheiten von grösster Bedeutung ist, so warnt doch Verf. jetzt wie späterhin nachdrücklich davor, die Diagnose allein auf die Resultate der Untersuchung zu stellen, da z. B. selbst bei völligem Fehlen der freien Salzsäure noch sehr wohl eine normale Verdauung stattfinden kann.

Es folgen die Capitel über Stenosen und Stricturen, Magenerweiterung, Krebs und Ulcus. Bei letzterem tritt Verf. der alten Ansicht entgegen, als ob allein die Alkalescenz des Blutes die verdauende Kraft des Magensaftes paralysire. Vielmehr müssen hier zwei Ursachen zusammenwirken, nämlich eine Hyperacidität des Magensaftes und eine schlechte Blutbeschaffenheit, d. h. ein Missverhältniss zwischen beiden Factoren, welches die Disposition erzeugt und bei gegebenem Anlass das Ulcus entstehen lässt. Von dem Einführen des Magenschlauches räth Verf. gänzlich ab, sobald auch nur der leiseste Verdacht auf Ulcus besteht, da nur zu leicht dadurch eine heftige Blutung oder selbst eine tödtliche Perforation erfolgen kann.

Auf die Besprechung des acuten und chronischen Magenkatarrhs folgen dann 8 Capitel über die Neurosen, denen eine vortreffliche Beschreibung der Innervation des Magens durch Prof. Ewald in Strassburg vorhergeht. Es ist sehr dankenswerth, dass Verf. gerade die Neurosen so ausführlich behandelt, da mit dieser Bezeichnung noch viel Unfug getrieben wird, und wir auf der anderen Seite bei der noch verhältnissmässigen jungen, d. h. jüngst erkannten Krankheit noch immer ziemlich im Dunkeln tappen.

Auch hier hat Verf. kurz und klar die einzelnen Formen von einander geschieden und sie durch 3 grosse Gruppirungen dem Verständniss näher gebracht.

Zum Schlusse betrachtet der Verf. die Wechselbeziehungen zwischen Magen- und anderen Organerkrankungen und betont nochmals, dass wohl bei keinem anderen Specialisten die Kenntniss des Gesammt-Organismus und der Beziehungen einzelner Organerkrankungen unter und zu einander wichtiger ist, als gerade bei dem Magenarzt. Und darin liegt ein Hauptverdienst, dass Verf., weit davon entfernt, die Erfolge der neueren Forschungsmethoden auf seinem Gebiete zu überschätzen, vielmehr immer darauf hinweist, wie gerade der Magen mehr als jedes andere Organ ein Theil des Ganzen ist, und als solcher auch klinisch behandelt werden will.

Eine Reihe trefflicher und instructiver Krankengeschichten nebst vielfachen Abbildungen dienen zur Erläuterung und leichteren Auffassung.

So möge das Buch denn hinauswandern und recht viele Leser finden; wir sind überzeugt, dass jeder practische Arzt es mit Vergnügen und Nutzen lesen wird, aber auch der Physiolog wird eine wissenschaftliche Befriedigung bei der Lectüre dieses ausgezeichneten Werkes finden. *Görges.*

Grundriss der Augenheilkunde unter besonderer Berücksichtigung der Bedürfnisse der Studirenden und practischen Aerzte. Von Dr. Max Knies, Docent an der Universität zu Freiburg i. B. Verlag von J. F. Bergmann in Wiesbaden. 8°. 1888.

Das vorliegende Werk bietet in möglichst knapper und präciser Form ein neues Lehrbuch der Augenheilkunde, welches den Bedürfnissen der Studirenden und Aerzte besonders angepasst ist. Eine eingehende Berücksichtigung der einschlägigen Litteratur konnte natürlich bei einer solchen Tendenz des Werkes nicht stattfinden. Besonderen Werth legt Verf. auf das Aufstellen „möglichst präciser Krankheitsbilder, auf den Zusammenhang der Augenkrankheiten mit den übrigen Erkrankungen des menschlichen Körpers und auf die Therapie“. In Bezug auf die Behandlung der Augenkrankheiten folgt K. den Grundsätzen Horner's, dessen Assistent er früher war. Dadurch, dass die mehr theoretischen Ausführungen, sowie diejenigen, welche anatomische und physiologische Thatsachen betreffen, in kleinerm Druck zu Beginn der einzelnen Capitel angebracht wurden, gewinnt das Werk an Uebersichtlichkeit. Das Buch ist Herrn Prof. Becker gewidmet, der dasselbe mit seinem bewährten Rathe revidirte. Hervorzuheben ist ferner noch ein thunlichst vollständiges Sachregister, welches ein bequemes Nachschlagen ermöglicht. 30 Figuren erläutern den Text. — Wir glauben, dass das Buch sich in ärztlichen und studentischen Kreisen bald viel Freunde erwerben wird und zwar vor Allem wegen seiner knappen und präcisen Darstellung.

Uhthoff.

Practische Notizen
und
empfehlenswerthe Arzneiformeln.

Gegen hysterische Hyperästhesien, Gastralgien, Erbrechen, ja selbst Krampfzustände

empfiehlt Ewald (Klinik der Verdauungskrankheiten II. Bd.):

℞ Morphin. muriat. 0,2
Cocain. muriat. 0,3—0,5
Tinct. Bellad. 5,0—10,0
Aq. Amygd. amar. 25,0
M. D. S. Stündlich 10—15 Tropfen zu nehmen.

Gegen das lästige Jucken bei Hämorrhoidalaffectionen und Pruritus ani, Pruritus senilis etc.

bewährt sich folgendes Verfahren: Waschen mit lauwarmem Wasser und guter Seife, nachheriges Einreiben mit Lanolin nach folgender Vorschrift:

℞ Lanolini purissim. 30,0
Vaselin. american. s.
Olei provinc. 20,0
M. f. Unguent.

Bei sehr starker Reizung des Afters und der umgebenden Partieen empfiehlt sich ein Zusatz von Cocain:

℞ Cocain. hydrochl. 0,1—0,2
Lanolini puriss. 30,0
Vaselin. american. s.
Olei provinc. 20,0
M. f. Ungt.

Auch Zusatz von 10 % Flores sulphur. hat sich, wie Wulfsberg*) es zuerst gefunden, bewährt. —

Zur Behandlung des eingewachsenen Nagels

wird von Dr. W. Hofmann (Münch. med. Wochenschr. No. 32/88) folgendes, von ihm seit 1860 geübte Verfahren gerühmt. Nachdem die Wunde und das ganze Glied gehörig gereinigt und mit Sublimatlösung desinficirt ist, werden einige Tropfen Liquor Ferri sesquichl. auf die kranke Stelle gebracht, der Nagel etwas abgehoben; dann eintrocknen lassen. Dasselbe geschieht am zweiten und dritten Tage. Nach wenigen Tagen, bei eventueller Eiterung, auch früher, versucht man mit der Pincette die hart gewordene Kruste über den Granulationen abzuziehen. Die hierbei, namentlich bei starker Zerklüftung der Granulationen auftretende Blutung wird gleich wieder durch erneute Anwendung des Mittels gehoben. Nach 3—4 Tagen wird die Haut wieder abgezogen u. s. f., bis der Hautwulst sich geebnet hat. Schon vom zweiten oder dritten Tage ab kann der Nagel, der durch Liquor Ferri sesquichl. ganz morsch und bröcklich wird, mit einiger Vorsicht ganz schmerzlos mit feiner Scheere oder stumpfem Messer ausgeschnitten werden. — Um Recidiven vorzubeugen, sind bei nachschiebendem Nagel unter den Nagelfalz feine Korkplättchen unterzuschieben.

*) Vergl. Therap. Mon.-Hefte 1887 März.

Zur Beseitigung des Singultus

giebt Dr. Pensky (Allgem. Med. Centr.-Ztg. 63/88) ein Verfahren an, dessen er sich seit länger als 20 Jahren mit nie fehlendem Erfolge bedient. Dasselbe besteht in Folgendem: Pat. stellt sich aufrecht und streckt die Arme seitlich und wagrecht von sich; eine zweite Person postirt sich in derselben Stellung (Brust gegen Brust gerichtet) vor ihn und comprimirt die Aa. radiales, während ein Dritter denselben ein Glas Wasser langsam, jedoch ohne abzusetzen, austrinken lässt. Der Erfolg ist stets ein sofortiger.

Die Compression der Aa. radiales für sich allein erzielt nicht die gewünschte Wirkung, ebensowenig wie der Singultus nur durch das Trinken eines Glases Wasser beseitigt wird.

Behandlung der Ischias mittelst äusserer Application von Flores sulfuris.

Duchesne empfiehlt (Société de méd. pratique de Paris, Decbr. 87) eine dicke Schicht von Schwefelblüthen auf ein Betttuch auszubreiten. Auf dieses soll der Patient das kranke Bein legen und dasselbe mit dem Tuche umhüllen. Eine einzige Nacht in dieser Lage dürfte genügen, den Pat. von seiner Neuralgie zu befreien. Diese Behandlung ist schon früher von Guinon de Mussy empfohlen worden.

Zur Behandlung der Pharyngitis chronica

rühmt Dr. Weil (Monatshefte für Ohrenheilk. März) die Anwendung des Acetum pyrolignosum crudum. Er pinselt zwei Male in der Woche die Rachenschleimhaut mit unverdünntem rohen Holzessig. Bei empfindlichen Individuen wird Anfangs schwach und erst nach und nach stärker gepinselt. Im ersten Moment wird gewöhnlich über starkes Brennen und unangenehmen Geschmack geklagt, diese Erscheinungen treten jedoch bald zurück.

Berichtigung. Heft 8 Seite 383 soll heissen: Herr Georg Sticker statt Georg Stücker.

Verlag von Julius Springer in Berlin N. — Druck von Gustav Schade (Otto Francke) Berlin N.

Therapeutische Monatshefte.

1888. October.

Originalabhandlungen.

(Aus Dr. Lassar's Klinik für Hautkrankheiten.)

Ueber die Wirkung des Perubalsams auf die „idiopathischen" Leukoplakieen und sonstigen Epitheltrübungen der Mundschleimhaut.

Von

Dr. Siegfried Rosenberg (Berlin).

Die „idiopathischen" Leukoplakieen der Mundhöhle, obschon seit Langem bekannt, haben doch erst in den letzten Decennien angefangen, das Interesse der Aerzte in besonderem Masse in Anspruch zu nehmen; und unter den deutschen Autoren sind es hauptsächlich wohl Nedopil[1]) und besonders Schwimmer[2]), durch deren Arbeiten die genannte Affection sowohl in ihrem klinischen Bilde als in ihrer histologischen Entwickelung in weiterem Kreise bekannt wurde.

Man war durch die Arbeiten dieser und anderer Autoren in der Lage, das in Rede stehende Leiden von anderen ähnlichen Affectionen differentiell-diagnostisch mit ziemlicher Sicherheit zu unterscheiden, auch über die pathologische Anatomie des Processes hinreichend unterrichtet, und wusste endlich über den Verlauf, dass er in den meisten Fällen zwar ein gutartiger sei, aber dennoch der Ausgang in Carcinom nicht zu den Seltenheiten gehörte. Doch konnte man die therapeutische Seite der Frage bisher noch keineswegs als erledigt betrachten. Und doch wird gerade diese das Interesse des Arztes in hohem Masse in Anspruch nehmen müssen bei einem Leiden, welches oft durch seine Schmerzhaftigkeit den Lebensgenuss der Patienten beeinträchtigt, selbst durch Uebergang in Carcinom die Lebensdauer zu kürzen vermag.

Die Heilverfahren, welche man bei der Behandlung der Leukoplakieen empfohlen hat, sind theils chirurgischer, theils medicamentöser Natur. — Die chirurgischen Massnahmen beziehen sich auf die Galvanokaustik, die Application des Thermocauter und die Anwendung des scharfen Löffels. Diese Verfahren sind sicherlich rationell; denn man kann durch dieselben ohne allen Zweifel das kranke Gewebe vollständig entfernen und die für die Heilung günstigen Bedingungen herstellen. Es kommen aber auch nach diesen Eingriffen Recidive vor. Der allgemeinen Praxis wird eine medicamentöse Behandlung nebenher stets willkommen sein bei einem Leiden, das meistens in mehrfachen Nachschüben auftritt.

Für die medicamentöse Behandlung der in Rede stehenden Affection sind, wie bei allen hartnäckigen und der therapeutischen Beeinflussung schwer zugänglichen Processen, nicht wenige Heilmittel in Vorschlag gebracht worden. — Zuerst und vor allen Dingen war es der Höllenstein, mit welchem die Leukoplakieen touchirt wurden, und es hat nicht an hervorragenden Beobachtern wie z. B. Kaposi, gefehlt, welche dieses Verfahren sehr präconisirten. Indessen haben zahlreiche andere Beobachtungen gelehrt, dass der Process durch das Mittel keineswegs in günstiger Weise beeinflusst wird, so dass dieses Verfahren sehr in Abnahme gekommen ist und wohl kaum noch von erfahrenen Aerzten geübt wird.

Die alkalischen Mundwässer, welche Schwimmer in die Praxis eingeführt hat, wirken nur bei frischen Fällen mit ganz leichten Epitheltrübungen und -Verdickungen, lassen jedoch bei alten Processen, die gerade zumeist die schwersten Erscheinungen machen und den Kranken zum Arzt führen, vollkommen im Stich.

Auch das Sublimat, das weiterhin als wirksam gerühmt wurde, zeigt nur einen beschränkten Effect und soll nach Schwimmer nur bei denjenigen Processen von Einfluss sein, die auf specifischer Basis entstanden sind, während bei den nicht luetischen

---

[1]) M. Nedopil: Ueber die Psoriasis der Zungen- und Mundschleimhaut und deren Verhältniss zum Carcinom. Langenbeck's Archiv f. klin. Chirurgie. XX, 1877 p. 321.

[2]) E. Schwimmer: Die idiopath. Schleimhautplaques der Mundhöhle Leukoplakia buccalis. Vierteljahrsschrift f. Dermatologie u. Syphilis 1877 p. 511 und 1878 p. 53.

Formen eine günstige Beeinflussung nicht zu erkennen sei.

Die Chromsäure und Jodtinctur erschienen Schwimmer ganz unzuverlässig, und auch in Unna's Lob des Jodoformäther und Jodoformalkohol in Form des Sprays kann dieser Autor nicht einstimmen, hält diese Methode ueberdies auch noch für zu schmerzhaft.

Ein unzweifelhaft gutes Mittel ist die von Joseph[3]) und Anderen empfohlene Milchsäure. Allein wer wie ich gesehen hat, wie sehr durch die scharfe Säure die Zähne angegriffen werden, selbst wenn man das Medicament mittelst eines Läppchens auf die kranke Stelle einreibt, und den Ueberschuss der Säure durch ein alkalisches Mundwasser neutralisirt, der wird auch dieses Mittel nicht für einwandsfrei erklären können; und derselbe Vorwurf trifft, wenn auch in geringerem Masse die Salicylsäure, die ihrer hornlösenden Eigenschaften wegen an und für sich bei der Behandlung der Leukoplakie Vertrauen verdient.

Endlich ist von Schwimmer[4]) noch das Papajotin in 5 % bis 10 % Lösung empfohlen worden. Aber abgesehen davon, dass das Präparat oft unzuverlässig ist, und selbst wenn es gut ist, sich schnell zersetzt, ist sein Preis ein überaus hoher, und was die Hauptsache ist, es wirkt nur auf die Schmerzstillung und Ueberhäutung der epithelfreien Stellen, lässt aber, was Schwimmer ausdrücklich hervorhebt, den Krankheitsprocess selber vollkommen unbeeinflusst.

Kurzum in der ganzen Reihe der empfohlenen Heilmittel finden wir kein einziges, welches unseren Ansprüchen genügen könnte.

Ich bin nun in der Lage, gegen die Leukoplakieen ein Mittel empfehlen zu können, welches sowohl auf die Schmerzstillung und Ueberhäutung epithelfreier Stellen von günstigem Einfluss ist, als auch die Epitheltrübungen und Auflagerungen zum Verschwinden bringt. Es ist dies der Perubalsam, auf dessen Wirksamkeit bei der Leukoplakie ich zuerst von meinem ehemaligen Chef, Herrn Professor Heinrich Jacobson, aufmerksam gemacht wurde. Trotzdem dass auch der Perubalsam von saurer Reaction ist, so habe ich bisher doch noch keine ungünstige Einwirkung auf die Zähne beobachtet, obwohl ich das Mittel z. B. bei mir selber länger als ein Jahr hindurch täglich angewendet habe.

Wer den Perubalsam gegen die nicht specifischen Leukoplakieen in Anwendung bringen will, der wird, wenn er Erfolg haben will, von vornherein an zweierlei denken müssen: erstens dass es nicht in wenigen Tagen oder selbst Wochen gelingt, die Affection zu beseitigen, sondern dass — namentlich bei sehr lange andauernden Processen — oft auch recht lange Zeit dazu gehört. Es scheint mir nicht unwichtig, diesen Punkt besonders zu betonen, weil sonst zu früh abgebrochene Versuche sehr leicht das ganze Verfahren in Misskredit bringen könnten.

Dann ferner kommt es sehr wesentlich auf die Güte des angewandten Präparates an; und in dieser Beziehung muss hervorgehoben werden, dass der Perubalsam mannigfachen Verfälschungen unterliegt. So bin ich z. B. im Besitz eines Präparates, welches einen reichlichen Zusatz von Ricinusöl enthält. Verfälschte Droguen aber können unter Umständen die Resultate der Behandlung vollkommen in Frage stellen.

Die Anwendung des Medicamentes geschah in meinen Fällen in der Weise, dass ich es bei starker Schmerzhaftigkeit und bestehenden Rhagaden mit einem feinen Haarpinsel auftragen liess; bei dicken Auflagerungen, die sich nicht empfindlich erwiesen, wurde ein Borstenpinsel gewählt, um durch denselben auch noch mechanisch einzuwirken.

Sobald die Schleimhaut von dem Medicament bedeckt ist, entsteht auf derselben ein leichtes Brennen und eine oft sehr starke Speichelabsonderung. Letztere veranlasst die Patienten meist, das Medicament mitsammt dem Speichel sofort wieder auszuspeien. Man muss auch hierauf seine Aufmerksamkeit richten und die Patienten anhalten, trotz der Salivation den Balsam im Munde zurückzubehalten.

Die ganze Procedur lasse ich täglich ein- bis dreimal von den Kranken selber vornehmen und das Medicament drei bis fünf Minuten lang im Munde verweilen.

Für die Wirksamkeit dieses Verfahrens werden am besten die Krankengeschichten sprechen, welche ich hier folgen lasse.

Fall 1.

betrifft mich selber. Ohne Voraufgang einer der bekannten Ursachen entstand bei mir vor ca. 13 Jahren auf der oberen Fläche der linken Zungenhälfte eine ca. drei cm lange und 0,5 cm breite Leukoplakie, sowie eine eben solche etwa linsengrosse an der linken Wange vis-à-vis dem zweiten Molarzahn, welche im Laufe der Jahre Ausläufer nach oben und hinten aussandte. Vor etwa zwei Jahren begann sich von der Zungenaffection ein schmaler Gürtel um den Seitenrand der Zunge zu erstrecken, und seit dieser Zeit traten in der bisher schmerzlosen Zungenhälfte unangenehme

3) Joseph: Beitrag zur Therapie der Leukoplacia. Deutsch. med. Wochenschrift 1886 No. 13.

4) Schwimmer: Beiträge zur Glossopathologie. Wiener med. Wochenschrift 1886 No. 8–10.

Sensationen auf, die namentlich bei Genuss stark gewürzter Speisen, concentrirter Alkoholika und beim Rauchen von Cigarren sehr lästig wurden. Nachdem ich zunächst Natron- und Sublimatlösungen ohne jeden Erfolg angewendet hatte, begann ich einen Versuch mit der Milchsäure, die ich mittels eines Leinenläppchens auf die kranken Stellen einrieb. Diese Medication hatte zwar eine Besserung des Leidens zur Folge, doch wurden meine Zähne so sehr von der Säure angegriffen, dass ich die Behandlung mit derselben aufgeben musste. Nun wandte ich den Perubalsam an, den ich fünfviertel Jahre hindurch einmal täglich aufpinselte. Unter dieser Therapie schwand die Affection vollständig, so dass z. Z. an der Wange nichts und auf der Zunge nur noch eine glatte, papillenlose, eingezogene Narbe zu sehen ist.

Fall 2.

Herr P. 37 Jahr alt, Kaufmann, hat nie Lues gehabt, ist starker Cigarrenraucher und leidet an chronischem obstipirendem Darmkatarrh. Seit ca. 15 Jahren hat Patient eine Leukoplakie der Zunge, welche deren Oberfläche in der vorderen Hälfte so bedeckt, dass das Roth der Schleimhaut nur stellenweise in streifiger Form sichtbar ist. Von Zeit zu Zeit, wenn unangenehme Sensationen in der Zunge sich einstellten, pinselte Patient mit einer Argentumlösung, jedoch ohne jeden Effect. Vor vier Monaten kam er in meine Behandlung und erhielt die Weisung täglich mit Perubalsam zu pinseln. Obwohl dies sehr unregelmässig geschah, so ist z. Z. doch eine wesentliche Besserung zu constatiren. Die Leukoplakieen haben sich aufgehellt und es ist auch mehr normales Schleimhautroth als zu Anfang der Behandlung zu sehen. Patient ist noch in Beobachtung.

Fall 3.

Frau D. 24 Jahr alt, kommt am 6. Juni a. c. wegen einiger weissen Flecken auf der unteren Fläche der linken Zungenhälfte in meine Sprechstunde. Bei der Untersuchung findet sich noch eine ca. linsengrosse Leukoplakie am rechten Seitenrande der Zunge und eine etwas grössere am linken Mundwinkel. Schmerzen bestehen nicht, eine Ursache für das Leiden ist nicht aufzufinden. Unter dreimal täglicher Pinselung mit Perubalsam haben sich bis zum 13. Juni die Leukoplakieen wesentlich aufgehellt und sind bis zum 22. Juni vollkommen geschwunden.

Die sämmtlichen folgenden Fälle hatte ich Gelegenheit in der Klinik des Herrn O. Lassar zu beobachten. Es sei mir daher gestattet, auch an dieser Stelle Herrn Lassar für die Ueberlassung des Materials meinen wärmsten Dank auszusprechen.

Fall 4.

Herr J., 39 Jahr alt, Schutzmann, hat vor ca. 15 Jahren einen harten Schanker gehabt und leidet gegenwärtig an chronischer Obstipation. Er kommt am 21. Februar a. c. in die Klinik wegen schmerzhafter weisser Flecken auf der Zunge, die er erst seit ca. 8 Wochen bemerkt haben will. Die ganze Zunge ist an ihrer Oberfläche und stellenweise an den Seitenrändern mit weissen Inseln von etwa Linsengrösse bedeckt. Auf der Mitte der linken Zungenhälfte befindet sich eine etwa eben so grosse Schrunde, vor welcher sich eine ca. 3 mm im Durchmesser betragende, harte warzenartige Erhebung von bräunlicher Farbe präsentirt. Manifeste Symptome von Lues z. Z. nicht vorhanden. — Patient erhält Perubalsam zur Pinselung und kann schon nach acht Tagen über das völlige Aufhören der Schmerzen berichten, während sich objectiv eine beträchtliche Aufhellung der Leukoplakieen constatiren lässt. Nach vierzehntägiger Behandlung ist ein grosser Theil der weissen Inseln geschwunden, die Schrunde ist überhäutet und die warzenartige Erhebung kleiner geworden. — Patient entzieht sich nunmehr auf vier Wochen der Beobachtung, während welcher Zeit er ganz unregelmässig gepinselt haben will. Am 3. April kommt er wieder zur Behandlung mit einem etwa erbsengrossen, buchtigen Geschwür an der Stelle, wo früher die Schrunde gewesen war. Von den leukoplakischen Inseln sind nur noch wenige sichtbar. Unter Jodkalibehandlung heilte das — für specifisch angesehene — Geschwür in 10 Tagen, während die fortgesetzte Pinselung mit Perubalsam den letzten Rest der Leukoplakieen bis zum 21. April zum Schwinden brachte.

Fall 5.

Herr Robert F., Postsecretair, 58 Jahr alt, hat nie Lues gehabt, leidet aber seit vielen Jahren an chronischem Magenkatarrh und war bis vor kurzer Zeit starker Raucher. Im Sommer vorigen Jahres bemerkte Patient im Munde weisse Flecke, die seit dem October, wo er nach längerer Pause wieder anfing, Pfeife zu rauchen, an Zahl zunahmen und schmerzhaft wurden. Dieser Affection wegen suchte Herr F. am 23. Februar a. c. die Klinik auf. Die Untersuchung ergiebt, dass der ganze harte Gaumen mit weissen Inseln wie übersät ist; ebenso zeigen sich solche an beiden Lippen, am rechten Mundwinkel, an der linken Wange, wo sie die ganze den Back- und Mahlzähnen entsprechende Parthie der Schleimhaut occupiren, und endlich an beiden Zungenrändern. Die bisherige erfolglose Behandlung bestand in Pinselungen mit Argentumlösung und Spülungen mit einer Lösung von Kali chloric. Unter täglich dreimaliger Pinselung mit Perubalsam waren schon nach zwei Tagen die unangenehmen Sensationen geschwunden und bis zum 21. Juni sind die Leukoplakieen bis auf eine schwache Spur an der linken Wange unsichtbar geworden. Bei diesem Falle muss noch betont werden, dass Patient zwar das Rauchen aufgab, dagegen nicht in der Lage war, gegen das Magenleiden eine Kur zu unternehmen.

Fall 6.

Frau T., 23 Jahr alt, schon einmal wegen Lues behandelt, kommt am 2. März wegen einer sehr schmerzhaften Affection der Zunge, die seit 11 Tagen bestehen soll, in die Klinik. Die Untersuchung ergiebt auf der unteren Fläche der rechten Zungenhälfte eine kleine weisse Insel, neben welcher sich eine hanfkorngrosse Schrunde befindet. Es wird Perubalsam aufgepinselt mit dem Erfolge, dass schon nach der ersten Pinselung die Schmerzhaftigkeit abnimmt und nach der dritten geschwunden ist. Nach neuntägiger Behandlung ist sowohl die Schrunde verheilt als auch die Leukoplakie unsichtbar geworden.

Fall 7.

Herr L., Destillateur, 54 Jahr alt, Potator, starker Raucher, hat vor dreissig Jahren Lues gehabt und vor 25 Jahren eine Fleckbildung auf seiner Zunge bemerkt, gegen welche damals Arg. nit. ohne Erfolg angewendet wurde. Wegen dieser Affection, welche in letzter Zeit schmerzhaft geworden war, kommt Patient am 3. März in die Klinik. Bei der Untersuchung zeigte sich die Zunge in ihrem vorderen Drittel so dicht mit weissen Inseln besät, dass das Zungenroth nur stellenweise sichtbar war. An den Seitenrändern der Zunge befanden sich tiefe Rhagaden. Unter der Behandlung mit Perubalsam schwand die Schmerzhaftigkeit so schnell und die Leukoplakieen hellten sich so beträchtlich auf, dass der Patient schon am sechsten Behandlungstage selber äusserte: „es wird von Tag zu Tage besser“. Während nun aber die Leukoplakieen immer kleiner und heller wurden, traten in der dritten Woche der Behandlung wieder enorme Schmerzen auf, welche bedingt waren durch neu entstandene, an den Seitenrändern der Zunge sitzende Excoriationen. Da diese unter der fortgesetzten Behandlung zwar schnell wieder schwanden, immer aber durch neue abgelöst wurden, so verlor der schmerzgeplagte Patient schliesslich die Geduld und verliess am 28. März, also 25 Tage nach Beginn der Kur, ungeheilt die Behandlung. Die Leukoplakieen waren überall kleiner und heller geworden.

Fall 8.

Frau J. 24 Jahre alt, war schon einmal wegen Lues behandelt worden. Seit dem November vorigen Jahres bemerkte sie an beiden Zungenrändern weisse Verfärbungen, und als diese in letzter Zeit schmerzhaft wurden, suchte sie am 5. März a. c. die Klinik auf.

Bei der Untersuchung findet man am rechten und linken Zungenrande dem letzten Molarzahn entsprechend jederseits ein weisses, hartes, das Niveau der Zunge nach oben und lateralwärts überragendes Gebilde von beinahe Erbsengrösse. Nach vorn davon jederseits eine leukoplakische Insel. Patientin hat neben Schmerzen an jenen Stellen das Gefühl „als ob die Zunge an den Seiten zu breit wäre“. Dieses Gefühl, sowie die Schmerzen waren schon nach dreitägiger Behandlung mit Perubalsam geschwunden und nach vierwöchentlicher Behandlungsdauer war von der Affection am rechten Zungenrande nichts mehr zu sehen, während links sich noch eine kleine Epitheltrübung zeigte. Die Patientin wurde in diesem Zustande auf ihren Wunsch aus der Behandlung entlassen.

Fall 9.

Herr M. stud. phil. 23 Jahre alt, hat eine sehr hartnäckige Lues durchgemacht. Schon vor der Infection empfand Patient beim Rauchen oft Schmerzen auf der Zunge und sah öfter an derselben stark geröthete Stellen. Seit einem halben Jahre zeigten sich weisse Verfärbungen, die mit Argent. erfolglos behandelt wurden und derentwegen Patient mir in der Klinik am 27. März a. c. zugewiesen wurde. — Die Untersuchung ergab am rechten sowohl wie linken Zungenrande leukoplakische Epitheltrübungen und neben der Leukoplakie linkerseits eine langgestreckte, stark geröthete Stelle (Stad. erythematos. der Leukoplakie). Am Zungenbändchen war eine hanfkorngrosse Rhagade sichtbar, oberhalb deren sich noch eine kleine Leukoplakie zeigte. Hier, sowie am rechten Zungenrande lebhafte Schmerzempfindung. Nach dreimaliger Pinselung mit Perubalsam war die Schrunde geheilt und die Schmerzhaftigkeit geschwunden, und bis zum 27. April, wo Patient nach auswärts gehen musste, war die ganze Affection bis auf einen minimalen Rest am linken Zungenrande unsichtbar geworden. Die im Stadium erythematosum befindliche Stelle war schon nach der vierten Pinselung zur Norm abgeblasst.

Betrachten wir diese neun Fälle, so finden wir unter ihnen nur einen einzigen (Fall 7), in welchem durch unser Mittel zwar eine Besserung der Leukoplakie erzielt, aber doch das Wiederauftreten von geschwürigen Processen nicht verhindert werden konnte. Ob es gelungen wäre, bei etwas mehr Geduld des Patienten auch diesen ca. fünfundzwanzig Jahre währenden Fall zur Heilung zu bringen, muss dahingestellt bleiben. Jedenfalls wird man diesem einen Misserfolge kein all zu grosses Gewicht beilegen dürfen in der Erinnerung an die Thatsache, dass selbst diejenigen Medicamente, welche gegen gewisse Krankheiten als Specifica empfohlen werden, in manchen Fällen uns vollkommen im Stiche lassen.

Es erübrigt an dieser Stelle noch, über das Einsetzen von Recidiven bei unserer Behandlungsmethode zu sprechen. Ich habe nun zwar bisher in den von mir beobachteten Fällen noch kein Recidiv gesehen, indessen würde mich der Eintritt eines solchen nicht weiter wundern. Denn wenn der Perubalsam in seiner äusseren Anwendung auch geeignet ist, die Leukoplakieen zum Schwinden zu bringen, so ist er doch sicherlich ohne allen Einfluss auf die Ursache dieses Leidens, und man wird daher, um Recidive zu vermeiden, auch danach streben müssen, die Ursache der Leukoplakie ausfindig zu machen und zu beseitigen.

Die günstigen Erfahrungen, welche ich bei der Behandlung der Leukoplakie mit dem Perubalsam gemacht hatte, veranlassten mich dann ferner auch zu untersuchen, ob das Mittel auch auf die mercuriellen Epitheltrübungen und die Plaques muqueuses von Einfluss sei; und auch bei diesen Affectionen war der Erfolg zumeist ein zufriedenstellender.

Fall 10.

Frau B. 23 Jahre alt; Lues: plaques muqueuses auf beiden Tonsillen; Stomatitis mercurialis. Patientin war mir am 14. Februar a. c. in der Klinik zur Behandlung überwiesen. Klagen über sehr heftige Schmerzen beim Schlingen. Wegen der Stomatitis wird die antisyphilitische Behandlung ausgesetzt und Perubalsam auf die Tonsillen und die entzündeten Mundpartbien aufgetragen. Schon nach zweimaliger Pinselung empfindet die Kranke keine Schlingbeschwerden mehr, auch ist die Epitheltrübung auf den Tonsillen unsichtbar geworden; die Stomatitis erscheint objectiv geringfügiger, die durch sie erzeugten subjectiven Beschwerden sind wesentlich vermindert. Nach sechsmaliger Pinselung mit Perubalsam ist die Stomatitis beseitigt — doch ist hervorzuheben, dass ja auch der Quecksilbergebrauch ausgesetzt war. Inzwischen haben sich am rechten und linken Zungenrande, sowie an der linken Wange Epitheltrübungen gebildet, die mit Rücksicht auf die eben erst ausgesetzte Injectionskur als mercurielle aufgefasst werden. Auch sie wurden mit Perubalsam behandelt mit dem Effect, dass die Trübungen an der Zunge nach viermaliger, die an der Wange nach fünfmaliger Pinselung unsichtbar geworden waren.

Fall 11.

Herr K. 23 Jahre alt, leidet an Lues mit Plaq. muqueus. auf der rechten Tonsille, welche heftige Schlingbeschwerden verursacht. Patient wurde mir am 13. Februar a. c. in der Klinik zur Behandlung überwiesen und erhält neben Sublimatinjectionen Perubalsam zur Pinselung. Nach einmaliger Anwendung haben die Schlingbeschwerden bereits nachgelassen und sind nach drei Pinselungen geschwunden. Auch die Plaq. muq. schwinden schnell, doch kommt in diesem Falle wohl dafür hauptsächlich das Quecksilber in Betracht. Nach einigen Tagen entsteht unter der Zungenspitze eine Epitheltrübung, die bei Fortgebrauch der Injectionen sich schnell vergrössert. Sie wird daher als mercurielle Trübung aufgefasst. Perubalsam erweist sich in diesem Falle wirkungslos, so dass die Epitheltrübung später durch Touchirung mit Lapis beseitigt werden muss.

Fall 12.

Herr Th. 28 Jahre alt, welcher wegen Lues bis zum 18. Februar Sublimatinjectionen erhalten hatte, sucht schon am 20. Februar a. c. die Klinik wieder wegen Wundgefühls auf der Zunge auf. Auf der rechten Zungenhälfte finden sich mehrere kleine, auf der linken eine ziemlich grosse Epitheltrübung, welche als mercuriell aufgefasst werden. Die Papillen der Zunge sind roth und geschwollen. Nach einmaliger Pinselung mit Perubalsam ist das Schmerzgefühl geschwunden, nach viermaliger Pinselung von den Epitheltrübungen nichts mehr zu sehen.

Fall 13.

Frau M., 19 Jahr alt, kommt am 3. März mit Plaq. muq. auf beiden Tonsillen und Klagen über heftige Schlingbeschwerden in die Lassar'sche Klinik. Nach dreimaliger Pinselung mit Perubalsam sind die Schlingbeschwerden geschwunden und die Epitheltrübungen an den Tonsillen verringert. Da vom vierten Behandlungstage an Sublimatinjectionen gegeben werden mussten, so kann die weitere Besserung nicht mehr auf den Perubalsam allein bezogen werden.

Von diesen Fällen lehren die Beobachtungen 10, 11 und 13, dass der Perubalsam geeignet ist, die von Plaques muqueuses herrührenden Schmerzen zu beseitigen; ferner geht aus den Fällen 10 und 12 hervor, dass durch das Medicament die specifischen Epithelveränderungen selber in günstiger Weise beeinflusst wurden.

In den Fällen 10 und 12 wurden die mercuriellen Epitheltrübungen durch eine kurze Behandlung mit Perubalsam vollständig zum Schwinden gebracht, und wenn dieser Effect im Falle 11 nicht eintrat, so darf der Misserfolg wohl darauf zurückgeführt werden, dass bei diesem Patienten gleichzeitig mit dem Perubalsam auch die Sublimatinjectionen noch weiter zur Anwendung kamen, so dass also die Ursache für die Epitheltrübung fortdauernd wirkte. Die Heilung durch Touchirung mit Argentum erfolgte auch erst nach Aussetzen der Injectionen.

Endlich habe ich in einigen Fällen von Stomatitis mercurialis noch den Eindruck gewonnen, als ob das Mittel hier nicht nur den Schmerz gelindert, sondern auch die Salivation beschränkt und die ganze Dauer des Leidens abgekürzt hätte. Indessen war die Zahl derartiger Beobachtungen zu gering, um mehr als die blosse Erwähnung eines gewonnenen Eindrucks zu gestatten.

Es ist nicht einzusehen, warum der Perubalsam bloss auf die Schleimhautaffectionen der Mundhöhle von günstiger Einwirkung sein soll, und darum behalte ich mir Untersuchungen über seinen Einfluss auf die Krankheiten auch anderer Schleimhautregionen, speciell der Urethra, des Mastdarms und des weiblichen Genitaltractus vor. Einstweilen glaube ich auf Grund meiner Beobachtungen folgende Thesen aufstellen zu dürfen:

1) Der Perubalsam wirkt bei den auf Gewebsalterationen beruhenden Schmerzhaftigkeiten der Mundhöhlenschleimhaut schmerzstillend;

2) bei Substanzverlusten beschleunigt er die Ueberhäutung und Heilung und

3) die Epitheltrübungen bringt er zum Schwinden, bei alten Leukoplakieen jedoch oft erst nach recht langer Behandlungsdauer.

Ueber die schmerzstillende Wirkung des Antifebrins und Antipyrins

von

Dr. Raphael Hirsch,
prakt. Arzt in Hannover*).

Jeder, der das vortreffliche, anziehend geschriebene neuerdings in dritter Auflage

*) Vortrag, gehalten am 11. Januar d. J. im ärztlichen Verein zu Hannover.

erschienene Buch Erlenmeyer's über die Morphiumsucht und deren Behandlung gelesen, wird dasselbe nicht ohne die Ueberzeugung aus der Hand legen, dass zur Bekämpfung dieser Modekrankheit unseres Jahrhunderts vorläufig — solange nicht ein Erlass einer strengen Verwaltungsverfügung an die Apotheker über das Dispensiren von Morphium nach immer vom selben Tage stammenden und in der Apotheke zurückzuhaltenden Recepten, und solange nicht die Einsetzung einer empfindlichen Strafe auf die ungehörige Abgabe von Morphium erfolgt — mit einem Worte, solange wir der Staatshilfe in dieser ernsten Angelegenheit entbehren, jeder practische Arzt in seinem kleinen oder grossen Wirkungskreise berufen und im Stande ist. Mit Recht betont Erlenmeyer[1]) „dass diejenigen Recepte des Arztes am wenigsten taugen, welche am meisten Morphium verschreiben. Denn Morphium ist fast niemals ein Heilmittel, fast immer nur ein symptomatisches, ein Betäubungsmittel; seine Verordnung bedeutet ebenso häufig ein Testimonium paupertatis der Diagnose. Das Ideal der Behandlungsweise soll aber neben der Krankheitsverhütung immer die auf die Krankheitsursache gerichtete sein: dazu bedürfen wir fast niemals des Morphium. Wie oft, unendlich oft wird aber gegen diese Grundsätze der Behandlungslehre gefehlt! wie häufig wird die innerliche und subcutane Verabreichung von Morphium leichtsinnig gehandhabt. In der Aenderung dieser Handlungsweise, in der strengsten Zurückhaltung mit Morphiumverordnung liegt die Möglichkeit der Morphiumsucht vorzubeugen!" — Gewiss wird jeder diese dringenden Mahnungen Erlenmeyer's im Princip voll und ganz billigen — aber trotzdem sind wir in praxi oft gezwungen, mit sehenden Augen denselben zuwider zu handeln. Ich brauche hier nur an die so hartnäckig anhaltenden Fälle von Ischias, an die lancinirenden Schmerzen der Tabiker, an das ganze Heer der verschiedensten Neuralgien, an die eine wahre Crux medicorum bildenden chronischen Rheumatismen, ferner an Asthma, Mastodynie, Hemicranie, an die so vielseitigen Kopfschmerzen der Hysterischen zu erinnern. — — Aus dieser Calamität glaubte man einigermassen befreit zu sein, als das Cocain auf der Bildfläche erschien — aber gar zu bald wurde man enttäuscht, als man den chronischen Cocainismus kennen lernte.

Unter diesen Umständen muss es mit Freude begrüsst werden, dass vor kurzer Zeit unser Arzneischatz mit zwei neuen Mitteln bereichert worden, die, soweit sich nach bisherigen Erfahrungen feststellen lässt, in einer grossen Zahl von Fällen im Stande zu sein scheinen, das Morphium zu ersetzen. Es sind dieses das Antipyrin und Antifebrin.

Dujardin-Beaumetz, Charcot, Lépine constatirten die schmerzstillende Wirkung des Antifebrin, Germain Sée die des Antipyrin.

Was das erstere, das Antifebrin oder Acetanilid betrifft, so wird demselben von Dujardin[2]) eine besondere Einwirkung auf das cerebrospinale Nervensystem zugeschrieben. Es setzt nach ihm in Gaben von 1—2 Gramm die Erregbarkeit des Rückenmarks herab. Dujardin, Lépine und Charcot konnten damit die lancinirenden Schmerzen der Tabiker beruhigen. Secretan[3]) hob sodann die vorzügliche Wirkung des Mittels bei Neuralgien hervor. In einer späteren Arbeit berichtete dann Dujardin[4]) über überraschend günstige Erfolge mit der Antifebrinbehandlung bei Epilepsie. Letztere wurden allerdings von Faure und Deny[5]) in Abrede genommen. Diesen und anderen ausländischen Mittheilungen folgten nun bald Berichte von deutschen Autoren, welche ganz mit den französischen übereinstimmen. So veröffentlichte Seifert[6]) 15 Fälle von Trigeminusneuralgien, Migräne, Kephalaeen auf anaemischer Basis, diffuse nervöse Kopfschmerzen, Schmerzen in einer Operationsnarbe, in welchen — mit Ausnahme von zweien — der Erfolg ein ganz vorzüglicher war. Ferner berichtete Herczel[7]) aus der Czerny'schen Klinik über ausgezeichnete Erfolge des Mittels. Die klopfenden Schmerzen in dem einen Tibiakopfe, welche allen anderen Mitteln und selbst einem operativen Eingriff wiederstanden, wichen auf eine viermalige Dosis von 0,25 Antifebrin und sind dauernd fortgeblieben. Gleich günstig zeigte sich die Wirkung bei den verschiedensten Neuralgien, bei den irradiirten Schmerzen der verschiedenen acuten und chronisch entzündlichen Affectionen und Neoplasmen, wie Ostitiden, Wunden, Geschwüren, cariösen Processen, bei Hemicranie, Schlaflosigkeit, Chorea und Epilepsie. Die Wirkung tritt nach Herczel meistens nach 20—30 Minuten auf und lässt selten über eine Stunde auf

[1]) Die Morphiumsucht und ihre Behandlung. III. Aufl. S. 201 u. 202.

[2]) Le Progrès méd. No. 2. 1887. (Therap. Monatsh. I, S. 66).

[3]) Revue méd. de la Suisse romande 1, 87. (Therap. Monatsh. I S. 152).

[4]) S. Therap. Monatsh. I S. 275.

[5]) S. Therap. Monatsh. I S. 313.

[6]) Wiener med. Wochenschr. No. 35. 1887.

[7]) Ibid. No. 31—33. 1887.

sich warten. Die höchste *pro die* gegebene Dosis betrug 2,0—2,5 g. Excessiv hohe Dosen längere Zeit angewendet, sollen eine der Anilincachexie ähnliche Blutarmuth veranlassen, indem die Blutzellen bei intensiver Methämoglobinbildung ausgelaugt werden.

In gleich günstiger Weise sprach sich dann Faust*) aus, der noch eine besondere Seite der Wirkung des Antifebrins hervorhob, nämlich dass es ein vorzügliches Mittel sei, über die unangenehmen Empfindungen eines Katzenjammers hinwegzuhelfen. — Was nun meine mit dem Antifebrin als Nervinum gemachten Erfahrungen betrifft, so habe ich an einer grossen Zahl von Patienten das Mittel versucht; ich will jedoch nur an der Hand von 21 Fällen, welche ich genauer beobachten konnte, meine Mittheilungen machen. Unter diesen 21 Fällen befinden sich 4 Neuralgien, 8 Fälle von unbestimmtem, nicht genau localisirbarem Kopfschmerz, je 1 Fall von Hemicranie, Crises gastriques, Stirnkopfschmerz bei Influenza, vage Schmerzen bei chronischem Alcoholismus mit Diabetes mellitus, Schmerzen und Schlaflosigkeit bei einem Carbunkel des Nackens, 2 Fälle von Schmerz in einer Operationsnarbe, endlich 2 Fälle von sogenanntem Katzenjammer.

Unter den 4 Neuralgien befinden sich 2 wahrscheinlich auf rheumatischer Basis entstandene Fälle von Neuralgia supramaxillaris, in denen das Mittel vollkommen im Stich liess. Dieselben wurden endlich erfolgreich durch Natr. salicyl. bekämpft. In einem durch cariöse Zähne hervorgerufenem Falle von Alveolarneuralgie gelang es durch zwei Dosen von je 0,5 Antifebrin, innerhalb 1 Stunde Abends zwischen 10 und 11 Uhr genommen, Schmerzlosigkeit und Schlaf während der ganzen Nacht zu erzielen. Ein Fall von sehr hartnäckiger Neuralgia inframaxillaris von dunkler Aetiologie, gegen welche bereits alle Nervina vergeblich ins Feld geführt waren, wurde durch 3 Dosen Antifebrin à 0,5 stündlich genommen in sofern geheilt, als die sonst in 3—4-wöchigen Intervallen wiederkehrenden Anfälle seit 6 Monaten nicht mehr aufgetreten sind. — Unter den 8 Fällen von nicht genau localisirbarem Kopfschmerz ist kein einziger negativer Erfolg zu verzeichnen. In den meisten Fällen genügte bereits eine einmalige Dosis, um die Schmerzen zu beheben; allerdings war nirgends ein dauernder Heileffect zu erzielen, doch wurden stets bei Wiederkehr der Schmerzen dieselben durch Antifebrin schnell beseitigt. In einigen Fällen vermochten die Patientinnen, welche den Anfall zu bekommen verspürten, denselben durch Einnahme von 0,5 Antifebrin zu coupiren. Ich will indessen nicht verschweigen, dass nach meinen Beobachtungen es den Anschein hat, als ob in manchen Fällen mit der Zeit eine Abstumpfung gegen das Antifebrin derart eintritt, dass dasselbe nach länger dauernder erfolgreicher Anwendung endlich den Dienst versagt. Bei einer an einer alten linksseitigen Parametritis leidenden Patientin, welche seit einer langen Reihe von Jahren am letzten Tage ihrer meist 7 Tage anhaltenden Menses an den heftigsten über den ganzen Kopf verbreiteten mit Erbrechen einhergehenden Schmerzen zu leiden hatte, gelang es, nachdem bereits alles mögliche vergebens zur Hebung der Beschwerden angewandt war, durch eine Dosis von 0,5 Antifebrin jedesmal den Anfall erfolgreich zu bekämpfen. Bei einer Hemicrania sympathico-paralytica liess das Mittel im Stich. Es erklärt sich dies wohl aus der gefässerweiternden Wirkung des Antifebrin. Wahrscheinlich wird es darum um so erfolgreicher bei der Hemicrania sympathico-spastica gegeben werden können.

In dem von mir beobachteten Falle von Crises gastriques, dessen Diagnose durch das Fehlen von Patellarreflex und durch die reflectorische Pupillenstarre schon zur Zeit der vor 9 Monaten stattgehabten Beobachtung und durch die neuerdings bei dem Patienten auftretenden atactischen Erscheinungen als sichergestellt zu betrachten ist, wurden die Anfälle durch 0,5—1,5 Antifebrin jedesmal coupirt oder wenigstens gemildert.

Prompt wirkte ferner eine Dosis von 0,5 Antifebrin bei einer heftigen mit starkem Stirnkopfschmerz einhergehenden Influenza; ebenso prompt sodann bei einer Patientin, welche in Folge eines Carbunkels des Nackens, selbst nach dessen ausgiebiger Spaltung die heftigsten Schmerzen verbunden mit Schlaflosigkeit auszuhalten hatte.

Was überhaupt die schlafmachende Wirkung des Antifebrin betrifft, so wurde mir von einigen meiner Patienten mitgetheilt, dass sie bald nach Einnahme des Mittels ein Gefühl der Müdigkeit verspürt hätten. Indessen glaube ich kaum, dass, wenigstens bei nichtfiebernden Patienten, wo also lediglich das Mittel als Nervinum gegeben wird, die Wirkung des Antifebrins eine derartige ist, dass man unter Umständen Chloralhydrat, Amylenhydrat etc. entbehren könnte. An dieser Ansicht glaube ich umsomehr festhalten zu müssen, als ich neuerdings bei einem an chronischem Alkoholismus und Diabetes leidenden Patienten, welcher zur Bekämpfung der Schlaflosigkeit 1,5 Antife-

*) Deutsche med. Wochenschr. 1887 No. 26.

brin Abends innerhalb von 1½ Stunden einnahm, so gut wie gar keine hypnotische Wirkung constatiren konnte. Anders verhält sich allerdings die Sache bei fieberhaften Erkrankungen. Hier konnte ich in einer sehr grossen Zahl von Fällen neben der antipyretischen auch die Schlaf erzeugende Kraft des Antifebrins beobachten.

Unter meinen Fällen befinden sich ferner zwei von Schmerzen in alten Narben. In dem einen Falle, wo es sich um Schmerzen in einer alten Säbelhiebnarbe der Stirn handelte, liess sich ein sichtlicher Erfolg feststellen, während in dem anderen, wo die Schmerzen von der Narbe einer Mammaamputation ausgingen und Recidive im Bereich der Narbe sich bildeten, durch Antifebrin nur in sehr geringem Grade die die Schmerzen gelindert wurden.

Als Katermittel wirkt endlich das Antifebrin ganz vorzüglich; das Unbehagen liess bald nach dem Einnehmen nach.

Ueber die Darreichungsweise des Antifebrin will ich bemerken, dass man dasselbe zweckmässig bei Erwachsenen von vornherein in einer Dosis von 0,5 reicht: dieselbe ist nach etwa 30—40 Minuten, falls sie unwirksam geblieben, zu wiederholen. Meist genügt indess eine einmalige Dosis von 0,5 für den gewünschten Effect. Da das Antifebrin in Wasser sehr schwer löslich ist, so lässt man es zweckmässig, indem es sich in Alkohol leichter löst, in einem Esslöffel Wein nehmen.

Fassen wir das Resultat aus den 21 von mir kurz angeführten Fällen zusammen, so ergiebt sich, dass das Antifebrin 16 mal mit positivem Erfolge gegeben worden. Es erscheint vor allem als vorzügliches Mittel gegen Kopfschmerz ohne bestimmte Localisation; als Antineuralgicum ist es ohne Wirkung bei den auf rheumatischer Basis entstandenen Neuralgien. Bei Hemicrania sympathico-paralytica ist es ohne Erfolg. Bei den Schmerzen der Tabiker entfaltet es eine gute Wirkung. Als Hypnoticum ist es bei fieberlosen Affectionen unbrauchbar, während es bei fieberhaften Erkrankungen von gewissem Werthe ist. — — — —

Das zweite hier zu besprechende schmerzstillende Mittel ist das Antipyrin. Dass dasselbe ein exquisites Nervinum ist, hat Chouppe[9]) dadurch bewiesen, dass er Thiere strychnisirte und ihnen gleichzeitig mittelst intravenöser Injection Antipyrin beibrachte; in Folge dessen blieben die bekannten Strychninkrämpfe aus. Man kann nun das Antipyrin per os oder durch subcutane Injection einverleiben.

Was die Anwendung des Antipyrins als Nervinum per os betrifft, so will ich nur ganz kurz bemerken, dass ich mich dabei nicht recht von der günstigen schmerzstillenden Wirkung desselben überzeugen konnte, mit alleiniger Ausnahme des acuten und subacuten Gelenkrheumatismus, wo es, besonders in den Fällen, wo vorher erfolglos Natr. salicyl. gegeben war, meistens eine geradezu specifische Wirksamkeit entfaltete. Ich muss allerdings bekennen, dass ich dasselbe nur in einzelnen wenigen Fällen von Hemicranie, diffusem Kopfschmerz angewandt, dass ich mich ferner nicht dazu entschliessen konnte, dasselbe in den von Sée[16]) angegebenen hohen Dosen von 3—6 g innerhalb 1—3 Stunden zu verabreichen, insbesondere da Mendel[17]), welcher nur etwa die Hälfte ebengenannter Dosis gab, in zweien seiner Fälle Collapserscheinungen mit starkem Schüttelfrost, sowie andere unangenehme Symptome, als Uebelkeit, Herzklopfen, roseolaähnliche Exantheme beobachten konnte.

Anders steht es mit der erst der allerjüngsten Zeit angehörenden subcutanen Anwendungsweise des Antipyrin als Nervinum. Germain Sée[18]) gebührt das Verdienst, dieselbe in die Praxis eingeführt zu haben. Er zeigte zunächst, dass bei Kaninchen und Hunden durch subcutane Injection von 1—2 g. Antipyrin Analgesie des betreffenden Gliedes, zuweilen auch des der entgegengesetzten Seite entsteht. Sée kommt zu dem Schlusse, dass die subcutanen Antipyrininjectionen als eines der wirksamsten und zugleich unschädlichsten Schmerzbetäubungsmittel angesehen werden dürften, durch welche sich in vielen Fällen die Morphiuminjectionen ersetzen lassen. Sée's günstige Erfahrungen wurden darauf von Fränkel[19]) in Breslau voll und ganz bestätigt. Letzterer ist keinem einzigen Fall begegnet, bei dem diese Medication ein negatives Resultat ergeben hätte. Er hat es bei chronischem und acutem Gelenkrheumatismus, bei den verschiedensten Neuralgien, Pleurodynien, bei Nacken-, Lenden-, Muskelrheumatismus, Lumbago, bei secundären Kreuzschmerzen in Folge von Krankheiten der Unterleibsorgane, bei Ischias, Otitis media, Enteralgien, Cholelithiasis und Asthma gegen die mit diesen Affectionen verbundenen Schmerzen mit glänzendem Erfolge angewandt. Er hat aus seinen günstigen Erfahrungen die Ueberzeugung gewonnen, dass die subcutane Antipyrininjection die Anwendung

[9]) S. Therap. Monatsh. I 314.

[16]) Comptes rendus 1887, 16 (Therap. Monatsh. I 298).

[17]) Therap. Monatsh. I 250—61.

[18]) Therap. Monatsh. I 318.

[19]) Deutsche med. Wochenschr. 13. Oct. 87.

des Morphium beschränken, dem Arzte die Praxis bedeutend erleichtern und viele Kranke schneller der Genesung zuführen werde.

Angeregt durch diese Erfolge habe ich an geeigneten Fällen die subcutanen Injectionen versucht und hatte das Glück, bei den ersten Fällen geradezu überraschende Erfolge zu sehen, über welche ich bereits an anderer Stelle[14]) Mittheilung gemacht habe. Seitdem habe ich Gelegenheit gehabt, eine weitere Reihe von Versuchen anzustellen und bin nunmehr in der Lage das Resultat von 26 verschiedenen Krankheitsfällen hier mitzutheilen. Was zunächst die Wirkung der subcutanen Antipyrininjectionen bei den rheumatischen Erkrankungen betrifft, so darf ich nach den von mir behandelten Fällen (1 Myalgia rheumatica acuta, 4 acute Gelenkrheumatismen, 2 chronische Gelenkrheumatismen) behaupten, dass die subcutane Antipyrininjection in manchen Fällen geradezu specifisch wirkt. Ich will hier ganz kurz über den Fall von acutem Muskelrheumatismus berichten, welcher diese Thatsache meiner Ansicht nach zweifellos beweist.

Es handelt sich um einen 51jährigen Herrn, welcher seit 10 Tagen von einem heftigen, anfangs mit ziemlich hohem Fieber einhergehenden Rheumatismus der Kopf-, Nacken-, Rücken- und Beinmuskulatur befallen ist. Am Tage, wo ich die subcutane Antipyrininjection zur Anwendung brachte, bestanden noch sehr heftige Schmerzen in den Lumbalmuskeln, sowie im Verlauf des Nervus ischiadicus beiderseits. Patient war ausser Stande, sich im Bette emporzurichten oder die Beine zu erheben. Die übliche Therapie war vollständig erfolglos. Ich machte nun eine Injection von je $^1/_4$ Spritze 50% Antipyrinlösung in beide Lumbalgegenden und in die Gegend des Verlaufes des N. ischiadicus in der Mitte beider Oberschenkel. Nach 10 Minuten kann sich Pat. im Bette ohne Schmerzen emporrichten; ebenso sind die Schmerzen an der Beugeseite des Oberschenkels verschwunden. Am folgenden Tage sind nur noch Schmerzen in der Wadengegend beider Unterschenkel vorhanden. Injection von je $^1/_2$ Spritze der 50% Lösung in beide Wadengegenden. Die Schmerzen lassen nach wenigen Minuten nach. Tags darauf verlässt Pat. das Bett, und die Affection ist seit jenem Tage behoben.

Unter den 4 Fällen von acutem Gelenkrheumatismus, die ich während ihres ganzen Verlaufes beobachten konnte, ist allerdings kein einziger durch Antipyrininjection coupirt. Doch verliefen sämmtliche Fälle schon insofern leichter, als durch täglich oder alle zwei Tage gemachte Antipyrininjectionen die Schmerzen beseitigt, in Folge dessen die Kranken sich erleichtert fühlten. Unter jenen 4 Fällen war kein einziger durch Herzerkrankungen complicirt; ich will indessen in meiner Behauptung nicht so weit gehen, den Antipyrininjectionen diesen Einfluss zuzuschreiben.

Von den beiden Patientinnen mit chronischem Gelenkrheumatismus wurde die eine an Schmerzen und Schwerbeweglichkeit des linken Fuss- und rechten Schultergelenks leidende durch Injection von je $^1/_2$ Spritze einer 50% Lösung in die betreffenden Gelenke für 8 Tage von ihren Beschwerden befreit, während der anderen, an deformirender Gelenkentzündung der Finger-, Hand- und Zehengelenke leidenden es durch eine in die Gegend des besonders stark afficirten linken Fussgelenkes gemachte Injection von 0,5 Antipyrin ermöglicht wurde, sich für etwa 48 Stunden ohne Schmerzen zu bewegen.

Unter den 3 von mir behandelten auf traumatischer Ursache beruhenden Fällen von Lumbago konnte einer durch Injection von je $^1/_2$ Spritze einer 50% Lösung zu beiden Seiten der Wirbelsäule sofort dauernd geheilt, zwei weitere gleich wesentlich gebessert werden.

Wenn ich nunmehr die Wirkungsweise der Antipyrininjectionen bei den verschiedensten Neuralgien einer kurzen Besprechung unterziehe, so will ich hier gleich diejenigen Fälle bezeichnen, in denen dieselben absolut unwirksam sind; es sind dies die auf hysterischer Basis und die in Folge von organischen Veränderungen im Centralnervensystem entstandenen.

Ich habe ein einziges Mal bei einer an Neuralgie der Occipitalnerven leidenden hysterischen Dame eine subcutane Antipyrininjection in die Gegend des Schmerzes gemacht und muss gestehen, dass ich mich in keinem zweiten Falle von Hysterie dazu entschliessen könnte. Es dauerte über 8 Tage, bis die an der Injectionsstelle angeblich entstandenen rasenden Schmerzen geschwunden waren.

Ebenso ungünstig erwies sich die subcutane Antipyrininjection bei einem an Ischias leidenden Patienten. Hier legte der ganze Symptomencomplex die Vermuthung nahe, dass dem Leiden eine centrale Ursache zu Grunde liege. Die Schmerzen wurden nicht nur nicht gemildert, sondern steigerten sich unmittelbar nach der Injection für längere Zeit auf furchtbare Weise.

Günstiger war der Einfluss in einem Falle von linksseitiger Ischias bei einer an Dia-

14) Berl. klin. Wochenschr. 1887, No. 46.

betes mellitus leidenden Patientin. Dieselbe war 5 Minuten nach der Injection im Stande, ausgedehnte Bewegungen, an denen sie vorher wegen der heftigsten Schmerzen verhindert war, auszuführen. Die Wirkung der Injection hielt einige Tage an, doch wurde dieselbe bei später auftretender Schmerzhaftigkeit nicht wiederholt, da in diesem einen Falle — wahrscheinlich in Folge ausgebrachter Varicen und der bei Diabetikern bekanntlich vorhandenen grösseren Neigungen zu Entzündungen des Unterhautzellgewebes — sich nicht unbeträchtliche Oedeme des Unterhautzellgewebes in der Umgebung der Injectionsstelle gebildet hatten. Es ist dies übrigens der einzige unter den von mir beobachteten Fällen, wo sich eine entzündliche Reaction an der Einstichstelle zeigte. Von den 7 Fällen von Trigeminus- und Intercostalneuralgien, die theils traumatischen, theils rheumatischen Ursprungs waren, theils in Folge von Zahncaries, theils in Folge alter Pleuritis auftraten, wurde durch eine Injection in 4 Fällen dauernder, in zwei Fällen wenigstens momentaner Erfolg erzielt. Prompt wirkte ferner eine einmalige Injection in die Magengegend bei einem Falle von Crises gastriques; dieselben traten bis auf weiteres nicht mehr ein. In einem Falle von Cardialgie bei Ulcus ventriculi gelang es zu wiederholten Malen durch subcutane Antipyrininjectionen der Schmerzen Herr zu werden.

In je einem Falle von Pleurodynie, Gelenkschmerzen bei einer Anämischen wurde durch einmalige Injection dauernder Erfolg erzielt.

Ferner gelang es bei einer an Perityphlitis leidenden Patientin, welche Opiate wegen des darauf erfolgenden Erbrechens nicht vertrug und bei welcher wegen grosser Schmerzhaftigkeit eine Palpation unmöglich war, durch eine einmalige Injection einer Spritze der 50% Lösung in die Ileocoecalgegend das Abdomen derart unempfindlich zu machen, dass eine genaue Palpation vorgenommen werden konnte. Die bedeutende Schmerzhaftigkeit war seitdem verschwunden, und die Patientin blieb während des ganzen Verlaufs der Krankheit nahezu schmerzfrei. Interessant ist endlich der folgende von mir beobachtete Fall von Asthma bronchiale: Frau B., welche seit 8 Tagen an den heftigsten sich fortwährend steigernden Anfällen von Asthma bronchiale leidet, kam zu mir in die Sprechstunde und wurde daselbst von einem neuen Anfalle betroffen, nachdem sie auch auf dem ziemlich weiten Wege von ihrem Hause in meine Wohnung deren zwei gehabt hatte. Ich machte sofort eine Injection von je ½ Spritze der Lösung in die Gegend der 4. Rippe beiderseits 3 Finger breit vom Sternum entfernt. Nach 1 Minute verspürte Patientin eine „wohlthätige Wärme über den ganzen Körper", und nach einer weiteren Minute war der Anfall coupirt. 3 Tage später berichtet mir Patientin, dass jener Anfall der letzte gewesen sei, und dass sie sich seit dieser Zeit, abgesehen von leichten gastrischen Beschwerden, wohl fühle, insbesondere sei die Athmung seitdem vollkommen unbehindert.

Dies wären in Kürze meine Erfahrungen in Bezug auf die subcutanen Antipyrininjectionen. Man sieht, dass das Anwendungsgebiet derselben ein vielseitiges und sich zum Theil mit dem der Morphiuminjection deckendes ist. Ein völlig negativer Erfolg ist — mit Ausnahme der zwei vorhin angedeuteten Fälle — nirgends zu verzeichnen gewesen. Ich glaube darum nicht zu viel zu sagen, wenn ich behaupte, dass wir nunmehr in vielen Fällen der sonst unentbehrlichen Morphiuminjection freudig entsagen können. Nur kommt es darauf an, an einem grösseren Materiale, als das mir zur Verfügung stehende ist, genau festzustellen, in welchen Fällen wir uns Erfolg von der subcutanen Antipyrininjection versprechen können.

Was die Ausführung der Injection betrifft, so bediente ich mich in allen Fällen einer 50% wässerigen Lösung; wegen der leichten Zersetzlichkeit derselben, empfiehlt es sich, sie in dunkler Flasche aufzubewahren. Vor der Injection suche man sich vor allem Gewissheit über Lage, Richtung und Ausdehnung des Schmerzes zu verschaffen. Ist der Schmerz auf eine kleine Stelle beschränkt, so injicire man eine ganze Pravaz'sche Spritze nur an einer Stelle, und zwar bei ziehenden Schmerzen in der Richtung des Schmerzes. Ist das Schmerzgebiet ein ausgedehnteres, wie z. B. bei Ischias, so vertheile man das Gramm Injectionsflüssigkeit auf verschiedene Stellen längs des Verlaufes des Schmerzes, indem man z. B. bei Ischias ¼ Spritze an der Austrittsstelle des Nerven aus dem Becken, ein zweites Viertel in der Mitte des Oberschenkels, das dritte im oberen Drittel des Unterschenkels, das vierte in die Wadengegend injicirt. Sofort nach der Injection fülle man die Spritze mehrere Male mit einer Carbolsäurelösung und spritze wieder aus, da sich sonst besonders in der Canüle Antipyrinkrystalle niederschlagen und deren Lumen verstopfen. Es ist die Anwendung der 5 proc. Carbolsäurelösung, abgesehen von deren desinficirenden Kraft, ganz besonders darum zu empfehlen, weil sie zu gleicher

Zeit eine gute Reaction auf Antipyrin abgiebt. Es entsteht nämlich, wenn man nach der Antipyrininjection die Spritze mit 5 proc. Carbollösung anfüllt, eine milchweisse Trübung der Flüssigkeit. Man hat nun einfach die Spritze solange mit Carbollösung anzufüllen und auszuspritzen, bis die Flüssigkeit im Innern der Spritze klar bleibt, und man ist dann sicher, später keinen, das Lumen der Canüle verstopfenden Niederschlag von Antipyrinkrystallen zu erhalten.

—

Ueber Klebermehl und ein neues Diabetiker-Brot.

Von

Dr. Woltering in Münster i. W.

Selbst seit 4 Jahren Diabetiker habe ich in den letzten 5 Monaten mit dem verbesserten Klebermehl der Firma Dr. Joh. Hundhausen, Hamm i. W., mehrfache Erfahrungen gemacht und kann darüber Folgendes berichten:

Das Klebermehl von Dr. Joh. Hundhausen stellt ein sehr feines leicht gelbliches Mehl dar. Auf Wunsch wird dasselbe auch durch nochmaliges Mahlen noch feiner und weisser geliefert. Der Preis pro Kilogramm ist auf M. 0,90 loco Hamm festgesetzt. Ich kann folgende Analysen mittheilen:

	Wasser	Eiweiss	Fett	Kohlehydrate	Cellulose	Salze	Untersucher
Weizenklebergries (1886)	6,85	87,60	0,37	7,01	0,45	0,78	Constantinidi
Klebermehl (weiss) 1886	13,85	82,08	0,25	6,09[1])	–	–	Thoernes, Ap. in Münster.
Klebermehl (weiss) 1888		79,00	0,33	4,10[5])	–	–	Landwirthsch. Versuchsstation Münster Dr. Franke
Klebermehl (gelblich) 1888		76,00		7,09[5])	–		Landwirthsch. Versuchsstation Münster Dr. Franke
Brot, 40% Kleber, 60% Weizenmehl		35,60	0,51	31,56	–		Berechnet
Brot, 60% Kleber, 40% Weizenmehl		57,00	0,31	23,01		–	" [4])
Kleberbrot mit Ei und Butter gebacken[1])		35,00	10,60	2,00			"
Kleberbrot mit Milch, Ei und Butter gebacken[2])		66,65	10,70	1,00			"
Kleberbrot mit Wasser u. Backpulver[3])		59,07	0,16	2,70		–	"
Kleberbrot mit Butter, Wasser und Hefe[4])		60,80	3,00	8,50			"
Kleberbrot mit Wasser und Hefe[5])		53,8	0,96	2,60	–	–	"

Man entnimmt aus der Tabelle, dass reines Klebermehlbrot etwa dreimal so nahrhaft ist, als Fleisch, und dass auch das mit nur 40 % Klebermehl gebackene Brot noch mehr Eiweissstoffe enthält, als das beste Hasen- oder Hühnerfleisch.

	Eiweiss	Fett	KH	Nährwertheinheiten	Preis pr. kg	Nährwertheinheiten für 1 Mk.
1 kg Klebermehl	800 g	2,5	40	4048	0,90 Mk.	4498
1 kg reinen Ochsenfleisch, mittelf.	200 g	25,0	6	1208	1,60 "	760

Das Klebermehl kostet demnach nur ein Sechstel des mittelfetten Ochsenfleisches und gehört mit Roggenmehl, Kartoffeln und Hülsenfrüchten zu dem Billigsten, was man sich kaufen kann. — Das Brot, welches mir Herr Dr. Joh. Hundhausen zur Probe einzusenden die Güte hatte, mit etwa 40 % Weizenmehlzusatz, hatte eine schöne braune Kruste und eine schneeweisse Krume. Der Geschmack stand dem von feinem Weizenbrot nicht viel nach, ein Umstand, der von meiner Frau und mehreren Personen meiner Haushaltung bestätigt wurde. Es ist nahrhafter, als das beste Fleisch und hält sich 7—10 Tage recht gut. Es würde für Anämische, Fettsüchtige und Herzfehlerkranke sehr passend sein. Das Brot aus Klebermehl mit Wasser und Hefe (oder statt Hefe mit Backpulver) bereitet, enthält im Durchschnitt: 55 % Eiweiss, 0,20 % Fett und 2,75 % Kohlehydrate, anfänglich habe ich es mit Eiern, Butter und Milch bereitet, in den letzten Monaten jedoch nur Wasser und Hefe oder Backpulver verwendet.

Das Hefebrot wird bereitet wie folgt: Man nehme 500 g Klebermehl, löse für 5 Pfennige frische Presshefe in einigen Esslöffeln voll lauem Wasser auf und menge den Teig mit etwa 250 g (1/4 L.) lauem Wasser an. Die Teigmasse klebt wie Tischlerleim an den Fingern. Man muss sich ein entsprechendes Blechförmchen vom Klempner für den Hausgebrauch anfertigen lassen. Dasselbe wird warm gestellt und mit etwas Butter ausgestrichen. Der Teig „kommt" 1 1/2 bis 2 Stunden in einer Temperatur von 30 bis 40 Grad C. und wird dann bei guter Hitze im Maschinenbackofen gut gar gebacken in 1 1/2 bis 3 Stunden. Nach 1 bis 2 Stunden wende man das Brot einmal um.

Die Anwendung eines Backpulvers[6]) ist

---

[1]) 200 g Klebermehl, 100 g Wasser, 2 Eier, 50 g Butter, 20 g Hefe, 5 g Natron bic., 2 g Kochsalz lieferten 810 g Brot, nach dem Erkalten gewogen.

[2]) 200 g Mehl, 2 Eier, 100 g Milch, 25 g Butter, 20 g Hefe lieferten 400 g Brot.

[3]) 275 g gelbliches Klebermehl, 140 g Wasser und 30 g Backpulver von J. Gaedicke lieferten 390 g Brot.

[4]) 250 g Klebermehl, 10 g Butter mit Wasser und Hefe. Der Teig „kam" 2 Stunden und wurde sehr lange (5 St.) bei mässiger Hitze gebacken. Das Brot war lichtbraun und wog 390 g.

[5]) 150 g weisses Klebermehl mit Wasser und Hefe gaben 655 g Brot.

[4]) 140 g Brot = 100 g Mehl angenommen.

[5]) Durch Inversion und Fehling bestimmt.

[6]) Ich habe das Backpulver von J. Gaedicke & Co., Berlin SW., Kronenstrasse 20, benutzt. Es besteht aus saurem phosphorsauren Kalk und

bequemer und angenehmer. Man mengt 500 g Klebermehl mit 1½ gehäuften Esslöffeln voll Backpulver und rührt das Gemenge durch ein Sieb. In dem Napfe verrührt man es noch mehrmals kräftig mit einem hölzernen Rührlöffel, damit die Körner des Backpulvers gut zerkleinert und vertheilt werden und mengt dann den Teig mit etwa ¼ Liter lauwarmem Wasser an. Derselbe ist fast gar nicht kleberig und lässt sich viel besser verarbeiten, als der Hefeteig. Man schiebt ihn ohne Weiteres in den Ofen in dem Backförmchen. Kommen lassen ist unnöthig.

Die so erhaltenen Kleberbrote[9]) müssen eine etwas spröde harte braune Kruste und eine hellgraue poröse Krume haben. Ein Fingereindruck in die Krume gleicht sich sehr schnell wieder aus. Der Geschmack des Brotes ist ein etwas bitter-säuerlicher. Woher dieser eigenthümliche Geschmack des Kleberbrotes eigentlich stammt, vermag ich nicht anzugeben. In der Monographie von Ritthausen[10]) fand sich nichts über diesen Punkt, als nur die Angabe, dass der Weizenkleber viel Phosphorsäure und phosphorsaure Salze enthält. Zusatz von Eiern, Milch, Butter und Natron bicarbonicum zum Teig änderte wenig oder gar nichts daran. Saccharinzusatz fügte nur einen unangenehm süsslichen Geschmack hinzu. Süsse Sahne hilft am besten. — Bestreicht man das Kleberbrot mit guter Butter oder Schmalz und belegt das Butterbrot mit Schinken, Fleisch, Eiern oder Sardellen, so mundet es ganz vortrefflich. — Nach 24—48 Stunden nimmt die Zähigkeit des Kleberbrotes zu. Man muss es alsdann **rösten**. Nicht gut ausgebackenes zähes Brot röstet man zweckmässig **sofort**. Zu diesem Zwecke legt man fast kleinfingerdicke Scheibchen so lange in den Ofen, bis sie zwiebackbraun und **ganz spröde** geworden sind.

Das geröstete Brot schmeckt und bekommt dann wieder bedeutend besser. Man kann es als Butterbrot essen oder auch im Mörser pulvern und zu Aufläufen, Puddings, Obstkuchengelässen, Paniermehl u. dgl. verwenden. Das Anrühren an Saucen und Ragouts empfiehlt sich des säuerlichen Geschmackes wegen nicht so sehr. Besser ist trocken geröstetes Klebermehl zu diesen Zwecken. Dasselbe eignet sich auch sehr gut zur Anfertigung von Blut- und Leberwurst. Das Bedürfniss nach Brot empfindet man bei diesen Würsten wenig oder gar nicht.

Das Röstmehl lässt sich auch mit Vortheil zum Brotbacken gebrauchen. Das Brot fällt weniger zähe aus.

Man röstet das Mehl trocken in einer absolut reinen Pfanne lichtbraun. Der sich dabei entwickelnde Geruch verschwindet beim Erkalten wieder. Zu einem Auflauf nimmt man 100 g Röstmehl, rührt es mit ca. 2 Esslöffeln Rahm, 3—4 Eigelb und einem Esslöffel 1 % Saccharinlösung zum Teig und setzt dann noch das zu Schnee geschlagene Eiweiss der Eier zu. Die ausgiessbare Masse füllt man in eine Puddingform und backt sie in ca. 1½ Stunden gar. Setzt man noch 1 Esslöffel voll Fruchtsaft, etwas Citrone oder 15—20 g gekochte Schnittäpfel zu, welche man durch ein Sieb getrieben hat, so gewinnt das Gebäck bedeutend an Wohlgeschmack, freilich steigt auch der Zuckergehalt. Man kann den in Scheiben geschnittenen Kuchen in Stücke schneiden und dieselben rösten, wodurch der Wohlgeschmack und die Bekömmlichkeit noch gesteigert wird.

Blutwurst für Diabetiker macht man aus Schweineblut, Röstmehl, Fleisch (Schweinefleisch oder auch ½ Kalbfleisch) mit etwas Salz. Das Blut muss natürlich gleich frisch vom Metzger geschlagen (defribinirt) worden sein. Man kocht die Würste etwa ½ Stunde und brät sie in etwas Butter, Speck oder sonstigem guten Fette.

Ich esse von dem angegebenen Brot seit etwa 5 Monaten fast täglich 50—150 g. Es ist mir und auch einigen Diabetikern, die ich es essen liess, immer sehr gut bekommen und ich kann es deshalb meinen Leidensgefährten mit gutem Gewissen empfehlen.

Magnesia, doppelkohlensaurem Natron, etwas Kochsalz und Mehl. ½ kg kostet M. 1.

[9]) ½ kg Klebermehlbrote liefert auch Bäckermeister Höttger, Münster i. W. im Preise von 1 M. für die erste, von 1.25 M. für die zweite Zone, portofrei.

[10]) Ritthausen l. c.

(Aus der ambulatorischen Klinik für Kehlkopf-, Rachen- und Nasenkrankheiten in Heidelberg.)

Therapeutische Versuche mit Creolin.

Von

Michael Pieskoff (Heidelberg).

Die desodorirende und secretionsvermindernde Eigenschaft des Creolins, welche von verschiedenen Seiten, besonders von v. Esmarch[1]), Eisenberg[2]) u. A. gerühmt wurde,

[1]) v. Esmarch, Centralblatt für Bacteriologie und Parasitenkunde 1887. B. II.

[2]) Eisenberg, Wiener med. Wochenschrift 1888. No. 17, 18 u. 19.

veranlasste mich, die Wirkung dieses Mittels bei Rhinitis chronica, Ozaena und der sog. Pharyngitis sicca zu prüfen.

Mit Genehmigung des Herrn Prof. Jurasz, welcher die Güte hatte, mir die mit diesen Krankheiten behafteten Patienten in seiner ambulatorischen Klinik zur Behandlung zu überweisen, schritt ich zur Erfüllung meines Vorhabens. Im Verlaufe von sieben Monaten bediente ich mich in etwa fünfzehn Fällen ausschliesslich des Creolins, welches in 1%iger wässeriger Lösung ohne irgend einen weiteren Zusatz zur Anwendung kam. Die erzielten Resultate sind als sehr günstige zu bezeichnen, und ich kann schon an dieser Stelle nicht umhin, dieses Mittel auf's Wärmste zu weiteren Versuchen zu empfehlen.

Was zunächst die Fälle von Rhinitis chronica mit oder ohne ozaenösem Gestank anbelangt, so verfuhr ich in denselben folgendermassen: zwei Wattetampons von 10 bis 15 cm Länge und der Dicke ungefähr eines kleinen Fingers wurden in die Creolinlösung eingetaucht, ganz sanft ausgedrückt und mittelst einer Sonde in jedes Nasenloch tief hineingeführt. Die Tampons blieben etwa 20 Minuten lang liegen. Während dieser Zeit empfanden die Patienten ein leichtes Brennen, welches jedoch mit der Entfernung der Tampons bald vorüberging. Unangenehme Erscheinungen wurden nie beobachtet.

Die günstige Wirkung des Creolins äusserte sich in verhältnissmässig kurzer Zeit durch die qualitative und quantitative Veränderung der Secretion. Die Menge des Schleimes nahm ab und die eitrige Beschaffenheit desselben machte einer mehr normalen Schleimabsonderung Platz. Einen besonders vortheilhaften Einfluss übte dieses Mittel auf die bei Ozaena vorkommenden Beschwerden aus. Mit Creolin gelang es schneller und vollständiger, als mit den bisher angewandten Mitteln (Carbolsäure), den üblen Geruch zum Verschwinden zu bringen. Es hörte die Borken- und Krustenbildung auf und die Secretion der Schleimhaut wurde eine normale.

Nicht minder günstig waren die Erfolge bei der sog. Pharyngitis sicca, bei welcher die in die Nase eingeführten Tampons durch die Choanen bis in den Nasenrachenraum vorgeschoben wurden, so dass sie herunterhängend mit der pharyngealen Schleimhaut in Berührung kamen. Die übrige Schleimhaut des Pharynx, also die Regio pharyngooralis wurde mittelst eines in Creolin eingetauchten Wattebäuschchens, das mit einer Rachenzange festgehalten wurde, ausgewischt. Auch der Nasenrachenraum wurde oft auf dieselbe Weise von den Schleimauflagerungen befreit. Bei allen diesen Manipulationen wurde die Nasendouche (reines oder mit Kochsalz vermischtes, lauwarmes Wasser) 2—3 mal täglich in Anwendung gezogen.

Zur besseren Illustration der guten Wirkung des Creolins führe ich hier einige Beobachtungen an.

E. Ch. 28 Jahre alt, ledig, Dienstmädchen, von der Augenklinik zur Untersuchung der Nase geschickt. Patientin leidet an Verstopfung des Ductus naso-lacrymalis seit ihrem 10. Jahre. Uebler Geruch aus der Nase, der schon mehrere Schritte weit wahrnehmbar ist. Linke Nasenhöhle normal, in der rechten Atrophie der Muscheln, Dilatation der Höhle. Graugrüne Krusten. Im Nasenrachenraum starke Ansammlung von dicken Schleimmassen von grüner und brauner Farbe. Schleimhaut des Pharynx diffus verdickt, glänzend. Ordination: Nasendouche und Tampons mit 1procentiger Carbolsäure.

Nach mehreren Wochen erfolgte zwar eine Besserung, aber da Patientin nicht regelmässig kam, so war die Besserung nicht der Art, wie sie gewöhnlich mit der Carbolsäure in anderen Fällen erzielt wurde. Aus diesem Grunde wurde das Creolin in Anwendung gezogen. Nach achttägigem Gebrauch des Mittels verschwand der Foetor vollständig und wurde die Patientin entlassen. Fünf Monate später — kein Foetor, keine Borken.

K. J. 67 Jahre alt, Müller. Ozaenöser Gestank aus der Nase; sehr starke Atrophie der Muscheln mit Dilatation beider Nasenhöhlen. Im hinteren unteren Theile des knorpeligen Septums eine 20pfennigsgrosse Perforation. Rachenschleimhaut stark glänzend. Belag von dünnen Schleimschichten.

Ordination: Nasendouche, Creolintampons, sowie Auswischen des Rachens mit Creolin.

Die Behandlung dauerte nur vier Tage. Der Geruch hat sich verloren; die Nasen- und Rachenschleimhaut bot fast ganz normale Verhältnisse dar. Patient ist nicht wieder gekommen.

K. B. 12 Jahre alt. Seit zwei Jahren Krusten und Borken in der Nase mit sehr starkem, ozaenösen Gestanke. Die rechte Nasenhöhle sehr weit, untere Muschel atrophisch. In der linken Nasenhöhle bestanden dieselben Veränderungen, aber in weniger hohem Grade. Da die Patientin von auswärts war und nicht täglich kommen konnte, so wurde nur die Anwendung der Nasendouche verordnet. Nach acht Tagen wurde nur eine unwesentliche Besserung constatirt. Es fanden sich noch in den Nasenhöhlen Krusten vor, und der üble Geruch bestand fort. Von nun an blieb die Patientin hier, und wurden die Creolin-Tampons täglich eingeführt. Nach 14tägiger Behandlung verschwand der Gestank vollständig und die Krustenbildung hörte gänzlich auf. 3 Monate nachher war keine Verschlimmerung nachzuweisen.

In den übrigen mit Creolin behandelten Fällen war der Erfolg nicht minder günstig. Ich sehe hier von der ausführlichen Beschreibung derselben ab, weil die Art der Behandlung stets dieselbe war und auch der Verlauf ganz ähnliche Verhältnisse darbot. Nur möchte ich zum Schluss die Bemerkung machen, dass wir in dem Creolin ein ausgezeichnetes Mittel haben, welches nach den bisherigen Erfahrungen in der Therapie mancher Nasen- und Rachenkrankheiten eine wichtige Rolle zu spielen verspricht.

Ueber ein neues Bistouri.

Von

Dr. Grothaus in Osnabrück.

Eine für den praktischen Arzt sehr wesentliche Neuerung in seinem täglich benutzten Instrumentarium bildet das Patent-Bistouri von J. Schmitt in Osnabrück. Nicht immer ist eine Neuerung an einem Instrument mit einer Verbesserung desselben gleichbedeutend. In diesem Falle wird indess die strengste Kritik nicht in der Lage sein, den Fortschritt zu leugnen. Jeder beschäftigte Arzt wird sehr oft die unangenehme Erfahrung gemacht haben, das gegenwärtig im Gebrauch befindliche Bistouri nach Charrière nicht gründlich reinigen und desinficiren zu können; ja von manchen Collegen wurde dasselbe, als vollkommen unvereinbar mit den antiseptischen Grundsätzen, aus dem Instrumentenschatz entfernt und durch das wenn auch unbequemere, aber doch leichter zu reinigende Scalpell ersetzt. Es ist unmöglich, den Zwischenraum zwischen den Schalenplatten, sowie das Charnier des Messers zu reinigen, ebensowenig wie diese Theile, die doch vor der Operation mit Carbolwasser benetzt werden, vollkommen getrocknet werden können. Dem letzteren Uebelstande ist nun das nicht minder schädliche Einrosten der Charniere und der Klingen, die den nassen Schalenplatten anliegen, zuzuschreiben, und alsbald ist das Messer reparaturbedürftig und nach unverhältnissmässig kurzer Zeit unbrauchbar. Diese beiden Mängel des alten französischen Bistouris würden allein schon genügen, seine Unbrauchbarkeit darzuthun; es kommt indess noch ein dritter, nicht unwesentlicher technischer Uebelstand in Betracht, nämlich die Unzuverlässigkeit der Feststellung der Klingen. Es ist mir oft (und so wird es manchem Collegen gegangen sein) passirt, dass das Messer während des Gebrauchs zuklappte, indem der Stift, welcher zur Fixirung der Klingen dient, sich lockerte. Bei allen diesen gewiss nicht unbedeutenden und wohl allseitig anerkannten Fehlern würde man trotzdem mit der Behauptung fehlgehen, das Bistouri könne allmählich durch das Scalpell verdrängt werden. Die Vorzüge des bequemeren Transports des ersteren überwiegen die eben angeführten Bedenken beim praktischen Arzt vollkommen. Wenn nun auch der Gebrauch des französischen Bistouris für die Eröffnung eines Abscesses hingehen mag, so sollte es doch niemals für eine Herniotomie oder eine andere Operation, bei der die Antiseptik durchführbar ist, verwandt werden. Mit echt deutscher Gründlichkeit und grossem Scharfsinn sind nun mit einem Schlage durch die neue Construction alle jene erörterten Uebelstände beseitigt und damit dem Bistouri das alte Terrain für jeden operativen Eingriff zurückerobert. Die Lösung des Räthsels lag in der glücklichen Idee, das Messer in seine einzelnen Theile zerlegbar zu machen und dieses ist in der bequemsten und einfachsten Weise durch folgende Construction geglückt. Der Griff des Messers besteht aus zwei einander gleichen Schalen, in denen sich je an dem einen Ende ein knopflochähnlicher Schlitz befindet, während das andere Ende mit einem cylindrischen Stift versehen ist, welcher von beiden Seiten parallel zur Längsrichtung der Schale soweit eingefeilt ist (Fig. a),

Fig. a.

dass er in den engeren Theil des Schlitzes der anderen Schale treten kann und den Klingen als Drehpunkt dient. Auf derselben Fläche jeder Schale befinden sich ferner noch zwei kleinere Stifte, von denen einer den Stützpunkt der Klinge bildet, während der andere dieselben in offener oder geschlossener Stellung fixirt. Die Zusammenstellung der vorbeschriebenen Schalen mit zwei Klingen zu einem Bistouri geschieht in der Weise, dass man auf je eine Schale eine

Klinge setzt, genau Fig. b entsprechend. Nachdem dieses geschehen, lege man die Schalen so aufeinander, dass die Stifte, auf

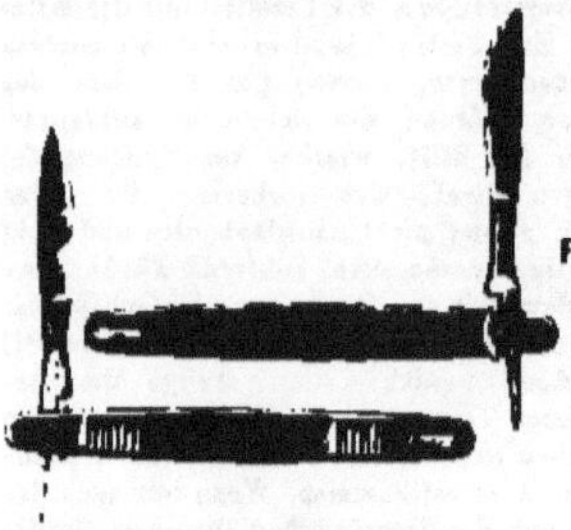

Fig. b.

welchen sich die Klingen befinden, in die Rundung des Schlitzes der gegenüberliegenden Schale treten und verschiebe dieselben, Daumen und Zeigefinger beider Hände auf die gerillten Stellen der Schalen legend, so weit wie möglich in entgegengesetzter Richtung gegeneinander, Fig. c.

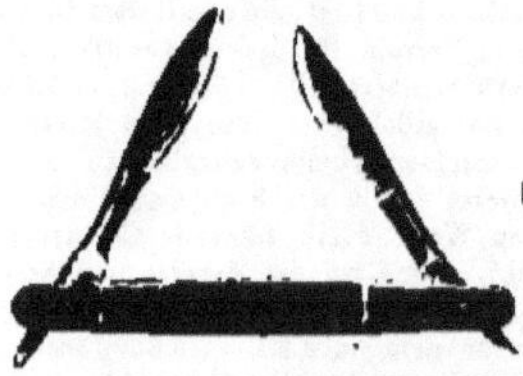

Fig. c.

Jetzt schliesst man beide Klingen, nimmt das Messer, Fig. 1 entsprechend, zwischen Daumen und Zeigefinger und verschiebt die Schalen in entgegengesetzter

Fig. 1.

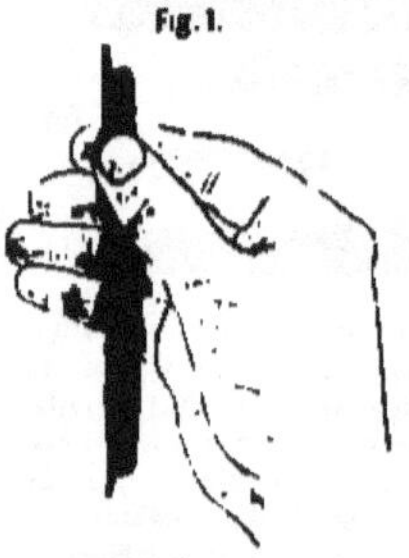

Richtung bis zu ihrer vollständigen Deckung: so hat man Fig. 1. Das Bistouri ist transportfähig. Die Construction des Bistouris lässt ein Auseinanderfallen desselben nicht

zu. Will man eine Klinge zum Gebrauche feststellen, so macht man zunächst die unter Fig. 1 beschriebene Manipulation in umgekehrter Weise, öffnet die Klinge und verschiebt die Schalenplatten in entgegengesetzter Richtung mittelst Daumen und Zeigefinger, wie es Fig. 2 andeutet. Die Klinge des B. steht jetzt so fest, wie die Klinge an einem Scalpell. Es erübrigt nun noch, die Auseinandernahme des Messers zu beschreiben, die indess in deutlicher Weise durch Fig. 3 veranschaulicht wird. Es genügt bei dieser Fingeranordnung ein leiser Zug und man hat die Klingen und Schalen einzeln in der Hand, um die vorzunehmende Reinigung aller Theile bequem und sicher ausführen zu können.

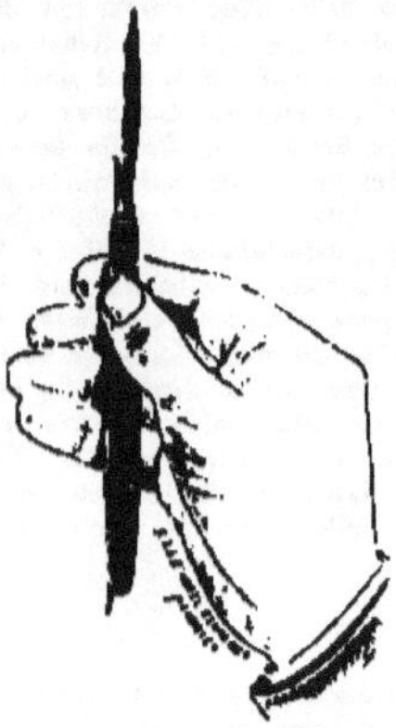

Fig. 2.

Die Vorzüge des neuen Bistouri gegen-

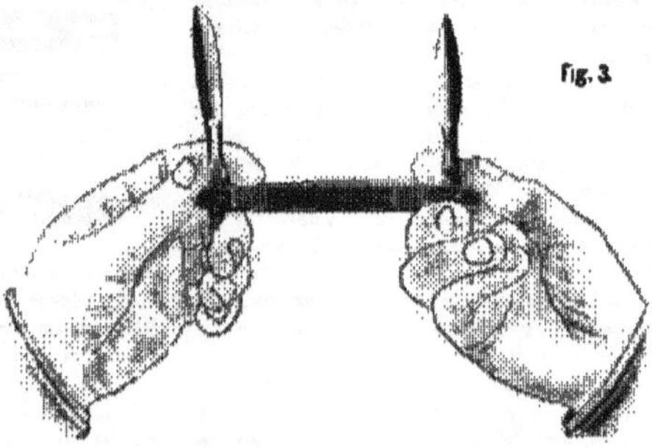

Fig. 3.

über dem alten französischen sind also folgende:

1. grössere Sicherheit in der Fixirung der Klinge;

2. vermöge der Ausführung in Metall und der Zerlegbarkeit desselben ist eine gründliche Desinfection möglich;
3. nach dem Gebrauch können die einzelnen Theile bequem getrocknet werden und wird das Einrosten der Klingen vermieden;
4. in Folge der Reinlichkeit kann es für jeden operativen Eingriff verwandt werden und ersetzt das Scalpell;
5. die Zerlegbarkeit des Griffes ermöglicht das Einsetzen verschieden geformter Klingen je nach Bedarf;
6. die Einfachheit der Construction macht wenig Reparatur erforderlich.

Seit 1½ Jahren benutze ich ausschliesslich dieses Bistouri und bin mit demselben nach jeder Richtung vollkommen zufrieden. Wer sich einmal mit der Handhabung desselben vertraut gemacht hat, wird zu dem alten nicht zurückkehren.

Ein Fall von Morbus Basedowii durch Elektricität geheilt.

Von

Dr. H. Pelzer, Mülheim a. Rh.

Frau K. von hier, 12 Jahre alt, Wittwe, 4 Kinder, kleiner, untersetzter Statur, regelmässig menstruirt, ist erblich belastet, indem der Vater und 3 Geschwister an Tuberculose zu Grunde gingen.

In der linken Lunge ist ein Spitzenkatarrh und unter dem linken Schlüsselbein eine geringe Dämpfung zu constatiren. Wegen dieses Spitzenkatarrhs besuchte Patientin mehrere Jahre hintereinander den Höhencurort Engelbert i. d. Schweiz.

Frau K. leidet schon seit einem Jahre an nervösem Herzklopfen. Im Uebrigen sind Brust- und Unterleibsorgane gesund.

Anfangs October vorigen Jahres constatirte ich bei meiner Consultation geringen Exophthalmus, geringes Struma, sehr starkes Herzklopfen, bis zu 130 Schlägen in der Minute, kurzum alle Zeichen der Basedow'schen Krankheit. Ein organischer Herzfehler war nicht vorhanden. Dabei hatte die sonst gut genährte Patientin in den letzten 6 Wochen 4 Kilo an Körpergewicht verloren.

Es wurde eine roborirende Diät und, da deutliche anämische Erscheinungen vorhanden, Liquor ferr. alb. Drees und ein Eisbeutel auf die Herzgegend verordnet.

Am 2. November vorigen Jahres hatten sich sämmtliche Krankheitserscheinungen verschlimmert. Das Heilverfahren blieb dasselbe, nur wurde anstatt des Liqu. ferr. alb. Drees Fol. digit. 0,3 *pro die* verordnet.

Am 20. November war wiederum eine bedeutende Verschlimmerung festzustellen, und hatte namentlich das Struma an Umfang unverhältnissmässig zugenommen. Die Digitalis wurde ausgesetzt und statt dessen Secale cornutum 1,5 *pro die* gegeben.

Am 10. December konnte ich wieder eine bedeutende Verschlimmerung sämmtlicher Symptome constatiren, und hatte sich ausserdem eine grosse Schlaflosigkeit eingestellt. Es wurde nun eine strenge Milchdiät, Nachts ein Eisbeutel auf die Herzgegend und, mit Weglassung aller Medicamente, täglich der constante Strom angewandt, Dauer der Sitzung 10 Minuten. Anfangs 5, später 10 Elemente. Beim Beginn dieser Cur wurde ein Pol auf die Fossa intersternocleidomastoidea, der andere auf die Herzgegend applicirt. Nach 6 Wochen wurden diese Ströme mit Strömen quer durch die Wirbelsäule abwechselnd angewandt.

Unter dieser Behandlungsweise besserte sich der Zustand in den ersten 5 Wochen zwar kaum merklich; von da aber gingen alle Krankheitssymptome verhältnissmässig rasch zurück. Zuerst war eine Verlangsamung des Pulses zu verzeichnen. Dann trat Abnahme des Exophthalmus ein, und zuletzt bildete sich das Struma ganz zurück. Augenblicklich, also circa 6 Monate nach Anfang der elektrischen Behandlung, sind sämmtliche Symptome des Morbus Basedowii vollständig geschwunden und das Allgemeinbefinden ist ein ganz normales.

Zur Therapie des Typhus abdominalis.

Erwiderung

an Herrn Professor Purjesz in Klausenburg

von

Dr. Ernst Brand in Stettin.

In der No. 4 dieser geschätzten Zeitschrift findet sich S. 189 in einem Referat über „Bemerkungen zur Therapie des Fiebers mit Rücksicht auf die Therapie des Typhus abdominalis von Prof. Sigmund Purjesz in Klausenburg" folgende Stelle:

„Wenn Brand und Vogl so sehr auf ihr kleines Sterbeprocent pochen, so möge nicht vergessen werden, dass sie ihre Daten der allerletzten Zeit entlehnen, und dass sich dieselben fast ausschliesslich auf in Militärlazarethen gemachte Erfahrungen beziehen. Die hydriatische Behandlung des

Typhus verfügt heute noch nicht über eine Statistik, die man verlässlich nennen könnte."

Herr Oberstabsarzt Dr. Vogl wird an anderer Stelle auf diesen und andere Angriffe antworten. Ich für meinen Theil erlaube mir darauf zu erwidern:

Erstens: Die „allerletzte" Zeit, der meine Daten entlehnt sind, erstreckt sich über 35 Jahre.

Zweitens: bin ich leider nicht Militärarzt, bin es nie gewesen und werde es bei meinem hohen Alter wohl auch nicht mehr werden.

Drittens: sind meine Erfahrungen nicht in Militärlazarethen gemacht, sondern in der Privat- und hausärztlichen Praxis. Mit Ausnahme einer geringen Zahl während des Krieges 1870/71 in einem Privatlazareth behandelter habe ich nie einen typhuskranken Soldaten gesehen.

Viertens: poche ich nicht auf mein kleines Sterbeprocent, sondern lege im Gegentheil den Sterblichkeitsziffern als Beweismittel nur geringen Werth bei. Für mich hat nur die wissenschaftliche Mortalität Bedeutung und Geltung.

Fünftens: wenn Herr Professor P. auf diese 4 Angaben hin meine Statistik nicht verlässlich nennt, so ist dieses Urtheil wohl ebenso begründet, wie die Punkte 1—4 wahr sind. Offenbar hat Herr Professor P. niemals eine meiner zahlreichen Schriften in der Hand gehabt und noch viel weniger gelesen.

Neuere Arzneimittel.

(Aus der medicinischen Klinik des Herrn Professor Riegel zu Giessen.)

Ueber die Einwirkung des Cytisins, Cornutins und der Sclerotinsäure auf das Gefässsystem.

Von

Dr. Wilhelm Streng,
approb. Arzt aus Giessen.

Eine zu Anfang dieses Jahres erschienene Arbeit Kraepelin's[1]) über Cytisin gab die Anregung zu den in Nachstehendem kurz mitgetheilten Versuchen, die ich unter Leitung und mit Beihülfe von Herrn Prof. Riegel in dessen Klinik zu Giessen angestellt habe. Wie ich gleich von vornherein bemerken will, galten unsere Versuche nur der Frage nach der Einwirkung des genannten Mittels auf das Gefässsystem.

Fast alle Mittheilungen über die Wirkung des Cytisins, die bis jetzt vorliegen, beziehen sich auf Thierversuche. Nur die oben erwähnte Arbeit Kraepelin's betrifft die therapeutische Verwendbarkeit des Mittels und zwar bei migraineartigen Zuständen. Kraepelin wandte das Cytisinum nitricum in einem Falle von Migraine in der Dosis von 0,003—0,005 g subcutan an und beobachtete danach sofortiges Aufhören der Anfälle. Er glaubt auf Grund von Sphygmogrammen diese Wirkung mit der gefässverengernden Eigenschaft des Cytisins in Zusammenhang bringen zu dürfen. Bekanntlich hatten Marmé[2]) sowohl wie Kobert bei Thierversuchen nach der Einführung dieses Mittels in den Körper eine Steigerung des Blutdruckes beobachtet, während Schweizer Forscher, Prevost und Binet[3]) eine solche Erhöhung des Blutdruckes nicht fanden.

Was nun die in hiesiger Klinik angestellten Versuche betrifft, so wurden dieselben in der Weise vorgenommen, dass unmittelbar vor und in einzelnen noch später zu besprechenden Zeiträumen nach der subcutanen Einführung des Mittels in den menschlichen Körper an der A. radialis mittelst des von Riegel modificirten Marey'schen Sphygmographen Pulscurven aufgenommen wurden. Es konnte so direct an dem Bilde die durch das Cytisin hervorgerufene Veränderung der Pulscurve constatirt werden. Vor Beginn unserer Versuche am Menschen hatten wir uns durch einige Versuche am Frosch und Kaninchen von der Wirksamkeit des Mittels überzeugt. Das von uns in Anwendung gezogene Präparat stammte aus der Fabrik von Merck in Darmstadt. Kleine Gaben von 0,003 bis

[1]) „Cytisin gegen Migraine". Januarheft des Neurologischen Centralblattes 1888.

[2]) „Neuere Untersuchungen über die Wirkung des Cytisinnitrats". Göttingen, der kgl. Gesellsch. der Wissenschaften vorgelegt am 5. III. 1887.

[3]) „Recherches expérimentales relatives à l'action physiologique du Cytisus laburnum". Revue médicale de la Suisse romande 1887.

I.
C. T., 19 J. alt.
Vor der Injection
von Cornutin.

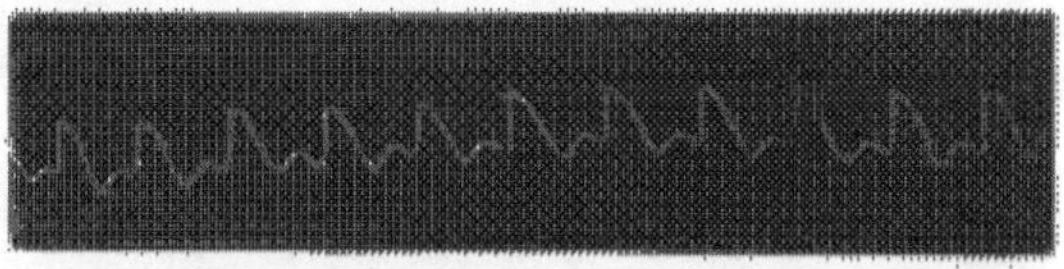

II.
C. T., 19 J. alt,
85 Minuten nach der
2. Injection von
0,0025 Cornutin.

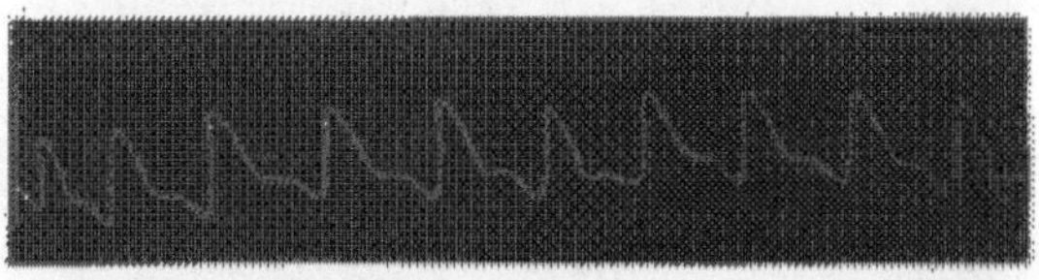

III.
F. B., 18 J. alt.
Vor der Injection
von Cornutin.

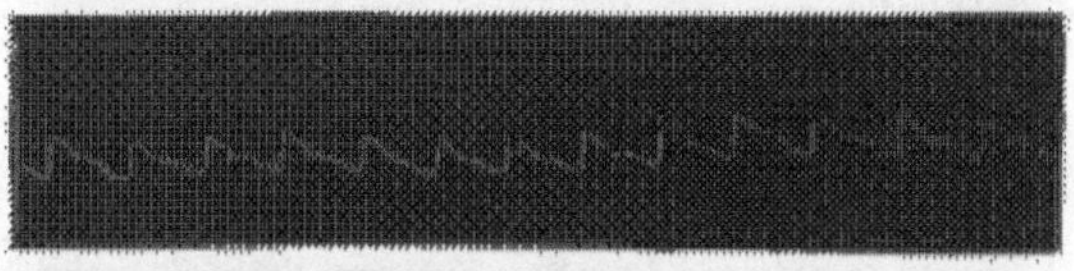

IV.
E. B., 18 J. alt,
1½ Stunden nach
Injection von 0,005
Cornutin.

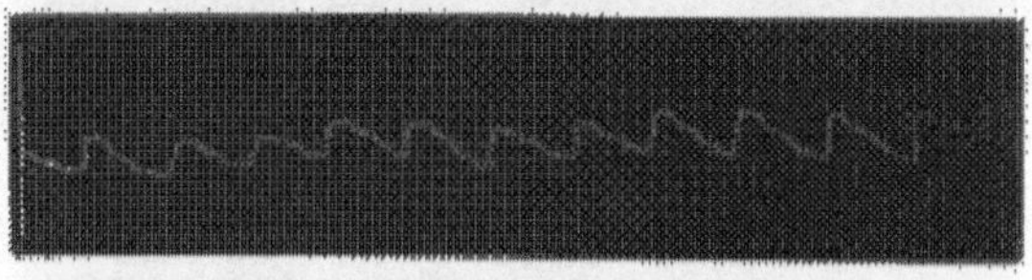

V.
Sch. W., 19 J. alt.
Vor Injection von
Cornutin.

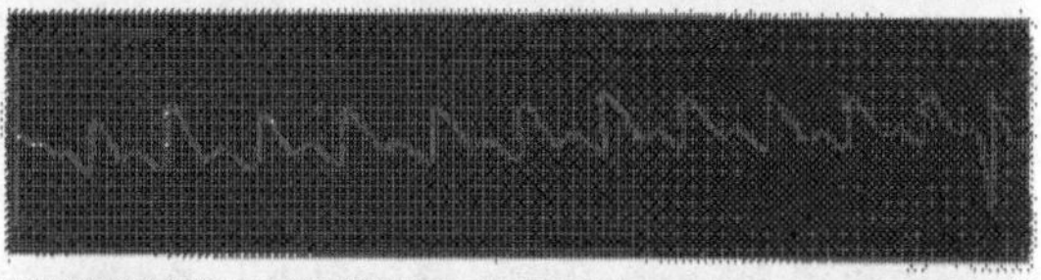

VI.
Sch. W., 19 J. alt.
2 Stunden nach In-
jection von 0,005
Cornutin.

VII.
L. B., 23 J. alt.
Vor Einnahme von
Cornutin.

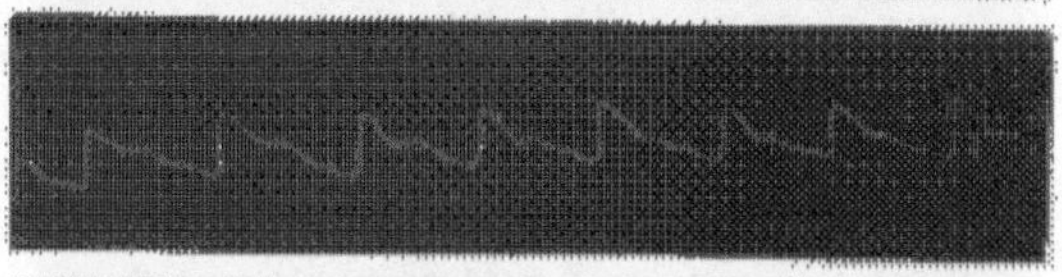

VIII.
L. B., 23 J. alt.
1½ Stunde nach Ein-
nahme von Cornutin.

0,004 g, subcutan eingespritzt, erwiesen sich in 4 Versuchen als völlig unwirksam, so dass wir von nun an Gaben von 0,006 g wählten, eine Dosis, welche nicht mehr überschritten wurde; aber auch diese Menge hatte nicht den geringsten Einfluss auf die Gestaltung des Pulsbildes. Es wurden nach der Injection in Zeitabständen von je 10 Minuten die Pulscurven aufgenommen; dieselben zeigten aber, obgleich die Aufnahme derselben 2 Stunden und länger nach der Injection fortgesetzt wurde, durchaus keine Aenderung. Locale Reizerscheinungen oder Störungen im Allgemeinbefinden traten nach den subcutanen Gaben des Mittels niemals ein; auch die Zahl der Herzcontractionen blieb die nämliche. Durch diese Versuche dürfte erwiesen sein, dass das Cytisinum nitricum in den kleinen Gaben, wie sie Kraepelin empfiehlt, auf die Spannung des Gefässrohres beim Menschen keinen Einfluss ausübt. Ueber die Wirksamkeit des Mittels bei migraineartigen Zuständen muss ich in Ermangelung eigener Beobachtungen eines Urtheils mich enthalten.

Des Weiteren habe ich in der nämlichen Weise wie das Cytisin noch zwei Präparate des Mutterkorns, die in letzter Zeit mehr von sich reden machten, auf ihre gefässcontrahirende Eigenschaft beim Menschen studirt, das Cornutin und die Sclerotinsäure. Das erstere, ein amorphes braunes Pulver, war von Gehe in Dresden bezogen. Dasselbe wurde vor dem Gebrauch in die salzsaure Verbindung, die in Wasser leicht löslich ist, übergeführt, so zwar, dass in 1 ccm Lösung 0,005 g Cornutin enthalten war. Bereits bei dem ersten Versuche am Menschen zeigt sich, dass schon subcutane Gaben von 0,0025 g das Pulsbild veränderten. Sehr bald, etwa 20 Minuten nach der Injection, begann eine deutliche Spannungszunahme einzutreten. Nach einer Stunde wurde nochmals dieselbe Menge injicirt, und noch eine weitere, wenn auch geringe Spannungszunahme beobachtet. Dabei änderte sich die Zahl der Herzcontractionen nur wenig (Curve I und II).

Der nächste Versuch, bei dem sofort 0,005 g injicirt wurden, war von demselben Erfolge gekrönt. Die Spannungszunahme hatte etwa 1½ Stunden nach der Injection ihren Höhepunkt erreicht, um 3 Stunden nach derselben wieder der früheren Spannung Platz zu machen (Curve III und IV).

Der folgende Versuch, in derselben Weise vorgenommen, ergab das gleiche Resultat; nur trat hier das auffällige Symptom auf, dass Hand in Hand mit der zunehmenden Spannung eine deutliche Pulsverlangsamung eintrat, die mit abnehmender Gefässspannung wieder in vermehrte Frequenz überging (Curve V und VI).

Im nächstfolgenden Versuche wurden wiederum 0,005 g in zwei Dosen in einem Zwischenraum von 1 Stunde unter die Haut gespritzt, aber dieses Mal ohne Erfolg. Auch der nächste Versuch, bei dem die innerliche Darreichung vorgezogen wurde, blieb erfolglos. Es wurden an zwei aufeinanderfolgenden Abenden je 0,005 g und die beiden nächsten Abende je 0,0075 g in wässeriger Lösung per os gegeben, ohne dass eine Aenderung in der Spannung des Arterienrohres eingetreten wäre. Beim sechsten und letzten Versuche wählte ich wiederum die Darreichung per os, nur gab ich sofort 0,0075 g und 4 Stunden danach wiederum dieselbe Menge. Eine halbe Stunde nach der zweiten Darreichung des Mittels begann schon eine stärkere Spannung des Gefässes, die etwa ¾ Stunden nach der Einführung ihren Höhepunkt erreicht hatte, gleichzeitig mit einer deutlichen Abnahme der Zahl der Herzcontractionen (Curve VII und VIII).

Was die örtlichen Erscheinungen betrifft, so beobachteten wir nur in einem Falle eine örtliche Reizerscheinung in Gestalt eines kleinen Abscesses, der aber nur geringe subjective Beschwerden verursachte.

Das Resultat dieser meiner Untersuchungen glaube ich dahin zusammenfassen zu dürfen, dass dem Cornutin eine gefässverengernde und Puls verlangsamende Eigenschaft zukommt und zwar schon in kleinen Dosen. Per os verabreicht, wirkt das Mittel in gleicher Weise, nur sind noch etwas stärkere Dosen erforderlich.

Die überraschenden Erfolge, die Stumpf*) nach der Einnahme von Sclerotinsäure gesehen hat, haben mich des Ferneren veranlasst, dieses Mutterkornpräparat, das wir in Gestalt eines bräunlichen Pulvers (nach Dragendorff) von Merck bezogen, zu prüfen. In unseren Versuchen konnten wir aber niemals auch nur die geringste Spannungszunahme des Arterienrohres durch das Mittel beobachten, obgleich schliesslich 6 Tage hinter einander je 1 g in wässeriger Lösung per os gegeben wurde. Einmal gaben wir auch das Mittel subcutan, und obgleich alle Vorsichtsmassregeln, wie sie Stumpf empfiehlt, genau befolgt waren, traten doch in Folge des Mittels so heftige locale Beschwerden, verbunden mit starkem Fieber (40°)

*) „Ueber die therapeutische Verwendung der Sclerotinsäure" von Dr. Max Stumpf. Deutsches Archiv für klinische Medicin, Band XXIV, 1879 Seite 416–431.

ohne dass es indess zur Abscessbildung kam, ein, dass wir das Mittel in dieser Weise nicht mehr zu geben wagten, zudem auch bei diesem Versuche eine stärkere Gefässspannung sich nicht zeigte. Ich muss danach mich Kobert anschliessen, der der Sclerotinsäure jegliche Wirkung auf das Gefässsystem abspricht.

Therapeutische Mittheilungen aus Vereinen.

Greifswalder medicinischer Verein.

(Sitzung vom 5. Mai 1888.)

Herr Prof. Mosler: Zur localen Behandlung von Hirnhauterkrankungen.

Aus älterer und jüngerer Zeit haben Aerzte die locale Behandlung bei Hirnhauterkrankungen empfohlen. Auch Vortragender hat seit einer Reihe von Jahren das ableitende Verfahren bei Erkrankungen der Hirnhäute in Anwendung gezogen und selbst in schweren Fällen davon Erfolg beobachtet. In einem Falle von intensiver Meningitis, die im Verlaufe von acutem Gelenkrheumatismus unter den gefahrdrohendsten Symptomen aufgetreten war, erzielte er mit ausgedehnter Anwendung der Ableitungsmittel in Form eines grossen, über die abgeschorene Kopfhaut applicirten Blasenpflasters nebst zwei, zur gleichen Zeit hinter beiden Ohren zur Anwendung gekommenen Vesicatien einen auffallend raschen Erfolg, nachdem viele andere Mittel vergebens versucht worden waren. Seitdem hat M. die ableitende Methode bei verschiedenen Fällen von Hirnhautaffectionen erprobt und vielfach bestätigt gefunden, dass die Hautreize (Vesicatien oder Unguentum Tartari stibiati) in möglichst grosser Ausdehnung und nächster Nähe des leidenden Organes, direct auf oder neben der Kopfhaut applicirt, auch bei chronischen Hirnhautaffectionen Erfolg haben. Negative Resultate mögen mitunter daraus zu erklären sein, dass eine ausgedehnte und längere Application dieser Mittel nicht zur Anwendung gekommen ist.

Nach diesen günstigen Erfahrungen über die locale Behandlung acuter und chronischer Hirnhautaffectionen lag M. daran, durch eigene Versuche die Frage zu entscheiden, was die an anderen Organen so häufig geübte Aspiration bei der chronischen Meningitis zu leisten vermag, die unter den Erscheinungen des chronischen Hydrocephalus verläuft. Hierzu bot sich in der Klinik ein sehr geeigneter Fall, über den M. ausführlich berichtet. Nach den neuen Erfahrungen, die er hierbei machte, kann er nur bestätigen, was Huguenin (Path. und Therapie von Ziemssen Bd. XI) über diese Methode gesagt hat. Auch in dem vorgetragenen Falle ist durch die Entlastung des Gehirns nicht dauernd ein günstiger Einfluss ausgeübt worden. Trotz der Compression nach jedesmaliger Punction ist ein Stillstehen der Exsudation auch von M. nicht beobachtet worden. Dagegen hat diese Beobachtung aufs Neue gezeigt, dass die Aspiration der hydrocephalischen Flüssigkeit (selbst bei wiederholter Anwendung) gut vertragen wird.

Herr Loebker hat in 2 Fällen den chronischen Hydrocephalus punctirt und den Kopf nach Entleerung der Flüssigkeit mit elastischer Einwickelung versehen. Wenige Tage nach der Punction war in beiden Fällen die erneute Anwesenheit von Flüssigkeit nachzuweisen. Beide Kinder starben in Folge des Hydrocephalus. L. setzt daher gleichfalls auf die radicale Heilwirkung der oben erwähnten Behandlungsmethode keine grossen Hoffnungen.

(Dtsch. med. Wochenschr. No. 30. 1888.) R.

XVI. Mittelfränkischer Aerztetag in Nürnberg.

(Am 21. Juli 1888.)

Dr. Friedrich Merkel: Ueber subcutane Antipyrin-Injectionen.

Als Assistent der medicinischen Abtheilung des Nürnberger Krankenhauses benutzte Vortragender zu seinen Untersuchungen das gesammte hierzu passende Krankenmaterial. Die zur Injection verwandte Lösung war die von G. Sée angegebene. Es wurde fast stets eine volle Pravaz'sche Spritze einer aus Antipyrin und Aqua dest. ãã hergestellte Lösung verwandt. Beachtenswerth ist, dass 10,0 Antipyrin mit 10,0 Wasser 18 ccm Flüssigkeit liefern, dass also eine Spritze 0,55 Antipyrin enthält. Die Lösung ist vollständig klar, verfärbt sich bei längerem Stehen etwas gelblich. Die Einspritzung wird wie bei Morphium vorgenommen, mit-

cutan, besonders bei Ischias, auch intramusculär. Dabei ist nöthig, dass die Nadel tief ins Unterhautzellgewebe eingestochen wird; in 4 Fällen, in denen dieses nicht beachtet wurde, entwickelten sich derbe, schmerzhafte, fast apfelgrosse Infiltrate, die sich erst nach 8 Tagen auf Massage und Eisapplication zurückbildeten.

Was nun die Wirkung vom Momente der Injection ab betrifft, so tritt zunächst um die Injectionsstelle ein ausserordentlich heftiges, schmerzhaftes Brennen auf, welches 10—55 Secunden anhält. Dann macht es allmählich einem Gefühl von Taubsein und dumpfer Spannung Platz. Der schmerzstillende Effect ist alsdann meist eingetreten und erstreckte sich auf einen Zeitraum von 1/4—48 Stunden und darüber. Zuweilen blieb auch jede Wirkung aus oder es machte sich sogar eine Steigerung des Schmerzes bemerkbar. — Mit subcutaner Injection von Antipyrin wurden im Ganzen 75 Fälle mit 138 Einspritzungen behandelt; das Minimum waren eine, das Maximum 6 Injectionen (Fall von Ischias). Von diesen 75 Fällen hatte M. in 60 Fällen einen entschiedenen Erfolg zu verzeichnen (80%): 46 Male war er bleibend, 14 Male vorübergehend; nur in 15 Fällen liess das Mittel im Stich.

Nach M.'s Erfahrungen dürften für weitere Versuche folgende Punkte massgebend sein:

1. Die Antipyrin-Injection ist eine anfänglich sehr schmerzhafte Procedur und zwar bei allen Personen.
2. Behufs Vermeidung von Infiltraten muss die Einspritzung tief ins Zellgewebe hinein gemacht werden.
3. Dieselbe wirkt schmerzstillend und ist zu empfehlen bei auf ein Gelenk beschränkten Rheumatismen, bei Ischias, Muskelschmerzen, besonders aber bei Brustschmerzen der Phthisiker (bei letzteren war kein Misserfolg zu verzeichnen).
4. Die Injectionen von Antipyrin werden nie das Morphium ersetzen können, doch giebt es Fälle, in denen sie dessen Stelle vertreten können (besonders in den Fällen von Pneumonie).
5. In vereinzelten Fällen setzte Antipyrin subcutan die Temperatur wirksam herab; doch die geringe Zahl diesbezüglicher Beobachtungen gestattet noch kein endgültiges Urtheil. Sodann tritt die temperaturerniedrigende Wirkung des Antipyrin bei innerer Anwendung erst bei einer Dosis von 4,0—5,0 ein, es wäre deshalb eine solche bei subcutaner Application von 2,0—2,5 zu erwarten. Solche Menge (4—5 Spritzen) zu injiciren, dürfte schon wegen der Schmerzhaftigkeit der Procedur nicht zu empfehlen sein.
6. Die bei den verschiedensten fieberhaften Krankheiten auf innerliche Darreichung antipyretischer Antipyrindosen (besonders bei Kindern) beobachtete Euphorie dürfte auf einer narkotischen Wirkung des Mittels beruhen.
7. Es darf indessen nicht unbeachtet bleiben, dass auf die subcutane Injection der verschiedensten Stoffe locale Anaesthesie in der Dauer bis zu 2 Stunden folgt (wie dies Liebreich erst neuerdings gezeigt hat), und dass vielleicht die Wirksamkeit der Antipyrin-Injection zum Theil hierauf zu beziehen ist.

Dr. Schubert (Nürnberg): **Ueber Beseitigung einwärts gewachsener Wimpern durch Elektrolyse.**

In der Behandlung der Distichiasis bedient S. sich seit längerer Zeit der Elektrolyse in Fällen, die keine Verkrümmung des Tarsus darbieten. Diese Methode ist von englischen und amerikanischen Aerzten wiederholt empfohlen worden. Es genügen 8—12 Elemente der gewöhnlichen constanten Batterie, Anode (in Plattenform) an der Schläfe, Kathode (mit feiner Nadel armirt) längs der einzelnen Cilien in den Follikel einzuführen, 1/2 Minute Stromschluss. Die so getroffenen Haarbälge veröden. Reaction normal, ohne Berufsstörung. Im Wesentlichen ist es eine Aetzwirkung mit dem Vortheil einer genauen Dosirung und Localisirung.

(Münch. med. Wochenschr. No. 32—33.) *R.*

Congress zur Erforschung der Tuberculose in Paris.

(Sitzung vom 25. bis 31. Juli 1888.)

Unter dem Vorsitze von Chauveau, Villemin und Verneuil wurde am 25. Juli d. J. in Paris der erste Tuberculose-Congress eröffnet.

In 10 Sitzungen kam eine Reihe hochwichtiger und bedeutungsvoller, auf die Kenntniss der Tuberculose bezüglicher Fragen zur Discussion. Ueber dieselben kann an dieser Stelle jedoch nicht ausführlich berichtet werden; wir müssen uns auf das einfache Resumé der Verhandlungen beschränken.

Die Tuberculose, welche ungefähr den vierten Theil der Pariser Mortalitätsziffer für sich in Anspruch nimmt, beruht auf der Entwickelung abnormer, krankhafter Zellen, veranlasst durch einen speciellen Mikroorganismus, den Koch'schen Bacillus.

Der Tuberkel breitet sich in den Knochen, serösen Häuten (Meningen und Peritoneum),

Lymphdrüsen, Eingeweidewänden, vornehmlich aber in Lungen, Milz und Leber aus.

Die Tuberculose ist unter gewissen Bedingungen contagiös und in einem beträchtlichen Verhältniss vererblich.

Der Bacillus der Tuberkel, Follikel und Granulationen kann, nach Isolirung, Cultivirung und Ueberimpfung, Tuberculose in einem gesunden Organismus erzeugen. Wenn mit kranken Individuen entnommener tuberculöser Masse verschiedene Thierspecies geimpft werden, können verschiedene Folgezustände, bald schnell tödtliche Intoxication, bald langsame, bald vorübergehende Tuberkelisirung beobachtet werden.

Um das Eindringen des Bacillus in die Schleimhaut des Digestionstractus zu erklären, ist es durchaus nicht nothwendig, eine Läsion des Epithels anzunehmen. Der blosse Contact der Tuberkelbacillen mit der unversehrten Schleimhautoberfläche genügt zur Infection.

Der Bacillus existirt nur kurze Zeit im Blute und nur selten in den Muskeln, aber er hält sich in der Milch tuberculöser Thiere, in der er nur durch Aufkochen zerstört wird.

Die Hygiene fordert, dass der Genuss des Fleisches und besonders der Eingeweide kranker Thiere verboten werde, und dass nur abgekochte Milch zu trinken sei. Tuberculöse müssen isolirt werden; eine Eheschliessung zwischen tuberculösen Individuen ist durchaus zu verhindern.

Die Behandlung der tuberculösen Phthise besteht: 1) in dem Aufenthalt in freier Luft unter rationellen Bedingungen, 2) im Gebrauch antiseptischer Mittel, 3) Inhalation von Eucalyptol, Carbolsäure, Terpenthinöl, Jodoform, Fluorwasserstoffsäure u. s. w. Der innerliche Gebrauch von phosphorsaurem und kohlensaurem Kalk wird gleichfalls gerühmt.

In der Schlusssitzung brachte der Präsident folgende Vorschläge zur Abstimmung, die einstimmig angenommen wurden:

1. Zu den Befugnissen der Sanitätsbehörden sollen alle auf die ansteckenden Krankheiten der Hausthiere bezüglichen Fragen gehören, diejenigen Krankheiten mit einbegriffen, welche gegenwärtig auf den Menschen als nicht übertragbar erscheinen.
2. Mit allen zu Gebote stehenden Mitteln soll an dem Princip der Beschlagnahme und Vernichtung des von tuberculösen Thieren stammenden Fleisches festgehalten werden, gleichviel, ob die specifischen Läsionen leichterer oder schwererer Art seien. (Die Betroffenen seien schadlos zu halten.)
3. Es müssen populäre Instructionen veröffentlicht und massenhaft in den Städten und auf dem Lande verbreitet werden. In denselben sind die Mittel anzugeben, durch welche man sich am besten vor der Gefahr einer tuberculösen Infection durch die Nahrung, besonders durch die Milch, schützen und die virulenten Keime in dem Auswurfe, in der Wäsche und den Betten zerstören kann.
4. Die Anstalten, welche zur industriellen Production der Milch bestimmt sind, müssen ganz besonders überwacht werden, damit nicht Milch von kranken Kühen zur Verwendung komme.

Der nächste Congress soll in 2 Jahren wieder zusammentreten und die „Hospitalisation" der Tuberculösen auf die Tagesordnung setzen. Zum Präsidenten desselben wird Villemin gewählt.

(Lyon méd. No. 35, 1888.) R.

Académie de Médecine (Paris).

(Sitzung vom 17. April 1888.)

Decaisne: Ueber die Wirkung des Tabaks.

Bei unmässigem Gebrauche des Tabaks hat D. ein bisher nicht genügend beschriebenes Symptom beobachtet. Es ist dies der Schwindel der Raucher. Ausserdem können Muskelzuckungen, Symptome von Hirncongestion, profuse Schweisse, Steigerung der Urinausscheidung, Appetitlosigkeit, Angina, blutige Sputa, Schlaflosigkeit, Dyspnoe, Lungenemphysem, intermittirender Puls und Herzklopfen wahrgenommen werden. Der Schwindel der Raucher kann mit der Gehirncongestion verwechselt werden. Daher ist zu beachten, dass bei der ersten Affection Pulsfrequenz und Temperatur normales Verhalten zeigen. Die Behandlung besteht zunächst in dem Verbot des Tabaks. Während des Anfalls sind Laxantia, Amara, lauwarme Bäder und je nach Bedarf subcutane Injectionen von Aether anzuwenden.

(Revue gén. de Clinique et de Thérap. No 16/88.) R.

(Sitzung vom 19. Juni 1888.)

Empis berichtet über eine Arbeit des Dr. Allevain der bei Behandlung der Epistaxis sehr gute Resultate mittelst Irrigationen von heissem Wasser erhalten hat. Die Temperatur des Wassers muss mindestens 53° C. betragen und die Irrigation muss eine continuirliche sein.

Lancereaux präsentirt eine Arbeit über die Bekämpfung des Alkoholismus von Debouverry. Derselbe empfiehlt zur Vermeidung der üblen Wirkungen des Alkohols den Genuss von fetten und gelatinösen Substanzen. Er wünscht, dass die Kneipwirthe von den Behörden gezwungen würden, sich nur sehr kleiner Gläser zu bedienen. (Grosse Heiterkeit in Folge dieses Vorschlages unter den Mitgliedern der Academie!)

(Revue gén. de Clinique et de Thérap. No. 34. 1888.)

R.

Société de Thérapeutique (Paris).
(Sitzung vom 11. Juli 1888.)

Herr Huchard hatte Gelegenheit, eine 70jährige Frau zu behandeln, die an arterieller Cardiopathie mit Asystolie und Oedem erkrankt war. Da der Gebrauch von Digitalis bereits nach wenigen Tagen sich als unzureichend erwies, nahm H. zu subcutanen Einspritzungen von Caffeïn seine Zuflucht. Von demselben wurde nach folgender Formel 5 bis 6 Mal am Tage 1 Spritze verabreicht:

Natrii benzoici	3,0
Caffeïni	2,0
Aq. destill.	6,0.

Bei dieser Behandlung stieg die Diurese von 300 ccm auf 1800 ccm und nach Verlauf von 8 Tagen war Patientin wieder auf den Beinen.

Die Anwendung des Caffeïns ist besonders bei den Pneumonien der (atheromatösen) Greise indicirt. In Uebereinstimmung mit Semmola lobt H. auch die Wirkungen des Caffeïns bei den Cardiopathien bulbären Ursprunges. Das Mittel beeinflusst nicht nur das Herz, sondern auch das Nervensystem, und die Lungenaffectionen mit Betheiligung des Herzens rechtfertigen vollkommen seine Anwendung.

Labbée bittet den Vortragenden, sich etwas eingehender darüber auszulassen, unter welchen Verhältnissen die Anwendung des Caffeïn bei Herzaffectionen geeignet erscheine.

Huchard bedient sich bei Eintritt einer Compensations-Störung zunächst der Digitalis. Sobald letztere nicht mehr wirkt oder schlecht vertragen wird, greift er zum Caffeïn, das in manchen Fällen Erfolg zu bringen scheint, in denen Digitalis unwirksam bleibt. Uebrigens sei es hier schwierig zu präcisiren wegen der Verschiedenartigkeit der Wirkung eines und desselben Mittels bei demselben Kranken. So habe er erst neuerdings einem Patienten seiner Abtheilung 0,5 Pulvis Digitalis verordnet und nicht die geringste Wirkung beobachtet. Kurze Zeit darauf verschrieb der Assistenzarzt demselben Kranken sechs Tage hintereinander dieselbe Dosis Digitalis mit bestem Erfolge.

Créquy hebt hervor, dass man nach 0,5 Pulvis digitalis schnell Vergiftungserscheinungen erhalte. Oft rufe übrigens eine schwache Dosis bessere Wirkungen hervor als eine starke. Verschiedene Sorten Digitalis können auch verschiedene Wirkungen produciren.

Huchard erwidert, dass die Digitalis in der That, je nach den Jahrgängen und dem Alter der Blätter, verschieden wirke. Die Rippen sind fast ganz unwirksam im Vergleich zu den übrigen Theilen des Blattes.

(Le Progrès méd. No. 34. 1888.)

R.

Referate.

Zur Therapie der chronischen bacillären Lungenschwindsucht. Von Dr. A. Worms (Riga).

Verf. glaubt, ausgehend von der biologischen Eigenschaft des Tuberkelbacillus, auf ganz enge Temperaturen angewiesen zu sein, dass sich in einer bestimmten physikalischen Beschaffenheit der Athmungsluft u. z. in der niedrigen Temperatur derselben ein Factor finden lassen dürfte, der dem Krankheitserreger im Körper selbst direct feindlich ist, und der diesserhalb einer grösseren Ausnutzung, wenigstens des Versuches eines gesteigerten Gebrauches, werth erscheint.

Seine Anforderungen, die er an eine kalte Dauerluftkur, für die natürlich nicht alle Schwindsüchtigen passen, sondern mit Vorsicht ausgesucht werden müssen, stellt, sind etwa folgende:

Im nordischen Winter oder auf entsprechenden Höhen südlicher Gegenden soll der Schwindsüchtige den ganzen Tag hindurch im Freien, vor Wind geschützt, die eiskalte Aussenluft durch den Mund tief einathmen u. z. so oft es nur der Zustand des Kranken gestattet, mit Austausch der ganzen vitalen Capacität seiner Lungenluft. Natürlich ist diese empfohlene Athmung, die anfänglich manchmal etwas reizt, gradatim zu beginnen, scheint aber bald geradezu abstumpfend auf die sensiblen Zweige des Hauptnerven, des Laryngeus sup. zu wirken. Der kalten Luft ist desgleichen Einlass zu dem geräumigen Schlafzimmer, in dem keine Polstermöbel oder sonstige Staubfänger sein dürfen und das täglich zur Vermeidung des Dumpfwerdens der Luft mässig geheizt werden muss, zu gewähren und die Temperatur dort selbst möglichst niedrig zu erhalten. Das Bett soll auf das Strengste vor Zugluft vom offenen Fenster aus geschützt sein, demgemäss der ganze Raum des offenen Fensters mit grossmaschigem Zeuge oder Drahtgeflecht ausgefüllt werden und ausserdem das Bettzeug, behufs Vermeidung der Durchkältung, Tags über im warmen Zimmer gehalten werden. Das Ankleiden und Waschen hat in einem warmen Zimmer stattzufinden. Ein Wärmeverlust von der Körperoberfläche aus, jedes Frösteln oder gar Frieren des Kranken bei Tage oder bei Nacht ist durch warmhaltende Kleidung, Pelze und sonstige Umhüllungen aufs Sorgfältigste zu vermeiden und vollständig zu verhindern. Dass nebenbei für kalte Abreibungen, reichliche Zufuhr eiweiss- und fettreicher Nahrung und Alkoholgenuss, für ausgiebige körperliche Bewegung, Lungengymnastik u. s. w. Sorge getragen werden muss, ist selbstverständlich.

Verf. verheimlicht sich nicht die Schwierigkeiten bei der Ausführung der Winterkur, die hauptsächlich im Mangel an Willenskraft und Vorurtheilen zu suchen sei und die er kennen zu lernen genügend Gelegenheit gehabt hat, empfiehlt dieselbe aber nach seinen Beobachtungen und Erfahrungen aufs Wärmste und hofft besonders grossen Vortheil von der Einrichtung kleiner Anstalten für Schwindsüchtige auf dem Lande.

(St. Petersburger med. Wochenschrift 1888, No. 25.)

G. Peters (Berlin).

Jodkalium bei Aneurysma der Aorta. Von Dr. Max Donnel.

In den letzten 4 Jahren hat Verf. bei 18 Patienten, die sich wegen Aneurysma der Aorta in seinem Krankenhause befanden, mit Jodkalium und Ruhe gute Erfolge erzielt. Eine mässige Diät (ohne vollständige Flüssigkeitsentziehung) und Ruhe genügen. Absolute Bettruhe ist nur dann erforderlich, wenn die Geschwulst schnell wächst.

Ein 47jähriger Herr wurde wegen Schmerzen im Thorax, trocknen Hustens, Erstickungsanfälle ins Krankenhaus aufgenommen. Die eben erwähnten Symptome hatten sich eingestellt, nachdem Pat. von einem Pferde einen Schlag mit dem Hufe gegen das Sternum erhalten. Seit dieser Zeit konnte er auch nicht mehr auf der linken Seite liegen. Physikalisch liess sich eine ausgedehnte Geschwulst unter dem Brustbeine nachweisen. Das linke Stimmband war gelähmt. Der Kranke nahm 3 Mal täglich 0,6 Jodkalium. Nach einem Monat hatte der Husten nachgelassen; Pat. athmete freier und wurde wieder kräftiger. Er konnte auch bequem auf beiden Seiten liegen und seine frühere Beschäftigung aufnehmen. Als Verf. den Kranken zwei Monate später wegen eines Erysipels wiedersah, konnte er dessen gutes Befinden constatiren.

(Practitioner and Lyon méd. No. 26, 1888.)

R.

Thymian in der Behandlung des Keuchhustens. Von J. B. Johnson.

Sehr befriedigende Resultate will Verf. von einem gewöhnlichen Thymian-Decoct bei Keuchhusten erzielt haben. Vorzüge des Medicaments sind nach ihm wesentlich die Einfachheit seiner Zubereitung, ferner die milde Wirkung der Droge. Im Allgemeinen wird das Mittel von den kleinen Patienten ohne Sträuben genommen. Unter seiner Einwirkung schwindet der paroxysmale Character der Hustenanfälle sehr bald, so dass die Krankheitsdauer wesentlich verkürzt wird. — Was die Dosirung des Medicamentes anlangt, so verordnet Verf. von einem Decoct von 30 g Thymianblätter in 500 g Wasser 1—2 Theelöffel alle 2 Stunden, in schweren Fällen alle Stunde, bei grösseren Kindern statt dessen 1—2 Esslöffel innerhalb desselben Zeitraumes, so lange die Krankheit andauert. Besteht ausserdem noch Bronchitis oder Bronchopneumonie, so fügt man obigem Decocte noch Kal. jod., Kal. bromat. ana 7,5 g hinzu und lässt dasselbe in gleicher Weise nehmen.

(Therapeutic Gazette, May 1888.)

H. Lohnstein (Berlin).

(Aus der Universitäts-Kinderklinik des Herrn Prof. Kohts in Strassburg.)

Ueber den therapeutischen Werth des Lipanins. Von Dr. O. Hauser, Assistenzarzt.

Indem wir betreffs der pharmakologischen Eigenschaften des Lipanins auf die Arbeiten von v. Mering in No. 2 und 5 dieser Monatshefte verweisen, seien hier nur die Resultate der klinischen Beobachtung in oben genannter Klinik kurz mitgetheilt. Das Lipanin zeigt sich nach derselben dem gelben ungereinigten Leberthran vollständig ebenbürtig, ohne dessen Nachtheile zu besitzen. Das Beobachtungsmaterial umfasst im Ganzen 38 Kinder im Alter von 15 Monaten bis zu $13^1/_2$ Jahren mit Affectionen, welche bisher gewöhnlich mit Leberthran behandelt wurden, also Störungen des Stoffwechsels, wie Rachitis, Anämie, Scrophulose, Tuberculose, Reconvalescenz nach acuten Krankheiten und solchen der Verdauungsorgane. Es zeigte sich, dass in der überwiegenden Anzahl das Lipanin gern genommen wurde und zwar ohne jeden Zusatz, dass es auch durchweg vorzüglich vertragen wurde, und dass Verdauungsstörungen wie beim Leberthran niemals vorkamen. Pausen in der Darreichung waren nicht nöthig, und was besonders zu betonen ist, auch während der heissen Jahreszeit wurde es absolut gut vertragen. Wo eine Zunahme des Körpergewichts erwartet werden konnte, traf dieselbe wie bei Leberthran prompt ein. Die Ausnutzung und Resorption des Lipanins ist eine nahezu vollständige; der Gehalt der Faeces an Fetten und Fettsäuren war nur unbedeutend vermehrt. Die Dosen sind die gleichen wie beim Leberthran. Nicht unerwähnt bleibe, dass Lipanin sich mit anderen Arzneimitteln, wie Menthol, Kreosot, ev. Phosphor verbinden lässt, und dass es sich, analog einem feinen Speiseöl, zu Saucen, Salat etc. verwenden lässt.

(Sep.-Abdr. d. Zeitschrift f. klin. Medicin Bd. XIII Heft 5/6.)

Asch (Berlin).

Behandlung der Epitheliome mit Kalium chloricum. Von Dr. Georges Lemoine (Lille).

Vor 40 Jahren hatte bereits Tedeschi eine Beobachtung veröffentlicht, in der es sich um die Heilung eines Hautepithelioms durch locale Application von Kali chloricum handelte. Diese in Vergessenheit gerathene Behandlungsmethode ist neuerdings wieder von Reclus versucht und warm empfohlen worden.

Auch Verf. hatte kürzlich Gelegenheit, sich derselben in 2 Fällen zu bedienen und dabei überraschend günstige Erfolge zu erzielen. Es handelte sich in dem einen Falle um ein Epitheliom des Gesichtes, in dem andern um einen an der grossen Zehe sitzenden Tumor von derselben Natur. Die benachbarten Drüsen waren bereits angeschwollen. Eine Operation wäre in beiden Fällen mit Schwierigkeiten verknüpft gewesen. — Die Behandlung des ersten Falles (Epitheliom des Gesichtes bei einem geisteskranken Mann von 68 Jahren) begann am 16. Juli. Patient erhielt täglich innerlich 2,0 Kali chloricum in Lösung. Ausserdem wurde die Geschwulst mit Compressen, die mit einer gesättigten Kali chloricum-Lösung getränkt waren, bedeckt und 2 Mal täglich mit einer Messerspitze voll Kali chloricum bestreut. In den ersten Tagen machte sich noch keine besonders auffällige Veränderung bemerkbar, aber am Ende der ersten Augustwoche trat bereits eine erhebliche Verkleinerung des Tumors ein, die mit jedem Tage mehr in die Augen fiel. Am 10. Septbr. konnte die locale Behandlung eingestellt werden, denn das Cancroid existirte nicht mehr. Auch die submaxillaren Drüsen waren vollständig verschwunden. Aehnlich günstig war der Verlauf des zweiten in derselben Weise behandelten Falles.

(Revue gén. de Clinique et de Thérap. No. 27. 88.)

M.

Casuistische Beiträge zur Weir Mitchell-Cur. Von Dr. G. Stieler (München).

Seine an einem nicht zu grossen Beobachtungsmateriale (es handelt sich nur um 18, aber um recht instructive und gut beobachtete Fälle) gesammelten Erfahrungen über Weir Mitchell's Curmethode resumirt Verf. in den folgenden Sätzen:

„1. Weir Mitchell's Curmethode muss als eine wesentliche Bereicherung der Therapie bei der Behandlung schwerer Fälle von Hysterie und Neurasthenie begrüsst werden. Auch bei mittelschweren Fällen werden die Resultate der genannten Methode von keiner andern Behandlungsweise erreicht, wenigstens nicht in der gleich kurzen Zeit.

2. Dieselbe scheint sich auch bei anderen Krankheitsformen als den eben erwähnten zu bewähren, und ist der weiteren Prüfung werth bei Zuständen, bei welchen die allgemeine Ernährung sehr darniederliegt und der Verdacht besteht, dass dieser Umstand die Heilung localer Erkrankungen behindere.

3. Gewichtszunahme und Heilerfolg gehen in der Regel parallel, doch beobachtet man auch vollständige Genesung bei mässiger Gewichtszunahme, und umgekehrt, trotz starker Gewichtszunahme Ausbleiben des Heilerfolges.

4. Recidive kommen auch nach vollkommener Heilung zur Beobachtung.

5. Es giebt Fälle schwerer und schwerster Art von Hysterie und Neurasthenie, welche weder durch pathologische Veränderungen im Genitalapparate unterhalten werden, noch auch als beginnende schwerere Läsion des Gehirns oder Rückenmarkes sich erweisen, und trotzdem durch die W. M.-Cur nicht geheilt, oder auch nur gebessert werden können.

6. Die durchschnittliche Behandlungsdauer beträgt im Falle der Genesung mindestens 7 Wochen. Die allgemeine Faradisation ist in der Mehrzahl der Fälle entbehrlich. Auf die Isolirung sollte niemals verzichtet werden, wenn es sich um hysterische oder neurasthenische Kranke handelt; bei

anderen Krankheitsformen mag sie, sowie die absolute Bettruhe wohl auch entbehrlich sein."

(*Münch. med. Wochenschr. No. 34, 1888.*) *R.*

Cocaïn und Morphinismus. Von Prof. H. Obersteiner (Wien).

Es steht leider fest, dass nunmehr den meisten Morphinisten auch das Cocaïn nicht mehr fremd ist. Die reinen „Morphinisten" werden immer seltener, an ihre Stelle sind die „Morphio-Cocaïnisten" getreten. Dies ist nur dadurch zu erklären, dass viele Kranke in dem Bemühen, sich vom Morphium loszumachen, durch das Cocaïn Erleichterung verspüren, und nun so zu dem einen giftigen Alkaloide noch das zweite hinzufügen. Erfahrungsgemäss leiden Körper und Geist in gleicher Weise unter der Einwirkung des Cocaïns. Ein Morphinist mag viele Jahre hindurch Morphium in grosser Menge injicirt haben, ohne deshalb an seiner Ernährung auffallend Schaden gelitten zu haben; bald nachdem er das Cocaïn mit in Anwendung gezogen hat, tritt ein rapider Verfall der Kräfte ein, er magert zum Skelett ab. Durch dieses Mittel wird nicht blos auf das Nervensystem, sondern auch auf den Gesammtorganismus ein zerstörender Einfluss ausgeübt. — Was die Erscheinungen der Cocaïnabstinenz anlangt, so verdienen 2 Punkte ganz besondere Beachtung. Erstens können die Erscheinungen gelegentlich sich erst sehr spät nach dem Aussetzen des Cocaïns bemerkbar machen. Es können 14 Tage verfliessen, ohne dass wesentliche Abstinenzerscheinungen auftreten. Stellen sie sich alsdann ein, so ist man häufig am Anfang im Unklaren, wodurch sie verschuldet sind. — Zweitens scheint es, dass diese Erscheinungen oft viel hartnäckiger sind, als nach der Morphiumentziehung; sie können Monate lang in gleicher Intensität fortbestehen. — Nachdem man zur Erkenntniss gelangt, wie sehr der Gesammtorganismus durch das Cocaïn geschädigt wird, wirft O. die practisch bedeutungsvolle Frage auf, ob es gerathen ist, dieses Mittel in der Morphiumkur noch weiter in Gebrauch zu ziehen. Seine Antwort lautet, dass das Cocaïn bei richtiger Anwendungsweise ohne Gefahr und mit Vortheil gebraucht werden kann. „Dasselbe kann keinen anderen Zweck haben, als die heftigsten Abstinenzerscheinungen in der Morphiumentwöhnung vorübergehend zu mildern; es soll damit während der wenigen Tage, in denen die Erscheinungen der Abstinenz ihren Höhepunkt erreicht haben, dem Kranken die Möglichkeit geboten werden, eine oder mehrere Stunden des Tages zu wiederholten Malen sich erträglich, vielleicht sogar wohl zu fühlen." Und dies kann meistens, wenn auch gerade nicht immer, erreicht werden. Aus diesem Grunde möchte Verf. die Cocaïntherapie aus der Morphiumentziehungskur nicht ganz eliminiren.

Die Regeln, nach denen vorzugehen ist, sind folgende:

1. Zum Cocaïn darf erst dann gegriffen werden, wenn absolut kein Morphium mehr gereicht wird und die Abstinenzerscheinungen am heftigsten zu werden beginnen, also 24 bis 48 Stunden nach der letzten Morphiumgabe.
2. Das Cocaïn ist innerlich, nicht subcutan zu verabreichen; am besten eine wässerige Lösung mit Zusatz von etwas Salicylsäure, wodurch die sonst leicht schimmelnde Flüssigkeit längere Zeit klar bleibt.
3. Die Einzeldosis wähle man von 0,05 bis 0,1, reiche dieselbe nach Bedarf mehrmals des Tages, ohne die Tagesdosis von 0,5 jemals zu überschreiten.
4. Am zweiten oder dritten Tage gehe man mit dem Tagesquantum rasch herunter. Man setze die Cocaïnbehandlung überhaupt nicht länger als 5 bis 6 Tage fort. Zeigen sich die geringsten Anzeichen einer Intoxication, so ist das Mittel sofort bei Seite zu lassen und nicht mehr von Neuem zu versuchen.

(*Sep.-Abdr. aus der Wien. klin. Wochenschr. No. 19. 1888.*)
R.

Die Therapie der Reconvalescenz nach Morphium- und Cocaïnentziehungen. Von Dr. Willibald Theodor Levinstein (Jena).

Nach Verfassers Ansicht liegt der Schwerpunkt der ganzen Behandlung der Morphium- und Cocaïnsucht in der Therapie der Reconvalescenz nach Entziehung des Morphiums oder Cocaïns. Darin stimmen alle Autoren überein, dass mit der Entziehung des Morphiums die Behandlung der Morphiumvergiftung beendet ist, dass aber die Behandlung der Morphiumsucht nach Vollendung der Entziehung „dem Arzte noch viel zu thun übrig lässt". Das Entscheidende der ganzen Frage liegt in der absoluten Heilung des Morphiumsüchtigen, in der definitiven Verhütung des Rückfalls. Der Procentsatz der rückfälligen Morphinisten ist ein so hoher, dass, wie L. glaubt, die Wichtigkeit dieser Thatsache noch nicht genügend betont worden ist. Eine kurze Zusammenfassung der Therapie der Morphium-Reconvalescenz ergiebt folgendes Resultat:

„Sechs- bis achtwöchentlicher Anstaltsaufenthalt unter den nöthigen Cautelen, weitere Reconvalescenz bei beginnender, womöglich spontan sich einleitender Thätigkeit unter Aufsicht der Ehefrau, eines guten Freundes oder eines Arztes. Dauer der Ueberwachung individuell verschieden lang, nicht unter einem Jahre".

(Deutsche med. Wochenschr. Nr. 35. 1888.) *R.*

Ueber Uranoplastik und Staphylorrhaphie im frühen Kindesalter. Von Prof. Dr. Julius Wolff in Berlin. Zum Theil vorgetragen auf dem Chirurgen-Congress am 18. April 1887 zu Berlin.

Verf. tritt von Neuem für die *frühzeitige* Operation des angeborenen Gaumendefectes ein, da durch das von ihm geübte Verfahren die Misstände, die sich dem Erfolg der Operation in früheren Jahren entgegengestellt haben, vollkommen zu beseitigen sind. Einer der Hauptmisstände war der Blutverlust: dieser werde durch sein Verfahren der methodischen Wundcompression auf ein Minimum reducirt. Bei einzelnen Operationen sei auch nicht ein Tropfen Blut von der Wundfläche herabgeflossen. Der Gefahr der mangelhaften Ernährung sei durch oft wiederholte Ausspülungen der Mund-, Nasen- und Rachenhöhle des Patienten bei herabhängendem Kopfe desselben wirksam zu begegnen. Dadurch werden diese Höhlen von den sich ansammelnden und dadurch ekelhaften Secreten befreit und der Appetit werde schon 2 oder 3 Tage nach der Operation sogar ein reger. Durch diese wiederholten Ausspülungen sei gleichzeitig gegen die Gefahr der Wundinfection ein nicht zu unterschätzendes Schutzmittel gegeben. Den besten Beweis für den Erfolg liefert des Verf.'s eigene Statistik, nach welcher von 16 Kindern im Alter von 1 Mon. bis zu 5 Jahren 16 die Operation und deren Folgen glücklich überstanden haben.

Aber auch die Sicherheit des Erfolges werde durch sein Verfahren gewährleistet. Unter 11 Kindern im Alter von 10 Mon. bis zu 5 Jahren habe er 12 Mal ein vollkommenes, 1 Mal ein nahezu vollkommenes Resultat erzielt. Diese Sicherheit werde künftig noch durch eine Modification des Verfahrens erhöht werden, indem er nämlich jetzt die Operation der Gaumennaht zweizeitig ausführe, zuerst also die beiden Lappen ablöse und erst nach 5—8 Tagen die Wundmachung und Vernähung der Spaltränder vornehme, und zwar Uranoplastik und Staphylorrhaphie alsdann in einer Sitzung.

Der Nutzen der Operation sei ein unzweifelhafter. Die Kinder erhalten zunächst die Befähigung, sich eine gute Sprache anzueignen, auch ohne Zuhilfenahme eines Rachenobturators, und sie eignen sich thatsächlich eine solche an. Die Misstände, welche durch Eindringen von Speisetheilen in die Nasenhöhle, durch Einathmen staubhaltiger Luft, durch Gehörsstörungen u. a. m. bedingt sind, werden durch die gelungene Operation beseitigt und — last not least — der psychische Effect sei ebenfalls nicht zu unterschätzen. Somit ist, entgegen früheren Anschauungen, die frühzeitige Operation des angeborenen Gaumendefects durchaus als geboten zu beobachten.

(Langenb. Arch. Bd. 36 Heft 4.)

Preyer (Stettin).

Zur Technik der Kolotomie. Vorschlag zur zweizeitigen Operation mit querer Durchtrennung des Darmes. Von Dr. A. Kaie (Moskau).

Zur Etablirung eines bleibenden Anus praeter n. ist die Kolotomie in zweizeitiger Operation schon früher und auch vom Verf. selber mit Erfolg ausgeführt worden. Verf. wandte in dem von ihm beschriebenen Falle die Ligatur des Darmes an, hält dies Verfahren aber wegen der Möglichkeit einer Perforation in der Schnürfurche selber für gefährlich. Er schlägt daher nunmehr folgendes, einstweilen an Hunden erprobtes Verfahren vor: Schnitt zwischen Proc. xyphoid. und Nabel in querer Richtung, 6—8 cm lang, Umsäumung der Wundspalte mit dem Periton., Durchtrennung des Netzes, Colon herausgezogen, Mesocolon durchlöchert, unterhalb des so isolirten Darmrohres die Bauchhöhle mit 2—3 Nähten geschlossen, links und rechts das prolabirte Colon an die Bauchwunde genäht. Der auf der Brücke ruhende Theil des Colons wird dann nach 4—6 Tagen quer durchtrennt oder auch resecirt.

(Centralbl. f. Chirurg., No. 8, 1888.)

Preyer (Stettin).

1. **Zur Technik der Kolotomie.** Von Dr. Karl Maydl, Privatdocent für Chirurgie, chir. Abtheilungsvorstand an der Poliklinik in Wien.
2. **Zur Kolotomie.** Von Dr. C. Lauenstein in Hamburg.

Im Anschluss an die vorstehende Publication von Kaie (Moskau) geben beide Verfasser ihre Operationsweisen an, die von dem Kaie'schen Verfahren nur in geringer Weise abweichen. Während K. nach Hervorziehung der Darmschlinge und Durchlöcherung des Mesocolons die Bauchwunde an dieser Stelle mit ein Paar Nähten wieder schliesst, führt Maydl durch das durchlöcherte Mesocolon einen Jodoformgazestreifen hindurch, der über einen Gummibolzen gewickelt ist, und vernäht unterhalb des Bolzens die Darmschlingen miteinander. Lauenstein dagegen schliesst die Bauchwunde ebenfalls durch ein Paar Nähte, nur unterlässt er die Durchlöcherung des Mesocolons, die sich als unnöthig erwiesen hat, wie überhaupt dieses letztere Operationsverfahren, das dem Knie'schen am nächsten kommt, auf Thierexperimente gestützt wird, die bereits Paoum im Jahre 1886 ausgeführt hat.

(*Centralbl. für Chir. No. 24. 1888.*)

Freyer (Stettin).

Der gegenwärtige Stand der Antisepsis.

III. Ueber antiseptische Pulververbände. Von Dr. J. Habart, K. K. Regiments- und Garnisonsarzt d. K. ung. Leibgarde.

IV. Das Sondiren granulirender Wunden. Von Prof. Dr. R. von Mosetig-Moorhof.

Nach einer historischen Betrachtung der verschiedenen zu antiseptischen Verbänden gebrauchten pulverförmigen Körper bespricht der Verf. ad III. seine mit Infusorienerde (auch Kieselguhr oder Bergmehl genannt) in dieser Beziehung gemachten Erfahrungen. Er hat dieselbe nach vorausgegangenem Glühen theils als reines Streupulver, theils mit verschiedenen Antisepticis gemengt angewendet und als „ein die Secretion beschränkendes, austrocknendes, die Heilung unter Schorf beförderndes Streupulver" bewährt gefunden, während das Kieselguhrsublimatgemenge bereits inficirte Wunden nicht zu desinficiren vermochte. (Auch gegen Fussschweisse leistete 10% Salicyl-Kieselguhr gute Dienste.) Will man über die trockenen Pulver noch hygroskopische Verbände legen, so wird man die Austrocknung und Abkühlung der Wunde selbstverständlich zweckmässig fördern. Da die Infusorienerde zudem ein leicht zu beschaffendes Präparat ist, so wird sie für Kriegszwecke in Betracht zu ziehen sein, wie überhaupt die antiseptischen Pulververbände und die antiseptische Trockenocclusion bei Schusswunden in erster Linie (vom Schlachtfelde bis in das Feldlazareth für die rationellste und sicherste Verbandsart der Neuzeit vom Verfasser erklärt worden.

ad IV. verwirft der Verf. das Sondiren granulirender Wunden mit der üblichen Metallsonde, weil dabei stets Verwundungen entstehen, die dem Eindringen der dem Wundeiter anhaftenden Coccen Vorschub leisten. Er hält daher nur das Sondiren, wenn es schon geschehen muss, mit einer mit Lapis armirten Sonde für gestattet, damit durch die gleichzeitige Aetzung des sondirten Fistelganges die Gefahr der Infection paralysirt werde. Zur Armirung der Sonde genügt es, etwas Lapis in einem Löffelchen über der Spiritusflamme zu schmelzen und das Sondenende wiederholt darin einzutauchen.

(*Wien. med. Presse. No. 9–11 und 13, 1888.*)

Freyer (Stettin).

Der gegenwärtige Stand der Antisepsis. IV. Die Antisepsis an der Klinik und in der Praxis. Von Dr. Anton Bum in Wien.

„Eine einfache Methode zur Erzielung sicherer Antisepsis", betitelt sich eine Arbeit, welche Kocher vor Kurzem veröffentlicht hat. In derselben verbannt der berühmte Schweizer Chirurg nach seinen letzthin so ungünstigen Erfahrungen mit dem „oft überhaupt nicht desinficirbaren Catgut", letzteres sowohl, wie „all die präparirten Gazen" aus dem Rüstzeuge der modernen Chirurgie und verfährt selbst fortan folgendermassen: Der Hauptnachdruck liegt auf strenger Asepsis der Hände, Instrumente und Schwämme. Die Wunde wird vor Application des Verbandes mittels eines in 1%₀ Sublimatlösung getauchten Gazebausches in allen ihren Recessus desinficirt, darauf sorgfältig wieder ausgetupft und mit Seide vernäht. Dabei Vermeidung aller Höhlenbildung und wo dies nicht möglich ist, Drainage mittels Glasdrains, die mit in 1%₀ Sublimatlösung getauchter Krüllgaze gedeckt sind und nach 24 Stunden entfernt werden, worauf wieder die Naht folgt. Verbunden wird mit „momentan sterilisirter Gaze und Waldwollekissen und dieser Verband regelmässig am 1. und 2. Tage nach der Operation gewechselt. Die Nähte werden nach 48 Stunden entfernt.

Diesen Vorschlägen Kocher's kann B. nicht ganz seine Zustimmung geben. Auch er legt den Hauptwerth auf die strengste Verhütung der Contactinfection, warnt aber davor, die Kocher'schen Erfolge zum Ausgangspunkte jener reactionären Bestrebungen in der chirurgischen Praxis zu machen, welche, wie es scheine, von Einzelnen intendirt werden. Die Kliniken mit ihren Operations- und Krankenräumen, mit ihrem wohlgeschulten Assistenz- und Wartepersonal bieten so ganz andere Verhältnisse, wie die Privatpraxis, dass sie sich nicht vergleichen lassen; die Kliniker können die betreffenden Massregeln streng durchführen, in der Praxis gehe das aber viel weniger und deshalb räth B. für letztere, dem Dauerverbande, der antiseptischen Gaze treu zu bleiben. Der Einlageverband Kocher's macht täglichen Verbandwechsel in den beiden ersten Tagen nach der Operation nothwendig. Wohl ist damit in günstigen Fällen die Arbeit des Chirurgen vollendet; bietet aber die tägliche Praxis Aussicht auf zuversichtliche, ja wahrscheinliche Primaheilung bei Mangel eines Dauerantisepticums? Der Dauerverband erhöht die Wahrscheinlichkeit der Primaheilung oft unter einem Verbande, während die Möglichkeit einer Infection der Wunde zur Zahl der Verbände im geraden Verhältnisse steht; je geringer diese Zahl, desto unwahrscheinlicher die Contact- und Luftinfection.

Zum Schluss fasst H. seine Postulate zusammen und verlangt danach für die antiseptische Wundbehandlung: minutiöseste Vermeidung jeder Contactinfection, Sorge für ungehinderten Secretabfluss, Anwendung sterilisirter Seide zur Ligatur und Wundnaht, Bedeckung der Wunde mit Stoffen, welche durch Kochen in Wasser oder durch strömenden Wasserdampf sterilisirt und mit einem Dauerantisepticum imprägnirt sind, und möglichste Vermeidung jedes Verbandwechsels.

(Wiener medic. Presse 1888, No. 26.)

G. Peters (Berlin).

(Aus dem pharmakologischen Institut der Universität Bonn.)

Ueber den antiseptischen Werth des Creolins und über die Giftwirkung antiseptischer Mittel. Von Stabsarzt Dr. Behring.

Nach Angabe competenter Untersucher vereinigt das Creolin jene Eigenschaften, welche bisher bei einem Mittel noch nicht zusammen gefunden sind; es soll ein Antisepticum und Desinficiens ersten Ranges und dabei absolut ungiftig sein. Auf Grund zahlreicher diesbezüglicher Versuche, die Verf. angestellt und mittheilt, kommt er schliesslich zu folgendem Resumé:

1. „Zur Orientirung über den antiseptischen Werth eines Mittels, welches in der Wundbehandlung Verwendung finden soll, ist die Prüfung seiner entwickelungshemmenden und bacterientödtenden Fähigkeit in einem eiweisshaltigen Nährsubstrat zu fordern.
2. In eiweisshaltigen Flüssigkeiten hat das Creolin sehr viel geringere antiseptische Wirkung als in eiweissfreien; in eiweisshaltigem Nährsubstrat leistet es 3 bis 4mal weniger als die Carbolsäure.
3. Zur Desinfection von inficirten Wunden, bezw. von Wundflüssigkeiten und Eiter, erweist sich 2procentige wässrige Creolin-Emulsion als ganz ungenügend.
4. Creolin ruft bei Mäusen und Meerschweinchen, subcutan injicirt, characteristische Giftwirkungen hervor: die tödtliche Dosis ist etwa 4mal grösser, als bei der Carbolsäure.
5. Auf den antiseptischen Werth im Blutserum und Blut bezogen, ist für kleinere Thiere die relative Giftigkeit des Creolins, der Carbolsäure, des Sublimats etc. ungefähr gleich gross.
6. Für grössere Thiere ist es schwer, in kürzerer Zeit die tödtliche Creolin-Dosis subcutan beizubringen. Das Creolin wird schnell wieder ausgeschieden und darf bei vorübergehendem Gebrauch für grössere Thiere als ungiftig angesehen werden.
7. Bei fortgesetztem Gebrauch des Creolins ist auch für grössere Thiere und für den Menschen die Gefahr der Erkrankung nicht auszuschliessen; und es empfiehlt sich, bei ausgedehnter längerer Anwendung dieses Mittels regelmässige Harnuntersuchungen vorzunehmen."

(Deutsch. Militärärztl. Zeitschr. Heft 8. 1888.)

R.

Bemerkungen in Bezug auf de Ruyter's Jodoform-Untersuchungen. Von Thorkild Rovsing, Kopenhagen.

Verf. unterzieht de Ruyter's Jodoform-Untersuchungen und besonders die Schlüsse, die dieser Autor aus seinen Untersuchungen gezogen, einer schneidenden Kritik und kommt zu dem Schluss, dass durch de R.'s Resultate die Thatsache von der nichtantiseptischen Eigenschaft des Jodoforms in keiner Weise widerlegt werde. Die desodorirende Eigenschaft desselben soll damit durchaus nicht angetastet werden und als ptomainbekämpfendes Mittel soll es seinen Platz in der Wundbehandlung beibehalten.

(Fortschr. d. Medic., Bd. 6, No. 15, 1888.)

Freyer (Stettin).

Die neuesten Angriffe gegen das Jodoform.

Unter diesem Titel wendet Dr. Ludwig Frey, ein eifriger Verfechter der Jodoformbehandlung, sich gegen Dr. Wein, der in der „internat. klin. Rundschau" etwas abfällig über v. Mosetig's Jodoformanwendung geurtheilt hatte. Neues wird zur Jodoformfrage auch hier nicht gebracht.

(Wien. med. Presse No. 29, 1888.)

Freyer (Stettin).

Der antiseptische Schutz des Jodoformcollodiums. Von Dr. Hans Schmid, Oberarzt am Krankenhaus Bethanien zu Stettin.

Im Anschluss an E. Küster's bezügliche Kundgebung[1]) wendet auch Verf. sich dagegen, dass das Verfahren, im Princip aseptisch behandelte Wunden zum Schluss mit Jodoformcollodium zu decken, eine „offene Wundbehandlung" genannt werde. Im Gegentheil

---

[1]) Ther. Mon.-Hefte, 1888, Hft. 6, S. 301.

wäre nach Verfassers Meinung unter den bekannten antiseptischen Operationsweisen gerade dieses Verfahren als sozusagen geschlossene Wundbehandlung zu bezeichnen, weil mit demselben stets eine prima intentio erzielt werde, gegenüber dem anderen, ebenfalls antiseptischen Verfahren, das nur eine Heilung per secundam anstrebt oder eine secundäre Naht in Aussicht nimmt.

Verf. hat diese Methode der Verwendung des Collodiumschorfes als antiseptischen Schutzes vielfach geübt und zwar sowohl bei der einfach genähten Hautwunde, als auch nach Anlegung mehrreihiger Catgutnähte. Die letzteren sollen ja jede Secretbildung oder Nachblutung verhindern und somit der Compression der Wunde gleichkommen, die Verf. in anderen Fällen zugleich vermittelst des antiseptischen Verbandes auszuüben pflegt. In Fällen also, wo auf Drainage und äussere Compression von vorneherein verzichtet wird, bildet die Anwendung des Collodiumschorfes sogar eine wesentliche Vereinfachung des Verfahrens. Mehr aber leistet sie noch, wo es sich um Schleimhautwunden handelt, auf denen das Collodium ebenfalls recht gut haftet, also in der Mundhöhle, im Rectum, in der Vagina, bei Vernähung der Schleimhaut mit der äusseren Haut. Hier ist der Collodiumschorf wohl im Stande, das Eindringen fremder Stoffe zu verhindern und somit einen Schutz zu gewähren, der auf andere Weise kaum zu erreichen ist. Auch seine Verwerthung bei kleinen Wunden, Rissen, Abschürfungen, leichten Brandwunden ist nicht zu übersehen.

Zuweilen, bei Stichkanaleiterung oder Secretverhaltung, ist es selbstverständlich nothwendig, einige Suturen zu lösen und den Schorf zu lockern, was mit in den Kauf genommen werden müsse. Nur ganz gelegentlich dürfte oberflächliche Hautnecrose beobachtet werden. Jedenfalls möchte Verf. unter den Bestandtheilen des Gesammtapparates für die antiseptische Wundbehandlung des Jodoformcollodiums nicht entbehren.

(*Centralbl. f. Chir., No 19. 1888.*)

Freyer (Stettin).

Jodoformium bituminatum.

Unter den „kleinen Mittheilungen" der No. 29 d. Wien. med. Presse wird dieses neue Jodoformpräparat erwähnt, das Dr. S. Ehrmann aus Jodoform und Theer combinirt hat. Es stellt „glimmerähnliche, durchsichtige und durchscheinende Schuppen von bräunlich metallisch glänzender Farbe dar, die sich leicht pulverisiren lassen und in denen der charakteristische Geruch des Jodoforms vollkommen untergegangen ist und nur ein leiser, durchaus nicht unangenehmer Theergeruch zurückgeblieben ist". Die mit diesem Präparat, besonders bei verschiedenen Geschwüren, gewonnenen Resultate werden sehr gelobt. Das Pulver wird mit einem Pinsel aufgetragen und Bruns'sche Watte in dünner Schicht darüber gelegt, der Verband in 24—48 Stunden gewechselt.

Freyer (Stettin).

Die Behandlung der Otorrhoe. Von Dr. Colladon.

Eingangs dieser auf Grund einer grossen Anzahl praktischer Erfahrungen verfassten Publication sucht Verf. die Natur der Otorrhoe festzustellen, die noch heute von einer grossen Anzahl von Aerzten in vielen Fällen als Symptom einer einfachen Entzündung des äusseren Gehörgangs angesehen wird. Demgegenüber hält der Verf. die Erkenntniss der Thatsache, dass Otorrhoe fast stets das Symptom einer acuten oder chronischen Mittelohrentzündung mit Perforation des Trommelfells sei, für die nothwendigste Vorbedingung zur Einleitung einer rationellen Behandlungsweise derselben; denn die Vernachlässigung dieser leider so häufigen Affection führt nicht nur zu unangenehmen Symptomen, wie Schwerhörigkeit, übler Geruch aus dem Ohre, Ekzem des äusseren Ohres etc., sondern sie setzt auch die Gefahr von Caries des Felsenbeins, Meningitis etc. — Die einzige Möglichkeit, allen diesen für die Entwickelung und das Leben des Individuums so verhängnissvollen Folgezuständen vorzubeugen, besteht in der Inangriffnahme einer frühzeitigen und energischen Behandlung, die sich nicht nur auf eine kräftigende tonisirende Allgemeinbehandlung beschränken soll, sondern die locale Behandlung vor allen Dingen ins Auge fassen muss. Bei letzterer kommen im Allgemeinen folgende beiden Principien in Betracht:

1. Sofortige Beseitigung der in der Paukenhöhle angesammelten Secretionsproducte, ehe diese Zeit zur Ansammlung und Eindickung bekommen. Zu dem Zwecke bedient sich Verf. lauwarmer antiseptischer Lösungen, die mittelst Irrigators unter geringem Druck in das Ohr eingespült werden. — Ist es bereits, insbesondere bei älteren Fällen, zur Eindickung der Exsudatmassen gekommen, so muss man behufs ihrer Entfernung durch die vis a tergo nachhelfen, indem man auch von der Tuba Eustachii aus die Paukenhöhle auswäscht oder nach dem Vorgange von Politzer die Luftdouche in Anwendung bringt.

2. Heilung der die Otorrhoe begünstigenden, resp. ihre ursächlichen Momente. Zu dem Behufe empfiehlt Verf.

die locale Application von medicamentösen Flüssigkeiten oder Pulvern; weiterhin kommen die operativen Eingriffe hier in Betracht, mögen sie nun in Kauterisationen oder chirurgischen Eingriffen bestehen. — Das mittlere Ohr längere Zeit ohne ärztliche Aufsicht durch einen Wattepfropf verschliessen zu lassen, hält Verfasser für keine glückliche Idee, da hierdurch Stagnation von Secret, Eindickung etc. desselben in unliebsamer Weise begünstigt wird. — Auch von Lufteinblasungen in die Paukenhöhle ist Verf. kein besonderer Freund, da durch dieselbe Mikroorganismen in das Ohr hineingeblasen werden. Ist eine derartige Insufflation indicirt z. B. zur Beseitigung des entstehenden zuweilen zaahaften Geruches, so räth Verf. lieber Insufflationen von reinem Sauerstoff vorzunehmen.

Von diesen Principien ausgehend, gestaltet sich dem Verf. die Behandlung der acuten Otorrhoe etwa folgendermassen: Während des entzündlichen Stadiums Ausspülung von schwachen wässrigen Borsäure- oder Thymollösungen, deren Concentration stärker gewählt wird, wenn die acuten Entzündungserscheinungen nachlassen. Von den durch Bezold empfohlenen Insufflationen von gepulverter Borsäure hat Verf. keinen Vortheil gesehen; nützlicher erwiesen sich die zugleich mit der Politzer'schen Luftdouche zu applicirenden Instillationen von adstringirenden Lösungen, von denen das Zinksulfat und das Plumbum subaceticum am wirksamsten sind. In hartnäckigen Fällen sah Verf. auch von Injectionen heissen Wassers ausgezeichnete Erfolge.

Handelt es sich um chronische Otorrhoe, so kommen bei den Irrigationen stärkere antiseptische Flüssigkeiten in Betracht, unter denen Verf. vorzugweise Carbolsäure, Salicylsäure und Sublimat bevorzugt. Weniger empfehlenswerth sind concentrirte alkoholische Borsäurelösungen oder Insufflationen von Borsäurepulver; denn letztere sind gegen die tuberculösen Granulationen, sowie gegen die Caries des Felsenbeins fast ohnmächtig und haben nur den Zweck, die foetiden Gerüche in höchst vollkommener Weise zu beseitigen. Auch das Jodoform pflegt Verf. nur dann anzuwenden, wenn es sich um Bepulverung so eben ausgekratzter Stellen handelt. — Handelt es sich um eine geschwollene, aufgelockerte Paukenhöhlenschleimhaut, so wendet man nach Verf. am besten sofort Einträufelungen einer 10 bis 12°/₀gen Höllensteinlösung an, durch welche zuweilen fast momentan die Schwellung der Schleimhaut um ein Bedeutendes reducirt wird. — Auch Instillationen von absolutem Alkohol, der gleichzeitig als Antisepticum, Kausticum und Adstringens wirkt, kommen besonders dann in Betracht, wenn es sich um polypöse Granulationen handelt. Weiterhin kommen dann noch Instillationen von Chromsäure und Eisenperchlorid in Betracht. Weniger empfehlenswerth sind bei der chronischen Otorrhoe die Adstringentien, indessen sind auch hier, wenn man sich ihrer bedienen will, Lösungen von Zinksulfat oder Plumbum subaceticum zu bevorzugen.

Ist es gelungen die Otorrhoe zu beseitigen, so ist es die Aufgabe des behandelnden Arztes, alle jene Momente vom Patienten fernzuhalten, die ein Recidiv begünstigen könnten. Zu dem Behufe ist die Schleimhaut der Paukenhöhle vor allem gegen zu schnellen Temperaturwechsel zu schützen, was man am besten durch Tragen eines im äusseren Gehörgang befindlichen Wattetampons erreicht. Aber auch vor Nasenrachenkatarrh muss sich der Patient möglichst hüten, da derselbe sich erfahrungsgemäss gerade bei den Personen, die an Otitis media bereits gelitten haben, auf das Mittelohr fortzupflanzen die Neigung hat.

(*Revue méd. de la Suisse Rom. XI.*

H. Lohnstein (Berlin).

Zur radicalen Behandlung der Prostata-Hypertrophie. Von Dr. Léon Danion.

Fast gleichzeitig mit Casper versuchte Dr. Roux in Lausanne die Anwendung des galvanischen Stroms gegen Hypertrophie der Prostata. Er bediente sich bisher in 6 Fällen dieser Methode und glaubt, noch günstigere Erfolge damit erzielt zu haben als Casper. Er verfährt folgendermassen: Die eine Elektrode eines galvanischen Apparates, welche 20—30 cm breit und 30—40 cm lang ist, wird auf den Bauch gelegt. Die andere besteht aus langen, gefirnissten Stahlnadeln, nur 12—15 mm an der Spitze sind nicht gefirnisst. Diese zweite Elektrode wird per rectum in die Prostata eingeführt. Zuerst gebraucht man einen schwachen Strom, innerhalb 1—3 Minuten steigt man allmählich bis zum gewünschten Maximum auf — Roux verwandte Ströme bis zu 70 Milliampères — erhält den Strom $2^{1}/_{2}$—5 Minuten auf dieser Höhe, lässt dann allmählich seine Stärke wieder abnehmen, ohne ihn jedoch zu unterbrechen, und sticht die Nadeln in einen andern Theil der Prostata ein. Eine besondere Desinfection, wie sie Casper vornimmt, wurde von Roux nicht vorgenommen, da er den galvanischen Strom selbst für genügend desinficirend ansah.

(*L'Electrothérapie. Juillet 1888.*)

ch.

Ueber die galvano-chirurgischen Depilations-Methoden. Von Dr. Michelson.

Nach eingehender Besprechung der von anderen Autoren verwendeten Instrumente und Verfahren zur Entfernung abnormen Haarwachses beschreibt M. den von ihm hierzu benutzten Apparat. Bei seinem Nadelhalter umfassen frei an dünnen, isolirten Drähten, in S-Gelenken pendelnde, kurze, leichte Schraubenklemmen von oxydirtem Messing die Nadeln. Die dadurch erzielte Beweglichkeit derselben gestattet es, die Nadeln in jeder beliebigen Richtung einzustossen. Lässt man 2 Klemmen anbringen, so kann man gleichzeitig 2 Haarbälge behandeln, jedoch, wenn man nur mit einer zu arbeiten hat, die andere Klemme dann leer lassen. Die Metallconductoren müssen mit isolirendem Lack überzogen sein, da sonst bei nicht ganz trockener Hand des Operateurs der Strom auf dessen eignen Körper abgelenkt wird. Als Batterie benutzt Verf. die Aetzkali-(Lalande-)Batterie, deren Wirkung sich als am längsten constant erwiesen hat, mit 15 Elementen. Jedes der letzteren besteht aus einem Glasgefäss mit Gummistopfen, in welchem sich 2 Oeffnungen befinden. Durch die eine dieser geht ein isolirter, verkupferter Eisendraht, der an seinem unteren Ende einen mit Kupferoxyd gefüllten Eisenbecher trägt (+ Pol). In der zweiten Oeffnung des Stöpsels ist ein isolirter Zinkdraht befestigt, welcher unten in einer Zinkscheibe endigt (— Pol). Das Glas wird zu zwei Drittel mit einer Lösung von Kal. caust. 350 : 1000 gefüllt. Zur besseren Erhaltung der Flüssigkeit, die sich leicht an der Luft zersetzt, wird eine Petroleumschicht darübergegossen.

Zur Entfernung abnorm gewachsener Augenwimpern kommen nur schwache Ströme von 5 bis 8 Elementen zur Anwendung, da die Depilation hier viel empfindlicher als in der Bartgegend ist. Ausnahmsweise entsteht an den behandelten Stellen nachher eine Pigmentbildung, welche Unna zweckmässig mit folgender Salbe behandelt:

℞	Hydrarg. bichlor.	0,2
	Bismuth oxychlor.	2,0
	Ungt. Zinci	20,0

Zum Schlusse wendet sich Verf. noch gegen die von Karewski als völlig der electrolytischen Depilation ebenbürtig hingestellte galvanokaustische, da sowohl dem von K. zu diesem Behufe angegebenen Instrumente manche Uebelstände anhaften, als auch die Zahl der „Recidiv-Haare“ bei galvanokaustischer Behandlung dem Verf. viel grösser erschien als bei der electrolytischen.

(Vierteljahrschr. f. Dermatol. u. Syph. S. 231.)

George Meyer (Berlin).

Toxikologie.

Aus der medicinischen Abtheilung des Prof. Dr. O. Rosenbach Primararzt im Allerheiligen Hospital zu Breslau.

Ein Fall von wahrscheinlicher Creolinvergiftung. Von Dr. Heinrich Rosin, Assistenzarzt.

Unter den neuerdings als Ersatzmittel für Carbolsäure empfohlenen Desinfectionsmitteln hat das Creolin, wiewohl von unbekannter resp. geheimgehaltener Zusammensetzung, rasch eine erste Stelle und eine ausgedehnte Anwendung erlangt. Es wird nicht nur zu äusserlicher Desinfection verwendet, sondern auch zur Ausspülung von Körperhöhlen, wie Uterus, Blase, Peritoneum und Pleura. Endlich ist es auch bei Magendarmaffectionen, Diphtherie, sowie bei Phthisis pulm. und anderen Infectionskrankheiten innerlich gegeben worden. Die Vorzüge, die den Creolinlösungen vor den Carbollösungen zugesprochen werden, beruhen wesentlich auf drei Punkten. Erstens greift das Creolin, weil von schwach alkalischer Reaction, die Gewebe und die Haut der Patienten sowohl, wie auch der Operateure selbst, nicht an, im Gegensatz zu der ätzend wirkenden Carbolsäure. Zweitens haftet der Creolingeruch, an sich weniger unangenehm, als jener der Carbolsäure, bedeutend kürzer an Händen und Verbandstoffen. Endlich, und das ist der Hauptpunkt, soll das Creolin von absoluter Ungiftigkeit sein. Diese Vorzüge wären allerdings geeignet, die den Creolinlösungen im Vergleich zur Carbolsäure anhaftenden Nachtheile auszugleichen, d. h. man dürfte ihre Undurchsichtigkeit, sowie ihre Neigung, harzige Beschläge an Gefässen und Instrumenten, die nicht ganz sorgfältig gereinigt sind, zu bilden, mit milderen Blicken betrachten, um so eher, da es bacteriologisch bereits festgestellt zu sein scheint, dass die desinficirende Kraft der

Creolinlösungen derjenigen gleichprocentiger Carbolsäurelösungen gleichkommt.

Was nun den Hauptvorzug des Creolins, seine Ungiftigkeit betrifft, so ist bis jetzt noch kein Fall von Intoxication durch Creolin bekannt geworden. Deshalb hielt mein hochverehrter Chef, Herr Prof. Rosenbach, es für nothwendig, nachfolgende Notiz über einen Fall wahrscheinlicher Creolin-Intoxication der Oeffentlichkeit zu übergeben und mir gütigst dessen Beschreibung zu überlassen. Die Krankengeschichte des betreffenden Falles ist in Kürze folgende:

P., Landarbeiterin, 27 Jahre, gravida, primipara, aus einem in der Nähe Breslaus befindlichen Dorfe, wurde am Sonntag, den 5. VIII. 88 vom du jour habenden Arzte ins Hospital aufgenommen und zwar inmitten der Entbindung, da in Folge verschleppter Querlage die Exenteration des todten Kindes unter den ungünstigen localen Verhältnissen nur unvollständig möglich gewesen war. Es wurde sofort ein Assistent der Königlichen Frauenklinik hinzugezogen und von demselben wurden ca. 12 Stunden nach Beginn der Geburt die letzten Theile, d. h. Kopf, Rumpf und eine Niere, welche keinerlei Zeichen von Fäulniss aufwiesen, sowie Placenta und Eihäute vollständig entfernt. Hierauf wurden Uterus und Vagina mit einer zweiprocentigen Creolinlösung ausgespült und auf die Uterusausspülung ca. 4 Liter der Lösung verwandt. Der nach zwei Stunden, um 7 Uhr Abends, aufgenommene Status praesens ergab folgende wesentlichen Momente:

Kleine, gut genährte Person von gesundem Aussehen, braungelber sonnenverbrannter Hautfarbe. Es besteht ein allgemein verengtes Becken. Puls langsam und kräftig; Athmung normal. An Lungen und Herz nichts Abnormes. Urin frei von Eiweiss und Zucker. Oedem der grossen Labien, Dammriss, Vagina und kleine Labien vielfach erodirt; Uterus gut contrahirt, ein Finger breit unter dem Nabel, auf Druck nicht empfindlich; Temp. 38,5. Der weitere Verlauf ist nun folgender:

Nachdem die Temperatur Abends 9 Uhr 39,0 erreicht hatte, sank dieselbe bis Morgens 7 Uhr auf 36,5. Der Uterus wurde am Nachmittag, da sich die Temperatur wieder bis auf 39,0 gehoben, in derselben Weise, wie Tags vorher, mit ca. 1 Liter einer einprocentigen Creolinlösung ausgespült. Das subjective Befinden der Patientin war im Uebrigen ein Gutes, das Sensorium vollkommen frei, und auch objectiv konnte ausser Temperaturerhöhung und einem etwas übelriechenden Ausfluss, etwas gelblichem Belage auf den Erosionen der kleinen Labien und der Vagina und endlich dem Fortbestehen des Oedems der grossen Labien kein Zeichen einer schweren puerperalen Infection constatirt werden. Als am folgenden Morgen um 9 Uhr die Temperatur bei subjectivem und objectivem Wohlbefinden 38° betrug, wurde wegen dieser Temperaturerhöhung und des etwas übelriechenden Ausflusses der Uterus mit ca. 1 Liter einer einprocentigen Creolinlösung, also zum dritten Male seit der Entbindung, ausgespült, ohne dass im Wohlbefinden der Patientin eine Aenderung eintrat. Der Appetit war gut, ebenso der Schlaf. Abends 6 Uhr betrug die Temperatur 37,7, Puls und Athmung normal und Patientin konnte ohne Anstrengung das Bett verlassen und sich auf den bei den Ausspülungen benutzten gynaekol. Stuhl begeben, woselbst — Abends um 6¼ Uhr — noch eine vierte Creolinausspülung des Uterus gemacht wurde. Aber nun änderte sich der Zustand der Patientin. Um 9 Uhr wurde sie plötzlich blass und kühl und erbrach heftig, Temp. 37,2. Das Erbrechen hörte nicht auf, es traten Schweisse ein und um 11 Uhr starb Patientin im Collaps, besinnungslos, nachdem die Temperatur auf 35,9 herabgesunken war. Die Untersuchung des Erbrochenen ergab folgendes: Die braungrüne, etwas schleimige, dünnflüssige Masse ohne feste Bestandtheile, roch ausserordentlich intensiv nach Creolin. Im Destillate konnte durch Bromwasser ein reichlicher Niederschlag nachgewiesen werden, der sich als Tribromphenol charakterisirte. Der Obductionsbefund ergab etwas gelblichen Belag auf den Excoriationen der Vagina und der Vulva. Der Uterus zeigte an der Placentarstelle einen dunkelbräunlichen, weichen, leicht abkratzbaren Belag von ⅓ cm Dicke. Im Uebrigen war die Wandung mit Blutcoagulis bedeckt. Der Uterus wie der gesammte Genitalapparat roch ausserordentlich stark nach Creolin. In den übrigen Organen wurde nirgends etwas Abnormes gefunden, ausser einigen kleinen Hämorrhagien unter dem Pericard und einem leicht blutigen, höchstens 50 ccm betragenden Transsudat im Herzbeutel.

Es wurde versucht, der Leiche mittelst Katheter noch etwas Urin zu entnehmen, doch gelang es nur, ca. 11 ccm zu erhalten. Auch der Urin roch ausserordentlich stark nach Creolin, war von hellbrauner Farbe, etwas trübe, jedoch ohne Eiweiss und Zucker. Ein Zusatz von Liq. ferri sesquichl. ergab keine Reaction. Da die Quantität zu gering war, konnte kein Destillat behufs Nachweis von etwaigem reichlichen Phenol hergestellt werden.

Was nun die Deutung des Falles betrifft, so können bei der eigenthümlichen, plötzlichen Art, in welcher der Tod erfolgte, drei Möglichkeiten in Betracht kommen. 1. Erschöpfung durch primäre Herzschwäche und deren Folgen resp. Thrombose oder Embolie. 2. Puerperale Septicämie. 3. Creolinvergiftung.

Erstere Ursache kann nicht in Betracht gezogen werden, da Patientin, eine körperlich kräftige, gutgenährte, robuste Person, sich bis ca. 5 Stunden vor ihrem Tode einer ungeschwächten Herzkraft erfreute, wie dies Puls, Athmung und Aussehen bewies, und der im Ganzen befriedigende Allgemeinzustand. — Patientin konnte, wie schon erwähnt, noch 5 Stunden vor ihrem Tode ohne Anstrengung das Bett verlassen und ohne Hülfe den geburtshülflichen Operationsstuhl behufs einer Uterusausspülung besteigen.

Die zweite Möglichkeit ist mit Rücksicht auf den negativen pathologischen Befund — die Hämorrhagien im Pericard können auch Folgen einer nicht septischen Intoxication sein — auszuschliessen. Denn da ein negativer pathologischer Befund nur bei den schwerstverlaufenden Septicämien vorkommt, so hätte Pat. ein viel schwereres Bild der Erkrankung bieten müssen, als es bis kurz vor dem Tode der Fall war.

Für die dritte Möglichkeit, der Creolinvergiftung, spricht der anderen Intoxicationen (Carbol) so ähnliche, unerwartete Tod im Collaps, der (bis auf die genannten Hämorrhagien) negative pathologische Befund und endlich der Befund im Urin und Erbrochenen. Zwar giebt es für Creolin selbst keine specifische Reaction, es ist fernerhin noch sehr zweifelhaft, ob es unzersetzt auch nur Spuren von Carbolsäure enthält, doch lässt sich der Nachweis von Phenol im Erbrochenen nur durch eine Resorption des Creolins während der Uterusausspülungen, vielleicht unter Zersetzung desselben, erklären, um so eher, als sich im Destillate von Creolinlösungen selbst unschwer mit Bromwasser ein in Alkohol löslicher Niederschlag (Tribromphenol) erzeugen lässt. (Es dürfte daher zur Kenntniss der Creolinwirkung von Werth sein, zu untersuchen, ob und in welchem Verhältniss bei interner Anwendung desselben die Phenole im Harn vermehrt sind.)

Jedenfalls giebt der Fall Veranlassung, der „Ungiftigkeit" des Creolins nicht allzu grosses Vertrauen zu schenken und vor Allem das Mittel noch weiteren eingehenden Prüfungen in Bezug darauf zu unterwerfen.

Ueber einen Fall von heftigen Vergiftungssymptomen nach subcutaner Cocaïninjection und über Amylnitrit als Gegengift des Cocaïns. Von Dr. N. M. Unkowsky.

Vf. beobachtete öfters nach subcutaner Injection von 1—2 Spritzen einer 1%igen Cocaïnlösung (0,04—0,08) behufs Vornahme kleinerer Operationen Verlangsamung des Pulses, Schwindel, Dyspnoë, Blässe der Haut und der Schleimhäute, allgemeine Schwäche und zuweilen auch Bewusstlosigkeit; alle diese Symptome verschwanden meist nach 5—10 Minuten. Vf. meinte anfangs, dass diese Symptome nicht auf die kleinen Cocaïnmengen, sondern eher auf die nervöse Erregung, Furcht vor der Operation zurückzuführen sind. Doch hat folgender Fall ihn eines Richtigeren über die giftigen Eigenschaften selbst relativ kleiner subcutaner Cocaïndosen belehrt: Kräftiger, 56jähriger Mann, Hydrocele. Injection zweier Spritzen einer 4%igen Cocaïnlösung unter die Haut des Scrotums; nach einigen Minuten grosse Unruhe, heftig drückende Schmerzen im Rücken, besonders in der Gürtelgegend, welche durch starkes Reiben des Rückens etwas gelindert werden; darauf auffallende Blässe der Gesichtshaut und aller sichtbaren Schleimhäute, Schwindel, Trockenheit des Mundes und des Rachens, Dyspnoë, Puls retardirt und schwach gefüllt; Pat. erklärt, er erblinde, alles erscheine ihm gleichförmig weiss. Zum Schluss allgemeine Schwäche und vollständige Unmöglichkeit, die Glieder zu bewegen, ganz wie in der Chloroformnarkose. Der Rückenschmerz und die Athemnoth traten anfallsweise auf, zuweilen war der Anfall zusammen mit dem allgemeinen Collaps wahrhaft lebensgefährlich. Während solcher Anfälle Inhalation von Amylnitrit, bis die Athemnoth verging und die Blässe verschwand, worauf die Fenster geöffnet wurden. So verging eine Stunde, während welcher Patient 1,0 Amylnitrit inhalirte und 8 Spritzen Aether sulfur. subcutan erhielt. Allmählich vergingen alle Erscheinungen und die Operation konnte bei vollständiger Empfindungslosigkeit gegen 4%ige Carbolsäure, gegen Nadelstiche etc. und bei vollständiger Unmöglichkeit, die Extremitäten zu bewegen, vollendet werden. ½ Stunde darauf war keine Spur von allen Erscheinungen vorhanden. — Vf. fügt noch hinzu, dass in einem Fall 1 Stunde nach Injection ½ Spritze einer 20% Lösung (0,1 Cocaïn) unter das Zahnfleisch psychische Störungen und in einem andern Fall 6 Stunden nach der Injection einer Spritze einer 4% Lösung (0,04) in die Wadengegend schwache Erscheinungen auftraten, welche aber den oben beschriebenen glichen.

(Wratsch. No. 4, 1888.) *Friedlaender (Piatigorsk).*

Angioneurose der Kopfgefässe in Folge chronischer Alkohol- und Nicotin-Intoxication. Von Dr. Martin Wieder in Budapest.

Verf. berichtet über einen Fall von acuter Kopfcongestion mit folgendem Symptomencomplex: starke Röthung des Gesichts und der Conjunctivae, Ohrensausen, Depression des Sensoriums, Präcordialangst, Beklemmungen in der Herzgegend, Photoskopie, dabei normale und normal reagirende Pupillen und regelmässiger Puls. Die Symptome traten anfallsweise auf, der Anfall dauerte ¼—½ Stunde, worauf ein Gefühl von Abgeschlagenheit folgte. Der Zustand war auf chronische Alkohol- und Nicotin-Intoxication zurückzuführen und als vasomotorische Anomalie der Kopfgefässe aufzufassen. Um auf die Gefässe einzuwirken, wurde experimenti causa Ergotin mit grossen Dosen Nux vomica gegeben und zwar mit unerwartet eclatantem Erfolg. Bei einem Rückfall zeigte sich wieder prompte Wirkung dieses Mittels, die nach Verf. wohl dem in der Nux vomica enthaltenen Strychnin zuzuschreiben ist.

(Wien. med. Presse. No. 10. 1888.)

Freyer (Stettin).

Klinische Studien über die acute Carbolsäurevergiftung. Von Dr. Chr. Geill (Kopenhagen).

Carbolsäurevergiftungen kamen im Jahre 1886 in verhältnissmässig grosser Zahl vor, indem es fast epidemisch wurde, sich mit Carbolsäure umzubringen. In den Provinzen wurde dieselbe Beobachtung gemacht. Verf. hat die in den Kopenhagener Krankenhäusern 1880—1887 vorgekommenen 71 Fälle von acuten Vergiftungen (theils durch Suicidium, theils durch Versehen) gesammelt und nach einer Darstellung von der Wirkung der Carbolsäure auf Thiere und Menschen das Krankheitsbild der acuten Carbolsäurevergiftung geschildert. Daraus geht hervor, dass Heilung nach einer Dosis von 50,0 Acid. carbolic. liquid. gesehen wurde. Im Allgemeinen war die tödtliche Dosis 25,0—30,0, aber selbst nach 16,0 ist der Tod eingetreten. Nach einer Dosis über 15,0 sind die Symptome immer ernst.

(Prag. med. Wochenschr. No. 38, 1888.) *R.*

Litteratur.

Lehrbuch der Psychiatrie auf klinischer Grundlage, für practische Aerzte und Studirende. Von Dr. R. v. Krafft-Ebing, o. ö. Professor der Psychiatrie und der Nervenkrankheiten an der Universität Graz. Dritte umgearbeitete Auflage. Stuttgart. Verlag von Ferdinand Enke, 1888. 8°. 734 S.

Unstreitig nimmt unter den modernen Lehrbüchern der Psychiatrie das soeben (nach kaum 9jähriger Existenz) in dritter Auflage erschienene von v. Krafft-Ebing den hervorragendsten Platz ein. In gleicher Weise als Schriftsteller wie als Lehrer ausgezeichnet, hat der Verfasser es verstanden, den schwierigen, spröden Stoff meisterhaft zu bewältigen und uns in anziehender, leicht fasslicher Darstellung das ganze grosse Gebiet der Psychiatrie vorzuführen. Die schöne, elegante Sprache und die lichtvolle, fesselnde Darstellungsweise erinnern lebhaft an die klassischen Lehrbücher von Hyrtl, Billroth und Cohnheim. Die Bedeutung dieses ausgezeichneten Buches wird aber noch dadurch erhöht, dass es auf dem Boden 25jähriger Erfahrung am Krankenbette basirt ist und Krankheitsbilder bringt, wie sie die Erfahrung dem Verfasser erscheinen liess. — Dieser ist mit rastlosem Eifer bemüht gewesen, auch die neue Auflage wiederum durch mannigfache Umwandlungen, Aufnahme neuer Krankengeschichten und Erweiterung einzelner Kapitel in dankenswerther Weise zu bereichern. Hierbei sind vornehmlich zwei bedeutsame Abschnitte: „Das Irresein auf neurasthenischer Grundlage und der Morphiumismus" als neu hinzugekommen und ganz besonders gelungen zu erwähnen. Jeder Satz verräth hier den erfahrenen, auf der Höhe der Wissenschaft stehenden Fachmann und Meister der Darstellung. — Entsprechend ihrer practischen Wichtigkeit ist auch auf die Erörterung der therapeutischen Methoden und Maassnahmen das grösste Gewicht gelegt worden. Ueberall finden wir eingehende Belehrungen über die Behandlung und beherzigenswerthe Winke über die Prophylaxe. — In die Details des umfangreichen und verdienstvollen Buches kann an dieser Stelle aus leicht begreiflichen Gründen nicht eingegangen werden. Wir können, da heute zu Tage mit Recht psychiatrische Kenntnisse von jedem Arzte verlangt werden, dasselbe nur angelegentlichst zu fleissigem Studium empfehlen. Es wird dem Studirenden wie dem Arzte ein bequemer und zuverlässiger Führer und Rathgeber sein.

Rabow.

Die Stielbehandlung bei der Myomectomie von Dr. Paul Zweifel, ordentlichem Professor und Director der Geburtshülflich-Gynäkologischen Klinik in Leipzig. Mit 20 Holzschnitten. Stuttgart, Enke, 1888. 8°. 110 S.

Die Resultate der Myomoperationen bieten bisher trotz aller Fortschritte der Gebärmutterchirurgie immerhin noch eine Durchschnittsmortalität von ca. 20% und lag hierin und weil die Operation in Frage kommt bei Krankheiten, die verhältnissmässig selten durch unmittelbare Lebensgefahr zum Eingriff zwingen, der Grund, weshalb eine grosse Zahl von Aerzten sich immer wieder von der Operation weg und dem palliativen Heilverfahren zuwendeten. Wenn man trotzdem wünschen muss, dass bald die Zeit kommen möge, in der bei der Unsicherheit und völligen Aussichtslosigkeit der Palliativbehandlung für viele Fälle, der operative Weg für diese als das einzig rationelle Ziel volle Anerkennung findet, so giebt es dazu nur ein Mittel, das ist die Operationstechnik für die Entfernung der Geschwülste zu verbessern und die Gefahr der Operation auf ein Minimum zu beschränken.

Fragen wir uns nun, wie dieses am besten zu erreichen und worin hierbei die Hauptschwierigkeit liegt, so weist uns die hierüber unverhältnissmässig reiche und auffallend angewachsene Litteratur der letzten Jahre stets auf einen Hauptpunkt hin, über den die Ansichten auseinandergehen und noch nicht abgeschlossen sind, das ist die Stielbehandlung. Sie ist der wichtigste und entscheidende Act bei der ganzen Myomectomie, von der alles abhängt, und sie ist es, der Z. das vorliegende, interessante, mit enormem Fleiss und grosser Sorgfalt gearbeitete Buch widmet, das die ganze, grosse Summe von Erfahrung, welche sich in der gesammten Litteratur über die Entfernung der Fasergeschwülste der Gebärmutter durch den Bauchschnitt angehäuft hat, und dazu Verfassers eigene reiche Erfahrungen, Beobachtungen und Verbesserungen auf diesem Gebiete bringt und verwerthet.

Als Einleitung spricht Z. mit wenigen Worten über die abweichende Nomenclatur, die sich für die in Frage kommende Operation findet, und schlägt vor, für dieselbe die Bezeichnung Myomectomie anzunehmen, welche allein kurz und deutlich sagt, dass es sich um das Ausschneiden von Uterusmyomen handelt. Weiter will er unterscheiden, einmal die Operationen, bei denen in der Regel die Uterushöhle nicht eröffnet wird, das sind die Myomectomie gestielter Tumoren und die Enucleation mit Hysterotomie (Eröffnung der Geschwulstkapsel durch Anschneiden der Uteruswand), und andererseits die Operationen mit Eröffnung der Uterushöhle, das sind die Hysteromyomectomie (Myomectomie mit Exstirpation des Corpus uteri) und die Freund'sche Operation, die Panhysterectomie.

Bei der äusserst anziehenden Darstellung der historischen Entwickelung der Operation beweist Z., dass im Gegensatz zu allen früheren Angaben zuerst Chelius in Heidelberg im Jahre 1830 die Operation ausgeführt hat, bespricht hierauf die verschiedenen extra- und intraperitonealen Operationsmethoden und schildert dann, nach Darlegung von 22 Krankengeschichten, die von ihm ersonnene Verbesserung der Stielbehandlung mit der fortlaufenden Partienligatur, welche die Gefahren der Nachblutung in die Bauchhöhle, die Sorge vor Verblutung und acutester peritonealer Septichaemie nach seiner Meinung sicherer als alle früheren Vorschläge vermeiden dürfte. Der Erfolg in 10 von ihm mit der fortlaufenden Partienligatur behandelten Fällen war der, dass nur ein einziger, an sich sehr ungünstiger Fall tödtlich endete, alle übrigen dagegen glatt und günstig verliefen.

Für die Ausführung der fortlaufenden Partienligatur selbst finden wir folgende Angaben, die durch zahlreiche Holzschnitte illustrirt werden. Nach bequemer Zurechtschneidung des Stiels stösst man mit einer gestielten Schiebernadel einen Faden durch, nimmt denselben aus dem Oehr heraus und knüpft ihn provisorisch mit dem andern Ende, armirt jetzt das Oehr mit einem zweiten Faden, zieht denselben durch den gemachten Stichkanal zurück und stösst ihn hierauf fingerbreit nach rechts noch einmal durch, um ihn dann erst aus dem Oehr herauszuheben, wieder provisorisch mit seinem andern Ende zu knüpfen und in das Oehr einen dritten Faden hineinzulegen, mit dem man wie mit dem zweiten verfährt und so fort. Weil die Unterbindungsfäden ca. 1/2 bis 1 cm unter der Wundfläche durchgeführt werden, ist ein Abgleiten unmöglich, und sind ausserdem die einzelnen ligirten Partien nur fingerbreit, so dass sie durchaus genügend fest geschnürt werden können. Die ausführliche, ganze bisherige Casuistik schliesst die Arbeit.

Es würde zu weit führen, alles, was sich über Indicationen, Nähmaterial, Drainage u. s. w. in dem Buche findet, hier wiederzugeben, das muss im Original nachgelesen werden, — jedenfalls ist dasselbe so klar, überzeugend, interessant und die ganze Frage erschöpfend geschrieben, und bietet für die Operation selbst so deutliche Verbesserungen, practische Fingerzeige und Wissenswerthes, dass jeder, der sich mit Gynäkologie beschäftigt, es mit Freude lesen wird, gern die Vorschläge für die Stielversorgung versuchen und, glaube ich, annehmen wird, und dass damit die Hoffnung des Verf., etwas zur Verbesserung der Operation und Herabminderung der Lebensgefahr auf ein Minimum „beigetragen" zu haben, bestimmt erfüllt wird.

G. Peters (Berlin).

Die Massage in der Gynäkologie. Von Dr. Seiffart, Arzt in Nordhausen. Mit 14 Abbildungen im Text. Stuttgart, Verlag von Ferdinand Enke, 1888. 8°. 54 S.

S., der während seiner Jenenser Assistentenzeit Gelegenheit hatte, persönliche Unterweisung durch Brandt und dessen Assistenten Dr. Nissen zu erfahren, hat seitdem in der Privatpraxis etwa 60 Fälle mit gynäkologischer Massage behandelt und veröffentlicht nun in der vorliegenden Arbeit seine hierbei gemachten Beobachtungen und Erfahrungen. Im Ganzen sind seine Resultate recht zufriedenstellende und ermuthigende zu nennen und berührt er deshalb einleitend die Frage, weshalb die gynäkologische Massage noch immer erst eine verhältnissmässig so kleine Zahl von Anhängern unter den practischen Aerzten gefunden habe. Nur die grosse Schwierigkeit einer für die Massage nothwendigen, genauen Palpationsdiagnose und bei vielbeschäftigten Aerzten vielleicht der Mangel an Zeit scheinen ihm eine Erklärung dafür abgeben zu können.

Auch S. ist, wie wohl alle Aerzte, der Ueberzeugung, dass der Werth der gynäkologischen Massage durchaus abhängig sei von ihrer Anwendung allein durch ärztliche Hände, hofft, dass sie deren alleiniges Eigenthum bleiben werde und glaubt dann ihr eine günstige Prognose stellen zu müssen. Nach S.'s Erfahrungen ist sie indicirt, „bei allen subcutanen und chronischen entzündlichen Processen der Organe des weiblichen Genitalapparates und seiner Adnexa, ferner bei allen Folgezuständen derselben, mögen dieselben in Schrumpfung oder Dehnung der normalen Gewebe bestehen, woraus folgt, dass die Massage in Betracht kommt bei allen Deviationen des Uterus".

Den Haupttheil der Arbeit nehmen zwölf Krankengeschichten ein, die in kurzer klarer Weise geschildert und mit instructiven schematischen Zeichnungen versehen, recht deutlich für die gynäkologische Massage sprechen. Wenn sie auch, wie der Verf. angiebt, als die günstigsten unter den übrigen Krankengeschichten ausgesucht sind, so lassen sie doch immerhin einen Rückschluss auf die nicht erwähnten Erfolge zu und enthalten ausserdem eine Reihe von Krankheitsfällen, die vorher Monate lang allen andern Behandlungsmethoden getrotzt hatten. Erwägt man diese Heilungserfolge, ferner die Kürze der Behandlungsdauer und endlich, dass alle Pat. während der ganzen Behandlung auch nicht einen Tag ihrer häuslichen Thätigkeit entrissen waren, so muss man die Gleichwerthigkeit der gynäkologischen Massage gegenüber der sonst üblichen Behandlungsart, ja für einzelne Fälle deren Uebergewicht anerkennen.

Wenn die Frage der gynäkologischen Massage auch noch lange nicht spruchreif geworden ist, sondern noch einer gewissen Zeit bedürfen wird, bis letztere die ihr gehörende und gebührende Stellung einnimmt, so wird doch jeder, der sich für diesen Gegenstand interessirt, auch dem vorliegenden kleinen Beitrag gern seine Aufmerksamkeit schenken. Ganz besonders empfehlen aber möchten wir seine Lectüre denjenigen Aerzten, die sich mit der Ausübung der gynäkologischen Massage erst zu beschäftigen beginnen.

G. Peters (Berlin).

Zur Uranoplastik, Staphylorrhaphie und Prothese von Dr. med. Ludwig Brandt in Berlin. Mit 2 Tafeln. Berlin, 1888. Verlag von Aug. Hirschwald.

Verf., der selber Gaumenprothesen anfertigt, sucht durch die vorliegende Brochüre den Nachweis zu führen, dass die bisherigen, vermittelst des plastischen Verschlusses erzielten Erfolge die Verwendung der Prothese für die nächste Zukunft noch keineswegs, wie es nach den jüngsten Arbeiten auf diesem Gebiete den Anschein erwecken könnte, als einen überwundenen Standpunct erscheinen zu lassen berechtigt wären. An der Hand der älteren und neuesten Litteratur beleuchtet er die Operationserfolge bei Kindern und Erwachsenen und kommt schliesslich zu dem Resultat, dass man bei Kindern aus naheliegenden Gründen von dem Gebrauch eines Obturators abzusehen hat, dass man dagegen für den Erwachsenen den Obturator nicht entbehren können wird. Nach Beschreibung und Kritisirung der bekannteren Formen von Obturatoren beschreibt Verf. die Construction seines Obturators, dessen wesentlichster Theil aus Hausenblase, auch event. Gummiblase, besteht, und resumirt seine Anschauungen in einzelnen präcisen, den angedeuteten Resultaten entsprechenden Sätzen.

Zwei Tafeln geben Abbildungen der erwähnten Obturatoren.

Die Schrift ist sachgemäss gehalten und verdient volle Beachtung seitens der Fachgenossen.

Freyer (Stettin).

Der Militärarzt im Felde. Mit gleichmässiger Berücksichtigung der deutschen und österreichischen Vorschriften. Von Dr. W. Derblich, K. K. Oberstabsarzt I. Cl. D. R. Wien und Leipzig. Urban und Schwarzenberg. 1888. Taschenformat. 192 S.

Das geschickt abgefasste und ansprechend,

stellenweise sogar mit poetischem Schwunge, geschriebene Büchlein wird auch von Nicht-Militärärzten mit Interesse und Nutzen gelesen werden. Es ist kein am grünen Tische ausgearbeitetes Lehrbuch, sondern eine zum praktischen Gebrauche, zur Information, zum Nachschlagen dienende Abhandlung, die sich in Folge einer langjährigen Dienstzeit des Verfassers und seiner Theilnahme an verschiedenen Feldzügen auch noch ganz besonders durch Reichthum an eigenen Beobachtungen und Erfahrungen auszeichnet. Die gleichmässige Berücksichtigung der österreichischen und deutschen Vorschriften und Verordnungen dürfte unter den gegenwärtigen Verhältnissen Vielen passend und willkommen erscheinen.

Habar.

Practische Notizen und empfehlenswerthe Arzneiformeln.

Ueber die Anwendung des „Oleum cinereum"

ging uns folgende Zuschrift aus Stockholm zu:

„Auf Grund eines in der Zeitschrift Therap. Monats-Hefte (Juni d. J.)[1]) erschienenen Referates hat der Unterzeichnete das „graue Oel" versuchen wollen und dasselbe in der Hofapotheke „Löwe" verfertigen lassen — aber „ein Oel wird es durchaus nicht, wenn man metallisches Quecksilber mit gleichen Theilen Lanolin extinguirt und nachher von dieser Salbe 6 Theile mit 4 Ol. oliv. oliv. vermischt!"

Das wird und bleibt nur Salbe — unmöglich zu Einspritzungen!

In dem Glauben, dass etwas in der Bereitungsart ausgeschlossen oder vergessen sei, habe ich Sie mit diesen Zeilen belästigt, mit der Bitte, dass in einem folgenden Hefte eine Berichtigung gegeben wird zur Erleichterung derer, die das Ol. ciner. versuchen wollen."

In Folge dieser Anfrage wandten wir uns an Herrn Prof. Dr. Lang in Wien, welcher die grosse Freundlichkeit hatte, folgende belehrenden Zeilen uns zugehen zu lassen.

R. f.

„Mit Vergnügen komme ich Ihrer sehr geschätzten Aufforderung nach und stelle Ihnen für die „Therap. Monatshefte" einige orientirende Bemerkungen über das von mir in die Syphilistherapie eingeführte „Oleum cinereum" zur Verfügung.

Zur Herstellung des grauen Oels lasse ich zunächst aus gleichen Theilen Lanolin (Liebreich) und Quecksilber (bis zur vollständigen Extinction des Metalles) eine Salbe bereiten, ausreichend für einen Monat; derselben wird jede Woche die nöthige Quantität — z. B. 6 Gramm — entnommen und mit der entsprechenden Menge Olivenöl — hier 4 Gramm — verrieben, um das Oleum cinereum zu erhalten.

Dieses Oleum cinereum ist freilich fast salbenartig; das ist aber auch sein grosser Vorzug, weil das Metall in einem Präparate solcher Consistenz gleichmässig vertheilt bleibt. Um die gleichmässige Vertheilung des Hg. nicht einzubüssen, empfehle ich sogar, das graue Oel dadurch starr zu erhalten, dass es an einem kühlen Orte aufbewahrt wird. Vor der Anwendung erwärmt der Arzt das weithalsige, mit einem Glasstöpsel verschlossene Gefäss über der Spiritusflamme oder in der Hand, bis das graue Oel dickflüssig geworden, und schüttelt tüchtig.

Die Apotheke des k. k. allgemeinen Krankenhauses in Wien berechnet 10 Gramm aseptisch bereiteten Oleum cinereum mit 30 Kreuzern; gewiss ein Beweis dafür, wie wenig umständlich die Herstellung des Mittels ist. Da man weiter für einen Kranken, je nach der Schwere der Syphilis, in der ersten Woche mit 0,2—0,4, später gewöhnlich mit 0,1 Cubikcentimeter und noch weniger ausreicht, so wird begreiflich, dass mit 10 Gramm Oleum cinereum eine grosse Anzahl Patienten behandelt werden kann.

Nach meinen Erfahrungen geht es bei keiner subcutanen Injection, welches Quecksilbermittels immer, ohne Reaction ab, selbst das in der Richtung ungemein milde Quecksilberformamid nicht ausgenommen; unter den die Syphilis mächtig influencirenden Quecksilberpräparaten jedoch rufen Injectionen von grauem Oel die geringsten Reizerscheinungen hervor.

Zur Injection bediene ich mich feinerer, nicht zu langer Stacheln, die ich am Rücken tief subcutan, an den Nates senkrecht einstosse.

Im Uebrigen vernachlässige man die Regeln der Antisepsis nicht.

Ein stumpfer Stachel führt zu einer unreinen, gequetschten oder gerissenen Stichwunde und verursacht leicht Eiterung des Stichkanals, sowie eine nicht gehörig gereinigte Spritze alle Bedingungen zur Entzündung in sich birgt; dem Injectionsinstru-

[1]) Diese Zeitschrift p. 306.

mente sei daher gleichfalls Sorgfalt zugewendet.

Wie selbstverständlich, darf auch die Injectionsstelle nicht verunreinigt sein. So beobachtete ich während meiner klinischen Thätigkeit in Innsbruck, dass bei einem Kranken sich die Einstichspunkte regelmässig zu kleinen Pustelchen umwandelten; bei genauerem Zusehen fand ich die Haut überall mit feinem Schmutz bedeckt, der sich im Laufe der Jahre — Patient hatte zuvor nie seinen Leib gebadet — angesammelt hatte und von dem dunkel pigmentirten Grunde nur undeutlich abstach; der Kranke erhielt ein Bad, und die folgenden Injectionsstiche zeigten keinerlei Zeichen von Entzündung mehr. Seit jener Zeit ordne ich bei allen meinen Spitalskranken Waschungen der Injectionsstellen an. Bei meiner Privatclientel habe ich bis nun nicht nöthig gefunden, den Injectionen solche Waschungen vorauszuschicken.

Vollkommene Sicherheit in der Methode erlangt man erst nach einiger Erfahrung. Ich konnte wiederholt wahrnehmen, dass meine Assistenten und Secundärärzte im Beginne ihrer diesbezüglichen Versuche ab und zu Vereiterung an der Injectionsstelle erhielten; in der Folge wurden sie aber mit dem Verfahren so vertraut, dass keine Injection mehr zu Suppuration führte. Uebung macht auch hier den Meister.

Frauen erweisen sich im Ganzen gegen Injectionen empfindlicher.

Ich verweise noch auf meinen in der k. k. Gesellschaft der Aerzte in Wien gehaltenen Vortrag (Wiener klin. Wochenschrift 1888, No. 9) und zeichne mit vorzüglichster etc. etc.

Prof. Dr. Eduard Lang,
k. k. Primararzt im allgem. Krankenhause in Wien.
8. September 1888.

In Bezug auf die zu verwendende Spritze theilt Herr Prof. Dr. Lang Folgendes mit:

„Bei einem Präparate, das den wirksamen Bestandtheil in grosser Dichte enthält, muss man darauf sehen, dass die Injection mit einer wohlgeaichten und richtig abgetheilten Spritze ausgeführt werde. Ich habe mich jedoch mehrfach überzeugt, dass die gewöhnlichen Pravaz'schen Spritzen fast nie dem angegebenen Fassungsraum entsprechen; überdies sind sie auch zu gross, um eine kleinere Menge genau abzuschätzen.

Damit man 0,01 Cubikcentimeter noch anstandslos dosiren könne, lasse ich darum meine Spritze so herstellen, dass sie bei gleicher Länge nur circa 0,5 Cubikcentimeter fasst; nun wird auf der chemischen Waage genau bestimmt, wie viel destillirten Wasser das Instrument zum Ausflusse bringt. — Angenommen, die Menge betrage 0,48 oder 0,54 Gramm, so werden an der Stempelstange 48 oder 54 Theilstriche bezw. -punkte angebracht und dabei 0,1 und 0,05 Cubikcentimeter noch besonders markirt[1]).“

Zur Behandlung des Tetanus rheumaticus. Von Dr. Aronstein (Ratibor).

Auf Grund einer im vorigen Jahrgange unter den Therapeutischen Mittheilungen aus Vereinen (p. 450) veröffentlichten Notiz des Dr. Meldon, Dublin, habe ich einen einschlägigen Fall von Tetanus rheumaticus in meiner Praxis mit der empfohlenen Combination von Hyoscyamus, Belladonna und Conium behandelt, ebenfalls mit gutem Erfolge. Es handelt sich um einen 7jährigen Knaben, der 3 Tage nach Durchwaten eines Baches unter Fieber, Steifigkeit der Kinnbacken-, Nacken-, Bauch- und Rückenmuskulatur erkrankte. Während innerhalb der ersten 14 Tage, in denen die Temperatur fast andauernd 38,5—39,0 betrug, der stark in Erscheinung tretende Tetanus der Kinnbackenmuskulatur fast constant war, traten die sonstigen tetanischen Contractionen besonders an der Bauch- und Rückenmuskulatur stets anfallsweise auf, meist trotz des innerlichen Gebrauches von Chloral und Morphium sehr häufig und sehr intensiv, auch blieb der Schlaf trotz grosser Dosen unruhig und wurde durch zahlreiche Krampfanfälle unterbrochen. Erst als im Anfange der zweiten Woche ein Infus der drei Narcotica gereicht wurde, trat langsamer, aber steter Abfall in der Intensität und Zahl der Anfälle ein; dieser Abfall blieb constant, trotzdem dass im Beginn der dritten Woche die Temperatur des Patienten, der inzwischen von den Geschwistern mit Scharlach inficirt war, erheblich anstieg. Genesung nach 40 Tagen.

Gegen Hautwarzen

hat mir in mehreren Fällen das Betupfen derselben mit Acidum carbolicum liquefactum ausgezeichnete Dienste geleistet. Die umgebende Haut wird mit Charpiebaumwolle bedeckt und hierdurch geschützt. Darauf ist die Säure mit einem Glas-Stäbchen aufzutragen und antrocknen zu lassen. Es entsteht dabei kein Schmerz. Soweit, als die Säure in das Gewebe eingedrungen ist, stösst sich dasselbe nach einigen Tagen ab. Dann wird die Procedur wiederholt, bis die Warze beseitigt

[1]) In Deutschland erhält man bereits amtlich geaichte Pravaz'sche Spritzen. — Die von Herrn Prof. Lang angewandte Spritze stammt von H. Reiner, Wien IX, van Swietengasse 10.

ist. Die Angelegenheit liegt seitab von dem Wege, den ich zu verfolgen habe. Gerade aber darum möchte ich ein Verfahren den Collegen mittheilen, welches mir manchen Vortheil vor anderen und guten Erfolg zu haben scheint. *Prof. B. Fränkel.*

Gegen Kopfschmerzen

sind (so theilt uns Herr Dr. Eugen Sachs aus Dresden mit) schon so viele Mittel empfohlen worden, dass man sich fürchten muss, etwas Neues zu befürworten. Am Anfang des Jahres wurde das Antipyrin als Specificum gegen Kopfschmerzen aller Art empfohlen und überall las man, hörte man und sah man wunderbare Erfolge. Allein hin und wieder blieb der Erfolg aus. Auch sehr grosse Dosen nützten nicht. Um dieselbe Zeit waren die subcutanen Injectionen von Antipyrin gegen alle Arten von Rheumatismus in grosse Aufnahme gekommen und hatten förmlich Wunder gewirkt. Was also natürlicher, als gegen jene Kopfschmerzen, die das per os gereichte Antipyrin nicht beseitigte, auch die subcutane Methode der Darreichung anzuwenden, sobald sich nur einigermassen ein Schmerzpunkt finden liess. Allein die furchtbare Schmerzhaftigkeit der Injection liess Arzt und Patient von der weiteren Cur abstehen, sobald eine einzige nicht die gewünschte Wirkung hatte. — Ich versuchte daher durch eine 5 Minuten vor der Antipyrininjection eingespritzte Cocaïnlösung (0,2 einer 2% Lösung) Stichkanal und Umgebung empfindlos zu machen, und es gelang mir über Erwarten gut. Denselben Versuch werden schon viele Collegen ebenso wie ich angestellt haben und hat darüber auch schon Dr. v. Brinken eine Mittheilung der Redaction (Juliheft S. 351) gesandt. Seit Juni nun habe ich 3 Fälle von halbseitiger Trigeminusneuralgie und 5 Fälle von chronischem Kopfschmerz durch eine bis höchstens 4 Injectionen von je 0,5 Antipyrin wie oben gesagt behandelt und den Erfolg gehabt, dass alle 8 Patienten (der I. am 3. VI., der VIII. am 26. VIII. injicirt) bisher ohne Kopfschmerz resp. neuralgischen Anfall geblieben sind. Die wichtigste Aufgabe bei dieser Therapie ist das Auffinden der Schmerzpunkte, an denen injicirt werden muss.

Glycerin-Suppositorien.

In verschiedenen Mittheilungen von Anacker, v. Vamossy (S. 140), Seifert (S. 389) und Gerstacker (diese Zeitschr. S. 426) ist auf die practische Verwerthung der Klystiere mit kleinen Dosen Glycerin aufmerksam gemacht worden. Die pharmaceutische Technik hat sich auf Rathschlag von Dr. Boas (S. 351) dieser Behandlungsmethode angenommen und Glycerin-Suppositorien gefertigt. Von Herrn Dietrich-Helfenberg (Dresden) geht uns folgende Vorschrift zu: „10 Theile besonders harter, dialysirter Stearinseife werden in heissem Wasser gelöst, die Lösung mit 90 Theilen reinen Glycerins vermischt, im Dampftrichter filtrirt, das Filtrat sodann auf 100 Theile eingedampft und in Suppositorienformen ausgegossen."

Die Fabrik bringt diese Suppositorien in Stanniol eingehüllt in den Handel. Von einer kleineren Sorte wiegt das Stück 1,7 g, von der grösseren ca. 2,6. Sie enthalten je 1,5 und 2,25 Glycerin.

Auch mit Cacao-Butter lassen sich natürlich die Suppositorien verfertigen. Der mit denselben erzielte Erfolg ist fast durchweg günstig.

Morphium und Bittermandelwasser.

Neuss hat (Pharm. Ztg. 76/88) beobachtet, dass aus Lösungen von Morphinchlorhydrat ein gelber krystallinischer Körper sich abscheidet und festgestellt, dass diese Ausscheidung nur unter dem Einflusse des Lichts erfolgt und aus Oxydimorphin besteht. Es empfiehlt sich daher die Aufbewahrung und Dispensation der Lösungen des Morphinchlorhydrates in Bittermandelwasser a luce remotum bezw. in gelben Flaschen.

Kohlensaures Kreosotwasser

wird von J. Rosenthal (Berl. klin. Wochenschrift No. 33/88) empfohlen. Es wird in 1/10, 1/5 und 1/3 Flaschen hergestellt; die 1/10 Flasche (= 160 ccm) enthält 0,2 Kreosot und 5,0 Cognac, die 1/5 Flasche 0,4 Kreosot und 10,0 Cognac, die 1/3 Flasche 0,6 Kreosot und 15,0 Cognac. — Die Behandlung beginnt mit dem Verbrauche einer 1/10 Flasche *pro die* und steigt allmählich bis zu demjenigen je einer 1/5 + 1/5 Flasche (entsprechend 0,8 g Kreosot) *pro die*.

Gegen die Diarrhoe der Tuberkulosen

empfehlen Sézary und Aune (Lyon méd. No. 35/88) die Milchsäure als ein recht wirksames Mittel. Sie verabfolgen 2,0 : 120,0 und wenn diese Dosis unzureichend ist, steigen sie schnell auf 6,0—8,0 g, esslöffelweise innerhalb 24 Stunden zu nehmen. Hierbei klagen die Patienten oft über Ziehen im Magen; aber schon vom zweiten Tage an vermindern sich die Ausleerungen, um am vierten Tage normal zu werden.

Verlag von Julius Springer in Berlin N. — Druck von Gustav Schade (Otto Francke) Berlin N.

Therapeutische Monatshefte.

1888. November.

Originalabhandlungen.

Ueber den Werth der Antipyrese bei den Infectionskrankheiten.

(Nach einem Vortrag, gehalten in der pädiatrischen Section der 61. Naturforscherversammlung zu Köln. September 1888.)

Von

Prof. Dr. Richard Pott in Halle a. S.

Die Behandlung des Fiebers erschien lange Zeit sehr einfach. Man hielt die Erhöhung der Eigenwärme für den maassgebenden Factor. Die Alterationen der Blutmischung, die Veränderungen in der Bildung und Ausscheidung der Producte des Stoffwechsels und alle hieraus resultirenden Nebensymptome des Fiebers, die Circulations- und Respirationsstörungen, die Beeinflussung des Centralnervensystems glaubte man in ein directes Abhängigkeitsverhältniss von der Erhöhung der Eigenwärme bringen zu können. Man erachtete die Störungen der regulatorischen Wärmecentra nicht als ein gleichbedeutendes, gleichwerthiges, sondern als das primäre, als das causale Moment aller Fiebersymptome. Der Praktiker hatte ganz vergessen, dass die Erhöhung der Eigenwärme allein noch kein Fieber ist. Erst in dem letzten Jahrzehnt ist es uns wieder zum vollen Bewusstsein gekommen, dass man mit dem Fieber auch stets einen ätiologischen Begriff zu verbinden hat. Wir berücksichtigen hier nur die Infectionsfieber. Sie bilden eine grosse natürliche Gruppe. Sie werden ausnahmslos bedingt und hervorgerufen durch das Eindringen und Vorhandensein von pathogenen Mikroorganismen im menschlichen Organismus. Die Mikroorganismen bewirken eine Aenderung im Ablauf der normalen Functionen des Stoffwechsels. Haftet die Infection, so reagirt der menschliche Organismus darauf zunächst mit demjenigen Organ, welches sich gegen die eingedrungene Schädlichkeit am empfindlichsten erweist. Dies Organ sind die Wärmecentra. Die Störung der Wärmeregulation ist und bleibt somit das erste und sicherste Kennzeichen aller Infectionsfieber. Diese Reaction des Organismus gegen die eingedrungenen Mikroorganismen ist indessen eine sehr verschiedene. Erstens individuell sehr verschieden. Dieselbe Krankheitsursache steigert die Körpertemperatur rascher und stärker bei dem einen, als bei dem anderen. Kinder fiebern sehr leicht und hoch, während bei Greisen und cachectischen Individuen die Temperatur bei der gleichen fieberhaften Störung um einen halben bis ganzen Grad zurückzubleiben pflegt. Andererseits variirt aber auch der Gang des Fiebers sehr erheblich je nach der Art der Infectionskrankheit. Wir haben Krankheiten mit typischem, cyclisch in sich abgeschlossenem Verlauf, denen völlig irreguläre Fieber gegenüberstehen. Die Kenntniss des Fieberverlaufes, die Würdigung dieser Fiebertypen bei jedem einzelnen Individuum, bei jeder einzelnen Krankheit ist für unser therapeutisches Eingreifen von einem geradezu unersetzlichen Werth! Die erhöhte Fiebertemperatur ist zunächst doch das einzige Fiebersymptom, das wir in exactester Weise mittelst des Thermometers zu controlliren im Stande sind. Die Temperatur giebt uns wenigstens im Grossen und Ganzen den Maassstab an für die Schwere der Infection. Es wäre tief zu beklagen, wenn bei der jetzigen Strömung jede Antipyrese als unnütz, ja schädlich zu erklären, die Temperaturmessung als unnöthiger Ballast über Bord geworfen würde! —

Liebermeister hatte auf dem ersten med. Congress in Wiesbaden 1881 die Thesen aufgestellt, dass

1. in vielen Fällen von fieberhaften Krankheiten eine Gefahr für den Körper in der Steigerung der Körpertemperatur bestehe, und dass

2. in solchen Fällen es Aufgabe des Arztes sei, durch entsprechende Maassregeln die Temperatursteigerung zu bekämpfen.

Diese Thesen wurden damals ohne jeden Widerspruch angenommen.

In den letzten Jahren sind indessen gewichtige Stimmen laut geworden, welche auf Grund sorgfältig angestellter Experimente und scharfer logischer Schlussfolgerungen die scheinbar sicher festgestellten Thatsachen völlig über den Haufen zu werfen drohen. Man wird und darf diese Stimmen nicht ungehört verhallen lassen. Die erbittertsten Gegner jeder Antipyrese sind Unverricht[1]) und Naunyn[2]). Ihnen haben sich bereits eine nicht unerhebliche Anzahl anderer Autoren angeschlossen.

Man hat mit Recht darauf hingewiesen, dass für die vermeintlichen Gefahren der erhöhten Bluttemperatur der experimentelle Beweis durchaus noch nicht erbracht worden sei. Nach den Experimenten von Naunyn (l. c.) erscheint sogar die Ueberhitzung des Körpers von geradezu nebensächlicher Bedeutung für das Gedeihen des Organismus. Kaninchen in Wärmekästen eingesperrt konnten wochenlang mit einer Durchschnittstemperatur von 41,5° C. am Leben erhalten werden. Selbst Steigerungen von über 42°, ja 43° wurden ertragen, ohne dass die Thiere starben. Von Wichtigkeit ist dabei die nicht zu schnelle Steigerung der Temperatur auf diese Höhe und eine gute Pflege der Thiere. Sobald die Temperatur 44—45° C. überstieg, oft aber auch früher, so gingen die Thiere zu Grunde. Nach Wallin u. Cl. Bernardt tritt der Tod durch Wärmestarre des Herzens und der ganzen Musculatur ein. Auch Menschen ertragen (vergl. R. Hartwich: Ueber künstliche Temperaturerhöhung beim Menschen I. D. Halle a./S. 1885) künstliche Temperaturerhöhungen, wenigstens vorübergehend, ohne wesentliche Störungen. Es steigt die Temperatur des Blutes continuirlich, sobald die Temperatur der den Körper umgebenden Medien eine bestimmte Höhe erreicht. Es ist der Wärmeregulirungsapparat des menschlichen Körpers dann nicht mehr im Stande, seine Aufgabe zu erfüllen, die Blutwärme stets auf einer bestimmten Höhe zu erhalten. Von grösster Wichtigkeit ist der relative Feuchtigkeitsgehalt der umgebenden Luft. Entsprechend der Grösse derselben ist die Verdunstung des Schweisses, der ja ein Hauptfactor der Wärmeregulirung ist, stark oder schwach. Demgemäss wird viel oder wenig Wärme resorbirt. Daher erklärt es sich auch, dass in einem Bade von einigermassen hoher Temperatur (30° R.), wie Th. Weber bei Nephritikern nachgewiesen hat, die Blutwärme steigt. Der Wärmeregulirungsapparat hört ungewöhnlich früh auf, in genügender Weise zu functioniren, und da die Schweissverdunstung ganz fortfällt, so ist die Steigerung der Blutwärme die unausbleibliche Folge. Neben der stärkeren oder schwächeren Schweissverdunstung ist für die Wärmeregulirung die Bedeckung der Haut, die Kleidung ein sehr wichtiger Factor. Es steigert sich die Blutwärme am schnellsten, wenn sich das betreffende Individuum unbekleidet in einem Raume befindet, der mit einer ungewöhnlich heissen und gleichzeitig feuchten Luft durchschwängert ist. — Bei der künstlichen Steigerung der Bluttemperatur zeigt sich bei den Versuchsobjecten am häufigsten die Erscheinung der Wärmedyspnoe, welche auf das Durchströmen des heissen Bluts durch das Gehirn zurückgeführt wird (Ackermann & Cyon). Trotzdem dass durch die namhafte Steigerung der Gesammtkörpertemperatur und der Temperatur des Carotidenblutes die Athmungscentra in die stürmischste Aufregung versetzt werden können, so bleiben nach Naunyn die Centra der Herz- und Gefässinnervation davon unbeeinflusst. (Allerdings befindet sich die von Hartwich l. c. p. 17 gemachte Beobachtung damit nicht im Einklang!) Ebensowenig tritt bei der künstlichen Temperaturerhöhung eine Vermehrung des Eiweisszerfalles ein, wie Simanowsky (Untersuchungen über den thierischen Stoffwechsel unter dem Einflusse einer künstlich erhöhten Körpertemperatur. Zeitschrift für Biologie XXI. 1—24) und C. F. A. Koch (ebendaselbst XIX. p. 447—468) nachgewiesen haben.

So interessant die Experimente Naunyn's an und für sich auch sind, so beweisen sie die Gefahrlosigkeit der Temperaturerhöhung bei den Infectionsfiebern noch keineswegs. (Vergl. F. A. Hoffmann, Vorlesungen über allgemeine Therapie. Leipzig 1885 p. 411 ff.)

Der fiebernde Mensch befindet sich unter total anderen Verhältnissen. Wird die Temperatur eines Gesunden künstlich erhöht, so stehen ihm auch alle normalen Regulationsvorrichtungen zur Verfügung, um sich gegen die Temperatursteigerung und alle Schädlichkeiten, die ihm aus der Erhöhung der Eigenwärme erwachsen können, zu vertheidigen. Es ist daher auch nicht so wunderbar, wenn ein sonst gesundes Individuum die künstlichen Erhöhungen der Blutwärme verhältnissmässig gut verträgt. Ausserdem haben die äusseren Theile häufig eine höhere Tem-

[1]) Unverricht: Ueber Fieber und Fieberbehandlung (D. m. W. 1883 No. 5); Fortschritte der Medicin 1884 p. 168; Ueber moderne Fieberbehandlung (Corr. Bl. d. allg. ärztl. Vereins v. Thüringen 1886 No. 8).

[2]) Naunyn: Kritisches u. Experimentelles zur Lehre vom Fieber und der Kaltwasserbehandlung (Arch. f. exp. Path. u. Pharm. B. 18 p. 49).

peratur, als die inneren. Puls und Respiration ist bei langsam überhitzten Thieren nicht beschleunigt. Der Fiebernde befindet sich nicht in so günstiger Lage. Hier steigert sich nicht bloss die Temperatur, es ist auch die Wärmeregulirung durch die zu Grunde liegende Infection gestört; überdies sind beim Fieberkranken die peripherischen Theile oft kühler, als die central gelegenen.

Für die Gefahrlosigkeit der Erhöhung der Eigenwärme werden aber von Naunyn noch andere mehr klinische Gründe angeführt, deren Richtigkeit anerkannt werden muss. Die Mortalität der einzelnen Infectionskrankheiten entspricht nicht immer der Höhe der Temperatur. Wenn auch beim Typhus abdominalis und exanthematicus, ferner bei der Pneumonie im Grossen und Ganzen die Höhe der Temperatur den Maassstab für die Schwere der Infection und die Grösse der Gefahr angiebt, so bestehen beispielsweise beim Recurrens tagelang Temperaturen von 40—42° ohne besondere Gefahr für den Patienten. Andererseits sehen wir beim Typhus abdominalis oft schwere bedrohliche Hirnerscheinungen und Exitus letalis trotz geringer Temperaturen eintreten, während in anderen Fällen bei 41° das Sensorium völlig frei bleibt und der Fall günstig endigt. Desgleichen verläuft die sonst so hoch fieberhafte Pneumonie bei Greisen, bei Kachectischen meist unter sehr geringer Temperatursteigerung. Trotzdem ist die Prognose eine fast absolut ungünstige. Man wird zugeben müssen, dass Wochen lang Temperaturen von 40—41° ertragen werden. Eine directe Lebensgefahr durch Ueberhitzung des Blutes tritt erst dann ein, wenn die beim Fieber gewöhnlichen Grade weit überschritten werden.

Wird somit der Gefahrlosigkeit der Fiebertemperaturen von den Gegnern der Antipyrese offen das Wort geredet, so gehen diese sogar noch einen Schritt weiter. Sie behaupten: Die Erhöhung der Eigenwärme bei den Infectionskrankheiten ist nicht bloss ungefährlich, sondern eine nothwendige, direct heilsame Reaction des Organismus gegen die eingedrungenen Mikroorganismen. Somit ist denn die alte Lehre von der Nützlichkeit des Fiebers, von der heilsamen „läuternden" Wirkung desselben wieder zu Ehren gekommen.

Auffallend muss uns ja allerdings die Regelmässigkeit erscheinen, mit welcher der Organismus auf das Eindringen der pathogenen Mikroorganismen, also auf die Infection, durch Steigerung der Bluttemperatur reagirt. Es liegt nahe, in diesem unleugbaren Factum ein zweckmässiges Naturgesetz zu erkennen. In neuerer Zeit haben namentlich v. Hösslin (Virchow's Archiv 89 p. 95—133 u. p. 303—333) und Filehne (Pflüger's Archiv B. 29 p. 98—244) die Gründe entwickelt, welche dafür sprechen, dass das Fieber eine zweckmässige Einrichtung der Natur, eine Waffe des Organismus gegen eindringende Fermente und Mikroorganismen sei. Eine so weit verbreitete, anscheinend allen Warmblütern gemeinsame Reactionsform würde, wie Zuntz (Fortschritte d. Med. 1883 p. 217) bemerkt, wohl nicht bestehen, wenn sie sich nicht als eine dem Organismus im Kampfe ums Dasein förderliche erwiesen hätte. Geht aber, folgert Zuntz weiter, aus diesem Kampfe, was ja häufig der Fall ist, der die fieberhafte Krankheit bedingende Parasit als Sieger hervor, so muss man an die Möglichkeit denken, der fremde Organismus habe dadurch obgesiegt, dass er es verstanden habe, in dem von ihm befallenen Körper solche Reactionen wachzurufen, welche seinem Gedeihen förderlich sind. Es muss daher bei jeder Infectionskrankheit erst untersucht werden, ob das Fieber eine heilende Reaction unseres Organismus ist — oder ob es umgekehrt das Gedeihen des inficirenden Parasiten fördert.

Von einigen Mikroorganismen steht es ja fest, dass durch höhere Temperaturgrade ihre Virulenz, wenn nicht ganz vernichtet, so doch bedeutend abgeschwächt wird. Um diesen Einfluss auszuüben, sind aber meist höhere Temperaturen, als wir sie bei den Infectionskrankheiten beobachten, erforderlich, oder die Temperaturen müssen constant und mindestens Wochen lang eingewirkt haben. So schwächt sich z. B. die Virulenz der Milzbrandbacillen erst nach ca. 30 Tagen bei constanter Temperatur von 42° C. ab (Pasteur, Koch, Chauveau). Die Pneumoniecoccen Friedländer's in einem Thermostaten bei einer Temperatur von 38,5°—41,5° 7 Tage lang aufbewahrt, behielten ihre deletären Eigenschaften (Pipping-Helsingfors Fortschritte d. Med. 1886 No. 14). Die Recurrensspirochäten setzten ihre normalen Bewegungen noch bei solchen Temperaturen fort (60° C. nach Litten, 48° C. nach Moczutkofsky), welche die höchste Fieberhitze weit übersteigt. Selbst die für Temperaturen sehr empfindlichen Tuberkelbacillen ertragen die höchste Fieberhitze. Obwohl (nach Koch) die Entwicklung dieser Bacillen durch eine im Laufe von 3 Wochen auf 42° C. unterhaltene Temperatur unterdrückt wird, so sind noch Hühner, deren Normaltemperatur nach Koch 42° C. beträgt, der Tuberculose sehr ausgesetzt. Es bedarf keiner weiteren Beispiele! Es würde daraus auch nur hervorgeben, dass für die meisten parasitären Mikroorganismen das Temperaturoptimum d. h. die Temperatur, bei der sie am besten gedeihen und sich vermehren, gerade innerhalb der Grenzen der fieberhaft erhöhten Bluttemperatur zu suchen ist. Die vorhandenen Thatsachen sprechen also entschieden gegen die Annahme, dass die erhöhte Blutwärme direct vernichtend oder wenigstens abschwächend auf die Krankheitserreger einwirke und sie durch stärkere Oxydation eliminire.

Weit plausibeler, wenn auch nicht frei von Hypothesen erscheint die Erklärung, welche Metschnikoff[2]), gestützt auf seine Beobachtungen über die Thätigkeit der Phagocyten bei den Infectionsfiebern, gegeben hat. Als Phagocyten bezeichnet Metschnikoff bekanntlich alle amoeboïden Bindegewebs- und Blutzellen, denen bei allen Entzündungsprocessen und allen fieberhaften Krankheiten eine active Rolle zufällt. Es darf nach ihm als eine feststehende (?) Thatsache angenommen werden, dass innerhalb der amoeboïden Zellen eine Art ‚Verdauung' vor sich geht; Krankheitserreger und andere minimale Fremdkörperchen werden durch die Phagocyten geradezu ‚aufgefressen' und dadurch ein wesentlicher Anstoss zur Entzündungsreaction gegeben. Die amoeboïden Zellen sind gegen Temperaturen sehr empfindlich. „Es besteht ein intimer Zusammenhang zwischen Phagocytenthätigkeit und Temperaturwechsel. Weisse Blutkörperchen werden durch Erwärmung auf 45—46° C. in regere Thätigkeit versetzt (Max Schultze), woraus zu schliessen, dass schon Fiebertemperaturen eine Erhöhung der Phagocytenthätigkeit zur Folge haben müssen. Ebenso weist das Einwandern von Phagocyten bei fieberhaften Krankheiten in die Muskeln und in das Gehirn, wo ein ‚Auffressen' der abgeschwächten Gewebstheile dieser Organe erfolgt, darauf hin. Ferner ist bekannt, dass bei vielen solchen Krankheiten eine vergrösserte Menge blutkörperchenhaltiger Zellen zu finden ist. Dies Alles führt zu der Vermuthung, dass Fiebertemperaturen bei Infectionskrankheiten den Kampf der Phagocyten gegen die parasitischen Krankheitserreger erleichtern, resp. dass diese Temperaturen nach dem Nützlichkeitsprincipe im Organismus der warmblütigen Wirbelthiere fixirt werden."

Die Fieberhitze tödtet daher die Bacterien nicht direct, sondern die Temperaturerhöhung übt eine indirecte, auf die Phagocytenthätigkeit gerichtete Wirkung aus. Uebertragen wir die Metschnikoff'schen Anschauungen auf die Praxis, so ergiebt sich daraus Folgendes: Da während des Fiebers die Thätigkeit der Phagocyten erhöht ist, und diese im Kampfe gegen die Krankheitserreger heilbringend wirken, so muss die Unterdrückung der Fiebertemperatur als ein arger therapeutischer Missgriff angesehen werden.

Es ist hier nicht der Ort, die Gründe zu erörtern, welche sich gegen die Metschnikoff'sche Phagocytenlehre anführen lassen. Zunächst kam es nur darauf an, den Nachweis zu liefern, wie es möglich war, dass die bisherigen Anschauungen über Fiebertemperaturen einen völligen Umschlag zum Gegentheil erleiden konnten. Dass das, was man früher für gefahrbringend erachtete, auf einmal als ungefährlich, ja als heilbringend bezeichnet wurde. Dieser Widerspruch findet eben seine Erklärung in dem Umstand, dass der ätiologische Begriff des Fiebers in den Vordergrund gerückt ist. Die so dunkle Aetiologie der Infectionskrankheiten hat sich in überraschendster Weise geklärt. Das Fieber ist unstreitig die Folge der Infection. Die Infection selbst aber wird bedingt durch die specifische Wirkung ganz bestimmter specifischer Mikroorganismen. Fraglich bleibt zunächst ja nur noch die Art und Weise ihrer Wirkung. Entweder die pathogenen Mikroorganismen sind direct Krankheits- und Fiebererreger, oder es kommen ihnen chemische Eigenschaften zu. Sie wirken als Fermente! Letztere Annahme ist wohl die wahrscheinlichere. Handelte es sich nicht um chemische Vorgänge, um abnorme Gährungs- und Oxydationsprocesse, so liesse sich die Steigerung der Bluttemperatur bei den Infectionskrankheiten nur schwer erklären.

Aber wir müssen hier auch noch eines anderen Momentes gedenken! Der Grund für die Aenderung unserer Anschauungen über die Gefahren der Fiebertemperatur liegt, so paradox dies auch klingen mag, zum grossen Theil mit in der prompten und sicheren Wirkung unserer modernen antipyretischen Arzneimittel. Sie alle, meine Herren, werden mit mir einverstanden sein, dass durch Thallin, Antipyrin, Antifebrin, Phenacetin u. s. w. Erfolge erzielt werden, wie sie durch kalte Bäder niemals erzielt worden sind. Allerdings Erfolge nur insofern, als wir durch die Mittel in den Stand gesetzt sind, die fieberhaft erhöhte Körpertemperatur zur Norm herabzudrücken und annähernd constant auf normaler Höhe zu erhalten. Damit schien das Ideal der Antipyrese er-

[2]) Elias Metschnikoff: Ueber pathologische Bedeutung der intracellulären Verdauung (zusammenfassende Darstellung verschiedener Einzelarbeiten). Fortschritte d. Med. 1884 p. 558 ff.

reicht zu sein! Ja man hatte den Triumph erlebt, beim Recurrens den zweiten Fieberanfall gar nicht zum Ausbruch kommen zu sehen. Leider blieb der hinkende Bote nicht aus! Ich meine nicht die toxischen Erscheinungen, welche nach Verabreichung dieser Arzneimittel eintreten können und in einzelnen Fällen selbst einen gefahrdrohenden Character angenommen haben — Hauterytheme, lästige profuse Schweisse, Erbrechen, cyanotische Erscheinungen, Collapszustände sind mehrfach beobachtet und erwähnt worden! — Diese üblen Nebenwirkungen gehen eingetretenen Falls bald vorüber und lassen sich bei sorgfältiger Dosirung und rechtzeitigem Aussetzen der Mittel leicht vermeiden. — Nein! Die Enttäuschung der zu hoch gespannten Erwartungen war in der Erkenntniss begründet, dass mit der Beseitigung der für so gefährlich erachteten Fiebertemperaturen die Krankheit selbst in keiner Weise tangirt wurde. Weder die Dauer der Krankheit, noch die Schwere des Einzelfalles wurde anscheinend durch die oben erwähnten Mittel verringert. Ja Alexander (Breslauer ärztl. Zeitschr. 1884 No. 11) constatirte, dass die Anzahl der Spirochaeten beim Recurrens nach der Temperaturherabsetzung mittelst Antipyrin zunimmt. Die neuen modernen Antipyretica sind mit anderen Worten keine Specifica, wie das Chinin für die Malaria, die Salicylsäure für den acuten Gelenkrheumatismus; sie richten sich nicht gegen die Ursachen des fieberhaften Processes, es sind keine antimycotische, es sind nur symptomatische oder, wie Binz sagt, antithermische Mittel.

(Schluss folgt.)

Die Behandlung der Pharyngitis chronica.

Von

Prof. Dr. B. Fraenkel in Berlin*).

Die Behandlung der chronischen Pharyngitis verspricht nur dann Erfolg, wenn der Arzt nach sorgfältigster Untersuchung sie dem Einzelfalle anzupassen versteht. Wenn vielfach gesagt wird, dass gegen diese Krankheit die Therapie machtlos sei, so liegt dies zum Theil an der bequemen Gewohnheit, die Schablone walten zu lassen. Wer seine therapeutischen Maassnahmen richtig zu individualisiren versteht, wird auch bei der chronischen Pharyngitis schöne Erfolge erzielen. Zunächst ist bei der Auswahl der therapeutischen Methode immer scharf zwischen der atrophirenden und der hyperplastischen Form zu unterscheiden. Was der einen hilft, schadet der anderen. Die Uebergangsformen erfordern einen erfahrenen Arzt. Anfänger müssen bei ihnen sorgfältig die Resultate ihrer Verordnungen und Eingriffe beobachten, um keinen Fehlgriff zu thun. Sodann können wir in der Therapie nur dann Erfolg haben, wenn wir nicht alles Heil von der Behandlung der Pars oralis erwarten. Dieselbe bietet zwar der Localtherapie den bequemsten Angriffspunkt dar. Wir sind aber ausser Stande, durch ihre Behandlung dauernden Erfolg zu erzielen, wenn wir nicht etwa vorhandene Erkrankungen des Nasenrachenraumes gleichzeitig beseitigen. Die Erfahrung lehrt, dass die Pharyngitis superior sich der Pars oralis mitzutheilen pflegt, und es ist keine specialistische Schrulle, sondern das wahrheitsgemässe Facit einer lange fortgesetzten Beobachtung, wenn die Laryngologen sich zunächst daran machen, etwa vorhandene Affectionen des Nasenrachenraumes zu heilen und erst später, wenn dabei nicht eine Spontanheilung der complicirenden Pharyngitis oralis von selbst eintritt, auch diese zu beseitigen suchen. Bei Coincidenz von Krankheiten der Nase und des Pharynx treten ähnliche Verhältnisse hervor. Nicht so häufig als dies von der Pharyngitis oralis im Vergleich zu der Pharyngitis superior ausgesagt werden kann, aber immer noch häufig genug, ist die Krankheit des Schlundkopfes die fortgeleitete oder secundäre und erst nach oder gleichzeitig mit der entsprechenden Affection der Nasenhöhlen zu beseitigen. Es muss also der Nase und dem Nasenrachenraum bei der Behandlung der Pharyngitis eine ganz besondere Aufmerksamkeit geschenkt werden. Je mehr ich von der Wahrheit dieses Satzes durchdrungen bin, je dringender möchte ich davor warnen, seine Bedeutung zu übertreiben. Besonders von Amerika[1]) aus wird in neuester Zeit die Vorstellung vertreten, als wenn sämmtliche chronische Katarrhe der tieferen Respirationsorgane in der Nase und im Nasenrachenraum ihren Ursprung nehmen und von hier aus curirt

*) Dieser Artikel wurde uns von Herrn Prof. B. Fraenkel zur Verfügung gestellt. Er ist entnommen einer Abhandlung desselben über Pharynxkrankheiten, welche in der zweiten Auflage von Eulenburg's vortrefflicher Encyklopaedie erscheinen wird.

[1]) Cf. Bosworth, Holbrook Curtis, Smith, Jarvis, New-York Med. Rec. 30. April, 1887.

werden müssten. Dies ist unrichtig, besonders was den Pharynx anlangt. Es ist z. B. gar nicht so selten, wie dies manche Autoren darstellen, dass eine Pharyngitis oralis von der Mundhöhle oder den Mandeln aus ihren Ursprung nimmt, oder idiopathisch entsteht, und dass sie lange Zeit ohne Betheiligung des Nasenrachenraumes und der Nase einhergeht, oder, wenn diese Organe mit befallen werden, dauernd den Hauptsitz der Erkrankung ausmacht. Wir werden also immer nur einen Bruchtheil der Pharyngitiden vom Nasenrachenraume oder der Nase aus heilen können und einen anderen Bruchtheil von der Pars oralis aus in Angriff nehmen müssen. Nur die genaueste Untersuchung des Einzelfalles und hinlängliche Erfahrung auf Seiten des Arztes vermögen die Gesichtspunkte zu liefern, die unser Handeln in Bezug auf den Angriffspunkt bei dieser Alltagskrankheit bestimmen müssen.

Auch bei der Therapie der Pharyngitis ist die erste Indication die causale. Vor allen Dingen ist dafür zu sorgen, dass die Nasenathmung hergestellt werde, also etwa vorhandene Nasenstenose lege artis zu heilen. Auch müssen der Mund und die Zähne in Ordnung gebracht werden.

Erhebliche Schwierigkeiten macht es in vielen Fällen, die Schädlichkeiten der Lebensgewohnheiten der Patienten und noch mehr ihres Berufes zu beseitigen, und doch kommt es bei der Therapie der Pharyngitis chronica besonders darauf an, für Beobachtung der hygienischen Regeln in Bezug auf den Schlundkopf zu sorgen. Handelt es sich um einen Raucher, so kann man sich darauf verlassen, dass er dem Verbot des Rauchens eine zähe Opposition entgegenbringt, und, wenn es auch auf Kosten der Gesundheit seines Halses geht, von unseren Verordnungen möglichst viel herunter zu handeln versucht. Bei nervösen Individuen hat dies einige Berechtigung. Ihre Neurasthenie verschlimmert sich nicht selten, wenn sie des gewohnten Nicotins ganz entbehren sollen. Auch manche Hämorrhoidarier können der Morgencigarre schwer entrathen, da dieselbe ihre habituelle Obstruction beseitigen hilft. In solchen und ähnlichen Fällen muss man von den unvermeidlichen Uebeln das kleinere wählen. Der Pharynx wird besonders von Cigaretten gereizt; diese sind also keinenfalls zu gestatten. Bei den Cigarren ist es nicht nur das Nicotin, was den Schlund irritirt, sondern auch die brenzlichen Stoffe. Denn auch der blosse Schatten der Cigarre, den die nicotinfreien Fabrikate darstellen, ist der Pharynxschleimhaut schädlich. Wir thun deshalb gut, lieber wenige gute Cigarren zu gestatten, als viele leichte, wenn unser Verbot des Rauchens auf unüberwindlichen Widerstand stösst. Keinesfalls darf nüchtern geraucht werden. Tabakkauen ist zu verbieten, ebenso das Schnupfen möglichst zu beschränken. Was das Trinken von Spirituosen anlangt, so schadet besonders die Menge, weniger die Art und die Temperatur des Getränks, wenn es sich nicht gerade um Schnapsarten handelt, die übermässig concentrirt sind oder scharfe Gewürze enthalten. Es ist ein Wunder, wenn der deutsche Student, der in einem raucherfüllten Locale kneipt und singt, der Pharyngitis entgeht. Was die Speisen anlangt, so sind chemisch oder mechanisch reizende zu verbieten. Unter chemisch reizenden sind z. B. scharfer Essig, viel Pfeffer, Mostrich, Meerrettig zu verstehen; Mixed Pickles sind ein Vorbild dessen, was in dieser Beziehung vermieden werden muss. Zu den mechanisch reizenden Speisen gehören Nüsse, Mandeln, harte Brotrinde, Früchte mit kleinen harten Kernen, kurz das, was hart und scharfkantig ist. Zu warme und zu kalte Speisen sind ebenfalls schädlich.

In Bezug auf die Schädlichkeiten des Berufs lassen sich keine allgemeinen Regeln angeben. Es muss vielmehr in jedem einzelnen Falle der Arzt Rathschläge geben, wie der betreffende Patient seinen Schlund unter Beibehaltung seines Berufs in möglichst hygienische Bedingungen bringen kann. Denn nur im äussersten Falle wird einer Pharyngitis wegen der Beruf aufgegeben werden können. Aehnliches gilt für die Wohnung und den Aufenthaltsort.

Von grosser Wichtigkeit ist es, die Lebensweise des Patienten so zu regeln, dass er sich auf der einen Seite nicht erkältet, auf der anderen nicht verweichlicht. Hier muss z. B. unsere Einwirkung schon beim morgendlichen Waschen beginnen. Der Hals und der Nacken sollen kalt gewaschen, aber sie müssen darauf, ebenso wie die Haare, vollkommen trocken abgerieben werden. Besonders sind Erhitzungen zu vermeiden und darf der Uebergang aus der Wärme in die Kälte nur nach vorhergehender Abkühlung stattfinden. Von grosser Bedeutung ist die Bekleidung. Erkältungen, besonders der Hals- und Nackenhaut, können Pharynxkatarrhe hervorrufen und unterhalten. Am Halse liegt aber die Grenze, wo die schützende Hülle der Kleider endigt und die Haut unbedeckt der Einwirkung der äusseren Luft ausgesetzt ist. Ein Theil des Halses und Nackens ist immer bloss. Wie gross dieser Theil ist, hängt nicht nur von der Auswahl der Toilette und der wechselnden Mode ab. Auch bei einem gegebenen Anzug werden bei Bewegungen des Kopfes Theile der Hals- und Nackenhaut, die vorher von den Kleidern bedeckt waren, plötzlich der Luft unmittelbar ausgesetzt. Es sind dies alles Umstände, die es leicht begreiflich machen, dass die Hals- und Nackenhaut besonders leicht der Schädlichkeit unterworfen ist, die wir mit dem Namen Erkältung bezeichnen. Es geht aber aus dieser Betrachtung gleichzeitig hervor, dass wir es vor allen Dingen vermeiden müssen, den Hals übermässig warm zu halten. Derselbe ist bei den Männern gewöhnlich ohnedies schon mit mehrfachen umhüllenden Schichten bekleidet. Der Kragen des Nachthemdes deckt ihn vierfach, die Cravatte und der Hemdkragen des Tages mindestens achtfach. Die Bekleidung des Halses der Frauen ist bekanntlich sehr erheblichen Schwankungen unterworfen. Je wärmer nun die Haut des Halses durch die Kleider gehalten wird, um so leichter entstehen Erkältungen, wenn die erhitzten Hautpartien an der Grenze der Kleidung bei Bewegungen des Kopfes plötzlich von der kalten Luft betroffen werden. Ein besonderes Halstuch, ein Pelzkragen oder dergleichen sollte deshalb nur ausnahmsweise bei besonders ungünstiger Witterung getragen und nicht zur regelmässigen Gewohnheit werden. Nur die Gewöhnung an die unvermeidlichen Schädlichkeiten unseres Daseins in der menschlichen Gesellschaft kann uns dauernd gegen dieselben schützen. Was die Art der Bekleidung anlangt, so ist gerade am Halse am schwersten gegen die Mode anzukämpfen. Das sogenannte Wollregime, welches gerade am Halse versagt, zeigt dies recht deutlich. Die Vortheile desselben sind übrigens nicht gross genug, um unsere Patienten zu veranlassen, sich durch Aufgeben der gebräuchlichen Halsbekleidung auffallend zu machen. Denn die Wolle giebt nur auf Zeit einen gewissen Schutz; auf die Dauer führt sie zu einer erhöhten Empfindlichkeit der Haut. Dagegen ist Wolle als unmittelbare Bedeckung unserer Haut immer vorzuziehen, wenn dieselbe feucht wird, auf Bergtouren z. B. unentbehrlich. Mit Ausnahme von sehr strenger Kälte aber sollte die Wolle niemals angelegt werden, ohne dass dafür das leinene Hemd abgelegt würde. Sonst bildet sie nur eine neue Ursache der Verweichlichung.

Was die eigentliche Behandlung der chronischen Pharyngitis anlangt, so verwenden wir allgemeine und topische Mittel.

Was die allgemeine Behandlung anlangt, so habe ich entschiedenen Nutzen von einer solchen nur dann gesehen, wenn es sich um syphilitische oder scrophulöse Formen handelte, bei welcher letzteren Art besonders Ferrum jodatum Vertrauen verdient. Sonst glaube ich, dass bei einem einmal chronisch gewordenen Katarrh wenig erreicht wird, wenn man dem Patienten die gebräuchlichen inneren Arzneien, z. B. Ammonium hydrochlor., Sulfur, Natron bicarbonic. oder dergl. oder Mineralwässer (Ems, Salzbrunn, Weilbach etc.) verordnet.

Dagegen leisten klimatische Curen wesentliche Dienste. Für diejenigen Formen, die noch eine Neigung zu acuten oder subacuten Schüben zeigen, passen die durch ihre Umgebung vor schneller Luftbewegung und erheblichen Schwankungen der Temperatur geschützten Orte, z. B. Soden, Ems, Reichenhall, Gleichenberg, Baden-Baden, die Wintercurorte und viele andere, mit sogenanntem Kesselklima, unter denen man je nach der Jahreszeit und den äusseren Verhältnissen des Patienten wählen kann. Die atrophirenden Formen erfordern übrigens feuchte Luft. Eine trockene Atmosphäre vermehrt die Eintrocknung der Secrete und verschlimmert die Klagen der Kranken. Für alte, noch hyperplastische Pharyngitiden empfiehlt sich der Aufenthalt in der bacterienarmen, sonnenfrohen Luft der geschützten, matten- und wälderreichen Thäler des Hochgebirges oder der Meeresstrand.

Vor allen diesen Dingen aber verdient die topische Behandlung entschieden den Vorzug. Trotzdem möchte ich der Bäder und Curorte nicht entbehren. Schon der Luft wegen sind die Collegen, die in solchen Orten prakticiren, uns in ihren Erfolgen überlegen. Sie behandeln überdies Kranke, die frei von ihren Alltagsleiden und -freuden nichts weiter zu thun haben, als sich zu curiren. Wer in einem geeigneten Curorte die Pharyngitis richtig local zu behandeln versteht, wird sicher schöne Erfolge zu verzeichnen haben. Aber deshalb sollte die topische Therapie gerade in den Bädern nicht vernachlässigt werden und es endlich aufhören, dass der Badearzt sich in seinen Verordnungen lediglich auf die Quellen und die Anzahl Becher beschränkt, die von dem Kranken getrunken werden sollen. In dieser Beziehung ist es immerhin als ein Fortschritt zu bezeichnen, dass fast in allen Bädern Maassregeln getroffen worden sind, um die vorhandenen Naturproducte für die Localtherapie der Pharyngitis auszunutzen. Hier sind die Vorrichtungen zum Inhaliren der Quellen, zum Gurgeln und Douchen zu erwähnen. Ebenso gehören hier die Wandelbahnen an den Gradirwerken hin, sowie die Brücken, die man weit in die See hinaus baut, und die — vorausgesetzt, dass die See bewegt ist und die Salzfluth sich mit der Luft mengt — die Vortheile vermehren, welche der Strand des brandenden Meeres, des ältesten und grössten Inhalatorium der Erde, den Pharynxkranken gewährt.

Aber auch diese Dinge allein führen sehr häufig nicht zum Ziele, ebenso wie Inhalationen, wie Gurgelwässer und Douchen, die der Kranke zu Hause gebraucht. Entbehren können wir dieser Dinge ebensowenig wie der Bäder. Wir verwenden Inhalationen von adstringirenden, lösenden, desinficirenden oder umstimmenden Mitteln. Bei der atrophirenden Pharyngitis lösen Inhalationen von Kochsalz, Natrium carbonicum, Ammonium hydrochloratum die Borken und bringen dem Kranken grosse Erleichterung. Als Gurgelwässer verwenden wir ähnlich wirkende Lösungen. Zincum sulfuricum und Carbolsäure, die vielfach empfohlen werden, verordne ich ungern, weil die Gefahr des Verschluckens bei der unausrottbaren Unvorsichtigkeit der Patienten, trotz aller Vorsicht auf Seiten des Arztes, bestehen bleibt. Die nicht aussterbenden Vergiftungsfälle durch Kali chloricum können in dieser Beziehung als Warnung dienen. Ich verschreibe gern aromatische Wässer, die auch als Desinficientia betrachtet werden können; z. B. Tinct. Myrrhae 15,0, Tinct. Pimpinell. 2,5, Ol. Menth. piper. gutt. V. MDS. 15 bis 20 Tropfen auf ein Wasserglas voll Wasser. Douchen kommen fast nur bei Pharyngitis atrophicans in Betracht, und zwar entweder mit lösenden Stoffen (Sodalösung 1%, Milch mit Wasser oder dergl.) oder mit Jodpräparaten. Letztere werden passend mit der Spritze oder den Weakes'schen Irrigatoren gemacht. Alle diese Dinge nützen aber nur in leichten, wenig alten und uncomplicirten Fällen. Sie unterstützen die Cur, sie nehmen dem Kranken einen Theil seiner Beschwerden, sie werden deshalb intercurrent und palliativ passend verwendet — aber sie heilen eine alte Pharyngitis nicht. Die Erfolge sind vorübergehend und nach einiger Zeit stellen sich auch bei Fortgebrauch der Behandlung die früheren Beschwerden wieder ein. Es ist Schade darum! Denn diese Mittel sind leicht zu verordnen und leicht auszuführen! Bei der Therapie der Pharyngitis will es die Natur, dass der Arzt sich mühen und der Patient aushalten muss. Denn der Erfolg entspricht meistens dem Grade unserer Bemühung.

Der Grund für dieses wenig erfreuliche Eingeständniss liegt in dem Umstand, dass die chronische Pharyngitis stärkere Concentrationen oder energischere Eingriffe erfordert, als die genannten bequemeren und dem Patienten meist sympathischen Methoden auszuüben vermögen. Wollen wir deshalb Solutionen anwenden, so müssen wir den Pinsel oder den Schwamm benutzen, und sie auf die erkrankten Stellen unmittelbar einwirken lassen. Die hyperplastische Form verlangt Adstringentien, Lösungen von Tannin, Borsäure, Borax, Alumen, Aluminium aceticotartaricum, Acidum lacticum, Argentum nitricum, Zincum chloratum, Ferrum sesquichloratum und wie sie alle heissen. Manchmal nützt Alcohol absolutus. E. Weil empfiehlt Acetum pyrolignosum crudum. Alle diese Mittel sind gleichzeitig bacterientödtende Körper. Die atrophische Form dagegen verträgt diese Classe von Mitteln nicht. Hier müssen wir Jodjodkaliumlösung, auch mit einem Zusatz von Acidum carbolicum, Jodoform- und Jodollösungen oder andere Jodpräparate in Gebrauch ziehen.

Viele Formen der chronischen Pharyngitis, insonderheit solche, die inselweise oder in bestimmten kleinen Territorien auftreten, heilen am schnellsten, wenn wir statt der flüssigen die feste Form wählen und die betreffenden Partien mit Cuprum sulfuricum, Argentum nitricum oder ähnlichen Körpern in Substanz überstreichen. Im Nasenrachenraume kommen in demselben Sinne die Pulver zur Anwendung.

In einer ganzen Reihe von Fällen veralteter Pharyngitis reichen wir aber auch mit den Adstringentien nicht und müssen Caustica anwenden. Die gebräuchlichsten derselben sind Argentum nitricum, Londoner Aetzpaste, Chromsäure und die Galvanokaustik. Namentlich seit mit der Einführung des Cocaïn die Anwendung derselben schmerzlos ausgeführt werden kann und die Patienten nicht mehr davor zurückschrecken, gewinnt die Galvanokaustik, insonderheit gegen die schwereren Formen, immer mehr Anhänger. Die Chromsäure mag einen Ersatz für die Galvanokaustik bieten, wenn die betreffenden Apparate nicht zur Disposition stehen; doch werden die Aerzte, die mit dem Galvanokauter umzugehen wissen, von der Chromsäure nur einen sehr beschränkten Gebrauch machen, weil letztere im Verlaufe ihrer Einwirkung häufig heftigere Entzündungen mit sich bringt. Statt der Galvanokaustik kann man in der Pars oralis die Thermokauteren verwenden.

Ich mache von der Galvanokaustik gegen Pharyngitis seit 1½ Decennien umfänglichen

Gebrauch und habe zu ihr bei veralteten, hartnäckigen Fällen das grösste Vertrauen. Damit möchte ich aber nicht gesagt haben, dass man in allen Fällen von Pharyngitis chronica sofort zum Cauterium greifen soll. Es gehört Erfahrung dazu, die Fälle zu sondern und zu wissen, welche Formen noch unter dem Gebrauche von Adstringentien oder der Caustica heilen werden. Aber wenn man mit diesen Mitteln sich lange abgemüht hat, ohne zum Ziele zu kommen, gelingt es nicht selten, den Kranken noch mit dem Galvanokauter zu heilen. Gerade solche Fälle sind es, die unser Vertrauen zu dieser Art der Therapie steigern und immer mehr befestigen. Insonderheit heilt die Pharyngitis granulosa und die Pharyngitis lateralis mit keinem anderen Verfahren so rasch und mit so wenig Beschwerden für den Patienten, wie unter der Anwendung der Galvanokaustik.

Wir verwenden in der Pars oralis gerade, knopfförmige oder unten winkelig abgebogene Flachbrenner. Mit letzteren können wir auch hinter dem Velum palatinum die Seitenstränge bestreichen. **Moritz Schmidt** benützt hierzu T-förmig gebaute Brenner. In der Pars laryngea und retronasalis bedürfen wir Brenner mit entsprechend gekrümmten Zuleitungen. Wir wollen mit dem Cauterium **keine** Löcher brennen, sondern nur eine oberflächliche Escharа hervorrufen. Es dürfen deshalb keine deutlich sichtbaren Narben darnach zurückbleiben. Wir betupfen entweder eine Stelle, z. B. ein Granulum, mit dem knopfförmigen Brenner oder wir ziehen Striche über die Schleimhaut, z. B. über die Seitenstränge, indem wir die Flachbrenner nicht mit ihrer Schneide, sondern mit der Fläche wirken lassen. **Nur bei der hypertrophischen Form darf die Einwirkung der Glühhitze bis zu die Submucosa reichen.** Bei der atrophischen Form muss man reiflich darüber nachdenken, ob die Schleimhaut überhaupt noch das Cauterium verträgt. Doch erreicht man es auch hier bei **vorsichtiger und oberflächlicher** Einwirkung des Galvanokauters häufig, dass die Eiterung versiegt und die Borkenbildung aufhört. Insonderheit ist dies im Nasenrachenraume und über der **Luschka**'schen Tonsille häufig der Fall.

In allen Fällen, wo wir Caustica oder das Cauterium anwenden, **müssen wir es möglichst vermeiden, den Patienten dadurch krank zu machen.** Nach Ablauf der Cocaïnanästhesie treten immer mehr oder minder heftige Schmerzen auf. Dies ist besonders bei Aetzungen der Seitenstränge und der seitlichen Partien der hinteren Pharynxwand der Fall. Diese Schmerzen lassen sich durch Anwendung von Eis oder mit erneuten Cocaïnpinselungen bei ruhigem Verhalten des Patienten meist in bescheidenen Grenzen erhalten. Sie sind nicht der Hauptgrund, weshalb wir vorsichtig sein müssen. Es ruft vielmehr die Einwirkung der Glühhitze eine entzündliche Reaction des Gewebes unter und in der Umgebung der Escharа hervor und bei zu ausgedehnter Einwirkung kann Fieber, mehrtägiges Schluckhinderniss und erheblich gestörtes Allgemeinbefinden die Folge unseres Eingriffes sein. Es ist deshalb angezeigt, immer nur wenige Granula, immer nur kleinere Partien zu brennen und immer nur an **einem** Seitenstrang zu wirken. Andererseits aber dürfen wir in der Nähe unseres Eingriffes erst dann einen neuen machen, wenn die Folgen des ersten abzuklingen beginnen. Dies dauert 5—14 Tage. Es vergeht also immer eine erhebliche Zeit, bevor wir eine volle Heilung erzielen. Aus diesem Grunde kann es aus äusseren Gründen nothwendig werden, z. B. bei auf dem Lande wohnenden Patienten, die sich in der Stadt nicht aufhalten können, dass wir selbst auf die Gefahr hin, den Patienten einige Tage bettlägerig zu machen, umfänglichere Partien, z. B. beide Seitenstränge, in einer Sitzung kauterisiren müssen. Auch in diesen Beziehungen darf nicht die Schablone, sondern nur die wohl erwogenen Verhältnisse des Einzelfalles massgebend sein.

Bei der Vermuthung, dass vom Pharynx aus eine **Reflexneurose** veranlasst werde, pinseln wir die verdächtigen Stellen mit Cocaïnlösung, um zu sehen, ob bei der Cocaïnanästhesie der Reflex schwindet. Ist dies der Fall, so können wir mit grosser Wahrscheinlichkeit darauf rechnen, mit der Erkrankung des Pharynx auch die Neurose zu heilen. Können wir den Patienten im Anfalle nicht beobachten und die Cocaïnprobe nicht verwenden, so behandeln wir die Pharynxkrankheit nach den therapeutischen Grundsätzen, die für diese an und für sich, abgesehen von der hypothetischen Reflexneurose massgebend sind. Heilt die Neurose mit der Pharyngitis, so liegt der Schluss nahe, dass sie eine Pharynxreflexneurose ausgemacht habe.

Die Resultate der Laryngofissur.

Von
Dr. Albert Hoffa,
Docent für Chirurgie in Würzburg.

(Vortrag, gehalten in der chirurgischen Section der 61. Versammlung deutscher Naturforscher und Aerzte in Köln.)

Meine Herren! Im vergangenen Jahre hatte ich zwei Male die Gelegenheit, mit meinem Freunde O. Seifert die Spaltung des Schildknorpels auszuführen, einmal wegen membranöser Verwachsung der Stimmbänder, das andere Mal wegen eines Stimmbandpapilloms. Beide Fälle sind mit Erhaltung der Sprache vollständig glatt geheilt.

Diese beiden Fälle gaben mir nun Veranlassung, mich nach den Resultaten der in der Litteratur niedergelegten Laryngofissuren umzusehen, und ich erlaube mir heute Ihnen die Ergebnisse dieser Untersuchungen vorzuführen. Ich verzichte dabei hier auf die Wiedergabe aller Einzelheiten der erhaltenen Statistik, verweise vielmehr diesbezüglich auf die Dissertation des Herrn Dr. Becker, in welcher dieselbe niedergelegt ist.

Wie Ihnen wohl bekannt ist, hat P. Bruns die Thyreotomien oder Laryngofissuren bis zum Jahre 1878 zusammengestellt, während Schüller noch einige neue Fälle beibrachte. Beide Autoren sammelten also vorwiegend die Operationen, die in der vorantiseptischen Zeit ausgeführt wurden. Demgegenüber beginnt meine Zusammenstellung der Fälle erst vom Jahre 1879 ab, so dass wir auf diese Weise die Resultate der antiseptischen und vorantiseptischen Zeit vergleichen können.

Ich habe nun bei möglichst sorgfältiger Durchmusterung der Litteratur seit dem Jahre 1879 im Ganzen 104 Fälle von totaler Laryngofissur verzeichnet gefunden und will diese dazu benutzen, die zur Zeit noch über die Laryngofissur herrschenden Meinungsverschiedenheiten klarzustellen. Hat eine solche statistische Arbeit auch nur einen bedingten Anspruch auf Zuverlässigkeit, da sie ihr Material aus einzelnen, unter den verschiedensten Umständen ausgeführten Operationen aufbaut, so ist sie sicherlich doch im Stande, den Werth einer solchen Operation dann in das richtige Licht zu setzen, wenn sich die Erfahrungen der einzelnen Operateure im Wesentlichen decken, und das ist bei uns der Fall.

Treten wir nun ein in die Besprechung unserer Resultate, so wurde die Laryngofissur ausgeführt:

54 mal wegen Papillome und Fibrome
18 - - maligner Tumoren (16 Carcinome, 2 Sarcome)
13 - - Fremdkörper
19 - - Stenosen aus verschiedenen Ursachen (membranöse Verwachsungen der Stimmbänder, Stenosen nach Typhus, Lues, Tuberculose, Chorditis, Perichondritis).

Von diesen 104 Laryngofissuren, von denen etwa die Hälfte Kinder betreffen, sind im Ganzen nur 4 im Anschluss an die Operation gestorben. Die Todesursachen waren einmal Diphtherie der Wunde, einmal Pyämie und zweimal Lungenödem in Folge des Hinabfliessens von Blut in die Lungen.

Betrachten wir diese Todesursachen etwas näher, so leuchtet es ohne Weiteres ein, dass die Todesfälle durch Diphtherie der Wunde und Pyämie, nicht der Operation an sich zur Last gelegt werden können. Diese accidentellen Wundkrankheiten lassen sich bei strenger Befolgung des antiseptischen Verfahrens vermeiden. Das zeigen die zahlreichen anderen glatt verlaufenen Fälle. Ja es sind denen, die antiseptisch operirt haben, nicht einmal mehr die früher öfters beobachteten entzündlichen Infiltrationen des Halses vorgekommen.

Aber auch das Hinabfliessen von Blut in die Lungen bei der Operation ist ein Ereigniss, das uns bei der jetzt üblichen Tamponade des Kehlkopfes nicht mehr passiren darf. In der That ist denn auch bei den beiden oben erwähnten Todesfällen die Tamponade des Kehlkopfes in einem Falle (J. Böckel) gänzlich unterlassen worden — und Böckel selbst giebt direct als Todesursache die mangelnde Tamponade an —, in dem anderen Falle aber (Billroth) in unzureichender Weise geschehen — die Trendelenburg'sche Tamponcanüle war schon vor dem Einlegen in den Kehlkopf geplatzt.

Wir ziehen hieraus also die Lehre, die Trachealtamponade bei der Laryngofissur nicht zu unterlassen, wenn nicht die Blutung sicher vermieden werden kann. Warum soll man sich auch dieses Vortheiles begeben, da man ja ohnedies in der Regel die Tracheotomie vorausschicken muss?

Die übrigen 100 Fälle sind, was die Operation anbetrifft, alle geheilt, und zwar betrug die durchschnittliche Heilungsdauer 10—18 Tage. Wir können also wohl mit gutem Gewissen die Laryngofissur als eine durchaus gefahrlose Operation bezeichnen.

Die Resultate der vorantiseptischen Zeit sind nicht so gut.

Mackenzie berechnete eine Mortalität von	8,33 %
Durham	5,4 %
Ziemssen	6 %
Hüter u. P. Bruns	3 %

Ein Vergleich der gefundenen Zahlen lässt demnach die Vorzüge des antiseptischen Verfahrens ausser Zweifel. Dieselben geben sich aber auch noch dadurch zu erkennen, dass die in vorantiseptischer Zeit gefürchteten Knorpelnekrosen in keinem der von mir gefundenen Fälle eingetreten sind. Schüller hatte ja auch schon an Thieren gezeigt, dass der glatt durchschnittene und von inficirenden Keimen frei gebliebene Knorpel anstandslos und mit fester Narbe heilt.

Wenn wir nun weiterhin nach den Endresultaten der Laryngofissur fragen, so interessirt uns zunächst der Einfluss der Operation auf die sie indicirende Erkrankung. Ich will diesen Punkt hier nicht weiter verfolgen, denn mein Zweck ist nur der, den Werth der Operation selbst zu erfahren. Einige Bemerkungen seien mir aber erlaubt.

Handelte es sich um Fremdkörper, so stellte die Operation die Function des Kehlkopfes wieder völlig her. Waren Stenosen die Veranlassung zur Laryngofissur, so war nach derselben meist noch eine Bougiecur nothwendig, und waren es Geschwülste, so stellte sich das Endergebniss verschieden, indem bald völlige Heilung erfolgte, bald Recidive eintraten.

Das gleiche Ergebniss liefert ebenso die endolaryngeale Operationsmethode der Geschwülste. Jeder denkende Arzt wird diese letztere natürlich, als die schonendere, zunächst versuchen. Der Chirurg aber wird kein Bedenken tragen, den Kehlkopf dann zu spalten, wenn die endolaryngeale Methode wegen des Sitzes der Erkrankung oder ihrer malignen Natur im Stiche gelassen hat.

Zwar garantirt das extralaryngeale Verfahren auch nicht die durchaus vollständige Entfernung alles Kranken, obgleich der Einblick in das Kehlkopfinnere ein sehr guter wird, wenn man nöthigenfalls noch den Ringknorpel spaltet. Es können auch hier kleinere Partikel einer gutartigen Geschwulst übersehen werden. Indessen führt alsdann, wenn derartige Reste nicht nachträglich endolaryngeal beseitigt werden können, eine erneute Laryngofissur sicher zum Ziel. Das beweisen mehrere Fälle unserer Statistik, von denen wir hier nur die von Hopmann hervorheben wollen.

Bei malignen Neubildungen der Stimmbänder ist die Thyreotomie sicher dann ausreichend, wenn die Geschwulst noch klein ist und derart sitzt, dass man sie vollständig im Gesunden exstirpiren kann.

So kennen wir zwei Fälle Billroth's, in denen nach Exstirpation von Carcinomen der Stimmbänder noch nach 2 3/4 resp. 8 Jahren kein Recidiv vorhanden und die Stimme sehr zufriedenstellend war.

So heilte ferner Solis Cohen ein Epitheliom des Stimmbandes und fand dann 20 Jahre nachher bei der Section im Kehlkopf ein neugebildetes Gewebe, das compensatorisch den Dienst des exstirpirten Stimmbandes versah, und so finden wir noch mehrere Fälle, in denen nach vielen Monaten noch kein Recidiv eingetreten war.

Wenn natürlich die maligne Erkrankung zu weit vorgeschritten ist, dann reicht die Thyreotomie allein nicht aus. Dann finden wir Recidive, aber dann haben solche Operateure, welche sich nicht scheuten, gleich von vornherein die befallenen Kehlkopftheile mit zu entfernen, auch unter solchen ungünstigeren Bedingungen dauernde Heilungen erzielt.

Die Gefahr der Laryngofissur bei malignen Tumoren ist ebenso gering wie bei gutartigen. Zwar finden sich unter den 18 oben genannten Operationen bei malignen Geschwülsten 2 Todesfälle im Anschluss an die Operation, dass sind aber der eine vorher citirte Fall von Pyämie und der zuletzt erwähnte Fall von mangelnder Trachealtamponade — also üble Zufälle, die kein Sachverständiger der Operation selbst in die Schuhe schieben wird.

Auf die spätere Athmung hat die Operation der Kehlkopfspaltung keinen nachtheiligen Einfluss, wenn wir auch zuweilen angegeben finden, dass die Stimmbänder an ihrer vorderen Commissur in geringer Ausdehnung mit einander verwachsen waren. Nur zweimal war es unter unseren 100 geheilten Fällen später nothwendig, die Tracheotomie vorzunehmen und eine Canüle einzulegen, das waren aber solche Fälle, in denen grössere Partien der Kehlkopfschleimhaut bei der Operation entfernt werden mussten.

Was dann schliesslich die phonetischen Resultate der Laryngofissuren betrifft, so können wir hier wieder einen Vergleich zwischen früher und jetzt ziehen. Wir besitzen nämlich schon diesbezügliche brauchbare Untersuchungen von P. Bruns und Distner.

P. Bruns fand von 38 Laryngotomien 18 = 47 % mit normaler Stimme geheilt, mit Störungen der Stimme 14 = 37 %, mit totaler Aphonie 6 = 16 %.

Distner fand von 14 Laryngotomien 7 = 50 % mit normaler Stimme geheilt, 6 = 43 % mit mehr oder weniger veränderter Stimme und 1 Mal, also 7 % Aphonie.

Demgegenüber verfügen wir über 67 verwerthbare Fälle.

Hiervon sind 40 = 60 % mit vollständig normaler Stimme geheilt, so dass einige sogar Lieder singen konnten. Bei 22 = 32 % ist die Stimme rauh oder heiser, aber deutlich, weithin vernehmbar, und bei 6 = 8 % ist Aphonie zurückgeblieben.

Wir haben also auch hier eine entschiedene Besserung der Resultate, die wohl darauf zurückzuführen ist, dass wir jetzt gelernt haben, nicht nur den Schildknorpel genau in der Mittellinie zu spalten, sondern ihn auch nach der Operation durch eine genaue Naht wieder zu vereinigen und so eine exacte Lage der Stimmbänder herbeizuführen.

Ist man bei der Operation gezwungen, Theile der Stimmbänder zu entfernen, so darf einen dann später eine Beeinträchtigung der Stimme nicht wundern, denn ihre Erhaltung hängt nicht von der Laryngofissur als solcher ab, sondern — wir wiederholen es noch einmal — von dem Sitz der Erkrankung und ihrer Eigenart.

Die neuesten Vorschläge zur Behandlung der Lungenschwindsucht von Dr. Louis Halter.

Kritisch beleuchtet

von

A. Gottstein in Berlin.

Der Bakteriologie, deren Aufschwung eine mächtige Anregung für so viele Zweige der theoretischen Medicin gegeben hat und welche als Hilfswissenschaft für dieselben unentbehrlich geworden ist, verdankt die Lehre von der Heilung der Krankheiten zwar manche werthvolle Anregung allgemeiner Natur, aber anerkanntermassen bisher keinen erheblichen Fortschritt an thatsächlichen Erfolgen. Es liegt dies daran, dass zwar die Erkenntniss der activen, der Lebenseigenschaften der Bakterien im saprophytischen Stadium sich vielfach mit Erfolg auf ihr Verhalten im thierischen Körper übertragen lässt, dass aber ein Schluss von der Wirkung bakterientödtender Mittel in künstlichem Nährboden auf den gleichen Erfolg im lebenden Organismus nicht gezogen werden darf. Denn „es hat sich gezeigt, dass selbst in denjenigen Fällen, in welchen die Vernichtung der Krankheitsursache schon ausserhalb des Menschen zur Beobachtung gelangt ist, man das Studium über die Wirkung von Substanzen auch innerhalb des Organismus verfolgen muss. Wir können nämlich durch eine grosse Anzahl von Mitteln die Krankheitsursache ausserhalb vernichten, aber bis jetzt ist es nicht gelungen, einen sicheren Schluss zu ziehen, wie sich die Wirkung dieser Substanzen auf die innerhalb des Organismus befindlichen Krankheitskeime oder Ursachen verhalten werde." (O. Liebreich, Die historische Entwickelung der Heilmittellehre S. 30.) Es braucht zum Beweise nur an die eigenthümliche Thatsache erinnert zu werden, dass bisher bei allen inneren Erkrankungen, deren bakterielle Aetiologie feststeht, die Antiseptica wirkungslos waren, während bei denjenigen Krankheiten, für welche Specifica vorhanden sind, diese kaum als Antiseptica wirken und ausserdem der Nachweis des bakteriellen Ursprungs für dieselben noch aussteht. Die Aussicht auf eine directe antiseptische Behandlung innerer Erkrankungen ist überhaupt nach den bisher gemachten Erfahrungen, wie wiederholt schon ausgesprochen, sehr gering.

Daher erscheint es als ein überflüssiges Bemühen, wenn Forscher, welche über gesicherte empirisch-klinische Erfolge mit einer neuen Behandlungsmethode parasitärer innerer Erkrankungen verfügen, dieselben noch durch bakteriologische Versuche über die antiseptische Kraft auf künstlichen Nährböden stützen zu müssen glauben, denn für den ursächlichen Zusammenhang beider Thatsachen fehlen bisher die Bindeglieder. Ein directes Misstrauen ist aber berechtigt gegenüber der Empfehlung einer neuen Behandlungsmethode, wenn dieselbe nur aus den Kenntnissen über die Lebenseigenschaften eines pathogenen Mikroorganismus auf saprophytischem Nährboden deducirt und nicht auf klinischen Beobachtungen aufgebaut ist.

So verhält es sich aber mit den therapeutischen Vorschlägen Halter's zur Bekämpfung der Lungenschwindsucht[1]), welche vielleicht an sich einer eingehenderen kritischen Besprechung nicht gewürdigt zu werden brauchten, wenn nicht ein besonderer Umstand hierzu herausforderte. Bei der weiten Verbreitung der in Rede stehenden Erkrankung und der bisherigen Aussichtslosigkeit ihrer Behandlung beansprucht jeder neue Heilungsversuch die Aufmerksamkeit der Aerzte; wird aber für einen solchen Versuch durch Mittheilungen an die Tagespresse auch noch das Interesse der Leidenden selbst und ihrer verzweifelnden Angehörigen wachgerufen, dann ist es um so erwünschter, dass das ärztliche Publicum möglichst

[1]) Berl. Klin. Wochenschrift 36. '88.

schnell über den wahren Werth der neuen Methode sich ein Urtheil bildet.

Halter bereichert zunächst in dankenswerther Weise unsere Kenntnisse durch die Thatsache, dass die Kalkofenarbeiter gegen die Lungenschwindsucht immun sind und ist bei Ergründung der Ursachen dieser Erscheinung zu seinen therapeutischen Vorschlägen gelangt. Er giebt eine Erklärung für diese Immunität, die aber entschieden nicht einheitlich und beweisend ist. Die Ursache derselben kann nach ihm entweder in dem eingeathmeten Kalkstaub oder in den physikalischen Verhältnissen, nämlich dem trocknen Arbeitsboden und der trocknen heissen Luft von 41—70° C. liegen. Da die erste Ursache nach Halter nicht in Frage kommt, so sucht er sie in der Trockenheit und der Hitze der in und bei den Kalköfen vorhandenen Luft. Er vermuthete zunächst eine locale Wirkung der heissen, trocknen Ofenluft von 50—70° C. gegen sich in den Luftwegen entwickelnde Tuberkelbacillen, doch lehrten ihn seine Versuche, dass dem nicht so sein kann, „da das Verweilen in dieser Temperatur keine erhebliche locale Erhitzung ihrer Respirationswege bewirken und an ihrer Immunität gegen Schwindsucht dadurch keinen Antheil haben kann". Von anderen Ursachen kam nun die vermuthete Steigerung der allgemeinen Körpertemperatur in Folge der heissen Arbeit in Frage, aber die Prüfung lehrte, dass diese Temperatursteigerung nur bei neuen Arbeitern, nicht jedoch bei alten acclimatisirten eintrat. Die bei den letzteren aber auftretenden Erscheinungen stärkerer Puls- und Respirationsbeschleunigung und stärkeren Schweisses deutet Halter als Zeichen eines vermehrten Stoffwechsels, wie sie auch bei einem hektischen Fieber auftreten und von denen nach Halter theoretisch angenommen werden kann, dass sie eine mehr oder weniger vollständige Ausscheidung der ins Blut gelangten Pilze bewirken.

In ziemlich lockerem Zusammenhange mit diesen Ausführungen steht die Deduction von Halter über die Behandlung der Lungenschwindsucht mit trocknen, heissen Dämpfen. Dieselbe ist aufgebaut auf zwei Theorien, der einen, schon lange auch von andern Autoren aufgestellten und neuerdings auch von Gamaleia experimentell studirten Theorie von der Heilwirkung des Fiebers gegen pathogene Bakterien und der anderen von der beschränkten vitalen Temperaturgrenze des Tuberkelbacillus bei 41° C. Es bedarf also nur eines Verfahrens, um die Temperatur in den Lungen auf eine Höhe von über 41° zu bringen, und der Theorie ist Genüge gethan. Dieses Verfahren besteht nun darin, dass man heisse trockene Luft von 100—200° C. oder wie Halter später fand, heisse feuchte von 50—100° C. inhaliren lässt; es ist dann möglich, wie Halter constatirte, die Exspirationsluft auf über 41° zu erwärmen, ohne dass die Inhalation nennenswerthe Beschwerden macht. Diese Grundlage genügt Halter so sehr zur Empfehlung seiner Inhalationsmethode, welche er ursprünglich nur als Methode zur Desinfection der Luftwege bei parasitären Erkrankungen der Luftwege bezeichnet, später aber in No. 39 und 40 bei Gelegenheit einer Polemik als wirksames Heilmittel gegen die Lungenschwindsucht aufführt, dass er von klinischen Prüfungen desselben nichts weiter mittheilt, sondern sich auf Vorschriften zur Behandlung beschränkt, die vollständig aprioristisch construirt sind.

Leider aber widerfährt Halter das Missgeschick, dass die theoretische Grundlage seiner Methode, mit der sie nach seinen Ausführungen steht oder fällt, in Bezug auf die Eigenschaften des Tuberkelbacillus eine falsche ist. Denn erstens ist schon oft genug betont, und zwar zuerst von Koch angedeutet (Mittheil. aus dem Gesundheitsamt Bd. I S. 27), dass die meisten Fälle von Lungenschwindsucht, die ulcerösen Formen, gar nicht als reine Tuberkulose, sondern bakteriologisch als Mischinfection von Tuberkulose und den bekannten Eitercoccen aufzufassen sind, und dass oft genug hierbei klinisch die letzteren als die verhängnissvolleren Zerstörer zu gelten haben. Diese sind aber viel widerstandsfähiger als der Tuberkelbacillus und die Staphylococcen z. B. können sogar noch bei 42° C. wachsen (Lübbert, biol. Spaltpilzuntersuchung S. 18). Aber abgesehen davon ist es einfach eine Verwechselung von Halter, dass der Tuberkelbacillus oder gar die von demselben ja schon im Sputum gebildeten Sporen bei einer Temperatur von über 41° C., wie Halter an mehreren Stellen behauptet, getödtet werden. An der von ihm citirten Stelle bei Koch steht nur, dass sie oberhalb dieser Temperatur nicht mehr wachsen, also dass ihre Entwickelung gehemmt wird, nicht aber, dass sie getödtet werden. Statt aller weiteren Auseinandersetzungen zur Widerlegung der Auffassung von Halter diene nur die eine Stelle aus der bekannten Arbeit von Schill und Fischer (Mittheilung aus dem Gesundheitsamt Bd. II S. 139), dass selbst die einstündige Einwirkung trockener Hitze bei einer Temperatur von 100° eine genügende Desinfection getrockneten Sputums nicht zu Stande brachte! Und wenn es nun auch nicht unmöglich ist, dass der Tuberkelbacillus durch intermittirende Erwärmung auf höhere Temperaturen, als sie seinem Wachsthumsoptimum entsprechen, nach Analogie anderer Formen in seiner Virulenz abgeschwächt wird, so hätte dies doch erst erwiesen werden müssen, ehe es zur Grundlage einer neuen Methode wurde.

Also die theoretische Grundlage des Verfahrens ist unhaltbar. Das nöthigt natürlich noch nicht, die Methode selbst für wirkungslos zu erklären, denn das wäre derselbe Fehler in negativem Sinne, wie ihn Halter in positivem beging: es kann ja eine Methode sich praktisch bewähren, die von falschen theoretischen Voraussetzungen ausging. Nur ist es dann nicht zuviel verlangt, dass der empfehlende Forscher sie zuerst auch selbst praktisch erprobt; das ist aber hier nicht der Fall, denn der eine Patient, von dem er spricht, beweist nicht viel bei der Möglichkeit spontaner Besserung der Phthise und der kurzen Beobachtungsdauer weniger Sommermonate. Um so mehr aber ist die klinische Prüfung geboten, als die Methode der Inhalationen heisser Dämpfe, die Halter in geeigneten Fällen („für ganz kräftige Phthisiker des ersten Stadiums") wegen einer Lücke in der Deduction durch heisse Luftbäder unterstützen will, trotz der Versicherung des „Entdeckers" nicht unbedenklich scheint. Man lese nur, dass die Inhalationen bei allen Kranken mehrmals täglich 1/2 Stunde, und bei denen des dritten Stadiums, welche nur inhaliren, noch öfter oder fast permanent gemacht werden müssen. Wer solche Vorschriften construirt und wer durch Mittheilungen an die Tagespresse für möglichst schnelle Popularisirung derselben sorgt, hat doch sicher die Verpflichtung, zunächst selbst die Contraindicationen und etwaigen Gefahren, wie sie bei keinem Verfahren ganz fehlen, festzustellen, vor Allem aber die Pflicht durch Krankenberichte überhaupt erst den Beweis zu liefern, dass das Verfahren Nutzen bringt. Es ist also die Mahnung an die anderen Aerzte gerechtfertigt, vorerst derartige Mittheilungen des Entdeckers abzuwarten, ehe sie, gestützt auf seine Empfehlungen und gedrängt durch die von ihm aufmerksam gemachten Kranken, Versuche mit den Inhalationen vornehmen, die nur dazu dienen, Herrn Halter die Verantwortung zu erleichtern*).

*) Zum Schluss noch eine philologische Anmerkung. Herr Halter spricht auf S. 755 davon, dass nach Barklay bei hohem Hitzegrade „selbst die eingeborenen Truppen von Sunstroke getroffen niederstürzten und zuweilen in weniger als einer Stunde erlegen waren". Man könnte dies für eine Ortsbezeichnung halten, wenn man nicht daran denkt, dass „sunstroke" Hitzschlag heisst.

Ueber manuelle Behandlung des Scheiden-Gebärmuttervorfalls.

Von

Privatdocent Dr. Ernst Fraenkel in Breslau*).

Die Bestätigung der günstigen Erfolge von Thure Brandt's Methode der manuellen und heilgymnastischen Behandlung gynaekologischer Leiden Seitens hervorragender deutscher Aerzte, wie B. S. Schultze, Schauta, Resch, Profanter und ganz neuerdings von Preuschen veranlasste Verf., an einem Fall von hochgradigem, schon seit längerer Zeit bestehendem Scheiden-Gebärmuttervorfalle die Behandlungsweise selbst zu prüfen.

Bei einer 30jährigen IV Para hatte sich seit 8 Jahren ein in der letzten Zeit stark zunehmender Scheiden-Gebärmuttervorfall mit Cystocele und Retroflexio uteri ausgebildet. Die Spitze des Prolapses ragte 8 cm aus der Vulva hervor, die Scheidenschleimhaut zeigte (als Zeichen längeren Bestehens des Vorfalles) beginnende epidermoïdale Degeneration, die Uterushöhle war erweitert, 10 cm lang, der Uteruskörper stark hypertrophirt, Bauchdecken sehr schlaff.

Die sonst kräftige, gesunde Bauersfrau wurde durch den Prolaps sehr belästigt, konnte nur kurze Zeit ohne Schmerzen sich bewegen und war fast arbeitsunfähig. Eine Pessarbehandlung war bei ihr nie versucht worden.

Schon nach der ersten Anwendung der genau nach Brandt's, Profanter's und von Preuschen's Vorschrift vorgenommenen Beckenmassage ergab sich der überraschende Erfolg, dass beim Umhergehen und selbst beim Pressen der Kranken nach unten der Vorfall zurückblieb und die Kranke selbst erklärte, „sie spüre, dass es besser sei und Alles oben bleibe". Trotzdem dass sie sich nun nicht, wie es Brandt vorschreibt, in den ersten Tagen der Behandlung ruhig liegend verhalten konnte, sondern nach jeder Session mit der Bahn nach Hause fahren und noch eine Stunde Wegs bis nach ihrem Heimathsdorfe zu Fuss zurücklegen musste, trotzdem dass sie ferner schwer arbeitete und z. B. Holz hackte, blieb der Vorfall zurück, und Verf. konnte sie am 18. Mai h. a. in der Sitzung der med. Section der Schles. Ges. f. vaterl. Cultur nach nur sechs Massage-Sessionen als wesentlich gebessert und wieder arbeitsfähig vorstellen; dauernde Heilung dieses hochgradigen Vorfalles ist unter den ungünstigen äusseren Verhältnissen der Frau

*) Autoreferat nach Bresl. ärztl. Zeitschr. 10, 1888.

natürlich erst nach längerer Behandlung zu erwarten.

Verf. demonstrirt in derselben Sectionssitzung die Methode Brandt's: die Pat. wird nach Lockerung aller beengenden Kleidungsstücke in Steinschnittlage auf ein niedriges Untersuchungssopha gelagert, die Blase entleert und nun zunächst leichte Klopfungen der Lendenwirbelsäule und des Kreuzbeins vorgenommen, alsdann nach bimanueller Reposition des meist retrodeviirten Uterus die 3 Male zu wiederholenden Uterushebungen oder Gebärmutterlüftungen Brandt's, sowie leichte Zirkelstreichungen des Uterus vom Fundus zur Portio hin, ferner die Widerstandsbewegungen der Oberschenkel, die Knietheilung und Kniezusammenführung und endlich wiederum Klopfung der Lendenwirbelsäule. Darauf liess Verf. die Pat. sich langsam auf den Bauch herumlegen und in dieser Lage 5 Min. verharren, endlich noch ½ Stunde in seiner Wohnung sich ruhig liegend verhalten. Die Kranke wurde unterwiesen, wie sie auch zu Hause den Levator ani mehrmals täglich willkürlich in Contraction versetzen könne.

Verf. bespricht an der Hand dieses auffallend rasch gebesserten Falles zunächst die Contraindicationen gegen die manuelle Localbehandlung des Gebärmuttervorfalles und rechnet dazu: alle acuten und subacuten Entzündungen des Uterus und seiner Adnexen, ferner die grosse Reihe der senilen Prolapse, sowie die nach consumirenden Krankheiten durch raschen Schwund des Fettes im Beckenbindegewebe entstandenen; ebenso die Fälle von totaler Erschlaffung der Scheide durch jahrelanges Tragen von Pessarien, bedeutende Defecte des Dammes und Beckenbodens und endlich grossen Fettreichthum, sowie abnorme Straffheit und Empfindlichkeit der Bauchdecken. Ein grosser Theil dieser Contraindicationen gilt aber auch für die operative Behandlung der Prolapse, bei denen ausserdem der dauernde Erfolg, wie die Zusammenstellungen Asch's (Breslauer Frauenklinik) und Cohn's (Berliner Klinik) zeigen, gleichviel nach welcher Methode, noch immer kein sehr guter ist.

Es wollen und können sich nicht alle Kranken mit Prolaps operiren lassen; es sinkt ferner der Uterus auch nach gelungener Prolapsoperation meist wieder in Retroflexionsstellung zurück und macht seinerseits Beschwerden, während nach der manuellen Behandlung der Uterus in Normallage verbleiben soll; es ist endlich die Operation Mangels eines vollkommen zuverlässigen, localen Anaestheticums, ganz abgesehen von der Möglichkeit einer Sepsis, im Gegensatz zu der manuellen Behandlung nicht ohne jede Gefahr.

In der wissenschaftlichen Deutung der Wirkungsweise der Methode legt Verf. ebenso wie v. Preuschen das Hauptgewicht auf die mit den Widerstandsbewegungen der Oberschenkel verbundene Adductorenübung und die dabei gleichzeitig eintretende, im geraden Verhältniss zur Zusammenziehung der Adductoren stehende Contraction des Levator ani und der übrigen Muskulatur des Beckenbodens. Durch Wiederherstellung des Tonus des bei jedem Prolaps erschlafften Levator ani wird zunächst die von seinen Muskelfasern umfasste Durchtrittsstelle der Vagina durch das Diaphragma pelvis verengert, ferner die Vaginalebene in zwei Abschnitte, einen oberen horizontalen und einen unteren schrägen getheilt, der horizontale Abschnitt verlängert und die durch vorherige Reposition des Uterus wieder in normale Richtung gebrachte Portio am Herabsinken gehindert, mit einem Worte also die Fixirung und Sicherstellung des Uterus im Becken bewirkt. Bei der Deutung der Wirkungsweise der methodischen Uterushebungen nimmt Verf. eine Mittelstellung zwischen v. Preuschen und Profanter ein. Nach Ersterem sollen die Lüftungen die abnormen, auf vorangegangene Beckenbindegewebsentzündung mit Schrumpfung zurückzuführenden pathologischen Anheftungen des Uterus an der Blase und an der vorderen Beckenwand lösen, die nach W. A. Freund und Ziegenspeck die Hauptursache der Retrodeviation des Uterus sind. Nach Profanter ist das Hauptgewicht bei der Uterushebung auf die Wiederherstellung des Tonus der erschlafften Retractores uteri (Schultze'sche Aetiologie der Retroflexionen) zu legen, gleichzeitig aber auch auf die Dehnung und nachfolgende Contraction aller anderen, den Uterus haltenden Bänder, sowie aller Muskelelemente der zu- und abführenden Gefässe, der Lymphbahnen und des ganzen übrigen Beckenperitoneums mit seinen zahlreichen glatten Muskelfasern. Verf. bezweifelt, dass ein durch jahrelange Retroflexion vollkommen atrophirter M. retractor uteri (Luschka) durch fortgesetzte tägliche passive Bewegungen wieder restituirt und functionsfähig werden könne; möglich sei dies nur bei noch gut erhaltenem Muskelkerne der Douglas'schen Falten, wie dies ja auch die zahlreichen, vom Verf. erzielten Radicalheilungen von Retroflexionen durch jahrelang fortgesetzte Behandlung mit Thomas'schen Pessaren beweisen.

Allerdings kann in der überwiegenden Mehrzahl der Fälle dauernde Heilung durch ein Retroflexionspessar, gleichviel welcher Art, nicht erzielt werden, und das sind diejenigen, wo entweder der Retractor ganz geschwunden war, oder wo nach Freund und Ziegenspeck das hauptsächliche aetiologische Moment der Retroflexion in einer vorangegangenen Beckenbindegewebsentzündung mit Schrumpfung und consecutiver Beschränkung der Beweglichkeit des Uterus nach oben lag; in diesem letzteren Falle sind natürlich Brandt's methodische Elevationen durch Dehnung der festen Narben von bester Wirkung.

Auch Verf.'s Kranke hatte nach der Anamnese im ersten Wochenbett eine Parametritis durchgemacht: es war also bei ihr von einer Lösung der pathologischen Anheftungen des retroflectirten Uterus an der Blase und vorderen Beckenwand Günstiges zu erhoffen, und der Erfolg hat dies bestätigt. Endlich legt Verf. mit Profanter Gewicht auf die arterielle Wirkung der Uteruslüftungen und der damit verbundenen Zirkelstreichungen; es wird dadurch, sowie durch die Wiederherstellung der Normallage des Uterus der Zu- und Abfluss des Blutes und der Lymphe, sowie die ganze Ernährung des Organs verbessert, so dass dasselbe allmählich wieder normale Dimensionen und Consistenz annimmt. Durch Kleiner- und Leichterwerden des Uterus wird indirect seinem Vorfall vorgebeugt. Uterushebungen und die ihnen vorangehende Normalstellung der Gebärmutter erzielen also auf unblutigem Wege denselben Effect, den man bei der operativen Prolapsbehandlung durch die der Kolpo-Perineoauxesis gewöhnlich vorangeschickte Portioamputation bezweckt: Schmelzung des hypertrophirten Uterusgewebes, Abschwellung, Verkleinerung und Erleichterung des vorher infarcirten Organs und dadurch erleichterte Zurückhaltung desselben durch seine, in ihrem früheren Tonus wiederhergestellten natürlichen Stützen.

Zur Behandlung der Oesophagusverengerungen mittelst Dauercanülen.

Von

Dr. Ludwig Wolff,
Arzt und Vorstand der Poliklinik für Magenkrankheiten zu Gothenburg.

Fast jeder Arzt ist wohl in der Lage, constatiren zu können, welche Geduldsprobe sowohl für den Patienten als für ihn selbst die Behandlung der Oesophagusstricturen oft genug ist, und zugleich wie wenig wir im Allgemeinen leisten können für diese Unglücklichen, deren Geschick bis jetzt noch immer zu sein scheint in Uebereinstimmung mit der klassisch gewordenen Voraussage Boerhave's „tandem post Tantali poenas diu toleratas lento marasmo contabescere". Eine Methode, geeignet diese nicht weniger psychischen als physischen Qualen zu vermindern oder gar aufzuheben, muss deshalb höchst willkommen geheissen werden in der Schatzkammer unserer Heilmittel. Diese Methode ist die Errungenschaft der allerletzten Zeit.

Ich will hier nicht eine kritische Darstellung geben der Eingriffe mehr oder weniger chirurgischer Art, die gegen das erwähnte Leiden angewandt worden sind, wie Sondirung, inneren Oesophagotomie, Oesophagostomie, Oesophagusresection, Gastrostomie etc. Ein Blick auf die hiermit erzielten Resultate lehrt uns, dass mit diesen Methoden in den meisten Fällen nicht viel zu gewinnen ist.

Aus einer Zusammenstellung, im Jahre 1884 von Gross gemacht, geht hervor, dass in ca. 300 Fällen von Verengerungen der Speiseröhre, die Gegenstand operativen Verfahrens wurden, ca. 34 % direct infolge der Operation gestorben sind, die übrigen 66 % im Mittel das Leben 90 Tage fristeten.

Die absolut negative Behandlungsmethode der in Rede stehenden Krankheit mittelst Nährklystiere wird wohl jetzt allgemein als ein „ultimum refugium" aufgefasst, nur geeignet, das Leben für sehr kurze Zeit dürftig zu erhalten.

Kein Wunder daher, dass die Forschungen nach neueren und besseren Mitteln gegen das erwähnte, gar nicht seltene Uebel noch immer nicht abgeschlossen sind. Bei diesen Verengerungen, welche in den meisten Fällen (90—95 %) carcinomatösen Ursprungs sind, und wo also das Grundleiden selten einer radicalen Therapie zugängig ist, gilt es vor Allem, den Patienten in einen Zustand zu versetzen, der ihm erlaubt, genügende Mengen der nöthigen Nahrung zu verzehren und zu behalten. Kann dieses in so natürlicher Weise als möglich geschehen, so dass die Nahrungsmittel behufs ihrer Digestion mit den verschiedenen verdauenden Secreten in gehöriger Weise in Berührung treten, so ist damit um so viel mehr gewonnen. Hierin liegt auch ein Hauptwerth der Behandlung dieses Leidens mittelst Dauercanülen. Die Analogie, die zweifellos in mehr als einer Hinsicht vorhanden ist zwischen der Harnröhre und der Speiseröhre, ist Veranlassung genug gewesen, die meisten Operationsmethoden, die mit Erfolg gegen

Verengerungen des ersteren Organes benutzt worden sind, bei ähnlichen Leiden des letzteren in Anwendung zu ziehen. „Katheter-à-demeure" ist ein Ding, das seit langer Zeit in der Therapie der Krankheiten der Harnorgane sich völligen Bürgerrechtes erfreut. Es ist eine entsprechende Behandlung der Verengerungen der Speiseröhre, mittelst beständiger Katheterisation, mittelst „Katheter-à-demeure", mittelst „Dauercanülen", die in neuester Zeit unsere Aufmerksamkeit auf sich gelenkt hat. — Besonders die auf der Leyden'schen[1] Klinik der „Charité" zu Berlin gewonnenen Erfahrungen haben viel Vertrauen zu der Methode erweckt. Auf die näheren Details der Methode etc. wollen wir hier nicht weiter eingehen. — Wir wollen nur die Leser der Therap. Monatshefte auf eine **Modification des Instrumentes** aufmerksam machen, welche verspricht, der ausgedehnteren Anwendung der Methode förderlich zu werden. Unsere **Abänderung** besteht darin, dass wir die leitenden Enden des zur Einführung der Canüle nöthigen Mandrins aus festem, bei **Körperwärme weich** werdendem Materiale — gewöhnlichem englischen **Bougiemateriale** — haben verfertigen lassen.

Die Gefahr, die bei Anwendung besonders der **feinsten Elfenbeinspitzen** sehr nahe liegt, bei der Einführung der Sonde eine Perforation zu schaffen, ist bei unserem Verfahren beseitigt: unser Leiter ist **fest genug**, um die Verengerung passiren, **weich genug**, um nicht Schaden anrichten zu können. — Die bisher gewonnenen Erfahrungen sprechen für die Brauchbarkeit des Instrumentes; auch ist es uns eine Befriedigung, dass unsere Methode, wie es uns gemeldet wurde, an der oben erwähnten, hervorragenden Klinik bereits Anwendung gefunden hat und „sich sehr gut bewährt". — Herr Instrumentenmacher J. Thamm, Berlin, Carlstrasse 14, fertigt das von uns empfohlene Instrument in sehr empfehlenswerther, leicht brauchbarer Form an.

Hamamelis und Hydrastis bei Lungenblutungen.

Von

Dr. Roeniger in Lippspringe und Gardone Riviera.

Eine besonders schwache Stelle in unserer therapeutischen Rüstung zum Kampf gegen die Tuberculose bildet die Behandlung der Lungenblutungen. Es ist unser Glück, nicht unser Verdienst, dass die meisten Ereignisse dieser Art vorübergehen, ohne zu schädliche Folgen zu hinterlassen. Nur sehr selten gefährden sie direct das Leben. Wir aber müssen leider gestehen, dass wir durch eine ganze Anzahl der am häufigsten angewendeten Methoden nicht allein nichts wesentliches zum günstigen Verlauf der Blutung beitragen, sondern die Magen- und Darmverdauung wesentlich beeinträchtigen, was hier nichts anderes heisst, als geradezu schaden. Ein jeder Arzt, der Phthisiker in grösserer Anzahl behandelt, wird dies erfahren haben. Recht deutlich spricht sich das Bewusstsein der Unzulänglichkeit unserer Mittel in den Ausführungen aus, welche zwei unserer ersten Kliniker neuerdings der Frage der Behandlung der Lungenblutung widmen! (v. **Ziemssen**, Klinische Vorträge, Therapie der Tuberkulose und **Rühle**, Lungenschwindsucht, 3. Aufl.). Wenn ersterer lange fortgesetzten innerlichen Gebrauch des Mutterkornextractes weit über die Dauer der Blutung hinaus, sowie Inhalationen mit Liq. ferri sesquichlor. empfiehlt, kann man sich eines leisen Kopfschüttelns kaum erwehren. Die **Rühle**'sche Darstellung gesteht unsere Ohnmacht unumwunden ein, erklärt auch direct über die Einathmungen von Liq. ferri nichts empfehlendes sagen zu können. Plumbum aceticum und Ergotin erwähnt er gleichfalls mit gehöriger Einschränkung.

Nachdem ich leider Gottes die üblen Folgen der gewöhnlichen Therapie auf Magen und Darm oft genug gesehen, habe ich seit drei Jahren fast ausschliesslich die beiden Fluidextracte der Hamamelis virgin. und Hydrastis canadensis innerlich angewendet. Ich hatte die Droguen im Ausland kennen gelernt, die erste als homöopathisches Mittel bei Hämorrhoïden, die zweite bei Gebärmutterblutungen und beide früher öfter verordnet. Ob sie bei Lungenblutungen bereits in grösserem Masse angewandt sind, ist mir nicht bekannt. Ich selbst habe zunächst Hamamelis, später Hydrastis in sehr vielen Fällen gebraucht und erwähne gleich, dass auch sie keineswegs alle Hämoptoën prompt stillen. Grosse Blutungen werden auch durch diese Mittel sich nicht immer beeinflussen lassen, und ich habe eine Beobachtung gemacht, bei welcher das Blut nach mässiger Gabe von Hydrastis nicht stand, wohl aber nach einer subcutanen Injection von Extr. secal. 0,5, welche ich auf Bitten des Kranken machte, da sie auch früher bei ihm geholfen hatte. Dies ist aber auch das

[1] Vergleiche Zeitschrift f. klin. Medicin Bd. XIII. Heft 6; Deutsche med. Wochenschrift 1888, Heft 16 u. A.

einzige Mal, dass ich seit 1½ Jahren Mutterkorn in irgend einer Form in Anwendung gezogen habe. In vielen Fällen war auch bei stärkeren Blutungen die Wirkung von Hammamelis wie von Hydrastis unzweifelhaft günstig, auch nachdem alle anderen Mittel versagt hatten. So behandelte ich vor 2 Jahren einen italienischen Grafen in Gardone Riviera, der bei vorgeschrittener Erkrankung mit Fieber seit mehreren Monaten fast täglich mehrere Esslöffel Blut auswarf. Aus seinen Recepten ersah ich, dass alles mögliche vergeblich versucht worden war. Unter Gebrauch von Hamamelis, den ich anordnete, verschwand die Blutung nach zwei Tagen und kehrte nicht wieder.

Im Ganzen glaubten die Kranken, wie auch ich, der Hydrastis einen sichereren Erfolg zuschreiben zu können, und ich habe sie im letzten Jahr ausschliesslich verordnet. In einer Anzahl von Fällen periodischer Blutungen hatte sie meiner Ueberzeugung nach, einige Zeit vor der erwarteten Blutung prophylaktisch genommen, den Erfolg, den Eintritt derselben zu verhüten, ganz ähnlich wie sie es oft bei zu häufiger Menstruation thut. Gerade in solchen Fällen erinnere ich mich keines Misserfolges.

Als wesentlichste gute Nebeneigenschaft der Mittel sehe ich aber den günstigen Einfluss auf den Magen an. Sie wirken in vielen Fällen geradezu als ein gutes Tonicum und steigern den Appetit. Fälle von Verstopfung, Appetitlosigkeit, stark belegter Zunge sehe ich gar nicht mehr, oder nur dann, wenn ich durch besonders unbändigen Hustenreiz mich verleiten liess, Morphium zu geben, oder wenn sehr viel Eis geschluckt wurde. In bei weitem der grössten Anzahl der Fälle von Lungenblutung war ich aber mit Erfolg in der Lage, entweder nur Hydrastis (extr. fluid.) 3 mal täglich bis stündlich 20—30 Tropfen zu verordnen, oder daneben Bettruhe mit entsprechender, individuell sehr verschiedener Lage, Eisblase, Eispillen (letztere nur selten, bes. bei Uebelkeit), kühle Milch und einfache kühle Kost, besonders Butterbrot mit Fleisch und Eiern, dies alles aber in sehr mässiger Menge. Auch gegen starken Hustenreiz genügt häufig ein Decigramm Dower'sches Pulver, da glücklicherweise die Phthisiker jetzt nicht mehr wie vor 10 Jahren von uns Aerzten zu Morphinessern erzogen werden und oft einen heilsamen Schreck vor jeder Art Narcoticum haben.

Ich will keinen Versuch machen, auf die Theorie der Wirkung der Hydrastis bei Lungenblutungen einzugehen. Aus den Untersuchungen von Schatz, Fellner, Longgaard u. A. geht hervor, dass sie auf die Gefässnervencentren wirkt und die Gefässe zur Contraction bringt.

Ich erwähne noch, dass ich trotz manchmal lange fortgesetzten Gebrauchs niemals irgend welche üblen Folgen sah, nur hin und wieder vorübergehenden Kopfschmerz bei Gaben von mehr als 40 Tropfen.

Glycerinsuppositorien.

Von
Dr. Kroell,
Assistenzarzt am Freimaurer-Krankenhaus in Hamburg.

Nachdem bereits Boas (Dtsch. med. Wochenschr. 23, 1888) auf die Zweckmässigkeit der Verabreichung des Glycerins nach Oidtmann durch Suppositorien an Stelle der Einspritzung hingewiesen hat, möchte ich hiermit noch einmal auf diese praktische Applicationsweise und auf eine ganz besonders empfehlenswerthe Suppositorienform aufmerksam machen.

Die Einführung der mit Glycerin gefüllten Suppositorien hat vor derjenigen der Oidtmann'schen Spritze entschieden den Vorzug der Gefahrlosigkeit. Wenn auch das Ansatzrohr der Spritze vorn mit einem dicken Ringe armirt ist, so ist doch die Gefahr der Verletzung mit diesem Instrumente nicht ausgeschlossen, während die Suppositorien absolut gefahrlos eingeführt werden können.

Ferner haben letztere den Vorzug, dass sie den Patienten von einer zweiten Person unabhängig machen. So unbedeutend dieser Vortheil vielleicht zu sein scheint, so wird er doch für eine grosse Reihe von Kranken sehr willkommen sein.

Das Glycerin allein mit der Darmschleimhaut in Berührung gebracht, ruft wenn auch nicht gerade eine schmerzhafte, so doch in manchen Fällen eine unangenehme Empfindung wach, wovon ich mich öfters überzeugt habe. Mit den Suppositorien, welche ich in 60 Fällen angewandt habe, ist mir diese Unannehmlichkeit gar nicht begegnet. Die Patienten, von denen mehrere vorher schon mit Glycerinklysmen behandelt worden waren, zogen die Suppositorien letzteren entschieden vor.

Was nun die Art der Suppositorien anlangt, so hängt deren Brauchbarkeit von verschiedenen Umständen ab.

Das Glycerin muss sich flüssig, wie aus der Spritze auf die Darmwand ergiessen. Die Suppositorien müssen daher am besten in Form von Hohlcylindern angefertigt sein, in welche man das Glycerin einfüllen kann. Die Vermischung des Glycerins mit Seife zu einer festen Masse scheint mir unzweckmässig, da die Seife stark reizt, das Glycerin überflüssig macht, und dessen Vorzüge in der Wirkung ganz verdeckt.

Das Material, aus welchem die Zäpfchen gearbeitet sind, muss bei gewöhnlicher Temperatur fest, bei Körpertemperatur aber leicht schmelzbar sein. Am besten eignet sich hierfür die Cacaobutter. Ferner dürfen die Wände der Suppositorien, welche das Glycerin einschliessen, nicht allzu dick sein, da sonst sowohl die Menge der Füllung beschränkt, als auch längere Zeit zur Schmelzung nothwendig, als auch, was das Wichtigste ist, die Wirkung des Glycerins durch die Unmasse geschmolzenen Fettes, welches die Darmwand überzieht, sehr beeinträchtigt wird.

Was endlich die Form anlangt, so muss dieselbe bis zu einem gewissen Grade genügende Mengen Glycerin enthalten und leicht und schmerzlos eingeführt werden können. Die Zäpfchen müssen wenigstens bis zu 2,0 Glycerin fassen können. Eine längliche, cylindrische Form mit abgestumpfter Spitze nach Art einer Chassepot-Kugel ist sehr passend.

Allen den hier angeführten Bedingungen genügen die Glycerinsuppositorien von Apotheker Kummer in Freiburg i. B., welcher die Freundlichkeit hatte, mir seine Präparate bereitwilligst zur Verfügung zu stellen.

Die mit denselben angestellten Versuche haben nicht allein die bekannte Glycerinwirkung bestätigt, sondern auch die oben erwähnten Vortheile der Suppositorien vor den Einspritzungen deutlich bewiesen.

In einem einzigen Falle von den 50 beobachteten trat ein Misserfolg ein. Sonst habe ich die Wirkung der Suppositorien stets in einem Zeitraum von 5—15 Minuten eintreten sehen. Schmerz war mit der Application in keinem Falle verbunden. Die Entleerung erfolgte gewöhnlich nur 1 Mal und war jedesmal eine reichliche. Eine Abstumpfung gegen das Mittel bei wiederholtem Gebrauch habe ich nicht beobachtet.

Die Dosis richtet sich nach dem einzelnen Fall. Die Kummer'schen Präparate sind zur Auswahl in verschiedener Stärke angefertigt und enthalten in ihren 4 verschiedenen Nummern 0,5—2,5 Gramm Glycerin. Für Erwachsene wird im Allgemeinen 2,0, für Kinder 0,5—1,0 genügen.

Wie die besprochenen Suppositorien hier im Freimaurer-Krankenhause, Hamburg, von mir geprüft und als vorzüglich wirkend befunden worden sind, so haben sich dieselben auch in der Hegar'schen Klinik in Freiburg bewährt.

Es ist nicht der Zweck dieser Zeilen, auf die Indication zur Anwendung des Glycerins bei Obstipation einzugehen. Doch glaube ich zum Schlusse anführen zu müssen, dass dieselbe, wie Boas in der Pharmaceut. Zeit. No. 80, 1888 mit Recht hervorhebt, eine beschränkte ist, und dass man das Mittel, um die Vortheile desselben und damit auch die Wirksamkeit der in Rede stehenden Suppositorien richtig zu würdigen, nicht planlos in jedem Falle von Obstipation anwenden darf.

Die Wirkung des Glycerins bezieht sich, wie aus der schnell erfolgenden Entleerung, der Qualität der Stühle und dem Fehlen kolikartiger Schmerzen hervorgeht, wesentlich auf den Dickdarm, indem es denselben zu vermehrter Peristaltik anregt. Es wird sich daher dasselbe vorzugsweise bei allen denjenigen Fällen eignen, bei welchen die Dickdarmperistaltik darniederliegt d. h. bei Kranken mit Stauungen im Pfortadergebiet, bei Leuten mit sitzender Lebensweise und Bettlägerigen. Bei diesen aber wird es stets und namentlich in der beschriebenen Form ein werthvolles, purgirendes Mittel sein.

Neuere Arzneimittel.

Ueber das physiologische Verhalten des Sulfonals.

Von

Dr. William J. Smith.

(Mitgetheilt von Prof. E. Baumann.)

1. Einfluss des Sulfonals auf die Stickstoffausscheidung.

Ein Hund von 17 Kilo Gewicht, welcher längere Zeit vor Beginn des Versuches gleichmässig gefüttert worden war, erhielt an acht auf einander folgenden Tagen je 2 g Sulfonal mit dem Futter. Die Nahrung bestand aus zwei Pfund Hundekuchen und ein Liter Wasser pro Tag. Die Stickstoffbestimmung geschah nach der von Pflüger modificirten Kjeldahl'schen Methode.

Die Ergebnisse dieser Versuche sind in den beiden folgenden Tabellen zusammengestellt:

Normal-Periode.
(Ohne Sulfonal):

	Harnmenge in 24 Stunden ccm	Spec. Gew.	Stickstoff in 24 Stunden g
1. Tag	679	1,024	11,6825
2. "	512	1,025	9,7481
3. "	292	1,030	4,7190
4. "	558	1,032	11,2492
5. "	692	1,022	16,8976
6. "	437	1,025	7,4639
7. "	767	1,021	11,8118
8. "	518	1,025	9,7875
			82,2106

Stickstoffausscheidung in 24 Stunden im Mittel 10,28

Sulfonal-Periode.
(Täglich 2 g Sulfonal):

	Harnmenge in 24 Stunden ccm	Spec. Gew.	Stickstoff in 24 Stunden g
1. Tag	452	1,036	8,2261
2. "	706	1,022	12,8688
3. "	494	1,027	9,1628
4. "	520	1,032	10,4832
5. "	612	1,026	10,9653
6. "	655	1,027	11,3708
7. "	564	1,027	9,5808
8. "	631	1,027	10,8372
			84,1018

Stickstoffausscheidung in 24 Stunden im Mittel 10,51

Aus den beiden Versuchsreihen geht hervor, dass die Stickstoffausscheidung d. h. der Eiweissumsatz im Organismus bei der Darreichung von Sulfonal nicht beeinflusst wird.

2. Ueber die Schicksale des Sulfonals im Organismus.

A. Kast[1]) hat beobachtet, dass das Sulfonal zum weitaus grössten Theil nicht unverändert in den Harn übergeht, sondern in der Form einer anderen organischen Verbindung (Sulfosäure) ausgeschieden wird.

Bei der weiteren Untersuchung dieser Verhältnisse, welche ich im Einverständniss mit Herrn Prof. Kast unternommen habe, schien es zunächst von Wichtigkeit festzustellen, ob das dem Stoffwechsel einverleibte Sulfonal gänzlich in jene organische schwefelhaltige Säure umgewandelt, oder ob es zum Theil unverändert oder in Form von Schwefelsäure ausgeschieden wird.

Zunächst wurde ermittelt, ob nach fortgesetzter Darreichung von Sulfonal von letzterem überhaupt irgend ein, wenn auch geringer, Theil in den Harn übertrete. Setzt man zu 100 ccm Hundeharn 0,1 g Sulfonal in Wasser gelöst, und schüttelt diesen Harn mit Aether aus, so erhält man nach Verdunsten des Aethers eine Krystallisation von Sulfonal, welches durch Umkrystallisiren aus Wasser leicht gereinigt werden kann. Auf diese Weise wurden 0,035 g Sulfonal aus dem Harn wieder dargestellt.

Es wurde nun der Harn desselben Thieres, nachdem dieses eine Woche lang 2 g Sulfonal täglich erhalten hatte, in der gleichen Weise auf Sulfonal geprüft. Der Erfolg war ein durchaus negativer, und man kann mit Sicherheit behaupten, dass auch nicht Spuren von unverändertem Sulfonal in den Harn übergetreten sind[2]).

Eine Vergleichung der Schwefelsäureausscheidung bei Darreichung von Sulfonal, und unter normalen Verhältnissen bei gleicher Fütterung des Versuchsthieres ergab, dass unter dem Einflusse des Sulfonals die Schwefelsäureproduction gar nicht verändert wird. Wenn man sich erinnert, dass das Sulfonal 28 Procent Schwefel enthält, so erscheint diese Thatsache, welche durch die untenstehenden Versuchsreihen bewiesen wird, immerhin bemerkenswerth.

Die Schwefelsäurebestimmungen wurden — unter Vernachlässigung der in Form von gepaarten Verbindungen vorhandenen Schwefelsäure, weil diese nur eine besondere Form der Schwefelsäureausscheidung darstellen — in der Art ausgeführt, dass 50 ccm Harn mit dem gleichen Volum Wasser, 15 ccm rauchender Salzsäure und einer hinreichenden Menge von Chlorbarium versetzt und eine halbe Stunde lang gekocht wurden. Das abgeschiedene schwefelsaure Barium (entsprechend der gepaarten und ungepaarten Schwefelsäure) wurde in bekannter Weise zur Wägung gebracht.

Sulfonal-Periode.
(Das Thier erhielt vom 20. bis 27. Juni täglich 2 g Sulfonal):

Datum	Harnmenge in 24 Stdn. ccm	Spec. Gew.	$BaSO_4$ aus 50 ccm Harn g	Schwefelsäureausscheidung in 24 Stunden in Form von Schwefels. g
Juni 21.	509	1,023	0,1486	0,2428
" 22.	195	1,021	0,2104	0,2864
" 23.	595	1,025	0,1518	0,2481
" 24.	576	1,026	0,1697	0,2845
" 25.	350	1,032	0,2211	0,2399
" 26.	410	1,030	0,2151	0,2869
" 27.	288	1,013	0,2568	0,2417
" 28.	659	1,025	0,1961	0,3415
				2,0883
		(Ohne Sulfonal):		
Juni 29.	195	1,032	0,2207	0,3601
" 30.	521	1,029	0,1912	0,2189
Juli 1.	511	1,024	0,1709	0,2512
" 2.	532	1,028	0,2281	0,3337
" 3.	278	1,034	0,2423	0,1852
" 4.	180	1,020	0,2600	0,2730
" 5.	408	1,027	0,1862	0,2100
" 6.	265	1,011	0,2083	0,2174
				2,1407

[1]) A. Kast, Sulfonal, ein neues Schlafmittel. Berl. Klin. Wochenschr. 1888, Nr. 16.

[2]) Häufig wiederholte Untersuchungen des Harns von Menschen, welche Sulfonal eingenommen hatten, führten stets zu dem gleichen Resultate.

Sulfonal-Periode.
(Das Thier erhielt vom 6. bis 10. Juli täglich 1 g Sulfonal):

Juli 7.	462	1,036	0,2101	0,2961
„ 8.	766	1,022	0,1283	0,2702
„ 9.	504	1,027	0,1297	0,2118
„ 10.	580	1,032	0,1730	0,2474
„ 11.	612	1,025	0,1427	0,2519
„ 12.	665	1,027	0,1459	0,3028
„ 13.	654	1,027	0,1635	0,2491
„ 14.	634,5	1,027	0,1675	0,2923
				2,0[illegible]

(Ohne Sulfonal):

Datum	Harnmenge in 24 Stdn. ccm	Spec. Gew.	$BaSO_4$ aus 10 ccm Harn g	Schwefelausscheidung in 24 Stunden in Form von Schwefel, g
Juli 15.	670	1,024	0,1515	0,2829
„ 16.	512	1,025	0,1769	0,2491
„ 17.	392	1,030	0,1231	0,1327
„ 18.	558	1,032	0,2391	0,3669
„ 19.	693	1,022	0,1708	0,3250
„ 20.	457	1,026	0,1594	0,1015
„ 21.	767	1,021	0,1411	0,3229
„ 22.	513	1,026	0,1258	0,1789
				2,0[illegible]

In einer folgenden Versuchsreihe wurde die Schwefelausscheidung im Ganzen, Schwefelsäure plus gepaarte Schwefelsäure plus organische Schwefelverbindungen sog. nicht oxydirter Schwefel unter normalen Verhältnissen mit derjenigen nach Sulfonaldarreichung verglichen. Dieser Versuch musste zugleich einigen Aufschluss über die Dauer der Ausscheidung der schwefelhaltigen organischen Verbindungen ergeben, welche aus dem Sulfonal im Organismus gebildet werden. Die Bestimmung des Gesammtschwefels im Harn geschah in folgender Weise: 10 ccm Harn wurden mit 3 g Salpeter und 3 g Aetznatron eingedampft und geschmolzen. Die in Wasser gelöste Schmelze wurde mit Salzsäure stark angesäuert und verdunstet; diese letztere Behandlung wurde noch zweimal wiederholt, um jede Spur von Salpetersäure auszuschliessen; dann erst wurde der Rückstand wieder in Wasser gelöst, mit Chlorbarium gefällt und das gebildete Bariumsulfat zur Wägung gebracht.

(Ohne Sulfonal):

Datum	Harnmenge in 24 Stdn. ccm	Spec. Gew.	$BaSO_4$ aus 10 ccm Harn g	Gesammtschwefel in 24 Stunden g
Juli 21.	619	1,030	0,0887	0,5490
„ 25.	449	1,029	0,0554	0,3349
„ 26.	415	1,028	0,0593	0,3384
„ 27.	690	1,022	0,0401	0,1763
„ 28.	513	1,024	0,0455	0,3209
				1,8105

(Mit Sulfonal)
(2,5 g Sulfonal wurden dem Thier je am 3. und 4. August, Nachmittags in dem Futter gegeben):

Aug. 4.	499	1,028	0,0858	0,5887
„ 5.	600	1,024	0,0837	0,6906
6.	666	1,023	0,0887	0,8123
7.	294	1,029	0,0818	0,3307
8.	270	1,030	0,0906	0,4025
				2,8818

Aus den vorstehenden Bestimmungen geht hervor, dass die Eingabe von 5 g Sulfonal eine Steigerung der Gesammtschwefelausscheidung um 50,3 Procent in 5 Tagen bewirkte. Da 5 g Sulfonal 1,40 g Schwefel enthalten und die Mehrausscheidung 1,074 g Schwefel während der Sulfonalperiode betrug, ergiebt sich ein Fehler von 0,326 g Schwefel während der Versuchsreihe. Dieser rührt nicht davon her, dass ein Theil des Sulfonals im Darm nicht resorbirt wurde — die Faeces waren frei von Sulfonal —, sondern ist wohl durch die bei der Eingabe des letzteren unvermeidlichen Verluste und die zufälligen Ungenauigkeiten kürzerer Stoffwechselbeobachtungen bedingt.

Sehr deutlich zeigt aber die letzte Versuchsreihe, dass die Ausscheidung der aus dem Sulfonal gebildeten schwefelhaltigen organischen Verbindungen langsam erfolgt und ihr Maximum erst am folgenden Tage nach der letzten Sulfonalgabe erreicht.

Die Ergebnisse der mitgetheilten Stoffwechselversuche nach Eingabe von Sulfonal sind im Wesentlichen folgende:

1. Das Sulfonal wird bei mässigen Dosen durch den Stoffwechsel vollständig in leicht lösliche organische Schwefelverbindungen (Sulfosäuren) umgewandelt; es unterscheidet sich durch dieses Verhalten von einer grossen Zahl verwandter Körper, anderer Disulfone, welche durch den Organismus unverändert hindurchtreten, z. B. das Aethylendiäthylsulfon

$$\begin{array}{l} CH_2SO_2C_2H_5 \\ | \\ CH_2SO_2C_2H_5 \end{array}$$

2. Die Schwefelsäureausscheidung wird durch die Eingabe von Sulfonal nicht im Geringsten verändert, woraus hervorgeht, dass die aus dem Sulfonal gebildeten organischen Verbindungen durch grosse Beständigkeit ausgezeichnet sind.

3. In mässigen Dosen ist das Sulfonal ohne jeden Einfluss auf den Stoffumsatz im Organismus. Dass das Sulfonal den Verdauungsprocess im Magen und Darm nicht alterirt, hat schon A. Cramer*) nachgewiesen.

In einer folgenden Mittheilung werde ich über die schwefelhaltigen organischen Verbindungen, welche aus dem Sulfonal im Thierkörper entstehen, berichten. Um das hierfür erforderliche Untersuchungsmaterial zu gewinnen, habe ich einem Hunde von 17 Kilo Gewicht 5 Wochen lang täglich 3 g Sulfonal im Futter gelöst eingegeben, und will an dieser Stelle nur noch erwähnen, dass die so lange fortgesetzte Zuführung von Sulfonal

*) Therap. Monatshefte 1888, August.

Appetit und Wohlbefinden des Thieres nicht im Geringsten gestört hat. Nach diesen grösseren und lange fortgesetzten Gaben wurden auch geringe Mengen unveränderten Sulfonals im Harn gefunden.

Den Farbenfabriken vorm. Friedr. Bayer & Co. in Elberfeld, welche mir für meine Versuche ein grösseres Quantum Sulfonal-Bayer zur Verfügung gestellt haben, spreche ich hierfür meinen besten Dank aus.

Freiburg i. Br. Universitätslaborator. (med. Facultät).

Zur Kenntniss des Cocaïns.

Von

O. Liebreich.

Die therapeutische Anwendung des Cocaïns scheint augenblicklich in eine andere Phase zu treten, da für die Darstellung desselben eine neue Methode aufgefunden worden ist. Dieselbe bietet ein doppeltes Interesse dar, da sie principiell als eigenartig bezeichnet werden kann. Es wäre zu wünschen, dass auch bei andern schwer rein darzustellenden Alkaloiden eine solche Methode glücken möchte. — Es geht mit dem Cocaïn wie mit dem Chinin; letzteres ist in der Technik nicht chemisch rein darzustellen, sondern stets durch Cinchonin verunreinigt. Dies ist allerdings für die Therapie kein besonderer Nachtheil, sondern macht nur das Chinin in seiner Wirkung um so viel minderwerthig, als es Cinchonin enthält. Beim Cocaïn, welches im Handel erscheint, sind augenscheinlich Beimengungen enthalten, welche dasselbe in seiner Wirkung ungünstiger gestalten. Ich hatte Gelegenheit, eine solche Base, welche das Cocaïn in der Pflanze begleitet, das von C. Liebermann zuerst isolirte Isatropylcocaïn, zu untersuchen und fand, dass dasselbe, ohne Anästhesie hervorzurufen, ein reines Herzgift sei[1]).

Es ist mir nicht unwahrscheinlich, dass auch das salzsaure Cocaïn, wenn es nicht sehr gut krystallisirt ist, jenes Herzgift, wenn auch nur in Spuren, enthält.

Die Eigenthümlichkeit der von Liebermann und Giesel aufgefundenen Methode besteht darin, die aus der Coca-Pflanze gewonnenen Neben-Alcaloide, welche als nutzloses Product bisher verworfen wurden, in Ekgonin zu verwandeln. Dieses Ekgonin wird nach Liebermann und Giesel leicht in Benzoyl-Ekgonin übergeführt, welches dann nach bereits bekannten, von Einhorn angegebenen Methoden in Cocaïn verwandelt wird[2]).

Die Benutzbarkeit der Methode besteht darin, dass das Ekgonin, welches früher nur als Zersetzungsproduct des Cocaïn bekannt war und bei der Fabrication des Cocaïn in minimalen Mengen als Nebenproduct auftritt, nach der Liebermann-Gieselschen Beobachtung jetzt in grösserem Maassstabe gewonnen werden kann. — Ich habe das synthetisch, auf dem angegebenen Wege technisch hergestellte Cocaïn untersucht. Die mit dem synthetischen Cocaïn an den Thieren vorgenommenen Versuche zeigten, soweit ich bis jetzt beobachtet habe, eine vollkommene Anästhesie ohne reizende Nebenwirkung. Die weiteren Erfahrungen werden demnächst mitgetheilt werden.

[1]) Chem. Bericht Bd. 21, S. 2344.

[2]) Die früher von Merck angegebene Methode, aus Ekgonin, Benzoësäure-Anhydrid und Jodmethyl Cocaïn darzustellen, hat in der Technik keinen Boden gefunden, sowohl Mangels des Ausgangsmaterials als der Unausgiebigkeit des Verfahrens wegen.

Therapeutische Mittheilungen aus Vereinen.

61. Versammlung deutscher Naturforscher und Aerzte in Cöln.

(18—23. September 1888.)

Section für Chirurgie.

Dr. Jul. Schmidt (Cöln): Ueber Nephrectomie. (Autoreferat).

Bardenheuer führte in den letzten 9 Jahren 35 mal die Nephrectomie und 9 mal die Nephrotomie aus.

Die 35 Nierenexstirpationen vertheilen sich auf 17 männliche und 18 weibliche Personen. Das Alter der Operirten schwankt zwischen 3 Monaten und 57 Jahren. Es wurde operirt 7 mal wegen Tuberculose bezw. Phthisis renalis, 7 mal wegen Abscess, 4 mal wegen Pyonephrose, 5 mal wegen Pyelitis, 1 mal wegen Cystenniere, 8 echte und 1 falsche Hydronephrose, 1 gutartiger und 3 bösartige Tumoren. 3 mal wurde die gesunde Niere exstirpirt, weil bei der vorher wegen Cervixcarcinom ausgeführten Uterusexstirpation ein Ureter durchschnitten worden war.

In allen Fällen, in welchen die Nierenerkrankung diagnosticirt worden war (33 mal), wurde mit dem Lumbalschnitte operirt, und war der Heilverlauf reiner beim Austopfen der Wundhöhle, als bei Nahtverschluss und Drainage. In zwei Fällen (Fibrom der Nierenkapsel und Hydronephrose) war eine richtige Diagnose nicht gestellt worden; es wurde die transperitoneale Laparotomie ausgeführt, derart, dass durch Spaltung und Annähen des Bauchfellüberzuges der Geschwulst an die Haut das Operationsterrain von der Peritonealhöhle abgekapselt wurde.

Von den 35 Fällen starben noch während der Behandlung 8, später 2, so dass also 25, d. h. beinahe 72% die Operation dauernd überstanden.

Die Nephrotomie wurde 2 mal und zwar wegen acuter traumatischer Hydronephrose und wegen Pyonephrose ausgeführt; beide Fälle endeten letal.

Tuberculose, Nierenabscess und Pyonephrosen kann man unter dem Namen der Nierenеiterung zusammenfassen. Die Stellung der Diagnose auf diese Erkrankungen wird erleichtert durch das fast ausnahmslose Auftreten eines perinephritischen Abscesses und dessen typische Form. Für die Operation wird derselbe dadurch von Bedeutung, als man direct auf die Niere einschneiden und dieselbe aus ihrer Kapsel ausschälen soll, ohne sich bei der Entfernung der letzteren aufzuhalten. Da die Niereneiterung immer das primäre, der perinephritische Abscess das secundäre Leiden ist, man auch bei der Operation nicht weiss, ob man es mit einem gewöhnlichen oder tuberculösen Abscesse zu thun hat, event. ob mehrere Krankheitsherde vorhanden sind, so soll man immer die Nephrectomie machen.

Pyelitis, Hydro- und Pyonephrose haben ein gemeinschaftliches ätiologisches Moment in dem dauernden oder vorübergehenden, totalen oder partiellen Verschluss eines Ureters. Dieser Verschluss wird häufig durch frische und alte Parametritiden bedingt; handelt es sich dabei um schwartige und schwielige Massen, so soll man anstatt den Ureter zu katheterisiren und zu sondiren, denselben extraperitoneal frei präpariren.

Die Pyelitis äussert sich, auch ohne dass Steinconcremente oder Coagula vorhanden sind, meist durch heftige Kolik und häufigen Urindrang, so dass es umgekehrt leicht wird, aus diesen Symptomen Nierenbeckenerkrankungen zu diagnosticiren.

Passende Schnittführung (einfacher oder doppelter, vollständiger oder unvollständiger Thürflügelschnitt) verbunden mit regelrechter Lagerung und, wenn nöthig, der Resection der 7. Rippe ermöglicht die Entfernung grosser Nierengeschwülste auf extraperitonealem Wege.

Zum Schlusse werden noch die 3 Fälle erwähnt, in welchen die Nierenexstirpation nöthig wurde, weil bei der vorhergehenden wegen Cervixcarcinom ausgeführten totalen Uterusexstirpation ein Ureter hatte durchschnitten werden müssen. In solchen Fällen soll man Uterus- und Nierenexstirpation in einer Sitzung ausführen.

Section für Dermatologie.

Dr. O. Lassar: Beitrag zur Lupusbehandlung. (Autoreferat.)

Kaum ein Semester vergeht, ohne dass eine neue durchaus wirksame Lupusbehandlung zur Mittheilung gelangt. Jede einzelne nimmt für sich in Anspruch, durchschlagend zu sein. Aber bislang ist es noch keiner Methode gelungen, sich allgemein einzubürgern. Jeder Fachgenosse giebt einem anderen Verfahren den Vorzug und es ist wahrscheinlich, dass weniger die Form der Behandlung selbst, als die Art, wie dieselbe durchgeführt wird, den Erfolg bestimmt.

Vortragender hat es sich zur Pflicht gemacht, ohne irgend einem anderen Vorgehen seine Bedeutung abzusprechen, nach der chemischen und nach der mechanischen Seite hin Erfahrungen zu sammeln und hauptsächlich 2 Methoden erprobt.

Das Ziel der Lupusbehandlung wird immer sein müssen, den kranken Herd so gründlich wie irgend durchführbar, zu zerstören, dabei aber einen möglichst günstigen kosmetischen Effect zu erzielen. Die unvergleichliche Langwierigkeit des Leidens fordert von vornherein zu einer grossen Consequenz heraus und in der That gelangt man mit dieser zu recht erfreulichen Ergebnissen.

Unter den chemischen Mitteln möchte L. dem **Chrysarobin, verbunden mit starken Soolbädern** den Vorzug geben. Leider lässt sich dieses ganz schmerzlose und für die Hebung der allgemeinen Gesundheit förderliche Vorgehen sich mit wirklichem Nutzen nur für Lupus des Stammes und der Extremitäten anwenden. Im Gesicht kommt das Salzwasser direct nur schwer zur Wirkung — und ohne dasselbe ist auch das Chrysarobin nur von begrenztem Werth. Vortragender berichtet dann — unter Vorlage der photographischen Beläge — über Fälle, wo Lupus des Armes und der Untermaxillar-Gegend durch Ein- bis Zwei-Hundert 3—5% Salzbäder mit nachfolgender Chrysarobin-Application zu vollständiger und Jahrelang bestehender Ausheilung gekommen sind. Das Chrysarobin wird, um den Störungen bei längerem Gebrauch vorzubeugen, entweder nur stundenweise aufgetragen und dann entfernt — was sich auch bei Psoriasis empfiehlt — oder mit Mullbinden bis zum nächsten Tage umwickelt. Zur Ulceration oder nur zur entzündlichen Reaction braucht es nicht zu kommen.

Der Lupus combinirt sich in seiner gewöhnlichen Erscheinungsform aus der specifisch lupösen Infiltration und den weiteren Folgezuständen dem necrotischen Zerfall der Neugewebe, der demarkirenden Gefässneubildung, der Granulation und dem phthisischen Untergang der Umgebung.

Die letzteren Zerstörungsvorgänge werden durch die locale Einwirkung der Salzbäder zum Stillstande gebracht und die chemische Wirkung des Chrysarobin kommt nun ohne weitere Complication direct dem Rückgang der Lupusknötchen zu Gute. Dieselben fallen der Resorption anheim und an Stelle der rothen, gewulsteten, ulcerösen Fläche tritt ganz allmählich eine glatte, fast narbenlose Haut. Der Lupus kann unter dieser Behandlung ganz ausheilen. Allerdings muss man nicht nach Wochen, sondern nach Monaten, ja nach Halbjahren rechnen. Aber was will das besagen gegenüber einem Zustand, der sich seiner Natur nach durch Jahrzehnte hindurch zu ziehen pflegt.

Es ist zu erwähnen, dass auch das Resorcin in ähnlichem Sinne zu verwerthen ist. Die neuerdings empfohlene Anwendung von 50% Resorcin-Vaselin giebt eitrige Schmelzung des ganzen Herdes und relativ rasche und ziemlich vollständige Ausheilung. Aber eine mehr moderirte Cur ist sicher vorzuziehen.

Beschränken sich diese Salben und Bäder-Curen auf eine geringe Zahl von geeigneten Fällen, so lässt sich die operative Therapie wohl immer durchführen. Dieselbe hat aber nur dann Aussicht auf durchgreifenden und bleibenden Erfolg, wenn sie etwas umfassender geübt wird, als dies üblich zu sein scheint.

In der Klinik des Vortragenden wird für eine einigermassen ausgedehnte Lupusauskratzung mindestens eine Stunde Zeit gerechnet. Nachdem mit dem scharfen Löffel — selbstverständlich in der Narcose, denn ohne solche ist garnichts zu erreichen — alles weiche, granulirende und zerfallende Gewebe entfernt und die Blutung gestillt ist, sieht man in der reinen rothen Fläche Hunderte von kleinen blaurothen Venennetzen. Diese umgeben je einen in der Tiefe wurzelnden Lupusherd. Nun wird mit dem spitzen Paquelin-Brenner jeder sichtbare Venenknoten und damit auch der Lupus zerstört. Alsdann nimmt man mit dem scharfen Löffel die gesetzten Brandschorfe hinweg, bis wieder eine gleichmässig rothe blutende Fläche zu Tage liegt. Dieses Vorgehen: Abkratzen, Blutstillung und thermokauterische Verschorfung wird so lange als thunlich fortgesetzt, jedenfalls wiederholt, so lange das Auge noch Andeutungen von fremdartiger Gewebsbeschaffenheit zu unterscheiden vermag. Da aber die Keime die untere Grenze der Sichtbarkeit erst nach langem Wuchern erreichen, so wird man gut thun, mit dem Auskratzen und punktförmigen Brennen noch einige Male fortzufahren, auch wenn man nichts Krankhaftes mehr erkennt. Glücklicher Weise handelt es sich bei der blutigen Lupusbehandlung nicht ausschliesslich um die Exstirpation der pathologischen Einlagerung, sondern die Zerstörung aller neugebildeten Blutgefässe führt offenbar gleichfalls den Untergang zahlreicher lupösen Elemente herbei. Sonst wäre nicht zu verstehen, wie die einfache lineäre Scarification den Rückgang des Lupus bedingen sollte. Endlich kann man die etwa noch nachträglich aufschiessenden einzelnen Lupuseruptionen mit punktförmiger Paquelin-Touchirung oder auch mit Elektrolyse sehr gut in einigen Nachsitzungen bewältigen. Die Nachbehandlung gestaltet sich sehr einfach, wenn man ohne Rücksicht auf die Schönheit der Narbe eine rasche Heilung herbeiführen will. Vollständige Blutstillung — sehr selten ist eine Unterbindung nöthig — hat der Anlegung des subtil aseptischen Verbandes vorauszugehen, und dann heilt gewöhnlich unter einem einzigen Jodoform- oder Sublimatwatte-Schorf die ganze Wundfläche in etwa zwei Wochen ab. Auf diesem Wege aber kann man nicht dafür einstehen, ob die Narbe sehr bindegewebig oder nicht ist und man muss sich mit dem fertigen Resultat begnügen. Anders wenn man durch planmässige Hemmung der Granulationsheilung den umschliessenden Epidermisrändern Zeit lässt, die blossgelegte Fläche mit einem dicken Epithelüberzug zu beschicken. Unter Beobachtung dieses in der Berliner klinischen Wochenschrift seiner Zeit genauer beschriebenen Modus der systematischen Narbenverbesserung gelingt es dann, die Lupuspatienten nicht nur von der fressenden Flechte zu befreien, sondern auch in ihrem Gesicht alle Spuren des vorausgegangenen

Leidens nahezu vollständig und für die Dauer zu vertilgen. Denn selbstverständlich kann die Besprechung eines Heilverfahrens gegen Lupus nur dann Beachtung finden, wenn sie sich auf Fälle von älterer Beobachtungszeit bezieht. Der momentane Erfolg will wenig sagen; der Lupus pflegt in der Regel ganz unbeirrt durch die vorgenommene Cur innerhalb weniger Wochen, höchstens Monate auf der alten Höhe wieder anzulangen. Der Vortragende aber ist in der Lage, der Versammlung die unretouchirten Photographien solcher Personen vorzulegen, welche vor 3 und 4 Jahren in der geschilderten Weise behandelt worden sind, sich immer wieder vorgestellt und inzwischen keine Recidive erlebt haben.

Im Anschluss hieran erfolgen dann noch einige Mittheilungen über die flächenförmige Anhängung des Lupus erythematodes, die sich, seitdem sie im Jahre 1884 zuerst zur Anwendung gelangt ist, immer wieder im günstigsten Sinne bewährt hat. Von anderer Seite sind Vorschläge, den Lup. erythemat. zu heilen, inzwischen nicht gemacht worden, die früheren Methoden lassen gänzlich im Stich und es erscheint deshalb immerhin angemessen, darüber zu berichten, dass es mit dem über die kranke Haut hinweghuschenden Thermokauter gelingt, auch die schwersten und zu Rückfällen geneigtesten Fälle ohne Brandwunden zu curiren. Eine Narcose ist hierzu nicht erforderlich.

Congress polnischer Aerzte und Naturforscher zu Lemberg.

(Sitzungen vom 18.—22. Juli 1888.)

Dr. Baracz (Lemberg): Ueber chirurgische Behandlung der Epilepsie durch Unterbindung der Vertebralarterien.

B. hat diese Operation 3 Male ausgeführt. In 2 Fällen hat er nur eine, in einem Falle beide Vertebralarterien unterbunden. Ein Patient hatte keinen einzigen, die andern je einen leichten Anfall nach der Operation. Wie dieses Verfahren helfen kann, ist nicht leicht zu erklären. Die Annahme eines verminderten Blutzuflusses zum Gehirn ist (in Anbetracht der vielen Anastomosen) nicht haltbar. B. möchte die Besserung der bei der Operation möglichen Läsion des Sympathicus zuschreiben. Die nachher auftretende einseitige Myosis und Ptosis dürfte für diese Annahme sprechen.

Derselbe: Ueber eine neue Operationsmethode der Naso-Pharyngealpolypen.

Bis in die neueste Zeit waren die Methoden von Gussenbauer (durch die Mundhöhle) und v. Langenbeck (durch Oberkieferresection) die gebräuchlichsten. Unlängst gab König eine neue Methode an, die darauf beruht, dass man die Nase in 2 Theile theilt, eine Hälfte auf die Seite biegt und auf diese Weise operirt. Vortragender versuchte dieselbe Methode in einem Falle mit Hinzugabe eines Schnittes in der oberen Lippe und hatte einen sehr guten Erfolg zu verzeichnen.

Dr. Reichmann (Warschau): Ueber Behandlung des atrophischen Magenkatarrhs vermittelst Pankreasextract.

In der als „atrophischer Magenkatarrh" bezeichneten Krankheitsform, die auf Atrophie der Magendrüsen und nachfolgendem Mangel an Magensaft beruht, kann die bisher angewandte Therapie keine günstigen Resultate aufweisen; die bereits anatomisch veränderten (degenerirten) Drüsen können wir nicht mehr zur Regeneration bringen. Da auch in diesen Fällen — (R. beobachtete sie unter 107 Magenkranken 10 Male) — weder Salzsäure, noch Pepsin, noch andere Mittel etwas helfen, versuchte Vortragender alkohol. Pankreasextract (12—15%) und Pankreatin und fand, dass die Verdauung des früher stagnirenden und groben Speisebreies rasch und vollkommen von Statten ging. Die Symptome änderten sich rasch und das Allgemeinbefinden der Kranken besserte sich in kurzer Zeit.

Prof. Obalinski (Krakau): Ueber Laparotomie wegen Impermeabilität im Verdauungstracte.

Auf Grund eigener Erfahrungen kann O. seine bereits an anderer Stelle ausgesprochene Meinung nicht ändern, dass in jedem Falle von innerer Incarceration sofort zur Laparotomie geschritten werden soll. — Von 44 Fällen führte er 33 Male die Laparotomie aus. Die Resultate sind folgende: Von den Operirten genasen vollkommen 11, d. i. über 66% Todesfälle. Da in 9 von diesen Fällen die Laparotomie spät gemacht wurde und schon vor derselben die Hoffnung auf Erfolg gering war, kann eine Mortalitätsziffer von 50—40% angenommen werden. Nur in einem Falle kann der Tod der Operation allein zugeschrieben werden: die Nähte am Darme gingen auseinander. In allen Fällen fand man während der Operation die Ursache der Incarceration, in 25 Fällen wurde sie unmittelbar beseitigt, 4 Male machte man Enterostomie; 3 Male konnte die Ursache der Incarceration nicht bestätigt werden; in einem Falle trat der Tod während der Operation ein. — Sogar in zweifelhaften Fällen ist eine Probelaparotomie angezeigt.

(*Wien med. Presse 1888 No. 37.*)

Société de Médecine de Gand.

(*Sitzung vom 3. Juli 1888.*)

Van der Vloet: Behandlung der Tuberculose mit Kreosot.

In der Klinik des Dr. Verstraeten in Gent hat Vortragender Kreosot in Verbindung mit Leberthran gereicht. Von einer 1 bis 20 procentigen Mischung musste jeder Patient 3 bis 6 Esslöffel nehmen. Bei hartnäckigem Widerstreben bediente er sich als Vehikel des Mandelöles in folgender Form:

℞ Kreosoti
Olei Amygdal. dulc. āā 10,0

D. S. 3 bis 4 mal täglich 5—10 Tropfen in 30,0 warmer Milch oder Bouillon zu nehmen.

Diese Verordnungsweise kann auch, je nach Bedarf, durch folgende ersetzt werden:

℞ Kreosoti 6,0
Tinct. Nucis vomic. 8,0

D. S. 3 mal täglich 8 bis 10 Tropfen in 2 Esslöffeln Zuckerwasser vor der Mahlzeit zu nehmen.

Die erhaltenen Resultate waren befriedigende. Das Mittel wurde gut vertragen. Der Appetit nahm zu. Die Athmungsbeschwerden liessen schnell nach; desgleichen wurde eine Abnahme des Auswurfs, des Hustens und der Dyspnoë beobachtet.

(*Revue gén. de Clinique et de Thérap. 1888 No. 39.*)

R.

Société de Médecine de Rouen.

(*Sitzung vom 13. August 1888.*)

Dr. Tourneux: Zur Typhus-Behandlung.

In erster Linie ist für schleunige Evacuation des Inhaltes der Därme und der die Krankheit verursachenden Noxe zu sorgen. Alsdann ist das Medium, in dem die Mikroben sich reproduciren und vermehren, umzugestalten. — Die intestinale Antisepsis glaubt T. am besten zu erreichen mit Hülfe des Citronensaftes, dessen günstige Wirkung bei Angina diphtheritica und Hospitalbrand schon genügend erprobt seien.

Er verabreicht also eine Limonade, die er herstellt durch Maceration von 3 in Scheiben zerschnittenen Citronen in 2 oder 3 Liter kochendem Wasser, dem noch 100,0 Cognac hinzugefügt werden. Diese Limonade wird nun schluckweise genommen. Sie soll eine saure Reaction der Darmflüssigkeit unterhalten.

Sobald die Körperwärme über das Mittel des vorhergegangenen Tages steigt, die Stühle reichlicher werden und sich Meteorismus zeigt, ist ein Purgativ zu verabfolgen.

Bezüglich der Ernährung tadelt T. die Verabreichung von Bouillon, da doch gerade Bouillon ein günstiges Medium für die Entwickelung des Bacillus sei.

Vortragender reicht anfänglich Eiweisswasser und gestattet Milch, Tapioca und Fleisch erst, nachdem Patient drei Tage Eier geniessen konnte.

Trotz ihrer antiseptischen Eigenschaften gestattet uns die Citronenlimonade nicht, von der Anwendung anderer Arzneimittel abzusehen. Daher verordnet T. noch Chininpräparate. Mit dieser einfachen Behandlungsmethode ist er seit einer Reihe von Jahren ausgekommen und zufrieden gewesen.

(*Revue gén. de Clinique et de Thérap. 1888 No. 37.*)

R.

Referate.

Zur Kenntniss der neuen Arzneimittel: Phenacetin und Sulfonal. Von Prof. Dr. A. Ott. (Vortrag, gehalten in der Section Marienbad des Centralvereins der deutschen Aerzte Böhmens am 9. September 1888.)

Verf. theilt zunächst seine mit Phenacetin als Antipyreticum gemachten Erfahrungen mit, welche in allen wesentlichen Punkten mit denjenigen früherer Beobachter übereinstimmen und bespricht dann den Werth des Mittels als Antineuralgicum.

Nach O.'s Beobachtungen giebt es kaum eine auf Reflexwege oder sonst peripherisch entstandene Neuralgie, welche nicht durch das Medicament beeinflusst würde. Nur bei centralen Leiden des Nervensystems, wie bei Erkrankungen des Gehirns und Rückenmarks vorkommenden Neuralgien, versagt es meist den Dienst. Die grössten Triumphe feiert das Mittel bei Hemicranie und Occipitalneuralgien. Ausgezeichnet war auch der Erfolg in 2 Fällen von Cardialgie und in einem Falle von Intercostalneuralgie. Bei reiner Trigeminusneuralgie brachte es stets vorübergehend Erleichterung, doch schien bei wiederholter Anwendung eine Abstumpfung der Wirkung einzutreten. Ohne jeden Erfolg wurde das Mittel nur in einem schweren Falle von Ischias angewendet.

Das Sulfonal erwies sich dem Verf. als ein sehr brauchbares Schlafmittel. Meist erfolgte schon nach 1 g, sicher aber nach 2 g anhaltender, ruhiger Schlaf.

Interessant ist ein Fall von Hypochondrie mit arthritischer Disposition und zeitweiliger Herzarythmie ohne physikalisch nachweisbare Veränderungen des Herzens. Patient, welcher an Morphiuminjectionen gewöhnt war, schlief schon die erste Nacht und so auch später nach 2 g Sulfonal ruhig, und die Arythmie der Herzaction verschwand jedes Mal wenige Minuten nach Einnahme des Mittels. In einem anderen Falle von Morphiumgewöhnung — es handelte sich um ein 29jähriges hysterisches Mädchen — blieb dagegen die Wirkung selbst nach 3 g vollkommen aus. Diese Beobachtung stimmt mit derjenigen Oestreicher's (s. Therap. Monatsh. 1888 S. 314) überein, welcher Sulfonal während der Morphiumabstinenz wirkungslos fand. Ohne jede Wirkung war das Mittel ferner in einem Falle von Ischias.

Das Mittel wurde vortrefflich vertragen; mit Ausnahme eines unangenehmen Müdigkeitsgefühls nach dem Erwachen, wurden keine unangenehmen Nebenwirkungen beobachtet. Nur in einem Falle von schwerem, mit bedeutender Nervenerregung und Schlaflosigkeit einhergehendem, chronischem Magenkatarrh trat nach einer Dosis von 3 g Sulfonal Erbrechen und Ohnmachtsanwandlung ein.

(Prager Med. Wochenschr. 1888 No. 40.) *rd.*

Beitrag zur hypnotischen Wirkung des Sulfonals. Von Cand. med. M. Matthes.

Nach den auf der v. Ziemssen'schen Klinik in München an 27 Patienten gemachten Erfahrungen bezeichnet Verf. das Sulfonal als ein brauchbares, wenn auch nicht absolut sicher wirkendes Hypnoticum. Der Erfolg war ein ausgezeichneter bei rein nervöser Agrypnie, bei Herzkranken mit und ohne Compensationsstörungen, bei Paralysis progressiva im Anfangsstadium, bei Apoplexien und, was besonders hervorzuheben ist, bei Neuralgien und zwar bei je einem Fall von Trigeminusneuralgie und Intercostalneuralgie mit Herpes zoster, während es bei Schlaflosigkeit in Folge von Schmerzen auf nicht neuralgischer Basis im Stich liess. Auch bei bestehendem Hustenreiz war die Wirkung eine unsichere oder blieb ganz aus, so dass Verf. die Angabe Rosin's, Sulfonal setze die Sensibilität der Bronchialschleimhaut herab, nicht unterschreiben kann. Wirkungslos war das Mittel ferner bei Delirium tremens; auch bei Maniakalischen und Deliranten war nur ein geringer sedativer Erfolg zu beobachten.

Verf. rühmt die Geruch- und Geschmacklosigkeit (nur einzelne Individuen geben einen bitteren Geschmack an), sowie das Fehlen einer Wirkung auf Herz, Gefässsystem und Respiration. Unerwünschte Nach- oder Nebenwirkungen traten nur selten auf und waren meist unbedeutend. Dieselben bestanden gewöhnlich nur in einer nachfolgenden Müdigkeit und Abgeschlagenheit; in einigen Fällen trat aber Ohrensausen, Kopfschmerz und Schwindel ein. Zwei Patienten erbrachen nach Sulfonal.

Eine Gewöhnung an das Mittel konnte Verf. nicht beobachten, dagegen schien es in einem Falle eine cumulative Wirkung zu äussern. Allerdings handelte es sich um eine während 14 Jahre an nervöser Agrypnie leidende Person, bei welcher schon sehr kleine Dosen, 0,5 g, Schlaf hervorriefen. Die ersten Gaben wirkten nur hypnotisch, nach wiederholten Dosen stellten sich die oben geschilderten schwereren Nebenwirkungen ein.

In der Mehrzahl der Fälle genügte 1,0, um eine ausreichende hypnotische Wirkung zu erzielen, doch muss individualisirt und beim Auftreten von Nebenwirkungen die Dosis verringert werden.

(Centralbl. für klin. Med. 1888 No. 40.) *rd.*

Sulfonalexanthem. Von Dr. Max Engelmann (Hamburg).

Eine etwa 40 Jahre alte, zur Zeit der Menses an Schlaflosigkeit leidende Patientin hatte Abends 7 Uhr 2,0 Sulfonal genommen. Eine schlafmachende Wirkung wurde nicht bemerkt, doch trat gegen Morgen unter mässigem Jucken an den äusseren Seiten der beiden Mammae ein diffuses scharlachrothes Exanthem auf. Die rothe Farbe der Haut war deutlich und scharf von der normalen Cutis abgegrenzt. Am Abend desselben Tages waren bereits die Innenseiten der beiden Oberarme in ganz symmetrischer Anordnung davon befallen, auch gegen das Sternum zu war der Process fortgeschritten, am Morgen darauf die ganze Innenseite der Mammae herab bis in die obere Magengegend, woselbst das Exanthem der einen Seite mit der andern confluirte. Am dritten Tage ging der Ausschlag, der jetzt ziemlich heftiges Jucken hervorrief, unter schwach in's Livide spielender Verfärbung langsam zur Norm zurück.

(Münch. med. Wochenschr. 1888. No. 42.) *R.*

Die Anwendung des Antifebrin in der Psychiatrie. Von Dr. Jacob Fischer in Budapest.

Das Antifebrin wurde an der Landes-Irrenanstalt nächst Budapest als Nervinum, Antiepilepticum und Hypnoticum angewendet. Als Nervinum war man mit der Wirkung des Antifebrin höchst zufrieden. Bei Kopfschmerzen und überhaupt bei Trigeminus-Neuralgien war der Erfolg ein prompter. Die Dosen betrugen ein halbes Gramm, man ging manchmal bis 1,5 g hinauf, ohne dass eine schädliche Wirkung beobachtet wurde. Dujardin-Beaumetz empfahl das Antifebrin gegen Epilepsie. Die von Fischer gemachten Versuche ergaben ein negatives Resultat und schliesst sich Verf. den Ansichten Salm's und Borosnyói's an, die dem Antifebrin eine Wirkung auf die epileptischen Anfälle absprechen. Ein Patient erkrankte an der Gesichtsrose und hatte während dieser Zeit — 12 Tage — keinen Anfall; kaum genesen, wurde die Antifebrin-Behandlung wieder begonnen und die Anfälle kehrten wieder zurück. Als Hypnoticum bewährte sich das A. in mehreren Fällen, in manchen Fällen war keine Wirkung zu beobachten. Ueberhaupt bewährte es sich in einem Falle, wo grössere Dosen von Chloralhydrat und Bromkalium von keinem oder nur vorübergehendem Erfolge begleitet waren und der Patient gegen Morphium eine Idiosyncrasie an den Tag legte. Verf. beobachtete mehrere Fälle, wo das Antifebrin als Hypnoticum sich nur bei der ersten Anwendung bewährte. Bei einer späteren Anwendung trat keine Wirkung ein. Verf. warnt vor einer längeren Behandlung mit Antifebrin, dessen Wirkung in diesem Falle keine indifferente sei.

(Gyógyászat. 1888 No. 36.)

Schuschny (Budapest).

Ueber Codeïn. Von Dr. Fischer (Kreuzlingen).

F. hat seit mehr als 5 Jahren in allen den Fällen, wo Morphium indicirt erscheint, sich des Codeïns bedient und empfiehlt nun „dieses sicher wirkende und entschieden weit weniger gefährliche und verhängnissvolle Mittel" zu weiterer Verwendung. — Die ersten Verordnungen des Codeïns machte er in einer grossen Anstalt für Phthisiker, die das ganze Jahr durchschnittlich von 90 Patienten besucht war, und bald wurde daselbst Morphium innerlich in keinem einzigen Falle mehr verabreicht. Seitdem ist er diesem Mittel auch in der Privatpraxis treu geblieben. In allen Fällen (es waren nur wenige), wo die Wirkung zu wünschen übrig liess, lag die Schuld an dem Präparate, denn nicht in allen Apotheken ist gutes Codeïn vorräthig.

Codeïn ist da indicirt, wo gewöhnlich Morphium gegeben wird. Da es aber weniger gefährlich wirkt und eine Angewöhnung nur sehr selten erfolgen dürfte, verdient es ausgedehntere Verwendung. So giebt F. z. B. Codeïn täglich mehrere Male, auch wo er weiss, dass das Leiden längere Zeit dauern wird. Es ist ihm dabei kein einziger Fall vorgekommen, in dem er Folgen, wie nach langem ununterbrochenen Morphiumgenuss beobachtet hätte.

Besonders eignet es sich für alle Fälle von quälendem Husten bei Phthisikern, bei Bronchitiden, namentlich wenn die Secretion nicht zu massenhaft ist, und in allen Fällen von Schlaflosigkeit, wenn das schlafstörende Moment nicht heftigste Schmerzen sind.

Was die Dosirung betrifft, so muss die Dosis erheblich grösser sein, als die entsprechende Morphiumdose. Einer Morphiumdose von 0,01 entspricht eine Codeïndosis von 0,025—0,08. Diese Gabe kann Phthisikern getrost drei bis vier Male in 24 Stunden gereicht werden. F. giebt es meist in Pulvern, doch theilt es mit dem Morphium den bittern Geschmack, so dass es oft der leichten Correction wegen als Mixtur verordnet werden muss. — Gegen die in fast allen Büchern der Arzneimittellehre befindliche Angabe, dass Codeïn unsicher und schwach narkotisch wirke, glaubt F. mit Recht protestiren zu dürfen.

(Corresp.-Blatt für Schweizer Aerzte 1888. No. 19.)

R.

Die Anwendung von Coffeïndoppelsalzen bei Lungenerkrankungen. Von Dr. le Gempt.

Verf. hat namentlich bei der fibrinösen Pneumonie, die ja bekanntlich weit seltener durch Verkleinerung der respiratorischen Fläche, als durch Ueberbürdung und Widerstandsunfähigkeit des Herzens den tödtlichen Ausgang herbeiführt, von der erregenden Wirkung des Coffeïns auf die Herzthätigkeit und das Athmungscentrum Gebrauch gemacht. Er erachtet die Anwendung der Coffeïndoppelsalze dann für indicirt, wenn der Puls abnorm frequent klein oder arhythmisch wird. Betrifft dies Leute, welche bereits an Schwächezuständen des Herzens, in Folge von Veränderungen der Klappen oder der Musculatur leiden, oder handelt es sich um Potatoren oder Greise, so ist die Darreichung der Coffeïndoppelsalze schon vom Beginne der Krankheit an zu empfehlen.

Bei Atelectase der Lungen in Folge von Bronchitis, bei Lungenemphysem ist die Darreichung der Coffeïndoppelsalze ebenfalls aus dem Gesichtspunkte der Anregung der Herzthätigkeit und des Athmungscentrums zu empfehlen.

Abgesehen von der subcutanen Anwendung der Doppelsalze in dringenden Fällen, verabreicht sie Verf. in Pulvern oder in wässeriger Lösung mit Succ. liq. und zwar 4—6mal täglich Dosen von 0,3—0,5 der Salze.

(Berl. klin. Wochenschr. 1888 No. 25–26.)

Schmey (Beuthen O.S.).

Sparteinum sulfuricum. Von Dr. Pawlow (Dissertation St. Petersb. 1888).

Verf. hat unter Leitung Prof. Botkin's zahlreiche Versuche an Hunden gemacht und kommt zu folgenden Schlüssen: 1. die Wirkung des Spart. sulf. auf das Herz ist zweifellos; sie giebt sich zu erkennen durch Regulirung, Verstärkung und Verlangsamung der Herzcontractionen einerseits, durch Erhöhung des Blutdrucks andrerseits. 2. Alle Veränderungen des Herzrhythmus sind eine Folge der directen Einwirkung des Sp. sulf. auf das Herz. 3. Der erhöhte Blutdruck dagegen ist abhängig von einer Verengerung des ganzen arteriellen Systems, welche ihrerseits bedingt wird sowohl durch die Wirkung des Sp. sulf. auf die vasomotorischen Centren des Gehirns, als auch durch seine unmittelbare Einwirkung auf die neuro-musculären Apparate der Gefässe selbst. 4. Die vasodilatatorischen Apparate werden durch Sp. sulf. wahrscheinlich nicht afficirt. — Was die diuretische Wirkung betrifft, so hat sich Verf. an Harnblasenfisteln und an künstlichen Durchblutungsversuchen ausgeschnittener Hundenieren überzeugt, dass anfangs die Harnmenge verringert, darauf aber etwas vermehrt wird.

Den ersten Effect erklärt Verf. durch die Contraction der Gefässe im ganzen Körper, den zweiten aber dadurch, dass nach dem Aufhören dieser Contraction das Herz noch fortfährt, stärker zu arbeiten. — Ausser Experimenten finden wir noch Beobachtungen an Kranken, worunter 1 Fall Graves'scher Krankheit mit Verdacht auf Aorteninsufficienz, 6 Fälle verschiedener Herzklappenfehler und 3 Fälle von Herzschwäche (ohne genauere Angaben). In den meisten Fällen blieb der Erfolg durch Sp. sulf. aus; nur in zwei weniger schweren Fällen wurde ein leidlicher Effect erzielt, welcher sich äusserte in Verbesserung der subjectiven Empfindung, Regulirung, geringer Verlangsamung und Verstärkung der Pulswelle. Die vollste Wirkung trat in dem Fall Graves'scher Krankheit ein. Harnvermehrung war nie der Fall. Zum Schluss kommt Verf. zu dem Resultat, dass Sp. sulf. nur indicirt sein kann in Fällen, in welchen die Compensation noch nicht gestört ist.

(Wratsch. 1888. No. 26.)

Friedlaender (Pjatigorsk).

Zur physiologischen und therapeutischen Wirkung des Hyoscinum hydrochloricum. Von Director Dr. Eugen Konrad (Hermannstadt).

In Rücksicht auf den Umstand, dass Hyoscin schon in den zu therapeutischen Zwecken verwandten Gaben beachtenswerthe Störungen der Herzinnervation und, wie Verf. gefunden, auch Hallucinationen hervorrufen kann, giebt derselbe für den Gebrauch des Mittels folgende Vorschriften:

1. In heftigen Erregungszuständen chronischer Formen, besonders bei grosser Agilität und Zerstörungstendenz, ist das Hyoscin in Dosen von ½—1 mg zeitweise anwendbar. Die Wiederholung der Injectionen in continuo überschreite nicht 2—3 Tage.

2. Bei acuten, heilbaren Psychosen meide man das Mittel, so lange durch andere beruhigende Methoden eine ausreichende Wirkung erzielt werden kann. Ist aber Consumption der Kräfte zu befürchten, dann können einzelne, in grösseren Zwischenzeiten verabreichte Gaben gute Dienste leisten.

3. Bei Herzkranken soll Hyoscin thunlichst gemieden werden.

(Centralbl. für Nervenheilk. 1888 No. 18.) *Kron.*

Zur Wirkung des Ichthyols. Von Dr. George Meyer (Berlin). (Autoreferat.)

Verf. prüfte, nachdem bei einer Patientin mit chronischem Gelenkrheumatismus in der städtischen Frauen-Siechenanstalt mit Ichthyolpräparaten ein sehr guter Erfolg erzielt war, die Wirkung dieses Medicamentes bei 16 anderen im Spital befindlichen Frauen, welche an derselben Affection litten. Das Alter der Erkrankung schwankte bei diesen zwischen 2 und 20 Jahren, während jene erste Person ihr Leiden 10 Jahre hatte. Es wurde äusserlicher und innerlicher Gebrauch combinirt, sowie je allein, verordnet, und zwar so, dass bei allen Frauen alle drei Methoden ca. 3 Wochen lang angewendet wurden. Die innere Darreichung geschah in Form der Lösung, Kapseln und dragirten Pillen; die externe in Gestalt von Pinselungen mit alkoholisch-aetherischer Solution, sowie in Application der Präparate (Lith. und Natr. sulfoichthyol.) in reiner Form. Nur bei 2 Individuen erregten die innerlich genommenen Präparate nicht irgend welche Beschwerden, die in Kratzen im Halse, Uebelkeit, Aufstossen mit dem widerlichen Ichthyolgeschmack etc. bestanden — vorher hatte keine Patientin Digestionsstörungen gehabt.

Besserung des Allgemeinbefindens nach dem Gebrauch des Ichthyols wurde garnicht beobachtet, bei 14 Frauen hatte das Mittel auf den chronischen Gelenkrheumatismus gar keinen Erfolg, zwei klagten sogar über Verschlimmerung der Schmerzen während der Ichthyolbehandlung. Ein Grund der Verschiedenheit der Wirkung in jenem einen Falle mit günstigem Resultat und den 16 anderen mit negativem Ergebniss war nicht zu finden. Vielleicht kann hierüber die Untersuchung der Stoffwechselproducte der Patientinnen Aufklärung verschaffen.

(Berl. klin. Wochensch. 1888 No. 29.)

Weitere Beobachtungen über die Haltbarkeit antiseptischer Sublimatlösungen. Von Victor Meyer.

Frühere Versuche des Verf. hatten ergeben, bezw. bestätigt, dass Sublimatlösungen in destillirtem Wasser sich sowohl in offenen wie verschlossenen Gefässen sehr lange unverändert halten, während solche Lösungen, die mit Brunnenwasser hergestellt waren, sich bald unter Abscheidung weisser pulvriger oder auch schwarzer krystallinischer Niederschläge zersetzten. Ein Zusatz selbst erheblicher Mengen von Kochsalz vermochte diese Zersetzung zwar zu beschränken, aber keineswegs aufzuheben. Dagegen liessen Ìprocentige Lösungen von Sublimat in Leitungswasser, wenn sie ohne jeden Kochsalzzusatz in gut mit eingeriebenen Glasstöpseln verschlossenen Flaschen und im Dunkeln aufbewahrt wurden, selbst im Laufe von 2 Monaten keinen Niederschlag abscheiden und nicht die geringste Zersetzung erkennen. Selbst bei Verwendung von filtrirtem Teichwasser und Wasser aus einem notorisch schlechten Brunnen entstanden in den im Dunkeln aufbewahrten Sublimatlösungen nach 2monatlichem Stehen nur ganz geringfügige, unwägbare Trübungen.

(Ber. d. chem. Gesellsch. Bd. 20, S. 2310.)

Schmey (Beuthen O/S.).

Bemerkungen über Natur und Behandlung der Diphtherie. Vortrag, gehalten in der Section für Kinderkrankheiten auf der Jahresversammlung der British Medical Association zu Glasgow, August 1888. Von Abraham Jacobi (New-York).

Für die Behandlung der Diphtherie ist in erster Linie die Ergreifung von Präventivmaassregeln von Wichtigkeit. Jeder Diphtheriefall ist zu isoliren und zwar während des Winters im obersten Stockwerk des Hauses; die Fenster sind nach Möglichkeit offen zu halten, die Möbel auf das Nothwendigste zu beschränken und das Zimmer ist häufig zu wechseln. Bei überfüllten Häusern und Quartieren sind die Kranken in besondere Hospitäler, welche klein sein müssen, überzuführen, oder die Gesunden müssen in gesunden Plätzen untergebracht werden. In grossen Städten wären hierzu eigens für diesen Zweck bestimmte Häuser nothwendig. Die gesunden Kinder einer Familie, in welcher eine Erkrankung vorliegt, dürfen weder Schule noch Kirche besuchen. Die Schulen sind bei Ausbruch einer Epidemie zu schliessen, die Lehrer in der Untersuchung des Halses zu unterweisen. Kleider, Betten, Zimmer müssen gründlich desinficirt werden und Gegenstände, welche im Krankenzimmer gebraucht wurden, müssen verbrannt oder im Krankenzimmer selbst in eine desinficirende Flüssigkeit getaucht werden. Unter keinen Umständen dürfen dieselben in trockenem Zustande durch das Haus getragen werden. Während einer Epidemie sind öffentliche Locale, Fuhrwerke, Eisenbahnwagen etc. von Beamten zu überwachen.

Für die individuelle Prophylaxe ist der Umstand maassgebend, dass gesunde Schleimhäute nicht von Diphtherie befallen werden. Katarrhe des Mundes, der Nase und des Pharynx müssen daher zeitig behandelt, hypertrophische Tonsillen herausgeschnitten oder kauterisirt werden. Individuen, welche durch den Mund athmen, sind dauernd der Gefahr einer Infection ausgesetzt.

In der Behandlung jedes einzelnen Falles sind drei Indicationen zu erfüllen: 1) Reinhaltung und Desinfection der erkrankten Theile, um einer Allgemeininfection vorzubeugen. 2) Unterstützung des Organismus in dem Kampfe gegen die Erkrankung. 3) Bekämpfung der localen Zufälle. Alle Maassnahmen müssen sorgfältig, mit beharrlicher Unverdrossenheit und mit Schonung der erkrankten wunden Fläche und des Patienten ausgeführt werden. Was immer man auch thue, man trage Sorge für den Schutz des gesunden Epithels.

Verf. geht dann über zur Besprechung der zahllosen in der Behandlung der Diphtherie empfohlenen Mittel. Ein Specificum giebt es nicht. Unter den membranlösenden Mitteln sind die Alkalien, Milchsäure, heisse Wasserdämpfe häufig von Nutzen, desgleichen auch Papayotin und Trypsin. — Kali chloricum ist wegen seiner antikatarrhalischen Wirkung ein gutes Unterstützungsmittel, welches oft und in kleinen Dosen anzuwenden ist, unter Berücksichtigung seiner toxischen Eigenschaften. Am meisten hält Verf. von der Quecksilberbehandlung, speciell von der innerlichen Anwendung kleiner, stündlich verabreichter Sublimatdosen. Seine Ueberzeugung von der vollkommenen Nutzlosigkeit einer innerlichen Behandlung der Diphtherie ist durch die mit Sublimat erzielten Erfolge gründlich erschüttert worden. Während der letzten sechs Jahre, in welchen 200, ja vielleicht noch mehr Kranke, in allen Lebensaltern dieser Behandlung unterworfen wurden, waren Genesungen garnicht selten. Die kleinste Tagesdosis beträgt 0,015 bei Kindern von vier Monaten; bei Kindern im Alter von drei bis fünf Jahren kann 0,03 *pro die* während vier bis acht Tage gegeben werden. Die Einzeldosen variiren von 0,001 bis 0,002 g. Stomatitis, Reizerscheinungen von Seiten des Magens oder Darmes treten dabei nicht auf, wenn das Mittel in sehr verdünnter Lösung 1 : 6000 — 10000 Wasser gegeben wird.

Die Erfolge dieser Behandlung hängen wesentlich von dem Zeitpunkte ab, in welchem das Mittel angewandt wird. Tracheotomie oder Intubation können oft durch rechtzeitige Darreichung vermieden werden. Wenn aber trotzdem die Operation nothwendig wird, so soll mit der Medication auch nach derselben fortgefahren werden.

Ausser in der Sepsis und der Erstickung liegt die Hauptgefahr bei Diphtherie in dem Eintreten einer Herzlähmung. Dieselbe entwickelt sich gewöhnlich allmählich, kann aber auch ganz plötzlich, ohne warnende Vorzeichen eintreten. Es ist daher Alles zu vermeiden, was den Patienten schwächen kann. Jede Aufregung ist fern zu halten; bei Darreichung der flüssigen Nahrung, der Medicin, bei der Stuhlentleerung ist eine liegende oder halb liegende Stellung zu beobachten. Das gut ventilirte Zimmer ist im Halbdunkel zu halten, um den Eintritt von Schlaf zu befördern. Wenn der Patient nicht zu absoluter Ruhe gezwungen wird, haben weder Arzt noch Pflegerin ihre Schuldigkeit gethan.

Mit der Darreichung von Digitalis, Strophanthus, Sparteïn und anderen Excitantien soll nicht bis zum Eintreten eines Collapses gewartet werden. Es ist rathsam, dieselben in einem frühen Stadium zu geben, besonders in jenen Fällen, in welchen die Patienten Antipyrin oder Antifebrin erhielten. Kleine Dosen Digitalis sind täglich zu geben. Wenn ein schnellerer Effect beabsichtigt wird, verordnet Verf. ein oder zwei Dosen von 0,12 — 0,24 Digitalis und lässt kleinere Dosen folgen. Ist zu befürchten, dass die Wirkung zu langsam eintritt, so giebt Verf. Sparteïn. sulfuric. bei einjährigen Kindern in Dosen von 0,006 vier Mal täglich, in dringenden Fällen stündlich oder zweistündlich. — Von gleicher Wichtigkeit sind alkoholische Stimulantien. — Coffeïn in Gaben von 0,06 — 0,3 g ist ein ausgezeichnetes Herztonicum, wenn keine activen Congestionen des Gehirns vorhanden sind. — Camphor in Tagesdosen von 0,3 — 1,2 ist dem Ammon. carb. vorzuziehen, weil derselbe weniger den Magen belästigt. In dringenden Fällen empfiehlt sich die subcutane Anwendung in öliger Lösung. Einen mehr als momentanen Effect hat die tägliche Darreichung von Strychnin in Fällen mit nur mässiger Temperatursteigerung.

Als das beste Stimulans aber gilt dem Verf. in sehr dringenden Fällen der Moschus, welcher in hinreichend grosser Dosis und in kurzen Zwischenräumen anzuwenden ist. Wenn 0,6 — 0,9 g bei einem ein- bis zweijährigen Kinde, innerhalb drei oder vier Stunden gegeben, keine Besserung der Herzthätigkeit bewirkt haben, so ist die Prognose eine sehr schlechte.

(British Med. Journ. 1898, 24. Sept. S. 849) rd.

Zur Behandlung des diabetischen Coma. Von Dr. J. Hesse.

Stadelmann fasst bekanntlich das diabetische Coma auf als eine Säureintoxication des Körpers in Folge der Bildung von β-Crotonsäure, beziehungsweise von Oxybuttersäure und empfiehlt dementsprechend therapeutisch die Darreichung von Alkalien. Minkowsky hat auch bereits von der subcutanen und intravenösen Anwendung einer 3%igen Lösung von Natrium carbonicum einen vollständigen Erfolg erfahren.

Verf. hat nun bei einem 42jährigen Arbeiter, der 4,1% Zucker im Harn hatte, eine Stunde nach Beginn des Comas 250 g einer 4%igen Lösung von Natrium carbonicum transfundirt. Allmählich geht das Coma in einen ruhigen Schlaf über, aus dem Patient mit klarem Sensorium erwacht. Am nächsten Nachmittag tritt wieder Somnolenz ein, es werden deshalb 200 g einer 4%igen Natrium carbonicum-Lösung subcutan in den Oberschenkel injicirt; die Somnolenz verschwindet. Den ganzen folgenden Tag verbringt Patient bei klarem Bewusstsein, erst in der Nacht tritt wieder Coma ein und Patient stirbt, bevor noch eine weitere Transfusion gemacht werden konnte.

Wenn auch die Transfusion in diesem Falle keinen lebensrettenden Einfluss hatte, so ist doch ihr günstiger Einfluss unzweifelhaft, da spontane Besserungen des diabetischen Comas nicht vorkommen.

(Berl. klin. Wochenschr. 1898 No. 19.)

Schmey (Beuthen O./S.).

Ueber Aether-Narkose. Von Dr. Roux (Lausanne).

Seit 8 Jahren bedient R. sich zur Narkose fast ausschliesslich des Aethers, indem er das Chloroform für die seltenen Fälle reservirt, in denen die Anwendung des Aethers contraindicirt ist. Durch einige englische und amerikanische Publicationen auf die Gefahren der Aetherisirung bei Morbus Brightii aufmerksam gemacht, wollte R. ergründen, bis zu welchem Punkte die Aether-Narkose Eiweiss in dem Urin solcher Kranken auftreten lasse, deren Nieren vor dem chirurgischen Eingriffe gesund zu sein schienen. Wenn die schädliche Einwirkung des Aethers sich mit einer Art von Asphyxie vergleichen liess, so könnte man annehmen, dass sich die Zeichen einer vorübergehenden Albuminurie, wenigstens in den ersten Tagen, nach den meisten Operationen finden würde. R. untersuchte in einer Serie von 119 Fällen, die ohne besondere Auswahl der Aether-Narkose unterworfen worden waren, den Urin vor der Narkose, alsdann einen, zwei, drei und vier Tage nach derselben (Nephritiker waren nicht darunter). Von diesen 119 ätherisirten Kranken waren 115 ganz frei von Eiweiss geblieben, nur 4 zeigten nach der Operation Albumen, aber diese vier hatten schon vorher Eiweiss gehabt. Es konnte mithin nicht ein einziger Fall von Albuminurie der Aether-Narkose zugeschrieben werden.

Auch noch in anderer Beziehung sind diese Beobachtungen von Interesse.

Die Zeitdauer, welche von Beginn der Aetherisirung bis zur vollständigen Betäubung verstrich, belief sich (bei diesen 119 Fällen) im Mittel auf 4⅓ Minuten, im Minimum auf 1½ Minuten, im Maximum auf 13 Minuten.

Die erforderliche Dosis Aether: im Mittel 57,0 g, im Minimum 20,0 g, im Maximum 115,0 g.

Die Dauer der Narkose: durchschnittlich 47 Minuten, Minimum 2 Minuten, Maximum 180 Minuten,

Die Gesammtdosis für eine Narkose: im Mittel 182,0 g, im Minimum 35,0 g, im Maximum 600,0 g!!

R. hat aus seinen Beobachtungen den Eindruck gewonnen, dass die üblen Wirkungen der Aetherisirung für die Nieren überschätzt worden sind. Dagegen ist er überzeugt, dass man nach Eliminirung derjenigen Fälle, die die Anwendung des Aethers contraindiciren, wie Morbus Brightii, gewisse Formen von Dyspnoë und Tracheostenose etc. zu Gunsten des Aethers eine weit grössere Sicherheit für den Kranken, die Schnelligkeit des Eintritts der Narkose und die Ruhe des Operateurs anführen kann.

(*Corresp. Blatt für Schweizer Aerzte 1898 No 18.*)

R.

Eine Operation in der Hypnose. Von Dr. Julius Fürth.

Während die Hypnose bisher nur in solchen Fällen zur schmerzlosen Vollführung chirurgischer Eingriffe benutzt wurde, in denen zugleich mit der Hypnose Analgesie auftrat, berichtet V. über einen Fall, in dem die Analgesie während der Hypnose erst durch Suggestion erzeugt werden musste, da die Hypnose an und für sich eine allgemeine Hyperaesthesie zur Folge hatte.

Es handelte sich um ein 18jähriges Mädchen, bei dem eine flache, silberguldengrosse schmerzhafte Narbe hinter dem linken Ohre herausgeschnitten werden sollte; sie wurde innerhalb weniger Secunden durch Vorhalten des Zeigefingers hypnotisirt und ihr dann mit vollem Erfolge suggerirt, dass sie während der Operation nichts fühlen sollte. Nach der Operation schlief Patientin genau bis zu der ihr anbefohlenen Zeit.

V. meint, dass die Hypnose in all den Fällen versucht werden solle, in denen die Chloroformirung unzulässig oder gefahrdrohend ist.

(*Wiener med. Wochenschrift 1898. No. 38.*)

Schwarz (Breslau O/S)

Abwartende Methode oder Credé'scher Handgriff? Von Prof. F. Ahlfeld.

Nachdem der Streit über die beste Behandlung der Nachgeburtsperiode in den Special-Zeitschriften etwas zur Ruhe gekommen und ein gewisser Abschluss erreicht ist, will Ahlfeld auch dem Praktiker, der nicht in der Lage war, diese Discussion zu verfolgen, die Resultate derselben bekannt geben. In einem geschichtlichen Rückblick auf die Behandlungsweise der dritten Geburtsperiode erwähnt er kurz die bis zur Mitte dieses Jahrhunderts im Gebrauch gewesene rohe Methode der Herausreissung der Placenta und das gefährliche Verfahren ihrer manuellen Lösung, Maassnahmen, denen durch die in den 50er Jahren ausgebildete, 1861 für alle Geburten empfohlene Credé'sche Methode ein Ziel gesetzt wurde. In dieser Methode nun, setzt A. wohl mit Recht voraus, sind die meisten der heutigen Praktiker erzogen, und auch den Hebammen ist sie in den beiden vorletzten Jahrzehnten als das einzig normale Verfahren gelehrt worden. Grade der letzte Umstand brachte dem praktischen Arzt nur selten die Gelegenheit, die Wirkungen dieser Methode, die bekanntlich in der manuellen Expression unmittelbar post partum besteht, zu beobachten, während die Hebammen viel eher Nachblutungen nach ihrer Anwendung eintreten sahen, und erst den Klinikern blieb es vorbehalten, Nachtheile zu entdecken, die dem Credé'schen Handgriffe anhaften. Dohrn, Runge (bei Gusserow), Schulze und vor allen Ahlfeld selbst, der als Assistent Credé's dessen Methode sicherlich vollständig kennt, beobachteten wiederholt Blutungen, Zurückbleiben von Eihautresten und Wochenbetterkrankungen, welche sie glaubten dem Credé'schen Verfahren zuschreiben zu müssen, so dass Dohrn sich schon im Jahre 1880 veranlasst sah, eine Modification desselben in der Weise vorzunehmen, dass es erst 15 Minuten post partum zur Anwendung kommen sollte. A. selbst geht nun noch weiter: auf zahlreiche Beobachtungen gestützt, giebt er eine sehr lesenswerthe Abhandlung über die Physiologie der Nachgeburtsperiode und kommt zu dem Resulte, dass der Schulze'sche Modus der Placentarlösung durch Bildung eines retroplacentaren Hämatoms und Umstülpung der Eihäute der weitaus häufigere ist gegenüber dem Duncan'schen, der dann noch noch meist nur durch Anwendung des Dubliner oder des Credé'schen Handgriffes verursacht wird; dass ferner in der Regel die Placenta 14 Minuten braucht, um bis in den Scheideneingang zu gelangen, während erst nach $1^1/_2$—2 Stunden die Lösung eine so vollkommene geworden ist, dass sämmtliche Eihäute vom Uterus auch bei sehr langem Eihautstrange getrennt sind, und empfiehlt daraufhin seine abwartende Methode, die er nach folgenden Principien geübt wissen will: Nachdem das Kind geboren und abgenabelt ist, wird eine Reinigung und Besichtigung der Genitalien mit eventueller Schliessung von Riss- und Quetschwunden vorgenommen, dann bleibt die Wöchnerin auf reiner Unterlage unberührt liegen (wobei sie meist bald einschläft); nur alle 5 Minuten wird die Decke von der Seite her etwas gelüftet zur Controle, ob die reine Unterlage durch Blut befleckt ist; ist dies nicht der Fall, dann geschieht auch nichts; finden sich Blutflecke, ohne dass zur Zeit der Lüftung Blut abgeht, so wird ein reiner Theil der Unterlage vor die Schamspalte gelegt und nach einer kleinen Weile nachgesehen, ob weiter Blut abgeflossen ist; in diesem Fall aber wenn von vornherein eine Blutung, aber nicht aus Verletzungen, stattgefunden hat, wird zunächst der Uterus massirt, in der Absicht, dadurch die Blutung zu stillen, und erst wenn dies misslingt, wird die Placenta exprimirt, da es sich dann um eine atypische Blutung handelt. Hatte dagegen die Placenta $1^1/_2$—2 Stunden noch im Uterus resp. der Vagina gelegen, ohne dass eine Blutung eingetreten ist, so genügt ein leichter Druck auf den Uterus, ausgeführt mit 4 über den Fundus gespreizten, mit den Spitzen nach hinten unten gerichteten Fingern und dem auf der Vorderwand ruhenden Daumen nach Entleerung der Blase, um die Nachgeburt in die Schamspalte zu drängen, von wo ein fortgesetzter leichter Druck in Verbindung mit der nun wieder in Action tretenden Bauchpresse die vollständige Entfernung besorgt. Dieses abwartende Verfahren, dessen Güte in Bezug auf äusserst geringen Blutverlust und fast vollständigem Fernbleiben von Puerperalerkrankungen A. an der Hand von statistischen Mittheilungen gegenüber dem nachtheiligen Credé'schen Handgriff beweist, will er auch in die Praxis des gewöhnlichen Arztes eingeführt wissen, und er widerlegt den Einwurf, dass der Arzt meist nicht Zeit hat, $1^1/_2$—2 Stunden nach der Entbindung bei einer Wöchnerin zu bleiben, mit dem Hinweis auf die gegen früher viel grössere Zeit, die nach Einführung der Antisepsis mit Reinigen der Hände und Instrumente auch auf kleinere ärztliche Massnahmen verwandt wird, ohne dass sich Aerzte oder Publikum daran stossen, da sie die Richtigkeit des grösseren Zeitaufwandes anerkennen, und hofft, dass die Erkenntniss der Berechtigung seiner abwartenden Methode gegenüber der Gefährlichkeit des Credé'schen Verfahren auch durchdringen und damit auch der etwas grössere Zeitaufwand eingeführt werden wird. Ausserdem aber könne der Arzt nach etwa 20 Minuten p. p., in denen eine Blutung nicht eingetreten ist, die Entbundene verlassen, allerdings mit der stricten Ordre an die Hebamme, nichts zu thun, als die oben erwähnte Controle über eine Blutung auszuüben und bei einer solchen die nothwendig werdende Expression, die nunmehr fast gefahrlos ist, auszuführen, eventuell ihn von neuem zu rufen; die Hebamme aber habe mit Reinigen und Warten des Kindes und sonstigen Handgriffen stets so lange bei einer Wöchnerin zu thun, dass die Verlängerung ihres Aufenthaltes nicht von Belang ist.

(Kurz gefasste Darstellung der Physiologie und Diätetik der Nachgeburtsperiode. Leipzig, Grunow 1889.)

Landsberg (Stettin).

Ueber den Verlauf und die Behandlung des Abortus und Partus immaturus. Von Prof. F. Winckel. (Vortrag, gehalten auf dem I. oberbayerischen Aerztetag.)

Entgegen dem immer allgemeiner anerkannten und geübten activen Verfahren bei Abortus und Partus immaturus, welches das letzte Jahrzehnt gebracht hat, und welches „nach den Dührssen'schen Propositionen darin gipfelt, bei keinem Abort mehr den natürlichen Kräften den Ausgang anzuvertrauen, sondern jeden Abort künstlich zu beenden", tritt W. mit seiner reichen Erfahrung und seinem grossen Material wieder mehr für die exspectative Behandlung dieser Zustände ein.

Abgesehen von den Fällen, wo das Ei, vollständig von der Decidua vera und circumflexa umgeben, ausgestossen wird ohne Umstülpung und Abreissen der Vera, verlaufen auch die Fälle, in denen das Ei umhüllt von der Decidua circumflexa an der Serotina abreisst und die ganze Decidua vera zurücklässt, oder in denen mit dem herabrückenden Ei ein Theil der Decidua vera abgerissen wird und ein Theil zurückbleibt, oder in denen das abgehende Abortivei nur vom Chorion frondosum, vom Amnion, Fruchtwasser und Embryo, wahrscheinlich mit mangelhafter Entwickelung der Decidua gebildet wird, oder endlich in denen ausser der Decidua auch noch das Chorion nachgehen und einreissen und zum Theil abreissen kann, — verlaufen auch alle diese Fälle, wenn man sie der Natur überlässt, oft genug ohne alle üblen Folgen, so dass „die Ausschabung mit der Cürette durchaus nicht in allen Fällen nöthig, sondern in manchen jedenfalls ganz überflüssig ist". Indicirt ist der Gebrauch der Cürette noch am ersten in den ungünstigen Fällen, in denen schon in den ersten 4 Monaten bei der Expulsion der Frucht die Eihäute sämmtlich reissen, das Fruchtwasser abgeht, der Fötus folgt und alle Fruchtanhänge zurückbleiben, weil hier die Entfernung der zurückgebliebenen, nun leicht faulenden Fetzen wirklich am schwierigsten ist, und letztere auch durch Zerrung an der Serotina noch am ersten zu wiederholten und stärkeren Blutungen führen können.

Demgemäss formulirt W. auf Grund seiner Erfahrungen zum Schluss wie folgt:

In der grössten Mehrzahl der Fälle ist beim Abort und Partus immaturus die Ausstossung des Eies getrost der Natur zu überlassen, sie macht dieselbe besser, als wir sie mit Fingern und Instrumenten besorgen können.

Nur bei Fieber und starken Blutungen oder Jauchungen ist das Ei möglichst bald wegzunehmen.

Die Wegnahme geschieht schonender und sicherer mit den Händen durch Expression und Abschälung des Eies, nach vorgängiger gründlicher Ausspülung des Uterus mit Borsäure oder Creolin.

Die Anwendung des Cürettement bei allen Fällen von Abort ist verwerflich; die ganz oder theilweise zurückgebliebene Decidua erfordert dasselbe auch nicht. Nur in den Fällen, wo ohne vorhandene Jauchung kleinere festere Eireste mit der Hand nicht von der Uteruswand entfernt werden können, nur da bediene man sich der Cürette, und endlich

bei verjauchtem Ei sind nach manueller Entfernung der grösseren Theile nicht leicht abzulösende kleinere, durch häufige antiseptische Ausspülungen des Uterus unschädlich zu machen und nach und nach zum Abgang zu bringen.

(*Münchener med. Wochenschr. No. 22, 1891.*)

G. Peters (Berlin).

Toxikologie.

Beiträge zur Cocain-Intoxication. Von Dr. Boleslaus Wicherkiewicz.

Es sind bereits so oft von verschiedenen Seiten Fälle angeführt worden, wo das sonst für so unschuldig geltende Cocain sich durch unerwartete Wirkung bemerkbar gemacht hat, dass es eigentlich als etwas überflüssiges gelten könnte, einen neuen hierher gehörigen Beitrag zu liefern.

Wenn ich es dennoch wage, Eulen nach Athen zu tragen, so geschieht es, weil diese Eulen ganz besondere Merkmale an sich haben.

Ich habe bei vorsichtigem Gebrauche fast nie mit dem Cocain bei localer Anwendung allgemeine unzweideutige Intoxications-Erscheinungen erlebt; wenn dies nun doch vor Kurzem vorgekommen, so ist der Grund hiervon, wie so oft in ähnlichen Fällen, darin zu suchen, dass die betreffenden Personen sich durch ganz besondere Idiosynkrasie für das Cocain ausgezeichnet haben.

Frau v. B., eine etwas nervös veranlagte Natur, leidet seit Jahren an ziemlich stark entwickelter granulöser Bindehautentzündung, die sich namentlich durch Sclerosirung des Orbitaltheils der Bindehaut beider Augen kundgiebt.

Zunächst längere Zeit mit wechselndem Erfolge in Berlin behandelt, trat sie Ende 1886 in meine Behandlung. Es wurde mit verschiedenem Effect bald der Cuprumstift, bald Lapis mitigatus, Zinklösung, Pagenstecher'sche Salbe, Bortanninpulver (nach meiner in den kl. Monatsblättern für praktische Augenheilkunde gegebenen Vorschrift) angewandt, und ab und zu zur Linderung der durch die Application der Mittel verursachten Schmerzen Cocain eingeträufelt.

Patientin klagte wohl wiederholt über sehr anhaltende Schmerzen, die der Anwendung kaustischer oder adstringirender Mittel trotz Cocainanwendung folgten, namentlich aber über allgemeines Unbehagen, doch waren nie Erscheinungen aufgetreten, die auf eine conträre Cocainwirkung hindeuten würden.

Unter der genannten Behandlung trat nach einiger Zeit eine wesentliche Verminderung der Granulationen und demgemäss auch der nicht unbedeutenden Beschwerden ein. Nach einem Jahre trat aber ein Recidiv ein, mit viel stärkeren subjectiven und objectiven Reizerscheinungen; die bewährten früher angewandten Mittel hatten nur einen vorübergehenden Erfolg, und so beschloss ich denn, da die Granulationen sich jeder Behandlung sehr widerspenstig erwiesen, zunächst ein reizmilderndes Regime einzuführen und verordnete u. A. ein leichtes desinficirendes Augenwaschwasser von Sublimat und Bor.

Der Zustand blieb ½ Jahr leidlich. Als sich aber danach die früheren Beschwerden wieder geltend machten, habe ich wiederum local abwechselnd eine Cuprumlösung und Zinklösung mit darauf folgender Cocaineinträufelung angewandt. Doch klagte die Patientin jedesmal nach Application der Mittel über stundenlang anhaltende Schmerzen, die auch ihr Allgemeinbefinden alterirten (Benommenheit des Kopfes, Abgeschlagenheit, Zittern).

Da nun die localen pathologischen Veränderungen an den Augen (stärkere Injection, Anschwellung der Bindehaut, theils papilläre theils folliculäre Hypertrophie der Schleimhaut) nicht ab- sondern eher noch zuzunehmen schienen, fühlte ich mich veranlasst, dies den Reizmitteln zuzuschreiben, die ich nun gänzlich bei Seite setzte. Statt ihrer wurde eine Borlösung mit einem schwachen (1 %) Zusatz von Cocain verordnet.

Mit dieser Lösung sollte die Patientin sich mehrmals am Tage den Bindehautsack ausspülen, welche Behandlung ich damit inaugurirte, dass ich selbst den Bindehautsack nach Umstülpung der Lider gründlich mit einer Sublimatlösung 1 : 10 000 ausgespült und Cocain nachgeträufelt hatte.

An demselben Tage empfand die Kranke stundenlang anhaltendes Stechen im Auge und in dessen Umgebung, Schläfrigkeit und allgemeine Müdigkeit, weshalb sie sich frühzeitig zur Ruhe begab.

Am nächstfolgenden Tage wurde von der Kranken das verordnete Cocainborwasser reichlich in Anwendung gezogen und in jedes Auge zur Ausspülung insgesammt etwa 1 g allmählich eingeträufelt. Doch traten bald darauf so stürmische Erscheinungen ein, dass die übrigens sehr intelligente Patientin, einen Causalnexus zwischen jenem und dem Augenwasser vermuthend, mir darüber bei der nächsten Visite ihre Vorstellungen nicht unterdrücken zu müssen glaubte. Auch bat sie, ihr nie mehr Cocain zu verordnen, da es ihr stets schlecht bekommen sei.

Was nun die Intoxicationserscheinungen selbst anlangt, so beschrieb sie Patientin, von ihrem Gatten, der sie während des ganzen Anfalles ängstlich beobachtet hatte, genau informirt, folgendermassen:

Eine Stunde nach der Application des Mittels traten in der ganzen Umgebung des Auges Schmerzen auf, die als blitzartiges Stechen bezeichnet wurden. Auch wurde Patientin ausserordentlich blass, empfand Sausen, Zittern an allen Gliedern, leichte Krämpfe der Extremitäten, verlor jeden Appetit, und als sie zu Mittag etwas Suppe zu sich nahm, erfolgte mehrmals Erbrechen; das Athmen soll unregelmässig und der Puls beschleunigt gewesen sein. Die Augen standen weit offen und traten aus der Augenhöhle hervor, Pupillen waren stark erweitert. Dieser Zustand dauerte bis zum Abend und ging in einen tiefen, aber durch beängstigende Träume gestörten Schlaf über.

Noch sei hervorgehoben, dass das Cocain stets die Pupille sehr prompt erweitert hatte, und dass auch während des soeben angeführten Anfalles diese Wirkung nicht ausblieb. Selbstredend wurde nun das Cocain ausgesetzt, reines Borwasser verordnet und die Kranke blieb verschont mit weiteren Anfällen.

Es würde wohl schwer fallen, die verschiedenen pathologischen Erscheinungen kritisch erklären zu wollen. Die Constanz der deletären Wirkung bei einer jedesmaligen Application und die Vehemenz derselben unter Zutritt neuer Erscheinungen bei potencirter Gabe sprechen doch unzweideutig dafür, dass wir es mit einer Intoxication zu thun haben, für die eine besondere individuelle Prädisposition vorgelegen haben muss.

Einzig und allein auf Idiosynkrasie beruhend, sind auch noch andere krankhafte Erscheinungen nach Application von Cocain bekannt geworden.

So berichtet u. A. Michael Braun (Wiener Med. Blätter No. 26, 1888), er habe beobachtet, dass, so oft er bei einem mit einem Fibrom der unteren Fläche des linken Stimmbandes behafteten Kranken das Larynxinnere cocainisirte, sei es mit einer 20, 10, oder selbst 5% Lösung, der Kehlkopf sich stark verschlossen hatte und Suffocationserscheinungen mit nachträglichem Erbrechen aufgetreten sind.

Ein anderer Autor, Potter (Buffalo med. and surg. Journ. December 1887) berichtet wieder Folgendes:

Nach Einpinselung einer 4—2% Cocainlösung trat bei einer an chronischem Nasenkatarrh leidenden sonst gesunden Frau ein nicht zu beherrschender Stuhldrang auf, welche Erscheinung jedoch ausblieb, sobald andere Stoffe bei gleichzeitigen operativen Eingriffen an der Nase applicirt wurden. Auch soll die Intensität der Empfindung der Quantität des verwandten Cocains proportional gewesen sein.

Eine nach dieser Richtung hin eigenthümliche und ganz eigenartige Erscheinung, die allem Anscheine nach nur dem Cocain zuzuschreiben wäre, habe ich aus meiner Praxis gleichfalls zu notiren. Hier handelte es sich um eine heftige Trigeminusneuralgie, die unter besonderen Umständen, wiederholten Cocaineinträufelungen, folgte.

Diese deletäre Wirkung fiel mir bereits gelegentlich auf bei einem jungen Collegen, der mit Irido-Keratitis und Conjunctivitis granulosa behaftet war. Da ich jedoch den Fall in sämmtlichen Krankheitsphasen zu verfolgen keine Gelegenheit hatte und überdies die neuralgischen Anfälle des Trigeminus schon durch das Hornhaut- und Regenbogenhautleiden beeinflusst zu sein schienen, so legte ich darauf kein besonderes Gewicht und mache auch hier davon keine besondere Notiz.

Wichtiger dagegen erschien mir der sofort zu beschreibende Fall, an dem der Causalnexus zwischen der Cocainapplication und der Neuralgie des ganzen Trigeminus sich ganz auffallend hervorthat.

Herr H., 33 Jahr alt, Buchhalter, erkrankte Mitte Mai v. J. an einem Augenübel, an dem ihn zuerst der Hausarzt mit Höllenstein und Bleiwasser behandelt hat; später wurde er von verschiedenen Specialärzten anscheinend wegen Iritis mit Mercurialien und Dunkelcur behandelt. Man nahm syphilitische Dyskrasie als das veranlassende Moment für die Erkrankungen an, wiewohl Patient unter keinen Umständen zugeben wollte, je inficirt gewesen zu sein und auch jede Heredität wegleugnete.

Am 3. Januar d. J. trat er in meine klinische Behandlung und erzählte, seine Mutter wäre an der Schwindsucht gestorben, nachdem sie 11 schwächlichen Kindern das Leben gegeben, Vater gesund und am Leben.

Die Untersuchung ergab bei dem zart gebauten Patienten, an dem aber keine dyskrasischen Symptome zu entdecken waren, eine ausgesprochene Iritis serosa des linken Auges, hintere Synechien beider Augen und Hornhautflecke des rechten.

Die Sehkraft des linken hauptsächlich afficirten Auges betrug $^{6}/_{24}$ Hp. 1,5.

Da es nicht in meiner Absicht liegen kann, eine genaue Krankengeschichte zu entwerfen und dies auch für unsere Zwecke von untergeordneter Bedeutung wäre, so übergehe ich verschiedene Einzelheiten und werde mich darauf beschränken, Hauptmomente aus der Krankengeschichte und Behandlung, sofern sie zur Intoxication in irgend welcher Beziehung stehen könnten, hervorzuheben.

Unter subcutanen Pilocarpineinspritzungen und örtlicher Atropinapplication gingen in kurzer Zeit sämmtliche krankhafte Erscheinungen am linken Auge zurück. Die Pupille wurde rund und gross, die punktförmigen Auflagerungen auf der Descemetis hatten sich auffallend schnell zurückgebildet, und konnten Spuren derselben nur mit der Lupe entdeckt werden. Die Sehkraft des linken Auges hatte sich soweit gehoben, dass sie nach 14 Tagen $^{6}/_{9}$ betrug. Am 27. Januar wurde Patient entlassen.

Am 6. Februar wegen eines starken durch Erkältung veranlassten Recidivs wieder aufgenommen. Die auf $^{20}/_{200}$ verminderte Sehkraft des linken Auges hatte sich bereits nach der ersten Pilocarpin-Injection auf $^{20}/_{30}$ gehoben. Die Pilocarpin-Injectionen wurden fortgesetzt und ausserdem zur Erweiterung der stark verengten und in Folge neuer Synechien verzerrten Pupille Atropin in $^{1}/_{2}$% und Cocain in 3% iger Lösung wiederholt am Tage eingeträufelt.

Am 12. Februar konnte ein bedeutender Rückgang der Trübung der hinteren Hornhautfläche constatirt werden. Die Pupille hatte sich erweitert und das Auge sah reizlos aus.

Patient gab an, er habe bereits gestern, und auch heute wiederum, einen schnellenden ruckartigen Schmerz im Auge empfunden, und da er glaubte, es sei etwas geplatzt, habe er im Spiegel das Auge betrachtet und so sich jedesmal überzeugen können, dass eine vorhin noch bestehende Verwachsung der Regenbogenhaut zur Lösung kam. Die Behandlung wurde fortgesetzt.

Am 17. Februar heftiger Schmerz über dem Auge und im Auge selbst, an dem keine Veränderung, abgesehen von einer geringen Spannungsvermehrung, wahrzunehmen ist. Es wird Morphium subcutan applicirt und Eserin eingeträufelt.

Am 18. ruft die Pilocarpin-Einspritzung starke allgemeine Wirkung, die Linderung der Schmerzen zur Folge hatte. Atropin- und Cocain-Einträufelungen werden mehrmals am Tage fortgesetzt.

Am 21. wird der Schmerz über dem linken Auge sehr heftig, das Berühren des Nervus supraorbitalis ist sehr empfindlich, aber auch spontane Schmerzen, die den Patienten des Schlafes berauben, werden intensiver; es wird Antipyrin und Chinin innerlich gereicht und Cocain wiederholt eingeträufelt.

Am 22. derselbe Schmerz im Verlaufe des Nervus supraorbitalis und auch des Infraorbitalis, irradiirende Schmerzen im Gaumen, Zähnen sowie im Ohr. Es wird wiederum Antipyrin am Tage verordnet, zugleich aber das suspecte Cocain endlich ausgesetzt.

Am 23. haben sämmtliche neuralgische Erscheinungen nachgelassen, um bis zum nächsten Tage gänzlich ohne Narkose zu verschwinden. Es sei noch bemerkt, dass die neuralgischen Schmerzen weder durch Chloral noch durch Morphium für längere Zeit zu mässigen waren. Seitdem aber das Cocain ausgesetzt war, traten sie nicht wieder auf.

Das Auge hatte sich von Tag zu Tag unter der vorher eingeleiteten Behandlung erholt und bald das frühere Aussehen erlangt.

Einige Monate später kam es noch zu einem dritten Recidiv, welches viel gelinder verlief und nur ambulatorisch mit Atropin und Ferrum jodatum behandelt wurde.

Das nun wiederum, aber viel seltener, instillirte Cocain hatte diesmal keine Neuralgie hervorgerufen, allerdings blieben auch diesmal dafür unlösbare hintere Synechien zurück.

Ob nun die Neuralgie bedingt war durch eine in der kalten Winterzeit zugezogene Erkältung, für die Patient durch die Pilocarpineinspritzungen sehr empfänglich gemacht worden war, oder aber durch die energische Wirkung des Cocains, welches starke Synechien zur Lösung unter fühlbarem Ruck gebracht hatte, wage ich nicht zu entscheiden.

Jedenfalls verdient das merkwürdige Zusammenfallen der Neuralgie mit der Cocain-Anwendung und der Nachlass jener, nachdem das Mittel ausgesetzt worden ist, erwähnt zu werden.

Vielleicht dürften weitere Beobachtungen mehr Licht in diese Verhältnisse hineinbringen.

Die Möglichkeit eines schlechten Präparates ist in den beiden von mir citirten Fällen ausgeschlossen, weil ich von derselben Sendung von Merck das Präparat bei vielen anderen Patienten ohne jede unliebsame Nebenwirkung gebraucht hatte.

Ueber Kohlenoxydvergiftung. Von Dr. Plenio (Elbing). Autoreferat.

Verfasser führt eine Serie von 3 zugleich beobachteten Fällen von Kohlenoxydvergiftung vor, um in der Verschiedenartigkeit der ausgelösten Erscheinungen — von den 3 Mädchen, welche es betraf, starb eine, die zweite erkrankte schwer, die dritte nur sehr leicht — einen Beitrag zur Widerlegung der im v. Ziemssen'schen Handbuch — Boehm. Intoxicationen durch Anästhetica — angeführten Hypothese, das Kohlenoxyd wirke eo ipso verschieden auf den Menschen, zu bringen. Nach der Krankengeschichte war nämlich der letale Ausgang dem Vorhandensein eines cor adiposum zuzuschreiben, und der zweite Fall verlief so schwer, weil die betreffende Kranke mit schwerer Chlorosis belastet war. Von dem von Klebs empfohlenen Ergotin konnte Verfasser irgend eine Wirkung nicht entdecken.

(*Deutsches Archiv für klinische Medicin Bd. 43 S. 298.*)

Tod durch Chloroform. Von Prof. Bobrow.

17jähriger Bauerjunge, Defect der Nasenknorpel und des Uvulums, multiple Narben auf dem ganzen Körper zerstreut. Körperentwicklung mangelhaft, innere Organe normal. Gonitis suppurativa. Unter Chloroformnarkose Resection des Kniegelenks. Während der Operation wurde Schwäche des Pulses bemerkt und daher die Chloroformmaske mehrmals entfernt. Der Schluss der Operation wurde sogar ohne Chloroform ausgeführt. Trotzdem, dass nur 20,0—24,0 g Chloroform verbraucht worden sind, der Blutverlust höchstens 60,0—90,0 g betragen konnte und trotz aller angewandten

Mittel (Aether subcutan, Autotransfusion, Erwärmung, künstliche Athmung und Elektrisation des Zwerchfells), Tod nach 3 Stunden. Section ergab eine Fettdegeneration des Herzens mässigen Grades. Prof. B. empfiehlt kommenden Falles die Transfusion einer $\frac{1}{2}$% Kochsalzlösung direct ins Blut, um den sinkenden Blutdruck zu erhöhen. Zu Gunsten dieses Verfahrens sprechen die nach diesem Fall unter seiner Leitung ausgeführten Experimente seiner Schüler.

(Annalen der Chirurgen-Gesellschaft zu Moskau No. 5 u. 9; Wratsch 1888 No. 16.)

Friedländer (Piatigorsk).

Litteratur.

Pathologie und Therapie der Nervenkrankheiten. Für Aerzte und Studirende bearbeitet von Professor Dr. Ludwig Hirt in Breslau. Mit zahlreichen Holzschnitten. Erste Hälfte. Wien und Leipzig. Urban & Schwarzenberg 1888. 8°. 256 S.

An guten und brauchbaren Lehrbüchern der Nervenkrankheiten hat sich bisher kein fühlbarer Mangel geltend gemacht. Um so mehr musste das Erscheinen des vorliegenden Buches überraschen, das nur durch ganz besondere Vorzüge seine Existenzberechtigung nachweisen konnte. In der That ist dasselbe so eigenartig und vor allem in einer den Bedürfnissen des Studirenden und praktischen Arztes so sehr entsprechenden Weise abgefasst, dass es voraussichtlich recht bald die verdiente Anerkennung und zahlreiche Freunde finden wird. In der ersten (vorliegenden) 256 Seiten umfassenden Hälfte des Werkes sind die Krankheiten des Gehirns und der Gehirnnerven behandelt und die Erkrankungen der Hirnnerven in toto zum ersten Male dargestellt. Die pathologisch-anatomischen Vorgänge sind in leicht verständlicher, klarer Fassung erörtert und zur Erleichterung des Verständnisses zahlreiche, vorzügliche Abbildungen beigegeben. Die Schilderung der klinischen Erscheinungen ist meisterhaft gelungen und zeugt am deutlichsten von der ungewöhnlich reichen Erfahrung des Verfassers auf diesem Gebiete. Dementsprechend hat auch der praktisch wichtigste Abschnitt, der der Therapie, überall die eingehendste Berücksichtigung gefunden. Der Behandlung der Migräne z. B. sind mehrere Seiten gewidmet. Hierbei rühmt der Verfasser u. A. in erster Linie Coffeïnum citricum (0,15 drei Male täglich), welches er in allen Fällen wirksamer gefunden haben will, als das (von Filehne empfohlene) Aethoxycoffeïn. Referent kann jedoch bei dieser Gelegenheit nicht umhin, darauf aufmerksam zu machen, dass, wenn auch Coffeïnum citricum von den Aerzten vielfach verschrieben wird, eine solche chemische Verbindung überhaupt gar nicht existirt. Von dem neuerdings empfohlenen Antipyrin hat H. keinen Nutzen gesehen, die Wirkung des Antifebrin (und wohl auch des Phenacetin Ref.) noch nicht erprobt.

Beim Vorhandensein von vasomotorischen Erscheinungen lässt H., wenn der Migräneanfall mit Verengerung der Gefässe einhergeht, Amylnitrit zu 3—5 Tropfen inhaliren oder innerlich Nitroglycerin (3 Male täglich 1 Tropfen von einer 1procentigen spirituösen Lösung) nehmen. Bei Gefässerweiterung greift er zum Secale und macht entweder subcutane Ergotin-Injectionen (Ergotin. dialys. 1,0 Aq. dest. 4,0, $\frac{1}{2}$ Spritze) oder giebt es per os (Extr. Secal. corn. Denzel 2,0, Aq. Cinnam 180,0 2stündl. 1 Essl.).

Die zweite Hälfte des Buches soll bald erscheinen. Sie wird die Erkrankungen des Rückenmarks enthalten. Auch wird der Hypnotismus, im Hinblick auf die praktische Bedeutung, die derselbe als therapeutisches Hülfsmittel für sich beanspruchen darf, in derselben zur Besprechung gelangen. Wir kommen alsdann noch einmal auf das verdienstvolle Buch zurück.

Rabow.

Gynäkologische Studien und Erfahrungen von Dr. med. Mathias Grechen. Luxemburg. Inhalt: 1. Ueber Dysmenorrhoea membranacea. 2. Bericht über zehn Fälle von Laparotomie. 3. Laparotomie bei Bauchfelltuberkulose. Mit 2 Tafeln. Berlin und Neuwied 1888. Heuser's Verlag (Louis Heuser). 8°. 100 S.

1. Der erste Abschnitt bringt im Anschluss an 2 beobachtete Krankheitsfälle eine Abhandlung über Dysmenorrhoea membranacea, für welche auch G. den Namen Endometritis exfoliativa, als mehr der Natur des Krankheitsprocesses entsprechend zu setzen vorschlägt. Besonders ausführlich ist von diesen Fällen der zweite mitgetheilt, in welchem, wenn auch erst in längerer Zeit, durch sorgfältige, symptomatische Behandlung, durch heisse Irrigationen und antimenstruelle Scarificationen ein Zustand scheinbar vollständiger Heilung herbeigeführt werden konnte und bei dem nur zu bedauern ist, dass nicht eine längere Beobachtungszeit dieses geheilten Zustandes vorliegt. Bemerkenswerth ist übrigens bei dem Fall eine regelmässig auftretende Kolpitis intermenstrualis membranacea.

Die Arbeit bietet eine fleissige, übersichtliche Zusammenstellung des Wesentlichsten, was über diese so eigenthümliche Erkrankung geschrieben ist und behandelt

u. A. recht ausführlich die für den praktischen Arzt so wichtige Differentialdiagnose zwischen Abort und Endometritis exfoliativa, wenn auch neue Gesichtspunkte weder in Bezug auf Aetiologie und Pathogenese, noch in Bezug auf Behandlung zu Tage treten. Aber da nach Loehlein's Aufforderung in der Gesellschaft für Geburtshilfe und Gynäkologie zu Berlin vom 12. 3. 86 nur eine sorgfältige Sammlung alles einschlägigen Materials die noch herrschende Unklarheit über Endometritis exfoliativa zu lichten im Stande sein dürfte, so verdient jeder Beitrag, der dazu mithelfen kann, Interesse.

2. Im zweiten Abschnitt berichtet G. über 10 Fälle von Laparotomie, denen der vom Verf. erhoffte statistische Werth nicht abgesprochen werden kann und die ausserdem durch das Auftreten temporärer Geistesstörung nach einer Ovariotomie, durch regelmässige mit dem Pulse synchrone Pulsationen eines Ovarialcystoms, durch besondere Erfahrungen bei zwei Fällen von Dermoidcysten und das Resultat einer Kastration wegen allgemeiner Neurose ein allgemeineres wissenschaftliches Interesse beanspruchen dürfen.

Der Exitus letalis erfolgte in 2 Fällen, einmal nach bis dahin völlig glattem Verlaufe am 7. Tage ganz plötzlich — nach G's Ansicht — „durch innere Blutung“ und das zweite Mal bei einem Uterusmyom, welches mit einem Vitium cordis complicirt war, ebenfalls plötzlich am 7. Tage durch Herzschlag. Während im ersten Falle nichts über den Befund im Leibe angegeben ist, lesen wir im zweiten, dass „in der Bauchhöhle alles schön verheilt war und die Folgen der Operation vollkommen ideale“ genannt werden konnten.

Kleine Abweichungen von der zur Zeit hierorts allgemein üblichen Operationsmethode zeigen sich in der äusserst sorgfältigen Toilette des Bauchfells, in der Verschorfung und Versorgung des Stumpfes und in der Art der Vernähung der Bauchwunde, doch kann, wenn die Resultate gleichfalls günstige sind, auf diese Verschiedenheiten naturgemäss nicht zu viel Gewicht gelegt werden. — Im Anschluss an die mitgetheilte „doppelseitige Kastration nach Hegar wegen gewisser abnormaler Erscheinungen des Geschlechtssinnes,“ die übrigens ohne Erfolg blieb, bringt G. noch einige Beobachtungen und Betrachtungen über die Genitalreflexneurosen überhaupt, die etwas Neues nicht enthalten.

3. Zum Schluss folgt noch die Schilderung einer Laparotomie bei Bauchfelltuberkulose, die wie die meisten Fälle derart durch die irrthümliche Diagnose einer Ovarialcyste zu stande gekommen war und sich durch ein günstiges Resultat von bereits zweijähriger Dauer auszeichnete. Auch diese Schilderung reiht sich der immer grösser werdenden Zahl von Fällen an, welche zeigen, dass man in der That vermittelst der Laparotomie und Entleerung des tuberkulösen Ascites die Bauchfelltuberkulose oft zu jahrelanger Heilung bringen kann. Vollständige Entleerung des Exsudates scheint Hauptbedingung des Erfolges zu sein.

G. Peters (Berlin).

Die öffentliche Prophylaxe der Syphilis. Von Prof. A. Fournier. Uebers. von Dr. Lesser (Leipzig). 1888. F. C. W. Vogel, Leipzig.

Der Bericht über die öffentliche Prophylaxe der Syphilis, der jüngst der Pariser Akademie der Medicin von einer eigens zusammengesetzten Commission unter dem Vorsitze Fournier's erstattet wurde, liegt jetzt in vorzüglicher Uebersetzung von Lesser vor. Es ergiebt sich aus dem Berichte, dass, abgesehen von einzelnen Abweichungen, „die Dinge im Ganzen bei uns ebenso wie dort liegen, sie befinden sich in einem ebenso traurigen, ebenso verbesserungsbedürftigen Zustande wie dort, und die vorgeschlagenen Neuerungen würden, einige unbedeutende Einzelheiten abgerechnet, in ihren Hauptpunkten bei uns ebenso angebracht und erwünscht sein.“ Es erscheint thatsächlich unbegreiflich, dass, während der Staat gegen acute Infectionskrankheiten mit allen ihm zu Gebote stehenden Mitteln zu Felde zieht, er gegen die grossen Gefahren, welche durch die immer mehr um sich greifende Syphilis dem Individuum, der Nachkommenschaft und dadurch der Gesellschaft drohen, die Hände in den Schooss legt. Gegen die Pocken hat sich der Impfzwang als erfolgreich erwiesen. Die Cholera und viele andere Seuchen werden durch zweckmässige Hygiene etc. in ihrer Weiterverbreitung gehindert. Die Syphilis dagegen richtet immer grössere Verheerungen an, denn vielfach herrscht leider (!) noch die Ansicht, dass die Syphilis nicht eine Infectionskrankheit sei wie Typhus, Masern etc., sondern dass man — es ist bekannt, in welcher Weise — sich ihr aussetzen muss. Die Syphilis ist daher nach Ansicht derselben „frommen“ Leute eine Krankheit, die der betreffende Patient „verdient“ hat. Wie ganz analog klingt doch die Beschreibung dieser französischen Verhältnisse den unserigen! Und nicht nur in diesen Ansichten, auch in den übrigen Capiteln springt die grosse Uebereinstimmung der Dinge in dieser Beziehung in beiden Ländern in die Augen. Die Anlockung auf den öffentlichen Strassen, gründliche Reorganisation der Sittenpolizei und deren Befugnisse werden dann des weiteren in dem höchst fesselnd geschriebenen Werke besprochen, welches nicht nur Aerzten und Hygienikern, sondern allen Gebildeten warm zur Lectüre empfohlen wird und sei, da, wie aus den kurzen Andeutungen ersichtlich ist, die geschilderten Zustände und verlangten Verbesserungen nicht nur in Frankreich, sondern auch sehr wohl in Deutschland, speciell aber in Preussen und Berlin einer eingehenden Würdigung, auch von Seiten der betheiligten Behörden, werth erscheinen dürften.

George Meyer (Berlin).

Practische Notizen und empfehlenswerthe Arzneiformeln.

Schmerzstillung bei Neuralgien im Verlaufe des Trigeminus.

Es giebt nur wenige Heilmittel, welche auf einen Nervenbezirk allein eine Wirkung ausüben. Zu diesen Ausnahmen zählt das **Butylchloral**, welches in Dosen von 1,0—2,0—3,0 g bei innerer Verabreichung eine Anästhesie im Verlaufe des Trigeminus herbeiführt. Meine früheren Versuche beim Tic douloureux haben mich hiervon überzeugt. Die Wirkung ist hierbei leider keine anhaltende, und grosse Dosen rufen Schlaf hervor.

Sehr zweckmässig ist jedoch das **Butylchloral** bei Affectionen im Verlaufe des Trigeminus zu benutzen, bei denen der schmerzhafte Zustand prognostisch als ein nicht chronischer zu bezeichnen ist. Rheumatische Gesichtsschmerzen, durch ein Trauma bedingte Schmerzen, Zahnschmerzen, von einer Pulpa-Entzündung oder Periostitis herrührend, können durch den Gebrauch des Butylchlorals beseitigt werden. Bei Plomben der Zähne, welche anfänglich einen Druck ausüben, habe ich erst kürzlich mit voller Zufriedenheit das Butylchloral verwerthet. — Der Geschmack ist allerdings unangenehm und die schwere Löslichkeit des Butylchlorals erfordert eine besondere Verordnung. Folgende Vorschrift hat sich als praktisch bewährt:

℞	Butylchloral	2,0—3,0—5,0
	Spirit. vini rectif.	10,0
	Glycerini	20,0
	Aq. destillat.	120,0

3—4 Esslöffel auf einmal zu nehmen.

(Die Grösse der Dose ist nach der Intensität der Schmerzen und des Individuums zu individualisiren.)

Liebreich.

Gegen Pruritus pudendi

empfiehlt A. Duke (Dublin) im British Med. Journ. an Stelle der von Routh benutzten Lösung von Borax in Pfefferminzwasser (s. Therap. Monatshefte d. Jahrgang S. 264), welche nur geringe Erleichterung verschaffen soll, das Menthol in Substanz. Die Stellen werden drei oder vier Mal mit dem Mentholstift überstrichen. Unmittelbar nach der Anwendung stellt sich ein leichter brennender Schmerz ein, welchem aber bald ein angenehmes Gefühl von Kühle folgt. Die Wirkung hält öfters mehrere Tage an.

Subcutane Chinin-Injectionen.

Dr. Beurmann hat (Wien. med. Bl. 15) im **Chininum hydrochloricum neutrale** ein Präparat gefunden, das leicht löslich, haltbar und ohne locale Nebenwirkungen ist. — Dieses **neutrale** Salz lässt sich in einfacher Weise darstellen, indem man 20,0 Chinin. hydrochloric. basic. in 5,0 reiner Salzsäure und 15,0 Aq. destill. bei gelinder Wärme auflöst und die Lösung filtrirt. Eine Pravaz'sche Spritze dieser Lösung enthält 0,75 Chinin. hydrochl. neutr.

Die bei innerlicher Darreichung des Chinin so häufig auftretenden Erscheinungen (Schwindel, Ohrensausen und dergl.) sind bei subcutaner Einspritzung dieser Lösung (täglich 2 Spritzen) nicht beobachtet worden.

Terpentinöl gegen Epistaxis.

In einigen verzweifelten Fällen von Epistaxis, in denen die hintere Tamponade ohne dauernden Erfolg oder wegen hartnäckigen Widerstandes des Kranken gar nicht vorgenommen wurde, leistete Dr. Max Ernyei (Orvosi Heti Szemle No. 22. 1888) die vordere Tamponade, ausgeführt mit in Terpentinöl getauchten Wattetampons, ausgezeichnete Dienste. Sofort war die Blutung gestillt. Als unangenehme Nebenerscheinungen dieser Blutstillungsmethode führt Ernyei das öftere Niesen an, welches jedoch den Erfolg seines Verfahrens kaum beeinträchtigt. Auch Husten tritt auf, in einem Falle beobachtete Verf. Erbrechen. Trotz dieser Nebenerscheinungen glaubt er in dem Terpentinöl ein Mittel zu besitzen, welches in gefährlichen Fällen von Epistaxis sicher wirke und so dem praktischen Arzte hervorragende Dienste leisten werde.

Therapeutische Monatshefte.

1888. December.

Originalabhandlungen.

(Beiträge zur klinischen Chirurgie aus der Klinik des Prof. Dr. Krönlein.)

Ueber operative Chirurgie des Larynx und der Trachea an Hand des klinischen Materials der chirurg. Abtheilung des Kantonsspitals Zürich.

Von

Dr. med. C. Billeter.

Von Hrn. Prof. Liebreich aufgefordert, erlaubt sich der Verf. einen Bericht über das vorstehende Thema folgen zu lassen. Angeregt zu letzterem wurde Referent durch seinen hochverehrten Lehrer Hrn. Professor Dr. Krönlein.

Unter den Motiven zu dieser Arbeit[1]) ist hervorgehoben, dass es von Interesse sein muss, zu untersuchen, warum und wie häufig bei einem grössern Material einer bestimmten chir. Abtheilung der Chirurg in die Lage kam, operativ an den Luftwegen vorzugehen und zu sehen, wie er sich dabei zu den in den Lehrbüchern und der Fachlitteratur aufgestellten Ansichten und Lehren stellt.

Aus diesem Grunde wurde eine Revision des klinischen Materials der chir. Abtheilung des Kantonsspitals Zürich vom 1. April 1881 (Zeit der Uebernahme der Klinik durch Hrn. Prof. Krönlein) bis Ende 1887 unternommen.

Es kamen der Reihe nach zur Besprechung: die Tracheotomie, die Laryngotomie, die Larynxexstirpation und die Pharyngotomia subhyoidea.

Was nun zuerst die Tracheotomie anbetrifft, so ergab sich, dass dieselbe in dem erwähnten Zeitraum 317 Mal ausgeführt wurde und zwar aus folgenden Indicationen:

300 Mal wegen Laryngitis crouposa.
2 - - - chronica.
1 - - - phlegmonosa.
2 - - - tuberculosa.
1 - - - luposa.
3 - - - luetica.
6 - - - typhosa.
4 Mal wegen Laryngitis variolosa.
2 - - Sarcom der Thymus
1 - - Struma carcinomatosa.
1 - - - permagna.
2 - - Aneurysma arcus aortae.
2 - - Tracheostenosis hysterica.
2 - - Carcinoma laryngis.
2 - - Conamen suicidii (propb.).
1 - prophylaktisch wegen Resection des Oberkiefers.
5 - - - Larynxexstirpation.
10 - - - Laryngotomie.
1 - - - Pharyngotomia subhyoidea.

Unter den 300 Tracheotomien, die wegen Diphtherie ausgeführt wurden, finden wir vertreten:

die Tracheotomia sup. 273 mal,
die Crico-Tracheotomia 13 mal,
die Tracheotomia inf. 14 mal.

Ein Vergleich mit den früheren Operationsmethoden ergiebt einen ganz bedeutenden Umschwung zu Gunsten der Trach. sup. — Billroth führte nämlich immer die Laryngotomie aus im Lig. conoideum. Rose übte anfangs sowohl die Tracheotom. sup. als auch die Tracheotom. inferior, verlegte sich aber schliesslich fast ausnahmslos auf die letztere. Es ist eben die hier zu Lande endemisch vorkommende Struma, welche diese beiden Operateure bewog, von der Trach. sup. Umgang zu nehmen. (Näheres hierüber siehe in der Arbeit von Prof. Krönlein über „Diphtheritis und Tracheotomie" in von Langenbeck's Archiv, Band XXI, 2. Theil.)

Heute, wo die Tracheotom. sup. gewöhnlich nach der bekannten Methode von Bose ausgeführt wird, sind die Befürchtungen, welche früher bezüglich dieser Operation mit Recht bestanden haben, hinfällig geworden.

In mehr als der Hälfte der Fälle war gar keine Unterbindung nöthig; in den anderen Fällen konnten die Blutungen jeweils durch sehr wenige Ligaturen, leicht gestillt werden. Von einer irgendwie grösseren Blutung, etwa herrührend von einer Ver-

[1]) Die Arbeit erschien zuerst als Promotionsschrift. Zürich, Orell-Füssli u. Comp. 1888.

letzung der Schilddrüse, wird in keinem Falle Erwähnung gethan.

Als der wesentlichste Vorzug, den die Tracheotom. sup. vor der Tracheotom. inf. voraus hat, wurde erkannt, dass bei ersterer Operationsmethode der Operateur viel unabhängiger ist von kundiger Assistenz als bei letzterer, weil oben die Trachea oberhalb der Schilddrüse viel oberflächlicher liegt, als unterhalb derselben. Von grosser Bedeutung ist dieser Vorzug namentlich für den Privatarzt, der in Bezug auf Assistenz eben oft nicht wählerisch sein kann.

Bei Ermittelung der Genesungsziffer, wobei auch 2 bereits leblos hereingebrachte Kinder mit in Rechnung gezogen wurden, ergab sich, dass von den 300 Tracheotomirten 123 oder genau 41 % geheilt worden sind.

Dr. Lüning hat in seiner Arbeit über „Resultate und Technik der Tracheotomie bei Diphtherie"[2]) 3610 Tracheotomiefälle aus sechs verschiedenen grösseren Krankenanstalten zusammengestellt und eine durchschnittliche Genesungsziffer von 37 % gefunden. Es kann also im Vergleich mit dieser Zahl unser Ergebniss als ein recht erfreuliches bezeichnet werden.

Von den übrigen Tracheotomiefällen fanden namentlich diejenigen eingehendere Besprechung, wo die Tracheotomie prophylaktisch wegen Verwundung des Kehlkopfes (es handelte sich um 2 Fälle von Conamen suicidii) ausgeführt worden war.

Es wurde betont, dass in allen diesen Fällen die proph. Tracheotom. absolut gefordert werden müsse.

Es wurde hier zugleich die Gelegenheit wahrgenommen, im Hinblick auf die Befürchtungen, die G. Fischer[3]) bezüglich der Anlegung der Naht äussert, auf unsere Fälle hinzuweisen, wo allemal, trotz sofortiger Anlegung der Naht, glattester Heilungsverlauf eingetreten war.

Die Laryngotomie kam 14 Mal zur Ausführung, und zwar:

1 Mal wegen Laryngostenosis typhosa.
1 - - Chorditis vocalis inf. hypertrophica.
1 - - Tracheitis subchordalis hypertrophica luetica.
3 - - Papillomata laryngis.
1 - - Hypertrophia polyposa chordae vocalis verae et spuriae utriusque.
1 - - Fibroma laryngis (Fibroma molluscum).
1 - - Epithelioma laryngis.
1 Mal wegen Perichondritis mit Ausgang in Nekrose.
1 - als Voract theils part., theils totaler Larynxexstirpation.

Die betr. Fälle sind in Kürze folgende:

I. Laryngofissur wegen Larynxstrictur.

1. Voigt, Armin, 21 J. Aufgen. 20. Febr. 1880. Laryngofissur wegen typhöser Larynxstrictur.

Am 20. Febr. 1880 wegen Typhus abd. in die med. Abtheilung des Spitales aufgenommen, musste Patient wegen Dyspnoë und Schluckbeschwerden am 28. Febr. auf die chir. Abtheilung verlegt werden, wo wegen zunehmender Athemnoth am 29. Febr. die Trach. sup. ausgeführt wurde. Nach Ausführung dieser Operation wurde die Athmung sofort frei; der typh. Process aber im Larynx nahm seinen Fortgang. Erst stellten sich vermehrte Entzündungserscheinungen ein, welchen dann eine langwierige Eiterung mit Abstossung von Fascienstreifen folgte. — Im Laufe des Sommers 1881 hörte die Eiterabsonderung auf, aber nun entwickelte sich allmählich eine Stenose, welche es dem Patienten unmöglich machte, ohne Canüle zu athmen. — Nachdem eine längere methodisch durchgeführte Bougiecur resultatlos geblieben war, entschloss sich am 8. Dec. 1881 Hr. Prof. Krönlein zur totalen Laryngofissur; Lagerung des Patienten mit überhängendem Kopf; Chloroformnarkose. — Nach Spaltung des Schildknorpels wird das Einfliessen von Blut in die Trachea verhindert durch die hängende Lage des Kopfes, durch fleissiges Abtupfen und durch Tamponade der Trachea oberhalb der Canüle mit an Fäden befestigten Schwämmen. Die jetzt ermöglichte genauere Besichtigung des Kehlkopfinnern ergiebt nun eine vom linken Proc. vocalis aus leicht trichterförmig nach abwärts abnehmende Verengerung mit exquisit narbiger Beschaffenheit der linken seitlichen und hinteren Larynxwand. Rechtes wahres Stimmband deutlich erkennbar; linkes atrophisch, geschrumpft, fast verstrichen; die Gegend des linken Proc. vocalis in eine schwielige Narbenmasse umgewandelt, die die Spuren einer vernarbten, adhärenten Fistel zeigt. Nirgends eine Ulceration. Die Stenose ist lang; sie reicht von der hintern Stimmbandinsertion über die ganze Seiten- und Rückwand des Ringknorpels hinunter, wo sie ziemlich allmählich in das normale Tracheallumen übergeht. Nach oben lässt sich ein dicker Katheter in den Pharynx durchschieben. Es wird nun auch noch das Lig. con. und der Ringknorpelbogen vollständig bis in die Trachealwunde hinunter gespalten, die Tamponade entfernt, die schon vorher für diesen Fall besonders construirte Canüle sammt ihrem obern Fortsatz eingelegt, die ausgezeichnet passt und mit der Kuppe gerade noch durch die Stimmbänder hindurchragt, ohne die Epiglottis zu belästigen; hierauf werden die getrennten Schildknorpelhälften durch zwei Knorpelnähte mit Catgut möglichst sorgfältig wieder über der Canüle vereinigt und die Hautwunde über dem Schildknorpel ebenfalls mit acht Seidennähten geschlossen. — Reaction auf den Eingriff sehr unbedeutend. — Kein Fieber. Am Tage nach der Operation (9. Dec.) muss die durch Blutkrusten etwas verstopfte Canüle

[2]) Corresp.-Blatt für Schweiz. Aerzte 1883.
[3]) Deutsche Chirurgie, Krankh. des Halses, Bd. 34.

behufs Reinigung herausgenommen werden. Die Wiedereinführung gelingt leicht. Patient verträgt die Larynxcanüle ausgezeichnet, hat keine Spur von Hustenreiz oder Schmerzen. Am 21. ist die Weichtheilwunde bis auf eine kleine Granulationsfläche oberhalb der Canüle geheilt. Patient steht seit zwei Tagen auf, kann aber nur kurze Zeit bei geschlossener Canüle durch den Larynx athmen, trägt permanent noch den oberen Fortsatz. Bald indess kann Patient erst kürzere, dann immer längere Zeit bei verschlossener Canüle athmen und am 10. Juni 1882 konnte Hr. Prof. Krönlein, nachdem Patient schon längere Zeit die Canüle ganz weggelassen hatte, zur Bronchoplastik schreiten, welche vorgenommen werden musste, da eine Spontanheilung der Trachealfistel nicht zu erhoffen war.

Am 7. Juli 1882 reiste Patient vollständig geheilt in seine Heimath Langenbresen bei Werdau, Königreich Sachsen, zurück, äusserst glücklich über den Erfolg der von seiner Seite mit vieler Energie durchgeführten Cur. — Seither hat V. mehrmals Nachrichten über sein Befinden gegeben, die alle sehr erfreulich lauten.

Dem letzten Bericht, datirend vom 25. Januar 1888, ist zu entnehmen, dass Patient sich des besten Wohlbefindens erfreut und dass auch nicht die geringste Spur irgend welcher Schmerzen, Behinderung im Athmen oder Sprechen zurückgeblieben ist.

2. Krebs, Peter, 30 J. Aufg. 16. Juni 1882.

Diagnose: Chorditis voc. inf. hypertrophica.

Patient kam letzten Sommer wegen Husten, Heiserkeit und Athemnoth in das hiesige Spital und wurde daselbst wegen bedrohlicher Zunahme dieser Beschwerden tracheotomirt. — Am 8. Febr. 1882 wurde dann Pat. mit Canüle aus dem Krankenhause entlassen.

Heute 16. 6. 82 stellt sich Pat. wieder in der chir. Klinik zum Zweck weiterer Behandlung.

Da Patient ohne Canüle nicht athmen kann, laryngoskopisch eine Stenose im Bereich der unteren Kehlkopfhöhle zu constatiren ist und eine mehrwöchentliche Bougierur ohne Resultat blieb, wurde am 13. Juli zur Laryngofissur geschritten:

Patient wird horizontal auf den Operationstisch gelegt mit etwas hintenübergeneigtem Kopfe; er wird durch die Canüle chloroformirt. — Hautschnitt median vom Zungenbein bis zum Schild der Canüle. Nach Incision der Fascia superficialis und Unterbindung einiger kleinerer Gefässe wird durch das Interstitium intermusc. auf die Fascia media vorgedrungen und dieselbe von der Incisura thyreoidea bis zum Ringknorpel durchtrennt. Nun wird das Messer, behufs Durchschneidung des Schildknorpels durch die Membrana cricothyreoid. gestochen; dasselbe vermag aber den festen harten Knorpel nicht zu durchtrennen und es erfolgt deshalb die Spaltung des letzteren mit der Liston'schen Knochenscheere. Hierauf wird mit dem Knopfmesser die noch nicht gespaltene vordere Commissur der Stimmbänder durchtrennt. Es werden nun die beiden Schildknorpelhälften mit Haken auseinander gehalten und zur Verhütung des Eindringens von Blut in die Trachea der Raum über der Canüle mit Schwämmen austamponirt. Von nun an nur halbe Narkose und gegen Ende der Operation wird die Narkose ganz weggelassen, da Patient ganz ruhig und verständig sich benimmt und nun hier und da zu husten aufgefordert werden kann. Die Blutung während dieses ersten Actes war unerheblich.

Befund: Erhebliche Schwellung der Schleimhaut der oberen Kehlkopfhöhle; beide Stimmbänder aufgelockert, namentlich das rechte. Das letztere in seinem vorderen Theile verbreitert. Nach unten davon springt die ebenfalls geschwollene und hypertrophische Schleimhaut des Conus elasticus mit zwei unmittelbar in die Unterfläche der Stimmbänder übergehenden Wülsten vor; nirgends weder Narben noch Ulcerationen. Der Finger dringt bequem nach oben in den Pharynx; nach unten jedoch stösst derselbe auf eine Stenose. Eine genauere Untersuchung ergiebt, dass das Lumen des Ringknorpels bis zur vollständigen Berührung der Schleimhautflächen reducirt und kaum für einen Gänsekiel passirbar ist. Der Ringknorpel wird mit dem Knopfmesser gespalten. Der durchschnittene Bogen zeigt auf der Schnittfläche normale Knorpelsubstanz und erweist sich eher verdünnt als verdickt; auch sonst findet sich im Bereich des übrigen Ringknorpels an der Seiten- und Rückwand nirgends eine Spur von Verdickung, von ulcerösen oder narbigen Processen. Es scheint, dass die Stenose dadurch zu Stande gekommen ist, dass der Ringknorpelbogen atrophirte und nach rückwärts gegen die Mitte gezogen wurde; es ist wenigstens unverkennbar, dass die vordere Wand des Ringknorpels sehr bedeutend, fast fingerbreit, im Vergleich zu derjenigen des Schildknorpels zurücksteht. Zur vollständigen Hebung der Stenose muss noch der oberste Theil der Trachea eingeschnitten werden. Es wird nun versucht, die Dilatationscanüle einzulegen und den oberen Fortsatz einzuschieben: letzteres gelingt aber nicht, weil das Trachealrohr bis auf die Höhe der Tracheotomiewunde bedeutend verengt ist. Unter diesen Umständen ist es nicht zu umgehen, die noch bestehende Brücke zwischen dem Operationsterrain und der alten Tracheotomiewunde noch zu durchtrennen, die allerdings den Isthmus der Schilddrüse mit enthält. Es wird dies mit dem Knopfmesser ausgeführt, ohne Narkose, ohne erhebliche Blutung, da das ganze Terrain narbig verändert ist. Es wird nun die Canüle wieder eingeführt und die mehr parenchymatöse Blutung durch Compression mit Schwämmchen gestillt. Dann wird nochmals das ganze Terrain revidirt, einige kleine Gefässe unterbunden, die nun von der Incisur des Schildknorpels bis zum Jugulum gespaltene Larynx und Trachea mit Salicylwatteschwämmchen gereinigt und nun die Dilatationscanüle eingelegt. Dabei zeigt sich nun deutlich, dass der Ringknorpel die engste Stelle der Stenose bildet, denn hier drängt der obere Fortsatz den gespaltenen Bogen des Ringknorpels weit voneinander, und es haben die beiden Hälften sogar grosse Neigung, sich hinter der Canüle wieder aneinander zu legen; durch eine Catgutsutur wird dies verhindert. Diese vermag aber, trotz starker Spannung, die Schnittflächen des Bogens nur bis auf eine Distanz von etwa 6 mm über dem Canülenfortsatz zu vereinigen. Im Uebrigen reicht der letztere gerade noch durch die Stimmbänder hindurch und liegt vollkommen correct. Auch die beiden Schildknorpelhälften werden mittelst einer, den ganzen Knorpel umfassenden Catgutnaht wieder genau median vereinigt und nun die Hautwunde bis zum Cartilagoschild durch Seidennähte vollkommen geschlossen. (Jodoformverband.)

Glatter Heilungsverlauf. Nachdem Patient anfangs stundenlang ohne Canüle athmen konnte, bildete sich allmählich, trotz energischer Bougieeur, durch Prominiren des stark nach rückwärts federnden Ringknorpelbogens eine neue Stenose heraus. Doch konnte diese, durch eine Nachoperation (Exstirpation des nach innen vorspringenden Ringknorpelstückes) und durch nachheriges Bougiren, gehoben werden, sodass Patient am 8. Juni 1881, nach vorangegangenem plast. Verschluss der zurückgebliebenen Trachealfistel, vollständig geheilt entlassen werden konnte. —

Einem in letzter Zeit der Züricher Klinik zugegangenen Bericht zu Folge erfreut sich Patient in jeder Beziehung des besten Wohlbefindens.

3. Kramer, Emilie. 22 J. Aufg. 1. Dec. 1884.

Diagnose: Tracheitis subchordalis hyp. luetica.

Patient. war vor 4 Monaten wegen hochgradiger Athemnoth in das Krankenhaus gebracht und hier ex ind. vit. tracheotomirt worden. — Als Ursache der Dyspnoë ergab sich eine Stenose, gebildet durch 2 Wülste, welche unterhalb der Stimmbänder in das Lumen des Kehlkopfes vorspringen, bei Bewegungen der Stimmbänder sich aneinanderlegen und hinten ganz ineinander übergehen. Die Anamnese erlaubt die Affection als eine luetische anzusehen. — Patientin erhält Jodkali, aber ohne Erfolg. — Es wird daher am 4. Dec. 1884 zur Laryngofissur geschritten. Letztere wird in Narkose bei hängendem Kopfe ausgeführt. — Nach Spaltung des Kehlkopfes und Abtragung der durch die vorspringenden und zum Theil ineinander übergehenden Wülste gebildeten Diaphragma wird eine Laryngotrachealcanüle eingelegt. — Hierauf Wiedervereinigung der Schildknorpelplatten und der Hautwundränder. — 9. Jan. 1885 Decanülement. — Von dem Diaphragma sind laryngoskopisch nur noch hinten die Ecken zu sehen. Patientin respirirt und spricht sehr gut und wird heute entlassen.

Am 6. Juli kommt Patientin wiederum mit hochgradigen stenotischen Erscheinungen herein. Eine sofort eingeleitete Bougircur, unterstützt durch energische Jodkalibehandlung, vermochten zwar die Stenose wieder zu beseitigen und die Athmung frei zu machen, aber bald stellten sich erneute Athembeschwerden ein, und am 16. Februar 1885 musste Patient. wegen bedrohlichster Athemnoth von Neuem tracheotomirt werden. Am 16. März Decanülement. Am 17. April Entlassung ohne Canüle nach fast 5 wöchentlicher Bougiecur. 1. Juli 1888: Einem neulichen Bericht zu Folge hat zwar Patientin ihre Stenose noch, ist aber durch dieselbe, auch ohne eine Canüle zu tragen, im Athmen nicht behindert. —

B. Laryngotomie wegen Geschwülste.

1. Walter, Rosa, 4¾ J. Aufg. 28. Jan. 1883.

Diagnose: Multiple diffuse Papillome auf beiden Stimmbändern. Flüsterstimme.

Am 16. Januar 1883 totale Laryngofissur und Entfernung der Geschwulst mit Cowper'scher Scheere und scharfem Löffel. — Einlegen einer Canüle und Vereinigung der beiden Schildknorpelhälften durch Catgutsuturen, sowie der äusseren Weichtheile durch Seidennaht.

Am 22. Febr. Decanülement und am 3. April Entlassung. Patientin stellt sich am 4. Mai wieder vor. Sie spricht mit lauter, aber etwas tiefer und rauher Stimme.

2. Morell, Anna. 6 J. Aufg. 2. Febr. 1888.

Diagnose: Papilloma laryngis.

Anamnese nicht ganz durchsichtig. Patientin, die schon längere Zeit an Aphonie litt, wird wegen wiederholter Anfälle und Erstickungsnoth in das Krankenhaus gebracht.

Spiegelbefund: Larynxschleimhaut diffus geröthet. Bei jeder Exspiration sieht man zwischen dem vordern Theil der Stimmbänder, ein gutes Drittel der Länge der Stimmritze einnehmend, eine kegelförmige Geschwulst von unten her sich zwischen die Stimmbänder einschieben. Diese Geschwulst macht die Schliessung der Stimmbänder unmöglich. Die Oberfläche derselben erscheint glatt, von der Farbe der Schleimhaut. Ihr Sitz kann nicht genau festgestellt werden. Wahrscheinlich sitzt sie dem vordersten Theile der Schleimhaut des linken Stimmbandes auf.

22. Februar: Operation. Chloroformnarkose. Medianer Hautschnitt wie zu einer Tracheotomie, nur etwas höher hinaufgeführt. Schild- und Ringknorpel, sowie die obersten Trachealringe werden vollständig freigelegt, die Seitentheile der Cart. cricoidea mittelst der Rose'schen Kornzieherhaken fixirt, sodann das Lig. conoideum, der Ringknorpel und der erste Trachealring gespalten, wodurch eine genügend grosse Oeffnung entsteht, um das Innere des Larynx übersehen zu können. Man gewahrt nun einen erbsengrossen, die Gegend der vorderen Commissur einnehmenden Tumor, der aus einer Anzahl kleiner, höckeriger Geschwülstchen zusammengesetzt ist. Von diesen einzelnen Höckern erreichen einige eine solche Länge, dass sie im respiratorischen Luftstrom flottiren können.

Der Tumor wird mit Scheere und Pincette abgetragen, wobei eine nicht ganz unerhebliche Blutung eintritt. Die letzten Restchen werden mit dem Galvanokauter zerstört. Es wird nun eine Trachealcanüle eingelegt, die Wunde mit Jodoformgaze bedeckt und die Patientin zu Bette gebracht.

24. Febr. Decanülement. 14. April Entlassung. — Bericht vom 1. Juli 1888: Patient spricht zwar etwas heiser, aber laut und deutlich.

3. Brändli, Albert. 3½ J. Aufg. 1. Apr. 1888.

Diagnose: Papillomata laryngis.

Anamnese: Seit ½ Jahren erhebliche Heiserkeit, in letzter Zeit dazu noch Dyspnoë. Laryngoskopische Untersuchung unmöglich. Am 17. April wurde Patient wegen hochgradiger Athemnoth tracheotomirt, wodurch die Athmung vollständig frei wird. Beim Auseinanderhalten der Wundränder lässt sich jetzt schon eine vielhöckerige, blassrothe Geschwulst im Larynx erkennen. Noch viel deutlicher aber wird dies, nachdem man den Ringknorpel und das Lig. conoideum noch gespalten hat. Man sieht jetzt ein breitaufsitzendes, blumenkohlartiges Papillom, welches von beiden Stimmbändern, besonders aber vom linken, ausgeht und die Glottis fast ganz verdeckt. Nach Abtragung dieser Massen vom unteren Rand der Chordae vocales zeigt es sich, dass auch die obere Kehlkopfhöhle nicht frei ist. Bei Inspirationsbewegungen drängen sich Geschwulstläppchen von oben zwischen die Stimmbänder.

Auch diese werden mit dem scharfen Löffel möglichst vollständig entfernt. Dann werden mit dem Thermokauter die ziemlich stark blutenden Stellen, wo die Geschwulst aufsass, betupft, worauf die Blutung vollständig steht. Hierauf Einführung einer Canüle.

18. April. Die Nacht war gut. Patient verlangt zu essen und ist munter. Kein Fieber.

20. April. Entfernung der Canüle.

10. Mai. Wunde vollständig geschlossen. Die laute Stimme hat sich in den letzten Tagen eingestellt, doch wird dieselbe nur durch etwelche Anstrengung ermöglicht.

20. Mai. Entlassung. Patient soll zu weiterer faradischer Behandlung täglich in die Poliklinik kommen.

Bericht vom 1. Juli 1888: Patient spricht deutlich, aber etwas heiser und angestrengt.

4. Fehr, Rudolf. 38 J. Aufg. 10. Mai 1887.

Diagnose: Hypertrophia polyposa chordae vocalis verae et spuriae utriusque; Dysphonia consecutiva.

Patient leidet schon lange Zeit an Husten, Engigkeit und hochgradiger Heiserkeit. Er wird wegen dieser Beschwerden vom behandelnden Arzte in das Krankenhaus geschickt.

Spiegelbefund: Schleimhaut der Epiglottis und der aryepiglottischen Falten geröthet und etwas geschwellt. Die falschen Stimmbänder unregelmässig und höckerig. Ein zapfenförmiger, breitbasiger Schleimhautvorsprung im mittleren Abschnitt der linken falschen Stimmbänder hängt über das wahre Stimmband hinüber und bewegt sich bei der Phonation weit über die Mittellinie nach der rechten Seite, um mit dem vorgewölbten Taschenband der rechten Seite sich aufs Innigste zu berühren, ja sogar zu kreuzen. Die Farbe dieser Wülste ist dunkelroth, nicht deutlich gekörnt. In der Inspirationsstellung sind die wahren Stimmbänder fast vollständig von den falschen überdacht. Beim Uebergang zur Phonationsstellung springen sie plötzlich in Form rother, gequollener Längsfalten vor. Namentlich springen zwei stärkere Prominenzen vor dem Proc. vocalis in die Augen; nirgends Ulcerationen.

2. Juni 1881: Operation. Chloroformnarkose, jedoch nur bis zur Eröffnung der Trachea. Präparatorische Durchtrennung der Hautfascie und der prälaryngealen Musculatur vom Zungenbein bis zum obersten Abschnitt der Trachea. — Nach vollständiger Blutstillung Spaltung der Trachea, des Ringknorpels und des Lig. conoideum mit dem Messer. Hierauf Spaltung des Ringknorpels genau in der Medianlinie. Von nun an Operation am hängenden Kopf. Der Anblick des Larynxinnern entspricht vollständig dem laryngoskopischen Bilde. Bei auseinander gehaltenen Schildknorpelplatten successive Abtragung der oben beschriebenen Schleimhautwülste mit Pincette und Cowper'scher Schere. Blutstillung durch Compression mit kleinen Stielschwämmchen. Nachträglich Kauterisation der Wundfläche mit dem Paquelin. Einführung der gewöhnlichen Trachealcanüle im untersten Wundabschnitte. Tamponade der Kehlkopfhöhle oberhalb derselben mit Jodoformgaze. Die Umgebung der Canüle wird ebenfalls mit Jodoformgaze ausgestopft. Der Puls ist während der ganzen Operation gut geblieben. Patient wird zu Bette gebracht und in sitzender Stellung gelagert. Er soll nicht sprechen, sondern durch Schreiben sich verständlich machen und erst gegen Abend etwas flüssige Kost bekommen.

30. Juni: Wunde per primam geheilt.

10. Juli: Patient wird geheilt entlassen. Wunde solide vernarbt; Stimme aber etwas heiser.

5. Zander, Joh. 40 J. Aufg. 12. Oct. 1885.

Diagnose: Fibroma laryngis (Fibroma molluscum).

Patient, der seit einem Jahr an Heiserkeit leidet, kommt wegen „Engigkeit im Hals" in das Spital.

Status: Patient ist von kleiner, zwergartiger Statur und zeigt in psychischer und körperlicher Beziehung den Charakter eines Cretins. An dem mit niederer Stirn versehenen Gesicht fallen neben stupidem Ausdruck der Züge sofort eine Menge kleiner warzenartiger Prominenzen der Haut auf, welch letztere eine bräunliche Pigmentirung zeigt. Dieselben kleinen Tumoren sind auf dem behaarten Kopf, sodann auch am Körper überall zerstreut vorhanden. Es liegen dieselben in der Haut selbst, lassen sich mit derselben verschieben und zeigen eine bläulich-braune Färbung. Die Sensibilität dieser Tumoren ist im Vergleich zur übrigen Haut entschieden etwas erhöht. (Fibroma molluscum.) Musculatur weich und atrophisch; insbesondere zeichnen sich die Hände durch molluskenartige Consistenz aus. Die Endphalangen der Finger kolbig verdickt. Thorax rhachitisch geformt. Die Respiration des Patienten ist dispnoëtisch mit Stridor verbunden. — Die genauere äussere Untersuchung des Halses lässt hierfür eine Ursache nicht finden; eine Schilddrüse ist nicht zu fühlen. Die laryngoskopische Untersuchung muss bei der vorhandenen Dyspnoë und Ungeberdigkeit des Patienten unterlassen werden. Es kann aus den vorhandenen Symptomen bei mangelhafter Anamnese die Ursache der Stenose nicht diagnosticirt werden.

Therapie: 12. October. Patient wird auf den Operationstisch gelegt und chloroformirt. Der per os in den Larynx eingeführte Finger lässt nichts Abnormes erkennen. Es wird zur Tracheotomie (sup.) geschritten, die ohne Zwischenfall verläuft. Es zeigt sich dabei eine rudimentäre Schilddrüse, die mit einem bis zum Schildknorpel reichenden mittleren Läppchen versehen ist. Der Ringknorpel wird mit dem ersten Trachealring durchschnitten, dabei zeigt die Wandung der Trachea eine abnorme Dicke. Mit dem geknöpften Messer wird nun das Lig. conoid. eingeschnitten, worauf alsbald ein, von der vorderen Wand des Larynx ausgehender Tumor zum Vorschein kommt. Der Hautschnitt wird jetzt nach oben verlängert, der Schildknorpel wird freigelegt und mit dem geknöpften Messer in seiner Mittellinie gespalten. Indem die beiden Hälften auseinander gehalten werden, präsentirt sich der Tumor als eine weissliche, ziemlich breit dem rechten Stimmband aufsitzende, das Lumen des Larynx unter den Stimmbändern zum guten Theil ausfüllende Masse von derber Consistenz. Die Geschwulst wird, soweit dies möglich, mit der Schere abgetragen, der Rest mit dem Thermokauter zerstört. Dann werden die Schildknorpelhälften wieder in ihre normale Lage gebracht und durch Catgutnähte in Contact gehalten. Nachdem in die Trachea eine Canüle eingeführt worden, wird die Hautwunde durch Seidennähte vereinigt. Mikroskopischer Befund des exstirpirten Tumors: Fibrom.

27. October. Verbandwechsel. Decanülement.

14. November. Patient hält sich schon seit einigen Tagen ausserhalb des Bettes auf; Allgemeinbefinden befriedigend; Appetit gut. Sprache noch tonlos, heiser, aber gut verständlich.

30. December. Allgemeinbefinden gut; Fisteloffnung noch durchgängig; Sprache heiser.

31. December. Athmung stridorös; es besteht noch eine kleine Fistel.

2. Januar 1886. Allgemeinbefinden schlecht; gestern drei Mal Erbrechen.

6. Januar. Der Arzt wird Abends von dem Wärter benachrichtigt, dass der Patient plötzlich Erstickungsanfälle zeige, die nach einem Brechact sich eingestellt hätten. Dem herbeigeeilten Arzt bietet sich folgender Anblick: Die Lippen des Patienten sind blau verfärbt, das Gesicht blass, die Pupillen reactionslos. Patient reagirt auf Anrufen nicht; er ist bewusstlos; die Respiration stockt beinahe vollständig; nur einige ganz oberflächliche Athemzüge. — Während die Instrumente zur Tracheotomie rasch herbeigeschafft werden, wird mit der anatom. Pincette die kleine noch vorhandene Fistel aufgerissen, dann wird mit den mittlerweile herbeigeschafften Instrumenten die Tracheotomie gemacht, was ohne erhebliche Blutung geschehen konnte, und eine Canüle eingeführt. — Da Patient beinahe pulslos ist, werden drei Aetherinjectionen gemacht. Nach Verlauf einer halben Stunde kehrt das Bewusstsein wieder, nachdem die Athmung ruhig und regelmässig geworden war.

8. Januar. Morgens und Abends subnormale Temperaturen; Puls von geringer Qualität; Stuhldrang, Stühle dünn, lehmfarben. Abdomen aufgetrieben, auf Druck etwas schmerzhaft; Athmung ganz frei; Puls schwach. Patient bekommt Milch, Suppe mit Ei, Kephyr; Wein nimmt Patient nicht zu sich.

11. Januar. Morgens 6 Uhr: Patient hat die Canüle aus der Wunde gerissen, athmet aber ohne dieselbe ganz gut. — Allgemeinbefinden schlecht; Puls kaum zählbar; Bauch stark aufgetrieben; drei Aetherinjectionen. — Morgens 7 Uhr: Patient bekommt ein halbes Glas Champagner, 5 Minuten nachher Erbrechen. Eine Stunde später wird nach dem Arzte gerufen, weil während eines Brechactes Patient sich in Erstickungsgefahr befindet. Sofort wird ein Trachealkatheter eingeführt und aspirirt. Dabei zeigte es sich, dass die ganze Trachea mit erbrochener Flüssigkeit erfüllt ist. Die Athmung hat gänzlich aufgehört. Aspiration und künstliche Respiration bleiben erfolglos. Exitus letalis durch Asphyxie. NB. Die Zeit, welche verstrich bis zur Einführung des Trachealcatheters vom Eintreten des Erbrechens an behufs Aspiration, betrug ca. 5 Minuten.

Sectionsbefund: Kleiner Mann. Auf der blassen Haut zahlreiche Pigmentflecken. Ueber den ganzen Körper gestreut eine Menge kleiner Geschwülstchen von sehr schlaffer Consistenz, über die Oberfläche der Haut halbkugelförmig hervorragend. Schädel ziemlich gross; die linke Seite schwächer entwickelt als die rechte. Stirnnaht erhalten; Knochen an der Oberfläche glatt, ziemlich dick. Gehirn regelmässig gebildet, derb. Arterien ziemlich weit, äusserst dünnwandig. Kleinhirn relativ gross gegenüber dem Grosshirn, dessen Hinterlappen schwach entwickelt sind. Die Nerven an der Schädelbasis bieten nichts Bemerkenswerthes. Muskeln dünn, blass. Linke Lunge: Spitze adhärent, ziemlich fest, zeigt Narbenzüge. Am oberen Lappen secundäre Einschnitte. Gewebe lufthaltig, unten etwas ödematös, hyperämisch. An verschiedenen Stellen käsige Herde. Rechte Lunge: Eine grössere Reihe secundärer Einschnitte. Rechte Lunge ödematöser und hyperämischer als links. Bronchialschleimhaut geröthet. In der Spitze zum Theil alte, schiefrige, zum Theil käsige Herde. Im Unterlappen käsige Knötchen. — Lymphdrüsen am Hals etwas vergrössert, von weisslicher Farbe. Zunge dick, nicht besonders gross. Tonsillen unbedeutend vergrössert. In der Umgebung des Kehlkopfes folgen den Gefässen weisse, runde Knötchen, durch dünne Stränge mit einander verbunden. — Schilddrüse sehr klein. Aorta rel. eng; mittlerer Theil 43 mm Umfang, geringe höckerige Verdickungen zeigend. Milz mässig gross, Oberfläche runzelig, Pulpa schlaff, zäh, rothbraun. — Rechte Niere zeigt ein doppeltes Nierenbecken, sonst Nieren nichts Besonderes. — Dünndarm sehr weit, eine ungeheure Masse einer gelblichen mehlsuppenartigen Flüssigkeit enthaltend. Schleimhaut gallertig geschwollen, im untern Theil eine erbsengrosse Geschwulst von gallertiger Beschaffenheit. Im Dickdarm ein dreifingerbreites Geschwür von höckeriger Oberfläche. Daneben zahlreiche Ulcerationen. Im Anfangstheil des Colon descendens eine Gruppe von Geschwülsten von blassgrauer Farbe, rundlich, höckerig. Die übrigen Unterleibsorgane bieten nichts Auffallendes.

6. Daubenmeier, Elisabetha. 58 J. Aufg. 17. März 1888.

Diagnose: Plattenepithelcarcinom des Larynx.

Da hier nachträglich die Totalexstirpation des Kehlkopfes ausgeführt wurde, so folgt die Beschreibung dieses Falles weiter unten.

III. Laryngofissur wegen Perichondritis.

Wanner, Samuel, 44 J. Aufg. 18. Dec. 1886.

Diagnose: Perichondritis mit Ausgang in Nekrose.

Zur Orientirung kurz Folgendes: Patient war von Jugend an heiser. Gegen Ende 1885 Steigerung dieser Heiserkeit, dazu Husten und Athemnoth; namentlich letztere trieb den Patienten in das Spital. Der Spiegelbefund ergab damals als Ursache der Dyspnoë zwei unterhalb der Stimmbänder gelegene Wülste, welche sich in der Mittellinie, namentlich bei Bewegungen der Stimmbänder, beinahe berührten. Es wurde am 1. April 1886 ex indicat. vit. die Tracheot. sup. ausgeführt, worauf sofort Freiwerden der Respiration eintrat. Am 1. Juli wird Patient mit der Canüle entlassen, mit der Weisung, sich wieder zu stellen.

Heute kommt nun Patient wieder, um sich der ihm vorgeschlagenen Operation zu unterziehen.

Status: Der sehr schmale Kehldeckel ist weit

nach unten über den Kehlkopfeingang geschlagen. Er muss zur Untersuchung mit einem Häkchen heraufgezogen werden. Die Aryknorpel sind stark intumescirt; sie berühren sich. — Ueber den Lungen nichts Abnormes nachzuweisen. Patient hat viel Husten und schleimigen Auswurf.

Operation: Patient wird mit hängendem Kopf auf den Operationstisch gelegt und chloroformirt. Nach Herausnahme der Canüle wird oberhalb der Canülenöffnung eine ca. 6 cm lange Längsincision gemacht und vorsichtig präparatorisch in die Tiefe gegangen und der Larynx freigelegt. Es wird nun der knochenharte Schildknorpel mit der Knochenscheere durchtrennt. Wie nun die beiden Schildknorpelplatten auseinandergehalten werden, kommt in der Rückwand des Larynx ein unter den Stimmbändern gelegenes grosses Geschwür zum Vorschein, auf dessen Grund ein Sequester, die vollkommen nekrotische Platte des Schildknorpels, liegt; weiter oben liegt ein ebenfalls nekrotischer Aryknorpel. Diese nekrotischen Stücke werden mit der Kornzange entfernt. Sie riechen sehr übel. Der Grund der Geschwüre wird gereinigt und desinficirt und hierauf der getrennte Schildknorpel mit Catgutnähten wieder vereinigt. Die äussere Wunde wird mit Seide genäht. Die Wundhöhle wurde mit Jodoformgaze tamponirt und eine Laryngotrachealcanüle eingeführt.

Es ist noch zu bemerken, dass man nach dem Hautschnitt den Patienten aus der Narkose erwachen liess und den übrigen Theil der Operation ohne Narkose ausführte.

Die Operation hat also ergeben, dass wir es mit einer Perichondritis mit Ausgang in Nekrose (des Ring- und eines Aryknorpels) zu thun haben; von einer Neubildung wurde durchaus nichts gefunden. — Patient bekommt nur flüssige Kost (Eier, Milch, Bouillon), daneben 0,5 Liter Wein täglich und 200 Gramm Eiergrog.

14. Januar. Die Nacht war ruhig; keine Athembeschwerden. Temp. 39,2. — 18. Jan. Temp. immer noch erhöht. 23. Jan. Heute zum ersten Mal normale Temperatur; Allgemeinbefinden überhaupt besser. 12. Febr. Befinden ordentlich; Patient steht für einige Stunden auf; er empfindet keinerlei Nachtheil davon. 15. Febr. Starke Zunahme des Hustenreizes; zum Aufstehen hat Patient keine Lust mehr. Appetit schlecht; Temp. wieder erhöht. — Der Larynx sinkt leicht zusammen, da er seiner knorpeligen Stütze zum Theil beraubt. 22. Febr. In den letzten Tagen fängt Patient wieder stärker an zu fiebern. Die Lungenuntersuchung ergiebt kein positives Resultat, ausser leichtem tymp. Schall im linken Interscapularraum; vereinzelte Ronchi. Appetit sehr schlecht. — 25. Febr. Einem dringenden Wunsche des Patienten muss nachgegeben und letzterer nach Hause entlassen werden.

Patient starb wenige Tage nach der Entlassung zu Hause; die Section ist nicht gemacht worden.

Wenn bezüglich der für die Laryngotomie gültigen Indicationen zwischen Chirurgen und Laryngoskopikern lange Zeit erbitterte Fehde herrschte, und auch heute noch dieser Streit als nicht ganz beigelegt zu betrachten ist, so bleibt doch der allgemeine Satz unangefochten, dass die Laryngotomie überall da einzutreten hat, wo ein chirurgischer Eingriff geboten erscheint, wo aber das endolaryngeale Verfahren nicht zu dem gewünschten Ziele führen kann.

Sehen wir nun in Kürze unsere Fälle, namentlich auf diesen Satz hin, etwas näher an.

Unsere Fälle 1 und 2 (Voigt und Krebs), in welchen Bougiebehandlung mit blutiger Behandlung concurrirte, zeigen, dass in den hochgradigeren Fällen von Stenose wohl dem blutigen Vorgehen (Laryngotomie mit nachheriger Einlegung einer Laryngotrachealcanüle) der Vorzug zu geben ist. Auch in unserem 3. Fall (Kramer), wo das Bougie über das Messer triumphiren zu können scheint, ist doch anzunehmen, dass das frühere blutige Vorgehen nicht ohne Antheil war an dem Erfolge des späteren unblutigen Verfahrens.

In den drei folgenden Fällen (Walter Rosa, Morell Anna, Brändli Albert) wurde die Laryngotomie ausgeführt bei Kindern im Alter von $4^{9}/_{12}$, 6 und $8^{1}/_{2}$ Jahren wegen „Papillomata laryngis".

In dem ersten dieser drei Fälle konnte die kleine Patientin $8^{1}/_{2}$ Monate nach Ausführung der Laryngofissur und Exstirpation einer papillären Geschwulst, welche mehr als die Hälfte des rechten Stimmbandes, ferner einen Theil des linken Stimmbandes beschlug, und vom rechten Stimmband noch auf das rechte Taschenband sich erstreckte, geheilt entlassen werden.

In den zwei anderen Fällen, wo die Ausdehnung der Neubildungen eine weniger grosse war, genügte die partielle Laryngotomie (Spaltung des obersten Trachealringes, des Ringknorpels und des Lig. conoideum).

In dem einen Falle Entlassung in der elften, in dem anderen Falle schon in der fünften Woche nach der Operation.

Einsehend, dass in dem Alter unter 10 Jahren das endolaryngeale Verfahren, namentlich bei grösserer Ausdehnung der Neubildung, wohl in den wenigsten Fällen durchzuführen sei, schlug Mackenzie[1]) vor, in diesen Fällen, um der missliebigen Laryngotomie aus dem Wege zu gehen, bei eintretendem Respirationshinderniss die Tracheotomie vorzunehmen und dann die Trachealcanüle so lange tragen zu lassen, bis das Kind die laryngoskopische Operation erträgt. Bruns hält dieses Verfahren, trotzdem dass auch er kein Verehrer der Laryngotomie ist, nicht für statthaft und hält dafür, dass

---

[1]) Die Laryngotomie zur Entfernung intralaryngealer Neubildungen von Dr. Paul Bruns. 1878.

einstweilen wohl die Mehrzahl der multiplen Papillome bei Kindern unter 10 Jahren zum Gebiete der Thyreotomie gehören.

Betrachten wir unsere drei Fälle mit ihrem glatten Verlauf, so können wir kaum umhin, den Vorschlag Mackenzie's etwas sonderbar zu finden.

Die Affection, mit der wir es in dem Falle „Fehr“ zu thun haben, hält die Mitte inne zwischen einer katarrhalischen Schwellung, die zu einer einfachen Schleimhauthypertrophie geführt hat und einer typischen Neubildung. Es handelt sich hier offenbar um ein Uebergangsstadium; ist es doch bekannt, dass schleichend verlaufende Katarrhe, welche mit beträchtlichem Blutzufluss zur Schleimhaut und mit entzündlichen Verdickungen des Epithels verbunden sind, den Anstoss zur Bildung von papillären Geschwülsten geben können (Ziegler, Schuchardt). Es gehört dieser Fall wohl zu denjenigen, welche der Laryngoskopiker dem Chirurgen streitig machen möchte. Wenn wir aber erfahren, dass unser Patient nach kaum mehr als fünf Wochen geheilt entlassen werden konnte, so können wir nicht wohl annehmen, dass hier der Laryngoskopiker rascher zum Ziele gelangt wäre.

Giebt es auch Fälle, wo der Laryngoskopiker rechten kann mit dem Chirurgen, wenn auch nicht über die Zulässigkeit, so doch über die grössere oder geringere Zweckmässigkeit der angewandten Operationsmethode, so muss in unserem Falle „Zander“ (Fibroma laryngis, Fibroma molluscum) auch die strengste Kritik zugeben, dass, wo wegen Mangels an Intelligenz seitens des Patienten, nicht einmal ein Spiegelbefund erhältlich ist, von einem endolaryngealen Operationsverfahren nicht die Rede sein kann. — Es wäre daher müssig, in diesem Falle die Frage erörtern zu wollen, welche Operationsmethode in Rücksicht auf die anatom. Diagnose hätte gewählt werden müssen.

Es ist wohl kaum zu bezweifeln, dass in diesem höchst interessanten Falle von Fibroma molluscum das Larynxfibrom und die multiplen Fibrome der Haut ätiologisch zusammengehören. Es steht in dieser Beziehung unser Fall in der Litteratur einzig da. — In dem von Recklinghausen[1]) beschriebenen Falle „Marie Kientz“ erwiesen sich die miliaren Knötchen in der Trachea nicht, wie R. vermuthet hatte, als miliare Fibrome, sondern als Tuberkel.

Wir ersehen aus unserem Falle, dass wenn die Neurofibrome bösartig (sarkomatös) werden können auf dem Wege des Zellenwachsthums und der Zellenvermehrung, wie die Darmfibrome im Falle „Marie Kientz“, sie auch bösartig werden können in anderem Sinne, nämlich, indem sie gelegentlich an Orten sich entwickeln, wo sie, ihren sonstigen gutartigen Charakter beibehaltend, das Leben des Trägers bedrohen durch ihre blosse Anwesenheit.

Was unsern letzten Fall (Wanner) anbetrifft, wo wegen Perichondritis mit nachfolgender Knorpelnekrose die Laryngotomie ausgeführt worden war, so äussert sich schon Schüller in seiner mehrerwähnten Arbeit über Laryngotomie bezüglich dieser Operation bei Perichondritis mit Knorpelnekrose dahin, dass, wenn überhaupt eine Heilung bei diesen Processen zu erwarten sei, was von vornherein nicht ausser dem Bereich der Möglichkeit liege, so sei dies nur auf dem Wege der partiellen oder totalen Laryngotomie zu erzielen. Die Laryngotomie eröffne den Weg zu dem perichondritischen Herde und mache damit erst eine wirksame Behandlung möglich, deren Erfolg nicht blos in der Erhaltung des Lebens, sondern auch in der Wiederherstellung der Functionsfähigkeit des Larynx bestehe. Man müsse nur erst einmal den Muth haben, diese Processe in dieser Weise anzugreifen, dann sei es zweifellos, dass sie heilbar seien.

Mit denjenigen Fällen von Laryngotomie, in welchen diese Operation wegen Carcinom ausgeführt worden ist (siehe weiter unten Fall Daubenmeier), hat unsere Frage, ob Laryngotomie oder endolaryngeales Verfahren, nichts zu thun, da in diesen Fällen, wenn überhaupt eine Radical-Operation ins Auge gefasst wird, nach unserer Ansicht es sich nur handeln kann um die Wahl zwischen Larynxexstirpation und Laryngotomie.

Wenn der totalen Laryngotomie der Vorwurf schwerer Schädigung des Stimmapparates gemacht und aus diesem Vorwurf fast eine Contraindication gegen die Operation selbst hergeleitet wurde, so trifft dieser Einwand bei unseren zur Heilung gekommenen Fällen nicht zu, bei welchen die phonetischen Resultate folgende waren:

1. „Sprache wie vor der Operation: etwas rauh, tief, aber tönend, durch das ganze Zimmer vernehmlich“.
2. „Stimme rauh, aber deutlich und im ganzen Saale vernehmlich“.
3. „Sprache laut, etwas tief und rauh“.
4. Stimme etwas heiser, aber laut und deutlich“.
5. „Patient spricht deutlich, aber etwas heiser und angestrengt“.
6. „Patientin spricht sehr gut“.

[1]) Ueber die multiplen Fibrome der Haut von F. v. Recklinghausen. 1882.

7. „Stimme gut, etwas heiser".

War auch vielleicht in diesen Fällen die Stimme nach der Operation etwas belegter als zur Zeit, wo Patient sich noch vollständiger Gesundheit erfreute, so darf dies doch nicht der Laryngotomie als solcher zur Last gelegt werden; denn einerseits kann doch von dieser Operation nicht verlangt werden, dass sie einem schon vorher atrophischen Stimmband seine volle Functionsfähigkeit wieder zurückgebe, und andererseits ist, wie schon Schüller[6]) hervorhob, wenn es sich um eine Geschwulst handelt, die Entfernung derselben oft so schwierig, und ohne directe oder indirecte Läsion der Stimmbänder oder der Stimmbandmusculatur so wenig möglich, dass man, ebenso nach dem laryngoskopischen Verfahren wie nach der Laryngotomie, zufrieden sein muss, den wichtigsten Aufgaben genügt zu haben.

Was unsere Fälle von Larynxexstirpation und Pharyngotomia subhyoidea betrifft, so ist erstere Operation 5mal ausgeführt worden, und zwar 3mal als totale Larynxexstirpation (ausgedehnte Carcinome des Larynx und der Zunge), und 2mal als partielle Larynxexstirpation (ausgedehnte Carcinome des Larynx). Die Pharyngotomia subhyoidea kam 1 Mal zur Ausführung wegen eines Fibrosarcoms des Larynx und des Pharynx.

Alle diese Operirten gingen kürzere oder längere Zeit nach glücklich überstandener Operation zu Grunde. In einem Falle konnte die Todesursache nicht genau festgestellt werden. Die Lungen fanden sich bei der Section intact. Vor dem Exitus letalis hatten sich Zeichen von Jodoformintoxication bemerkbar gemacht.

In 3 Fällen ergab die Autopsie Schluckpneumonie als Todesursache und zwar war dieselbe in einem der Fälle herbeigeführt durch eine Communicationsöffnung, die sich in der Höhe der Bifurcation zwischen Trachea und Oesophagus gebildet hatte.

In 2 Fällen gingen die Patienten an Recidiv zu Grunde, das eine Mal 13, das andere Mal 7 Monate nach der Operation.

Von einer Wiedergabe aller bezüglichen Krankengeschichten muss hier Umgang genommen werden. — Der schon weiter oben erwähnte Fall „Daubenmeier" kann indess nicht unerwähnt bleiben.

Die betr. Patientin wurde am 10. Mai 1887 von Hrn. Prof. Krönlein der Gesellschaft der Züricher Aerzte vorgestellt. Einem bezügl. Referate[7]) entnehme ich Folgendes:

Die Patientin litt seit August 1883 an Heiserkeit; in der letzten Zeit, d. h. seit Januar 1886, zunehmende Athemnoth bis zu qualvoller Höhe. Am 17. März 1886 ist die Erstickungsnoth so gross, dass die Patientin als Nothfall vom Hausarzte zur sofortigen Tracheotomie in die Klinik geschickt wird. Tracheotomia superior. Bei der laryngoskopischen Untersuchung constatirt man eine geschwürige Zerstörung des ganzen rechten und des vorderen Theiles des linken Stimmbandes und eine Verengerung des Lumens der Glottis bis zum Caliber eines dünnen Bleistiftes. — Diagnose unbestimmt und schwankend zwischen tuberculöser, syphilitischer oder carcinomatöser Degeneration des Kehlkopfinneren. Erfolglose Bougiebehandlung.

Am 19. Juni 1886 totale Laryngofissur, um die Stenose zu spalten und die ulcerirten Partien auszuräumen. Exstirpation einer grobkörnigen ulcerösen Masse beider Stimmbänder und der Theile unterhalb der Glottis. Verdacht auf Carcinom. Die von Hrn. Prof. Dr. Nauwerck in Tübingen, welcher der Operation beigewohnt hatte, vorgenommene mikroskopische Untersuchung der exstirpirten Massen ergiebt ein Plattenepithelcarcinom mit Bildung verhornter Epithelperlen.

Eine folgende Bougiebehandlung ist wegen der Reizbarkeit der Patientin nicht durchführbar; zudem zeigen sich gegen Ende des Jahres 1886 die Erscheinungen eines Carcinomrecidivs und deshalb wird am 4. Dec. 1886 die totale Larynxexstirpation ausgeführt. — Glatte Operation und glatter Verlauf der Heilung, die bis heute eine vollständige ist.

Sehr zweckmässig erwies sich für die Nachbehandlung die Einführung eines Drainrohrs durch die Nase bis in den Oesophagus (nach Péan), welches permanent von der Operation an liegen blieb und die künstliche Ernährung gestattete, während Pharynx und der Eingang in die Trachea oberhalb der Trachealkanüle mit Jodoformgaze tamponirt blieb. — Gegenwärtig trägt Patientin eine einfache Trachealcanüle; sie isst und trinkt vollständig ohne Beschwerden und ohne dass auch nur ein Tropfen Flüssigkeit bei der Deglutition in die Trachea gelangt.

Die letztere mündet fistelös in der Halshaut, nachdem die ursprüngliche Communication mit dem Pharynx durch die Vernarbung gänzlich aufgehoben ist. — Anfänglich trug Patientin zeitweise einen künstlichen Kehlkopf, der sehr gute Dienste leistete, insofern als Patientin im grossen Operationssaale mit lauter Stimme für alle Anwesenden verständlich sprechen konnte. Allein sie zog schliesslich doch eine einfache Trachealcanüle ohne Stimmapparat dem künstlichen Kehlkopf vor, da der letztere sehr rasch in Folge Verschleimung insufficient zu werden pflegte.

Hr. Prof. Krönlein legt aus dem letzteren Grunde keinen grossen Werth auf den künstlichen Kehlkopf, für „Galavorstellungen" liefere er gewiss glänzende Re-

[6]) Deutsche Chirurgie, Bd. 37.
[7]) Corr.-Blatt für schweiz. Aerzte 1887.

sultate; allein für den täglichen Gebrauch sei er ziemlich werthlos.

Im Anschluss an diese Vorstellung erwähnt Hr. Prof. Krönlein des neuen Versuches von B. Fränkel, das Larynx-Cancroid per vias naturales auszurotten. (Archiv für klin. Chir., XXXVI, p. 260.) Er glaubt aber, dass gerade der Fall von Fränkel am besten zeige, wie völlig unsicher dieses Verfahren sei und erklärt die Laryngofissur resp. die Larynxexstirpation als das einzige relativ sichere Verfahren, den Kehlkopfkrebs zu heilen.

Bis zum Spätherbst 1887 erfreute sich Patientin des besten Wohlbefindens. In dieser Zeit trat ein Recidiv ein, welchem die Patientin am 6. Januar 1888, 13 Monate nach der Operation, erlag.

Ein kurzer Rückblick auf das ganze Material lässt, wenn wir vorerst von den Tracheotomiefällen sprechen wollen, die bezügliche Zusammenstellung im hohen Grade geeignet erscheinen, den bedeutenden Werth der Bose'schen Operationsmethode richtig erkennen zu lassen.

Bei der Betrachtung der Laryngotomiefälle müssen wir, neben der consequenten Durchführung der Naht, als wesentlichsten Punkt hervorheben die Art der Tamponade während und nach der Operation. (S. Fall Voigt Armin.)

Das Fehlen jeglicher bedrohlichen Complication seitens der Lungen in allen Laryngotomiefällen zeugt für die Richtigkeit der angewandten Methode.

Was unsere Larynxexstirpationen anbelangt, so sind die Endresultate freilich keine glänzenden zu nennen. Immerhin dürfte der Fall „Daubenmeier" doch geeignet erscheinen, zum unentwegten Vorgehen auf diesem Felde zu ermuthigen und die Ueberzeugung gewinnen zu lassen, dass bei sorgfältiger Auswahl der Fälle mit der Zeit die Heilungsergebnisse günstiger sich gestalten werden.

Dass bei allen unseren beschriebenen Operationen stets die strengste Antiseptik beobachtet wurde, ist, weil selbstverständlich, nirgends besonders hervorgehoben worden; und doch ist es vielleicht gerade der peinlichen Berücksichtigung dieses Punktes zu verdanken, wenn wir eine so grosse Anzahl schöner Resultate zu verzeichnen haben.

Eine neue Methode, den Augenhintergrund am cocaïnisirten Auge sichtbar zu machen, mit Hülfe von planparallelen Platten.

Von

Dr. L. Bellarminow,
Augenarzt in St. Petersburg.

Ich brauche wohl nicht als Einleitung für meine Mittheilung historisch die Bedeutung des Augenspiegels von v. Helmholtz für die Therapie hervorzuheben. — Die von mir angegebene Methode erleichtert, wie ich annehmen kann, die Kenntniss von dem Augenhintergrunde um ein Bedeutendes. — Der Gebrauch des Augenspiegels ist jetzt nicht mehr Alleingut der Specialisten für die Behandlung des Auges, sondern jeder Arzt benutzt denselben zur Diagnostik bei Morbus Brightii, Diabetes und andern Erkrankungen.

Meine Mittheilung hat den Zweck, eine Methode zu zeigen, um den Augenhintergrund zu beleuchten, ohne eines grösseren Instrumentariums oder specieller ophthalmoskopischer Kenntnisse zu bedürfen.

Bekanntlich ist eine directe Besichtigung des Augenhintergrundes, um mich kurz zu fassen, unmöglich, weil die vom normalen Augenhintergrund ausgehenden Lichtstrahlen parallel heraustreten. — Bei dem Helmholtz'schen Augenspiegel werden die parallelen Strahlen von dem beobachteten Auge durch dieselbe optische Axe in das Auge des Beobachters, wie bekannt, geleitet.

Die Voraussetzungen, auf denen mein Apparat beruht, sind dagegen folgende: Wenn die gewölbte Cornea durch eine planparallele Glasplatte angedrückt wird, so dass die Cornea sich an die Platte anlegt, so muss man naturgemäss im Stande sein, da das Auge dadurch stark hypermetropisch wird, und die Lichtstrahlen vom Augenhintergrund nicht mehr parallel, sondern stark divergirend heraustreten, den Augenhintergrund direct und naturgemäss vergrössert zu sehen.

Die Voraussetzung hat sich in der Praxis vollkommen bestätigt.

Ich verfahre folgendermaassen:

Das Auge wird zuerst durch eine 2% Lösung von Cocaïn. hydrochlor. anästhesirt. (Diese Anästhesirung ist natürlich eine Bedingung.) Auf die Cornea wird dann eine kleine 6—9 mm im Durchmesser planparallele Glasplatte, die in einer kleinen Fassung sich befindet, aufgedrückt. Man bringt vorher auf diese Platte einen kleinen Tropfen Wassers oder besser einer 0,6% sogenannten physiologischen Kochsalz-Lösung, damit die Convexität der Cornea in grösserer Ausbreitung ausgeglichen wird.

Jetzt zeigt sich der Augenhintergrund bei Anwendung seitlicher Beleuchtung direct oder mit reflectirtem Lichte in seiner vollkommenen Klarheit. Ist die Pupille sehr eng, so wird man Atropin, besser Homatropin in etwa 1 % Lösung vorher anwenden. — Bei stark pigmentirten Augen kann man die Beleuchtung durch einen Concav-Spiegel verstärken. Selbst bei öfterer Wiederholung der Untersuchung meiner Patienten habe ich keine Reizwirkung der Cornea beobachtet.

Ein Vortheil dieser Methode dürfte es auch sein, dass nicht allein die pathologischen Veränderungen am Augenhintergrunde, sondern auch Störungen in den vorderen Kammern und in den optischen Medien sich leichter werden erkennen lassen.

Ich hoffe, dass diese Methode in Folge ihrer Einfachheit nicht nur bei Augenärzten Anwendung finden werde, sondern sich allgemein in die ärztliche und Veterinär-Praxis einführen werde[1]).

— —

Ueber den Werth der Antipyrese bei den Infectionskrankheiten.

(Nach einem Vortrag, gehalten in der pädiatrischen Section der 61. Naturforscherversammlung zu Köln. September 1888.)

Von

Prof. Dr. Richard Pott in Halle a./S.

(Schluss von S. [illegible].)

Es sei mir vergönnt, hier wenigstens einige abfällige Urtheile über die modernen Antipyretica anzuführen; so sagt Unverricht (Ueber moderne Fieberbehandlung, Corresp.-Blatt d. allgem. ärztlichen Vereins v. Thüringen 1886 No. 8): „Die Behandlung der fieberhaften Krankheiten mit Antipyreticis hat ein Heer die Widerstandskraft des Körpers gefährdrohender Nebenerscheinungen heraufbeschworen, — aber weder den Verlauf noch die Dauer des Krankheitsprocesses beeinflussen können!"

O. Fräntzel (Einige Bemerkungen zur Behandlung der croupösen Lungenentzündung. Deutsche mil.-ärztliche Zeitschr. 1887 H. 5 (213—221)) äussert sich in folgender Weise:

„Der durch die Antipyretica erzielte Schaden bei der Pneumonie ist ganz eclatant. Es ist geradezu verwegen, zu diesen nutzlosen und gefährlichen, weil stets Collaps befördernden Mitteln zu greifen. Günstige Fälle stören die Antipyretica nur in ihrem Verlauf, schwere verfallen unter ihrer Wirkung nur um so sicherer dem Tode."

Bei der Behandlung des Abdominaltyphus mit den modernen Fiebermitteln glaubt man die Wahrnehmung gemacht zu haben, dass Recidive weit häufiger eintreten, als bei der expectativen Behandlung. Ernst berichtet aus der Züricher Klinik (Ctrbl. f. klin. Med. 1884), dass trotz der Entfieberung der Typhuskranken alle Zeichen der schwersten Allgemeininfection, die Delirien etc. fortbestanden. Wichtiger erscheinen uns die Angaben Kohlschütter's (Veränderungen des allgemeinen Körpergewichts durch Krankheiten. Klin. Vortr. No. 303 p. 3 ff. Leipzig 1887). Er wies nach, dass die Veränderungen des Körpergewichts bei Typhuskranken einzig und allein vom Fieber abhängig sind. Zwischen Temperatursteigerung und Gewichtsverlust besteht ein inniger Zusammenhang. Beide beginnen zu gleicher Zeit, beide enden in demselben Momente. Aber die Grösse des Gewichtsverlustes hängt mit der Höhe der Temperatursteigerung nicht zusammen. Sie wird bedingt von der Dauer des Fiebers. Höhe und Dauer des Fiebers gehen aber keineswegs parallel. Kurzdauernde in Genesung übergehende Typhusfälle zeigen meist im Anfang sehr hohe Temperaturen. Trotzdem ist bei diesen der Gewichtsverlust schon im Anfang weit geringer, als bei langwierigen Fällen. Auch der Gang der Temperatur ist ein ganz anderer, als der des Gewichtsverlustes. Zwar ist die mittlere Tagestemperatur des Typhösen in den ersten Wochen am höchsten und sinkt im Verlaufe der Krankheit mehr und mehr; — dies geschieht jedoch im Anfang langsamer, gegen Ende schneller. Der Gewichtsverlust dagegen ist im Anfang bedeutender, gegen Ende geringer. Einen ferneren Beweis, dass die Gewichtsabnahme nicht direct von der Temperaturhöhe abhängt, glaubt Kohlschütter auch darin gefunden zu haben, dass die Antipyretica den Gang der Gewichtsveränderungen nicht zu alteriren vermochten, selbst dann nicht, wenn der Erfolg, die Mitteltemperaturen bleibend herabzudrücken, vollkommen erreicht wurde. „Ja beinahe scheint es, als ob der Gewichtsverlust bei künstlich niedergehaltener Temperatur noch grösser sei, als wenn man sie auf ihrer natürlichen Höhe belässt." Diese These wird zwar von

[1]) Die kleinen Apparate mit Etuis sind bei dem Mechaniker Emil Sydow, Berlin, N.W. Albrechtstrasse für wenige Mark zu haben.

Kohlschütter mit „äusserster Reserve" aufgestellt, aber grade die Klarstellung dieses Punktes scheint mir von äusserster Wichtigkeit. Wir würden hier in der Lage sein, Zahlenwerthe zu erlangen, deren Beweiskraft Nichts zu wünschen übrig liesse. Es handelt sich also darum, sicher festzustellen, ob Typhuskranke bei annähernd künstlicher Normaltemperatur die typischen Gewichtsverluste erleiden, ja, ob sich sogar, wie Kohlschütter andeutet, die Gewichtsabnahme unter diesen Verhältnissen noch vergrössert. Das gleiche Unabhängigkeitsverhältniss der Temperaturgrade und des Gewichtsverlustes (resp. der Körpergewichtszunahme) fand Kohlschütter (l. c. p. 22) auch bei Tuberculösen, auch hier erwiesen sich die Antipyretica völlig einflusslos. Aber bei der Tuberculose spielen ausser dem Fieber noch so viele andere Momente mit, dass hier der Vergleich der Temperatur- und Gewichtscurven weniger übersichtliche Endresultate liefert.

Von einigen Autoren wird wenigstens rühmend das subjective Wohlbefinden künstlich durch die Antipyretica entfieberter Kranker hervorgehoben; dem entgegen führt v. Jaksch (Ueber Antipyrese, Verh. des Congress für innere Medicin, Wiesbaden 1885) ausdrücklich an, dass er fiebernde Individuen, deren Temperatur durch Antipyrin oder Thallin bis zur Norm herabgedrückt und stundenlang darauf erhalten wurde, ebenso klagen hörte, wie früher, obwohl ein Symptom, die Fieberhitze, vollständig fehlte.

Diesen abfälligen Urtheilen über die modernen Antipyretica stehen eine grosse Reihe sehr günstiger Resultate gegenüber. Die Meinungen sind eben getheilt! Ich halte es aber für überflüssig, hier auch auf die Ihnen allbekannten günstigen Erfolge und Errungenschaften näher einzugehen. Die Wirkungsweise der neueren Antipyretica ist ja gewiss von Ihnen Allen vielfach erprobt und vielleicht auch bewährt befunden.

Nicht unerwähnt dürfen aber die kalten resp. temperirten Bäder bleiben. Diese haben bei einigen Gegnern der Antipyrese noch Gnade gefunden. Die Verhältnisse liegen hier ja auch noch etwas anders. Werden sie aber nur in der Absicht in Anwendung gebracht, die Temperatur des Fieberkranken à tout prix herabzudrücken, dann unterscheiden sie sich freilich in ihrer Wirkungsweise von den antipyretischen Arzneimitteln nicht, und ihr Einfluss wäre ein sehr problematischer.

Kalte Bäder wirken aber (beim Ileotyphus) wie Naunyn meinte (Archiv f. exp. Pathol. u. Pharmac. Bd. 18 p. 49 ff.), günstig, nicht weil sie die Ueberhitzung vermindern, sondern weil sie eine ganze Reihe von Wirkungen entfalten, die bei der Behandlung von grösserer Bedeutung sind, als die Herabminderung der Eigenwärme. „Das Sensorium wird freier, das Nahrungsbedürfniss gesteigert, die etwa bestehende Cyanose geringer, Puls kräftiger, die Hypostasenbildung, die katarrhalischen Erscheinungen in den Lungen, die Dyspnoe werden gebessert. Diese Wirkungen sind namentlich beim Typhus von hoher Bedeutung, weil es darauf ankommt, die Kräfte des Organismus für längere Zeit zusammenzuhalten."

Hiermit glaube ich in aller Kürze und möglichster Objectivität die gegnerischen Anschauungen über den Werth der Antipyrese dargelegt zu haben. Die neue Lehre von der Nutzlosigkeit, ja Schädlichkeit der künstlichen Herabsetzung der Fiebertemperaturen wird wohl mehr und mehr Anhänger finden, und die jüngere Generation wird bald die bisherigen „veralteten und verkehrten" therapeutischen Maassnahmen mit souveränem Lächeln verurtheilen. — Die Frage ist von zu weitgehender und von zu einschneidender Bedeutung für unser Verhalten am Krankenbette, als dass ich es mir versagen könnte, auch persönlich zu derselben Stellung zu nehmen. Noch ist es nicht möglich, durch Zahlenwerthe den statistischen Beweis für oder gegen die Antipyrese zu erbringen. Die Erfahrung eines Einzelnen hat keine grössere Bedeutung als ein einziges Korn im Getreidehaufen. Jahre werden noch dahingehen müssen, ehe beweisende Zahlenwerthe zu Grunde gelegt werden können.

Meine Ansicht aber ist die, dass der Antipyrese ein therapeutischer Werth nicht abgesprochen werden darf. Freilich halte ich jeden Fanatismus nach der einen, wie nach der anderen Seite hin für verwerflich. Weder die Kranken, noch die Krankheiten lassen sich nach der Schablone behandeln. Ein jeder Fall erheischt seine eigene Therapie! Wer bei der Fieberbehandlung nicht zu individualisiren versteht, wird allerdings leichter mit „dem Zuviel" schaden, als nützen. Man wird mir vorwerfen, es sei sehr bequem, einen vermittelnden Standpunkt einzunehmen, aber am bequemsten machen es sich meiner Ansicht nach die, welche behaupten, man soll gegen die Fiebertemperatur gar nichts thun! Ich billige es nicht, wenn bei jedem Kranken, dessen Eigenwärme 40° C. erreicht oder übersteigt, sofort der ganze antipyretische Apparat in Bewegung gesetzt wird, andererseits aber befindet man sich völlig im Irrthum, wenn man glaubt, die Fiebertemperaturen, weil sie „heilsam" sind, als noli me tangere betrachten zu müssen.

Dass zur Heilung fieberhafter Infectionskrankheiten die hohen Körpertemperaturen nicht nothwendig sind, geht schon daraus hervor, dass doch die Zahl der bei consequenter Kaltwasserbehandlung genesenen Typhusfälle eine hinlänglich grosse ist, um als vollgültiger Gegenbeweis acceptirt zu werden. Wohl ein Jeder wird die Intermittensfieber nach wie vor mit Chinin coupiren, und Keinem wird es einfallen, dies als eine verwerfliche Störung des Selbstheilungsprocesses zu bezeichnen.

Geben wir auch zu, dass die hohen Fiebertemperaturen nicht die Wurzel alles Uebels sind, so sind sie darum nicht gleichgiltig oder gar zu vernachlässigen. Die Temperaturerhöhung an und für sich, falls es sich nicht um ganz abnorm hohe Temperaturen handelt, ist zwar kein direct lebensgefährliches Moment, aber unzweifelhaft doch ein schädigendes.

Kein Experiment hat bisher den Beweis geliefert, dass der menschliche Organismus sich bei 40° Blutwärme dauernd wohlbefinden würde. Es wäre auch nicht einzusehen, weshalb die mittlere Bluttemperatur denn gerade auf ca. 37,5° C. eingestellt ist und sie nur ganz minimalen physiologischen Schwankungen unterliegt. Wir wissen zwar, dass die pathologische Steigerung der Blutwärme auf der Reaction des Organismus gegen die eingedrungenen Parasiten beruht, aber es liegt viel näher anzunehmen, dass die Fiebertemperatur dem Gedeihen der Parasiten förderlich ist, da das Temperaturoptimum wie schon oben erörtert wurde, für die fraglichen pathogenen Mikroorganismen innerhalb der Fiebertemperaturen zu suchen ist. Nach Metschnikoff wird zwar durch die hohe Temperatur die Phagocytenthätigkeit erhöht und die parasitären Elemente werden von den Phagocyten „verdaut", aber gleichzeitig werden auch für die Integrität des Organismus höchst wichtige Bestandtheile (z. B. abgeschwächte Nervenzellen!) „aufgefressen!" Maissurianz (Samson Maissurianz: Beitrag zur Theorie des Fiebers. Fortschritte der Medicin 1885 Bd. 3, No. 21), der die Ursachen des fieberhaften Processes in das Blutgewebe verlegt und dem Nervensystem eine nur untergeordnete Bedeutung dabei zuschreibt, nimmt an, dass die Mikroorganismen eine zerstörende Wirkung auf die körperlichen Elemente des Blutes ausüben. Sie rufen eine gefahrbringende Anhäufung ihrer Zerfallsproducte hervor, zu deren Elimination die reactive Thätigkeit unseres Organismus in Anspruch genommen wird. Gegen diese Noxen kämpft das Blut mit der vermehrten Oxydation. Es steht der erhöhte Umsatz der rothen Blutkörperchen und der erhöhte Sauerstoffverbrauch in directer Abhängigkeit und Wechselbeziehung, und weitere wichtige Erscheinungen des fieberhaften Processes lassen sich davon ableiten.

Mit der Vermehrung der Sauerstoffträger d. h. mit ihrem grössten Umsatz muss mehr Sauerstoff aufgenommen und dem entsprechend auch mehr Kohlensäure ausgeschieden werden. — aus der vermehrten Oxydation entsteht die Erhöhung der Eigenwärme. Die vermehrte Ausscheidung des Harnstoffes, der Harnsäure, des Kreatinins im Fieber — weiter die vermehrte Ausscheidung der Kalisalze — des Hämoglobins deuten auf den Zerfall der rothen Blutkörperchen hin, ebenso der niedrige Werth der Phosphorsäureausscheidung im Harn. Mikroskopisch nachweisbare Veränderungen der Blutkörperchen Fieberkranker — Mangel an Geldrollenbildung. Kugelig- und Kleinerwerden der rothen Blutkörperchen — Stechapfelform derselben — das dunkle venöse Blut Fiebernder verliert die Fähigkeit heller zu werden, wenn es mit Luft geschüttelt wird. — Die Zahl der rothen Blutkörperchen wird vermindert gefunden. — Kurz man darf wohl Maissurianz beistimmen, dass bei Fieberkranken wesentliche Veränderungen im Blutgewebe vor sich gehen. Die Oxydation ist also beim Fieber ohne Zweifel erhöht. Die Fiebererhöhung ist die Folge vermehrter Verbrennung. Wir wissen, dass bei höheren Temperaturen alle chemischen Oxydationsprocesse rascher und ausgiebiger vor sich gehen, warum also nicht auch im Körper die Verbindung des Sauerstoffes mit dessen Bestandtheilen? — Hier muss auch daran erinnert werden, dass die Bildung jener Eiweisszerfallsproducte, der sogenannten Ptomaine, deren eminent toxische Eigenschaften durch Brieger[1]) ja hinreichend durch Experimente festgestellt worden sind, durch die hohen und lang andauernden Fiebertemperaturen (besonders beim Typhus abdominalis) wahrscheinlich angeregt wird und zu Stande kommt.

Dem mag aber sein, wie ihm wolle! Soviel steht doch sicher fest, dass dem Fieber entschieden consumirende Eigenschaften zukommen. Trägt einerseits auch die erhöhte Oxydation dazu bei, die im Blute circulirenden Mikroorganismen auf diese oder jene Weise zum Absterben zu bringen,

[1]) Brieger: Ueber Ptomaine. Berlin, Hirschwald 1885 und weitere Untersuchungen aus den Jahren 1885–1887.

so wird andererseits durch zu lange anhaltende Consumption, durch excessive Steigerung der Eigenwärme die Wohlthat, wie Maissurians sagt, ein „Danaergeschenk“.

Die Zerstörung der körperlichen Elemente dauert immer an, solange die Schädlichkeit im Blute circulirt. Die Blut bereitenden Organe werden zu sehr in Anspruch genommen. Sie erlahmen im Kampfe gegen die grosse Virulenz der eingedrungenen Schädlichkeiten. Es leidet also wesentlich die Gesammternährung unter der Einwirkung der erhöhten Temperatur, und alle diese Zersetzungsprocesse werden dadurch begünstigt, dass die Fieberhitze die Respiration beschleunigt, Störungen der Circulation veranlasst und die gesammte Nerventhätigkeit in einen eigenthümlichen Zustand reizbarer Schwäche versetzt. „Werden diese doch immerhin schädigenden Einflüsse wenn auch nur zeitweilig unterbrochen, so wird dies bei wochenlang andauerndem Fieber nicht gleichgültig sein. Bei einer Temperaturherabsetzung bis zur Norm (nur nicht unter dieselbe) werden die Oxydationsprocesse verringert. Wir haben also vollständig das Recht dieselben anzustreben, besonders dann, wenn uns Mittel zur Verfügung stehen, welche sonst ungefährlich für den Organismus sind.“ (Hoffmann l. c. p. 416/417.)

Nach alledem werden wir den natürlichen Heilungsprocess nicht gewaltsam unterbrechen und stören bei solchen, selbst hochgradig fieberhaften Infectionskrankheiten, deren Verlauf ein verhältnissmässig kurzer oder cyclisch in sich abgeschlossener, mit typischer Fiebercurve verlaufender ist. Hierhin würde ich die Pneumonie, die acuten contagiösen Exantheme und die sogenannten fieberhaften „katarrhalischen“ Erkrankungen rechnen. Auch dann ist keine strenge Indication vorhanden, antipyretisch einzugreifen, wenn durch die erhöhte Bluttemperatur keine wesentlichen Störungen des Centralnervensystems hervorgerufen wurden und das subjective Wohlbefinden des Kranken nicht schwer beeinträchtigt ist. Vorsicht erheischt die Anwendung der modernen Fiebermittel bei solchen Individuen, bei denen Degenerationszustände des Herzmuskels vorliegen. Hier sind Excitantien, vor allem die Alcoholica, indicirt. Ebenso möchte ich vor der zu dreisten und verschwenderischen Verabreichung des Thallin, Antipyrin, Antifebrin, Phenacetin etc. in der Kinderpraxis warnen. Namentlich dann, wenn eine stete ärztliche Ueberwachung des Patienten nicht möglich ist. Bei fiebernden Kindern mache ich den ausgedehntesten Gebrauch von Bädern. Ich lasse ein-, zwei-, höchstens dreimal den Tag baden. Ich sehe mich nie veranlasst, kalte Bäder zu verordnen, sondern ich begnüge mich mit temperirten Bädern von etwa 26° R. von 10—15 Minuten langer Dauer. Diese lauwarmen Bäder kann ich namentlich bei den acuten Exanthemen, Masern, Scharlach aus eigener Ueberzeugung angelegentlichst empfehlen. Es kommt mir dabei weniger darauf an die Fiebertemperatur herabzusetzen, als durch Anregung der Hautthätigkeit d. h. der peripherischen Circulation auf das Herz und den Gesammtstoffwechsel einzuwirken. Wie günstig sich der Einfluss und Erfolg dieser lauwarmen Bäder bei hochgradig fiebernden Kindern erweist, davon wird sich jeder Practiker leicht überzeugen können.

Bin ich aber einerseits weit davon entfernt, dahin zu streben, die Körpertemperatur Fieberkranker à tout prix zur Norm herabzudrücken, so werde ich mich doch nicht scheuen, es hier offen auszusprechen, dass man gegen den Nutzen unserer bisherigen antipyretischen Heilverfahren und auch den der neueren antipyretischen Mittel nicht blind sein soll. Bei allen wochenlang andauernden Consumptionsfiebern, so namentlich beim Typhus abdominalis, wird man neben einer hinreichenden sorgfältigen Ernährung des Kranken auch der Temperaturerhöhung die nöthige Berücksichtigung nach wie vor schenken müssen und sich nicht scheuen, im geeigneten Moment eine wirksame Antipyrese durchzuführen. Sicherlich ist doch gerade hier die hohe Temperatur ein gewichtiger Factor, der wesentlich zur Gewichtsabnahme und zum Kräfteverfall des Kranken beiträgt. Auch der rein symptomatische Erfolg ist nicht zu unterschätzen. Sind wir im Stande, durch sonst unschädliche, antipyretische Mittel den Kranken Erleichterung zu verschaffen, ihr subjectives Wohlbefinden zu heben, so nützen wir nicht blos dem Kranken, sondern ernten auch mit Recht den Dank der in Sorge bangenden Angehörigen. Jeder weiss, dass er durch eine Morphiuminjection niemals im Stande sein wird, eine Krankheit zu heilen. Wer würde aber so grausam sein, aus rein theoretischen Erwägungen den Kranken die Wohlthat einiger Stunden ruhigen, wenn auch künstlichen Schlafes zu entziehen? Am bequemsten ist es allerdings, sich mit dem Satze zu trösten: natura non medicus sanat. Aber ich halte es mit v. Ziemssen[1]) für einen traurigen

---

[1]) Antipyrese und antipyretische Heilmethoden II. Kl. Vortrag Leipzig 1887.

Rückgang unseres ärztlichen Berufes, wenn wir wieder in den absoluten Nihilismus der alten Wiener Schule verfallen würden!

(Aus Dr. Lassar's Klinik für Hautkrankheiten.)

Ueber Haarcuren.

Von

Dr. Oscar Lassar.

Die pathologischen Verhältnisse des Haarbodens sind in letzter Zeit Gegenstand mehrfacher Arbeiten und Discussionen geworden. Namentlich die Natur der Alopecia areata hat das Interesse erregt. Die Untersuchungen von G. Joseph über den Zusammenhang zwischen Nervendurchschneidung und localisirtem Haarverlust haben sich an die Frage nach dem Wesen der Alopecia areata geknüpft, Samuel hat die Bedeutung dieser Experimente vorzüglich in Rücksicht auf die rasche Regeneration angezweifelt, von Sehlen durch seinen Versuch, die pathogenen Organismen derselben Krankheit zu entdecken, Anregung geschafft und G. Behrend unsere Kenntnisse über den anatomischen Befund in den abgestorbenen Haarstümpfen gefördert. Studien über die vulgäre Form der Alopecia (praematura) furfuracea liegen nicht vor, seit es mir gelungen war, die Uebertragbarkeit dieses Leidens experimentell darzuthun und auf diesem Wege Erklärung zu schaffen für dessen ungeheure Verbreitung bei sonst ganz gesunden Personen fast jeden Lebensalters.

Auch über die Behandlung der vorzeitigen Haarschwundkrankheiten — und welcher Haarschwund wäre nicht vorzeitig?[1]) — ist nichts Neues bekannt geworden. Die Anhänger einer neuropathischen Auffassung werden die Möglichkeit einer solchen überhaupt kaum zugeben können, und die übrigen Aerzte begnügen sich gern damit, die Alopecie als ein physiologisches und unabwendbares Vorkommniss ruhig mit anzusehen. Die Betheiligten sind gegen diese Beeinträchtigung ihrer äusseren Erscheinung durchaus nicht gleichgiltig. Da aber die Aerzte diesem Leiden gemeiniglich ziemlich kühl gegenüberstehen, so fallen die mit Alopecie Behafteten den Heilkünsten der Friseure in die Hände. Wie aber in den Barbierstuben die herpetischen Bartflechten, so werden sicherlich auch in Friseurgeschäften Kahlheiten verschleppt. Die Möglichkeit, eine Alopecie von Mensch zu Thier und von Thier zu Thier zu übertragen, ist erwiesen, und Jedermann kann diesen Versuch leicht wiederholen. Man braucht nur in die ausgekämmten Haarwülste kahlwerdender Frauen weisse Mäuse zu setzen, deren Haut mit indifferentem Oel oder Fett bestrichen ist oder in die Haut von Kaninchen die ausfallenden Haare und Schuppen einzubürsten, so tritt prompt ein um sich greifender Haarausfall bei dem Versuchsthier ein. Beim Menschen wird dieses Experiment, wenn auch in weniger übersichtlicher Weise alle Tage gemacht. Gelegentlich des Haarschneidens kommen die Handwerkszeuge der Friseure ohne Auswahl mit dem Haarboden gesunder und behafteter Personen in Berührung. Je lichter der Haarbestand des Einzelnen wird, um so häufiger besucht er zum Zweck der Haarpflege den Friseur und setzt sich nicht allein selbst den dort herrschenden Einflüssen immer wieder aus, sondern trägt seine ausfallenden Haare und Schuppen in das von Allen gemeinsam benutzte Kammzeug hinein. Dieses letztere aber ist von seinen Adhärenzen nie mehr ganz zu befreien. Wenn man bedenkt, welche Mühe es macht, unsere ärztlichen Instrumente von fremden Keimen frei zu halten, kann man kaum annehmen, dass Kämme und Bürsten, namentlich aber die grossen, von einem Rade getriebenen sogenannten mechanischen Bürsten jemals vollständig gereinigt oder gar desinficirt werden können. Aber es bedarf nicht ausschliesslich der Friseure, um eine Uebertragung von Person zu Person zu vermitteln. Eine mit schuppender Alopecie behaftete Mutter wird sich nicht scheuen, mit ihrem Kamme auch die Haare ihrer Kinder zu ordnen. Eheleute pflegen in der gemeinsamen Benutzung von Kamm und Bürste wenig scrupulös zu sein und deshalb mag es kommen, dass so viele Frauen ihren Haarverlust erst vom Eintritt in die Ehe an datiren. Sonst peinliche Menschen scheuen sich nicht, beim Eintritt in eine Gesellschaft oder beim Verlassen einer Badeanstalt die dort ausgelegten Kämme zu benutzen und können, wenn in Folge dessen das Uebel sich einschleicht, nicht wissen, dass ein an sich so harmloser Missgriff dasselbe ursprünglich veranlasst haben mag. In den neuen Anstalten des Berliner Vereins für Volksbäder sind auf directe Anregung von Geheimrath Robert Koch Placate angebracht, welche besagen, dass Kämme und Bürsten nicht verabreicht werden, weil durch dieselben Haarkrankheiten übertragen werden können. Mit die-

[1]) Die Annahme, dass die Alopecia gewöhnlich seniler Natur sei, ist durch Nichts begründet. Vielmehr werden die meisten Leute schon zwischen 20 bis 30 Jahren kahl.

zur Rücksicht auf die wahrscheinliche Provenienz der meisten Haarleiden wird die prophylactische Vermeidung des Contacts Hand in Hand gehen. Jedermann benutze nur seine eigenen Kämme und Bürsten und auch diese nur in sorgfältig gereinigtem Zustand. Wer nicht in der Lage ist, den Friseur zu sich kommen zu lassen, der hinterlege wenigstens bei demselben sein eigenes Instrumentarium. Man gewöhne die Kinder früh an ein subtiles Verfahren auch in dieser Beziehung und präge ihnen ein, dass der nöthigen Reinlichkeit auch die Kopfhaut nicht entbehren kann.

Das Vorurtheil, die Haare dürften nicht gewaschen werden, ist besonders bei den Frauen durchweg verbreitet. Zwar giessen dieselben allerhand zersetzliche Ingredienzien auf ihren Haarboden, aber sie nehmen fast nie Gelegenheit, dieselben wieder gründlich zu entfernen. Die Summe von Staub, zersetzten Epithelien und Talgresten, kurz, der Schmutz, welcher sich so anzuhäufen pflegt, übertrifft alle Voraussetzung. Ein dumpfer Geruch der Haare deutet bereits an, dass dieselben ein stabiles Nest für organische Zersetzungen bilden und das ablaufende Waschwasser nach einer ersten Waschung giebt deutliches Zeugniss für die Nothwendigkeit derselben.

Die Versuche, einige bestimmte Mikroorganismen für die typischen Formen der jugendlichen Kahlheit in Reinculturen festzustellen, scheitern zunächst an der grossen Anzahl von Lebewesen, welche sich in den Ablagerungsstätten des menschlichen Haarbodens einsiedeln. Jede Impfplatte bringt zahllose Saprophyten zum Aufschiessen. Trotzdem wird es sorgfältiger Einzelforschung gewiss gelingen, auch hier bacteriologische Klarheit zu schaffen. Denn das ganze Verhalten, die Art der Entstehung, das unregelmässige Wachsthum der Processe, das plötzliche Stillstehen und Umsichgreifen, die notorische Uebertragbarkeit, die grosse Neigung zu Recidiven — Alles deutet auf eine pflanzliche Einnistung hin. Und hiermit stimmt auch der Einfluss der Behandlung.

So beachtenswerth die Versuche Joseph's auch sind, welche zeigen, dass in Folge einer Durchschneidung von Rückenmarksnerven kahle, der Alopecia areata vergleichbare Flecken zum Vorschein kommen, so ist doch damit nicht bewiesen, dass umgekehrt auch die nosologischen Fälle von fleckweisem Haarschwund auf Störungen im Nervensystem beruhen müssen. Der Diabetesstich Claude Bernard's hat bewiesen, dass man durch eine Verletzung des vierten Ventrikelbodens eine Zuckerausscheidung bewirken kann. Aber Niemand führt jede Zuckerharnruhr auf eine derartige Störung im Centralnervensystem zurück. Man kann, wie Westphal und Binswanger gezeigt haben, durch mechanische Läsionen, oder auch Kussmaul und Tenner durch Carotidenunterbindung epileptische Anfälle bei Versuchsthieren herbeiführen und in Folge von traumatischen Verletzungen peripherischer Nerven Gewebsverkümmerungen entstehen sehen. Aber die Bedeutung dieser Thatsachen für das allgemeine pathologische Verständniss involvirt doch nicht ohne Weiteres, dass die vergleichbaren klinischen Vorkommnisse nun ebenso zu Stande kommen müssen. Auch schliesst eine Ursache die andere nicht aus. Nachdem es geglückt war, die Uebertragbarkeit von Haarkrankheit auf Thiere zu zeigen, hielt der um diese Fragen hochverdiente Michelson die Angelegenheit für kritisch abgethan, weil er auch durch verdorbene Fette Haarausfall bei Kaninchen hervorrufen konnte. Nun spielen gewiss schlechte Pomaden und Oele eine Rolle in der Herbeiführung von Kahlheiten und in diesem Sinne ist eine Bestätigung nur erwünscht. Aber wohl überlegte und controlirte Versuche lassen sich nicht entkräften, um so weniger, wenn sie mit den klinischen Beobachtungen in Uebereinstimmung stehen.

Dass die Alopecia areata gewöhnlich nicht auf der — auch ihrerseits wieder problematischen — Erkrankung von Nerven zu beruhen pflegt, könnte vielleicht schon aus dem Fehlen jeglicher anderen Nervenstörung geschlossen werden. Aber selbst wenn man annimmt, dass eine ganz isolirte trophische oder vielmehr atrophisirende Beeinflussung stattfände, so müsste dieselbe doch an gewisse Nervenbahnen gekettet sein. Dies ist aber für die Alopecia areata nicht der Fall. Vielmehr springt das Leiden von Fleck zu Fleck. Es bindet sich an keine Bahn noch Grenze. Unbekümmert um Mittellinie oder Nervenverzweigung dehnt sich die Peripherie der einzelnen Kahlkreise aus. Daneben oder fern davon entstehen neue. Wieder andere confluiren zu unregelmässig bizarren Ringen und Figuren, und in einem nicht geringen Procentsatz aller Fälle nimmt das Leiden eine generalisirende Form an. Die Haare des ganzen Kopfes und des Bartes fallen in rapider Folge aus. Manchmal macht sich diese Verwüstung in wenigen Tagen oder Wochen geltend. Einzelne Personen werden plötzlich durch den büschelweisen Ausfall aller Haare, so dass die Haut wie rasirt nackt und kahl zu Tage liegt, bis zur Unkenntlichkeit entstellt. Aber auch Brauen, Wimpern, Achsel- und Schamhaare verfallen demselben Schicksal. Dazu treten dann so vielseitige und springende Schwankungen im zeitlichen Verlauf und der örtlichen Ausbreitung, dass eine systematische Erkrankung peripherischer Nervenbahnen kaum angenommen werden darf. Und von einem nervösen Centralorgan für das Haarwachsthum ist bislang noch Nichts verlautet.

Sollte es sich herausstellen, dass auch im gewöhnlichen Leben durch Nervenleiden ähnliche Erscheinungen gezeitigt werden, so läge hierin kein Widerspruch. Es ist gewiss nicht Bedingung, dass ein krankhafter Vorgang immer nur auf einer Ursache beruhen müsse. Aber für die sich offenbar mehrenden Fälle von Alopecia areata, wie sie im alltäglichen Leben ganz gesunder Personen jeder Lebenslage vorkommen, muss doch der Ansteckungstheorie die grösste Wahrscheinlichkeit zugestanden werden. Unter mehreren Hundert Fällen von Alopecia areata, die im Laufe der letzten Jahre (allein seit dem 1. Januar dieses Jahres 81) in der diesseitigen Anstalt zur Beobachtung kamen, sind auffallend viele gewesen, welche Geschwister, Schulgenossen, Hospitanten derselben Barbier- oder Friseurstube, Besitzer von Hunden oder Katzen, die mit ähnlichem Haarleiden behaftet waren, betrafen. Selbstverständlich kann nur von reinen Fällen, nicht von Verwechselungen mit Herpes tonsurans oder Lupus erythematodes, welch' letzterer manchmal unter ganz ähnlichem Bilde verläuft, die Rede sein. Auch hat hier niemals eine Täuschung in Bezug auf allgemeine vorzeitige Alopecie vorgelegen. Vielmehr können beide Formen zusammen vorkommen, auch alterniren. Ein besonders prägnanter Fall dieser Art ist folgender: Eine junge Frau hatte an Alopecia furfuracea gelitten und nach sorgsam durchgeführter Behandlung ihr Haupthaar in alter Fülle und Schönheit wieder erlangt. Plötzlich zeigte sich an ihrer rechten Schläfe ein handgrosser kahler Fleck, für dessen Entstehung sich in dem Umstand die Erklärung fand, dass bei ihrer Kammerjungfer eine seit Jahr und Tag bestehende Alopecia areata constatirt werden konnte. Man vermag aus dem vorhandenen Material eine ganze Reihe von Beispielen zusammenzustellen, welche auf Verschleppung und Contactübertragung hinweisen. Den besten Beleg aber giebt das Auftreten förmlicher Epidemien wie eine solche auf der Kölner Naturforscher-Versammlung Herr Eichhoff (Elberfeld) geschildert hat. Hier waren von 30 Patienten 10 die Kunden des nämlichen Friseurs gewesen und alle hatten die Krankheit kurz nach dem Haarschneiden bemerkt. Nachdem dieser Friseur jedoch gelernt hatte, seine Utensilien zu reinigen, ging auch die Häufigkeit des Leidens auf den sonst üblichen geringen Prozentsatz zurück.

Die Pariser Académie de Médecine hat in ihrer Decembersitzung vom vorigen Jahre eine Commission ernannt „de l'étude des mesures à prendre à l'égard des sujets atteints de pelade". Ueber die Arbeiten dieser aus den Herren Hardy, Bergeron, Fournier, Cornil, E. Besnier, Bucquoi, Ollivier, Le Roy de Méricourt, Vallin und Vidal zusammengesetzten Commission ist im Juli d. J. durch Herrn Besnier Bericht erstattet worden. In demselben wird Bezug genommen auf eine veritable Epidemie von A. a., welche vor Kurzem mit zwanzig Fällen im Regiment der Sapeurs-Pompiers in Paris um sich gegriffen hatte und dabei hervorgehoben, dass bei keinem der befallenen Soldaten sich der geringste Anhalt für eine nervöse Belastung ergab. Andererseits aber werden die Pompiers allabendlich auf ihre Posten vertheilt und benutzen immer wieder, einer nach dem andern, dieselben Kopfkissen. Dementsprechend war auch die Mehrzahl der befallenen Leute am Hinterkopf oder in den Nackenhaaren von der Pelade befallen. Bei weiterer Nachforschung hat sich dann ergeben, dass die Alopecia areata überall da, wo sie in der Pariser Garnison aufgetreten ist, in kleinen Gruppen von Fällen zum Vorschein kam und z. B. in einem einzigen Cürassier-Regiment neun Mal, in einem Musik-Corps vier Mal zu gleicher Zeit beobachtet wurde. — Hierzu kommen noch eine Reihe prägnanter Belege, welche Besnier für die Uebertragbarkeit anführt: Ein Kind, mit einem kahlen Fleck behaftet, wird auf Grund eines ärztlichen Attestes, dass die Affection nicht ansteckend sei, in ein Privatpensionat aufgenommen und alsbald erkrankt sein Klassennachbar an derselben Erscheinung. Die Kinder hatten denselben Kamm gebraucht. — Ein anderer Knabe kam mit einem Heerd von Alopecia aus der Schule in die Ferien nach Hause, theilte dort aus Mangel an Betten während zweier Nächte mit einem Bruder das Lager, und nach drei Wochen war dieser letztere in ganz derselben Weise und an derselben Stelle behaftet. Leloir theilt folgende Kette von Fällen mit: 1. Pharmaceut, 2. dessen Freund und Zimmergenosse, 3. die Geliebte dieses Freundes, 4.—6. Mutter, Bruder und Schwester des Pharmaceuten, mit denen derselbe bei einem Aufenthalt in der Familie Bürsten und Kämme ohne jede Vorsicht gemeinsam benutzt hatte. In Brest wurden nach der Mittheilung des Chef-Arztes Dr. Barthelemy die Fälle im Anschluss an das Eintreffen eines behafteten Ankömmlings aus Angers gesehen und in der dortigen Zöglings-Abtheilung trat die Alopecia areata zuerst nach der Ankunft von zwei Kindern aus St. Brieuc auf, deren Kopf zu zwei Dritteln kahl war. Seither haben sich die Fälle in jener Anstalt in auffallender Weise vermehrt und zwar offenbar, weil die Betten sehr nahe an einander gerückt waren und ausserdem die Kinder aus Versehen und im Spiel die Mützen zu tauschen pflegten. Ja, Dr. Barthélemy spricht den Verdacht aus, dass die Knaben die Mützen absichtlich verwechselten, um die Krankheit und damit einen Anlass, nach Hause geschickt zu werden, zu erwerben.

Fussend hauptsächlich auf diesen und ähnlichen Erfahrungen hat die genannte Commission eine Instruction zur Verhütung des Umsichgreifens der Alopecia areata ausgearbeitet. Dieselbe tritt für eine möglichste Isolirung der befallenen Individuen und ihrer Effecten ein und stellt sich somit ganz und voll auf den Boden der Uebertragbarkeit. Auch die französischen Militär-Behörden haben ohne Rücksicht auf etwaige andere Ansichten zur Sistirung der begonnenen Epidemien unter den Soldaten diesen Standpunkt in Bezug auf ihre sehr stricten und erfolgreichen Maassnahmen im Auge behalten.

Eine therapeutische Richtschnur geht von der Pariser Commission nicht aus. Möglicherweise will dieselbe dem Handeln des einzelnen Arztes nicht vorgreifen, vielleicht auch haben die Mitglieder derselben noch kein Verfahren als nützlich erprobt. Und doch existirt ein solches.

Bereits im Jahre 1880 habe ich eine Methode angegeben, mit welcher es gelingt, dem alltäglichen Defluvium capillorum, dem Schuppenfall und Jucken, der fettig-schmierigen Absonderung — kurz den Symptomen der Alopecia pityrodes Einhalt zu thun. Diese Behandlung nun hat sich seither in mehr als tausend Fällen bewährt und wirksamer bewiesen, als irgend eine anderweitige, therapeutische Maassnahme. Immer und immer wieder ist inzwischen Zweifeln an der Richtigkeit der Beobachtung, an der Zuverlässigkeit der Cur und dem Zusammenhang zwischen Ursache und Wirkung gern Raum gegeben, aber das Resultat jeder Control-Modification ist stets dasselbe geblieben. Mit voller klinischer Sicherheit lautet dasselbe, dass es möglich ist, durch eine zweckmässige antiparasitäre Behandlung den Haarschwund zum Stillstand zu bringen.

Der Vorgang bei gewöhnlichem, allgemeinem Haarschwund ist bekanntlich sehr typisch. Die Abschuppung der Oberhaut- und der Haarbalg-Epithelien wird stärker und nimmt allmählich lästige Dimensionen an. Dazu kommt die Absonderung eines schmierigen Hauttalgs und ein oft nur ganz leichtes, kaum wahrnehmbares, an der Grenze des Fühlbaren stehendes, aber sehr steigerungsfähiges Jucken. Der Haarausfall selbst macht sich erst allmählich bemerkbar und wird von den meisten Menschen als ein naturgemässes und zu Recht bestehendes Vorkommniss aufgefasst. Dem ist aber gewiss nicht so. Aus einem sorgfältig gehaltenen und gesunden Haarboden geht kein einziges Haar aus. Was nicht beim ungeschickten Kämmen und Bürsten vernichtet wird, bleibt für alle Lebenszeit an Ort und Stelle. Haarwechsel im Sinne mausernder Thiere giebt es beim Menschen nicht. Die scheinbar gleichen Zustände sind nichts anderes, als die Regeneration pathologisch verloren gegangenen Haarmaterials. Diese Regeneration ist wie bei allen epithelialen Gebilden eine sehr zähe und setzt auch nach Jahre langem Bestand des Leidens immer wieder ein. Wo ein Haar ausfällt, sucht ein neuer Schössling sich an die Stelle zu setzen, und erst wenn die Nachwüchse immer von Neuem dem verheerenden Processe zum Opfer gefallen sind, tritt zuletzt Atrophie des leergewordenen Follikels ein und eine narbige Schrumpfung des verödeten Sackes verhindert endlich jede Möglichkeit einer weiteren Haarbildung. Dann ist die unheilbare Glatze fertig.

Es wird also Alles darauf ankommen, diesem Ausgang vorzubeugen und den Haarausfall zu einer Zeit zu sistiren, wo die bindegewebige Verkümmerung des Haarbodens noch möglichst wenig Platz gegriffen hat. Die Art des Vorgehens ist genau vergleichbar unserer Conservirung der Zähne, die wir durch Entfernung nagender Parasiten systematisch zu schützen suchen. Die Aufgabe wird bleiben, das supponirt organische Keimgift zu zerstören, ohne die Gewebe selbst zu schädigen, und diese Aufgabe ist bei der experimentell als übertragbar erwiesenen Alopecia furfuracea, ebenso wie bei der klinisch der Contagiosität mindestens hochverdächtigen Alopecia areata vollständig gleichsinnig. Wie unsere antiseptischen Methoden immer mit gleichen Mitteln erfolgreich arbeiten, gleichviel welche Species von Wundinfectionen zu verhüten sei, ebenso wird es von vornherein wahrscheinlich sein müssen, dass zwei so verwandte Zustände auch denselben Behandlungsarten weichen werden. Die Erfahrung bestätigt diese Voraussetzung. In der That lassen sich die für die A. pityrodes als nützlich bewährten Massnahmen ohne Unterschied auch auf Area Celsi übertragen und bei beiden Formen des pathologischen Kahlwerdens ist der Erfolg der antiparasitären Therapie ein eclatanter. Mag es auch einzelne Fälle jeder Art geben, die ihr Widerstand leisten; von den ganz abgelaufenen abgesehen, sind gewiss auch hier immer einzelne an sich sehr hartnäckige, ja hoffnungslose Fälle: aber welches Heilmittel wirkt ausnahmslos? Niemand wird aus der gelegentlichen Wirkungslosigkeit des Chloralhydrat oder des Mercur und des Carbol's Rückschlüsse auf deren eventuelle Bedeutung machen wollen. Bei den Haarcuren werden neben den ärztlichen Vorschriften noch eine Anzahl Nebenbedingungen: vor Allem eine geschickte Hand zur Ausführung, grosse Energie und Consequenz in der Durchführung gefordert werden müssen. Treffen diese Voraussetzungen zu, so ist man mit überraschender Sicherheit im Stande, pathologischen Haarausfall jeder Art zum Stillstand und alle etwaigen Nebenerscheinungen zum Schwinden zu bringen.

Die bereits an anderer Stelle angegebenen Vorschriften haben sich im Laufe der Jahre stets wieder bewährt und seien hiermit dem allgemeinen Gebrauch angelegentlichst empfohlen. Sie lauten:

Man lasse durch geübte Hand in den ersten 6—8 Wochen täglich, später seltener den Haarboden durch etwa 10 Minuten seifen und zwar am besten mit einer stark theerhaltigen z. B. der Berger'schen Theerseife. Auch kann man folgende zur Reinigung der Kopfhaut sehr dienliche Seifenmischung herstellen lassen:

1 St. Krankenheil-Seife No. 2 und
1 St. Cocos-Seife

werden fein zerrieben, mit je einem Esslöffel Soda und Pottasche gemischt und dann in einem Liter Rosenwasser gelöst.

Nach gründlicher Einschäumung der Kopfhaut — das Haar wird zu diesem Zweck in möglichst viele Scheitel zerlegt — wird die Seife mittelst eines Irrigators oder einer kleinen Giesskanne erst mit lauem, dann mit kühlem Wasser sorgsam abgespült. Diese kalten Waschungen härten die Kopfhaut des gegen Erkältungen gewöhnlich sehr empfindlichen Alopecia-Patienten in erfreulicher Weise ab. Nach leichtem Trocknen wird der Kopf nun frottirt mit:

℞ Sol. Hydr. bichl. 0,5 : 150,0
Glycerini
Spirit. colon. āā 50,0.
M. S.

sodann trocken gerieben mit absolutem Alkohol, dem ½ % Naphtol zugesetzt ist, und dann

℞ Acid. salicyl. 2,0
Tinct. benz. 3,0
Ol. pedum tauri ad 100,0.
M. S.

möglichst reichlich in die jetzt ganz entfettete Haut eingerieben.

Dieses Verfahren schliesst in systematischer Weise die Berücksichtigung aller Indicationen in sich. Alle Adhärenzen werden mit der Seifung entfernt, die Sublimatmischung wird in dieser Form von den Mündungen der Haarfollikel gern angenommen, der Alkohol trocknet, entfettet und desinficirt, das Salicylöl endlich wird von allen Poren begierig aufgesogen und kann im Innern der Drüsengänge seine Wirkung zur Geltung bringen*). Wendet man diese Procedur Tag für Tag an, so wird man in weitaus der Mehrzahl der Fälle ein günstiges Resultat erzielen. Selbstverständlich kann es sich bei Alopecia praematura nur an den Stellen um Erfolge handeln, wo der Process und soweit derselbe noch nicht mit Zerstörung der wachsthumsfähigen Elemente abgelaufen ist. Aber auch dann hört das Jucken, die abnorme Schuppenbildung, die Schmeerbildung bald auf und die bis dahin haufenweise ausgehenden Haare beginnen bereits nach wenigen Wochen festeren Halt zu gewinnen. Der Status quo wenigstens bleibt erhalten. Im Beginn des Haarschwunds aber, zumal bei ganz jungen Leuten ist der Nutzen der Cur ein viel weitergehender. Namentlich bei Mädchen und Frauen ist dieselbe dankbar. Aus dem starren, strähnigen, glanzlosen Haar wird wieder ein biegsames und elastisches Gebilde. Zu vielen Hunderten schiessen junge, lebenskräftige Neu-Haare hervor und machen alle Voraussetzungen von der Nutzlosigkeit einer Haarbehandlung zu nichte.

Bei der Alopecia areata stecken die Haarstümpfe meist noch in den Haartaschen und haben auf lange Zeit hinaus ihre Sprossungsfähigkeit bewahrt. Demgemäss kommen bei dieser Form viele partielle oder vollständige Selbstheilungen vor, und man könnte bei jeder Empfehlung eines Mittels dem billigen Einwand begegnen, dass die Genesung möglicherweise auch ohne unser

*) Es ist auffallend, dass neben der von R. Koch experimentell festgestellten Wirkungslosigkeit öliger Salicylsäure-Mischungen gegen die Lebensfähigkeit von Mikroorganismen, die therapeutische Beobachtung hier und auch bei anderen zweifellos parasitären Leiden an dem Heilwerth eines 2% fettigen oder öligen Salicyl-Präparats festzuhalten lehrt.

Zuthun erfolgt sein würde. Der Ausgang eines jeden Einzelfalles von Alopecia areata ist ungewiss. Während die A. pityrodes mit absoluter Sicherheit zur mehr oder weniger fortgeschrittenen Lichtung des Haarbestandes führt, — es sei denn, sie werde durch die beschriebene Cur aufgehalten — kann die Area celsi entweder ausheilen oder zu unvermittbarer, totaler Haarlosigkeit führen. Der Zufall — nehmen wir an, es sei ein solcher — will nun aber, dass mit Einführung derselben Behandlung, welche die vulgäre Alopecie in so auffallend günstiger Weise beeinflusst, so ziemlich jedes Mal auch die Alopecia areata eine stricte Umkehr erleidet. Ein Patient, wie der nebenstehende (vgl. Fig. 1), ein bekannter junger Officier, geht seit Monaten mit stetig um sich greifender Alopecia areata umher, welche in entstellender Weise seine militärische Erscheinung bedroht. Von dem Tage an, wo die Sublimat-Waschcur eingeleitet wird, schreitet auch das Leiden zurück und macht, trotz einiger Recidive im Laufe eines Vierteljahrs den Weg bis zur vollständigen Rückbildung durch (vgl. Fig. 2).

Ein junger Avantageur betritt als Reconvalescent von Diphtherie einen Friseurladen in einer kleinen italienischen Stadt und bemerkt bereits auf der Heimreise einen trotz angewandter Mittel stetig sich vergrössernden Kahlfleck. Auch hier machte die Haarcur dem Leiden sofortigen Einhalt und führte in Kurzem zu vollständigem Retablissement. Beweisender noch mögen die folgenden Abbildungen sein, wo es sich um jahrelang bestehende Fälle handelte, deren Genesung sich gleichfalls prompt an die geschilderte Behandlung angeschlossen hat (vgl. Fig. 3, 4, 5 und 6).

Derartige Casuistik in zahlreichen Beispielen an einander zu reihen, wäre ein Leichtes, da durch die Erfolge, welche einer Reihe von Patienten geworden sind, es an einschlägigem Zufluss nicht gefehlt hat. Es mag aber an dieser Stelle genügen, auf die bestehende Möglichkeit hinzuweisen, dass man mit Hülfe einer so harmlosen Behandlung im Stande ist, Haarkrankheiten zur Hemmung, ja zum vollständigen Erlöschen zu bringen. An Bestätigungen auch von collegialer Seite hat es nicht gemangelt.

Hartnäckigeren Fällen gegenüber fehlt es nicht an weiteren Hülfsmitteln. Vor Allem kann man das Sublimat, dem eine fast specifische Wirkung in Bezug auf das Haarwachsthum zuzutrauen ist, mehrmals täglich anwenden. Bei einer kürzlich behandelten Dame entwickelten sich auf der Stirn, welche bei den Kopfwaschungen häufig mit benetzt war, eine Menge feiner Wollhärchen. Unter nassen Sublimat-Verbänden

Vor der Behandlung.

Fig. 1.

Nach der Behandlung.

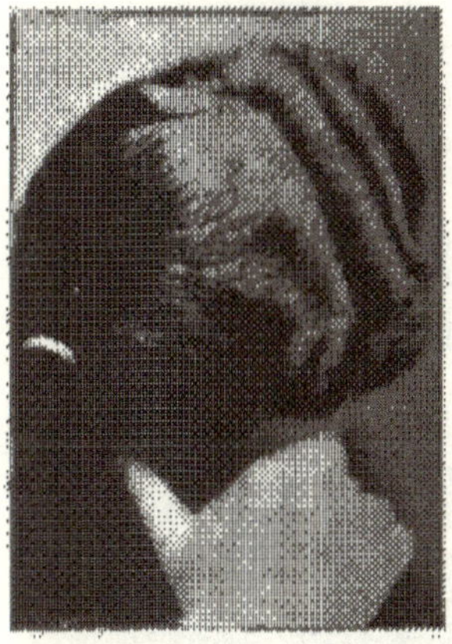

Fig. 2.

(Die regenerirten Haare sind nicht farblos (wie aus der Abbildung hervorzugehen scheint), sondern mit dem vollen Pigment wiedergewachsen.)

sieht man ganz auffällig manchmal Hypertrichosis an den Extremitäten entstehen. Herr Director M. Schede in Hamburg hat die Güte gehabt, persönlich folgende Beobachtung mitzutheilen: „Man sieht bei Leuten,

Vor der Behandlung.

Fig. 3.

Nach der Behandlung.

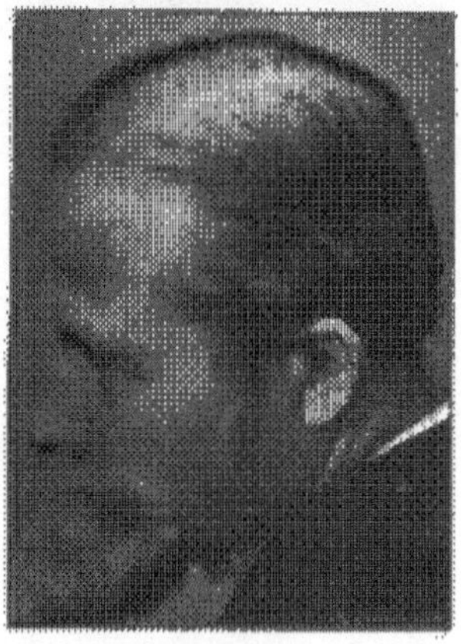

Fig. 4.

die längere Zeit mit Sublimatverbänden behandelt werden, einerlei ob diese feucht oder trocken waren, sehr häufig im Bereich des Verbandes ein stärkeres Wachsthum der Haare. Auch bei den alten Lister'schen

Vor der Behandlung.

Fig. 5.

Nach der Behandlung.

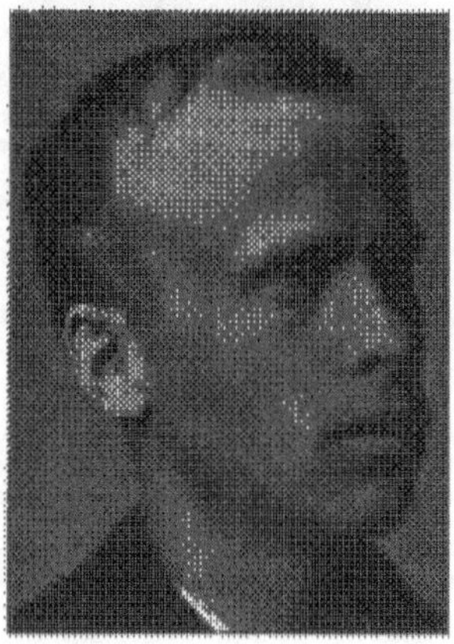

Fig. 6.

Carbolgazeverbänden sah man ziemlich dasselbe, wenn auch vielleicht nicht ganz so intensiv". Bei einem dreijährigen Knaben, der uns durch die Güte des Herrn Collegen Scharenberg (Potsdam) zugeführt wurde, waren in Folge einer irritirenden Salbe an mehreren Stellen des Rumpfes und im Gesicht bartähnliche Haarwucherungen entstanden[*]).

Wie die Einführung des Lanolin gezeigt hat, werden sich besonders fettige Vehikel animalischer Provenienz zur Resorption in die menschliche Haut eignen. Dementsprechend mag auch das sogenannte Pferdekammfett, Adeps colli equini, ein in manchen Gegenden beliebtes Volksmittel, vielleicht auch auf Grund seiner eigenartigen chemischen Zusammensetzung eine gewisse Geltung besitzen. Jedenfalls dient es mit offenbarem Nutzen in folgender Zusammensetzung:

℞ Acid. carbol. 1,0
Sulf. sublim. 5,0
Adip. colli equini ad 50,0.
Mfgt. Adde ol. Berg. gtt. X. D. i. oll. vitrea aperta. S. flüssige Pomade.

Ganz augenscheinlicher Weise wirkt auch vorsichtige Anwendung von Terpenthin, entweder als Oel, Anfangs mit gleichen Theilen indifferenten Oels versetzt oder in Mischung mit verdünntem Spiritus. — Nach den ersten Mittheilungen von Schmitz haben wir immer wieder zum Pilocarpin und anderen Schwitzcuren gegriffen und können den Erfolg derselben nicht in Abrede stellen. Auch in Spiritus oder als Pomade:

℞ Pilocarpini muriatici 2,0
Vaselin. flavi 20,0
Lanolini 80,0
Ol. Lavand. gtt. XXV

wirkt das Pilocarpin fördernd auf den Haarwuchs. Dass ebenso in dem altbekannten Zusatz von Perubalsam zu Haarpomaden lediglich das Antiparasitäre von Bedeutung sei, ist nach alledem wahrscheinlich, und eine Zusammensetzung von:

℞ Pilocarp. muriat. 2,0
Chinin. muriat. 4,0
Sulf. praecip. 10,0
Balsam. peruvian. 20,0
Medull. bovin. ad 100,0

stellt eine zwar theure, aber empfehlenswerthe Haarsalbe dar. Allerdings sind alle fettigen Einreibungen stets, bevor sie sich ranzig zersetzen, durch Seifenwaschungen wieder zu entfernen und umgekehrt jeder Seifcur eine nachherige Einfettung nachzuschicken, damit Sprödigkeit der Kopfhaut von vornherein verhütet werde.

Endlich ist noch der Theer zu erwähnen, dessen Nützlichkeit in Form von Theerbädern bei allen stürmisch-progressiven Fällen auf das Deutlichste die eventuelle Bedeutung einer antiparasitären Behandlung darthut. In gleichem Sinne hat auf dem internationalen Congress zu Washington Robinson das Chrysarobin empfohlen, dem allerdings seine Gefährlichkeit in Bezug auf Ophtalmieen entgegensteht.

So schliesst sich Alles zusammen, um einem bislang ärztlich nur wenig beachteten und pathologisch doch so interessanten Zustande krankhafter Gewebsverkümmerung die Grundlagen einer causalen Therapie zu sichern. Experimentelle und klinisch beobachtete Uebertragbarkeit geben die Voraussetzung, jahrelange Erfahrung an geeigneten Fällen die Bestätigung, dass es sich bei den beiden Hauptformen der Alopecia um Leiden parasitärer Natur handelt, deren Bekämpfung ein dankbares Ziel ärztlicher Aufmerksamkeit und Prophylaxis zu bilden vermag.

[*]) Bekanntlich hat auch die Behandlung der Hirsuties in den letzten Jahren grosse Fortschritte gemacht, seit man nach Michel und Hardaways Vorgang die electrolytische Zerstörung der Frauenbärte systematisch betreibt. Bei einiger Uebung und unter Benutzung möglichst schwacher constanter Ströme gelingt es in der That, ganz ausgedehnte Missbildungen dieser Art narbenlos und dauernd zu vertilgen.

Behandlung der Diphtherie mittelst Hydrotherapie nach Erfahrungen im Lübecker Kinderhospital.

Von

Dr. Ant. Philipp Pauli,
Hausarzt am Lübecker Kinderhospital.

Nach einem auf der 61. Versammlung deutscher Naturforscher und Aerzte in Cöln in der pädiatrischen Section gehaltenen Vortrag.

Für eine Diphtherie-Heilmethode ist heutzutage gewiss keine besondere Empfehlung mehr die Mittheilung, dass bei Anwendung derselben kein oder fast kein Todesfall vorgekommen sei, dass sie ausnahmslos die Tracheotomie überflüssig mache, indem selbst in den extremsten Fällen sofortige Besserung und sichere Heilung eintrete; im Gegentheil wirkt eine solche Anpreisung eher abschreckend, denn es drängt sich sofort der Gedanke auf, dass wieder einmal die bei einer leichten Epidemie gesammelten günstigen Erfahrungen den Autor bewogen, das hierbei angewandte Mittel als Panacee gegen Diphtherie hinzustellen. Nicht ermuthigender ist es ferner, wenn zugleich bei der Definition des Begriffes „Diphtheritis" allen Ernstes sechs Stadien derselben angenommen werden, von denen erst das vierte unserer jetzigen Auffassung von Diphtherie entspricht. Kommt schliesslich noch hinzu, dass die ganze Methode in einer äusserst enthusiastischen, sanguinischen, dabei aber völlig unwissenschaftlichen Weise empfohlen, ja ausgerechnet wird, wieviel Menschenleben bei Anwendung derselben in den vorhergegangenen Jahren hätten gerettet werden können, so ist damit das Schicksal derselben besiegelt, d. h. nur wenige Aerzte werden sich dazu entschliessen, diese Methode anzuwenden und zu prüfen.

So ist es denn auch mit der sogenannten „Wachsmuth'schen Diphtheritis-Heilmethode" gegangen. Das Verfahren, Krankheiten der verschiedensten Art, besonders der Respirationsorgane durch hydriatische Curen zu heilen, ist ja an und für sich nichts Neues, insbesondere aber wurde schon 1879 von Rauchfuss[1]) speciell für die ja meist diphtheritische Laryngo-Tracheo-Bronchitis fibrinosa die Anwendung einer hydriatischen Methode warm empfohlen und besonders eine vorzügliche theoretische Erklärung über die Wirkungsweise derselben gegeben. Diese Rauchfuss'sche Empfehlung wurde in der von Biedert bearbeiteten 9. Aufl. des Vogel'schen Lehrbuchs (pag. 203) auf Grund eigener Beobachtung wiederholt. Dr. Wachsmuth[2]) behandelte nun ebenso die Diphtheritis überhaupt (nach seiner Angabe schon seit 1863, was er jedoch erst 1882 publicirt zu haben scheint). Weil nun aber diese hydrotherapeutische Behandlung der Diphtherie nach ihm alle oben geschilderten Vorzüge besitzen sollte, so war es natürlich, dass trotz seiner unermüdlich erneuten Empfehlungen[3]) andere Erfahrungen hierüber nicht bekannt geworden sind.

Und doch sind nach den Resultaten, die wir im Lübecker Kinderhospital seit December 1886 gemacht haben, die mit dieser Methode erzielten Erfolge so günstige, dass sie entschieden zu weiterer Prüfung und Anwendung auffordern. Die Methode besteht nun im Wesentlichen aus einer bis zum Verschwinden der Membranen fast ununterbrochen fortgesetzten Schwitzcur mittelst Einschlagen des ganzen Körpers der Kinder in Priessnitz'sche Umschläge, und zwar folgendermassen: Zunächst bleibt eine solche Voll-Einpackung, wobei besonders auf festen Abschluss am Halse zu achten, 3 Stunden liegen; dann werden die Kinder, nach raschem Abreiben mit kühlem Wasser, eine Stunde lang in eine wollene Decke gehüllt; in der fünften und sechsten Stunde werden sodann, je nach der Körpertemperatur, viertel- oder halbstündliche, nur vom Hals bis an die Hüften reichende Priessnitz'sche Umschläge über Brust und Leib gemacht. Dieser sechsstündliche Turnus wird noch zwei Mal wiederholt, so dass das Kind von Morgens 6 Uhr bis Nachts 12 Uhr fortwährend im Schweisse liegt, zu dessen reichlicherer Hervorbringung in der ersten und zweiten Stunde Fliederthee gereicht wird; ausserdem erhält das Kind zu trinken, so viel es mag, besonders gut genommen und von bester Wirkung ist Zuckerwasser mit etwas Cognac (von Rauchfuss empfohlen). Von 12 Uhr Nachts bis 6 Uhr Morgens hat das Kind völlige Ruhe, nur ein kleiner Priessnitz'scher Halsumschlag wird umgelegt. Innerlich erhalten die Patienten Kali chloricum in 2 proc. Lösung; die älteren gurgeln damit; in einzelnen Fällen wird mit Wasser, bei penetrantem Geruch auch mit Hydrogen. peroxyd. inhalirt. Im Saale wird Carbolwasser gesprengt, namentlich aber muss auch auf gute Ventilation desselben geachtet werden; wo letztere fehlt, empfiehlt sich öfterer Zimmerwechsel.

In dem Lübecker Kinderhospital wurden nun vom December 1886 bis September 1888 180 an Diphtherie erkrankte Kinder verpflegt, von welchen 58 gleich bei der Aufnahme tracheotomirt werden mussten. Von den somit verbleibenden 122 Kindern wurden 110 nach der oben beschriebenen Methode behandelt, wobei nur je nach dem Fall die Art der Einpackungen modificirt wurde (so z. B. wandten wir bei den bereits mit Larynx-Affection Aufgenommenen meist nur die grossen Einpackungen, und zwar die ersten zwei Tage ununterbrochen an). Die übrigen 12 waren entweder Fälle, die schon in den ersten Stunden nach der Aufnahme starben, oder solche, bei denen die Diphtherie nicht charakteristisch genug ausgebildet war. Es kommen nun noch von 16 Scharlachkranken 7 ebenfalls der Schwitzcur wegen starker Diphtherie unterworfene Kinder hinzu. Von diesen 117 Kindern litten nun, laut nebenstehender Tabelle 21 (Fall 1—20 und 112) an leichter, aber natürlich doch sicher charakterisirter Diphtherie, 52 (Fall 21—69, 113, 115 und 117) an mittelschwerer (grössere Beläge auf den Tonsillen, höheres Fieber, jedoch ohne Tendenz zu rascher Verbreitung auf den weichen Gaumen und die Nase),

[1]) In der pädiatrischen Section der 52. Versammlung deutscher Naturforscher und Aerzte in Baden-Baden 1879.

[2]) Diphtheritis, Erfahrungen aus der Praxis über Wesen, Entstehung und Behandlung. Leipzig.

[3]) a) Verschiedene Mittheilungen an die Allgemeine medicinische Centralzeitung. b) Die Diphtheritis-Heilmethode von Dr. Fr. Wachsmuth illustrirt durch die Statistik der Diphtherie für Berlin. — Berlin 1886.

Uebersicht der im Lübecker Kinderhospital vom December 1886 bis September 1888 mit hydriatischer Methode behandelten Diphtheritis-Fälle.

Nr.		Alter, Jahre	Aufgenommen	Entlassen	Gestorben	Dauer der Einpackung in Tagen	Bemerkungen
			I. Leichte Fälle. 1887.				
1	Mädchen	6	14. 3.	21. 3.		1½	
2	-	7	10. 8.	16. 8.		1	
3	-	13	14. 8.	21. 8.		1	
4	Knabe	6	29. 8.	3. 9.		1	
5	Mädchen	5	26. 9.	29. 9.		1	
6	Knabe	12	19. 10.	23. 10.		1	
7		11	8. 11.	13. 11.		1	
8	-	8	14. 11.	20. 11.		1	
9	-	15	26. 11.	3. 12.		1	
10	Mädchen	8	27. 12.	6. 1. 88		1	
			1888.				
11	Mädchen	11	21. 1.	26. 1.		2	
12	Knabe	10	20. 1.	30. 1.		2	
13	Mädchen	9	21. 1.	3. 2.		1	
14	Knabe	9	28. 1.	3. 2.		1	
15	Mädchen	6	17. 2.	23. 2.		1	
16	-	4	23. 2.	28. 2.		2	
17	-	12	26. 2.	4. 3.		1½	
18	Knabe	4	20. 5.	26. 5.		1½	
19	-	7	6. 5.	20. 5.		2 u. 1	Wiederkehr des Belages.
20	-	9	18. 6.	26. 6.		2	
			II. Mittelschwere Fälle. 1886.				
21	Mädchen	5	3. 12.		9. 12.	2	Mit Larynx-Affection aufgenommen. 5. 12. Tracheotomie.
22	-	2	14. 12.	30. 12.		3	
			1887.				
23	Mädchen	4	5. 1.	23. 1.		4	7. 1. Larynx-Affection, 9. 1. Tracheotomie.
24	Knabe	12	8. 1.	9. 1		2	
25	-	4	24. 2.	16. 3.		1	Mit Larynx-Affection aufgenommen. 26. 2. Tracheotomie.
26	-	10	17. 2.	13. 3.		2	23. 2. Scharlach.
27	Mädchen	10	21. 3.	27. 3.		2	
28	-	5	3. 4.	11. 4.		3	
29	Knabe	9	3. 4.	11. 4		2½	
30	-	2½	7. 4.	16. 4.		3	
31	Mädchen	6	29. 5.	5. 6.		3½	
32	Knabe	4	24. 6.	9. 7.		2	
33	-	7	6. 7.	14. 7.		3	
34	-	4	10. 7.	6. 8.		2	11. 7. Scharlach.
35	-	11	11. 7	16. 7.		2	
36	Knabe	9	11. 7.	16. 7.		2	
37		6	17. 7.	6. 8.		2	
			II. Mittelschwere Fälle. 1888.				
62	Mädchen	4	29. 2.	6. 3.		3	
63	-	3	7. 3.	20. 3.		3	Mit Larynx-Affection und Einziehungen aufgenommen.
64	Knabe	6	28. 3.	3. 4.		2	
65	Mädchen	9	7. 6.	18. 6.		2	
66	Knabe	7	12. 6.	7. 7.		2	
67	-	4	4. 8.	18. 8.		2	
68	Mädchen	5	4. 8.	11. 8.		2	
69	-	7	23. 8.	28. 8.		2	
			III. Schwere Fälle. 1886.				
70	Knabe	6	23. 12.	3. 1. 87		4	
71	Mädchen	7	28. 12.	5. 1. 87		2½	
72	-	14	31. 12.	15. 1. 87		2	
			1887.				
73	Mädchen	4	4. 1.	10. 1.		2	
74	Knabe	14	5. 1.	21. 1.		3	Spitalinfection, deshalb länger im Isolirhaus behalten.
75	-	5	23. 1.	2. 2.		3	
76	Mädchen	4	7. 2.	20. 2.		4	Spitalinfection.
77	-	11	23. 2.	18. 3.		3	
78	-	7	24. 2.	15. 5.		5	Mit Larynx-Affection und Einziehungen aufgenommen.
79	Knabe	9	5. 3.	18. 3.		9	
80	Mädchen	13	16. 3.	31. 3.		5	Wenig Neigung zum Schwitzen. Wiederkehr des Belages, dann 5% Carbolsäure-Inhalat. und Ol. Tereb.
81	Knabe	2½	20. 3.		30. 3.	4	22. 3. Larynx-Affection. 24. 3. Tracheotomie. Belag im Hals verschwunden.
82	Mädchen	12	12. 4.	30. 4.		4	
83	Knabe	3	10. 5.	8. 6.		4 u. 3	Neuer Belag, 3 Tage nach Verschwinden des ersten.
84	-	7	28. 5.	8. 6.		4	
85	Mädchen	11	1. 7.	16. 7.		2, 2½, 3	2mal Wiederkehr des Belags.
86	Knabe	2½	13. 7.	6. 8.		3	16. 7. Scharlach.
87	-	5	22. 7.	30. 7.		3	
88	-	4	8. 8.	14. 8.		4 u. 1.	Neuer Belag, 2 Tage nach Verschwinden des ersten.
89	Mädchen	5	14. 8.	26. 8.		6	
90	Knabe	1½	16. 8.		18. 8.	1½	
91	Mädchen	2½	17. 8.		23. 8.	5	Nephritis. 4 Tage vor der Aufnahme erkrankt. Beläge persistiren.
92	Knabe	8	17. 8.		20. 8.	3	3 Tage vor der Aufnahme erkrankt. Beläge persistiren.
93	-	7	1. 9.	7. 9.		3	
94	Mädchen	7	7. 9.		22. 9.	6	Wenig Neigung zum Schwitzen. Beläge persistiren.
95		12	8. 9.	18. 9.		3	

38	Mädchen	9	29. 7.	11. 8.		2½	
39	-	8	3. 8.	14. 8.		2	
40	Knabe	2½	3. 8.	21. 8.		4	
41	Mädchen	7	3. 8.	9. 8.		2	
42	Knabe	8	6. 8.	14. 8.		2	
43	-	3	13. 8.	17. 8.		2	
44	-	3	6. 9.	20. 9.		2	
45	-	6	24. 9.		14. 10.	2½	
46	-	6	5. 10.		11. 10.	1	Mit Larynx-Affection aufgenommen. 7. 10. Tracheotomie.
47	-	6	10. 10.	20. 10.		2	
48	Mädchen	9	27. 10.	2. 11.		2½	
49	Knabe	11	8. 11.	13. 11.		2½	
50	-	1½	4. 11.		9. 11.	1½	
51	-	8	27. 11.		3. 12.	4	28. 11. Larynx-Affection. 1. 12. Tracheotomie.
52	Mädchen	9	23. 12.	12. 1. 88		3	24. 12. Larynx-Affection. 26. 12. Tracheotomie.
53	Knabe	3	25. 12.	29. 12.		2	
54	-	6	28. 12.	10. 1. 88		2	
			1888.				
55	Mädchen	9	29. 1.	7. 2.		2	
56	-	10	5. 2.	16. 2.		3	
57	Knabe	7	10. 2.	21. 2.		2	
58	Mädchen	5	16. 2.	28. 2.		3	
59	Mädchen	9	23. 2.	8. 3.		3	
60	Knabe	2½	25. 2.		29. 2.	1	Mit Larynx-Affection und Einziehungen aufgenommen. 27. 2. Tracheotomie.
61	-	5	26. 2.	13. 3.		2½	

96	Knabe	9	11. 9.	18. 9.		6	Wenig Neigung zum Schwitzen.
97	Mädchen	6	16. 9.		1. 10.	6	Gleich nach der Erkrankung aufgenommen. Stark geschwitzt.
98	-	4	20. 9.	2. 10.		3½	
99	Knabe	4	21. 9.	11. 10.		4½	
100	-	8	5. 10.	22. 10.		3	
101	Mädchen	2	30. 10.		1. 11.	1	
102	Knabe	4	4. 11.	16. 11.		2½ u. 2	Wiederkehr des Belags.
103	-	1	27. 11.	16/1. 88		3	
			1888.				
104	Mädchen	5	29. 1.	7. 2.		6	Wenig Neigung zum Schwitzen.
105	Knabe	8	10. 5.	26. 5.		4	10. 5. Larynx-Affection, leichte Einziehungen.
106	-	12	12. 6.	21. 6.		4	
107	-	7	30. 6.		4. 7.	3½	Beläge persistiren.
108	Mädchen	5	7. 7.	3. 8.		5½	Mit Larynx-Affection aufgenommen. 11. 7. Tracheotomie.
109	Knabe	2½	18. 7.	25. 7.		3½	
110	-	4½	23. 8.	14. 9.		4½	Mit Larynx-Affection und starken Einziehungen aufgenommen.
			Scharlach-Fälle.				
111	Mädchen	9	31. 5. 87	2. 7.		3½	Schwerer Fall.
112	Knabe	3	11. 2. 87	6. 3.		1½	Leichter Fall.
113	-	4	13. 3. 87	20. 3.		3	Mittelschwerer Fall.
114	Mädchen	6	23. 2. 88		12. 3.	5	Schwerer Fall. Wenig Neigung zum Schwitzen.
115	-	9	21. 2. 88	20. 3.		2½	Mittelschwerer Fall.
116	-	7	16. 3. 88		10. 9.	3½	Schwerer Fall. Caries am Ost. Nephritis.
117	Knabe	7	12. 6. 88	7. 7.		2	Mittelschwerer Fall.

während bei 44 (Fall 70—110, 111, 114 und 116) schwere Diphtherie vorhanden war, mit grossen, dicken, sich rasch ausbreitenden und übelriechenden Belägen auf beiden Tonsillen, dem Zäpfchen und dem weichen Gaumen, meist auch mit Nasen-Diphtherie complicirt.

Es ist uns nun durchaus nicht gelungen, sämmtliche Kinder wiederherzustellen, sondern es starben an Diphtheritis[1]) 14 Kinder, 8 der schweren, 6 der mittelschweren Form (von letzteren 5 nach erfolgter Tracheotomie); auch mussten 9 (Fall 21, 23, 25, 46, 51, 52, 60, 81 und 108) nach 1—3 Tagen tracheotomirt werden wegen Fortschreitens der Affection auf den Larynx, aber die Lösung der Membranen erfolgte fast ausnahmslos rascher, als wir es bisher bei Kali chloricum, Ol. Terebinth., Chinolin und 5 proc. Carbolsäure-Inhalationen gewohnt waren. Auch bei der schweren Form mit dicken, weit verbreiteten und übelriechenden Belägen gelang es oft innerhalb 2—4, meist in 3 Tagen, die Membranen zum Verschwinden zu bringen, und recht oft hatten wir Gelegenheit, zu beobachten, wie selbst ausgedehnte Beläge innerhalb der ersten 24 Stunden sich lockerten, so dass sie sich ohne Mühe und Läsion wegwischen liessen, namentlich wenn die Fälle frisch zur Behandlung kamen. Fieber und Geruch hörten meist schon am zweiten Tag auf. Es stiessen sich die Membranen ab bei den leichteren Fällen (21) in 1—1½ Tagen, von den mittelschweren (52) bei 30 in 1—2, bei 18 in 3 und bei 4 Fällen in 3½—4 Tagen, von der schweren Form (44) bei 31 in 2—4 und bei 9 in 5—6 Tagen, während bei 4 Kindern (Fall 91, 92, 94 und 107) die Beläge bei dem am 3., 8., 14. und 4. Tage nach der Aufnahme erfolgten Tode noch persistirten. Wenn die Beläge länger als 3 Tage haften blieben, dann war die Neigung der Kinder zum Schwitzen meist gering; im Allgemeinen konnte man sagen, je stärker die Schweisssecretion war, desto rascher trat die Lösung der Membranen ein. Relativ häufig blieben, nach Abstossung der Membranen selbst, mehrere stecknadelkopfgrosse, gelbliche Punkte (in den Lacunen steckende Pfröpfe) auf den Tonsillen noch mehrere Tage bestehen; auch trat bei 6 Kindern (Fall 19, 80, 83, 85, 88 und 102) einige Tage nach Beseitigung des Belags, meist ziemlich plötzlich (Reinfection durch frische Fälle ausgeschlossen), ein neuer Belag auf, der indessen rasch wieder verschwand.

[1]) Die beiden Scharlach-Todesfälle kommen hier nicht in Betracht, da bei diesen nicht die Diphtheritis Todesursache war.

mitunter aber doch eine erneute Schwitzcur nothwendig machte.

Gegen Heruntersteigen der Affection in den Larynx schützte die Methode nicht immer, es kam jedoch nur 5 Mal (Fall 23, 51, 52, 81, u. 105) dazu; in 4 Fällen musste tracheotomirt werden, bei einem (Fall 105) konnte die Operation umgangen werden, da die obturirenden Membranen ausgehustet wurden. Von 8 mit bereits eingetretener Larynx-Affection aufgenommenen Kindern, die meist zur Vornahme der Tracheotomie gesandt waren, deren Zustand aber ein Hinausschieben der Operation noch gestattete, und bei denen im Vertrauen auf unser Verfahren dies angewandt wurde (Fall 21, 25, 45, 60, 63, 78, 108 u. 110), genasen 3 Kinder (Fall 63, 78 u. 110), ohne dass eine Operation nothwendig wurde (hierzu kommen noch 2 an genuinem Croup und Larynx-Stenose erkrankte Kinder, bei denen derselbe Erfolg verzeichnet werden konnte). Das Alter der Patienten variirte zwischen 1—15 Jahren.

Um auf die Todesfälle zurückzukommen, so starben im Ganzen 14 Kinder, 3 derselben bereits 1 Tag nach der Aufnahme, also mit letzteren 12,75%, ohne dieselben 10%. Im gleichen Zeitraum starben in Lübeck überhaupt von 769 angemeldeten Diphtheritis-Fällen 131, also 17,03%. Ich füge dies nur der Vollständigkeit wegen an, ohne hieraus einen Schluss auf den Werth der Methode zu ziehen, möchte nur darauf aufmerksam machen, dass naturgemäss in einem Kinderhospital viel mehr schwere Fälle confluiren, als man sie im Durchschnitt zu gleicher Zeit in der Stadt findet (bei uns im Hospital waren es von 110 Fällen 44 schwere), was ja nicht zu Ungunsten dieses Verfahrens spricht.

Was nun noch, ausser der raschen Lösung der Membranen, ganz besonders hervorzuheben ist und die Methode werthvoll erscheinen lässt, ist der Umstand, dass trotz der Strapazen des energischen Schwitzens die Kinder grösstentheils sofort nach Aufhören der Einpackungen im Stande waren, aufzustehen, und leichte und mittelschwere Fälle selten länger, als 6—8 Tage im Hospital zu bleiben nöthig hatten (ein längerer Aufenthalt war meist bedingt durch restirende kleine Pfröpfe in den Tonsillen), so dass sie die Schwitzcur nicht sonderlich angegriffen zu haben schien; im Gegentheil vertrugen die Kinder ausnahmslos die ganze Procedur sehr gut.

Wenn ich die in der Privatpraxis behandelten zahlreichen Fälle nicht in den Kreis meiner Betrachtungen gezogen habe, so geschah es aus dem Grunde, dass hier nicht, wie in einem Hospital, stets die Garantie gegeben ist für eine genaue und verständige Ausführung aller Anordnungen. Im Ganzen aber deckten sich die Resultate mit den eben mitgetheilten. In Fällen, bei denen sich die Abstossung unverhältnissmässig verzögerte, konnte fast stets nachgewiesen werden, dass das Kind in Folge mehr oder weniger unrichtiger Ausführung der Einwicklungen nicht so zum Schwitzen gebracht wurde, wie es wünschenswerth war. — Der Ausführung der Einpackungen selbst stellte man in der Privatpraxis fast nie Widerstand entgegen, im Gegentheil waren die Eltern sehr geneigt, diesem im Grunde ja volksthümlichen Heilverfahren ihr volles Vertrauen entgegenzubringen.

Die theoretische Erklärung Wachsmuth's für die Wirkung der Hydrotherapie bei der Lösung der Membranen, dass „durch das forcirte Schwitzen dem Blute rasch Wasser entzogen, dieses salzhaltiger, und dadurch für die im Blute kreisenden Bacillen ein ungünstiger Nährboden geschaffen würde, wodurch diese rascher zu Grunde gingen", ist entschieden unrichtig, denn der durch das Schwitzen herbeigeführte Wasserverlust des Blutes wird durch das reichliche Trinken rasch wieder ausgeglichen, so dass von einer Eindickung des Blutes nicht die Rede sein kann (Biedert). Die richtige Erklärung ist vielmehr die von Rauchfuss für den Larynx-Croup angegebene, dass „die Einsenkungsstellen des Fibrinnetzes in die Schleimdrüsen, die hauptsächlichen Haftstellen der Pseudomembranen, durch den Druck des sich in den Schleimdrüsen stauenden Secrets heraus- und abgehoben werden. Unwillkürlich schleiche sich zuweilen beim Studium solcher Bilder der Gedanke ein, wäre es doch im Leben möglich gewesen, den Secretionsdruck mächtig zu steigern, das Gewebe wässerig zu durchfeuchten und zu durchspülen."

Durch den bei dem hydriatischen Verfahren mächtig gesteigerten Secretionsdruck wird jenes eben bewirkt; dann aber kommt auch noch in Betracht, dass durch den raschen centrifugalen Lymphstrom (Pott) in kürzester Frist die schädlichen Elemente aus dem Körper eliminirt werden.

So kann ich nicht umhin, auszusprechen, dass die oben beschriebene Methode, eine werthvolle Bereicherung in der Diphtheritis-Behandlung, zur Anwendung zu empfehlen ist, da neben rascher Lösung der Membranen das Allgemeinbefinden der Kinder nicht alterirt wird. Es liegt dies eben darin, dass keinerlei differente, den Organismus leicht gefährdende Mittel dabei zur Anwendung kommen, sondern nur ein völlig naturgemässes.

Zum Schlusse darf ich noch hinzufügen, dass mehrere meiner Lübecker Collegen sich von den Vorzügen dieser Behandlungsweise überzeugten und dieselbe jetzt anwenden.

Ueber unangenehme Nachwirkungen des Sulfonal.

Von

Kreiswundarzt Dr. Schotten in Cassel.

Da es bei einem neu in Aufnahme gekommenen Mittel wie dem Sulfonal, das bei seinen vortrefflichen Eigenschaften wohl in der nächsten Zukunft von den Aerzten vielfach angewendet werden wird, von Wichtigkeit ist, dass man auch alle seine unangenehmen Seiten, falls es solche besitzt, kennt, um auf unerwünschte Nebenwirkungen vorbereitet zu sein, und wenn möglich, solche zu vermeiden, so möchte ich in Folgendem kurz einen von mir vor einigen Wochen beobachteten Fall mittheilen, der, namentlich wenn von anderer Seite Aehnliches beobachtet würde, zu einer gewissen Vorsicht in der Dosirung und Anwendungsweise und in der Auswahl der Patienten, bei denen man Sulfonal verordnet, auffordert.

Eine zarte, nervöse, etwa 45jährige Dame, welche seit fast 20 Jahren in Folge von Myelitis chronica paraplegisch an den Beinen gelähmt ist und daher seit langem Bett und Rollstuhl nicht verlassen hat, und die wegen der häufigen Störung ihrer Nachtruhe durch schmerzhafte Muskelcontractionen in den Beinen seit ca. 1 Jahr allabendlich Chloralhydrat (zuletzt 3,0) erhalten hatte, bekam von mir, da das Chloralhydrat ihr widerwärtig geworden war, den 29. VIII. 88 Abends ½9 Uhr, nach dem Abendessen 2,0 Gramm Sulfonal-Bayer (grobes Pulver, wie ich nachher constatirte), in einer Tasse warmer Bouillonsuppe. Ungenügende Schlafwirkung, am andern Morgen unangenehme Müdigkeit. Am folgenden Abend erhielt sie wieder 2,0 in derselben Form, aber schon um 8 Uhr; der Effect war derselbe. Am dritten Abend wurden 3,0 Sulfonal in derselben Weise verabreicht. Diesmal trat andauernder Schlaf ein, jedoch bestand am andern Morgen nach dem Erwachen ein ganz bedeutendes subjectives Gefühl von Müdigkeit, das den ganzen Tag andauerte, dabei aber zugleich objectiv die Zeichen einer hochgradigen Ermüdung: stete Neigung zum Schlafen, Herabsinken der Oberlider, schlaffes Hängen des Kopfes, langsame undeutliche Sprache durch Schwerbeweglichkeit der Zunge, kurz der Gesammteindruck eines gewaltig übermüdeten Menschen. Dabei wurde über andauerndes Kopfweh, bitteren Geschmack und Appetitlosigkeit geklagt. (NB! war das verwendete Präparat für meine Geschmacksnerven durchaus nicht bitter.) Dieser Zustand, der den Angehörigen der Patientin einen besorgnisserregenden Eindruck machte, aber auch mir durchaus nicht gleichgiltig erschien, blieb in den nächsten vier Tagen bestehen und zeigte nur eine ganz allmähliche unbedeutende Besserung. Selbstverständlich wurde deshalb von weiterer Darreichung von Sulfonal oder Chloral abgesehen; es war in Folge dessen der Schlaf in den nächsten Nächten wieder öfters unterbrochen, während gleichzeitig, wie gesagt, bei Tag die Neigung zum Schlaf fortbestand.

Da erfolgte nach vollen vier Tagen der Ausbruch eines Exanthems, vom Kopf beginnend über die ganze Körperoberfläche, welches die vollständigste Aehnlichkeit mit discreten Masern darbot, indem es aus lebhaft rothen, bis linsengrossen Flecken bestand, welche vielfach zu grösseren Flecken und Figuren zusammenflossen und in ihrem Centrum ein einem Follikel entsprechendes Knötchen zeigten. Dabei bestand Hitzegefühl und Brennen der Haut, aber keine besonderen Erscheinungen von Seiten der Schleimhäute. Mit dem Ausbruch dieses Exanthems ging gleichzeitig der eigenthümliche Allgemeinzustand schnell vorüber und machte einem befriedigenden Befinden Platz. Das Exanthem breitete sich, während die Centra der Flecken blasser wurden, in den nächsten zwei Tagen noch in der Fläche aus und wurde dadurch in einigen Gegenden confluirend; dann erblasste es schnell ziemlich vollständig bis auf Spuren, die selbst nach 14 Tagen noch sichtbar waren.

Erwähnen möchte ich zu dieser Krankengeschichte noch, dass eine Schwester der Patientin im vorigen Jahr nach Antipyrin ein ganz ähnliches Exanthem bekommen haben soll.

Vorstehende Darstellung meiner Beobachtung wird genügen, um zwei ganz auffallende Erscheinungen hinreichend hervortreten zu lassen:

1) Die nach mehrtägigem Gebrauch von Sulfonal (2 + 2 + 3 g) eingetretenen, 4 Tage lang dauernden subjectiven und objectiven Zeichen einer hochgradigen Ermüdung.

2) Das masernartige Exanthem, welches 4 Tage nach dem Aussetzen des Sulfonal auftrat und mit dessen Ausbruch zugleich die Erscheinungen von Seiten des Nervensystems schnell verschwanden.

Von diesen beiden Erscheinungen ist die erste, die den Sulfonal-Schlaf überdauernde Müdigkeit, von Anderen bereits geschildert und gewürdigt worden. Doch dürfte — abgesehen auch noch von einigen Nebenerscheinungen — die Intensität und vier Tage lange Dauer des Zustandes neu und höchst bemerkenswerth sein.

Als Ursachen der protrahirten Wirkung des Sulfonal hat bekanntlich Kast*) die schwere Löslichkeit desselben (und die chemische Resistenzfähigkeit seines Molecüls) bezeichnet, welche namentlich dann sich in ihrer Wirkung geltend mache, wenn das

*) Therap. Monatsh. Heft 7.

Mittel zu spät am Abend, in nicht ganz fein gepulvertem Zustand und nicht in genügender Menge warmer Flüssigkeit gereicht werde. In unserem Fall, bei einer 4 Tage lang dauernden Wirkung, dürfte es wohl ziemlich gleichgiltig gewesen sein, ob das Mittel 2 oder mehr Stunden vor dem Schlafengehen gereicht wurde, wogegen der unvollkommeneren Lösung des zu groben Pulvers und der dadurch verzögerten Resorption vielleicht ein Theil der Schuld beizumessen ist. Jedenfalls wird aber noch, und zwar in erster Linie, ein weiteres Moment, welches in ganz besonderen individuellen Verhältnissen — des Nervensystems und vielleicht auch der Verdauungsorgane — zu suchen ist, mit verantwortlich gemacht werden müssen.

Die zweite der Erscheinungen, der Ausbruch eines masernartigen Exanthems, ist meines Wissens bisher noch von keiner Seite als Wirkung des Sulfonal beschrieben worden[1]); es schliesst sich diese Beobachtung an die anderer Arznei-Exantheme an, wie man sie früher schon nach Morphium, Chinin etc., neuerdings ganz besonders nach Antipyrin und verwandten Mitteln beobachtet hat, für deren Auftreten im einzelnen Fall man bis jetzt nichts anderes als eine „Idiosyncrasie", eine „individuelle Disposition" als Erklärung anzuführen weiss. Eine solche bei der „nervösen" Patientin anzunehmen, dürfte in unserem Fall um so leichter gestattet sein, als wir in der Familie der Patientin bereits eine zweite Person als zu Arzneiexanthemen geneigt, kennen gelernt haben. Sehr merkwürdig erscheint das späte Auftreten des Ausschlags und seine zeitliche Beziehung zu den allgemeinen Intoxications-Erscheinungen, welche wie mit einem Schlage nach erfolgter Eruption verschwunden waren, ähnlich dem Vorgang bei regulären Masern — mit denen das Exanthem ja auch äusserlich die grösste Aehnlichkeit darbot — wo das Fieber und die sonstigen Allgemeinsymptome mit dem vollendeten Ausbruch des Exanthems schnell vorübergehen.

Ich möchte zum Schluss noch hervorheben, dass es nicht meine Absicht bei Abfassung vorstehender Zeilen gewesen ist, nun überhaupt vor der Anwendung des Sulfonal zu warnen; im Gegentheil habe ich nach öfterer Anwendung in meiner Praxis bis jetzt nur Ursache gehabt, mit dem Mittel zufrieden zu sein und glaube, dass wir Herrn Professor Kast für die Einführung dieses neuen Schlafmittels zu grossem Danke verpflichtet sind. Aber es beweisen Fälle, wie der beschriebene, dass auch gegen Sulfonal, wie gegen viele andere Mittel, einzelne Individuen in ganz besonderer Weise reagiren; und es ist fraglich, ob es bei Beachtung alter bekannten oder noch zu findenden Vorschriften bei seiner Anwendung gelingen wird, ähnliche Vorkommnisse ganz zu vermeiden.

[1]) Ist inzwischen auch von Engelmann beschrieben worden. Vergl. Therap. Monatshefte 1888. S. 515. Red.

Das Bromäthyl und die Bromäthylnarkose.

Von

Dr. Hirsch in Wiesbaden.

Unter demselben Titel veröffentlichte Dr. Leo Szuman in Thorn einen Aufsatz im April- und Maiheft der Therapeutischen Monatshefte. Im Aprilhefte warnt Verfasser vor Verwechselung des Bromäthyls mit Bromäthylen und Bromäther. In demselben Hefte bespricht er einen Fall aus seiner Praxis, bei welchem er behufs Zahnextraction eine Frau mit Bromäthyl narkotisirte. „Eine schmerzstillende Wirkung, berichtet Verfasser wörtlich, trat trotz längeren Aufgiessens des Bromäthyls gar nicht ein, wohl aber in 2 Tagen andauerndes Erbrechen mit sehr heftigem Kopfschmerz, Schwäche u. s. w." Da mir nun vor Kurzem in meiner Praxis ein ähnlicher Fall passirt ist, so glaube ich mich berechtigt, denselben zu veröffentlichen, zumal solche Fälle immer wieder darthun, wie so vorzügliche Mittel, wie es das Bromäthyl ist, auf diese Weise leicht in Misscredit gerathen können.

H. Sch., Dienstmädchen, erschien vor einiger Zeit behufs Ausgrabens mehrerer Zahnwurzeln in meiner Sprechstunde. Ich bezog aus der hiesigen Apotheke 100 g Bromäthyl und begann zu narkotisiren nach den mir aus der Lectüre dieser Monatshefte bekannten Vorschriften. Ich übergoss die Chloroformmaske, die ich dicht auf Nase und Mund setzte, reichlich mit Bromäthyl und wartete vergeblich auf den wenn auch nur kurzen Moment der Betäubung. Nach einiger Zeit goss ich wieder ein Quantum auf und wartete wieder vergeblich. Ich fuhr in dieser Weise fort, bis ich schliesslich nach ungefähr 10maligem Aufgiessen meine 100 g Flüssigkeit verbraucht hatte. Während dieser Zeit versuchte ich öfters, die Patientin zu bereden, mich nur für einen Augenblick still zu halten, da ich annahm, dass das Schmerzgefühl wahrscheinlich verschwunden sein würde, aber dieselbe protestirte so energisch, dass ich schliesslich unwillig die Chloroformmaske bei Seite legte und die Patientin ruhig in ihrem Stuhle sitzen liess. Nach einiger Zeit meldete sie sich und bat mich, ihr nun die Wurzeln auszugraben. Ich that dies unter furchtbarem Geschrei der Patientin. Ob nun wirklich die Schmerzempfindung eine so gewaltige gewesen ist, entzieht sich der Beobachtung, da bekanntlich viele Patienten, namentlich weiblichen Geschlechts, nach der Operation den ganzen Schmerz empfunden haben wollen. Die Zahnwurzeln waren nun glücklich beseitigt, aber der hinkende Bote kam nach. Schon einige Stunden nach der Operation trat ein abundantes Erbrechen auf mit Todtenblässe, starkem Kopfschmerz und Ohrensausen. Eine starke Tasse Kaffee brachte zwar Erleichterung, jedoch hielt das Erbrechen die ganze Nacht an, um erst am andern Tage allmählich zu verschwinden.

Eine Inspection des Glases nun, aus dem ich das Bromäthyl genommen hatte, zeigte die Aufschrift „Aethylenum bromatum" und darunter die Formel $C_2H_4Br_2$. Eine früher gebrauchte Flasche gab den Namen „Aether bromatus" an, während ich den hiesigen Apotheker gebeten hatte, Bromäthyl kommen zu lassen. Derselbe bezieht seine Waaren von der Droguenhandlung Rump & Lehners in Hannover, in deren neuestem Katalog wir die Bezeichnung „Aethylenum bromatum" fanden. Entweder hat nun obige Firma auf Bestellung von Bromäthyl unter der Annahme der Identicität Bromäthylen geschickt und dasselbe der Abwechselung halber mit „Aether bromatus" bezeichnet, oder der Apotheker hat unter derselben Annahme und weil in dem Katalog nur Aethylenum bromatum stand, das Bromäthyl für mich unter dem Namen Bromäthylen bestellt. Sei dem, wie ihm wolle, so viel ist sicher, dass in den Bezeichnungen „Aethylum bromatum, Aethylenum bromatum und Aether bromatus eine schwere Confusion herrscht, die in unserem Falle zwar auch keine üblen Folgen hatte, leicht aber solche hätte nach sich ziehen können, zumal ein Quantum von 100 g verbraucht wurde. Ich finde übrigens in dem oben citirten Aufsatze, dass in einem Falle sogar 150 g des Mittels gegeben wurden. Luftröhrenkatarrh habe ich bei meiner Patientin auch nicht beobachtet. Die charakteristischen Krystalle auf der Chloroformmaske habe ich bei meinem Präparat, das sich übrigens beim Verreiben auf der Hand auch ölig anfühlte, nicht bemerkt. Merkwürdigerweise schien mir das Präparat bei dem ersten Versuch, den ich mit Bromäthyl anstellte gelegentlich einer Lymphdrüsenexstirpation, ganz gute Dienste zu leisten, während es mir bei dem zweiten Versuch weniger gefiel, da es wenig oder gar keine Wirkung hatte.

Solche Misserfolge dürfen uns nun durchaus nicht abhalten, das Bromäthyl für kurze Operationen weiter zu verwenden, zumal der Arzt dabei im Stande ist, eventuell ohne geübte Assistenz zu operiren. Wenn erst die Verfälschungen genügend bekannt sind und in Folge dessen nicht mehr vorkommen, dann wird das Bromäthyl neben dem Chloroform ein hervorragendes Mittel in der Hand des Chirurgen bleiben.

Neuere Arzneimittel.

Bericht über das Pyrodin.

Von

Dr. Oskar Liebreich.

Die Einführung des Antifebrin's, des Phenacetin's und des Antipyrin's liess voraussehen, dass das Aufsuchen anderer chemischer Substanzen, um eine ähnliche therapeutische Wirkung hervorzurufen, mit Erfolg gekrönt sein würde. — Besonders ist die Aufmerksamkeit darauf hingelenkt worden, Substanzen anzuwenden, welche die in dem Antifebrin und Phenacetin befindliche Gruppe

$$N\genfrac{}{}{0pt}{}{H}{C_2H_3O}$$

enthalten. — Die Versuche, welche im hiesigen pharmakologischen Institut angestellt sind, haben ergeben, dass die benannte Gruppe allein nicht genügt, eine dem Antifebrin und Phenacetin analoge Wirkung zu zeigen. — Es wurden 2 Substanzen benutzt, die α- und β-Acetylamidosalicylsäure, welche die Gruppe

$$N\genfrac{}{}{0pt}{}{H}{C_2H_3O}$$

enthalten und ausserdem noch als Salicylsäure zu betrachten sind[1]). Die Wirkung zeigte sich bei Thier und Menschen in Bezug auf Temperatur-Erniedrigung kaum merklich.

Eine andere Substanz dagegen, welche

$$N\genfrac{}{}{0pt}{}{H}{C_2H_3O}$$

[1]) H. Eppstein, Ueber die Wirkung der β-Acetylamidosalicylsäure, Dissert. inaug. Berlin 1888.

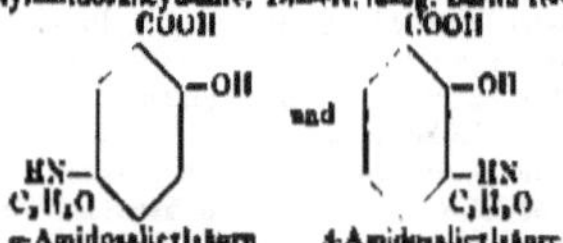

α-Amidosalicylsäure β-Amidosalicylsäure

Genannte Substanzen wurden von Herrn Dr. Jaffé dem hiesigen pharmakologischen Institut zur Untersuchung übergeben.

enthält, ist neuerdings mit grösserem Erfolg versucht worden und zwar das Pyrodin.

Diese Substanz ist ein Phenylhydrazin, in welchem an Stelle eines Wasserstoffatomes der Amidgruppe sich ein Acetylrest befindet[1]).

Diese Substanz ist auf Veranlassung des Dr. Liebmann von Prof. Dreschfeld einer eingehenden klinischen Untersuchung unterzogen worden[2]).

Das Acetylphenylhydrazin oder Pyrodin ist ein weisses crystallinisches Pulver, schwer in kaltem Wasser löslich, besitzt kaum Geschmack und wird in Pulverform verabreicht. Nachdem von dem genannten Autor festgestellt worden war, dass Dosen von 0,5—1,0 g verabreicht keine schädliche Einwirkung bei einem gesunden Menschen hervorrufen, wurde es bei Kranken angewandt. Besonders günstig zeigte sich die Wirkung in 25 Fällen von Scharlach.

Folgendes ist das Resumé der Dreschfeld'schen Beobachtungen:

1) Pyrodin ist ein mächtiges Antipyreticum.

2) Es setzt die Temperatur schnell herunter. Die Temperaturerniedrigung bleibt mehrere Stunden bestehen.

3) Es wird leicht eingenommen und bewirkt Anregung der Hautthätigkeit, aber keine Nausea, Erbrechen oder Collaps.

4) Es wirkt besonders günstig in Fällen von Pneumonie, Scharlachfieber und Flecktyphus.

5) Weniger günstig wirkt es beim Abdominaltyphus.

6) Es wirkt günstig bei Migräne und Neuralgie; jedoch liegt hier noch keine ausreichende Zahl von Beobachtungen vor.

7) Es soll nur einmal in 18 bis 24 Stunden gegeben werden und nur einige Tage hindurch.

8) Es hat in Fällen gewirkt, in welchen andere Antipyretica im Stiche liessen.

9) Die Dose für Kinder ist 0,12—0,24 g, für Erwachsene 0,5—1,0.

10) Es ist mächtiger wirkend als Antipyrin, Phenacetin und Antifebrin, es ist aber auch toxischer als diese Substanzen. Der letztere Nachtheil wird jedoch aufgehoben, da es nicht nothwendig ist, mehr als eine Dose in 18—24 Stunden zu geben, weil die Wirkung länger dauert als bei irgend einem anderen Antipyreticum[3]).

11) Es setzt die Pulsfrequenz ebenso wie die Temperatur herunter und bewirkt häufig Diurese.

[1]) Die Darstellung des Pyrodin zeigen folgende Formeln:

$C_6H_5NH_2$; (Anilin) $C_6H_5N=NOH$; (Diazobenzol) $C_6H_5NH-NH_2$; (Phenylhydrazin)

$C_6H_5NH-NHC_2H_3O$.
Acetylphenylhydrazin oder Pyrodin.

Den Zusammenhang mit dem Antifebrin und dem Phenacetin zeigen folgende Formeln:

$C_6H_5N\begin{smallmatrix}H\\C_2H_3O\end{smallmatrix}$; (Antifebrin) $C_6H_4OC_2H_5N\begin{smallmatrix}H\\C_2H_3O\end{smallmatrix}$; (Phenacetin)

$C_6H_5NH-N\begin{smallmatrix}H\\C_2H_3O\end{smallmatrix}$
Pyrodin.

[2]) J. Dreschfeld, Prof. of Pathology etc. Clinical observations on pyrodine, a new antipyretic. Medical Chronicle Novemb. 1888.

[3]) Von Professor Dreschfeld geht mir in letzter Stunde die Nachricht zu, dass die toxische Wirkung sehr zu beachten ist und die Anwendung des Pyrodin's einschränken dürfte.

Therapeutische Mittheilungen aus Vereinen.

61. Versammlung deutscher Naturforscher und Aerzte in Cöln.
(18.—23. September 1888.)

Section für Chirurgie.

Zur Antiseptik. Von Dr. Emil Rotter, Kgl. b. Stabsarzt.

Da Sublimat und Carbolsäure in antiseptischen Spülwässern sich noch vielfach als constitutionell toxisch erweisen, unternahm es Verf., durch Vereinigung einer ganzen Anzahl von antiseptischen Mitteln in einer Lösung, in der Weise, dass jedes einzelne Mittel in nur sehr geringer, keinesfalls toxisch wirkender Menge darin vertreten war, ein Gemisch herzustellen, das trotzdem die volle antiseptische Wirkung local zu entfalten im Stande sein sollte. Zu diesem Zwecke liess er Pulver oder Pastillen herstellen aus

Sublimat		0,05
Chlornatrium		0,25
Acid. carbol.		2,0
Zinc. chlorat.		
Zinc. sulfocarbol.	āā	5,0
Acid. boric.		3,0
Acid. salicyl.		0,6
Thymol.		0,1
Acid. citric.		0,1

Dies in einem Liter gewöhnlichen Brunnenwassers gelöst, giebt eine vollkommen klare Lösung. Da jedoch Sublimat auch in noch schwächeren Lösungen toxische Erscheinungen erzeugen kann, so hat Verf. daneben noch eine zweite, schwächere Lösung construirt, indem er aus der ersten Sublimat und Carbolsäure einfach fortliess.

Beide Lösungen haben sich sowohl bei ihrer bacteriologischen, als auch practischen Prüfung in chirurgischen und geburtshilflichen Fällen bewährt, sich auch elastischen Cathetern und chirurgischen Instrumenten gegenüber brauchbar erwiesen.

(*Centralbl. f. Chirurg. 1888 No. 40.*)

Freyer (Stettin).

Dermatologische Vereinigung zu Berlin.

(Sitzung vom 3. Juli 1888.)

Herr Dr. Rosenthal beabsichtigt durch Vorstellung von 3 mit Anthrarobin behandelten Psoriasiskranken eine allgemeine Discussion über den Werth jenes, von G. Behrend als Ersatzmittel des Chrysarobins und der Pyrogallussäure empfohlenen Präparates herbeizuführen. Bei allen drei Kranken, welche gleichzeitig Pilulae asiaticae und nur an einigen der kranken Partien Anthrarobin, an anderen zum Vergleich die bisher gebräuchlichen Topica während 6 bis 8 Wochen erhalten hatten, ist theils keine, theils nur eine minimale Wirkung des Anthrarobin zum Unterschied von den wirksamen bisherigen Mitteln sichtbar, dabei als lästige Nebenwirkungen dunkel violette Färbung der Wäsche, der Nägel und Rothfärbung der Haare, nachdem ein Pat. sich mit dem Badewasser einmal den Kopf gewaschen hatte.

Auch bei Pityr. versicol. und Herp. tonsur. hatte der Vortr. keine Erfolge damit. Erstere erschien unverändert wieder, sobald man die schnell rothbraun gefärbten kranken Stellen zu pinseln aufhörte; bei letzterem blieb theils der Erfolg aus, theils baten die Pat. um ein nicht roth färbendes Mittel.

Herr Dr. Behrend entgegnet, dass die Wirkung durch voraufgehende Seifeneinreibungen und dadurch beschleunigte Oxydation des Anthrarobin viel intensiver werde und dass den erwähnten lästigen Nebenwirkungen als Vorzug die Toleranz für dieses Mittel an Stellen und bei Pat. gegenüberstände, welche Chrysarobin nicht vertrügen.

Herr Prof. Köbner bezeichnet die Ergebnisse seiner sehr zahlreichen und vielfach variirten Versuche mit dem reducirten Alizarin, genannt Anthrarobin seit Ende 1887 bei verschiedenen Hautkrankheiten, namentlich bei 25 Fällen von Psoriasis, gegen welche insbesondere es als Ersatzmittel des Chrysarobins anempfohlen wurde, als höchst unbefriedigend. Das Anthr., welches er und zwar behufs reiner Beobachtungen ohne gleichzeitigen Arsenikgebrauch oder andere interne Mittel als 10%—20% Salben oder Lösungen in Spirit. aether. oder Alkohol anwandte, wirkte auch nach vorgängigen Seifeneinreibungen, wenn überhaupt, so ganz unvergleichlich langsamer als Chrysarobin und steht auch der Pyrogallussäure entschieden nach. In einzelnen Fällen schien es anfangs zu nützen; weiterhin aber regenerirten sich, als Zeichen seiner geringen Einwirkung auf die psoriatische Basis, die Schuppen unter seiner stetigen Anwendung so rasch und massenhaft, wie bei keinem unserer neueren bewährten Mittel, deren eines oder das andere vergleichsweise bei den meisten Kranken an einzelnen psoriatischen Theilen stets gleichzeitig applicirt wurde, und zu welchen nach oft 2—2½ monatlichem, durch die zeitraubende jedesmalige Entfernung der Schuppen — ohne welche das Anthr. überhaupt auch nicht spurweise wirkt — den Kranken höchst lästigem Abmühen doch zurückgegriffen werden musste. Nur auf der Entfernung der Schuppen, nicht aber auf einem chemischen, die Oxydation des Anthr. begünstigenden Vorgange beruhe die an und für sich schon heilsame Wirkung der Seife, denn Abschabungen der Schuppen mit dem scharfen Löffel, welche Köbner in vielen Controlversuchen allein, ohne Seife, vorausschickte, beschleunigten die Wirkung des A. noch mehr. Gerade der intelligente Theil seiner Psoriatiker, welche aus der Zeit, seit er 1878 das Chrysarobin hier eingeführt, dasselbe kannten, verlangte trotz seiner unangenehmen, durch Cautelen übrigens sehr zu beschränkenden, Nebenwirkungen im Gegensatz zu Behrend's Angaben stets und zwar nach den fast verlorenen ersten 3 bis 4 Wochen danach zurück. Auch der von B. gerühmte Vorzug der Reizlosigkeit des Anthr. und seiner deshalb möglichen Application auf Gesicht, Augenlider und Kopf sei in der Praxis hinfällig, theils wegen der tiefen Verfärbung, wegen welcher das Gewerbe unterbrochen werden musste, theils wegen der überaus langsamen, selbst hinter dem Pyrogallol zurückbleibenden, also länger als dieses berufsstörenden oder auch ganz ausbleibenden Wirkung. Ueberdies erwies sich auch die Reizlosigkeit als nur sehr relativ: am Kopf verursachten 10—20 procentige Salben und Tincturen heftiges, von mehreren jugendlichen Patienten stundenlang beklagtes Brennen. Ebenso die Tinctur (10 %) in einem Falle von Mycosis tons. am Halse eines Erwachsenen 1 Stunde lang: die Epidermis wurde wie nach einem Vesicans abgestossen. — Andere frische, noch ganz oberflächliche Fälle dieser Mycose gelang es Herrn Köbner allerdings, damit ohne solchen Zwischenfall zu heilen, aber nicht rascher, als mit vielen älteren, nicht durch entstellende Färbung der Haut und der Wäsche lästigen Substanzen.

Endlich lassen sich nach seinen eigens angestellten Waschproben die Flecken aus der Wäsche auch nicht, wie Hr. Behrend seinerzeit als einen der Vorzüge vor Chrysarobin angab, mit Seife und Soda, sondern nur durch ein höchst umständliches Verfahren entfernen. — Für die praktische Therapie ist nach Hrn. Köbner das Anthrarobin ohne Werth.

B.

Académie de Médecine (Paris).

(Sitzung vom 30. October 1888.)

Prof. Jaccoud berichtet über die Wirkung der Fluorwasserstoffsäure auf den Tuberkelbacillus und kommt in Folge seiner an Thieren angestellten Versuche zu dem Schlusse, dass die Fluorwasserstoffsäure (auch in recht starken Lösungen) die Lebensfähigkeit und Uebertragbarkeit des Tuberkelbacillus durchaus nicht zu beeinflussen vermag.

Hérard behauptet dagegen, dass die Fluorwasserstoffsäure die Virulenz des Bacillus vernichtet und verspricht dafür demnächst die erforderlichen Beweise zu erbringen.

(Sitzung vom 6. November 1888.)

Hérard kommt auf die Discussion der letzten Sitzung zurück, in welcher Jaccoud hervorgehoben hatte, dass die Fluorwasserstoffsäure die Virulenz des tuberculösen Auswurfes nicht unterdrücke. Derselbe habe angeführt, dass diese Säure nur im reinen Zustande wirke. Da man aber in der Praxis die Fluorwasserstoffsäure nicht in diesem concentrirten Zustande anwenden könne, halte Herr Jaccoud dieselbe in der Therapie der Tuberculose für nutzlos. Dem gegenüber hebt Vortragender nun hervor, dass die mit den Gasen der reinen Fluorwasserstoffsäure geschwängerte Luft eine ganze Stunde lang (in der Dosis von einem Liter in der Minute) ohne die geringste Beschwerde eingeathmet werden kann.

Grancher und Chautard sind nach ihren Versuchen ebenfalls zu dem Schlusse gelangt, dass der Effect der Fluorwasserstoffsäure auf den Tuberkelbacillus gleich Null sei.

Jaccoud weist darauf hin, dass die Herren Grancher und Chautard 4 Stunden lang die Gase der concentrirten Fluorwasserstoffsäure auf die Culturen des Tuberkelbacillus einwirken liessen, und dass dennoch alle mit diesen Culturen inoculirten Thiere tuberculös zu Grunde gegangen seien. War die Säure sehr concentrirt, so lebten die Thiere wohl etwas länger, aber sie wurden nichts destoweniger tuberculös.

Hérard bedauert, dass der Vorredner nicht zahlreichere Versuche angestellt habe.

Jaccoud erwidert hierauf, dass die Experimente von Grancher und Chautard für ihn hinreichend beweiskräftig seien.

(Revue gén. de Clinique et de Thérap. 1888 No. 45.)

R.

Académie des sciences (Paris).

(Sitzung vom 29. October 1888.)

Yvret: Ueber Prophylaxe und Behandlung der Cholera mit Sublimat.

Während seines Aufenthaltes in Tonkin hatte Y. Gelegenheit, zahlreiche Cholerakranke zu behandeln. Seine Methode bestand darin, sich des Sublimats zu bedienen, dessen Wirkung, selbst in schwacher Dosis, auf den Cholera-Bacillus eine starke ist. Y. ordnete demnach zuerst die Desinfection der Hände des Wärterpersonals mit einer 1 ‰ Sublimatlösung an. Alsdann liess er den Cholera-Patienten die van Swieten'sche Lösung in Dosen von 5,0—10,0, später von 10,0—20,0 und von 20,0—40,0 reichen. Die Mortalität derselben wurde bis auf 20 Procent herabgesetzt. Schliesslich veranlasste er, dass den erschöpften Soldaten und Dysenterie-Reconvalescenten, deren Zustand zur Acquirirung der Cholera disponirte, Sublimat gegeben wurde. Alle blieben darauf von der Cholera verschont.

Seine Verordnungsweise war folgende:

℞.	Liquor. van Swieten	20,0—30,0
	Rum	30,0—40,0
	Tinct. Opii crocat	gtt. XXX—XL
	Aq. destill.	90,0

D. S. Stündlich 1 Esslöffel voll zu nehmen.

(Revue gén. de Clinique et de Thérap. 1888 No. 45.)

R.

Société des sciences médicales de Lyon.

(Sitzung vom Juli 1888.)

Herr Berthet: Ueber einen Fall von Vergiftung durch chromsaures Blei. Es handelt sich um eine Handarbeiterin, die sich beim Stricken der gelben Baumwolle bediente. Seit August vorigen Jahres bot sie eine Reihe auffälliger Symptome dar: Erbrechen, Albuminurie, Aufregungszustände u. s. w. Sie starb im Februar d. J. im Coma nach mehrfachen epileptiformen Anfällen. — Bei der Autopsie fand sich Hyperämie in verschiedenen Organen, besonders in den Lungen und Nieren. Die chemische Untersuchung ergab die Anwesenheit einer grösseren Menge von Blei im Gehirn.

Cornevin macht darauf aufmerksam, dass die in Rede stehende Farbe vielfach zum Färben der Butter verwendet werde.

Coutagne weist darauf hin, dass Lancereaux bereits 2 analoge Vergiftungsfälle citirt habe. Der Magen zeige hierbei eine gelbgrüne Verfärbung (die von dem Chromsalz herrühre).

Linossier: Bei einer derartigen Vergiftung sei nicht das Chrom zu beschuldigen; das wirksame Agens sei wahrscheinlich das Blei.

(Lyon médical 1888 No. 44.) R.

Referate.

Zur Darreichung und Wirkung des Sulfonals. Von Dr. H. Rascheweyh. (Jena.)

Seitdem an der Jenenser psychiatrischen Klinik Sulfonal nach der neueren Vorschrift Kast's (in ca. 1/8 Liter heisser Bouillon oder Milch wohlverrührt, beim Abendessen) gereicht wird, hat es bei 212 maliger Anwendung nur 24 mal (11%) versagt. Geschmacklos sind diese Vehikel nicht, vielmehr deutlich bitter, bei gestörter Magenthätigkeit setzt Verf. einige Tropfen Salzsäure hinzu. Das Mittel brauchte nur bei sehr aufgeregten Paralytikern und Paranoischen täglich gegeben zu werden. Meist reichte eine zweitägige Darreichung aus. Die Kranken schliefen in der nächsten Nacht ohne Sulfonal. Dasselbe circulirt anscheinend über 24 Stunden im Blute und unterstützt so noch am zweiten Abende das natürliche Schlafbedürfniss. Von trefflichem Erfolge erwies sich das Mittel auch bei einer Morphinistin mit heftigsten Abstinenzerscheinungen und bei 2 Patienten, die in Folge von Calomelinjectionen an starken Schmerzen und Schlaflosigkeit litten.

(Neurol. Centralbl. 1888 No. 21.) Kron.

Ueber Sulfonal. Von Dr. R. Otto (Dalldorf).

Bei seinen an zahlreichen Kranken der Irrenanstalt Dalldorf angestellten Versuchen hat O. sein Augenmerk zunächst auf die hypnotische Wirkung des Sulfonals gerichtet; alsdann suchte er die Wirkung des Mittels bei langdauernden Erregungszuständen Geisteskranker festzustellen. Das Sulfonal wurde in Wasser, Milch oder mit Honig oder in Kapseln gereicht. Auch 1,0 Sulfonal enthaltende Tabletten kamen in Anwendung. Die Resultate seiner bemerkenswerthen Beobachtungen fasst O. zum Schlusse in folgende Sätze zusammen:

1. Das Sulfonal ist ein wirksames Hypnoticum für Geisteskranke in Dosen von circa 2,0. Es hat dabei nur ausnahmsweise unangenehme Erscheinungen (Schwindel, Taumeln am nächsten Morgen) im Gefolge.

2. Das Sulfonal ist ein bedeutendes Beruhigungsmittel bei länger dauernden Erregungszuständen Geisteskranker. Es empfiehlt sich, dasselbe in kleinen (0,5 *pro dosi*, 2,5—3,0 *pro die*), sich mehrstündlich wiederholenden Dosen während mehrerer Tage zu geben. Dabei ist meistens eine volle hypnotische Abenddose nicht nöthig, und nach eingetretener Beruhigung ist mit der Gesammtdosis herunterzugehen. Schädliche Einwirkungen machen sich bei dieser Anwendungsweise nicht bemerkbar, wohl aber bei einzelnen Individuen unangenehme Erscheinungen, besonders Schwindel, Taumeln.

(Separatabdruck aus der Zeitschrift f. Psychiatrie etc. Bd. 45.) R.

Ueber die Anwendung des Antipyrins und Antifebrins gegen Kopfschmerzen. Von Dr. M. G. Carter.

Verf. hat beide Medicamente bei Kopfschmerzen vielfach mit bestem Erfolge angewandt. Gewöhnlich fand die Darreichung in der Weise statt, dass man stündlich 0,3 g bis zum Nachlass der Schmerzen nehmen liess. — Gewöhnlich machte sich schon nach der ersten Dosis, niemals aber später als nach Application der zweiten Gabe, eine deutliche Verminderung der Beschwerden bemerkbar. Im Gegensatz zu andern Mittheilungen hatte indessen Verf. nach Verabreichung von Antypyrin zuweilen bei seinen Patienten — wenn auch vorübergehende und leichte — Anfälle von Herzschwäche zu beobachten Gelegenheit, zumal bei nervösen und dabei hochgradig chlorotischen Personen, bei denen dann gewöhnlich die Application des Antifebrin sehr gute Dienste leistete. Vorzugsweise bewährt hat Verf. letzteres auch bei denjenigen Personen gefunden, bei welchen die Kopfschmerzen mit einer gleichzeitig vorhandenen, bald mehr, bald minder ausgesprochenen gichtigen Diathese in innerem Zusammenhang zu stehen schienen.

(The Journal of the American Medical Association, 11. Aug. 1888.)

H. Lohnstein (Berlin).

Experimentaluntersuchungen über die Wirkung verschiedener Medicamente und Gifte auf die Gallensecretion sowie über den Nachweis derselben in der Galle. Von Prevost und Binet. (Genf.)

Die sorgfältigen Untersuchungen bezweckten, einmal die Wirkung verschiedener Medicamente, Gifte etc. auf die Gallensecretion systematisch zu untersuchen, weiterhin festzustellen, ob resp. in welcher Menge die betreffenden Arzneistoffe in der secernirten Galle enthalten waren. Die eingehenden Versuche wurden an 2 Hunden angestellt, denen man Gallenfisteln angelegt hatte. Aus den Experimentaluntersuchungen ergiebt sich im Allgemeinen folgendes: 1. Genau wie bei ähnlichen von Röhmann angestellten Untersuchungen wurde auch hier ein anscheinend völliges Wohlbefinden der beiden Versuchshunde constatirt; trotzdem fand keine Verdauung der mit der Nahrung eingeführten Fette statt; vielmehr erschienen dieselben grösstentheils unzersetzt im Stuhlgang. 2. Im Allgemeinen zeigte sich eine Steigerung der Gallensecretion bald nach der Nahrungsaufnahme, zumal wenn die eingeführte Kost reich an Peptonverbindungen war, während nach fettreicher Nahrung die Menge der secernirten Galle nur eine unbedeutende Steigerung zeigte. — Zufuhr von warmem oder kaltem Wasser erzeugte nur dann eine Vermehrung der Gallensecretion, wenn mindestens 150—200 ccm Flüssigkeit infundirt worden waren. — Vom Rectum aus hingegen konnte man durch Eingiessung grosser Wassermengen, wie sie gegen Icterus vor einigen Jahren von Krüll auf Grund practischer Erfahrungen empfohlen wurden, an den Versuchsthieren eine wesentliche Steigerung in der Gallensecretion nicht erzielen.

Von besonderem Werthe sind die Untersuchungen, welche die Verff. über eine Anzahl medicamentöser und toxischer Stoffe bezüglich ihrer Wirkung auf die Gallensecretion angestellt haben. Die Stoffe wurden theils per os applicirt, theils mittelst subcutaner Injection in die Blutbahn eingeführt. Bezüglich ihrer Wirkung wurden von den Verff. folgende 4 Gruppen unterschieden: a) Stoffe, die eine Steigerung der Galleproduction verursachen. Zu ihnen gehört in erster Linie die Galle selbst, sowie die gallensauren Salze. Unter ihnen wirkt wiederum am stärksten die Galle als solche, mochte sie nun im Auszug oder in natura den Thieren verabreicht sein. Bezüglich der Intensität der Wirkung konnte zwischen Ochsen-, Schweine-, Schaf- oder Hundegalle ein Unterschied nicht bemerkt werden. — Was die Toxicität der in subcutaner Injection eingeführten Galle anlangt, so konnte man mit 3—4 ccm eine Ratte, mit 6—10 ccm ein Meerschweinchen tödten. — Dem Exitus letalis ging meist Collaps voraus; bei der Autopsie war das Intestinum mit flüssigem, sanguinolentem Inhalte gefüllt. Auch der Harn war zuweilen sehr blutig tingirt. — Weit grösser erwies sich die Toleranz der Thiere für innerlich (per os) verabreichte Galle; so vertrugen Hunde ohne sichtliche Beschwerde 40—50 ccm Galle, während stärkere Gaben ziemlich heftiges Erbrechen erzeugten. — Weiterhin beförderten auch die Gallensecretion: Harnstoff, Terpentin und die Terpene, Pottasche, Benzoë, Natrium salicylicum, Salol, Muscarin. b) Zu der zweiten Gruppe gehören Verbindungen, die nur eine unwesentliche Steigerung der Gallensecretion hervorrufen, nämlich Natrium bicarbonicum, Natr. chlorat., Natr. sulfuric., Carlsbader Salz, Propylamin, Antipyrin, Aloë, Acidum catharticum, Rhabarber, Hydrastis canadensis, Ipecacuanha. c) Die Gallensecretion vermindern folgende Medicamente: Jodkalium, Calomel, Eisen, Kupfer, Atropin, Strychnin. d) Unbeeinflusst bleibt die Gallensecretion durch Natr. phosphoricum, Kal. bromat., Lithiumchlorid, Sublimat, Natr. arsenicosum, Alkohol, Aether, Glycerin, Chinin, Strychnin, Coffeïn, Pilocarpin, Kairin, Cytisin, Senna, Colombo.

Von den den Versuchsthieren applicirten Medicamenten und Verbindungen konnten folgende in der durch die Gallenfistel gewonnenen Galle nachgewiesen werden: die Terpene, Salicylsäure (auch nach Salol-Application), Kal. bromat., Kal. jodat., Pottasche, Arsenik; Eisen, Blei, Quecksilber (in Spuren), Coffeïn, Fuchsin, Cochenille, endlich Galle selbst. Für die letztere war es characteristisch, dass z. B. die Hundegalle, nach Application von Ochsengalle, eine an die letztere erinnernde, mehr grünliche Farbe, sowie den characteristischen Geruch der letzteren annahm. Ferner konnte man in der Galle des Hundes, nach Application von Ochsengalle, Glycocholsäure nachweisen, die die Hundegalle sonst niemals, die Ochsengalle dagegen stets enthält. — Nicht nachweisbar in der Galle waren nach ihrer Verabreichung folgende Stoffe: Antipyrin, Kairin,

Benzoë, Hippursäure, Strychnin, Kupfer, Lithium, Harnstoff.

Als Gesammtergebniss dieser Untersuchungen erhellt also, dass die Galle, ähnlich wie auch Speichel und Schweiss bei weitem nicht so, wie der Harn die Rolle eines vorläufigen Reservoirs für gewisse, dem Organismus einverleibte und von demselben ausgeschiedene Substanzen spielt. Es scheint vielmehr, dass die Leber nur für manche, ihr adaequate Stoffe eine Art electiver Attraction ausübt, so besonders für die Galle selbst. — Davon, ob ein eingeführtes Medicament in der Galle wieder erscheint oder nicht, hängt die Intensität der durch dasselbe bedingten Gallensecretion nicht ab.

(Revue médicale de la Suisse Romande 1888. No. 5—7.)

H. Lohnstein (Berlin).

Die Ausscheidung des Quecksilbers durch den Urin während und nach der Quecksilberbehandlung. Von Dr. Balzer u. Frl. Klumpke (Paris).

Zunächst werden die verschiedenen dem obigen Zweck dienenden Untersuchungsmethoden von Schneider, Ludwig, Fürbringer, Schridde, Alt, Witz u. A. geschildert und kritisch beleuchtet. Hierauf wird die Frage aufgeworfen, wie sich die Curve der Hg-Ausscheidung durch den Urin verhält. Dies ist besonders wichtig, da daraus annähernd der Augenblick der Sättigung des Organismus mit Hg erkannt werden könnte. Bisher nahm man den therapeutischen Effect oder das physiologische Resultat (Salivation etc.) als Richtschnur für die Merkurbehandlung. Trotzdem dass beide grossen Werth haben, ist man dabei zahlreichen Irrthümern ausgesetzt; wenn man also Methoden finden könnte, durch die es gelänge, die täglich durch die Auswurfstoffe aus dem Körper entfernte Hg-mengen zu bestimmen, so könnte man darnach sicher und leicht die Behandlung leiten. Die Analyse des Urins scheint hierzu besonders wichtig zu sein. Die von den einzelnen Autoren erhaltenen Curven, welche die Hg-Ausscheidung durch den Urin veranschaulichen, haben unter einander manche Verschiedenheiten: die Einen erhalten eine continuirliche Ausscheidung, die Anderen eine unregelmässige und periodische während der Behandlung. Auch über die Ausscheidung des Hg nach der Behandlung stimmen die Ansichten der Forscher keineswegs überein.

(Rev. de Méd. 1888. No. 4.)

George Meyer (Berlin).

Ueber Pyopneumothorax tuberculosus. Von E. Leyden. Vortrag, gehalten im Verein für innere Medicin.

Der Vortrag bricht eine Lanze für die Vortheile einer methodischen Ernährungstherapie bei consumptiven Krankheiten und lenkt aufs Neue die Aufmerksamkeit der Aerzte auf dies Gebiet, mit welchem sich L. seit einer Reihe von Jahren bereits eingehend beschäftigt und hierbei die Ueberzeugung gewonnen hat, dass in ihm ein sehr wesentlicher Fortschritt für die innere Therapie gelegen ist. Speciell in der Therapie der Phthisis spielt eine methodische Ernährung die wichtigste Rolle, und steht eine solche Anschauung mit den Erfahrungen früherer Zeiten durchaus im Einklange, da sich Phthisiker stets besser befinden, wenn sie an Körpergewicht zunehmen, schlechter, wenn sie abnehmen, und auch die Bemerkung von Brehmer, dass die meisten Phthisiker von Haus aus schlechte Esser sind, hiermit übereinstimmt.

Nun hat sich in den ärztlichen Anschauungen der falsche und gefährliche Grundsatz Bahn gebrochen, dass Kranke nicht viel zu essen brauchen. Man ging hierbei von der Idee aus, dass Kranke keine Arbeit leisteten und in Folge dessen auch weniger Nahrung bedürften, während doch einmal eine ganze Anzahl von Kranken in der That eine grosse Arbeit leistet, welche nur nicht in dem besteht, was man für gewöhnlich mit Arbeit bezeichnet (z. B. Dyspnoë), und andererseits die Umsetzungsproducte bei ihnen häufig gesteigert sind und sie die Nahrung weniger gut ausnutzen. Aber abgesehen hiervon brauchen Kranke durchschnittlich mehr Nahrung als Gesunde, weil sie nicht blos sich zu erhalten haben, sondern die Consumption in die Umkehr, d. h. in die Zunahme verwandeln sollen. Die Consumption soll bekämpft, die Verwandlung der fortschreitenden Abnahme in fortschreitende Zunahme erzielt werden, und dies kann nur durch eine gesteigerte, methodische Nahrungszufuhr geschehen. Wieviel die Patienten hierzu brauchen, kann erst durch exacte wissenschaftliche Untersuchungen genau berechnet werden, und sind allerdings unter Umständen enorme Mengen erforderlich; jedenfalls ist von vornherein der Grundsatz festzuhalten, dass der Appetit durchaus unmassgeblich ist und die Kranken auch ohne und über ihren Appetit essen müssen, und dass es in Folge dessen auch nicht ausreicht, den Kranken lediglich eine reichliche Diät oder eine Milchcur zu verordnen. Die Hauptschwierigkeit besteht vielmehr in der Durchführung einer methodischen Ernährungstherapie, einer Aufgabe, welche viel Mühe, Consequenz und eingehende Untersuchungen erfordert.

Die Bedeutung und die Erfolge einer überreichlichen Ernährung (Suralimentation) bei der Phthisis sind in Frankreich von Debove und Dujardin-Beaumetz von Neuem betont worden. Doch hat eine solche Ueberernährung grosse Schwierigkeiten und ist oft nur mit vieler Mühe, durch Einsetzung der ganzen Autorität des Arztes zu erreichen. Lässt jedoch auch diese im Stich, so muss man zur Gavage greifen, der Ernährung durch das Schlundrohr, einer Methode, mit welcher man jedoch nach Leyden's Ansicht so lange als möglich warten müsse, da man häufig auch ohne Gavage lediglich mit moralischem Zwang weit komme, und viele Kranke sich die überaus lästige Einführung des Schlundrohres nicht gefallen lassen. Doch giebt es Zeiten im Verlaufe der phthisischen und anderen Erkrankungen, wo es nur durch die Gavage möglich ist, den Kranken zu erhalten.

Veranlassung zu diesen allgemeineren Ausführungen bot Leyden die Mittheilung resp. Vorstellung von 3 Fällen von Pneumothorax bei Phthisikern, an welchen die Radicaloperation ausgeführt worden war. In einer in dem Vortrage mit besonderer Anerkennung hervorgehobenen Monographie von Weil „Zur Lehre von Pneumothorax, insbesondere vom Pneumothorax bei Lungenschwindsucht, Leipzig 1882“ hatte dieser die Behandlung des Pneumothorax als ein Problem der gegenwärtigen Zeit aufgestellt, und trotz der sehr ungünstigen Erfolge chirurgischer Eingriffe die Ansicht ausgesprochen, es scheine verfrüht, die Radicaloperation bei Pyopneumothorax der Phthisiker ganz allgemein zu verwerfen. Derselbe war in der That ein „Noli me tangere“ geworden, von dem durch therapeutische Eingriffe nicht viel erwartet wurde. Nun hatte Leyden auf Grund der Erwägung, ob es nicht mittelst einer sorgfältig geleiteten, methodischen Ernährungstherapie gelingen sollte, die Ergebnisse der chirurgischen Behandlung des Pyopneumothorax günstiger zu gestalten, drei von den auf seiner Klinik vorhandenen Phthisikern mit Pneumothorax operiren lassen.

Der eine hiervon war ein Seropneumothorax und ging schon wenige Tage nach der Operation zu Grunde, wie sich die Fälle von Seropneumothorax überhaupt nicht zur Behandlung durch die Thoracotomie eignen, da sie den Kranken durch die Operation kaum in bessere Verhältnisse bringen als vorher, vielmehr zweckmässiger der kürzlich von Potain in Paris empfohlenen Behandlungsmethode unterworfen werden, wonach ein Theil des Exsudats entleert wird und zur Verhütung des Aufbruches der Lungenfistel durch die Aspiration ein gleiches Quantum sterilisirter Luft eingeleitet wird, deren Resorption später leicht von Statten geht. Die beiden anderen Operirten waren Fälle von Pyopneumothorax, die sich beide in einem schon weit vorgeschrittenen Stadium der Lungenschwindsucht und in einem abgemagerten herabgekommenen Zustande befanden. Der eine davon ging erst Monate später an amyloider Degeneration der Nieren und Leber zu Grunde; der Fall war von vornherein ein desperater. Der zweite dagegen verlief bedeutend günstiger. Ein 27jähriger Mann wurde operirt und hierbei ein Liter Eiter entleert; nach vorübergehender erheblicher Erleichterung traten die schweren Folgen ein, welche die Operation stets begleiten und die immer in den ersten 8—10 Tagen nach einer Empyemoperation eine Verschlimmerung des Zustandes herbeiführen, hier jedoch, bei dem phthisischen Patienten in gesteigertem Maasse und mit gesteigerter Lebensgefahr sich einstellten. Es musste gefürchtet werden, dass die Kräfte des Patienten sich unter dem Collaps erschöpfen würden, und nur durch eine sorgfältige und energische Ernährungsweise gelang es, den Patienten über Wasser zu halten. Es wurde mehrere Wochen lang die zwangsweise künstliche Ernährung vorgenommen, und nur durch diese Gavage ist es möglich gewesen, den Patienten zu erhalten.

Es kann nicht nachdrücklich genug auf diesen Erfolg einer internen Therapie hingewiesen werden, welche es möglich macht, bei sonst rettungslos verlorenen Kranken einen lebensrettenden chirurgischen Eingriff vorzunehmen, der, an sich zu schwer, um überstanden zu werden, Hand in Hand mit der internen Pflege und Behandlung die schönsten Resultate liefert.

(*Deutsche med. Wochenschr. 1888 No. 33.*)

Mendelsohn.

Eine neue Behandlungsweise tuberculöser Processe. Von Dr. A. Landerer in Leipzig. (Nach einem in der med. Ges. zu Leipzig am 28. Juli 1888 gehaltenen Vortrage.)

Ausgehend von der therapeutischen Aufgabe, den tuberculösen Process in solide Narben überzuführen, und von der Erwägung, dass zur Herbeiführung der Narbenbildung eine vorausgehende reactive Entzündung erforderlich sei, stellte sich Verf. die weitere Aufgabe, „diese mit einer Narbe abschliessende Entzündung künstlich herbeizuführen“, und zwar, indem er dieselbe aseptisch auf chemischem Wege zu erzielen suchte. Er experimentirte zu diesem Zwecke seit 1882 mit den verschiedenen, in Wasser möglichst wenig löslichen antiseptischen Stoffen, mit Jodoform, Bismuth. subnitric., Naphthalin u. a., ohne jedoch befriedigende Resultate zu erhalten. Erst durch die Mittheilung des bekannten amerikanischen Orthopäden Sayre, der spondylitische Abscesse durch Ausstopfung derselben mit in Perubalsam getränktem Oacum rasch zur Heilung brachte, auf den Perubalsam aufmerksam geworden, wandte er diesen zunächst in Salbenform auf Geschwüren an. Um ihn jedoch auch tiefer gelegenen tuberculösen Herden zugänglich zu machen, verwandte er ihn in Emulsionsform theils percutan, theils durch intravenöse Injection. In letzterer Beziehung stützte er sich insbesondere auf die Thatsache, dass corpusculäre Elemente, in feinster Vertheilung dem Blutstrome zugeführt, in normalen Thieren, wie Cohnheim, Ponfick u. A. gefunden, in Leber, Knochenmark und anderen Organen abgelagert werden, meist von weissen Blutkörperchen getragen. In kranken Thieren jedoch werden solche corpusculäre Elemente, z. B. Zinnober, wie Schüller zuerst gefunden, an denjenigen Stellen in überwiegendem Maasse abgelagert, wo vorher eine Entzündung oder Verletzung stattgefunden hatte, eine Beobachtung, die von Ribbert, Orth, Wyssikowitsch für Bacterien bestätigt wurde. Somit konnte Verf. erwarten, dass sein Heilmittel, in feinster Vertheilung in die Blutbahn gebracht, in überwiegendem Maasse gerade an die inficirten, weil eben entzündeten Stellen der Gewebe gelangen werde. (Verf.'s Proposition war doch aber, auf aseptisch-chemischem Wege erst die reactive Entzündung zu erzeugen, während er hier eine schon vorhandene Entzündung benutzt! Ref.) Selbstverständlich musste die Emulsion so fein verrieben sein, dass die einzelnen Körnchen derselben, wie jedesmal durch besondere mikroskopische Untersuchung festzustellen war, die Grösse eines rothen Blutkörperchens nicht wesentlich überschritten.

Auf Grund einer Reihe experimenteller Untersuchungen an tuberculös inficirten Kaninchen, sowie von 51 Beobachtungen an Menschen glaubt Verf. die Methode der Behandlung interner tuberculöser Processe mit intravenösen Injectionen von Perubalsam-Emulsion der weiteren Prüfung empfehlen zu sollen.

An Stelle des Perubalsams, den er keineswegs für ein Specificum hält, dürfte eben so gut ein anderes, vielleicht noch besser verwendbares Mittel sich einmal finden.

Ueber die Bereitung der Emulsion und die Technik der Injection muss auf das Original verwiesen werden.

Münchener med. Wochenschr. 1888 No. 40.)

Freyer (Stettin).

Ueber das Verhalten der Tuberkelbacillen im thierischen Organismus unter dem Einfluss entwickelungshemmender Stoffe. Von Dr. Georg Cornet, pract. Arzt in Berlin und Reichenhall.

Die Entdeckung des Tuberkelbacillus durch Koch und die Thatsache, dass es uns gelingt, durch eine grosse Anzahl von Substanzen den Tuberkelbacillus ausserhalb des Organismus zu vernichten, haben eine neue Aera der Schwindsuchtstherapie, die antiseptische Behandlungsweise der Tuberculose inaugurirt. Leider wissen wir Alle, dass die bis jetzt gemachten Erfahrungen in keiner Weise den gehegten Erwartungen entsprochen haben. Aber während ein Theil der Aerzte, enttäuscht durch das Ausbleiben thatsächlicher Erfolge, das ganze Streben als ein vergebliches Mühen bezeichnet, hält ein anderer Theil, unerschüttert durch die bisherigen Misserfolge, an der Hoffnung fest, dass es doch dereinst gelingen werde, den Tuberkelbacillus auch im Organismus anzugreifen oder wenigstens das Körpergewebe durch Einführung von Antisepticis zu durchtränken und so einen ungünstigen Nährboden für den Bacillus zu schaffen, dasselbe gleichsam zu sterilisiren. Zu letzteren gehört auch Cornet, jedenfalls giebt er die Möglichkeit eines Erfolges zu. Derselbe hat nun die wichtigsten der in der Behandlung der Tuberculose empfohlenen und angewandten Mittel nach dieser Richtung hin untersucht, indem er Thiere, hauptsächlich Meerschweinchen, in wenigen Fällen Kaninchen, tuberculös machte und darauf mit den betreffenden Substanzen in der höchsten zulässigen Dosis, die die Thiere ertragen konnten, ohne durch Intoxication zu Grunde zu gehen, behandelte.

Das Resultat war, um dies gleich zu erwähnen, für alle untersuchten Stoffe negativ. Um den menschlichen Organismus in der gleichen Concentration wie in den Thierversuchen zu durchtränken, müsste der Mensch täglich 50 bis 100 g Tannin erhalten und doch würde die Entwickelung der Tuberkelbacillen in keiner Weise dadurch beeinflusst werden. In ähnlicher Weise stellt sich das Verhältniss für die anderen Substanzen. Vom Plumbum aceticum würden Tagesdosen von 10 g, vom Schwefelwasserstoff 100—150 g einer gesättigten wässerigen Lösung, vom Menthol 50 g täglich, vom Sublimat 25—260 g einer sauren 1‰ Lösung wirkungslos sein. Die oft günstige Beeinflussung der Tuberculose beim Menschen durch Kreosotbehandlung kann nicht auf einer antibacillären, entwickelungshemmenden Eigenschaft des Kreosots beruhen, da bei den Thierversuchen durch reichliche Darreichung von Kreosot (auf das Körpergewicht des Menschen berechnet 2 g täglich) die Entwickelung und Vermehrung der Bacillen in keiner Weise gehemmt wurde. Möglicherweise wäre hier die secretionsvermindernde Wirkung des Mittels von Bedeutung.

Creolin vermochte selbst in 10-procentiger Lösung eine Stunde nach geschehener Infection direct in die Bauchhöhle gespritzt die in derselben befindlichen Tuberkelbacillen nicht zu tödten. Dagegen erwies sich dieses von den meisten Autoren als ungiftig gepriesene Mittel in hohem Grade toxisch.

Ebenfalls gänzlich wirkungslos erwiesen sich Knoblauch und das in neuer Zeit von Marpmann empfohlene Alantol und die Alantsäure. Auch die Ueberführung tuberculöser Thiere in ein Höhenklima nach Davos hatte auf den Verlauf der Krankheit keinen Einfluss.

(*Zeitschr. f. Hygiene V. Heft 1. S. 98.*) rd.

Behandlung der Blutungen durch Application von ableitenden Mitteln auf die Lebergegend. Von Dr. Petit (Paris).

Mannigfache Blutungen (Haemorrhoiden, Epistaxis, Haemoptoë, traumatische Haemorrhagien) stellen sich bei Individuen ein, die an einem chronischen Leberleiden erkrankt sind. — Da zahlreiche Fälle zur Genüge gezeigt haben, dass zwischen den spontanen Blutungen und den chronischen Leberaffectionen eine enge Beziehung besteht, schien es logisch, die Blutung durch Application revulsivischer Mittel auf die Lebergegend zu behandeln. Diese Behandlungsmethode hat die Blutung in den meisten Fällen zum Stehen gebracht. — Wenn man es demnach mit einer spontanen Blutung zu thun hat, ist es zweckmässig, die Leber zu untersuchen und, wenn dieselbe kein normales Verhalten zeigt, ein Vesicans auf die Lebergegend zu appliciren.

(*Bullet. gén. de Thérap. 30 Juillet 1888.*) R.

Ueber eine merkwürdige Beziehung des Bienenstiches zum Rheumatismus. Von Dr. F. Terč in Marburg a. d. Drau.

Ueber wunderbare Heilungen von „Gicht und Rheuma" durch Anwendung von Bienenstichen hat man bisher von Imkern und Laien wiederholt zu hören bekommen. Aerztliche Erfahrungen über diesen Gegenstand waren nicht bekannt geworden. Um so interessanter ist die vorstehende Publication, zu der Verf. sich erst nach sieben Jahre lang fortgesetzten Versuchen entschlossen, nachdem er 173 Personen 39 000 Bienenstiche beigebracht hatte.

Die Application der Bienenstiche (die T. mit den blossen Fingern ausführt) erfordert eine, übrigens leicht zu gewinnende Routine, damit man nicht selbst von dem sich wehrenden Thierchen in die empfindlichen Fingerspitzen gestochen werde. Den Nichtärzten, die, überzeugt von der Heilkraft des Bienenstiches, mit diesem in der Mehrzahl der Fälle immerhin harmlosen Mittel etwas verschwenderisch umgehen, ist dringend abzurathen, schwere Kranke in die Cur zu nehmen, da hier mitunter doch recht bedenkliche Zufälle auftreten können. — Man kann, wie aus den zahlreichen, ausführlich berichteten Krankengeschichten ersichtlich, das Bienengift bei allen rheumatischen Krankheitsformen anwenden. „In leichteren und in den acuten Fällen wird es rascher und mit wenig Stichen, in schwereren und besonders in den chronischen Fällen erst nach Hekatomben von Bienen zum Ziele führen." „Wenn auch, so schliesst Verf. seinen Aufsatz, die Application des Bienenstiches beim acuten Gelenkrheumatismus fast schmerzlos ist (wenigstens im Beginne), so kann die Wirkung derselben mit der in der Regel so effectvollen Leistung der Salicylsäure oder des Antipyrins nicht concurriren; in acuten Fällen dürfte daher die Bienencur erst dann zu empfehlen sein, wenn jene Mittel ohne Erfolg versucht worden sind. Je complicirter sich ein rheumatischer Process gestaltet, je chronischer er wird, desto mehr ist die Bienencur angezeigt; sie bringt auch dort noch Hülfe, wo sich schon eine Art rheumatischer Marasmus entwickelt hatte, und wo andere Mittel erfahrungsgemäss gar nicht oder nur vorübergehend nützen. Besonders werden rheumatische Affectionen des Herzens, wenn der so häufig schleichende Entzündungsprocess (Endocarditis und Myositis) noch nicht abgeschlossen ist, von der Bienencur auffallend günstig beeinflusst. Da der Rheumatismus, besonders in seinen chronischen schweren Formen, vorwiegend Leute befällt, denen die Mittel zu kostspieligen Bade- und anderen Curen mangeln, so glaubt T. die Bienencur mit Recht „die Cur der Armen" nennen zu dürfen.

(*Wien. med. Presse 1888 No. 35—40.*) R.

Ueber Anchylostomum duodenale. Von Dr. J. Schopf, Werkarzt in Reschitza.

S. ist der Ansicht, dass die Erkrankung nicht mehr auf Gebiete und Länderstriche beschränkt ist, sondern in Folge der gerade bei den Bergleuten eigenen Wanderlust und Freizügigkeit mehr oder weniger ausgebreitet, eine Berufskrankheit sämmtlicher Bergleute geworden ist.

Die therapeutischen Erfahrungen des Verf.'s beziehen sich auf 87 Fälle, welche seit dem Juli 1887 zur Behandlung gelangten. Das einzige verabfolgte Medicament war Extr. Filicis aeth., welches entweder in Kapseln oder in kleinen Portionen in Oblaten gehüllt (mit Nachtrinken von Thee oder schwarzem Kaffee) von den Patienten gut vertragen wurde. Ohne Einhüllung wurde das Mittel sofort erbrochen. Es genügten 20 g des Extractes, um die Eier im Stuhle verschwinden zu machen. Nur in einem Falle musste wegen Wiederauftretens der Eier die Cur wiederholt werden.

Eisen- und Arsenbehandlung, Ruhe, gute Nahrung ohne vorherige Cur sind ohne Einfluss auf den Zustand des Patienten. Wenn die Anzahl der im Individuum lebenden Dochmien gross ist und lange beherbergt wurde, kann eine vollkommene Genesung kaum stattfinden, nachdem eine Anzahl von Darmzotten zu Grunde gegangen ist. Solche Individuen bleiben auch nach der Cur noch matt, fahl aussehend und sind nie mehr so kräftig und leistungsfähig wie früher.

(Wiener Med. Presse 1888 No. 31.) *rd.*

Nervöse Aphonie geheilt durch locale Anwendung von Cocaïn. Von J. E. Schadle, M. D.

Im August 1886 wurde Verf. von einem 15jährigen Mädchen consultirt, bei dem sich etwa 3 Monate vorher ein vollständiger Stimmverlust eingestellt hatte. Die Anamnese ergab, dass bereits vor 2 Jahren ein ähnlicher Anfall eingetreten war. Jede damals angewandte Behandlung hatte sich als erfolglos erwiesen; nach 6monatlichem Bestehen erfolgte eine spontane Wiederkehr der Stimme. — Weiterhin konnte Verf. ermitteln, dass Pat. hereditär belastet war: ihre Mutter hatte in ihrer Jugend an hystero-epileptischen Anfällen gelitten. Die Untersuchung ergab einen intensiven Katarrh des Nasenrachenraums; ausserdem bestand ziemlich profuser eitriger Ausfluss aus der Nase, deren Umgebung Sitz eines ausgebreiteten Ekzems war. — Weiterhin klagte Patientin über üblen Geschmack im Munde, Appetitlosigkeit, häufiges Erbrechen und über äusserst lästige krampfhafte Ructus. — Die Untersuchung des Kehlkopfs ergab mässige Congestion, die sich über sämmtliche Partien gleichmässig ausbreitete. Die Stellung der Stimmbänder deutete auf eine vollkommene functionelle Inactivität des Muskelapparates des Kehlkopfs.

Die Erfahrung, dass auch bei anderen Organen, insbesondere beim Urogenitalapparat, locale Störungen, die ohne tiefere anatomische Läsion bestehen und mehr oder weniger nervösen Ursprungs sind, die Application des Cocaïn ausgezeichnete Dienste geleistet hat, bewogen Verf. auch in diesem Falle das Cocaïn örtlich anzuwenden. Es wurden also Tampons, die mit 4%iger Cocaïnlösung getränkt waren, in den Kehlkopf eingeführt und mehrere Minuten gegen die verschiedenen zugänglichen Theile des Larynx angedrückt. — Hierauf wurden mit der Pat. Sprechversuche angestellt, die das überraschende Resultat ergaben, dass Pat., wenn auch mit etwas heiserer, absoluter Stimme (in Folge der complicirenden Katarrhe) die ihr vorgesprochenen Worte nachzusprechen im Stande war. Nach 2 Tagen wurde eine zweite Sitzung abgehalten, worauf Pat. ihre Stimme vollständig wiedergewann. Die Katarrhe des Pharynx resp. Larynx wurden nebenher in gewöhnlicher Weise mittelst Irrigation antiseptischer Lösungen in den Nasenrachenraum, Galvanokaustik der Schleimhaut etc. behandelt und verschwanden nach etwa 2monatlicher Behandlung vollständig. Die Wirkung des Cocaïn hat man sich in diesem Falle so zu denken, dass die peripherische nervöse Sensibilität und die erhöhte Irritabilität des Muskelapparates des Larynx gemildert wurde. Durch die Application des Cocaïn wurde also die spastische Contraction der Adductoren, die in Folge dessen zuvor bestand, aufgehoben, so dass die Stimmbänder sich wiederum nähern und gespannt werden konnten. — Die ausserordentlich milde und dabei äusserst wirksame Methode, die auch werthvolle diagnostische Anhaltspunkte liefert, wird vom Verf. für geeignete Fälle aufs Wärmste empfohlen.

(The medical and surgical Reporter 29. Sept. 1888.)
H. Lohnstein (Berlin)

Zur Beurtheilung der Amputation des Oberschenkels nach Gritti. Von Dr. Hans Voigt, Operateur an der chir. Klinik von Prof. Albert in Wien.

Im Anschluss an Carl Wenzel's neuerliche Empfehlung dieser Operation in No. 3 der Berl. klin. Wochenschr. d. J. beschreibt Verf. die Operation, wie sie seit 1876 von Prof. Albert 10mal ausgeführt worden. Er kann über die Resultate derselben nur Lobendes sagen. Wenn die Technik der Operation auch etwas schwierig sei, so könne das ihre Empfehlung nicht weiter beeinträchtigen. In zwei Fällen hatte A. sogar Gelegenheit, sich nach 10 bez. 6 Monaten durch Autopsie von dem Zustandegekommensein der knöchernen Verwachsung der Patella mit dem Femoralende zu überzeugen.

(*Wien. med. Presse 1888 No. 11.*)

Freyer (Stettin).

Ueber die Verbände bei Knochenbrüchen und eine eigene Art des Schienenverbandes bei Bruch des Oberarmknochens. Von Dr. Alexander Szénásy, Assistent an der chir. Klin. d. Prof. Kovács in Budapest.

Nach einer kritisirenden Besprechung der Nachtheile vollkommen immobilisirender (also circulärer) Verbände entscheidet sich Verf. für den nach seiner Meinung aus verschiedenen Gründen vortheilhafteren Schienenverband. Für diejenigen Fälle von Knochenbrüchen, in denen eine „Dehnung" der Bruchenden nothwendig ist, erscheinen ihm die erstarrenden Verbände unzureichend (die erstarrenden Schienenverbände nach Beely, die jene „Dehnung" recht gut gestatten, erwähnt Verf. nicht. Ref.); er beschreibt daher eine von Prof. Kovács geübte Verbandart, die darin besteht, dass, z. B. beim Oberarmbruch, eine etwas concav gehöhlte und gepolsterte längere Holzschiene an die Aussen- und eine kürzere an die Innenfläche des Oberarms gelegt und mit Binden befestigt wird, während die Dehnung in der Weise bewirkt wird, dass die um die gut gepolsterte Achselhöhle und um das Ellenbogengelenk geführten Bindentouren an das obere und untere, über die Grenzen des Oberarms hinausragende Ende der Aussenschiene mit ziemlicher Gewalt angezogen werden.

(*Wien. med. Presse 1888 No. 8 u. 9.*)

Freyer (Stettin).

Beitrag zur Katheterisation der Ureteren bei dem Manne. Von Axel Iversen, Oberarzt am Kommunehospital in Kopenhagen.

Die Katheterisation der Ureteren, die zur Sicherung der Diagnose, welche der beiden Nieren erkrankt sei, bei Frauen sich schon ganz gut ausführen lässt, kann beim Manne nur frommer Wunsch bleiben. Verf. benutzte daher in einem Falle die sectio alta dazu, um die Ureteren zu katheterisiren, und wenn sich auch trotz Anwendung einer kleinen elektrischen Lampe die Aufsuchung der Uretermündungen ziemlich schwierig erwies, so glaubt Verf. doch, die genannte einleitende Operation der Epicystotomie (nach Guyon's Methode) als einen wenig ernstlichen Eingriff zu jenem explorativen Zwecke empfehlen zu sollen.

(*Centralbl. f. Chirurg. 1888 No. 16.*)

Freyer (Stettin).

Ueber Diagnose und Lösung peritonealer Adhäsionen des retroflectirten Uterus und der entsprechend verlagerten Ovarien. Von Prof. B. S. Schultze (Jena).

Wie die meisten heutigen Gynäkologen nimmt auch Sch. für durch die Erfahrung erwiesen an, dass nur ausnahmsweise ein schrumpfendes Exsudat den Grund des bis dahin normal liegenden Uterus mit der hinteren Beckenwand zu verlöthen im Stande sein dürfte, und dass in der Mehrzahl der Fälle angewachsener Retroflexion der Uterus aus anderen Ursachen in Retroflexion lange Zeit unangelöthet gelegen hat, bevor er durch intercurrente Peritonitis in der angegebenen Lage fixirt wurde.

Jedenfalls hält Sch. die pathologische Bedeutung der Retroversion und Retroflexion der Gebärmutter — auch der nicht durch Pseudoligamente fixirten — heute für allgemein anerkannt und ebenso für zweifellos die Pflicht und Berechtigung des Arztes, den retroflectirten Uterus der geschlechtsreifen Frau in normale Lage zu legen und womöglich in derselben zu erhalten, „sofern wir es ohne Nachtheil können".

Unter den Hindernissen, welche der Reposition des retroflectirten Uterus entgegenstehen, nehmen die oberste Stelle ein die Pseudoligamente und peritonealen Verlöthungen, die sich als Resultate der durch die Retroflexion bei längerem Bestehen derselben veranlassten localen Peritonitiden und Oophoritiden darstellen. Sind diese lang, dehnbar und verschieblich, so sind sie der momentanen Reposition nicht immer absolut hinderlich, zwingen aber den Uterus oft bald wieder in die alte Retroflexion zurück. Noch häufiger wird diese letztere Art des Hindernisses durch peritonitische Schwielen und parametritische Narben gegeben, welche seitlich oder nach vorn im Beckengewebe gelegen sind.

Zur methodischen Dehnung solcher alter Narbenstränge und peritonealen Schwielen genügt, wenn der Zug, der den Uterus in die anomale Lage zurückzuzwingen strebt, nicht allzu stark ist, oft ein passendes Vaginalpessar, und kann man dieser Behandlung als vortreffliches Unterstützungsmittel zur Dehnung und Lösung alter parametritischer Fixationen des Uterus die Brandt'sche Massage hinzufügen.

Wo dieses nicht genügt, räth Sch. auf's Wärmste allen denen, aber auch nur denen, die sehr subtil zu palpiren geübt sind, die peritonealen Adhäsionen des retroflectirten Uterus und der entsprechend verlagerten Ovarien auf ihre Trennbarkeit zu prüfen, wenn möglich befunden, diese Trennung vorzunehmen, den so frei gemachten Uterus dann zu reponiren und ihn sogleich noch in derselben Narkose durch ein genau dem Fall angepasstes 8 förmiges oder schlittenförmiges Vaginalpessar, eventuell mit Hinzufügung eines Intrauterinstiftes, in seiner normalen Lage zu fixiren.

Seine Methode ist hierbei folgende:

Die bei leerem Magen, möglichst leerem Darm und leerer Blase tief narkotisirte Pat. wird in Steissrückenlage an den Rand des Operationstisches vorgeschoben. Der Operateur führt Zeige- und Mittelfinger ins Rectum, irrigirt dasselbe mit einem 32° R. warmen, kräftigen Wasserstrahl, um noch vorgefundene Kothmassen wegzuspülen oder, wo die nicht vorhanden, um die Finger in dem durch das Wasser dilatirten Rectum freier emporsteigen zu lassen und passirt mit einem oder beiden Fingern den etwa in der Höhe der Douglas'schen Falten gelegenen Isthmus des Rectum, während gleichzeitig der Daumen im Scheidengewölbe und die andere Hand von den Bauchdecken aus tasten. Ist der Isthmus des Rectum passirt, so stützt der Operateur zweckmässig den linken Ellenbogen auf das linke Knie, indem er den linken Fuss auf einen Stuhl stellt, und den Daumen der rechten Hand fest auf die Schamfuge. Es wird hierdurch die Feinheit der Palpation und die Sicherheit der kleinsten Bewegungen der einzelnen Finger wesentlich gefördert. Nach genauer Abtastung wird das Corpus uteri sacht emporgehoben und die sich nun spannenden Adhäsionen genau ermittelt. Zarte Adhäsionen weichen einem sehr mässigen Drucke der tastend vorgeschobenen Fingerspitzen von selbst. Breitere Adhäsionen werden von den Fingerspitzen getrennt, etwa wie man die adhärente Placenta von der Wand des Uterus ablöst, selbstverständlich stets unter Zusammenwirken beider Hände. Isolirte Stränge werden vom Rectum her mit dem Finger umfasst und, wo möglich, von der von den Bauchdeken her den Fundus umgreifenden Hand von der Peritonealfläche des Uterus förmlich abgeschoben. Jedenfalls ist es gut, die strangförmigen Adhäsionen, die von der Hinterfläche des Uterus an die hintere Beckenwand gehen, immer möglichst dicht am Uterus mit der Hand von den Bauchdecken aus zu trennen und die Zerrung der Beckeninsertion durch Fixirung des Stranges vom Rectum aus zu vermeiden.

Die flächenhafte Adhäsion des Uterus an der vorderen Wand des Rectum erfordert eine besondere Manipulation. Der Uterus lässt sich bei dieser Verlöthung manchmal ohne Mühe in normale Lage stellen, kehrt aber stets bald in die retroponirte und gleichzeitig retrovertirte Lage zurück, und erkennt man dieses nur mittelst besonderer Fingerstellung. Man muss nämlich die beiden, hoch im Rectum liegenden Finger so von einander entfernen, dass, während der eine den Uteruskörper nach vorn drückt, der andere controlirt, ob höher oben die Wand des Rectum dem Zuge des Uterus folgt. Gleichzeitig tasten die Fingerspitzen der anderen Hand zwischen Rectum und Uterus hinein. Ist der Raum frei, so gelangen sie bequem auf den Boden des Douglas'schen Raumes, besteht hier Verlöthung, so wird dieses leicht erkannt werden.

Ein sehr wichtiges und häufiges Repositions- und Retentionshinderniss gegenüber hartnäckiger Retroflexion ist die Fixation der Ovarien oder eins derselben in der, der Retroflexion entsprechenden anomalen Lage. Man kann sie am besten vom Rectum aus, in das man zwei Finger hoch, bis über den Isthmus einführt, durch genaue, bimanuelle Abtastung lösen. Natürlich muss die Lösung des adhärenten Ovarium stets sehr langsam geschehen und darf dasselbe nie als Handhabe für die Trennung angegriffen werden. Der lösende Finger hält sich genau an die Fläche, auf der das Ovarium angelöthet ist, an das oft besonders starre Ligamentum latum und schiebt das Ovarium, langsam sich vorbewegend, gleichsam ab von seiner Haftfläche.

Weder bei oder nach den Ablösungen adhärenter Ovarien, noch bei der Lostrennung des in Retroflexion fixirten Uteruskörpers ist es Sch. begegnet, dass eine nennenswerthe Peritonitis, ein tastbares Exsudat oder ein diagnosticirbarer Bluterguss erfolgt wäre, ebensowenig wie in den Fällen, in denen wegen der Festigkeit der Verwachsung von der vollständigen Lösung Abstand genommen werden musste.

Selbstverständlich eignet sich diese Therapie nicht für die Sprechstunde, sondern muss die Kranke vielmehr unter strenger Beobachtung bleiben, absolute Ruhe innehalten, Eisblase u. s. w. bekommen und der Arzt dessen gewärtig sein, „dass auch einmal die Nothwendigkeit der Laparotomie nach solcher Loslösung von Adhäsionen eintreten kann".

Zum Schluss warnt Sch. noch einmal vor jeder gewaltsamen Reposition des fixirten Uterus durch starkes Heben nach oben oder Drängen nach vorn, bis die Adhäsionen reissen. „Sorgfältige Trennung in situ der genau in allen Einzelheiten zuvor erkannten

Adhäsionen und danach Reposition des zuvor mobil gemachten Uterus ist es, was zum Ziele führt."

(Separatabdruck aus Zeitschrift für Geburtshülfe u. Gynäkologie. Band XIV Heft 1.)

G. Peters (Berlin).

Zur Behandlung der Hyperemesis grav. Von Dr. Günther (Montreux).

Verfasser theilt 6 Fälle mit, in denen er bei unstillbarem Erbrechen Schwangerer mit folgender Methode in längstens 4 Tagen Erfolg hatte: Die Anode eines constanten Stromes in Form eines Schwammes wird auf die Cervix und das Scheidengewölbe, die Kathode als 10 : 20 grosse Platten auf die Gegend des 6.—12. Rückenwirbels applicirt. Rasch entstehende und vorgehende Ströme (mittels Edelmann'schen Galvanometers und gutem Graphitrheostat ein- und ausgeschaltet) in Stärke von anfangs $2^1/_2$—8, nie über 5 Milliampères werden angewandt, um Abort zu vermeiden. Verfasser giebt selbst zu, dass damit noch nicht das Allheilmittel gegen diese lästige und gefahrvolle Complication gefunden ist.

(Centralbl. f. Gynaecol. No. 29. 88.)

Landsberg (Stettin).

Vierter Jahresbericht 1887 über die Wirksamkeit der Augenklinik. Von Dr. G. Gutmann (Berlin).

Nach einer statistischen Zusammenstellung des im Jahre 1887 zur Behandlung gekommenen Augenmaterials, nach einem kurzen Bericht über die Krankheitsfälle und ausgeführten Operationen, giebt G. in einem Nachtrage einige kleine Anmerkungen, aus denen folgendes practisch werthvoll ist. Bei Keratitiden und oberflächlichen Erosionen der Cornea sei die Anwendung lauer Wärme der Application kalter Umschläge bei weitem vorzuziehen und führe in weit kürzerer Zeit zur Heilung, indem sie die Regeneration des Epithels beschleunigt; in allen Fällen von Hornhautverletzungen wendet G. den Burchadt'schen antiseptischen Occlusivverband an, bei welchem sich der Pat. selbst $^1/_2$—1 stündl. mehrere Theelöffel lauwarmer Sublimatlösung (1 : 5000) auf die an der Kreuzungsstelle der Bindentouren freiliegende Verbandwatte mit einem Kännchen aufgiesst. Wenn die Verletzung nur den conjunctivalen Theil der Hornhaut an ihrer Oberfläche betroffen hat, so braucht, falls der antiseptische Occlusivverband angelegt wird, nicht atropinisirt zu werden; oft genügen das Weglassen des Atropins und die Anlegung des Verbandes, um traumatische oberflächliche Keratitiden, welche durch ausgiebiges Atropinisiren in einen starken Reizzustand gebracht sind, in auffallend kurzer Zeit abheilen zu lassen.

J. Ruhemann (Berlin).

Die Anwendung von Milchsäure bei chronischer suppurativer Otitis. Von Isidor Herrmann. M. D.

In Fällen von veralteter Otitis media, die bis dahin jeder Behandlung trotzten, sowie theilweise durch Nekrose einzelner Particu des Felsenbeins complicirt waren, hat sich Verf. mit bestem Erfolge der Milchsäure bedient. — Die Anwendung des Medicamentes erfolgte in der Weise, dass täglich einige Tropfen der verdünnten Säure in das Mittelohr instillirt wurden, wo sie etwa 20 Minuten verblieben. — Gewöhnlich verschwand der üble Geruch, der die eitrige Absonderung bei derartigen Entzündungen zu einem besonders lästigen und unangenehmen Uebel macht, bereits nach 3—4 maliger Application des Medicamentes. Der Ausfluss selbst schwand nach etwa 6 wöchentlicher Behandlung. Etwaige Ulcerationen im Trommelfell heilten nach topischer Behandlung mit Lapis mitigatus binnen wenigen Wochen aus, nachdem der Ausfluss gänzlich geschwunden war. — Was das Verfahren selbst anlangt, so ist vor allem der Meatus auditorius externus, sowie die äussere Fläche des Trommelfells kurz vor der Anwendung der ätzenden Säure dadurch zu schützen, dass man diese Theile mit Vaselin, Oel etc. bestreicht, um einen directen Contact der Säure mit diesen so leicht zu entzündlicher Reizung geneigten Theilen zu verhindern. Man beginnt zunächst mit 20 $^0/_0$ Lösungen, um allmählich zu immer stärkeren — bis zu 40 $^0/_0$ — zu geben, wenn die Patienten die schwächeren gut vertragen. Nach der Sitzung wird fein pulverisirte Borsäure in den Meatus auditorius externus gespritzt, unter deren Application auch kleine Trommelfellperforationen verheilen. — Zeigen etwaige Läsionen in der Continuität des Trommelfells keine Tendenz zur Heilung, so ist die Application eines künstlichen Trommelfells indicirt, das die Patienten meist vertragen. Ist letzteres nicht der Fall, so sucht man dem Mittelohre durch Einblasen einer relativ grossen Menge Borsäure einen ausreichenden Schutz zu geben. Gewöhnlich verschmilzt letztere mit dem Ohrenschmalz zu einem ziemlich resistenten ringförmigen Wall, der im Centrum nur eine geringe Oeffnung lässt und auch dadurch, dass er eine bedeutende Besserung der Hörschärfe bewirkt, ein natürliches resp. künstliches Trommelfell zu ersetzen geeignet ist.

(The Journal of the American Medical Association 11. August 1888.)

H. Lohnstein (Berlin).

Beitrag zur Impftechnik. Von Regierungsrath Prof. Dr. Alois Valenta in Laibach.

Anknüpfend an die „Beiträge zur Beurtheilung der Schutzpockenimpfung nebst Mittheilungen über Maassregeln zur Beschaffung untadeliger Thierlymphe, bearbeitet im kaiserlichen Gesundheitsamte, Berlin 1888, Verlag von Julius Springer", bei denen er es für auffällig findet, dass trotz aller sonstigen minutiösen Details, kein genauerer Operationsmodus angeführt ist und auch sonst darin nicht präcisirt steht, wie die Gefahr der Sepsis oder einer Uebertragung krankhaften Blutes beim Impfacte selbst unbedingt vermieden werden kann, legt V. in kurzer Abhandlung seine Bedenken über die in der Brochüre aus dem deutschen Impfgesetze herausgeholten Punkte und seine Erfahrungen, die er im Laufe der Zeit bei der Ausführung der Impfung gewonnen hat, dar. Natürlich handelt es sich bei diesen Erörterungen nicht um Einzelimpfungen, bei denen allen Bedingungen leicht genügt werden kann, sondern um Masseuimpfungen, welche thunlichst rasch, streng antiseptisch und gewissenhaft unter Controle durchgeführt werden sollen und bei denen dennoch mit dem kostspieligen animalen Impfstoffe nicht unnütz verschwendet werden darf.

Ausser der Nothwendigkeit der Anwendung mehrerer Impfnadeln und geeigneter Assistenz, — welche bei Schülerimpfungen ein Lehrer sein soll, der dann gleichzeitig die beste Controle abgiebt, dass die Impfung streng nach Vorschrift durchgeführt worden ist —, räth V. die Impfung nur mit Schnitten vorzunehmen, letztere einfach kreuzförmig anzulegen und nicht mehr, als 2 auf jedem Arme u. z. in Abständen von 3 cm zu machen, wobei er glaubt, dass „eine regelrechte entwickelte Impfpustel für eine bestimmte Zeit hinlängliche Schutzkraft biete."

Der Impfact selbst wird folgendermassen geschildert: Man streicht mit der Impfnadel auf zwei gut abgewaschene Hautstellen etwas Lymphe, taucht dann die Nadel noch einmal in letztere ein, macht an den markirten Stellen je einen so seichten Einschnitt, dass sich nur Blutspuren zeigen und reibt zuletzt mit der Impfnadel den Impfstoff noch innig in die Schnittränder ein. Hierauf übergiebt man die gebrauchte Nadel dem Assistenten zur Reinigung und verfährt mit einer frischen Impfnadel am andern Arm in der gleichen Weise. Der Assistent, der wie der Arzt seine Hände mit 5 % Carbolwasser gereinigt haben muss, hat zwei Waschbecken vor sich stehen, eine mit 3 % Carbolwasser und eine mit einfachem reinen Wasser. Die gebrauchten Impfnadeln werden zunächst mit nasser Carbolwatte abgerieben, kommen darauf in die 3 % Lösung, von hier zur Abspülung ins reine Wasser, werden mit Carbolwatte abgerieben und dann benutzt.

(Wiener med. Presse 1888, No. 26.)

G. Peters (Berlin).

Beitrag zur Behandlung der Harnröhrenstricturen. Von Prof. Kovács (Budapest).

Die Behandlung der Stricturen der Urethra ist eine zweifache; sie besteht in blutiger Operation oder Dehnung durch Bougies. Ist die Verengerung durch Narben bedingt, so wird durch letztere zwar die Narbe gedehnt, schrumpft aber nach kurzer Zeit wieder. Von blutigen Operationen empfiehlt Thompson als die beste die innere Urethrotomie. Dieselbe hat aber den Nachtheil, dass der Operateur ohne jede Controle arbeitet, „während das in die verengte Harnröhrenpartie eingekeilte Instrument durch nichts anderes als die Intention geleitet wird." Ferner wird nach Durchschneidung der Narbe mit dem Urethrotom dieselbe wieder verwachsen, und durch weitere Contraction wieder eine Strictur der Urethra verursachen. Verf. wendet daher mit sehr gutem Erfolge die „gewaltsame" Dilatation an. Nach vorsichtiger Untersuchung der meist durch Dehnungsversuche arg maltraitirten Harnröhre muss der Patient das Bett hüten und feuchtwarme Umschläge auf den Penis machen, bis die entzündlichen Infiltrationen geschwunden sind (8 bis 14 Tage). Dann wird mit einer biegsamen Knopfsonde die Strictur aufgesucht und passirt, und auf der concaven Krümmung der Sonde eine Hohlsonde eingeführt und nach geringem Zurückziehen der ersteren durch die Strictur gebracht. Die geknöpfte Sonde wird entfernt, der Dilatator von Lyonel eingebracht, geöffnet und die ganze Harnröhre dilatirt. Dann wird mit dem Thompson'schen Divulseur die verengte Partie gesprengt und sofort mittelst Katheter (No. 10—12 engl.) die Blase entleert. Das Instrument bleibt 24 bis 48 Stunden liegen, dann wird No. 13 und 14 eingeführt. Nach 10 Tagen muss der Patient dies selbst thun und noch einige Zeit in Zwischenräumen damit fortfahren.

K. hält diese Dilatation für geeignet, da hier nicht die rigide Narbe gesprengt wird, sondern durch die progressiv stärker werdenden Katheter eine Dislocation der gesunden Gewebstheile erfolgt. Durch das Sprengen entsteht ein länglicher Spalt, der durch den Katheter seitlich verzogen wird, bis er durch die starken Nummern des Katheters schliesslich eine quere Lage in der

Urethra einnimmt. Es wird also die Partie gesprengt, welche dazu geeignet ist, und „deren plastische Formation die Dauerhaftigkeit des Erfolges sichern". Die Methode ist auch nicht gefährlicher als der Schnitt, denn bei beiden ist die Hauptsache, dass man sich nicht in einem falschen Wege befindet.

(Berl. Klin. Wochenschr. 1887, S. 646.)
George Meyer (Berlin).

Desinfection und Härtung der Gummidrains. Von Dr. Javaro, Oberarzt im St. Victor-Hospital in Mailand.

Gummidrains, die durch Aufbewahrung in antiseptischen Flüssigkeiten zu weich geworden, empfiehlt Verf. 5 Min. lang in conc. Schwefelsäure zu legen, sie dann in 75 % Alkohol abzuwaschen und in der üblichen Conservirungsflüssigkeit weiter aufzubewahren. Werden sie zu hart, so lassen sie sich leicht durch Bearbeitung mit den Fingern wieder etwas weicher machen.

(Centralbl. f. Chirurg. 1888 No. 32.)
Freyer (Stettin).

Einiges über den Gonococcus von Neisser. Von Schuurmans Stekhoven (Utrecht).

Verf. hat mit dem unter antiseptischen Cautelen entnommenen Secret Tripperkranker Culturversuche angestellt. In Ermangelung von Menschenblutserum benutzte er Nährböden von Rinderblutserum etc. Er erhielt nie solche Culturen, wie sie Bumm beschrieben; ausser einigen unwichtigen Bacillen wuchsen 3 Arten von Micrococcen, von denen die eine in der vorderen Augenkammer von Kaninchen pyogene, die beiden anderen keine schädlichen Eigenschaften entfalteten. Im Conjunctivalsack hatten alle drei keine schädliche Wirkung. Oft blieben auch die Culturgläser steril. Bumm hat auch nicht angegeben, welche Versuchspersonen er impfte (Virgines sind ausgeschlossen, Impfungen bei verheiratheten Frauen haben geringen, bei Puellis publicis gar keinen Werth). Auch Giovanni, der Menschenblutserum als Nährböden benutzte, konnte aus gonorrhoischem Secret keinen Parasiten züchten, der Gonorrhoe erzeugt hätte.

(Weekbl. van het Nederl. Tijdschr. voor Geneesk. 1888, I. S. 171.)
George Meyer (Berlin).

Toxikologie.

Bemerkungen zu dem Falle von „wahrscheinlicher Creolinvergiftung" (cf. No. 10 d. Zeitschr.) von Dr. Max Kortüm, dirig. Arzte am Stadtkrankenhause Schwerin i/M.

In No. 10 dieser Zeitschrift hat Herr Dr. Rosin einen Fall von „wahrscheinlicher Creolinvergiftung" veröffentlicht. Es ist durchaus wünschenswerth, dass solche Vorkommnisse, welche an der behaupteten Ungiftigkeit eines Mittels Zweifel erwecken können, veröffentlicht werden. Seit ich das von W. Pearson eingeführte Creolin zuerst für den ärztlichen Gebrauch empfahl (Berl. Klin. Wochenschr. 1887. No. 18), also seit 1 Jahre, habe ich dasselbe in der ausgedehntesten Weise angewandt und es als ausschliessliches Antisepticum und Desinficiens benutzt. Es sind dabei nie solche Symptome aufgetreten, welche an Vergiftung erinnern könnten. Ja es ist einmal vorgekommen, dass eine Pat. mit jauchigem Mammacarcinom eine grosse Schale mit ca. 50% Creolinwasser, welche zur Desodorirung aufgestellt war, versehentlich ausgetrunken hat. Dieselbe mag dabei ungefähr 60 g reinen Creolins sich einverleibt haben. Da dies Versehen erst spät bemerkt wurde, konnte durch Brechmittel nur ein verschwindend kleiner Bruchtheil wieder entleert werden. Die Kranke befand sich nachher vollkommen wohl, der Urin roch nicht nach Creolin, war nicht eiweisshaltig und zeigte keine Veränderung in der Färbung.

Ich bemerke dabei, dass ich immer nur Pearson'sches Creolin gehabt habe. Es ist auffallend, dass Symptome von Vergiftung und Bemerkungen über bisweilen unzureichende Wirkung erst in der letzten Zeit kund werden, seit Nachahmungen und Verfälschungen in ausgedehnterem Masse in den Handel kommen. Im Hinblick auf meine günstigen Erfahrungen muss ich daher der Vermuthung Ausdruck geben, dass vielleicht in dem Rosin'schen Falle statt des Pearson'schen Creolins ein minderwerthiges Product geliefert worden war. Ich bitte die verehrl. Redaction um Aufnahme dieser Zeilen, da ich es für nothwendig halte, dass aufgeklärt werde, ob in dem fraglichen Falle wirklich Pearson'sches

Creolin verwendet wurde, oder ob durch den Zwischenhändler ein anderes Präparat verabfolgt wurde. Im ersten Falle würde sich thatsächlich die Nothwendigkeit einiger Vorsicht beim Ausspülen des eben entbundenen Uterus ergeben, im anderen Falle ginge daraus nur die Lehre hervor, dass man, wie ich schon früher hervorgehoben habe, sich vor den Nachahmungen des Creolins hüten muss.

Leichte Creolinvergiftung. Mitgetheilt von Dr. H. Cramer (Wittenberge).

Ein von mir wegen eingeklemmten Leistenbruches radical operirter Knabe von 5 Jahren bekam, da sich ein Verband schlecht anbringen liess, Umschläge aus in 2%ige Creolinlösung[1]) getauchter Gaze bestehend, nachdem auch während der Operation ausschliesslich die gleiche Lösung als Antisepticum benutzt worden war. Der Verlauf war völlig reactionslos. Fieber bestand nicht; der Urin sah während der ersten 3 Tage von der Operation an hellgelb aus. Das Allgemeinbefinden war ausgezeichnet. — Am Abend des dritten Tages werde ich wegen „hinzugetretenen Scharlachfiebers" gerufen und finde den ganzen Körper, auch Gesicht und Hände mit einem dem Scarlatinaexanthem durchaus ähnlichen Ausschlag bedeckt; dabei besteht hochgradige Unruhe des Kleinen, starker Durst, Jucken und Brennen der Haut, dagegen keine Temperaturerhöhung. Der Puls leicht beschleunigt, etwas klein. Der Urin roch intensiv, dem Carbolharn ähnlich, und zeigte genau die gleiche dunkelschmutzige Färbung. Eiweiss war in geringen Mengen nachweisbar.

Ich liess sofort mit Rücksicht auf den Harn die Creolinumschläge durch solche mit 3%iger Borsäurelösung ersetzen und reichlich Selterswasser trinken, um die Ausscheidung des Creolins resp. seiner Oxydationsproducte durch die Nieren anzuregen. — Am anderen Morgen bestand das Exanthem noch, gegen Abend war es dagegen fast ganz abgeblasst; der Urin war noch bis zum nächsten Morgen etwas dunkelgefärbt. Das gute Allgemeinbefinden war schon am anderen Abende wieder hergestellt.

Ich glaube, das Auftreten des Exanthems bei gleichzeitiger Carbolfärbung des Harns auf die Anwendung von Creolin, welches ja von der Wunde aus reichlich resorbirt werden konnte, beziehen zu müssen, um so mehr, als nach Ersatz desselben durch Borsäure schnelles Aufhören der Symptome eintrat.

[1]) Das Creolin war Pearson'sches, aus der hiesigen Apotheke bezogenes.

Zusammen mit dem von Roala im Octoberheft der Th. M.-H. aufgeführten Falle von wahrscheinlicher Creolinvergiftung, wo ähnliche Symptome mit Ausnahme des Exanthems auftraten, giebt mein Fall Veranlassung, die „Ungiftigkeit" des neuen, sonst wohl als vorzüglich zu bezeichnenden Mittels noch weiter zu prüfen und etwaige Beobachtungen aus der Praxis zu veröffentlichen.

Ein Fall von Sublimatvergiftung. Von Samuel Logde (Bradford).

Ein 24-jähriger Mann hatte von einer, für photographische Zwecke bestimmten, Sublimatlösung getrunken. Vf. sah den Patienten, welcher unmittelbar nach dem Verschlucken der Sublimatlösung ungefähr $\frac{1}{4}$ Liter Milch zu sich genommen hatte, 10 Minuten darauf und fand folgenden Status: Puls 90; Respiration 36. Metallischer Geschmack. Brennendes Gefühl im Schlunde. Zunge grauweiss. Epigastrium empfindlich. Keine Kolikschmerzen und kein Durchfall. Nach Entleerung des Magens durch Brechmittel — (das Erbrochene war nicht blutig gefärbt) — erhielt Pat. das Weisse von vier Eiern und dann zweistündlich das Weisse von zwei Eiern. Nach ungefähr $1\frac{1}{2}$ Stunden stellte sich ein Collaps ein.

Am folgenden Morgen erfolgten in halbstündigen Intervallen blutige Stuhlentleerungen, das brennende Gefühl im Schlunde hatte zugenommen, das Abdomen war sehr empfindlich und schmerzhaft. Ausserdem bestanden Tenesmus und Kolikschmerzen. Gegen die Schmerzen wurden Morphiumpillen gegeben. Am Nachmittag hatten die Schmerzen nachgelassen und der Zustand des Patienten hatte sich gebessert. Am 17. Tage nach der Vergiftung fühlte sich Pat. vollkommen wohl und konnte seine Arbeit aufnehmen. Speichelfluss und Anurie waren während der ganzen Zeit nicht vorhanden. Es waren annähernd 6 g Sublimat verschluckt worden. Vf. ist der Ansicht, dass die Prognose selbst bei sehr grossen Dosen Sublimat günstig ist, wenn dasselbe nur rechtzeitig aus dem Magen entfernt wird.

(British Med. Journ. 1888. 29. Sept. S. 720.)

rd.

Litteratur.

Jahresbericht über die Fortschritte in der Lehre von den pathogenen Mikroorganismen, umfassend Bacterien, Pilze und Protozoen. Von Dr. med. P. Baumgarten, a. o. Professor an der Universität Königsberg. Dritter Jahrgang 1887. Braunschweig, Harald Bruhn. 1888.

Der eben erschienene dritte Jahrgang des Baumgarten'schen Jahresberichtes erweist sich durch die starke Zunahme des publicirten Materials in noch höherem Grade wie sein Vorgänger als ein unentbehrliches Hülfsbuch: denn für den Bacteriologen von Fach ist es nachgerade kaum mehr möglich, von den in ungezählten Fachblättern aller Sprachen zerstreuten Originalarbeiten ohne Weiteres Kenntniss zu nehmen, und der Arzt im Allgemeinen, dem bei den innigen Beziehungen der Bacteriologie zu fast sämmtlichen anderen Disciplinen ein Einblick in die neuen Thatsachen Noth thut, findet dieselben hier von massgebendster Seite in einheitlicher, übersichtlicher und vollständiger, überdies noch vielfach kritisch beleuchteter Anordnung.

Ein so umfangreiches Material konnte nur von Jemand, der den Stoff vollständig beherrschte, bewältigt werden; dass dies hier, ohne dass man überhaupt die überwundenen Schwierigkeiten merkt, durchgeführt ist, bedarf bei dem Namen des Verfassers vielleicht nicht einmal der Erwähnung. Bewunderung aber verdient die Arbeitskraft, welche im Zeitraum eines halben Jahres 817 Arbeiten zu bewältigen, besprechen und zu ordnen vermochte.

Die grosse Zahl der besprochenen Arbeiten giebt aber noch zu einer weiteren Betrachtung Veranlassung, welcher der Verfasser selbst in seinem Werke Ausdruck verleiht. Er erklärt nämlich die Befürchtung, dass angesichts der grossen Entfaltung bacteriologischer Forschung andere ebenso wichtige Arbeitsfelder vernachlässigt werden könnten, für grundlos, da gerade der vorliegende Bericht die innige Wechselbeziehung zeige, welche zwischen der Bacteriologie und anderen Zweigen medicinischen Wissens bestände, von denen er beispielsweise neben der Aetiologie die pathologische Anatomie und Histologie, Prophylaxe und directe Bekämpfung der Krankheiten anführt. Und in der That, die Darstellung der Fortschritte der Bacteriologie, wie sie der Jahresbericht liefert, beweist dies und vielleicht noch etwas mehr, nämlich die Erscheinung, dass die Bacteriologie mit zunehmender Ausdehnung immer mehr aufhört selbstständige Wissenschaft zu sein und anfängt Hülfswissenschaft zu werden, die sich von anderen Hülfswissenschaften nur durch ihre besondere Methodik auszeichnet, dem Inhalt nach aber in den bestehenden Disciplinen aufgeht, in welchen ihr ein bald grösserer, bald geringerer Raum zukommt, deren keine sie aber ganz entbehren kann. So umfasst z. B. in dem Jahresbericht das Capitel vom Tuberkelbacillus etwa 120 Arbeiten verschiedensten Inhalts. Da finden sich zunächst einige Beiträge zur Methodik, die allein der Bacteriologie im engeren Sinne angehören, dann Studien über die Biologie des Bacillus, welche in ihren Resultaten Ergebnisse für die öffentliche Gesundheitspflege enthalten; darauf folgen Untersuchungen rein therapeutischen Inhalts, wie die Beziehungen des Bacillus zu Jodoform, Tannin, Kreosot; ein sehr grosser Abschnitt umfasst Untersuchungen rein klinischen und diagnostischen Charakters, an denen innere Medicin wie Chirurgie, Kinderheilkunde und die anderen Specialfächer gleichmässig betheiligt sind; wieder andere Arbeiten betreffen die pathologische Anatomie. Den gleichen Eindruck gewährt der Abschnitt von der allgemeinen Mikrobienlehre, in welchem neben den rein allgemein pathologischen Capiteln von der Eiterung und Phagocytenlehre z. B. für die Pharmakologie die Ptomaïne, für die Therapie die Arbeiten über Desinficientia, für die Klinik verschiedener Fächer zahlreiche Mittheilungen und für die Hygiene Untersuchungen über Wasser und Boden gebracht werden. Der Jahresbericht also giebt einen Hinweis auf die vermuthliche Weiterentwickelung der Bacteriologie, in welcher der Zeitpunkt kaum fern sein dürfte, wo der Gesammtstoff sich nicht mehr um die Mikroorganismen als Mittelpunkt gruppirt, sondern den schon bestehenden Einzeldisciplinen zufällt. Es geht daraus aber um so mehr die Bedeutung des Jahresberichtes hervor, denn derselbe stellt sich nicht als das Eigenthum eines Specialisten, des Bacteriologen von Fach heraus, sondern als das Gemeingut der gesammten ungetheilten Medicin.

A. Gottstein (Berlin).

Grundzüge der theoretischen Chemie mit besonderer Berücksichtigung der Constitution chemischer Verbindungen von Dr. Ira Remsen, Professor der Chemie an der Johns Hopkins Universität in Baltimore. Autorisirte deutsche Ausgabe (nach der dritten Auflage des Originals). Tübingen 1888. 8°. 310 S.

Für den Mediciner liegt in der heutigen Entwickelung der Heilmittellehre das Bedürfniss vor, sich nicht allein für den präparativen Theil der Chemie zu interessiren, sondern seine Aufmerksamkeit auch der theoretischen Chemie und besonders der chemischen Constitutions-Lehre zuzuwenden. — Jeder wissenschaftlich denkende Arzt wird das Bedürfniss fühlen, seine Heilmittel nach allen Richtungen, also auch nach der chemischen Seite hin, kennen zu lernen. — Das Werk von Ira Remsen unterrichtet den Leser in übersichtlicher, klarer und leicht verständlicher Weise in den Grundzügen chemischer Theorie. — Die Anordnung des Lehr-Materials ist so geschickt getroffen, die Entwickelung der Formeln so klar gegeben, dass auch ohne experimentelle Kenntniss der Leser in das Gebiet der theoretischen Chemie mit Leichtigkeit eingeführt wird.

Liebreich.

Compendium der Augenheilkunde von Dr. F. Hersing. Sechste verbesserte Auflage. Verlag von Ferdinand Enke. Stuttgart 1888.

Wie für den Specialisten das Vertrautbleiben mit den anderen Gebieten der Medicin nöthig ist, falls er nicht zum mechanischen Arbeiter werden will, so bleibt andererseits für den Praktiker die Kenntniss der Specialgebiete ein moralisches Erforderniss, wenn er nicht blos ein Adressbuch oder Auskunftsbureau für die einzelnen Specialisten darstellen soll. Daher sind für die Bedürfnisse des praktischen Arztes Compendien und kurz abgefasste Lehrbücher der einzelnen Specialfächer ein wichtiges Erforderniss. In dieser Hinsicht verdient vorliegendes Werk der Empfehlung, oder besser bedarf es eigentlich derselben nicht mehr; denn für seine Beliebtheit und Zweckmässigkeit spricht die Thatsache der sechsten Auflage, deren Vorgänger sich vor allem die Gunst der Studirenden zu erwerben gewusst haben.

In den Grundzügen hat Verfasser in der neuesten Auflage nichts geändert. Dagegen wurde die Zahl der Abbildungen bedeutend vermehrt, indem vergleichende Zeichnungen der jedesmaligen anatomischen und pathologisch-anatomischen Verhältnisse nebeneinander gestellt wurden. Eine besonders genaue und bestimmte Erörterung erfuhr die erste Behandlung von Verletzungen, deren Kenntniss ja auch für den praktischen Arzt das Nothwendigste sein dürfte, da ja derselbe diesen nicht selten begegnet. Ausserdem empfehlen sich die äusseren Augenerkrankungen vor allem für den praktischen Arzt zur Lectüre, da die Diagnose jener nicht so schwierig und ihre Behandlung immerhin in den Rahmen der allgemeinen ärztlichen Thätigkeit fallen könnte. Ausserdem schützen die Kenntniss und die Beurtheilung der schweren Augenaffectionen vor therapeutischen Missgriffen, die aus der Ueberschätzung des eigenen Könnens resultiren und die für das Auge so unheilvoll sind. Während Verfasser bestrebt war, überflüssige Fremdwörter auszurotten, liess er wissenschaftliche oder Kunstausdrücke, deren Ersetzung durch deutsche Wörter das Verständniss nur erschwerte, bestehen.

J. Ruhemann (Berlin).

Practische Notizen
und
empfehlenswerthe Arzneiformeln.

Zur Behandlung diarrhoischer Zustände. Von Dr. Rabow.

Bei dem grossen Segen, der in den letzten Jahren über unseren Arzneischatz gekommen, ist auch die Gruppe der antidiarrhoischen Mittel keineswegs ganz leer ausgegangen. Als beachtenswerther Zuwachs sind hier in erster Linie zwei von namhaften französischen Aerzten empfohlene Mittel — die Milchsäure und der Talk — zu nennen.

Die Milchsäure, ein nichts weniger als inoffensives Agens, wurde zuerst von Hayem[1]) gegen die mit grünen Ausleerungen einhergehende Dyspepsie der Säuglinge gerühmt. Die kleinen Patienten erhielten zuerst viertelstündlich einen Kaffeelöffel der 2procentigen wässerigen Mischung. Der Erfolg war überaus günstig. Später wandte H. dasselbe Mittel auch bei hartnäckiger chronischer Diarrhoe der Erwachsenen an, denen er mit bestem Resultate 3 Mal täglich 1 Esslöffel der nachfolgenden Lösung verordnete:

℞	Acid. lactici	2,0
	Aq. destill.	80,0
	Syrup. simpl.	20,0

Auch Sevestre[2]) reichte von vorstehender Mixtur 5 bis 6 Mal einen Kaffeelöffel voll, ohne jemals die geringsten Nebenerscheinungen wahrzunehmen. Bei der sogenannten biliösen Diarrhoe leistete ihm jedoch Acidum lacticum gar nichts. Hier wirkten nur grosse Dosen von Natrium bicarbonicum. Später wurde die Milchsäure noch von Hénary und Aune[3]) als ein wirksames Mittel gegen die schwer zu stillenden Durchfälle tuberculöser Individuen empfohlen. Sie verabfolgten 2,0 : 120,0 — und wenn diese Dosis nicht ausreichte, — wurde sogar bis auf 6,0—8,0 : 120,0 gestiegen. Diese Menge liessen sie esslöffelweise innerhalb 24 Stunden aufbrauchen. Die Patienten klagten hierbei wohl häufig über Zirken im Magen, aber die Ausleerungen verminderten sich schnell und wurden spätestens am 4. Tage normal.

Ein weit harmloseres (bisher nur zu äusserlichen Zwecken verwandtes) Mittel ist das erst kürzlich von Debove[4]) als Antidiarrhoicum empfohlene Magnesium silicicum. Das weisse, fettig anzufühlende, schwer lösliche Pulver ist unter dem Namen Talk allgemein bekannt. Hiervon

[1]) Bull. gén. de Thérap. Mai 1887.
[2]) Société méd. des Hôpitaux 1887.
[3]) Lyon méd. No. 35/[illegible].
[4]) Le Progrès méd. No. 24/1888.

konnten die Patienten bis 600,0 (!) ohne die geringste Störung nehmen. Die mittlere Dosis beträgt 200,0 (in Milch vertheilt). Auch die hartnäckigsten Diarrhoen, besonders die durch tuberculöse Ulcerationen bedingten, wurden damit schnell zum Schwinden gebracht. Die oben angeführte Wirkung des Talks ist bereits von anderer Seite vollauf bestätigt worden.

Im Anschluss und Gegensatz zu diesen oben angeführten Mitteln, die aus leicht begreiflichen Gründen voraussichtlich zu keiner allgemeinen Verwendung gelangen dürften, möchte ich nun zweien andern Antidiarrhoicis das Wort reden, die in Bezug auf ihre Harmlosigkeit, Schmackhaftigkeit und Zuverlässigkeit der Wirkung thatsächlich nichts zu wünschen übrig lassen. Das eine, der Eichelcacao, hat sich, wie bereits vielfach erwiesen, bei der chronischen Diarrhoe bewährt, während das andere — das Cardamom — mir in vielen Fällen von acuter Diarrhoe die vortrefflichsten Dienste geleistet hat. Ueber die günstige Wirkung des Eichelcacao (es handelt sich hierbei um das Stollwerk'sche Präparat von Dr. Michaelis) liegen bereits zahlreiche Berichte von zuverlässigen und namhaften Beobachtern vor. Doch will es mich bedünken, als ob die richtige und zweckmässige Verwendung desselben noch nicht hinreichend bekannt ist. Von dieser allein hängt hauptsächlich der Erfolg ab. Daher möchte ich hier mit Nachdruck hervorheben, dass der Eichelcacao bei chronischer Diarrhoe von Kindern und Erwachsenen nur mit Wasser zuzubereiten ist. Wird vor Verabreichung desselben noch eine kleine Dosis Ricinusöl gegeben, so ist auf die stopfende Wirkung mit um so grösserer Sicherheit zu rechnen. — (In seiner Zubereitung mit Milch ist der Dr. Michaelis'sche Eichelcacao ein vortreffliches Ernährungsmittel, das Jahre lang gut vertragen wird und gleichzeitig regulirend auf den Stuhlgang wirkt, bei Verstopfung sogar Stuhlgang herbeizuführen vermag.) Mit dem früher benutzten Eichelkaffee hat der Eichelcacao nichts gemein, da die Cellulose der Eicheln bei dem genannten Präparat ausgeschlossen ist. Es verhält sich der Eichelextract, welcher in dem Eichelcacao enthalten, in Bezug auf seine tonisirende Eigenschaft ähnlich der Nux vomica, welche jeder Praktiker mit Erfolg sowohl bei Obstipation als bei Diarrhoe als Tonicum benutzt.

Bei acuten Diarrhoen — besonders bei den sogenannten Sommerdurchfällen — hat mir der Zufall die Fructus Cardamomi als ein Mittel in die Hand gegeben, das in jedem Haushalt vorhanden, ebenfalls recht schmackhaft und bequem zu nehmen ist. Die Cardamomfrüchte haben auch in früheren Zeiten als Arzneimittel eine gewisse Rolle gespielt und sind auch gegenwärtig in manchen Gegenden als Volksmittel vielfach in Gebrauch. Die neueste Ausgabe der Pharmacopoea Germanica führt sie gleichfalls auf, weil sie einen Bestandtheil der Tinctura aromatica und der Tinctura Rhei vinosa bilden. Jede (dreikantige) Fruchtkapsel schliesst bekanntlich gegen 20 braune, unregelmässige, runzelige Samen ein, denen ein eigenthümlicher, angenehmer, campherartiger Geruch und Geschmack eigen ist. Indem ich nun den Inhalt von einer oder zweien Kapseln (bei Kindern natürlich entsprechend weniger) herunterkauen liess, gelang es mir die meisten Fälle von acuter Diarrhoe (selbstverständlich nicht solche, bei denen ich sichtbare Veränderungen der Darmschleimhaut, Typhus etc. voraussetzte) schnell zum Schwinden zu bringen. Zuweilen folgte alsdann hartnäckige Stuhlverstopfung. So konnte z. B. ein Mann, nachdem seine durch Diätfehler veranlasste Diarrhoe, mittelst Cardamom beseitigt worden, noch an demselben Tage eine „Berliner Weisse" zu sich nehmen, ohne dass sich von Neuem wieder Durchfall einstellte.

Die von mir vielfach beobachtete stopfende Wirkung des Cardamoms lässt sich wohl am einfachsten auf das in seinen Samenkörnchen reichlich enthaltene ätherische Oel zurückführen. Jedenfalls dürfte man in Fällen uncomplicirter Diarrhoe besser thun, einen Versuch mit diesem Hausmittel zu machen, als zum Opium zu greifen, dessen Gebrauch (besonders in der Kinderpraxis) garnicht genug eingeschränkt werden kann.

Bei Blutungen in der Nachgeburtsperiode

empfiehlt Gill (The Lancet 1888, Vol. II. No. 18) an Stelle der oft unausführbaren Transfusionen Rectalinjectionen einer lauwarmen Salzlösung. Verf. berichtet über einen Fall, in welchem diese Injectionen lebensrettend wirkten. Der Blutverlust war ganz enorm gewesen, Pat. delirirte und erbrach jedes ihr Dargereichte. Die Injectionen wurden schnell absorbirt und bereits nach zwei Stunden konnte Pat. durch den Mund eingeflösste Flüssigkeiten bei sich behalten. Es sollen nicht über 2—3 Unzen (60,0—90,0 g) zur Zeit injicirt werden und die Injectionen in Zwischenräumen von 10—15 Minuten wiederholt werden.

(Die Concentration der Salzlösung ist nicht angegeben; vermuthlich ist wohl eine physiologische Kochsalzlösung gemeint.)

Die Behandlung der Tonsillitis mit Natrium salicylicum.

Das von A. Hillaby (Practit. 1888) in der Behandlung der Tonsillitis benutzte Verfahren ist folgendes:

Nach Darreichung eines Abführmittels aus Inf. Sennae comp. wird Pat. auf Milchdiät gesetzt und erhält Natrium salicylicum in Dosen von 0,6—0,9 mehrmals täglich.

Unter dieser Behandlung sollen das Fieber und die Entzündungserscheinungen im Halse schnell nachlassen, die Hautthätigkeit angeregt und die Bildung von Tonsillar-Abscessen verhindert werden. — Wenn die Entzündungserscheinungen nachlassen, soll die Dosis des Natr. salicyl. verringert, das Mittel aber noch in kleinen Gaben während einiger Tage weiter gegeben werden, nachdem alle Symptome im Halse geschwunden sind.

Verlag von Julius Springer in Berlin N. — Druck von Gustav Schade (Otto Francke) Berlin N.

Namen-Register.

(Die fettgedruckten Zahlen bezeichnen Original-Abhandlungen.)

Sach-Register.

www.ingramcontent.com/pod-product-compliance
Lightning Source LLC
Chambersburg PA
CBHW031934290426
44108CB00011B/548
* 9 7 8 3 7 4 1 1 6 6 9 3 8 *